Westen der
USA

W0175500

Dr. Hans-R. Grundmann GmbH
Mitglied der Verlagsgruppe
REISE KNOW-HOW

Hans-R. Grundmann

IMPRESSUM

Hans-R. Grundmann
Durch den Westen der USA
9. überarbeitete und
aktualisierte **Auflage 1999**
(1. Auflage 1991)
mit separater Planungskarte
für die US-Weststaaten

ist erschienen im

Reise Know-How Verlag, Hohenthann

ISBN 3-89662-165-3

© Dr. Hans-R. Grundmann GmbH
Heinrich-Schwarz-Weg 36
27777 Ganderkesee-Steinkimmen

Gestaltung
Umschlag: Mani Schömann,Köln, Peter Rump, Bielefeld
Satz und Layout: Hans-R. Grundmann
Fotos: siehe Verzeichnis Seite 707
Kartographie: Elsner & Schichor, Karlsruhe
Illustrationen: Alexander Brandt+Martin Stoll, München

Druck
Engelhard&Bauer
Käppelestr. 10
761312 Karlsruhe

Dieses Buch ist in jeder Buchhandlung
in Deutschland, Österreich und der Schweiz erhältlich.
Die Bezugsadressen für den Buchhandel sind

– Prolit Gmbh, 35463 Fernwald
– AVA Buch 2000, CH-8910 Affoltern
– Mohr Morawa GmbH, A-1230 Wien
– Barsortimenter

Wer im lokalen Buchhandel Reise Know-How-Bücher nicht findet, kann diesen und andere Titel der Reihe auch beim Verlag oder bei der Germinal Gmbh, Verlags- und Medienhandlung bestellen: Postfach 70, D-35463 Fernwald; ℅/Fax: 0641-41700

ZUR KONZEPTION DIESES REISEFÜHRERS

Dieses Buch wendet sich in erster Linie an Leser, die Amerikas Westen **auf eigene Faust** entdecken und erleben möchten. Es beruht auf jahrelanger **Reiseerfahrung des Autors** und stellt praktische Fragen, wie sie sich bei der Reisevorbereitung und unterwegs ergeben, konsequent in den Vordergrund.

Neben vielen wichtigen Informationen zum Reiseland USA ist breiter Raum zunächst **Überlegungen** gewidmet, die man noch **vor der eigentlichen Planung** anstellt oder anstellen sollte. Damit die Reise wunschgemäß verläuft und "bringt", was man erwartet, sollten persönliche Ansprüche und Reiserealität so weit wie möglich übereinstimmen.

Alle in diesem Zusammenhang bedenkenswerten Aspekte werden im Kapitel 1 des Allgemeinen Teils behandelt. Dazu gehören auch Themen, denen Reiseführer oft keine besondere Aufmerksamkeit schenken, wie etwa dem **Reisen mit Kindern.**

Sind Jahreszeit, Zeitraum und Art des Reisens (mit **Wohnmobil, Pkw und Motel/Zelt, Greyhound/alternativer Bus** etc.) bestimmt, findet der Leser in den Kapiteln 2 und 3 des ersten Teils alle Informationen zur optimalen Durchführung seiner nun konkreten Reisepläne und außerdem zahlreiche Tips und Hinweise zur Vermeidung von unnötigen Ausgaben, Zeitverlust und Ärger.

Der Reiseteil bietet – ausgehend von **9 Startrouten** ab Los Angeles, San Francisco, Seattle und Las Vegas und **4 Basis-Rundstrecken** (je zwei im Südwesten und Nordwesten) – **ein dichtes Netz von Routen,** die sich **im Baukastensystem** auch anders als hier beschrieben zusammensetzen lassen, siehe Umschlagklappe vorne.

Weiter erleichtert wird die Routenplanung dadurch, daß Sehenswürdigkeiten, Streckenabschnitte und speziell Quartiere (**mit rund 400 spezifischen Unterkunftsempfehlungen und über 500 ausgewählten Campinghinweisen**) nicht nur allgemein erläutert bzw. aufgelistet, sondern oft mit **Wertungen** versehen sind. Genauere Details zu **Konzeption und Aufbau des Reiseteils** finden sich **auf den Seiten 230ff.**

Nicht unmittelbar die Reisepraxis betreffende **Daten und Wissenswertes zu den USA**, dem Land und seinen Menschen, Adressen der **Informatiosbüros** in den USA mit vielen **Internetadressen** und ein **Index** finden sich im abschließenden Anhang.

Die **Karten** im Buch und die separate **Übersichtskarte** sind auf den Text abgestimmt. Ein **Kurzlexikon** mit 500 nützlichen Begriffen für unterwegs findet sich auf der Kartenrückseite.

Eine gute Reise wünscht Ihnen

Hans-R. Grundmann

Inhaltsübersicht

Bedeutung der
Piktogramme
⇨ Seiten 232/3

SONDERTHEMEN RUND UMS REISEN IN AMERIKA UND EINSTIMMENDE ESSAYS

(*) Die mit Sternchen gekennzeichneten Essays wurden dem RKH-Band "Und jetzt fehlt nur noch John Wayne ..." (Hans Löwenkamp u.a.) entnommen. Das Buch war zum Zeitpunkt der Bearbeitung dieses Titels vergriffen, wird aber voraussichtlich Anfang 1999 in neuer und erweiterter Auflage erscheinen.

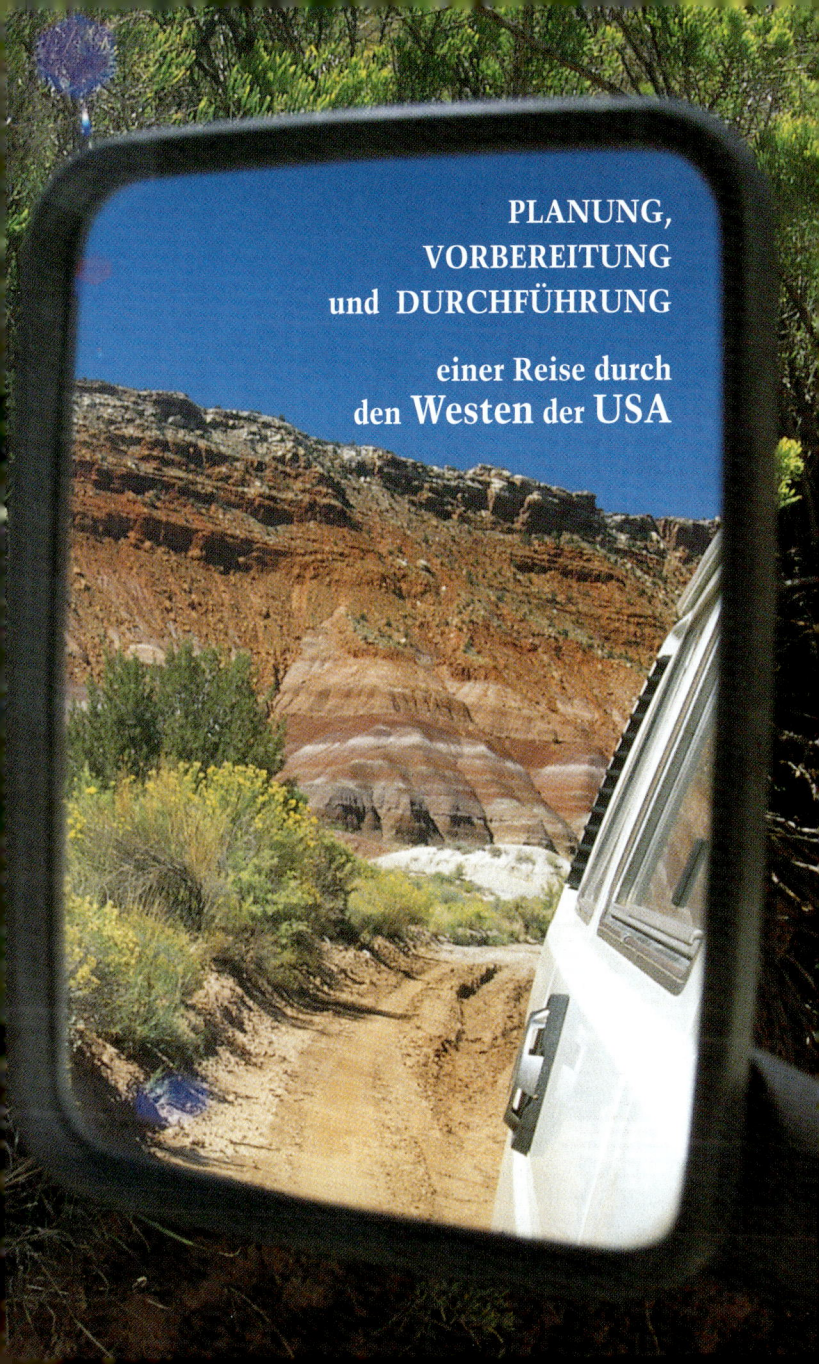

PLANUNG,
VORBEREITUNG
und DURCHFÜHRUNG

einer Reise durch
den Westen der USA

1. REISEPLANUNG

Erste Über legungen

Die USA gehören seit Jahren zu den beliebtesten Flugreisezielen und stehen trotz des jüngsten Dollarkursanstiegs nach wie vor in der Publikumsgunst ganz oben. Eine kaum noch überschaubare Zahl von Veranstaltern wirbt denn auch mit immer eindrucksvolleren Prospekten für den Amerikaurlaub in vielfältigen Varianten. Anders aber als bei Ferien im vertrauteren europäischen Rahmen oder bei typischen Pauschalreisezielen ergeben sich schon im Vorfeld der Entscheidung für eine Amerikareise zahlreiche Fragen. Sie können selten durch simplen Katalogvergleich oder während eines Beratungsgesprächs im Reisebüro geklärt werden, sondern erfordern einige Überlegung:

Wichtige Aspekte

Nach der ungefähren Einkreisung dessen, was man in den USA sehen und erleben möchte, geht es in Abwägung der Präferenzen aller Mitreisenden und der Kosten um die am besten geeignete Reiseform, in den meisten Fällen also um Transportmittel und – damit indirekt verbunden – die Art der Übernachtung unterwegs. Wichtig ist auch die Berücksichtigung der voraussichtlichen Witterungsbedingungen. Dieser Aspekt wird trotz der im US-Westen ziemlich differierenden Klimazonen nur zu leicht nachrangig behandelt. Die Bestimmung des passenden Zielflughafens sollte erst der letzte Schritt sein.

Vorplanung

In diesem Sinne werden in den folgenden Abschnitten alle wesentlichen Punkte erörtert, die der Leser **vor dem Einstieg in eine konkrete USA-Reiseplanung** wissen und bedenken sollte. Ihre Kenntnis, die Informationen und Hinweise im Allgemeinen Teil des Buches und die Anregungen in den Unterwegskapiteln ermöglichen eine optimale Planung der eigenen Reise gleich im "ersten Anlauf". Die bei USA-Touristen nicht ganz seltene Erkenntnis, wie es beim nächsten Mal gemacht werden müßte, damit der Urlaub "richtig rund" wird, läßt sich mit Hilfe dieses Reiseführes vermeiden.

DOLLARKURS UND REISEKOSTEN

Das waren noch Zeiten, als der US-Dollar 1,50 DM (bis Ende 1996) kostete und zeitweise – 1995 – sogar unter 1,40 DM fiel. Das Reisen in Amerika war nicht nur attraktiv, sondern auch noch billig. Doch lang ist`s her! Der Kurs für den US-Dollar lag Anfang **März 1999** um 0,90 Euro (ca. 1,76 DM) mit unvorhersagbarer Kursentwicklung fürs Jahr. Auch in den Katalogen der Reiseveranstalter hat der nun schon seit 1997 wieder teurere Dollar **für alle in Amerika erbrachten Leistungen** deutliche Spuren hinterlassen. Wobei jedoch die Preiserhöhungen gegenüber dem letzten günstigen Jahr (1996/7) je nach Leistungsart (Hotel, Camper-/Pkw-Miete etc.), Saison und Veranstalter zwischen 0% und über 30% schwanken.

Die Amerikareise muß also durchaus nicht um den vollen Kursanstieg, wenn es denn dabei bleibt, teurer werden. Voraussetzung dafür ist aber mehr denn je eine **individuelle Reiseplanung**, welche saisonale Preisunterschiede und abweichende Steigerungsraten bei den verschiedenen Kostenarten berücksichtigt:

Zunächst zu den **Flugtarifen**: Wer bei Abflugort und Airline flexibel ist, muß für das Ticket in die USA – soweit sich Anfang 1999 aus der aktuellen Entwicklung ersehen läßt – kaum mehr auf den Tisch legen als bei schwachem Dollar 1996, durchweg – dank der großen Konkurrenz der Airlines – sogar weniger als 1998. Je nach Länge der Reise und Ziel ist damit schon mal ein beträchtlicher Teil der Gesamtkosten nicht wesentlich höher als früher, bei geschickter Buchung sogar stabil.

Das Preisgefüge bei den **Mietwagen** (außer Campmobilen) hat sich recht uneinheitlich nach oben verschoben. Kleine Fahrzeuge, teilweise auch Minivans und Cabrios sind nur wenig bis kaum teurer als früher, wogegen die Mittelklasse kräftiger zugelegt hat. Geeignete Typenwahl bei gleichzeitigem Anbietervergleich hält hier den Kostenanstieg in Schach. Zumindest gilt das für Vorausbuchung; zur Miete vor Ort ⇨ Seite 151.

Ein kostensparender Effekt läßt sich durch kombinierte Buchung von Flügen und Mietwagen erreichen. Die Gesamtkosten der Kombination liegen (für 1 Woche) teilweise kaum über denen bei separater Flugbuchung ohne Mietwagen, d.h., die erste Woche kann der Wagen sehr preiswert bis gratis sein, ⇨ Punkt 2.5.1, Seite 108.

Bei der **Campermiete** wird`s ernster. Campmobile sind 1999 zwar immer noch teurer als früher, aber schon wieder preiswerter als noch 1997/98, wenn auch nicht gleichmäßig bei allen Vermietern, für alle Saisonzeiten und Fahrzeugtypen. Vor allem die Raten in der Vor- und Nachsaison blieben unter dem Dollarkursanstieg.

Eine **Alternative** sind Fahrzeuge von Vermietern, die man bei den Großveranstaltern nicht findet: etwa **preiswerte ältere Camper** und einfacher ausgestattete Fahrzeuge, ⇨ Seite 115.

Bei den **Hotel-/Moteltarifen** ist die Realität vor Ort weniger kostspielig, als manche Kataloge signalisieren, die vorwiegend besonders beliebte und Häuser ab oberer Mittelklasse listen. Kostengünstiger kommt immer unter, wer selbst aktiv wird und die Möglichkeiten kennt und nutzt. Tips und Hinweise dazu, wie man die Unterkunftskosten in Grenzen hält, stehen ab Seite 178.

Nicht schaden kann es, **Zelt und Schlafsack** einzupacken, auch wenn man eigentlich ein Bett für die Nacht vorzieht. Dank des Gepäcklimits von 64 kg/Person ist das bei Flügen nach Amerika kein Problem. Wenn es dann mal mit der Quartiersuche gar nicht klappt, findet sich garantiert noch ein Campingplatz mit einer freien Ecke für ein zusätzliches Zelt. Und an manchen Sommerabenden ist das vielleicht sogar die bessere Alternative.

Bei den Kosten unterwegs kann man dem Dollarkurs schlecht davonlaufen, sondern eben nur die Ausgaben ein wenig stärker im Auge behalten als sowieso schon. Dabei haben **Automieter mit Hotelübernachtung** die besten Karten, denn sie können verstärkt auf Selbstverpflegung und Fast Food setzen. Außerdem geht nichts übers **Picknick** in Amerika. **Picnic Tables** stehen unverfehlbar in Stadtparks, an Aussichtspunkten, an oft wunderschönen Stellen in National- und Stateparks und besitzen fast immer auch einen **Grillrost**. Und wenn`s doch mal ein **Restaurant** sein soll, warum nicht **mittags statt abends**. Dieselben Gerichte gibt`s als Lunch meist billiger als zur Dinnerzeit.

Camper sparen substantiell nur bei den **Campinggebühren**. Es ist durchaus möglich, im Schnitt weniger als $15 auszugeben, aber auch ohne weiteres über $25. Macht bei vier Wochen immerhin $280 Differenz. Hinweise dazu auf den Seiten 192ff.

Unvermeidbar mehr als früher ausgeben müssen – wie gesagt – nur **Campmobilmieter**, aber auch sie können die Gesamtkosten bei geschickter Fahrzeug- und Saisonwahl mit ein bißchen Flexibilität bei einem geringen Plus halten. Sofern Abstriche bei Fahrzeuggröße und/oder -alter der Urlaubsfreude nicht zuviel Abbruch tun, besteht dabei ohnehin Spielraum nach unten.

Pkw-Mieter können ohne wesentliche Abstriche bei der Wagenkategorie mindestens die Hälfte der Urlaubskosten locker stabil halten (Flug und Miete im Vergleich zu 1996/97) und dürften alle anderen Kosten mit einiger Umsicht begrenzen können. Wer sich als Motelübernachter anstrengt und kleine Komfortminderungen hinnimmt, gibt nicht unbedingt mehr aus als zu Zeiten niedriger Dollarkurse! Hilfreich kann dabei eine kleine Verschiebung der Reisezeit sein. Im April/Mai und im Oktober gibt`s im US-Westen im allgemeinen keine Kapazitätsprobleme bei Hotels und Motels und fast immer günstige Tarife. **Im Südwesten sind Mai und Oktober obendrein die besten Reisezeiten**, ➪ Seite 79.

1.1 REISEZIEL: WESTEN DER USA

Bevorzugte Ziele

Die Hauptattraktionen des amerikanischen Westens bedürfen kaum der Hervorhebung. Denn daß sich **die populärsten Nationalparks** und einige der interessantesten US-Cities in den Weststaaten befinden, ist allgemein bekannt. Wer eine Reise dorthin plant, besitzt meistens schon eine ziemlich genaue Vorstellung der Ziele, die besucht werden sollen. **San Francisco, Los Angeles, Las Vegas**, *Grand Canyon, Yosemite* und *Yellowstone Park* und das *Monument Valley* – um nur die wichtigsten zu nennen – stehen durchweg ganz oben auf der Wunschliste. Danach folgen weitere Nationalparks vor allem in Kalifornien, Utah, Arizona und Colorado und Cities wie San Diego, Denver oder Seattle.

Abseits der Hauptpfade

So sehenswert und unverzichtbar diese spektakulären Ziele auch sein mögen, durch sie allein wird der Reiz des US-Westens nur unvollständig beschrieben. Neben ihnen gibt es eine Fülle weit weniger bekannter, ebenfalls wunderschöner Landschaften. Außerdem glasklare Seen und Flüsse, wildromantische Küsten, Naturwunder, historische Stätten und andere außergewöhnliche Orte. **Sie machen auch das Reisen zwischen den *Highlights* und abseits der üblichen touristischen Pfade zum Erlebnis**. Die kolossalen klimatischen und topographischen Gegensätze auf manchmal kürzester Distanz tun ein Übriges für unvergeßliche Reiseeindrücke.

Schotterstraße durch die Alabama Hills auf der Ostseite der Sierra Nevada bei Lone Pine, nur 3 Meilen abseits der touristischen "Rennstrecke" vom Yosemite Park zum Death Valley

Aktivitäten

Nun besteht das Reisen ja nicht nur aus Hinfliegen und *Sightseeing*, sondern auch aus Aktivitäten, die nebenbei oder sogar überwiegend betrieben werden können. Gerade der Westen der USA bietet in dieser Beziehung Möglichkeiten, die man in ähnlicher Breite anderswo kaum findet. Schon gar nicht zum Nulltarif wie in den USA oft der Fall, ⇨ Abschnitte 1.1.3 und 1.1.5. Wo Kosten anfallen, sind diese – selbst beim Dollarkurs 1999 – oft niedriger als bei uns.

Übersicht

Neben einer Übersicht über die Geographie unter touristischen Gesichtspunkten einschließlich einiger Anmerkungen zu Vegetationszonen und Tierwelt vermitteln die folgenden Abschnitte ein ziemlich vollständiges Bild davon, was man von einer Reise in den US-Westen grundsätzlich erwarten darf und in Städten und freier Natur unternehmen kann. Im Vordergrund steht dabei die ganze Palette der **Urlaubsaktivitäten, Abenteuer** und **Ferienspaß**. Aber auch die kulturelle Komponente kommt nicht zu kurz. Einzelheiten ergeben sich aus den Reisekapiteln.

1.1.1 Bevölkerung, Geographie und Natur der Weststaaten unter touristischem Blickwinkel

Fläche

Die 48 Staaten der kontinentalen USA bedecken (ohne Alaska) eine Fläche von rund 7,8 Mio. km² und sind damit 22 mal so groß wie Deutschland. Davon entfallen allein auf die elf Weststaaten (siehe Umschlagklappen) ungefähr 3,1 Mio km², auch noch über das 12-fache der alten Bundesrepublik.

Bevölkerung und ihre Verteilung:

Küste/Cities

Von den etwa 265 Mio. Amerikanern leben aber nur ungefähr **54 Mio. im Westen**, und von diesen wiederum über zwei Drittel in einem kaum mehr als 200 km breiten Streifen entlang der Pazifikküste. Die Bevölkerung auf dieser Fläche von maximal 400.000 km² ist dabei äußerst unterschiedlich verteilt. Die Metropolen Seattle, Portland, San Francisco, Los Angeles und San Diego samt Umfeld beherbergen allein fast 30 Mio. Einwohner und wachsen unaufhörlich weiter; nur 6-7 Mio. leben in kleineren Städten und ländlichen Gebieten des – im weitesten Sinne – Küstenbereichs.

Binnenland

Die restlichen 17-18 Mio. Einwohner in den Weststaaten teilen sich eine Fläche von nahezu 2,7 Mio. km², 300.000 km² mehr als alle EU-Mitgliedsländer zusammen mit 340 Mio. Menschen. Selbst dieser recht plastische Vergleich drückt noch nicht aus, wie unglaublich dünn die riesige Re-gion zwischen den Gebirgen der Sierra Nevada und Kaskaden und den Prärien des mittleren Westens wirklich besiedelt ist. Denn nahezu die Hälfte der Bevölkerung konzentriert sich auf nur sechs Ballungsgebiete mit zusammengenommen nicht einmal 10.000 km² Fläche, nämlich auf Las Vegas/Nevada, Phoenix/Tucson in Arizona, Albuquerque/Santa Fe in New Mexico, Denver/Colorado und Salt Lake City/Utah. Daß in Amerikas Westen die Natur abseits der großen Städte weitgehend "in Ordnung" blieb und sich ökologische Schäden in Grenzen halten, ist nicht zuletzt darauf zurückzuführen.

Geographie

Die **ungleichgewichtige Besiedelung**, obwohl in der heutigen Entwicklung stärker durch andere, vornehmlich wirtschaftliche Faktoren beeinflußt, war zunächst die Folge der geographischen und klimatischen Gegebenheiten. Zwar umfassen

KRIMINALITÄT IN DEN USA: GEFAHR FÜR TOURISTEN?

Mordfälle an Urlaubern in Florida und – 1998 wieder – Kalifornien brachten das Problem "Gewaltkriminalität in den USA" bei uns in den vergangenenen Jahren mehrfach in die Schlagzeilen. Tragische Vorkommnisse sind natürlich auch in Zukunft nicht auszuschließen.

Bedeutet dies, daß individuelle USA-Reisen mit Aufenthalten in den Big Cities oder auch in einsamen Regionen des US-Westens, eine mit überproportionalen Risiken verbundene Angelegenheit darstellen?

Für eine objektive Beurteilung der Situation muß differenziert werden: Die große Mehrheit der – zur Zeit abnehmenden – Gewaltverbrechen findet in Ballungsgebieten statt, und dort überwiegend in bestimmten Bezirken. Zwischen Täter und Opfer besteht meistens eine irgendwie geartete Beziehung. Zufallsopfer sind – relativ betrachtet – eher die Ausnahme. Am Extrembeispiel Florida läßt sich zeigen, wie gering selbst dort das Risiko ist, als Tourist einem Mord zum Opfer zu fallen: Etwa 30 Millionen Besuchern pro Jahr stehen 30-50 Morde jährlich an außerhalb des Staates ansässigen Personen gegenüber, sicher nicht in allen Fällen harmlosen Touristen. Aber selbst dies unterstellt, ist das statistische Risiko, als Urlauber zu den Opfern zu gehören 1 : 750.000. Es entspricht – unter Berücksichtigung der durchschnittlichen Aufenthaltsdauer von nur einer Woche – ungefähr der Wahrscheinlichkeit, daß der in Deutschland lebende Leser dieser Zeilen im Laufe der nächsten vier Tage einen tödlichen Verkehrsunfall erleidet.

Wichtiger als solche, eher abstrakte Berechnungen ist aber folgendes: **die meisten Gewaltverbrechen,** *auch die weniger spektakulären ohne tödlichen Ausgang,* **sind mit Situationen verbunden, in die ein Tourist normalerweise gar nicht erst kommt bzw. die er bei umsichtigem Verhalten vermeiden kann.** *Wer etwa sein Auto in Problemviertel (und die erkennt man schon rein äußerlich ganz gut auch ohne besondere Erfahrung) steuert oder dort sogar zu Fuß auf Entdeckungstour geht, nimmt eine vielfach höhere persönliche Gefährdung in Kauf als beim Bummel durch San Franciscos Chinatown. Im Grunde genügt gesunder Menschenverstand, um das eigene Risiko weit unter die trotz allem niedrige statistische Gefährdungsrate zu senken.*

Reisen im Westen der USA *ist im übrigen für die meisten Touristen gleichbedeutend mit überwiegenden Fahrten durch dünnbesiedelte Gebiete (siehe folgende Seiten), den Besuch von Nationalparks und Übernachtungen in Kleinstädten und Dörfern oder auf Campingplätzen. Alles von Gewaltkriminalität kaum belastete Orte, eher ist das Gegenteil der Fall. Auch die touristischen Anziehungspunkte in den Großstädten von Disneyland bis zur Golden Gate Bridge sind nicht bekannt für Mord und Totschlag. Wenngleich man dort Kamera und Geldtasche vorsichtshalber fest im Griff haben und das Auto möglichst nicht zu abseits parken sollte. Also nicht anders als in einigen deutschen Großstädten und vielen populären Reiseländern.*

Geographie

die Territorien von Montana, Wyoming, Colorado und New Mexico im Osten auch Teile der Prärien des (touristisch weitgehend uninteressanten) mittleren Westens, aber insgesamt sind die Weststaaten geprägt durch in Nord-Süd-Richtung verzweigte Gebirgszüge und die Ebenen zwischen ihnen.

Rocky Mountains

Jedermann kennt die Rocky Mountains. Die Bezeichnung bezieht sich auf die östliche Ausbuchtung der **Kordillerenkette,** die sich durch ganz Nord- und Südamerika von Alaska bis hinunter nach Feuerland zieht. Die *Rockies* laufen – von Kanada kommend – in breiter Linie über das westliche Montana und Wyoming mitten durch Colorado, Neu-Mexiko und den Südwesten von Texas (*Big Bend National Park*) nach Mexiko. Nur im Norden *(Glacier* und *Grand Teton National Parks)* zeigen sie ein uns von den Alpen her vertrautes Bild. Trotz auch weiter beachtlicher Höhen bis über 4000 m wirken sie im zentralen Bereich weniger schroff und spektakulär (etwa im *Rocky Mountain National Park*), gewinnen aber in den ariden südlichen Zonen an Attraktivität.

Intermontane Hochebenen

Man darf sich die Rocky Mountains nicht als ein durchgehendes Gebirge vorstellen; sie bestehen in Wirklichkeit aus einer ganzen Reihe von – oft nicht einmal direkt miteinander verbundenen – Teilformationen mit unterschiedlichsten Bezeichnungen. Viele von ihnen liegen nicht innerhalb einer Linie, sondern parallel zur Hauptkordillere (*Bighorn Mountains*/Wyoming, *Bitterroot* und *Sawtooth Mountains*/Idaho, *Wasatch Mountains*/Utah und *San Juan Mountains*/Colorado). Dazwischen befinden sich sogenannte intermontane Hochebenen, durchweg trockene, sommerheiße Gebiete, die wegen ihres geringen landwirtschaftlichen Wertes großenteils menschenleer blieben. Typische Beispiele dafür sind das zentrale Wyoming, das *Big Basin* Nevadas und das *Great Plateau*, das im südlichen Utah, nördlichen Arizona und New Mexico angesiedelt ist und vom Colorado River durchschnitten wird.

Das Große Plateau

Das Große Plateau erinnert in der Realität nur selten an eine Ebene im Wortsinn. Es handelt sich um ein zusammenhängendes Gebiet auf vornehmlich 1.500 m-2.000 m Höhe, das unterschiedlichste Teilareale aufweist. Je nach spezifischen klimatischen und topologischen Bedingungen findet man dort vegetationsarme Halbwüsten fast ohne Baum und Strauch, kahle Felslandschaften und dicht bewaldete Bergregionen. Die Mehrheit der Spitzen-Nationalparks (*Grand Canyon, Zion, Bryce, Arches, Mesa Verde*), das Freizeitdorado *Lake Powell* und das legendäre *Monument Valley*, aber auch das größte Indianerreservat (*Navajo* und *Hopi*) der USA liegen im Bereich dieser Hochebene. Sie wird nach Süden abgeschlossen durch gestaffelte, überraschend grüne, kaum erschlossene Gebirgsformationen zwischen Grand Canyon und Las Cruces/New Mexico im ungewöhnlichen West-Ost-Verlauf.

Wüsten im Südwesten

Dahinter erstrecken sich die tiefer gelegenen, im Hochsommer unerträglich heißen Wüstengebiete des Südwestens mit stellenweise dichtem Kakteenbewuchs. Sie reichen bis zum südkalifornischen Küstengebirge.

Westliche Kordilleren

Das pazifische Gebirgssystem bildet den westlichen Arm der nordamerikanischen Kordilleren. Es ist geteilt in die **Kaskaden** mit latenter vulkanischer Aktivität vom Mount Baker an der kanadischen Grenze bis zum Lassen Vulkan (Nationalpark) im Hinterland Nordkaliforniens, an die sich die **Sierra Nevada** (*Yosemite* und *Sequoia/Kings Canyon National Parks*) anschließt, und die sogenannten **Coastal Ranges** entlang der Pazifikküste. Letztere bestehen aus zahlreichen miteinander verbundenen Gebirgen mittlerer Höhe bis zu ca. 2000 m von den **Olympic Mountains** *(National Park)* in der Nordwestecke Washingtons bis zu den **San Ysidro Mountains** an der mexikanischen Grenze.

Nationalforste

Unermeßliche **Wälder** bedecken die Kordilleren sowohl im Küstenbereich als auch besonders in den Gebirgen der Rocky Mountains. Für ihren Erhalt und die Rehabilitierung des Bestandes, der zeitweise durch ungezügelte Ausbeutung bedroht war, sorgt der **National Forest Service**. Er unterhält in den von ihm verwalteten über 1 Mio. km² Gebirgswald mehrere tausend, überwiegend großartig in die Natur eingebettete **Campingplätze**, ⇨ Seite 195.

Chimney Rocks in der Abendsonne (Capitol Reef Park/Utah, einer der Nationalparks im Bereich des Großen Plateaus)

Kalifornische Ebene

Zwischen den beiden pazifischen Gebirgszügen befindet sich auf den 1.600 km zwischen Los Angeles und Portland ein Streifen meist kargen bis wüstenartigen Landes wechselnder Breite (bis zu 100 km), das dank ausgeklügelter Bewässerung zu den ertragreichsten Obst- und Gemüseanbaugebieten der USA entwickelt wurde. Touristisch ist in diesem Bereich mit einer Handvoll Ausnahmen (Sacramento, Lake Shasta Bereich in Nordkalifornien) nur wenig "zu holen".

Das Große Becken/ Big Basin

Das ausgedehnteste der intermontanen Plateaus (ca. 500.000 km²) liegt zwischen den Bergen der Kaskaden bzw. der Sierra Nevada und den westlichen Höhenzügen der Rocky Mountains. Es bedeckt nahezu das gesamte Staatsgebiet Nevadas, den Südosten Oregons, den Südwesten Idahos, einen breiten Weststreifen Utahs (mit dem Großen Salzsee) und Südostkalifornien samt dem tief in die Umgebung eingeschnittenen **Death Valley**. Trotz der Unterschiede, welche die Bezeichnungen für die geographischen Teilregionen signalisieren (u.a. **Great Basin** im zentralen Nevada, **Great Salt Desert** in Utah und **California Desert**), gilt im Prinzip überall die gleiche Kennzeichnung: Trockene und vegetationsarme Hochflächen, die von Ebenen, isolierten Gebirgen und nur nach Niederschlägen Wasser führenden Flußtälern unterbrochen werden.

Wüsten in Nevada/ Kalifornien

Innerhalb dieses immensen Gebietes (voller militärischer Sperrzonen für Waffenerprobung und Wüstenmanöver) gibt es neben dem erwähnten Death Valley und dem Great Salt Lake eine Reihe sehenswerter Anlaufpunkte wie zum Beispiel den **Great Basin National Park**, die **Little Sahara Desert**, den **Sand Mountain**, die restaurierte **Calico Ghost Town** und echte Geisterstädte. Ein wichtiger Aspekt, denn bei Reisen zu den Nationalparks im zentralen Westen mit Ausgangspunkt San Francisco oder Los Angeles/San Diego sind mehr oder minder lange Fahrten durch die kalifornische Wüste oder das *Great Basin* nicht zu vermeiden.

Ebenen in Oregon und Washington

Sicherlich überraschend für viele Reisende setzt sich nach einer Unterbrechung durch die Blue Mountains, welche im zentralen Osten Oregons Kaskaden und Bitterroot Mountains (Rocky Mountains Bereich) verbinden, die durch Trockenheit und hohe sommerliche Temperaturen gekennzeichnete Tafellandschaft bis nach Canada fort. Das sogenannte **Columbia River Plateau** unterliegt aber dank der dort möglichen Bewässerung (ein System von Staudämmen von Canada bis nach Oregon sorgt für nie versiegende Vorräte) im Gegensatz zum *Great Basin* einer intensiven landwirtschaftlichen Nutzung. Weizenfelder bestimmen das Bild im Nordosten Oregons und im benachbarten Washington. Enorme Plantagen östlich der Kaskaden machen den Staat zum zweitgrößten Obstlieferanten der USA nach Kalifornien und noch vor Florida.

Weststaaten der USA
Landschaftliche
Gliederung

CANADA

WASHINGTON

Mt. Olympia ○ Seattle

○ Spokane

Mt. Rainier ▲

C o l u m b i a
R i v e r
B a s i n

Portland ○

Columbia

Sawtooth

○ Boise

OREGON

IDAHO

Snake River

Bitterroot Mountains

R
O
C
K
Y

MONTANA

Fort Peck Lake

Missouri

Bighorn Mountains

G r e a t

B a s i n

UTAH

Great Salt Lake

Salt Lake City ○

Wasatch Mountains

WYOMING

COLORADO

Denver ○

M
o
u
n
t
a
i
n
s

C o a s t   R a n g e s

San Joaquin Valley

San Francisco ○

S i e r r a   N e v a d a

Mt. Whitney 4421 m

Death Valley

NEVADA

Las Vegas ○

G r e a t

Lake Powell

San Juan

Sangre de Cristo

CALIFORNIA

Los Angeles ○

California Desert

Colorado

Grand Canyon

P l a t e a u

Mogollon Mountains

NEW MEXICO

San Diego ○

Phoenix ○

Arizona Desert

ARIZONA

Tucson ○

Albuquerque ○

Rio Grande

El Paso ○

TEXAS

Pazifischer Ozean

N

M E X I C O

Big Bend N.P. ■

Tierwelt

Die einst vielfältige und zahlreiche Fauna Nordamerikas wurde vor allem in den Jahren der Pionierzeit über alle Maßen dezimiert. Bekanntestes Beispiel der rücksichtslosen Ausrottung sind die **Büffel**, die vor Eintreffen des Weißen Mannes zu Millionen die Prärien bevölkerten. Bemühungen der Naturschützer und des *National Park Service* in jüngerer Vergangenheit haben jedoch Wirkung gezeigt. In einer Reihe von Freigehegen (in den *Badlands*, *Yellowstone* und *Grand Teton National Parks*, in der *Bison Range*/Montana sowie im *Custer State Park* der *Black Hills* von Süddakota) hat sich der Bestand an mächtigen **Präriebisons** auf mehrere tausend erhöht.

Buffalos im Yellowstone National Park

Weitere vom Aussterben bedrohte Tierarten konnten nicht nur vorm Verschwinden gerettet werden, ihre Bestände haben sich sogar wieder erholt. Die bekanntesten Fälle betreffen die **Fischottern**, die sich an einigen Stellen an der Pazifikküste (*Point Lobos*, Carmel u.a.) wieder in erklecklicher Zahl tummeln, und das Wappentier der USA, den **Weißkopf-Seeadler**.

Neben Arten, die auch in Europa beheimatet sind (vor allem **Rotwild**), sieht man auf Reisen im Westen der USA, speziell in den Nationalforsten und -parks eine Reihe von ungewohnten Tieren. In erster Linie sind dies Erdhörnchen (**Ground Squirrel**), Verwandte der in Amerika ebenfalls häufigen Eichhörnchen und die Waschbären (**Racoons**) mit der Banditenmaske über den Augen. Sie gebärden sich auf der Suche nach Eßbarem als bisweilen aufdringliche Campingplatz-Gäste. Hier und dort bekommt man **Prairie Dog Towns** zu Gesicht, wo die squirrelähnlichen Präriehunde vor ihren Erdlöchern stehen, und in einsamen Gebirgsregionen den **Cougar** (oder **Mountain Lion**), eine nicht ungefährliche Puma-Abart.

Wer dem Angelsport zugetan ist, wird von den fischreichen Gewässern an der Küste und im Binnenland begeistert sein. Die unzähligen glasklaren Gewässer beheimaten alle möglichen **Forellenarten**, die hierzulande längst aus Flüssen und Seen verschwunden sind. **Seehunde** und **Seelöwen**

Seehundfelsen vor Santa Cruz

gibt es überall am Pazifik nördlich von Santa Barbara und sogar in der Bucht von San Francisco in großer Zahl.

Bären

Der als Fotomotiv überaus gesuchte Bär jedoch, gleich ob **Grizzly, Braun- oder Schwarzbär**, macht sich meistens rar. Trotz einschlägiger Warnungen und Belehrungen über das geeignete Verhalten für den Fall des Auftauchens von Meister Petz in einigen Nationalparks (*Glacier, Yellowstone, Yosemite, Rocky Mountain u.a.*) sieht man auch dort Bären eher selten. Dabei sind die Bestände immerhin so groß, daß Bären mit Ausnahme der *Grizzlies* und *Kodiak* Bären (Alaska) nicht als bedrohte Tierart gelten. Neben ihrer ohnehin ausgeprägten Scheu ist ein Grund für die "Abwesenheit" von Bären, daß sie bei Gewöhnung an den Aufenthalt in von Menschen frequentierten Gebieten (Anziehung durch Essensgerüche der Campingplätze) als latente Gefahr angesehen werden. Die verantwortlichen Forst- und Parkranger sorgen in solchen Fällen für die Verfrachtung allzu zivilisationsnaher Exemplare in entlegene Regionen. Größere Chancen – oder ein höheres Risiko, wie man`s nimmt – Bären zu begegnen, hat man auf Wanderungen ins Hinterland der genannten Nationalparks.

*Das in freier Wildbahn nur noch selten anzutreffende **Giant Jackrabbit** lebt in Wyomimg auf Farmen. Hier wird es gerade fürs Frühjahrsrodeo am 1. April vorbereitet*

1.1.2   Nationalparks, Nationalforste und State Parks

Begriffe

Wie selbstverständlich war einleitend und im vorhergehenden Abschnitt ohne weitere Erklärungen immer wieder die Rede von den amerikanischen Nationalparks. Denn davon hat natürlich jeder Amerikatourist eine Vorstellung. Ebensowenig erscheint der Begriff **National Forest** sonderlich erklärungsbedürftig, es handelt sich – wie der Begriff andeutet – eben um Wälder unter Verwaltung einer nationalen Forstbehörde. Unübersehbar sind die **State Parks**, gelegentlich einzelstaatliche Pendants zu den **National Parks**, oft nichts weiter als öffentliche Strände oder Picknick- und Campingplätze. Es ist für die Planung der eigenen Reise nützlich zu wissen, was sich hinter diesen Begriffen im einzelnen verbirgt.

Die Idee hinter den National Parks

Die Schaffung der amerikanischen Nationalparks basiert auf dem Gedanken, außergewöhnliche Landschaften, Naturwunder und bedeutsame historische Stätten vor Zerstörung und kommerzieller Ausbeutung zu bewahren und gleichzeitig den Bürgern des Landes den (kontrollierten) Zugang zu ermöglichen. Als erster und bis heute berühmtester von allen wurde der Yellowstone bereits 1872 zum Nationalpark erklärt. Aber erst seit 1916 existiert der **National Park Service**, der seither die Nationalpark-Idee in vorbildlicher und weltweit nachgeahmter Weise in die Praxis umgesetzt hat.

Dem *Park Service* unterstehen aber nicht nur die 50 als solche deklarierten Nationalparks (davon 24 in den elf Weststaaten und 5 weitere in unmittelbar angrenzenden Regionen in Südwest-Texas bzw. den Dakotas, 2 auf Hawaii, 8 in Alaska und nur 11 in den östlichen US-Staaten), sondern zusätzlich eine Vielzahl von **National Monuments, National Historic Sites, National Recreation Areas** und **National Lake- and Seashores**, ⇨ hintere Umschlagklappe.

Nationalparks im Internet - offiziell: http://www.nps.gov
(auch) **kommerziell: http://www.AmericanParkNetwork.com**

System und Organisation

Die meisten Nationalparks umfassen größere Gebiete, in denen die Besucher neben herausragenden natürlichen Sehenswürdigkeiten einsames Hinterland finden. Sie sind Besichtigungs- und Ferienziel zugleich. In manchen Parks lassen sich ohne weiteres nicht nur Tage, sondern Wochen abwechslungsreich gestalten. In den strenger thematisch (Flora und Fauna, Geologie, Siedlungs- und vorkolumbische Geschichte, gelegentlich auch von jedem etwas) ausgerichteten **National Monuments** und **Historic Sites** oder auch **Historic Parks** ist die jeweilige Attraktion oft einziges, zumindest aber stark vorrangiges Besuchsmotiv. Dabei leuchtet die Abgrenzung zwischen Parks und Monumenten nicht immer ein. Unter den Nationalmonumenten gibt es einige, die alle Merkmale eines Nationalparks zeigen und aufregender sind als mancher von ihnen, so z.B. im Westen das Kakteen-Monument *Organ Pipe*, die vulkanischen Monumente *Mount St. Helens* und *Craters of the Moon* und das *Dinosaur National Monument* rund um die Schluchten des Green und Yampa River im Grenzbereich zwischen Colorado und Utah.

National Recreation Areas sind vornehmlich für Aktivferien und *Family Fun* geeignete Landschaften, die wegen ihrer Attraktivität ohne die Kontrolle des Staates wahrscheinlich lange ein Opfer privater Spekulation geworden wären. Nationale Erholungsgebiete entstanden mehrheitlich um die größten Stauseen des Landes. Ausnahmen sind im Westen z.B. die *Oregon Dunes* und der *Hells Canyon*. Die **Nationalküsten** an den Ozeanen bzw. an den Großen Seen dienen ebenfalls Erholung und Freizeit. In ihnen wird der Naturschutz meist stärker betont. An der Westküste gibt es nur die *Point Reyes National Seashore* nördlich von San Francisco.

Verkehrs- mäßige Lage

Die weitaus meisten Parks und Monumente lassen sich ohne eigenes Fahrzeug nur schlecht erreichen, da sie **abseits der Busnetze und des Schienensystems** liegen. Zubringerbusse, die zwischen den wichtigeren Parks bzw. Monumenten und den nächsten größeren Ortschaften verkehren, sind bei geringer Frequenz meist ziemlich teuer. Auch *Greyhound Ameripass*-Besitzer (↪ Seite 129) werden bei anderen, nicht assoziierten Linien zur Kasse gebeten; nur gelegentlich erhalten sie eine Ermäßigung auf den normalen Fahrpreis.

Eintritt

Die überwiegende Zahl der Einrichtungen des Nationalpark-Systems kostet **Eintritt**, und zwar **bis zu \$20 (!) für die Wagenladung** (Pkw bis Kleinbus). Die meisten Nationalparks und -monumente erheben zwischen \$3 und \$10 Eintritt. Radfahrer, Wanderer oder Busreisende müssen \$1-\$5 pro Person entrichten. Wer mehrere Nationalparks mit Auto oder Motorrad

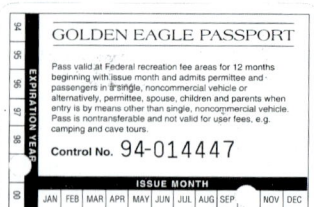

besucht, ist mit dem *Golden Eagle Passport* für $50 am besten bedient. Dieser berechtigt ab dem Ausstellungsmonat **für 12 Monate** (nicht nur Kalenderjahr) zu freiem Eintritt in sämtliche Einrichtungen des Systems. Er kann bei der Einfahrt oder in den Besucherzentren aller Parks und Monumente erworben werden.

Information

Im Eintritt eingeschlossen ist überall ein Faltblatt mit einer Karte des Parks/Monuments und Basisinformationen zu Geschichte, Entstehung und sonstigen spezifischen Einzelheiten. Nie fehlende *Visitor Center* ergänzen die gedruckte Information fast immer eindrucksvoll durch Schaubilder und Ausstellungen auf oft hohem Niveau. In den stärker besuchten Parks gehören Filme oder Dia-Shows zum Standardprogramm der Besucherzentren. **Informationsmaterial in deutscher und anderen wichtigen Sprachen** gibt es in den von Ausländern häufig frequentierten Parks.

Ranger

Wo Campingplätze existieren (in der Mehrheit der National Park Einrichtungen, ⇨ Seite 195), werden während der Saison durchweg Abendprogramme (*Campfire Programs*) mit Lichtbildervorträgen oder Filmen angeboten. Zuständig dafür sind die **Parkranger**, sowohl Aufsichtspersonen mit Polizeibefugnis als auch Spezialisten für Natur und Geschichte ihres Einsatzbereichs. Tagsüber leiten sie Wanderungen und andere Unternehmungen, denen sich Parkbesucher häufig kostenlos, aber neuerdings mehr und mehr gegen Beitrag anschließen können.

Saison

Manche Nationalparks und -monumente weisen während der Hauptsaison von Anfang Juli bis Ende August extrem hohe Besucherzahlen auf. Auch in den Monaten Mai/Juni und September/Oktober ebbt der Betrieb nicht mehr so ab wie noch vor einigen Jahren. Dann geraten die populärsten Ziele fest in deutsche und Schweizer Hand. Amerikaner sieht man in der *Off-Season* überwiegend im Rentenalter. Auf Übernachtungen in Motels oder *Lodges* **in** den Parks sollte man ohne Reservierung zwischen Mai und September nicht angewiesen sein. Sie sind in einigen Fällen oft schon Monate im voraus ausgebucht, ⇨ Seite 138. Beim Campen ist die Situation im allgemeinen nicht so problematisch, ⇨ Seite 193.

National Forests

Landschaftliche Attraktivität und unberührte Natur findet man durchaus nicht nur in Einrichtungen des *National Park Service`*. Namentlich die **Nationalforste** stehen ihnen in dieser Beziehung oft in nichts nach. In vielen Fällen setzen sich typische landschaftliche Merkmale der Nationalparks oder -monumente in den sie umgebenden ***National Forests*** fort. Für ihren Besuch braucht man keinen Eintritt zu zahlen.

Sie sind vor allem in der Hochsaison Geheimtip für all jene, die sich gerne auch mal abseits der Haupt-Besucherströme halten möchten. Die meisten Straßen durch Nationalforste erfreuen fast immer mit schöner Streckenführung und im allgemeinen mit geringer Verkehrsdichte, sofern sie nicht gleichzeitig als Zufahrt zu bekannteren touristischen Zielen wie Nationalparks dienen. Daß die riesigen Wälder im Westen ausserdem über zahlreiche hervorragend angelegte *Campingplätze* verfügen, wurde bereits auf Seite 19 erwähnt.

State Parks

Nun befinden sich ungewöhnliche geologische Formationen, historisch interessante Orte und sehenswerte Landschaften außer auf Bundesland natürlich auch auf sonstigem Grundbesitz, vor allem auf Ländereien der Einzelstaaten. Wie der Bund, so verfügen alle US-Staaten über einen **State Park Service**, der auf staatlichen Ländereien **Parks**, **Historical Sites** und **Monuments, Beaches** und **Recreational Areas** ins Leben gerufen hat und verwaltet. Wie oben angedeutet, geht die Parallelität in einigen Bundesstaaten so weit, daß ein Teil dieser Einrichtungen sich von der nationalen Konkurrenz kaum unterscheidet und oft qualitativ Vergleichbares zu bieten hat.

Camping und Day-Use

Obwohl der *State-Park*-Gedanke in den verschiedenen Staaten eine recht unterschiedliche Auslegung erfährt, signalisieren *State Parks* das Vorhandensein einer gepflegten öffentlichen Anlage mit mindestens Picknickplatz und in sehr vielen Fällen großzügig angelegten **Campgrounds** (⇨ Seite 196). Oft sind Badestrände, Bootsanleger und Angelgelegenheit vorhanden. Sofern es sich nicht um reine Rastplätze oder kleine Strandzugänge handelt, kosten *State Parks* **Eintritt** auch für den sogenannten **Day-Use** (Tagsüber-Nutzung). Die *State Parks* werden im Reiseteil ihrer hohen Bedeutung entsprechend gewürdigt.

AMERICA THE BEAUTIFUL von Wolfgang Haertel

Yosemite Valley, an einem sonnigen Samstagmorgen im Juni, ein populärer Viewpoint. Nachdem wir unseren Campervan in die letzte Parklücke gequetscht haben, steigen wir erwartungsvoll aus. Der Weg zum Aussichtspunkt ist nicht zu verfehlen, aber zunächst müssen wir zwischen riesigen Reisebussen hindurch. Deren Besatzungen bilden eine undurchdringliche Menschentraube: Isn't it gorgeous? Amerikaner, die den Park zum x-ten Mal besuchen, sind immer noch genauso fasziniert wie die deutsche Touristengruppe auf dem rechten Flügel. Sprachlos, aber dafür mit dauerklickenden Kameras steht die japanische Delegation auf der anderen Seite des Pulks. Busfahrer hupen, drängen zur Weiterfahrt. Noch bevor alle Schäfchen wieder eingesammelt sind, treffen bereits neue Busse ein. Babylonisches Sprachgewirr, internationale Ausrufe des Entzückens. Welch herrliche Landschaft! America the Beautiful!

Fünf Minuten Fußweg auf einem steil bergan führenden Pfad bringen uns rasch aus dem Getümmel heraus. Ganz für uns genießen wir den freien Blick auf das atemberaubende Panorama – und finden Zeit und Muße für Gedanken über den Sinn unseres Abstechers in den Yosemite:

Müssen es wirklich immer nur die berühmten Nationalparks sein? Muß man wirklich mit eigenen Augen gesehen haben, was man von Fernsehen und Reisevideo sowieso schon kennt? Die Routen vieler USA-Reisender erinnern an Perlenketten: San Francisco–Yosemite–Death Valley–LasVegas–Zion–Bryce Canyon–Monument Valley–Grand Canyon, dabei täglich eine andere Perle. Und gleich, wie lange die Reisen dauern, sie unterscheiden sich oft nur in der Anzahl der Attraktionen, die abgehakt werden. Man jagt von einer zur anderen, um möglichst viel zu sehen.

*Dabei hat das Land Möglichkeiten, die es in Mitteleuropa schon lange nicht mehr gibt. Riesige Wald- und Gebirgslandschaften, als **National Forests** ausgewiesen, bieten Gelegenheit, abseits touristischen Trubels und der Verkehrsströme Ruhe in oft wunderschöner Natur zu genießen. Ihre Attraktivität steht der von Nationalparks oft kaum nach, auch wenn es vielleicht nicht ganz so spektakuläre Postkartenansichten gibt. Dafür wird die Nutzung weitaus großzügiger gehandhabt. Neben offiziellen **Campgrounds,** die je nach Lage an den Wochenenden auch schon mal voll werden können, ist sogenanntes **dispersed camping** erlaubt. Man darf prinzipiell überall in **National Forests kostenfrei kampieren**, wo es nicht ausdrücklich untersagt ist. Der Forest Service unterstellt, daß Besucher sich verantwortungsbewußt und umweltgerecht verhalten:*

*Gecampt werden sollte nur auf harten, trockenen Böden, um Wiesen und Vegetation zu schonen. Jeder Lagerplatz muß mindestens 30 m von Flüssen, Bächen oder Seen entfernt sein, um eine versehentliche Verunreinigung der Gewässer auszuschließen. Daß man keine Abfälle hinterläßt, ist ohnehin selbstverständlich. **Pack it in - pack it out**, heißt die Devise. Verbuddeln gilt als schlechte Alternative, denn Tiere graben den Müll über kurz oder lang wieder aus.*

Nur eine bestimmte Abfallsorte, die der amerikanische Sprachgebrauch dezent als "human waste" bezeichnet, darf – mindestens 15-20 cm tief – unter der Erde deponiert werden. Ihr Transport in Rucksack und Koffer-raum wäre auch wohl nicht jedermanns Sache und kaum durchsetzbar, obwohl einige Öko-Autoren selbst das allen Ernstes empfehlen!

Wer darüberhinaus beim Abbrennen des abendlichen Lagerfeuers noch die wichtigsten Sicherheitsregeln beachtet, ist in Amerikas Wildnis ein gern gesehener Gast. Die **Forest Ranger** verweisen immer wieder auf das griffige Motto "***Take only pictures, leave only footprints***" und ergänzen gerne: Wer außer Fotos auch noch das eine oder andere Fundstück – wie Kronenkorken, Bierdosen und Chipstüten – mitnimmt, das ein Vorgän-ger versehentlich liegenließ, darf sich als moralischer Sieger fühlen. Statt $10-$15 pro Campingnacht auf einem National Park Campground aus-zugeben, kann man derart Mutter Natur direkt belohnen als Dankeschön fürs kostenlose Quartier. Keep America beautiful!

Um sicherzustellen, daß jeder Besucher die Regeln des gesunden Men-schenverstandes kennt, ist in manchen Forsten die Ausstellung eines (meist kostenlosen) Scheins zur Nutzung Bedingung, vor allem gilt dies in designierten Wilderness Areas. Die **Permits** sind formlos bei den Ran-ger Stations erhältlich, Belehrung und Merkblatt inklusive. Dabei geht es in erster Linie um die Erziehung – und nebenbei auch um Kontrolle.

Ähnliches gilt für **andere Public Lands**, die nicht als National Forest aus-gewiesen sind und auch sonst keinem besonderen Schutzstatus unterlie-gen. Die Nutzung solcher vom **Bureau of Land Management** (⇨ Seite 197) verwalteten Gebiete steht jedem Bürger der USA und auch dem auslän-dischen Besucher ohne ein besonderes Permit frei. Wie in den Wäldern findet man dort manchen hübschen Campground und darf sich auch selbst ein ruhiges Plätzchen suchen.

Amerikas ursprüngliche Natur unreglementiert und ohne die üblichen Begleiterscheinungen des Massentourismus genießen zu können, kann den besonderen Reiz einer Reise durch den US-Westen ausmachen.

Yosemite National Park: Blick vom Glacier Point über die Sierra Nevada (siehe erster Absatz links)

1.1.3 Naturerlebnis und Abenteuer

Aktivitäten

Die vorstehenden Abschnitte unterstreichen, daß eine Reise in den Westen der USA, führt sie nicht ausschließlich in die großen Cities, immer auch Naturerlebnis bedeutet. Für die Mehrheit der Touristen ist das ohnehin ein Hauptreisemotiv. Dabei sollte der rasche Blick durch Auto- oder Busfenster, das förmliche Vorbeigleiten Amerikas, ohne wirkliche Eindrücke zu hinterlassen, nicht die Reiserealität bestimmen. Auch die häufig zu beobachtende Tendenz, Sehenswürdigkeiten überwiegend von vorgeschriebenen Pfaden und Aussichtspunkten nur kurz zu bewundern und dann zum nächsten Ziel des vollgepackten Programms zu hetzen, sollte vermieden werden. Besser ist, sich etwas weniger vorzunehmen, dafür dann aber Zeit zu haben. Für ein intensiveres Reiseerlebnis bietet Amerika zahlreiche Möglichkeiten.

Vorbuchung

Dazu bedarf es in den meisten Fällen keiner Vorbuchung und langfristiger Anmeldung. Was hier beschrieben wird, kann oft ad hoc und individuell nach Lust und Laune ins Reiseprogramm eingebaut werden, vorausgesetzt die Zeit reicht. Es macht aber Sinn, schon bei der Planung zu überlegen, welche Aktivitäten die eigene Reise besonders bereichern würden. Aus dem Reiseteil geht hervor, wo was möglich ist, und auch die folgenden Erläuterungen geben bereits manchen Hinweis.

Wandern/ Hiking

Eine natürliche Ergänzung des Besuchs in Einrichtungen des Nationalparksystem, in vielen *State Parks* und manchen *City* oder *County* (Landkreis) *Parks* sind **Wanderungen**. Auf Wegen von komfortabel mit Lehrpfadcharakter bis zu kaum gekennzeichneten Wildnispfaden über Stock und Stein findet man unzählige *Hiking Trails*. Ihre Ausgangspunkte sind gut ausgeschildert. Sofern man in kostenpflichtigen Parks nicht ohnehin eine genaue Karte mit entsprechenden Markierungen erhält, informieren Tafeln an den *Trail Heads* über Verlauf, Dauer, Schwierigkeitsgrad usw. In den größeren Landschaftsparks existieren neben kurzen Wanderwegen auch *Trails* für **Mehrtagestrips** mit kleinen, oft kostenfreien Campingplätzen (***Walk-in oder Wilderness Campgrounds***) in regelmäßigen Abständen. Aus dem *Hiking* wird dann ein ***Backpacking***, da man für derartige Unternehmungen nicht ohne Rucksack, den *Backpack*, auskommt.

Auf dem Echo Park Trail im Chiricahua National Monument/Arizona

**Wanderer-
erlaubnis**

Für Übernacht-Wanderungen benötigt man in der Regel ein **Wilderness** oder **Backcountry-Permit**. Die Erlaubnisscheine werden in den Büros der Parks und der ebenfalls von **Long-Distance Hiking Trails** durchzogenen Nationalforste kostenlos ausgestellt. Sie dienen vor allem der Ökologie, indem in besonders beliebten Gebieten nur eine begrenzte Zahl von Interessenten pro Tag zugelassen wird. **Backpacking** ist in Nordamerika bei jung und alt eine erstaunlich populäre Aktivität, die zeigt, daß durchaus nicht allen Amerikanern der Sinn nur nach Komforturlaub und kommerziellen Vergnügungen steht.

**Long
Distance
Trails**

Als Krönung des *Backpacking* gilt die Bewältigung zusammenhängender Wanderrouten über Tausende von Kilometern, und sei es stückchenweise. Einer der großartigsten Wege dieser Art ist der **Pacific Crest National Scenic Trail** von der kanadischen Grenze nach Mexiko durch die Nationalparks der Kaskaden und der Sierra Nevada. Im Bereich der Parks *Yosemite* und *Sequoia/Kings Canyon* läuft auf weitgehend identischen Wegen der wunderbare **John Muir Trail**. Ebenfalls sehr reizvoll sind **Oregon's Coastal Trails**, Wege entlang der Oregon-Küste, die großenteils aneinander anschließen.

Bei Interesse an ausgedehnten Wandertouren ist der **Sierra Club**, 85 2nd Street, San Francisco, California 94105-3441, ✆ (415) 776-2211, eine *Non-profit* Organisation, die sich dem *Outdoor Living* verschrieben hat, eine gute Adresse: im **Internet unter http://www.sierraclub.com**. In den meisten Buchläden und in den Besucherzentren der größeren Nationalparks findet man spezielle Wanderführer; viele Hinweise gibt es auch im **Internet auf den Nationalpark-Seiten**, ⇨ **Seite 25**. .

Im Reiseteil dieses Buches finden sich über 200 Wanderempfehlungen; dabei handelt es sich in erster Linie um Kurz- bis Tageswanderungen.

Wer detaillierte Informationen auch zu längeren Wandertouren sucht und sich darüberhinaus intensiver mit **Natur und Ökologie** in Nationalparks und Wildnisgebieten des US-Südwestens befassen möchte, findet dazu ab Frühsommer 1999 den ultimativen **Natur und Wanderführer** bei Reise Know-How, ⇨ Seite 712.

Radfahren/ Biking

Radfahren kam auch in Amerika in den 80er Jahren wieder zu Ehren. Keine größere Stadt, in der es heute nicht Fahrradverleihstationen gibt (*Bicycling, Rent-a-Bike* in den gelben Seiten der Telefonbücher). Auch in einigen Nationalparks kann man Fahrräder mieten. Nicht selten lassen sich Städte und Parks besser mit dem Fahrrad als per Auto erkunden, obwohl selten Radwege vorhanden sind (Ausnahme: *Yosemite National Park*) und mehr Aufmerksamkeit im Verkehr angebracht ist als hierzulande. Auf jeden Fall ist das Fahrrad eine gute Ergänzung zu Bus- und Zugreisen und zum Trampen. **Zum Reisen durch den US-Westen ganz per Rad ⇨ Seite 65**.

Mountain Biking

Wo das *Mountain Bike* erfunden wurde, gibt es zahlreiche **Mountain Bike Trails** durch fantastische Landschaften, vor allem in Kalifornien, Utah und Colorado. Orte wie Moab/Utah oder Durango/Colorado sind die populärsten Treffpunkte für MTB-Fahrer und bieten großartige Reviere (*Bike-Rentals* dort). Möchten Sie mehr über *Mountain Biking* und/oder Radwandern in den USA wissen, sollten Sie zu den Reise Know-How Titeln **Bikebuch USA/Canada** und **Fahrrad-Weltführer** greifen, die sich auch für den US-Westen gut eignen.

Reiten/ Horseback Riding

Von vielen Veranstaltern werden Reitferien in den USA als Pauschalreisen angeboten, meistens in Verbindung mit Ranchaufenthalten. Naturgemäß ist das ein teures Vergnügen. Wer zwischendurch mal Lust zum Reiten hat, findet in und um Nationalparks sowie an den Hauptreiserouten regelmäßig Möglichkeiten zur Teilnahme an Ausritten in die Umgebung. Auch ohne Voranmeldung kann man häufig noch an manchen begleiteten Tagesausflügen teilnehmen. Leihpferde für individuelle Unternehmungen (nicht nur) für den geübten Reiter lassen sich leicht auftreiben.

Die überall vorhandenen **Informationsbüros** (⇨ Seite 82) helfen dabei gerne. Die Stundensätze liegen im allgemeinen unter den Tarifen in Europa und beginnen bei etwa $10-$12.

Backroads/ Hinterlandstraßen

Weniger sportlich als die bislang beschriebenen Aktivitäten sind (Auto-)Fahrten über sogenannte **Backroads** durch das Hinterland (= **Backcountry**, aber auch der deutsche Begriff ist gebräuchlich) dichter besiedelter Gebiete. Vergleichbares gibt es in Mitteleuropa nicht, da Siedlungsstruktur und Bevölkerungsdichte bei uns derartige "Entwicklungsnischen" kaum übrig gelassen haben. Es handelt sich bei den *Backroads* um kleine, aber in der Regel uneingeschränkt befahrbare Straßen abseits von Durchgangs- und Verbindungsrouten. In abgelegenen Ebenen der intermontanen Plateaus (⇨ Abschnitt 1.1.1, Seite 18) können derartige Straßen schrecklich langweilig sein. Es gibt aber Gebiete, in denen gerade sie durch landschaftliche Kleinode führen, die in keinem Reiseführer verzeichnet sind. Auf ihnen findet man mit ein bißchen Glück idyllisch gelegene Dörfer, in denen die Zeit stehengeblieben zu sein scheint, und das *Good old America* der Kinderbücher.

Die Amerikaner selbst haben ihre liebenswerten *Backroads* wiederentdeckt und darüber detaillierte Bücher verfaßt. In großen Buchhandlungen stößt man darauf. Sie sind ansprechend gemacht mit hübschen Zeichnungen und vielen Geheimtips für versteckte Landgasthäuser (**Country Inns**) und *Bed & Breakfast* Plätze. Sehr schöne *Backroads* gibt es z.B. in Nordkalifornien im *Humboldt* und *Trinity County*, im *Calaveras County* nordwestlich des *Yosemite National Park* und im Süden Kaliforniens zwischen Riverside/Los Angeles, Palm Springs, der Pazifikküste und San Diego.

Stauseen/ Reservoirs

Stauseen, in Amerika **Reservoirs** genannt, besitzen für die städtische Wasserversorgung und für die Landwirtschaft in den Trockengebieten des Westens mit ihren langen Perioden ohne Niederschlag erhebliche Bedeutung. So befinden sich u.a. im Umfeld von Los Angeles und San Francisco wie auch **in den Ausläufern der Sierra Nevada und Kaskaden** ganze Reservoir-Batterien. Bei genauem Hinsehen erkennt man auf Landkarten, daß die Mehrzahl aller Seen nennenswerter Größe in irgendeiner Ecke den typischen kleinen Balken zur Kennzeichnung der Lage des Staudamms aufweist.

Mit wenigen Ausnahmen stehen die *Reservoirs* der Öffentlichkeit für **Wassersport** und Fischfang offen. Viele eignen sich hervorragend fürs **Windsurfing.** Bei sommerlicher Fahrt durch heiße Regionen bieten die meisten Stauseen gute Gelegenheit zur Abkühlung, es sei denn, der Wasserstand ist im Spätsommer oder nach Trockenperioden zu stark abgesunken. Fast immer befinden sich Campingplätze an ihnen, auch wenn sie mal nicht im Campingführer verzeichnet sind.

Hausboote

Als bequeme Variante des Urlaubs auf dem Wasser gelten Hausbootferien. Mit dem *Lake Powell* (Arizona/Utah), dem *Lake Mead* (Nevada/Arizona), weiteren Stauseen des Colorado River (Südkalifornien/Arizona) und denen der *Wiskeytown Shasta-Trinity National Recreation Area* (Nordkalifornien) besitzt der US-Westen landschaftlich und klimatisch fantastische Hausboot-Reviere (siehe auch im Reiseteil unter den genannten Seen). Auf ihnen warten ganze Armadas von Leihbooten auf zahlungskräftige Kundschaft, die sich das schwimmende Einfamilienhaus samt *Speedboat*, Wasserski, Angelausrüstung u.a.m. bis zu $4.000 pro Woche kosten läßt. Im Gegensatz zu europäischen Revieren fehlt allerdings die Aussicht auf Landgang durch historische Städtchen mit romantischen Gassen und gemütlichen Kneipen.

Hausbootferien in der Hauptsaison sollte man langfristig vorbuchen. Reist man jedoch bis Ende Mai (*Memorial Day*) oder ab September (nach *Labor Day*), kann man *Houseboats* jederzeit auch direkt vor Ort mieten, meist ab drei (Fr–So) oder vier Tagen (Mo–Do) Mindestmietdauer. Dabei sieht man dann gleich, wie die Schiffe und vor allem das Revier beschaffen sind, und hat nebenbei die Chance, eine etwas günstigere Miete zu realisieren als den auch noch in der *off-season* exorbitant hohen Tagespreis der offiziellen Liste. Wer es eher mal zwischendurch auf einen gemütlichen Tag auf dem Wasser abgesehen hat, findet *Outboarder* getriebene Plattformen auf Pontons mit Sonnendach, Gasgrill und Badeleiter zu relativ erschwinglicheren, wiewohl nicht geringen Mietpreisen. Normale Motorboote verschiedener Klassen gibt es auch.

Wassersportparadies Lake Powell: 150 km aufgestaute Wassermassen des Colorado River in der Wüste (⇨ Seite 514). Deutlich erkennt man an der Felsfärbung, wie stark in den letzten Jahren der Wasserstand gesunken ist.

Kanus/ Canoes

Kanus sind nach weitverbreiteter Vorstellung eine Domäne Canadas, genauso wie klare Flüsse und Seen inmitten unverdorbener Natur. Wohl dank der geschickten Imagewerbung der Kanadier erscheint es weniger naheliegend, dieselben Begriffe (auch) mit den USA in Verbindung zu bringen.

Im Leihkanu auf dem Flathead Lake in Montana

Dabei treffen sie zumindest auf die Gebirgsregionen im US-Nordwesten ebensogut zu. Das Kanu ist dort ähnlich beliebt für Wasserwanderungen und Angeltouren wie beim nördlichen Nachbarn, speziell auf Seen und Flüssen von Nationalparks und Wildnisarealen. **Kanutouren** als Pauschalprogramm wie in Canada werden für die USA kaum angeboten. Sich vor Ort ein Kanu leihen, um ein paar Stunden, einen Tag oder auch länger die Grenzen der Zivilisation hinter sich zu lassen, kann man dagegen auch im US-Nordwesten, z.B. im *Grand Teton* oder *Glacier National Park*, auf den Stauseen des Snake River oder in der *Sawtooth Wilderness*/Idaho.

Autoschläuche/ Inner Tubing

Großer Beliebtheit erfreut sich das *Inner Tubing*, ein bei uns unbekanntes Vergnügen, sieht man davon ab, daß in früheren Zeiten auch hierzulande Kinder und Jugendliche mit alten Autoschläuchen auf Teichen und Seen herumpaddelten. Die Amerikaner, jung und alt, benutzen Schläuche (*inner tubes*) aus LKW-Reifen und daraus entwickelte Schwimmringe mit Boden, um sich auf Flüssen und Bächen durch die Landschaft treiben zu lassen. Die dafür besonders geeigneten Gewässer zeichnen sich meist durch geringe Tiefen, gelegentliche Stromschnellen ohne ernste Gefahrenstufen und – im Sommer – angenehme Wassertemperaturen aus. Das Problem der "Einbahnstraße" Fluß lösen die *Rental Companies*, die Schläuche und kleine Schlauchboote verleihen und ihre Kunden per Bus zum Ausgangspunkt befördern. Genießer führen **Container-Tubes** mit eingehängter *Coolbox* für Getränke mit. Fürs *Inner Tubing* wie geschaffene glasklare Flüsse sind zum Beispiel der Truckee River (Lake Tahoe/Kalifornien) und der Deschutes River (Lava Lands Bereich/Oregon).

*Schlauch-
boote auf
Wildwasser/
White
Water
Rafting*

Eine der ganz großen Spezialitäten nordamerikanischen Feri-
enabenteuers ist das *Whitewater Rafting.* Die Wildwassertrips
erfreuen sich enormer Popularität; und so gibt es denn kaum
einen nennenswerten Fluß, der nicht von den Booten kommerzieller **Rafting Companies** befahren würde. Viel Publizität
erfuhren bei uns die Touren über die Stromschnellen des
Colorado durch den Grand Canyon. Diese wie andere beliebte
Trips (z.B. durch die Canyons des *Dinosaur Park* auf dem
Green River oder die *Canyonlands* auf dem oberen **Colorado
River**) werden als Pauschalarrangement auch in Deutschland
und der Schweiz angeboten. Wer es darauf abgesehen hat,
sollte besser vorbuchen, da die Nachfrage in den USA ebenfalls groß ist. Trips mit geringerem Bekanntheitsgrad bieten
indessen nicht notwendigerweise weniger Spaß und Aufre-
gung; und der Einstieg vor Ort ist oft noch kurzfristig möglich.

*Reviere/
Buchung*

Zum Ausprobieren des **River Rafting** auf Wildwasser gibt es
unterwegs im Westen zahlreiche Möglichkeiten für Halb- und
Eintagstrips. Dabei sind unterschiedlichste Schwierigkeitsstufen zu haben: vom harmlosen Dahingleiten z.B. durch die
Natur des *Grand Teton Park* auf dem gemütlichen Teil des
Snake River bis zur Gefahrenstufe III auf demselben Fluß ein
paar Meilen südlich durch dessen pittoresken Canyon. Auf
entsprechende Angebote stößt man in jeder Touristeninformation (⇨ Seite 82).

**Für schnelle Ent-
schlüsse** genügt in
aller Regel die tele-
fonische Voranmel-
dung, häufig kann
man auch in letzter
Minute noch auf
einem freien Platz
unterkommen. Die
Kosten beginnen bei
ca. $35 für den Halb-
tagsausflug (2-3 Std.
auf dem Wasser und
30 min bis 1 Stunde
Busfahrt zum Aus-
gangspunkt und den
Rücktransport) und
etwa $60 für einen
ganzen Tag. Auf be-
sonders attraktive
River Trips wird im
Reiseteil an vielen
geeigneten Stellen
hingewiesen.

Angeln/
Fishing

In Anbetracht der unzähligen klaren Gewässer, Stauseen und endlosen Meeresküsten mit unerhörtem Fischreichtum ist es kein Wunder, daß Angeln in ganz Nordamerika so eine Art nationale Obsession darstellt. Auch als ausländischer Tourist darf man in den USA sein Anglerglück versuchen. Dazu muß man nicht an teuren **Fishing Trips** teilnehmen. Ergiebige Reviere gibt es im Westen außerhalb der Wüstengebiete allerorten. Angelgerät ist erstaunlich preiswert, und die obligatorischen **Angelscheine** lassen sich zu erträglichen Gebühren noch im kleinsten Dorf beschaffen. Allerdings wird in jedem Bundesstaat eine neue **Fishing License** fällig.

Gold-
waschen/
Gold
Panning

Neben den berühmten historischen **Goldrauschregionen** in den Yukon Territories, in Alaska und Kalifornien gilt ein breiter Streifen von der mexikanischen Grenze bis in den hohen Norden als **Goldcountry.** Kurze und längere von Goldfunden ausgelöste Boomperioden gab es aber praktisch in allen Weststaaten. Und so stößt man denn auch außerhalb der bekannteren Goldgebiete Kaliforniens, Nevadas und Colorados oft unerwartet auf verlassene Minen und verrottetes Gerät in durchwühltem Gelände. Auch heute sind noch viele **Claims** gesteckt. Hier und dort wird sogar gewinnbringend geschürft. Tatsache ist, daß wegen der unzureichenden Technik früherer Tage nur ein Teil der vorhandenen Reichtümer voll ausgebeutet werden konnte.

Nachdem in den 70er-Jahren der Goldpreis binnen kurzem von $40 pro Unze auf über $200 stieg (1999 um $300), wurden **Goldsuche und Goldwaschen** zum allgemeinen Freizeitsport. Von der klassischen Waschpfanne bis zu erstaunlich verfeinerten High-Tech-Gerätschaften setzen heute Amateurprospektoren dabei alles ein, womit man Sand und Gestein die letzten Spuren von Gold entlocken könnte. Geübte behalten ohne weiteres winzige Goldspuren in der Pfanne, wenn es sich beim sorgfältig durchzuspülenden Sand tatsächlich um **Pay Dirt** handelt. In alten und künstlichen Goldrauschstädtchen garantieren geübte Helfer, daß beim **Gold Panning** mit präpariertem Inhalt etwas hängenbleibt. Mit einigen Dollar pro Waschpfannenfüllung ist man dabei. Es gibt aber auch Leute, die ganz auf sich gestellt in der Wildnis nennenswerte Dollarbeträge erarbeiten. Handbücher über das **1x1 des Goldwaschens** mit Lageplänen der bekannten Fundstätten, gesetzlichen Vorschriften und den Adressen von Firmen, welche die geeignete Ausrüstung vertreiben, findet man in allen größeren Buchhandlungen. Unübertroffen als Einführung sind die leicht verständlichen und preiswerten Bücher von des Autors *Garnet Basque* zu Geschichte und Methoden des Goldschürfens: **Goldpanning Manual** und **Methods of Placer Mining,** erschienen beim Verlag *Mister Paperback*.

**Geister-
städte/
Ghost
Towns**

Goldsuche und lange verlassene *Ghost Towns,* besser: deren Relikte, stehen in engem Zusammenhang. Zahlreiche Städte entstanden zu Zeiten der Gold- und Silber-Boomjahre von der Mitte des vorigen bis zu den Anfängen des 20. Jahrhunderts. Nach vergeblicher Suche oder rascher Erschöpfung zunächst vielversprechender Funde wurden sie wieder aufgegeben. Nicht nur die Häuser, sondern oft auch Inventar, Schürfgeräte und Planwagen ließen die abziehenden Prospektoren zurück. Vieles davon blieb in den Halbwüsten Nevadas, Arizonas und anderer Trockengebiete erstaunlich gut erhalten, soweit es nicht demontiert wurde. Es gibt 'zig echte *Ghost Towns,* viele davon gar nicht weit weg von den Straßen, aber nur selten findet man Hinweisschilder. Den Weg zu ihnen und ihrer Historie weisen spezielle Führer mit Titeln wie **Old Ghost Towns of the West**, die größere *Bookshops* mit Sicherheit führen.

**Museale
"Ghost"
Towns**

Man muß aber schon besonderen Sinn für die Geschichte Amerikas mitbringen, um den Geisterstädten und ihren im Wüstenwind knarrenden Türgerippen viel abzugewinnen. Aufschlußreicher sind restaurierte *Ghost Towns* wie **Goldfield** bei Apache Junction östlich von Phoenix und **Bodie** (*State Historical Site*) nördlich des Mono Lake in Kalifornien.

*Kommerziell
betriebene
Ghost Town
Goldfield bei
Apache
Junction/
Arizona mit
Steakhouse
und Saloon*

**Heiße
Quellen/
Hot Springs**

Ganz im Gegensatz zum Wüstensand steht das heiße Wasser von Mineralquellen. Manche Ortsnamen (z.B. Desert Hot Springs) weisen explizit auf die heißen Quellen hin, denen die Gründung der Siedlung zu danken ist. Auf jeder Route durch den Westen stößt man gelegentlich auf "schön" eingezäunte, oft zu großen Anlagen ausgebaute private wie öffentliche **Heißwasserpools,** die von nahen *Hot Springs* gespeist werden. Ihre Benutzung kostet ein paar Dollar Eintritt. Im Reiseteil erfährt der Leser, welche von ihnen empfehlenswert sind.

**"Wilde"
Hot Springs**

Ohne Hinweisschilder und deutliche Kennzeichnung in den Karten gibt es darüberhinaus zahllose heiße Quellen irgendwo in den Bergen und Wäldern oder mitten in der Wüste, die über **natürliche Pools** verfügen. Die oft herrlich gelegenen

Badetümpel ohne Beton und Einfriedung werden manch einem willkomme-ne Gratiszugabe zur Amerikareise sein, auch wenn das Auffinden solcher Pools oft ein wenig Spürsinn, einige hundert Meter Fußmarsch und Kletterei erfordert. Wie für alles steht Spezialliteratur mit genauen Angaben zum Wo? und Wie? von **Natural Hot Springs** in den Regalen vieler Buchläden.

ATVs/ ORVs

Die Dünen-Buggies, umgerüstete alte Volkswagen, mit denen die Amerikaner in den 60er- und 70er-Jahren, vereinzelt bis heute durch Wüstengelände und Dünen jagten, wurden durch drei- und vierrädrige sogenannte **All Terrain Vehicles** (**ATV**) vom Typ Kleinmotorrad ersetzt. Auch *Buggies* und Jeeps sind faktisch ATVs oder **ORVs** (**Off-Road Vehicles**). Die Mehrheit der Fahrzeuge jedoch, die man heute durchs Gelände düsen

sieht, gehört in die erstere Rubrik. Diese Maschinen wiegen nicht viel und sind simpel in der Handhabung; zudem verfügen sie dank geringer Untersetzung und Grobprofilen auf den Ballonreifen über ein sagenhaftes Steigvermögen. Festfahren ist fast unmöglich, und wenn, dann kann eine Person die Maschine ohne weiteres wieder aus dem Sand oder Matsch ziehen. **ATV-Fahren bringt einen Mordsspaß**.

Wo Krach und Flurschäden noch nicht zu Verboten geführt haben, kann man ATVs zu hohen Stunden- und Tagessätzen auch mieten (oder kaufen: die Dinger kosten neu so ungefähr ab $3.000). Beliebte ATV-Areale findet man an der Westküste in den Dünen der **Pismo State Beach** (San Luis Obispo/ Kalifornien), in der **Oregon Dunes National Recreation Area** und bei **Tillamook** (nördliches Oregon), landeinwärts vor allem in bestimmten Wüstenregionen Südkaliforniens, Arizonas, Nevadas, Neu Mexikos und Utahs, ➪ Reiseteil.

Wochenend-heerlager der ORV-Fans am Sand Mountain/ Nevada,
➪ *Seite 366*

Sonstiges Die aufgezählten Aktivitäten sind nur die auffälligsten und populärsten. Auch ausgefallenere Urlaubswünsche lassen sich in den USA realisieren. Ob es sich um Heißluftballonflüge (**Ballooning**) Drachenfliegen (**Hanggliding**) oder Überlebenstraining (**Survival**) und anderes mehr handelt, nichts ist unmöglich. Auskünfte erhält man in Informationsbüros in dort ausliegenden Werbebroschüren und in Veröffentlichungen zu sportlichen wie touristischen "Spezialdisziplinen". Hilfreich sind immer auch die Gelben Seiten der Telefonbücher unter den jeweiligen Stichworten.

Wermutstropfen bei soviel Spaß gibt es natürlich auch:

Kosten Die Kosten für alle Aktivitäten, welche unter fachmännischer Führung stattfinden oder geliehenes Gerät voraussetzen, sind selbst bei günstigen Dollarkursen nicht niedrig. Man muß im touristischen Bereich eher mit einem "Wechselkurs" von $1 = 1 DM (statt ca. 1,75 DM) kalkulieren, damit die Preise in etwa dem europäischen Niveau entsprechen.

INSEKTEN ALLERORTEN

Wenn man vom Naturerlebnis in Amerika spricht, dann darf ein kleines Problem, das in der Fremdenverkehrswerbung gerne übergangen wird, nicht verschwiegen werden. In weiten Teilen Nordamerikas einschließlich der Weststaaten ist die **Insektenplage** *ein arges Kreuz. Wenn es nicht die* **Mücken** *oder* **Wespen** *sind, dann die* **Black Flies, Horse Flies** *oder die sogenannten* **No-See-Ems**, *fast unsichtbare Kleinfliegen.* **Irgend etwas sticht oder beißt immer**. *Nicht umsonst verbarrikadieren die Amerikaner ihre Häuser und Wohnmobile aufs sorgfältigste mit feinmaschigen Insektennetzen. Auf Wanderungen, im Kanu, am Lagerfeuer und in weniger insektensicheren Zelten oder Campern helfen nur Dauerbehandlung mit (amerikanischem!) Insektenschutz und hochgeschlossene Kleidung.*

1.1.4 Kommerzparks und Zuschauervergnügen

Das Kontrastprogramm zum Ferienerlebnis in freier Natur bieten die zahlreichen kommerziellen Anlagen für Urlaubs-, Feierabend- und Wochenendspaß im Umfeld der großen Städte und an den Hauptschlagadern des Tourismus.

Eintritt und Discounts

Im Gegensatz zum *Outdoor*-Vergnügen kosten (fast) alle hier beschriebenen Attraktionen **Eintritt**. Und zwar nicht zu knapp, soweit der Spaß privatwirtschaftlich organisiert ist. Spitze bei der Preisgestaltung ist traditionell *Disneyland* in Los Angeles mit über $35 für den Tagespaß für alle Besucher ab 12 Jahren. Eine auf den Tag bezogene Ermäßigung gibt es nur beim Kauf eines Mehrtagestickets. Ansonsten sind *Discounts* gang und gebe. Amerikaner zahlen an der Kasse von *Amusementparks* und anderer Sehenswürdigkeiten in Privathand selten den vollen Preis, da sie sich vorher **Discount Coupons** besorgt haben. Die erhält man überall: frei verteilt in der nächsten *Visitor Information*, bei der Autovermietung oder im Hotel, auf den ersten und letzten Seiten von Straßenatlanten (z.B. *Rand McNally*) und Campingführern und zum Ausschneiden in der Tageszeitung. Die Abschläge vom Basispreis können bis zu 25% betragen.

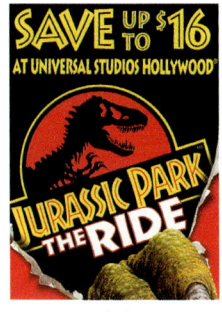

"Senioren"/ Studenten

Ermäßigte Eintrittspreise gibt es fast immer auch für **Senioren** (in den USA sind alle 55-Jährigen bereits *Seniors*, manchmal gar ab 50) und **Studenten,** sofern Sie einen ISCI-Ausweis vorlegen können (*International Student Identity Card*). Das gilt auch für Museen und Eintrittsgelder für alles Mögliche.

Amusement Parks

Kaum eine nordamerikanische City verfügt nicht über zumindest einen *Amusementpark*. Es handelt sich dabei um fest installierte Jahrmärkte in meistens parkähnlicher Anlage mit Karussells, Achterbahnen, Riesenrädern etc., Restaurants, Souvenirshops und Showbühnen. Allerhand sonstige Attraktionen ergänzen üblicherweise die größeren Komplexe und sorgen für ein eigenes, sehr amerikanisches Gepräge: Das Jahrmarktvergnügen wird in diesen Fällen mit Zirkusakrobatik, Zoobesuch, "deutschem" Oktoberfest, Delphin-Show, Wildwest-Szenen, historischen Eisenbahnen und sonstwas kombiniert. Der Besuch der Amusementparks ist – wie gesagt – nicht billig und auch nicht immer so spaßig und amüsant wie die jeweilige Werbung glauben machen möchte. Die Ausgabe eines Tagesspasses zum Fixpreis ist allgemein üblich. Für welche Parks sich die hohe Ausgabe lohnt, und wo weniger, erfährt der Leser im Reiseteil.

Shopping Malls

Selbst Einkaufszentren erhalten in Amerika mehr und mehr Amusementparkcharakter. Das Wort **Mall** kennzeichnet das überdachte *Shopping Center*. Die neuesten und größten Komplexe dieser Art beeindrucken oft schon durch ihre Architektur. Integrierte Entertainmentkomponenten mit Programm und Unterhaltung bis in die Abendstunden sowie zahlreiche Restaurants sorgen für totales **Shopping-Fun**.

Outlet Malls

Eine Variante der "normalen" Einkaufszentren sind die sog. **Outlet Malls**, die mehr und mehr konventionellen Einkaufszentren ähneln. Ihre **Factory Stores** bieten Ware "direkt ab Hersteller". Die dort geltenden **Preise für Markenartikel** aller Art, vor allem Textilien (**Jeans!**), sind oft erstaunlich. Werbung für die nächste *Outlet Mall* findet man in allen Touristeninformationen, außerdem Anzeigen in Werbebroschüren. Die meisten *Outlet Malls* werden von der Firma **Belz** betrieben, ➪ **Foto Seite 142**. Die **Mills Corporation** kreierte im Osten die größten *Outlet Malls* der USA und steigt neuerdings auch im Westen ein. Die meisten *Factory Outlets* liegen unübersehbar an Autobahnen und Hauptausfallstraßen. Wer sich schon hier informieren möchte, findet *Outlet Malls* auch im **Internet**: **http://www.belz.com, http://www.millscorp.com** (weiter über *Project Portfolio*, dann über die USA-Karte zu den *Malls*).

Aqua Marine Parks

Die maritime Variante der Amusementparks sind die *Aqua Marine Parks*, im Westen insbesondere **Seaworld** in San Diego und **Marine World Africa USA** in Vallecito bei San Francisco. Hauptattraktion sind unglaubliche Dressurakte mit Delphinen, Killerwalen, Robben und Seelöwen. Sie werden ergänzt durch Wasserskiakrobatik, Turmspringkünste, Perlentauchen, Fallschirmspringen und allerhand mehr. Man bekommt also einiges geboten und kann einen halben bis ganzen Tag gut ausfüllen, muß dafür aber auch tief ins Portemonnaie fassen.

Planschparks/

Auch in den Weststaaten haben sichdie Anlagen für den großen "Wasserspaß", die ihren Ausgang in Florida nahmen, mit Bezeichnungen wie **Wet 'n Wild, Splish Splash** oder **Raging Waters** ausgebreitet. Wichtigster Bestandteil der Planschparks

Fun for the whole Family im Planschpark "Wild Island" bei Reno/Nevada

Wasserspaß sind die riesengroßen Wasserrutschen mit langen Kurven und Spiralen. Dazu gibt es in den größeren Komplexen Kampfpools mit Wasserkanonen, Wellenbäder und den nassen Kinderspielplatz. Man sollte sich dieses Vergnügen für einen Tag aufsparen, an dem es nicht so voll ist. Besonders Kinder werden begeistert sein. Leider sind auch hier die Eintrittspreise gepfeffert, i.e. nie unter $12 bis weit über $20, egal wie lange man bleiben möchte. Erst bei Ankunft am späten Nachmittag, meist ab zwei Stunden vor Toresschluß, gelten reduzierte Tarife.

Old West Towns Von den diversen **künstlichen Wildwestdörfern** im Südwesten der USA entsprechen vor allem **Old Tucson** (Arizona) und **Buckskin Joe's Town** (bei Canon City/Colorado) so ziemlich der aus Film und Fernsehen bekannten Szenerie. Höhepunkt jeder kommerziellen *Western Town* sind die **Gunfights** bzw. **Shootouts,** die zu festgesetzten Zeiten während der Saison

meist mehrmals täglich stattfinden. Auch wenn man als Ausländer dem Cowboy-Kauderwelsch und damit dem Sinn der Handlung selten recht folgen kann, so wird doch – wenn die Bösewichter letztendlich niedergestreckt im Staub liegen oder gar am Galgen enden – jedermann klar, daß im Wilden Westen am Ende immer Recht und Gesetz den Sieg davontrugen.

Ansonsten kann man in diesen Anlagen (kostenpflichtig) all das aktiv nachvollziehen, was ein pralles Cowboyleben so ausmacht: im Planwagen durch die Stadt und die Umgebung rollen, im Sattel seine Reitkünste ausprobieren, auf der historischen Dampfeisenbahn eine Runde drehen, das elektrische Klavier in Gang setzen und natürlich einen Drink im Saloon nehmen. Damit die Lieben daheim das später alles glauben, fehlt nie der **Old Tyme Fotoshop**, wo man den Touristen zunächst mit zeitgenössischer Garderobe und passender Bewaffnung eindrucksvoll als Cowboy, Bürgerkriegsoffizier, Sheriff, Bankräuber oder Indianerhäuptling ausstaffiert, bevor man ihn auf antikem Fotopapier vor geeignetem Hintergrund ablichtet. Für die Damen sind die Alternativen durchweg begrenzter: Zugeknöpft anständige Bürgersfrau, indianische **Squaw** oder verruchtes **Can-Can-Girl**.

**Echte
West Towns**

Tatsächlich existieren auch echte Städtchen und Straßenzüge, die wie aus dem Bilderbuch des Wilden Westens aussehen.Sie überstanden in mehr oder minder restaurierter Form und vielleicht um einige originalgetreue Nachbauten ergänzt die Jahre im Rahmen eines funktionierenden Gemeinwesens. Davon gibt es eine ganze Menge, und nicht wenige besitzen trotz der unvermeidlichen "Touristifizierung" durchaus ihren Reiz, so etwa **Virginia City** (Nevada), **Nevada City** und **Virginia City** (beide Montana), **Deadwood** (South Dakota), **Cripple Creek** und **Black Hawk/Central City** (alle Colorado) und das dank *Wyatt Earp* bekannte **Tombstone** (Arizona), siehe im einzelnen den Reiseteil. Sehenswerte Sonderfälle dieser Art sind die **Old Town von Sacramento** (Kalifornien), die an alter Stelle neu entstand, und der **Columbia State Historic Park** nördlich des *Yosemite*, ein Relikt des kalifornischen Goldrausches.

Für einen Besuch solcher Wildwest-Städtchen braucht man **keinen Eintritt** zu bezahlen, sondern kann einfach durch die Straßen bummeln oder einen Drink in einem urigen Saloon nehmen. Dort ist die Chance besonders groß, abends auf eine Kneipe mit *Live Music* (meist *Country Western*) zu stoßen.

**Wild-West
Theater**

Eine typische Spezialität des US-Westens sind in den von Touristen stark frequentierten Orten (außer den oben bereits genannten z.B. auch in Jackson/Wyoming, Durango/Colorado oder in Old Tucson/Arizona) *Wild West Theater*, die während der Touristensaison mit tollen Melodramen (etwa dem "Klassiker": *Buffalo Bill meets Frankenstein*), *Can-Can* und anderen Shows aufwarten.

**Chuckwagon
Diner/Supper**

Aus den populären Touristenzielen **in den Cowboy-Staaten** nicht wegzudenken sind die sog. *Chuckwagon Diner* oder *Supper*, die auf echten oder eigens für diesen Zweck geschaffenen sog. *Ranches* etwas außerhalb der Ortschaften angeboten werden – im Sommer in der Regel allabendlich. Unter freiem Himmel oder – bei kühler Witterung und Regen – in einfachen Hallen oder Zelten sitzen die Gäste an langen Tischen und verzehren auf originalen Blechtellern ihre Portion Bohnen mit Steak oder gegrilltem Huhn, für die meist gebührend (am besten am Planwagen, dem *Chuckwagon*) angestanden werden muß. Als *Beverages* gibt's bunten Sprudel und Kaffee; **Alkohol ist allgemein verpönt** – zumal viele Kinder teilnehmen. Nach dem Essen steigt die große **Western-Show** mit Cowboy-Blödelei und *Country-Music*.

Amerikaner amüsieren sich dabei prächtig. Wer gut Englisch versteht, wird ebenfalls seinen Spaß haben. Die Preise inklusive Essen bewegen sich im Bereich ab $12 bis $18. Angebote für *Cowboy-/Chuckwagon Suppers* findet man in den lokalen Touristenbüros, auf dem Campingplatz und in den Motels.

Rodeo

Es gibt kaum einen Flecken in den Prärie- und den Weststaaten der USA von Montana bis Texas, der nicht einmal im Jahr sein Rodeo veranstaltet. Rodeo besteht traditionell aus einer Reihe von verschiedenen Wettbewerben, die auf typischen Cowboyfertigkeiten wie Zureiten, Lassowerfen usw. basieren. Wo und wann Rodeos stattfinden, kann man in jedem Staat dem **Calendar of Events** entnehmen, dem Veranstaltungskalender, der überall in den Informationsbüros ausliegt.

Sonntags-vormittags-rodeo auf dem Lande (Sonoita/ Arizona)

Dabei muß es kein großes Rodeo wie das **Pendleton Round-up** sein (Nordost-Oregon), um als Zuschauer Spaß zu haben. Im Gegenteil, die **Dorf- und Kleinstadtrodeos** mit Amateuren und Jugendlichen, wo man für wenige Dollar Eintritt auch schon mal gratis nah am Gatter stehen darf, vermitteln oft mehr echte Atmosphäre als die überregional bekannten Veranstaltungen. Und was auf dem Lande im Sattel gezeigt wird, kann sich oft genug durchaus messen mit den Leistungen der Profis, die auf den *Rodeo Events* Woche für Woche in einer anderen Stadt ihre Show abziehen.

Großbild-kino IMAX und OMNIMAX

Häufig in Verbindung mit Planetarien und Raumfahrtmuseen (siehe folgenden Abschnitt), aber auch als separate Anlagen (z.B. beim *Grand Canyon* in Tusayan), entstanden in den letzten Jahren mehr und mehr **Imax-** oder **Omnimax** Filmtheater. Überdimensionale Leinwände und eine Unmenge von rundum plazierten Lautsprechern vermitteln den Zuschauern das Gefühl, Teil des Geschehens zu sein. Dabei werden keine Spielfilme gezeigt, sondern dramatische Naturereignisse und mit ihnen verbundene Abenteuer. Eine Weiterentwicklung der Omnimax-Technik ist **Circle Vision**, wobei sich das Publikum in der Position der Kameras befindet.

Spielkasinos Kommerzielles Vergnügen bieten auch die **Spielerparadiese Nevadas** am **Lake Tahoe**, in **Reno** und **Las Vegas**. Die Spielkasinos muß man gesehen haben, um glauben zu können, daß sie wirklich so existieren, wie man das lange von Kino und Fernsehen her kennt. Dabei hat Nevada das einstige US-Kasinomonopol lange verloren. Neben der "alten" Konkurrenz in Atlantic City an der Ostküste schossen seit Anfang der 90er-Jahre Spielkasinos in den gesamten USA wie Pilze aus dem Boden. In *Riverboats* auf dem Mississippi und in alten **Wildwest-Städtchen** wie *Deadwood*/South Dakota und *Black Hawk, Central City, Cripple Creek*/Colorado wird jetzt wieder wie in guten alten Zeiten um Dollars gepokert. *Black Jack* **Tische** und *Slot Machines*, einarmige Banditen, stehen seit einigen Jahren auch in vielen **Indianerreservaten** (besonders zahlreich im Westen in New Mexico), die sich auf ihre Souveränität besannen und an der Gesetzgebung des jeweiligen Staates vorbei auf ihren Ländereien das Glücksspiel als Einnahmequelle und Tourismus-Förderinstrument ganz legal einführten. Während diese Entwicklung Las Vegas unberührt ließ, da dort immer bombastischere neue Kasinopaläste mit integriertem *Amusentpark* die Besucher magisch anziehen, gingen die Spielumsätze anderswo in Nevada zurück.

*Überdimensionaler (und stationärer) Raddampfer "Colorado Belle" als Spielkasino auf dem Colorado River in **Laughlin**, einem bei uns kaum bekannten Spielerparadies im südlichsten Zipfel von Nevada. Laughlin erfreut sich von Spätherbst bis Frühjahr besonderer Beliebtheit bei Rentnern, die auf der Arizona-Seite des Flusses bei Bullhead City oder am Lake Mojave oberhalb der Stadt campen, tagsüber dort fischen oder Wassersport treiben und abends die Vorzüge Nevadas genießen. Neben der Aussicht, vielleicht einen Jackpot zu knacken, sind das vor allem die Niedrigpreise in den Kasino-Cafeterias (⇨ Kapitel 4.4).*

1.1.5   Kunst, Kultur und Geschichte

Bei derartig vielen Möglichkeiten zu Aktivitäten in freier Natur und zum fröhlichen Mitmachen oder Zuschauen, wie in den beiden vorangegangenen Kapiteln beschrieben, erscheint der Hinweis angebracht, daß **Nordamerikas Kulturangebot** mit Disneyland und dem wiederbelebten Wilden Westen noch nicht ganz ausgereizt ist.

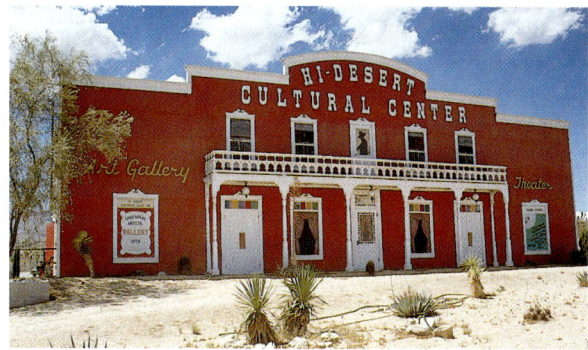

Kultur sogar mitten in der Wüste (Yucca Valley/ Kalifornien)

Tatsächlich existiert in den großen Städten ein durchaus anspruchsvolles und breit-gefächertes Kulturleben. Dabei soll hier nicht die Rede sein von Veranstaltungen, Konzerten, Opernfestivals usw., die im Zweifel immer dann stattfinden, wenn man sich als potentiell dafür interessierter Tourist ganz woanders aufhält. Und wofür man selbst bei rechtzeitigem Auftauchen nur selten Eintrittskarten bekommt. Stätten, die kontinuierlich und erreichbar Kultur auf einem Niveau bieten, das über dem der Amusementparks liegt, sind in erster Linie die Museen:

Museen

Museen von **A** wie *Arts* bis **Z** wie *Zuni Indian Culture* finden sich oft noch in erstaunlich kleinen Städten; hinzu kommen die Ausstellungen in den Besucherzentren der *National-* und *State Parks* zu den jeweiligen historischen oder naturkundlichen Phänomenen. Man wird unterwegs feststellen, daß die Amerikaner der Pflege ihres kurzen geschichtlichen, des kulturellen und natürlichen Erbes erhebliche Mühe und Aufmerksamkeit widmen. **Erstklassige Museen** verschiedenster Prägung gibt es insbesondere in Los Angeles, San Diego, San Francisco, Denver, Santa Fe, Phoenix und Tucson. Selbst an Orten, in denen man es kaum erwarten würde, stößt man gelegentlich auf Sammlungen mit hohem Niveau.

Im folgenden sind die **wichtigen Museumstypen** mit Betonung ihrer Besonderheiten kurz charakterisiert. Details findet der Leser in den Reisekapiteln.

Kunst-
museen

Es ist kaum zu glauben, was sich in Amerika im Laufe der Jahrhunderte an Schätzen aus allen Erdteilen angesammelt hat. Die Kunst der Alten Welt von Ägypten und Rom über das Mittelalter bis zum Europa der Gegenwart ist dabei quantitativ und qualitativ bestens vertreten. Die bereits genannten Großstädte verfügen allesamt über Kunstmuseen mit bemerkens-

werten Kollektionen. Die Erklärung für diesen – in Anbetracht der Gründungsdaten der meisten Häuser – überraschenden Umstand sind private Sammler, die ihr Dollarvermögen für den Kauf von Kunstwerken einsetzten und später alles dem Staat oder einer Stiftung vermachten. Bekanntestes Beispiel dieser Art ist das neue) *Getty Center* und *Museum* in Los Angeles, das neben der Sammlung des Stifters über ein Kapital von $2,2 Mrd. verfügt, dessen Zinserträge für Unterhalt und Zukauf zur Verfügung stehen, ➪ Seite 242f.

Keine City, die auf sich hält, besitzt nicht mindestens ein *Museum of Art*, oft teilen sich mehrere Museen die Präsentation der alten und neueren Kunstwerke. Beim *Museum of American Art* ist die Linie klar. Es ist auf *Americana* (gängige Bezeichnung für Werke amerikanischer Künstler) aus der Frühzeit der weißen Besiedelung des Kontinents bis zu *Warhol, Rauschenberg, Oldenbourg* u.a. spezialisiert. Ein *Museum of Contemporary Art* besitzt Kollektionen internationaler Gegenwartskunst. In Europa gelegentlich belächelt wird die *Western Art*, deren bekannteste Vertreter (*Moran, Russell, Bierstadt* u.a.) in keinem großen Kunstmuseum der USA fehlen. Im Westen gibt es einige imponierende Spezialmuseen dieser Kunstrichtung, die sich durch nahezu fotografischen Realismus auszeichnet (in Cody/Wyoming, Great Falls/Montana und m.E. Klamath Falls/Oregon).

Historische
Museen

Jeder Bundesstaat der USA besitzt in seiner Hauptstadt ein *Museum of History*, das die Geschichte der jeweiligen Region von den Anfängen der weißen Besiedelung bis heute mehr oder weniger gekonnt beleuchtet. Nicht überall, aber in den letzten Jahren mit zunehmender Tendenz widmet man dort auch den Indianern angemessen Raum, siehe auch den folgenden Absatz. Darüberhinaus gibt es aufschlußreiche **Regionalmuseen** (z.B. in ehemaligen Goldrauschgebieten). Im Reiseteil wird auf die besten Museen dieser Art hingewiesen und auch gesagt, wo Mittelmaß überwiegt.

Den historischen Museen zuzuordnen sind die **maritimen Museen** z.B. in San Diego, San Francisco und Astoria (Oregon) mit einigen nostalgischen Schiffen am Kai.

Indianische Kultur

Die vergangene wie gegenwärtige Kultur der Ureinwohner Nordamerikas wird in unterschiedlicher Weise gewürdigt. In eigenen **Museen der Indianer** im Bereich ihrer Reservate (z.B. *Navajo/Hopi* in Arizona, *Pueblo* Indianer in Albuquerque und Santa Fe/New Mexico, *Blackfoot* in Browning/Montana), in spezifischen Abteilungen einiger historisch-naturkundlicher Museen (Seattle, Denver, Cody, Tucson, Heard Museum in Phoenix) und in Ausstellungen in Besucherzentren des *National* und *State Park* Systems (*Grand Teton*/Wyoming, *Mesa Verde*/Colorado und *Cliff Dwelling* Monumente in Arizona/ New Mexico). Sehr sorgfältig gehen die Amerikaner heute mit Felszeichnungen und anderen Trägern präkolumbischer Kulturen um. **Indian Petroglyphs** oder **Pictographs** findet man in vielen Parks und *Historical Sites* am Wege.

Prä-kolumbische Petroglyphen am - Newspaper Rock in Utah

Flugzeuge: Museen und Open-air Exhibitions

Die amerikanischen Erfolge in der **Luft- und Raumfahrt** werden in City-Museen (San Diego, Los Angeles, Seattle) und **Open-air Exhibits** der *US Air Force* und der NASA gebührend gefeiert. Eine der weltweit größten und interessantesten Ausstellungen von Kriegsflugzeugen steht im **Pima Air Museum** bei Tucson/Arizona in unmittelbarer Nachbarschaft zu riesigen Arealen, auf denen Tausende ausgemusterter Militärmaschinen eingemottet wurden. Auch das Museum der *Ellsworth Air Force Base* bei Rapid City/South Dakota kann sich sehen lassen. In ihrer Art einmalig sind das **Titan-II Museum** (stillgelegtes, aber voll intaktes Abschußsilo einer mit Atomsprengköpfen bewehrten Interkontinentalrakete, ebenfalls bei Tucson) und das **Atomic Museum** in Albuquerque/New Mexico, das die Atombomben von Hiroshima bis zu den Sprengköpfen unserer Tage samt Trägerwaffen zeigt.

Space Center

Die Weltraumbehörde NASA beweist der Öffentlichkeit gerne in **Raumfahrtzentren** (*Space Centers*) mit einer Kombination aus Museum und *Rocket Garden* (Raketenaustellung von den deutschen V-2 bis hin zur Saturn-V), wieviel Ruhm und Nutzen die vielen investierten Steuermilliarden den USA und ihren Bürgern gebracht haben. Die wichtigsten *Space Center* findet man zwar in den Oststaaten (Cape Canaveral/ Florida, Huntsvilla/Alabama, der Wirkungsstätte eines Wernher von Braun, und Houston/Texas), aber auch der Westen be-sitzt in Alamogordo/New Mexico ein kleines **Space Center**. Eine ansehnliche Raumfahrt-Sonderabteilung befindet sich im **Los Angeles Museum of Science & Industry**. Zu allen derartigen Museen gehört regelmäßig ein IMAX-Kino (siehe oben), in dem – durchweg fantastisch gemachte – NASA-Weltraumfilme vorgeführt werden.

Automuseen

Zwar stehen in den Ausstellungshallen manches **Museum of Transport** auch einige nostalgische Flugzeuge, aber vorzugsweise konzentriert sich dieser Museumstyp auf Kutschen, Auto und Eisenbahn. Gute (oft private) Automuseen existieren in fast allen Staaten. Weltweit unübertroffen ist das **National Automobile Museum** in Reno/Nevada.

Alte Eisenbahnen/ Railroads

Im Mittelpunkt von **Eisenbahnmuseen** (im Westen kaum zu überbieten sind das *Railroad Museum* in Golden/Colorado und m.E. das **Golden Spike National Monument** in Utah) steht oft ein funktionsfähiger alter Zug aus der Gründerzeit

des späten 19. Jahrhunderts, als zahlreiche Eisenbahnlinien mit manchmal nur kurzem Schienenstrang völlig unabhängig voneinander existierten. Die meisten von ihnen wurden Opfer des Strukturwandels und demontiert, aber einige blieben samt der Strecken im Original erhalten. Auf einer Fahrt in den nostalgischen Waggons mit der Dampflok davor fühlt man sich wie in die Zeit des Wilden Westens zurückversetzt. Die mit Abstand besten dieser *Railroads* sind die **Durango-Silverton** und **Cumbres-Toltec** Bahnen in Colorado, ⇨ Kapitel 4.2 und 4.3, Seiten 424/444.

Naturkunde und naturhistorische Museen

Auch Naturkundemuseen zu Flora und Fauna Nordamerikas bzw. der Weststaaten sind recht verbreitet. Umfassend behandeln das Thema vor allem die **Museen of Natural History** in Denver, Los Angeles, San Francisco und San Diego. Unter den thematisch etwas enger abgegrenzten Museen ist das **Arizona Sonora Desert Museum** bei Tucson **einsame Spitze**. Gleich dahinter rangieren die naturkundlichen Ausstellungen in den Besucherzentren verschiedener Nationalparks, welche die jeweiligen Besonderheiten des Parks oft ausgezeichnet dokumentieren und erläutern.

Aquarien

Insbesondere an der Pazifikküste gibt es großartige Aquarien. Einige sind in *Aqua Marine Parks* (*Seaworld*/San Diego) oder in Naturkundemuseen (sehr gut San Francisco) integriert, aber die besten wirken ganz separat als Publikumsmagneten in Monterey/Kalifornien, Seattle und Newport/Oregon.

Science Center

Ein edukativer Museumstyp, der heute in kaum einer amerikanischen City fehlt, sind die *Science Center*: Anliegen der technischen Museen ist es, den Besuchern Naturwissenschaft und Technik durch kurzweilige oder lustige Experimente, an denen sie selbst teilnehmen oder die sie auslösen, verständlich zu machen. Die *Science Center* in den Weststaaten wenden sich vor allem an Jugendliche, obwohl in einigen von ihnen die Zielgruppe "Kinder unter 10" bereits eine wichtige Rolle spielt (speziell in Seattle und Portland).

Museen für Kinder

Für die gibt es gelegentlich sogar eigene Kindermuseen (u.a. in Las Vegas) oder Kinder-Abteilungen (z.B. im Heard Museum/ Phoenix) in der Erkenntnis, daß zwar vieles in konventionellen Museen auch für Kinder interessant ist/sein müßte, aber in erster Linie für den erwachsenen, mindestens jugendlichen Besucher präsentiert wird. Bei allen Unterschieden zeichnen sich Kindermuseen ähnlich wie die *Science Center* durch **Hands-on Exhibits** aus, die zum Anfassen und Ausprobieren animieren sollen. *Hands-on* steht als Gegensatz zum *Hands-off* (nicht berühren) in konventionellen Museen.

Planetarien und Lasershows

Zu neuen Ehren sind in vielen Städten die Planetarien gekommen. Zogen die üblichen Vorträge über Sternenhimmel und Astronomie nur ein kleines Publikum in die Kuppelsäle, so ist es heute manchmal schwer, überhaupt Tickets für eine *Lasershow* zu erhalten, dreidimensionalen farbenprächtigen Projektionen unter den Rundgewölben. Zu den Klängen von klassischer oder Rockmusik verändern sich in der Dunkelheit per Laserstrahl kreierte Farben und Formen pausenlos in atemberaubendem Tempo. Den Besuch einer Lasershow sollte man sich – wenn irgend möglich – nicht entgehen lassen. In welchen Städten das möglich ist, steht im Reiseteil.

Architektur

Neben den Museen besitzen **Bauwerke, Brückenkonstruktionen**, bestimmte **Parks** und Zentren des *City Life* einen hohen Attraktionsgrad. Zu den genannten Punkten im einzelnen:

Hochhäuser

Die amerikanische Hochhausarchitektur von ihren Anfängen (*Frank Lloyd Wright*) bis zur Postmoderne unserer Tage rechtfertigt schon fast allein eine Reise nach Amerika. Zwar erreicht keine Weststaaten-City eine ähnliche Hochhaus-Bebauungsdichte und -menge wie etwa Chicago oder New York, aber die Ballung und Originalität der *Highriser* insbesondere der neuesten Generation in Downtown Los Angeles, in San Francisco, Denver und Seattle (in geringerer Zahl in Portland, San Diego, Salt Lake City und Phoenix) macht die Zentren dieser Städte auch und teilweise sogar vor allem unter diesem Aspekt sehenswert.

Kunst am Bau

Zur Auflockerung der oft sterilen City-Landschaft aus Beton und Glas setzt man in Amerika in einem hierzulande unbekannten Maß die schönen Künste ein. Sei es durch die Gestaltung von Vorplätzen, Hallen und Miniparks zwischen Hochhäusern, durch das Aufstellen eigens angefertigter Kunstwerke oder durch überdimensionale Wamdbilder, den **Murals**. Auch mancher Park zeigt sich durch Skulpturen verschönt; gelegentlich gibt es separat oder in Verbindung mit einem Museum sogar ganze **Sculpture Gardens** (z.B. LA *County Museum of Arts* und in Denvers *Greenwood Plaza Park*).

Mural mit Sonnenstühlen in Gold Beach/ Oregon an einer Fabrikfassade am Hafen

Baustile

Interessante Architektur beschränkt sich auch in Amerika natürlich nicht auf Hochhäuser. Auf bemerkenswerte Beispiele moderner, ausdrucksstarker Architektur bei unterschiedlichsten Bauten vom Einfamilienhaus bis zur *Shopping Mall* stößt man allerorten.

Moderne Holzarchitektur des Besucherzentrums Mono Lake (Forest Service) bei Lee Vining auf der Ostseite des Yosemite NP

Adobe

Ein eigener, den Pueblo Indianern abgeguckter **Adobe**-Baustil ist in New Mexico und Arizona verbreitet. Er findet sich in abgewandelter mit ehemals spanischen Vorbildern vermischter Form auch in weiten Bereichen Kaliforniens (*Pueblo de los Angeles*/*Old Town San Diego*/Santa Barbara etc.). Viel weiter als bei uns ist amerikanische Architektur, was **Energiesparhäuser** angeht; das gilt insbesondere für die passive Nutzung von Solarenergie.

Brücken

Wer einen Sinn für Architektur mit nach Amerika bringt, der wird auch an den Brücken seine helle Freude haben. Die fantastische **Golden Gate Bridge** in San Francisco ist nur das bekannteste Beispiel unter den zahllosen phänomenalen Konstruktionen vom nostalgischen Eisen- und Holzgerüstbau (alte Eisenbahnbrücken) bis hin zu modernen Pylonen- und Pontonbrücken über Canyons, Flüsse und Meeresarme. Bisweilen sind auch die mehrstöckigen **Freewaykreuzungen** architektonische, zumindest aber statische Meisterwerke.

City Life Komplexe

Eine amerikanische Großstadt ohne mindestens einen sanierten und zum Kneipen-, Restaurant- und Entertainmentcenter umfunktionierten alten Lagerhaus-, Fabrik- oder Bahnhofskomplex ist nicht vorstellbar. Und wenn man eigens "alte" Schuppen neu bauen mußte, um sie dann von innen umso schicker aufzupeppen! Gelegentlich wird auch gleich ein ganzes Viertel von Grund auf umgekrempelt (z.B. die **Old Towns** in Portland und in Seattle). Die dabei versprühte Kreativität kann sich oft genug sehen lassen.

City Parks Amerikanische *City Parks* wurden nicht geschaffen, um den Bürgern Spazierwege im Grünen zu bieten. Parks sind Freiräume, in denen die Städter ihren Bewegungsdrang austoben können und sollen. Und so verfügen die meisten Parks bis ins kleinste Dorf über alle Voraussetzungen zur sportlichen Betätigung. Meistens ohne Gebühren kann man dort Tennis, Basket- und Volleyball spielen, Picknicktische und Grillroste nutzen, die Kinder auf Spielplätze schicken und den Rasen nach Belieben betreten. Gute Beispiele für bürgernahe Parkgestaltung sind nicht nur Parks in den Cities sondern auch viele Anlagen in den Klein-und Mittelstädten.

Arboretum Mancher City Park umfaßt explizit oder auch unausgesprochen ein *Arboretum*, ein kunstvoll angelegtes Waldgelände mit heimischem und exotischem Baumbestand. Hervorragende **Arboreta** findet man in **Seattle** und **Portland**.

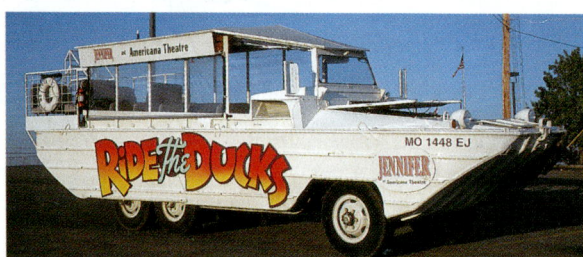

Landungs-boote als Rundfahrt-vehikel sind der letzte Schrei in einigen Städten, z.B. in Seattle

Rundfahrt-busse Auch bei an sich individueller Reise ist es oft keine schlechte Idee, sich zur Orientierung und ggf. zum "Vorsortieren" der später noch näher in Augenschein zu nehmenden Ziele einer Stadtrundfahrt anzuschließen. Gemeint ist hier nicht die übliche Bustour, die in 3 Stunden mit und ohne Zwischenbesichtigungen alles abfährt (weitgehend monopolisiert durch *Gray Line Tours* und recht teuer), sondern der in vielen US-Städten vorhandene **Tourist-Trolley**. Das ist ein offener **Bus** – meist im *Old-Time-Look* – mit oder ohne Anhänger, der auf touristisch sinnreichen Rundkursen fürs *Sightseeing* eingesetzt ist. Dabei dürfen die Passagiere beliebig unterbrechen und mit dem Tagesticket in den nächsten *Trolley* wieder zusteigen (sog. **hop-on-hop-off** System).

1.2 DIE UNABHÄNGIGE AMERIKAREISE

1.2.1 Individuell oder pauschal reisen?

Soweit nicht Verwandtenbesuch oder Geschäfte Hauptmotiv für den Flug nach Amerika sind, gehören USA-Reisende entweder zu den

– **Pauschaltouristen**, die gleichzeitig mit dem Flug ein festes Programm buchen, oder sind

– **Individualurlauber**, die Amerika auf eigene Faust erkunden möchten und ihre Reise vom Moment der Ankunft in Amerika weitgehend selbst gestalten.

Pauschal-
reisen

An verschiedenartigsten Pauschalprogrammen von relativ preisgünstigen **Gruppenreisen** für junge Leute im Kleinbus mit eigenhändigem Zeltaufbau (*Suntrek*) bis zu superteuren Helikopter-Skiferien besteht für die USA kein Mangel. Pauschalangebote bieten vor allem bei Wünschen, die sich individuell vor Ort nicht so ohne weiteres oder zumindest nicht kurzfristig realisieren lassen, den Vorzug einer von vornherein gesicherten und problemlosen Reiseabwicklung. Wer im Schlauchboot die Stromschnellen des Colorado River durch den Grand Canyon bezwingen möchte oder es während der (dafür geltenden) Hauptsaison im September/Oktober auf Ranchurlaub in Arizona abgesehen hat, sollte unbedingt die Offerten heimischen Veranstalter wahrnehmen und sein Wunschprogramm möglichst frühzeitig reservieren.

Busreisen

Das Gros der Angebote bezieht sich indessen auf **Rundreisen im Bus mit Hotelübernachtung**. Soweit aus den Prospekten ersichtlich, werden auf den meisten derartigen Touren enorme Strecken bewältigt. Außer an Besichtigungstagen, die vollständig für Stadt- und Nationalparkaufenthalte vorgesehen sind, muß man oft mit täglich sieben, acht und mehr reinen Fahrstunden rechnen. Der schon dadurch sehr dichte Zeitplan erlaubt nur selten Besseres als das "Abhaken" der wichtigsten Sehenswürdigkeiten und ein wohl auch nicht immer für alle befriedigendes Reiseerlebnis. Wegen der mit Busreisen überwiegend verbundenen höheren Hotelkategorie und der Reiseleitung sind diese nichtsdestoweniger recht kostspielig.

Festgelegte
Pkw-
Rundreisen

Zu den ebenfalls häufig angebotenen Pauschalprogrammen gehören auch Pkw-Rundreisen mit reservierten Unterkünften auf einer vorgegebenen Route. Sie wirken individueller als Busreisen, lassen aber für unterwegs aufkommende Änderungswünsche und -notwendigkeiten, etwa bei ungünstigen Wetterbedingungen, so gut wie keinen Spielraum. Durch die Vorab-Festlegung der Tagesetappen wird ein großer Teil der an sich mit dem Mietwagen verbundenen Flexibilität ohne Not von vornherein aufgegeben.

Individuell reisen

Bei Reiseplänen für den US-Westen sollte daher und in Anbetracht der bereits skizzierten Vielfalt an Gestaltungsmöglichkeiten immer überlegt werden, ob nicht eine individuelle, mit ein bißchen Initiative und Engagement vorbereitete Reise den persönlichen Vorstellungen viel eher entsprechen würde als jedes vorgefertigte Programm. Auch wer über keine besonderen **Englischkenntnisse** verfügt, wird durchkommen. Denn die touristische Infrastruktur der USA, speziell in den Weststaaten, macht das unabhängige Reisen einfacher als in den meisten Ländern Europas.

Vorteile

Ohne bereits hier detailliert auf Kosten eingehen zu wollen, sei angemerkt, daß eine Busreise für zwei Personen im allgemeinen teurer kommt als dieselbe unabhängig durchgeführte Reise mit einem PKW bei Übernachtung in gleichwertigen Hotels – die man dann allerdings selbst reservieren muß, dafür aber auch selbst aussuchen kann. Ein nicht hoch genug zu bewertender **Vorteil der Individualreise** ist, daß Reiseroute, Reisezeiten und Zwischenaufenthalte frei bestimmt und jederzeit nach Inspiration, Lust und Laune geändert und den klimatischen Gegebenheiten angepaßt werden können.

Typischer amerikanischer Reisebus

1.2.2 **Die Wahl des richtigen Transportmittels**

Präferenz Auto

Im letzten Absatz klang bereits an, was hier noch weiter betont und begründet werden soll: Für eine individuelle USA-Reise gibt es zum gemieteten (oder ggf. auch eigenen, ⇨ Seite 156) Fahrzeug keine echte Alternative. Neben der hohen Flexibilität bei der Reisegestaltung ist für diese Einschätzung vor allem von Bedeutung, daß **die meisten Sehenswürdigkeiten und Naturschönheiten abseits der Städte sich ohne Auto gar nicht oder nur unter Schwierigkeiten erreichen lassen.**

Ohne die vom fahrbaren Untersatz in den USA viel mehr als bei uns abhängige Bewegungsfreiheit wird die **Lösung der täglichen Übernachtungsfrage** obendrein oft mühsam und leicht kostspieliger als erwünscht sein, gleich, ob man Hotel, Motel, Jugendherberge oder einen Campingplatz sucht.

Zelten in herrlicher Umgebung: Im Westen der USA existieren zahllose Camping- plätze dieser und ähnlicher Art

Camping erwägen

Apropos Camping: Für die Reise durch den Westen der USA sollte das Campen auch in Betracht ziehen, wer damit sonst wenig im Sinn hat. Camping in Amerika und im überbevölkerten Westeuropa sind nicht miteinander vergleichbar, ⮕ im Detail Seite 192. Am Lagerfeuer in der Sierra Nevada oder in einer sternklaren Nacht am Seeufer wird kaum jemand mit dem Hotelzimmer tauschen mögen, gleichgültig ob er im Camper schläft oder sich mit dem Zelt begnügt.

Motel, aber das Zelt im Kofferraum

Es muß ja auch gar nicht die totale Entscheidung fürs Campen sein. Wer in Städten, bei ungünstiger Witterung oder im Falle besonders attraktiver Hotels aus gutem Grund das bequeme Zimmer vorzieht, eröffnet sich mit Zelt und Schlafsack im Kofferraum (ggf. im Rucksack) unterwegs zusätzliche Möglichkeiten. Die sonst noch nötige Ausrüstung (in den USA in jedem Kaufhaus wie *K-Mart, Wal Mart* etc. preiswert zu erstehende *Coolbox*, ein wenig Geschirr und Besteck, ggf. Campingkocher) hat für Selbstverpflegung und Picknick sowieso meist dabei, wer mit dem Auto fährt. Selbst bei an sich klarer Präferenz fürs Hotel kann die Campingausrüstung im Kofferraum nicht schaden, die mitzunehmen zwar Umstände macht, aber bei **64 kg Freigepäck/Person auf den meisten Transatlantikflügen** keine Probleme bereitet. Man hat damit sein Ausweichquartier dabei, falls es mal mit der Unterkunft nicht klappt oder dort, wo man gern länger verweilen würde, ein bequemes Bett weder vorhanden ist noch überhaupt in die Landschaft paßt.

Zunächst aber zu den Alternativen separat:

Miet-Pkw und Zelt

Kosten-
vorteil

Unter dem Aspekt der **Kostenminimierung** ist die Kombination Pkw und Zelt-Camping ab zwei Personen im Auto selbst dann unschlagbar, wenn ab und zu mal ein Motel aufgesucht wird, ⇨ Übersicht Seite 85 und eine Liste der für eine solche Reise nützlichen Utensilien zum Mitnehmen, Seite 124.

Die grundsätzlichen **Nachteile** des Zeltens müssen hier nicht erörtert werden; bekanntermaßen handelt es sich in erster Linie um Komfortmängel, speziell bei Regen. In Amerikas Westen sind außerdem die **Höhenlagen vieler Reiseziele ein ungemütlicher Aspekt**. Mitten im Sommer können in 2.000 m Höhe selbst bei tagsüber angenehmen Temperaturen Nachtfröste eintreten. Und bis Mai/ab September wird es nach Sonnenuntergang ab 1000 m Höhe immer empfindlich kühl.

Campmobil

Vorzüge

Unbilden der Witterung lassen Campmobilfahrer dagegen kalt. Sie sitzen trocken und warm. Der für Campfahrzeuge typische Komfort (Küche, Wohn- und Schlafzimmer in einem, Toilette und ggf. Dusche) – der bis zu eigenem Generator und Mikrowelle reichen kann – bedarf keiner Aufzählung.

Die Handhabung von Campmobilen erfordert auf normalen Straßen keine besondere Übung, lediglich eine kurze Eingewöhnungszeit, soweit man sich mit einem Modell begnügt, das nicht wesentlich über 20 Fuß (6 m) Länge aufweist. Für zwei Personen bietet diese Größe immer ausreichend Platz, eine sinnvolle Innenaufteilung vorausgesetzt auch für 3 Personen oder ein Elternpaar mit zwei bis etwa 12 Jahre alten Kindern. Neben der eingebauten Bequemlichkeit ist ein entscheidender Vorteil des Campers gegenüber anderen Reisealternativen der Entfall des täglichen Kofferpackens und immer wieder neuen Verstauens der Siebensachen, gegenüber dem Zelt auch noch des Auf- und Abbaus. Wenn man zudem bedenkt, daß viele Campingplätze mit Strom-, Wasser- und Abwasseranschluß optimal für die sog. *Recreational Vehicles* (RVs) hergerichtet sind und für diesen Komfort noch relativ erträgliche Gebühren erheben, ist es kein Wunder, wenn USA-Ferien im Campmobil sich großer Beliebtheit erfreuen.

Und zwar trotz der von Mai bis September im allgemeinen hohen Miettarife, die vor allem in der Hochsaison zu Urlaubskosten weit über denen einer Reise mit Pkw und Hotelübernachtung führen können (⇨ Seiten 13, 85 und 123).

Nachteile

Nun besitzen Camper auch ihre spezifischen Nachteile. Obwohl oben und in Veranstalterprospekten die Handhabung der Fahrzeuge durchaus zu Recht als einfach dargestellt wird, hält der Autor die erheblichen Ausmaße der großen Modelle (**über 25 Fuß**) mit enormen Hecküberhängen für **nicht so unproblematisch**. Abgesehen davon, daß man mit Ausnahme der 17-19 Fuß kurzen *Van* Camper mit keinem Campmobil im Stadtverkehr rechte Freude hat, wird es bei den größeren Gefährten auch beim Rangieren auf Campingplätzen, beim Parken vorm Supermarkt und auf kleineren, oft reizvollen Straßen auch schon mal schweißtreibend eng. Verfahren sollte man sich lieber selten, denn ein geeigneter Wendeplatz kommt meist gerade dann nicht in Sicht, wenn man ihn dringend benötigt. So richtig streßfrei fährt sich ein *Full-Size Motorhome* eigentlich nur auf gut ausgebauten Straßen.

Technik und Wartung

Ein Reisemobil – das muß man sich ebenfalls klarmachen – ist **nicht in jeder Beziehung bequem**. Damit alles funktioniert, sind Schläuche und Kabel zu entrollen, festzumachen und wieder einzupacken. Frischwasser- und Abwassertanks wollen laufend kontrolliert, aufgefüllt bzw. abgelassen werden, um sicherzustellen, daß unterwegs oder auf nicht so gut versorgten Campingplätzen der eingebaute und mitbezahlte Komfort angemessen genossen werden kann. Auch die Gas- und Stromversorgung an Bord bedarf gelegentlicher Kontrolle. Und nicht nur die **technische Checkliste**, auch der **Einkaufszettel** wird besser sauber abgearbeitet. Einmal am Campingplatz voll angeschlossen, sollte nichts fehlen. Der Nachbar mit dem Zelt hat es da leichter und fährt rasch noch mal los!

Dennoch geht nach Meinung des Autors letztlich nichts über das kleine (*Van Camper*) bis mittelgroße Campmobil (= kleines *Motorhome*). Alles in allem ist der Camper das optimale Fahrzeug für eine Rundreise durch den Westen der USA. Hinweise zu den unterschiedlichen Typen finden sich ab Seite 109.

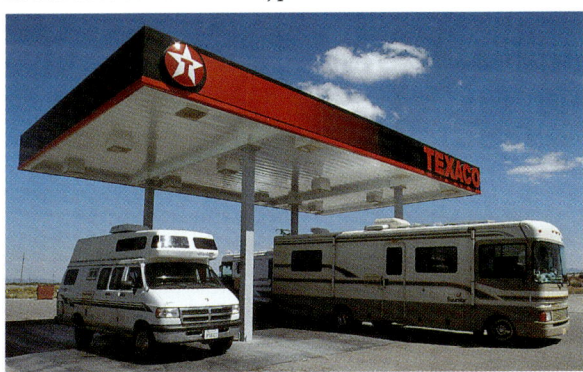

Motorhome (30/31 Fuß) und Van Camper (19 Fuß)

**Pick-up-/
Truck
Camper**

Relativ preiswert sind **Truck- oder Pick-up-Camper**, Kleinlaster mit Campingkasten auf der Ladefläche, zu mieten. Sie werden neuerdings beschönigend **Camperhomes** genannt. Den Aufsatz kann man eigentlich mittels hydraulischer Standbeine von der Ladefläche des Trucks separieren und wie einen Wohnwagen auf dem Campingplatz stehenlassen. Leider fehlt diese Vorrichtung bei den Mietfahrzeugen und damit auch der einzige echte Vorteil gegenüber dem Wohnmobil, sieht man vom günstigen Miettarif ab.

Camper oder Pkw/Zelt?

**Kosten-
vergleich**

Bei der persönlichen **Bewertung des Campers** kommt es darauf an, wie man dessen Vor- und Nachteile im Verhältnis zu den hohen Mietkosten gewichtet. Manche Leute reduzieren die Kosten, indem sie ein größeres Fahrzeug durch zwei Parteien teilen. Das macht ökonomisch Sinn, da die Groß-Camper gar nicht so wesentlich teurer als kleinere Modelle sind, führt aber sicher nicht in allen Fällen zu ungetrübter Ferienfreude. Potentielle Campermieter, die vor den Kosten zurückschrecken, sollten zunächst intensiv **Preise vergleichen** und ggf. ein Ausweichen in die Nebensaison erwägen, ⇨ Seite 13.

**Mietwagen
und Zelt**

Die zweitbeste und zweifelsfrei **sparsamste Alternative** (siehe oben) ist ein **Pkw mit Zeltausrüstung,** die man mitbringt (Transatlantik-Gepäcklimit 64 kg/Person) und ggf. in den USA zu relativ geringen Kosten komplettiert (Kühlbox, Kocher, Gaslampe und einfache Schlafsäcke sind selbst bei $1=1,80 DM noch preiswert). Wer es bequemer haben möchte, mietet einen **Minivan** mit 7 Plätzen, der bis zu 4 Personen mit Campinggepäck reichlich Platz bietet (inkl. Vollkasko bei deutschen Veranstaltern ab ca. 700 DM pro Woche). Wie oben erwähnt, muß man nicht unbedingt jede Nacht auf dem Zeltplatz verbringen, sondern kann bei Gelegenheit und schlechtem Wetter im Motel übernachten und dennoch preiswert reisen.

Miet-Pkw und Hotel/Motel

**Sonder-
situation
USA**

Sofern man nicht überwiegend in besonders teuren Quartieren absteigt, dürfte eine Pkw-Rundreise selbst bei ausschließlicher Übernachtung im Hotel oder Motel in den Sommermonaten weniger als eine Reise per Campmobil kosten, ⇨ Seiten 85 und 123. Obwohl er sie in Europa bevorzugen würde, hält der Autor für die USA und Canada zumindest für Reisen über 10 Tagen Dauer weniger von dieser Möglichkeit. Hierzulande kann man in Dörfern und Städten nach Ankunft einen Bummel machen und dabei schon mal ein für den Abend in Frage kommendes Restaurant oder die Kneipenszene "ausgucken". In den USA ist das mit Ausnahme bestimmter touristischer Brennpunkte selten möglich. Spätestens nach Einbruch der Dunkelheit sind die Zentren aller Ortschaften (so

*Nostalgisches **Gold Hill Hotel** bei Virginia City/ Nevada an der Endstation einer alten Minenbahn. Dazu gute Küche und ein uriger Wildwest Saloon. DZ ab $65; Reservierung: ℂ (702) 847-0111.*

vorhanden!) faktisch wie ausgestorben, bisweilen gefährlich. Los ist vielleicht noch ein bißchen in der nächsten *Shopping Mall* (bis maximal 21 Uhr), später in verstreut liegenden Lokalen oder (nur in größeren Städten) in einem der Restaurant- und Kneipenkomplexe, wie auf Seite 53 beschrieben.

Wobei diese Nachteile im Frühjahr und Herbst, wenn es relativ früh dunkel wird, noch stärker zu Buche schlagen.

Abends im Motel/ Hotel

Erreichen läßt sich alles ohnehin nur mit dem Auto. Als Übernachter wird man oft irgendwo in der Nähe seiner Unterkunft landen, z.B. in einem der Kettenrestaurants an den Ausfallstraßen, und sich danach mangels besserer Zerstreuungsmöglichkeiten vorm Fernseher wiederfinden. Die (nicht überall vorhandene) Alternative zu Unter- bis Mittelklasse-Motels sind teure, höherklassige Hotels, die *Coffee Shop*, Restaurant und Bar, häufiger einen *Indoor-Pool* und ein bißchen Abendunterhaltung unter einem Dach bieten.

Bessere Hotels

Wer überwiegend solche Häuser bucht und diesen Hoteltyp mag, reist in den USA – trotz (im Vergleich zur bereits recht guten Mittelklasse) deutlich höherer Kosten – nicht teurer als bei identischem Verhalten in Europa. **Die oben geäußerte Skepsis gegenüber längeren Reisen mit Pkw und Hotelübernachtung gilt nicht für diese Variante.** Im Gegenteil: bei "richtiger" Routen- und Quartierwahl lassen sich wunderbar abwechslungsreiche und angenehme Wochen gerade im Westen der USA verbringen. Voraussetzung ist allerdings, daß die Höhe der Kosten bei gutem Gegenwert keine besondere Rolle spielt.

Kontakte

Kontakte zu anderen Reisenden ergeben sich in Motels und Hotels (ohne Service-Einrichtungen) seltener, weil der einzelne Gast relativ isoliert ist. Junge Leute und alle, die in **Jugendherbergen (Hostels),** beim **YM/WCA** (CVJM) oder **alternativen Quartieren** absteigen, ⇨ Seite 189, haben es da viel leichter.

Flugzeug und Mietwagen

Rundflug-Tickets

Kaum an der Kombination Pkw und Hotel/Motel kommt vorbei, wer eine Rundreise durch die USA plant und bei begrenzter Zeit weit auseinanderliegende Ziele besuchen möchte. Dafür und für Reisen, die schwerpunktmäßig in mehrere Cities gehen soll, sind die **Coupon-Tickets** amerikanischer Airlines wie geschaffen, ➪ Seite 127.

Wichtige Gesichtspunkte

Ein typischer Reisewunsch im Westen der USA betrifft den Besuch der Nationalparks des Großen Plateaus einschließlich des *Grand Canyon*, der Großstädte Kaliforniens und des *Yellowstone Park*. Derart weit auseinanderliegende Reiseziele per Auto miteinander zu verbinden, erfordert erhebliche Fahrleistungen durch zum Teil unattraktive Wüstengebiete. Sehr viel einfacher wäre es, mehrere Städte anzufliegen und von dort kleinere Rundreisen zu starten.

Kombinierte Trips Pkw/Motel und Campmobil

Eine schöne Möglichkeit ist z.B., zwei kürzere Trips per Pkw/Hotel ab San Francisco (in die Nationalparks der Sierra Nevada und zurück über Morro Bay und Monterey entlang der Pazifikküste) und Salt Lake City (zu den *Grand Teton/Yellowstone* Nationalparks) zu unternehmen, und dann – etwa ab Las Vegas – eine 2-Wochen-Camperreise anzuschließen. In der Hochsaison ist das bei 2 Personen nicht oder unwesentlich teurer, als eine durchgehende 4-Wochen-Tour im Camper.

Information

Die Besonderheiten der Kombination Rundflugticket und Mietwagen werden detailliert im REISE KNOW-HOW Sachbuch **Die USA mit Flugzeug und Mietwagen** beschrieben, das gleichzeitig ein kompakter Führer für über 30 kanadische und US-Städte und die wichtigsten Nationalparks ist; ➪ Seite 128.

Mit den Zubringerflugzeugen sogenannter Commuter Airlines geht es vom Groß-Flughafen (hier Las Vegas) zu Kleinstädten und Nationalparks. Während Einzeltickets für Kurzstrecken unverhältnismäßig teuer sind, erlauben Coupon-Tickets meist auch die Nutzung der Maschinen der "Commuter-Töchter" großer Fluggesellschaften.

Bus und Eisenbahn

Eignung

Die starke Favorisierung des Autos für die Amerikareise weist bereits darauf hin, daß andere Verkehrsmittel weniger geeignet erscheinen. Tatsächlich ist das öffentliche Verkehrssystem in den USA bei weitem nicht so flächendeckend angelegt wie in Europa und in den Weststaaten ganz besonders dünn. Dort, wo Bus oder Eisenbahn existieren, liegt die Verkehrsfrequenz meist extrem niedrig. Für Ausländer einzig diskutabel sind in Anbetracht verhältnismäßig hoher Preise für Einzeltickets die jeweiligen Netzkarten der Monopol-Buslinie **Greyhound** und des Passagier-Schienenverbundes **Amtrak**. Zu den technisch-organisatorischen Details ⇨ Seiten 129 ff.

Greyhound: Vor- und Nachteile

Alleinreisende finden – abgesehen vom Trampen, siehe unten – keine preiswertere Form des Reisens in den USA als den **Greyhound-Ameripass**, selbst wenn noch einige zusätzliche Tickets für Regionalbusse hinzukommen. Wer Amerika per Bus entdecken möchte, muß allerdings bereit und in der Lage sein, allerhand **Unannehmlichkeiten** in Kauf zu nehmen. Dazu gehört u.a. die Fähigkeit, lange Stunden in bisweilen vollbesetzten, unter- oder überklimatisierten Bussen in nicht immer bequemen Sitzen zu ertragen. Bei Langstrecken ist oft keine direkte Fahrt ohne Umsteigen möglich. Dann sind Wartezeiten auch schon mal morgens zwischen zwei und sechs Uhr fällig. Wenn man Pech hat, auch mal in Busbahnhöfen in eher kritischen Stadtteilen.

ABFAHRT

ANKUNFT

Übernachtung

Haltestellen gibt es nur in Ortschaften von bestimmter Größe an aufwärts. Das hat den Vorteil schneller Reisezeiten mit wenigen Zwischenstopps, bietet aber dem Passagier kaum eine Möglichkeit zu spontanen Entschlüssen. Abseits gelegene Nationalparks (das sind fast alle) und andere lohnenswerte Ziele mit dem Bus zu erreichen, stößt durchweg auf Schwierigkeiten. Wegen des ebenfalls überwiegend schlecht ausgebauten, teilweise überhaupt nicht vorhandenen Nahverkehrs ist **Camping für Busreisende schwer realisierbar**; es sei denn unter Inkaufnahme kilometerweiter Fußmärsche oder hoher Taxikosten. Frustration wird nicht ausbleiben, wenn bei abendlicher Ankunft Jugendherberge oder YMCA kein Bett mehr frei haben, und das einzige Hotel in der Nähe der *Greyhound Station* $50 für ein schäbiges Zimmer fordert.

Unterwegs-Kontakte

Andererseits ist festzuhalten, daß man im Auto viel isolierter fährt als im Bus, und manch einer gerade deshalb den *Greyhound* mit seinen Kontaktmöglichkeiten vorzieht. Wen dieser Aspekt interessiert, muß aber wissen, daß Greyhound heute im wesentlichen ein Transportmittel für Bürger der Unterschicht und Randgruppen ist. Denn wer es sich leisten kann, fliegt oder benutzt sein Auto. Im *Greyhound* durch Amerika reisen bedeutet daher u.a., Seiten des Landes kennenzulernen, die dem Auto-Urlauber weitgehend verborgen bleiben.

Eisenbahn/ Amtrak

Das *Amtrak*-Netz im Westen (⇨ Abbildung Seite 135) besteht aus extrem wenigen Verbindungen. Die meisten Staaten sind nur noch von einem oder zwei Schienensträngen durchzogen, auf denen Personenverkehr – oft nur einmal (!) täglich je Fahrtrichtung – abgewickelt wird. Wyoming läßt sich mit der Eisenbahn überhaupt nicht mehr erreichen, und damit auch nicht der *Yellowstone* Park in der äußersten Nordwestecke des Staates. Genausowenig wie die Mehrheit der Nationalparks und anderer Sehenswürdigkeiten. Die Benutzung der Eisenbahn in den Weststaaten macht nur Sinn für echte Fans.

Green Tortoise/ The Ant

Für junge Leute und Junggebliebene eine **sehr bedenkenswerte Alternative zu *Greyhound*** und *Amtrak* bieten auf bestimmten Routen (Seattle–San Francisco/SFO–Boston) und für Rundfahrten die Firmen *Green Tortoise* und *The Ant*. Anstelle der Sitzbänke sind etwa bei der "Schildkröte" Matratzen-Etagen installiert (damit kein Übernachtungsproblem!) und im vorderen Bereich eine Art Cafeteria eingerichtet. *The Ant* Busse verkehren im ***Hop-on-hop-off*-Betrieb**, ⇨ Seiten 131/164.

Die "totale" Alternative

Trampen und Auto-Transport

Der Vollständigkeit halber seien an dieser Stelle auch bereits die beiden Fortbewegungsmöglichkeiten erwähnt, die sich nicht vorbuchen lassen:

Trampen, in den USA als ***Hitchhiking*** bezeichnet, ist nur für eine kleine Minderheit eine bedenkenswerte Möglichkeit. Was dabei zu beachten ist, findet sich im Abschnitt 3.3.6.

Das ***Auto Drive-Away***, der Transport von Fahrzeugen von A nach B, für die sich auch der Tourist als Gelegenheitsfahrer bewerben kann und bei "Anstellung" lediglich die Benzinkosten trägt, kommt ebenfalls nur für relativ wenige USA-Reisende in Frage; und dann eher in Ergänzung anderer Transportmittel, ⇨ Seite 163.

Per Fahrrad durch Amerika von Ulf Knittel

Auch eine **Radtour** wäre eine Möglichkeit, speziell gilt das für die **Weststaaten.** Man muß dafür durchaus nicht drahteselbesessen sein. Vom Sattel aus kann man Amerika wirklich *erfahren* und seine traumhaften Landschaften in vollen Zügen genießen. Radfahren heißt **langsam, aber intensiv reisen**, Kontakte knüpfen und (vielleicht) ein bißchen mehr Abenteuer als bei anderen Reiseformen möglich ist.

Grundsätzlich muß man unterscheiden zwischen Touren an der Westküste und im Inland. In der Weite des Westens braucht man auf jeden Fall eine besonders gute Kondition. Denn die Tagesetappen sollten weit über 100 km liegen, sonst kommt man nicht genug voran. In dieser Beziehung weniger anspruchsvoll ist ein Trip entlang der Küste (*Highway #1*). Steigungen und Serpentinen, die das Herz von Radsportlern höher schlagen lassen, gibt es dort aber auch und Campingplätze mit separaten *Hike & Bike Sites* (für Radler und Wanderer) abseits der Autotouristen. Außerdem trifft man dort viele Gleichgesinnte.

Radwege sind in Amerika rar. Dennoch liegt Radfahren auch in den USA voll im Trend. In fast allen Städten existieren *Bike Clubs*, bei denen man wertvolle Tips erhalten oder auch mal mit auf Tour gehen kann. **Fahrradläden** findet man zumindest in größeren Ortschaften.

Selbst Pannen "weitab vom Schuß" bilden kaum ein Problem, denn Amerikaner sind sehr hilfsbereit (umso mehr je einsamer die Gegend ist) und nehmen einen "trampenden" Radfahrer gerne mit bis in die nächste Stadt.

Wer erwägt, Amerika mit dem Fahrrad zu entdecken, dem kann man nur zuraten. Ein Höchstmaß an Freiheit und Unabhängigkeit warten, und ganz nebenbei ist **Radfahren** auch noch **die billigste Art zu reisen**.

Mit dem Fahrrad geht es sogar in die Hitze des Death Valley, wie man sieht

1.2.3 Amerikareise mit Kindern

Sollte man mit Kindern, womöglich mit ganz kleinen, eine Reise nach bzw. durch Amerika unternehmen? Der Autor selbst kann nur von positiven Erfahrungen berichten.

Flugtarife für Kinder

Zunächst zum Flug: wer **Kleinkinder** im Alter von unter 2 Jahren mitnimmt, zahlt ohne Anspruch auf einen Sitzplatz – je nach Airline – 10% des Erwachsenen-Tarifs oder einen geringen Fixbetrag (50-100 DM). Empfehlenswert ist der Kleinkindtarif jedoch in Anbetracht der Flugdauer zu Zielen im US-Westen kaum, da die Eltern mit ihrem Sprößling auf dem Schoß bis zu 11 Stunden Flug durchhalten müssen. Mit Glück erwischt man vielleicht eine weniger ausgebuchte Maschine und hat einen freien Platz neben sich. Aber darauf läßt sich nicht gut spekulieren, am wenigsten zwischen Mai und September und generell nicht auf Wochenendflügen. Möchten die Eltern vermeiden, eventuell völlig erschöpft und entnervt anzukommen, bleibt nichts weiter übrig, als den Kindertarif 2-11 Jahre mit Sitzplatzanspruch auch fürs Baby zu bezahlen.

Kinder zwischen 2 und 11 Jahren kosten heute bei den allermeisten Linien 50% des Vollzahlerpreises, aber es gibt immer noch einige 67%/75%-Tarife (überwiegend Charterfluglinien). Eine Airline mit günstigen Tarifen für Vollzahler ist daher nicht notwendigerweise auch preiswert für eine Familie mit Kindern. Ein Flug z.B., der für Vollzahler 200 DM/Person mehr kostet, aber 50% Kinderrabatt bietet, ist für Eltern mit 2 Kindern immer die bessere Alternative gegenüber einem Billigflug mit nur 25%/33% Kinderermäßigung.

Der Flug: Non-Stop oder direkt?

Mit **Kleinkindern** sollte man darauf achten, daß die Maschine non-stop zum Ziel fliegt. Das ungenaue Wort Direktflug impliziert oft, daß zwischengelandet wird. In manchen Fällen heißt das: raus aus dem Flugzeug und – nach bisweilen gar nicht kurzer Wartezeit – wieder rein. Auch eine identische Flugnummer von Frankfurt zum Ziel sagt nicht unbedingt, daß nicht zwischengelandet wird. Es kann trotz durchgehender Flugnummer sogar ein Umsteigen notwendig sein.

Umsteigen

Mit etwas größeren Kindern – etwa ab 5 Jahren – hat andererseits eine Zwischenlandung mit Umsteigen in den USA auch ihr Gutes, sofern der Aufenthalt nicht über zwei Stunden beträgt und alles glattläuft. Denn die Zeit im Flugzeug ist zunächst nicht so lang wie an die Westküste, und man vertritt sich ein wenig die Beine vor dem dann nur noch relativ kurzen Anschlußflug. Da Paß- und Zollkontrolle am Umsteige-Airport stattfinden, gibt's am eigentlichen Ziel keinen Streß mehr damit. Ohnehin läuft in Flughäfen im Inland wie Pittsburgh, Cincinnatti, Atlanta oder Dallas, wo die Zahl der internationalen Ankünfte nicht so groß ist wie in den Küstenstädten, die Immigrations-Prozedur häufig entspannter ab.

DIE WAHRHEIT ÜBER WOHNMOBILFERIEN MIT KLEINEN KINDERN

Sie planen eine USA-Rundreise im Camper? Mit ihren Kindern, bevor sie ins schulpflichtige Alter kommen und nur noch zur Hauptsaison gereist werden kann? Das ist eine gute Idee, und die Kinder werden bestimmt viel Spaß haben. Nur Ihre Überzeugung, daß durchschnittlich 150 Meilen am Tag locker zu schaffen sein müßten, die sollten Sie schnell vergessen. In Wahrheit dürfen Sie froh sein um jeden Kilometer, den Sie sich von der Mietstation entfernen:

*Zunächst einmal wollen Sie in den Ferien doch nicht mit den Hühnern aufstehen. Vor 8 Uhr aus dem Bett kommt also nicht in Frage. Und abends auf dem Campingplatz liegt ja einiges an: Einchecken, Auto klarmachen, Abendessen, vielleicht Lagerfeuer und Gutenacht-Geschichte, Zähneputzen und spätestens um 21 Uhr ins Bett mit den Kindern. Das klappt alles nur bei Ankunft spätestens um 18 Uhr. Folglich **sind noch 10 Stunden** täglich für die eigentliche Reise übrig **minus**:*

Morgenwäsche, Anziehen, Frühstück	*60 min*
Abwaschen, Camper startklar machen, Wasser auffüllen	*30 min*
Abschied von Platznachbarn/Kinder einfangen etc.	*20 min*
Zur Dumping Station fahren, Abwasser ablassen inkl. Wartezeit (mindestens 1 Wohnmobil vor Ihnen)	*15 min*
Endlich losfahren:	
Pinkelpausen in summa	*30 min*
Einkauf Supermarkt	*60 min*
Ausprobieren Spielgeräte und Kaugummiautomaten	*15 min*
Tanken, Öl und Luftdruck checken, Scheiben reinigen, Kaffee, Popcorn und Cola besorgen, zu Hause anrufen	*30 min*
Mittagssnack im Fast Food Lokal oder Picknick	*30 min*
Eltern Beine vertreten/Kinder 2x Spielplatz, Besuch von Kleintierzoos, kommerziellen Kinderfallen u.a.	*60 min*
Zusatzeinkäufe wegen Sonderwünschen der Familienmitglieder (Postkarten, Briefmarken T-Shirts etc. pp.)	*30 min*
Nachmittagskaffee oder Eisessen	*30 min*
Anhalten bei der Touristinfo, Material einsammeln und studieren, Erkundigungen einziehen	*30 min*
Kartenstudium unterwegs, Campingplatz aus dem Führer suchen, günstigste Zufahrt erfragen, Verfahren	*30 min*
Sonstige Zeiten (wie Warten in der Bank, Gasauffüllen, kleine Reparaturen, Verkehrsstau, im Schnitt mindestens	*30 min*
Summe	**500 min**

Von den 10 Stunden bleiben also ohne hier noch gar nicht berücksichtigte Unwägbarkeiten wie Werkstattaufenthalte, Arztbesuche etc. und eher knappe Zeitansätze ganze 100 Minuten pro Tag. Rechnet man davon je die Hälfte für den Besuch von Sehenswürdigkeiten und Fahrt bei rund 80 km/h, dann ginge es durchschnittlich 60 km täglich voran. In 20 Tagen z.B. entspräche das immerhin einer schönen Rundtour von San Francisco zum Yosemite Nationalpark und zurück durch die Sierra Nevada.

Das genügt Ihnen nicht? Na ja, wenn Sie morgens um 5 Uhr aufstehen, dann klappt es vielleicht mit den 150 mi/Tag und ein paar Fotostopps. Aber sagen Sie am Ende nicht, das hätten Sie sich anders vorgestellt!

Reisekosten

Abgesehen von den Kosten fürs **Flugticket** und **Eintrittsgelder** für (leider immer teurer werdende) *Amusementparks* etc. erhöhen Kinder die Amerika-Reisekosten nicht proportional, sofern die Familie per Auto unterwegs ist. Denn der **Leihwagen** bzw. **-camper** kostet einen festen Tagessatz unabhängig von der Belegung. Die meisten **Hotelzimmer** verfügen über zwei Doppelbetten, wobei der Übernachtungspreis nur geringfügig mit der Anzahl der Personen im Zimmer steigt (⇨ Seite 179). In vielen Fällen braucht für Kinder (bis zum Jugendlichenalter, variiert im Einzelfall) im Zimmer der Eltern überhaupt kein Aufschlag gezahlt werden. Auch auf die **Campingkosten** haben zusätzliche Personen im Wagen nur einen unwesentlichen (bei Privatplätzen) bis gar keinen Einfluß (staatliche Plätze). Das Eintrittsgeld in **Nationalparks** gilt unabhängig von der Besetzung immer für die Wagenladung.

Unterwegs

Soweit zu den Kosten. Daß die Attraktion vieler Sehenswürdigkeiten und möglicher Aktivitäten in Amerika (siehe die vorhergehenden Abschnitte 1.1.2 bis 1.1.5) auch für Kinder groß ist, bedarf keiner besonderen Erläuterung. Egal, welche Reiseroute die Eltern sich zurechtgelegt haben (sofern der Nachwuchs noch nicht mitentscheiden kann), an praktisch jeder Strecke gibt es auch für die Kinder genug zu sehen und zu erleben, dazu sowieso die überall gleichen, bei den meisten Kindern überaus beliebten *Fast Food Restaurants*, Supermärkte und *Shopping Malls*.

Camping

Sofern gecampt wird, was der Autor bei einer Reise mit Kindern im US-Westen noch stärker als ohnehin schon empfehlen würde, bieten die amerikanischen Campingplätze von Anlage, Einrichtungen und Gelände her viel mehr als ihre europäschen Pendants. Kommerzielle Plätze und sehr viele *State Parks* verfügen über *Children`s Playgrounds*; manche *Campgrounds* in den *National Forests* und anderswo sind für sich allein schon die reinsten Abenteuerspielplätze (⇨ Seiten 195).

Hier ein Kletterfelsen mit unterschiedlich schwierigen Aufstiegen in Mammoth Lakes/California südöstlich vom Yosemite National Park. Eine volle Stunde Klettern kostete 1998 $12. Eltern, Freunde oder Helfer sorgen für die Sicherung.

Spielplätze

Möglichkeiten zum Austoben finden sich im übrigen nicht nur auf Campingplätzen. Selbst in kleinen Orten gibt es **Stadtparks,** die sich zum Ballspielen und überhaupt für körperliche Aktivitäten immer eignen. Meistens verfügen sie auch über einen Kinderspielplatz; gerade in den letzten Jahren entstanden viele neue, vorbildliche Anlagen. Sehr praktisch an langen Fahrtagen sind die kompakten (und sauberen!) Kinderspielplätze der *Fast Food* Ketten *Burger King, McDonald's, Carl's Junior* u.a. Kleine Kinder lieben diese Plätze (besonders, wenn sie mit Plastikball-Wannen, Rutschen und Kletternetzen ausgestattet sind), die im harten Konkurrenzkampf immer attraktiver werden. An ihnen führt mit Kindern zwischen 3 und 8 Jahren kaum ein Weg vorbei, auch wenn damit der Verzehr ungeliebter *Fast Food* fast unausweichlich wird. Immerhin aber lassen sich bei *McDonald's* & *Co* die ohnehin anliegende Zwischenmahlzeit, "Pinkelpausen" und die Notwendigkeit, den Bewegungsdrang der Kinder zu kanalisieren, ganz sinnvoll miteinander verbinden.

Derartig attraktive Spielanlagen sind bei McDonalds heute keine Ausnahme, sondern in allen größeren und vielen kleinen Orten zu finden

Krankheit

Eigentlich gibt es auf Reisen mit Kindern nur eine, lediglich eventuelle Problematik: In den USA ist es schwieriger als bei uns, im Krankheitsfall jederzeit und überall einen Arzt zu finden, wenn man sich auf der Durchreise befindet und niemanden kennt außer das Hotelpersonal oder den Zeltplatznachbarn, ernste Notfälle natürlich ausgenommen. Da man sich voraussichtlich nicht ganz selten weiter weg von der Zivilisation und damit vom nächsten Hospital entfernt, als in Europa normalerweise möglich, sollte man auf Eventualfälle bei einem Urlaub mit Kindern besonders gut vorbereitet sein. Speziell eine ordentliche Reiseapotheke und ein gut sortierter **Erste-Hilfe-Kasten** können nicht schaden, siehe dazu Seite 124. Wenn die Kinder aber an sich gesund sind, birgt eine Amerikareise keine unkalkulierbaren Risiken.

ALS FRAU ALLEIN MIT KINDERN IM CAMPER UNTERWEGS

Als ich gemeinsam mit meinen beiden Söhnen – damals 11 und 14 Jahre alt – unsere erste von bisher drei Touren durch den Westen der USA plante, war die Reaktion im Freundes- und Verwandtenkreis neben ungläubiger Bewunderung fast überall Skepsis. Daß ich, eine Autofahrerin aus Notwendigkeit und nicht aus Leidenschaft, ohne die geringsten technischen Kenntnisse ein solches Abenteuer wagen wollte und mir eine Tour von über 5.000 Kilometern in 4 Wochen ohne (erwachsenen) männlichen "Beistand" zutraute, schien zumindest nicht selbstverständlich.

Um es gleich vorweg zu sagen – tatsächlich ist so ein Unternehmen überhaupt kein Problem, auch wenn kein zweiter Fahrer zur Verfügung steht. Ganz wichtig für das Gelingen unserer Reisen, denke ich, war die jedes Mal ziemlich intensive Vorbereitung. Darüber, wo wir starten wollten, welche Hotels uns für die erste Nacht und die letzten Tage als geeignet erschienen und welcher Wohnmobiltyp uns zusagte, darüber hatten wir uns schon allerhand Gedanken gemacht, diskutiert und Kataloge gewälzt, bevor wir letztlich buchten.

Beim Wohnmobil war für uns (neben den Kosten) ganz wichtig, daß der dritte Passagier nahe bei Fahrer und Beifahrer sitzen konnte und wir uns auch während der Fahrt alle gut miteinander verständigen konnten.

Der entscheidende Teil der Planung war die Reiseroute. Unsere Vorstellungen von dem, was wir sehen wollten, mußten wir – mit der Straßenkarte vor Augen und der zur Verfügung stehenden Zeit – in einen realisierbaren Plan umsetzen. Ein wesentlicher Aspekt dabei war, daß die Tagesetappen immer bei Tageslicht geschafft werden sollten.

Praktisch haben wir Strecken von 50 km bis 450 km pro Tag bewältigt und dafür fast immer länger gebraucht als veranschlagt. Denn für Fahrpausen, für Einkäufe und Essengehen hatten wir regelmäßig zu wenig Zeit vorgesehen. Trotzdem gelang es uns, den ursprünglichen Reiseplan einigermaßen einzuhalten, und so wußten wir von vornherein, wo wir jeweils die Nacht unterkommen wollten. Das im voraus bekannte Tagesziel gab mir Sicherheit auch dann, wenn es mal etwas später wurde. Obwohl wir auf unserer ersten Fahrt die meisten ins Auge gefaßten Campingplätze auf gut Glück ansteuerten (also nicht reserviert hatten, was großenteils auch gar nicht möglich war), sind wir nie abgewiesen worden, nicht einmal im Yellowstone Park. Bei den nächsten Reisen hatte ich dann aber die Campgrounds im Grand Canyon und Yosemite Park per Fax (⇨ Seite 201) lange im voraus reserviert. Unsere Detailplanung war unterwegs eine große praktische Hilfe – obwohl wir uns durchaus nicht immer genau daran hielten – und hat uns den Kopf frei gehalten wie auch mehr Zeit gelassen für die Dinge, die wir in Amerika erleben wollten.

Wie eingangs erwähnt, hatten wir das Wohnmobil für alle Reisen von Deutschland aus gebucht, auf den ersten beiden Fahrten einen kleinen 17 Fuß-Van Camper (5,10 m), auf der dritten – der kleinere Wagen war ausgebucht – ein Motorhome mit 22 Fuß (ca. 6,50 m). Für amerikanische Verhältnisse handelt es sich beim Van Camper um einen extrem kleinen

Wagen, und beim Motorhome um den kleinsten verfügbaren Typ. Für uns waren sie gerade richtig. Ich konnte beide gut handhaben, obwohl mich angesichts der Ausmaße "unserer" Camper jedesmal fast (wieder) der Schlag traf. Solche Ungetüme sicher über viele tausend Meilen zu steuern, schien mir auf den ersten Blick fast unmöglich. Meine Kinder machten mir aber Mut: "Gemeinsam schaffen wir das!" Und so war es auch. Man/frau kommt nach kurzer Gewöhnung mit diesen Campmobilen ganz gut zurecht, aber es ist angenehm, wenn in bestimmten Situationen – Rückwärtsfahren, Wenden, Einparken und Überholen – jemand da ist, der mitgucken kann. Mit ganz kleinen Kindern, die das noch nicht leisten können, hat man es vor allem mit dem großen Motorhome schwerer.

Zunächst jagte mir nicht nur die Größe unseres Autos einen Schrecken ein, auch die erste engere Kurve hatte es gleich in sich: Obwohl ich alles gut verstaut hatte, wie ich glaubte, flogen Bücher und alles mögliche mit großem Getöse wild durchs Auto. Ich sah schon auf den ersten Metern das Ende der Reise gekommen. Von da an achteten wir mehr auf Sicherheit als auf Ordnung, und es klappte besser. Aber ganz lösen konnten wir das Problem nie: immer mal wieder schossen in Kurven oder bei starkem Bremsen ein Buch, die Zahnpastatube und andere Gegenstände durch den Wagen. Ganz besonders mißlich sind bei der Abfahrt übersehene, bereits geöffnete Getränkedosen oder Milchtüten.

Zu fahren waren die Camper im Grunde einfach, alle hatten ein Automatikgetriebe, so daß ich mich auf das Wesentliche konzentrieren konnte. In die Technik wurde ich bei der Übernahme gut eingewiesen. Auch in der Betriebsanleitung stand zum Vergewissern noch einmal, wo welcher Ölstab zu finden ist und wie das Wasser aufgefüllt/entsorgt werden muß.

Gefeit vor Pannen waren wir natürlich nicht. Den kochenden Motor an einer starken Steigung (ich hatte vergessen, die Klimaanlage abzudrehen) gab es ebenso wie einen (unverschuldeten) Getriebeschaden im Yosemite Park. Das erste Gefühl in so einer Situation ist Panik. Als ich dann auch noch den Ersatzwagen, der gebracht wurde (statt eines 17 Fuß Van Camper ein 21 Fuß Motorhome, das viel höher ist), bei einem McDonald's Drive-in unters Dach setzte, war die Stimmung nicht mehr die beste.

Die Autorin mit Freunden beim Picknick am Kings Creek im Lassen Volcanic National Park

Aber selbst in solchen Situationen kam Hilfe immer rasch – ob es sich um den Ranger im Yosemite handelte, um fachkundigen Rat auf dem Parkplatz bei kochendem Motor oder um hilfsbereite Männer, die unser Auto von dem McDonald'schen Dach befreiten.

Letztendlich konnten wir selbst solchen Problemen etwas Positives abgewinnen, wie etwa bei dem Getriebeschaden, als wir drei Tage ohne fahrbaren Untersatz waren. Die Zeit nach dem ersten Schrecken haben wir ganz einfach genossen: wir hatten Zeit zum Wandern, Schlauchboot fahren, Schwimmen und faulenzen. Unsere besondere "Mutter-mit-2-Kindern-Konstellation" hat solche Probleme nicht erschwert, im Gegenteil: jeder wußte, daß er seinen Anteil am Gelingen der Reise zu leisten hatte und daß Meckern oder Unzufriedenheit nicht angesagt war. Zum Glück hatten meine Söhne darauf bestanden, ein kleines Zelt mitzunehmen, so waren wir beim Übernachten vom Wagen teilweise unabhängig. Wir haben das Zelt bei allen Reisen immer dann aufgebaut, wenn wir länger als eine Nacht auf einem Platz blieben.

Daß nicht nur Frauen mit einem Wohnmobil Mißgeschicke passieren, erfuhren wir bei der Rückgabe des Campers. Männliche "Rückkehrer" tauschten sich wie selbstverständlich über abgefahrene Seitenspiegel, Beulen in Kotflügeln und über im Wege stehende Bäume aus.

Grundsätzlich hat mir das Fahren auf Amerikas Straßen im wesentlichen kaum Probleme gemacht, obwohl entgegen verbreiteter Vorstellung nicht alle Straßen gut ausgebaut sind. Vor allem auf entlegeneren Strecken mußten wir so manches Schlagloch umfahren, zwar ohne Schaden für den Van, manchmal aber mit einigem Herzklopfen. Ich erinnere mich zum Beispiel an die Fahrt von Mesa Verde zum Canyon de Chelley, wo es mitten im einsamen Navajo-Reservat über einen Gebirgszug ging – auf einer Straße, die auf der Karte ganz "normal" aussah, uns aber 15 Meilen (rund 3 Stunden!) zittern ließ, bevor wir wieder sicheren Asphalt erreichten. Dort wäre Hilfe weit gewesen. Wir bemühten uns von da an, kleinere, verdächtig aussehende Abkürzungen zu meiden und lieber auf Nummer Sicher zu gehen. Andererseits besitzen in der Erinnerung derartige, letztlich gut bewältigte Abenteuer ihren besonderen Reiz.

Alle anderen Routen waren problemlos, wobei sich auch kurvenreiche Gebirgsstrecken selbst mit dem großen Camper ohne Schwierigkeiten befahren ließen. Die Bemerkung meines jüngeren Sohnes "Wir sind immer die ersten, nie fährt jemand vor uns," macht aber deutlich, daß ich mit dem Gaspedal vorsichtig umging. Von drängelnden potentiellen Überholern hab` ich mich nie beirren lassen. Im übrigen ist der Verkehr vor allem abseits der großen Städte eher ruhig. Selbst lange Fahrten durch Regionen, die wir nicht so interessant fanden, wenn ich dann manchmal über sieben Stunden am Tag am Steuer saß, empfand ich nicht als übermäßig anstrengend.

Was das Campen betrifft, so hatte ich vor den USA-Reisen überhaupt keine Campingerfahrung. Zu Beginn unserer Reisen hatte ich daher geglaubt, so eine Campingtour sei am besten zu meistern, wenn man sich einmal in der Woche in einer "ordentlichen" Unterkunft, im Motel also, von den Anstrengungen des Campens erholen kann. Diese Möglichkeit haben wir auf unseren drei Reisen insgesamt nur zweimal genutzt, als wir wegen einbrechender Dunkelheit nicht mehr weiterfahren wollten. Ansonsten haben wir "richtige" Betten nicht vermißt, ganz im Gegenteil, wir sind große Fans amerikanischer Campingplätze geworden. Auch wenn die sanitären Verhältnisse manchmal nicht so gut waren, haben uns die Campanlagen in den National und State Parks am besten gefallen. Selbst auf Plätzen, an denen das Schild "Campground full" stand, gelang es uns oft, doch noch unterzukommen. Den Rangern fiel es möglicherweise leichter, im Fall einer Mutter mit Kindern eine Ausnahme zu machen.

Das authentischere Campingvergnügen hatten wir mit dem kleinen Van, da sich – notgedrungen – das Leben auf den Campingplätzen dann wirklich im Freien abspielen mußte. Der Innenraum ist eng, das Auf- und Abbauen beispielsweise des Tisches war lästig. Selbst bei weniger gutem Wetter kocht und ißt man dann lieber draußen. Das Motorhome war zwar gemütlicher, aber fast schon zu luxuriös für eine Campingtour. Der große Kühlschrank, der den Kauf einer Ice-Box für Getränke überflüssig machte, war jedoch angenehm. Und meinen Söhnen gefiel besonders der großzügige Platz zum Schlafen im Alkoven über dem Fahrerhaus.

Die Stellplätze auf den meisten Campgrounds in den National Parks oder National Forests waren meistens so groß, daß man von den Nachbarn kaum etwas bemerkte und wir uns mitten in der oft grandiosen Natur sogar einsam vorkamen. Die größte Herausforderung war für uns jedesmal wieder, ein schönes Lagerfeuer zu entfachen und uns in der Kunst des Grillens zu üben. Der Reiz, garantiert BSE-freises Steak essen zu können, war groß, und so haben wir, wann immer möglich, die Gelegenheit ausgiebig genutzt. Grillroste an der Feuerstelle oder auch separat gibt es auf fast allen Campingplätzen, sie waren aber manchmal ziemlich ramponiert, so daß wir uns einen eigenen kleinen Grillrost zulegten.

Ich wagte es leider nicht, irgendwo "wild" zu campen, was meine Jungen bedauerten, die gerne noch etwas mehr Abenteuer erlebt hätten.

Neben den vielen wunderschönen Plätzen in den National Parks, die für uns gleichzeitig Ausgangspunkt vieler Wanderungen waren, haben wir auch immer wieder private Campingplätze genutzt. Sie sind in der Regel nicht besonders schön und teurer, aber in manchen Fällen günstiger gelegen als der nächste landschaftlich attraktivere Platz. Außerdem ist der kleine Luxus der meisten Privatplätze oft willkommen (Pool, Duschen) und ab und zu ganz praktisch (Münz-Waschautomaten). Mit dem Besuch privat geführter Campgrounds kamen wir zwischendurch wieder zu sauberer Kleidung, obwohl in Amerika – zur Freude der Kinder – meine Maßstäbe dieser Art schnell ins Wanken gerieten und ich Marmeladen- oder Ketchup-Flecken auf T-Shirts gut ertragen konnte.

Überhaupt habe ich auf unseren Campingtouren gelernt, viel gelassener zu sein.

Hilde Spanger

1.3 DIE KONKRETE PLANUNG DER EIGENEN REISE

1.3.1 Generelle Gesichtspunkte

Wichtige Aspekte

Ist einmal der Entschluß gefaßt, eine Reise in die USA zu unternehmen, sollte man überlegen, welche Sehenswürdigkeiten und/oder Ferienaktivitäten in erster Linie reizen. Damit werden **geographische Eckpunkte** gesetzt, die als Basis für eine erste Planung nützlich sind, auch wenn die Gesamtheit der Wünsche vielleicht den vorgegebenen zeitlichen Rahmen sprengt. Berücksichtigt man außerdem klimatische Bedingungen und setzt die eigenen terminlichen Möglichkeiten in Relation dazu und eventuell auch noch zur amerikanischen Feriensaison, fallen oft schon einige der zunächst vorgesehenen Ziele heraus. Es ergibt sich eventuell bereits rasch ein durchführbarer, den persönlichen Vorstellungen weitgehend entsprechender Reiseplan.

Weniger komplizierte Quintessenz: Bevor man Reisetermine, -ziele und -routen festlegt, sollte man die voraussichtlichen klimatischen Bedingungen kennen und auch wissen, wann die Amerikaner selbst unterwegs sind.

Dimensionen der USA

Vor Reiseantritt kann gar nicht genug darauf hingewiesen werden, daß man sich nicht zuviel vornehmen sollte. Denn immer nur ein Teil all dessen, was sehenswert und attraktiv erscheint, kann im Rahmen eines einzigen Aufenthaltes – auch wenn er zwei Monate und länger dauert – besichtigt und wirklich genossen werden. Als Europäer macht man sich selbst mit der Karte der USA vor Augen nur schwer einen Begriff von der immensen Größe des Landes und den Entfernungen (⇨ ab Seite 15).

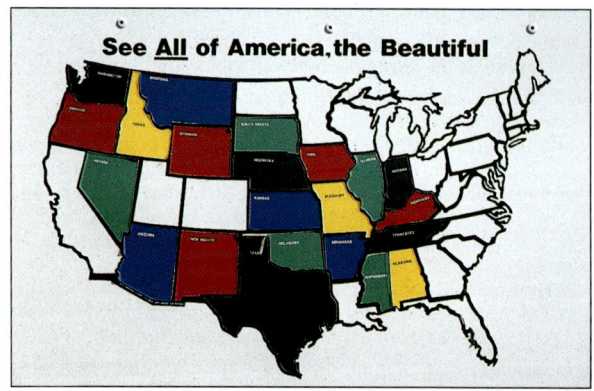

Amerikaner markieren auf ihren Campmobilen gerne die auf Reisen bereits "abgehakten" Staaten

Fahr-
leistung

Bei einer Reise im PKW oder mit dem Camper sind 200 mi (bzw. 320 km) pro Tag das absolute Maximum dessen, was man sich – Ruhetage nicht mitgerechnet – im Schnitt zumuten sollte. Das sind bei einem 4-Wochen Urlaub mit 26 Unterwegstagen über 8.000 km; weniger wäre besser. Für optimal hält der Autor eine **Monatsplanung,** die rein rechnerisch (Kartenentfernungen) 4.000 km nicht wesentlich überschreitet. Daraus werden im Endeffekt zwar leicht bis zu 5.500 km (zur Begründung ➪ Seite 81, Stichwort Distanzen) und mehr, aber dennoch dürfte Spielraum bleiben etwa für ein ungeplantes Verweilen an besonders schönen Orten, die Teilnahme an reizvollen Aktivitäten oder Veranstaltungen und den spontanen Entschluß zum Umweg.

Bei Reisen mit Bus oder Eisenbahn gilt, daß unter Berücksichtigung lokalen Transports für An- und Abfahrt zur Station und Wartezeiten mehr als vier Stunden täglicher Fahrtzeit im Reisedurchschnitt zuviel wären.

Länge
der Tage

Ein Punkt, der bei Reiseplänen früher oder später im Jahr oft vergessen wird, ist die Länge der Tage. Bedingt durch die südliche Lage der USA (Los Angeles befindet sich auf nordafrikanischer Breite) **geht die Sonne früh unter**. Im Südwesten setzt die Dämmerung im September bereits gegen 18 Uhr ein. Letztlich bleibt weniger Zeit für Besichtigungen und andere Unternehmungen als im späten Frühjahr und im Sommer.

1.3.2   Reisezeiten der Amerikaner

Feriensaison
in den USA

Die Ferienmonate der Amerikaner sind insofern ein wesentlicher Gesichtspunkt der eigenen Reiseplanung, als dann die bekanntesten Nationalparks, populäre Urlaubsgebiete etwa an der Pazifikküste und typische Brennpunkte des Tourismus wie zum Beispiel *Disneyland* in Los Angeles, *Fisherman's Wharf* in San Francisco oder das *Mount Rushmore Monument* oft von mehr Touristen besucht werden als manchem lieb sein wird. D.h., Parkplatzprobleme, ausgebuchte Unterkünfte, bereits vor Mittag besetzte Campingplätze und eben viel Betrieb bestimmen dann die Situation in manchen Orten und Parks.

Auswirkung
der Saison

Nun ist der Zeitraum, auf den diese Kennzeichnung voll zutrifft, glücklicherweise relativ kurz, obwohl in den Vereinigten Staaten offiziell rund drei Monate von **Memorial Day** (letzter Montag im Mai) **bis Labor Day** (erster Montag im September) als **Hauptsaison** gelten. Sie entspricht traditionell den Universitätsferien zwischen zwei akademischen Jahren. Auch die Sommerferien der Schulen fallen mit unterschiedlicher Länge in diese Periode. Erfahrungsgemäß beginnt der internamerikanische **Ferienboom** aber erst richtig im Juli, nimmt in der zweiten Augusthälfte schon spürbar ab und endet mit dem *Labor Day* schlagartig.

Wochenende Lediglich an Wochenenden muß vom *Memorial Day Weekend* bis zum *Labor Day Week*end überall mit erheblichem Betrieb gerechnet werden. Denn wegen der aus unserer Sicht ziemlich unsozialen Urlaubsregelungen in den USA (nur wenige berufstätige Amerikaner haben oder nehmen sich mehr als 2 Wochen Ferien pro Jahr, viele nicht einmal das) spielt das Wochenende eine weit größere Rolle als bei uns. Die Bereitschaft, für den **Wochenendspaß** lange Strecken zu fahren, Ausgaben und Anstrengungen auf sich zu nehmen, ist deutlich ausgeprägter als unter Europäern. Im **Südwesten** sind die Wochenenden auch im April/Mai und nach dem *Labor Day* bis Ende Oktober bei gutem Wetter noch Ausflugstage.

HOCHSAISON - ALLES VOLL?

"Also wissen Sie", sagt mir am Telefon der Leser, "Ihr Buch hat uns ja sonst gut gefallen, aber was Sie da über die Motels schreiben, das stimmt nicht. Wir waren im Juli unterwegs, und alles war knüppeldicke voll." Wie ich behaupten könne, es gäbe selbst im Sommer keine besonderen Probleme, ein Zimmer zu finden (➪ Seite 176), sei ihm unverständlich. Das möge ich doch in Folgeauflagen ändern.

Zum Glück ist das nicht nötig, denn die Feststellung stimmt im Grundsatz nach wie vor. Es kam nämlich heraus, daß dieser Leser nur durch Kalifornien gereist war und zwar von einem touristischen Highlight zum nächsten, und das auch noch ohne Hotelführer. Die 800-Reservierungsnummern für die großen Motelketten hatte er nicht benutzt (Seite 183).

*Tatsächlich sind im Einzugsbereich der Ballungsgebiete Los Angeles und San Francisco Bay alle attraktiven Ziele an **Sommerwochenenden** stark gebucht. Die populärsten wie Monterey/Carmel oder die Umgebung des Yosemite Park oder Lake Tahoe **in der Ferienzeit** auch an Wochentagen. Wer dort nicht spätestens bis 16 Uhr sein Zimmer sichert (im Fall Yosemite und Umgebung möglichst mehrere Tage oder länger im voraus), hat oft schlechte Karten. Wirklich mittel- oder langfristig ausgebucht sind aber meist nur gute und zugleich preiswerte Häuser und ganz besondere Unterkünfte wie Resort-Hotels mit allen Schikanen für Urlaubsspaß.*

*Wer die **Wochenendproblematik** beachtet und freitags/samstags die Touristenmagnete meidet, wird auch im Sommer im allgemeinen "auf Sicht" ohne größere Probleme ein Nachtquartier finden, vorausgesetzt, daß*
– eine gewisse örtliche Flexibilität vorhanden ist
– die Suche nicht erst nach 18 Uhr beginnt
– keine zu engen Präferenzen bezüglich Preis und/oder Qualität existieren

*Weiß man schon, wo übernachtet werden soll, kann natürlich eine telefonische Reservierung nicht schaden. Oft führt bereits der erste Anruf zum Erfolg. Man sieht jedoch erst vor Ort, ob die getroffene Wahl glücklich war. **Samstagsbuchungen** bereits ein paar Tage vorher sind nicht nur in der Hochsaison eine gute Idee. Denn man weiß ja nie, ob nicht lokale Ereignisse selbst im Mai schon mal für ausgebuchte Zimmer sorgen.*

Absolute *Hochsaison*	Man hat auf jeden Fall mehr von der Reise und vermeidet obendrein die Hochsaisonpreise bei Flügen und ggf. Campermiete, wenn es gelingt, sie außerhalb der absoluten Spitzenzeiten zu legen, also vor Juli und nach Mitte August. Andererseits ist festzuhalten, daß von der Saison weniger spürt, wer die Top-Sehenswürdigkeiten möglichst an Werktagen ansteuert und sich sonst ein wenig abseits der touristischen Hauptpfade hält (siehe die entsprechenden Streckenbeschreibungen).

Im übrigen gilt in Amerika eine andere Definition von "voll" oder "überlaufen". Europäische Verhältnisse wie am Mittelmeer und beliebten anderen Urlaubszielen und die dazugehörigen ferienbedingten Verkehrsstaus existieren im US-Westen so gut wie nicht, sieht man vom Spezialfall Yosemite Nationalpark und Wochenend-Rückreiseverkehr in Richtung der großen Cities ab.

1.3.3   Klima in den Weststaaten

Saison *und* *Klima*	Reisen außerhalb der Monate Juli/August sind im besonders attraktiven Südwesten gleichzeitig auch klimatisch empfehlenswerter, dagegen gibt es andere Regionen, für die der Hochsommer eindeutig die beste Reisezeit ist. Im Mai oder Oktober darf man etwa im *Yellowstone* Nationalpark nicht auf gutes Wetter hoffen, vielmehr ist mit **Kälte** und Sperrung der Pässe wegen **Schnee** zu rechnen. Selbst die Monate Juni und September können dort witterungsmäßig kritisch sein. Das Beispiel zeigt, daß durchaus nicht alle Reisevorhaben sich mit Aussicht auf leidlich gutes Wetter beliebig – sagen wir – zwischen April und Oktober realisieren lassen.
Klimazonen	Zur Kenntlichmachung der Klimazonen und ihrer touristischen Auswirkung kann die geographische Unterteilung des Abschnitts 1.1.1 (➪ Seite 18ff), herangezogen werden:
Höhenlagen	Für **unliebsame Überraschungen** gut sind grundsätzlich alle Hochlagen der **Rocky Mountains** von der kanadischen Grenze bis hinunter in den Süden Colorados und der Kaskaden. Das bedeutet Schnee und Eis oft bis Mitte Juni, gelegentlich noch später, und wiederum ab Mitte September.

An sich überwiegende Schönwetterperioden in den Sommermonaten können schon mal recht unstabil ausfallen und durch ausgesprochen ungemütliche Regentage in Folge unterbrochen werden. Bei der Erörterung der Campingbedingungen wurde bereits darauf hingewiesen, daß in Höhen ab 2.000 m auch tagsüber hochsommerliche Temperaturen **Nachtfröste** nicht ausschließen. Im Camper sind Minusgrade zwar ein geringeres Problem, aber nördlich der Linie Denver/San Francisco läuft man bei Reisen vor Mitte Juni und ab spätem September das Risiko verschneiter Passhöhen.

Hochebene

Die intermontanen Plateaus sind hingegen **Gutwettergebiete.**
Im Norden (Wyoming/Montana) überwiegt der Einfluß des
kanadischen Kontinentalklimas mit warmen, periodisch sogar
sehr heißen Sommern, aber auch frühen Wintereinbrüchen.
Das wegen seiner Nationalparks der Sonderklasse hochinteressante Große Plateau (⇨ Seite 18) unterliegt tendenziell dem
heißen Südwestklima, das aber durch die Höhenlage abge-
mildert wird. **Beste Reisezeiten** sind dort **Juni** und **September.**
Mai und Oktober gelten mit vielen Sonnentagen ebenfalls als
gute Reisemonate, allerdings mit der Einschränkung oftmals
noch/schon recht niedriger Tagestemperaturen bei teilweise
scharfen Nachtfrösten. Regenperioden auf den Hochebenen
sind meist nur von kurzer Dauer.

**Big Basin/
Wüsten**

Anders sieht es aus im *Big Basin* Bereich von der südkalifornischen Wüste bis hinauf ins zentrale Oregon. Die **Hitze im
Juli/ August** liegt ohne Klimaanlage oft jenseits des Erträglichen (bekanntlich extrem in Death Valley bis 50°C). Dafür
läßt sich dort **von April bis Juni und ab September angenehm
reisen**. Niederschläge in diesen Trockengebieten beschränken
sich im allgemeinen auf kurze und heftige Gewitterschauer.

**Columbia
Plateau**

Weiter nördlich auf dem *Columbia Plateau*, westlich der Blue
Mountains (Pendleton/Oregon) und im **zentralen Washington**
gilt Ähnliches, jedoch mit dem Unterschied nicht ganz so
hoher Temperaturen vor allem in Frühjahr und Spätherbst.

*Diese winterliche Szene
entstand Mitte Juni im Zion
National Park an einem
hochsommerlich warmen Tag –
zumindest bis am frühen
Nachmittag ein Unwetter
einsetzte. Es hagelte und
schneite, und nach einer guten
Stunde lagen die Temperaturen
nahe am Gefrierpunkt. Der
Virgin River entwickelte sich
vom anmutigen Flüßchen zum
reißenden Strom. Die hier zu
sehenden Wasserfälle schießen
aus vorher knochentrockenen
Canyons, die zum Teil zum
Wanderweg-System des Parks
gehören. Die Nacht blieb
eiskalt. Aber der nächste
Morgen brachte einen neuen
strahlenden Tag.*

Typischer Seenebel vor der kalifornischen Küste. Innerhalb kürzester Zeit zieht er oft landeinwärts

Westküste

Entlang des pazifischen Küstenstreifens von Monterey bis zur Olympic Halbinsel herrscht ein **frisches Meeresklima**, das auch im Sommer kühle Tage, Regen und Nebel mit sich bringen kann. Diese Art Küstenklima setzt sich bei höheren Temperaturen nach Süden fort bis etwa Santa Barbara. Vergleichsweise bessere Aussichten auf angenehme, sonnige Tage hat man im September. **Südlich von Santa Barbara** setzt sich das im Sommer heiße, im Winter milde südkalifornische, dem mediterranen weitgehend vergleichbare Klima durch.

Hinterland Westküste/ Kaskaden und Sierra Nevada

Die Tiefebenen zwischen dem Küstengebirge und den Kaskaden bzw. der Sierra Nevada zeigen **dem *Big Basin* ähnliche klimatische Bedingungen**. Die Sierra Nevada, Hochgebirge wie die Rocky Mountains, unterscheidet sich von diesen durch insgesamt stabilere Witterungsbedingungen. Von Juni (in tieferen Lagen auch früher) bis Ende September sind die Aussichten auf klares, sonniges Wetter im allgemeinen sehr gut. In der Höhe muß ganzjährig mit niedrigen Nachttemperaturen gerechnet werden. **Die Pässe schneien dort oft schon Anfang Oktober zu**, gelegentlich sogar im September, **ein wichtiger Aspekt für Reisepläne durch den *Yosemite* Park.**

Der "tiefe" Südwesten

Der klimatische (!) Südwesten der USA läßt sich in etwa korrekt definieren als Südkalifornien unterhalb der Verbindung Los Angeles–Las Vegas (ohne den Küstenstreifen) plus das südliche Arizona und New Mexico auf der Linie Las Vegas/Phoenix/El Paso, eventuell unter Einschluß der tiefergelegenen Gebiete von New Mexico weiter nördlich und östlich und Südwest-Texas bis nach San Antonio/Texas. Während des Sommers herrschen in diesem Gebiet absolute Trockenheit und höchste Temperaturen bis über 40°C. Immer noch ziemlich heiß, aber gerade erträglich sind die Monate Juni und September, **beste Reisemonate Mai und Oktober**. Mit Niederschlägen eher zu rechnen ist im April und November, durchaus akzeptable, aber nicht völlig unkritische Reisezeiten. Dezember, Januar und Februar bieten auch im südlichsten Bereich des US-Westens gelegentlich Überraschungen wie Frost und Schnee, aber insgesamt unseren Vorstellungen entsprechende frühlingsartige Wetterbedingungen.

1.3.4 Weiterführende Reiseinformationen und -Literatur

Karten

Für eine erste vorbereitende Planung der Nordamerikareise genügen die Karten dieses Reiseführers. Empfehlenswert für eine intensivere Routen-Vorabplanung und unterwegs sehr brauchbar ist der jährlich neue **Rand McNally Straßenatlas USA/Canada/Mexico**. Den *Rand McNally* gibt es hierzulande in geographischen Buchhandlungen und in Globetrott-Shops im Original oder auch als **Hallwag USA-Atlas** mit deutschsprachigen Erläuterungen für 29,80 DM. In den USA kostet er ganze $10, als Sonderdruck für Kaufhausketten (**K-Mart, Wal Mart**) nur ca. $5. Es gibt auch noch eine auf etwa DIN4-Format verkleinerte **Rand McNally Roadatlas** Deluxe Version mit mehr Stadt- und Umgebungsplänen, Airportübersichten, Hotel- und Restaurantadressen – ideal **für Cityhopper**.

Internet/ CD-ROM

Der Clou für **Internet-User** ist die Adresse **www.mapquest. com**. Mit dessen Hilfe kann man am Bildschirm Routen planen, ausdrucken und sich blitzschnell Entfernungen ausrechnen lassen. Ähnliches und mehr leistet die **CD-ROM Map`n Go** (bei uns im Buchhandel – Verlag *Vista Point*).

Kauf hier

Sich bereits hier für teures Geld Karten anzuschaffen, lohnt kaum. Denn fast alle US-Staaten und kanadischen Provinzen verteilen ihre **Strassenkarten gratis** oder gegen eine geringe Gebühr, ➪ *Visitor Center*, Seite 82.

Automobil Club

Teilweise ausführlicher als die **Official Highway Maps** der Einzelstaaten sind die Karten des amerikanischen Automobilclubs AAA (als **Triple A** bezeichnet) die auch Mitgliedern

europäischer Clubs **kostenlos** überlassen werden. Darüberhinaus verteilt der AAA gratis nach Staaten untergliederte sog. **Tourbooks**; i.e. Reiseführer mit Betonung kommerzieller Attraktionen und Werbung, aber unterwegs als zusätzliche Informationsquelle nützlich (aktuelle Öffnungszeiten und Eintrittspreise, Ermäßigungen für AAA-Mitglieder). Die *Tourbooks* enthalten außerdem ein **up-to-date** **Motel-/Hotelverzeichnis** für Häuser ab der unteren Mittelklasse. Für den Preisbereich über $50-$60 pro Zimmer und Nacht sind die AAA-Führer fast komplett. Den *Tourbooks* entspricht auch die regionale Systematik der **AAA Campbooks**. Sie enthalten zwar bei weitem nicht alle Campingplätze, leisten aber in Ergänzung der Campingempfehlungen in diesem Buch für eine Reise bis zu sechs Wochen ausreichende Dienste.

AAA	**Büros des AAA gibt es in jeder Kleinstadt**, in den Cities mehrere davon. Ihre Adressen kennt jeder Polizist und Taxifahrer; sie lassen sich auch erfragen unter der **gebührenfreien Nummer 1-800-222-4357** (AAA-HELP). Gegen Vorlage des heimischen Mitgliedsausweises (den darf man also nicht vergessen, so vorhanden) erhält man alle gewünschten Unterlagen. Größere Filialen unterhalten einen eigenen *Bookshop*, in dem Reisebücher und allerhand Produkte rund ums Reisen preiswerter als üblicherweise im Handel zu haben sind.
AAA Card/ Discounts	Bereits seit 1997 gibt es beim heimischen Korrespondenzklub für Amerika-Urlauber eine ***AAA-Card*** mit dem Aufdruck ***Show Your Card & Save***, die Klubmitglieder sich auf jeden Fall besorgen sollten. Die Karte sichert bei Vorlage in ganz Nordamerika Gleichbehandlung des ausländische Touristen mit den amerikanischen AAA-Mitgliedern bei der Erlangung von Discounts und Sondertarifen in Motels, Amusementparks etc.
Distanzen	In den meisten Straßenkarten findet man **Entfernungstabellen** und häufig Grafiken mit Meilen und Fahrtzeitangaben zwischen den wichtigsten Städten (auch in den AAA-*Tourbooks* und im *Rand McNally*). Weder die in derartigen Übersichten angegebenen Meilen noch die Zeiten sollte man auf die eigene Planung anwenden, da grundsätzlich die kürzeste Verbindung und eine selten realisierbare Durchschnittsgeschwindigkeit zugrundegelegt werden.
Distanz- kalkulation	Zur Berechnung der voraussichtlich auf einer bestimmten Route zurückzulegenden Entfernung ist ein **Zuschlag von mindestens 20%** auf die aus Angaben der Karten ermittelte Gesamtdistanz notwendig. Die Mehrkilometer für Umwege, Stadtverkehr, Abstecher zu Sehenswürdigkeiten, Anfahrten zu Campingplätzen, gelegentliches Verfahren usw. werden in vielen Fällen sogar über diesem Prozentsatz liegen.
Zusätzliche Literatur	Zur Ergänzung der Informationen dieses Buches sind kulturhistorisch Interessierten u.a. die Kunstreiseführer des DuMont-Verlages zu empfehlen. Mehrere **GEO-, Globo-** und **Merian Sonderbände** zu den interessantesten Städten und Regionen stimmen den Leser auf die eigene Reise ein und vermitteln in Text und vielen eindrucksvollen Fotos ein realistisches Bild der jeweiligen Ziele. Reiseführer ersetzen sie nicht, ➪ auch weitere Reise-Know-How-Titel ab Seite 712
Indianer	Wer sich für Indianer, ihre Geschichte und ihr Leben heute interessiert, sei auf das Sonderkapitel ab Seite 673 verwiesen. Leichtere, aber nichtsdestoweniger informative und gleichzeitig spannende Kost sind die **Krimis** des Navajo-Autors *Toni Hillerman*, von denen mehrere bereits in deutscher Übersetzung als Goldmann-Taschenbuch erschienen sind. Als lesenswert sind u.a. die Titel **Labyrinth der Geister** und **Geistertänzer zu** empfehlen.

Let`s Go Vor allem für junge Leute mit Englischkenntnissen, die mit unterschiedlichen Verkehrsmitteln unterwegs sind und auf den Dollar sehen, gibt es kaum Besseres als **LET'S GO, the Budget Guide to the USA**. Das Buch kostet ca. $20 und wird jährlich neu aufgelegt. Es ist eine aktuelle Fundgrube für günstige Unterkünfte, preiswerte Restaurants, populäre Kneipen, billige Mietwagen und Details zum öffentlichen Nahverkehr. In der Bewertung von Sehenswürdigkeiten und Nationalparks orientiert es sich aber im wesentlichen an der Optik junger Amerikaner unter 30 mit *College*-Ausbildung. Als Reiseführer für Autofahrer sind die *Let's Go*-Bände weniger geeignet, weil Streckenbeschreibungen völlig fehlen.

Book Shops In größeren **Book Stores/Shops** gibt es ein breit gefächertes Angebot an Reise- und Sachbüchern zu allen erdenklichen touristischen und regionalen Themen von der Geologie, Flora und Fauna über Bike- und Kanurouten bis zu lokalen Joggingpfaden. Wer eine Reise mit Hotel-/Motelübernachtung plant und nicht zu sehr auf den Dollar schaut, sollte – als Ergänzung zu diesem Buch – einen der Spezialführer zu **Country-** und **Bed & Breakfast Inns** kaufen, die viele Kleinode auch abseits der hier beschriebenen Routen enthalten.

Bücher übers Internet Amerikanische **Literatur** läßt sich auch übers **Internet** bei **amazon.de** oder bei der größten Buchhandelskette der USA unter **Barnes&Noble.com** ordern.

Visitor Information Bei "Grenzübertritten" auf Hauptverkehrsstraßen nicht zu verfehlen sind die oft ungemein aufwendigen **Visitors** oder **Tourist Information Center** der Bundesstaaten. Besucher erhalten dort neben der jeweiligen Straßenkarte (fast) jede gewünschte touristisch relevante Information, u.a. den aktuellen Veranstaltungskalender. Zur Selbstbedienung liegt immer eine Fülle von Material der regionalen Tourismusindustrie bereit. **Visitor Center**, oft betrieben von der lokalen **Chamber of Commerce** (Handelskammer), gibt es noch in kleinsten Ortschaften.

Besucherinformation im alten Goldrauschstädtchen Idaho City im gleichnamigen Bundestaat

Visitor Center existieren in ähnlicher Funktion wie beschrieben auch in den **Nationalparks.** Die als Auskunftspersonal eingesetzten *Ranger* (⇨ Seite 26) sind in der Regel sehr gut informiert und hilfreich bei der Besuchsplanung des Touristen. Gelegentlich stößt man sogar auf Fremdsprachenkenntnisse, selbst deutschsprachige Broschüren hier und dort, aber davon darf man nicht ausgehen.

Internet

Eine unerschöpfliche Informationsquelle ist das Internet. Die *Tourist Information-Offices* der Staaten sind heute allesamt dort vertreten ebenso wie die größeren Städte; die wichtigsten Adressen im Anhang. Wer sich für nicht kommerziell-orientierte Reiseinformationen deutscher USA-Fans interessiert, findet auf den Seiten der weitverzweigten Linksammlung von *Sybille* & *Gerhard. Schellmann* viele persönliche Berichte, Reportagen und aktuelle Hinweise: **http://www.reiselust.de.**

1.3.5 Zu erwartende Kosten

Um einen Eindruck von den ungefähren Kosten einer individuellen Amerikareise zu haben, sind im folgenden einige Beispiele zusammengestellt. Dabei wurde der bei Bearbeitung dieser Auflage gültige Sortenkurs für US-Dollars – mit Rundung – zugrundegelegt: **1,80 DM/$** (Anfang März 1999).

Tagessatz bei Selbstverpflegung

Bei Selbstversorgung ist ein Tagessatz von ca. $25 für **Alleinreisende** die absolute Untergrenze, worin kleine Eintrittsgelder und Nebenkosten sowie gelegentliche *Fast Food* Hamburger eingeschlossen sind, nicht aber Alkoholika, Kneipen- und Restaurantbesuche; auch keine lokalen Transportkosten.

Zwei Personen können bei scharfer Kalkulation unter sonst gleichen Voraussetzungen mit ca. $35 pro Tag auskommen. (Diese Zahlen sind nicht haltbar bei starker Frequentierung von *Cafeterias* und *Coffee-Shops*).

Unterkunft

Die Unterkunftskosten können zwischen **$0 beim Campen in der Wildnis** oder auf **Gratiscampgrounds** und **$250 im Cityhotel** schwanken:

1. Beim **Campen** kann man durchaus **mit $12 oder weniger** Durchschnittskosten pro Auto/Zelt oder Camper auskommen; im Fall höherer Komfortansprüche wird man dagegen eher $15-$20 oder mehr pro Nacht kalkulieren müssen, ⇨ Campingkapitel Seite 195ff.

2. **Außerhalb der Saison in den preiswertesten Motels** etc. oder auch in der Hochsaison bei konsequenter Übernachtung in Billigquartieren (*AYH-Hostels, YMCA,* internationale *Hostels, Discount-Motel* o.ä., ⇨ Seite 189ff) läßt sich ein Durchschnittspreis für **2 Personen** (ohne Frühstück) von **$25 bis $30** realisieren.

3. **Eine Person** reist relativ teurer und sollte **auch besser nicht unter $25** einplanen, sofern es nicht gelingt, grundsätzlich in Jugendherbergen und anderen *Hostels* unterzukommen.

4. Bei Reisen in der **Hauptsaison** und **Motel-/Hotelübernachtung** sollte man (ohne Neigung zu Billigquartieren, siehe vorstehenden Absatz) **im Durchschnitt nicht unter $50+ tax** pro Nacht kalkulieren (also etwa 100 DM fürs DZ ohne Frühstück). Die Untergrenze erreicht aber nur, wer unterwegs aufpaßt. Je nach Route und Zielen kann es im Einzelfall teurer werden, aber **im Schnitt über $70+tax** (also ca. 130 DM/Nacht) ausgeben wird nur, wer zur oberen Mittelklasse neigt und überwiegend in touristisch stark frequentierten Regionen nächtigt. **Bis Mitte Juni und nach Labor Day** (der 1. Montag im September) können bei ein wenig Aufmerksamkeit durchaus plus/minus **$45+tax** ausreichen und zwar ohne extreme Zugeständnisse an die Qualität der Unterbringung. Alle drei Zahlen sind bei längeren Aufenthalten in großen Städten nach oben zu korrigieren; mit gewissen Komfortabstrichen lassen sie sich aber sogar dort realisieren; dazu Genaueres ab Seite 178.

Prämissen der Kalkulation

Für die erläuterten Übernachtungsalternativen zeigt die nebenstehende Tabelle die in etwa zu erwartenden **Basis-Gesamtkosten einer Reise in der Nebensaison** (bis Mitte Juni oder nach *Labor Day*). 1.300 DM für Flugkosten sind dabei ein Mittelwert, der sich unterbieten läßt, aber auch leicht höher sein kann. Zu den Transportkosten und den dabei gemachten Annahmen vergleiche die entsprechenden Abschnitte im Kapitel 2, Seite 122f.

Es sei noch einmal betont, daß für (verstärkten) Alkoholgenuß, Restaurant-, Kneipen-, Kino- und Theaterbesuche, Nachtleben, Mitbringsel usw. keine Ausgaben berücksichtigt wurden. Sie sind individuell zu addieren.

Benzin, Motel, Fast Food – alles da, was das Herz des Reisenden begehrt: Hier vor einer stark frequentierten Autobahn-Ausfahrt

Zu erwartende Gesamtkosten eines 4-Wochen-Urlaubs im Westen der USA für zwei Personen in DM außerhalb der Hauptsaison (vor Mitte Juni/nach Labor Day) unter den auf den vorhergehenden Seiten beschriebenen Voraussetzungen und Annahmen (zu den Transportkosten im einzelnen siehe Kapitel 2.5 und den Abschnitt 3.2.2)

	Ameripass/ Billigunterkünfte[3]	Mietwagen (Compact) und Zelt	Mietwagen (Full Size) und Motel	Campermiete (Van)	Sonderfall: 4 Monate im eigenen Van
(1) Flugtickets Europa–Westküste je 1.300 DM	2.600	2.600	2.600	2.600	2.600
(2) Ameripass plus Zusatztransportkosten (Abschnitt 2.5.6, ↔ Seite 130)	1.888	-	-	-	-
(3) 4 Wochen Mietwagen, Versicherung und Benzin	-	2.080	2.480	-	-
(4) 4 Wochen Campermiete, Versicherung und Benzin	-	-	-	6.680	-
(5) Wertverlust, Reparaturen und Zulassung/Versiung eines gebrauchten *Van Camper* (Kaufpreis zwischen $6.000 und $9.000) Benzin für 20.000 Kilometer (18l/100km, Preis 0,60 DM/l)	-	-	-	-	8.000[4]
(6) Übernachtungskosten einschl. 2 Tage Motel bei Wagenmiete/Zelt[2] und Camper (↔ Seite 123)	1.310	762	3.168	-	2.160
(7) Camping ($12 pro Nacht für 115 Tage, plus 5 Tage Motel (je $50) bei Kauf/Verkauf	-	-	-	1.296	2.934
(8) Selbstverpflegung $35/Tag, Motel/Fast Food $50/Tag	1.764	1.764	2.520	1.764	5.400[3]
Mindestreisekosten insgesamt[1] in DM:	7.562	7.206	10.768	12.340	21.094

1 Die **Zahlen geben nur einen**, wenn auch im Vergleich realistischen **Anhaltspunkt**. Die effektiven Reisekosten werden – abhängig von der persönlichen Reisegestaltung – abweichen (**Restaurantessen, Alkoholika und Mitbringsel fehlen in der Rechnung**).

2 Camping wurde hier mit $12 pro Nacht kalkuliert (x 26 plus 200 DM für 2 Nächte Hotel)

3 Hier sind jeweils nur $25 pro Tag angesetzt als (knapp) realisierbares Beispiel für nicht so gut gepolsterte Reisebudgets

4 Das Beispiel ist weniger repräsentativ als die anderen: Diese Position kann im Einzelfall noch höher oder auch viel niedriger ausfallen. Wer einen Kauf mit Rückkaufgarantie vereinbart, muß in etwa von dieser Größenordnung ausgehen. Bei unabhängigem Vorgehen wird es (vielleicht) billiger, aber dafür schlechter im voraus kalkulierbar, siehe dazu die Ausführungen ab Seite 156.

2 REISEVORBEREITUNG UND -ORGANISATION

2.1 PASS, VISUM UND FÜHRERSCHEIN

Einreise in die USA ohne Visum

Vor einigen Jahren hoben die USA den Visumzwang für Deutsche, Schweizer, Österreicher und andere Westeuropäer auf. **Voraussetzung einer Einreise ohne Visum** ist, daß der Aufenthalt in den USA besuchsweise erfolgt, nicht länger als **maximal 90 Tage** dauert und ein **Ticket mit reserviertem Rückflug** innerhalb dieser Frist vorgelegt werden kann. Wer diese Bedingungen erfüllt, braucht seither für den Flug in die USA lediglich seinen **Reisepass** einzustecken, der ab dem Rückflugtermin noch mindestens 6 Monate Restgültigkeit haben muß. Nachdem diese Einreiseerleichterung zunächst nur auf Flugreisende beschränkt war, entfiel bald auch das bis dato weiter aufrechterhaltene Visaerfordernis für die **Einreise auf dem Landweg** von Mexiko und Canada aus. Aber selbst dabei muß ggf. das Rückflugticket zur Hand sein, das dem *Immigration Officer* beweist, daß die Absicht besteht, nicht nur die USA, sondern **Nordamerika** (einschließlich Mexico!) innerhalb der vorgegebenen 90 Tage wieder zu verlassen.

Airline-pflichten

Faktisch hat die amerikanische Einreisebehörde die Verantwortung für die **Einhaltung dieser Vorschriften** weitgehend auf die Fluggesellschaften abgewälzt. Diese sind verpflichtet, bereits beim Einchecken die Pässe ihrer Transatlantikpassagiere und das Vorliegen einer termingerechten Rückflugbuchung zu kontrollieren und obendrein Hilfestellung beim Ausfüllen der Vordrucke zu leisten (⇨ Seite 89).

Kontroll-Prozedur

Obwohl also jeder USA-Tourist noch vor Besteigen des Flugzeugs voll überprüft wird, erfolgt die eigentliche Kontrolle am Immigrations-Schalter im Ankunftsairport. Ein mit einem Zentralcomputer verbundenes **Passlesegerät** gibt Auskunft über vorherige Einreisen und dabei eventuell gespeicherte negative Kontakte mit der amerikanischen Obrigkeit. Ohne Eintrag in einer "schwarzen Liste" erhält der Ankömmling in der Regel ohne weitere Fragen den Einreisestempel für volle 90 Tage. Gelegentlich erkundigt sich der Beamte im Flughafen oder an der Grenze aber auch nach den Reiseabsichten des Touristen im einzelnen, seiner Berufstätigkeit etc. Bei freundlicher Beantwortung sind keinerlei Schwierigkeiten zu befürchten, sofern nachweisbar feste Buchungen (Fahrzeugmiete, Busticket, Hotels o.ä.) vorliegen.

Mögliche Probleme

Wer indessen eine **unabhängige Reise ohne Vorausreservierungen** irgendwelcher Art plant und mit eher geringem Budget reist, muß sich darauf gefaßt machen, trotz Rückflugticket eventuell "Verdacht" zu erregen. Denn gerne wird auch nach den Geldmitteln gefragt, die der US-Tourist in spe dabei hat. Auf geringe Gegenliebe stößt in einem solchen Fall das

Einreise

Vorweisen einer nur kleinen Summe plus Kreditkarte, denn die könnte ja morgen gesperrt werden. Lieber möchte der oder die Beamte/in Bargmittel und/oder Reiseschecks sehen, die in etwa für das erläuterte Vorhaben reichen. Befriedigt das Ergebnis nicht, kann es passieren, daß die Aufenthaltsdauer nach Gutdünken reduziert, schlimmstenfalls sogar die Einreise verweigert wird. Im letzteren Fall besitzt der Reisende keine Revisionsinstanz und muß von seiner *Airline* wieder zurücktransportiert werden – selten, soll aber vorkommen.

Visum-erfordernis

Wer zunächst kein Rückflugticket kaufen bzw. (bei vorhandenem Ticket) keinen Rückflug fest buchen möchte, braucht auf jeden Fall ein Visum, denn sonst akzeptiert keine Airline den Passagier. Man erhält ein Visum indessen nur bei (plausibel zu erläuternden) Reiseplänen, die 90 Tage übersteigen.

Funktion des Visums

Beim Visum, von den Amerikanern *Visa* genannt, handelt es sich um eine Art "Unbedenklichkeitsbescheinigung", die nach seiner formalen, gelegentlich sogar persönlichen Überprüfung dem Antragsteller von einem zuständigen amerikanischen Konsulat in den Pass geklebt wird. Das Visum nimmt dem Einwanderungsbeamten an der amerikanischen Grenze bzw. im Flughafen eigentlich die neuerliche Infragestellung der guten Absichten des Ankömmlings ab. Sieht er jedoch Gründe, kann er die Einreise u.U. trotz Visum verweigern, zum Beispiel bei Schmuggel, Rauschgiftbesitz oder geringer Barschaft, ⇨ oben.

Antrag auf Erteilung

Die Prozedur der **Visa-Beschaffung** ist im folgenden beschrieben. **Sie gilt auch für USA-Reisen unter 3 Monaten Dauer von bei uns lebenden Bürgern jener Staaten, die nicht ausdrücklich von der Visapflicht ausgenommen sind.**

Das Visum wird gegen **Gebühr von 76,50 DM** von den US-Generalkonsulaten in **Berlin** (Neue Bundesländern und Norddeutschland), **Bonn** (Visastelle der Botschaft für NRW) und **Frankfurt** (alle anderen Bundesländer) erteilt, Adressen umseitig. **Formulare** gibt's in größeren Reisebüros oder bei der

Antrags-formular

Konsularischen Vertretung der USA, 63062 Offenbach, telefonische Anforderung unter ✆ **0190/915000**. Man kann sich das Formular auch im *Internet* herunterladen und ausdrucken: **http://www.usbotschaft.de**

Auskunft

Telefonauskunft, d.h. Ansagen in erschöpfender Breite für alle denkbaren Reisezwecke unter ✆ **0190/270789** (1,21 DM/min).

Formale Erfordernisse des Antrags

Um mögliche Rückfragen zu vermeiden, sollte man beim Ausfüllen des Antrages große Sorgfalt walten lassen und die Unterschrift und das Paßbild mit Namen auf der Rückseite nicht vergessen. Empfehlenswert ist ein separates Schreiben, in dem **Zweck und Dauer, ggf. die Finanzierung der Reise** dargelegt werden. Darin sollte noch einmal (⇨ Antragsformular) unter Bezugnahme auf einen bestehenden Arbeitsvertrag, die Weiterführung der Ausbildung o.ä. versichert werden, daß auf

Visum-antrag

keinen Fall die Absicht besteht, über die Reise hinaus in den USA zu bleiben oder dort eine Arbeit anzunehmen. Besonders wenn aus den Angaben des Antragstellers zur Person eher auf ungünstige Einkommens- und/oder Vermögensverhältnisse geschlossen werden könnte, ist die Bestätigung einer Bank angebracht, daß der Antragsteller über – für seine Reisepläne – ausreichende finanzielle Mittel verfügt.

Prozedur

Paß und Unterlagen können per Post – und zwar **nicht als Einschreiben** – an das zuständige Konsulat (↪ Seite 87) geschickt werden, unter Beifügung eines frankierten Rückumschlags:

Konsularabteilung der US-Botschaft Bonn:
Deichmanns Aue 29, 53179 Bad Godesberg, ✆ 0228/3391

Generalkonsulat Berlin: Neustädtische Kirchstr. 4-5,
10117 Berlin, ✆ 030/8324087+8197454

Generalkonsulat Frankfurt:
Siesmayerstr. 21, 60323 Frankfurt, ✆ 069/75350

Sind alle Unterlagen vollständig, erfolgt die Bearbeitung ohne Rückfragen. Verweigern wird man das Visum bei finanziell abgesicherten Plänen nur aus Gründen, die in der Person des Antragstellers liegen (z.B. bei Vorstrafen) und in Fällen, in denen die Notwendigkeit für ein Visum nicht plausibel gemacht werden konnte (Reisepläne unter 3 Monaten Dauer).

Bearbeitungsdauer

Seit Abschaffung der Visumspflicht für kürzere Reisen hat sich die **Bearbeitungsfrist** leider erheblich erhöht und dauert etwa **2-3 Wochen**, in der Hochsaison leicht mehr.

Aufenthaltsdauer in den USA

Welchen Visumtyp (seit 1996 nur noch bis 10 Jahre*) der Antragsteller auch erhält, die **maximale Aufenthaltsdauer** in den USA beträgt 180 Tage. Die im Einzelfall eingeräumte Besuchszeit hängt vom Einwanderungsbeamten ab.

Departure Record

Alle US-Touristen müssen vor der Einreise ein – für Visainhaber und Reisende ohne Visum etwas unterschiedliches – **Einreiseformular** ausfüllen. Der untere Abschnitt des Formulars, der *Departure Record*, wird mit Ein- und spätestem Ausreisedatum versehen in den Paß geheftet. Üblicherweise wird die Maximalzeit gewährt, also 90 bzw. 180 Tage. Bei der Ausreise wird der **Departure Record** wieder entnommen.

Wenn im Rahmen der genehmigten USA-Aufenthaltsdauer ein vorübergehender **Grenzübertritt nach Canada** oder **Mexico** erfolgt, verbleibt das Papier im Pass.

(**Departure Record** siehe nebenstehend, unterer Abschnitt)

---

*) Das früher häufig *indefinite* ausgestellte Visum wurde abgeschafft, **alte "unbegrenzte" Visa** verlieren 10 Jahre nach Ausstellung ihre Gültigkeit. Wer so ein Visum noch im Pass hat, kann noch einmal damit einreisen, ggf. mit altem Pass mit und neuem Pass ohne Visum. Dabei wird es ungültig gestempelt.

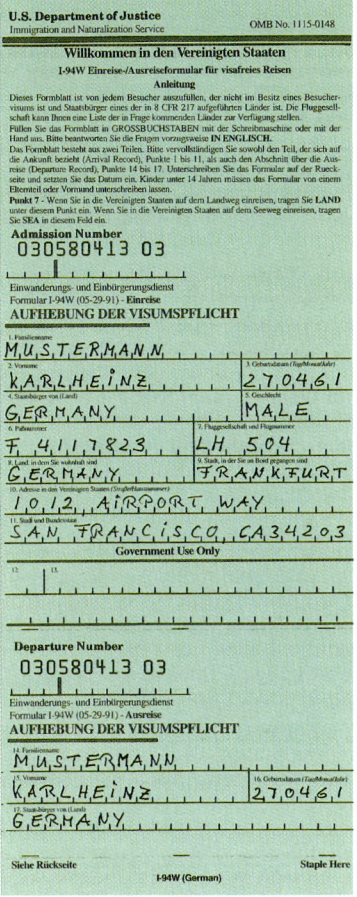

Einreise nach Canada

Für die Reise nach **Canada** benötigt man nur den (noch mindestens sechs Monate nach gebuchtem Rückflugtermin) gültigen **Reisepaß**. Die maximale Aufenthaltsdauer beträgt 180 Tage; ein **Visum ist nicht erforderlich**. Aus Übersee einfliegende Touristen mit Rückflugticket erhalten problemlos den Sichtvermerk für eine **Aufenthaltsdauer bis zu 6 Monaten**. Meist stellen die Einwanderungsbeamten keine detaillierten Fragen und geben sich mit einer kurzen Auskunft zu Zweck/Dauer der Reise zufrieden. Oft wird auf Fragen ganz verzichtet. **In den USA gemietete Fahrzeuge** dürfen überwiegend auch in Canada unbeschränkt bewegt werden.

Einreise nach Mexico

Wer von den USA aus weiter nach **Mexico** reisen oder einen Abstecher dorthin machen möchte, braucht dazu ebenfalls keine besondere Vorausplanung. Die Einreisegenehmigung wird an jeder Grenzstation erteilt. Mit **Mietwagen** darf man nur nach Absprache mit dem Vermieter die Grenze überschreiten. Soweit bekannt untersagen die meisten Verleihfirmen den Grenzübertritt (Ausnahme z.B. *Happy Travel*, ➪ Seite 115)

Mit eigenem Fahrzeug macht das keine Schwierigkeiten, vorausgesetzt, es wurde vorschriftsmäßig versichert, ➪ Seite 159.

Führerschein

In Nordamerika genügt offiziell der nationale Führerschein, dennoch sollte man zusätzlich den **Internationalen Führerschein** dabeihaben. Denn Regierungsabkommen und die Vorstellungen eines *Sheriff* in Colorado sind zweierlei. Bei Kontrollen und Unfall kommt eine amerikanische *Highway Patrol* mit einer **International Driver's License** besser zurecht als mit einem rein deutschsprachigen Papier. Die neueren Führerscheine im Euroformat bieten mit ihren Angaben auch in Englisch in dieser Beziehung jedoch keine Probleme mehr.

2.2 Versicherungen

Kranken-versicherung

Eine USA-Reise ohne ausreichenden Krankenversicherungs-schutz anzutreten, wäre ziemlich leichtsinnig. Denn ärztliche Behandlungs- und Krankenhauskosten sind in Amerika sehr hoch. Nur einige private Krankenversicherer bieten ihren Versicherten weltweiten Vollschutz. Wer nicht mit der Erstattung von in Übersee angefallenen Behandlungskosten rechnen kann – das sind vor allem die in gesetzlichen Kassen Versicherten – ist dringend der Abschluß einer eigenen **Auslandskrankenversicherung** anzuraten.

Die Veranstalter von Auslandsreisen legen ihren Buchungs-unterlagen meist **Überweisungsformulare** für den unkompli-zierten Abschluß einer Reisekranken- und anderen Versiche-rungen bei. Man kann sie auch völlig unabhängig von einer bestimmten Buchung in jedem Reisebüro abschließen oder sich direkt an die Agentur einer privaten **Krankenversicher-ungsgesellschaft** wenden, von denen die meisten kurzfristige Auslandsverträge anbieten. **Kreditkartenunternehmen** und **Automobilclubs** offerieren ihren Mitgliedern durchweg Vor-zugstarife beim Auslandsversicherungsschutz. Im Jahresbei-trag für **Kreditkarten**-Edelversionen ist ein (befristeter) Ver-sicherungsschutz für Auslandsreisen bereits enthalten.

Tarif- und Leistungs-vergleich

Grundsätzlich lohnt sich vor Abschluß ein Vergleich nicht nur der Tarife, sondern auch der mit dem Versicherungsver-trag verbundenen Leistungen. Einige Unternehmen verzich-ten z.B. auf jegliche Eigenbeteiligung des Versicherten, bei anderen müssen kleinere Ausgaben selbst getragen werden.

Versicherter Zeitraum

Ein **wichtiger Punkt** bei Auslands-Krankenversicherungsver-trägen ist der **maximal versicherte Zeitraum** bei ununter-brochener Abwesenheit. Insbesondere über bestimmte Mit-gliedschaften "automatisch" Versicherte (Abbuchung des Bei-trages ohne Notwendigkeit eines erneuten Abschlusses) sind **oft nur bis zu sechs Wochen** geschützt. Bei längeren Reisen muß in derartigen Fällen ein gesonderter Vertrag über die **gesamte Reisezeit** abgeschlossen werden. Eine kurzfristige Anschlußversicherung für den nicht abgedeckten Zeitraum führt – worauf man nicht unbedingt kommt – nicht zum gewünschten Ergebnis; d.h., keine der beiden Versicherungen zahlt, wenn sich herausstellt, daß die effektive Abwesenheit länger war als die jeweilige Vertragslaufzeit.

Kosten

Recht **preisgünstig** sind Verträge bis zu 2 Monaten Gültigkeit. Für kurze Fristen ist auch die Auswahl groß. Das Spektrum der Angebote beginnt bei ganzen 65 DM für 8 Wochen. Sehr günstige Tarife bietet u.a. die HUK-Coburg. Für längere Aus-landsreisen vermindert sich die Zahl der Anbieter; und auch die Kosten steigen bei einigen Versicherern überproportional.

Langfristige Absicherung	Wie erläutert, lassen sich die höheren Tarife langfristiger Verträge nicht durch mehrere aufeinanderfolgende Kurzfristverträge zum Niedrigtarif umgehen. Man verliert dann nach der ersten Vertragsperiode seinen Versicherungsschutz. Das passiert auch, wenn unterschiedliche Gesellschaften gewählt werden! Die Versicherer schauen sich nämlich bei kostspieligen Versicherungsfällen gerne den Flugschein oder Paß mit Einreisestempel an. Falschangaben kommen so schnell heraus.
Brille	Brillenträgern sei empfohlen, neben einer Reservebrille den **Brillenpaß** mitzunehmen. Damit können sie bei Brillenverlust oder -beschädigung ohne den Umweg über einen Augenarzt direkt einen Optiker aufsuchen.
Behandlung und Zahlung	Im Krankheitsfall wird in Nordamerika häufig **vor** der Behandlung ein **Nachweis der Zahlungsfähigkeit** verlangt. Eine **Kreditkarte** ist dabei hilfreich. Ohne ausreichende Mittel und/oder Kreditkarte muß man sich bei teuren Behandlungen ggf. per Fax oder Telefon an seine Auslandskrankenversicherung wenden und um Vorschuß bzw. Kostenübernahme bitten. Die **Kopie des Vertrags** und die Rufnummer der Versicherung sollte man daher vorsorglich mitführen.
Erstattung	Falls man Arzt- oder Rezeptgebühren vorstreckt, sind für die spätere Erstattung in der Heimat **detaillierte Aufstellungen** mit Datum, Namen des behandelnden Arztes, kurzem Behandlungsbericht etc. notwendig. Je vollständiger die Unterlagen, um so reibungsloser und schneller erfolgt daheim die Überweisung des ausgelegten Betrages. Da die meisten Versicherungen **Dollarausgaben** mit dem Tageskurs umrechnen, an welchem der Erstattungsantrag bei ihnen eingeht, können Währungsschwankungen zu Verlusten führen. Einige Gesellschaften erlauben deshalb ihren Versicherten, den Dollarkurs zugrundezulegen, der am Tag der Zahlung galt.

Behandlungskosten, die aufgrund **chronischer Leiden** oder infolge von Erkrankungen vor Reisebeginn anfallen, sind durch Reiseversicherungen nicht gedeckt. Zweifelsfälle sollten vor der Reise mit der Krankenversicherung erörtert werden.

Ob der Versicherungs -schutz auch bei der Ausübung "gefährlicher" Sportarten wie etwa dem River Rafting besteht, sollte man vor der Reise klären.

Weitere Reiseversicherungen

Inwieweit man über die Krankenversicherung hinaus weiteren Versicherungsschutz benötigt, hängt von den bereits in der Heimat bestehenden Versicherungen und dem individuellen Risikoempfinden ab. Vor dem Abschluß spezieller **Reiseunfall-** oder **Reisehaftpflichtversicherungen** sollte man prüfen, ob nicht die vorhandenen Versicherungsverträge auch außerhalb Europas Deckung gewähren.

Gepäckversicherung

Über den Nutzen der vergleichsweise teuren **Reisegepäckversicherung** sind die Meinungen geteilt. Bei sorgfältiger Lektüre des "Kleingedruckten" erkennt man, daß die Fälle des Haftungsausschlusses regelmäßig ziemlich zahlreich sind. Etwa gilt **Camping** versicherungstechnisch als ein besonders riskantes Unternehmen. **Wertsachen** sind im allgemeinen nur begrenzt gedeckt.

Versicherungs-Pakete

Bei den in Reisebüros gern angebotenen Versicherungspaketen sollte man prüfen, welche Einzelleistungen wirklich benötigt werden. Eine Haftpflicht- und Unfallversicherung besteht vielleicht schon anderweitig (siehe oben), und die unverzichtbare Krankenversicherung gibt es manchmal anderswo günstiger.

Reise-Rücktrittskosten-Versicherung

Eine Reise-Rücktrittskosten-Versicherung ist bisweilen im Reisepreis schon enthalten. Sie kann, sollte das nicht der Fall sein, aber auch separat abgeschlossen werden. Die Prämien sind erträglich (Elvia, Europäische u.a.). Man sollte darauf im Fall langfristiger Vorbuchung besser nicht verzichten.

2.3 DIE FINANZEN

2.3.1 Kreditkarten

Situation in den USA

Wer noch keine Kreditkarte besitzt, sollte erwägen, sich anläßlich der Reise eine zuzulegen. Im täglichen Zahlungsverkehr der USA spielt sie eine weitaus stärkere Rolle als bei uns, obwohl sie die Barzahlung durchaus nicht so weitgehend verdrängt hat, wie gelegentlich berichtet wird. **Ohne Plastikgeld** setzt man sich allerdings in Amerika leicht dem Verdacht aus, nicht kreditwürdig zu sein. Es gibt viele Gelegenheiten, bei denen Barzahlung mit Stirnrunzeln quittiert (Motel/Hotel/ Mietwagen), wenn nicht gar abgelehnt wird. Ohne die Angabe einer Kreditkartennummer, deren Gültigkeit und Deckung sofort am Computer überprüft wird, ist z.B. eine verbindliche Reservierung von Hotelzimmern (für Ankunft nach 18 Uhr), Fähren, Veranstaltungstickets etc. nicht möglich.

Generell gilt: **Kreditkarten sind für eine USA-Reise außerordentlich hilfreich, in manchen Situationen unabdingbar.** Ihr Vorhandensein sichert darüberhinaus die Zahlungsfähigkeit im – wenn auch hoffentlich nicht eintretenden – Notfall.

Vorteile In ganz Nordamerika und Mexico kann mit den international bekannten Kreditkarten ein Großteil der laufenden Ausgaben ohne Geldwechsel und Vorwegbeschaffung von Reisechecks bestritten werden. Eine übliche Frage in Läden und Tankstellen ist denn auch **Cash or charge?**, "Bargeld oder Kreditkarte?"

Kosten Der heute für die normalen Kreditkarten ohne Vergoldung und Sonderleistungen geforderte **Jahresbeitrag** ist so niedrig, daß er sich – unabhängig vom effektiven Einsatz unterwegs – allein schon durch die damit eingekaufte Sicherheit rentiert, selbst wenn man die Karte den Rest des Jahres nicht benötigt. Darüberhinaus bieten auch "einfache" Karten bereits geldwerte Zusatzleistungen (vor allem Versicherungen, siehe vorstehenden Abschnitt), welche allein die Kosten wieder aufwiegen können. Die meisten Kreditkarten-Organisationen werben im übrigen mit einer **3-Monats-Probekarte**. Wer das terminlich mit dem Urlaub hinkriegt, erhält die Karte für diese Zeit umsonst. Doch zunächst zu einigen wichtigen Details:

Unterschiede In den USA grundsätzlich verwertbar sind die vier "großen" auch in Europa erhältlichen Kreditkarten **American Express, Diners Club, Eurocard** und **VISA.** Es gibt jedoch Unterschiede bei der Einsatzfähigkeit.

VISA/ (Master-) Eurocard Unter dem Aspekt der universalen Einsatzfähigkeit (und der Höhe der Jahresgebühr) geht hingegen nichts über die mit dem weltweiten **Mastercard-System** verbundene **Eurocard** und die **VISA Card**. *Mastercard-* und *VISA*-Emblem sind in den USA gleichermaßen allgegenwärtig. Mit beiden Karten läßt sich fast bargeldlos reisen, legt man es darauf an. Im Unterschied zu *Diners Club* und *AE-Card* geben unterschiedlichste Unternehmen die Karten aus, in erster Linie Banken und Versicherungen, aber z.B. auch ADAC oder Lufthansa. Jahresgebühren und Konditionen hängen von der Vertragsgesellschaft ab. Im Falle von *VISA* oder *Eurocard* ist daher **Karte nicht gleich Karte**. Zur Frage, welche Karte man sich zulegen sollte, sind die **Kreditkartenvergleiche** der Stiftung Warentest und der bekannten Wirtschaftsmagazine (Capital, Impulse, DM u.a.) aufschlußreich. Die Zeitschrift **"Finanztest"** veröffentlichte eine sehr aufschlußreiche Übersicht dazu im Heft **5/1998**.

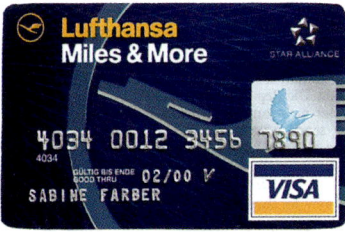

Diners/ American Express

Die *Diners Club Card* wird in Nordamerika seltener akzeptiert als die anderen Karten. Sie eignet sich eher für Touristen, die nach Südamerika weiterreisen, da sie dort relativ verbreiteter ist. Die *Diners Card* kann ähnlich der *American Express Card* vor allem in besseren Hotels, Restaurants ab Mittelklasse, bei Autovermietungen und Fluggesellschaften eingesetzt werden, außerdem in Läden der gehobenen Preisklassen und in Souvenirshops. Im Gegensatz zu *Diners* fand die **AE-Card** in den letzten Jahren breitere Akzeptanz auch in bis dato weniger typischen Einsatzbereichen wie in Tankstellen oder Motels der unteren bis mittleren Preisklasse. Wer eine AE-Karte besitzt, kommt damit am besten durch bei überdurchschnittlichen Ansprüchen und Ausgaben. **Spezifische Vorteile besitzt die AE-Karte bei der Bargeld- bzw. Reisescheckbeschaffung**.

Praxis

Die **Zahlung per Kreditkarte** erfolgt wie bei uns überwiegend durch Unterschrift auf ein elektronisch erstelltes Belegformular. Vor dem Ausdruck überprüft der Computer Gültigkeit und Deckung der Karte. Durchaus noch in Gebrauch sind aber auch mechanische (sog. Ritsch-Ratsch-) Vorrichtungen, welche die Kartendaten auf Durchschreibbelege übertragen. Der Betrag wird von Hand eingesetzt. In den USA ist es üblich, daß die Vertragsunternehmen in diesem Fall die Karte telefonisch überprüfen lassen. Erfolgt das o.k. der Zentrale, erhält der Anfrager eine **Codenummer,** die auf dem Beleg notiert wird. Mit seiner Kopie kann der Karteninhaber später die Richtigkeit der in Rechnung gestellten Beträge überprüfen.

Wechselkurs

Wichtige Vorteile der Zahlung per Karte sind die **nachträgliche Belastung** (speziell bei relativ hohen Ausgaben), die sich bei Ausgaben in den USA oft verzögert, und die Zugrundelegung eines Wechselkurses (meist Devisenbriefkurs plus 1%-1,5%, ⇨ Wirtschaftsteil jeder Tageszeitung), der manchmal unter dem Abrechnungskurs der Banken für Reisechecks und immer deutlich unter dem Sorten-Verkaufskurs für Bardollars liegt. Der Verzögerungseffekt kann **nachteilig** ausfallen, wenn zwischen der Zahlung im Ausland und der Weiterreichung des Belegs an die Kreditkartengesellschaft der Wechselkurs für den Dollar steigt. Man bezahlt dann mehr, als wenn man die Ausgaben bar abgerechnet hätte. Umgekehrt nimmt man **Währungsgewinne** mit, sinkt der Dollar.

Bargeld gegen Kreditkarte

Mit allen Kreditkarten läßt sich zu recht unterschiedlichen Konditionen auch Bargeld beschaffen. Mit **Euro-** und **VISA-Card** kann der Inhaber bei allen angeschlossenen Banken – die man noch bis ins letzte Dorf findet – Bargeld erhalten, vorausgesetzt, er weist sich durch seinen Reisepass aus. Ist die Geheimzahl bekannt, kann man sich auch bei den zahlreichen **Bargeldautomaten** bedienen. Das **Cashing** kostet allerdings hohe Gebühren (3%-4% der Summe), sofern kein Guthaben bei der Kartenorganisation gehalten wird.

Belastung

Barentnahmen werden im Gegensatz zu allgemeinen Ausgaben **umgehend** dem heimischen Konto belastet. Die häufige Entnahme kleiner Beträge ist nicht ratsam, wenn unabhängig von der Summe eine Minimum- oder fixe Basisgebühr anfällt.

AMEXCO

In **American Express Agenturen** und **AE-Geldautomaten** (auf wichtigen Flughäfen, Geheimzahl erforderlich) gibt es Bargeld zu 2% Gebühren. *American Express*-Reiseschecks kosten 1%.

Grenzen

Die Bargeldbeschaffung per Karte unterliegt unterschiedlichen **Höchstgrenzen** in Bezug auf Summe und Frequenz der möglichen Abhebungen. Generell kann nicht mehr ausgegeben werden, als das heimische Konto letztlich zuläßt. Unabhängig von der Kontodeckung gelten aber noch weitere Restriktionen. Wer unterwegs stark auf Kreditkartenzahlung und Bargeldbeschaffung per Karte setzen möchte, sollte sich über die im eigenen Fall gültigen Bedingungen genau informieren, um unliebsame Überraschungen zu vermeiden.

"Edelkarten"

Weniger schiefgehen kann mit den **Edelausführungen** der *Credit Cards,* die einen höheren finanziellen Spielraum und erweiterte Versicherungen bieten. U.a. sind die **Versicherungspakete** der **ADAC Goldkarte (VISA)** und der **Eurocard Gold** der **Postbank** und der deutschen **Großbanken** beachtlich.

Verlust

Bei Verlust einer Kreditkarte ist die Haftung in allen Fällen auf 100 DM beschränkt, gleichgültig, welcher Schaden zwischen Verlust und Benachrichtigung der Organisation effektiv eintritt. Nach der Verlustmeldung entfällt jede Haftung.

Folgende Telefonnummern können in den USA gebührenfrei angerufen werden, sollte die Kreditkarte verlorengehen oder sonst irgendein Problem auftauchen:

American Express:	1-800-528-4800
Mastercard:	1-800-826-2181 und 247-4623
VISA:	1-800-847-2911

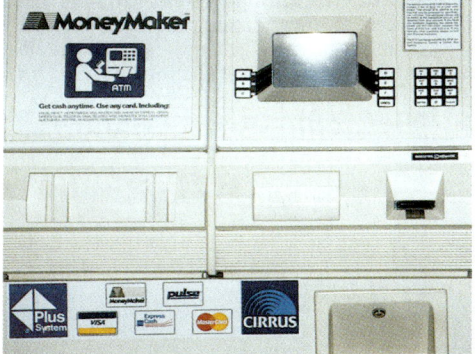

Bargeld-automat in den USA; man achte auf die schöne Bezeichnung

2.3.2 Reiseschecks und Bargeld

Cash erforderlich

Bargeld ist in den USA durchaus noch nicht aus der Mode gekommen. Wegen der Provisionsabzüge bei Kreditkartengeschäften gibt es sogar hier und dort Barzahlungsrabatte. Mit Kreditkarten oft nichts anfangen kann man in *Fast Food Restaurants* und auf staatlichen **Campingpläzen**; bisweilen wird von Supermärkten und **Billigtankstellen** auf *Cash* bestanden.

Reiseschecks

Dem sollten auch Kreditkarteninhaber Rechnung tragen. Bei richtiger Disposition vermeidet das ein teures *Cashing*. Da es kaum ratsam erscheint, größere Barbeträge mit sich herumzutragen, sind **auf US-$ lautende Reiseschecks** die sinnvollste Lösung. **$-*Travelers Cheques*** (amerikanische Schreibweise) werden **in nahezu allen Geschäften** wie Bargeld akzeptiert. Unterschrift genügt. Nur bei Einreichung von Reiseschecks bei Banken wird oft auch noch um Vorlage des Reisepasses gebeten. Bisweilen fallen Gebühren an. Wer die vermeiden will, geht einfach zur nächsten Bank.

Verlustfall

Falls die Reiseschecks verlorengehen oder gestohlen werden, kann man für sie relativ leicht Ersatz bekommen. Dazu benötigt man die **Seriennummern** seiner Schecks, möglichst zu belegen durch Vorlage der selbst unterschriebenen Kopie der **Empfangsbestätigung**. Letztere sollte deshalb separat aufbewahrt werden. Sehr wichtig ist es, die Nummern der Schecks zusätzlich an einem sicheren Ort zu hinterlegen, falls auch die Empfangsbestätigung abhanden kommt. Alle Scheckausgabestellen nenen ihren Kunden eine **Rufnummer** für den Verlustfall. Der Anrufer erhält unter der ***Emergency Number*** die Adresse der nächsten für den Ersatz zuständigen Bank.

Banknoten

US-Dollar-Noten – die Scheine lauten auf 1, 2, 5, 10, 20, 50, 100, 500 und 1.000 Dollar – **unterscheiden sich nicht in der Größe** und weisen **dieselbe Farbe** auf: Zahlseite grauschwarz und die Rückseite grün (daher der Begriff *Greenback* für die Dollarwährung). Beim Herausgeben ist deshalb mehr Aufmerksamkeit als hierzulande geboten. Ein Dollar wird umgangssprachlich oft *Buck* genannt. Speziell gilt dies bei Fragen nach dem Preis. Die Antwort lautet dann z.B. *"five bucks"*.

*"Greenback"
zu $2;
im Zahlungs-
verkehr
eine Rarität*

Münzen

Münzen gibt es zu 1, 5, 10, 25 und 50 Cents. Die 50-Cents-Münze ist im täglichen Zahlungsverkehr allerdings äußerst selten. Die ebenfalls existierende $1-Münze taucht im Zahlungsverkehr so gut wie nie auf. Folgende umgangssprachlichen Bezeichnungen haben sich eingebürgert:

Nickel	5 Cents
Dime	10 Cents
Quarter	25 Cents

Die wichtigste Münze ist der *Quarter*, man benötigt ihn zum Telefonieren und für Automaten jeder Art.

Wells Fargo, aus vielen Western bekannte Bank. Ihr Ursprung blieb im Logo erhalten

Bargeld per Scheckkarte

Seit 1998 kann man auch an amerikanischen Bargeldautomaten mit einer **EC-Scheckkarte** Dollars ziehen, sofern die Karte statt des *edc-logo* bereits das sog. ***maestro-logo*** zeigt (und man die Geheimnummer kennt, den *Pin Code*). Die Kosten dafür sollen niedriger sein als bei Bargeld per Kreditkarte.

Nötige Bardollars

Ein gewisser **Barbestand** für die ersten Ausgaben in den USA (ggf. bereits im Flugzeug, fliegt man mit einer US-Airline) sollte unabhängig von der ansonsten bevorzugten Zahlungsweise auf jeden Fall in der Brieftasche stecken. Und zwar **in relativ kleinen Scheinen bis maximal $50**. Mit größeren Banknoten gibt es gelegentlich Probleme bei der Annahme, da viel Falschgeld im Umlauf ist. Ein guter **Vorrat an $1-Noten** darf nicht fehlen. Denn die braucht man für den Gepäckkarren am Airport, für Trinkgelder und andere kleine Ausgaben vom Moment des Betretens amerikanischen Bodens an. Ebenfalls wichtig sind ein paar **Quarter.**

Generelle finanzielle Disposition

Die beste Vorsorge für die Reise besteht aus einer **Mischung aller drei Zahlungsmittel**, wobei es darauf ankommt, wie die Reise gestaltet werden soll. Unter der Annahme, daß man das Fahrzeug für die Reise bereits hier gebucht und weitgehend bezahlt hat, wäre es für Leute, die überwiegend im Hotel übernachten und bessere Restaurants besuchen (d.h., per Kreditkarte zahlen) sinnvoll, zunächst nur etwa 10% der kalkulierten Ausgaben in bar, weitere 20% in Reiseschecks und den Rest per Karte abzudecken. Bei Campingreisen, auf denen tendenziell mehr Ausgaben in bar anfallen, könnte der Reisescheckbestand auch höher liegen.

2.3.3 Geldbeschaffung im Notfall

**Geld
ist weg!**

Was tun, wenn Reiseschecks, Dollars und Kreditkarten abhandengekommen sind und ein Ersatz nicht zu beschafft ist?

Mit Anruf in der Heimat bestehen drei Möglichkeiten:

(1) Den raschesten Geldtransfer bietet von Deutschland aus die **Reisebank** in Zusammenarbeit mit der **Western Union**, einer Unternehmung, die in fast allen Städten der USA und Canadas ab mittlerer Größe ein Büro unterhält. **Filialen der Reisebank** befinden sich in den Bahnhöfen deutscher Großstädte und an einigen Grenzübergängen. Nach Einzahlung hier kann die Summe nach wenigen Minuten bei einem *Western Union*-Agenten in Empfang genommen werden. Die Gebühren dafür sind nicht ganz niedrig. Auskunft unter ✆ 069/2648-201.

(2) Eine weitere, aber weniger schnelle Möglichkeit ist ein **Namensbarscheck**, der auf Anweisung einer hiesigen Bank von einer amerikanischen Korrespondenzbank ausgestellt wird. Die Einzelheiten sind am Bankschalter zu klären.

(3) Man kann sich auch eine auf Dollar lautende **Postanweisung** von Deutschland aus an seinen Aufenthaltsort senden lassen. Dabei muß die Postleitzahl (*ZIP-Code*, ⇨ Seite 222) des dortigen US-Postamtes bekannt sein.

**Zur
Auslands-
vertretung**

Wenn alle Stricke reißen, bleibt nur der Gang zum nächsten **Konsulat** (Adresse durch Anruf bei der Botschaft, ⇨ Seite 218). Die Konsulate helfen im allgemeinen nicht mit Bargeld, aber bezahlen ggf. Hotel und Flugticket in die Heimat, wo das Außenamt die vorgestreckten Auslagen wieder zurückfordert.

2.4   DER FLUG NACH AMERIKA

Die gängigen Transatlantiktarife der Linien- und Chartergesellschaften gibt's in jedem Reisebüro. Wer jedoch Wert auf ein preisgünstiges Ticket legt, sollte sich umschauen. Spezialisierte Flugreise-Agenturen verfügen bisweilen über erstaunliche Angebote. Man findet sie in allen größeren Städten; außerdem inserieren sie bundesweit. *Up-to-date*-**Tarife** und die günstigsten Anbieter listen die alle drei Monate erscheinenden **Zeitschriften** *Reise & Preise* und *fliegen & sparen*.

Übersicht   Im folgenden erhält der Leser eine Übersicht über die generelle Situation auf dem Transatlantik-Flugmarkt. Sie ändert sich im Detail laufend, da Konditionen neu gestaltet werden, zusätzliche Gesellschaften Deutschland und die Nachbarländer anfliegen und neue Kooperationen vereinbart werden. Nach wie vor bestimmt **scharfe Konkurrenz** das Geschäft.

Hier nun die wichtigen **Flugalternativen zu Niedrigtarifen** ab Deutschland oder von einem Flughafen der Nachbarländer:

Sonderflüge   Beim Charterflug (heute in den meisten Katalogen als Sonder- oder Ferienflug bezeichnet) wählt der Passagier in aller Regel eine **Kombination aus Hin- und Rückflugtermin** bei vorgegebenen Abflugtagen und -zeiten. Der Rückflug erfolgt normalerweise vom Zielflughafen, kann aber ggf. auch von einem anderen *Airport* (Gabelflug), den dieselbe Gesellschaft anfliegt, gebucht werden. Von deutschen und Schweizer Flughäfen aus gehören Sonderflüge zwar zu den kostengünstigeren Angeboten, unterbieten aber nicht notwendigerweise alle Linientarife.

Komfort klasse   Diverse Charterer (*Condor, LTU, Martinair*) bieten auf ihren Nordamerika-Routen gegen einen vergleichsweise moderaten Aufschlag den Komfort der *Business Class* (1999: ab 1100 DM).

Nachteil   Eine **mögliche Problematik** des Sonderfluges liegt bei der Rückreise. Vor Reiseantritt kann man den Flug gegen Zahlung der entsprechenden Gebühren noch umbuchen (variiert stark mit dem Veranstalter und der Fluggesellschaft). Einmal in Amerika, läßt sich am Rückflug kaum mehr rütteln. Die meisten Urlauber werden dies nicht als Nachteil betrachten.

Gepäck- limits   Für einige Passagiere ist auch das bei einigen Ferienfliegern immer noch niedrige **Gepäcklimit** (z.T. nur 20 kg pro Person und/oder nur ein Gepäckstück) ein nachteiliger Aspekt. Das Limit entfiel bei der *LTU* und der holländischen *Martinair*, dort sind 2 Gepäckteile erlaubt mit maximal je 32 kg.

Linienflüge

Flexibler in den Konditionen sind die Tarife der Linienflieger. Der Passagier kann aus der Vielzahl vorhandener Verbindungen sein Hin- und Rückflugdatum frei, aber auch von vornherein verbindlich bestimmen. Für den Rückflug darf immer auch ein anderer Flughafen als der Ankunfts-Airport gewählt werden. Trotz günstigerer Konditionen (wie z.B. **Gepäcklimit immer 2 Gepäckstücke bis je 32 kg**) unterbieten die **Transatlantiktarife** einiger *Airlines* die Preise von Ferienfliegern.

**Tarif-
vergleich/
Konditionen**

Bei einem Tarifvergleich ist es äußerst wichtig, die "Nebenbedingungen" gebührend zu beachten. Das beginnt bei den **Umbuchungs- und Stornokosten** bei Datenänderung und eventuellem Rücktritt, die veranstalterabhängig erheblich differieren können – sogar bei identischer Airline. Auch errechnen sich versteckte Preisunterschiede für alle, die nicht in der Nähe der Großflughäfen wohnen, aus den Anreisekonditionen und ggf. Abflugzeiten (Übernachtung notwendig?) sowie den Parkgebühren auf verschiedenen Flughäfen. Die Tarife etwa der **Lufthansa**, die sich auf jeden deutschen *Airport* beziehen, werden für manchen Kunden letztlich preiswerter und auch bequemer sein als ein nominal günstigeres Konkurrenzangebot, das nur ab Frankfurt oder München gilt. Das "richtige" Ticket hängt daher sehr stark vom persönlichen Anspruch ab, wobei die feinen Unterschiede bei **Service** und **Fluggerät** (sowie dessen - vermutetem - **Wartungszustand**) der Airlines eine zusätzliche Rolle spielen können. Zahlreiche Flüge des Autors mit den verschiedensten Gesellschaften zeigten, daß auch eine höher eingeschätzte *Airline* nicht immer befriedigt und der Flug mit einer weniger renommierten Linie durchaus angenehm sein kann.

American Airlines fliegt von deutschen Flughäfen zu den Knotenpunkten (Hubs) Chicago und Dallas, von dort aus weiter zu vielen Zielen in den Weststaaten.

Flug-unter-brechungen

Ein wichtiger Unterschied zwischen Sonder- und Linienflügen ist die Möglichkeit zu Flugunterbrechungen, speziell auf dem langen Weg zur Westküste. Flugunterbrechungen sind naturgemäß nur möglich bei amerikanischen oder europäischen Gesellschaften mit Kooperationspartner in den USA (z.B. **Lufthansa/United**; **KLM/Northwest**), da nach der Ankunft immer mit Amerikanern weitergeflogen werden muß. Einige **US-Airlines** bieten **1 Stopover** selbst in Verbindung mit dem preiswertesten Transatlantik-Tarif ohne Aufpreis, weitere gegen relativ geringe Zuzahlungen.

Kindertarife

Für Kinder zwischen **2 und 11 Jahren** wird von den ab Deutschland fliegenden Liniengesellschaften durchweg **50%** des Vollzahlertarifs berechnet. **Kleinkinder unter 2 Jahren** zahlen ohne Anspruch auf einen Sitzplatz einen Festbetrag **zwischen 50 DM und 10%** des Ticketpreises der Eltern. Bei langen Flügen an die Westküste der USA (9 bis 10 Stunden) fragt sich, ob nicht eventuell ein Kinderticket mit Sitzplatzanspruch auch fürs Baby gelöst werden sollte; ⇨ Seite 66.

Zubringer in Deutschland

Während die **Lufthansa-, United-** und **Delta**-Tarife immer den Zubringerflug nach Frankfurt, ggf. auch nach München/Düsseldorf/Hamburg/Stuttgart einschließen, gilt dies nur z.T. oder gar nicht für andere Flüge ab Deutschland. Bei vielen ist ein Zuschlag in unterschiedlicher Höhe fällig.

Flüge übers Ausland

Besonders günstige Flugangebote beziehen sich auf Flüge mit den *Airlines* einiger Nachbarländer, u.a. **Swiss Air, KLM, SAS, Air France, Sabena** und **British Airways**.

Anreise Ausland

Zubringerflüge nach Amsterdam, Paris, Zürich oder London sind immer im Ticketpreis eingeschlossen. Wer in der Nähe von passenden Flughäfen lebt, sollte diese Möglichkeit erwägen. Denn ob man zunächst von Dresden nach Frankfurt oder Amsterdam oder Paris fliegt, bleibt sich ziemlich gleich.

Besonderer Beliebtheit erfreuten sich in den letzten Jahren die Flüge der **KLM** und **British Airways** wegen günstiger Tarife bei gutem Service und hoher Zuverlässigkeit. Das führte in der Vergangenheit allerdings auch zu **ungewöhnlich frühzeitig ausgebuchten Flügen**, zumindest was die Spartarife angeht, zu denen immer nur eine begrenzte Anzahl von Sitzen verkauft wird. Ähnlich galt dies für **Air France** und **Swiss Air**. Monate im voraus sollte deshalb buchen, wer auf die "billigen Plätze" bei *KLM* etc. reflektiert. Soweit es die Hochsaison (Mitte Juni bis Mitte August) betrifft, am besten bereits im Dezember des Vorjahres, spätestens Januar.

Martinair

In den letzten Jahren schon monatelang im voraus vergeben waren für die Sommermonate die Flüge der **Martinair**, einer Tochterunternehmung der *KLM*. Wer die Anfahrt nach Amsterdam nicht scheut bzw. rechnet, fliegt mit *Martinair* preiswert nach Los Angeles.

Icelandair ab Hamburg und Frankfurt

Ab **Hamburg** (mit Zwischenstop in Kopenhagen) und **Frankfurt** fliegt *Icelandair* über **Reykjavik** nach **Halifax, Boston, New York, Baltimore/Washington** und **Orlando** (nur im Winter). Ein paar Stunden Aufenthalt der Fluggäste ab Hamburg am *Airport* Kevlavik versüßt *Icelandair* mit einem kostenlosen Badeausflug zum Heißwasserpool der **Blue Lagoon**.

Die *Airline* gehört nicht zum Luftfahrtkartell IATA und unterbietet die Tarife der großen Konkurrenz teilweise erheblich. Außerdem gibt es spezielle Wintertarife und *Last Minute* Angebote bei Buchung während der letzten 3 Tage vor Abflug.

✆ 069/299978; Internet: http://www.icelandair.com

Last Minute Flüge

Bestimmte Reisebüros sind auf die Vergabe von **Restplatzbeständen** spezialisiert. Dort machen Kunden bei *Last-Minute*-Angeboten ein gutes Schnäppchen, vorausgesetzt, sie warten etwa 4-6 Wochen vor dem gewünschten Abflug, und es gibt schlecht gebuchte Flüge. Auch direkt auf allen größeren Flughäfen findet man Restplatzschalter. Der größte **Anbieter** mit zahlreichen Agenturen in Deutschland, Österreich und der Schweiz ist die Firma **l'tur**. Aktuelle Auskünfte gibt es

in **Deutschland** unter ✆ 0180/5858585
in **Österreich** unter ✆ 0662/1574
in der **Schweiz** unter ✆ 01/3156666

Internet

Last Minute kann man auch übers **Internet** buchen:

http://www.ltur.de
http://www.lastminute.de
http://www.traxx.de

Ebenfalls bei einigen *Airlines* direkt, ↪ **Internet-Adressen** rechts.

Bei den folgenden z.B. assen sich auch alle weiteren Leistungen (Hotels, Mietwagen, Camper etc.) online buchen:

http://www.travel-overland.de
http://www.skyways.de
http://www.usareisen.com

Zusatzkosten

Zu den reinen Ticketkosten sind unabhängig von *Airline* und Abflug-*Airport* zwischen 100 DM und 120 DM **Flughafen- und Sicherheitsgebühren** fällig, die bei vielen Veranstaltern aber bereits in den Gesamtpreis eingerechnet sind.

Vielflieger-Programme

Alle großen Fluglinien bieten heute ihren Kunden Vielflieger-Programme, die unter verschiedensten Bezeichnungen laufen wie **Frequent Flyer, Miles & More** (Lufthansa) etc. und jede Menge Vergünstigungen in Aussicht stellen. Man kann sich dafür bereits vor dem ersten Flug eintragen lassen. Ein Anruf genügt, die Unterlagen kommen ins Haus. Nach Anmeldung wird ein kreditkartenähnlicher Ausweis ausgestellt und ein **Bonus-Konto** eingerichtet, auf dem die Meilen gebucht werden.

Beim Einchecken weist man einfach seine Karte vor. Wer sie (noch) nicht zur Hand hat, kann mit dem bei ihm verbliebenen Abschnitt des **Boarding Pass** Meilen noch nachmelden. Oft werden schon bei Ausstellung 5.000 Meilen gutgeschrieben, bei **Transatlantikflügen** nicht selten zusätzliche **Prämien**.

Prämien für Meilen- sammler

Eifrigen Meilensammlern winken Freiflüge, **Upgrading** von der *Economy* in die *Business Class*, kostenlose *Weekends* und "Erlebnisprämien". Kleinere Aufmerksamkeiten erhält man schon ab 15.000 Meilen (abhängig von der Fluggesellschaft); für **Freiflüge** und andere Prämien, die richtig lohnen, braucht man mehrere `zigtausend Meilen.

Information

Die Telefonnummern der wichtigsten in Deutschland vertretenen **Fluggesellschaften im USA/Canada Luftverkeh**r findet man in der folgenden Liste, ebenso die **Internet-Adressen**, über die einige Gesellschaften nicht nur allgemeine und Flugplan-Informationen, sondern auch noch kurzfristig **freie Plätze zu Sondertarifen** anbieten. `Reinschauen kann sich für Leute mit flexibler Reiseplanung bezahlt machen:

Airline	Telefon	Internet-Adresse
Air Canada	069/27115111	www.aircanada.ca
Air France	069/2566244	www.airfrance.com
American	0180/3/242324	www.americanair.com
British	0180/3/340340	www.british-airways.com
Canadian	069/66583089	www.cdair.ca
Continental	06102/78375	www.flycontinental.com
Delta	0180/3/337880	www.delta-air.com
KLM	0180/5/214201	www.klm.nl
Lufthansa	0180/3/803803	www.lufthansa.com
Northwest	0180/5254650	www.nwa.com
Swiss Air	069/242350	www.swissair.com
United	069/605020	www.ual.com
USAirways	069/67806298	www.usair.com

US-Airlines vermieten den Body ihrer Jets gerne für Werbezwecke. Diese B-737 ist eine Linienmaschine der Southwest Airlines; ihr Emblem befindet sich am Leitwerk.

2.5   VORBUCHUNG DES TRANSPORTMITTELS

Die wichtigsten Gesichtspunkte zur Frage, welches Transportmittel sich für die eigenen Reisepläne am besten eignet, wurden bereits im Abschnitt 1.2.2 auf den Seiten 57-65 ausführlich diskutiert. **Hier geht es nun in erster Linie um die technisch-organisatorischen Details derjenigen Alternativen, die bereits vor der Reise gebucht werden können bzw. sollten**. Auf die Automiete und anderer Transportmöglichkeiten erst nach Ankunft in den USA bezieht sich Kapitel 3.3 ab Seite 149.

2..5.1   Die Pkw-Miete

Typen, Kosten, Konditionen

Mindestalter   Voraussetzung der Fahrzeugmiete ist allgemein ein Mindestalter der als Fahrer vorgesehenen Personen von **21 Jahren**. Für Fahrer unter 25 Jahren, berechnen die international anbietenden Pkw-Vermieter einen Zuschlag von $10-$15 pro Tag und Fahrer. Lediglich *Budget* **verzichtet ganz auf Zuschläge (1999)**, während die Firma *Hertz* Fahrer unter 25 Jahren gar nicht erst akzeptiert. Junge Leuten **von 19/20 Jahren** können zur Zeit bei *Alamo* Autos mit einem Zuschlag für $21 (pro Tag!) plus Steuern mieten. Dabei ist anzumerken, daß in der Vergangenheit die Angebote dieser Art von Jahr zu Jahr wechselten.

Für Interessenten **ab 19 Jahren** hat die Firma *Transatlantic* (New York und Los Angeles) Gebrauchtwagen zur Miete, in Deutschland zu erreichen unter ✆ 05461/62060. Der Camperverleiher *Cruise America* bietet für junge Leute **ab 19 Jahren** *Truck-Camper* zu normalen Tarifen an, ➪ Seite 109. Auch die Firma *Adventure Travel* (➪ Seite 115) vermittelt die Miete von Pkw, Kombi und älteren Campfahrzeugen durch junge Leute unter 21 Jahren.

Verleih-firmen   Bei hiesigen Reiseveranstaltern kann man die ganze verfügbare Palette gängiger amerikanischer Leihwagen vom *Subcompact/Economy/* (Ford Fiesta Klasse) bis zum *Minivan* (*Ford Windstar/Chrysler Voyager/GM Transport*) buchen. Überwiegend wird dabei mit den internationalen Verleihfirmen wie *Avis*, *Hertz* oder *Budget* kooperiert. Aber auch die für ihre günstigen Tarife bekannten US-Verleiher *Alamo* und *Dollar Rent-a-Car* u.a. findet man im deutschsprachigen Angebot.

Preis-vergleich   Ein Vergleich der Kataloge großer Reiseveranstalter (*Meier's, DERTOUR, CA-Ferntouristik, TUI* u.a.) für die **Reisesaison 1999** zeigt, daß die früher mitunter erheblichen Unterschiede bei den Miettarifen sich ziemlich angeglichen haben. Das gilt auch für **Saisonzuschläge** (USA: ca. 50 DM/Woche; Canada 70-80 DM/Woche) **bei Anmietung im Juli und August**. Katalogvergleich bringt hier nur relativ kleine Ersparnisse.

Die Buchung in Europa kann außer in Reisebüros auch bei den Automobilklubs oder direkt bei den **Leihwagenunternehmen** erfolgen, soweit sie hier vertreten sind bzw. Agenturen unterhalten. In Deutschland kostet ein Anruf bei den folgenden amerikanischen Firmen nichts bzw. Ortstarif. Man kann sich auch übers **Internet** informieren und ggf. reservieren:

Alamo	0130/819226	www.goalamo.com
Avis	0180/5/5577	www.avis.com
Budget	0180/5/214141	www.budget.com
Dollar	0180/5/221122	www.dollar.com
Hertz	0180/5/333535	www.hertz.com
National	0180/5/221122	www.nationalcar.com
Thrifty	06131/99330	www.thrifty-car.com

Weitere Internet-Adressen stehen auf Seite 153.

Wagentypen und -klassen/ Ausstattung

Pkw und Vans können ausschließlich nach **Größenklassen** von *Economy* bis *Fullsize/Premium* und nach **Gattungskriterien** wie *Convertible* (Cabriolet), *Jeep* oder *Minivan* gebucht werden. **Bestimmte Fahrzeugmarken- und typen lassen sich nicht reservieren**. Jedoch ist man vor Ort in der Regel bemüht, Kundenwünschen entgegenzukommen, sollte der bereitgestellte Wagen nicht zusagen. Einige Vermieter führen überwiegend die Autos bestimmter Hersteller (z.B. Avis: *General Motors*, Hertz: *Ford,* usw.). Amerikanische Kraftfahrzeuge sind nach wie vor komfortabler als europäische Wagen vergleichbarer Größe. Leihwagen besitzen fast immer ein **Automatikgetriebe** und **Klimaanlage** (*Air Condition*). Nichtsdestoweniger hält sich ihr **Treibstoffverbrauch** nicht zuletzt wegen der Tempobeschränkungen (⇨ Seite 169) in Grenzen. Dies und die niedrigen Benzinpreise sorgen dafür, daß jenseits des Atlantik Pkw der Oberklasse **geringere Spritkosten** verursachen als in Europa sparsame Kleinwagen.

Größe

Bei der Wahl sollte man sich nicht zu sehr vom Tarif leiten lassen, denn die Unterschiede sind bei den Pkw von Klasse zu Klasse oft kaum der Rede wert (30-60 DM/Woche!). Bei geräumigeren Wagen ist der Kofferraum nicht so knapp. Ab 4 Personen sollte man – speziell auf längeren Reisen – an einen **Minivan** denken (ab ca. 720 DM pro Woche inkl. Vollkasko/CDW), wenn ein Camper nicht in Frage kommt.

Vans für Behinderte

Minivans gibt es von **AVIS** auch in behindertengerechter Ausführung in vielen wichtigen Städten.

Tarifinhalt

Bei **Vorausbuchung** sind mit der Zahlung normalerweise die **Basiskosten** des Mietwagens, **Haftpflicht- und Vollkaskoversicherung** abgedeckt.

CDW/ LDW

Die – nach unserem Verständnis – **Vollkaskoversicherung** heißt **CDW/Collision Damage Waiver**. Bei Miete in den Weststaaten entfällt jede Selbstbeteiligung. Das ist erfreulich, denn in Amerika zahlt ein Mieter ohne CDW nämlich (zunächst) **alle** Schäden am Fahrzeug. Solange etwa ein Unfallgegner sein Verschulden nicht anerkennt bzw. nicht rechtskräftig schuldig verurteilt ist und den Schaden trägt, bleibt ein Mieter ohne CDW auch auf fremdverursachten Schäden sitzen.

Unlimitierte Meilen/ Kilometer

Bei einer Pkw-Miete in **Nordamerika** ist – zumindest bei Vorausbuchung von Fahrzeugen der großen Verleiher – grundsätzlich **Unlimited Mileage** in den Tarifen enthalten. Da die Tarife in **Canada** zur Zeit nicht mehr höher sind als im Westen der USA (1999), kann es Sinn machen, eine **Reise** per Mietfahrzeug **durch beide Länder in Canada** zu **beginnen**.

Zusatz- kosten

Über den Basistarif hinaus entstehen weitere Kosten. Direkt beim Vermieter müssen die **Aufschläge** für junge/zusätzliche Fahrer, **Überführungsgebühren** bei Einwegmieten und ggf. für **Zusatzversicherungen in Dollar** beglichen werden.

Steuern

Die lokalen **Steuern** sind bei hier gebuchten Fahrzeugen bereits im Tarif enthalten. Bei **Zusatzkosten**, die vor Ort entrichtet werden, kommen **immer Taxes** hinzu: In den USA beträgt die **Sales Tax** in den Weststaaten **bis zu 11,3%** mit Sonderaufschlägen bei Wagenmiete/-rückgabe am *Airport*.

Einweg- miete

Alle Tarife gelten grundsätzlich unter der Voraussetzung, daß das Fahrzeug am Ausgangsort zurückgegeben wird. Auch am Flughafen übernommene Autos können mitunter nicht ohne Zusatzkosten in einer City-Filiale derselben Stadt wieder abgegeben werden und umgekehrt. Andererseits gibt es auch **kostenfreie One-ways**, etwa zwischen San Francisco und Los Angeles und Las Vegas. Nicht alle Kategorien sind für Einwegmieten zugelassen, etwa *Minivans* oder Cabrios, und **One- way muß immer ausdrücklich bestätigt werden.** Durchweg wird für die Einwegmiete eine entfernungsabhänge Pauschale (**One-way Service Fee**) berechnet, die von Vermieter zu Vermieter unterschiedlich ausfällt.

Die Deckungssumme der Haftpflichtversicherung

Übliche Deckung

Die Haftpflichtdeckungssumme für vor Ort gemietete Fahrzeuge entspricht mitunter gerade der gesetzlichen Minimaldeckung des jeweiligen Staates. Diese kann **im ungünstigsten Fall bei nur $20.000 (!)** für Personenschäden liegen und darunter bei Sach- und Vermögensschäden. Unzureichend ist aber auch noch eine häufig anzutreffende Deckungssummenkombination $300.000/$100.000, d.h., maximal $300.000 je Unfall, aber höchsten $100.000 je geschädigter Person. Denn selbst harmlose Verletzungen führen in den USA oft zu abenteuerlichen Schadensersatzforderungen und gelentlich sogar zur gerichtlichen Durchsetzung. Sach- und Vermögensschäden sind bei solchen Kombinationen meist nur mit $25.000 bis $50.000 abgesichert.

Aufstockung der Deckung

Derartig geringe Deckungssummen resultieren aus den – in den USA üblichen – personenbezogenen Haftpflichtversicherungsverträgen: viele Automieter bringen ihre persönliche (oft bessere) Versicherung mit. Sie gilt unabhängig vom Fahrzeug, das der Versicherte gerade fährt. Wer keine derartige Versicherung besitzt, z.B. der ausländische Tourist, kann sich eine Aufstockung beim Vermieter "kaufen". Sie heißt **LIS** (*Liability Insurance Supplement*) oder **ALI** (*Additional Liability Insurance*) und kostet ab ca. $10/Tag (plus Steuern) für eine Erhöhung auf $1 Mio. Die **deutschen Reiseveranstalter** haben die aus der Unterversicherung bzw. den Zusatzkosten für *ALI/LIS* resultierende Problematik erkannt und bieten üblicherweise eine **Zusatzversicherung inklusive**, die ihre Kunden bis zu **2 Mio. DM** absichert, sollte die vorhandene Deckung bei Eintritt eines Haftpflichtschadens nicht ausreichen.

Leistungspakete von Reiseveranstaltern

Diese Zusatz-Haftpflichtversicherung ist seit kurzem in sog. **Leistungspakete** integriert, die entweder einfach "A" und "B" oder auch "Super-Inklusiv"/"Super-Spar" heißen. Bereits die preiswertere **Fassung A** bzw. **Super-Spar** sorgt außerdem dafür, daß vor Ort keine Steuern und Sondergebühren mehr anfallen (s.o.). Das erweiterte, teurere **Paket B/Super-Inklusiv** enthält die erste Tankfüllung, zusätzliche Versicherungen und Gebührenentfall für einen weiteren Fahrer. Man sollte genau abwägen, ob sich die Mehrkosten für die Variante B lohnen.

Kreditkarte

Inhaber der **Euro-Goldkarte** genießen teilweise eine **Kfz-Reise-Haftpflicht-Versicherung** (= Aufstockung), wenn sie die Mietkosten per Karte zahlten. Wer mit der Karte zahlen möchte und Wert auf diese Zusatzhaftpflicht legt, sollte "seine" **Eurocard-Bedingungen** ggf. **überprüfen** und im Zweifel bei der ausgebenden Institution "nachhaken". Auch die Edelkarten anderer Gesellschaften, z. B. **ADAC Visa-Goldcard,** bieten eine Haftpflichtdeckungs-Aufstockung auf 2 Mio. DM. Wichtig ist, die damit verbundenen Bedingungen einzuhalten.

Gesonderte Zusatz-haftpflicht

ELVIA und die **Europäische Versicherung** bieten für unterschiedliche Zeiträume **ab 10 bis zu 93 Tagen** eine Zusatzversicherung für eine Haftpflichtdeckung von 1 Mio. DM (Elvia) bzw. 2 Mio. DM (Europäische) auch als separate Leistung für Mietverträge, die nicht von vornherein mit einer derartigen Deckung ausgerüstet sind; Unterlagen im Reisebüro.

Einen Zeitraum **bis zu drei Monaten** versichert für 320 DM auch die Firma *Tour Insure* in Hamburg (℡ 040/25172150, Fax 040/25172121) mit der Zusatzdeckung von 2 Mio. DM.

Fazit

Vorbuchen oder Eigen-initiative vor Ort

Vergleicht man die Möglichkeiten der Automiete vor Ort mit Angeboten in hiesigen Katalogen, ist man mit der Vorausbuchung im allgemeinen gut beraten, soweit die Mietzeit ab einer Woche beträgt. Zwar gibt es drüben, speziell in großen Cities, durchaus die Chance, über Sondertarife und Discounter (⇨ Seite 154) fallweise noch ein wenig günstiger zu fahren, aber dazu muß man sich auskennen und vor Ort aktiv werden. Im übrigen ist das auch eine Frage des Dollarkurses. Bleibt er weiter über 1,70 DM, ist die Buchung hier auch von lokalen Sonderangeboten kaum zu schlagen. Zumal die sich oft besser anhören als sie sind, wenn zu beworbenen niedrigen Basistarifen hohe Versicherungsprämien hinzukommen. Die Sicherheit, daß zum Zeitpunkt der Ankunft der Wagen vollgetankt und versichert bereitsteht und die Suche keinen Streß verursacht, ist so oder so ein weiterer bedenkenswerter Vorteil.

Der Autor würde daher bei festen Reiseplänen und zusammenhängender Reisezeit(en) von mindestens (jeweils) 5-7 Tagen bereits vor der Reise bei einem heimischen Veranstalter bzw. direkt bei einem der internationalen Vermieter buchen.

Die Empfehlung ist unabhängig von der Saison. Ein knappes Angebot wie im Fall der Campmobile zu bestimmten Zeiten gibt es nicht. In den USA stehen jederzeit genügend Miet-Pkw zur Verfügung. Nur bei sehr langen Aufenthalten fällt die Mühe, erst drüben nach (vielleicht) günstigeren Pauschalen zu suchen, zeitlich nicht mehr so sehr ins Gewicht. Ob dabei letztlich eine Ersparnis herauskommt, ist z. Zt. zweifelhaft. Der Vorteil liegt eher in der Flexibilität. Zu **Suche und Miete vor Ort** steht im übrigen alles auf den Seiten 151f.

Fly & Drive

Bedenkenswerte Angebote (in diversen Veranstalterkatalogen 1999) gibt es für gekoppelte Buchung von Flug und Automiete. Rechnet man die jeweiligen Normaltarife für die Automiete heraus (in gesonderter Tabelle), ergeben sich – soweit ersichtlich – gegenüber der separaten Buchung erfreuliche Rabatte auf die Flugkosten, ⇨ Seite 13.

2.5.2 Die Miete eines Campmobils

Grundsätzliches

Camper fahren, ein Problem?

Camper, welcher Größe auch immer, dürfen allesamt mit **Pkw-Führerschein** von Fahrern **ab 21 Jahren** bewegt werden. Niemand fragt danach, ob der frisch eingetroffene Tourist jemals vorher hinter dem Steuer eines vergleichbaren 9 m langen Ungetüms saß. Er muß sehen, wie er sogleich mit dem dichten *Freeway*-Verkehr klarkommt, aber die Erfahrung zeigt: besser, als manch einer selbst denken mag, nachdem er zum ersten Mal im weichen *Captain's Chair* seines Gefährts versunken ist, hinter sich – zunächst – erschreckende Ausmaße. Das Fahren im Campmobil ist (auf gut ausgebauten Straßen) selbst in großen Fahrzeugen tatsächlich einfacher, als es auf Anhieb den Anschein hat. Man gewöhnt sich schnell an die Größe und an die für unsere Begriffe **weiche Federung**. Auch die Schwammigkeit der **Straßenlage** und die sehr leichtgängige **Lenkung**, die wenig Straßenkontakt vermittelt, beunruhigen nach einem Tag Übung kaum noch.

Altersgrenze

Im Gegensatz zum Pkw gibt es im allgemeinen keinen Aufschlag für Fahrer unter 25 Jahren. Kleine Camper-Typen dürfen in Ausnahmefällen auch **von 18-19-jährigen Fahrern** gesteuert werden, z.B. *T-19 Truck Camper* von *Cruise America* oder die **Busse** der Firma *Green Machine*, ⇨ Seite 113.

Campertypen

RVs

In den USA gelten Camper vom kleinsten Modell bis zum Riesen-Motorhome als *Recreational Vehicles* – Kürzel **RV** (sprich: "Arwí"). *RVs* verfügen in der Regel über einen großvolumigen 6/8-Zylinder-Motor, automatisches Getriebe, Servolenkung und -bremsen sowie eine vom Motor abhängige und zusätzliche mit 110 V betriebene Klimaanlage. Damit verbunden ist ein ausgeprägter Benzindurst, der aber bei Literpreisen ab ca. 0,50 DM (je nach Dollarkurs und Region) die Urlaubskasse bei weitem nicht so sehr strapaziert, wie das bei uns der Fall wäre. Das erklärt auch die fast vollständige Abwesenheit von **Dieselmotoren** in Campmobilen.

Kategorien

Schaut man in die Kataloge der Reiseveranstalter, findet man heute nur noch drei grundsätzlich unterschiedliche Typen von Campern:

– **Van Camper**
– **Motorhome**
– **Pick-up- bzw. Truck-Camper** ("Camperhomes")

Zu diesen in vielen Varianten angebotenen Typen erscheinen folgende Anmerkungen wichtig:

Van Camper

Mit Ausnahme der kleinsten Modelle besitzen die *Vans* – wie auch fast alle *Motorhomes* – ein **Doppelbett über der Fahrerkabine**. Den Abstand zwischen Matraze und Dach werden dort aber viele erwachsene Schläfer als zu gering empfinden. Die zweite (häufig schmalere) Schlafgelegenheit besteht entweder aus einem langen Klappsofa oder aus der abends umzubauenden Sitzecke. Gasherd, Spüle und Kühlschrank (ab 19 Fuß in Haushaltsgröße) fehlen nie. Eine tragbare Chemietoilette gehört heute noch zum einfachsten *Van*. Neuere Modelle besitzen im allgemeinen eine Spültoilette, ab 19 Fuß in einigen Fällen sogar ein Mini-Duschbad mit Warmwasserversorgung an Bord und oft auch eine Mikrowelle.

Ein 17-Fuß *Van* mit 6 Zylindern begnügt sich schon mal mit 15 l auf 100 km, größere Fahrzeuge schlucken oft 20 l/100 km und mehr bzw. fahren höchstens **12 *mi per gallon** (3,8 l).*

Beurteilung

Der *Van Camper* ist nach Meinung des Autors für **2 Personen ggf. mit 1, äußerstenfalls mit 2 kleinen Kindern** bei Reisen mit hoher Kilometerleistung– wie sie typisch sind für viele Urlaubsreisen mit fast täglich langen Etappen – in vieler Beziehung (Straßenlage, Wendigkeit im Stadtverkehr/in Ortsdurchfahrten und nicht zuletzt auch bezüglich Mietkosten und Benzinverbrauch) eine bessere Lösung als größere Fahrzeuge (Motorhomes/Truck Camper). Sofern der Anspruch an Platz und Komfort des Innenraums nicht stark im Vordergrund steht, muß allerdings hinzugefügt werden.*)

*) Der von einigen immer noch gern nachgefragte VW-Camper (California u.a.) ist in den USA als Neuwagen zur Miete nicht mehr erhältlich, es gibt aber ab Los Angeles ältere Modelle zu günstigen Tarifen, ⇨ Seite 113.

Sehr guter 19-Fuß Camper Van (Moturis), der sich aber wegen der ungünstigen Sitzposition weiterer Passagiere (hinten längsseits, kleine Fenster) nur für 2 Personen optimal eignet

Motorhome

Die **technische Basis** eines *Motorhome* (ab 19 bis etwa 27/28 Fuß) entspricht weitgehend der eines *Van Campers*; d.h., Fahrerkabine, Motoren und Fahrgestelltechnik sind identisch. Die Hinterachse ist allerdings verstärkt und mit **Zwillingsreifen** versehen, damit das breite, seitlich überstehende Campinggehäuse getragen werden kann. Über der Fahrerkabine befindet sich ein Dachüberhang, der oft sehr weit über die Windschutzscheibe hinausragt. Die **Sicht** zur Seite und nach oben ist durch diese Bauweise eingeschränkt.

Ausstattung

Der Überhang beherbergt ein **(Alkoven-) Doppelbett**, das in der Regel deutlich mehr Höhe und Länge als im *Van Camper* bietet. Umbauliege/Sitzecke, die üblichen **Haushaltsgeräte** einschließlich **Mikrowelle** und **Toilette/Dusche** gehören heute zum Standard selbst der kleinsten *Motorhomes*. Ab 25 Fuß Länge gibt es durchweg ein gesondertes Doppelbett im hinteren Teil des Wagens und ein Minibadezimmer mit Toilette. Etwa ab dieser Größe ergänzen Sessel die Inneneinrichtung.

Komfort-RV

Dem Komfort sind letztlich kaum Grenzen gesetzt. **Ab 29/30 Fuß Länge** wird aus dem typischen *Motorhome* ein **Riesen-Camping- Bus**. Die Überhänge verschwinden zugunsten eines integrierten Cockpits über die volle Breite von ca. 2,40 m mit viel besserer Rundumsicht als in den kleineren Modellen. Anstelle eines Alkovens besitzen diese Fahrzeuge manchmal ein Doppelbett, das nachts über den Vordersitzen abgesenkt werden kann. Das Schlafzimmer hinten ist vom Wohnbereich separiert, die Naßzelle angenehm groß.

Links der Aufbau **tagsüber;** sehr angenehm ist das Sofa (Umbauliege) auf der anderen Seite des Tisches.

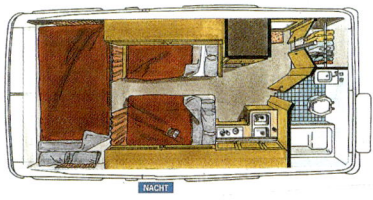

Rechts der Zustand nach Bettenumbau. Bei bis zu zwei Erwachsenen mit zwei kleineren Kindern muß die Sitzecke **nachts** nicht unbedingt abgesenkt werden.

Grundriß eines 22-Fuß Motorhome mit viel Platz für 4 Personen. Der Vorteil dieses Fahrzeugs ist das große Sofa gleich am Tisch.

RKH-Verlag & Reisen
Dr. Hans-R. Grundmann GmbH
Heinrich-Schwarz-Weg 36
27777 Ganderkesee-Steinkimmen
© 04222/950466 Fax 6167 e-mail: reisebuch@aol.com

Buchen Sie Moturis-Campfahrzeuge über uns:

Sie sichern sich durch unseren Direktkontakt günstige Preise und gleichzeitig **kompetente Beratung**. In den USA können wir für Leser unserer Bücher Camper der Firma *Moturis* reservieren. **Stationen befinden sich in San Francisco, Los Angeles, Denver, Las Vegas, Fort Lauderdale/Florida, New York/Newark (New Jersey)**. Die Mietflotte besteht aus *Van Campers* **17 und 19 Fuß** und *Motorhomes* **22, 25, 27 und 31 Fuß**.

Die Stationsleiter bei *Moturis* sind Schweizer Ingenieure.
Sie bürgen für hohe Zuverlässigkeit der Fahrzeuge.

Man kann sich die Moturis-Fahrzeuge auch
im **Internet** ansehen: **http://www.moturis.com**.

Größenwahl

Bei der Entscheidung für die "richtige" Größe darf man die eigenen Pläne nicht aus den Augen verlieren. Je größer das *Motorhome,* umso geringer geeignet ist es für Abstecher auf engen und mitunter schlechten Straßen zu bestimmten reizvollen Zielen. Auch die Anfahrt zu manchen landschaftlich exquisit gelegenen Campingplätzen wird bei Fahrzeugen über 22 Fuß schon mal kritisch. Nicht zu reden von der mit zunehmender Länge steigenden Rangiermühe. Viel Komfort (heißes Wasser, Toilette, Generator etc.) bedeutet im übrigen auch viel Technik, die gut behandelt werden will. Wer mit einem *Van Camper* nicht auskommt, sollte ein **Motorhome kleineren Typs** mieten, außer wenn ruhiges Reisen mit längeren Verweilperioden oder hoher Komfort- oder/und Platzbedarf die Wahl dominieren.

Pick-up Camper/ "Camperhomes")

Pick-up oder *Truck Camper* (in Katalogen neuerdings freundlich *Camperhomes* genannt) sind **Kleinlastwagen**, auf deren Ladefläche ein "**Campingkasten**" montiert ist. Anschaffungskosten und Abschreibung sind bei der Kombination *Truck* und Campingkasten geringer als beim *Camper Van*. Sie rechnen sich daher unter dem Strich für die Vermieter trotz günstiger Tarife "besser".

Ausstattung

Die zur Vermietung stehenden *Truck Camper* reichen von beengt bis hochkomfortabel (im Wohnbereich). Die größeren Modelle besitzen die übliche **Wohnmobil-Ausstattung** mit sämtlichen Schikanen und einem riesigen Alkoven über dem Fahrerhaus, zu dem **kein Durchgang** besteht (Eingang im Heck oder im hinteren Überhang seitlich). Ein großer Nachteil ist die geringe Übersicht aus dem Innenraum heraus, denn der Blick durch die Windschutzscheibe auf Park- und Camping-platz entfällt; die Fenster sind in der Regel klein und liegen hoch. Die **Fahrerposition** ist eher ungünstig, die Sicht rundum ziemlich eingeschränkt. Üblich ist als Fahrerhaus eine Doppelkabine mit Platz für 2 Erwachsene und max. 2 Kinder.

Bewertung

Straßenlage und **Windempfindlichkeit** sind eher schlechter als bei anderen *RVs*. Der eigentliche **Vorteil des *Pick-up*** liegt in der möglichen Trennung von Fahrzeug und Aufsatz, die bei Mietfahrzeugen aber (wegen der fehlenden dazu nötigen Ausrüstung) entfällt, und der größeren Robustheit auf schlechten Straßen. Davon hat der touristische Mieter meist wenig. Vor allem bieten ***Truck Camper*** viel Wohnraum fürs Geld.

Camper neu und alt

Die beschriebenen Fahrzeugtypen findet man in vielen Varianten sowohl bei den Vermietern neuer Fahrzeuge (in den Katalogen der großen Reiseveranstalter) als auch bei kleineren Vermietern, die für ältere Fahrzeuge etwas günstigere Tarife bieten, Miete z.B. über ***Adventure Travel***, ⇨ S. 115.

Zu Campmobilen umgebaute Schulbusse

Campfahrzeuge, die sich der bisher gelieferten Kategorisierung völlig entziehen, hat die Firma ***Green Machine Camperbus Rental***: Sie hat **alte Schulbusse** verschiedener Größen (25/28/35 Fuß) zu Campmobilen mit viel Platz, aber geringem technischen Komfort umgebaut: keine Klimaanlage, Dusche oder Spültoilette. Ideal sind die knallgrünen Busse für junge Leute und Gruppen. Sie dürfen (unter bestimmten Bedingungen) von **Fahrern ab 18 Jahren** gelenkt werden.

Ein Nachteil ist die nicht weiter zu vermindernde Selbstbeteiligung von $2.000 für Schäden am Fahrzeug. Zum Preis von ca. $500/Woche (plus 8,25% Tax) bei unbegrenzten Meilen sind die ***Green Machines*** trotzdem eine echte Alternative.

Unterlagen in deutscher Sprache dazu gibt`s ebenfalls bei ***Adventure Travel***, siehe nächste Seite. Schon mal genauer ansehen kann man sich die Busse im ***Internet*** unter

http://www.donbarnett.com/gmachine

*Umgebaute Schulbusse: **Die** Alternative zum Komfortangebot*

Miet-Tarife, Gesamtkosten und Konditionen (1999)

Tagestarife

Camper sind außer in der Nebensaison (etwa Mitte Oktober bis Ende April) ein **ziemlich teures Vergnügen**. Ein **Van Camper (19 Fuß)** kostet in der Hauptsaison (Anfang Juli bis Ende August) inkl. 100 mi/Tag z.B. bei *Moturis*/San Francisco um 185 DM/Tag (variiert mit dem Veranstalter). Die Tagestarife für **Motorhomes** ab 22 Fuß beginnen dann bei +/– 190 DM und erreichen für 31-Fuß-Fahrzeuge 280 DM/Tag. Hinzu kommen Übergabegebühren und Endreinigungskosten (***Preparation Fee***), Pauschalen für den **Convenience-Kit** (Bettwäsche, Geschirr, Bestecke) Zusatzversicherungen und Wochenendgebühren.

Saisonale Abgrenzung

Obwohl in den USA – wie unter 1.3.2 erläutert – die **Hauptsaison** von Anfang Juni bis Anfang September (*Labor Day*) läuft, gelten im Juni bis Anfang August deutlich reduzierte Tarife. Im April und Oktober vermindern sich die Raten weiter. Spezielle Wintertarife gibt es in den Monaten November bis März einschließlich.

Meilen

El Monte/ Cruise America

Tagestarife mit unbegrenzten Meilen werden für Campmobile – soweit ersichtlich – direkt nirgends angeboten. Der Standardtarif bezieht sich auf 60 mi/100 mi/Tag. Wer mehr fährt, zahlt extra. Allerdings gibt es beim Marktführer *Cruise America* und bei *El Monte* Tagestarife ohne Meilen, zu denen 500-Meilen-Pakete gekauft werden können, die pro Meile billiger sind als Zusatzmeilen. Unbegrenzte **Meilenpauschalen** (ab 1.400 DM) gibt es bei *El Monte*. Die ohnehin nicht sonderlich transparenten **effektiven Endkosten** der Campermiete sind damit noch undurchsichtiger, zumal gekaufte und nicht genutzte Pakete verfallen. Andererseits bieten einige Tarife scharfen Rechnern bei halbwegs genauer Schätzung der voraussichtlichen Fahrleistung Chancen zur Kostenoptimierung.

Weder Meilenpakete noch Pauschalen für unbegrenzte Meilen sind vor Ort verfügbar.

Moturis

Bei **Moturis**, dem drittgrößten Campervermieter in den USA sind in den Basistarifen immer 60 mi oder 100 mi pro Tag (je nach Saison) enthalten. Mehrmeilen müssen entweder abgerechnet oder von vornherein *über **Saver** Pakete aufgestockt werden. Der **Standard Saver** enthält neben 50 mi zusätzlich/ Tag, freie *Camping Kits* und die ELVIP-Versicherung (⇨ Seite 119); beim *Best Saver* sind **unbegrenzte Meilen** inklusive.

Value Rates

El Monte hat ein zusätzliches Tarifsystem ohne starre Saisonabgrenzungen und vergibt einen Teil der Fahrzeuge (auch) zu kontinuierlich angepaßten Angebots- und Nachfrageraten, den *Value-Rates*. Vorteile gegenüber dem Normaltarif ergeben sich vor allem bei sehr zeitiger Buchung, d. h., im wesentlichen bereits bis Herbst bis etwa Dezember des Vorjahres (möglich bis zu einem Jahr im voraus).

**3=1 und
7=5 Specials**

Cruise America offeriert in der Wintersaison (ca. November bis März) die Anmietung von Campmobilen für 3 Wochen zu Kosten von einer Woche mit 500 Freimeilen (bestimmte Typen sogar unbegrenzt) und Zahlung von Zusatzmeilen vor Ort. Ein sicher bedenkenswertes Angebot für Leute mit weniger Fahrstrecke. Eine kostensparende Angelegenheit ist das Angebot (unter gewissen Restriktionen) für jeweils 7 Miettage 5 Tage zu zahlen, wenn die Anmietung Di, Mi oder Do erfolgt. In den Sommermonaten gibt`s derartige Specials nach dem Muster 21=17 und 14=12.

**Preis-
vergleich**

Um in Anbetracht des unübersichtlichen Tarifgefüges den Preisvergleich zu erleichtern, findet sich auf den Seiten 118/9 ein **Berechnungsschema zur Ermittlung der Gesamtkosten einer Campermiete**. Die erste Seite bezieht sich auf grundsätzliche Daten des zu prüfenden Angebots sowie auf Eventualitäten, in denen man zur Kasse gebeten werden kann. In **Kopien** der Doppelseite lassen sich alle Daten verschiedener Alternativen eintragen und direkt vergleichen.

*25-Fuß
Motorhome
(Moturis);
hier auf dem
Campingplatz
über dem
Monument
Valley*

**Zusätzliche
Aspekte**

Einige Details der Bedingungen und des Berechnungsschemas bedürfen einer Erläuterung:

Saison

– Die **Saisonabgrenzungen** ändern sich von Jahr zu Jahr und sind von Vermieter zu Vermieter unterschiedlich. D.h., während zu bestimmten Reisedaten z.B. bei Vermieter X bereits die Zwischensaison-Kategorie gilt, berechnet Vermieter Y eventuell noch den teuren Hochsaisontarif. Normalerweise sind diese Daten identisch in allen Katalogen.

– Sogenannte **Roll-over** Tarife (*Cruise America* und *Value-Rates* von *El Monte*) besagen, daß der bei Übernahme gültige Tarif während der gesamten Mietzeit gilt: mit positivem Effekt bei Saisonüberschreitungen bis zum Sommer und negativer Auswirkung bei "abnehmender" Saison. Die gegenteilige Berechnungsmethode zählt die Miettage entsprechend der Saison (z.B. *Moturis*; *El Monte Standard*).

One-way Zuschlag – **Unterschiedliche Ankunfts- und Abflug-Airports** erlauben unter Umständen attraktivere Reiserouten als die Rückkehr zum Ausgangspunkt. Dies ist in Grenzen möglich, wird aber mit einem Einweg-Zuschlag belegt, der 1999 bei *Moturis* vergleichsweise moderat ausfällt.

Nach Canada und Mexico – Von den großen Vermietern erlauben *El Monte* und *Cruise* Fahrten nach **Mexico unter gewissen Restriktionen** (ebenfalls *Happy Travel* in Los Angeles, ⇨ Seite 115). Fahrten nach **Canada** sind dagegen kein Problem. Für die Durchquerung des **Death Valley** gelten saisonale Beschränkungen.

Deckung – Die **Haftpflichtdeckungssumme** ist auch bei den Campern ein wichtiger Punkt. Campmobile sind in den USA wie Pkw oft nur mit der gesetzlich minimalen Summe abgesichert ($20.000-$50.000). Wie bei der Pkw-Miete erläutert, schützen große deutsche Veranstalter seit einigen Jahren deshalb auch ihre Camper-Kunden automatisch mit einer Aufstockung der Haftpflicht auf eine Deckungssumme von 2 Mio. DM. Bei Unklarheit über diesen Punkt sollte man im Reisebüro "nachhaken"! Wenn keine Zusatzdeckung existiert, muß der Mieter selbst für eine bessere Absicherung sorgen. Ein Verzicht könnte fatale Folgen haben. Es gelten dieselben Hinweise wie auf Seiten 107f.

Moturis – **Wenig Sorgen in dieser Beziehung plagen Moturis-Kunden** (Stationen im Westen in Los Angeles, San Francisco, Denver und Las Vegas): Mieter bzw. eingetragene Fahrer sind unabhängig von Vermittler (Reiseveranstalter), Fahrzeugtyp und Lebensalter grundsätzlich mit einer Summe von bis zu **$1 Mio. pauschal abgesichert** (Stand Saison 1999). Diese Versicherung deckt nach Auskunft der Firma auch eine Kautionszahlung für eine eventuelle Haftverschonung bei schuldhafter Unfallverursachung. Die Summe wird mit dem Abschluß einer EL-VIP-Versicherung auf **$5 Mio.** erhöht.

CDW/VIP – Die **Abkürzung CDW** steht für *Collision Damage Waiver* (manchmal auch **LDW**, L für *Loss*) und suggeriert Freistellung von Kosten im Schadensfall. Faktisch ist sie immer in den Campertarifen enthalten, beinhaltet aber eine Eigenbeteiligung bei Schäden am Fahrzeug (unabhängig davon, wer der schuldige Verursacher sein mag) von $2.000 bis $3.000. Bei bestimmten Schäden, die nicht auf Straßenunfall zurückgehen, haftet der Mieter selbst mit CDW häufig unbegrenzt (z.T. sind sie gar nicht versicherbar).

VIP/EL VIP – Die **Zusatzversicherung** mit der schönen Bezeichnung **VIP** (*Vacation Interruption Policy*) ergänzt CDW/LDW. Sie kostet durchweg $13-$17/Tag (plus Steuern) oder – bei Vorbuchung – 25-35 DM/Tag und ist bei längeren Mieten für

weiter auf Seite 120

KONDITIONEN UND GESAMTKOSTEN DER CAMPERMIETE

Reisedaten: von _____ bis _____ = _____ Tage

Campertyp: _____

Prospekt Firma _____ Vermieter _____

Saisonkategorie laut Prospekt: _____

Übernahme in: _____ am _____

Rückgabe in: _____ am _____

Tage mit dem Camper unterwegs: _____
(Übernahme- plus Rückgabetag = 1 Miettag)
Geplante Meilen (Kartendistanz + 20%): _____

Einzelheiten, die man ggf. erfragen sollte:

Mindestalter des Fahrers:
Fahrten nach Mexiko erlaubt: ja/nein, unter Bedingungen
Fahrten durchs Death Valley erlaubt: ja/nein, temporär erlaubt

Haftpflichtversicherungssumme: _____ US$

Eigenbeteiligung bei Schäden am Fahrzeug:

	ohne VIP	mit VIP
Selbstverschuldeter Unfall (mit Vandalismus, Feuer und Diebstahl)	_____	_____
Windschutzscheibe/Glas	_____	_____
Schäden auf Campgrounds	_____	_____
Schäden durch Zurücksetzen	_____	_____
"Dachschäden" (Klimaanlage)	_____	_____
Unterbodenschäden (Tanks)	_____	_____
Inneneinrichtung	_____	_____
Kaution (US$):	_____	_____

Mietkosten (in DM/sFr/öS)

(1) Nettotarif mit **0 Freimeilen** oder

(2) 60/100 freie mi/Tag x .... Miettage = ... Summe Freimeilen

Geplante Meilen – Freimeilen = ... Mehrmeilen

daraus ggf. abgeleitet: ..... 500 mi-Pakete plus ....Mehrmeilen

(3) Tagessatz (..............) x Miettage: ....

plus Kosten .... (Anzahl) Meilenpakete ....

plus Mehrmeilen x Meilensatz ($0,.......) x $-Kurs: _____

(A) Mietkosten "begrenzter" Tarif: ....

(B) Mietkosten bei unbegrenzter
     Meilenpauschale + **(3)**: _____

Niedrigerer Wert (A) oder (B) ....

+ ggf. lokale Steuern (.......% in US$ x Kurs) ....

+ **(EL) VIP-Versicherung** (siehe Text, $/DM/sFr/öS)

  Tagessatz x Tage = ...

(ggf. + ...% Steuern ....)

Insgesamt: .... (ggf. x Kurs) ....

+ Nebenkosten (siehe Text, $/DM/sFr/öS)

Erstausstattung ....
(*Preparation Fee*)
Kosten Convenience Kit ....
(Bettzeug, "Pöt und Pann")
Sonstiges (Einwegzuschlag, ...
Kindersitze, Generator)
ggf. Wochenendgebühr ....

Summe Nebenkosten: .... (ggf. x Kurs) _____

Gesamtkosten des Campers _____

Zusätzlich Benzinkosten:

Meilen x 1,6 x .... l Verbrauch/100 km = ... l Verbrauch

Verbrauch mal 0,60 DM/l = ca. Gesamtkosten Sprit: _____
[Preis/l = ($-Preis/Gallone x Kurs) : 3,8]

VIP/ELVIP   maximal 27-40 Tage zu entrichten. Der Abschluß der VIP-Versicherung reduziert die Selbstbeteiligung bei Schäden am Fahrzeug vermieterabhängig auf $100-$200. Über CDW gar nicht abgedeckte Schäden (etwa eine Beschädigung der Dachklimaanlage) gehen bei Abschluß der VIP teilweise nur noch bis maximal $2.000/$3.000 zu Lasten des Mieters. Im Fall "grober Fahrlässigkeit", wie immer das definiert sein mag, haftet der Mieter auch mit VIP voll. Sollte unterwegs ein Fahrtunterbrechung wegen eines technischen, von ihm nicht zu verantwortenden Defekt des Wagens unvermeidlich sein, werden dem Mieter mit VIP in gewissem Umfang Hotelkosten ersetzt und ein kleines finanzielles Trostpflaster gewährt.

– **VIP/EL VIP ist immer optional. Es stellt sich daher oft die Frage: Lohnt sich der Abschluß dieser doch relativ teuren Zusatzversicherung eigentlich?** Leider weiß man erst nach Ende der Reise, ob die Ausgabe sinnvoll war. Statistisch lohnt sich VIP nicht, weil die meisten Mieter schadenfrei bleiben. Im Einzelfall jedoch fährt man sicher entspannter mit der VIP. Und es kracht oft gerade dann, wenn man unversichert ist. Also besser mitbuchen, denn im Schadensfall zahlt der Mieter – zunächst – auch bei Fremdverursachung.

Kaution   – Die **Höhe der Kaution** hängt ab vom Abschluß der VIP-Versicherung und beträgt $100–250 mit, $500–2.500 ohne VIP. Sie erfolgt üblicherweise durch die Blankounterschrift auf einem Kreditkartenbeleg. Man sollte aber an sich darauf bestehen, daß sogleich die vorgesehene Kautionssumme eingetragen wird, damit nicht höhere Beträge abgebucht werden können. Im Fall der Vorbuchung kann die Kaution auch in Reisechecks hinterlegt werden.

Berechnung der Gesamt-kosten   – Das vorstehende **Kalkulationsschema** erklärt sich weitgehend von selbst. Es beinhaltet zunächst die Gegenüberstellung der in den Katalogen angebotenen Tagestarife mit gar keinen oder 60/100 freien Meilen. Die Tarife verstehen sich normalerweise bereits inklusive lokaler Umsatzsteuern.

Da bei den Nebenkosten mal in heimischer Währung, mal in der Station in Dollar abgerechnet wird, wurde die Währungsspalte (Seite 119) offengelassen. Bei Ansatz in Dollar kommen wiederum die Steuern hinzu.

Benzinkosten

– Der **Preis für einen Liter bleifreies Normalbenzin** betrug Anfang 1999 im US-Westen umgerechnet 0,50-0,70 DM je nach Standort. Eine kleine Ungenauigkeit an dieser Stelle beeinflußt die Gesamtrechnung nur minimal.

Fazit zur Vorbuchung des Campers

Vorteile Vorbuchung

Die erläuterten relativ komplizierten **Miet-, Versicherungs- und Haftungskonditionen sprechen für eine Buchung vor der Reise**. Denn zunächst einmal hat man Zeit zum Vergleich von Bedingungen und Preisen. Und außerdem ist im Problemfall Vertragspartner der heimische Veranstalter (wenn auch nur mittelbar), mit dem man sich ggf. nach der Reise auseinandersetzen kann. Bei individueller Buchung vor Ort wird man selten in der Lage sein, eventuelle Probleme sachgerecht zu klären bzw. nachträglich Erstattungen zähneknirschend beglichener, vielleicht ungerechtfertigter Forderungen durchzusetzen. Insbesondere bei Reiseabsichten während der gesamten amerikanischen Hauptsaison (Anfang Juni bis *Labor Day*) kann man im übrigen nicht darauf setzen, irgendwo auf die Schnelle das passende Fahrzeug schon zu finden – und das möglichst auch noch zu einem niedrigen Tarif.

Ob die Vorausbuchung die **kostenmäßig beste Lösung** ist, hängt vom Dollarkurs ab. Die Preise der Veranstalter werden auf der Basis des Dollarkurses vom Frühherbst des Vorjahres festgelegt. Sinkt der Kurs im Laufe des Folgejahres, kann es zwar sein, daß die Camper in DM oder sFr direkt vor Ort ein bißchen weniger kosten, steigt er aber, ist die Vorausbuchung erst recht die beste Alternative.

Empfehlung

Letztlich gilt: Wer nur über eine begrenzte und datenmäßig festgelegte Urlaubszeit verfügt, tut immer gut daran, hier zu buchen. Ersparter Stress und Zeitverlust drüben rechtfertigten sogar gewisse Mehrkosten. Die aber existieren – nach Beobachtung des Autors – nicht einmal oder nur in Ausnahmen. Am günstigsten fährt, wer Kataloge frühzeitig vergleicht und erst dann den eigenen Urlaub fixiert.

Ausschließlich von der Heimat aus lassen sich im übrigen günstige **Inklusivangebote** buchen, die Flug, Campermiete inklusive Nebenkosten, Hotelübernachtungen etc. in einem Pauschalpreis zusammenfassen. Auch preisgünstige Überführungsfahrten von der Westküste nach Florida im Spätherbst und umgekehrt im Frühjahr sind vor Ort nicht ohne weiteres zu finden.

Zum Camperurlaub in Eigeninitiative drüben ⇨ Seite 154.

2.5.3   **Ein Kostenvergleich:**
           Camper versus Pkw/Zelt und Pkw/Motel

Nach einem Durchrechnen der Camperkosten, besonders für die Hochsaison, wird mancher vielleicht noch einmal seine Priorität für einen Camper in Frage stellen und die Alternativen Miet-Pkw mit Zelt und/oder Motel/Hotel bedenken. Zumindest während der Sommersaison ergeben sich bemerkenswerte Kosten-Differenzen.

Hochsaison: Camper & Pkw/Zelt

Ausgangspunkt einer **Vergleichsrechnung sei ein 4-Wochen-Urlaub im Juli/August ab Westküste USA**. Dabei würden 26 Tage Campermiete anfallen und 4 Wochenmieten für einen Pkw. Der Einfachheit halber sei ein fiktiver, aber in etwa realistischer Inklusivpreis (5.000 Meilen, VIP Versicherung, alle Steuern, Nebenkosten und Zusatzmeilen) für einen **neuwertigen Van Camper 19 Fuß** bzw. vergleichbaren *Truck Camper* von 220 DM pro Tag angenommen. Der Camper brauche 20 l/100 km bei Literkosten von 0,60 DM. Ein **Pkw mittlerer Größe** kostet inkl. Vollkasko, Saisonzuschlag, aller lokaler Steuern und Haftpflichtaufstockung auf 2 Mio. DM (siehe oben) bei einem großen Veranstalter um die 500 DM/Woche. Der Verbrauch betrage in Anbetracht der US-Tempolimits nur 10 l auf 100 km. Beide Wagen fahren insgesamt 8000 km:

CAMPERKOSTEN

26 Tage x 220 DM	5.720 DM
Benzinkosten	960 DM
Gesamtkosten Camper	6.680 DM

PKW-KOSTEN

4 Wochen x 500 DM	2.000 DM
Benzinkosten	480 DM
Gesamtkosten Pkw	2.480 DM

Extreme Differenz

Die Differenz beträgt im Beispiel stattliche **4.200 DM**. Auch beim günstigsten *Van/Truck Camper* würde sie in der **Hochsaison** kaum unter 3.000 DM fallen. Von dieser Summe kann man spielend eine ganze Campingausrüstung zusammenkaufen, bei schlechtem Wetter auch mal im Motel übernachten und dennoch einiges übrigbehalten.

Andere Fahrzeuge

Vergleicht man **einen größeren Camper** mit der Kombination **Minivan/Zeltübernachtung** (z.B. für eine 4-köpfige Familie), ergibt sich eine noch drastischere Differenz.

Nebensaison

Zwar vermindert sich der **Abstand** zwischen beiden Alternativen bereits **im Mai/Juni** sowie **im September** und erst recht früher bzw. später im Jahr erheblich, aber auch dann wird er immer noch leicht 1.500 DM-2.500 DM betragen.

Camper & Aufschlußreich ist auch der Vergleich zwischen **Camper** und
Pkw/Motel **Pkw/Motel**. Dabei müssen die oben nicht berücksichtigten
Übernachtungskosten für die Campervariante mitgerechnet
werden (sie sind in der ersten Rechnung weitgehend identisch
oder nur geringfügig höher als beim Zeltcamping und spielten
daher im Vergleich keine wichtige Rolle). Unterstellt man
nun (**im Sommer!**) durchschnittliche Motelkosten von $60 pro
Nacht (➪ Seiten 83f/165f), hohe $20 Campinggebühren täglich
und je eine erste und letzte Nacht im Stadthotel für je $100,
dann ergibt sich beim Wechselkurs von 1,80 DM/US$:

CAMPERKOSTEN

Fahrzeugkosten	6.680 DM
Campingkosten (26 Nächte)	936 DM
Hotelkosten (2 Nächte)	360 DM
Kosten inkl. Übernachtung	7.976 DM

PKW- PLUS MOTELKOSTEN

Fahrzeugkosten	2.480 DM
Übernachtungen (28 Nächte)	3.168 DM
Kosten inkl. Übernachtung	5.648 DM

Immer Der immer noch erheblichen Ersparnis im PKW stehen hö-
noch here Kosten für Mahlzeiten gegenüber, da bei der Kombina-
hohe tion PKW/Motel die Selbstverpflegung schwieriger ist. Aber
Differenz man müßte in Cafeterias und Restaurants schon sehr kräftig
zulangen, um eine Differenz von über 2.300 DM aufzufuttern.

Neben- Anders sieht es aus im April oder Oktober, wenn **Camper für**
saison **1.500 DM bis 2.000 DM billiger** zu haben sind. Zwar sinken
dann auch die **Motelkosten,** aber vielleicht – im Schnitt des
Beispiels – von $60 auf $45, also **um $15/Tag** oder etwa 700 DM
für die ganze Reise. Unter Berücksichtigung des Vorteils durch
die Selbstverpflegung schrumpft der Unterschied damit auf
eine Größenordnung, wo der Camper auch kostenmäßig wieder interessant wird. Das gilt insbesondere, wenn man der auf
Seite 60 begründeten kritischen Beurteilung der Kombination
"Pkw mit Motel" folgen mag.

Fazit Bei weniger gut gefüllter Kasse sollte man zwischen Mai und
September PKW fahren und in **Zelt, Hostel, YMCA** oder im
Billigmotel übernachten, aber den Rest des Jahres käme
durchaus auch ein (kleines) Campmobil in Frage.

Ältere Leute (ab 21 Jahren), die gerne einen Camper mieten würden,
Camper aber knapp rechnen müssen, finden z.B. bei *Happy Travel* in
Redondo Beach unweit des *Los Angeles International Airport*
preisgünstige Alternativen, ➪ Seite 115.

2.5.4   **Utensilien zum Mitnehmen für Fahrzeugmieter**

Da für USA-Flüge keine Probleme mit dem Gewichtslimit (**maximal 2 Gepäckstücke mit je 32 kg/Person** bei Linienflügen, Sonder-/Charterflüge meist weniger) zu befürchten sind, sollte man auf eine Reise im Mietfahrzeug den einen oder anderen der folgenden Gegenstände vielleicht mitnehmen. Das meiste läßt sich auch drüben besorgen, aber was man dabeihat, entlastet die Reisekasse:

– **Auto-Verbandskasten**. Es ist aum zu glauben, aber in amerikanischen Mietfahrzeugen befinden sich mangels gesetzlicher Vorschrift keine oder nur dürftig ausgestattete Verbandskästen. In *Drugstores* und Kaufhäusern erhältliche *First Aid Boxes* für $10-$20 sind für ernstere Fälle ziemlich ungeeignet.

– **Basiswerkzeug** (selten gibt`s in Mietfahrzeugen mehr als einen Wagenheber, und den nicht immer, ➪ Seite 149) und **-material,** i.e. ein paar Schraubenzieher, einen Schraubenschlüsselset, eine Flachzange, Isolierband, Prüflampe und Lusterklemmen (!). Letztere sind überaus nützlich beim Zusammenfügen loser Kabelverbindungen, aber in Amerika nicht bekannt. **In den USA dazukaufen**: Sicherungen und Arbeitshandschuhe (preiswert, im Supermarkt vorrätig).

– **Taschenlampe** oder Kabellampe für die Autosteckdose

– **Kurzwellenradio** für Nachrichten der Deutschen Welle. Die Frequenzen für die USA und Canada wechseln in Abhängigkeit von der Tageszeit:

23.00–06.47 Uhr: 30,82 Meter,   9.735 kHz
13.00–15.00 Uhr: 16,93 Meter, 17.715 kHz
21.00–23.00 Uhr: 16,84 Meter, 17.795 kHz

Die Sendezeiten entsprechen der Mitteleuropäischen Zeit (MEZ). Auskünfte über weitere Frequenzen und ein Programmfaltblatt für Nordamerika erhält man beim Sender: **Deutsche Welle**, Referat Öffentlichkeitsarbeit Postfach 100444, 50588 Köln, ✆ 0221/3890

– **Automobilklub-Mitgliedskarte** für Straßendienst und Gratismaterial von den amerikanischen Klubs, ➪ Seite 80.

– **Musikkassetten** fürs meistens vorhandene RC-Radio.

– **Autokindersitz**, der sonst teuer dazugemietet werden muß. Bei Kleinkindern ist der Sitz praktisch im Flugsessel.

Wer auf Campingreise geht, könnte außer ohnehin selbstverständlichen Utensilien vielleicht noch einpacken:

– einen *Camping-Gaz* Kocher (ebenfalls gut ist die Lampe, sofern vorhanden; aber nicht eigens kaufen) für blaue Butan-Kartuschen, die im Original und in kompatiblen Marken auch in Amerika erhältlich sind *(Shops* für Camping und Sport, im Sommer auch hier und dort in *Department Stores).* Sehr nützlich zum Draußenkochen/Licht auf dem Campingtisch. Kaum Platzbedarf im Gepäck. Kartuschen dürfen natürlich nicht mit ins Flugzeug. Vergleichbare Ausrüstung ist jedoch in Amerika (bis ca. $1=2 DM) preiswerter als bei uns, daher vor der Reise nicht extra hier anschaffen.

– eigene **Bestecke** (und vielleicht ein bißchen persönliches Geschirr). Denn was von den Camper-Verleihern im meist extra berechneten *Convenience Kit* geboten wird, dürfte nicht bei allen Mietern Begeisterung wecken.

– liebgewordenen **Kleinkram** für die Küche nach individuellem Gusto, z.B. Knoblauchpresse, Schnapsgläschen, Salatbesteck etc. Man verliert Geld und Zeit beim Zusammenkaufen solcher Sachen, die nach wenigen Wochen obsolet sind und meist weggeworfen werden müssen.

– **eigener Schlafsack und Bettwäsche**. Die im Camper vorhandenen Decken (im *Convenience Kit* enthalten) können ebenfalls nicht in allen Fällen befriedigen. Da mit der Ausnahme der (Schweizer!) Firma *Moturis* die Camper-Verleiher nur Laken (jeweils 2 pro Schläfer) liefern, sind außerdem eigene Bettbezüge praktisch.

– das **Zelt** aus der Heimat, wenn "richtig" gecampt werden soll. Die preisgünstigeren US-Kaufhausqualitäten taugen nicht viel und sind meist unpraktisch in der Handhabung. Bessere Ausrüstung gibt es nur in Fachgeschäften und unverhältnismäßig teuer. Die bei uns in Kaufhäusern überall erhältliche gute Mittelqualität zu akzeptablem Preis fehlt. Auf Insektensicherheit achten.

Camping im Goblin Valley State Park im Süden Utahs (⇨ Seite 410 + Titelfoto). Der alte VW-Camper stammt von Happy Travel, Los Angeles und ist recht preiswert zu mieten, ⇨ Seiten 115 und 157.

2.5.5 Per Rundflugticket unterwegs

**Kenn-
zeichnung**

Eine in den letzten Jahren immer attraktiver und trotz Dollarkurs kaum teurer gewordene Möglichkeit, die USA zu entdecken, bieten Rundflugtickets. Ob man sich nun ohnehin
überwiegend für bestimmte Cities interessiert oder die Zwischenziele als Ausgangspunkt für Kurzreisen betrachtet,
ein Trip mit Rundflugticket ist eine echte Alternative zur individuellen Rundreise in "einem" Stück mit Mietwagen oder Bus.

Motive

Wie oben beispielhaft beschrieben (⇨ Seite 62), wäre es neben
dem reinen **City-Hopping** auch bei weit auseinanderliegenden **Nationalparks** möglich, **die größten Distanzen per Flugzeug zu überbrücken** und die angestrebten Ziele vom jeweils
nächstliegenden Airport per Auto oder Bus anzusteuern. Je
nach Dauer und terminlicher Feinplanung der Zwischenaufenthalte käme sowohl die Vorausbuchung der Weiterfahrt als
auch deren Regelung erst während der Reise in Frage. Alles
Wissenswerte dazu findet sich in den nachstehenden Absätzen und im Kapitel 3.3.5, Seite 165.

**Zusatz-
tickets**

"Echte" Rundflugtickets (siehe unten) beinhalten in den meisten Fällen **mindestens drei Flüge** innerhalb der USA; also
etwa bei Ankunft in Los Angeles per Transatlantikticket,
Weiterflug nach San Francisco/Salt Lake City/Denver und
von dort zurück nach Europa. Denkbar wäre natürlich auch
eine noch simplere Rundstrecke, die sich z.B. mit einer Flug-
unterbrechung und einem Zusatzflugschein oder mit zwei
zusätzlichen Teilstrecken bewerkstelligen ließe, Z.B. per
Transatlantikticket über Denver nach Los Angeles, weiter
nach San Francisco und von dort zurück in die Heimat oder
zunächst nur bis Denver buchen mit Rückflug von San Francisco und zwei Teilstrecken gesondert fliegen. Für derartige
Erweiterungen bedarf es keines speziellen Rundflugtarifs,
sondern lediglich eines oder zweier Zusatztickets.

VUSA

Solche gibt es zu sog. VUSA-Tarifen. VUSA ist die Abkürzung
für **Visit USA**, bezieht sich aber auf ganz Nordamerika. Dieser Tarif kommt allen Reisenden zugute, die vom Ankunftsflughafen aus ihren Flug innerhalb des Kontinents fortsetzen
möchten. Anschlußtickets kosten unter diesen Bedingungen
bis zu 40% weniger als der Normaltarif und sind nur außerhalb Nordamerikas erhältlich. Der Passagier muß die Zwischenziele im voraus festlegen; spätere Änderungen sind
nicht möglich. Die Vorteilhaftigkeit von VUSA-Anschluß-
tickets ist jedoch nicht immer klar. Auf vielen Strecken existieren Sondertarife für bestimmte Abflugzeiten weit unter
dem Normaltarif, und *Discount-Airlines* (speziell **Southwest)**,
bieten Ticketpreise, die mitunter nicht einmal 50% des Nor-
maltarifs der großen Konkurrenz erreichen. Sie lassen sich
verständlicherweise nicht zu VUSA-Bedingungen buchen.

Rundflug-Tickets
Ab drei Teilstrecken innerhalb der USA (mit *America West Airlines* bereits ab 2 Strecken, siehe unten) sind daher die Rundreisetickets zu erwägen, die von allen großen amerikanischen Gesellschaften offeriert werden. Voraussetzung des Erwerbs ist häufig, daß der Flug über den Atlantik mit derselben Gesellschaft oder dem europäischem Kooperationspartner erfolgt (*Lufthansa/United; KLM/Northwest* etc.). Andere berechnen bei "fremden" Transatlantikflügen höhere Preise fürs Rundflugticket. Wie einfache VUSA-Tickets kann man auch **Rundflugtickets nur vor Abflug in Europa** erwerben. Sie enthalten sogenannte **Coupons** (bis maximal 12), die jeweils für eine Flugstrecke gelten. Die Zeitbegrenzung zum Abfliegen aller Teilabschnitte liegt meistens bei 60 Tagen.

Coupons
Beim Couponsystem werden die einzelnen **Flugabschnitte zwar im voraus bestimmt**, aber bis auf die Notwendigkeit, den ersten Flug definitiv bis 7 Tage vor Ankunft in den USA festzulegen, können alle weiteren Flüge – gegen Zuzahlung von jeweils $25 bis $50 – wieder geändert werden. Unter dem Gesichtspunkt besonders dichter Flugnetze sind *American*, *Delta* und *United* empfehlenswert. Z.B. kosten die ersten drei *Coupons* in der Hochsaison bei *United* 690 DM, die nächsten Coupons abnehmend plus 150 DM bis nur noch 60 DM (für den 8. Coupon). Für Flüge in Kalifornien, Arizona und Nevada sind die *Tri-State-Air*-Pässe von *America West Airlines* kaum zu schlagen (2-12 Coupons 1999 **bei TUI**: 285-1145 DM). Coupon-Tickets für das gesamte System USA/Canada kosten ab 585 DM (3 Coupons); © **069/291011, Fax 289040. Internet: http://www.americawest.com.**

Erweiterung
Sofern **Hawaii,** die **Karibik, Mexico** und/oder **Alaska** zum Flugnetz gehören, lassen sich diese Ziele bei den großen *Airlines* gegen einen Aufpreis in das Rundflugticket einbeziehen.

America West Airlines mit Knotenpunkten in Phoenix und Las Vegas fliegt auch Städte mittlerer Größe an und eignet sich daher gut fürs City-Hopping im Südwesten.

Konditionen Gemeinsam ist sämtlichen Tickets, daß sie an recht **komplizierte Bedingungen** geknüpft sind, die sich auf die Anzahl der Unterbrechungen und Transkontinentalflüge (z. B. von New York nach LA), den Ausschluß von Flügen an bestimmten Wochentagen und Daten und manches mehr beziehen.

Das passende und gleichzeitig preisgünstigste Ticket für die eigenen Reisepläne auszuwählen, ist nicht einfach. Denn alle Einzelregelungen, Flugnetz und -plan wollen studiert sein. Was nützt das schönste Netz, wenn zu bestimmten Zielen nur 2 Flüge wöchentlich gehen?

Für **aktuelle Preise und Konditionen** genügt ein **Anruf** bzw. der Blick in die passenden **Internet-Seiten**, ⇨ Seite 102/103.

Zusätzliche Information Wer erwägt, per Rundflugticket zu reisen, sollte vor seiner Entscheidung den Reise Know-How-Titel *Durch die USA mit Flugzeug und Mietwagen* zur Hand nehmen. Darin finden sich alle Detailinformationen sowie jede Menge Tricks und Tips, um preiswert durch die USA und Canada zu jetten.

Mit Karten aller wichtigen Cities und Airports; viele Internetadressen

**Hans R. Grundmann
Martin Stoll**

Die USA mit Flugzeug und Mietwagen
Unabhängig und sicher durch Städte und Nationalparks

Dieser Spezialführer bezieht sich auf Rundreisen durch die USA und nach Canada zu oft weit auseinanderliegenden Zielen. Die Autoren haben das komplette Know-How für derartige Reisen und eine Fülle von wichtigen organisatorischen und geldsparenden Informationen für 33 US-Städte (und ihre Airports), Calgary, Vancouver und Toronto in Canada samt Umgebung und für die meisten US-Nationalparks zusammengetragen. Besonderes Augenmerk galt dabei der optimalen Unterbringung und Versorgung.

580 Seiten, 75 Karten, separate **Karte Nordamerika** und **New York City Extr**a (mit 44 Seiten und 8 Karten),

ISBN 3-89662-150-5

by Reise Know-How Verlag

© Dr. Hans-R. Grundmann GmbH
27777 Ganderkesee-Steinkimmen

2.5.6 **Der Greyhound Ameripass und US-Bus**

Busreisen in Nordamerika ist eng mit dem Namen der Firma *Greyhound* (Windhund) verbunden. *Greyhound* besitzt zusammen mit der einstigen, heute fusionierten Konkurrenz **Trailways** das totale **Busmonopol** auf Langstrecken und Städteverbindungen. Auch Regionallinien gehören zum Konzern.

Netzkarte Vor allem die $99-Monatsnetzkarte für ganz Nordamerika machte *Greyhound* einst in Europa populär. Und noch immer gelten attraktive Tarife für vor der Reise im Ausland gekaufte sogenannte **Ameripässe.** Ihre Gültigkeit ist heute auf die USA beschränkt, lediglich die Anreise zu grenznahen Großstädten wie Vancouver, Toronto oder Montreal ist per *Ameripass* möglich. Für Canada gibt es eine separate Netzkarte.

Preise 1999 berechnet *Greyhound* für vor der Reise in Deutschland gekaufte Ameripässe in Abhängigkeit von der Geltungsdauer:

4 Tage (nur Mo–Do)	200 DM
5 Tage	235 DM
7 Tage	305 DM
15 Tage	450 DM
30 Tage	620 DM
60 Tage	910 DM

> **Fahrplaninfo USA:**
> ℂ **1-800-231-2222**
>
> **Internet: http://**
> **www.greyhound.com**

Die Pässe gelten nicht nur für die unbegrenzte Nutzung der *Greyhound* (und *Trailways)* Busse, sondern auch für Busse assoziierter Linien, gelegentlich mit Zuzahlung.

Beschaffung Die deutsche Vertretung von *Greyhound* liegt bei der Firma **ISTS Interkontinental Reisen** in München, ℂ 089/2727191, Fax 089/2723700, die auf Anfrage Unterlagen zusendet. Die Buchung kann direkt über ISTS oder im Reisebüro erfolgen. In den vergangenen Jahren konnte man auch im internationalen Büro des *Terminals* in New York und in Los Angeles bei Vorlage des Reisepasses den *Ameripass* mit Ausländer-Rabatt gegen Zahlung in US$ erstehen. Zum regulären Tarif, d.h., zu etwa 15-25% höheren Preisen (unterschiedlich in Abhängigkeit von Dollarkurs und Tickettyp), kann in den USA jedermann Ameripässe erwerben.

Zu bedenken Die Frage "Bus als Transportmittel im US-Westen?" wurde bereits auf Seite 55f angesprochen. Autofahrer können sich im allgemeinen besser selbst versorgen und **preiswerte Zeltplätze** und **Quartiere** finden, die weitab der Busstation liegen; Buspassagiere sind stärker auf **Cafeterias** und *Fast-Food* angewiesen und müssen häufig mit **Motels oder Hotels im Umfeld der Terminals** vorlieb nehmen. *Campgrounds, Hostels* und *YMCAs* befinden sich zwar nicht immer außer Reichweite, aber im Schnitt lassen sich mit Auto die Übernachtungskosten der Busbenutzer sicher unterbieten.

Kosten-
vergleich

Ein konkreter Vergleich der Reisekosten im *Greyhound* und per **Mietwagen** mag die Entscheidung für diejenigen erleichtern, die sich nicht ganz sicher sind, welche Alternative sie wählen sollten. Alleinreisende, darauf wurde oben bereits hingewiesen, fahren mit dem *Ameripass* konkurrenzlos preiswert, aber schon ab 2 Personen sind mit einer Wagenmiete nur noch geringe Mehrkosten verbunden. Mit 3 oder mehr Personen im Auto wird der *Greyhound* ökonomisch indiskutabel.

Der folgende Kostenvergleich bezieht sich auf 30 Tage Reisezeit zu zweit. Die Miete entspricht günstigen Angeboten und bezieht sich auf einen **Pkw der Economy-/Compact-Klasse**:

GREYHOUND	KOSTEN
Ameripass für 2 Personen und 30 Tage:	1.240 DM
4 Abstecher zu Nationalparks mit extra zu bezahlendem Zubringerbus; $30 pro Trip und Person, also $240; bei $1 = 1,80 DM:	432 DM
Nahverkehr in Städten, angenommen an 15 Tagen zu $4 je Person (sehr leicht mehr!), also $120:	216 DM
Gesamte Fahrtkosten	1.888 DM

MIETWAGEN	KOSTEN
Miete eines *Compact* (z.B. Ford Escort), Leistungspaket A (Seite 107), bei 400 DM pro Woche:	1.600 DM
Benzin für 8.000 Kilometer bei 10 l/100 km und einem Benzinpreis von 0,60 DM/l	480 DM
Gesamte Fahrtkosten	2.080 DM

Zwar liegt das Auto bei dieser Rechnung um 192 DM über den Buskosten, aber es wurde noch nicht einmal der denkbar günstigste Miettarif zugrundegelegt. Die errechneten Mehrkosten wird man in 30 Tagen mit 2 Personen allein durch Ersparnisse bei Übernachtung und Verpflegung leicht überkompensieren, siehe Erläuterung Seite 129 unten und Übersicht Seite 85.

US-Bus *hop-on-hop-off*

Alternatives
Busreisen

Bereits eingangs (⇨ Seite 64) wurde auf die alternativen Buslinien hingewiesen. Während **The Ant** und **Green Tortoise** direkt in den USA gebucht werden müssen (über Telefon, Fax oder Internet, ⇨ **Seite 164**), können die **Travel America-Pässe** von **US Bus** bei uns neuerdings bei großen Veranstaltern (z.B. **CA-Touristik, Marlboro Reisen**) erworben werden.

**US-Bus,
hop-on-
hop-off**

US-Bus unterhält mehrere miteinander kombinierbare **Routen im Nordosten, Südosten und Westen der USA**, die über eine **Ost-West-Strecke New Orleans–Los Angeles** verbunden sind. **Haltestellen sind 150 internationale Herbergen** (⇨ Seite 190f). Dort kann nach Belieben (Platz vorausgesetzt) oder mit Reservierung aus- und zugestiegen werden. Die Strecken sind so gelegt, daß möglichst viele touristische *Highlights* (Nationalparks etc.) berührt werden.

Die **Kosten** liegen zwischen 330 DM (15 Tage gültig, maximal 5 Reisetage), 659 DM (40 Tage, maximal 15 Reisetage) und 1.320 DM (90 Tage Gültigkeit, maximal 45 Reisetage). Das schlägt den *Greyhound* ggf. auch zu zweit und die Automiete! **Direktinfo theusbus@att.net**

UNTERWEGS IM "SLEEPER COACH"

"Grüne Schildkröte", ein etwas eigenartiger Name für ein Busunternehmen. Aber tatsächlich, die Firma heißt "Green Tortoise" (sprich: Grien Tórtes) und bietet die totale Alternative zum Busreisen im Greyhound. Mit der konventionellen Konkurrenz haben die knallgrünen Uraltvehikel allenfalls Motor, Lenkrad, Bremsen und die vier Räder gemeinsam. Die Passagiere kommen aus aller Herren Länder, und manch einer fliegt eigens für einen Trip mit der "Schildkröte" in die USA. Dabei wissen die wenigsten Amerikaner von der Existenz dieses ungewöhnlichen Verkehrsmittels, das Busreisen zum abenteuerlichen Gemeinschaftserlebnis werden läßt. Und obendrein noch zu einem bequemen; denn wo sonst können Busreisende während der Fahrt ausgestreckt schlafen?

Zum normalen Linienverkehr etwa auf der Strecke San Francisco–Seattle gehört ein Stop auf einem firmeneigenen Stück Land in Grants Pass/Oregon, wo eine indianische Schwitzhütte zum Saunagang einlädt. Ein klares

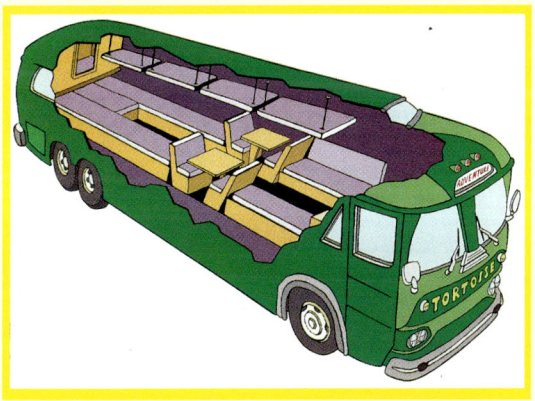

res Flüßchen zur Abkühlung fließt gleich nebenan. Während die Passagiere sich von der Fahrt erholen, wird dort ein fabelhaftes Essen bereitet, das ganze $4 kostet. Mit derartigen Unterbrechungen lassen sich 27 Stunden Reisezeit aushalten.

Neben der Verbindung Seattle–San Francisco–Los Angeles gibt es noch den regelmäßigen Cross-Country-Trip (10-14 Tage) von Boston über Chicago nach San Francisco oder umgekehrt; im Sommer außerdem Rundfahrten zum Yosemite Park und zum Grand Canyon National Park und nach Alaska. Im Winter geht es in wärmere Regionen zu Zielen in Mexiko und Guatemala.

Zum Kennenlernen schien mir der Yosemite Trip geeignet, der heute für drei Tage $109 plus $31 Verpflegungsgeld kostet. Den Platz hatte ich telefonisch reserviert. Als ich jedoch den angegebenen Treffpunkt in einer finsteren Gegend hinter San Franciscos Busbahnhof erreichte, kamen mir ernste Zweifel. Nach und nach trafen aber weitere Mitfahrer ein und schließlich auch der Bus: Offenbar ein ausgemustertes Modell der lokalen Verkehrsbetriebe. "Wenn das man gutgeht!" dachte ich.

Aber die beiden Fahrer schienen sich ihrer Sache sicher zu sein. Mit verwegenem Haarwuchs und Baskenmützen erinnerten Wade und Tobias an Che Guevara, Althippies der 68er-Generation. Auch der Bus paßte in jene Zeit. Seine Innenausstattung erschien genial: Hinten eine große Liegefläche, in der Mitte Tische in Eßnischen und vorne zwei Sitzbänke in Längsrichtung. In der "zweiten Etage" befinden sich weitere Liegeplätze. Die Tische und Bänke lassen sich bei Bedarf mit wenigen Handgriffen und mit Hilfe einiger Schaumgummimatratzen ebenfalls in Schlafflächen verwandeln. Eine Jugendherberge auf Rädern.

Nachdem das Einchecken erledigt ist, versichert Wade, daß genug Platz zum Schlafen für alle 40 Mitfahrer sei, wenn jeder seinen "stuff" nur ordnungsgemäß verstaute. Einige Plätze im Obergeschoß seien zwar etwas eng, aber "man muß nicht unbedingt miteinander schlafen, wenn man nebeneinander liegt. Kondome sind jedoch vorhanden." Allgemeine Heiterkeit. Wir lernen das Green-Tortoise-Buddy-System kennen: Vor jeder Abfahrt ruft der Fahrer "check your buddies" und alle müssen schauen ob ihr Buddy an Bord ist. Wer ohne Buddy reist, solle sich jetzt seinen Kumpel ausgucken, sagt Wade: "Werdet Freunde, es lohnt sich bestimmt!" Nirgendwo sonst habe ich interessantere und zugleich merkwürdigere Leute getroffen.

San Francisco liegt weit hinter uns: Zwischenstop am Supermarkt, um Proviant einzukaufen. Wade gibt Anweisungen. In Gruppen schwärmen wir aus. Als die Obstsalatkommission lediglich mit einigen Äpfeln ankommt, wird sie zurückgeschickt: "Hey man, I love to cook! Buy some more exotic fruit!" Das Einkaufshappening dauert eine gute Stunde; Eßbares für $700 haben wir beschafft. Erste Schlafenszeit, während die Schildkröte ihre Fahrt in Richtung Yosemite Park fortsetzt.

In der überwältigenden Landschaft des Yosemite Tals halten wir am glasklaren Merced River. Die"Küche" wird vorgeführt.

Da bleibt kein Wunsch offen: Klapptische, Gaskocher, Geschirr, Besteck, alles da. Jeder faßt mit an. Wir lassen uns Obstsalat und French Toast schmecken. Dazu den Green Tortoise "Hufeisenkaffee", bei dem das Pulver mitgekocht wird. Wenn das Hufeisen oben schwimmt, ist er richtig. Wir genießen das blendende Wetter und Drachenflieger, die sich vom 1500 Meter hohen Glacier Point stürzen, amüsieren uns über Tom, der in voller Montur durch den Fluß watet und auch nicht aufgibt, als nur noch seine Mütze zu sehen ist.

Wade erläutert die verschiedenen Möglichkeiten zur Erkun-dung des Nationalparks. Ich schließe mich einer Gruppe an, die zu den 700 m hohen Yosemite Falls wandert. Das Programm bei Green Tortoise ist flexibel und stimmt nur grob mit den Angaben der Tourbeschreibung überein. Was letztlich unternommen wird, entscheiden Fahrer und Gäste situationsbedingt und nach Lust und Laune. Die Insiderkenntnisse der Fahrer sorgen oft für interessante Zwischenstopps und willkommene Abwechslung.

Zum Campen fahren wir 'raus aus dem Tal und hoch hinauf in die Sierra Nevada. Der Abend verfliegt bei "Mushrooms Stroganoff". Elf Nationalitäten befinden sich im Bus, und altersmäßig ist alles vertreten von einem Jahr bis weit über fünfzig. Auf meiner Fahrt von San Francisco nach Boston war sogar eine 80-jährige Oma mit von der Partie. Zu vorgerückter Stunde hole ich meine Geige und spiele Jazz und Folk. Musiker sind bei Green Tortoise willkommen. Gut, daß ich das Instrument dabeihabe.

Am nächsten Morgen geht es zuerst zu einer abgelegenen heißen Quelle. Sie liegt einsam genug, um dort ohne Konflikt mit der Obrigkeit hüllenlos baden zu dürfen. Ein sonst in den USA unerhörtes Verhalten, mit der Green Tortoise kein Problem.

Auf dem Weg zum Mono Lake erklärt Wade Entstehung und ökologische Bedeutung dieses bemerkenswerten Salzsees in der Halbwüste. Wasserentnahme für das 500 km entfernte Los Angeles gefährdet das natürliche Gleichgewicht der dort heimischen Flora und Fauna.

Ein Informationszentrum bietet eine aufschlußreiche Diashow zu diesem Thema. Der See selbst mit seinen bizarren, salzverkrusteten Tuffsteinskulpturen im Uferbereich ist dadurch noch eindrucksvoller. Einige können sich trotz der Myriaden winziger Minikrebse ein Bad nicht verkneifen. Auch Nichtschwimmer bleiben oben, das Salzwasser trägt.

Ein Besuch in der Geisterstadt Bodie, einer ehemaligen Boomtown aus der Zeit des Goldrausches, rundet das Tagesprogramm ab. Weil durch ein kurzes Unwetter am Nachmittag unsere Straße unterspült wurde, erreichen wir das geplante Ziel nicht, sondern campen mitten in der Wüste. Am Lagerfeuer gibt jeder ein Lied aus seiner Heimat zum besten. Ein Vorschlag von Keiko,

Gesangs- und Tanzlehrerin aus Japan, die mit zwei kleinen Töchtern rund um die Welt reist. Einige Leute übernachten draußen und finden sich frühmorgens von Rauhreif überzogen. Die Wüste ist nur tagsüber heiß.

Zum Frühstück wärmen uns vorzügliche Crêpes, bevor die Sonne wieder dafür sorgt. Vor der Abfahrt wird nicht nur der Bus, sondern auch unser Wüstencamp gesäubert nach der Devise: "Leave only footprints and take pictures!" Wir sammeln auch allerhand Müll, der nicht von uns stammt.

Noch einmal Wandertag im Yosemite. Zum Abendbrot parken wir in einem Waldstück mit mächtigen Sequoia-Bäumen. Ein Mitternachtsbad in den Rainbow Pools bei Mondschein beschließt fast den Tag. Aber in Groveland im Iron Door Saloon, der angeblich ältesten Kneipe Kaliforniens, ist noch Betrieb. Die Einheimischen staunen nicht schlecht, als wir gegen zwei Uhr morgens noch einen spritzigen Square Dance hinlegen. Durch die Nacht geht es zurück nach San Francisco. Ein letzter Stop auf der Insel Yerba Buena, "Brückenpfeiler" für die Oakland Bridge mitten in der San Francisco Bay. Wir erleben das Panorama der Stadt bei Sonnenaufgang.

Wie lautet die Werbung: "Green Tortoise – the only trip of its kind. Arrive inspired – not dog tired!" Stimmt nicht ganz, ich war hundemüde, aber sonst ...! Ein toller Trip!

Burghard Bock

Anmerkung:
So kurzweilig wie hier beschrieben, läuft es natürlich nicht unbedingt auf jeder solcher Touren. Besonders auf längeren Strecken, wie zum Beispiel dem erwähnten *Cross Country Trip*, bleiben "Durchhänger" und gelegentliche Reibereien mit anderen Passagieren oder den Fahrern nicht aus. Zum *Tortoise* Fanclub gehören auch schon mal Leute, die zuviel trinken oder ihren *Joint* rauchen. Aber im Bus selbst sind Rauchen und alkoholische Getränke verboten.

2.5.7   Die Amtrak-Netzkarten

Eingangs wurde die Eignung der Eisenbahn für eine Reise in/ durch den Westen der USA mit Skepsis beurteilt, ➪ Seite 64. Andererseits kommt es auf die persönlichen Präferenzen an.

Railpässe

Nur für Ausländer gibt es die Railpässe, ausgestellt von der Dachorganisation amerikanischer Eisenbahngesellschaften **AMTRAK**. Die Pässe gelten nicht etwa für alle vorhandenen Schienenverbindungen, sondern in den riesigen USA nur für das ganze 25.000 Meilen umfassende AMTRAK-Netz bzw. Teile davon, ➪ Abbildung.

Kosten

Der Preis für einen **USA Rail Pass** (Gesamtnetz) beträgt in der **Hauptsaison** (1999: 01.06.-06.09) **$425 für 15 Tage** und **$535 für 30 Tage**. In der **Nebensaison** reduzieren sich diese Preise auf **$285/$375**. Für einen *Western Pass* bezahlt man **$315/$395** in der Haupt- und **$195/$260** in der Nebensaison. Der *Far West Pass* kostet **$240/$310** bzw. **$185/$240**. Außerdem gibt`s noch einen *West Coast Pass* für **$275/$225** (Haupt-/Nebensaison) und weitere Pässe für östliche Teile des Netzes.

Internet:
http://www.
amtrak.com

Gegenwert

Im Verhältnis zu den Kosten für Einzeltickets, die in den USA gekauft werden, ergeben sich mit Railpässen erhebliche Ersparnisse. Mit ihnen erwirbt man aber lediglich das Anrecht auf einen – zwar recht bequemen – Sitz in Großraumwagen, bei längeren Trips geht es jedoch eigentlich nicht ohne Liegewagenplatz. Dafür gelten hohe Zuschläge ohne Aussicht auf einen Ausländer-Discount. Auch die Bordverpflegung ist – das

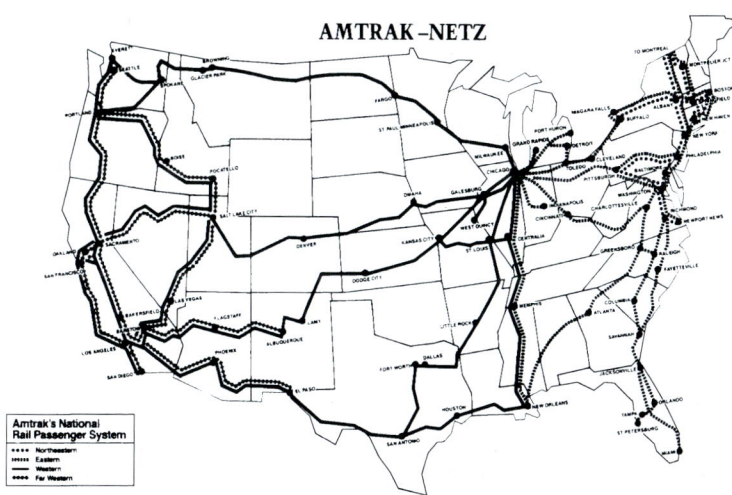

AMTRAK –NETZ

läßt sich denken – nicht eben preiswert. Ähnlich wie für Flugreisen sind Reservierungen ausgesprochen angebracht. Sofern das lange genug vor Reiseantritt geschieht, gibt es keine Probleme. Aber für spontane Entschlüsse bleibt wenig Raum. **Denn einfach zum Bahnhof gehen und in den Zug springen, wie bei uns üblich, funktioniert im allgemeinen nicht**.

Erwerb der Railpässe

Ein **AMTRAK Rail-Pass** kann nur außerhalb der USA erworben werden. **Er gilt nicht als Fahrausweis**, vielmehr werden für den Inhaber die Tickets für die gewünschten Teilstrecken gesondert ausgestellt. Das kann auch bereits vor Antritt der Reise hier erfolgen. AMTRAK wird bei uns vertreten durch **MESO Amerika-Kanada-Reisen,** Wilmersdorfer Str. 94, 10629 Berlin, ✆ 030/8814122, Fax 8835514. Gegen Einsendung von 3 DM Briefmarken fürs Porto erhält man eine Broschüre (in englischer Sprache) mit Streckenverzeichnis und Fahrpläne; der Verkauf der Pässe erfolgt aber auch in jedem Reisebüro.

Diese Anzeigen wurden einem AAA-Tourbook (➪ Seite 80) für 1998/99 entnommen. Sie vermitteln einen Eindruck vom möglichen Preisniveau vor Ort (hier in Anaheim/Disneyland, Lake Tahoe und San Diego) und der "Tarifflexibilität" im US-Beherbergungsgewerbe. Bei den hier beworbenen Hotels handelt es sich um Häuser der unteren bis oberen Mittelklasse. Die Preise sind Nettotarife vor Steuern. Was vom "Continental Breakfast" zu halten ist, steht auf Seite 180 oben.

2.6 VORBUCHUNG VON HOTELS

Mietwagen und reservierte Unterkunft

Im Rahmen der einführenden Diskussion von Vor- und Nachteilen verschiedener Transportalternativen war bereits von Rundreisen die Rede, die sich auf die **Kombination Mietwagen und vorausgebuchte Hotels** beziehen. Kritisch beurteilt wurde die damit unumgängliche Vorweg-Festlegung der Tagesetappen, die einen Großteil der mit dem Auto an sich verbundenen Flexibilität wieder zunichte macht. Indirekt suggerieren derartige Angebote obendrein, es gäbe unterwegs Schwierigkeiten, ohne Reservierung unterzukommen.

Kapazitäten und Preise

Grundsätzlich ist aber gerade das in Nordamerika eher selten der Fall. Im Umfeld vieler Städte und Touristenattraktionen gibt es – saisonabhängig – oft **Überkapazitäten** mit erfreulichen Auswirkungen auf die Effektivpreise, die häufig unter den Listenpreisen der offiziellen Hotelverzeichnisse liegen.

Tarife

Nicht zuletzt dieser Umstand ermöglichte in der Vergangenheit wohl die vergleichsweise **günstigen Übernachtungstarife** heimischer Veranstalter auch bei Einzelbuchung, also unabhängig von pauschalen Mietwagen+Hotel-Reisen. Bis heute sind manche Preise vor Ort nur selten zu realisieren. Allgemein aber gilt, daß die günstige Wirtschaftssituation in den USA die interne Kapazitätsauslastung an populären Zielen erheblich verbessert hat mit der Folge sich verschlechternder Konditionen für Kontingentkäufer (sprich: Veranstalter) aus dem Ausland. **Die früher generell richtige Aussage, daß man bei Vorbuchung meist billiger übernachtet als bei Reservierung und Zahlung in den USA, gilt daher nicht mehr**.

Ohnehin war dies erst ab einem relativ hohen Niveau der Fall, **für Zimmer, die ab ca. 120 DM/Nacht** und weit mehr kosten.

Unabhängig davon sind Buchungen vor allem in folgenden Fällen bereits vor Reisebeginn zu empfehlen:

1. **Für die erste(n) Nacht/Nächte** in der Ankunftscity. (Mieter von Campmobilen **müssen** mindestens eine Übernachtung zwischen Transatlantikflug und Übernahme legen.)

2. für ganz bestimmte **beliebte Hotels** w.z.B die *Queen Mary* in Long Beach/Los Angeles und eine Reihe von *National Park Lodges*, in denen man überhaupt nur bei langfristiger Voranmeldung unterkommt.

3. bei speziellen **Großveranstaltungen**

Mit saisonalen Einschränkungen auch noch

4. für Wochenendübernachtungen in der Umgebung von Touristenattraktionen und Nationalparks und

5. für die letzte Nacht vor dem Abflug in Airportnähe.

City Hotels

Zu 1: Es gibt einige Cities, wo diese Reservierung unabdingbar ist, möchte man nicht Gefahr laufen, überhaupt nicht oder zu Höchstpreisen unterzukommen. In erster Linie gilt dies für New York, Boston und Washington, aber im Westen im allgemeinen nur für **San Francisco,** eventuell für **Seattle,** für **Las Vegas** freitags und samstags. Um nach langem Flug weiteren Stress zu vermeiden, spricht aber auch anderswo viel dafür, die ersten Nächte schon mal geregelt zu haben, besonders wenn dafür die Vorbuchungstarife günstig sind, wie etwa im Bereich des *Los Angeles International Airport.*

Populäre Hotels

Zu 2: Populäre und persönlich stark favorisierte Häuser kann man natürlich gar nicht früh genug buchen. Für den Autor kämen neben der **Queen Mary** (gar nicht teuer!) insbesondere das **Hotel del Coronado** in San Diego oder die **Timberline Lodge** am *Mount Hood*/Oregon in Frage. In den Nationalparks besäßen das **Awahnee Hotel** im *Yosemite*, die **Old Faithful Lodge** im *Yellowstone*, die **Grand Canyon Lodge** am Nordrand der Schlucht und die **Glacier Park Lodge** in East Glacier/ Montana erste Priorität.

Veranstaltungen

Zu 3: Von Veranstaltungen, welche sämtliche Unterkünfte einer Region füllen, erfährt der Tourist oft erst, wenn es ihn betrifft. Gemeint ist hier die Reservierung im Fall gezielter Besuche, etwa des **Pendleton Round-up** oder des **Bumbershoot Arts Festival** in Seattle. Überall stattfindende **Veranstaltungen besonderer Art** werden durch Montags-Feiertage und die daraus resultierenden langen Wochenenden markiert. In erster Linie sind das **Memorial Day** und **Labor Day Weekend** (letztes/erstes Wochenende im Mai/September) und ggf. noch das Wochenende um den **Nationalfeiertag des 4. Juli** herum, wenn der auf einen Freitag, Samstag oder Montag fällt. Dann ist halb Amerika auf Achse, und man tut gut daran, das bei der Planung zu berücksichtigen.

Wochenende

Zu 4: Für die normalen Wochenenden (Freitag-/Samstag- ggf. noch Sonntagnacht) gilt, daß viele Airport- und City-Hotels halbleer stehen und deshalb mit reduzierten Tarifen werben. Dort braucht man sich also wenig Sorgen zu machen, es sei denn, die City an sich ist eine **Touristenattraktion** (z.B. und vor allem San Francisco).

In den **populäreren Nationalparks** wird es in der Saison und generell an Wochenenden nicht nur in den durchweg begrenzten parkeigenen Unterkünften, sondern **auch schon mal im Umfeld rammelvoll**. Dennoch genügt meist ein Anruf ein paar Tage oder eine Woche vorher; USA-Telefonnummern der wichtigsten Motelketten ➪ Seite 183. Wenn jedoch nach der Ankunft in San Francisco am Mittwoch schon am Freitag/ Sonnabend der **Yosemite Park** auf dem Programm steht, dann sollte man besser längerfristig vorgesorgt haben.

Vor Abflug

Zu 5: Es beruhigt die Nerven, wenn die **letzte Nacht in Amerika** gebucht ist. Selten aber starten Flüge nach Europa von Flughäfen des US-Westens schon am Vormittag. Deshalb braucht man sich also kein Hotel in Airportnähe zu suchen. Sollte der Rückflugtermin auf Samstag oder Sonntag fallen, übernachtet man gerade dort oft preiswert, ➪ Seite 236.

Hotel-Coupons

Viele der bekannten **Hotelketten** sind mit Häusern in ganz Nordamerika vertreten. Sowohl für einzelne Ketten als auch für Häuser verschiedener Ketten bieten Reiseveranstalter Übernachtungsgutscheine an. Derartige *Coupons* oder *Voucher* sind meist mit Restriktionen verbunden und selbst dann, wenn sich tatsächlich im Schnitt gegenüber den US-Tarifen eine Ersparnis ergeben sollte, nicht immer vorteilhaft, denn

– häufig akzeptieren nicht alle Hotels/Motels der beteiligten Ketten die Gutscheine, berechnen (zeitweise) Aufschläge oder verlangen pro Übernachtung 2-3 Gutscheine.

– die **Anzahl** der in Frage kommenden Häuser kann im eigenen Reisegebiet gering und die **Dichte** unterschiedlich sein.

– vor allem außerhalb der Hauptsaison gibt es nicht selten **Special Rates**, die günstiger sind als die Gutscheinpreise.

– man legt sich weitgehend fest und gibt damit ohne Not die **Flexibilität** auf, vor Ort ggf. auch andere Häuser zu buchen.

Hotel-/Motel-ketten

Zur Kenntnis der Verteilung (Standorte) und aktueller Vor-Ort-Tarife der Hotel- bzw. Motelketten schon vor der Reise kann man sich von folgenden hier vertretenen Firmen Unterlagen schicken lassen und ggf. auch bereits direkt buchen:

	Telefon	**Web Site http://**
Best Western:	0180/2212588	www.bestwestern.com
Canadian Pacific:	0180/5/242828	www.cphotels.com
Choice Hotels	0130/855522	www.choicehotels.com
(Comfort, Friendship, Quality, Sleep Inns/		
Clarion Hotels/Rodeway Motels/Econolodges)		
Days Inn:	069/42089089	www.daysinn.com
Hilton:	0130/818146	www.hilton.com
Holiday Inn:	0130/815131	www.holiday-inn.com
Hyatt:	069/290114	www.hyatt.com
Marriott/Courtyard:	0130/854422	www.marriott.com
Radisson:	040/35020	www.radisson.com
Ramada:	0130/812340	www.ramada.com
Sheraton:	0130/853535	www.sheraton.com
Travelodge:	0130/2944	www.travelodge.com
Westin:	0130/852662	www.westin.com

Alle weiteren Informationen zu Preisen, Buchung und Reservierung etc. von Hotels und Motels während der Reise liefert **Kapitel 3.5** im Unterwegs-Teil (ab Seite 176).

ACHTUNG: NEUE GEFAHR FÜR FILMMATERIAL

In den USA werden seit 1998 nach und nach alle *Airports* auf neuartige Röntgengeräte umgestellt, die Plastiksprengstoff identifizieren können. Die Strahlung dieser Geräte beschädigt Filmmaterial teilweise selbst dann, wenn sie in Bleibeuteln verpackt sind. Da jede Auskunft darüber verweigert wird, wo solche Geräte bereits im Einsatz sind und wo nicht, bleibt letztlich nur eins: Filme im Handgepäck mitnehmen und vor jeder Durchleuchtung fragen und ggf. separieren. Sonst läuft man Gefahr, mit unbrauchbaren Filmen zu knipsen bzw. die Fotoausbeute zu verlieren.

2.7 WAS SONST NOCH WICHTIG IST

Vor jeder Reise fragt sich, was unbedingt eingepackt werden muß, was ggf. noch zuhause beschafft werden sollte und was günstiger im Ferienland zu erstehen wäre. Auf Fahrzeugmieter und Zelt-Urlauber bezogen waren bereits die Hinweise im Abschnitt 2.5.4. Hier geht es um Punkte, die jeden USA-Reisenden betreffen. Zunächst zum wichtigen Thema

2.7.1 Foto- und Video

Dia-Filme in den USA

Bei in den USA erworbenen Dia-Filmen ist die Entwicklung nie im Preis eingeschlossen. Man kauft zunächst den Film und gesondert eine Entwicklungstüte zum Versand an die jeweilige Firma (meist *Kodak*) oder bringt den Film zum Fotohändler. Für Touristen ohne feste Adresse in den USA kommt beides kaum in Frage. Amerikanische Entwicklungstüten werden aber von *Kodak* in Stuttgart akzeptiert. Ohne sie erfolgt eine Berechnung per Nachnahme. Der getrennte Kauf von Film und Entwicklungstüte bzw. die "Sonderentwicklung" von Umkehr-Filmen mit der Aufschrift *Does not include processing* ist teurer, als *Kodakchrome*-Filme vor der Reise hier zu kaufen. Ganz zu schweigen von preisgünstigeren Fabrikaten.

Empfehlung

Man sollte sich also für die ganze Reise mit dem voraussichtlich benötigten Dia-Filmmaterial bereits in der Heimat eindecken. Das gilt speziell für andere als *Kodak*-Filme. Sie halten drüben nur verschwindende Marktanteile. Lediglich **Fuji-Filme** tauchen in *Foto Shops* häufiger auf. *Kodak* dominiert die Regale sämtlicher Supermärkte und Drugstores, und das zu 90% mit Negativfilmen aller Formate. Wer für Dia-Aufnahmen Wert auf andere als Standardempfindlichkeiten (64/100 ASA) legt, muß oft ziemlich suchen.

Wenn der Vorrat an mitgebrachten Filmen ausgeht, empfiehlt sich ein Nachkauf von Filmen der **Ektachrome**-Serie, die im allgemeinen etwas billiger sind. Sie brauchen im Gegensatz zu Kodachrome nicht zu *Kodak* nach Stuttgart gesandt zu werden; viele Labors entwickeln sie preisgünstig.

Negativ-Filme

Etwas anders ist es bei Negativfilmen. Zwar existieren dafür große lokale Unterschiede, aber insgesamt liegen die Preise dafür niedriger, wenn auch heute auf einem Niveau über dem in Deutschland gewohnten – soweit es **Kodakfilme** betrifft.

Viele Fotohändler bieten ihren Kunden einen **Ersatzfilm gratis**, wenn er Entwicklung und Abzüge vom abgeknipsten Film in Auftrag gibt. Soweit solche Offerten mit einem **Schnellservice** verbunden sind, können auch Touristen davon profitieren.

Kamera-/Objektivkauf

Kameras und/oder Objektive sind in den USA nicht mehr **preiswerter** als bei uns, solange der Wechselkurs nicht wieder deutlich unter 1,60 DM für den Dollar fällt. In den Zentren der **Großstädte** und in manchen *Shopping Malls* gibt es zwar überquellende **Fotoshops,** die alle gängigen Marken führen und preiswerten Einkauf signalisieren. Aber man darf sich nicht täuschen lassen, Schnäppchen sind zur Zeit kaum drin.

Kameraservice

Wer technische Hilfe benötigt, etwa wegen eines Defekts an der Kamera, hat in Amerika schlechte Karten. Im Gegensatz zu Europa findet man Fachgeschäfte in kleinen und mittleren Städten so gut wie gar nicht. Zwar führen die Kaufhäuser auch Kameras, aber sie verfügen kaum über Fachkräfte und schon gar nicht über eine funktionierende Service-Abteilung.

Videokassetten

Wer seine Videokamera mitnimmt, kann zusätzlich benötigte Kassetten (**Video-8** und **VHS-C**) ohne weiteres nachkaufen. Hi8-Kassetten sind bisweilen schwer aufzutreiben.

"Fertige" Videos

Achtung beim Kauf "fertiger" Video-Kassetten! Neben billigen Spielfilmen allerorten gibt es in vielen Nationalparks ausgezeichnete **Dokumentarfilme** zu Flora, Fauna und den spezifischen Phänomenen des Parks. Wenn sie nicht VHS/PAL-Norm, sondern dem VHS/NTSC-Standard für Amerika und Japan entsprechen, können sie auf unseren Recordern/Fernsehern nicht abgespielt werden; sie müssen erst (teuer) konvertiert werden.

2.7.2 Was muß mit, was nicht?

Situation

In den Reisekoffer gehört eigentlich nichts, was man nicht auch für den gewohnten Urlaub in Europa mitnehmen würde – klimabezogen und aktivitätsabhängig. Die USA bieten den Vorteil, daß sich fast alles, was vielleicht vergessen wird, allerorten leicht nachbeschaffen läßt. Und das trotz Dollarkurs teilweise noch zu günstigeren Preisen als in Europa.

Bekleidung

Das gilt speziell für Bekleidung einschließlich **Kindersachen.** Markenlose Ware in Kaufhäusern ist oft spottbillig, selbst bekannte Markennamen erwirbt man in vielen Fällen weit unter den aus Europa bekannten Preisen. Ein Extrembeispiel sind **Jeans**: Auch Marken wie *Wrangler, Levis und Lee* finden sich schon für $29-$50. **Sportartikel** – Textilien, Schuhe und

Ausstattung aller Art – gehören ebenfalls zu den besonders vorteilhaften Käufen. Wer sich eindecken möchte, nimmt etwas weniger als benötigt mit und stockt unterwegs nach Lust, Laune und Bedarf auf. Eine preisgünstige Fundgrube für Bekleidung aller Art und Schuhe sind die **Outlet Malls** mit ihren **Factory Stores**, ⇨ auch Foto unten und Seite 42.

Steckdosen-Adapter

Föhn und Rasierapparat lassen sich in den Nordamerika nur benutzen, wenn sie auf **110/125 V** umschaltbar sind. Aber auch dann benötigt man einen Adapter für das amerikanische Steckdosensystem. Der ist hierzulande problemlos in *Travel Shops*, in größeren Elektroläden und auch in Kaufhäusern erhältlich. Die Suche danach in den USA bereitet dagegen erhebliche Mühe.

Medika-mente

Die Reiseapotheke kann man in Amerika in *Drugstores* und Supermärkten **per Selbstbedienung** mit rezeptfreien Medikamenten zu ähnlichen Preisen wie bei uns komplettieren, ⇨ Seite 217 (Apotheken). Benötigt man aber rezeptpflichtige Medikamente, sollte man besser dafür nicht auf amerikanische Ärzte angewiesen sein. Außer in Notfällen ist es für durchreisende Touristen häufig mühsam, ohne Beziehungen kurzfristig Arzttermine zu bekommen.

Drogerie-Artikel

Relativ teuer sind Toilettenartikel wie Seife, Zahnpasta, Kaltwaschmittel (*"Rei in der Tube"* gibt`s nicht!), Haarshampoo, Sprays, Nivea-Creme u.ä., sofern man von Eigenmarken der Kaufhäuser und Supermarktketten absieht. Man tut gut daran, seinen Reisebedarf aus der Heimat mitzubringen.

Insekten-schutz

Gegen Mücken und andere Quälgeister (⇨ Seite 40) helfen Essenzen aus europäischer Produktion kaum. Mit amerikanischen Mitteln hält man sich sämtliche Biester dagegen gut vom Leib. Insektenspray, Einreiblotions und Antimückenspiralen gibt`s auch noch im kleinsten Laden. Am preiswertesten kauft man sowas in **Discount Drugstores**.

Die Firma Belz ist der bekannteste Betreiber von Outlet Malls in den USA. In Las Vegas befindet sich die größte Outlet Mall des US-Westens, südlich der Kasinos am Strip.

3. UNTERWEGS IN DEN USA

3.1 GLÜCKLICHE ANKUNFT

**Zeit-
umstellung**

Auf der Reise nach Westen "gewinnt" man je nach Ziel und Jahreszeit zwischen sieben und neun Stunden mit der Folge, gemäß Ortszeit nur zwei bis drei Stunden nach Abflug auf amerikanischem Boden zu stehen (**Zeitzonen** ⇨ Seite 227). Meist kann man daher schon am Nachmittag und/oder Abend des Ankunftstages erste Eindrücke sammeln. Es empfiehlt sich, aufkommender Müdigkeit möglichst nicht so rasch nachzugeben, sonst sitzt man mitten in der Nacht (= 9-13 Uhr nac h europäischer Zeit) hellwach im Bett. Gelingt das, ist die Zeitumstellung schnell geschafft. Nach dem Rückflug und "Verlust" der entsprechenden Stundenzahl ist das schwieriger und dauert ein paar Tage.

Formulare

Vor dem Einlaß ins Reiseland USA stehen jedoch zunächst die Einreisekontrolle (**Immigration**) und der Zoll (**Customs**). Für beide Instanzen gibt es bereits beim Einchecken, spätestens im Flugzeug Formulare (⇨ Abbildung auf Seite 89), die sorgfältig in **Druckschrift und Großbuchstaben** ausgefüllt werden müssen. Da die Fluggesellschaften von der amerikanischen Einwanderungsbehörde für das ordnungsgemäße Ausfüllen dieser Formblätter verantwortlich gemacht werden (angeblich wurden schon ganze Besatzungen samt Passagieren zum Nachsitzen in die Kabinen zurückbeordert), ist auf manchen Transatlantikflügen tatsächlich gemeinsames Formularausfüllen angesagt: zu geeigneter Stunde nach der Hauptmahlzeit läuft auf den Monitoren einiger Airlines ein Video mit detaillierten Anweisungen, damit nichts schiefgeht! Und (fast) alle folgen getreulich, während die Crew in den Gängen für trotzdem offenbleibende Fragen bereitsteht. Die folgenden Punkte sind besonders wichtig:

Immigration

– Die Zeilen für **"Adresse in den USA"** dürfen keineswegs leer bleiben, möchte man einen Disput mit dem *Immigration Officer* vermeiden. Die meisten Touristen besitzen natürlich keine feste Anschrift, da sie ja irgendwo unterwegs sind. Ersatzweise können sie die der Autoverleihfirma (also z.B.: *c/o M-Cars, 3333 El Segundo Blvd, Hawthorne, CA 90250*) oder des ersten gebuchten Hotels angeben, wenn keine Freundes-/Bekanntenadresse zur Hand ist.

**Zoll-
vorschriften**

– Bei **Mitbringseln** gibt es zwar eine **offizielle Wertbegrenzung von \$100**, und mehr als eine Flasche hochprozentiger Alkoholika wird nicht toleriert, aber den Zoll interessieren diese Punkte – so scheint es – eher am Rande. Das scharfe Auge des Gesetzes schaut vor allem auf die **schriftliche Zollerklärung**: Dort darf um nichts in der Welt ein "Yes" angekreuzt sein bei der Frage "Ich habe Früchte, Gemüse,

Fleischwaren u. a. m. dabei und war kürzlich auf einem Bauernhof." Die kategorische Antwort heißt *"No!"* Wer noch wursthaltige Marschverpflegung oder Obst von daheim in der Tasche hat, muß alles spätestens jetzt entweder essen oder vernichten (Kein Witz, sondern streng beachtete Vorschrift der US-Seuchengesetzgebung).

Ankunft

Grundsätzlich erfolgen Einreise/Passkontrolle und Zollfreigabe dort, wo man erstmals amerikanischen Boden betritt. Zwischenlandung oder Flugzeugwechsel vor dem endgültigen Ziel haben also immer die Erledigung aller Formalitäten dort zur Folge. Vorteilhaft dabei ist, daß die Ankunft am Zielflughafen danach streßfrei und rascher läuft.

Pass-kontrolle

Wird man endlich aus der Schlange der **Non Residents** zur Passkontrolle vorgelassen, erfolgt ggf. die Frage nach Zweck und Dauer der Reise: Ersteres ist entweder **Business**, **Tourism** oder **Visiting Friends/Relatives**. Unabhängig von ihren Angaben zur Reisedauer erhalten die meisten Reisenden automatisch die maximalen 90 bzw. 180 Tage (nur Visainhaber).

Der untere Abschnitt des ausgefüllten Formulars, der **Departure Record**, wird in den Pass geheftet und bei der Ausreise wieder entnommen. Überschreitet man zeitweilig die Grenze nach Canada oder Mexiko, verbleibt das Papier im Pass; man muß aber an der Grenzkontrolle bisweilen auf die Rückkehrabsicht hinweisen, ➪ auch Seite 88.

Zoll

Der Zoll macht beim grünen Schildchen (**nothing to declare**) nur **Stichproben** und stempelt das Zollpapier. Am Ausgang ist dies abzugeben. Ohne **Zollstempel** bleibt die Tür zum gelobten Land verschlossen.

Gepäck-wagen

Für einen der normalerweise reichlich vorhandenen Gepäckwagen (**baggage cart**) benötigt man Kleingeld. Erst nach Einschieben mehrerer *Quarters* (25 Cent) oder einer 1-Dollar-Note gibt die Sperre einen Wagen frei. Einen *Quarter* erhält bisweilen zurück, wer das Vehikel nach Gebrauch in eine der Aufnahmeschienen vor dem *Terminal* zurückschiebt.

Umsteigen/
Weiterflug

Bei Fortsetzung der Reise über einen **inneramerikanischen Anschlußflug** muß in vielen Fällen das Gebäude gewechselt werden. Zwischen den manchmal weit auseinanderliegenden *Terminals* der verschiedenen Gesellschaften oder zwischen dem *International* und *Domestic Terminal* verkehren regelmäßig **Airline Connection** Busse oder – in moderneren Flughäfen wie Denver oder Seattle – gebührenfreie Schnellbahnen.

Hotel-/
Mietwagen
Pick-up
Service

Hat man die **Hotelbuchung** in Airportnähe schon in der Tasche, genügt ein Anruf, um den **Abholservice** (*Pick-up*) zu aktivieren. Man erkunde vorher, vor welchem *Terminal* man wartet (z.B. *International Arrivals, United Airlines* etc.), damit der Fahrer entsprechend instruiert werden kann. Üblicherweise existieren an den Fahrspuren deutlich markierte Bereiche für die verschiedenen Busdienste. **Hotel- und Mietwagenzubringer** stoppen durchweg im selben Abschnitt. Den *Shuttlebus* zu außerhalb des Airportgeländes liegenden **Rental-Car** Parkplätzen braucht man zu normalen Tageszeiten meist nicht zu alarmieren. Die Kleinbusse von *Avis, Hertz, Budget* etc. verkehren laufend und stoppen auf Handzeichen.

Zu weiter entfernten **City-Hotels** ist der Transport per Flughafen-Bus oder Taxi in der Regel selbst zu organisieren.

Buchung
eines
Hotels
bei Ankunft

Ohne Buchung sind die in allen Ankunftshallen vorhandenen **Hotel-/Motel-Werbetafeln** hilfreich. Über ein (kostenfreies) Telefon erreicht man die angeschlossenen Häuser direkt. Nach Reservierung und Angabe des Terminals dauert es meist nur wenige Minuten, bis der Hotel-Kleinbus vorfährt. Bei derartigen Anrufen sollte man sich auf Englisch verständlich machen können; Fremdsprachenkenntnisse des Gegenübers am Telefon sind äußerst selten.

Hotelwand im Ankunftsbereich des SFO International Airport. Unten erkennt man die Direkttelefone. Links werben (preiswertere) Autovermieter mit Stationen im Umfeld, die im Flughafen über keinen Schalter verfügen.

3.2   ÜBERNAHME DES VORGEBUCHTEN MIETFAHRZEUGS

Vorausgebuchte **Miet-Pkw/Minivans** können oft schon gleich nach Ankunft am Flughafen übernommen werden. Die **Camper-Verleiher** holen ihre Kunden in der Regel im Hotel ab; bei größerem Buchungsaufkommen deutschsprachiger Touristen verfügen sie meist über **Personal mit Deutschkenntnissen**. Bei den Pkw-Verleihern darf man damit nicht rechnen.

Die Busse der Verleiher pendeln auf den großen Airports in kurzen Abständen zwischen Station (Parkplatz) und Terminals

Pkw   Dafür geht die Übernahme eines Pkw rascher über die Bühne: *Voucher* des Veranstalters, Pass, nationalen (!) Führerschein vorlegen, ggf. noch Beschlußfassung über Zusatzversicherungen (aber **Achtung, gerne werden den Kunden noch teure unnötige Versicherungen aufgeschwatzt**, auch wenn der Vertrag bereits Vollkasko und Haftpflichtaufstockung etc. enthält, ⇨ Seite 107), Unterschrift und Hinterlassung der Kaution (Kreditkartenerfordernis), Schlüssel steckt schon, Tank ist voll, fertig. **Kein Mensch wird auf die Idee kommen, irgendetwas zu erklären.** Leuchtet die Bedienung der Automatik, der Klimaanlage, des Tempomats, der Zündschloß- oder Anlassersperre etc. nicht ein, muß man ausdrücklich fragen. Alle Warntöne schalten sich aus, wenn die Türen geschlossen und die Gurte eingerastet sind. Bei Vollkasko ohne Selbstbeteiligung ist nicht einmal eine **Inspektion rund ums Auto** nötig.

Schlüssel   Der Mieter erhält in aller Regel nur einen Schlüsselsatz. Abgesehen davon, daß es ganz praktisch ist, wenn ein weiterer Schlüssel existiert, vermeidet man damit Probleme bei Verlust oder Steckenlassen. Ein unbeabsichtigtes Schließen auch der Fahrertür von außen ist bei manchen US-Fahrzeugen noch immer möglich. Speziell bei längeren Mietzeiten macht deshalb die Beschaffung zusätzlicher **Schlüssel** Sinn. Der **AAA** fertigt für seine Mitglieder, also auch ausländische Automobilklubmitglieder, in größeren Filialen Zweitschlüssel gratis. **Schlüsseldienste** gibt es in *Shopping Malls* und in den meisten *True Value Hardware Stores*, überall zu findenden Eisenwarenläden. Pro Schlüssel wird selten mehr als $2 berechnet.

Tankfüllung Ein hübscher kleiner **Trick** der Vermieter besteht darin, dem Kunden die erste Tankfüllung zu einem besonders niedrigen Gallonenpreis zu verkaufen, statt ihn den Wagen – wie an sich üblich – mit vollem Tank zurückgeben zu lassen. Akzeptiert der Kunde, spart er die Fahrt zur Tankstelle kurz vor Rückgabe, wird es aber nur selten schaffen, den Tank leerzufahren. Was am Ende im Tank verbleibt, wird dem Vermieter geschenkt, fast immer ein schlechtes Geschäft für den Mieter. Bei der etwas teureren Variante B der Automiete bei deutschen Veranstaltern ist die erste Tankfüllung im Preis enthalten.

Rückgabe Die Rückgabe ist **unkompliziert** und **rasch erledigt** (das Personal hat kleine Handcomputer, auf denen die Ankunft registriert wird - und das war`s dann auch schon. An den Schalter, dort warten etc. muß man in der Regel nicht). Wenn die Station in Airportnähe liegt, braucht man also keine lange Zeit für Rückgabeformalitäten einzukalkulieren.

Die Rückgabelokalität für Mietfahrzeuge (Rental Car Return) ist auf den Airports narrensicher angezeigt

Wohnmobil **Beim Camper sieht alles anders aus**. Zunächst identisch ist das Formale, wenn man zur vorgesehenen Übergabezeit zur Stelle ist. Die Kaution bzw. Blanko-Kreditkartenunterschrift deckt hier nicht nur Risiken ab, sondern bezieht sich auf die **Extrakosten** wie Zusatzversicherungen (⇨ Seite 117ff), Zusatzmeilen, noch nicht bezahlte Gebühren für *Convenience Kits*, Kindersitze, Generator, Steuern und ggf. Schäden; Abrechnung nach Rückgabe; ⇨ Übersicht Seite 118/9.

Inspektion Nach Klärung der Formalitäten erfolgt die **Inspektion des Fahrzeugs** verbunden mit einer **Einweisung**. Schließlich soll der Kunde wissen, was es mit der Technik von Umbauliegen, Nebenaggregaten, Wasser- und Schmutzwassertanks, Gasherd, Kühlschrank etc. auf sich hat. Bei Andrang sind die unter Zeitdruck gegebenen Erläuterungen nicht immer optimal und vollständig. Glücklicherweise wurden die Bedienungsanleitungen in den letzten Jahren von den größeren Verleihern stark verbessert und zumeist ins Deutsche übersetzt.

Wie beim Pkw gibt es übrigens nur einen **Schlüsselsatz,** siehe dazu die nebenstehenden Hinweise.

Erster Tag

Am ersten Tag ist es ratsam, nicht viel weiter als bis zum nächsten Campingplatz zu fahren und sich nach den Besorgungen Zeit für ein **gründliches Durchchecken des Fahrzeugs** und seiner Technik zu nehmen. Sollte sich nun herausstellen (auf dem Platz des Vermieters wird man das selten so schnell merken), daß etwa der Kühlschrank nicht richtig funktioniert, der Wasserschlauch fehlt oder Bedienungsdetails unklar sind, kann man zur Not noch einmal bei der Station vorbeifahren. Fragen sollte man nach Unterleghölzern zum **Niveauausgleich**, der auf manchen *Campgrounds* bitter nötig ist.

Checkliste

Vor jeder morgendlichen Abfahrt muß allerhand verstaut, verzurrt und festgemacht sein, auch außen `rum darf nichts mehr hängen oder ungewollt offenstehen. Besonders ohne bisherige Campererfahrung des Reiseteams sollte man sich eine kleine Checkliste machen, die man vor Aufbruch abspult.

COMPLETELY INSTRUCTED

Das kann sich so ein blondgelockter amerikanischer Jüngling gar nicht vorstellen, einen ausgewachsenen Mann, der seinen Vortrag, wie man ein Recreational Vehicle, kurz RV, anzuwerfen habe, nicht auf Anhieb begreift. Das ist doch alles ganz klar, das Ding fährt nahezu von allein, alles übersichtlich angeordnet, man kann gar nicht daneben greifen. Und wenn schon, wozu gibt es "check control" und "pilot lights"? Man hat sich nur zu merken: Fährt das Schiff, gilt der DC Batteriestromkreis, auf dem Campingplatz schaltet man einfach auf AC um. Das schont die Batterie. Und der Kühlschrank läuft sowieso auf Gas, sobald der Motor abgestellt wird. Man darf nur nichts falsch machen, sonst ist die Batterie leer. Dann bitte läßt man einen "professional" kommen. Ungläubiges Staunen, daß es Menschen gibt, die noch nie "odomäddick" gefahren haben. Born losers. R heißt rückwärts, D heißt drive, steht doch alles da. Letzte Woche lief einer ein, dem hatte ein überhängender Ast die ganze Klimaanlage wegrasiert vom Dach. Kostete ihn 2.600 Dollar. Sowas ist nämlich fahrlässig. Immer dran denken: 12 Fuß "clearance". Platzt ein Reifen, nächste Goodyear-Vertretung anrufen, auch wenn keine in der Nähe ist, mit denen haben wir einen Vertrag. Handtücher benötigen Sie nicht, nehmen Sie paper towels. Eine Betriebsanleitung brauchen Sie noch weniger, ich habe Ihnen ja alles erklärt. Kaufen Sie sich einen Gummihandschuh, bevor Sie an den "sewage dump" fahren. Rufen Sie mich an, wenn was ist. Meine Karte haben Sie. Und nun: "Gute Fahrt, enjoy your holidays, have a good stay!"

Hans Löwenkamp

*Wasser-
auffüllen
gehört zur
täglichen
Routine aller
Camperfahrer*

Wartung

Mieter von **Campfahrzeugen** sind bei längerfristiger Miete verpflichtet, **Ölwechsel** in vorgegebenen Abständen durchführen zu lassen. Die Kosten dafür müssen zur späteren Verrechnung ausgelegt werden. Da es in Amerika überall Spezialfirmen für den schnellen **Ölwechsel zum Fixpreis** einschließlich eines Checks anderer wichtiger Liquide gibt (Getriebe, Bremsflüssigkeit, Servolenkung etc.), macht das kaum Probleme, ➪ auch Seite 174f. Die **Pkw-Verleiher** verlangen bei Langzeitmiete üblicherweise das Anfahren einer Station in bestimmten Intervallen.

Reparaturen

Reparaturen dürfen – wenn sie minimale Kosten übersteigen – **immer erst nach Rücksprache mit der Verleihfirma** ausgeführt werden. Dazu gehört auch der Ersatz von unterwegs verschlissenen Reifen. Die größeren Vermieter haben Verträge mit landesweit operierenden Reifenfirmen w.z.B. *Goodyear, General Tire* oder *Firestone*, die auch alle gängigen Routinereparaturen durchführen. Deren Ableger sind noch in sehr kleinen Ortschaften zu finden. Die jeweils kooperierenden Unternehmen erfährt der Mieter bei Fahrzeugübernahme. Er kann sie im Bedarfsfall von sich aus anlaufen. Das hat den Vorteil, daß die telefonische Kommunikation mit dem Vermieter von der Werkstatt übernommen wird.

Pannen

Spätestens bei der ersten Panne wird man feststellen, daß es **kaum Bordwerkzeug** gibt, mitunter nicht einmal einen Schraubenzieher. Dahinter steckt Methode: Der Kunde soll gar nicht erst auf die Idee kommen, selbst "herumzufummeln". Das geht soweit, daß einige Vermieter sogar Wagenheber und Radschlüssel entfernen. Er möge bei einer Panne halt den **Straßendienst** anrufen, wurde dem Autor in einem solchen Fall bedeutet – in vielen Situationen leichter gesagt als getan.

Pannen

Aus der Sicht der Firma jedoch macht es Sinn: Sollte nämlich der Reifen irgendwo auf einer schlechten Schotterstraße zum einsamen *Campground* oder etwa im eigentlich zur Durchfahrt verbotenen *Death Valley* draufgehen, existiert gleich ein Protokoll über Ort und Uhrzeit, und man kann den Kunden ggf. zur Kasse bitten. Das hört sich recht dramatisch an, bleibt in Wirklichkeit aber die Ausnahme. Ernsthafter Ärger bei den überwiegend ziemlich neuen Fahrzeugen der großen Campervermieter (bis zu 2 Jahre alt) tritt eher selten auf.

Rückgabe des Campers

Vor der Abreise steht die Rückgabe des Wagens, bei den meisten Vermietern am Vormittag. Möchte man hohe **Endreinigungskosten vermeiden,** muß der Camper besenrein und mit entleerten Abwassertanks zurückgegeben werden, oft auch mit gefülltem Frischwassertank und – falls man ihn voll übernommen hat – Benzintank. Die Vermieter akzeptieren im allgemeinen äußerlich "normal" verschmutzte Fahrzeuge.

Es wird aber erwartet, daß der Kunde groben Dreck (an einer der zahlreichen Waschanlagen mit Druckreinigern) vor der Rückgabe selbst entfernt. Andernfalls bittet man (wieder) zur Kasse. Ist nichts beschädigt, gibt es bei der Rückgabe keine Probleme. Die **Formalitäten,** Inspektion des Wagens, Abrechnung von Mehrmeilen, Steuern etc., sind rasch erledigt.

Flughafen-Transfer

Der Vermieter sorgt für den Transport zum Hotel bzw. zum Airport. Bei Planung von **Rückgabe und Abflug am selben Tag** sollte auf reichlich Zeit geachtet werden: besser nicht unter 5 Stunden zwischen frühestmöglicher Ankunft in der Station und Abflug bei einer angenommenen **Transferzeit** von etwa 1 Stunde. Denn gelegentlich entstehen Wartezeiten, etwa auf weitere Kunden, die im selben Bus zu anderen Zielen transportiert werden müssen. Entspannter verläuft auf jeden Fall die Rückgabe einen oder mehrere Tage vor Abflug.

Wer auf sich hält, fährt in Amerika mit einer "Limousine" vor. Den Service gibt`s auch ab/zum Flughafen (ca. doppelter Taxi-Tarif), Anruf genügt; Limousinen-Service findet sich in jeder Stadt (Gelbe Seiten); hier am McCarran Airport in Las Vegas.

3.3 REGELUNG DES TRANSPORTS VOR ORT

Eigen-initiative

Steht am Ankunftsort kein vorgebuchtes Fahrzeug bereit, und stecken weder das Rundreiseticket einer *Airline* noch *Greyhound-* oder *Amtrak*-Netzpass in der Tasche, muß Eigeninitiative dafür sorgen, daß es in den USA weitergeht. Alle Möglichkeiten vor Ort und was dabei zu beachten ist, sind Gegenstand der Erörterung in den folgenden Abschnitten.

3.3.1 Pkw- und Camper-Miete

Voraus-setzungen

Sich ein Auto zu mieten, ist in den USA ein alltägliches und unkompliziertes Geschäft, sofern der Kunde die nötigen Voraussetzungen erfüllt. Zu beachten ist, daß

– die großen **Pkw-Verleihfirmen keine Autos an Fahrer unter 21 Jahren** vermieten. Bisweilen wird ein Mindestalter von 23 oder sogar 25 Jahren (Hertz) gefordert bzw. bei Unterschreitung ein Aufschlag erhoben (bis $20/Tag). Nur in den

Big Cities gibt es hier und dort lokale Unternehmen, die sich den Service für Kunden **ab 18 Jahren** mit Höchsttarifen honorieren lassen. Damit verbunden ist oft die Auflage, das Stadtgebiet bzw. einen engen Radius um die Stadt herum nicht zu verlassen, so daß größere Reisen nicht möglich sind. Die Haftpflichtdeckung für junge Leute ist durchweg minimal. **Anders ist es nur bei der Campermiete**, ⇨ Seite 117.

In Moab/ Utah

– im Auto-Verleihgeschäft ohne **Kreditkarte** fast nichts läuft. Nur der "Vorbucher", der ja in der Heimat meist schon alles einschließlich Umsatzsteuer bezahlt hat und per Wohnsitz etc. im Zweifel "dingfest" zu machen ist, darf die jeweilige Kaution auch in Reiseschecks hinterlegen. Bei Anmietung eines Fahrzeugs vor Ort sind die wenigsten Firmen bereit, anstelle der *Credit Card* Bares zu akzeptieren, speziell nicht als Kaution. Läßt ein Vermieter sich dennoch darauf ein, wird diese ziemlich hoch ausfallen. Folgerichtig sind auch verbindliche telefonische Reservierungen ohne Angabe einer Kreditkartennummer praktisch nicht möglich.

– die Vermieter zwar durchweg den deutschen oder Schweizer Führerschein anerkennen, aber daß es nicht schaden kann, auch noch den **Internationalen Führerschein** mitzuführen, ⇨ Seite 89. Der Reisepass ist zusätzlich vorzulegen.

Pkw/Minivan

Typen

Über die in den USA als Leihwagen zur Verfügung stehenden Wagentypen und -kategorien kann man sich in Nordamerika-Reisekatalogen ausreichend informieren. Man erhält auch bei den hier vertretenen internationalen Vermietern aussagekräftige Unterlagen. Das Angebot anderer Firmen unterscheidet sich bezüglich der Autotypen und Kostenkategorien davon im allgemeinen nur unwesentlich.

**Tarife
am
Airport**

Wer nicht auf die Kosten schaut, bucht seinen Mietwagen ohne Reservierungsmühe und große Vorüberlegungen direkt am Ankunftsflughafen. Denn jeder amerikanische *Airport* bis hinunter in die entlegenste Provinz verfügt über Vertretungen der bekannten wie lokaler Verleihfirmen. Fahrzeuge sind fast immer vorhanden, **die kleineren, preisgünstigen Fahrzeuge** indessen, mit deren Tarifen in den Zeitschriften der Fluggesellschaften gerne geworben wird, **oft ausgebucht**. Dagegen hilft nur zeitige Reservierung; die Telefonnummern stehen weiter unten. Gelegentlich erhält der Kunde aber auch schon mal ein größeres Fahrzeug zum Tarif eines *Compact*. Generell liegen die Flughafenpreise um einige Dollar über den sonst ortsüblichen Miettarifen.

**Billig-
vermieter**

Für eine **kostengünstigere Wagenmiete** sollte man daher besser einen Bogen um die Schalter im Airport machen und das nächste Telefon suchen. Immer besitzen auch einige Billigvermieter (ohne Flughafenschalter) eine Station im Umfeld. Die lokale Telefonnummer findet sich rasch, sofern nicht sogar ein **Gratistelefon für *Off-Airport* Vermieter** vorhanden ist, oft gleich neben der "Hotelwand" (⇨ Foto Seite 145). Man frage grundsätzlich nicht nur nach dem Basispreis pro Tag/Woche, sondern auch nach den freien Meilen (sollte bei Pkw *unlimited* sein), den Zusatzkosten für die Vollkaskoversicherung (*Full Coverage* oder *Comprehensive Insurance* - CDW) und dem verbleibenden Selbstbehalt. Oft stehen niedrigen Basiskosten hohe Versicherungssätze gegenüber. Diese variieren zwischen $9 und $14 pro Tag. **In diesem Zusammenhang sei noch einmal auf die Problematik der Autoversicherung in den USA hingewiesen, siehe Abschnitt 2.5.1.**

Ist alles telefonisch vorgeklärt, schickt die Verleihfirma in der Regel einen Wagen, um den Kunden abzuholen.

**Preis-
vergleich
per
Telefon**

Hat man es nicht so eilig, läßt sich mit größerer Ruhe **vom Hotel aus** vielleicht ein noch besserer Tarif finden. Die gelben Seiten des örtlichen Telefonbuchs enthalten unübersehbare Anzeigen des Gewerbes unter *Automotive*, Unterrubrik **Rental/Rent-A-Car** oder direkt unter **Car Rental**. Anhaltspunkt für in etwa zu erwartende Kosten: Man kann bei großen Billiganbietern *Compacts* (Ford Escort-Klasse) etwa ab $28 pro Tag plus Vollkasko und Steuern buchen.

Discounter unterbieten diese Preise bisweilen noch um ein paar Dollar. Fast überall gibt es günstige **Wochenendtarife** (manchmal ab Donnerstag Mittag) und **Wochenpauschalen**, die nur das Vier- bis Fünffache eines Tagessatzes kosten.

Unterschiede Die **Konditionen für gleichartige Fahrzeuge** fallen bisweilen erstaunlich unterschiedlich aus. Der Vorteil der großen *Rental-Companies* besteht im wesentlichen darin, daß die Wagen neuer und gepflegter sind als bei kleinen Verleihern, und bei Problemen unterwegs die nächste Filiale der Firma nicht so weit entfernt sein wird. Hat man sich für das Angebot eines Vermieters entschieden, dessen Geschäftsräume nicht um die nächste Ecke liegen, wird der Wagen oft ohne Gebühren zum Hotel des Kunden geliefert. Der Fahrer erwartet dafür aber mindestens $5 Trinkgeld.

Sprach-kenntnisse wichtig Eine **wichtige Voraussetzung** des beschriebenen Vorgehens ist die Fähigkeit, auch am Telefon sprachlich einigermaßen klarzukommen, und außerdem eine gewisse Kenntnis der Tarifsituation. Nur dann kann man sogleich entscheiden und entweder um Abholung bitten oder dankend ablehnen.

Reser-vierung Ist man bereits in den USA unterwegs, erspart die telefonische Reservierung Mühe und mitunter auch Kosten. Ein Anruf beim nationalen Reservierungs-Service des jeweiligen Vermieters (auch der *Discounter*) einige Tage vor der geplanten Miete sichert in der Regel die gewünschte Wagenklasse und gelegentlich auch einen besseren Preis als direkt vor Ort (Kreditkartennummer erforderlich, ⇨ oben). Die **gebührenfreien Telefonnummern** und *Internet*-Adressen der wichtigsten Vermieter lauten wie folgt:

Firma	Toll-free ✆	Internet-Adresse
Alamo	1-800-GO ALAMO	www.goalamo.com
Avis	1-800-331-1212	www.avis.com
Budget	1-800-527-0700	www.budget.com
Dollar	1-800-800-4000	www.dollar.com
Enterprise*	1-800-325-8007	www.enterprise.com
Hertz	1-800-654-3131	www.hertz.com
National	1-800-CAR RENT	www.nationalcar.com
Payless*	1-800-PAY LESS	www.paylesscar.com
Thrifty*	1-800-FOR CARS	www.thrifty-car.com
Value*	1-800-468-2583	www.value-car-rental.com

Die mit einem Sternchen versehenen Firmen bieten in der Regel geringere Tarife als die internationalen Marktführer.

Gebraucht-wagenmiete Noch günstiger als bei den "normalen" *Discountern* leiht man Gebrauchtwagen von Firmen, die sich **Rent-A-Wreck**, **Rent-A-Used-Car**, **Ugly Duckling**, **Rent-A-Junk** oder ähnlich nennen. Die Miettarife für die in Wahrheit nicht an "Wracks"

Rent-a-Wreck erinnernden Autos liegen um $5 bis $8 pro Tag unter denen der Billigkonkurrenz, schließen aber oft nur 50 bis 100 freie Meilen ein. Ein festgelegter Aktionsradius um den Sitz der Firma darf oft nicht überschritten werden. Solche Wagen eignen sich also eher für den reinen City-Aufenthalt.

In ganz Nordamerika gibt es die Franchise-Filialen der Firma **Rent-A-Wreck**. Unter der gebührenfreien Nummer ✆ **1-800-944-7501** erfährt man die Adressen der Stationen.

Die **Web Site** der Wracks lautet: **http://www.rentawreck.com**

Campmobile

Saison-situation Bereits im Abschnitt 2.5.2 wurde darauf hingewiesen, daß eine Campermiete während der Hochsaison ohne langfristige Vorausreservierung schwierig ist, vor allem, was die **Verfügbarkeit** bestimmter Typen betrifft. Das gilt genauso direkt vor Ort in den USA. In den Weststaaten einen Camper auf eigene Faust aufzutreiben, ist vor allem in der Zeit zwischen **Mitte Juni und Anfang September** wenig erfolgversprechend. **Vor Memorial Day** im Mai und **nach dem Labor Day** im September sind die Aussichten, einen Camper der gewünschten Größenklasse zu einem akzeptablen Preis zu finden, dagegen schon besser. Von Mitte Oktober bis April freut sich mancher lokale Verleiher über jeden Kunden.

Kosten Anders ausgedrückt: wer in der **Vor- und Nachsaison** in einer der Großstädte des Westens die Mühe auf sich nimmt, "seinen" Camper direkt zu buchen, wird kaum Schwierigkeiten haben. Die Wahrscheinlichkeit, damit günstiger zu fahren als bei Buchung in der Heimat, ist aber eher gering, zumal bei Dollarkursen um oder über 1,70 DM. Dabei muß auch bedacht werden, daß **in den USA angebotene Camper-Basistarife** überwiegend eine unzureichende Haftpflichtdeckung beinhalten.

Die **Voraussetzungen** für eine Campermiete sind weitgehend identisch mit denen der Pkw-Miete, siehe oben.

Camper mieten, wo?

Adressen und Telefonnummern von Verleihfirmen findet man in den Gelben Telefonbücher unter Rubriken wie ***Automotive/RV-Rental*** oder ***Recreational Vehicles***, außerdem in Kleinanzeigen (*Classified Ads*) in der Tageszeitung. Da es bei *RV*s mit dem Anruf nicht getan ist, sondern immer auch die Begutachtung der angebotenen Fahrzeuge erfolgen muß, benötigt man bis zur endgültigen Klärung einen Leihwagen.

Versicherung

Für die Ermittlung der Gesamtkosten und zum Preisvergleich eignet sich auch für Angebote vor Ort das Berechnungsschema der Seiten 118/19. Genau wie bei der Vorbuchung sollte man sich Klarheit verschaffen über die **Haftung des Mieters** bei Eintritt der verschiedenen Schadensfälle. Eine automatische Aufstockung der gebotenen Versicherungen durch Zahlung mit einer diese Art Schutz gewährenden Kreditkarte oder der Abschluß einer Spezialversicherung bereits vor der Reise (↪ Abschnitt 2.5.1) wäre sicherheitshalber zu erwägen.

Erst drüben mieten?

Die Frage "Lohnt es sich, erst drüben zu mieten?" kann wegen der Komplexität der Angelegenheit selbst für die *Off-Season* und einen niedrigeren Dollarkurs nicht eindeutig beantwortet werden. Denn erstens gibt es bei einigen Veranstaltern auch für die Vor- und Nachsaison recht günstige Angebote, und zweitens spielen zu viele qualitative Aspekte eine Rolle. So können Suche und Auswahl stressig und nicht gerade der ideale Einstieg in die Amerikareise sein. Ein wenig ermunternder Gedanke ist auch, daß bei Mängeln des Fahrzeugs und eventuellen Schäden eine daraus folgende Auseinandersetzung im fremden Land geführt werden muß.

Campermiete auf eigene Faust vor Ort mag der Autor deshalb nur Leuten raten, die über mindestens gute Englischkenntnisse und individuelle Reiseroutine im Ausland verfügen.

Alles Weitere zur Campermiete wurde in den Kapiteln **1.2** und **2.5** bereits ausführlich behandelt.

Campen im kalifornischen State Park Silverwood Lake, nur wenige Meilen südlich der Interstate #15 von Los Angeles nach Las Vegas

3.3.2 Autokauf in den USA

Motivation

Vergleich Miete/Kauf

Wer eine **längere Reise** durch Nordamerika plant, fragt sich, ob nicht unter Umständen ein Autokauf der Miete vorzuziehen ist. Denn während **drei oder mehr Monaten** kommen bei den größeren Wagentypen und vor allem Campfahrzeugen erhebliche Mietkosten zusammen.

Zu bedenkende Aspekte

Bei der Entscheidung "Miete oder Kauf?" spielen neben dem reinen Kostenvergleich weitere Überlegungen eine Rolle. Z.B. ist man beim eigenen Wagen für **Reparaturen** selbst verantwortlich, die nicht nur Kosten, sondern vor allem Ärger verursachen können, der die Reisefreude trübt. **Organisatorische Probleme** können ebenfalls Kopfzerbrechen bereiten: schon mit dem Kauf, aber auf jeden Fall mit dem Verkauf sind zeitraubende, mitunter frustrierende Aktivitäten verbunden.

Abwägen

Um solchen Problemen von vornherein aus dem Weg zu gehen, wird mancher gern auf mögliche ökonomische Vorteile verzichten. Anderen dagegen mag die Aussicht auf (hoffentlich) geringere Gesamtkosten einige Mühe wert sein.

Weitere Infos

In den folgenden Abschnitten findet der Leser die wichtigsten Informationen zur Beschaffung und Zulassung eines Autos in den USA. Als Ausländer ein Auto **in Canada** zu kaufen, empfiehlt sich schon allein wegen der höheren Preise und höherer Umsatzsteuern nicht. Die administrativen Hürden sind dort außerdem (noch) höher als in den USA. Weitergehende Ausführungen für monatelange Touren durch Nordamerika – vielleicht sogar im mitgebrachten Campmobil aus Europa – finden sich in einem umfassenden Sonderkapitel im **Reise Know-How Band USA/CANADA**, ⇨ Seite 786.

Was zu beachten ist

Angebot in den USA

Die Anzahl der Autohändler und der zum Verkauf stehenden Fahrzeuge ist selbst in kleinen Ortschaften groß, in den Cities schlichtweg ungeheuer. Man braucht also nur zuzugreifen – so scheint es – und das Beschaffungsproblem wäre erledigt. Wer jedoch bestimmte Vorstellungen und gleichzeitig einen günstigen Preis realisieren möchte, wird einige Tage benötigen, bis der richtige Wagen gefunden ist.

Neuwagen

Die meisten Fahrzeuge auf Halde bei den Werksniederlassungen sind Neuwagen, da in Amerika die Mehrheit der Kunden Autos aus dem vorhandenen Bestand aussucht und gleich "mitnimmt". Der **Listenpreis** wird üblicherweise mit allen Details im Seitenfenster der Wagen ausgehängt. Rabatte stehen in übergroßen Ziffern auf der Windschutzscheibe. Der effektive Preis unterliegt der freien Aushandlung.

Endpreis

Zum Kaufpreis kommen die **Überführungskosten** (*Transport and Preparation Fee*) plus die **Umsatzsteuer** (*Sales Tax*) in Höhe bis zu 8,25% (Kalifornien); wie alle anderen Preise gelten auch Autopreise in Amerika immer netto. Die **Sales Tax** wird von der Zulassungsbehörde kassiert; nicht nur bei Neuwagen, sondern auch bei Gebrauchtfahrzeugen, gleichgültig, ob sie von privat oder vom Händler erworben wurden.

Gebraucht-wagen

Bei **Neuwagenhändlern** findet man nur wenige gebrauchte bzw. nur Wagen neuerer Baujahre. **Ältere, preisgünstige Fahrzeuge** gibt es in größerer Auswahl beim *Used-Car Dealer*, bei nicht werksgebundenen Reparaturbetrieben, bei Tankstellen und auf dem privaten Markt. Um sich eine Übersicht über Autotypen und -preise zu verschaffen, ist der Kauf eines *Used-Car-Almanac* für wenige Dollar zu empfehlen. Es gibt solche **Preisübersichten** getrennt nach Pkw, *Trucks* und RVs (Campmobile) z.B. in mit Tankstellen verbundenen *Mini-Marts*.

Hinweise zum Erwerb

Wie bei uns sind **Fahrzeuge bei Händlern teurer** als von privat; dafür ist der Verhandlungsspielraum ungleich größer als hierzulande. Die privaten Angebote findet man in regionalen, auf Autos spezialisierten Verkaufsmagazinen und natürlich in den jeweiligen Tageszeitungen im Anzeigenteil *Classified (Ads) Section*, Stichwort *Automotive/Sales*. Bei der persönlichen **Inspektion** und Beurteilung eines in Frage kommenden Fahrzeugs muß berücksichtigt werden, daß Amerikaner ihre Autos weniger liebevoll behandeln als etwa Deutsche. Älteren Pkws und vor allem Campern sieht man die Jahre an, ohne daß dies als besonderer Mangel empfunden wird. Wichtig ist, daß technisch alles einigermaßen stimmt. Bei dieser Einschätzung hilft leider keine TÜV-Prüfplakette. Zwar muß jedes Auto bei Besitzerwechsel und/oder Neuzulassung in einem anderen Staat zur **technischen Kontrolle**, aber vergleichbar mit strengen Bräuchen bei uns ist das nicht.

Welchen Typ?

Grundsätzlich ist der **Camper das ideale Gefährt gerade für den Langzeittrip**. Viele Argumente sprechen für den kompakten *Van Camper* (↻ Seite 59). Gerade bei längeren Reisen reizen schon mal abgelegene, oft schlechte *Backroads* und Zufahrten zu versteckten Campingplätzen, heißen Quellen und anderen Kleinoden der Natur, deren Bewältigung mit *Motorhomes* beschwerlicher und bisweilen unmöglich ist.

Van

Wer sich in puncto Komfort bescheiden mag und sich in einem neueren Fahrzeug wohler fühlt, kann den Kauf eines deutlich preiswerteren *Van* (geschlossener **Lieferwagen**) erwägen, den man mit Matrazen, Kocher, *Coolbox* etc. nach Lust und Geldbeutel mehr oder minder bequem einrichtet. Zusätzliche Fenster und/oder insektensichere Belüfter lassen sich in den USA leicht, billig und ohne "TÜV-Abnahme" einbauen. Verkaufspreis und -möglichkeit am Ende der Reise sind weniger saisonabhängig und damit besser als beim reinen Campfahrzeug.

*Wegen der hinteren großen Fenster so genannter **Window Van**, ca. 10 Jahre, Tacho: 97.000 mi, mit 4 "Captains Chairs", Tisch, 12V-Coolbox und hinterer Sitzbank, die zum Schlafen umgebaut/herausgenommen werden kann. Unter der Voraussetzung, daß der Van technisch o.k. ist, für $3.295 ein Schnäppchen (gesehen bei einem Used-Car Dealer)*

Pkw/Kombi

Die preisgünstigere Alternative, auch was die Benzinkosten angeht, ist ein älterer Pkw/Kombi mit Zelt im Kofferraum. Vor- und Nachteile des Zeltens, Auf- und Abbau bei Regen usw. sind bekannt. Für längere Reisen fallen zwar die Nachteile stärker ins Gewicht als bei einem 4-Wochen-Urlaub, aber grundsätzlich bietet die Kombination Pkw/Zelt plus gelegentliche Billigunterkunft **im Sommer** die preiswerteste Form der Reisegestaltung. Die stärkere Wetterabhängigkeit kann man ggf. durch Wahl seiner Reiseroute ausgleichen.

Verkaufsaspekt

Bei der Kaufentscheidung sollte der Wiederverkauf nicht vernachlässigt, d.h., möglichst nur gekauft werden, was einen großen Markt besitzt. Das sind in erster Linie **amerikanische Fahrzeugtypen**. Dafür existiert selbst unter ungünstigen Bedingungen ("falsche" Jahreszeit und Gegend) wenigstens eine gewisse Nachfrage; der Verkauf ist dann "nur" eine Preisfrage.

Mit einem *Ford, Dodge* oder *Chevy* kommt auch noch eine Klitsche in der Wüste von Nevada zurecht, aber wenn exotische Typen (das sind alle außer den Amerikanern) weit weg von der nächsten Vertretung streiken, ist oft guter Rat teuer.

Zulassung

Papiere

Ist der geeignete Wagen gefunden, sind einwandfreie Eigentumsverhältnisse wichtig. Der Verkäufer muß den ***Title*** (Kfz-Brief) und die ***Registration*** (Kfz-Schein) vorlegen können und mit dem Auto an den Käufer übergeben. In manchen Staaten wird ein **notariell beglaubigter Vertrag** zusätzlich zu den unten angeführten Punkten gefordert. Man sollte sich vor Vertragsabschluß beim ***Vehicle Department*** erkundigen.

Voraus-setzung

Die Zulassung eines in den USA erworbenen Autos auf den Touristen bereitet keine grundsätzlichen Schwierigkeiten. Immer mehr Staaten verlangen jedoch einen **amerikanischen Führerschein** oder eine ***Identification*** (Personalausweis), bevor sie Autos umschreiben. Beides hat der Tourist nicht, kann aber den Führerschein in den vielen Staaten relativ schnell und problemlos erwerben. Wichtig ist dabei, sich gut mit den theoretischen Prüfungsfragen vertraut zu machen (Übungshandbuch; in einigen Staaten w.z.B. Kalifornien auf deutsch verfügbar), sonst gibt es mit dem ***Multiple Choice Test*** Probleme.

Zulassungs-stelle

Ähnlich wie bei uns existiert in jeder größeren Ortschaft eine Zulassungsstelle, das ***Motor Vehicle Department***, dem häufig auch gleich ein technischer Prüfstand angeschlossen ist. In kleineren Orten, in einigen Staaten generell, übernehmen autorisierte Werkstätten und Tankstellen die Funktion der **Inspection Station**. Geprüft wird in manchen Staaten bei jedem Besitzerwechsel, in anderen nur, wenn das Fahrzeug vorher nicht dort gemeldet war. Die *Inspection* ist auch mit nicht ganz jungen Gebrauchtwagen kaum eine große Hürde.

Für die Zulassung benötigt man

– eine **ID** (= *Identification*, als Ausländer Reisepass), ggf. **den amerikanischen Führerschein**, wie vorstehend erläutert
– den **Kaufvertrag**, eventuell notariell beglaubigt
– die **Wagenpapiere**, also ***Title*** (Kfz-Brief), vom Vorbesitzer auf der Rückseite als "rechtmäßig weitergegeben" unterschrieben, und die ***Registration*** (Kfz-Schein),
– eine im Bezirk des *Vehicle Department* liegende **Anschrift**. Der Wohnsitz braucht nicht nachgewiesen zu werden. Es genügt die Adresse eines Bekannten, der jedoch zuverlässig bereit sein muß, den umgeschriebenen, erst nach Wochen zugeschickten *Title* an den Touristen weiterzuleiten (ein Fahrzeugverkauf ohne *Title* ist so gut wie unmöglich), und
– **weitere Unterlagen** in Abhängigkeit vom Staat, wie Inspektionszertifikat, Haftpflichtversicherungsbestätigung oder eine Erklärung, daß der Wagen versichert wird, eine vom Vorbesitzer unterschriebene Tachostandsbestätigung etc.

Ist alles ordnungsgemäß vorhanden, erhält man gegen Zahlung der Anmeldegebühren und Steuern die Zulassung.

**Ver-
sicherung**

Da es ohne Hilfestellung von Freunden oder Verwandten (und oft selbst dann) vor Ort oft erhebliche Schwierigkeiten bei der "Beschaffung" einer Versicherungspolice gibt, sollte man vorgesorgt haben. Haftpflicht- und Vollkaskoversicherungen für Nordamerika vermitteln u.a. **Tour Insure** in Hamburg (✆ 040/ 25172150, Fax 25172121) und **Seabridge/Detlev Heinemann** (in Düsseldorf, ✆ 0211/2108083 und Fax 0211/2108097). Policen können auch blanko für zunächst unbekannte, noch zu beschaffende Fahrzeuge ausgestellt werden. Nach dem Kauf werden die Fahrzeugdaten in die Unterlagen eingetragen und gleichzeitig der Versicherung mitgeteilt.

Die Firma **Seabridge** ist außerdem Spezialist für den **Hin- und Rücktransport eigener Fahrzeuge nach Amerika**.

**Autokauf
von Firmen,
die aufs
Touristen-
geschäft
speziali-
siert sind**

KAUF VON FAHRZEUGEN MIT RÜCKKAUFGARANTIE

Was tun, wenn man per Auto oder Camper zwar gerne für einige Monate Nordamerika entdecken möchte, aber die Mietkosten für den langen Zeitraum zu hoch sind und andererseits der mit einem selbständigem Vorgehen verbundene Umstand und das Verkaufsrisiko abschrecken?

*Die Lösung dafür bieten Firmen wie der Campervermieter **Moturis** (✆ 04222/950466, in der Schweiz ✆ 01/8043030). Zu attraktiven Konditionen verkauft Moturis neuere **Van Camper** und **Motorhomes** aus der eigenen Mietflotte (1999: Van Camper 17 Fuß, 3 Jahre alt, $15.000) und verkauft sie nach Ende der Reise garantiert – gegen Provision – für den Kunden weiter. Andere, w.z.B. **Adventure on Wheels**, ✆ (732) 583-8714, oder **Happy Travel**, ✆ (310) 370-1266, (beide ab **Los Angeles**) beschaffen jede Art von Gebrauchtfahrzeugen in allen Preisklassen (Pkw/Kombis ab ca. $2.500, Camper ab ca. $6.000 und bieten eine Rücknahmegarantie zu festgelegten Bedingungen.*

Das Verkauf-/Rückkauf-Geschäft funktioniert wie folgt:

1. Der Kunde kontaktiert den Anbieter und erläutert seine Vorstellungen. Sind passende Fahrzeuge vorhanden, erhält er die genauen Daten, Preis und Nebenkosten wie Steuern, Zulassung, Versicherung. Sagt ihm ein Wagen zu, reserviert er ihn durch eine Anzahlung auf den vereinbarten Preis. Der Rest wird spätestens bei Übernahme bzw. der Zulassung auf seinen Namen fällig.

2. Bei Ankunft des Kunden steht der Wagen im günstigsten Fall "abmarschfertig" bereit, d.h. technisch einwandfrei, frisch gewartet und zugelassen. Konnte die Zulassung ohne den Pass des Kunden noch nicht erfolgen (mitunter vorab möglich mit Passkopie), wird das Auto jetzt angemeldet, und der Käufer kann losfahren.

3. Nach dem Ende der Reise nimmt die Firma das Fahrzeug wie vereinbart zurück und zahlt die vereinbarte Rückkaufsumme aus – sofern der Wagen sich im vertraglich vorgesehenen Zustand befindet (eine übliche "Fußangel", die schon manchen Verdruß bereitet hat). Die Abschreibung ist mal meilen-, mal zeit- und saisonabhängig oder eine Mischform daraus. Dem Käufer wird bisweilen das Recht eingeräumt, den Wagen ggf. selbst zu verkaufen, oft auch nicht.

Die Kosten des Ankauf-/Rückkaufgeschäfts können alles in allem **nicht ganz niedrig** sein, da ja zunächst hohe Fixkosten der Beschaffung, die Kosten der Grundinspektion und Fahrzeugvorbereitung sowie der Zulassung und außerdem die Kaufsteuern anfallen. Erst **ab 2 Monaten** (je nach Fahrzeugtyp, Saison und Alter des Käufers auch erheblich später) kommt es in aller Regel zu einem Kostenvorteil gegenüber der Miete für ein gleichartiges Fahrzeug. Wobei Mietfahrzeuge immer neu sind (höchstens 2 Jahre beim Camper), Kaufangebote sich dagegen überwiegend auf relativ ältere Fahrzeuge beziehen. Je neuer und teurer ein Fahrzeug, umso höher ist der Wertverlust mit der Folge, daß sich Vorteile gegenüber einer Miete nur bei sehr langen Reisen ergeben. Im Einzelfall muß genau gerechnet und zudem überlegt werden, welchen Wert man der weitgehenden Problem- und Risikofreiheit eines Mietwagens beimißt.

(weiter auf Seite 162)

17-Fuß Van Camper, Baujahr 1990 (hier am Silver Strand in Coronado/San Diego). So etwas ist heute für $6.000 bis $7.000 zu haben.

Unser Internet-Service: Fahrzeugvermittlung von Leser zu Leser

Wer ein Fahrzeug in Amerika kauft, muß es am Ende der Reise wieder verkaufen. Das ist in vielen Fällen leichter gesagt als getan.

Vermutlich gibt es für gute Tourenfahrzeuge und deren spezifische Ausrüstung mehr interessierte Neu-Amerikafahrer als Amerikaner. Nur – wie kommt der Verkäufer an den potentiellen Touristen-Käufer? Und woher weiß ein Fahrzeug-Interessent vor seiner Reise, wer vielleicht demnächst einen geeigneten Wagen vor Ort verkaufen möchte?

Ganz einfach: Inserieren Sie – als Kauf- oder/und Verkaufsinteressent – im **Fahrzeugmarkt USA/Canada** unserer Verlags-Homepage. Da steht drin, wie`s geht und wie wenig es kostet: http://www.reisebuch.com

*Leider gibt es auf diesem Markt **problematische Geschäftspraktiken**. Mangels der objektiven Nachprüfbarkeit negativer Berichte kann nicht namentlich vor bestimmten Firmen gewarnt werden. Mißtrauisch werden sollte man bei Angeboten für Fahrzeuge ohne klare Baujahr- und Meilenangabe. Auch Meilenstände unter 100.000 bei Fahrzeugen, die 12 und mehr Jahre alt sind, geben zu denken. Abgesehen davon, daß man sich auf derartig alte Wagen – die ja theoretisch noch o.k. sein können – nur nach persönlicher Inspektion einlassen sollte.*

Die Alarmglocken läuten auch bei sehr großzügigen Garantiezusagen für Altfahrzeuge. Die damit verbundenen Risiken sind naturgemäß hoch und müssen, damit sich das Geschäft noch rechnet, anderweitig wieder hereingeholt werden. Etwa durch einen von vornherein überhöhten Verkaufspreis oder durch für den Käufer nachteilige Vertragsklauseln.

*Eine **Achillesferse** dieses Geschäfts liegt – wie bei bestimmten Mietangeboten – bei der **Deckungssumme der Haftpflichtversicherung**. Wenn überhaupt eine Aufstockung der häufigen Summenkombination $100.000/ $300.000 (⇨ Seite 108) möglich sein sollte, dann wird es sehr teuer. Das gilt speziell bei Leuten unter 25 Jahren, die wegen des "Jugendzuschlags" vor der Pkw-Miete zurückschrecken. Ganz besonders achtsam müssen unter 21-jährige Käufer sein, die bei der Miete gar nicht zum Zuge kommen. Es ist möglich, daß für sie lediglich die gesetzliche Minimaldeckung mit oft – gegen hohe Prämien – lachhaften Summen abgeschlossen werden kann. Wenn in solchen Fällen ein ernster Unfall verschuldet wird, ist die Not groß und Haft droht. Nach Information des Autors bieten **Moturis** und **Adventure-on-Wheels grundsätzlich eine Deckung über $1Mio.** für bei ihnen gekauften Fahrzeuge zu $150-$180/Monat. Bei **Happy Travel** lassen sich bis zu $1 Mio. über einen externen Vertrag absichern.*

***Die Hände weg** von sehr preiswerten und alten Autos und von einer zu niedrigen Deckungssumme der Haftpflichtversicherung! Das falsche Auto verdirbt die Reise, auf die man gespart und sich lange gefreut hat.*

*Letztlich rechnet sich das eigene, vom "Rückkaufhändler" beschaffte Auto unter Berücksichtigung aller Neben- und selbst zu tragender Reparaturkosten, Reifenersatz etc. nur selten unter **Reisezeiten von drei Monaten**.*

Ein Kombi wie dieser, 10-12 Jahre alt, gut erhalten, kaum unter 100.000 Meilen, sollte sich für $2.500-$3.000 auftreiben lassen. Mit Glück sogar für weniger.

3.3.3 Auto Drive-Away

Auto-transport

Eine typisch amerikanische Möglichkeit, gelegentlich billig und trotzdem relativ selbständig zu reisen, ist das sogenannte *Auto Drive-Away*. Firmen in jeder größeren Stadt betreiben dieses Geschäft. Es handelt sich um den Fahrzeugtransport im Auftrage von Unternehmen und Privatleuten, die z.B. ihren Wohnsitz an einen anderen Ort verlegen und nicht die Zeit bzw. das Personal haben, alle im Besitz befindlichen Wagen selbst zu überführen. Für diesen Job sucht man Fahrer, die ohnehin zum vorgesehenen Zielort reisen wollen. Die Transportfirma spart dadurch Honorare, der eingesetzte Fahrer die sonst anfallenden Ticketkosten für Flugzeug oder Bus. Die Mehrheit der Autotransporte fällt bei großen Entfernungen an, deren Bewältigung häufig mehrere Tage dauert.

Touristen als Fahrer

Auch Touristen können Fahrzeug-Überführungen übernehmen; eine Arbeitserlaubnis benötigen sie dafür nicht. Voraussetzung ist ein Alter von **mindestens 21 Jahren** und die Vorlage des Führerscheins. Als Nicht-Amerikaner sollte man vorsichtshalber auch die internationale Version dabei haben. Meistens ist eine **Kaution** zu hinterlegen (mindestens $100). Darüberhinaus fordern viele Unternehmen **Referenzen** (Empfehlungsschreiben von Amerikanern, daß man eine vertrauenswürdige Person ist: *reliable, no criminal record*) und einen festen Wohnsitz (ggf. die Adresse eines Freundes). Zum Glück gelten Deutsche, Schweizer und Österreicher als besonders zuverlässig, so daß es oft auch ohne Referenzen klappt.

Kosten

Bei "Anstellung" gehen je nach Fahrtziel und Firma nur die Kosten fürs Benzin voll oder teilweise zu Lasten des Fahrers, und das nicht einmal in allen Fällen.

Bedingungen

Der Wagen ist auch gegen Schäden durch **selbstverschuldete Unfälle** weitgehend versichert; die Kaution deckt eine eventuelle Selbstbeteiligung. Das zeitliche Limit wird normalerweise knapp bemessen. Man erwartet, daß der Fahrer **400 bis 500 Meilen pro Tag** schafft. Wer es nicht so eilig hat, kann nach Wagen suchen, die nur über Teilstrecken der Wunschroute transportiert werden müssen.

Beurteilung

Das Drive-Away ist **keine generelle Transportalternative** für eine Reise durch Amerika, sondern eher eine zusätzliche Variante für flexible Leute mit Zeit, die lange unterwegs sind.

Adressen

Interessenten finden Adressen und Telefonnummern in den örtlichen Telefonbüchern (gelbe Seiten) unter *Drive-Away* oder *Auto Drive-Away*. Die größten Firmen mit Filialen in vielen Städten sind ***AAACON Autotransport Inc.*** und ***Auto Drive-Away Co***, *toll-free* zu erreichen unter ✆ **(800) 346-2277**. Eine andere Adresse ist ***Across America***, ✆ **(219) 852-0134**.

Information im *Internet:* http://www.autodriveaway.com

3.3.4 Greyhound, alternative Busse und Bahn

Ohne **Bus**- oder **Railpass**, wie oben im Kapitel 2.5 beschrieben, sind Eisenbahn- und Busfahrten per **Einzelticket** – wie bei uns – auch in den USA ein teurer Spaß. Wie erwähnt, können Netzkarten m.E. aber noch in den USA beschafft werden.

Ameripass/ Kauf in den USA

Die **Greyhound** Ameripässe mit Ausländerdiscount erhält man in den internationalen Schaltern der zentralen Bus-Bahnhöfe in New York und Los Angeles gegen Vorlage des Passes und irgendeiner Unterlage (z.B. den Flugschein, ISTS-Internationaler Studentenausweis o.ä.), die beweist, daß der Antragsteller nicht in den USA lebt. **Netzkarten für Amerikaner** sind überall erhältlich, aber deutlich teurer. Einzeltickets können bis kurz vor Abfahrt gelöst werden.

Green Tortoise/ ⇨ Essay auf Seiten 131f

Wer unterwegs stärker den **Kontakt zu anderen** – Amerikanern wie Touristen aus aller Herren Länder – sucht, ist mit den Bussen von **Green Tortoise** (sprich: Tortis) vielleicht noch besser, sicher aber origineller bedient als mit Greyhound. Im hinteren Teil der Busse sind statt der Sitze Schaumgummimatratzen (während längerer Fahrten entfällt damit das Übernachtungsproblem) und im vorderen Bereich Tische installiert. Musizierende Passagiere sind erwünscht. Halt macht der Busfahrer dort, wo die Mehrheit es wünscht. Einkauf und Essenszubereitung erfolgen gemeinschaftlich.

Green Tortoise

Die "**Grüne Schildkröte**" verkehrt regelmäßig auf der Route Los Angeles–San Francisco ($35) –Seattle ($59) und Coast-to-Coast auf verschiedenen Routen (10-14 Tage für $349-$389). Außerdem gibt es Trips durch die **Nationalparks des Westens** (3 Tage **Yosemite** für $119 bis 16-Tage-Rundfahrt für $499), Alaska, Mexico, Guatemala und Costa Rica. Informationen bei **Green Tortoise Adventure Travel**, 494 Broadway, San Francisco, CA 94133, ✆ (415) 956-7500 oder 1-800-867-8647 bzw. 1-800-TORTOIS. Sehr detaillierte Informationen enthält die **Web Site**: **http://www.greentortoise.com.**

The Ant: Backpackers Transport

Eine **neue Möglichkeit**, den US-Südwesten zu erkunden, bieten die **hop-on-hop-off** Busse (**Backpackers Transport**) des **A**dventure **N**etwork for **T**ravelers. Die Busse verkehren im Sommerhalbjahr nach festem Fahrplan auf zwei Routen zwischen LA, San Francisco und den schönsten Südwest-Nationalparks und halten überwiegend an internationalen Hostels. **Die Tickets für beliebiges Aus- und Zusteigen kosten $199-$329 je nach Rundkurswahl und sind 6 Monate (!) gültig.** Daneben gibt es organisierte Kurztips ähnlich wie bei Green Tortoise. **Adventure Network for Travelers**, 870 Market St, San Francisco, CA 94102, ✆ (415) 399-0880 oder 1-800-336-6049. Weitere Informationen zu Routen und und Preisen findet man im **Internet** unter: **http://www.theant.com.**

**Regional-
busse**

Obwohl die USA, was öffentliche Verkehrsmittel betrifft, insgesamt einen schlechten Ruf besitzen, trifft die Pauschalie-
rung nicht auf alle Regionen und Cities zu. Im Bereich der
dichter besiedelten Westküste z.B. ist das **regionale Busnetz
relativ gut ausgebaut**. In Cities wie San Francisco, Portland
und Seattle steht die Qualität des Kurzstreckentransports
dem in europäischen Städten kaum nach. Dank hoher Sub-
ventionen sind die **innerstädtischen Systeme zudem meist
preiswerter als bei uns**, teilweise sogar gratis (*Cities of Portland* und *Seattle*). **Budgetbewußte Reisende** finden auf vielen
Airports neben den teuren Expressbussen, die Zentrum und
Flughafen direkt verbinden, Haltestellen der Vorortlinien, die
Passagiere zum regulären City-Tarif in die Stadt befördern.
Weiter östlich, in den Weststaaten mit geringer Bevölkerungsdichte, und **in mittelgroßen Städten** ist die Versorgung mit
öffentlichen Verkehrsmitteln eher dürftig.

AMTRAK

Wer sich erst in den USA zur Fahrt mit Amtrak-Zügen entschließt, kann die *Amtrak* Railpässe drüben nicht mehr beschaffen, ➪ Seite 135. Aber die interne US-Variante, die natürlich auch jeder Ausländer kaufen kann, ist ebenfalls kein
schlechtes Geschäft. Sie heißt *All-aboard-America-Ticket* und
erlaubt innerhalb einer oder mehrerer Regionen eine beliebig
weite Rundreise, aber auch ein *One-way-Trip* ist möglich. In
beiden Fällen darf man sich bis zu 45 Tage Zeit lassen, aber nur
drei mal unterbrechen und muß den ganzen Trip im voraus
festlegen. Für den Westteil des Netzes (➪ Karte Seite 135)
kostet *All Aboard America* $228.

*Kein
Beduinenzelt,
sondern
der Denver
Int`l Airport*

3.3.5   Die Flugbuchung

**Flug-
frequenz**

Fliegen in den USA ist eine unkomplizierte und von weiten
Bevölkerungskreisen laufend in Anspruch genommene Art
des Reisens. **Bis über 90% des öffentlichen Personenverkehrs
zwischen amerikanischen Cities werden per Flugzeug abgewickelt.** Auch noch zu kleinsten Städten existieren Linienflüge. Auf bestimmten vielfrequentierten Strecken garantieren
stündliche oder häufigere Abflüge dem Passagier ohne Reservierung einen Platz im **Shuttle-Service**; im Westen etwa auf
den Routen von Los Angeles nach San Francisco und nach Las
Vegas und umgekehrt. Dabei kostet ein Flugschein bisweilen
weniger als das Busticket.

Kosten

Inneramerikanische Flüge sind indessen nicht immer besonders preiswert. Vielmehr gehen sie – auch wegen der großen Entfernungen – ziemlich ins Geld, kauft man Tickets drüben kurzfristig und erwischt keinen Spezialtarif oder fliegt mit einer der *Discount Airlines*, ⇨ umseitig. Kostspielig sind ganz besonders Anschlußflüge zu entlegenen Orten, die nur von einer einzigen regionalen Gesellschaft bedient werden.

Tarife

Wichtig zu wissen ist, daß in Nordamerika **jede Fluglinie ihr eigenes Tarifsystem besitzt**. Wenn also mehrere *Airlines* eine bestimmte Strecke bedienen, so gibt es so viele "Normaltarife" wie Gesellschaften, von Sondertarifen ganz zu schweigen.

Auf manchen Strecken konkurrieren die "großen" Luftlinien mit "Billigfliegern", die "Normaltarife" bisweilen erheblich unterbieten. Vor allem bei **TWA, America West, Southwest** und **Continental Airlines** sind die Chancen gut, günstigere Tickets zu erstehen als bei den Marktführern.

Nachttarife

Praktisch alle Gesellschaften offerieren für Flüge am Abend oder in der Nacht sogenannte **Night Coach** Tarife, die je nach Strecke und Luftlinie um bis zu 25% ermäßigt sind.

Buchung

Der bequemste Weg zum preiswerten Ticket ist im Prinzip das nächste Flugreisebüro. Bei sachkundiger Bedienung des Buchungs-Computers sind Airline, Abflugdatum und -zeit für den billigsten Flug schnell gefunden. Wer seine Automobilklub-Mitgliedskarte dabeihat, kann sich an die sehr guten **Reisebüros des AAA** wenden, ⇨ Seite 81. Günstige Tickets per Telefon bietet **Cheap Tickets**, ✆ 1-800-377-1000 oder 454-2555; Abholung jedoch nur in bestimmten Städten.

Reservierung

Es kostet nichts, die Gesellschaften unter ihren **toll-free 800-Nummern** selbst anzurufen und das preisgünstigste Ticket für die gewünschte Verbindung – so vorhanden – zu erfragen. Eine Buchung am Telefon ist nur mit Kreditkarte möglich:

Alaska Airlines	1-800-426-0333
America West	1-800-235-9292
American Airlines	1-800-433-7300
Air Canada	1-800-4CANADA
Canadian Airlines	1-800-426-7000
Continental	1-800-525-0280
Delta & Delta Connection	1-800-221-1212
Northwest	1-800-225-2525
TWA	1-800-221-2000
United Airlines	1-800-241-6522
US Air	1-800-428-4322
Southwest	1-800-I FLY SWA

Internet Adressen der Airlines auf Seite 103

Detail information

Detaillierte Einzelheiten zum Fliegen in den USA finden sich im Reise Know-How-Titel **Die USA mit Flugzeug und Mietwagen**, das Flugexperte Martin Stoll verfaßt hat, ⇨ Seite 128.

3.3.6 Trampen

Situation in den USA

Das Trampen, auf Englisch ***Hitchhiking*** genannt, stößt in den USA zwar auf keine grundsätzlichen Hindernisse, ist aber über die Jahre zunehmend schwieriger geworden. Speziell im Süden des Landes, von Florida bis Kalifornien, besteht nach spektakulären Morden die Furcht vor Überfällen durch *Hitchhiker*, aber auch umgekehrt besteht Anlaß zu Sorge; ⇨ unten.

Trampen als Ausländer

In den USA versteht man im allgemeinen nur eine Sprache. Ohne praktisch verwertbare Englischkenntnisse sollte man auf keinen Fall trampen. Zumal seit geraumer Zeit ein Trend zu größerer Skepsis gegenüber Ausländern zu beobachten ist.

Cities

Nicht ganz einfach ist wegen fehlenden oder mangelhaft ausgebauten Nahverkehrs das Durchqueren speziell mittelgroßer Städte. Im Einzugsbereich der Großstädte läßt das komplizierte System der ***Freeways*** (Autobahnverbot wie bei uns) ein Trampen praktisch gar nicht zu, da außerhalb dieser Straßen nur richtungsmäßig unklarer Lokalverkehr läuft; dafür ist dort der Bustransport besser.

Sicherheit/ Gefahren

Zwar dürften die Weststaaten der USA in ihren überwiegend **dünn besiedelten Regionen** für den Tramper alles in allem keine höheren unkalkulierbaren Gefahren bieten als Europa. Aber das gilt nicht für **Großstädte und ihre Einzugsbereiche** (Westküstencities, Sacramento, Salt Lake City, Las Vegas, Phoenix, Tucson, El Paso, Albuquerque, Denver). Dort ist erhebliche Vorsicht geboten. ***Let's go USA***, der *US-Insider*-Führer für junge Leute, **rät seit einigen Jahren ganz vom Trampen ab**. Noch stärker gefährdet als in Europa sind auf jeden Fall **Frauen. Sie sollten selbst zu zweit in Amerika besser nicht trampen**.

3.4 AUF AMERIKAS STRASSEN

Verkehrs-situation

Autofahren ist in Nordamerika einfacher und im allgemeinen weniger stressig als etwa in Deutschland oder der Schweiz. Außerhalb der Ballungsgebiete sind geringe Verkehrsdichte, weitgehend beachtete **Tempolimits**, Getriebeautomatik der meisten Fahrzeuge und größere Gelassenheit der Amerikaner am Steuer einige Gründe dafür.

Es wird rechts gefahren, und die wenigen für uns neuen Verkehrszeichen erklären sich durch ihre Symbolik weitgehend von selbst. Ein Umdenken des europäischen Autofahrers ist also nicht notwendig.

Wohl aber gibt es eine Reihe von Verhaltensregeln und gewisse Andersartigkeiten, die zu kennen, wichtig ist und in bestimmten Situationen sogar unabdingbar sein kann.

3.4.1 Abweichende Verkehrsregeln

Zunächst die kurze Liste der von unseren Normen abweichenden Verkehrsregeln, deren Kenntnis erforderlich ist:

Vorfahrt

– **Stopzeichen** für alle Fahrtrichtungen an Kreuzungen bedeuten "wer zuerst kommt, fährt zuerst". Aber nicht nach dem Motto "es kommt kein anderer, ich habe Vorfahrt, also durch!" Das Anhaltegebot gilt auch bei offensichtlich leeren Querstraßen und wird strikt befolgt (und gelegentlich von der Polizei aus dem Hinterhalt kontrolliert). Die Regel ist genauer als "rechts vor links" und in Wohngebieten Standard. Dabei überqueren mehrere sich der Kreuzung nähernde Wagen diese nach kurzem Halt in der **Reihenfolge der Ankunft**. Das gilt auch bei aufgestautem Verkehr (Ankunft **am weißen Balken** auf der Fahrbahn zählt, nicht etwa am Ende der Schlange); die Überquerung läuft dann meist ringsum einer nach dem anderen. Unklarheiten löst man in aller Regel durch Zuvorkommenheit.

Ampeln

– Zeigt eine Ampel **rot,** darf unter Beachtung der Vorfahrt des Querverkehrs rechts abgebogen werden, es sei denn, eine Schrifttafel untersagt dies ausdrücklich (*No Turn on Red*). Im Fall einer gesonderten Abbiegerspur **muß** sogar bei Rot abgebogen werden, solange dies der Querverkehr zuläßt. Die **Lichterfolge** an der Ampel ist **Grün-Gelb-Rot-Grün**; die Rot/ Gelb-Phase vor dem Grün entfällt also.

Schulbus

– Die unübersehbaren gelben Schulbusse dürfen weder überholt noch vom **Gegenverkehr** (!) passiert werden, wenn sie anhalten und Kinder ein-/aussteigen lassen. Warnblinkleuchten an allen Ecken der Busse und seitlich ausgeklappte Stopschilder markieren die Stop-Phase. Das Verbot besitzt die Schärfe der Stopvorschrift an roten Ampeln. Ein Nichtbeachten gilt als schweres Verkehrsdelikt.

Überholen – Auf mehrspurigen Straßen wird in Amerika legal rechts überholt. Theoretisch ist dies zwar nur erlaubt, wenn dafür nicht die Spur gewechselt wird, aber in der Praxis sind **Überholmanöver auf der rechten Seite** üblich. Daran muß man sich gewöhnen und den rechten Fahrbahnen **auf Freeways** hohe Aufmerksamkeit schenken. Eines der obersten Gebote auf mehrspurigen Straßen ist nicht zuletzt deshalb das **sture Spurhalten**. Auf voll besetzten Straßen kann ein Spurwechsel schwieriger sein als bei uns.

Carpool – Als Maßnahme zur Verkehrsverminderung während des Berufsverkehrs (*Rush-Hours*) wurden auf City-Autobahnen sog. **Carpool-Lanes** eingerichtet. Diese Fahrspuren dürfen zu den angegebenen Zeiten nur von Bussen, Taxen und von Fahrzeugen benutzt werden, in denen mindestens 2, manchmal auch ab 3 Passagiere sitzen. Natürlich auch von Touristenfahrzeugen, die das Insassen-Erfordernis erfüllen.

Linie/ Doppellinie – Durchgezogene **Fahrbahn-Trennmarkierungen** dürfen zum Überholen oder Abbiegen überfahren werden. Die Funktion der in Europa einfachen Linie übernimmt in den USA eine auf keinen Fall zu überfahrende Doppellinie.

Tempolimits – Ende 1995 fiel die bundesweite Höchstgeschwindigkeitsgrenze auf Autobahnen der USA (65 mph=104 km/h). Es ist seither den Bundesstaaten überlassen, sie festzulegen. In den meisten Weststaaten gelten nun **neue Höchstgrenzen von 70-75mph**, lediglich **Montana** hat für Fahrten bei Tageslicht kein Limit eingeführt. Aber die Geschwindigkeit darf nicht unangemessen sein. Was das ist, entscheidet der Sheriff. **Auf allen anderen Straßen blieb es beim generellen Limit von 55 mph, innerörtlich von 30 mph,** wenn nicht ausdrücklich anderes erlaubt/vorgeschrieben ist.

Eine Unterscheidung zwischen Lkw und Pkw gibt es bei *Speed Limits* nur vereinzelt mit der oft unangenehmen Folge, daß **Trucks** schneller als der sonstige Verkehr fahren.

Kontrolle Die **Überwachung** erfolgt durch in Polizeiwagen installierte **Radargeräte**. Wer am geschickt postierten Sheriff zu schnell "vorbeibrettert", hat ihn bald im Rückspiegel und wird sogleich zur Kasse gebeten.

Typischer Schulbus (kein altes Foto, sondern erst vor kurzem fotografiert)

**Parken und
Parkverstöße**

Die **Parkvorschriften** in den USA sind streng und tunlichst zu beachten. Die Polizei ist ständig unterwegs, verteilt **Tickets** oder läßt rigoros abschleppen (Gebühr in Cities leicht $100 und mehr). Auch wer auf Parkplätzen ohne Parkuhr die Zeit überschreitet, ist vor einem *Ticket* nicht sicher. Kontrolleure verbinden mit einem Kreidestrich den untersten Punkt des Autoreifens mit dem Straßenasphalt. Ist bei der nächsten Kontrolle nach Ablauf der maximalen Parkzeit der Strich zwischen Reifen und Straße immer noch durchgängig, wurde der Wagen nicht bewegt. Also gibt`s ein *Ticket*.

Entlang **gelber Kantsteinmarkierungen** ist Parken verboten; ebenso dürfen **Hydranten** – die Dinger stehen überall – nicht zugeparkt werden: ca. 5 m nach rechts und links müssen freibleiben. Oft finden sich die **Parkvorschriften** auf unübersehbaren Schildern, welche die Ausnahmen vom Parkverbot bzw. von der Parkerlaubnis minutiös erklären.

Zahlung

Wer ein **Ticket** erhält, darf entweder im beigelegten Umschlag **Dollars bar** verschicken oder bei einer Bank per **Money Order** die Bußgeldsumme einzahlen. Bei Versäumnis hat man die Aufforderung zur Zahlung bald zu Hause auf dem Tisch - der Autovermieter muß die Adresse herausrücken. Nach dreimaliger erfolgloser Zahlungsaufforderung gibt der Polizeicomputer auf. Aber nur bei Bagatellbeträgen, sonst holt man sich das Geld beim Verleiher, und der wiederum kennt die Kreditkartennummer seines sündigen Kunden.

So kann es laufen, muß es aber nicht. Die Handhabung der Verfolgung kleiner Verstöße durch ausländische Touristen ist uneinheitlich und – so der Eindruck – eher zurückhaltend.

POLIZEIKONTAKT UND ALKOHOL AM STEUER

Um einen Autofahrer zu stoppen, überholt die amerikanische Polizei nicht etwa, sondern bleibt hinter ihm und betätigt kurz Sirene und rote Rundumleuchte, das unmißverständliche Zeichen zum "Rechtsranfahren". **Nach dem Anhalten wartet man im Wagen,** *alles andere könnte falsch gedeutet werden. Es ist auch nicht ratsam, unbedachte Bewegungen zu machen, etwa in der Absicht, die Papiere aus dem Handschuhfach zu holen. Am besten bleiben die Hände auf dem Lenkrad.*

Ein solches Verhalten ist üblich, um der Polizei – die in Amerika ja mit überraschendem Schußwaffengebrauch rechnen muß – eine defensive Position zu signalisieren. Polizisten verhalten sich in Kontrollsituationen sachlich-korrekt; nach dem ersten "Abtasten" und kooperativer Haltung des Gestoppten auch bei Übertretungen im allgemeinen eher freundlich.

*Die Eröffnung eines ernsthaften Disputs mit einem **Sheriff** ist in Anbetracht seiner (für uns) erstaunlichen Machtbefugnis nicht sehr ratsam. Die respektvollen Anreden lauten **Officer** oder **Sir.** In Nationalparks besitzen die **Ranger** einen ähnlichen Status wie sonst die Polizei.*

Alkohol am Steuer *wird auch und gerade in Amerika nicht toleriert. Es gilt überall die **Null-Promille-Grenze**. Es darf sich nicht einmal eine geöffnete Flasche mit einem alkoholischen Getränk auch nur im Innenraum des Fahrzeugs befinden – theoretisch nicht einmal die bereits entkorkte, aber nicht geleerte Weinflasche vom Vorabend im Kühlschrank des Campers. Auch trinkende Beifahrer rund um einen stocknüchternen Fahrer zählen bereits zum Tatbestand "Alkohol im Verkehr". Gegenüber **Drogen** am Steuer gilt ebenso die **Zero Tolerance**-Politik. Wer in dieser Beziehung auffällt, wird registriert und nach Bestrafung und Heimreise in Zukunft nicht wieder ins Land gelassen – das gilt in beiden Staaten Nordamerikas.*

3.4.2 Straßensystem und Orientierung

Zum Verständnis der amerikanischen **Klassifizierung von Straßen** erscheinen folgende Hinweise nützlich:

Highways/ Freeways
Eine durchgehende Autostraße, welcher Qualität auch immer, ist grundsätzlich ein **Highway.** Ein begrifflicher Unterschied zum englischen Wort **Road** existiert prinzipiell nicht. Lediglich die *Interstate Highway*, das amerikanische Pendant zur europäischen Autobahn, würde man kaum als *Road* bezeichnen. Für *Interstate* Autobahnen und alle sonstigen autobahnartig ausgebauten Straßen existiert der Begriff **Freeway** (*Free* im Sinne von freie Fahrt/keine Kreuzungen). *Freeways* sind bisweilen, gebührenpflichtig und heißen dann eigenartigerweise **Toll Road** (*Toll*=Gebühr). Etwas überraschend am *Freeway*-System sind **Auf- und Ausfahrten auf der linken Seite.**

Interstate Autobahnen
Wie der Name sagt, sind *Interstates* die großen Verbindungsstraßen zwischen den Staaten und faktisch die verkehrstechnischen Lebensadern der USA. Dennoch ist ihr Netz in den Weststaaten verhältnismäßig dünn, ⇨ Karte in der hinteren Umschlagklappe. Auf Ferienreisen wird man sie schon deshalb nur abschnittsweise befahren; vor allem zur Überwindung größerer Distanzen und als City-Zubringer. Für die touristische Routenplanung sollten *Interstate Freeways* trotz auch existierender landschaftlich reizvoller Teilstücke eher gemieden werden, soweit Alternativen bestehen. Denn man fährt auf den Autobahnen leicht an manchem vorbei, was eine Amerikareise abrundet (und oft nicht im Reiseführer steht).

Interstate-Numerierung

Zur Orientierung im Interstate System ist die **Numerierung in Verbindung mit der Himmelsrichtung** wichtiger als die Angabe von Ortsnamen, die sich mitunter erst nach intensiver Suche oder gar nicht auf der Karte finden lassen. Das System ist gegliedert wie folgt:

– Die *Interstate Highways* mit **geraden Ziffern** laufen in Ost-West- und mit **ungeraden Ziffern** in Nord-Süd-Richtung.

– **Dreistellige Ziffern** mit gerader Anfangszahl bezeichnen Stadtumgehungs-*Freeways*, dreistellige Ziffern mit ungerader An-fangszahl in die Zentren führende Stichautobahnen.

Picnic Areas

An den *Interstates*, aber auch an anderen Straßen gibt es zahlreiche **Rastplätze** (*Picnic/Rest Areas*). Die meisten sind ähnlich wie Campingplätze **mit Picknicktischen und Grillrosten** ausgestattet. An Gelegenheit, unterwegs Mahlzeiten bequem im Freien zu bereiten, fehlt es damit nicht.

Nebenstraßen

Das Netz asphaltierter Straßen befindet sich im allgemeinen **in guter Verfassung**. Man kann davon ausgehen, daß sich auch kleinste, in den Karten als befestigt ausgewiesene Nebenstrecken ohne Vorbehalte befahren lassen.

Gravel Roads

Für uns ungewohnt sind **Schotterstraßen** (*Gravelroads* oder *Unpaved Roads*). Schotter ist der bevorzugte Belag für wenig benutzte Nebenstrecken. In den Weststaaten gibt es erstaunlich viele Dörfer, die nur über *Gravelroads* erreicht werden können. Bei anhaltender Trockenheit sind sie mitunter grausam **staubig**, bei Nässe sehr **rutschig** und nach längerem Regen voller "Sumpflöcher". Bei gutem Wetter sind Schotterstraßen jedoch problemlos zu befahren, wiewohl **mit vielen Mietfahrzeugen, speziell Campmobilen, laut "Kleingedrucktem" in den Verträgen ausdrücklich nicht erlaubt.**

*So sehen Straßen-Baustellen häufig aus. Zwischen ihren Enden pendelt dann ein **Pilot Car** wie gezeigt, das die jeweils wartende Autoschlange in Empfang nimmt und mit ihr im Schlepp langsam vorwegfährt.*

Übertriebene Sorge ist zumindest bei kurzen Fahrten kaum angebracht. Auch *Motorhomes* überstehen *Gravel* gut. Die Erfahrung zeigt, daß bei zurückhaltender Fahrweise nicht einmal mehr **Reifenpannen** zu befürchten sind. Fahren auf Schotter läßt sich schon deshalb nicht ganz vermeiden, weil bei Straßenbauarbeiten die Umleitung (selbst auf *Interstate-Freeways*) oft über *Gravel* läuft, siehe Foto links. Einige **National Monuments, State Parks** und zahlreiche **Campingplätze** sind nur über solche Schotterstraßen zugänglich.

Dirt Roads

Der niedrigsten Stufe in der Straßenqualität entspricht die *Dirt Road*, auch – etwas feiner – **Unimproved Road** genannt. Die "Dreckstraße" ist in der Regel ein besserer Feldweg, der sich bei Trockenheit indessen häufig angenehmer befahren läßt als eine *Gravel Road*, jedoch bei Regen meist schnell verschlammt. Nur mit Vierradantrieb zu bewältigende Wüstenpisten gelten in Straßenkarten ebenfalls als *Dirt Roads*. Für Touristen ohne 4 WD-Fahrzeuge wären unbefestigte Straßen dieser Art äußerstenfalls im Bereich der Nationalparks des Großen Plateaus (↪ Reiseteil,Kapitel 4.2) von Interesse. Wer sich ein 4WD-Fahrzeug leiht, wird auf den Pisten dieser Region seine helle Freude haben.

Orientierung

Trotz des Tempolimits kann der Verkehr auf dichtbesetzten *Freeways* ganz schön hektisch sein. Mit defensiver Fahrweise und klarer Zielvorstellung behält man die Übersicht. Dabei sollte man lieber nicht versuchen, sich mit der Karte auf den Knien durch große Städte zu kämpfen. Ein Beifahrer leistet da bessere Dienste. Innerhalb der Städte – also abseits der hindurchführenden Autobahnen – ist die Orientierung dagegen einfacher als bei uns, denn die meisten Städte sind überwiegend schachbrettartig angelegt, die Straßen durchnumeriert.

Stadtpläne

Zu Straßenkarten wurde im Zusammenhang mit der Reiseplanung bereits einiges angemerkt, ↪ Seite 80. Zu ergänzen bleibt, daß der empfohlene **Rand McNally Roadatlas** für alle größeren Städte Übersichtspläne enthält, die zur Groborientierung oder für die Durchfahrt ausreichen. Genauere Stadtpläne gibt es im Buchhandel, in *Department Stores* und in Tankstellen für $1-$2. Mitglieder von Automobilklubs erhalten beim **AAA** auch Stadtpläne kostenfrei. **Gratis-Karten** der Touristenbüros beziehen sich oft nur auf die Zentren und deren unmittelbare Umgebung.

3.4.3 Tanken, Wartung, Pannenhilfe

Benzin

Die Benzinpreise in den USA schwanken je nach Region zwischen ca. $1,20 bis $1,70 pro Gallone (3,8 Liter) unverbleiten Normalbenzins (***Regular Gas***; **bleifrei = *unleaded***). Wegen der großen Preisunterschiede zwischen Selbstbedienung und *Full-Service* sind ***Self-serve* Tankstellen** die Regel mit der Ausnahme Oregons. Nur der Tankwart darf dort die Einfüllpistole halten. Wer tankt, muß zunächst einen **Hebel an der Tanksäule** ziehen, drücken oder umlegen, sonst fließt kein Sprit.

Tankstellen/ Gas Stations

Die Mehrheit der Preisannoncen bezieht sich heute auf ***Cash or Credit Card – Same Price***. Die günstigsten Benzinpreise bieten **Mini-Marts** mit einigen Tanksäulen vor der Tür. Dafür gibt`s selten Wassereimer und Schwamm fürs Scheibenwaschen, Druckluft für die Reifen schon gar nicht.

Discount-Tankstellen mit (*am/pm Mini Mart*) und ohne Markt überraschen den Kunden gelegentlich damit, daß sie keine Kreditkarte akzeptieren. Darum sollte der erste Blick des mit Karte zahlenden Kunden bei Einfahrt in die *Gas Station* den *Master Card*/VISA-Symbolen gelten.

Mehr und mehr stößt man auf **Kreditkarten-Tanksäulen**, die den Gang zur Kasse überflüssig machen. Nach Einschieben der Karte und elektronischer Prüfung wird der Benzinfluß freigegeben und am Ende ein Beleg ausgedruckt.

An vielen ***Self-serve* Stationen** kann nur nach **Vorauszahlung** getankt werden (meist in Verbindung mit *Mini Marts*). Praktisch legt der Kunde eine Dollarnote auf den Tisch und erhält die Freigabe der Zapfsäule für eine entsprechende Benzinmenge. Ist der Betrag verbraucht, stoppt das Gerät automatisch. Überschießende Zahlungen werden abgerechnet. Alternativ hinterlegt man vor dem Tanken seine Kreditkarte an der Kasse in der Hoffnung, daß sie nicht verwechselt wird.

Reifendruck

Einen Druckluftservice, wie bei uns selbstverständlich, vermißt man an vielen Tankstellen. Wo vorhanden, findet man einen langen sperrigen Schlauch, dessen Ventil unter Druckbelastung eine Meßskala freigibt, oder man muß selbst mit eigenen, billig zu erwerbenden Prüfern im Kugelschreiberformat nachchecken. **Mini Marts** in den USA besitzen häufig einen schwachbrüstigen Münzkompressor, der für einen *Quarter* ein paar Minuten anspringt.

Wartung/ Ölwechsel

Nur bei langfristig ausgeliehenen Fahrzeugen stellt sich die Wartungsfrage. Bei Wagen von Avis, Hertz etc. mit Filialen im ganzen Land sind zu den Wartungsintervallen die Stationen der Firmen anzulaufen. Dabei nimmt man es mit den gefahrenen Meilen selten genau, sondern schreibt lediglich einen Zeitrahmen vor. Die eigenständige Wartung (insbesondere der **Ölwechsel**) wird vom Kunden nur von kleinen Vermietern ohne Niederlassungen anderswo und beim Campmobil verlangt. Ist die entsprechende Meilenzahl erreicht, kann im Prinzip jede beliebige Tankstelle in Anspruch genommen werden. Perfekter und schneller arbeiten darauf spezialisierte, allerorten vorhandene **Service-Stationen** mit eindeutigen Bezeichnungen wie ***Minit-Lube, Jiffy Lube, Quick Lube*** (*to lube* = Abschmieren/Ölen), die neben Öl- und Filterwechsel auch gleich die ganze Liste sonstiger wichtiger **Checkpunkte** abprüfen und ggf. erledigen (z.B. Bremsflüssigkeit, Getriebeöl auffüllen). Die dafür zu entrichtenden Preise liegen aus unserer Sicht niedrig ($25-$35 inklusive Öl und Filter) und werden bei Fahrzeugrückgabe verrechnet.

Ölwechsel und Wartung rasch, preiswert und problemlos ohne Anmeldung beim Schnelldienst

Unfall/ Panne

Alle Auto- und Campervermieter geben ihren Kunden eine Telefonnummer mit auf den Weg, die bei Panne oder Unfall angerufen werden muß. Bei den großen, landesweit operierenden Firmen ist das Telefon Tag und Nacht besetzt.

AAA Straßendienst

Ebenfalls helfen kann der ***TripleA*** (AAA=A*merican Automobil Association*), der einen ***Emergency Road Service*** unterhält. Einsatzwagen patrouillieren wie bei uns auf Autobahnen und vielbefahrenen Strecken. Im Fall einer Panne wählt man gebührenfrei ✆ **(800) 336-4357** (4357=*HELP*) und erfährt dort die lokale ***Emergency Number***. Mitglieder europäischer Automobilklubs, die ihre Mitgliedskarte (*Membership Card*) vorweisen können, werden finanziell ebenso behandelt wie amerikanische AAA-Mitglieder.

Notruf

1997 wurde in Zusammenarbeit von AAA und ADAC ein kostenfreier zentraler **Notruf in deutscher Sprache** für Urlauber in ganz Nordamerika eingerichtet:

✆ **1-888-222-1373**

Die Notrufzentrale ist im Sommerhalbjahr rund um die Uhr, in den Wintermonaten November bis April 8–18 Uhr *Eastern Time* besetzt (für die Weststaaten also 10/11–20/21 Uhr).

3.5 HOTELS, MOTELS UND ANDERE UNTERKÜNFTE

3.5.1 Hotels und Motels

Situation

Touristen wird die Suche nach einer geeigneten Unterkunft in den USA leicht gemacht. Hotels und Motels konzentrieren sich **unübersehbar** an den Ausfallstraßen von Städten und Ortschaften, an typischen Ferienrouten, in der Nähe der Flughäfen und in bestimmten Bereichen der großen Cities. Vor allem *Motels* und *Motor Inns* zeigen mit

Vacancy/No Vacancy

Welcome/Sorry

oder ganz einfach

Yes/No

in Leuchtschrift meist unmißverständlich an, ob die Frage nach einem freien Zimmer lohnt.

Suche

Während man in Europa im Sommer besser schon zur Mittagszeit mit der Quartiersuche beginnt, genügt es in Amerika in der Regel, **ab dem späten Nachmittag** Ausschau zu halten (Ausnahmen sind besonders populäre Regionen/Orte, Veranstaltungstage und typische Wochenendziele). Nur in bestimmten Fällen ist es empfehlenswert, Unterkünfte bereits vor der Reise zu buchen (⇨ Seite 137). Wer sichergehen möchte, ruft einige Tage vorher bis vormittags des Übernachtungstages das Motel/Hotel seiner Wahl an, siehe dazu mehr noch weiter unten.

Abgrenzung der Begriffe

Die Begriffe **Hotel, Motel** und **Motor Inn** werden in den USA und auch in Canada ohne klare Abgrenzung verwendet. Für die Qualitätseinstufung spielen sie eine nachrangige Rolle:

Motel

– Man darf davon ausgehen, daß im **Motel** der Wagen nahe am gemieteten Zimmer oder Appartment abgestellt werden kann, und damit die Be- und Entladung des Autos auf kürzestem Wege möglich ist. Ein Motel verfügt im allgemeinen über ebenerdige und bisweilen doppelstöckige (von außen unkontrolliert zugängliche!) Zimmertrakte und eine Rezeption, **nicht aber über eine eigene Gastronomie**. Der Gästeservice beschränkt sich auf Cola- und Snacktütenautomaten sowie Eiswürfelmaschinen. Bei Buchung erhält der Gast an der Rezeption gegen **Vorauszahlung** bzw. Kreditkartenunterschrift den Zimmerschlüssel. Man kann ihn am nächsten Morgen in der Tür steckenlassen, sofern kein Schlüsselpfand auszulösen ist.

Cabins

Auf dem Lande besteht manches Motel aus einer Ansammlung sogenannter **Cabins**, zimmergroßen Holzhäuschen, gelegentlich in Blockhausbauweise.

Cabins können aber auch komplett ausgestattete Ferienhäuser sein. Man findet sie u.a. auf *Guest Ranches* oder *Lodges* in der Wildnis, wo die Gäste nicht nur wenige Tage, sondern Urlaubswochen verbringen.

Motor Inn

– *Motor Inns* unterscheiden sich in vielen Fällen durch nichts außer ihrer Bezeichnung vom Motel, sind aber vom **Standard** her **im Schnitt höher** angesiedelt. In etwas besseren *Inns* erfolgt der Zutritt zu den Zimmern wie im Hotel über die Rezeption oder Nicht-Gästen verschlossene Eingänge und Korridore, also nicht über ungeschützt außenliegende Türen. Das ist zwar unpraktischer, kommt aber dem Sicherheitsbedürfnis vieler Gäste entgegen. Parkraum steht immer reichlich zur Verfügung. *Motor Inns* der gehobenen Klasse verfügen oft über Restaurant und Bar.

Hotel

– Eine allgemein zutreffende Kennzeichnung wie im Fall der *Inns* und Motels läßt sich für die **Hotels** nicht formulieren. Zwischen "Absteigen" in Randbezirken der Stadtzentren und den oft nur wenige Blocks entfernten Luxusherbergen aus Glas und Marmor liegen Welten. **Gemeinsames Merkmal** fast aller Hotels ist die zum Haus gehörende **Gastronomie** und die Erhältlichkeit von **Alkoholika** (nie in Motels, bedingt in *Motor Inns*). Bei innerstädtischen Hotels fehlt oft Parkraum. Gehören bewachte Parkgaragen zum Haus (ab obere Mittelklasse), werden dafür meist sogar den Gästen Gebühren abgeknöpft.

Vor allem in landschaftlich reizvollen Gebieten und Nationalparks nennen sich Hotels gerne **Lodges** und signalisieren damit, daß neben dem Hotelkomfort **Aktivitäten** wie Reiten, Fischen, Kanufahren, *Whitewater Rafting* etc. geboten werden oder im Umfeld möglich sind.

*Typisches Motor Inn der Kette **Holiday Inn Express**, (DZ $59-$89); in Kanab/Utah zwischen Bryce/Zion NPs, dem Nordrand Grand Canyon und dem Lake Powell*

Komfort und Ausstattung

Die **Innenausstattung** amerikanischer Hotel- und Motelzimmer zeichnet sich durch eine **weitgehende Uniformität** aus: Je nach Größe des Raums ein Bett*) oder auch zwei davon, gegenüber ein Schränkchen mit Fernseheraufsatz, ggf. in der Verlängerung eine Schreibplatte, in einer Ecke Sessel/Stühle plus Tischchen. Man schläft zwischen zwei Laken unter einer Wolldecke, deren Zustand in billigen Unterkünften schon mal zu wünschen übrig läßt. Im Gegensatz zu Europa gehören ein **eigenes Bad und Farbfernseher** noch zum preiswertesten Raum, in sommerheißen Gebieten überall und in besseren Hotels immer auch eine **Klimaanlage**. Unterschiede im Preis drücken sich weniger im grundsätzlich vorhandenen Mobiliar und der Zimmergröße als durch Qualität/Gediegenheit der Ausstattung und Grad der Abnutzung aus. Neuere Häuser der Mittelklasse bieten für $60-$90 einen Raumkomfort, der denen in weitaus teureren Hotels kaum nachsteht.

Kosten

Die Preise für die Übernachtung unterliegen erheblichen regionalen und saisonalen **Schwankungen.** Sieht man ab von San

Francisco insgesamt, den Zentren der großen Cities und bestimmten Brennpunkten des Tourismus zur jeweiligen Saison (d.h., zahlreiche Ziele in Kalifornien, Grand Canyon Bereich, Jackson/Wyoming, Estes Park/Colorado, Palm Springs, Scotts-dale, Santa Fe, Taos, Moab/Utah u.a.m.) kommt man in den **Weststaaten relativ preiswert** unter. Es gibt immer noch eine große Zahl einfacher Motels, die bei Belegung mit 2 Personen auch in der Hochsaison nur bis zu $40 pro Nacht und Zimmer fordern – vor allem an Wochentagen auf dem Land und in kleinen Ortschaften. **Die Mehrheit der Unterkünfte in der durchaus akzeptablen unteren Mittelklasse liegt im Tarifbereich $50-$70**. Motels und *Motor Inns* der Mittelklasse, die ohne Sonderfaktoren wie Großstadt, Nationalpark- oder Airportnähe, Wochenende, Sportveranstaltung etc. über $70 fürs normale DZ berechnen, befinden sich eher in der Minderheit.

Saisonpreise

Bei schlechter Auslastung und in der *Off-Season* sinken die Preise. Ausgesprochen **guter Standard** ist dann nicht selten schon für unter **$50** zu haben. Ohne besondere Ansprüche übernachtet man in der Herbst- und Frühjahrssaison bisweilen für $40 und darunter. Entsprechende Angebote sind an *Highways* und Ortsdurchfahrten nicht zu übersehen.

Einzel/ Doppel

Gerne wird dabei der günstigste Preis herausgestellt, nämlich für Einzelbelegung. Dann steht ein kleines sgl für *single occupancy* hinter der Zahl. Tatsächlich gibt es gar keine echten

WARUM SO AUFWENDIG?

Wer Sam Spade kennt und Philip Marlowe, wer mit Lew Archer in kalifornischen Absteigen zu Hause ist, wer je mit Archie Goodwin abends die Tischplatte teilte, um die müden Füße hochzulegen, der weiß, daß in God's Own Country der harte Mann stets "a fifth of hard liquor" im Koffer hat, um den Tagesstaub hinunterzuspülen. Aber unerwähnt läßt die Fachliteratur, wie man im Hotelzimmer zu Eis kommt, wenn einen der Whisky lauwarm anlächelt.

Die Lösung steht draußen auf dem Flur. Ein kantiges Ungetüm aus Stahlblech, einem Tresor gleich, abgegriffen von abertausend zittrigen Trinkerhänden. In Magenhöhe eine Luke mit Plastikschott: "Raise door and place container in the center of dispensing area, close door and push button!" Wer hat schon gleich einen Container zur Hand? Schließlich will man ja nur ein einziges Eiswürfelchen. Also schiebt man bescheiden den Zahnputzbecher in die Mitte des Blechrostes, macht dicht und drückt.

Erst mal eine Weile nichts. Doch alsbald teilt der Betonfußboden den bestrumpften Füßen durch die großblumige Auslegware vibrierend mit: Der Bursche lebt! Dann aus heiterem Himmel Action: 20 Kilo Eiswürfel hageln auf den Rost und verschwinden tosend in den Eingeweiden des Kolosses, alles mit sich reißend...

Stille, das war's. Die Sonne scheint wieder. Und siehe da: Der Zahnputzbecher hat das Unwetter überstanden. Nicht in aufrechter Haltung freilich; auch ist er ein wenig aus der Form gekommen. Aber er hat sich jedenfalls nicht mitreißen lassen von der Lawine. Mehr noch, er hat seine Pflicht getan und ein einziges Stückchen Eis festgehalten. Na also!

Aber warum so aufwendig?

Hans Löwenkamp

Einzelzimmer, mindestens steht ein Bett der Größe **Queensize** *) im Raum, der auch für **double occupancy** genutzt wird. Der Preis liegt dann nur wenig über dem fürs Einzel oder ist sogar identisch. In **Twin Bedrooms** (mit zwei *Queen* oder *Kingsize*-Betten) können bis 4 Personen übernachten, ohne daß dafür immer ein Aufgeld verlangt wird. Insbesondere **Kinder** – oft bis zum Alter von 16/18 Jahren – sind im Zimmer mit ihren Eltern normalerweise "frei".

Steuern, Frühstück

Alle Preisangaben sind netto; hinzu kommt immer die Umsatzsteuer (*Sales Tax*), die im Hotelgewerbe häufig höher liegt (bis zu 16%) als im Supermarkt oder bei der Autovermietung. Ein **Frühstück** ist grundsätzlich nicht im Zimmerpreis enthalten. Befindet sich kein *Coffeeshop* im eigenen Quartier, begibt sich der Motelgast ins nächste **Fast Food-Restaurant**, das selten weit ist, ↪ Seite 209.

---

*) **Double**: 1,35x1,90 m, **Queensize**: 1,50x2 m, **Kingsize**: 1,95x2 m; Einzelbetten kleiner als *Double* gibt es nicht.

Zugaben

Gerne geworben wird mit *free coffee, free continental breakfast* und *free movies*. Der **Gratiskaffee** bezieht sich häufig auf eine Haushaltskaffeemaschine in der Rezeption oder ein kleines Heißwassergerät im Zimmer plus einige Tütchen Pulverkaffee. **Das kontinentale Frühstück** ist ebensowenig ein großer Anreiz: meistens handelt es sich um Kaffee oder Tee aus dem Automaten, einzunehmen aus Styroportassen, und ein Tablett voll übersüßen Gebäcks zur gefälligen Bedienung. Neuerdings haben einige Ketten wie *Hampton, Fairfield* u.a. das Angebot etwas verbessert und bieten ein akzeptables Schnellfrühstück. Die **Gratisfilme** am laufenden Band (fast) ohne werbliche Unterbrechung gibt es auf den Kanälen des *Cable-TV*, das viele Motels abonniert haben.

Movies

Bessere Häuser bieten per **Hausprogramm** eine Auswahl neuester Produktionen und abends Softpornos. Nach Einschalten oder nach ein paar Freiminuten wird eine hohe Gebühr fällig.

AAA-Hotelverzeichnisse

Wie bereits unter 1.3.3 erläutert, enthalten die gratis ausgegebenen *Tourbooks* (insgesamt 5 für die 11 Weststaaten) des amerikanischen **Automobilklubs AAA** ziemlich umfassende, wenn auch nicht komplette Unterkunftsverzeichnisse mit aktuellen Preisen und Daten für Hotels und Motels ab unterer Mittelklasse mit zahlreichen **Discount-Angeboten für Mitglieder**. Wer sich auf derartige Angebote beruft, wird selten nach seiner *Card* gefragt, ⇨ dazu auch Seite 81.

Discounts für jedermann

In den Touristeninformationen vieler Bundesstaaten liegen zur freien Bedienung sog. *Travelers* oder *Exit Guides* voller **Discount-Coupons** für Hotels und Motels aus. Sie beziehen sich überwiegend auf Häuser der großen Ketten an den *Interstate Highways*. Mit Hilfe solcher Sonderangebote versuchen diese, freie Kapazitäten zu füllen, d.h., Gäste zu finden, die bei ihnen sonst kein Zimmer gebucht hätten. Ein Anspruch auf Einlösung der *Coupons* besteht nicht; es kommt auf die täglich wechselnde Situation an. Bei Anrufen nicht zu spät am Tage hat man aber im allgemeinen gute Chancen, zu den Vorzugstarifen der *Exit Guides* unterzukommen.

Hotelführer

In Buchläden findet man Spezialführer für besondere Unterkunftsarten: **Schön gelegene Landgasthäuser**, **historische Hotels** der Weststaaten, **Hotels und Motels unter \$30** etc. Nahezu alle preisgünstigen Motels werden im ***National Directory of Budget Motels*** genannt, einer jährlich neu erscheinende Veröffentlichung, die im Buchhandel erhältlich ist.

AMERIKANISCHES FRÜHSTÜCK

Wenn das nichts ist: *Breakfast all Day* oder **Breakfast Special** für $2,95 - plus *tax!* Klar und übersichtlich steht auf der Karte: *1-Egg, 2-Egg, 3-Egg-Breakfast,* gesondert herausgestellt das *Special* und dazu – vielleicht auch als Alternative – *Pancakes.*

Ein Ei ist vielleicht ein bißchen wenig – also das *2-**Egg-Breakfast*** ebenfalls als Preishit für $3.95, Tee/Kaffee inklusive. Alles klar, oder? Noch nicht für die freundliche **waitress**: *How would you like your eggs!* Spiegeleier ..., wie hieß das doch gleich auf Englisch? Aber da kommt schon Hilfe: **Sunny side up!** (Spiegeleier), **scrambled!** (Rührei), **over!** (beidseitig gebraten), *over easy!, over hard!, over medium!* Also die "Sonnenseite" nach oben, was für ein bildhafter Ausdruck! *With bacon, ham or sausages!* Bloß jetzt nicht **sausages** sagen; da gibt es nämlich wieder x Unterscheidungen, die man vergessen darf, weil die Würste sowieso meist nicht schmecken. Also **ham** (wie gekochter Schinken, aber heiß) oder **bacon** – der Speck sollte gut durchgebraten sein, was jedoch als *order* nicht vorgesehen ist. *Bacon* kommt, wie es kommt.

Hash browns or fries! Die junge Dame lächelt immer noch. **French fries**, hat der Tourist bereits gelernt, sind Pommes Frites. Warum also nicht **hash browns**, gebratener Kartoffelpamps, ein Mittelding zwischen Rösties und Kartoffelpuffer? Aber damit ist noch nicht Schluß: *How would you like your toast!* Toast ist Toast bei einer Brotkonsistenz, die der von *Marshmellows* ähnelt, egal, ob es sich um *white, wheat, whole wheat, black* oder *dutch bread* handelt. Was man jetzt auch sagt, geschmacklich gibt sich die große Auswahl fast nichts. Also am besten gleich den ersten Vorschlag bestätigen.

Oder **Pancakes** ordern? Die sind weich und *fluffy*, nicht so wie Pfannkuchen bei uns, und werden immer mit zuckersüßem **maple syrup** serviert, in Kombination mit dem ersten Gang aus *eggs, bacon & hash browns* eine ziemliche Kalorienbombe. Dann doch lieber Toast und zwar mit **marmelade** *or jam!* Die Bedienung wird`s schon richten, hat aber noch eine kleine Frage auf dem Herzen: *What kind of juice* would you like! Orange, Tomato, Grapefruit! Soviel Entscheidungen in rascher Folge, und das schon vorm Frühstück! Schlimm genug für den noch schläfrigen Sprachversierten, aber ein Martyrium bei geringen Englischkenntnissen.

Zum Glück ist die letzte Prüfung einfach: *Tea* or **coffee!** Heißwasser mit einem Teebeutel oder Kaffee eben. Dabei entfällt jede Differenzierung. Kaffee ist in den USA eben Kaffee, der mal danach schmeckt und manchmal auch nicht.

Einmal eingeweiht, weiß man indessen ein *American Breakfast* zu schätzen. Wer kräftig zulangt, kommt damit glatt durch den Tag.

Eyke Berghahn

3.5.2 Reservierung von Unterkünften

Situation
Voraussetzung einer sinnvollen Reservierung sind Informationen über Qualität, Preis und andere Merkmale, darüber also, welche Unterkunft den eigenen Vorstellungen entspricht. Eine Vielzahl von **Hotel-/Motelketten** in allen Komfortkategorien, deren Häuser weitgehend identisch sind oder zumindest einen identischen Standard aufweisen, macht die Lösung des Problems leicht. Auf Reisen kommt zur Not ohne Hotelverzeichnis aus, wer sich im wesentlichen an die Ketten hält. Zumindest gilt das in den **USA**, wo die Ketten landesweit das Berherbergungsgewerbe dominieren. Wer nach Canada weiterreist, wird feststellen, daß dort der Anteil unabhängiger Hotel- und Motelbetreiber höher ist.

800/888
= toll-free
Dank der gebührenfreien *(toll-free)* **800-Nummern (neuerdings auch 888)** fallen bei einer Reservierung oft nicht einmal Telefonkosten an. Über diese Nummern verfügen nicht nur Hotelketten, sondern auch viele Einzelunternehmen. Unter den nebenstehenden 800-Nummern erreicht man die Reservierungszentralen der bekannten Ketten.

Standard
Die Ketten sind hier nach **Ober-, Mittel- und Untere Preisklasse** aufgeteilt, wobei die Grenzen insbesondere zwischen Unterer und Mittelklasse fließend verlaufen. Ein Haus der unteren Kategorie in der Mittelklasse muß nicht notwendigerweise immer über dem Standard einer *Thriftlodge* liegen. Verglichen am identischen Ort wird es aber immer teurer sein als die in der letzten Gruppe zu findenden Quartiere.

Preise
Die **Preisgestaltung variiert stark**; die angegebenen Intervalle in Klammern geben nur einen Anhaltspunkt. Die Mittelklasse bietet bei mangelnder Auslastung auch schon mal Nettopreise unter $50, liegt aber mehrheitlich im Bereich $60-$80 je nach lokalen und saisonalen Gegebenheiten. An Brennpunkten des Tourismus, in Innenstädten und Airportnähe wird die angegebene $90-Grenze bisweilen überschritten. Auch ein Budgetmotel kann in bestimmten Städten und/oder zur Hochsaison über $50 kosten. Andererseits sind Preise in der Nebensaison unter $30 nicht selten. In ländlichen Regionen nur knapp über $30 kosten Zimmer in Häusern der überaus verbreiteten **Motel-6-Kette**. Bei vielen Ketten erhalten **"Senioren"** ab 50/55 Jahren einen – teilweise substantiellen – **Rabatt**, ⇨ Seite 223.

Verbreitung der Ketten
Die Verteilung und Dichte von Hotels und Motels der verschiedenen Ketten ist sehr unterschiedlich. Die **Ober- und Luxusklasse** konzentriert sich dabei eher auf die **Großstädte**. Auf einige Namen der Mittelklasse (*Super 8, Econolodge, Travelodge, Fairfield, Days Inn, Best Western, Holiday Inn/ HI-Express, Comfort/Quality/Sleep Inns*) stößt man allerorten. Auch einige der preiswerteren Kettenmotels sind stark, wiewohl mit regionalen Schwerpunkten vertreten.

Die wichtigsten Hotel-/Motelketten (© bei uns ➪ Seite 139) soweit sie auch im Westen der USA vertreten sind

Obere Preisklasse ($90-$200 und mehr)	Crowne Plaza	1-800-2-CROWNE
	Delta	1-800-268-1133
	Doubletree	1-800-222-TREE
	Hilton	1-800-HILTONS
	Hyatt	1-800-233-1234
	Marriott	1-800-228-9290
	Park International	1-800-437-PARK
	Radisson	1-800-333-3333
	Residence	1-800-331-3131
	Sheraton	1-800-325-3535
	Westin	1-800-228-3000
Mittlere Preisklasse ($50-$90)	Best Western	1-800-528-1234
	Budgetel Inn	1-800-4BUDGET
	Clarion Hotel	1-800-CLARION
	Comfort Inn	1-800-228-5150
	Courtyard	1-800-321-2211
	Days Inn	1-800-DAYS-INN
	Drury	1-800-325-8300
	Econo Lodges	1-800-55ECONO
	Fairfield Inn	1-800-228-2800
	Hampton	1-800-HAMPTON
	Holiday Inn	1-800-HOLIDAY
	(mit **Holiday Inn Express**)	
	Howard Johnson	1-800-I-GO-HOJO
	La Quinta	1-800-531-5900
	Quality Inn	1-800-228-5151
	Ramada Inn	1-800-2RAMADA
	(mit **Ramada Limited**)	
	Red Lion	1-800-547-8010
	Shilo Inn	1-800-222-2244
	Shoney`s	1-800-222-2222
	Super 8	1-800-800-8000
	Travelodge	1-800-578-7878
	Vagabond	1-800-522-1555
	West Coast	1-800-426-0670
	Wyndham Garden	1-800-WYNDHAM
Untere Preisklasse ($30-$50)	Budget Host	1-800-BUD HOST
	Friendship Inn	1-800-453-4511
	Hospitality Int`l	1-800-251-1962
	(Master Host/Scottish/Red Carpet/Passport u.a.)	
	Motel 6	1-800-4MOTEL6
	Rodeway Inn	1-800-228-2000
	Sleep Inns	1-800-62 SLEEP
	Thriftlodge	1-800-525-9055
	Western Host	1-800-648-6440

Auch 800-Nummern können von Europa aus angerufen werden, kosten aber die normale Auslandsgebühr, ➪ Seite 210

Neue 800 ©   Sollte eine Motelkette unter der aufgeführten Nummer nicht mehr erreichbar sein, ruft man – ebenfalls gebührenfrei – die **Toll-free Information** an: **1-800-555-1212**.

Abgrenzung der Kategorien

Während die Unterkünfte der Mittel- und Oberklasse in den meisten Fällen einen Standard bieten, der den Erwartungen und dem Preis (im jeweiligen lokalen Rahmen) gerecht wird, sind **in der *Budget*klasse die Unterschiede groß**. Das gilt insbesondere für die Vielzahl der kleinen preiswerten *Motels*, die keiner Kette angehören. Bei ihnen läßt sich aus der Entfernung, d.h. am Telefon und mit einem Hotelführer in der Hand, nicht abschätzen, ob man sich für $36 eine heruntergekommene Absteige einhandelt oder ein Sonderangebot in einem gerade halbleeren Motelkleinod.

Vorteile der Ketten

Wichtig zu wissen ist, daß ein Teil der Kettenmotels in der unteren Preisklasse den Komfort der Mittelklasse oft erreicht oder nur mit kleinen Abstrichen darunter bleibt. Andererseits bieten u.a. die Mittelklasse-Ketten *Fairfield*, *Holiday Inn Express*, *Ramada Limited*, *La Quinta*, *Vagabond* oder *Wyndham* zu bestimmten Zeiten und/oder in reiseschwächeren Gebieten für Preise um $50-$60 einen angenehmeren Aufenthalt als manches Billigmotel für nicht viel weniger Geld.

Da die Qualität der Häuser auch innerhalb einer Kette mehr oder weniger schwankt und auch die Lage eine Rolle spielt, wird der Leser mit der umseitig gewählten **Einordnung** nicht immer übereinstimmen, aber sie liefert einen Anhaltspunkt.

Unabhängige

Neben den umseitig genannten Ketten gibt es weitere kleinere Zusammenschlüsse auf regionaler Basis und vor allem jede Menge **unabhängiger Motels und Hotels**, von denen viele ebenfalls eine 800-Nummer besitzen. Sie lassen sich aus den auf Seite 180 genannten Verzeichnissen entnehmen.

Der Text unter dem Logo ist typisch für Motelwerbung:
HBO: *Home Box Office = Spielfilmkanal ohne Werbung*
AAA 2 Diamonds: *2 Sterne Wertung durch Automobilclub*
Free Coffee/Donuts: *Morgens Kaffee aus dem Styroporbecher und ein Donut-Tablett in der Rezeption (gratis)*

Telefonisch richtig reservieren und stornieren

(generell zum Thema "Telefonieren in Amerika" ⇨ Seite 223ff)

Damit bei der Reservierung per Telefon alles klappt, sind einige Punkte **zu beachten**:

– Bei einem **Direktanruf** im Haus der Wahl sind zunächst Art des Zimmers (*Single/Double/non-smoker* etc) und die Daten (*tonite only, 2 nights October 15-17* etc.) zu nennen. Im Fall eines **Anrufs bei der 800-Nummer einer Kette** nennt man natürlich auch noch Staat und Stadt, in Großstädten ggf. die Präferenz für einen bestimmten Stadtteil. Sind Zimmer wie gewünscht frei, wird dem Anrufer der Tarif genannt.

– Ist man einverstanden, wird nach der Ankunftszeit gefragt. Ohne weitere Formalitäten erhält man normalerweise eine Zusage bis *6pm*, in einigen Fällen auch *4pm*. Ist nicht sicher, daß man vor dieser Uhrzeit eintrifft, muß das Zimmer mit einer Kreditkarte "garantiert" werden. Nur so läßt sich eine anderweitige Vergabe ausschließen. Dazu müssen *Credit Card Number* und Verfalldatum der Karte (*Expiration Date*) zur Hand sein. Das Zimmer bleibt dann die ganze Nacht reserviert; der Preis wird der Karte belastet, egal wann – oder ob – man letztlich eintrifft.

Notieren sollte man sich unbedingt (ggf. nachhaken):

– die *Reservation Number* (meist nur bei Ketten)

– die genaue Adresse und **lokale Rufnummer.**

– bei Anfahrt mit dem Auto **Hinweise zur Lage**, z.B. *Interstate #40, Exit 4*, weiter auf *Irvine Street East* o.ä.

– das geeignete **Transportmittel ab *Airport*** und eventuell weitere Direktiven, handelt es sich um ein City-Hotel, das über keinen eigenen *Airport-Shuttle* verfügt.

– im Fall eines Hotels in der Flughafenumgebung das **Aussehen des hoteleigenen Busses**. Vor allem die *Vans* kleinerer Häuser sind oft als solche schwer zu erkennen. Wer nicht 100%ig an der üblichen Stelle wartet, wird leicht "übersehen".

Bei Absagen – *sorry, we are completely booked for that day* – kann man es mit einer oft guten Chance auf Buchung **am Tag selber ab spätem Vormittag** wieder probieren. Denn spätestens bis **Noon** müssen abreisende Gäste ihre Zimmer geräumt haben, und oft werden Zimmer frei, die ursprünglich länger gebucht waren. Auch Absagen kommen, so daß selbst bei "knallvollen" Nationalpark- und anderen ähnlich beliebten Quartieren kurzfristig bessere Chancen bestehen als bei Anfragen mehrere Tage vorher. Wer darauf spekuliert, muß in kurzen Abständen mehrmals anrufen.

In vielen Städten und Regionen gibt es kommerzielle **Vermittlungsagenturen,** die von den Provisionen der Hotels leben. Mit ihrer Hilfe kann man sich ggf. vergebliche Anrufe bei verschiedenen *Hotels* und *Motels* bzw. Ketten ersparen.   b.w.

Ob man nun unterwegs eine bessere/preiswertere Unterkunft entdeckt oder das Ziel nicht erreichen wird, eine **feste** Reservierung muß **rechtzeitig storniert werden**, sollen unnötige Kosten vermieden werden.

Zu diesem Zweck ruft man unbedingt **vor 6pm** an (in Einzelfällen früher, wird ggf. beim Reservierungsgespräch mitgeteilt). Im Fall einer Kette ist es notwendig, die Reservierungsnummer parat zu haben, damit nichts schiefläuft. Man erhält eine Stornierungsnummer (ggf. nachfragen), die aufbewahrt werden sollte. Falls später wider Erwarten die Kosten einer ordnungsgemäß stornierten Übernachtung vom Kreditkartenkonto abgebucht werden, läßt sich ohne sie schlecht reklamieren. Wer sichergehen möchte, notiert außerdem **Datum und Uhrzeit der Stornierung** und läßt sich den Namen der Person geben, die den Anruf entgegennahm.

Die kostenfrei mögliche telefonische Reservierung und ggf. Stornierung läßt sich bei zeitiger Ankunft am Zielort zur **Quartieroptimierung** nutzen: Zur Sicherheit reserviert man zunächst eine passende Unterkunft, schaut aber nach der Ankunft noch ein wenig (Hotelwand im *Airport*, *Tourist Information*, Ausfallstraßen usw.), ob sich nicht eventuell ein besseres Quartier findet. Ist das der Fall, storniert man die Reservierung.

3.5.3   Ein- und Auschecken

Übliche Prozedur

Bei Ankunft unterschreibt der Gast nach Klärung der vorliegenden Reservierung (*"I/we made reservations for a room on the phone"*, *"we called yesterday/from the airport"* o.ä.) bzw. der Buchung einen **Credit Card Slip**, der den Zimmerpreis plus Steuern ausweist, und erhält den Schlüssel bzw. den kreditkartenähnlichen Türöffner des ihm zugewiesenen Raums. Eine Barzahlung ist zwar möglich, aber eher unüblich. Eine **Abrechnung** am folgenden Morgen/Ende des Aufenthaltes ist nur nötig, wenn Zusatzleistungen in Anspruch genommen werden können und wurden, etwa Gebühren fürs Filmprogramm, Zimmer- oder Restaurantservice. Im **Durchschnittsmotel** ist mit dem Einchecken bei gleichzeitiger Zahlung oft alles erledigt. Es sei denn, der Schlüssel wird mit einem **Key Deposit** belegt, **das** vor der Abreise wieder auszulösen ist

Zimmerwahl

Wer Wert auf ein gutes Zimmer legt, kann die Zuteilung eines geeigneten Raumes durchaus beeinflussen:

Nichtraucher dürfen einen **Non-Smoking-Room** verlangen. Es wird niemandem verwehrt, zunächst den zugedachten Raum in Augenschein zu nehmen. Man sollte sich nicht scheuen, um eine Alternative bitten, wenn

– die **Schnellstraße** vor dem Fenster verläuft.

– der **Fahrstuhl** sich in unmittelbarer Nähe befindet; manche Hotel-Fahrstühle verursachen bei jeder Bewegung ein mittleres Zimmerbeben.

– **Eiswürfelmaschine** und/oder der **Cola-Automat** in der Nähe stehen: das ständige Klappern bis tief in die Nacht hinein kann furchtbar stören.

– im Airport-Hotel das Zimmer die **Runways** überblickt.

Verbundene Räume

Viele Motels besitzen Räume, die durch eine Tür miteinander verbunden sind (**Connecting Rooms**), gedacht etwa für Familien, die 2 Zimmer buchen. Wer mit einem Zimmer auskommt, ist besser bedient mit einem *Non-Connecting Room*: Erstens aus Sicherheitsgründen, weil es für einen Profi kein Problem ist, derartige Türen ohne größeren Lärm zu öffnen. Und zweitens, um nicht das Fernsehprogramm und den Ehestreit der Zimmernachbarn ertragen zu müssen.

Check-out

Wer spät abends ankommt und erst am Nachmittag das Zimmer räumen möchte, kann nach einem **Late Check-out** fragen, was meist akzeptiert wird und bei vorheriger Klärung nichts oder nur wenige Extradollars kostet. Ohnedem muß man das Zimmer **zwischen 10am** und **Noon** räumen, bei unangekündigtem Überziehen der Zeit im Extremfall den vollen Tarif zusätzlich bezahlen.

Trinkgeld

Ein kleines Problem ist für europäische Touristen die Frage der "richtigen" **Trinkgeldbemessung** in der Gastronomie. Da Angestellte in Hotels und Restaurants in Amerika viel stärker vom Trinkgeld abhängig sind als ihre deutschen Kollegen, wird bei allen Dienstleistungen im Hotel ein **tip** erwartet. Überläßt man es z.B. einem **Attendant,** den Wagen auf dem Hotelparkplatz abzustellen (**Valet Parking**, üblich in der Oberklasse), bekommt dieser dafür nicht unter $2. Der **Bellhop** (Hotelpage) erhält fürs Koffertragen $1 pro Gepäckstück, der **Doorman** (Türsteher) $0,50-$1 fürs Taxiholen und das **Room Maid** (Zimmermädchen) $1-$2 täglich, die im Zimmer hinterlassen werden sollten.

Hotel wie aus dem Bilderbuch des Wilden Westens auch von innen (Nevada City/ Montana)

3.5.4 Bed & Breakfast

Situation

Eine Übernachtungsmöglichkeit, die sich im US-Westen erst in den letzten Jahren so recht verbreitet und durchgesetzt hat, ist *Bed & Breakfast* in Privathäusern und **B&B Inns**. In ländlichen Regionen wird man **B&B-Schilder** häufiger entdecken als in größeren Städten, wo bei weitem nicht alle Gastgeber ihr Angebot öffentlich machen. Daher sollte vor Ort einen **Bed & Breakfast Guide** kaufen, wer sich vorstellen kann – anstelle anonymer Motels und Hotels – auch mal Zimmer mit Frühstück zu buchen. In größeren **Bookstores** findet man *B&B*-Führer meist in regionaler Gliederung. Es gibt aber auch Bücher und sogar Bildbände für die **teure Bed & Breakfast Variante** in exzellent gelegenen und/oder architektonisch/ historisch besonderen Anwesen. Der Übergang zum **Country Inn**, faktisch einem Hotel, ist dabei fließend. Hier und dort sind auch **Listen mit allen Bed & Breakfast Places** einer Stadt/ Gegend in den Büros der *Tourist Information* erhältlich, etwa für Kalifornien die Gratisbroschüre **Bed and Breakfast Inns** mit vielen höherkarätigen Angeboten.

Auffällig ist die **Zunahme hochwertiger Bed & Breakfast Angebote im Umfeld von Touristenattraktionen des Südwestens.** Rund um Nationalparks und an den typischen touristischen "Rennstrecken" (Utah/Arizona) findet man viele reizvolle Quartiere, darunter auch manche Ranch. Neuere Gebäude besitzen häufig separat angelegte Zimmer mit Bad, TV etc. und unterscheiden sich von daher kaum noch vom Motel.

Kosten

Man wird feststellen, daß **B & B nicht die billige Alternative zum Motel** ist; das Preisniveau liegt überwiegend im Rahmen der Mittelklasse und oft darüber, also ab ca. $60 fürs DZ. Attraktiv an B & B ist für viele der über den – bisweilen im Preis inbegriffenen – "Familienanschluß" erleichterte Kontakt zu Land und Leuten.

B&B auf der Ranch: mal was anderes als das Standardzimmer in der Motelwabe. Diese Ranch liegt an der Straße#9 südlich des Zion Park in Utah

3.5.5 **Jugendherbergen, Ys und andere preiswerte Bleiben für junge und junggebliebene Leute**

Jugend-
herbergen/
Hostelling
International
(HI-Hostels)

Das Jugendherbergswesen ist in Nordamerika im Vergleich zu Europa zwar unterentwickelt, aber manche der Herbergen befindet sich in günstiger Lage im Brennpunkt der Cities und in besonders schöner Umgebung in oder in der Nähe von *National-, State* und *Provincial Parks*. Die Kosten in Häusern der **American Youth Hostel Federation** (**HI-Hostels**) variieren zwischen $8 und $20 pro Nacht.

Wer in Jugendherbergen übernachten möchte, kennt deren Vor- und Nachteile. Das Verzeichnis **Hostelling North America** für die ca. 225 Hostels in den USA und Canada kann man beim DJH, Bismarckstr. 8, 32756 Detmold, beziehen

Internet

Im *World Wide Web* findet man im **Internet Guide to Hostelling** ebenfalls alle Informationen zu *AYH-Hostels* und weiteren Billigunterkünften samt Kommunikation mit Rucksacktouristen (*Backpackers*) weltweit: **http://www.hostels.com**.

Zentrale Reservierung von 60 USA-Hostels: ✆ **1-800-555-1212**

YM/WCA

Der Christliche Verein Junger Männer/Frauen – in Amerika **YMCA** beziehungsweise **YWCA** – bietet vor allem in Großstädten Übernachtungsmöglichkeiten. Während die **YMCA-Häuser** neben Mehrbett- auch über Einzel- und Doppelzimmer verfügen und Männer, Frauen und Paare aufnehmen, gilt für **YWCA-Heime** meist *Ladies only*.

Die **Übernachtungskosten** liegen im allgemeinen nur knapp unter denen der jeweils billigsten Hotels. Dafür können die Gemeinschaftsanlagen wie Trimmräume, Pools, Lesesäle etc. von den Gästen mitbenutzt werden.

Ein **Gesamtverzeichnis** der amerikanischen YMCA/YWCA-Häuser gibt es beim **CVJM-Gesamtverband**, Im Druseltal 8, 34131 Kassel, ✆ 0561/30870.

Kontakte in den USA:

YMCA, 71 West 23rd Street Suite 1904,
New York, N. Y. 10010, USA; Fax (001) 212-727-8814

YMCA im Internet: http://www.ymca.net

Alle Adressen von YMCA-Quartieren mit Telefon und Tarifen
unter dem Fenster *Where to reside?*

YWCA, 350 5th Ave Suite 301 (**Internet: www.ywca.com**)
New York, N. Y. 10118; ✆ (001) 212-273-7800

Zentrale YM/WCA Reservierung in Amerika:
✆ **(212) 308-2899 ; Fax 3161** (von hier aus 001 vorwählen)

Reservierung **Jugendherbergen** wie *Ys* **müssen** insbesondere in den Cities
und in der Nähe touristisch bedeutsamer Ziele (National-
parks/Küstenorte) Wochen **im voraus reserviert werden**.

Alternative Hostels

Eine **Alternative zu Jugendherbergen** im konventionellen Sinn und den christlich
orientierten *Ys* bieten zahlreiche unabhängige Unter-
künfte, ebenfalls Herbergen,
aber unter freier Träger-
schaft eben. Viele davon
befinden sich auch im US-
Westen. Sie verfügen durchweg über Schlafsaalunter-
künfte ab $12 bis $18 pro
Bett und private Zimmer ab
$25. Bei ihnen geht es lege-
rer zu als in den *Hostels* der
Herbergsorganisation.

Gezielte Auskünfte dazu gibt
es bei *Rucksackers North
America* unter der **e-mail-
Adresse**:

OwenNYC@aol.com

*Das Hostel der gleichnami-
gen Abenteuer-Buslinie in
Seattle in einem äußerlich
abrißverdächtigen Bau in
bester Lage zwischen der
Waterfront und Oberstadt*

Hostel Verzeichnis

Außerordentlich hilfreich
und immer **up-to-date** ist
das **Hostel Handbook** für
die USA und Canada, das
über **600 Hostels** und Billig-
hotels *for the International Traveler* listet und **jedes Jahr im
März** neu erscheint. Es enthält Adressen, Telefonnummern
und Tarife sowohl der **Hostelling International** Herbergen
(*HI Hostels* = Jugendherbergen AYH) **und** aller Häuser in
freier Trägerschaft. Dieses unverzichtbare Büchlein für alle
Leute, die ihre Übernachtungskosten niedrig halten wollen,
gibt es ab **1999** erstmals auch in Deutschland und zwar für

Leser der Reise-Know-How-Amerika-Reise-
führer direkt beim Verlag inklusive Versand
gegen **Voreinsendung von 8,00 DM** oder
4,00 Euro als Euroscheck oder in Briefmarken (jeweils neueste Auflage):

Reise-Know-How Verlag
Dr. Grundmann GmbH
Heinrich-Schwarz-Weg 36

27777 Steinkimmen

Information im Internet:

http://www.reisebuch.com

Neu-
auflagen
ab März
jeden
Jahres

Studenten-
wohnheime

Eine Übernachtungsalternative sind in den Sommermonaten
(Mai bis einschließlich August) die dann teilweise leerstehen-
den Studentenwohnheime, die ***University Residences*** oder
College Dormitories. Fast jede Mittelstadt verfügt über mindestens ein *College*. Das ***Department of Housing*** der jeweiligen Institution ist zuständig für die Vermietung. Die Bedingungen variieren sehr. Während in manchen Fällen Einzel-
übernachtungen – sofern nicht ganz ausgeschlossen – kaum
weniger oder sogar mehr als in billigen Motels kosten, liegen
woanders die Preise auch schon mal unter $20 pro Nacht.
Billiger werden *Dormitories* immer dann, wenn man sich
eine Woche oder länger einmietet. Abgesehen vom günstigen
Unterkommen bieten sie **Kontakte und Mitbenutzung** von
Einrichtungen wie Sportanlagen und preiswerten Cafeterias.

Hier eine Alternative zwischen festem Billigquartier und Cam-
ping: der Planwagen (Covered Wagon) mit Matrazen, Wasser-
hahn und Grillplatz samt Coffeepot auf dem Campground des
Farewell Bend Oregon State Park (I-84 am Snake River/Grenze
zu Idaho). Nur der Schlafsack ist mitzubringen. $25 pro Nacht
für bis zu 4 Personen, Reservierung unter ✆ 1-800-452-5687.

| 3.6 | **CAMPING USA: THE GREAT OUTDOORS** |

In den Bergen, Nationalparks und riesigen Wäldern des Westens genießen die Amerikaner ihre *Great Outdoors*, Camping und Freizeitaktivitäten draußen in der Natur. Daran teilzuhaben, gehört zu den besten Erfahrungen jeder Amerikareise. Im überbevölkerten Mitteleuropa gibt es nichts Vergleichbares.

3.6.1 Amerika hat es besser

Ausstattung der Plätze

Die USA bieten dem Camper alles, was das Herz begehrt, sei es nun Komfortcamping im Wohnmobil oder eher ein Campieren unter einfachsten Bedingungen weitab jeder Zivilisation. Platz ist in den Weststaaten genug, und so sind die meisten Campingplätze großzügig angelegt. Der **Stellplatz** fürs Campmobil oder Zelt beschränkt sich nicht auf wenige Quadratmeter Wiese oder Heidelandschaft, sondern umfaßt ein eigenes **kleines Areal mit Picknicktisch, Feuerstelle und Grillrost**. Auf vielen staatlichen Plätzen (siehe weiter unten) geraten die Nachbarn mitunter regelrecht aus dem Blickfeld. Nur Feuerschein und der Duft gegrillter Steaks künden dann von der Anwesenheit der Mitcamper. Zwar bieten nicht alle ***Campgrounds*** derart viel Platz, und das Brennholz ist oft knapp und teuer, aber **Lagerfeuer** und ***Barbecue*** gehören zu den unverzichtbaren Zutaten amerikanischer Campingtradition.

Campingführer

Bevor man auf Camping-Tour geht, ist die Beschaffung eines Campingführers sinnvoll, selbst wenn einem der Campervermieter schon *KOA-Atlas* (siehe unten) und Broschüren privater *Campground*-Betreiber zugesteckt haben sollte.

Die ***Campbooks* des AAA** – obwohl keineswegs komplett und vor allem geographisch oft etwas unklar – sind die übersichtlichsten und handlichsten Verzeichnisse und auch für Mitglieder europäischer Automobilklubs gratis, ➪ Seite 80. Sie sind regional nach Staatengruppen aufgebaut (vier heftartige AAA-*Campbooks* für alle Weststaaten). Für eine Urlaubsreise bis zu sechs Wochen reichen sie zusammen mit den Hinweisen in diesem Buch völlig aus.

Überall erhältlich ist das telefonbuchdicke und -formatige ***Woodall's Campground Directory*** (*Western Edition* ca. $14), ein stark auf privat betriebene Plätze ausgerichteter Führer voller Werbung. Sein alphabetischer Aufbau macht die Benutzung oft mühsam; zahlreiche staatliche Plätze – insbesondere des *National Forest Service*, des *Corps of Engineers* und des *BLM*, siehe folgenden Abschnitt – bleiben unerwähnt.

In gutsortierten Buchläden findet man außerdem Bücher wie ***Camp the US for $10 or less*** oder ***America's Secret Recreation Areas*** (BLM-Plätze, ➪ Seite 197) und ähnliche Titel mit Hinweisen für preiswertes und auch ganz kostenfreies Camping.

*Vorzugs-
plätzchen
am Ufer des
Banks Lake/
Electric City
unweit des
Grand Coulee
Staudamms/
State of
Washington*

Kosten

Auf allen **staatlichen Plätzen** gilt eine **pauschale Einheits-
gebühr (*fee*) pro Stellplatz** unabhängig von der Personenzahl
(Obergrenze 4-9 Personen und oft 2 Fahrzeuge). Die Gebühren
werden mehr und mehr im ***Self-Registering*** Verfahren erhoben. D.h., die Camper stecken Bargeld nach Eintragung ihrer
Daten in einen bereitliegenden Umschlag und werfen diesen
in eine gesicherte ***Deposit Box***, die einmal täglich geleert wird.

Voller Platz

Wenn ein Platz voll ist, hat man bei ***Self Service*** immer noch
Chancen unterzukommen: man fragt einfach einen anderen
Camper mit großzügigem Areal, ob er ein Dazustellen gestattet
und bietet an, die Gebühren voll zu tragen. Häufig klappt's.

Auf **privaten Plätzen** überwiegt die Berechnung einer Basisgebühr für 2 Personen plus Aufschlag für jeden zusätzlichen
Gast, ➪ Seite 198.

**Strom,
Wasser,
Abfluß/
Hook-up**

Besitzer von Campfahrzeugen können ihren eingebauten Komfort nur dann voll nutzen, wenn auf dem Campingplatz Wasseranschluß, Abflußrohr und Steckdose vorhanden sind.

Die meisten kommerziell betriebenen *Campgrounds* und auch
viele *State Parks* (➪ Seite 197) verfügen daher über sog. ***Hook-
ups***, Steckdosen, Wasserhahn und Abwasserloch an den Stellplätzen. Häufig sind auch ***Sites***, die nur ***Electricity and Water***
bieten. Sind alle drei Anschlüsse vorhanden, spricht man von
einem ***Full Hook-up***. Naturgemäß kosten solche Stellplätze
mit Anschlüssen mehr als andere.

Mit weitsichtiger Disposition kommen RV-Fahrer aber ganz
gut ohnedem aus. Denn auf manchen Rastplätzen und *Campgrounds* ohne *Hook-up*-Einrichtung sowie in *National-* und
State Parks befinden sich sog. ***Dump-/Dumping-*** oder ***Sewage-
Stations***, wo – manchmal gegen eine Sondergebühr – Schmutz-
wasser abgelassen und Trinkwasser aufgefüllt werden kann.

Hook-up   Auch **Tankstellen** und **Truck Stops** haben bisweilen eine *Dump Station*. Service. **Strom** benötigt man im Camper an sich nur zum Betreiben der Dachklimaanlage bei großer Hitze oder für Mikrowelle, Fernseher und Haartrockner. Fürs Licht ge-

nügt die Kapazität der bei allen Mietfahrzeugen vorhandenen zweiten Batterie (sie wird unabhängig von der Motorbatterie aufgeladen), sofern man keine längeren als 2-tägige Standzeiten ohne Motorlauf hat.

Genaugenommen ist der **Clou moderner Campingfahrzeuge** der Umstand, daß sie auch ohne zeitgleiche äußere Versorgung jeden Komfort bieten. Gerade mit ihnen ist also ein bequemes Camping abseits der allzu perfekten Zivilisation möglich. Die Realität zeigt indessen, daß gerade Motorhomefahrer den Vollanschluß besonders suchen. Verständlich immer dann, wenn mehrere Tage oder länger Verweilzeiten eingeplant sind, bei täglichem Ortswechsel aber eher unnötig.

Wasseranschluß, auf der Rückseite die Steckdosen. So elegant und sauber sieht es aber leider nicht überall aus.

Wäsche unterwegs

Zum Campen, wenn die Reisezeit 2 Wochen überschreitet, gehört unvermeidlich das gelegentliche **Wäschewaschen.** *Münzwaschautomaten gibt es auf den meisten privaten Campingplätzen und bisweilen auch auf den stark frequentierten staatlichen Campgrounds. In Dörfern und Städten sind die* **Coin-Laundries** *oder* **Laundromats** *(Münz-Waschsalons) kaum zu übersehen. In den üblicherweise installierten Maschinen bewegt sich statt der Trommel eine Art Propeller hin und her und quirlt die Wäsche durcheinander. Die Einstellung "hot" heißt nicht etwa Kochwäsche, sondern entspricht der Temperatur des zulaufenden Heißwassers (keine Nachheizung in der Maschine). Nach etwa 20 Minuten ist der Vorgang beendet und das Ergebnis selten befriedigend. Bei höheren Ansprüchen an den Grad Sauberkeit fügen Amerikaner dem Waschmittel (**Detergent**) die bei uns kaum noch bekannte Bleiche (**Bleach**) hinzu.*

Wasser-qualität

Ein Problem in vielen Städten, aber auch auf Campingplätzen weitab großer Siedlungen ist die Wasserqualität. Amerikanisches Leitungswasser wird im allgemeinen stärker als bei uns mit Chemikalien behandelt, um auch noch den letzten eventuell gesundheitsschädlichen Keim abzutöten. Man riecht und schmeckt es. Für Kaffee und Tee, oft auch zum Kochen empfiehlt sich, das Leitungswasser zu meiden und **Drinking Water** aus dem Supermarkt zu benutzen. Es wird überall in 1- und 2-Gallonen-Behältern ab $0,60/*Gallon* verkauft.

3.6.2 Alles über Campingplätze

Die gute Wahl der Übernachtungsplätze macht bereits den halben Erfolg einer Campingreise durch die USA aus. Die Campingführer listen im wesentlichen Ausstattungsmerkmale und geben leider so gut wie keine brauchbaren Hinweise auf andere Qualitäten wie etwa die landschaftliche Lage, Größe einzelner Stellplätze usw. Aufschlußreich ist in dieser Beziehung die **Trägerorganisation**. Im folgenden erfährt der Leser, wodurch sich staatliche *Campgrounds* untereinander und von denen der privaten Betreiber unterscheiden.

Staatliche Plätze - *Public Campgrounds*

National Parks

Die Campingplätze in Nationalparks, -monumenten und weiteren Einrichtungen unter Verwaltung des *National Park Service* liegen überwiegend in reizvoller Umgebung und zeichnen sich durch großzügige Aufteilung aus. Einige sind wegen des Massenandrangs in der Hochsaison von erheblichen Ausmaßen. Die Mehrheit der Plätze verfügt neben den üblichen Ausstattungsmerkmalen (siehe oben) nur über einfache sanitäre Einrichtungen. Lediglich ausgesprochene Groß-anlagen (*Yellowstone, Grand Canyon, Yosemite*) bieten mehr Komfort, der aber bezahlt werden muß. Die Kosten liegen zwischen **$7 und $16 je Nacht** und Stellplatz. Manchmal gratis sind **Walk-in-Campgrounds** abseits der Straßen. Für ihre Benutzung benötigt man ein **Camping-Permit**, das in Besucherzentren und *Ranger Stations* der Parks ausgestellt wird.

Internet und Reservierung auf Seite 200

National Forest

In den riesigen Wäldern (nicht nur) der Weststaaten hat der *National Forest Service* unzählige Campingplätze der – sanitär gesehen – Einfachkategorie angelegt. Unter ihnen befinden sich **traumhafte Anlagen** inmitten sonst unberührter Natur. Die Erfahrung lehrt, daß ein paar Extra-Kilometer Forstweg (*Forest Road*) sich fast immer lohnen, wenn man ein hübsches, ruhiges Plätzchen für die Nacht sucht. Auch in der Hochsaison sind die etwas abgelegeneren **NF-Campgrounds** nur ausnahmsweise voll belegt. Und wenn, dann hindert den Reisenden nichts und niemand, ganz legal und gebührenfrei Quartier abseits im Wald zu nehmen (*dispersed camping*).

Siehe dazu das Essay *America, the Beautiful* auf den Seiten 28/29

Lage und Gebühren der NF-Plätze

NF-Plätze sind nur sehr sporadisch in den konventionellen Campingführern verzeichnet, mehr in den *AAA Campbooks* und vor allem – soweit es die preiswerten Plätze betrifft –- in eingangs erwähnten Führern für Billig-*Campgrounds*. Markierungen in den **Karten der Bundesstaaten** und im ***Rand Mc Nally Atlas*** weisen oft auf deren ungefähre Lage hin. Genaue und vollständige Karten erhält man in den regionalen Büros des *Forest Service'*. Die Übernachtungskosten betragen zwischen **$0 und $14**. Die Höhe richtet sich weniger nach der Ausstattung, die über fließend Kaltwasser und Plumpsklos/Chemietoiletten selten hinausgeht, als nach verkehrstechnischer Lage. Am teuersten sind leicht erreichbare Plätze im Umfeld von Nationalparks und generell in Kalifornien. Mit zunehmender Entfernung zur nächsten asphaltierten Straße fallen die Gebühren. Nur zu Fuß, Pferd oder Boot zugängliche Plätze und *Campgrounds* "weit ab vom Schuß" sind gratis.

Internet und Reservierung auf Seite 200

Die *National Forest Campgrounds* unterliegen durchweg der **Selbstregistrierung**. Dafür müssen genügend kleinere Dollarscheine zur Hand sein. Manche stark frequentierten Plätze werden neuerdings von privaten Diensten betreut, was eine Anhebung der Gebühren auf $10-$14 zur Folge hatte.

Erläuterung der Selbstregistrierung auf einem der National Forest Campgrounds (Fee Area = Gebührenpflichtiges Areal)

State Parks

Alle amerikanischen Bundesstaaten unterhalten **State Parks**, in denen die Bürger Erholung finden, die *Outdoors* genießen und das historische Erbe des jeweiligen Staates erfahren sollen. Zu vielen *State Parks* gehören Campingplätze; oft stand das Campingmotiv bei deren Errichtung sogar im Vordergrund. Die **State Park Campgrounds** weisen von Staat zu Staat und auch innerhalb eines Staates recht unterschiedliche Merkmale auf.

State Parks

Internet
und Reser-
vierung auf
Seiten 199

Manche verfügen über hohen sanitären Komfort mit Wasser- und Stromanschluß an allen Stellplätzen, andere sind eher den *National Forest Campgrounds* vergleichbar. So oder so, Lage und Anlage der *State Park* Areale im Westen sorgen mit wenigen Ausnahmen (Wyoming) für **erfreulichste Camping-bedingungen**. Die **Übernachtungskosten** variieren mit dem Komfort; sie betragen **$10-$25** pro Nacht, mehrheitlich um $12-$18. Am teuersten sind die kalifornischen *State Parks*.

Lage

State Parks sind fast ausnahmslos in Campingführern verzeichnet und **auf allen Karten** deutlich markiert.

BLM

Internet
http://www.
blm.gov

Das ***Bureau of Land Management*** (des Innenministeriums) unterhält im Westen ca. **240 sanitär einfache *Campgrounds*** auf Ländereien, die nicht in die Zuständigkeit des *National Forest Service* fallen. Sie liegen meist abseits großer Straßen in reizvoller Umgebung. Ein BLM-Platz in der Nähe der eigenen Fahrtroute ist die Mühe eines kleinen Umwegs über bisweilen rauhe Zufahrten (landschaftlich) durchweg wert. Die **Gebühren** für Plätze des *Land Management* liegen bei $4-$10.

Corps of Engineers

Internet
auf
Seite 200

Die **Pioniere der US-Armee** sind in Friedenszeiten vornehmlich mit zivilen Projekten befaßt, speziell mit Staudammbau und Stauseewartung. Die von ihnen an *Reservoirs* im gesamten Westen, vor allem aber in Kalifornien angelegten Plätze gehören meist zur preiswerten Einfachkategorie und eignen sich gut für Zwischendurchübernachtungen.

Cities & Counties

Viele **Städte** und **Landkreise** unterhalten in eigener Regie Campingplätze sehr unterschiedlicher Qualität und Ausstattung. Motive sind Naherholung für die Bürger der Region und Förderung des lokalen Fremdenverkehrs. Die **Kosten** liegen daher tendenziell auf **niedrigem** Niveau. Manchenorts wird keine Gebühr erhoben, sondern eine Spende erwartet.

Indianer-Reservate

Überwiegend **einfache *Campgrounds*** findet man zu meist moderaten Gebühren in Indianerreservaten. Sie stehen oft in Zusammenhang mit besonderen Sehenswürdigkeiten wie z.B. dem **Monument Valley** *(Navajo)* oder den **Mesas** der *Hopi* Indianer, wurden aber in landschaftlich attraktiven Gebieten auch zur Unterstützung der Reservatswirtschaft angelegt. So z.B. in den *White Mountains* von Arizona *(Apache)* und den *Sacramento Mountains* in New Mexico *(Mescalero)*.

Wie findet man diese Plätze?

Die Plätze des **BLM**, des **CoE**, der **Cities & Counties** und in den **Reservaten** erfahren eine sehr unterschiedliche Dokumentation in den Campingführern. Die **AAA-Campbooks** listen sie zumindest teilweise. Im **Woodall's** und anderen findet man sie bis auf die städtischen und kreiseigenen Plätze so gut wie nicht. Dafür sind die preiswerteren unter ihnen in der Spezialliteratur für Billigplätze ziemlich lückenlos berücksichtigt. Das Buch **Americas Secret Recreation Areas** beschreibt alle ***Campgrounds*** des BLM ausführlich mit *Trails* etc.

Kommerziell betriebene Plätze

Ausstattung/ Kosten

Über die kommerziell betriebenen Campingplätze lassen sich **allgemeingültige Aussagen** nur in sehr grober Form machen. Alle bezüglich Komfort und Lage denkbaren Kategorien sind vorhanden. Es überwiegen Anlagen mit *Hook-up*-**Angebot** (⟲ oben) und deutlich knapperem Zuschnitt der Stellplätze als auf staatlichen *Campgrounds*. Die **Preisgestaltung** orientiert sich an der Ausstattung und der Nähe zu touristischen Reiserouten und -zielen. Die **preisliche Untergrenze** für einfache und /oder abgelegene Privatplätze liegt bei ca. $12. Im Umfeld von Attraktionen (Nationalparks, Badeorte) und im Einzugsbereich der *Big Cities* wird es schnell teurer. Für **$30/Nacht und mehr** erhält der Camper dort sein betoniertes Plätzchen, 1a-Sanitäreinrichtungen, Waschmaschinen, Pool, Minishop, Fernsehraum etc., aber dafür auch den Nachbarn auf Tuchfühlung.

Lage

Nur wenige kommerziell geführte *Campgrounds* können es in puncto landschaftliche Einbettung und Anlage mit der staatlichen Konkurrenz aufnehmen. Aus Gründen der Auslastung befinden sie sich eher in **günstiger Position**, d.h., häufig in der Nähe vielbefahrener (lauter!) Straßen und *Interstate-Freeways*.

Qualität privater Plätze

Geht man bei der Auswahl der Plätze nach den Ausstattungskriterien der Campingführer und nach der darin enthaltenen vollmundigen Werbung, wird man sich oft wundern über die Diskrepanz zwischen Realität und Anzeigen. Vor allem der **Zustand der Sanitäranlagen** ist oft ein wunder Punkt.

Camping-Ketten

Die Mehrheit der *Campground*-Betreiber ist unabhängig. Aber es gibt auch Campingplatz-Ketten (in erster Linie **KOA** und **Good Sam**). Während *Good Sam Campgrounds* als loser Verbund zusammenarbeiten und die Einhaltung gewisser Richtlinien garantieren, sind die fast **700 Kampgrounds of America** eine straff geführte Franchise-Kette. Sie bieten ihren Kunden überall einen schon äußerlich nahezu identischen Standard und verfügen alle über eine **800-Reservierungsnummer**.

KOA

KOA lockt die Kunden der Campmobilvermieter gerne mit einer gratis ausgeteilten **Value Card**, die einen 10%-igen Rabatt auf die Übernachtungskosten und ab der 4. Nacht (in der Vor- und Nachsaison oft von Anfang an) auf vielen Plätzen sogar 25% garantiert.

Auch mit Discount bleibt KOA meist in der preislichen Oberklasse **ab $20** und häufig noch erheblich mehr. Der Erfolg von KOA läßt sich neben dem guten Marketing der Kette und der Lage der Plätze am besten mit der sanitären Nachlässigkeit der Konkurrenz erklären. Auch viele staatliche *Campgrounds* sind unter diesem Aspekt nicht jedermanns Sache. Bei KOA kann man ziemlich sicher sein, daß **Toiletten- und Duschanlagen** einen akzeptablen bis guten Standard nicht unterschreiten. Viele Plätze sind dabei sogar vorbildlich.

KOA im Internet: http://www. koacamp grounds.com

Good Sam

Das gilt auch für *Good Sam Campgrounds*, die ebenfalls nicht zu den billigsten gehören, wenngleich die Qualität der sanitären Einrichtungen und die sonstigen Merkmale stärkeren Schwankungen unterworfen sind als bei KOA.

Reservierung

Private Plätze

Fast alle privaten Campingplätze lassen sich telefonisch reservieren. Die Nummern finden sich in Campingführern und – im Fall besonders empfehlenswerter Plätze – im Reiseteil dieses Buches. Wie bei den Hotels werden Reservierungen oft nur dann akzeptiert bzw. auch für eine Ankunft auch nach 18 Uhr garantiert, wenn der Anrufer eine **Kreditkartennummer** nennt. Auch bei Nichterscheinen wird diese dann belastet.

Staatliche Plätze

Für die staatlichen Plätze gilt überwiegend die Regel *first-come-first-served*, d.h., jeder offensichtlich unbesetzte Stellplatz in Nationalparks etc. kann als frei betrachtet und belegt werden. Die Anzahl der **Ausnahmen** steigt leider:

State Parks

Schon seit jeher gehören dazu viele **State Park Campgrounds**. Man reserviert sie durch Anmeldung direkt im Einzelpark oder im Fall von **California, Colorado, Oregon, Texas, Utah** und **Washington State** (im Osten für Georgia, Michigan, New York und Virginia) über einen zentralen Service **per Kreditkarte**. Üblich ist eine *Reservation/Storno Fee* von $5-$7 pro Reservierung (unabhängig von der Zahl der Nächte). Der einmal bezahlte Platz wird gehalten, egal, wie spät man ankommt. Das hört sich gut an, führt aber oft zu vollbesetzten *State Parks* bei teilweise freien Stellplätzen. Denn besonders am Wochenende ist manchem die Sicherstellung schon mal die Campgebühr plus *Fee* wert, die man zur Not verfallen läßt. Andere kommen dort nicht mehr unter – alles gebucht und bezahlt!

800-Nummern können auch von Europa aus angerufen werden, kosten aber die normale Auslandsgebühr, ⇨ Seite 225

Zentrale Reservierungsnummern sind:

✆ **California**	1-800-444-PARK (7275)
✆ **Colorado**	1-800-678-CAMP (2267))
✆ **Oregon & Washington**	1-800-452-5687
✆ **Texas**	1-512-389-8900
✆ **Utah**	1-800-322-3770

State Park Information und Reservierung via Internet

Für diese und die oben in Klammern genannten Staaten kann die Reservierung auch übers *Internet* erfolgen und zwar unter der neuen (teilweise erst ab Mai 1999 gültigen) Adresse

http://www.park-net.com

Von zu Hause aus ist das kostengünstiger als Anrufe in den USA, zumal Name, Adresse etc. nur einmal registriert werden müssen. Gleichzeitig bieten die *Websites* von *park-net* eine hervorragende Informationsmöglichkeit. Alle Parks sind genau beschrieben samt **Karte der** *Campgrounds*.

National-parks/ Biospherics

Der *National Park Service* läßt **einen Teil** seiner Camping-plätze in den populärsten Parks seit 1998 zentral über die Firma *Biospherics* vergeben. Im Westen sind das *Death Valley, Glacier, Grand Canyon, Joshua Tree, Mount Rainier, Rocky Mountain, Sequoia/Kings Canyon, Whiskeytown-Shasta NRA, Yosemite* und *Zion.*

Wer sichergehen möchte, in den zentral gelegenen (**in keinem Fall** sind **alle Plätze** dieser Parks betroffen) und/oder besonders komfortablen Plätzen unterzukommen, kann **ab dem jeweils 15. eines Monats bis zu drei Monate im voraus reservieren**:

Toll-free © 1-800- 365-CAMP, aber für <u>*Yosemite NP*</u> 436-7275
Reservierungsanfrage per Fax: 001 301 722-1174
Reservierungsanfrage per e-mail: nprs@biospherics.com
Information im Internet: http://reservations.nps.gov

Wer faxen oder *e-mailen* möchte, kann einen Text wie nebenstehend verwenden, der sich auch als Gerüst für eine telefonische Ansprache eignet. Dabei ist die Kreditkartennummer unbedingt erforderlich. Die Belastung erfolgt nach Reservierung. Den *Voucher* schickt *Biospheric* auch ins Ausland.

National Forest

Die große Mehrheit der NF-Plätze und der *Campgrounds* des *CoE* bleiben zum Glück der Reihenfolge der Ankunft vorbehalten. Aber schon seit Jahren lassen sich besonders populäre Plätze des *NFS* vor allem im Bereich der Nationalparks und anderer Touristenattraktionen reservieren.

Für die **Saison 1999** wurden die bisher dezentralen Reservierungsdienste auf eine zentrale *toll-free*-Nummer umgestellt:

© 1-877-444-6777 und © 518-885-3635

Gleichzeitig sind nun Plätze des *CoE* verfügbar. Ein **Internet Service** (**National Recreation Reservations**) nimmt im Frühsommer 1999 seine Dienste auf. Dort sollen detaillierte Informationen über alle einbezogenen Plätze verfügbar sein:

http://www.reserveusa.com

Traum-camping im Arches Park. Das Bild zeigt einen voll belegten Campground! So großzügig können staatliche Plätze sein.

Reser-
vierungs-
anfrage

Für
Sommer-
anfragen
unbedingt
am ersten
möglichen
Tag faxen
bzw. übers
Internet:
jeweils am
15. eines
Monats,
↪ *Text links*

Auf keinen
Fall das
Ablauf-
datum
(expiration
date) der
Kreditkarte
vergessen

Fritz Müller Bergstraße 27 D-12345 Deutschdorf/Germany
Tel # 01 49 1234 5678910
Fax # 01 49 1234 5678912

Fax for Biospherics,
NPS Reservations
001 301 722-1174
U S A

National Park
Campsite Reservation   April 15th, 1999

Dear Sirs,

we are a **family of 4** (2 adults, 2 children) and will travel
through California in July 1999 with a **25 Ft Motorhome**.
We would like to stay at the

Lower River Campground in **Yosemite Valley**
for **2 nights** arriving **August 1st 1999**

If *Lower River* is not available, we would accept reservation
also for another campground in Yosemite Valley.

Please charge my Eurocard 5232 1234 5678 9101,
expiring 07/2000

Yours sincerely
Fritz Müller

Empfehlung

Vorteile
und
Nachteile
der
verschiede-
nen
Plätze

Nach Ansicht des Autors sind die meisten staatlichen Plätze
privaten Anlagen unabhängig von Kostenüberlegungen vorzuziehen, sofern der Vollanschluß nicht im Vordergrund der
Bedürfnisse steht. Das Campen auf ihnen ist im allgemeinen
einfach erfreulicher. Wie bereits erläutert, finden Campmobilfahrer genügend Möglichkeiten, die Ver- und Entsorgung ihres
Fahrzeugs auch ohne *Hook-up* am Stellplatz zu erledigen. Der
kleine Nachteil nicht vorhandener Duschen auf sonst hervorragenden Campingplätzen läßt sich leicht verschmerzen. Gegen
Gebühr kann man unterwegs die Duschen von Privatplätzen
oder *Truck Stops* nutzen oder in manchen Nationalparks öffentliche Duschanlagen aufsuchen. Den **optimalen Kompromiß**
bieten die **State Parks**. Sie sind gut angelegt, verfügen in der
Regel über ordentliche, oft bessere sanitäre Anlagen als mancher Privatplatz und kosten – sogar mit *Hook-up*, so vorhanden – meistens weniger.

3.6.3   Campen ohne Campingplatz

National Forest

Wer auf Forststraßen in die Einsamkeit der *National Forests* vordringt, benötigt nicht unbedingt die Gewißheit, am Ende auf einen Campingplatz zu stoßen, um übernachten zu dürfen. **In Nationalforsten ist Campen auch abseits offizieller Plätze erlaubt**, ⇨ Seite 29. Dort findet sich schon mal ganz ohne Planung eine Zufahrt an einen Gebirgsbach oder einsamen See, wo man herrlich die Nacht oder einige Tage verbringen kann.

Privatbesitz

Wichtig ist die Respektierung von Privatbesitz, denn **Private Property** hat in Nordamerika einen hohen Stellenwert. Selbst in abgelegenen Regionen ergeben sich bisweilen unerwartete Probleme. Scheinbar kaum benutzte Wege führen bisweilen wirklich an den erhofften See, aber am Ende nicht selten auch auf private Wochenendparzellen. Selbst wenn nach Meilen beschwerlicher Anfahrt die Versuchung groß ist, man sollte zeitweise verlassene Grundstücke nicht zum privaten Campingplatz machen. Böser Ärger könnte die Folge sein.

Cities

In einigen Großstädten gibt es keine, sehr teure und/oder nur weit vor den Toren der Stadt gelegene Campingplätze. Von der vielleicht aufkommenden Idee, **in städtischen Parks** oder auf deren Parkplätzen stadtnah und gratis zu übernachten, muß dringend abgeraten werden, denn die Gefährdung durch **Kriminalität** ist im Zweifel erheblich. Eben deshalb gehören die Parks auch zu regelmäßig von der Polizei kontrollierten Zonen. Da das **Übernachten in Campmobilen auf innerstädtischen Plätzen und Straßen generell untersagt** ist, wird der illegale Camper günstigenfalls zur Weiterfahrt aufgefordert, wenn er Pech hat, mit einer Geldstrafe belegt.

Rest Areas

Speziell bei längeren Autobahnfahrten oder als Ausweichlösung für **Campmobilfahrer** besteht in den Staaten **Arizona, Nevada, New Mexico, Utah, Oregon, Idaho, Washington** und **Montana** die Möglichkeit auf Rastplätzen an den *Interstates* zu übernachten. Das *Overnight Parking* ist dort erlaubt.

Offiziell erlaubtes, "unorganisiertes" Campen am Ufer des Lake Powell bei Hite (Utah)

Indian Hills Campground

Das ist gar nicht so einfach. Vom Freeway rechts ab, right turn bis Highway 220, dann drei Meilen zur Banducci Street, links abbiegen, eine weitere Meile und wir sind auf dem Gelände der Indian Hills Ranch.

Wer europäische Maßstäbe gewöhnt ist, wird sich das nicht vorstellen können, soll nur schlicht glauben: Ein Campingplatz von mehreren Quadratmeilen Größe, vorgesehen für vielleicht 100 Gäste. Da sieht man am Horizont eine Gruppe von Eichen und erfährt, aha, das ist der nächste Stellplatz. Aber es steht bereits ein einsames Motorhome darunter, die ganze Gegend, soweit das Auge reicht, ist also besetzt.

Man bewegt sich auf ausgefahrenen Staubstraßen, die sich Buffalo Road oder Two Lakes Road nennen. Ein Glück, daß es den Manager gibt, der mit seinem Truck wegweisend und Staubwolken aufwerfend voranfährt, eine knorrige Gestalt in Wochenhemd und Jeans; Pferdeschwanz, wilder Bart, gesetztes Alter, aber immer noch ganz da, eine Art Wild Bill Hickock. Von Germany hat er schon gehört, da muß alles auf engstem Raum sehr ordentlich zugehen.

Zu Recht schickt er, als wir abends bei Dunkelheit von einem Townbummel zurückkehren, Böses ahnend seine Tochter mit Pick-up hinter uns her. Wir finden uns prompt nicht zurecht im Gewirr der Staubstraßengleise und hätten ohne ihre Lotsendienste wohl unorganisiert auf freier Wildbahn dem Morgen entgegenharren müssen. Haben Sie sich schon einmal auf einem Campingplatz verirrt? Doch wohl kaum. Im übrigen ist der Platz so gut wie besetzt. An einem der Seen findet nämlich ein Veteranen-Meeting statt. Wettangeln unter dem Motto "America is Number One Thanks to Our Veterans", wie ein Spruchband ausweist. "It's a bit crowded up here", meint der Manager und empfiehlt uns, ein wenig abseits zu bleiben, bis sich das gelegt hat.

Hans Löwenkamp

Sicherheit   **Abseits offizieller Plätze** kann Vor- und Umsicht nicht schaden. Obgleich das Risiko gering erscheint, außerhalb von Ballungsgebiete Opfer eines Verbrechens zu werden, sollte man immer darauf achten, daß der Platz nicht von irgendwoher einsehbar ist und möglichst niemand die erfolgreiche Platzsuche beobachtet. Das Fahrzeug sollte so stehen, daß man ohne Rangieren davonfahren kann. Zur Frage der allgemeinen Bedrohung durch Kriminalität ▷ Seite 17.

3.7   Essen und Trinken

3.7.1   Selbstverpflegung

Lebensmittel

Super-
märkte

Die Selbstversorgung auf Reisen bereitet in den USA bekanntlich keine Schwierigkeiten. Supermärkte (*Food Marts*) von regelmäßig kolossalen Ausmaßen findet man bis hinunter ins kleinste Nest. Die meisten sind Filialen nationaler oder regionaler Ketten wie *Safeway, Albertsons, Fred Meyer* (!) u.v.a.m. In größeren Ortschaften sind *Food Marts* häufig integriert in *Shopping Center bzw. Plazas*, die unübersehbar die Ausfallstraßen zieren. Amerikanische Supermärkte verfügen über ein extrem breites Angebot und haben **fast ausnahmlos bis mindestens 21 Uhr, bisweilen Tag und Nacht** geöffnet.

Einziger Supermarkt im ganzen US-Westen mit der Bezeichnung "Lebensmittelgeschäft" (in Boulder zwischen Bryce Canyon und Capitol Reef Parks)

Mini-
Märkte

Außer in Supermärkten gibt es Lebensmittel, aber kaum Obst, Gemüse und Frischfleisch, in teilweise rund um die Uhr betriebenen **Mini-Marts** (*Circle K Stores, K-Food Stores, am/pm, 7 to 11 Store*s, u.a.). Sie sind mehrheitlich mit Tankstellen kombiniert und fungieren außerdem mit *Cold Drinks, Coffee, Ice Cream, Popcorn, Hot Dogs* und allerhand weiteren Snacks als **Versorgungsstationen für Autofahrer**.

Ländliche
Läden

Weitab des modernen *American Way of Life* stößt man immer noch auf den ländlichen **General Store**, einen klassischen Gemischtwarenladen, der von der Milch bis zum Angelhaken alles führt, was die Kunden im Einzugsbereich nachfragen. Zu dieser Kategorie gehören auch die Läden in Nationalparks, die voll auf die Touristenversorgung eingestellt sind.

Preise

Im regulären Lebensmittelsupermarkt verbinden sich größte Auswahl und günstigste Preise. Nahrungsmittel kosten in den USA bei einem Kurs um 1,80 DM für den Dollar mehr als bei uns.Preiswerter sind Tiefkühlprodukte und Steaks, aber

Preise

vielfach auch Obst und Gemüse, besonders zu Erntezeiten im Anbaugebiet. Wer Wert auf gesunde Ernährung legt, muß für **Health Food** ohne Chemie, Yoghurt, reine Fruchtsäfte etc. indessen relativ viel Geld ausgeben.

Brot

Das gilt auch für akzeptable **Brotsorten**, die unserem Grau- oder Mehrkornbrot nahekommen. Das pappige Einfachbrot, ob weiß, braun oder "schwarz", ist billig.

Salat-Theken

Eine bei uns im Supermarkt kaum zu findende Spezialität sind **Salad Bars**, an denen man sich selbst auflädt und an der Kasse pfundweise abrechnet. Auch dampfende **Suppentöpfe** und anderes mehr stehen häufig zur Selbstbedienung bereit.

Nettopreise/ lbs-kg

Die Nettopreisauszeichnung bezogen auf die englische Maß- einheit *lb* (= *pound*; ein Pfund entspricht etwa 450 Gramm) läßt Preise leicht niedriger erscheinen, als sie in Wirklichkeit sind. Um den Endpreis für ein Kilo zu erhalten, müssen der *lb*-Preis verdoppelt, 10% aufgeschlagen und ggf. weitere 5%-8% für die Umsatzsteuer (*sales tax*) addiert werden. **In einigen Staaten sind Lebensmittel umsatzsteuerbefreit.**

Folgende Hinweise erleichtern den Einkauf:

Fleisch/ Steak

Fleisch kauft man nur im Supermarkt. Spezielle Schlachter- läden gibt es nicht. Die vielfältigen Bezeichnungen für Rind- fleisch sind uns nur teilweise geläufig. Für den abendlichen Grill eignen sich vor allem **Prime Rib, Sirloin, New York und Porterhouse Steaks. Tenderloin (Filetsteak)** ist noch besser, aber vergleichsweise teuer ebenso wie das beliebte **T-Bone Steak.** Man hüte sich vor preisgünstigen Stücken der Sorten *Brisket, Chuck-* und *Roundsteak,* auch wenn sie noch so gut aussehen; sie sind oft zäh wie Leder und nur nach ausgiebiger Behandlung mit **Meat Tenderizer** (Weichmacher) zu genießen.

Fisch

Gleich neben dem Fleisch befinden sich in allen Supermärk- ten die Fischvitrinen. Regional unterschiedlich gibt es den tollsten Frischfisch wie **Lachs, Forelle, Thunfisch, Hai, Okto- pus** etc. zu mitunter moderaten Preisen. Besonders im Bereich der Pazifikküste ist das Angebot groß und fangfrisch.

Wurst

Wurstwaren, überwiegend vakuumverpackt, schmecken nicht wie gewohnt; auch Marken wie *Oscar Mayer* und *Schneider* können darüber nicht hinwegtäuschen. Wurst darf in den USA **mit pflanzlichen Zusatzstoffen** vermischt sein und muß nur zu einem geringen Teil aus Fleisch bestehen. Die Liste der Zusätze ist bei allen Produkten lang. Lose Ware und viele Salate gibt's an der Schlachter- oder **Deli (katessen)-Theke.**

Milch und Käse

Milch gibt es von **Non Fat** (ohne Fett) über 1%-2% **Low Fat** bis zu 3,5%iger **Homo Milk** (Vollmilch). Sie ist immer mit Vita- min A+D angereichert. Der amerikanische **Cheddar Cheese** in 4 Abstufungen von *mild* bis *extra sharp* schmeckt ganz gut.

Cheese

In **Delis** findet man (teure) importierte und ausgefallene einheimische Käsesorten wie *Strawberry* (rosa!) oder *Chocolate Cheese*. Das Ausgangsprodukt Käse läßt sich in manchen Fällen kaum noch ausmachen. "Chemiekäse" ohne nennenswerten Anteil an Milchbestandteilen heißt **Cheese Substitute,** das oft als Pizzabelag dient.

Obst und Gemüse

Das Angebot an Obst und Gemüse variiert mit der Region und Saison. Normalerweise ist die Auswahl reichhaltiger als bei uns. Preiswertes **Produce** gibt`s an Straßenverkaufsständen in den Obstanbaugebieten Kaliforniens und Oregons zwischen Küste und Sierra Nevada bzw. Kaskaden, in der *Napa Valley* Region und im zentralen Washington östlich der Kaskaden.

Cereals/ Müsli

Ein deutschsprachiger Begriff für *Cereals* fehlt. Zu ihnen zählen *Cornflakes, Rice Crispies* usw. In Amerika gibt es eine unübersehbare Menge von – meist viel zu süßen – Varianten. Qualitativ kaum zu schlagen sind die müsliähnlichen *Cereals* der kanadischen Marke **Quaker**, die sich neben den Produkten des Monopolisten *Kelloggs* in den Regalen behauptet.

Lose Ware

Müsliprodukte sind auch als **Bulk Food** zu haben. In offenen Behältern werden Haferflocken, Nüsse, Rosinen etc. lose angeboten. Man füllt die gewünschte Menge selbst ab und notiert die Kennziffer der Ware auf der Tüte.

Tiefkühl- kost

Besonders gut gefüllt sind Tiefkühltruhen und -schränke. Wer im Wohnmobil über einen Backherd oder Mikrowelle verfügt, kann seine Speisekarte preiswert durch tiefgefrorene **Fertigmahlzeiten** bereichern.

Kuchen

Kuchen und Kekse (**Cake** bzw. **Cookies**) erfreuen sich großer Beliebtheit, aber für den mitteleuropäischen Geschmack findet sich im Supermarkt nicht viel Genießbares. Vor allem liegt das am hohen Süßegrad und dem ausgeprägten Einsatz von Chemie. Ganz gut schmecken **Donuts**, vor allem, wenn sie frisch aus der supermarkteigenen **Bakery** kommen.

Kaffee/Tee

Der grob gemahlene und anders geröstete amerikanische Kaffee wird bei vielen Kaffeefreunden nicht gerade auf Gegenliebe stoßen. Hier und dort gibt's **Melitta-Kaffee**, der fast so schmeckt wie bei uns, und überall neuerdings **Kaffeebeutel** fürs schnelle Aufbrühen. Die **Teeauswahl** ist außer in wenigen Fachgeschäften dürftig und besteht vor allem aus Teebeuteln einiger großer Hersteller. Wer seine Kaffee- oder spezielle Teesorte auch im Urlaub nicht missen möchte, sollte **seinen Bedarf von zu Hause mitbringen und dabei sogar noch sparen.**

Wasser

Das **Leitungswasser** in Amerika ist zum Trinken häufig ungenießbar (*Schwimmbadqualität* schrieb ein Leser) und eignet sich ebensowenig für Kaffee- oder Teegenuß. Amerikaner kaufen deshalb **Purified Water** im Supermarkt in 1- bis 2-Gallonen-Behältern oder füllen dort eine Spezialkaraffe auf.

Alkoholfreie Getränke

Bei nichtalkoholischen Getränken muß man aus der Vielfalt farben- und chemieprächtigen Sprudel- und Brausearten erst herausfinden, was genießbar ist. Selbst *Sprite, Fanta, Coca-* und *Pepsi Cola* schmecken anders als gewohnt. **Die Amerikaner lieben es süßer.** Der natürliche Fruchtgehalt von Fruchtsäften ist manchmal extrem niedrig. Hundertprozentige Fruchtsäfte sind teuer, es sei denn, man kauft sie als tiefgefrorenes Konzentrat. Mit Kohlensäure versetztes **Mineralwasser** gibt es als *Soda Water* in 1-2-Liter-Plastikflaschen halbwegs preiswert nur in Supermärkten. In kleineren Läden findet man äußerstenfalls die teuren Sorten *Canada Dry* oder *Perrier.*

COFFEE BARS UND KAFFEE

Die amerikanische **Cup of Coffee** *spaltet die Besucher aus Europa in zwei Lager. Die einen empfinden den Kaffee als braune Plörre, die anderen trinken ihn wie die Amerikaner gleich literweise, zumal ein* **Refill** *– ein-, zwei- oder mehrmals nachgeschenkt – üblicherweise kostenlos ist.*

Relativ neu sind Ketten wie **Coffee Connection** *oder* **Star Buck**. *Neben einer endlosen Liste aromatisierter Kaffeesorten gibt es dort sogar* **Espresso, Cappuccino** *oder einen* **Café aux Lait** *zum Croissant oder Muffin. Aber selbst der teuerste Edelkaffee kommt oft nur im Plastikbecher.*

Alkoholika

Alkohol-verkauf

Alkoholische Getränke jeder Art werden in den Weststaaten der USA **in Supermärkten** und **Schnapsläden** (*Liquor Stores*) verkauft. In mehreren Staaten gibt es hochprozentige Alkoholika ausschließlich im *Liquor Store*. In Utah führen Supermärkte nur Bier und Wein, soweit ihr Alkoholgehalt 3,2% nicht übersteigt. Die meisten Staaten untersagen den Alkoholverkauf nach einer bestimmten Zeit am Abend und/oder an Sonn- und Feiertagen. Ebenfalls untersagt ist die Abgabe von Alkohol an **Personen unter 21 Jahren**. Auf die Einhaltung dieser Vorschriften wird streng geachtet.

Konsum-gesetze

Besitz und Konsum von Alkoholika unterliegen konsequenterweise den gleichen Beschränkungen. Der berechtigte Personenkreis darf **Alkoholika nur auf privaten Grundstücken** (dazu gehören laut Rechtsprechung auch der Stellplatz auf dem *Campground* und das *Open-air* Lokal an der Straße) **und in Räumen** konsumieren. Öffentlicher Alkoholgenuß gilt in fast ganz Nordamerika als strafwüdiges Vergehen (*Prohibited by Law*) und unterliegt obendrein allgemeiner sozialer Ächtung. Oft stehen **Verbotsschilder** an Orten, wo die Obrigkeit zu Recht den Konsum geistiger Getränke befürchtet: *No Alcoholic Beverages on Beach, in the Park* etc.

Im Auto

Eine weitere allgemeine Vorschrift besagt, daß sich **im Passagierraum eines Autos keine geöffneten Alkoholika** befinden dürfen. Strenggenommen bezieht sich diese Regelung sogar auf den ja während der Fahrt zugänglichen Innenraum eines Campmobils. Bei Fahrten durch Indianerreservate ist (theoretisch) das Mitführen alkoholischer Getränke selbst im **nicht** angebrochenen Zustand untersagt.

Bier

Nordamerikanische Biere sind überwiegend leichte Sorten (***Lager***), an denen ein rechter Biertrinker keinen sonderlichen Gefallen finden wird. Sie sind aber gute Durstlöscher. Die (relativ teuren) kanadischen Marken wie ***Molson*** und ***Labatts*** weisen mehr Würze auf als das Gros der US-Sorten. Unter den besseren US-Marken (um $1/Flasche) befinden sich aber ebenfalls ausgesprochen gute Biere (z.B. ***Samuel Adams***). Bei den hochpreisigen Importbieren besitzen ***Heineken*** und deutsches ***Beck's Bier*** nennenswerte Marktanteile. Da amerikanische Hygienevorschriften aber für einen geschmacksnivellierenden Sterilisationsprozeß sorgen, lohnt sich die Mehrausgabe dafür kaum. Preisgünstiger ist lediglich ***Löwenbräu*** – es wird in den USA produziert und läßt sich trinken. Es kostet wie ein ***Sixpack*** des Marktführers ***Budweiser*** immer um $4; andere Marken gibt es auch schon mal für wenig über $2.

Pfand

Bier gibt es in den **USA** nur in **Einwegflaschen oder Dosen**, die allerdings mit einer Abgabe belegt sind (durchweg 10 Cents). Kinder und Obdachlose sammeln gerne die ***Aluminum Cans*** in Plastiksäcken. In vielen *State* und *National Parks* findet man gesonderte Abfall-Container für Getränkedosen.

Micro Breweries

In den letzten Jahren wurde die bereits totgesagte Tradition kleiner Brauereien wiederbelebt. In zahllosen ***Micro Breweries*** werden heutzutage auf lokaler und regionaler Basis qualitativ ordentliche Biere erzeugt. Sehr häufig sind *Micro Breweries* mit eigenen **Kneipen** und Restaurants verbunden.

Wein

Speziell **kalifornische Weine** können es mit europäischen Produkten ohne weiteres aufnehmen, soweit es sich um die besseren, relativ teuren Sorten handelt. **Portwein und Sherries** der Firma Gallo sind preiswert und akzeptabel. **Deutschen Wein** gibt es etwa ab **$5-$6 die Flasche**, überwiegend Marken wie ***Liebfrauenmilch*** und ***Blue Nun***, oft jahrgangslose Spezialabfüllungen unbestimmter Herkunft für Amerika. Man findet auch gute Importweine, jedoch zu exorbitanten Preisen. Eine Ausnahme machen da nur Weine aus **Osteuropa** und **Chile**, auf die man gelegentlich stößt.

3.7.2 Fast Food Lokale

Übersicht

Zwar regte sich selbst in Amerika seit Jahren – allerdings eher intellektueller – Widerstand gegen die sogenannte **Junk Food** (Abfallnahrung), doch das Angebot von *McDonald's* & *Co* wird von der Mehrheit der Amerikaner voll angenommen. Selbst im letzten Winkel Amerikas findet man noch die Filialen der großen **Fast Food Chains**. Von der Kleinstadt aufwärts besetzen sie die Straßen des Hauptverkehrs in dichter Folge. Wo sich ein **McDonald's** niedergelassen hat, sind **Carls Jr.** und der **Burger King** mit ihren Hamburger-Variationen nicht weit; und **Wendy's** oder **Jack-in-the-Box** stehen spätestens am nächsten *Freeway Exit*. Für Hähnchenteile von **Kentucky Fried Chicken** und das Eis der **Dairy Queen** muß man dann mit Sicherheit auch nicht mehr weit fahren. Um die Gunst der eiligen Kunden konkurrieren außerdem jede Menge lokale Snackbars, Cafeterias und *Coffee Shop*s.

Free Refill

Allen gemeinsam ist das moderate Preisniveau und der weitgehend identische Geschmack aller gängigen Gerichte. Ausnahmslos erfolgt **kein Alkoholausschank**. Dafür kann man sich den *Soft Drink*-Becher in den vielen *Fast Food*-Filialen kostenlos wieder auffüllen lassen: *Free Refill*!

Frühstück

Unabhängig von ihrer Spezialisierung für den Rest des Tages gibt es in vielen *Fast Food Restaurants* morgens von 6–10 oder 11 Uhr *Breakfast*; genauer ➭ Essay Seite 181.

Zu den bekanntesten auch in den Weststaaten verbreiteten Ketten ist folgendes anzumerken:

Hamburger Lokale

– **McDonald's**, meist schon von weitem erkennbar am großen gelben M, serviert bekanntlich vor allem **Hamburger** in diversen Ausführungen, morgens ausschließlich preiswerte und qualitativ akzeptable Frühstücksimbisse. Der **Burger King**, die No. 2 unter den Hamburger-Ketten, unterscheidet sich nur im Namen von *McDonald's* Sortiment, Geschmack und Preise stimmen ziemlich überein; bisweilen gibt es eine kleine **Salad Bar**. Über die verfügt hier und dort auch **Carls Jr.**, eine im Südwesten verbreitete Kette, die mit den Marktführern qualitativ mehr als mithält. Die

im Osten starke Kette **Hardee's** hat im Westen weniger Filialen. Die größte Konkurrenz liefert man sich mit immer größer werdenden **hauseigenen Spielplätzen** (➭ Foto Seite 69), wobei *McDonald`s* eindeutig die Nase vorn hat. Kinder und Eltern lieben die Anlagen der Hamburger-Konkurrenten mit Kunstrasen, Kletternetzen und Rutschen.

Wendy's – *Wendy's* lockt die Mehrheit der Kunden heute weniger mit dem Basisprodukt *Hamburger* als mit einer **Salad Bar**, die in manchen Filialen um *Mexican Food* erweitert ist.

Kentucky Fried Chicken – In den rot-weiß gestreiften *Kentucky Fried Chicken* (**KFC**) Filialen geht`s in erster Linie um überbackene Hähnchenteile mit Beilagen. Wiewohl ein **Chicken-Meal** nicht billig ist und Europäern selten sonderlich schmeckt, erfreuen sich die *Kentucky*-Spezialitäten überraschender Beliebtheit.

Dairy Queen – Auch die *Dairy Queen* Filialen sind unübersehbar. Ursprünglich spezialisiert auf **Milch-Mixgetränke**, Eis und Yoghurt, bietet *Dairy Queen* heute die übliche Palette der **Hamburger Varianten**. *Dairy Queen* präsentiert sich nicht einheitlich. Es gibt sowohl die etwas schmuddelige Dorf-Cafeteria wie den modern gestylten City-Plastikschuppen. Immer jedoch schmeckt das **Eis hervorragend**, insbesondere das *Banana Split* und *Frozen Yoghurt* aller Geschmacksvarianten unter der Bezeichnung *Blizzard*.

Mecican Food – **Tacos, Burritos** und **Tostados** haben sich landesweit durchgesetzt. Diese mexikanischen Spezialitäten findet man überall. Ob nun in der Filiale einer der großen Ketten, wie **Taco Bell, Taco John's, Jack-in-the-Box** (Hamburger und Tacos) oder beim "Dorfmexikaner", kaum irgendwo sonst läßt sich für so wenig Geld der Magen füllen. Und meistens schmeckt es sogar.

Sonderpreise Alle Ketten werben nahezu kontinuierlich mit Sonderpreisen für bestimmte Gerichte oder **Kombinationen von Items**, z.B.: **Large Coke & Cheeseburger & French Fries** (Pommes Frites) für $1,99. Wer auf derartige Angebote achtet und es darauf anlegt, kann mitunter billiger essen als bei Selbstverpflegung.

Drive-in Der besonders eilige Gast verläßt zum *Fast Food*-Imbiß sein Auto nicht, sondern fährt am **Drive-in-Counter** vor. Tatsächlich geht es dort bei Andrang oft schneller als im Lokal selbst.

Zum Fast Food der Ketten gibt's durchaus landestypische Alternativen wie man sieht (hier bei Stanley/Idaho in den Sawtooth Mountains)

3.7.3 Family Restaurants

Obwohl der Begriff des *Family Restaurant* durchaus auch auf die *Fast Food Places* ausgedehnt wird, bezieht er sich doch eher auf ein **Zwischending** zwischen *Fast Food* und *Full Service Restaurants* mit Alkohollizenz, wie sie im folgenden Abschnitt beschrieben sind. Ein Familienrestaurant ist gekennzeichnet durch ein Preisniveau, das sich auch **Familien mit Kindern** leisten können, eine **große Auswahl "amerikanischer" Items**, eine gehobene Plastikeinrichtung und die weitgehende **Abwesenheit von Alkoholika**.

Denny's Restaurant ist immer hervorragend positioniert. Hier zwischen Motel 6, einem Comfort Inn und den Tankstellen von BP und 76

Denny's

Das **Family Restaurant an sich ist Denny's**. Die Filialen von *Denny`s* gibt es überall. Ihre Anzahl dürfte nur von *McDonald's* übertroffen werden. Die meisten *Denny's Restaurants* sind Tag und Nacht geöffnet und servieren die ganze Palette des reichhaltigen *Menu* vom Frühstück bis zum Nachtisch jederzeit. Bei *Denny's* gibt es eine Theke für den eiligen Gast und die in den USA so beliebten Tischabteile (wie in alten Eisenbahn-Speisewagen). Dort wird normal bedient wie im richtigen Restaurant, aber schneller. Eine Plazierung (siehe unten) erfolgt nicht oder wird leger gehandhabt.

Bewertung

Generell gilt: bei *Denny's* wird man satt fürs Geld, und es schmeckt! Eine mengen- und preisreduzierte Speisenfolge wird **Seniors ab 55** geboten. **Empfehlenswert** für unterwegs, wenn *Fast Food* nicht mehr läuft, aber "richtige" Restaurants zeitlich und finanziell zu aufwendig erscheinen.

Stuckey's und andere

Im Westen die klare **# 2** neben *Denny's* ist **Stuckey's**: dasselbe Grundmuster, aber "deftiger" und typischerweise häufig mit *Truckstops* verbunden. Ähnliche, wenn auch nicht so häufig anzutreffende Restaurants dieser Art sind **Shoney`s**, **J.B's**, **Boston Market, Perkins, Steak`n Shake** etc.

Sizzler

Für ein preiswertes, schmackhaftes Steak und eine überbordende **Salad Bar** geht nichts über das **Sizzler Steakhouse**. Auch gut mit Kindern, da oft gilt: **Kids eat free with adults**. Aber selbst wenn nicht, auf jeden Fall gibt`s **Kinderteller** und **Kinderauswahl** am Dessertbuffet. Mit der Salat-, Nachtisch- und Sonstwastheke praktiziert *Sizzler* eine **Mischung aus Self-Service und Bedienung**. **Steaks, Seafood**, heiße Beilagen und Getränke werden gebracht. Dabei geht's nicht ohne **Tip** ab.

Die schlanken Tannen auf dem Wandbild des Steakhouse sind "Ponderosa Pines"

Ponderosa/ Bonanza, Red Lobster

Die **Steakhäuser** **Ponderosa** (rustikal) und **Bonanza** (bürgerlich) sowie die *Steak/Seafood-Restaurants* von **Red Lobster** gehören in eine ähnliche Kategorie wie *Sizzler* bei kleinen Unterschieden in Philosophie und Einrichtung.

Pizza Hut

Flächendeckend vertreten bietet die **Pizza Hut** *Pizza und Pasta* in großer Vielfalt (gelegentlich sogar Bier und Wein!) zu angemessenen Preisen. An der Qualität gibt es nicht viel auszusetzen, aber man muß sich erst an die ungewohnten **Pizza-Größenkategorien** und das ausgeklügelte Zuzahl-System für die **Toppings** herantasten. Die *Pizza Hut* bietet zur Mittagszeit sehr günstige **Lunch-Specials** und meist auch für **Kinder** besonders preiswerte Pasta-Gerichte.

3.7.4 "Richtige" Restaurants

Überblick

Natürlich existieren in den USA nicht nur *Fast Food Places* und *Family Restaurants* sondern auch zahlreiche "richtige" Restaurants, die im Vielvölker-Schmelztiegel Amerika **Spezialitäten aus aller Herren Länder** anbieten. In den großen Cities ist die Auswahl unter verschiedenartigsten ethnischen Küchen oft enorm, während sich in Kleinstädten und **auf dem Lande** das gastronomische Angebot nicht selten auf die typischen Hamburger- (auch im *full-service* Restaurant!) und Steakgerichte be-schränkt, äußerstenfalls noch erweitert um Pizza, Spaghetti und *Mexican Food*.

Situation   Mit Ausnahme von Fußgängerzonen in touristisch geprägten
Orten, Altstadtbereichen und bestimmten Großstadtvierteln
ist ein geeignetes Restaurant nicht einfach beim – in Amerika
ohnehin selten angezeigten – Ortsbummel zu entdecken. **Full
Service-Restaurants** (mit Alkohollizenz) findet man ebenso
wie die *Fast Food*-Konkurrenz an den Hauptverkehrsstraßen
zwischen Einkaufszentren und Tankstellen. Gelegentlich gehören auch sie zu überregionalen Ketten, jedoch bei weitem
nicht in dem Maße wie im *Fast Food Business* üblich.

Preisniveau   Gemessen an dem, was hinsichtlich Ausstattung, Ambiente
und Küchenqualität im allgemeinen geboten wird, sind amerikanische Restaurants selbst bei günstigem Dollarkurs **selten ein** – im Sinne des Wortes – **preiswertes Vergnügen**. Gutes
Essen bei ebensolchem Service in angenehmer Umgebung
muß immer teuer bezahlt werden. Dabei gelten mittags und
abends oft unterschiedliche Karten, ein **Lunch**-Gericht kostet
weniger als die identische Speisenfolge als **Diner**.

Folgendes ist wichtig zu wissen:

Plazierung   – In den USA werden Restaurantbesucher "plaziert". Auch
wenn freie Tische vorhanden sind, wartet der geduldige
Gast, bis sich ein **Waiter/Host** oder eine **Waitress/Hostess**
seiner und der dazugehörenden **Party** annimmt und einen
Tisch zuweist. Ist im Moment kein Tisch frei, werden die
Namen der ankommenden Gäste **notiert** und der Reihe
nach aufgerufen. *"Meyer, party of three!"* soll heißen, für
den Gast Meyer und insgesamt 3 Personen ist nun alles
bereit. Bis dahin können sich Meyers die Zeit mit einem
Drink an der Bar vertreiben, so vorhanden. **Warteschlangen**
vor Restaurants sind in den USA kein ungewöhnliches Bild.

Die Karte   – Die Speisenkarte heißt **Menu;** sprich: "Mänjuh". Vorspeisen
sind **Appetizers** oder **Starters**, Hauptgerichte **Entrees**. Die
Beilagen zum *Entree* heißen **Side Dishes**. Getränke stehen
unter der Rubrik (**Alcoholic**) **Beverages**. Nur ausgesprochen
feine Restaurants führen eine **Vine List**. Das **Glas of Vine**
(*red, white*) sofern man sich darauf einläßt, ist Glückssache.

Salattheke   – Vor allem **Steak Restaurants** verfügen oft über eine **Salad
Bar**, an der unbegrenzt nachgefaßt werden darf. Meistens
sogar ohne ein Hauptgericht zu bestellen, obwohl das nicht
immer ausdrücklich auf der Karte steht. Das kostet nur ein
paar Dollar und ersetzt leicht eine ganze Mahlzeit.

Nachtisch   – Nach dem Hauptgericht fragt man den Gast regelmäßig, ob
er noch **Sweets** oder **Dessert** wünscht. Zur Vermeidung
übersüßter Farbüberraschungen sollte man den Nachtisch
– mit Ausnahme von Eis und Früchten, womit man wenig
falsch machen kann – nur nach Inaugenscheinnahme, nie
ausschließlich nach Karte bestellen.

Restaurant im Wilden Westen: Eingang durch den Schädel eines Longhorn Rindes

Kaffee — Kaffee wird in den meisten Fällen beliebig nachgeschenkt, aber nur einmal berechnet. Kännchen gibt es nicht. Ein gerne angebotener *Irish Coffee* enttäuscht meist. Die rechte Mischung aus starkem Kaffee, einem angemessenen Quantum Whisky und richtiger Schlagsahne gelingt selten.

Alkohol-konsum — Alkoholika werden nur in Verbindung mit einer Mahlzeit gereicht. Ausgedehnteres Verweilen und der Wunsch nach alkoholischem Nachschub, wenn die Mahlzeit eigentlich beendet ist, wird leicht Befremden hervorrufen. Wer noch weitere Getränke konsumieren möchte, geht dazu an die Bar oder in die *Cocktail Lounge* ggf. desselben Hauses, sonst in ein anderes Lokal.

Ende der Veran-staltung — Kurz: Ein Restaurantbesuch in den USA ist keine abendfüllende Angelegenheit. Selbst nach einem üppigen Menü mit Vor-, Haupt- und Nachspeise hat es die Bedienung oft eilig, dem Gast nach dem letzten Bissen zu signalisieren, daß das Vergnügen nun beendet sei, indem nach einem knappen *Anythings else?* (als eher rhetorischer Frage) die Rechnung präsentiert wird.

Rechnung — Die Rechnung (**Cheque**) weist neben den Nettopreisen des *Menu* zusätzlich die Umsatzsteuer aus (5%-8%). Da der **Service** nie im Preis enthalten ist und das Personal auch nur ein ziemlich niedriges Fixum erhält, wird ein für europäische Verhältnisse **üppiges Trinkgeld** erwartet. Üblich sind **12%-15%**, bei guter, freundlicher Bedienung auch deutlich mehr nicht ungewöhnlich. Ein **Tip** von $9 bei einer **Gesamtrechnung von $61** gilt in Restaurants der mittleren bis gehobenen Kategorie nicht als normal, sondern wird so ungefähr erwartet. Zu den Preisen der Karte muß man also mindestens 20% addieren, um so ungefähr die voraussichtlichen **Effektivkosten** zu erhalten.

Zahlung — Gezahlt wird selbst in besseren Restaurants nicht selten an einer Kasse am Ausgang. In diesem Fall hinterläßt man seinen **Tip** besser bar am Tisch. Bei persönlicher Rechnungsbegleichung per Kreditkarte kann man das Trinkgeld auch auf dem Beleg vermerken.

3.7.5   Bars, Pubs und Saloons

Kneipen

Sieht man ab von Utah, läßt sich über die Auswahl an *Watering Holes* für durstige Kehlen in den US-Weststaaten nicht klagen. Die Atmosphäre in ihnen entspricht weitgehend dem Bild, das uns Fernsehserien und Filme liefern. Hotels besitzen üblicherweise eine **Bar** oder **Cocktail Lounge**. Vor allem auf dem Lande findet man noch originale **Saloons** im Westernstil: Klapptür, lange Bar, einige Tische und Stühle, vielleicht eine kleine Band mit **Country-Music**. In den Cities existieren viele **originell ausgestattete Kneipen** vor allem in den restaurierten "alten" Vierteln und in künstlichen Restaurant- und Kneipenzentren, ✎ Seite 53. Eine amerikanische Besonderheit sind **Sports Bars**, Bierkneipen, in denen an den Wänden Fernseher hängen, die laufend Sportübertragungen zeigen, in erster Linie **American Football**, **Baseball**, **Basketball** und **Eishockey**.

Happy Hour

Was weitgehend fehlt, ist die **Gastwirtschaft**, Restaurant und Kneipe in einem. Dafür wird in manchen *Bars* und *Lounges* abends oder zur **Happy Hour** (meist 17–19 Uhr) ein kleines *Buffet* aufgebaut, an dem sich die Gäste bedienen dürfen. Die **Snacks** ersetzen leicht ein Abendessen, sofern man sich mehrfach auflädt, was niemand verbietet. Gezahlt wird nichtsdestoweniger nur für den Getränkekonsum.

Getränke-auswahl

In den Kneipen wird überwiegend **Bier** getrunken. Hochprozentiges ist im reinen Zustand – außer *Wisky* und *Rye* (kanadischer Wiskey) mit viel Eis *on the rocks* – so gut wie unbekannt. Es wird eigentlich nur zum Mixen benutzt. Beim Bier stehen meist mehrere Sorten Flaschenbier und Zapfbier (**draft beer**) zur Auswahl. Das eiskalte Naß fließt fast ohne Schaumbildung flott ins Glas. Häufig gibt es **pitcher**, offene Krüge, aus denen sich die Runde das Bier nach Bedarf nachschenkt.

Preise

Alkoholische Getränke sind ein relativ teurer Spaß. Ein Bier (0,3 l) unter $3 gibt es kaum noch, selbst wenn es aus einem Plastikbecher getrunken werden muß.

Populäre Kneipe in Moab/Utah (!): Saloon und Restaurant in einem mit 12 Biersorten

3.8   SPORTLICHE AKTIVITÄTEN

Von eher sportlich geprägten Urlaubsformen war bereits die Rede, ⇨ ab Seite 30. Hier nun geht es um Aktivitäten, denen man unterwegs bei Lust und Laune leicht nachgehen kann:

Joggen

In vielen städtischen **Parks** übertrifft die Zahl der Jogger regelmäßig die anderer Besucher. Der Anteil von **Frauen** ist deutlich höher als bei uns. Wer mitrennen möchte, findet in den Buchhandlungen jeder Großstadt **Führer zu** den besten örtlichen **Joggingpfaden**. Auch in Nationalparks und auf Campingplätzen samt Umfeld gibt es geeignete Strecken.

Gehen

Aber genaugenommen ist **Joggen** schon wieder *out*. Das sportliche Gehen, bei uns eine asketische Spezialdisziplin, gewann zunehmende Popularität, nachdem viele Laufenthusiasten Gelenk- und Sehnenschäden davontrugen.

Schwimmen

Natürliche Gewässer sind im US-Westen von einer Sauberkeit und Transparenz, die wir gar nicht mehr kennen. Aber auch die **Stauseen**, so der Wasserstand nicht sehr niedrig ist, verfügen über eine akzeptable Wasserqualität. Zwischen San Diego und Santa Barbara kann man im **Pazifik** baden. Weiter nördlich sind die Wassertemperaturen nur etwas für Hartgesottene. **Öffentliche Schwimmbäder** gibt es viel seltener als bei uns, und dann sind die Becken oft klein und wenig einladend. Maschendrahtgitter umzäunen das Gelände, da die Eigentümer von *Pools* für alle Unfälle verantwortlich sind.

Wie erwähnt, gibt es zahlreiche Gelegenheiten zum **Reiten**, besonders in und um Nationalparks und in typischen Touristenregionen. Leihpferde kosten $10-$15 die Stunde. Die Tagesraten variieren zwischen $35 und $70.

Golf

Golf ist im Gegensatz zu Europa in den USA weitverbreitet. Viele **öffentliche Golfplätze** bieten jedermann die Gelegenheit, den Schläger in die Hand zu nehmen. Die Clubs sind ohne den hierzulande üblichen Exklusivitätsanspruch und stehen Gastspielern gegen Gebühr offen. Schläger kann man meist leihen.

Tennis

Tennisspieler sollten ihre Schläger nicht vergessen. Allerorten findet man – meistens in öffentlichen Parkanlagen – der Allgemeinheit zugängliche **gebührenfreie Plätze**. Stark frequentiert werden sie eigentlich nur in Feriengebieten und ab 17 Uhr bis zur Dunkelheit. Früher gibt es selten Wartezeiten.

Surfen

Als Spezialität der südkalifornischen Küste gilt das Surfen. An den Stränden von **San Diego** bis **Santa Barbara** kann man Surfboards ausleihen. Dort findet man auch Surfschulen.

Windsurfen

Windsurfen ist vor allem auf den großen **Stauseen der Warmwetterregionen** beliebt, also in Kalifornien, Oregon und im zentralen Washington State und natürlich auf den **Stauseen des Colorado** in Utah und Arizona.

3.9 ALLES WEITERE VON A – Z

Apotheken

Reine Apotheken (*Pharmacies*), wiewohl hier und dort vorhanden, findet man relativ selten. Meistens ist bestimmten *Drugstores* und großen Supermärkten eine *Pharmacy* zugeordnet, wo es nicht verschreibungspflichtigen Medikamente in Selbstbedienung gibt. Rezeptpflichtige Medikamente werden an einer Sondertheke für *Prescriptions* ausgegeben.

Ärzte und Zahnärzte

Wie bereits in Kapitel 2.2 erläutert, sollte für den Eventualfall einer auf Reisen notwendigen Behandlung unbedingt vorgesorgt sein. Es gibt Fälle, in denen die Behandlung auch im Notfall verzögert oder sogar abgelehnt wird, wenn unklar ist, wie und ob sie bezahlt werden kann. Trotz einer insgesamt hohen Dichte bei der ärztlichen und zahnärztlichen Versorgung, ist es in den USA für Touristen nicht ganz einfach, einen Arzt (*Physician*) oder Zahnarzt (*Dentist*) zu finden bzw. einen Termin zu erhalten. Im Prinzip benötigt man die "Fürsprache" irgendeiner lokalen Person. Das kann jemand vom Hotelpersonal sein oder der Campingplatzbetreiber. Relativ zwecklos ist der Versuch, ohne Anmeldung in einer beliebigen Praxis (*Doctor's Office*) vorzusprechen. Eine Ausnahme bilden **Walk-in Clinics**, auf "Laufkundschaft" eingestellte Gemeinschaftspraxen, die man in Städten ab mittlerer Größe findet. Mit **akuten Beschwerden** und **Verletzungen** kann man sich direkt zum **Emergency Room** (Notaufnahme) des nächstgelegenen Hospitals begeben. Bei Problemen hilft die lokale **Visitor Information** (*Chamber of Commerce*) ggf. weiter. In *National* und *State Parks* sind die **Ranger** Ansprechpartner und in der Regel sehr hilfsbereit.

Notfälle

Die im ganzen Land gültige Telefonnummer für Notfälle aller Art (Emergencies) ist 911, ⇨ auch Seite 221.

Banken

Eine Bankfiliale findet sich noch im kleinsten Ort. Die meisten akzeptieren anstandslos die gängigen **Reiseschecks** und zahlen ohne Abzug den Nennwert aus. Gelegentlich gibt es eine **Summenbegrenzung** bei der Entgegennahme. Oft muß der Pass vorgelegt werden. Das gilt ausnahmslos für die Auszahlung von Bardollars gegen Kreditkarte *(Cashing)*. Die Mehrheit der Banken honoriert **Mastercard** (*Eurocard*) und **VISA**. Banken öffnen ihre Schalter üblicherweise von montags bis freitags (manchmal auch samstags) um 9 Uhr und schließen bei durchgehender Geschäftszeit bisweilen bereits um 14 Uhr, selten später als 16 Uhr.

Botschaften und Konsulate

Die diplomatischen Vertretungen des eigenen Landes in den USA sind für Touristen normalerweise nur von Interesse, wenn **Not am Mann** ist, in erster Linie bei Verlust der Finanzen und der Papiere. Soweit "lediglich" Reiseschecks und Kreditkarten abhandengekommen sind, helfen die ausgebenden Organisationen und Eigeninitiative, ➪ Seite 95. Ist der **Pass weg**, läßt sich der Gang zur heimischen Botschaft bzw. zu den Konsulaten nicht vermeiden. Die Adresse des jeweils nächstliegenden zuständigen Konsulats erfährt man durch einen Anruf bei seiner Botschaft:

Deutschland: 4645, Reservoir Road NW,
PO Box 71998
Washington DC 20007
✆ 202-298-4000; Fax 4245

Schweiz: 2900 Cathedral Ave NW
Washington DC 20008
✆ 202-745-7900

Österreich: 3524 International Court NW
Washington DC 20008
✆ 202-895-6700

Sehr hilfreich in einem solchen Fall sind **Fotokopien** der abhanden gekommenen Unterlagen, die man tunlichst schon zu Hause angefertigt haben sollte. Nebenbei sei angemerkt, daß die Konsulate zwar zur Hilfe verpflichtet sind, aber in der Regel wenig Begeisterung für diese Aufgabe zeigen. Mit der Hilfeleistung verbundene eventuelle finanzielle Aufwendungen holt sich der Staat in der Heimat zurück.

Datum

In Amerika ist die Datenschreibweise Monat/Tag/Jahr. Der **25. Juni 1995** schreibt sich demzufolge **06/25/95**.

Elektrischer Strom

Die USA verfügen über ein Wechselstromnetz mit nur 110-125 Volt Spannung und einer Frequenz von 60 Hertz. Apparaten, die sich auf 110/125 V umschalten lassen, schadet der Frequenzwechsel von 50 auf 60 Hertz nicht; Rasierapparate laufen etwas rascher. Zur Adapterbeschaffung ➪ Seite 142.

Feiertage

An Feiertagen bleiben Banken, Postämter und öffentliche Verwaltungen geschlossen. **Private Geschäfte brauchen ein Feiertagsgebot nicht zu beachten** und locken ihre Kunden gerade dann mit Sonderangeboten zum *Family-Shopping*.

Feiertagsbezeichnung	Datum	Bemerkungen
New Years Day	1. Januar	Neujahrstag wie bei uns
Martin Luther King Day	3. Montag im Januar	Gedenktag an den ermordeten Prediger wider den Rassenhaß
President`s Day	22. Februar	Washington`s Geburtstag, heute Feiertag zu Ehren aller ehemaligen Präsidenten
Good Friday	Freitag vor Ostern	Karfreitag
Memorial Day	Letzter Montag im Mai	Tag zur Ehrung aller Gefallenen. Das Wochenende läutet den Sommer ein
Independence Day	4. Juli	Unabhängigkeitstag, wichtigster Feiertag der USA, Umzüge und Paraden, Feuerwerk
Labor Day	1. Montag im September	Tag der Arbeit, wie bei uns der 1. Mai. Ende der Feriensaison.
Columbus Day	12. Oktober	Gedenktag an die Entdeckung Amerikas
Veteran`s Day	11. November	Ehrentag für die Veteranen der US-Armee
Thanksgiving	4. Donnerstag im November	Erntedankfest
Christmas Day	25. Dezember	Nur **ein** Weihnachtstag

Fernsehen

Private Stationen

Das amerikanische Fernsehen mit zahlreichen Kanälen wird von einer Handvoll großer, auf privatwirtschaftlicher Basis operierender Gesellschaften dominiert. Gegen die in kurzen Abständen von Werbung unterbrochenen überwiegend seichten Programme wirkt das Angebot unserer öffentlich-rechtlichen Sender fast wie intellektuelle Wohltat, und auch unsere Kommerzsender schneiden im Vergleich gar nicht schlecht ab. Die oft gelobten, locker gemachten amerikanischen Nachrichten vermitteln selten mehr als Informationen in Momentaufnahme, außerdem sind sie viel stärker als bei uns nur auf

Nachrichten

National News beschränkt. International berichtenswert ist nur, was die Politik und Interessen der USA zumindest indirekt tangiert oder großen Sensationswert besitzt. Das gilt auch für den Nur-Nachrichtensender **CNN**.

Talk-Show

Die täglichen *Talkshows* sind vielfach witzig und unterhaltsam, plätschern aber ohne Tiefgang dahin. Insgesamt besitzen **anspruchsvollere Sendungen Seltenheitswert**. Für alle, die der ewigen Werbebotschaften überdrüssig sind, kommt **werbefreies Kabelfernsehen gebührenpflichtig** ins Haus. Filme am laufenden Band von jugendfrei bis Softporno ohne Unterbrechungen durch Werbespots gibt es auf speziellen *Movie Channels*. Viele Hotels und Motels werben damit.

Kabel

Klimaanlagen

Die weite Verbreitung von Klimaanlagen ist in Anbetracht der in manchen Regionen enormen sommerlichen Hitzegrade einerseits eine Wohltat. Andererseits besteht in den USA – trotz wachsenden Energiesparbewußtseins – immer noch die Tendenz zur Übertreibung. Eisiger Wind empfängt bisweilen die Besucher von Restaurants, Banken und *Shopping Malls*, während an kalten Tagen überheizt wird. **Hotelzimmer** besitzen fast ausnahmslos *Air Conditioning*. In den preiswerteren Kategorien handelt es sich aber regelmäßig um unter Fenstern angebrachte Apparate, die lautstark ihr Werk verrichten. Bei nächtlicher Schwüle hat man dort nur die Wahl zwischen schweißtreibender Hitze oder dem Lärm der Anlage. Die Mehrheit aller **Mietfahrzeuge** verfügt ebenfalls über Klimaanlagen, deren Betrieb mindestens einen Extraliter Benzin pro 100 Kilometer schluckt. Oft fährt man mit ein bißchen Fahrtwind angenehmer und gesünder. Besonders mit Kindern im Auto ist Zurückhaltung beim Umgang mit *Air Conditioning* anzuraten. Erkältungskrankheiten sind oft die Folge eines allzu extremen Wechsels zwischen Backofenhitze draußen und vergleichsweise niedrigen Temperaturen im Wagen.

Maße & Gewichte

Obwohl auf dem Papier die Einführung metrischer Maß- und Gewichtseinheiten seit Jahren gesetzlich beschlossene Sache ist, findet man bis heute nur in Broschüren und auf Wegweisern der Nationalparks so exotische Angaben wie Kilometer, Liter und in Celsius gemessene Temperaturen. Ansonsten gelten *Miles, Gallons, Pounds* usw.:

1 inch			2,54 cm
1 foot	12	inches	30,48 cm
1 yard	3	feet	91,44 cm
1 mile	1760	yards	1,61 km

1 acre	4840	square yards	0,40 ha
1 square mile	640	acres	2,59 km²
1 fluid ounce			29,57 ml
1 pint	16	fluid ounces	0,47 l
1 quart	2	pints	0,95 l
1 gallon	4	quarts	3,79 l
1 barrel (Öl)	42	gallons	158,97 l
1 ounce			28,35 g
1 pound (lb)	16	ounces	453,59 g
1 ton	2000	pounds	907,19 kg

Notfälle – Neues Notfall-☏ für Deutsche 1-888-222-1373

– **Krankheit/Unfall**

Anruf

In dringenden Notfällen, gleich ob man in erster Linie einen Arzt, den Unfallwagen oder die Polizei benötigt, ruft man die **Nummer 911** an. Sollte die *Emergency Number* ausgefallen sein, wählt man die "**Amtsleitung**" 0. Der *Operator* verbindet weiter.

Vor jedem Notfall-Anruf sollte man sich über den eigenen **Standort** vergewissern und für Rückrufe die Nummer des Apparates, von dem aus man telefoniert, parat haben. In den USA besitzen auch Münzfernsprecher eine Nummer und können angerufen werden.

– **Pass-/Geldverlust**

Pass

Bei Verlust des Passes helfen die nächstgelegenen diplomatischen Vertretungen (Kopien der wichtigsten Dokumente sind hilfreich), aber auch die Notfallzentralen der Kreditkartenunternehmen.

Reiseschecks

Falls Reiseschecks verlorengehen oder gestohlen werden, ruft man die ausgebende Institution (*Toll Free Number*) an und erhält dann vom Aufenthaltsort abhängige Direktiven für die Ausstellung von Ersatzschecks. Voraussetzung für den Ersatz ist das Vorhandensein des Kaufnachweises und eine "Buchführung" über ausgegebene Schecks.

Hilfe

Sind alle Unterlagen und auch die Kreditkarten abhanden gekommen, hilft **Western Union** (Büros in vielen Städten Canadas und der USA) in Kooperation mit der **Reisebank** (früher: Deutsche Verkehrsbank, Filialen in den Bahnhöfen der deutschen Großstädte und an einigen Grenzübergängen). Wer sich **von zu Hause Geld schicken lassen** möchte, kann innerhalb weniger Minuten nach Einzahlung in einer DVK-Filiale in einem *Western Union Office* seiner Wahl über den Betrag verfügen. Weitere Details dazu unter ☏ 069/2648201. *Western Union* in Amerika ☏ (800) 325-6000.

Polizei

Äußeres und Verhalten der amerikanischen Polizei entsprechen auch in der Realität weitgehend dem aus **Fernsehserien** bekannten Bild. Tatsächlich baumelt der Colt am Halfter, auf dem Lande und in der Kleinstadt steht auf dem Wagen der Obrigkeit immer noch *Sheriff*, und so sehen die Herren auch aus. Der amerikanische Arm des Gesetzes ist mit mehr Vollmachten ausgestattet und greift in der Ausübung seiner Pflichten im Bedarfsfall härter durch als sein europäisches Pendant; in Anbetracht des im Zweifel bewaffneten Gesetzesbrechers vielleicht verständlich. Kurz, mit amerikanischen Polizisten, sofern man etwas angestellt hat bzw. in Verdacht gerät, ist nicht gut Kirschen essen. Das Verhalten bei **Verkehrskontrollen** und **Gestopptwerden** nach Übertretungen wurde bereits auf Seite 170 erläutert.

Post

Laufzeiten/
Postämter

Die amerikanische Post funktioniert zuverlässig, aber nicht unbedingt besonders schnell. Brief- und Postkartengebühren bewegen sich deutlich unterhalb des deutschen Niveaus. **Post nach Übersee** geht (mit der Ausnahme von Paketen) automatisch per Luftpost, wenn die dafür vorgesehen *Air Mail Stamps* benutzt werden. Für Briefe nach Europa ist mit Laufzeiten von **bis zu 1 Woche** zu rechnen. Postämter befinden sich auch noch im kleinsten Nest und sind dank der zu den Schalterstunden (Zeiten ungefähr wie bei uns) immer aufgezogenen **Nationalflagge** selten schwer zu finden.

Briefmarken gibt es auch in **Automaten** in Supermärkten und Einkaufszentren. Dort allerdings mit einem Aufschlag, d.h., ein Nennwert von beispielsweise $0,40 kostet $0,50 oder ähnlich.

Postlagernd

Wer in den USA Post empfangen möchte und über keine festen Anlaufpunkte verfügt, kann als *American Express-Travelers Cheque* oder Kreditkarteninhaber die zahlreichen **AE-Vertretungen** nutzen. Gut funktioniert auch das postlagernde System (**General Delivery**), vorausgesetzt, es herrscht Klarheit über das aufbewahrende Postamt. Jedes von ihnen ist durch eine Postleitzahl (*Zip-Code*) eindeutig identifiziert.

Radio

Radiostationen sind überwiegend **Lokalsender** mit geringen Reichweiten. In dünn besiedelten Regionen ist das Radio daher 10 Autominuten außerhalb einer Ortschaft mehr oder weniger tot. Zumindest gilt das für **FM** (=UKW). Auf **AM** (Mittelwelle) findet man zur Not immer noch einen *Country & Western*-Sender und/oder Stationen mit religiösen Botschaften und Musikprogrammen erbaulichen Liedguts. **Faszinierend** sind landesweite politische Sendungen, die von konser vativen bis rechtsradikalen Organisationen gesponsert werden. In die mit aktuellen Tages-ereignissen verknüpften **Tiraden** gegen alles, was nach Sozialgesetzgebung, Verweichlichung und Einschränkung des freien Waffenbesitzes "riecht", können sich Hörer telefonisch einklinken und mitdiskutieren. Wer sprachlich fit genug ist, um den Ausfällen des Stars seiner Zunft, ***Rush Limbaugh*** (sprich: Limbo), folgen zu können, mag kaum glauben, daß so etwas straffrei möglich ist.

Senioren

Der Begriff des ***Senior*** für alle älteren Mitbürger ist eine amerikanische Erfindung, die sich auch bei uns durchgesetzt hat. Wichtig ist, daß es in Amerika für alles und jedes **Seniorenrabatt** gibt, auf die Eintrittspreise in Museen und Nationalparks, beim Camping, in *Family Restaurants* und auch in vielen Hotels. In den **USA** gilt meistens schon als Senior, wer **55 Jahre** alt ist. Spätestens erreicht man diesen Vorzugsstatus dort mit 60 Jahren. Für alle über 50 macht es Sinn, nach dem ***Senior Discount*** zu fragen.

Telefon

System

Nordamerika inklusive Mexiko verfügt über ein einheitliches Telefonsystem. Jeder Bundesstaat besitzt eine dreistellige Vorwahl, den ***Area Code***, einige dicht besiedelte Staaten mehrere davon (im Westen Kalifornien, Arizona, Colorado und Washington). Dieser ersten Vorwahl folgt eine **zweite, ebenfalls dreistellige Ziffer**, die sich auf das Dorf, einen Landkreis oder einen Stadtteil bezieht. Die **Apparatnummer ist vierstellig**. Bei Gesprächen über den regionalen *Area Code* hinaus muß eine "**1**" vorweggewählt werden. Das ist auch der Fall bei den gebührenfreien 800-/888-Nummern, ⇨ Seite 225. Bereits Anrufe beim Nachbarn um die Ecke, der eine abweichende zweite Vorwahl besitzt, sind "Ferngespräche". Statt des Ortsgesprächstaktes gilt für die Gebühren dann der Minutentakt.

International

Über die Vorwahl 01, gelegentlich auch 011, öffnet man den Zugang zum internationalen Netz. Mit

49 für Deutschland

41 für die Schweiz

43 für Österreich

und die um die Null reduzierte Ortsvorwahl sind Verbindungen in die Heimat (von Privattelefonen aus) leicht hergestellt.

Münztelefone

In amerikanischen Münzfernsprechern (***Pay-Phones***) ist die direkte Durchwahl, national wie international, nicht möglich. **Ferngespräche** einschließlich solcher im Nahbereich lassen sich **nur mit Hilfe eines *Operator*** führen, sofern der Anrufer nicht Inhaber einer Telefonkarte ist.

AT&T/ Sprint

Bis vor kurzem war eine *Calling Card* der amerikanischen Gesellschaften **AT&T**, **Sprint** oder **MCI** die optimale Methode zur Vermeidung hoher Telefonkosten für Ferngespräche innerhalb Amerikas wie auch für Anrufe in der Heimat. Man kann sie hier über die Kreditkartengesellschaften erwerben: Die Gebühren werden dann über die Kreditkarte abgebucht.

Telefonieren mit Münzeinwurf

Ohne sie mußte man für Ferngespräche in *Pay Phones* **jede Menge Kleingeld** dabeihaben. Barzahlung in Telefonzellen kostet deutlich mehr als Telefonate von privaten Anschlüssen aus bzw. per *Calling Card*, zumal mindestens 3 min (!) zu bezahlen sind. Für Anrufe nach Europa benötigt man **rollenweise Quarters**. Denn die Telefonate nach Übersee gegen bar kosten ab $5 für die ersten 3 min. Da immer ein *Operator* einzuschalten ist, gibt/gab es oft Verständigungsprobleme.

Calling Cards

Solche **Komplikationen** sind mittlerweile **Schnee von gestern** dank überall (Supermärkte, Tankstellen, Hotels, *Mini Marts* etc.) zu kaufender *Calling Cards* der verschiedensten Tele-

kommunikationsunternehmen. Man kann Telefonkarten für die USA auch schon hier erwerben, liegt damit aber – soweit ersichtlich – nicht besonders günstig. Auch bei verschiedenen in den USA angebotenen Karten sind die Minutenpreise verblüffend unterschiedlich, wobei der **Schnitt 1998 bei ca. $0,33 für Ferngespräche in den USA** lag ($10-Karten von Supermärkten/Warenhäusern, ⇨ Foto oben). Vermutlich die preisgünstigste war 1998 die **Instant Calling Card** der *Vocall Communications*. Damit kostete eine Minute innerhalb Nordamerikas ca. $0,20, das Gespräch nach Westeuropa ca. $0,42/min. Das Problem war deren Erhältlichkeit. Die Karte findet man vor allem in Automaten in mit Tankstellen verbundenen *Shops* und *Cafeterias*.

Die *Calling Cards* funktionieren in Apparaten ohne Einsteckschlitz (das ist die große Mehrheit) wie folgt: 800-Nummer für die gewünschte Sprache wählen, dann nach Anweisung die Codenummer der Karte eintasten, die Nummer wählen und fertig. Noch verfügbare Restminuten werden angesagt.

TravelTel von IDT

Mit $0,25/min für Gespräche von den USA nach Westeuropa war Anfang 1999 die aufladbare **TravelTel-Calling Card von IDT** ein kaum zu schlagendes Angebot. Die Karte wird automatisch wieder aufgeladen, sobald das Restguthaben unter $10 fällt, Abbuchung übers Kreditkartenkonto. Nähere Erläuterungen dazu und zum Erwerb der **IDT**-Karte finden sich im **Internet** unter **http://www.idt.net;** Telefon-Service in den USA: ✆ 001 800 786-8438; Fax 001 201 907-5112.

Telefonieren mit Kreditkarte

Auch möglich ist ein Anruf bei der Telefongesellschaft **AT&T**: ✆ **1-800-CALL ATT**, dann die Ziffer "1" für Kreditkartengespräche eingeben, dann die übliche Wahl – für Deutschland z.B. 011 49 – Vorwahl ohne Null und Apparatnummer, dann Kartennummer und Verfallsdatum eintippen. Dort, wo Karten eingeschoben werden können, also z.B. in *Airports* oder *Shopping Malls*, läßt sich direkt ohne die lästige Zahlentipperei per Kreditkarte telefonieren. Die **Gebühren** für einen *Credit Card Call* sind aber in der Regel deutlich **höher als bei Nutzung einer der günstigen *Calling Cards***.

Im Hotel

Aufschläge für Telefonate aus Hotels/Motels sind im allgemeinen niedriger als in Europa, bisweilen werben Motels mit Netto-Telefongebühren. **Ferngespräche** lassen sich daher **vom Hotelzimmer aus** bequemer führen als von einem *Pay Phone*. Das gilt auch für Anrufe zum **Nulltarif** bei einer **800-Nummer**, etwa zur Reservierung eines Mietwagens oder Hotelzimmers für die nächsten Nächte oder in die Heimat per *Calling Card*.

Für **gebührenfreie** und **Kartengespräche** vom Zimmertelefon aus berechnen Hotels und Motels manchmal nichts oder einen Fixbetrag von $0,50-$1 pro Anruf.

1-800 oder 888 und 877

Bei der Vorwahl 1-800/888/877 schaltet sich auch von *Pay Phones* aus kein *Operator* ein; die Kosten gehen zu Lasten des Angerufenen. **Vom Ausland aus sind 800/888/877-Nummern seit 1997 ebenfalls zu erreichen** – zunächst Vorwahl 001. Sie kosten aber normale Gebühren für Überseegespräche.

1-900

Das Gegenteil der 800-Nummern sind **900-Nummern**, für die im Minutentakt eine **Honorierung für den Angerufenen** fällig wird; z.B. für kommerzielle Ratgeber, Partnervermittlung etc. Sie entsprechen den 0190-Nummern bei uns.

Handy

Handy-Besitzer können in Nordamerika noch nicht ohne weiteres angerufen werden bzw. telefonieren. Wer hier jedoch D1-Kunde der **Telekom** ist, kann für die Dauer der Reise bei einem der Service Center der Telekom ein für Nordamerika geeignetes Gerät vorübergehend mieten. Die hiesige Nummer wird auf das sog. AMPS-Netz Amerikas "aufgeschaltet".

Temperaturen

In den USA werden Temperaturen in °Fahrenheit (**F**) gemessen. Die Formel für die Umrechnung von Celsius (**C**) in Fahrenheit und umgekehrt lautet:

$$°F = 32° + 1,8 \times °C \quad bzw. \quad °C = (°F - 32°) : 1,8$$

Näherungsformel: $°F = 30° + 2 \times °C$ bzw. $°C = (°F - 30°) : 2$

Celsius	−15°	−10°	-5°	0°	5°	10°	15°	20°	25°	30°	35°	40°
Fahrenheit			5°	14	23°	32°	41°	50°	59°	68°	77°	86°	95°	104°

Trinkgeld

In der heutigen amerikanischen Dienstleistungsgesellschaft ist das Trinkgeld (*Tip*) ein fester Bestandteil des Entlohnungssystems nicht nur in der Gastronomie oder im Taxigewerbe. Ein *Tip* wird nicht nur im besseren Hotel von den diversen dienstbaren Geistern erwartet, sondern auch im Supermarkt (!), wenn der höfliche junge Mann, der hinter der Kasse den Einkauf in Tüten verpackt, beim Transport zum Wagen behilflich ist, und bei einer Stadtrundfahrt. So klare Regeln für die Höhe des *Tip* wie im Restaurant oder Hotel, ✧ Seiten 187 und 214, gibt es ansonsten nicht, außer daß Münzgeld selten ausreicht. Eine **Dollarnote** muß es heutzutage selbst bei kleinen Handreichungen schon sein, möchte man indignierte Reaktionen vermeiden.

Zeit

In den USA steht "**am**" (*ante meridiem*, vormittags) oder "**pm**" (*post meridiem*, nachmittags) hinter einer Zeitangabe:

·9 Uhr	9 am
21 Uhr	**9 pm**

Besonders zu beachten ist:

12.00 Uhr	**12:00 pm**	oder *noon*
12.20 Uhr	**12:20 pm**	
24.00 Uhr	12:00 am	oder *midnight*
0.20 Uhr	12:20 am	

In **Fahrplänen** werden "am-Zeiten" häufig in Normalschrift, "**pm-Zeiten**" **in Fettschrift** gekennzeichnet.

Zeitungen und Zeitschriften

Zeitungen/
Nachrichten

Die einzige landesweit verbreitete Zeitung ist **USA Today**. Sie besitzt ein relativ gutes Niveau. Bei Interesse dafür, was in den USA vorgeht, lohnt sich ihr Kauf (überwiegend in Automaten für $0,50/$0,75). Wie der Name sagt, konzentriert sich *USA Today* stark auf nationale Neuigkeiten. **Internationale Nachrichten** findet man darin nur, soweit sie die Politik der USA irgendwie betreffen und/oder Sensationswert besitzen. Die wenigen höherrangigen Zeitungen des Westens (**Los Angeles Times, San Francisco Chronicle** u.a.) werden außerhalb ihres angestammten Verbreitungsgebietes kaum gelesen.

Lokale Zeitungen beschränken sich auf die Neuigkeiten der Region und sind darüberhinaus reine Werbeträger. Schon der Nachbarstaat ist für sie weit entfernt.

Bei den **Zeitschriften** existieren ein breites Sortiment für alle denkbaren Spezialbereiche und jede Menge Blätter der seichten Unterhaltung. Darüber hinaus gehen nur die bekannten

Zeit-
schriften

Newsweek, Time und einige Wirtschaftsmagazine. Insgesamt ist das Zeitungs- wie Zeitschriftenangebot mit europäischer Vielfalt und unserem Standard nicht vergleichbar.

Deutsche
Presse

Internationale Publikationen gibt es nur in einer Handvoll spezialisierter **News-Shops** der großen Cities (Gelbes Telefonbuch unter *News*; Liste der Spiegel-Verkaufsstellen in Nordamerika). Für viel Geld ergattert man dort schon mal einen "**Spiegel**", den "**Stern**", "**Die Welt**" und eine **Bild Zeitung**. Sieht man von wenigen Ausnahmen ab, führen die *International News Stands* in den Flughäfen meist nur britische und spanischsprachige Zeitungen und Zeitschriften.

Zoll

Zum Zoll bei der **Einreise in die USA** ➪ Seite 143. Wer aus Nordamerika **nach Deutschland** zurückkehrt, braucht bis zu folgenden Werten weder Zoll noch Umsatzsteuer zu zahlen:

Mitbringsel im Wert bis zu **350 DM**

und   **500 g Kaffee** und
      50 g Parfüm und
      200 Zigaretten und
      1 l Spirituosen oder **2 l Wein**.

Zeitzonen

Im Westen der USA gelten zwei Zeitzonen: *Mountain* und *Pacific Time* liegen 8 bzw. 9 Stunden hinter MEZ zurück; z.B. entspricht 15 Uhr in Mitteleuropa 6 Uhr morgens in Los Angeles. Nach *Mountain Time* gehen die Uhren in Montana, Wyoming, Utah, Colorado, **Arizona** (**im Sommer** gilt dort allerdings DST=*Daylight Saving Time* = *Pacific Time*), New Mexico und im größten Teil Idahos. Der Rest gehört zur pazifischen Zeitzone. Unterwegs weisen nur selten Schilder auf den Übergang von einer Zeitzone zur anderen hin.

Zeitzonen

Reisen
im
Westen
der
USA

KONZEPTION DES REISETEILS

Zur Routen-planung

Im Westen der USA gibt es unendlich viele Möglichkeiten für eine Zusammenstellung der individuellen Reiseroute. Je nach Jahreszeit, geplanter Reisedauer und persönlichen Präferenzen können selbst Reisende mit identischen Hauptzielen auf unterschiedlichsten Strecken unterwegs sein. Ein typisches **Beispiel** dafür ist die Kombination der Cities von Los Angeles und San Francisco mit den Nationalparks *Yosemite, Yellowstone* und *Grand Canyon*. Diese populären Eckpunkte lassen sich leicht über **touristische "Trampelpfade"** erreichen, aber auch über weniger belebte, oft **reizvollere Alternativen**. Nun wird nicht jede Hauptstraße des Tourismus' durch diesen Umstand als solchen von vornherein zur minder empfehlenswerten Route. Die Popularität bestimmter Strecken ergibt sich natürlich auch aus dem attraktiven Straßenverlauf, z.B. im Fall des *Highway* #1 an der südkalifornischen Pazifikküste.

Das rasche und unproblematische **Vorankommen** steht bei sehr vielen Ferienreisenden – insbesondere bei den Amerikanern selbst – aber stark im Vordergrund. Das erklärt teilweise, weshalb manche grandios geführten, aber weniger gut ausgebauten Straßen selbst im Sommer kaum frequentiert werden. Eine Rolle spielt dabei sicher die fehlende Information. Nur mit dem Straßenatlas vor Augen kann man vielleicht die verkehrstechnisch beste Route bestimmen, selten jedoch die schönste oder touristisch ergiebigste. Die üblichen **Kennzeichnungen in den Karten für schöne Streckenführung helfen nur bedingt**, da sie – wie es scheint – oft mit der "Gießkanne" verteilt werden und Nebenstraßen kaum berücksichtigen.

Empfehlung

Es kann daher gar nicht genug empfohlen werden, der **Routenplanung hohe Aufmerksamkeit** zu **schenken**. Denn nicht nur die angesteuerten "großen" Sehenswürdigkeiten bestimmen die Intensität des Amerikaerlebnisses, sondern gerade im Westen die vielen Eindrücke und bisweilen überraschenden "kleinen" Sensationen am Weg dorthin.

Aspekte

Bei der **Routenplanung** geht es um drei Aspekte:

– **Die Auswahl der Reiseziele im einzelnen**
– **Die Verbindungsstraßen zwischen ihnen**
– **Die zur Verfügung stehende Zeit**

Strecken-auswahl in Reise-führern

In den meisten Reiseführern wird nur dem ersten Punkt ausführlich Raum gewidmet. D.h., je nach Schwerpunktsetzung findet der Leser eine mehr oder minder umfassende Beschreibung der Sehenswürdigkeiten in (für eine Region) kompletter oder ausgewählter Form. Die Verbindung von A nach B nach C etc. ist regelmäßig ein eher untergeordneter Punkt. Angaben dazu gehen selten über rein technische Daten (Straßennummern, Meilen) hinaus. Am ehesten geschieht dies noch dort, wo die Behandlung der Reiseziele nach Maßgabe einer bzw. mehrerer **Vorschlagsrouten** erfolgt. Mögliche **Alternativen** mit ihren Vor- und Nachteilen sind **so gut wie nie** Gegenstand der Erörterung. Der ungefähre Zeitbedarf für den Besuch von Sehenswürdigkeiten und ggf. für Abstecher wird nur ausnahmsweise genannt, und wenn, dann selten praxisgerecht.

Dieses Buch **Aufbau wie Art und Weise der Behandlung von Reisezielen und -routen in diesem Buch trägt diesen kritischen Anmerkungen und den besonderen Gegebenheiten des individuellen Reisens im Westen der USA Rechnung.** Dazu gehört – wie oben angedeutet – der Umstand, daß es nicht nur eine Handvoll idealer Routen, sondern eine Vielzahl von Strecken gibt, die man in unterschiedlichster Weise zur **persönlich optimalen Reiseroute** kombinieren kann.

Startrouten und Rundstrecken Die Erfassung aller besuchenswert erscheinenden Sehenswürdigkeiten und attraktiven Straßenverläufe erfolgt über **Startrouten** ab den wichtigsten Ankunfts-Airports und sinnvoll ausgearbeitete **Rundstrecken**, die sich insgesamt oder auch in Teilabschnitten für die eigenen Pläne übernehmen lassen:

– Je drei **alternative Startrouten** sind für Reisebeginn in **Los Angeles, San Francisco** und **Seattle** ausgearbeitet. Einige dieser Routen führen nach **Las Vegas** und sind damit – in umgekehrter Richtung – ebenso Startrouten von dort. Die östlich orientierten Westküsten-Startrouten wurden so angelegt, daß sie an geeigneter Stelle an eine der **Inlands-Rundstrecken** (Kapitel 4 und 7) "andocken" und sich von dort problemlos fortsetzen lassen.

– **Ab Las Vegas** in die Nationalparks von Utah und Arizona geht es auf **zwei getrennten Rundstrecken** und **Erweiterungen** durch den zentralen und den südlichen Südwesten. Beide dienen als **Startrouten ab Las Vegas** und Verlängerung der vorher beschriebenen Routen ab Los Angeles und San Francisco. Sie lassen sich leicht miteinander verknüpfen und besitzen auch Verbindungspunkte zur Rundstrecke 7.2 durch den Nordwesten (*Yellowstone National Park*). Die **Rundstrecke 4.4** durch Arizona und New Mexico könnte auch in **Phoenix** oder **Albuquerque** begonnen werden.

– Die **Westküstenroute von Seattle nach San Francisco** ist nicht nur als Startroute, sondern gleichzeitig als **Teil einer Rundstrecke** konzipiert, die über den **Lake Tahoe und die Kaskadenvulkane** wieder zurück nach Norden führt.

– Ziele und Strecken im **zentralen Nordwesten** sind über die **Rundstrecke 7.2** samt **Erweiterungen** miteinander verbunden, die sowohl in **Salt Lake City** als auch in **Denver** begonnen werden kann. Die Verbindung zu anderen Ankunftsflughäfen wie Seattle, San Francisco und Las Vegas ergibt sich aus den darauf abgestimmten Startrouten von dort.

– Im kurzen **Kapitel 8** werden die verschiedenen Möglichkeiten für einen **Abstecher nach Canada** skizziert.

Weitere **Details zu den Routenverläufen einschließlich klimatischer Bedingungen** zu verschiedenen Jahreszeiten und einer allgemeinen Bewertung findet der Leser in einer Übersicht eingangs der Rundstreckenkapitel.

Die **Karte in der vorderen Umschlagklappe** zeigt alle beschriebenen Teilstrecken in vereinfachter Form. Die außerdem einbezogenen Ziele und Straßen ergeben sich aus dem Text.

Routen-
vorschläge

Im **Kapitel 9** finden sich zusätzliche, von den beschriebenen Startrouten und Rundstrecken abweichende **Routenvorschläge für unterschiedliche Zeitspannen und Jahreszeiten**.

Cities

Den **Großstädten** sind eigene Kapitel gewidmet. Für die wichtigsten **Ankunfts-/Abflugs-Cities Los Angeles, San Francisco, Las Vegas** und **Seattle** fallen diese ihrer Bedeutung entsprechend umfangreicher aus als für die Städte, deren Beschreibung in die jeweiligen Routenkapitel integriert wurde. In allen Stadtkapiteln kommen die "technischen" Fragen der Stadtbesichtigung von der Orientierung bis zu Unterkunfts- und Restauranthinweisen besonders ausführlich zur Sprache.

Bewertung
von
Zielen
und
Routen

Um bei der Fülle alternativer Ziele und Routen dem Leser die Auswahl zu erleichtern, dürfen **bewertende Aussagen** nicht fehlen. Dieser Reiseführer beschränkt sich nicht auf die reine Beschreibung, sondern liefert auch Beurteilungen. Obwohl der Leser naturgemäß nicht in allen Fällen mit der **Einschätzung des Autors** ganz übereinstimmen wird, kennt er nach kurzer Benutzung des Buches dessen Position und besitzt damit ein Kriterium für die eigene Entscheidung.

Piktogramme

Ebenfalls auf subjektiver persönlicher Beurteilung beruhen die **Camping- und Wanderempfehlungen**:

– Die **3 Campingsymbole** weisen auf Campmöglichkeiten hin, die der Autor mehrheitlich selbst kennt und positiv bewertet. Ihre Bedeutung ist klar. Die meisten Plätze eignen sich sowohl für Campmobile als auch für Zelte.

– Die positive Einschätzung bezieht sich überwiegend auf **landschaftliche Einbettung** und **Großzügigkeit der Anlage**, berücksichtigt aber auch die **Übernachtungskosten.** Die Piktogramme besagen daher, daß ein Platz die Gebühren unbedingt wert ist oder – bei sehr niedrigen Kosten bzw. Nulltarif – zumindest als akzeptabel eingestuft werden kann. Häufig trifft beides zu: Nicht wenige der schönsten Plätze kosten unter/bis $12 pro Nacht und Fahrzeug. Davon abweichende Einschränkungen – etwa in Städten – ergeben sich aus dem Text. **Nicht** oder nur von nachgeordneter Bedeutung für eine Empfehlung waren Qualität der sanitären Anlagen und anderer zivilisatorischer Einrichtungen.

– Das Piktogramm des Wanderers findet sich vor allem bei empfehlenswerten besonders attraktiven **Tageswanderungen** von kurzer bis mehrstündiger Dauer, nur in Ausnahmefällen bei Ganztagsunternehmungen.

Die **Übernachtungsempfehlungen beziehen sich auf außergewöhnliche Unterkünfte, solche mit gutem Preis-Leistungsverhältnis und auf preiswerte Einfachquartiere.** Das Piktogramm findet sich auch, wenn die Unterkunftssituation an bestimmten Orten nur generell beschrieben ist. Ab Seite 182 wurde bereits erläutert, was von amerikanischen **Hotel/Motelketten** zu halten ist, auf deren Häuser man überall trifft.

Die nebenstehenden Piktogramme sind leicht zu deuten. Das obere kennzeichnet die Aussicht auf einen guten Snack oder **Fast Food**, das untere ein empfehlenswertes Restaurant im üblichen Sinn. Da **Essen und Trinken auf Reisen** in Amerika das geringste Problem darstellt, wenn man erst einmal die grundsätzlichen Gegebenheiten kennt (↪ ab Seite 204), bilden konkrete Hinweise in diesem Buch keinen Schwerpunkt. Die Piktogramme unterstreichen auch einzelne gute Erfahrungen.

Karten

Alle Karten wurden **eigens für dieses Buch** angefertigt. Sie sind geographisch so korrekt wie möglich, erheben jedoch keinen Anspruch auf Vollständigkeit. Sie enthalten aber alle wichtigen Straßen, Orte, **National- & State Parks**, Gewässer, Sehenswürdigkeiten und Wanderwege, die im Text erwähnt werden.

Die **Straßenkarten** sind in erster Linie gedacht zur Orientierung bei der Lektüre dieses Buches. Darüberhinaus leisten sie in **Ergänzung zur separaten Gesamtübersicht** gute Dienste bei der Reiseplanung. Rot gekennzeichnete Straßen entsprechen weitgehend den beschriebenen Routen und möglichen Alternativen. Die **Stadt- und Nationalparkpläne** vermitteln ein ausreichend klares Bild von den Gegebenheiten vor Ort; dort bezieht sich die rote Kennzeichnung auf Hauptstraßen.

Unterwegs im Südwesten: hier Fahrt durch den Red Rock Canyon nur wenig westlich des Bryce Canyon National Park

1. LOS ANGELES/SAN DIEGO UND STARTROUTEN

1.1 LOS ANGELES

1.1.1 Geschichte, Klima und Geographie

Geschichte

Das mit rund 14 Millionen Einwohnern nach *Metropolitan New York* zweitgrößte Ballungsgebiet der USA blickt auf eine nur wenig über 200-jährige Geschichte zurück. Die Gründung des **Pueblo** *de Nuestra Señora la Reina* **de los Angeles** *Porciúncula* durch den spanischen Gouverneur *de Neve* und den aus Mallorca stammenden Franziskanerpater *Junípero Serra* erfolgte 1781. Zur Zeit der Eroberung durch die Amerikaner im mexikanisch-amerikanischen Krieg 1847 beherbergte das "Dorf der Engel" ganze 1500 Einwohner. Wie im Falle San Franciscos gab der kalifornische Goldrausch von 1848–1851 den Anstoß für die folgende Expansion. 1876, im Jahr der Anbindung von Los Angeles an das transkontinentale Schienennetz, zählte die Bevölkerung immerhin schon 40.000 Köpfe, um die Jahrhundertwende über 100.000. Die dadurch verursachten **Wasserprobleme** löste ein Herr *Mulholland* 1913 mit dem gewinnträchtigen Bau eines ersten Aquädukts, das Wasser aus der 400 km entfernten Sierra Nevada nach Los Angeles transportierte. Er schuf damit die Voraussetzung für die Entwicklung der einstigen Wüstenoase zur Industrie- und Dienstleistungsmetropole. Heute wird LA über ein System von Kanälen versorgt, das bis nach Nordkalifornien und zu den Stauseen des Colorado reicht. Nichtsdestoweniger stellt die **Wasserversorgung** trotz mittlerweile scharfer Verbrauchsrestriktionen neben dem fast täglichen "Verkehrsinfarkt" und hoher Kriminalität das größte Problem der Stadt dar.

Der Wasserstand des Mono Lake, östlich des Yosemite Nationalparks in 500 km Entfernung (Luftlinie), sank durch immensen Verbrauch in Los Angeles um 15 m. Umweltschutzverbände protestieren seit Jahren; ⇨ Seite 377

Klima

Wechselhaftigkeit kennzeichnet das Klima von Los Angeles. Dabei liegen die **Tagestemperaturen** im Sommer statistisch im Bereich zwischen 23°C und 28°C bei hoher, schweißtreibender **Luftfeuchte,** im Winter zwischen 15°C und 20°C. Vorausgesetzt, weder Smog, Bewölkung oder Seenebel hängen über der Stadt. Erhebliche Abweichungen von den Mittelwerten, mitunter innerhalb weniger Stunden, sind häufig. **Klares Wetter** herrscht vor allem in der Periode August bis November, **Regen** fällt überwiegend in den Wintermonaten.

Kennzeichnung des Großraums LA

Metropolitan Los Angeles setzt sich aus einer Vielzahl von Städten zusammen und verfügt über keinen natürlichen, gewachsenen Stadtkern wie etwa San Francisco. Zwar existiert südlich des Kreuzungsbereichs der Autobahnen #110 (*Harbor Freeway*) und #101 (*Hollywood/Santa Ana Freeway*) unweit der historischen Ursprünge (Olvera Street **Downtown Los Angeles**, ein Geschäftszentrum mit der für die *Big Cities* Amerikas typischen **Skyline aus Stahl und Glas,** aber es besitzt für den Großraum LA bei weitem nicht die Bedeutung der Zentren anderer Großstädte für ihre Umgebung.

Als die älteste (weiße) Siedlung der Region lieferte der **Stadtteil** *Los Angeles* immerhin den Namen für das riesige städtische Konglomerat – über 100 km lang in nord-südlicher und west-östlicher Ausdehnung und bis zu 50 km breit zwischen Pazifik und *San Gabriel Mountains.*

Vororte

Während große Teile des Stadtgebietes einst wüstenartigen Ebenen abgetrotzt wurden, wachsen die Vororte entlang der nördlichen Tangente I-210 bereits in die **Foothills** der weitgehend menschenleeren San Gabriel Mountains hinein. (*Angeles National Forest*). Kaum bekannt ist, daß dort – in Höhenlagen von 2.000 m bis 2.700 m nur rund 50 mi von Downtown Los Angeles entfernt – im Winter Ski gelaufen werden kann.

Im Nordwesten bildeten einst die **Santa Monica** und **Verdugo Mountains**, zum Meer strebende Ausläufer des San Gabriel Gebirges, natürliche Grenzen für die Besiedelung. Heute ist der Moloch Los Angeles lange über sie hinausgewachsen in das jenseits der Berge liegende *San Fernando Valley* bis hinauf nach **Palmdale/Lancaster** entlang der zum *Freeway* ausgebauten Straße #14 Die Hügel wurden bis auf das Areal des *Topanga State Park* in Ozeannähe oberhalb Malibu und den populären *Griffith Park* weitgehend mit Nobelanwesen zugebaut: in Beverly Hills und Hollywood, aber auch in Glendale und Teilen von Burbank.

Letzte Freiräume zwischen **Anaheim/Santa Ana** und **Riverside/San Bernhardino** im Nordosten (*Riverside Freeway* #91) und entlang der Verkehrsachse I-15 (San Diego–Las Vegas) schließen sich immer weiter. Die **Küste von Malibu über Long Beach bis Laguna Beach** ist weitgehend zugesiedelt.

Großraum Los Angeles

1.1.2 Freeways und Orientierung

Situation Damit die zusammengewachsene und gleichzeitig ausufernde Megalopolis funktioniert, bedurfte es eines leistungsfähigen Transportsystems. Bekanntlich setzte Los Angeles noch stärker als andere amerikanische Cities auf das Auto und den Ausbau eines umfassenden **Schnellstraßennetzes**. Nachdem die zehn- und zwölfspurigen Autobahnen und bis zu vierstöckigen Kreuzungen und Abzweigungen lange Zeit als vorbildlich angesehen wurden, sieht sich die Stadt seit Mitte der 80-er Jahre an den Grenzen des Individualverkehrs: die ***Rush Hour*** dauert auf den *Freeways* bisweilen ganztägig, nicht endender *Stop-and-Go*-Verkehr nervt die Pendler. Aber Platz für noch mehr Straßen und Spuren gibt es kaum noch, und bereits existierende Pläne für doppelstöckige Straßenführungen wurden wieder fallengelassen, zu Recht, wie spektakuläre *Freeway*-Einstürze beim Erdbeben 1993 bewiesen.

Zeitplanung Fürs allgemeine ***Sightseeing*** in Los Angeles sollte man sich vorzugsweise auf **Samstage, Sonn- und Feiertage** konzentrieren. Der Verkehr auf den *Freeways* hält sich dann in erträglichen Grenzen. **Vergnügungsparks** und **Museen** kann man dagegen besser **montags bis freitags** besuchen. Wenn sich Fahrten an Wochentagen nicht vermeiden lassen, empfiehlt sich entweder ein recht zeitiger oder relativ später Aufbruch, d.h., vor 7 Uhr oder erst gegen 10 Uhr, und ein Antritt der Rückfahrt möglichst vor 15 Uhr oder nach 18 Uhr. **Ein Ausweichen auf andere Straßen abseits der Freeways** ist bei größeren Distanzen selbst auf den breit ausgebauten und seltener verstopften Hauptverkehrsboulevards wegen der unzähligen Ampeln extrem zeitraubend.

Karten

Möchte man überfüllte Autobahnen verlassen, benötigt man einen besseren Helfer als die auf den ersten Blick recht nützlich wirkenden Karten der Autoverleihfirmen oder der ansonsten sehr brauchbaren, im allgemeinen Teil empfohlenen **Rand McNally** Atlanten. **Unübertroffen** erscheint wegen Ihrer guten Übersichtlichkeit die Karte **Los Angeles Area Freeways** auf der Rückseite der **Southern California Map** der *California State Automobile Association* (Teil des AAA, ➪ Seite 80). Sehr nutzerfreundlich sind die "harten" Faltkarten **Fastmap** von *Gousha* in Klarsichthüllen (hier **California South** mit LA- und San Diego-Übersicht, ca. $5) für den raschen Blick auf die Karte auch während der Fahrt.

Obwohl man das *Freeway*-System relativ rasch "in den Griff" bekommt, kann aber ein **kartenlesender Beifahrer** nicht schaden. Vor allem das rechtzeitige Einordnen gelingt bei fünf vollen Fahrspuren allein manchmal nicht schnell genug.

Lage der Sehenswürdig- keiten

Der Kommentierung der Los Angeles *Freeways* ist hier deshalb soviel Raum gewidmet, weil sich die touristisch interessanten Sehenswürdigkeiten in weit auseinanderliegenden, mit öffentlichen Verkehrsmitteln teilweise nur schwer zu verbindenden Stadtteilen befinden:

Für LA-Verhältnisse relativ nah beieinander und in kurzer Distanz zum internationalen Flughafen liegen **Santa Monica, Beverly Hills, Hollywood, der Wilshire Distrikt und Downtown** im Nordwesten des Großraums LA. Von Santa Monica und den beliebtesten Stränden (Venice Beach) über die Villenviertel am Sunset Boulevard, Hollywood, das alte Zentrum der Filmindustrie, die Museen im *Hancock Park, Downtown, Old Town* und *Chinatown,* den *Griffith Park* bis hin zu den *Universal Studios* konzentriert sich dort die Mehrheit der beliebtesten Besucherattraktionen. Etwas außerhalb davon liegt **Pasadena** mit dem sehr guten *Norton Simon Museum.*

Rund 35-45 km südlich von Downtown LA (*Harbor* oder *Long Beach Freeway*) bilden die felsige Halbinsel **Rancho Palos Verdes, Long Beach** mit der *Queen Mary* und **die Strände** von Long und Huntington Beach einen weiteren Anlaufbereich.

Im Südosten beherbergen die Nachbarstädte **Buena Park und Anaheim** die Vergnügungsparks *Disneyland*, *Knott's Berry Farm* und allerhand weitere kommerzielleTouristenattraktionen wie auch die **Crystal Cathedral** und die **South Coast Plaza**, eines der größten Shopping Center der USA.

1.1.3 Unterkunft und Camping

Hotels/ Motels

Wenn nicht eindeutig andere Präferenzen bestehen, sollte man die Region **Santa Monica/West Los Angeles/Westwood/ Hollywood** zum Ausgangspunkt für einen Besuch in Los Angeles machen. Von dort läßt sich die Mehrheit der Sehenswürdigkeiten sowohl mit dem Auto relativ gut erreichen und zur Not auch mit dem öffentlichen Bus-System **MTA** (⇨ Seite 241). Der Pazifik mit seinen Stränden liegt nicht allzuweit entfernt für den Fall, daß man sich von Klima und Hektik der Stadt erholen möchte. Im empfohlenen Bereich stößt man entlang der Hauptstraßen (u.a. Wilshire Blvd, Santa Monica Blvd, Ocean Ave von Santa Monica bis Venice, Hollywood Blvd) auf **zahlreiche Hotels und Motels aller Preisklassen**.

Airport und Umgebung

In Los Angeles gehört auch der **Airport Bereich** (Inglewood) unterhalb dieser Region zu den verkehrsmäßig noch "praktischen" Adressen für einen City-Besuch. Wie im Allgemeinen Teil, Kapitel 3.5, erläutert, sind die Hotels in der Flughafen-Zone vor allem an Wochenenden unterbelegt und bieten mit reduzierten Tarifen ein oft sehr gutes Preis-Leistungsverhältnis. Ausgesprochen günstig sind nach wie vor in LA auch die **Tarife deutscher Veranstalter** für die *Airport*-Hotels. Nichts verkehrt machen kann man mit dem *Crowne Plaza* und dem *Westin Hotel,* die schon um 120 DM/Nacht angeboten werden. Deutlich unter dem Standard dieser Häuser der Oberklasse liegende Hotels kosten nur 20-30 DM weniger.

Wer vor Ort preiswert buchen will, muß erhebliche Abstriche machen. Bei Eigenbuchung bieten das *Travelodge Hotel,* ✆ (800) 421-3939, ab $60, und die *Days Inns* am 15636 Hawthorne Blvd und 901 Manchester Blvd noch flughafennahe, günstige Alternativen ab ca. $50. Am Wochenende etwa $79 kostet das ruhige *Courtyard Marriott* in El Segundo, 2000 East Mariposa Ave, etwa 2 mi südlich LAX.

Noch flughafennah und auch ohne Auto (etwa für die letzte Nacht) akzeptabel, da das große *Shopping Center Fox Hills Mall* benachbart liegt, ist das *Wyndham Garden Hotel Culver City* am Green Valley Drive ab $69; ✆ (310) 641-7740.

Long Beach

Eine **originelle Wahl** sind die nostalgischen Kabinen auf der **Queen Mary** in **Long Beach**. Buchung bei deutschen Veranstaltern schon ab ca. 135 DM/DZ und Nacht; vor Ort teurer.

Anaheim

Dank *Disneyland* befindet sich die dichteste Motel- und Hotelkonzentration im Großraum Los Angeles in Anaheim (*Harbor Boulevard* beidseitig der I-5 und *Katella Ave*). Eine **sagenhafte Kapazität** in allen Kategorien und fast aller bekannten Ketten sorgt dort fast immer für ein Überangebot an freien Zimmern und damit für **Sonderpreise** unter den offiziellen Tarifen, siehe *AAA Tourbook.* Nur an Sommerwochenenden und Feiertagen wird es schon mal zu eng.

Preiswert

Billigunterkünfte für junge Leute findet man in erster Linie in der eingangs empfohlenen Region:

- **Santa Monica Int`l Hostel** (AYH) 1436, 2nd St, ✆ (310) 393-9913; erst kürzlich renoviert, prima Lage. Sehr gut beurteilt.
- **Santa Monica International Guesthouse**, 1032 7th St, Schlafsaal und EZ/DZ mit Frühstück/HP; ✆ (562) 395-0555.
- **Hollywood Hills Hostel**, 6772 Hawthorne Ave, ✆ (213) 462-3777, Fax 3228, ✆ (800) 524-6783 ab $12, EZ/DZ ab $30.
- **Hollywood International Hostel**, 6820 Hollywood Blvd, ✆ (213) 463-0797 oder (800) 750-6561; ab $13, EZ/DZ ab $30.
- **Jim's at the Beach,** 17 Brooks Ave/Venice, ✆ (310) 399-4018
- **Hostel California**, 2221 Lincoln Blvd, ✆ (310) 305-0250, $12
- **Venice Beach Cotel**, 25 Windsward Ave, ✆ (310) 399-7649, ab $14, unmittelbar am Boardwalk, wo die Action ist.
- **Backpackers Paradise**, 4200 West Century Blvd, ✆ (310) 672-3090 oder (800) 852-0012, ab $13, in Airportnähe.
- **Surf City Hostel**, 26 Pier Ave, Hermosa Beach, ✆ (310) 398-2323, ✆ (800) 305-2901; *Internet*: www.surfcityhostel.com; ab $15, EZ/DZ ab $35. Tolle Lage an Strand und *Boardwalk*.

Weitere empfehlenswerte Hostels anderswo sind:

- **LA Int'l Hostel South Bay**, 3601 Gaffey St, ✆ (562) 831-8109; prima Lage über der Küste in San Pedro.
- **Fullerton IH/AYH-Hostel**, 1700 N Harbor Blvd, ✆ (714) 738-3721; kleines, prima Haus mit ganzen 20 Betten auf schönem Parkgrundstück 5 mi nördlich von *Disneyland*; ab $12.

Camping

Gute **privatwirtschaftlich betriebene Campingplätze** gibt es in **Malibu Beach** (schöner **RV-Park,** auch für **Zelte** geeignet: ✆ (562) 456-6052 und ✆ (800) 622-6052), und in **Long Beach** (*Golden Shore RV-Resort* zwischen *Freeway* zur *Queen Mary* und Shoreline Dr ✆ (310) 435-4646 oder (800) 668-3581).

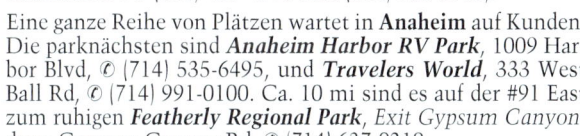

Eine ganze Reihe von Plätzen wartet in **Anaheim** auf Kunden. Die parknächsten sind *Anaheim Harbor RV Park*, 1009 Harbor Blvd, ✆ (714) 535-6495, und *Travelers World*, 333 West Ball Rd, ✆ (714) 991-0100. Ca. 10 mi sind es auf der #91 East zum ruhigen *Featherly Regional Park*, *Exit Gypsum Canyon*, dann Gypsum Canyon Rd, ✆ (714) 637-0210.

Der stadtnächste **öffentliche Campingplatz** ist die *Dockweiler State Beach* unterhalb der Startbahn des *LAX-Airport* (Reservierung ➪ Seite 200). Zelter kommen dort nicht unter, dafür auf dem *Walk-in Campground* des *Redondo Beach Wilderness Park* (Wasser, Toiletten, Gasgrill, keine Duschen), Zufahrt über die #1 nach Süden, dann Camino Real oder Knob Hill Rd; Info unter ✆ (562) 318-0670. *National Forest Campgrounds* befinden sich oberhalb Pasadena (Straße #2) und weitere *State Parks* mit Camping im Nordwesten (*Leo Carillo Beach*) und Süden (*Doheny, San Clemente* und *Onofre* Beach).

1.1.4   Restaurants und Kneipen

In Anbetracht der großen Entfernungen wird man in LA Restaurants meistens in der Nähe des eigenen Quartiers oder der besuchten Sehenswürdigkeiten suchen.

Von Malibu bis Redondo Beach

– In **Malibu** direkt an der Beach gehört das **Charthouse Restaurant** mit Bar seit Jahren zu den *Hot Spots*.

– In **Santa Monica** konzentrieren sich Restaurants in der autofreien **3rd Street Promenade**, am Santa Monica Boulevard – u.a. *Steven Spielbergs* **Dive!** – und der Ocean Ave. Logisch, daß man auch auf der Santa Monica Pier nicht verhungert. Nur einige Meilen sind es von dort nach **Westwood** im Umfeld der UCLA, wo man jede Menge *Eateries* und **Kneipen für junge Leute** im Bereich Wilshire/Westwood Blvd findet – **Planet Hollywood** am 9560 Wilshire in Beverly Hills.

– Nicht weit (ca. 2 mi) ist es von Santa Monica nach **Venice Beach** mit zahlreichen *Open-air* Lokalen am **Ocean Front Walk**. Nicht ganz so touristisch ist die Strandpromenade weiter südlich. Rund um die **Marina del Rey** (Admirality Way/Via Marina) findet man zahlreiche besserklasse Restaurants und Kneipen. Preiswerter geht es zu im **Fisherman`s Village** an der Ostseite der Yachthafen-Einfahrt. Dort sitzt man auf Terrassen mit Blick übers Wasser – Zufahrt über *Highway* #1 (Lincoln Blvd) und den Fiji Way.

– Sowohl in **Manhattan** als auch vor allem in **Hermosa** und **Redondo Beach** findet man viele Lokale direkt hinter dem Strand an sich dort fortsetzenden **Ocean Front Walk**. Im Gegensatz zu Santa Monica, Venice, Hollywood oder Beverly Hills gibt es in diesen Stadtteilen – obwohl die Strände ebenso schön oder besser sind – kaum Touristen. Draußen und in den Lokalen spielt sich das normale Leben der *Los Angelitos* ab. Dort erkennt man rasch, was die besonderen Qualität des **Californian Way of Life** sind.

San Pedro

– Wer die lange Fahrt in Kauf nimmt oder sowieso die *Queen Mary* besichtigt, findet im (künstlichen) Fischerdorf **Ports o` Call** in **San Pedro** (nördlich von Long Beach) rustikale (mexikanische) Fisch- und Krabben-Grillokale mit großen **Open-air Decks** über dem Wasser.

Long Beach

– Nicht ganz billig, aber qualitativ gut ist das äußerlich auf karibischen Wellblechschuppen gemachte Edelrestaurant **The Reef** am Kai von **Long Beach** vor der *Queen Mary*.

Disneyland

– Im Falle **Disneyland** gibt es außerhalb des Parks (der Besuch kann jederzeit unterbrochen werden) weniger überlaufene, bessere und dennoch nicht teurere Restaurants – und sogar Kneipen für den Abend – rund um den künstlichen See im **Disneyland Hotelkomplex**; vom Haupteingang ohne weiteres zu Fuß bzw. mit der Monorail erreichbar.

1.1.5 Information und öffentliche Verkehrsmittel

Anlauf-
stellen

Das **Greater Los Angeles Visitors & Convention Bureau** befindet sich in der 685 Figueroa St (7th St/Wilshire Blvd), ✆ (213) 689-8822, oder **LA-Büro**, 633 W 5t St, ✆ (213) 624-7300.

Wie üblich erhält man in der Touristeninformation **Gratis-Stadtpläne** und allerhand Material einschließlich *Discount-Coupons* für kommerzielle Attraktionen. Das zentrale Büro aufzusuchen lohnt aber nur, wenn man sowieso in der Nähe ist. In den **Teilstädten** (Santa Monica, Hollywood, Long Beach, Anaheim etc.) gibt es **separate Informationsbüros.** An den Rezeptionen vieler Hotels und bei Autovermietern können sich Touristen in Los Angeles weitgehend mit den gleichen Unterlagen eindecken wie bei der *Tourist Information*.

AAA

Wie bereits erwähnt, sind die **Karten des AAA** für LA besonders hilfreich. AAA-Büros findet man in allen Stadtteilen – die Adresse erhält man am einfachsten über ✆ **1-800-AAA-HELP**.

Busse

Der Großraum Los Angeles wird von diversen Busgesellschaften bedient, die wichtigste ist **Metropolitan Transit Authority MTA** (✆ (213) 626-4455 oder ✆ **(800) 266-6885**), die mit 3000 Bussen ein 5000 mi langes Streckennetz betreibt. Auskunft und Routenkarte in einem der **Service Center**; die Zentrale befindet sich im *Level C* des **Arco Plaza Bldg**, 5th/505 Flower St, Mo–Fr 7:30am–4pm. Im Norden und Nordwesten fahren die Busse der **Santa Monica Big Blue Bus Line**, ✆ (310) 451-5444, und im Süden **Orange County Transit**, ✆ (714) 636-RIDE. Im Airportbereich findet man die **Culver City Bus Company**, ✆ (310) 559-8310, die aber nur ein kleines Streckennetz bedient.

Beurteilung

Zwar verfügt LA über ein weitgespanntes Busnetz, aber die Busse sind – außer im Fall separater Spuren – langsamer als der Individualverkehr. Nach Busfahrten bleibt oft zu wenig Zeit für das Ziel. Mitunter lange Wartezeiten an Haltestellen in praller Sonne und unterkühlte Fahrgasträume beschweren das Busfahren zusätzlich; dafür ist es billig: **$1,35 Basic Fare**.

DASH

Die positive Ausnahme bilden erstens die nur in *Downtown* verkehrenden **DASH-Busse** (*Downtown Area Short Hop*, ✆ (800) 252-7433, Mo–Sa alle 10-15 min), mit denen man für $0,25 (*exact change!*) alle wichtigen Hotels, *Shopping Malls* und Sehenswürdigkeiten erreicht. **Route A** fährt über *Little Tokyo*, **Route B** über *Chinatown*; Umsteigen ist kostenlos.

U-Bahn

Für $-Milliarden entstand zweitens **ein neues U-/S-Bahnnetz**. Es hatte zwar Anlaufschwierigkeiten und wird heftig kritisiert, aber immerhin funktionieren jetzt 3 Linien: von **Downtown Metro Center nach Long Beach** (blau), von der **Union Station** am Wilshire Blvd entlang **bis Koreatown** (rot) und entlang des **Airport Freeway #105** von **Norwalk bis zum Int`l Airport** und weiter nach Manhattan Beach/Marine Ave (grün).

1.1.6 LA kreuz und quer

Im Gegensatz zu anderen kompakteren Städten gibt es in Los Angeles selbst für Kurzaufenthalte **keine logische Reihenfolge im Besuchsablauf**, genaugenommen nicht einmal eine klare Liste dessen, was man einfach gesehen haben "muß". In beiden Punkten kommt es zunächst darauf an, wo sich der Ausgangspunkt bzw. die Unterkunft befindet und des weiteren, wie die eigenen Interessen gelagert sind. Zur Beschreibung und Wertung der Sehenswürdigkeiten im Großraum Los Angeles wird hier deshalb im wesentlichen der oben skizzierten touristischen Geographie gefolgt: zunächst geht es um ein nordwestliches Dreieck, markiert durch Malibu/Santa Monica, Griffith Park/Pasadena und Burbank, dann um den zentralen Westbereich von Downtown bis Venice und im letzten Abschnitt um Long Beach, Anaheim/Buena Park und Sonstiges.

Der Nordwesten von Malibu bis Pasadena

Malibu/
Getty
Stiftung

In Malibu, an der Straße #1, dem *Pacific Coast Highway,* noch vor den *City-Limits* von LA/Santa Monica befindet sich das heute bis voraussichtlich zum Jahr 2001 wegen Umbau geschlossene, einstige *Jean Paul Getty Museum* in einem altrömischen Palast, den der einstmals reichste Mann der Welt nach einer in Herculanum beim Vesuvausbruch im Jahr 79 v. Chr. versunkenen Villa bauen ließ. Es beherbergte eine kolossale Sammlung von Kunstgegenständen aller Epochen, die Getty selbst und – nach seinem Tod – die Verwalter der **Jean Paul Getty Foundation** zusammengetragen haben und laufend erweitern. Denn von den Millionenerträgen aus den ursprünglich $2,2 Mrd. Stiftungskapital muß jedes Jahr ein mindestens 4,2% dieser Summe entsprechender Betrag (i.e. $92,4 Mio) zum Ankauf zusätzlicher Stücke ausgegeben werden. Die Getty-Stiftung nimmt daher schon allein kaufkraftmäßig unter den Kunstmuseen der Welt eine einmalige Spitzenposition ein. Daß mit der Akquisition immer neuer Kunstschätze die Kollektion laufend umfangreicher wurde und sich qualitativ verbessert, war die unausbleibliche Folge. Ebenso, daß die vergleichsweise beengten Räumlichkeiten der alten Villa aus allen Nähten platzten.

Gleichzeitig sorgte der Ruf des Museums für einen immer stärker werdenden Besucherstrom, der kaum noch bewältigt werden konnte, zumal nur begrenzte Parkmöglichkeiten zur Verfügung standen. Für Besucher mit Fahrzeug ergab sich daraus die Notwendigkeit einer langfristigen Voranmeldung.

Also beschloß man, auf einem Hügel in den Santa Monica Mountains am **San Diego Freeway** das **Getty Center** mit darin integriertem neuen Museum zu errichten und damit auch alle Platz- und Parkprobleme zu erledigen.

Lage Neues Getty Center

Seit Fertigstellung des – bereits von der Autobahn aus unübersehbaren – Neubau-Komplexes im Herbst 1997 können die Schätze der Getty-Sammlung, soweit sie ausgestellt sind, nun wieder bewundert werden. Man erreicht das **Getty Center**, als Gebäude schon ein Kunstwerk, über die I-405/*San Diego Freeway, Exit Jean Paul Getty* nördlich des Sunset Blvd.

Das Versprechen, dort solle es nun keine Parkprobleme mehr geben, hat sich indessen bereits erledigt. Wer ohne Voranmeldung, i.e. Parkhausreservierung kommt, wird auf einen weit entfernten Parkplatz verwiesen, von dem ein gebührenpflichtiger *Shuttle Bus* zum *Center* hinauf verkehrt - *Park & Ride*. Das Ganze ist natürlich mit Wartezeit verbunden und dauert.

Parken/ Anmeldung

Zeitaufwendig ist aber auch das Verfahren für angemeldete Besucher: Nach Abgleich der **Reservation Number** am Computer wird man durchgelassen und stellt den Wagen im Parkhaus ab, **Gebühr $5**. Auch ein spezielles Deck für *Oversized Vehicles* bis 27 Fuß, z.B. Campmobile, ist vorhanden. Weiter geht`s per *Tramway*. Bei Andrang heißt es warten. Der auch mögliche Fußmarsch ist steil und lang und bei Hitze ein bißchen viel.

Zwischen Ankunft am *Gate* und Betreten der – eintrittsfreien – Ausstellungen im *Getty Center* vergehen 30-60 min.

Organisatorische Details Getty Center

Anmeldung mit Auto: ✆ **310-440-7300**
Wochen- bis monatelange Wartefristen sind zu erwarten.
Tendenziell weniger Wartezeit mit Campmobil.
Alternativen:
– *Park & Ride* ohne Anmeldung, aber zeitaufwendiger und – bei mehreren Personen – teurer.
– Anfahrt mit MTA-Bus #561, Zugang dann ohne Probleme.
Öffnungszeiten:
Sa+So 10–18 Uhr, Di+Mi 11–19 Uhr, Do+Fr 11–21Uhr
Eintritt frei; Parkhausgebühr $5

Teilansicht des architektonisch umstrittenen, aber überwiegend gepriesenen neuen Getty Center

**Ausstellung
Getty Center**

Endlich angekommen, findet man in den neuen Museums-
räumlichkeiten Ausstellungen unterschiedlichster Kunstobjekte auf hohem Präsentationsniveau: antike Plastiken, mittelalterliche Buchillustrationen, Gefäße aus der Renaissance, ba-
rocke Bronzen, beachtliche Gemälde aller Epochen und eine
sehenswerte Photosammlung. Überaus gelungen sind die *Art
Information Rooms*, in denen die handwerkliche Entstehung
der ausgestellten Schätze thematisiert ist. **Infobroschüren** und
Dokumentationen gibt es auch **auf Deutsch**.

Wer keinen vollen Tag zur Besichtigung einplanen kann oder
mag, der mit An- und Abfahrt, Wartezeiten auf die *Tram* und
vor dem populären *West Pavilion* auch ohne längere Pausen
in der Cafeteria leicht "draufgeht", muß gezielt auswählen
oder sich an das Faltblatt *If you only have an hour* halten.

Überlegenswert wäre sogar, ob nicht andere Museen (z.B. das
Norton Simon Museum im Pasadena, ⇨ Seite 247) ein besseres Verhältnis zwischen Kunstgenuß und Zeitaufwand bieten.

**Topanga
State Park**

Von der *Getty*-Villa in Malibu sind es nur ein paar Meilen auf
dem **Topanga Canyon Blvd** nach Topanga und zum *Topanga
State Park* (Abzweigung Entrada Rd), dessen Hügel **herrliche
Ausblicke über den Ozean** und das San Fernando Valley bieten. Ein prima Ort für ein Picknick. Aber auch der sich endlos auf und ab windende Boulevard selbst erlaubt von seinen
Scheitelpunkten weite Aussichten über LA und den überbordenden Wohlstand dieser Region.

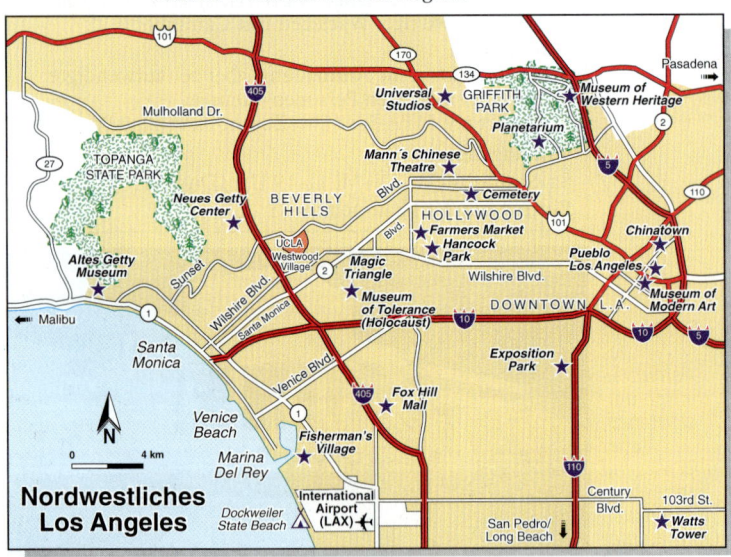

**Nordwestliches
Los Angeles**

Westside

Weiter östlich zweigt der **Sunset Boulevard** vom *Pacific Coast Highway* ab. Er führt kurvenreich durch die Ausläufer der *Santa Monica Mountains* an zahllosen Villen der *Upper Class* vorbei durch die feine **Westside** von LA. Mittendrin liegt der Stadtteil **Westwood** zwischen Sunset und Wilshire Boulevard östlich der *Interstate* #405, einst ein abgelegenes Dorf, heute Sitz der *University of California Los Angeles*, kurz **UCLA**, mit einem bemerkenswerten Campus für 35.000 Studenten.

Westwood Village

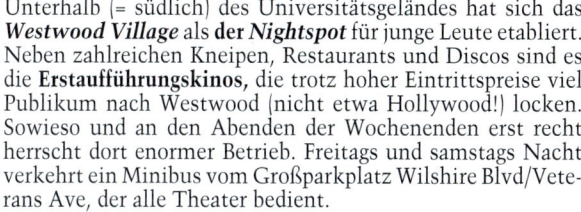

Unterhalb (= südlich) des Universitätsgeländes hat sich das **Westwood Village** als **der** *Nightspot* für junge Leute etabliert. Neben zahlreichen Kneipen, Restaurants und Discos sind es die **Erstaufführungskinos,** die trotz hoher Eintrittspreise viel Publikum nach Westwood (nicht etwa Hollywood!) locken. Sowieso und an den Abenden der Wochenenden erst recht herrscht dort enormer Betrieb. Freitags und samstags Nacht verkehrt ein Minibus vom Großparkplatz Wilshire Blvd/Veterans Ave, der alle Theater bedient.

Beverly Hills

In Beverly Hills wird der **Sunset Boulevard** zur mit Palmen gesäumten **Prachtallee.** An unübersehbaren Ständen fliegender Händler kann man spezielle **Lagepläne** zur Identifizierung der Anwesen von Filmstars und Prominenz kaufen. Besonders attraktive und leicht zusätzlich abzufahrende Straßen sind nördlich des Sunset Blvd **Beverly Glen**, **Coldwater** und **Benedict Canyon Drive**, südlich **Beverly Drive** und **Cañon.** Das Dreieck zwischen Santa Monica und Wilshire Boulevard bezeichnet man als *Golden Triangle,* die exklusivste LA-Shoppingzone mit Kern im Rodeo Drive.

Holocaust Museum

Nur wenige Blocks südlich des Goldenen Dreiecks hat vor wenigen Jahren das meist als *Holocaust Museum* bezeichnete **Museum of Tolerance** seine Pforten geöffnet; 9786 West Pico Blvd, ℰ (310) 553-8403. Die sehr plastische Holocaust-Abteilung beansprucht breiten Raum. Sie beschreibt in nahegehender Authenzität das Schicksal der Juden im 3. Reich. Die Besucher werden gruppenweise als kindliche Opfer der Judenvernichtung durch das Szenario geführt. Da ein individueller Gang durch die Räume nicht möglich ist, müssen spontane Besucher eventuell lange Wartezeiten bis zur nächsten freien Tour in Kauf nehmen. Telefonische **Voranmeldung** ist möglich und empfehlenswert. Der Eintritt von $8 ist leider ziemlich hoch. Parken in der Garage unter dem Museum gratis.

Hollywood

Weiter oben verändert die dort *Sunset Strip* genannte Allee ihr Erscheinungsbild und wird zur ganz normalen Geschäftsstraße. Parallel zu ihr läuft in Hollywood der gleichnamige Boulevard, wo vor **Mann's Chinese Theatre** (zwischen La Brea/ Highland Ave) Stars und Sternchen ihre Hand- und Fußabdrücke samt Spruch für Sid Graumann, den früheren Eigentümer des bunten Chinapalastes, im Zement verewigt haben.

Hollywood

Drinnen befinden sich heute Restaurant und Kino. In die Gehsteige des Hollywood Blvd wurden auf einer guten Meile Länge beidseitig des chinesischen Theaters und ein Stück in die Vine Street hinein 2.500 überdimensionale Messingsterne eingelassen und zahlreichen Größen des Showgeschäfts gewidmet (**Walk of Fame** mit bislang ca. 2.000 Namen).

*Fuß- und Handabdrücke der Stars im Zement vor **Sid** Graumanns Chinese Theater (hier von Humphrey Bogart)*

Situation heute

Obwohl Hollywood heute nur noch relativ wenig mit Filmproduktion und TV zu tun hat, die großen Studios längst ins *San Fernando Valley* (North Hollywood/Burbank) und sonstwohin verlagert wurden, steht der Name dieses Stadtteils nach wie vor als Synonym für die kalifornische Film-industrie. Und so bevölkern tagtäglich erstaunliche Touristenscharen Hollywood. Die Besucher finden außer den genannten Attraktionen, der *Guiness World of Records,* einem Wachsmuseum, *Ripley`s Believe it or not* und dem *Hollywood Entertainment Museum* eine Handvoll antiquarischer Buchläden und jede Menge Souvenirshops, *Fast Food* Betriebe, Restaurants und Kneipen in einem alles in allem eher flauen Umfeld.

Hollywood Cemetery

Authentisch ist in Hollywood nur der Friedhof, auf dem man viele bekannte Namen des Filmgeschäfts entdecken kann. Der Hollywood Cemetery liegt am Santa Monica Blvd zwischen Gower St und Van Ness Ave.

Griffith Park

Nordöstlich Hollywood zwischen dem Freeway #101 und dem *Golden State Freeway* (I-5) liegt der außergewöhnliche *Griffith Park*, den man am besten über die Vermont Ave ansteuert. Sie führt durch hügeliges Waldgelände (*Vermont Canyon*) mit enormer Picknickkapazität, Sportanlagen und

Laser Shows Wanderwegen hinauf zum **Planetarium/Laserium** mit einer
Aussichtsterrasse, von der man an Tagen mit guter Sicht einen
Großteil von Los Angeles überblickt. Bei Dunkelheit schaut
man auf ein endloses Lichtermeer. Einsamkeit verbunden mit
Kriminalität muß man dort auch am Abend nicht befürchten,
eher oft bis Mitternacht erhebliche Parkprobleme. Denn die im
Laserium veranstalteten **Laser-Shows** (➪ Seite 52) erfreuen
sich größter Beliebtheit. Sie finden im Sommerhalbjahr allabendlich 2x-3x statt. Programmauskunft und Ticketreser-
vierung unter ℭ (818) 901-9405. Am Wege passiert man noch
im Eingangsbereich des Parks das **Greek Theatre**, ein *Open-
air* Amphitheater, das von Ende Mai bis Oktober überwiegend
für Konzerte genutzt wird (Rock bis Klassik). Große Namen
der Musikszene sind dort keine Seltenheit.

Zoo Ein ebenfalls stark frequentierter Bereich des *Griffith Park* ist
und ein Streifen an seiner Ostseite parallel zur I-5. Über den Crys-
Wildwest tal Springs/Zoo Drive (Anfahrt über den Los Feliz Blvd oder
Museum die I-5) erreicht man unweit des **LA Zoo** (gut, aber nicht umwerfend – besser ist San Diego) das sehenswerte **Gene Autry
Western Heritage Museum** (Di–So, 10–17 Uhr) mit einer erstklassigen Kollektion zum Thema **Eroberung des Westens** und
dessen Glorifizierung in Cowboylegenden, Wildwest-Shows
(*Buffalo Bill*) und Film- und TV-Produktionen; Eintritt $7,50.

Abstecher Ein hervorragendes Museum ganz anderer Art, das seltener auf
nach dem Besuchsprogramm ausländischer Besucher steht, ist das
Pasadena/ **Norton Simon Museum of Art** in Pasadena (Do–So, 12–18 Uhr;
Norton Eintritt $4), rund 12 km östlich des *Griffith Park* an der Ecke
Simon Colorado/Orange Blvd, leicht erreichbar über den *Ventura/*
Museum *Foothill Freeway* #134. Das eigenwillig gestaltete Gebäude
beherbergt eine großartige **Sammlung alter Meister**, in der
auch bekannte Namen wie *Rembrandt, Breughel, Goya* und
Rubens nicht fehlen, das Lucas-Cranach-Gemälde **Adam und
Eva** (!), eine beachtliche Kollektion europäischer Im- und Ex-
pressionisten (*van Gogh, Renoir*, über 100 *Degas*-Werke,
Manet, Monet, Cezanne u.a.) sowie indische und südostasia-
tische Kunstwerke.

Im Gegensatz zum *Getty Center* gibt es dort keine Parkprobleme und weniger Betrieb. Umso mehr Ruhe zum Genießen
der Ausstellung. Ungünstig sind ggf. die begrenzten Zeiten.

Huntington Einmal in Pasadena sollte man auch die **Huntington Library**
Library mit **Art Gallery** und **Botanical Gardens** im nahen San Marino
nicht auslassen, 1151 Oxford Road; Di–Fr 12–16.30 Uhr, Sa &
So und im Sommer Di–So ab 10.30 Uhr, Eintritt $8. Die Büche-
rei beherbergt eine phänomenale Sammlung alter Schriften
und Bücher, darunter eine Gutenberg-Bibel, die Kunstgalerie
vor allem englische Kunstwerke des späten Mittelalters. Der
60 ha große Botanische Park besteht aus 15 unterschiedlichsten, wunderschönen Teilgärten, eine Augenweide.

Universal City Studios

**Lage/
Eintritt**

Von den **Amusementparks** im Großraum Los Angeles sind die **Universal City Studios** neben *Disneyland* die mit Abstand populärsten. Sie liegen nur wenige Meilen westlich des *Griffith Park* am *Hollywood Freeway* #101. *Universal* kostet neben den Parkgebühren ($6, *RVs* $7), $36/Person, Kinder $26, so keine **Discount-Coupons** zur Hand sind. Ein **Kombiticket** gibt es in Kooperation mit dem **Sea World Park** in San Diego. Der *Universal*-Komplex besteht aus drei separaten Teilbereichen:

Upper Lot

1. In dem durch jede Menge Shops und Restaurants ergänzten **Entertainment-Center** im **Upper Lot** laufen mehrmals täglich unterschiedlichste Showveranstaltungen: Die **Wild Wild West Show** (*Cowboy-Stuntmen-Gags* mit Prügelei und Schießerei), **Totally Nickelodeon** unter Publikumsbeteiligung, die **Animal Actors Show** (dressierte Tiere), eine **Rockin Graveyard Revue** und die absoluten Trick- und *Action-Shows* **Back to the Future** und **Waterworld.** Alle Shows sind sehenswert und unterhaltsam, solange man vermeidet, das Geschehen kritisch zu reflektieren.

Lower Lot

2. Unterhalb, im sog. **Lower Lot,** liegt das **Studio-Center.** Der Feuersturm **Backdraft,** eine Reise per Fahrrad mit **E.T.** durch den Weltraum und vor allem der Schlauchboottrip durch den **Yurassic Park** ziehen dort das Publikum an, das oft geduldig in langen Schlangen auf Einlaß warten muß. Die Demonstration von **Special Effects** in **The World of Cinemagic** gehört auch noch dazu.

Backlot

3. Durch das Gelände der Studios, das **Backlot,** geht es per **Tram Tour** (in offenen aneinander-gehängten Wagen mit insgesamt etwa 150 Personen). Die Fahrt dauert ungefähr eine Stunde. Pausenlose Erläuterungen gelten den zahllosen Filmen, die in den Stadt-attrappen und an künstlichen Seen gedreht wurden, und den bewundernswerten Aktionen der großen Stars, deren lückenlose Kenntnis vorausgesetzt wird. Für  Schrecken und Spaß ist gesorgt, wenn eine Flutwelle anrollt, der **Weiße Hai** angreift, die **Erde bebt,** Beton bricht, Flammen lodern und auch noch **King Kong** zerstörerisch sein Unwesen treibt (nichts für kleine Kinder!).

Um sich hier ablichten zu lassen, müssen die Interessenten oft Schlange stehen. Scharen von Touristen möchten ihren Besuch auf der Bank vorm Universal Schriftzug fotografisch dokumentieren

Citywalk

Und nach all dem kann man (auch ohne Eintritt) im *Universal Citywalk* mit Kinos, Shops und Restaurants (*Hard Rock Café* und *Victoria Station*) hinter *Art Deco*-Fassaden weiter die aufregende Welt des *Entertainment* genießen.

Zeiten

Mit An- und Abfahrt entspricht der Besuch einem vollen Tagesprogramm. Im Sommer öffnen die Tore täglich um 8 Uhr. Letzter Einlaß ist um 18 Uhr. Die Shows enden gegen 19 Uhr. Im Winterhalbjahr gelten kürzere Öffnungszeiten.

Man benötigt in den *Universal Studios* ein gerüttelt Maß an Unvoreingenommenheit, um von Herzen *Fun* zu haben.

Downtown und Wilshire District

Geographie Downtown

Wie eingangs im Abschnitt Geographie kurz erläutert, gibt es in Los Angeles keine "Innenstadt", die von ihrer administrativen und wirtschaftlichen Bedeutung her mit der anderer großer Cities vergleichbar wäre. Nichtsdestoweniger existiert ein – dank seiner **Hochhauskulisse** – auch aus der Distanz deutlich erkennbares *Downtown Los Angeles*. Zum Bereich *Downtown* zählt man in LA neben dem in jüngster Zeit stark expandierenden Geschäfts- und Finanzzentrum den *Civic Center* Komplex mit Administrations-, Gerichts- und Kulturgebäuden, die heute als *State Historical Park* ausgewiesene Altstadt sowie – in Randlage – *China*- und **Japantown**. Das Gebiet hat die Form eines Dreiecks und wird durch den *Pasadena Freeway* (I-110) oberhalb und unterhalb der Kreuzung mit dem *Hollywood Freeway* #101, die 7th Street östlich der I-110 und die Alameda Street bis hinauf zur College Street (*Chinatown*) begrenzt.

Transport

Wie es sich für ein ordentliches *City Center* gehört, ist die **Park- und Verkehrssituation** in *Downtown* im allgemeinen katastrophal. Es empfiehlt sich ein Abstellen des Wagens auf einem der zahlreichen (teuren) Parkplätze in den Randzonen des skizzierten Dreiecks oder in einem der Parkhäuser und eine **Erkundung von Downtown LA** – zumindest innerhalb der Teilbereiche – *per pedes*. Zur Überbrückung längerer Distanzen eignen sich bestens die Busse des **Downtown Area Short Hop (DASH)**, die Mo–Fr zwischen 6.30 Uhr und 18.30 Uhr (Sa verkürzt; So nicht, dann aber keine Parkprobleme) in kurzen Intervallen zwischen allen wichtigen Hotels, *Shopping Malls*, markanten Gebäuden und Sehenswürdigkeiten sowie *Chinatown* und *Pueblo de los Angeles/Union Station* verkehren. Die zahlreichen Haltepunkte sind nicht zu übersehen. Der Fahrpreis beträgt einheitlich 25 Cents.

Hochhäuser

Zur Inaugenscheinnahme der gläsernen Paläste der Versicherungen, Banken und Luxushotels und der neueren Kreationen postmoderner **Architektur** samt unübersehbarer Skulpturen zwischen den Hochhäusern (siehe Foto) beginnt man am besten am **Südende** (8th/7th Street) der **Figueroa Street**. Dabei

läßt sich das **Westin Bonaventure Hotel** mit seinen einst *Downtown* prägenden, heute von den Nachbarn teilweise überragten Glastürmen nicht verfehlen. Sehenswert ist dessen lichtdurchflutetes Atrium mit Boutiquen- und Restaurantarkaden und Wasserspielen auf versetzten Ebenen. Von dort sollte man der 4th Street bis zur Hope Street folgen und weiter oben (spätestens 1st Street) zur **Grand Avenue** hinübergehen. An der California Plaza/Grand Ave zwischen Gericht und Stadtverwaltung steht abgesenkt der eindrucksvolle Bau des **Museum of Contemporary Art**; Di–So, 11–17 Uhr, Do bis 20 Uhr; $6. Die Sammlung bezieht sich auf (überwiegend amerikanische) Kunst seit den 40er-Jahren bis heute. Viele große Namen dieser Epoche (*Rauschenberg, Warhol* etc.) sind mit Werken vertreten.

East Side

Nach Osten bildet der mexikanisch geprägte **Broadway** eine Art Grenzlinie zwischen dem boomenden *Business*-Bezirk und der schäbigen, bei Dunkelheit unbedingt zu meidenden *Eastside* der City. In diesem Bereich befindet sich der **Greyhound Busbahnhof** (Alameda St) und passenderweise auch gleich das **Polizeihauptquartier** (6th St/ Maple Ave).

Am Broadway zwischen 3rd und 4th Street markiert auch der **Grand Central Public Market** einen bemerkenswerten Kontrast zur Pracht der postmodernen City.

Japan Viertel

Zwar auch östlich des Broadway, aber zwischen 1st und 2nd Street bereits etwas außerhalb der Problemzonen, findet man das japanische Miniviertel **Little Tokyo** (San Pedro St/Central Ave). Im wesentlichen handelt es sich um ein leicht japanisch "angehauchtes", durchaus nicht typisch japanisches *Shopping Center* (Japanese Village Plaza), das man vielleicht zum Besuch eines der **Sushi Restaurants** aufsuchen könnte (bei *Sushi* handelt es sich um Häppchen aus Fisch und Meeresfrüchten). Einen eigenen Besichtigungswert besitzt *Little Tokyo* nicht.

Old Town

Unmittelbar jenseits des *Hollywood Freeway* zwischen Alameda (gegenüber der **Union Station** – Bahnhof für die Amtrak-Züge/U-Bahn) und Spring Street pflegt man im **Pueblo de los Angeles State Historic Park** die Reste der spanisch/mexikanischen Vergangenheit, die sich dort in einigen – insgesamt nur mäßig sehenswerten – Gebäuden manifestiert. Ein **Visitor Center** an der Main Street informiert über Einzelheiten. Im Mittelpunkt steht aber letztlich weniger die Historie als das kommerzielle Angebot auf der hübschen **Old Plaza** und – daran anschließend – in der schnuckelig restaurierten **Olvera Street** mit jeder Menge *Mexico Shops* und *Mexican Food*.

Chinatown

Wenige Blocks nördlich des Pueblos besitzt auch Los Angeles seine *Chinatown,* aber bei weitem nicht so groß und prächtig wie die San Franciscos. Ihr Zentrum ist ein pittoresker **Fußgängerbereich** zwischen Hill Street und North Broadway oberhalb der College Street. Mangels einer Integrierung in andere, auch am Abend noch belebte Zonen schließt die *Chinatown* am frühen Abend, wenn die Tagestouristen verschwunden sind, weitgehend ihre Pforten.

Exposition Park

Nicht mehr ganz zum Bereich Downtown LA gehört der *Exposition Park (*Figueroa Street/Exposition Blvd), liegt aber – auf dem *Harbor Freeway* #110 leicht erreichbar – nur rund **4 mi südlich der City**. Kernstück des Komplexes ist das nostalgische **Coliseum**, Hauptschauplatz der Olympischen Spiele von 1984 und 1932. Immer stark besucht und besonders bei Schulklassen beliebt ist das riesige **California Museum of Science and Industry** (10–17 Uhr), ein Technikmuseum mit vielfältigen Sondertrakten, darunter vielleicht am interessantesten das *Aerospace Building* zur Luft- und Raumfahrt mit IMAX-Kino, ➪ Seite 45. Das *LA County* **Natural History Museum** (Di–So, 10–17 Uhr; $6), in Breite und Präsentation ein gutes, wiewohl nicht brillantes naturgeschichtliches Museum, liegt in nächster Nähe. Erholung von Besichtigungsstress bietet der parkartige Campus der **University of Southern California** gegenüber den Museen am Exposition Blvd.

Hancock Park

Die rascheste Verbindung von *Downtown* zu den Stränden im Westen bietet der *Santa Monica Freeway*. Weitgehend parallel dazu läuft nördlich der **Wilshire Boulevard** durch den prosperierenden gleichnamigen Bezirk und später – zwischen Sunset und Santa Monica Blvd – als dritte wichtige Verkehrsachse durch die bereits beschriebene *Westside.* Noch im **Wilshire District** passiert diese breite Allee den *Hancock Park,* der zwei wichtige Sehenswürdigkeiten beherberbergt:

– in seiner Südwestecke das ***Los Angeles County Museum of Art*** (**LACMA**), einen Komplex aus fünf um eine zentrale Hofanlage gruppierten Gebäuden und drei Skulpturengärten (Mo, Di+Do, 12–20 Uhr; Fr bis 21 Uhr; Sa+So 11–20 Uhr; Eintritt $6). Die Ausstellungen im *Anderson, Ahmanson* und *Hammer Building* beziehen sich auf **Stil- und Kunstrichtungen zahlreicher Kulturen** vom Altertum bis zur Neuzeit. Im *Anderson Building* findet man in erster Linie Kunstwerke europäischer und amerikanischer Provenienz des 20. Jahrhunderts und im *Hammer Building* eine beachtliche impressionistische Sammlung. Im *Ahmanson Building* beeindrucken vor allem die alten Meister, darunter *Rembrandt* und *Frans Hals,* und eine exquisite Kollektion von *Rodin*-Skulpturen. Das *Bing Building* dient Forschungs- und Veranstaltungszwecken. Aus dem Rahmen fällt der Pavillon für japanische Kunst (*Pavilion for Japanese Art*), dessen Architektur außen wie innen ungewöhnliche Akzente setzt.

– neben dem Kunstmuseum befinden sich die ***La Brea Tar Pits***, mit einer teerigen Brühe gefüllte Teiche, in denen im Laufe der Erdgeschichte unzählige Tiere versanken. Über eine Million Knochen wurden aus den *Pits* geborgen und teilweise wieder zu komplettenSkeletten zusammengesetzt,

Mammut im La Brea Teertümpel

darunter auch das einer Frau, der *La Brea Woman*, in deren Schädel Löcher gebohrt worden waren. Naturgemäß von größtem Interesse waren die erstaunlich gut konservierten prähistorischen Fossilien. Ein Teil davon ist im **Page Museum of La Brea Discoveries** hinter den *Tar Pits* zu sehen (Di–So, im Sommer täglich 10–17 Uhr; $6).

Farmer's Market

Ein unverständlicherweise immer wieder zum Besuch empfohlener "Anziehungspunkt" liegt in der Nähe: der *Farmer's Market* an der Fairfax Ave/3rd Street. Der ursprüngliche Obst- und Gemüsemarkt hat sich zu einem **Shopping** und **Eatery Komplex** entwickelt, der gerne von Tourbussen angesteuert wird. Typisch für LA oder besonders sehenswert ist diese Ansammlung aus Marktständen, Shops und Restaurants nicht.

Venice Beach

Kennzeichnung

Folgt man vom *Hancock Park* der Fairfax Ave in südliche Richtung, stößt man bald auf den Venice Blvd, der gradlinig hinunter an den Ozean nach Venice führt, während der Wilshire Blvd weiter nördlich am gepflegten *Palisades Park* (Ocean Ave/Santa Monica Beach) endet. Das **Venedig Los Angeles'**, eine Art alternativer, dem Namensvorbild nur sehr entfernt verwandter Stadtteil mit populären, an Kanälen gelegenen Wohnbereichen, gehört zu den schillernden Attraktionen von *Greater LA*. Für Besucher kommt es im wesentlichen auf die **Venice Beach** an mit Kernabschnitt zwischen Grand und Venice Blvd westlich von Ocean Ave bzw. Speedway.

Strandpromenade

Die "entscheidende" Rolle spielt der **Ocean Front Walk**, eine betriebsame Strandpromenade mit bisweilen exzentrischem Treiben. Diese Fußgängerstraße ist eigentlich keine spezielle Venice-Einrichtung, denn sie läuft von der **Santa Monica Pier**, einem Jahrmarkt über dem Wasser, bis zur **Marina del Rey**, Ausgangshafen der olympischen Segelwettbewerbe 1984 mit einem unglaublichen Bestand an Booten der Luxusklasse, und dann weiter bis hinunter zur Halbinsel *Rancho Palos Verdes*. Aber während in Santa Monica, im angrenzenden Stadtteil Ocean Park und weiter südlich Radfahrer und *Jogger* den *Front Walk* meist nur mäßig beleben, gesellt sich in Venice "viel Volk" hinzu. Entlang einer **Open-air Restaurantzeile** und bunter Verkaufsstände zeigen Könner ihre *Skate Board* Artistik, starke Männer, Volley- und Basketballer produzieren sich im neuen **Recreation Center**, Radfahrer und *Skater* preschen auf einer Betonspur über den Strand. Pflastermaler, Pantomimen und Musikanten sorgen an guten Tagen für zusätzliche **Unterhaltung.** Leider ist seit einigen Jahren ein langsamer, aber stetiger Niedergang zu verzeichnen. Unerfreulich wirkt schon manche Straße gleich hinter dem Strand. Am Abend meidet man *Venice Beach* besser.

Long Beach und San Pedro

LA-Südküste Über das Freewaynetz aus allen Richtungen gut erreichbar besetzt die selbständige **City of Long Beach** die kurze LA-Südküste an der *San Pedro Bay* rechts bzw. östlich der Halbinsel *Rancho Palos Verde*s. Zwischen den Hügeln von *Palos Verdes*, in denen sich ähnlich wie in den *Beverly Hills* zahlreiche mondäne Anwesen verstecken, und dem Zentrum von Long Beach im Bereich Ocean Ave/Long Beach Blvd beherrschen ausgedehnte Hafen– und Industrieanlagen das Bild. Danach aber beginnen **breite, nahezu endlose Strände**, bis hinunter nach San Diego nur unterbrochen von Yachthäfen und gelegentlichen Steilküstenabschnitten. Fast überall kann man in den wasserwarmen Monaten *Surfboards* leihen. Insbesondere **Huntington Beach** (zwischen Newport und Long Beach) gilt als *Surfer*-Hochburg. Ins Auge fallen entlang der Küstenstraße bis **Newport Beach** die zahlreichen Wohnkomplexe an Stichkanälen mit Bootsanleger vor der Haustür.

Long Beach Direkt nach Long Beach hinein führt der gleichnamige *Freeway*. Er endet auf dem Shoreline Drive zwischen *Convention Center* und einer Parkanlage mit dem künstlichen **Shoreline Village**, einem Restaurant– und Kneipencenter am Wasser, Marina und **Campingplatz (nur für Wohnmobile)**. Der Blick von Uferstraße und Park fällt auf der Küste vorgelagerte mit Palmen und nächtlicher Illumination getarnte **Ölförderinseln** und die gegenüberliegende *Queen Mary*.

Fassade des Congress Center in Long Beach als flächendeckendes Mural

Queen Mary Der nostalgische Ozeanriese war lange die nach *Disneyland* und den *Universal Studios* drittgrößte kommerzielle **Touristenattraktion** von Los Angeles. Bereits seit Ende der 70er-Jahre liegt der ehemals englische Luxusliner in Long Beach. Als 1993 die zwölfmotorige **Spruce Goose**, das größte Flugzeug aller Zeiten mit einer Spannweite von rund 100 m, das am Kai hinter der *Queen Mary* zu besichtigen war, nach Japan verkauft wurde, endete die Vermarktung für den Tourismus.

Die *Queen* dient heute mit ihren weitgehend im Original-zustand erhaltenen Kabinen überwiegend als **Restaurant- und Hotelschiff,** ➪ Seite 238. Besichtigungen sind nach wie vor möglich als *self-guided tour* (10–18 Uhr, Sa bis 21 Uhr im Sommer; Eintritt $12). Die **Anfahrt** vom *Freeway* ist direkt (ohne einen Umweg über die City of Long Beach) möglich und ausgeschildert. Man gelangt automatisch auf den Parkplatz für die *Queen Mary* und die Catalina Island-Fähre.

Ports o'Call

Das künstliche "Fischerdorf" *Ports o'Call Village* (11–21 Uhr) liegt in **San Pedro**, einige Meilen westlich Long Beach unter-halb des auslaufenden *Harbor Freeway* (Harbor Boulevard/ Nagoya Way) am Ufer der Haupteinfahrt zum Los Angeles Harbor. In der als Touristenattraktion konzipierten Anlage mit einst vielfältigen Shops, Restaurants und gepflegtem Grün, dominieren heute Frischfisch-Restaurants und -läden rustikal-mexikanischen Anstrichs, ➪ Seite 240. Gebraten und gegrillt wird nach Auswahl am Tresen. Verzehr bei gutem Wetter auf den großen *Open-air*-Terrassen. Besonders beliebt sind riesige Krabben- und Grillfischtabletts für die ganze Familie. Samstags/sonntags herrscht ausgelassene Latinoatmosphäre.

Santa Catalina

Sowohl in **San Pedro** (*Terminal* unterhalb *Vincent Thomas Bridge*) als auch in **Long Beach** (*vor der Queen Mary*) legen die Ausflugsboote zur 21 mi vor der Küste liegenden *Catalina Island* ab, bei gutem Wetter ein sehr schöner **Ganztagestrip.** Die herrliche, fast autolose Insel erkundet man per Fahrrad (ab $16/Tag) oder zu Fuß. Nur an Sommerwochenenden brin-gen Ausflügler und Yachtbesatzungen richtig Leben mit nach **Avalon**, der einzigen Inselstadt. Quartiere sind dort sehr teuer, aber man kann prima **campen**: ✆ **(310) 510-Tent**. Die Über-fahrt (2 Stunden; mit der Express-Fähre nur 1 Stunde) ab $30 *retour.* Information und Reservierung unter ✆ (800) 228-2546 oder Schnellfähre ✆ (800) 360-1212.

Anaheim, Buena Park, Yorba Linda, San Dimas

Disneyland: Anfahrt

Die Stadt **Anaheim** im Südosten von *Metropolitan LA* beherbergt die neben den *Universal Studios* meistbesuchte Touristenattraktion der Westküste: *Disneyland.* Von **Downtown** LA erreicht man Anaheim am schnellsten auf dem *Santa Ana Freeway* (I-5), von **West LA** und **Long Beach** über den *Redondo Beach Freeway* #91 oder die Kombination *San Diego/ Garden Grove Freeway* (I-405/#22) und danach ebenfalls I-5.

Disneyland: Besuchsplanung

Der **Disney-Mammutparkplatz** (Einfahrt über Harbor Blvd oder Katella Ave) läßt sich dank der Wegweisung ringsum kaum verfehlen. **Öffnungszeiten** Mo–Fr 10–18 Uhr, Sa & So 9–24 Uhr; im Sommer auch werktags teilweise bis 24 Uhr. **Eintritt $36 pro Person** (Kinder bis 11 Jahren ermäßigt $26) für den Ganztagespass, der die Teilnahme an sämtlichen *Rides* und den Besuch aller sonstigen Attraktionen einschließt. 2-/3-Tage-Pässe kosten $65 bzw. $86, Kinder $47/$65. Dafür bietet Disneyland mehr als die meisten anderen *Amusementparks* für das oft nur ein paar Dollar geringere Eintrittsgeld. **Discount Coupons gibt es für Disneyland nicht**. Wer die Parkgebühren fürs Auto sparen möchte, sucht sich einen **Parkplatz im Umfeld** des *Disneyland Hotel* (West St/1150 Cerritos Ave) oder am *Vacationland Campground,* geht von dort zu Fuß oder fährt mit dem freien **Shuttle Bus** zum Parkeingang oder nimmt die **Magnetbahn,** deren Benutzung den *Disneyland-*Ticketkauf am Schalter auf der Stationsebene voraussetzt. Zum *Disneyland* Hotelkomplex kann man auch temporär zurückkehren (Handstempel), etwa um zur Mittagszeit den oft übervollen *Eateries* im Park zu entgehen. In der attraktiv gestalteten **Disney'schen Hotelwelt** befinden sich eine ganze Reihe attraktiver **Restaurants** aller Preisklassen und außerdem **die einzigen guten Kneipen weit und breit.**

Unterkunft im Bereich Disneyland

Zur **Hotelsituation** in Anaheim siehe die Ausführungen auf Seite 238 und ein beispielhaftes Angebot auf Seite 136.

Reservierung von Disneyland eigenen Hotels unter

© **(714) 956-MICKEY**

Der früher vorhandene recht angenehme disneyeigene *Campground* mußte weiteren Parkplätzen weichen.
Zum **Camping** im Umfeld von Disneyland siehe Seite 239.

Zur Philosophie

Über die **Bewertung** der Disneyschen Phantasiewelt sind die Meinungen ziemlich geteilt, und es gibt sicher gute Gründe, *Disneyland* (und *Disneyworld* in Florida) kritisch zu sehen. Aber wenn in diesem ursprünglich (1957!) nur für Kinder gedachten Land der *Mickey Mouse* und seiner Freunde auch die Mehrzahl der Erwachsenen offensichtlich Spaß hat, warum eigentlich nicht? Auf jeden Fall sieht man trotz der bisweilen sehr störenden **Wartezeiten an den *Rides*** in keinem anderen Vergnügungspark mehr frohe Gesichter bei jung und alt.

Bereiche und Prioritäten

Um möglichst viel von einem Tag in Disneyland zu haben, sollte man ein bißchen **gezielt vorgehen**. Wichtig zu wissen ist, daß der Park über fünf unterschiedliche miteinander verbundene Bereiche mit zahlreichen *Attractions* und *Rides* verfügt. Da sich bereits an Tagen mit mittlerem Andrang (alle Tage von Juni bis *Labor Day*/Anfang September, früher und später Wochenenden) vor diesen lange Wartezeiten ergeben (Spitzname für Disneyland ist daher **Disneyline**), kann man auch bei früher Ankunft kaum alles an einem Tag wahrnehmen. Der Autor würde **folgende Prioritäten** setzen:

– **Main Street USA**:
  Eisenbahnfahrt zur Übersicht über den Gesamtkomplex
– **Adventureland mit New Orleans Square**:
  Pirates of the Caribbean (bester *Ride* des ganzen Parks!)
  The Haunted Mansion (fantasievolle Geisterbahn)
  Indiana Jones Adventure: Temple of the Forbidden Eye!!
  Jungle Cruise (Bootstrip durchs "gefährliche" Afrika)
  Swiss Family Tree House (Baumhaus mit tollen Einfällen)
– **Frontierland und Critter Country**
  Big Thunder Mountain (Achterbahn im Wilden Westen)
  Splash Mountain (Nasses Vergnügen im "Baumstamm")
  Country Bear Show (urkomische singende"Bären")
  Mark Twain Riverboat (Raddampfer um Abenteuerinsel)
– **Fantasyland** (vorzugsweise für Kinder geeignet):
  It's a Small World
  Peter Pan's Flight
  Pinocchio`s Daring Journey
– **Tomorrowland**:
  Star Tours (Simuliertes intergalaktisches Abenteuer)
  Space Mountain (Extrem-*Rollercoaster* im "Weltall")
  Honey, I shrunk the audience (3D-Show)

Hinter *Fantasyland* befindet sich **Mickeys Toontown,** eine auf Kleinkinder zugeschnittene Welt der Disney-Charaktere.

Paraden/ Feuerwerk

Jeden Nachmittag finden zu jahreszeitabhängigen Stunden Paraden durch die Main Street zum *Frontierland* statt, unterhaltsame, lustige Züge, die rund eine halbe Stunde dauern; **1998 Hunchback Procession** oder **Hercules Victory Parade**. An bis Mitternacht geöffneten Tagen gibt es nach Einbruch der Dunkelheit die **Light Magic Show** mit einem tollem Feuerwerk zum Abschluß. Alles übertrifft *Fantasmic*, eine *Disney-Lasershow* am Nachthimmel: im Sommer täglich 22.30 Uhr, sonst nur samstags und an Tagen mit Hochbetrieb.

Disneyland: Information

Generelle *Disneyland Information*: ℂ (714) 781-4565
Disneyland-Hotelreservierung: ℂ (714) 956-MICKEY
Internet: www.disneyland.com

***Anaheim Visitors Information*,**
800 W Katella Ave, ℂ (714) 781-4565

Crystal Cathedral von innen

Crystal Cathedral

Ein architektonisches Wunderwerk aus verspiegeltem Glas ist die *Crystal Cathedral* in Garden Grove, Chapman Ave/Lewis St, nur wenige Blocks südlich von Disneyland. Vor allem der Turm und der Inneneindruck bestechen. Der amerikanische Stararchitekt *Philip Johnson* kreierte diesen modernen Gottestempel für die *Reformed Church of America*. Von innen zugänglich Mo–Sa 9–15.30 Uhr, außer bei Gottesdiensten; kein Eintritt, aber Spende wird erwartet.

Knott's Berry Farm

Während Disneyland von seiner Konzeption her eine Sonderstellung einnimmt, gehört **Knott's Berry Farm** im Anaheim benachbarten Stadtbezirk **Buena Park** (8095 Beach Blvd zwischen Redondo Beach/*Riverside Freeway* #91 und Lincoln Avenue) zu den typischen *US-Amusement Parks*. Im Sommer ist der Park täglich 9–24 Uhr geöffnet, den Rest des Jahres bis 18 Uhr, Sa bis 22 Uhr, So bis 19 Uhr. **Eintrittspreis** $32 pro Person für den Tagespass abzüglich **Discount** bei Couponvorlage (⇨ Seite 41). Die einstige Beerenfarm bietet heute neben den üblichen **Rides** in Achterbahnen, Lokomotiven und alten

Autos eine Menge *Show* und *Entertainment* in *Ghost Town, Fiesta Village, Wild Water Wilderness, Indian Trails, Camp Snoopy* und im *Roaring Twenties Kingdom of the Dinosaurs*. Gute Englischkenntnisse sind allerdings Voraussetzung, um zu verstehen, was es zu lachen gibt. Ein weiterer bekannter *Amusement Park* mit *Super-Rollercoasters* ist **Magic Mountain** am entgegengesetzten Ende von LA, ⮫ Seite 285.

Ritterturnier
Ebenfalls am Beach Boulevard von Buena Park, nur wenig nördlich von Knott's Berry Farm, wird in **Medieval Times, Dinner & Tournament**, das (europäische) Mittelalter wieder lebendig. Das große Abendessen in königlicher Gesellschaft des Schloßherrn kostet einschließlich des ritterlichen Turnierspektakels zwar abends ab $35/Person, dafür wird aber auch eine tolle Reitshow geboten. Die Anfangszeiten variieren, Auskunft und Reservierung unter ✆ (800) 899-6600.

Richard Nixon Presidential Center
Von Anaheim/Buena Park ist es nicht mehr weit nach **Yorba Linda** zum ersten *Presidential Center* in Kalifornien, der **Richard Nixon Library & Birthplace** am Yorba Linda Blvd (kreuzt den *Orange Freeway* #57 oberhalb der #91), geöffnet täglich 10–17 Uhr, $4; Information ✆ (714) 993-5075, ⮫ unten.

Planschpark
Im LA-Bereich befindet sich die beste Anlage für den großen Wasserspaß in **San Dimas** am Nordrand des *Bonelli Regional Park* zwischen *San Bernadino* und *Foothill Freeway*. Wie in San José heißt der Komplex **Raging Waters** und ist über den *Freeway* #57/I-210 (*Orange/Foothill*) anzusteuern. Eintritt $22 für alle über 1,20 m. Kinder bis 1,20 m zahlen $13. Kinder unter 3 Jahren frei. Jahreszeitlich wechselnde Öffnungszeiten, im Sommer 10–19 Uhr; Auskunft unter ✆ (714) 592-6453.

PRESIDENTIAL CENTER

*Monumente zu Ehren ehemaliger Präsidenten befinden sich außerdem noch in Simi Valley nordwestlich von LA (**Ronald Reagan Presidential Library**), im Osten der USA (Kennedy in Boston, Carter bei Atlanta u.a.) und in Texas (LB Johnson in und bei Austin). Auch ein Center für den 1992 abgewählten George Bush ist im Bau. Die allesamt recht aufwendigen Verehrungsstätten dieser Art beleuchten den politischen Werdegang "ihres" Präsidenten und speziell seine Präsidentschaft unter dem Blickwinkel nachträglicher Verklärung und ggf. – wie im problematischen Fall Nixon – Auslassung und Rechtfertigung. Sie sind aber auch ergiebige historische Archive für den jeweiligen Abschnitt der Zeitgeschichte. Ihre touristische Anziehungskraft – wiewohl unterschiedlich – ist bemerkenswert. Für den ausländischen Besucher im Westen der USA bietet die Nixon Library eine gute Gelegenheit, diese Spezialität amerikanischer Politkultur kennenzulernen.*

Joshua Tree Park: Wonderland of Rocks mit den namensgebenden Baumkakteen

1.2.

STARTROUTE #1: VON LA ZUM JOSHUA TREE PARK

(von dort Weiterfahrt nach San Diego, Phoenix oder Las Vegas)

Anfahrt zum Joshua Tree

Eines der attraktivsten Ziele in der Wüste Südkaliforniens ist der *Joshua Tree National Park*, der wegen seiner etwas abseitigen Lage von ausländischen Touristen weniger besucht wird. Von Los Angeles fährt man zunächst in Richtung Riverside – je nach Ausgangspunkt auf den *Freeways* #60 oder #91 bzw. der *Interstate #10*. Ab Beaumont, östlich von Riverside, bildet die I-10 nach Phoenix die einzige direkte Route nach Osten. Eine theoretische Alternative dazu ist die zeitaufwendige Straße #74 durch die Südausläufer der **San Jacinto** und **Santa Rosa Mountains** nach Indio östlich von Palm Springs.

Riverside

Am Wege (auch bei Fahrt in Richtung Las Vegas) liegt Riverside, eine stark expandierende Schlafstadt für LA-Pendler, aber zugleich ein historischer Ort. Noch vor 100 Jahren war Riverside als Zentrum des Orangenanbaus größte und reichste Stadt Südkaliforniens. Der *California Citrus State Historical Park*, einige Meilen südlich der #91 am Van Buren Blvd, würdigt den Segen der Zitrusfrüchte für die Gegend. Die Zeugen des darauf basierenden Wohlstands sind im Zentrum (Mission Inn Ave) zu besichtigen. Vor *City Hall* und *Municipal Museum* ist in erster Linie das *Mission Inn* zu nennen, ein enormer, stilistisch nur schwer definierbarer, mexikanisch angehauchter Gebäudekomplex, der zwischen der gleichnamiger Ave, Main und 6th Street einen ganzen Block besetzt. Die Besichtigung ist allein schon lohnenswert, aber man kann sogar darin übernachten:

Wer sich zu Beginn oder am Ende der Reise etwas Besonderes gönnen möchte, findet im **Hotel** des *Mission Inn* eine angemessene, wenngleich nicht billige Unterkunft: ab $115; Reservierung unter ✆ (909) 784-0300.

Quartiere der Mittelklasse-Ketten kosten in Riverside ab $50. Relativ günstig kommt man im *Best Western* und *Days Inn* in der Nähe der großen *Tyler Shopping Mall* unter.

Nach Palm Springs

Ohne Umweg über Idyllwild sind es von Beaumont nur knapp 20 mi bis zur Abfahrt nach Palm Springs, das immer einen kleinen Abstecher wert ist. In diesem Bereich durchquert die I-10 ein riesiges Areal voller **Windkraftanlagen**, die in Südkalifornien einen nennenswerten Anteil der Stromerzeugung tragen – in Betrieb ein eindrucksvoller Anblick.

Wüstenluxus

Palm Springs ist eine künstlich geschaffene **Stadt der Luxusklasse** für den Teil der Bevölkerung, der seinen Wohnort mit den wechselnden klimatischen Bedingungen der Jahreszeiten verlegen kann. Darüberhinaus fungiert die *Desert Town* von Herbst bis Frühjahr als beliebtes **Wochenendziel** für *Los Angelitos* und **Urlaubsort** für US-Bürger vor allem aus den Staaten, die von winterlicher Kälte und Schnee heimgesucht werden.

DER PINES & PALMS HIGHWAY

Bei Banning, 6 mi östlich von Beaumont, beginnt der *Pines & Palms Highway #243*, eine kurvenreiche **Scenic Road** durch die San Jacinto Mountains. Besonders **die ersten 30 mi** dieser pittoresken Straße etwa bis Idyllwild führen durch eine Gebirgslandschaft von in dieser Region kaum erwarteter Höhe bis 3.200 m mit dichtem Hochwald und milden Sommertemperaturen, wenn in der Ebene auf 150 m die Hitze kaum zu ertragen ist. Kein Wunder, daß Idyllwild und Umgebung beliebte Sommer-Wochenend- und Ferienziele darstellen. Eine ganze Reihe herrlich gelegener *Campgrounds* im *National Forest*, im *State Park Mt. San Jacinto* und – als *County Park* – bei Idyllwild laden dort zum Übernachten, Picknick oder als Ausgangspunkt für Wanderungen ein.

Idyllwild gilt als **Künstlerdorf** und schickes Resort mit vielen (ziemlich teuren) Motels, *Inns* und guten Restaurants. An Wochenenden kommt man dort von Mai bis September ohne Reservierung nur mit viel Glück unter, egal ob im Motel oder auf einem Campingplatz (Reservierung ➪ *Destinet*, Seite 200).

Wer sich einmal abseits der üblichen touristischen Pfade bewegen möchte, wird eine Fahrt über Idyllwild und weiter auf der (nicht mehr ganz so sensationellen) Straße #74 nach Palm Springs und/oder zum *Joshua Tree Park* als sehr lohnend empfinden. Früher oder später im Jahr muß aber bedacht werden, daß es oben empfindlich kühl werden kann. Nachtfrost noch im Mai oder schon im Oktober ist keine Seltenheit.

Seilbahn

Ganzjährig populär ist die Fahrt mit der **Aerial Tramway** zum fast 2500 m über Palm Springs liegenden **San Jacinto Wilderness Park**. Die Temperaturunterschiede zwischen oben und unten betragen bis zu 30°C. Aktive können auf schönen *Trails* in die Wildnis wandern und im Winter Loipen (!) befahren. (Betrieb im Halbstundentakt Mo–Fr 10–20 bzw. April–Okt. 21 Uhr, Sa+So ab 8 Uhr; im August 2 Wochen geschlossen; $17).

Desert Museum

Einen Besuch unbedingt verdient das **Palm Springs Desert Museum** in einem auffälligen Gebäude am Museum Drive parallel (westlich) zum Palm Canyon Dr gegenüber der **Desert Fashion Shopping Plaza**. Die Ausstellung bezieht sich vor allem auf Kunst des Südwestens, aber auch auf Flora, Fauna und Geschichte/Archäologie der Wüste. Originell sind die perfekt die Realität wiedergebende Miniaturräume und -szenen. Geöffnet Di–So 10–17 Uhr, Fr bis 20 Uhr; Eintritt $6.

American Art im Desert Museum: Da staunt sogar die Mickey Mouse

Living Desert

Wer sich für die Natur in der Wüste interessiert, wird von der **Living Desert Reserve**, einem botanischen Garten und Zoo zugleich, nicht enttäuscht sein. In Palm Desert, Portola Ave; September bis Mitte Juni 9–16.30 Uhr, $7.

Agua Caliente

Die **Agua Caliente Indian Reservation** ist für ihre **Canyons** mit ungewöhnlichen Felsformationen (**Andreas** und **Murray Canyon**) und den **Palm Canyon** voller 1.000-jähriger Palmen bekannt. In die *Canyons* gelangt man auf wunderschönen, teilweise steilen *Trails*. Die Zufahrt läßt sich nicht verfehlen: von Nordwesten die Hauptstraße Palm Canyon Dr durch die Stadt geradeaus (South Palm Canyon Dr). Täglich geöffnet: im Sommer 8–18 Uhr, September–April bis 17 Uhr. Eintritt $5.

Wasserplanschen/ Klettern

Im Einklang mit den klimatischen Gegebenheiten steht der **Oasis Waterpark** (Gene Autry Trail, Straße von Palm Springs nach Desert Hot Springs); täglich 11–18 Uhr März bis *Labor Day*; Sept/Okt nur an Wochenenden; $18, Kinder bis 1,25 m Größe $12. *Seniors* ab 54 zahlen $10. Nach 15 Uhr niedriger. Zum Parkgelände gehört ein tolle Kletteranlage: das **Uprising Rock Climbing Center** ist überdacht und abends geöffnet.

Air Museum	Aggressiv bemalte Jagdflugzeuge und Bomber aus dem 2. Weltkrieg gibt`s im ***Palm Springs Air Museum*** zu bewundern, 745 North Gene Autry Trail, geöffnet 10–17 Uhr täglich, Eintritt $8.
Hotels/ Motels	Fast alles ist teuer in der Wüste, nur die **Motels und Hotels** nicht in der "Saure-Gurken-Zeit" des langen Sommers. Die Leerstände großer Kapazitäten führen dann **wochentags** zu Angeboten **unter $50** für Zimmer in der guten Mittelklasse, die in der Hochsaison im Winter $150 und mehr kosten.
Östlich von Palm Springs	Folgt man von Palm Springs der **Straße #111** weiter in östliche Richtung, passiert man zahlreiche Golfplätze und eine Siedlung nach der anderen. Die Übergänge sind fließend. Ein weiteres Zentrum mit jeder Menge Resort-Hotels und Motels ist **Palm Desert**; weiter östlich wird die Wüste armseliger.
Desert Hot Springs	Verläßt man Palm Springs über die #111 North (*Gene Autry Trail*) in Richtung Nordeinfahrt *Joshua Tree Park*, passiert man **Desert Hot Springs**, einen eher uninteressanten Ort. Wie der Name schon sagt, gibt es dort aber heiße Quellen. Über die populärsten öffentlichen Pools mit unterschiedlichen Temperaturen verfügt das ***Desert Hot Springs Spa Center*** am Palm Drive, 8–22 Uhr, mit angeschlossenem Mittelklasse-*Motor Inn*, ℰ (800) 808-7727; im Sommer ab ca. $40. Von Oktober bis Mai ist die nicht übermäßig attraktive Anlage meist ziemlich voll. Etwas teurer, aber ansehnlicher ist ein wenig weiter nördlich das ***Miracle Springs Hotel & Spa***, ℰ (800) 400-4414.

*In Yucca Valley gibt`s den **Desert Christ Park** (ab #62 Mohawk Trail bis zum Ende). Biblische Gestalten und bekannte Szenen sind dort in Beton gegossen. Hier Christi Auferstehung*

Straße #62 nach Joshua Tree	Der ***Joshua Tree National Park*** verfügt über drei Einfahrten, zwei vom ***Twentynine Palms Highway*** (Straße #62) und eine von der I-10 aus. Da der beste Teil des Parks im nördlichen Bereich liegt, macht es Sinn, über die #62 anzufahren. Aus der Karte ist nicht ersichtlich, daß die #62 äußerst dicht besiedelt ist. Fast ohne Unterbrechung säumt eine typisch amerikanische Ausfallstraßen-Infrastruktur die Strecke.

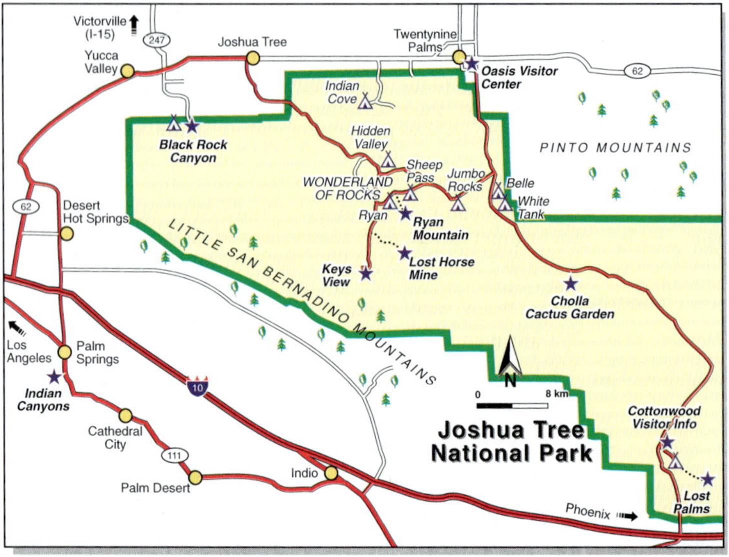

[Map of Joshua Tree National Park with surrounding area including Los Angeles, Palm Springs, Twentynine Palms, and various trails and landmarks]

Joshua Tree National Park

Unterkunft/ Information

Wer in diesem Bereich bis Twentynine Palms ein Quartier benötigt, hat im Sommer und auch sonst wochentags die große Auswahl zu günstigen Preisen. Viele **Motels** dort stehen nicht im AAA-Führer. Mit dem **Ort Joshua Tree** erreicht man die **Hauptzufahrt** in den Nationalpark und eine sich als *Park Center* bezeichnende Informationsstelle mit teurem Shop. Für weitergehende Parkinformationen (Flora, Fauna, Geologie, Historie) muß man bis **Twentynine Palms**, einem Ort mit zahlreichen attraktiven Fassadengemälden (**Murals**), zum offiziellen **Oasis Visitor Center** des *National Park Service* fahren.

Joshua Tree National Park

Der Name dieses ausgedehnten Parks (ca. 2.300 km²) bezieht sich auf den baumartigen **Joshua Tree** (Kaktus), der an einigen Stellen der hier bereits wieder höher liegenden Halbwüste (ab 300 m in der Ebene mit Erhebungen bis zu 1.700 m) große Areale bedeckt. Das Zusammenspiel der oft bizarren *Joshua* Kakteen mit der eigenartigen Felslandschaft drumherum verleiht diesem Nationalpark einen unverwechselbaren Reiz.

Trails

Die Straße ab Joshua Tree führt durch das zu Recht so bezeichnete **Wonderland of Rocks**. Für kurze Wanderungen (z.B. ins **Hidden Valley** und auf den **Ryan Mountain**) und Geländeerkundungen bestehen zahlreiche Gelegenheiten, sofern einem danach vor lauter Hitze zumute ist (im Sommer bis 50°). Einen sehr guten Überblick bietet **Keys View**, erreichbar auf einer 5-mi-Stichstraße, auf der man auch den Abzweig zum Ausgangspunkt für den schönen ***Trail*** (4 mi retour) zur ***Lost Horse Goldmine*** passiert. An dessen Ende stößt man auf noch erhaltene Holzstrukturen der alten Anlage.

Camping

Unübertroffen ist das Campen im *Joshua Tree Park* (jedoch überwiegend ohne sanitären Komfort: kein Wasser, daher sind die meisten Plätze **gratis**!). Egal, um welchen *Campground* es sich handelt (Empfehlung: ***Jumbo Rocks***, ***Ryan*** und ***Hidden Valley***, Treffpunkt der ***Rockclimber***; nur die gebührenpflichtigen Plätze ***Black Canyon*** und ***Indian Cove*** außerhalb des Felswunderland-Gebietes können zentral reserviert werden, ↪ Seite 192), fast alle Stellplätze wurden liebevoll zwischen Felswände und die karge Wüstenvegetation plaziert. Von Oktober bis Mai sind deshalb die ***Campgrounds* an Wochenenden immer knallvoll**; So–Do jedoch ist Unterkommen nie ein Problem. **Feuerholz** ist im Park nicht vorhanden. In Anbetracht der vielen romantischen, felsgeschützten Feuerstellen darf man also nicht vergessen, es vor der Einfahrt zu beschaffen.

Klima

Die hohen **Tagestemperaturen** in den Sommermonaten sollten nicht vom Besuch abhalten. Selbst 40°C im Schatten sind bei der dort vorherrschenden Trockenheit noch zu ertragen. Die **Nachttemperaturen** sinken auch im Hochsommer in der Regel auf ein erträgliches Niveau, früher oder später im Jahr kann es sogar recht kühl werden.

Ausfahrt

Etwas außerhalb des Kerngebietes des *Wonderland of Rocks* befinden sich die ebenfalls zwischen Felsen und *Joshua Trees* plazierten ***Campingplätze Belle*** und ***White Tank.*** Auf halber Strecke zwischen Twentynine Palms und Cottonwood liegt der ***Cholla Cactus Garden*** mit einem Lehrpfad. Wer ohnehin nach Süden fährt, könnte dort einen Zwischenstop einlegen. Eine "Notwendigkeit", der Straße nach Cottonwood zu folgen, besteht ansonsten nicht. ***Cottonwood*** an der Südeinfahrt ist nur eine Rangerstation mit Auskunftsfunktion; der ***Campground*** (mit Wasser) dort kostet zwar $8, kann aber mit anderen Plätzen des Parks nicht konkurrieren.

*Camping
an den
Jumbo Rocks*

**Zurück
nach LA**

Die schnellste Strecke zurück nach Los Angeles ist naturgemäß die I-10. Eine **sehr reizvolle Alternative** bietet die *Box
Canyon Road* in einem trockenen Flußtal durch die gleichnamige Schlucht nach Südwesten (Mecca) und weiter über
Indio und ggf. die #74 und/oder andere Nebenstrecken wie
den *Pines & Palms Highway*, ⇨ Seite 261.

**Nach
San Diego**

Eine reizvolle Route führt vom *Joshua Tree Park* über **Salton
Sea** und die **Anza-Borrego Desert** nach San Diego. Zunächst
entspricht die Strecke der Alternativroute zurück nach Los
Angeles durch den **Box Canyon**. Ab Mecca geht es entweder
auf der Straße #111 am Ostufer der Salton Sea entlang oder auf
der #195, dann #86 in einiger Distanz am Westufer des Sees
vorbei. Die Wahl der #111 wäre nur dann zu empfehlen, wenn
ein Tag Pause an der Salton Sea eingeplant wird. Aber zu bedenken ist: die *Beaches* des Pazifik wie auch die kleinen Stauseen in den Los Pinos Mountains westlich von *Anza-Borrego*,
(*Cuyamaca* und *El Capitán*, so sie nicht zu leer sind, bieten
(im Sommerhalbjahr bis September) mehr Wasserspaß als die
Salton Sea. Etwas Besonderes ist die Salzsee indessen schon:

Salton Sea

Die erst 1905 durch Überflutungen des Colorado River entstandene *Salton Sea* liegt auf **70 m unter NN** fast auf dem Niveau
des *Death Valley* und bedeckt eine Fläche von 680 km². Die
Ufer sind flach und nicht eben einladend, überwiegend schlam-
mig-steinig oder verschilft. Auch um die Wasserqualität steht
es nicht zum besten, und so erfreut sich der See selbst außerhalb der lähmenden Hitzeperiode des Hochsommers nur mäßi-
ger Beliebtheit. Immerhin gibt es auf der **Ostseite** eine ausgedehnte *State Recreation Area* mit Campingplätzen und Badestränden und im Süden ein Naturschutzgebiet. Gut für *Windsurfing* und *Waterskiing:* Die Wassertemperaturen fallen
selbst im Januar kaum unter 20°C. Das unattraktive **Westufer**
wird von einer Handvoll schäbiger Siedlungen gesäumt.

**Anza
Borrego
Wüste**

Die Straße #22 führt in das Zentrum der knochentrockenen
Anza Borrego Desert, wo außer Kakteen und anspruchslosen
Wüstengewächsen nichts gedeiht. Der größte Teil der Region
(ca. 2000 km²) ist Wildnis. Der zentrale Ort **Borrego Springs**
auf knapp 180 m über N.N. und Umgebung befinden sich in
Privatbesitz, erwachen aber nur von Oktober bis Mai zu
Leben. Ab Mitte März bis Mai blüht die Wüste und zieht viele
Ausflügler an. Lohnenswert dann: *Borrego Palms Canyon Trail*
zu einem Palmenhain mit Wasserfall (90 min retour). **Im Juni**
beginnt der Sommer mit **Temperaturen von 40°C** und darüber.
Dann wirkt alles wie ausgestorben; nur einige *Shops* und Tankstellen bleiben geöffnet. Die Durchfahrt lohnt aber jederzeit.

**Nach
San Diego**

Von Borrego Springs fährt man auf der Straße #S3 nach **Julian**
im *Cleveland National Forest* (1200 m hoch) und folgt von
dort auf sehr schöner Strecke der Straße #79 hinunter zur
Interstate #8, ⇨ auch Seite 271.

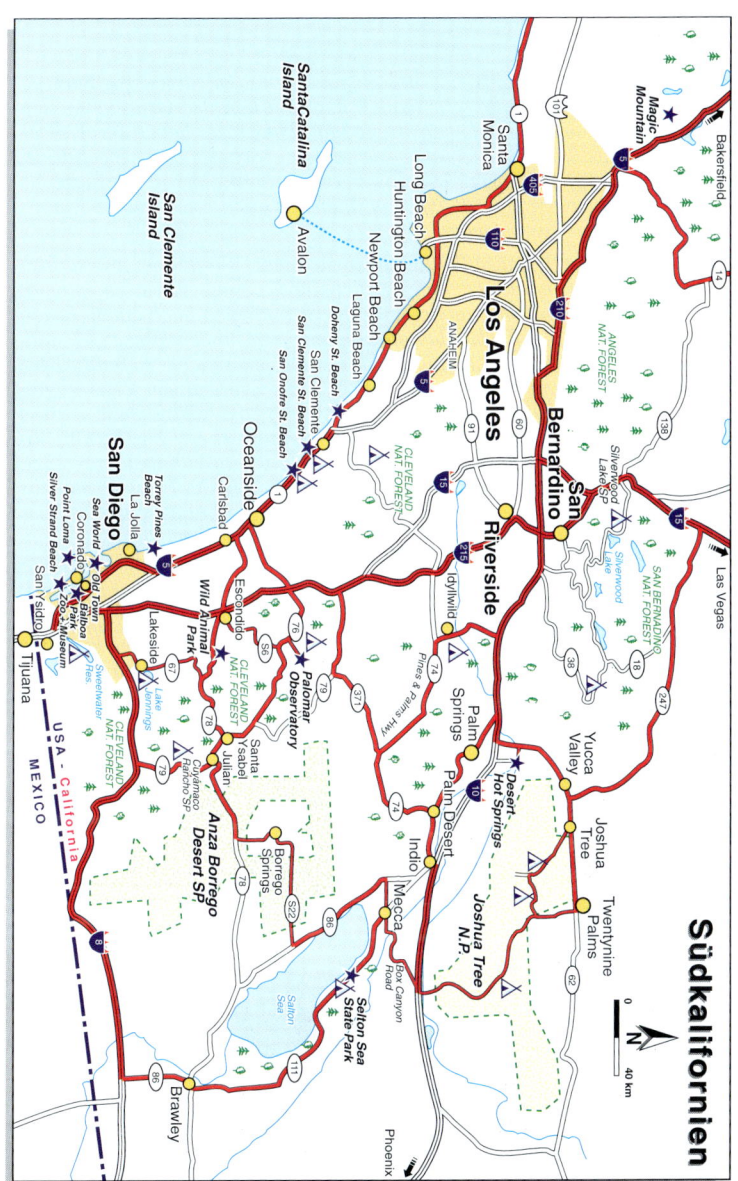

Santa Catalina Island

San Clemente Island

San Clemente Island

Magic Mountain

Bakersfield

Santa Monica

Long Beach
Huntington Beach
Newport Beach
Laguna Beach
Doheny St. Beach
San Clemente
San Clemente St. Beach
San Onofre St. Beach

Avalon

Los Angeles

ANAHEIM

San Bernardino

Angeles NAT. FOREST

Las Vegas

Oceanside

Carlsbad

La Jolla
Torrey Pines Beach
San Diego
Sea World
Coronado
Point Loma
Silver Strand Beach

Old Town
Balboa Park
Zoo
Museum

San Ysidro

Tijuana

U.S.A.
MEXICO

California

Lakeside
Lake Jennings

Sweetwater Res.

CLEVELAND NAT. FOREST

Wild Animal Park

Escondido

Palomar Observatory

CLEVELAND NAT. FOREST

Santa Ysabel

Julian

Cuyamaca Rancho SP.

Anza Borrego Desert SP.

Borrego Springs

Riverside

Idyllwild

Palm Springs

Pines to Palms Hwy.

Palm Desert

Desert Hot Springs

Indio

Mecca

Salton Sea

Box Canyon Road

Salton Sea State Park

Brawley

Phoenix

Silverwood Lake SP

Silverwood Lake

SAN BERNARDINO NAT. FOREST

Yucca Valley

Joshua Tree

Joshua Tree N.P.

Twentynine Palms

Südkalifornien

0 40 km
N

WÜSTENGÄRTEN

Eine kurvenreiche Fahrt hat uns in das weite Tal der Oase **Borrego Springs** *hinuntergeführt. Wir wollen den nördlich des Ortes gelegenen* **Coyote Canyon** *erkunden. Die Straße läuft auf ganzer Länge durch diese Schlucht und ist eigentlich eine Allradpiste. "Strictly four-wheel-drive, period!" sagte der Ranger. Aber bis zu einem Punkt, der in der Karte als Desert Gardens verzeichnet ist, kommen wir auch mir unserem hinterradgetriebenen Van Camper.*

Die Wüstengärten tragen ihren Namen zu Recht. Wir parken mittendrin. Um uns herum ist alles voller herrlichster Kakteen. Etwa die spindeldürren **Ocotillos**, *deren stachelbewehrte Stämmchen nach einem Regen blitzartig Blätter sprießen lassen können, jetzt aber völlig kahl sind. Mehr noch beeindrucken uns die kuschelig aussehenden* **Teddy Bear Chollas**, *die scharenweise herumstehen. Seine knubbeligen Verzweigungen erinnern an die Arme eine Plüschteddys, der gestreichelt werden möchte. Aber wehe dem, der dieser Versuchung erliegt! Die heimtückischen Stacheln dieser Opuntienart sind mit feinsten Widerhaken besetzt. Schon der leiseste Kontakt genügt, um sie x-fach in der Haut zu haben – ohne Chance, sie wieder zu entfernen. Was diese botanischen Teddies besonders lieben, ist weite Kleidung, die sie im Vorbeigehen greifen können. Mancher hat schon seine Jeans ausgezogen, um sich aus der Liebkosung eines Stachelbären zu befreien.*

Während die Teddy Bear Chollas wenigstens noch aufrecht stehen, manche fast mannshoch, und dem Gegner direkt ins Auge sehen, kriechen einige ihrer hinterlistigen Verbündeten völlig unscheinbar über den Wüstenboden und warten geduldig auf achtlose Wanderer, deren Hosenbeine sie mit spitzen Dornen aufspießen. Die Amerikaner nennen sie daher bildhaft **Wait-a-minute**.

Weitere ähnlich spröde Schönheiten lernen wir bei vorsichtigen Spaziergängen durchs Hinterland kennen. Aber nichts geht in dieser Wüstenidylle über den spektakulären Abendhimmel mit feurigen Wolkenbildern und einer grell leuchtenden Mondsichel.

Wolfgang Haertel

Fast leerer Campingplatz im Buckskin Mountain State Park am Unterlauf des aufgestauten Colorado River (Arizona-Seite) im Oktober

WEITER NACH PHOENIX, LAS VEGAS ODER ZUM GRAND CANYON

Die soweit beschriebene Strecke eignet sich auch als erstes Teilstück für weiterführende Routen in Richtung Phoenix, Las Vegas oder Grand Canyon. **In den ersteren Fällen** handelt es sich ab *Joshua Tree Park* um **gute Tagesetappen**. Die Fahrt zum Grand Canyon ließe sich zur Not ebenfalls an einem Tag bewältigen, zwei Tage Zeit wären angenehmer.

Während es zur ziemlich eintönigen **I-10 nach Phoenix** keine Alternative gibt (im Herbst und Winter mit Unterbrechung vielleicht in **Quartzside**, dem größten Winter-Campinglager der USA – nur um zu staunen), bestehen für die beiden anderen Ziele immerhin mehrere Straßenkombinationen:

Nach Las Vegas geht es ab Twentynine Palms am besten zunächst nach **Amboy**, einer nostalgischen Fast-*Ghosttown* an der alten *Route 66* (⇨ Seite 447) und dann durch wilde Wüsten-, Gebirgs- und Lavalandschaften der *Mojave National Preserve* auf kleinen, aber asphaltierten und problemlosen Straßen zur I-15, die man gute 60 mi südlich von Las Vegas erreicht. Die ebenfalls mögliche Route über ein **längeres Teilstück der #66** und dann Straße #95 ist weniger reizvoll, wiewohl etwas schneller.

Den **Grand Canyon** erreicht man am raschesten wie beschrieben über Amboy und die *Route 66* und dann die I-40, auf der man bei Kingman auf die weiter unten beschriebene Rundstrecke durch Arizona und New Mexico stößt (⇨ ab Seite 446ff). Eine zunächst ebenfalls wenig aufregende Route ist die **Straße #62** nach Osten an die **Stauseen** des Colorado River. In Parker/Arizona wendet man sich nördlich und fährt über **Lake Havasu City** (Standort der Stein für Stein über den Atlantik geschafften *London Bridge*, die früher die Themse überspannte) zur I-40. Für diese Strecke braucht man einen **Extratag** Zeit, der sich aber lohnt bei Lust auf einen Tag oder Abend am Fluß (Bootsmiete, Schwimmen). Zahlreiche Camping- und Motelresorts warten beidseitig des Flusses auf Gäste. Einen der besten Plätze unmittelbar am Wasser bietet der *Buckskin Mountain State Park*.

1.3   STARTROUTE #2: VON LOS ANGELES NACH SAN DIEGO

Interstate #5   Die offensichtlich schnellste Verbindung von LA nach San Diego bietet die I-5. Sie gehört zu den Autobahnen mit dem höchsten Verkehrsaufkommen Kaliforniens. Für die – je nach Ausgangspunkt – 100-120 mi kommt man daher selten mit der rechnerisch möglichen Fahrzeit von 2 Stunden aus.

Straße # 1   Die #1 ist innerhalb des Großraums LA bis Santa Monica und wieder ab Manhattan Beach südlich des internationalen Flughafens mit dem *Pacific Coast Highway* identisch. Ihr südlicher Abschnitt zwischen Long Beach und Newport Beach wurde vorstehend kurz kommentiert, ⇨ Seite 254.

Laguna Beach   Auf dem verbliebenen Stück bis zu ihrem Ende/Anfang in **Capistrano Beach** verdient nur der Nobelort **Laguna Beach** Erwähnung. Er entwickelte sich aus einer Künstlerkolonie und veranstaltet Anfang Juli bis Ende August ein *Arts Festival* mit zahlreichen Ausstellungen und Veranstaltungen.

Nach kilometerlangen flachen Stränden steigt die Küste bei Laguna Beach wieder an und bildet hübsche kleine Strandbuchten unter felsigen Steilhängen. Beneidenswert gelegene Villen und Motels/Hotels säumen die Uferlinie. Ein recht günstiges Angebot ist dort das *Laguna Riviera Beach Resort* ab $63, ✆ (714) 494-1196, ✆ (800) 999-2089. Kurz vor Erreichen der I-5 passiert man die *Doheny State Beach*.

Strand-zugang   Ab **Capistrano Beach** gibt es für die Weiterfahrt nach Süden **zur I-5** zunächst **keine Alternative**. Sie durchquert ein riesiges Sperrgebiet des *US-Marine Corps*. Ein Atomkraftwerk sorgt zusätzlich für kilometerweite Absperrungen. Hinter der Ortschaft San Clemente findet man daher nur über die **State Parks San Clemente** und **San Onofre** Zugang zum Meer.

Küsten-straße   Im einst mondänen, aber über die Jahre ein bißchen abgeblätterten Seebad **Oceanside** beginnt parallel zur I-5 die streckenweise unmittelbar an der Küste verlaufende **Straße # S 21**. An ihr liegen kleine, mehr oder weniger zusammengewachsene **Seebäder** mit jeder Menge Motels am Wege, diversen kommerziellen **Campgrounds** und **State Beaches** (*South Carlsbad* und *San Elijo* mit Camping). Die #S 21 geht nördlich von San Diego in die **Torrey Pines Road** über, auf der man in Höhe der Universität auf den **La Jolla Shores Drive** stößt, der zum *San Diego Scenic Drive* gehört, ⇨ Seite 278.

Zur Orientierung im Küstenbereich und für die in den nächsten Absätzen beschriebene Route benötigt man unbedingt eine genaue **Südkalifornien-Karte**, ⇨ Seite 241.

Alternative Route #76   Eine hübsche, aber zeitraubende Alternativroute zur Küstenstrecke ist ab Oceanside die **Straße #76** nach Osten durch den *Cleveland National Forest*. Am Wege liegt das berühmte *Mount Palomar Observatory* – etwa 11 mi Zufahrt über die

serpentinenreiche Straße #S6 mit seinen Riesenteleskopen und einem kleinen Museum (Besichtigung gratis, täglich 9-16 Uhr). Besonders ergiebig ist der Besuch nicht, aber dafür sind die **NF-Campgrounds** kurz vor dem Ende der Straße sehr schön in die Landschaft eingebettet. Auch der **Palomar Mountain State Park** ein paar Meilen weiter nordwestlich (Straße #S7) verfügt über erfreuliche Stellplätze und Wanderpfade.

Straße #79

Nach San Diego geht es von dort am besten über die Straßenkombination S7 (zum *Lake Henshaw*), **dann #76/#79/I-8**. Im Abschnitt zwischen **Julian** und der Autobahn fährt man durch eine sehr schöne Landschaft mit klaren Bächen (imFrühjahr; später im Jahr oft ausgetrocknet) und Hochwald. **Sehr reizvoll** campt man im **Cuyamaca Rancho State Park**.

Straßen #S6/#67/#S4

Man könnte sich – statt hinunter zur I-8 zu fahren – auch wieder westwärts wenden und über die Straßen #S6 oder #78/#67/#S4 die **I-15** ansteuern. Landschaftlich sind diese Routen weniger ergiebig, aber man ist rascher in San Diego (speziell bei Wahl der Straße #S6 ab Bereich Mount Palomar).

San Diego Wild Animal Park

Ein weiteres Motiv für diese Routen liefert ggf. der **San Diego Wild Animal Park** an der #78, 5 mi östlich von Escondido. Die dort lebenden asiatischen und afrikanischen Tiere lassen sich von den das Gelände umrundenden Bahn oder von den Aussichtspunkten eines *Trails* (3 km) beobachten. Tierliebhabern wird der dem originalen Habitat der Tiere angepaßte Park gefallen. Das "authentische" afrikanische Dorf **Nairobi Village** und ein bißchen *Show* ergänzen das Parkprogramm. Öffnungszeiten im Sommer 9–18 Uhr, sonst bis 17 Uhr; **Eintritt $19**. Ein "Muß" ist der Besuch dieses Freigehege-Zoos nicht.

Ein noch weiterer Umweg über die **Anza Borrego Desert** lohnt sich eher im April/Mai, wenn die Wüste blüht, ⇨ Seite 268.

Im San Diego Wild Animal Park bei Escondido

1.4 SAN DIEGO

1.4.1 Geschichte, Klima und Geographie

San Diego – und nicht etwa San Francisco – ist heute mit rund 1,15 Mio. Einwohnern nach Los Angeles **Kaliforniens zweitgrößte City**. Die Stadt verfügt jedoch über keinen vergleichbaren Gürtel von Trabanten- und Nachbarstädten. Der **Großraum San Diego** (ca. 2,7 Mio.) ist deshalb bei weitem nicht so bevölkerungsstark wie *Metropolitan* San Francisco.

Geschichte

Nach der Entdeckung Amerikas ließ auch die Erkundung der Westküste nicht lange auf sich warten. Schon 1542 setzte der Seefahrer **Juan Rodriguez Cabrillo** seinen Fuß auf die der San Diego Bay vorgelagerte Halbinsel. Mit der Landung am Point Loma, wo heute ein *National Monument* an ihn erinnert, reklamierte er sogleich ganze Landstriche im Westen Nordamerikas – faktisch das heutige Kalifornien – für die spanische Krone. Aber erst 227 Jahre später erfolgte 1769 die Errichtung eines militärischen Außenpostens auf dem jetzigen *Presidio Hill*. Gleichzeitig gründete der Franziskanerpater **Junípero Serra** die *Mission San Diego de Alcalá*. Nach der Eroberung Kaliforniens durch die Amerikaner ging die Entwicklung lange Zeit an San Diego in der äußersten Südwestecke des Staates vorbei. Erst um die Jahrhundertwende entstanden mit der Anbindung der Stadt an das Eisenbahnnetz ein nennenswerter Hafen und Industrie. Mit dem Überfall der Japaner auf Pearl Harbor und einer dadurch bedingten Verlegung des pazifischen Oberkommandos der US-Streitkräfte von Hawaii nach San Diego wurde der zweite Weltkrieg zum entscheidenden Anstoß für die seither erlebte Expansion. Die Marine- und Airforce-Gelände belegen nach wie vor gewaltige Areale rund um die Bay, und die pazifische Kriegsflotte dominiert vor den Thunfischfängern die Hafenanlagen.

Klima

Nun sind nicht allein militärische Aktivitäten, Industrie, Handel und Wandel verantwortlich für den anhaltenden Boom San Diegos. Die **Freizeitgesellschaft** der Nachkriegsära entdeckte – ganz besonders seit den 80er-Jahren – die hervorragende klimatische und geographische Eignung der Stadt fürs ganzjährige **Outdoor Living** zwischen Strand, *Swimming-Pool*, Tennis- und Golfplatz. In San Diego herrschen **jahraus, jahrein angenehme Temperaturen**. Wie im benachbarten Los Angeles erreichen sie selbst im Januar im Tagesdurchschnitt 18°C und sinken nachts kaum unter 6°C bis 10°C, aber im Sommer klettern sie selten so hoch wie dort, sondern verharren im allgemeinen deutlich unter 30°C. Und das bei maximaler Sonneneinstrahlung und wenigen Regentagen.

Der florierende **Grenztourismus** nach Tijuana in Mexiko, wo manches erlaubt, was in den USA verboten ist, tat ein übriges für San Diegos Prosperität.

*Museums-
gebäude
im
Balboa Park*

Geographie Die Geographie San Diegos unter touristischem Blickwinkel läßt sich wie folgt unterteilen (⇨ Karte Seite 279):

– Die nördlichen Vororte (**La Jolla, Muirlands, Pacific** und **Mission Beach**) liegen zwischen der *Interstate* #5 und dem Ozean. Dort findet man die reizvollsten Strände, das unter jungen Amerikanern legendäre *San Diego Beach Highlife* und ausgedehnte Villenviertel. Sie werden nach Süden durch die **Mission Bay** begrenzt, frühere Brackwassersümpfe, die zu einer Seen- und Parklandschaft umgestaltet wurden mit Stränden, Marinas und dem *Sea World* Komplex.

– Die Stadtteile **Ocean Beach** und **Point Loma** unterhalb von Mission Bay und San Diego River bilden die westlichen Vororte auf der weit nach Süden reichenden, großenteil von der US-Marine besetzten Point Loma Halbinsel. Die North San Diego Bay, der *Lindbergh International Airport* und die I-5 begrenzen diesen Bereich nach Osten.

– Die langgestreckte, am Kopf inselartige *Coronado Peninsula* bildet die westlichen Ufer der San Diego Bay. Sie ist mit *Downtown* über eine 4 km lange Brücke verbunden.

– *Downtown* San Diego ist ein überschaubares, teils neues, teils restauriertes Stadtzentrum am Nordende der Bay unterhalb des höhergelegenen **Balboa Park**.

– Zwischen I-5 und I-8 in unmittelbarer Nähe ihres Kreuzungsbereichs liegt die **Old Town**, östlich davon das sog. *El Presidio*, Keimzelle San Diegos hoch über der Stadt.

– Das *San Diego River Valley* mit der nach Osten führenden Interstate #8. Auf ihr erreicht man die 1774 verlegte *Mission San Diego* und die größte **Hotel- und Motelkonzentration** der Stadt, siehe unten.

Die weiter südlichen, bereits **mexikanisch geprägten Stadtteile** haben Touristen kaum etwas zu bieten. Man durchfährt sie auf den *Freeways* in Richtung Grenze.

1.4.2   Orientierung und öffentliche Verkehrsmittel

Besucher-information

Die Büros der *Visitor Information* befinden sich am **2688 Mission Bay Drive East** und mitten **in *Downtown***, 11 Horton Plaza (1st/F Streets), ☎ (619) 236-1212.

Vor allem, wer zunächst die nördlichen Stadtteile besucht, sollte sich bei der *Tourist Information* oder beim AAA eine genaue Karte besorgt haben. In San Diego ist die Orientierung nicht einfach, da wegen wechselnder Topographie das sonst in Amerika übliche Schachbrettmuster weitgehend fehlt.

Scenic Drive

Erreicht man San Diego auf der Straße #S 21 (oder auf der I-5, *Exit* Genessee Ave) und über die **North Torrey Pines Road**, läßt sich der ausgeschilderte *Scenic Drive* nicht verfehlen. Dessen Verlauf kann man gut als Leitlinie durch die Stadt nutzen, ohne sich in allen Einzelheiten daran zu halten.

Am besten folgt man ihm seeseitig auf dem **La Jolla Blvd.** Nach Passieren der Mission Bay geht es zu den ***Sunset Cliffs*** und von dort zum *Point Loma* bzw. (ohne den Abstecher) über den North Harbor Drive direkt nach *Downtown*, zum *Balboa Park* und ggf. weiter zur *Old Town*. Mit Ausnahme der *Coronado Peninsula* und der *Mission San Diego* erfaßt diese Route die Mehrheit der in Frage kommenden Anlaufpunkte.

Bus und Straßenbahn

Öffentlicher Transport funktioniert in San Diego gut. Neben einem flächendeckenden Bussystem existieren zwei **Trolley Linien** (Straßenbahnen) von *Downtown* nach La Mesa/El Cajon (östlich der City), die ***Orange Line***, und von der *Mission San Diego* über *Downtown* nach San Ysidro nahe der Grenze, die ***Blue Line***. Je nach Entfernung kostet die einfache Fahrt $1-$2,25. Kombinierte Bus- und Trolleypässe kosten für einen vollen Tag $5, für 2 Tage $8, 3 Tage $10, 4 Tage $12. Informationen zu aktuellen Fahrplänen und Tarifen gibt es auch im ***Transit Store*** in *Downtow*n: 102 Broadway/1st Ave, Mo-Fr bis 17.30 Uhr, Sa+So 12–16 Uhr; ☎ (619) 233-3004.

Touristen-trolley im Nostalgielook auf Rundkurs durch Coronado, Downtown, Balboa Park und Old Town

1.4.3 Unterkunft, Camping und Essengehen

Situation San Diego verfügt als Touristenziel über zahllose Hotels und Motels, zwar überwiegend in der mittleren bis gehobenen Klasse, aber deren Tarife sind wegen großer Konkurrenz noch moderat. Im Flughafen gibt`s die übliche Direkttelefon. Preiswertere Motels muß man vom *Pay-Phone* aus anrufen:

Airportnähe/
Downtown
– **Villager Lodge-Gaslamp**, ✆ (619) 238-4100, ✆ (800) 598-1810, 660 G Street im *Gaslamp Quarter*, ab $49

– **Days Inn Harbor View**, ✆ (619) 232-1077, 1919 Pacific Hwy, ab $49 AAA-Rate

– **Holiday Inn San Diego Bayside**, ✆ (619) 224-3621, ✆ (800) 345-9995, 4875 N Harbor Dr, neues Hotel, gute Lage, ab $69

– **Comfort Inn Airport at Old Town**, ✆ (619) 543-1130, 1955 San Diego Ave, ab $53

– **Best Western Island Palms Hotel**, 2051 Shelter Island Dr, ab $99, schöne Lage am Yachthafen

– **Humphrey`s Half Moon Inn**, ✆ (619) 224-3411, 2303 Shelter Island Dr, ab $85, aber gutes Preis-/Leistungs-Verhältnis

Hotel Circle/
Mission Bay
Der **Hotel Circle** ist eine San Diego Spezialität: Östlich des Kreuzungsbereichs I-8/I-5 ballen sich an einer Rundstraße über 20 Hotels/Motels ab unterer Mittelklasse (ca. ab $39 AAA-Tarife). Dort findet sich leicht ein passendes Zimmer. Auch die Restaurant-Infrastruktur ist dicht. Als Beispiele:

– **Days Inn**, ✆ (619) 297-8800, 543 Hotel Circle, ab $49

– **Regency Plaza**, ✆ (619) 291-8790, ✆ (800) 619-1539, 1515 Hotel Circle South, ab $64. Sehr guter Standard.

– **Ramada Plaza Hotel**,
✆ (619) 291-6500, 2151 Hotel Circle, ab $59

– **Vagabond Inn,**
✆ (619) 297-1691, 1515 Hotel Circle South, ab $50

– **Dana Inn & Marina**, ✆ (619) 222-6440, 1710 W Mission Bay Dr, ab $69, an der Mission Bay; *Seaworld* 10 min. zu Fuß

Mission Bay In Strandnähe an der Mission Bay oder in Pacifica/Ja Jolla wird`s im allgemeinen teurer. Relativ preiswerte Motels der Einfachkategorie direkt am Mission Boulevard sind:

– **Sleepy Time Motel**,
✆ (619) 483-4222, 4545 Mission Bay Dr, ab $34

– **Trade Winds Motel,**
✆ (619) 273-4616, 4305 Mission Bay Dr, ab $35

Die bessere Mittelklasse am Strand kostet erheblich mehr:

– **Best Western Blue Sea Lodge**,
✆ (619) 488-4700, 707 Pacific Beach Dr, ab $115

– **Ocean Park Inn**,
✆ (619) 483-5858, ✆ (800) 231-7735, 710 Grand Ave, ebenfalls ab $89, sehr gut gelegen bereits in Pacific Beach

Preiswert

San Diego verfügt über (fast immer ausgebuchte) AYH- und freie *Hostels*, zeitige Reservierung ist notwendig:

– **Metropolitan Hostel**, ✆ (619) 525-1531, 521 Market, ab $16
– **Grand Pacific Hostel**,
  726 5th Ave, ✆ (800) 438-8622, ab $15, EZ/DZ ab $35
– **Banana Bungalow**,
  707 Reid Ave an der Mission Beach, ✆ (800) 5-HOSTEL,
  $12-$1, e-mail: Sdres@bananabungalow.com
– **Elliott Int`l Hostel (AYH)**, 3790 Udall St, Point Loma, ✆
  (619) 223-4778, schöne Lage, ab $13
– **Ocean Beach Hostel**, 4961 Newport Ave am Strand, ✆ (800)
  339-SAND + ✆ (619) 223-SURF; Lesermeinung *Spitze*; ab $14

Spitzen-klasse

– **Hotel del Coronado**, ✆ (619) 435-6611, ✆ (800) HOTEL DEL,
  1500 Orange Ave, Coronado, $185-$425. Eleganter, weißer
  Holzbau von 1888 am Strand auf der gleichnamigen Halbinsel. Das bekannteste Hotel der Stadt. Präsidenten, Filmstars und Ölscheichs übernachten dort. *Some like it hot* mit
  Marily Monroe wurde weitgehend im *Coronado* gedreht.

– **Marriott Hotel and Marina**, ✆ (619) 234-1500, 333 W Harbor
  Dr, ab $170. Das moderne Gegenstück zum *Hotel Coronado*
  in *Downtown* ist das zweitürmige, verspiegelte *Marriott* mit
  1355 Zimmern und eigenem Yachthafen.

Zimmer-vermittlung

Zentrale Reservierungsnummern für je einen Teil der San
Diego Hotels/Motels (Mittelklasse) sind ✆ **(800) 345-9995** und
✆ **(888) GR8-STAY**, außerdem ✆ **(800) SAVE-CASH**. Bei kurzfristigen Anrufen sind die Chancen auf günstige Tarife gut.

Camping

Die stadt- bzw. beachnahen privaten *Campgrounds* zeichnen
sich in San Diego durch exorbitante Preise bis über $50 pro
Nacht für große Campmobile aus. Dafür aber bietet vor allem
Campland-on-the- Bay am Nordufer des Mission Bay hervor-
ragenden Komfort mit *Whirlpool*, Badestrand etc; ✆ (619) 581-
4212 und ✆ **(800) 4BAY-FUN**. Zwischen Tijuana und San
Diego liegt der hochkomfortable **KOA-Campground** in Chula
Vista unweit der I-5, Abfahrt E Street. Camping nur für Wohn-
mobile zu erträglichen Kosten ($16 pro Fahrzeug) gibt es in
Citynähe auf den *State Beach*-Parkplätzen am **Silver Strand
Highway** (Coronado Halbinsel). Zwar stehen dort die Camper
stehen dicht an dicht ohne *Hook-up,* aber am Strand.

Relativ weit entfernt, aber nicht schlecht ist der **Lake Jennings County Park**, I-8 *East*, östlich von El Cajon ausgeschildert, ✆ (619) 694-3049. Ein weiterer **County Park** mit *Campground* ist **Sweetwater Summit**, südöstlich der Stadt. Anfahrt
über die I-805, dann Bonita Rd, dann Summit Meadow Rd,
Reservierung wie Lake Jennings. Beide Parks besitzen *Hook-
ups*, sind aber auch für **Zeltcamper** geeignet. Sweetwater liegt
keine 10 mi von der mexikanischen Grenze entfernt.

**Restaurants/
Kneipen**

Das Restaurantangebot in San Diego ist in allen Bereichen nahezu überwältigend. Ob an der Mission Bay, im Zentrum, in der *Old Town* oder im *Balboa Park,* die nächste *Eatery* und/oder Kneipe findet sich in der Nachbarschaft.

In **Downtown** konzentrieren sich Lokale aller Art rund um die **Horton Plaza**, auf das **Gaslamp Quarter** und auf das **Seaport Village**. In der architektonisch auffälligen *Horton Plaza Shopping Mall* befindet sich ein **Planet Hollywood**, auf Level 4 ein großer **International Food Court**.

Von den vielen Restaurants im **Gaslamp Quarter** neben und südlich der zentralen Plaza ist das **Croce's** an der Ecke 5th Ave/F St besonders zu empfehlen. Es bietet allabendlich **Live Jazz** a la NewOrleans. Die Lokale im arg touristischen *Seaport Village,* einem künstlichen Schnuckeldorf in der südwestlichen Ecke von *Downtown*, sind im wesentlichen auf **Fast Food** spezialisiert, die sich mit Blick über die San Diego *Skyline*, die Bay und die Coronado Bridge genießen läßt.

Die **größte Kneipe der Stadt** mit über 100 Biersorten und Restaurant-Terrasse ist das **Elephant & Castle** am Harbor Drive beim *Star of India. Dinner* und Umtrunk verbinden sich auch gut in **Carl Strauss` Micro Brewery** in der 197 Columbia St, wo 12 eigengebraute Biersorten gezapft werden.

Für ein mexikanisches Dinner empfiehlt sich – trotz des dort überbordenden Tourismus` – eines der vielen pittoresken Mexiko-Restaurants in der **Old Town**, z.B. **Casa Guadalajara** (Taylor/JuanSt) oder **Rancho Nopal** (2754 Calhoun St).

Wer den Balboa Park besucht, findet ordentliche **Cafeterias** in den Museen; auf ein besonders angenehmes Ambiente bietet die **Cafeteria des Art Museum**.

*Mexican
Food
dekorativ
serviert
in der
Old Town*

1.4.4 Stadtbesichtigung

Die Strände

Strandtypen Strände und Strandleben sind in keiner anderen Stadt Kaliforniens so bestimmend wie in San Diego. Neben dem Klima ist dafür sicher auch die **Vielfalt der Strandtypen** verantwortlich, wie man sie ebenfalls anderswo nicht findet: Lange flache Sandstrände (**Mission Beach**), felsige Ufer mit Einsprengseln von Sandbuchten (**Windansea Beach** und **Coast Boulevard Park**), Strände unter Steilküsten ideal zum Surfen (**Tourmaline Canyon Park**) und – etwas abgelegener – zum Nacktbaden (**Black Beach** im *Torrey Pines Park*) sowie gepflegte Anlagen mit *Lifeguards*, Duschen, Snackbars und Spielrasen unter Palmen (**La Jolla Kellogg Park**) treffen jeden Geschmack.

FKK Den **Torrey Pines Park** erreicht man über Torrey Pines Rd und *Scenic Drive* vorbei am *Salk Institute for Biological Studies*. Von den Parkarealen hoch über dem Meer führen Trampelpfade hinunter zum inoffiziellen Nudistenstrand *Black Beach*. Die Steilhänge dienen **Drachenfliegern** als Absprungkante.

La Jolla Folgt man dem beschriebenen **Scenic Drive** durch San Diego, kann man die Zufahrten zum **Kellogg Strand Park** in La Jolla nicht verfehlen. Ein wenig weiter unten passiert er den attraktiven **Coast Boulevard Park** mit Ministränden und Aussichtspunkten, verläßt aber danach die Küste. Zur idealen **Windansea Badebeach** gelangt man über den La Jolla Boulevard und die Palomar Avenue, zur noch südlicheren **Tourmaline Canyon Surfing Beach** über die gleichnamige Straße.

Mission Beach Der Mission Blvd verläuft parallel zur **Mission Beach** mit kilometerlanger Strandpromenade (**Ocean Front Walk**). An der *Beach*, Haupt- und Nebenstraßen gibt es dort jede Menge Motels, *Fast Food* und richtige Restaurants, Kneipen, Boutiquen, *Surfboard-*, *Skating-* und Fahrrad-*Rental-Shops* und überhaupt alles, was zum prallen Beachleben gehört. Auf der anderen Seite der schmalen Landzunge zwischen Ozean und Mission Bay trifft man auf künstlich angelegte Halbinseln, Marinas und Strände ohne Brandung.

Ocean Beach Flacher Sandstrand (**Yogi Beach, Ocean Beach Park**) und eine Infrastruktur vom Typ Mission Beach setzen sich südlich des *Mission Bay Canal* im Stadtteil Ocean Beach fort. Die Gegend ist hier weniger fein als Muirlands und La Jolla nördlich der Bay. Der *Scenic Drive* läuft, ohne Neues zu bieten, nur kurz am felsigen Ufer der *Sunset Cliffs* entlang und entfernt sich über die Hill Street von der Küste. Ein kurzer Abstecher könnte dem **Abe Reef City Park** mit hübschem Strand gelten.

Point Loma Auf dem Catalina Boulevard/Cabrillo Memorial Drive geht es durch ein Marinegelände bis zum **Cabrillo National Monument** im *Point Loma Park*. Die Fahrt wird nur von Dezember

Cabrillo NM bis Februar so recht belohnt, wenn vor der Küste Grauwale vorbeiziehen, die sich – mit Glück – von einer hochgelegenen Plattform aus beobachten lassen. Zu anderen Zeiten ist Point Loma einen besonderen Umweg kaum wert, zumal auch das *Visitor Center* mit seiner kleinen historischen Ausstellung eher enttäuscht. Eintritt $5 oder *Golden Eagle Passport*.

Südliche Strände Die **weiter südlich gelegenen flachen Strände** zwischen Coronado und der mexikanischen Grenze (*Silver Strand* und *Imperial Beach*) muß man nicht gesehen haben; zum Camping an der *Silver Strand State Beach* siehe vorstehendes Kapitel.

San Diego

0 N 4,5 km

Downtown und Balboa Park

Die **interessanteste Route** ins Zentrum San Diegos führt über den North Harbor Drive. Wer nicht via *Scenic Drive* automatisch auf dieser Uferallee an der North San Diego Bay landet, sollte mit Ziel Innenstadt die *Freeways* I-8 bzw. I-5 im Kreuzungsbereich verlassen und der Rosecrans Street nach Südwesten folgen; der Harbor Drive beginnt 4 Blocks hinter dem Nimitz Blvd.

Auf ihm passiert man zahlreiche **Yachthäfen** und den **Flughafen** und blickt über die Bucht auf die *Skyline* von *Downtown*. Uferparks laden zu Zwischenstopps ein. Hinter den Anlegern am Ostufer lassen sich die **Parkplätze** auf der *Tunaharbour Pier* (G Street) und beim *Seaport Village* nicht verfehlen. Von dort sind es nur ein paar Schritte ins Zentrum.

Rund um die **Horton Plaza** hat sich das Stadtbild in den 90er-Jahren erheblich verändert. *Downtown* San Diego präsentiert sich heute attraktiv, ohne jedoch sonderlich hervorhebenswerte "Besucherbonbons" zu besitzen, sieht man ab von der Architektur einiger Hochhäuser, der auffälligen *Shopping Mall* und dem einstigen **Santa Fe Railroad Depot** (in der C Street/Kettner Blvd). Der **Gaslamp Quarter District** mit seinen Backsteinbauten entlang der 4th und 5th Street südlich des Broadway enttäuscht tagsüber.

Downtown

An den Piers des einstigen Handelshafens (Harbor Drive) überwiegt heute die dem Tourismus gewidmete Seefahrt. Ausgangs des Broadway haben die Ausflugsschiffe festgemacht (Sehenswürdigkeiten sind die enorme **Coronado Bridge** und die Kriegsschiffe der US-Pazifikflotte). Von Dezember bis Februar laufen auch Boote zur **Walbeobachtung** aus. Eine **Fähre** verkehrt im Stundentakt zum gegenüberliegenden Stadtteil Coronado. Weiter nördlich befindet sich das **Maritime Museum** in Form des alten Segelschoners *Star of India*, eines nostalgischen Fährschiffes und eines Dampfbootes (9–20 Uhr, Eintritt $5). In der Südwestecke des *Downtown*-Quadranten liegen noch die Thunfischfänger. Gleich nebenan erfreut sich der **Fishmarket**, ein Restaurantkomplex mit Aussichtsterrassen und Kneipen großer Beliebtheit.

Gleich unterhalb davon befindet sich das bereits erwähnte **Seaport Village**: Halb versteckt hinter einen Parkplatz gewaltigen Ausmaßes hat man ein "Fischerdorf" mit einer zugegeben schönen Uferpromenade und abschließendem Park auf eine künstliche Halbinsel gesetzt. Die Idylle beherbergt vor allem **Fast Food Eateries** und Boutiquen. Der Zutritt ist gratis, Toresschluß ist im Sommer um 22 Uhr, sonst 21 Uhr.

Coronado Halbinsel

Schon wegen der immensen Brückenkonstruktion, die das Durchfahren auch größter Schiffe (hier speziell Flugzeugträger) ermöglicht, sollte man einen Abstecher hinüber nach Coronado machen. Das einst mondäne, immer noch als solches beliebte **Seebad** Coronado liegt am Ende einer die *South San Diego Bay* vom Festland trennenden Halbinsel, deren Fläche für die Bedürfnisse der Marine und der Marineflieger erheblich erweitert wurde. Hotels, Motels und eine typische Freizeit-Infrastruktur säumen die Hauptstraße Orange Ave. Überaus sehenswert ist das nostalgische **Hotel del Coronado**, weltweit bekannt aus dem Marilyn Monroe-Film "Manche mögen's heiß" (*Some like it hot*). Die Zimmer kosten dort allerdings ab $185 pro Nacht bei 2 Tagen Minimalaufenthalt, ⇨ unter den Hotelempfehlungen, Seite 276.

Balboa Park

Der hügelige, im wesentlichen östlich des *Cabrillo Freeway* (Straße #163) gelegene **Balboa Park** geht auf internationale Ausstellungen Anfang des Jahrhunderts zurück und ist Heimat der landesweit zweitgrößten Ansammlung von Museen (nach Washington DC) und des größten Zoos der USA. Auch wer weder an den Museen noch am Zoo interessiert ist, sollte den 560 ha großen Park besuchen. Seine subtropische Vegetation, die Gestaltung und architektonische Details des Museums- und Veranstaltungskomplexes sind einen ausgedehnten **Bummel** wert (mit kleinen Pausen **leicht 2 Stunden**). Von *Downtown* fährt man am besten über die 12th Ave, die in den Park Boulevard übergeht, und parkt zentral im Bereich des *Village Place* (ausgeschildert), es sei denn, man hat zunächst

den Zoo zum Ziel. Eine Karte mit Erläuterungen und Veranstaltungsprogramm, soweit noch nicht in der Stadt beschafft, erhält man im **Besucherzentrum** im *House of Hospitality* am Prado (Fußgängerzone).

Zoo

Der *San Diego Zoo* ist nicht nur **der größte der USA**, sondern wohl auch der beste. Alles paßt dort zusammen: die wechselnde Topografie, die üppige Flora, Tiere in Freigehegen oder großzügigen Käfigen und die intelligent gemachten Tiervorführungen. Wenn überhaupt ein Zoobesuch in Nordamerika, dann in San Diego. Man benötigt dazu einschließlich Besuch der diversen *Animal Shows* und Verschnaufpausen leicht einen vollen Tag. Geöffnet im Sommer 9–21 Uhr, Rest des Jahres bis 18 Uhr. **Eintritt $15-$21** ohne/mit Seilbahn/Bus. Mit dem Zoo kooperiert der *San Diego Wild Animal Park*, etwa 30 Meilen von der Stadt entfernt an der Straße #78 zwischen **Escondido** und San Pasqual, ➪ Seite 271.

Balboa Park-Museen

Unter den zahlreichen Museen des *Balboa Park* ragt keines durch übermäßige Brillanz der Kollektionen oder ihrer Präsentation heraus. Dafür verdient die spanisch/mexikanisch beeinflußte **Architektur** der Museumsgebäude beidseitig des Prado zwischen der *Plaza de Balboa* (*Science Center/Natural History Museum*) und dem *Museum of Man* umso mehr Beachtung. Die Öffnungszeiten (überwiegend 10–16.30 Uhr) variieren ebenso wie der jeweilige Einzeleintritt.

7-Tage-Pass

Möchte man mehrere Museen besuchen, spart man ggf. Geld mit einem **$19-Passport** für Eintritt in bis zu 11 Museen und Ausstellungen, der 7 Tage lang gültig bleibt.

Museen im einzelnen

Besuchenswert sind immer die **Omnimax-Filme** und *Lasershows*, die hier im *Space Theater and Science Center* stattfinden. Das (Sonder-)Ticket berechtigt auch zum Eintritt in das experimentelle *Science Center*; Programmauskunft unter ✆ (619) 238-1233; Öffnungszeiten hier bis 21.30 Uhr.

Für das anthropologisch/ethnologisch ausgerichtete **Museum of Man** benötigt man spezifisches Interesse, ebenso wie für die etwas sortierte permanente Kollektion des **Museum of Art**. Dessen Stärke liegt eher in den wechselnden Sonderausstellungen. Restaurant und Cafeteria sind dort besonders stilvoll untergebracht. Nicht nur für Modelleisenbahnfans ist das **Model Railroad Museum** ansehenswert.

Etwas abseits an der *Pan American Plaza*, aber direkt mit dem Auto erreichbar, befindet sich das **Aerospace Hall of Fame** im *Ford Building*. Sowohl die Flugzeugsammlung als auch die nostalgischen Automodelle im **Automotive Museum** nebenan können sich sehen lassen.

Ein Spaziergang durch **Japanese Friendship Garden** und **Palm Arboretum** runden den Besuch im Balboa Park ab.

Konzerte im Balboa Park

Speziell im Sommer finden im Balboa Park laufend **Konzerte, Theateraufführungen** und allerlei sonstige **Veranstaltungen** statt, die im gegebenen Rahmen besonderen Reiz besitzen. Die abendliche und sonntägliche *Open-air* Musik – u.a. auf der voluminösen *Spreckels*-Konzertorgel ist meist eintrittsfrei. Details bei der *Visitor Information* des Parks.

Old Town San Diego

Presidio Park

Der *Scenic Drive* führt vom *Balboa Park* durch schöne Wohnviertel zum hoch über der Stadt gelegenen *Presidio Park* mit herrlicher Aussicht und schattigen Picknickplätzen am besuchenswerten **Junípero Serra Museum** (Di–Sa 10–16 Uhr, So ab 12 Uhr, $3). Das schlichte Kirchengebäude, ein Nachbau des Originals von 1769, markiert den ursprünglichen Standort der ersten Missionsstation in Kalifornien.

Old Town

Mexikanische Atmosphäre kennzeichnet den **Old Town San Diego State Historical Park** unterhalb des *Presidio Park*. Das *Park Visitor Center* (Ausstellung; 10–17 Uhr) befindet sich im *Robinson Rose House* in der Wallace Street hinter dem unverfehlbaren Shopping-Komplex **Bazaar del Mundo**. Obwohl theoretisch die Erhaltung einer Handvoll historischer Bauten aus der Gründerzeit San Diegos (Anfang bis Mitte des 19. Jahrhunderts) im Vordergrund steht, ist die *Old Town* heute in erster Linie ein kommerziell bestimmter Besuchermagnet. Die alten und zahlreiche weitere Gebäude, die lediglich alt aussehen, beherbergen **Restaurants** und **Shops** jedweder Provenienz. Stilistisch passend oder auch im *Western Town Look* hat sich die *Old Town* zudem über die Grenzen des autofreien Kerngeländes des Parks hinaus ausgedehnt.

Es läßt sich aber nicht leugnen, daß dort zwischen Altstadtkonservierung und Touristenattraktion eine annehmbare Verbindung gelungen ist. Von den attraktiven Restaurants mit mexikanischen Spezialitäten war bereits weiter oben die Rede. Die *Old Town* ist auch per **Straßenbahn** zu erreichen.

Mission San Diego

Die hervorragend konservierte,in Nachfolge der ersten Gründung 1774 errichtete und bei Erdbeben 1803 und 1812 zerstörte, jedoch wiederaufgebaute **Mission Basilica San Diego de Alcalá** ist die wertvollste kulturhistorische Sehenswürdigkeit der Stadt. Ausgehend von dieser Station wurden im Abstand von jeweils einer Tagesreise die folgenden 20 Missionen gebaut, die am Ende zusammen die Stationen des **Camino Real** (Königsweg) bis San Francisco bildeten. Erfreulicherweise gibt es in der sehr schönen Anlage an der San Diego Mission Road (parallel zur I-8, Abfahrt von ihr: Mission Gorge Rd) keinen der *Old Town* vergleichbaren touristischen Rummel. Zu besichtigen sind Kirche, Garten und das schlichte, dennoch eindrucksvolle Museum täglich von 9–17 Uhr; Eintritt $2.

Sea World und Birch Aquarium

Seaworld

Im totalen kulturellen Gegensatz zu den Missionsstationen steht der **Aqua Marine Park Seaworld** (im Sommer 9–23 Uhr, Rest des Jahres bis Sonnenuntergang) am Südrand der Mission Bay, Anfahrt über die I-8 oder ganz direkt auf dem parallel verlaufenden Sea World Drive. *Seaworld San Diego* ist der Prototyp des amerikanischen Amusementparks dieser Art und mit seinen Schwesterunternehmen (in Orlando/Florida und San Antonio/Texas) unangefochtener Marktführer. Zum Eintrittspreis von $33 bietet *Seaworld* als Höhepunkte die **Seelöwen- und Killerwalshows** mit bravourösen Leistungen der Tiere, **Wild Arctic**, eine simulierte Fahrt durch die Eiswelt des Nordpolarmeers, **Mission Bermuda Triangle**, eine Reise auf den Grund des Ozeans, und im Sommer teilweise zusätzlich einen **Wasserskizirkus.** Trotz der sehr guten Aquarien mit eindrucksvoller **Pinguin-** und **Haifischhalle** (*Shark Encounter*) erscheint der Besuch im Zoo zu einem geringeren Ticketpreis ergiebiger. Denn insgesamt lassen sich nach Abzug der zahlreichen kommerziellen Komponenten, von *Show* und *Entertainment* auf oft mäßigem Niveau und Wartezeiten in *Seaworld* kaum mehr als 4-5 Stunden ebenso substantiell gestalten wie im Zoo leicht ein ganzer Tag.

Außerdem muß man checken, welche Shows gerade laufen und welche nicht. Immerhin gibt es mit *Discount Coupons* und in vielen Hotels angebotenen ermäßigten Tickets (2 Tage Eintritt zum 1-Tages-Preis) eine gewisse finanzielle Erleichterung. Wer auch die **Universal Studios** in LA besucht, kann ermäßigte **Kombinationstickets** kaufen.

Killerwal-Show in Sea World

Aquarium

Über Flora und Fauna des Pazifik erfährt man alles im **Birch Aquarium** im *Scripps* Ozeanographischen Institut nördlich von La Jolla, 2600 Expedition Way; geöffnet 9–17 Uhr; $6,50.

1.4.5 Abstecher nach Tijuana/Mexico

Mit Fahrzeug

In San Diego liegt es nahe, an einen Abstecher nach Mexico zu denken. Da die wenigsten Autovermieter Fahrten nach Mexico gestatten, kommt für die meisten Touristen ein Grenzübertritt nur ohne Fahrzeug in Frage. Wer im eigenen Auto hinüber möchte, muß eine **Zusatzversicherung** mit einer mexikanischen Versicherung abschließen. Büros noch diesseits der Grenze bieten unübersehbar ihre Dienste an; auch der **AAA** (815 Date St/Zufahrt über 9th Ave in der Nordostecke von *Downtown* San Diego) verkauft Policen. Sollte das Auto nicht auf den Namen des Einreisenden registriert sein, bedarf es einer notariell beglaubigten Erlaubnis des Halters zur Fahrt über die Grenze; Detailauskunft beim AAA.

Papiere

Die kurzfristige Einreise nach Mexico für weniger als 72 Stunden ist grundsätzlich unproblematisch. Man benötigt lediglich den Pass, der oft weder auf amerikanischer noch auf mexikanischer Seite kontrolliert wird; man kann also die USA zur Not ohne Paß verlassen. Bei der Rückkehr möchten die amerikanischen Grenzbeamten aber immer den Pass mit eingeheftetem *Departure Record* sehen. Für **längere Aufenthalte** in Mexico muß eine sog. *Tourist Card* ausgestellt werden.

Zu Fuß

Fährt man im Wagen bis zur Grenze, kann man ihn unweit des Übergangs abstellen. Wer das vorhat, folge von der *Interstate* aber rechtzeitig dem Schild *Turn right to US*, um nicht plötzlich doch vor der Abfertigung zu stehen. Der **Fußweg** hinüber nach Tijuana ist kurz, das mexikanische (Kommerz-)Leben und Treiben beginnt 100 m hinter der Grenzstation in der unvermeidlichen Shopping Zone **Viva Tijuana**. Auch eine mexikanische *Tourist Information* befindet sich dort. Über eine Brücke über den Tijuana River erreicht man die zentrale Laden-, Restaurant- und Kneipenzone entlang der **Avenida de Revolución** (ca. 500 m von der Grenze entfernt). Wer bei Hitze den Anmarsch scheut, kann sich bereits diesseits der Grenze in ein Taxi setzen. Das kostet nur wenige Dollar.

Mit Bus/Taxi

Sicherer steht das Auto in San Diego. **Mexicoach** Busse fahren mehrmals täglich von der Amtrak Station, *Santa Fe Depot*, direkt nach Tijuana hinein, ✆ (619) 232-5049. Zum Grenzstädtchen **San Ysidro** verkehren in kürzeren Abständen *San Diego Transit*-Busse. Das einfachste ist die Fahrt per Straßenbahn, dem **San Diego Trolley** (*Blue Line*) bis an die Grenze. Von dort geht es zu Fuß oder mit dem Taxi nach Mexico.

Empfehlung

Wer einen Besuch in Tijuana "einbauen" kann, sollte sich einen vollen Tag und ggf. den Abend Zeit nehmen. Obwohl Tijuana dank seiner exponierten Lage alles andere als eine typisch mexikanische Stadt darstellt, ist der Gegensatz zu den USA enorm. Originärer sind Grenzorte weiter östlich wie Mexicali oder Ciudad Juarez, die Schwesterstadt von El Paso.

1.5 STARTROUTE #3: VON LOS ANGELES ZUM YOSEMITE PARK ÜBER SEQUOIA/KINGS CANYON NATIONAL PARKS

Mögliche Routen

In Richtung *Yosemite National Park*, einem Hauptziel aller USA-Reisenden, gibt es ab Los Angeles zwei prinzipielle Zufahrtsrouten, westlich und östlich der Sierra Nevada. Die **Westroute** führt schneller zum Ziel und bietet die Möglichkeit, quasi auf halbem Weg, auch noch den Sequoia/Kings Canyon Doppelpark zu besichtigen. Die **Ostroute** führt "hinter" den Gipfeln der *Sierra Nevada* entlang (Straße #395 ohne Zugang zum *Sequoia National Park*) und ist eine ideale Verbindungsstrecke zwischen *Yosemite Park*, dem *Death Valley* und Las Vegas. Sie wird in diesem Buch als Startroute ab San Francisco in Nord-Süd-Richtung beschrieben, ⇨ ab Seite 367.

SIX FLAGS MAGIC MOUNTAIN PARK

*Am Nordwestrand der Los Angeles Metropolis befindet sich an der **I-5 bei Valencia**, der neben Knott's Berry Farm zweite große Amusementpark konventioneller Art. Der Schwerpunkt im **Six Flags Magic Mountain Park** liegt auf typischen Jahrmarkt-Rides, aber die Attraktion sind **Super Rollercoaster**. **Colossus**, die einst weltgrößte und immer noch aufregende Achterbahn, besitzt nostalgischen Touch. Sie wird heute aber vom Nervenkitzel her u.a. überboten durch die Looping-Bahnen **Revolution** und die allen physikalischen Gesetzen scheinbar trotzende **Viper**. Neueste Attraktion ist die 15 m hohe **Tidal Wave**. Show und Entertainment gibt es natürlich auch, u.a. Seelöwen- und Delphinvorführungen. Abends finden im Sommer **Feuerwerk** und **Lasershows** statt.*

*Das **Problem** des Magic Mountain Park sind mehr noch als anderswo die **Warteschlangen**. Wartezeiten von einer Stunde und mehr für 5-10 Minuten Vergnügen sind keine Seltenheit. **$34 Tageseintritt (+$6 fürs Parken), Kinder unter 1,20 m $17** – ohne Discount Coupons – lassen sich unter solchen Umständen kaum "abfahren". Daß diese und andere Parks dennoch so voll sind, liegt an Saisontickets, die maximal das Dreifache der Tageskarte kosten. Wer den Besuch in Erwägung zieht, sollte dies beachten und die Besetzung des Parkplatzes im Auge haben: Spätestens bei halb gefülltem Platz ist die Situation wie beschrieben. Nur die erste Stunde nach Öffnung und am späten Nachmittag herrscht weniger Andrang.*

***Öffnungszeiten** von April bis Mitte Oktober ca. 10–18 Uhr, Sa bis 24 Uhr und So bis 22 Uhr. Im Sommer teilweise auch an Werktagen länger. Rest des Jahres nur Wochenendbetrieb. Information: ✆ (805) 255-4111+ ✆ (818) 367-5965.*

Interstate #5/ Freeway #99

Die direkteste Route ab Los Angeles entspricht zunächst dem Verlauf der **Interstate #5**. Sie durchquert die Berge der *Sierra Madre* mit dem *Angeles National Forest* und passiert dabei u.a. das schön gelegene **Castaic Reservoir** (Baden und Windsurfen, *NF-Camping* an der *Lake Hughes Road*, 15 mi nördlich Castaic). Jenseits des *Tejon* Passes geht es relativ rasch rund 1000 m hinunter in das **San Joaquin Valley** und ab Mettler weiter auf dem **Freeway #99**. Ein raffiniertes Bewässerungssystem hat aus der Wüste zwischen Küstengebirge und Sierra Nevada den größten Obst- und Gemüsegarten der USA gemacht. Die Fahrt durch diese Agrar-Ebenen ist eintönig.

Tehachapi

Alternativ zur I-5 könnte man ab San Fernando auch dem **Freeway #14** in Richtung Lancaster folgen und ab Mojave die Straße #58 folgen (nach Bakersfield) nehmen. Auf dieser Route quert man den **Tehachapi Pass** und passiert den gleichnamigen Ort, von dem es nichts Besonderes zu berichten gäbe, wäre da nicht 5 mi westlich (Straße #202, nach ca. 3,5 mi Banducci Road) die **Indian Hill Ranch**. Nicht nur ist dieses Gelände Schauplatz eines bekannten indianischen *Pow-Wow* am 3. Wochenende im Juni, sondern es beherbergt einen der flächengrößten privaten **Campgrounds** der USA. Er besitzt 175 Stellplätze in jeweils respektvoller Entfernung zueinander, ➪ Essay Seite 203. Sehr empfehlenswert trotz der etwas komplizierten Anfahrt.

Kern River Route

Reisende mit genügend Zeit und Lust auf weniger ausgetretene Pfade lassen **in Richtung Sequoia Park** die *Freeways* links liegen und setzen die Fahrt zunächst auf der #14 fort. Am Wege liegt der **Red Rock Canyon State Park** in einer malerischen Felslandschaft (Einfach-Camping auf teilweise großartigen Stellplätzen). Noch vor Erreichen der #395 geht es auf der **Straße #178** nach Westen zum **Isabelle Reservoir**. Oberhalb (nördlich) des Sees führt eine gut ausgebaute Nebenstraße nach Kernville. Am idyllischen Kern River entlang (dort mehrere schöne **NF-Campgrounds**) geht es über Johnsondale, Camp Nelson, Springville und Milo (Straße #137) durch Vorgebirge der Sierra Nevada **zur #198**.

Prima Badestelle im Kaweah River, siehe übernächste Seite

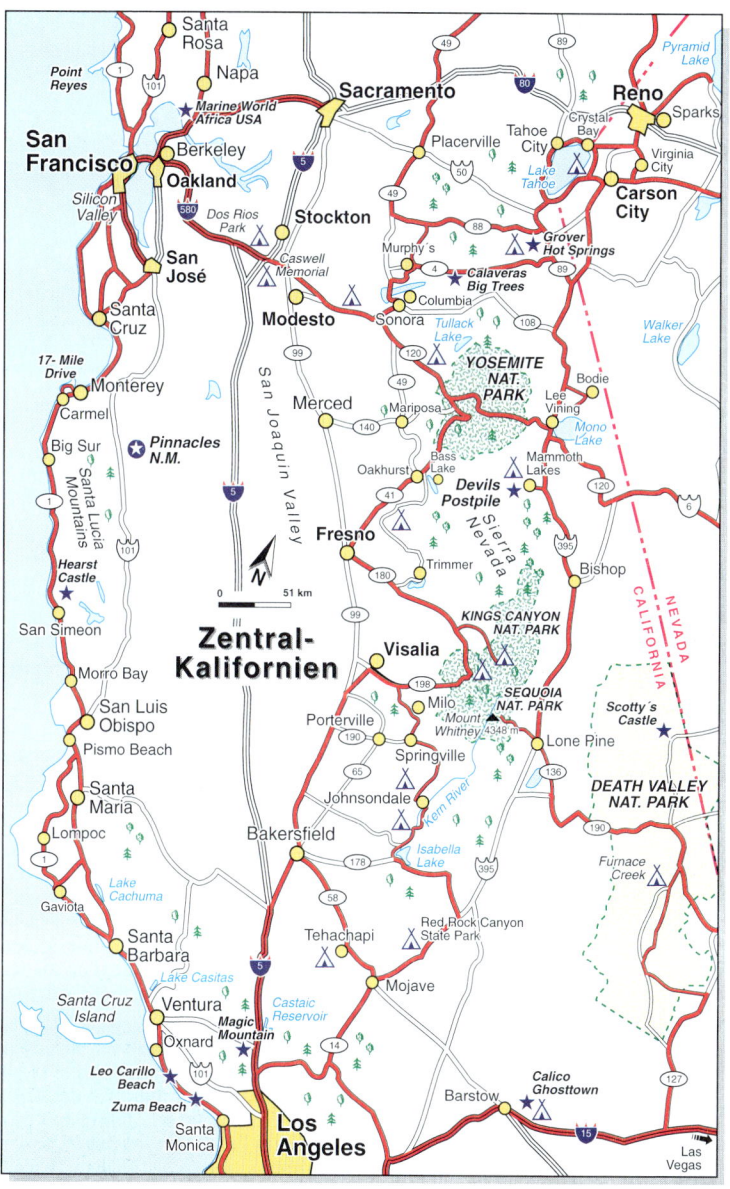

Zentral-Kalifornien

*Klettern
in der
Wurzel eines
umgestürzten
Baumriesen*

**Zufahrt
zum
Sequoia
Park**

Auf der Zufahrtstraße (**#198** ab Visalia/Exeter) zu den **Sequoia/ Kings Canyon** Nationalparks läßt man mit Erreichen des (selten vollen) **Kaweah Reservoir** die Ebene endgültig hinter sich. Das Landschaftsbild ändert sich rasch; Trockenheit bestimmt die Szenerie. Beim Aufstieg in die *Sierra Nevada* folgt die Straße dem Lauf des klaren Kaweah River und dessen *Canyon*.

Baden

Eine besonders bei Hitze willkommene **Badestelle** zwischen Felsen befindet sich etwa 1 mi westlich von Three Rivers auf dem Gelände der **Lake Kaweah Recreation Area**, kurz davor ein **Regional Campground** (mit Duschen) in Straßennähe, aber weit entfernt vom See. Wer noch vor dem Nationalpark Rast machen möchte, findet gleich hinter der Brücke über den Flußcanyon (östlich Three Rivers) das **Restaurant** *The Gateway* mit einer wunderbaren Terrasse.

Im Park

Hinter der Parkeinfahrt (500 m) führt die #198 in endlosen Serpentinen auf das Hochplateau in etwa 2000 m Höhe. Wasserstellen in regelmäßigen Abständen weisen darauf hin, daß kochende Kühler hier keine Seltenheit sind. Oben passiert man die ersten mächtigen *Sequoias* kurz vor dem **Giant Forest Village** (dort Lodge/Motel, Reservierung: ✆ (209) 335-5500). Durch die **Four Guardsmen**, 4 *Sequoias* in wenigen Metern Abstand, passen gerade die dort getrennten Straßenspuren. **So schön fährt man nur dort zwischen Sequoias hindurch.** Die Mammutbäume sind verwandt mit den *Redwoods*, die man an der Küste findet (⇨ Seiten 565-569), wachsen aber nicht ganz so hoch. Ihr Durchmesser erreicht dafür bis zu 12 m am Boden.

Moro Rock

Das erste "Muß" im *Sequoia Park* bei Anfahrt von Süden ist der Abstecher zum *Moro Rock*, am *Giant Village* rechts ab (ca. 2 mi). Die schmale Straße bildet zusammen mit der #198 eine Art Begrenzung des *Giant Forest*, den am dichtesten mit *Sequoias* bestandenen Bereich des Parks. An ihr liegt u.a. der **Auto Log**, ein umgestürzter Baum, der sich mit dem Wagen

befahren läßt. Der **Aussichtsfelsen** *Moro Rock* bietet einen spektakulären Blick über die Sierra Nevada. Für den steilen Aufstieg und ein wenig Verweilzeit benötigt man leicht eine halbe Stunde. Folgt man der Straße bis zum Ende (*Picnic Area Crescent Meadow*) dürfen Pkw noch den **Tunnel Log** durchqueren. Der 2 mi lange *Log Meadow Loop* hat den **Tharps Log** zum Ziel, in dessen vom Feuer ausgehöhlten Hohlraum erste Siedler Unterkunft fanden.

Giant Forest

Bester Ausgangspunkt für eine beeindruckende **Wanderung durch die** *Sequoias* ist der **General Sherman Tree**, der gewaltigste aller Mammutbäume. Sein Bodendurchmesser beträgt ca. 12 m, seine Höhe 83 m, sein Alter schätzt man auf 2.500 Jahre. Sein jährliches zusätzliches Wachstum entspricht der Holzmenge eines "normalen" Baums von 20 m Höhe. Für die Rundwanderung auf dem **Congress Trail** (vom Schwierigkeitsgrad her weitgehend ein Spaziergang, Gesamtlänge 3,2 km) benötigt man je nach Schrittempo und Verweildauer an den Baumriesen 1-2 Stunden. Wer sich mehr zutraut, kann bis zum *Moro Rock* (6 km) laufen und auf anderen Wegen zurückkehren, z.B. über den **Pine Trail** und den **Trail of the Sequoias**, einer Erweiterung des **Congress Loop** (Sequoia/

Circle Meadow Loop Trail: 10 km Gesamtlänge). Eine genaue **Karte des** *Giant Forest* mit allen *Trails* ist am Hauptparkplatz (*Sherman Tree*), am *Giant Forest Village* und in den **Visitor Centers** gegen eine kleine Gebühr erhältlich.

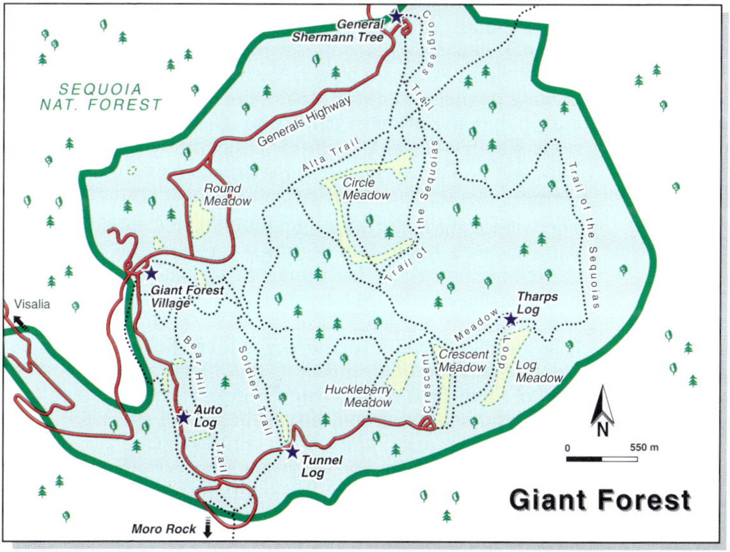

Map of Giant Forest showing trails including General Shermann Tree, Congress Trail, Generals Highway, Alta Trail, Circle Meadow, Round Meadow, Giant Forest Village, Tharps Log, Crescent Meadow, Log Meadow, Huckleberry Meadow, Auto Log, Tunnel Log, Moro Rock, Soldiers Trail, Bear Hill Trail, Sequoia Nat. Forest, Visalia. Scale 0–550 m. **Giant Forest**

Höhle	Etwa 9 mi nördlich des Besucherzentrums (600 m tiefer, steile Abfahrt, keine RVs) befindet sich die **Crystal Cave** (Tropfsteinhöhle). Ein *Trail* über ca. 1 mi führt vom Parkplatz zum Eingang. Besuch nur 2x täglich, Anmeldung in *Lodgepole*; $5.
Camping 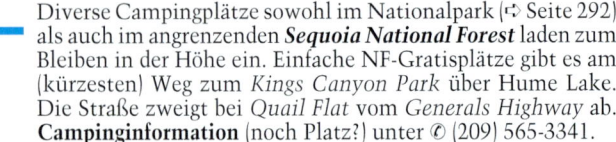	Diverse Campingplätze sowohl im Nationalpark (↻ Seite 292) als auch im angrenzenden **Sequoia National Forest** laden zum Bleiben in der Höhe ein. Einfache NF-Gratisplätze gibt es am (kürzesten) Weg zum *Kings Canyon Park* über Hume Lake. Die Straße zweigt bei *Quail Flat* vom *Generals Highway* ab. **Campinginformation** (noch Platz?) unter ✆ (209) 565-3341.
Hume Lake	Der hübsch gelegene See ist erstaunlich warm und daher beliebte Sommerfrische mit Stränden, Bootsverleih und einer (begrenzten) touristischen Infrastruktur im **Ort Hume Lake**. Schwimmen am besten **Sandy Cove** Strand am Südausläufer.
Kings River Valley	Einige Kilometer nördlich von Hume Lake stößt man auf den **Kings Canyon Highway** (#180), der auf großartiger Strecke hinunter in das Tal des South Kings River führt. Kurz nach der Einfahrt in den *Canyon* passiert die Straße die **Boyden Caverns**, ein Höhlensystem mit Zugang hoch über dem Fluß. Geöffnet 11–16 Uhr nur Mai–Oktober; Eintritt $5.
Infrastruktur Kings Canyon 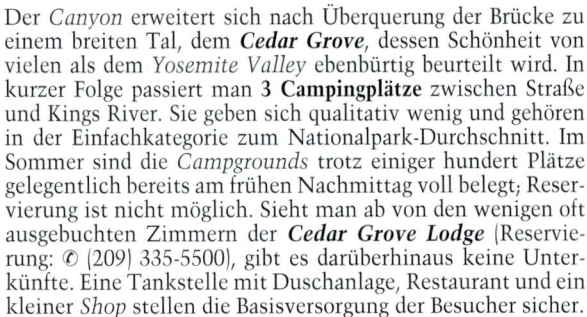	Der *Canyon* erweitert sich nach Überquerung der Brücke zu einem breiten Tal, dem **Cedar Grove**, dessen Schönheit von vielen als dem *Yosemite Valley* ebenbürtig beurteilt wird. In kurzer Folge passiert man **3 Campingplätze** zwischen Straße und Kings River. Sie geben sich qualitativ wenig und gehören in der Einfachkategorie zum Nationalpark-Durchschnitt. Im Sommer sind die *Campgrounds* trotz einiger hundert Plätze gelegentlich bereits am frühen Nachmittag voll belegt; Reservierung ist nicht möglich. Sieht man ab von den wenigen oft ausgebuchten Zimmern der **Cedar Grove Lodge** (Reservierung: ✆ (209) 335-5500), gibt es darüberhinaus keine Unterkünfte. Eine Tankstelle mit Duschanlage, Restaurant und ein kleiner *Shop* stellen die Basisversorgung der Besucher sicher.
Trails  	Die Stichstraße endet etwa 6 mi hinter dem Campingbereich. Am Parkplatz *Roads End* beginnen verschiedene *Trails.* Nur gut 100 m in westliche Richtung sind es hinüber zu einer wunderbaren **Badestelle** am (allerdings kalten) Kings River. Eine Brücke führt über den Fluß zum **River Trail**. Nach Westen (also zurück) geht es zu den **Roaring River Falls** (auch erreichbar auf kurzem *Trail* von der Straße aus), nach Osten auf malerischem Pfad zur nächsten Brücke (ca. 2 km). Von dort kehrt man auf einem gut ausgebauten Weg auf der anderen Flußseite (*Paradise Valley Trail*) zum Parkplatz zurück oder setzt die Wanderung eventuell noch zu den **Mist Falls** fort (**bester Tagestrip**). Auf der Rückfahrt sollte man der rechtsseitig des Kings River verlaufenden Einbahnstraße folgen (**Motor Nature Trail**).

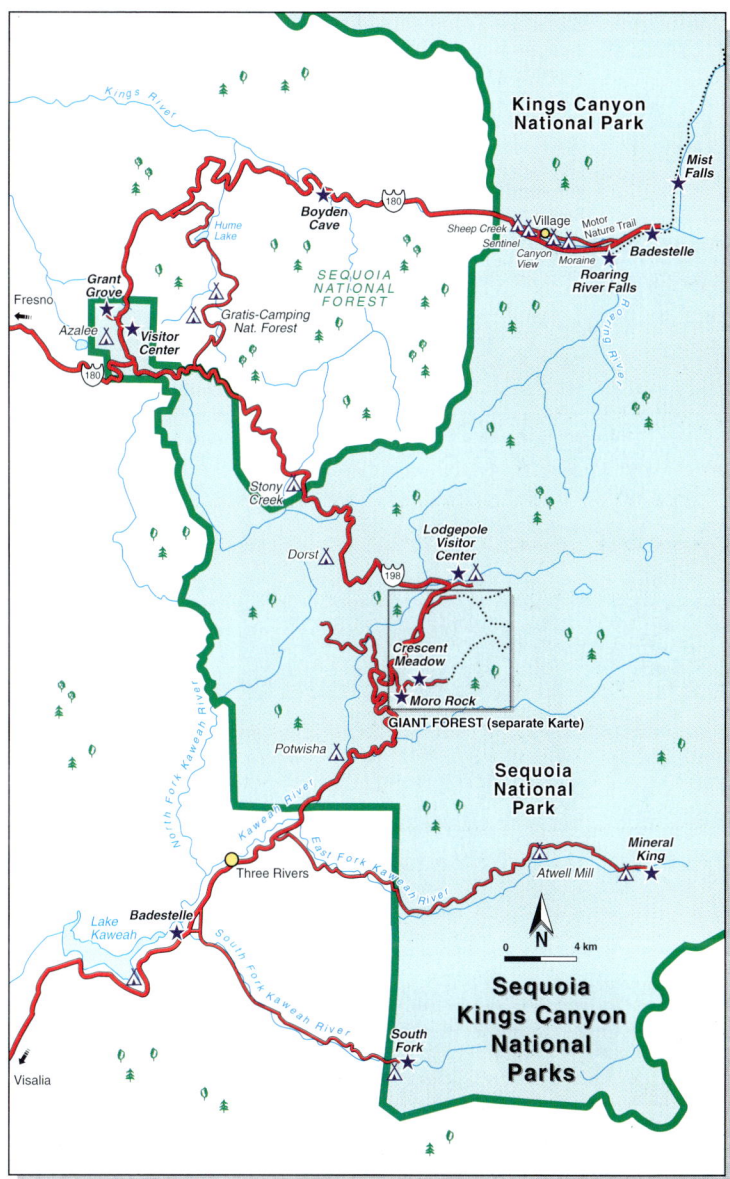

Kings River

Kings Canyon National Park

Mist Falls

180

Boyden Cave

Sheep Creek · Village
Sentinel · Motor Nature Trail
Canyon View · Moraine · **Badestelle**
Roaring River Falls

SEQUOIA NATIONAL FOREST

Hume Lake

Grant Grove

Fresno →

Azalee · **Visitor Center**

180

Gratis-Camping Nat. Forest

Stony Creek

Lodgepole Visitor Center

Dorst

198

Crescent Meadow

Moro Rock

GIANT FOREST (separate Karte)

Potwisha

Sequoia National Park

North Fork Kaweah River

Kaweah River · East Fork Kaweah River

Mineral King

Atwell Mill

Three Rivers

Lake Kaweah · **Badestelle**

South Fork Kaweah River

0   N   4 km

Sequoia Kings Canyon National Parks

South Fork

Visalia

Grant Grove

Zwischen *Sequoia* und *Kings Canyon* befindet sich im äußersten Westen der Parkareale der *Grant Grove* mit dem herausragenden **General Grant Tree**. Er ist etwas mächtiger, dafür aber rund 2 m kürzer als der *Sherman Tree* und gilt nach diesem und der *General Lee Sequoia* (beide im *Giant Forest*, siehe oben) als die **Nummer 3** unter den größten Mammutbäumen. Der **Grant Grove** ist für sich unbedingt sehenswert, aber **weniger eindrucksvoll als der Giant Forest**. Hauptfunktion des Bereichs ist ohnehin die "Besucherbewältigung".

Beim **Visitor Center** im *Grant Grove* kann man in **Rustic Cabins** logieren: ✆ (209) 335-5500. Neben der Lodge im Giant Forest einzige Hotelunterkunft auf der Höhe ist die **Montecito Sequoia Lodge**, ca. 10 mi südöstlich des *Grant Grove*; DZ in der Nebensaison $98, in der Hauptsaison ab ca. $140; Reservierung unter ✆ (800) 227-9900. Am **Grant Grove** gibt es **drei Campgrounds** (*Azalea, Sunset, Crystal Springs*). **Azalea** ist davon der beste.

Weiter zum Yosemite Park

Der schnellste Weg vom *Sequoia* zum *Yosemite Park* führt über **Fresno**, einem agrarwirtschaftlichen Zentrum und *Turkey Capital of the US*, obwohl dabei einige Kilometer mehr zu bewältigen sind (ab *Grant Grove* bis zur *Yosemite*-Einfahrt Fish Camp 110 mi) als auf den kleinen Landstraßen durch die Vorgebirge der Sierra

General Grant Tree

Nevada. Bei einer Extrastunde Zeit wird man die Mühe einer Fahrt auf kurvenreichen *Backroads* über Tollhouse nach Oakhurst/Bass Lake nicht bereuen (dazu benötigt man unbedingt eine **regionale Straßenkarte**; nur mit *Rand McNally*-Atlas kommt man nicht durch). Gute Campingmöglichkeiten gibt es am *Pine Flat Lake* (bisweilen fast leerer Stausee des Kings River), einst ein Hausbootparadies, und westlich des *Bass Lake* (*Forest Service*). Zwischen Auberry und North Fork liegt **das immer volle (!)** *Kerkhoff Reservoir*, dessen kühles, klares Wasser bei Hitze zum Baden einlädt. Kleine mit Auto zugängliche Strände befinden sich westlich des Kraftwerks am Nordufer. Dort kann man auch schon mal gratis campen.

Wer die Route über Fresno wählt, passiert nördlich die *Millerton Lake Recreation Area* mit prima Camping am See.

Oakhurst

Letzter gut sortierter **Versorgungsort** vor dem *Yosemite* (im Park gelten bei begrenztem Angebot höhere Preise für alles) ist **Oakhurst** an der **Straße #41**. Zahlreiche **Motels** warten dort auf Gäste. Neben **Mariposa** (➪ Seite 352) ist Oakhurst die wichtigste Etappe außerhalb des Parks. Dort beginnt/endet die Straße **#49**, der `*49ers Highway*, benannt nach dem kalifornischen Goldrausch, der 1849 begann, ➪ Seite 353.

Fish Camp

Etwa 2 mi südlich von Fish Camp passiert man die nostalgische *Yosemite Mountain-Sugar Pine Railroad*, die auf einem kleinen Rundkurs von Mai bis Oktober durch die hübsche Landschaft dampft. Das Dorf unmittelbar vorm Südeingang des Nationalparks besteht nur aus einer Tankstelle und einer Handvoll *Lodges*; empfehlenswert ist die im Preis noch moderate *White Chief Mountain Lodge*, ✆ (209) 683-5444. Wer nicht auf den Dollar schaut, findet mit der *Tenaya Lodge von Marriott* – im Sommer über $200, ✆ (209) 683-6555 – eine Bleibe für höhere Ansprüche; sie kann auch über Veranstalter bei uns gebucht werden. Ganz neu ist das *Apple Tree Inn*, 2 mi südlich des Yosemite mit ebenfalls noch relativ erträglichen Preisen ab $80 im Sommer, ✆ (209) 683-5111.

Die **NF-Campgrounds** *Big Sandy* und *Summerdale* vor den Toren des Parks bieten schönere Stellplätze als etwa der nächste Platz innerhalb des *Yosemite*, **Wawona**.

Mariposa Grove

Von der Südeinfahrt zum beeindruckenden *Mariposa Sequoia* **Hain** sind es nur wenige Meilen. Wegen des ausschließlich per *Shuttle Bus* möglichen Zugangs dauert der Abstecher mit Parken, Wartezeiten etc. alles in allem kaum unter 2 Stunden; siehe unten. **Wer bereits im *Sequoia/Kings Canyon Park* war, muß den *Mariposa Grove* nicht gesehen haben.**

Für die rund 40 mi in das Zentrum des *Yosemite* Tals (*Curry* oder *Yosemite Village*) benötigt man mindestens 90 Minuten.

Alles weitere zum *Yosemite Park* und weiterführende Routen von dort nach Norden, Westen und Osten ➪ ab Seite 355.

1.6   **STARTROUTE #4:**
             VON LOS ANGELES NACH LAS VEGAS AUF DER I-15

Für viele Touristen ist Los Angeles Ausgangspunkt für eine Reise durch die Utah-Nationalparks und/oder zum *Grand Canyon National Park* und darüberhinaus. Vor allem, wenn zunächst der **Zion National Park** auf dem Programm steht, liegt Las Vegas sozusagen am Wege. Bei Ziel *Grand Canyon* kostet das Zwischenziel Las Vegas einen ziemlichen Umweg. Wer auf Las Vegas – zumindest bei der Anreise – verzichten will, fährt zum *Grand Canyon* besser über den *Joshua Tree Park* und dann weiter über die I-40 nach Arizona, ⟳ Seite 269.

Die direkte Route I-15

Von Los Angeles nach Las Vegas sind es je nach Startpunkt **270-320 mi**. Man verläßt Los Angeles – wie auf Seite 260 für Palm Springs beschrieben – in Richtung Riverside/San Bernardino entweder auf dem **Freeway #91** oder der **I-10**. Beide stoßen auf die stark befahrene **Interstate #15** San Diego–Las Vegas–Salt Lake City. Nach Überquerung der *San Gabriel Mountains* bei San Bernardino führt diese Autobahn durch die südkalifornische "Wüste", einen Landstrich, der mit seinen Felsformatione, Sanddünen und verkrusteten Salzseen eine überraschend abwechslungsreiche Fahrt bietet. Wegen der oft hohen Verkehrsdichte auf den ersten 130-150 mi **bis Barstow** und der vielen Steigungen sollte man für die Strecke bis Las Vegas nicht unter **6 Stunden reiner Fahrzeit** kalkulieren, auch wenn das *Speedlimit* großenteils bei 65-70 mph liegt.

Calico Ghost Town

Ein Zwischenstop ließe sich 10 mi östlich von Barstow einlegen, um die **Calico Ghost Town** zu besuchen, eine rekonstruierte **Silberminenstadt** des 19. Jahrhunderts in ganz malerischer Umgebung. Dieser Regionalpark ist eine Art "Zwitter" zwischen historischem Erhaltungsanliegen und kommerzieller Touristenattraktion, die kein Reisebus ausläßt. Geöffnet täglich 10–18 Uhr, Eintritt $6.

Der eigentlich hübsch zwischen Felsen angelegte **Campground** (mit und ohne *Hook-ups*) wirkte bei einem kürzlichen Besuch sehr ungepflegt. Aber zumindest schließt die dennoch nicht niedrige Gebühr den Eintritt in die *Ghosttown* mit ein.

San Bernardino Mountains

Wer in diesem Bereich nach spätem Start in LA vielleicht daran denkt, schon in LA zu campen bzw. bei entgegengesetzter Richtung eine letzte Nacht vor Erreichen von LA einzulegen, findet einen viel besseren Campground (komfortabel, wunderbar angelegte Stellplätze) im **Silverwood Lake State Park**, ca. 12 mi östlich der I-15 in den San Bernardino Mountains, Straße #138 (⟳ Foto Seite 155). Reservierung im Sommer angezeigt über © (800) 444-7275. Am großen Strand dieses ringsum bewaldeten Stausees kann man gut baden und in der kleinen Marina Boote und Badeplattformen mieten.

Lokal sehr beliebt sind auch die Campingplätze in den weiter östlich gelegenen Bergen (*National Forest*) entlang der **Straße #38** zwischen der I-10 östlich von San Bernhardino und dem **Big Bear Lake**. Der auf der Karte reizvoll und (gegenüber der *Interstate*) meilenmäßig nur unwesentlich erscheinende Umweg ist mit viel Serpentinenfahrt verbunden und lohnt trotz hübscher Streckenabschnitte nicht sonderlich.

Übers Death Valley

Eine Fahrt von LA nach Las Vegas bietet die Gelegenheit zu einem Besuch des **Death Valley**. Die Straße **#127** ab Baker führt über Shoshone (dann #178) zur Oase *Furnace Creek* mitten im Tal des Todes. Dieser Abstecher mit Weiterfahrt nach Las Vegas kostet gegenüber der direkten Fahrt auf der I-15 mindestens 160 zusätzliche Meilen. Die Gesamtstrecke bis Las Vegas beträgt ohne Umwege kaum unter 250 mi. Dafür sollte einschließlich Zwischenstopps ein voller Extratag kalkuliert werden. Zum Vergleich: Las Vegas ist von Baker noch etwa 90 *Interstate*-Meilen entfernt, die inklusive kurzem Fotostop in Stateline leicht in 2 Stunden zu machen sind.

Nevada

Bereits an der Grenze California/Nevada (**State Line**) warten beidseitig der I-15 die ersten grandiosen **Spielkasinos** samt **Amusementpark** mit *Riesen-Rollercoaster* (*Wiskey Pete`s*, *Primadonna* und *Buffalo Bill*). Aber dort bloß keine Zeit verschwenden: am *Strip* in Las Vegas sind die neuen Kasinos noch eine ganze Nummer interessanter.

Zur **Fortsetzung des Textes** für den ***Death Valley National Park*** bitte weiterblättern bis Seite 374. Das **Las Vegas-Kapitel** schließt unmittelbar daran an, ⇨ Seite 376**.**

Blick vom Zabriskie Point im Death Valley National Park

2. SAN FRANCISCO MIT STARTROUTEN

2.1 SAN FRANCISCO

2.1.1 Geschichte, Geographie und Klima

Geschichte
San Francisco gehört zu den ältesten Städten der Vereinigten Staaten. Ursprünglich als **Missionsstation** (*Mission Dolores*) im Jahr 1776 von spanischen Franziskanermönchen unter dem mallorquinischen Pater *Junípero Serra* errichtet, fiel die später *Yerba Buena* genannte Stadt 1846 im mexikanisch-amerikanischen Krieg ohne Kampfhandlungen an die USA. Sie erhielt ein Jahr später zu Ehren des Schutzheiligen ihrer Gründer den heutigen Namen. Während der Jahre des kalifornischen Goldrausches (im Gebiet der *Sierra Nevada* zwischen *Yosemite National Park* und Lake Tahoe) von 1848–1851 ging es mit San Francisco steil bergauf, und bereits 1870 zählte die Stadt 150.000 Einwohner. Ein schweres Erdbeben und die dadurch verursachte Feuersbrunst zerstörten 1906 zwar 80% aller Gebäude, aber die Entwicklung San Franciscos (heute ca. 700.000 Einwohner) und der sogenannten *Bay Area* (San Francisco, Oakland, San José, Palo Alto u.a.) zur Metropolis mit heute rund 5 Mio. Einwohnern wurde nur kurzfristig unterbrochen. Die nach wie vor latente seismische Gefährdung der Region stellte ein schweres Beben der Stärke 6,9 auf der Richter-Skala das letzte Mal 1989 unter Beweis.

Gay People
In den 70er Jahren erwarb sich San Francisco den Beinamen "Welthauptstadt der Schwulen". Die in der Hippiezeit ausgelöste sexuelle Liberalisierung in Verbindung mit der San Francisco nachgesagten Toleranz sorgten für eine *Gay Community*, die heute auf 20% der wahlberechtigten Bürger der Stadt geschätzt wird. Als politischer und wirtschaftlicher Faktor – die Einkommen der Schwulen liegen deutlich über dem Durchschnitt – ist die Homosexuellenbewegung nicht mehr wegzudenken. Daran änderte auch die Verbreitung von **Aids** wenig. Nach wie vor gilt als "Hochburg" der Schwulen ein Bereich unterhalb der *Twin Peaks* und *Buena Vista Park* mit Zentrum in der Castro Street zwischen 17. und 19. Straße.

Geographie
Das annähernd **quadratische Stadtgebiet** (120 km^2) von San Francisco wird nach drei Seiten markiert durch die Küstenlinie des oberen (nördlichen) Endes einer breiten Landzunge zwischen Pazifik und San Francisco Bay. Deren hügelige Topographie tat der dichten Besiedelung keinen Abbruch. Gerade einige Parkareale und die Twin Peaks blieben von der Bebauung verschont, wobei die Stadtplaner weitgehend die Eigenheiten des Terrains ignorierten und für die Straßenführung **Schachbrettmuster** zugrunde legten. Nur wo das beim besten Willen nicht durchzuhalten war, wich man davon ab.

Zahlreiche schnurgerade Straßen mit enormen Gefällen verlaufen daher **achterbahnähnlich** auf und ab. Von ihren höhergelegenen Punkten hat man herrliche Ausblicke auf die Bucht oder den Pazifik, es sei denn, der berüchtigte Nebel liegt über der Stadt.

Klima

Oft bleibt der **Nebel** auf der Linie *Golden Gate Bridge/Twin Peaks* hängen. Im Stadtzentrum scheint dann die Sonne, während die westlichen Vororte unter Feuchtigkeit und Kälte leiden. Dieses Phänomen ist nicht etwa eine Wintererscheinung, sondern eher **im Sommer** anzutreffen. Die Temperaturen werden davon stark beeinflußt. Sie steigen selbst im Hochsommer selten über 20°C. Erheblich kühlere Witterung bildet keine Ausnahme. Relativ **sonnenreich** und damit angenehm warm sind September und Oktober. Der spärliche Regen konzentriert sich auf die Wintermonate, deren mittlere Temperaturen nur um 8°C vom Sommerdurchschnitt abweichen.

Golden Gate Bridge: Blick von einem der Aussichtspunkte nordwestlich der Brücke in den Marin Headlands (Golden Gate National Recreation Area), ⇨ Karte Seite 320

2.1.2 Orientierung

Zentrum

Die Orientierung **im zentralen San Francisco**, wo sich ein Großteil der Sehenswürdigkeiten und populären Attraktionen befindet, ist wegen des erläuterten Stadtaufbaus **relativ einfach**. Gleich, aus welcher Richtung Besucher die Innenstadt erreichen (einschließlich der ersten Anfahrt vom internationalen Flughafen an der San Francisco Bay bei San Bruno), fast unweigerlich geraten sie auf oder über die **Van Ness Ave**, ein mitten durch die City führendes Teilstück der Nord-Süd Küstenstraße #101. Diese sechsspurige Allee und die auf Pylonen geführte Interstate #80 (Verlängerung der *Oakland Bay Bridge*) trennen den in der nordöstlichen Ecke der Halbinsel gelegenen Kern vom weitläufigen "Rest" San Franciscos. Innerhalb dieses Gebietes befinden sich auf nicht einmal 10 km² Fläche u.a. **Downtown San Francisco** mit den für amerikanische Großstädte typischen Hochhäusern, die **Chinatown** und der Besuchermagnet **Fisherman's Wharf**. Dieser Teil der Stadt läßt sich bei gelegentlicher Benutzung eines Taxis oder der **Cable Cars** gut zu Fuß erkunden.

Westliche Bezirke

Westlich der Van Ness Avenue – deren nördlicher Abschnitt und die Lombard Street in Richtung *Golden Gate* mit Nebenstraßen beherbergen die **größte Motel- und Hotelkonzentration der unteren bis Mittelklasse** – liegen ausgedehnte Wohnviertel, die bis hinüber zur Pazifikküste reichen, dahinter der bis vor kurzem noch militärisch genutzte Park **El Presidio** und der **Golden Gate Park**, weiter südlich ein Höhenzug mit den herausragenden **Twin Peaks** und dem **Buena Vista Park** von Haight Ashbury. Die interessantesten Besuchspunkte sind durch einen ausgeschilderten Rundkurs miteinander verbunden, den **Scenic Drive**, ➪ auch Übersichtskarte Seite 315.

2.1.3 Unterkunft

Hotels/ Motels: Generelle Situation

In San Francisco, dem **teuersten Hotelpflaster unter den großen Städten an der Westküste,** ballen sich Hotels aller Preisklassen in **Innenstadtnähe** westlich und nördlich des Union Square und entlang der Straße #101 (**Lombard und Van Ness**). Hotels zu Spitzenpreisen findet man insbesondere an und nahe der **Fishermans Wharf** sowie an der Market Street.

Große Bettenkapazitäten existieren rings um den Flughafen vor allem am **Airport Boulevard**, gut **20 mi südlich von Downtown**, und südlich des *Airport*-Bereichs bis hinunter nach San Mateo. Bei der *Visitor Information,* ➪ Seite 304, gibt es den **San Francisco Lodging Guide** mit aktuellen Telefonnummern und Preisen. Eine Alternative zu *Downtown* San Francisco ist **Oakland** mit einem niedrigeren Hotel-Preisniveau. Per U-Bahn gelangt man von dort relativ rasch in die City.

Preisniveau

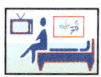

Während die **preiswerteren Hotels** im Zentrum nahezu ausschließlich in Straßen residieren, die man spätestens nach Einbruch der Dunkelheit nicht mehr allein betreten sollte, sind **Van Ness**, **Lombard und Nebenstraßen** noch "halbwegs" unproblematisch. Außerdem liegen sie **verkehrsgünstig** und verfügen über viel Gastronomie im Umfeld (*Hard Rock Café an der Van Ness Ave*). Parkplätze sind in der Regel vorhanden. **Dort ist es auch im Sommer von Sonntag bis Donnerstag Abend nicht sonderlich schwierig, ein Quartier zu finden.** Akzeptable Unterkünfte der unteren Mittelklasse fordern an Werktagen etwa **ab $60 fürs Doppelzimmer** (plus 14% Steuern!). Die Mittelklasse kostet ab $80 netto. Bei Leerstand offerieren manche Motels auch geringere Raten und annoncieren sie unübersehbar per Leuchtschrift. **Die besseren Hotels** in der City und an der *Fisherman`s Wharf* (Mittelklasse vom Typ *Best Western/ Holiday Inn* bis zur Oberklasse wie *Mariott/Hyatt*) sind deutlich teurer (ab $120) und in vielen Fällen per **Vorbuchung bei einem heimischen Veranstalter etwas preiswerter** zu haben als vor Ort bei Direktbuchung.

Weekend Rates

An Wochenenden mit hoher Nachfrage (Sommersaison) gibt es in *Downtown* und rund um das Zentrum auch noch im "letzten" Motel **kaum ein Zimmer unter $70 netto**. Sofern überhaupt etwas zu finden ist. Auch teuerste Häuser sind dann oft ausgebucht. Gleichzeitig herrscht mitunter im **Flughafenbereich** bei gleichen oder sogar niedrigeren *Weekend-Specials* in prima Hotels Leere. Für Freitag oder Samstag Abend sollte also grundsätzlich reservieren, wer in der Stadt und nicht irgendwo weit außerhalb logieren möchte.

Vorbuchung

Wer seine Reise in San Francisco startet und/oder abschließt, wird – gleichgültig, ob am Wochenende oder wochentags – ohnehin oft die ersten und/oder letzten Nächte vorbuchen wollen. Zur Sicherheit und Stressvermeidung, aber auch aus Kostengründen, siehe vorletzten Absatz. Bei **Ankunft des Transatlantikfluges** bis zum frühen Nachmittag ist ein **City-Hotel** den Häusern im Flughafenbereich vorzuziehen, auch wenn das Taxikosten (ca. $30-$40 inkl. Trinkgeld) oder den Umstand einer Busfahrt (ab $9/Person) verursacht. Denn im Zentrum kann man schon mal San Francisco beschnuppern und hat es dabei leichter mit der Zeitumstellung. Die Hotels in Flughafennähe liegen durchweg isoliert und bieten kaum mehr als sich selbst.

City-Hotels

In der City gilt bei Vorbuchung, daß die Preis- und Qualitätsunterschiede sich nicht recht entsprechen: ausgesprochen guter Standard kostet in einigen Fällen nur 30 DM-40 DM pro Zimmer und Nacht mehr als die untere Mittelklasse bei gleichzeitig viel besserer Lage. Unter den von Veranstaltern bei uns angebotenen Hotels sind in der Kategorie 130 DM-!60 DM empfehlenswert u.a. das *Holiday Inn Civic Center*, mit

Abstrichen, aber etwas preiswerter das **Atherton**, im Bereich 180 DM-220 DM **Sir Francis Drake, The Handlery** und die **Holiday Inns** **Union Square** und **Financial District/Chinatown**. Auch für die **letzte Nacht** ist man in der City besser aufgehoben, sofern der Flug nicht sehr früh am Morgen geht.

Airport-bereich

Wer erst am späten Nachmittag aus Europa eintrifft, sollte sich nicht mehr dem Stress unterziehen, auch noch in die City zu fahren, zumal nicht werktags zur *Rush Hour.* Die Hotels in der *Airport-Area* holen ihre Gäste kostenfrei per *Shuttle Bus* ab. Die preiswerten Alternativen bedeuten auch im Flughafenbereich oft einen größeren Qualitätsnachteil als durch die Preise zum Ausdruck kommt. Ein gutes Preis-Leistungsverhältnis bieten das **Park Plaza**, das **Clarion, Doubletree** und – am teuersten – **Hyatt at Airport** (nach Zimmer mit Bayblick fragen! *Sizzler Steakhouse* gleich gegenüber), alle ca. 140-220 DM bei Vorbuchung. Deutlich preiswerter ist u.a. das **Red Roof Inn** in South San Francisco. Für die letzte Nacht im Airport-Bereich muß man nicht unbedingt vorbuchen bzw. kann auch selbst reservieren, z.B. das **Millwood Inn**, ✆ (800) 345-1375 für **$59 am Wochenende** oder das **Vagabond Inn** in Nachbarschaft zum originellen **Gulliver Restaurant**.

Einen **Kompromiß** zwischen Entfernung, Niveau und Preisgestaltung (untere Mittelklasse, DZ etwa ab $55 netto) bietet die **Thriftlodge** auf Höhe des *Candlestick Park* unweit der #101 (Westseite) auf halbem Weg zwischen City und Airport, 2011 Bayshore Boulevard (schwieriger Zugang vom *Freeway*, am besten Abfahrt *Cow Palace* von San Francisco kommend). Reservierung über ✆ (800) 468-1021 oder ✆ (415) 467-8811.

Reservierung

Alle hier genannten Häuser lassen sich vor Ort über ihre **800-Nummer** reservieren, ⇨ Seite 183. Sie sind aber dann – je nach Wechselkurs – z.T. erheblich teuer als bei Vorbuchung.

Zentrale Hotelbuchung: ✆ (888) 782-9673 + ✆ (800) 96 HOTEL
Per Internet: http://www.sfvisitor.org

Blick von den Twin Peaks auf die San Francisco Skyline

Im folgenden sind Unterkünfte genannt, die sich überwiegend nicht preisgünstiger über Veranstalter buchen lassen:

Preiswerte Quartiere

Trotz des im allgemeinen hohen Preisniveaus kann man in San Francisco in guter Lage auch relativ preiswert übernachten. Man muß dann aber schon mal in Kauf nehmen, daß der Putz von der Decke bröselt, der Wasserhahn tropft oder der Fernseher nicht funktioniert. Außerdem befinden sich – wie erwähnt – die meisten Billig-Quartiere im Zentrum nahezu ausschließlich in Straßen, die man spätestens nach Einbruch der Dunkelheit nicht mehr allein betreten sollte. Die **Tourist Information** verteilt eine Liste preisgünstiger Unterkünfte. Vor einer Buchung ist die Inaugenscheinnahme von Zimmer, Gegend und Publikum empfehlenswert.

– **International Hostel Fort Mason Park,** ✆ (415) 771-7277, beste Lage bei der Wharf; 160 Betten, etwas in die Jahre gekommen, aber sehr beliebt. Unbedingt reservieren, ab $17
– **Int'l Hostel Union Square,** ✆ (415) 788-5604, 312 Mason St mitten im Zentrum; $16-$18. Reservierung angezeigt
– **European Guesthouse,** ✆ 861-6634, 761 Minna Street, ab $14
– **SFO International Student Center,** ✆ (415) 255-8800, 1188 Folsom Street; gepflegte, freundliche Unterkunft, ab $16
– **Globetrotter`s Downtown Inn,** ✆ (415) 346-5786, 225 Ellis St, extrem zentral, ab $12, EZ ab $24
– **Green Tortoise Guest House**, 494 Broadway, ✆ (415) 834-1000; ziemlich alternativ, ab $16; EZ/DZ $22 bzw. $40
– **Pacific Tradewinds Guest House,** ✆ (415) 433-7970, 680 Sacramento St, $17, prima zentrale Lage bei der Chinatown
– **Golden Gate International Hostel** in den **Marin Headlands**, ✆ (415) 331-2777, prima Lage über dem Pazifik jenseits der Golden Gate Bridge; ➪ Seite 318, ab $14
– **Econolodge,** ✆ (415) 673-0411, 825 Polk St, ab $49
– **Hotel Essex,** ✆ (415) 474-4664, 684 Ellis St, ab $59. Internationales *Traveller-Hotel,* untere Mittelklasse; DZ/Bad $69

Mittelklasse

Entlang des Straßenzuges **Van Ness** und **Lombard** und Nebenstraßen findet man in erster Linie Motels der Einfachkategorie und unteren bis mittleren Mittelklasse, z.B.:

– **Van Ness Motel**, ✆ (415) 776-3220, ✆ (800) 422-0372, 2850 Van Ness Ave, einfaches Motel ab $55
– **Vagabond Inn,** ✆ 776-7500, 2550 Van Ness, ab $69
– **Nob Hill Motel,** ✆ 775-8160, ✆ (800) 343-6900, 1630 Pacific Ave östlich Van Ness, ab $69
– **Coventry Motor Inn,** ✆ 567-1200, 1901 Lombard, ab $92. Gute Zimmer für einen (in SFO) mittleren Preis.
– **Beck`s Motor Lodge,** ✆ 621-8212, ✆ (800) 227-4360, 2222 Market St abseits der hier beschriebenen Straßenzüge im Bereich Castro Mission unterhalb der *Twin Peaks*, ab $75.

Oberklasse

Die Grenzen zwischen der oberen Mittel- und der Hotel-Oberklasse sind fließend, preislich wie qualitativ. Die oben erwähnten City-Hotels (ab 170 DM) gehören noch zur Mittelklasse, kosten aber bei Buchung vor Ort alle deutlich mehr als $100 plus Steuern. Die besseren Häuser der oberen Mittelklasse verlangen ab $150 pro Nacht und Zimmer, darunter das moderne

– **Crown Plaza Parc Fifty Five,** ℃ (800) 650-7272, in absolut zentraler Lage,in vielen deutschen Katalogen zu finden.

– Wer sich direkt am Union Square ein **tolles Nostalgiehotel** gönnen möchte, bucht das **Westin St. Francis,** am besten ebenfalls schon von zu Hause aus.

Besonders zu empfehlen ist das

– **Hyatt Regency,** ℃ (415) 788-1234, 5 Embarcadero Center, ab $190, ein Spitzenhotel mit Riesenatrium und Drehrestaurant/Bar im obersten Stockwerk. Die Lage ist jedoch etwas abseits an der Endstation der *California St Cable Car.* Gleich nebenan befindet sich die *Embarcadero Shopping Mall* mit vielen Restaurants. Zum *Ferry Building* (Fähren nach Tiburon/Sausalito) sind es nur ein paar Schritte über die Herman Plaza und die Straße Embarcadero.

Hotel Tax   In San Francisco gilt eine generelle **Hotelsteuer** von **14%**.

2.1.4   Camping

Die privaten Campingplätze in akzeptabler Nähe zur City kosten in San Francisco hohe Gebühren (über $30). Der beste

– ist der ***Candlestick Park Campground***, 650 Gilman Ave am gleichnamigen Stadion im Stadtsüdosten (ca. halbe Distanz zum *Airport* auf der #101, ℃ (415) 822-2299 und ℃ (800) 888-2267, ab $36/Tag; *Shuttlebus* in die City $5. Guter Platz.

Wer im Zelt übernachtet oder in schönerer Umgebung als auf einem asphaltierten Platz die Nacht verbringen möchte, findet nördlich der Bay mehrere Möglichkeiten:

– ***China Camp State Park*** an der San Pablo Bay ca. 25 mi

– ***Mount Tamalpais State Park*** in der Nähe des *Muir Woods National Monument* **überwiegend für Zelte**. RVs dürfen über Nacht auf dem Parkplatz stehen, $16.

– ***Samuel Taylor State Park*** abseits der Straße #1 unweit der *P*oint Reyes National Sea Shore. Zelte und Campmobile

– ***Marin Headlands*** in der *Golden Gate National Recreation Area* westlich oberhalb der *Golden Gate Bridge*. Nur eine Handvoll citynaher Plätzchen für Zelter in toller Lage. Teilweise gratis. Reservierung möglich unter ℃ (415) 331-1540.

– ***Angel Island State Park***, Miniplätze für Zelte auf der Insel bei Tiburon. Reservierung notwendig ℃ (800) 444-7275; $7. Verbindung nach San Francisco per Fähre ($11 retour).

Für Leute, die zum *Yosemite Park* wollen bzw. von dort kommen, bietet der **Mount Diablo State Park** bei Danville (I-680, von dort ca. 12 mi Serpentinen; nicht für größere *RVs*; keine Duschen; kein *Hook-up,* Vergabe nach Reihenfolge der Ankunft) einen tollen Platz über den Wolken bzw. Weitblick über Oakland und die Bucht nach San Francisco.

Stadtnäher liegt der **Anthony Chabot Regional Park** südöstlich von San Leandro. Dessen Campingplatz im Eukalyptus Bergwald ist nur "rückwärtig" über die kurvige **Redwood Road** zu erreichen, entweder von Castro Valley (I–580) oder ab der #13 nördlich von San Leandro. Reservierung speziell bei Bedarf von *Hook-up* unbedingt angebracht: ✆ (510) 562-2267.

2.1.5 Restaurants und Kneipen

Situation

San Francisco quillt über von Restaurants jedweder Provenienz, was die Auswahl nicht unbedingt leichter macht. Vor allem in der berühmten **Chinatown** und an der **Fisherman's Wharf** befindet sich fast in jedem Gebäude irgendein gastronomischer Betrieb. Leider ist in sehr vielen Restaurants an den touristischen Brennpunkten (Grant Ave in *Chinatown*, Jefferson Street an der *Wharf*) das Essen sein Geld nicht wert. Wenn Chinesenviertel, dann das **Hunan** in der 924 Sansome Street (östlich der eigentlichen Chinatown) oder **Brandy Ho`s on Broadway**, 450 BroadwayStreet.

Chinatown

Selbst in der Chinatown darf ein Mc Donalds heute nicht mehr fehlen

City

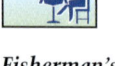

Wer sich zwischen 17 und 19 Uhr seinen Nachmittagsdrink in der **Starlite Roof Bar** im obersten Stockwerk des Hotels **Sir Francis Drake**, 450 Powell St am Union Square, genehmigt, erhält gute Aussicht und Gratissnacks.

Das unvermeidliche **Hard Rock Café** befindet sich in der 1699 van Ness Ave, Ecke Sacramento, das heute ebenfalls ubiquitäre **Planet Hollywood** an der Ecke Stockton/Market Streets. Beide sind immer brechend voll.

Fisherman's Wharf

Im Wharf Bereich würde der Autor sich wegen der Aussicht über Bucht und *Golden Gate* am frühen Abend vor Sonnenuntergang **Neptune's Palace** oder das **Bay View Cafe** am Ende des Pier 39 aussuchen, nach Einbruch der Dunkelheit eines der Restaurants im **Ghirardelli Square**.

Financial District

Hervorragende Snacks zu zivilen Preisen gibt es in den diversen Lokalen des **Embarcadero Center** zur Mittagszeit, siehe unten. Dort befindet sich auch das japanische Restaurant **Fujia** mit preiswürdigeen *Sushi*-Spezialitäten (⇨ Seite 308). Nebenan im **Hyatt Regency** sitzt man in der Cafeteria in der Halle ausgezeichnet, zahlt aber dafür ein paar Dollar extra. Im 36. Stock logiert der **Jazz Club 36** mit Aussicht über die Bay. Den ebenfalls brillanten Blick wert sind die höheren Menü-Preise im **Carnelian Room** des *Bank of America Building* im 52. Stock in der 555 California Street, ✆ (415) 433-7500.

Weitere Empfehlungen

Populär ist das herrlich gelegene **Cliff House Seafood Restaurant** an der Pazifikküste, 1090 Cliff House, ⇨ Seite 316. Nicht ganz billig sind die *Yuppie*-Restaurants und Kneipen in den San Francisco gegenüberliegenden Vororten **Sausalito** und **Tiburon**. Direkt an der Bay und an Yachthäfen findet man dort viele attraktive Lokale.

2.1.6 Information und Transport

Anlaufstellen

Der erste Weg nach Ankunft in San Francisco sollte zur zentralen **Visitor Information** im Pavillon an der Hallidie Plaza mitten in der Innenstadt führen (tiefer gelegter Vorplatz der U-Bahn Station Powell/Market Street). Um nicht nur mit einem kleinen Stadtplan und ein bißchen Werbung abgespeist zu werden, muß man oft ausdrücklich fragen, um das sehr gute, kostenlose **The San Francisco Book** zu erhalten, ein vierteljährlich aktualisiertes Heft mit Karten, umfassenden up-to-date Informationen und Veranstaltungskalender. Das **mehrsprachige Heft** *San Francisco*, auch gratis, ist ebenfalls hilfreich, aber etwas mühsam zu benutzen und stärker mit Anzeigen durchsetzt. Sollte die Unterkunftsfrage noch ungeklärt sein, frage man nach dem **San Francisco Lodging Guide**, ein umfassendes Heft mit Unterkünften von preiswert bis Luxuskategorie einschließlich **Bed & Breakfast**.

AAA	Mitglieder europäischer Automobilklubs können sich zusätzlich im **Büro des AAA Clubs** mit Gratis-Informationsmaterial versorgen: 150 Van Ness Ave, Ecke Hayes Rd, ganz in der Nähe des *Civic Center.*
Literatur	Für **längere Aufenhalte** und bei speziellen Interessen reichen die Hinweise dieses Buches und das Material der Touristeninformation vielleicht nicht aus. Aber gerade für San Francisco ist über alles Literatur erschienen und in den großen *Book Stores* der Innenstadt erhältlich (z.B. Powell Street). Das vielseitigste Werk für den englischsprechenden Touristen ist *Free and Easy, the Native's Guidebook to San Francisco.* Wer noch zusätzliche deutschsprachige Literatur sucht, findet einiges bei der **European Book Company** in der 925 Larkin St, Ecke Geary, einige Blocks oberhalb des *Civic Center.*
Erkundung	San Francisco besitzt eine in den USA nur von wenigen Cities geteilte Sonderstellung: Das Zentrum einschließlich *Fishermans Wharf* etc. läßt sich **besser zu Fuß und mit öffentlichen Verkehrsmitteln** erkunden als per Auto. Einerseits liegt das an der Überschaubarkeit der Innenstadt, andererseits an der *Cable Car*, deren Benutzung ohnehin zum touristischen Pflichtpensum gehört. In Anbetracht der kolossalen Steigungen bei gleichzeitigem *Stop-and-go* und der katastrophalen **Parksituation** sollte man in das von Wasser, Van Ness Avenue und Market Street begrenzte Dreieck am besten **gar nicht erst hineinfahren**, schon gar nicht mit einem Wohnmobil (Abstellen im Bereich der *Wharf*, am *Exploratorium* – ⇩ beides Seite 313 – oder auf einem bewachten Parkplatz *South of Market*). Mit einem Pkw kommt man meist noch in einem Parkhaus unter (hohe Gebühren, relativ günstig das *Embarcadero Center*).
Parken	Beim Parken an einer der vielen abschüssigen Straßen ist man verpflichtet, zusätzlich zum Anziehen der **Handbremse** die **Vorderräder** so zum Kantstein hin **einzuschlagen**, daß ein Wegrollen (**Runaway**) des Wagens unmöglich wird.
Öffentlicher Transport	Wer das Touristenbüro in der Hallidie Plaza aufsucht, gelangt auf eine Ebene mit der U-Bahn Station Powell/Market. Dort kann man die vollelektronische Vorortbahn **BART** ($1-$4) besteigen. Eine nostalgische **Straßenbahn** (*F-Market Street Car*, $1) verkehrt entlang der Market St bis zu den Stadtteilen Castro/Mission. Ob Bus ($1), *Streetcar*, BART oder *Cable Car*, das ganze System wird von **MUNI** unterhalten (**Muni**cipal *Railway*). Wer mehr als nur eine kurze Fahrt mit der *Cable Car* ($2) im Auge hat, sollte sich für $3 die **San Francisco Street & Transit Map** kaufen, welche sämtliche Systeme mit Verläufen, Fahrplänen usw. detailliert beschreibt, und einen **Tagespass** für ganze $6 beschaffen (auch 3- und 10-Tage-Pässe sind verfügbar: $10 bzw. $15), der die Benutzung der *Cable Car* (Einzelfahrt $2) einschließt.

2.1.7   Stadtbesichtigung

Citybereich

Zuerst zum-Golden Gate

Als Sehenswürdigkeit Nummer Eins San Franciscos gilt zu Recht die faszinierende **Golden Gate Bridge**. Wer nur wenig Zeit hat, sollte sich – gleich zu welcher Jahreszeit – als erstes auf den Weg zur Brücke machen, wenn die Wetterverhältnisse zunächst gut sind. Wenn nicht, muß man die Chance zur Brückenbesichtigung bei nächster Gelegenheit, i.e. bei klarer Sicht, sofort nutzen. Denn oft legt sich schnell wieder Nebel über das "Goldene Tor" und bleibt gleich mehrere Tage hängen. Weitere Details zur Brücke weiter unten.

Downtown

Generell ist die Ecke Market/Powell Streets (*Tourist Information*) ein hervorragender **Ausgangspunkt** zum Kennenlernen der Stadt. Die diagonal durch die City verlaufende breite **Market Street** trennte früher *Downtown* von südlichen, heruntergekommenen Straßenzügen.

South of Market/ SoMa

Seit einigen Jahren hat der Bauboom auch **South of Market** erfaßt. Vor allem an der oberen Market Street, entlang von Howard und Mission Street und in deren Querverbindungen wurde kräftig saniert. Architektonische Schmuckstücke der Hochhaus-Postmoderne verdrängten dort die Slums; die City wächst weiter in Richtung *Freeway* (I-80). Auch das **Museum of Modern Art** (1995) wurde in *SoMa* errichtet; 151 3rd Street; geöffnet 11–18 Uhr, Do bis 21 Uhr. Das San Francisco MOMA zeichnet sich durch ungewöhnliche Architektur und eine enorme Sammlung europäischer wie amerikanischer Kunst des 20. Jahrhunderts aus, die nur vom New Yorker MOMA übertroffen werden dürfte. Eintritt $8, Kinder unter 12 frei.

Wer sich für die fotografischen Kunstwerke von *AnselAdams* interessiert, findet das neue **Ansel Adams Center** gleich um die Ecke in der 250 4th Street zwischen Howard und Folsom; geöffnet Di–So 11–17 Uhr, Eintritt $5; Studenten-Discounts.

Nicht für jeden interessant ist das dennoch originelle und für *Comic Fans* unverzichtbare **Cartoon Art Museum** in der 814 Mission St, Mi–Fr 11–17 Uhr, Sa/So ab 10/13 Uhr; $4.

Union Square

Ebenfalls an der Einmündung der Powell in die Market Street befindet sich eine der **Wende- bzw. Endstationen der Cable Car**, die ihre – zumeist in langen Schlangen geduldig wartenden – Passagiere von hier zur *Fisherman's Wharf* befördert. Auf der **Powell Street**, wo sich ein *Shop* an den anderen reiht (darunter gutsortierte **Buchläden**), erreicht man nach 300 m den **Union Square**, eine palmenbestandene, oft bunt belebte Plaza und zugleich Mittelpunkt der San Francisco Geschäftswelt mit den Filialen der größten Kaufhausketten in unmittelbarer Nähe (*Fifth Avenue, Macy's, Neiman Marcus*).

nach Alcatraz

**Zentrales
San Francisco**

0   330 m

Fort Mason Piers

International Hostel

Fort Mason Park

Maritime Museum

Hyde Street Pier

Jefferson St.

Cannery

Fishermans Wharf

Aquarium

Pier 41

Pier 39

Ghiradelli Square

Cost Plus Imports

Bay St.

Lombard St.

CABLE CAR

Columbus

Coit Tower/ Telegraph Hill

The Embarcadero

Laguna St.

Polk St.

Leavenworth St.

Jackson St.

Washington St.

Stockton St.

Avenue

Battery St.

Ferry Building

Cable Car Barn

Transamerica Pyramid

Justin Herman Plaza

California St.

CHINA TOWN

Embarcadero Center

Drumm St.

Stewart St.

Van Ness Ave.

Hyde St.

Taylor St.

Mason St.

Powell St.

Grant St.

Kearny St.

Montgomery

Front St.

Hyatt Hotel

Transit Terminal

Post St.

Japan Center

Union Square

Street

Mission

Howard St.

480

Geary St.

Marriott

Museum of Modern Art

Visitor Information

Yerba Buena Gardens

2nd St.

Turk St.

Cartoon Art Museum

Convention Center

Folsom St.

80

Golden Gate Avenue

Ansel Adams Center

SoMa (South of Market)

Civic Center

Market

5th St.

4th St.

(250 King Street)

101

Chinatown Nur wenige Blocks weiter nördlich liegt die berühmte **China-town** San Franciscos, etwa zwischen Bush Street und Broadway sowie Stockton und Kearney Streets. Am besten steuert man *Chinatown* über die Grant Street an, auf der man sein Ziel durch ein buntes chinesisches Tor (**Dragon Gate**) betritt. Zwar ist die *Chinatown* mehr auf das Touristengeschäft eingestellt, als manchem lieb sein dürfte, aber trotzdem sehenswert. Einen Bummel vorbei an den farbenprächtigen Auslagen der 'zig Shops mit einem sagenhaften Angebotssammelsurium und an zahllosen Restaurants voller exotischer Wohlgerüche sollte man unbedingt machen, und dabei auch einmal einen Blick auf die Fassaden oberhalb der Geschäftsebene werfen. Was die chinesische Küche dort betrifft, ➪ 2.1.5.

307

Café de la Presse

Wer nach einem Bummel durch die Chinatown ausspannen möchte, findet im *Café de la Presse*, 352 Grant Ave schräg gegenüber des *Dragongate*, auch **deutsche Zeitungen und Zeitschriften**, mit Glück sogar neuesten Datums.

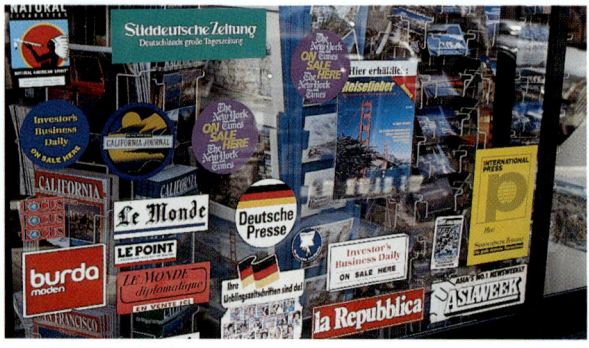

In San Francisco gibt es deutschsprachige Zeitungen und Magazine relativ druckfrisch

Financial District

Unweit östlich der Chinatown beginnt die **Wall Street of the West** (offiziell: *Financial District*), das Finanz- und Bankenviertel mit einer verdichteten "Wolkenkratzer"-Bebauung im Dreieck zwischen Washington, Kearney und Market Streets. Am nördlichen Rand dieses Bereichs steht unübersehbar das schon 1972 errichtete pyramidenartige **Trans America Building** (Endpunkt der diagonal City und *Fisherman's Wharf* verbindenden Columbus Ave, Ecke Washington/Montgomery St) durch seine – 1989 bewiesene – erdbebensichere Eleganz.

Es überragt mit 260 m Höhe alle anderen, darunter zahlreiche Hochhäuser neueren Datums. Stach das Bauwerk jedoch noch vor kurzer Zeit als auffälliges Wahrzeichen einsam aus seiner Umgebung heraus, wird es heute von massigen Nachbarn allseitig bedrängt. Im Erdgeschoß ersetzt heute ein **virtuelles Observation Deck** die frühe mögliche Auffahrt. Sehr angenehm sitzt man im **Restaurant am Minipark** des TA-Building.

Embarcadero

Zwei Blocks weiter östlich stößt man auf das **Embarcadero Center**, ein **Büro-Laden-Restaurant-Komplex** am Ostrand der City mit versetzten Ebenen, Terrassen, Grünanlagen, Wasserspielen und viel Kunst am Bau. Im **One Embarcadero Center** wartet im 41. Stock ein **Skydeck** mit Weitblick über die Bay. Das *Center* erstreckt sich bis zur **Justin Herman Plaza** gegenüber dem **Ferry Building** – von dort regelmäßige, recht preiswerte Fährverbindung nach Sausalito ($4,50) und Larkspur ($2,50) im Norden der Bucht. Insbesondere zur werktäglichen Mittagspausenzeit, wenn sich Gänge und Miniparks füllen, lohnt sich der Besuch. Bei gutem Wetter finden dann auf der *Herman Plaza* vorm avantgardistisch gestalteten **Villancourt-Brunnen** oft Konzerte und Vorführungen statt.

Hyatt Hotel

In der äußeren Ecke der Herman Plaza an der Market Street beeindruckt das in dieser Umgebung nicht besonders auffällige **Hyatt Regency Hotel** durch sein "Innenleben", ein achtzehn Stockwerke hohes Atrium. In der Cafeteria sitzt man ausgesprochen angenehm (bei gehobenem Preisniveau). Wem nach *Cocktail* oder gediegenem *Dinner* zumute ist, findet in der **Equinox Lounge** (Drehrestaurant) im obersten Stockwerk des Hauses ein distinguiertes Ambiente mit Weitblick über Bay und *Skyline* San Franciscos. Hinauf geht es im nahezu geräuschlos verkehrenden gläsernen Fahrstuhl.

Parken/
Transport

Im *Embarcadero Park Deck* kann man beim Einkauf oder Restaurantbesuch im *Center* relativ preiswert parken. Da die **Cable Car** (*Washington Street Line*) am *Embarcadero Center* endet/beginnt, gelangt man von dort auch ohne lange Fußmärsche rasch in die zentrale City. Im Gegensatz zur *Powell Street Line* gibt es dort selten Warteschlangen.

Coit Tower

Gute 20 Minuten (rund 1,5 km) läuft man vom *Embarcadero Center* bis zum *Coit Tower* auf dem 100 m hohen **Telegraph Hill**. Per Auto erreicht man diese Sehenswürdigkeit am besten über die Grant Ave/Lombard Street, sieht sich aber am Ziel meist erheblichen Parkproblemen gegenüber. Beim **Coit Tower** (68 m) handelt es sich um ein 1934 erbautes Memorial für die örtliche Feuerwehr, dessen Inneres durch Wandmalereien (Murals) mit – teilweise sozialkritischen – Szenen aus dem Arbeitsleben der 30er-Jahre geschmückt ist. Der Turm dient heute ausschließlich dem touristischen *Sightseeing* (täglich 10–17 Uhr, im Winter bis 16 Uhr). Tatsächlich vermittelt seine günstige Position einen hervorragenden Überblick über Teile der Stadt, die Bucht und hinüber zur *Golden Gate Bridge*. Oft warten daher lange Schlangen vor den Fahrstühlen ($3). Wer keine Lust hat, sich anzustellen, oder den Eintritt sparen möchte, sollte sich mit der fast ebensoguten Aussicht von der Terrasse vor dem Turm begnügen. Auch die lohnt schon Anfahrt oder Fußmarsch.

Orientierung

Der Blick vom *Coit Tower* bzw. *Telegraph Hill* erlaubt nebenbei eine gute Vororientierung (bis zur *Golden Gate Bridge*) für alle, die den bereits erwähnten **Scenic Drive** abfahren wollen. Der **Turm** ist ein guter **Ausgangspunkt** für dieses Vorhaben.

Scenic Drive

Die ab hier gewählte Reihenfolge der Beschreibung der weiteren Sehenswürdigkeiten San Franciscos entspricht dem **Verlauf des Scenic Drive**. Man kann ihn bei nur kurzen Zwischenstopps an den wichtigsten Anlaufpunkten zur Not innerhalb eines Tages bewältigen. Bei etwas gründlicherer Besichtigung der einzelnen Ziele benötigt man für die komplette Bewältigung aber leicht 2 volle Tage. **Karte des Scenic Drive** ⇨ Seite 315. Bei der *Tourist Information* gibt es die **sehr gute SFO-Visitors Map** für $1, die ihn genauer abbildet. **Die Route läßt sich wegen einiger One-ways nicht in Gegenrichtung fahren**.

Auf dem *Scenic Drive* durch die Stadt

Fisherman's Wharf

Erster Halt auf dieser Rundstrecke gilt der *Fisherman's Wharf* (ca. 800 m Fußgängerdistanz vom *Coit Tower*), einer durch und durch kommerzialisierten **Touristenfalle**. Die Bezeichnung *Fisherman`s Wharf* bezieht sich auf ein relativ kleines Gebiet rund um den ehemaligen Fischereihafen San Franciscos an der Jefferson Street. Die Fischerboote und Werften sind lange verschwunden, an ihrer Stelle liegen Privatyachten und Charterboote fürs Hochseeangeln an den Stegen. Eine weiße Flotte wartet mit Bayrundfahrten, geführten Touren hinüber zur berüchtigten Zuchthausinsel *Alcatraz* und Linienverkehr nach Tiburon und *Angel Island* auf Passagiere. An Land beherrschen unzählige *Souvenir Shops*, Boutiquen, Bars, *Fast* und *Sea Food Restaurants* das Bild.

Bootstrips

Ob einer der **Baytrips** mit/ohne Unterdurchfahrt der *Golden Gate Bridge* interessant erscheint, hängt sicher von der subjektiven Bewertung solcher Bootstouren ab, auf jeden Fall **sehr empfehlenswert ist die *Alcatraz-Tour***.

Alcatraz

Die **Boote** hinüber zu dieser einst berüchtigten Zuchthausinsel, die heute sinnigerweise unter Nationalpark-Verwaltung steht, fahren **ab Pier 41** im 30-Minuten-Takt 9.30–16.30 Uhr. Kostenpunkt $11 inklusive Audio-Kassette (auch auf deutsch) für eine *Self-guided Tour* über Insel und durch die Gebäude. Die Trips sind im Sommer oft früh ausgebucht. Auskunft und Reservierung unter © (415) 705-5555.

Pier 39

Die einleitende Kennzeichnung der *Fisherman's Wharf* gilt im Prinzip auch für die ***Pier 39*** am Ostende der *Wharf*. Dort gibt es eine Reihe ganz interessanter Publikumsattraktionen:

- das ***Aquarium Underwater World***, das man in transparenten Röhren durchschreitet und damit die Unterwasserwelt aus der Taucherperspektive erlebt; 10–20.30 Uhr; $13.
- das Simulationstheater ***Turbo Ride***, in dem die Besucher schreckerstarrt durch altägyptische Tempel, eine Dinosaurierwelt und anderes rasen; 10–20.30 Uhr; Eintritt $8.
- das ***Citibank Cinemax Theatre*** mit dem absolut sehenswerten lokalen Werbefilm ***San Francisco-The Movie*** auf Imax-Format. 9–21 Uhr jahraus, jahrein. Eintritt $8. Kinder $5.

An der Westseite der Pier 39 befindet sich eine Art **Seelöwen-Reservat**, wo die Essensreste der Restaurants Hundertschaften dankbarer Abnehmer finden.

Open-air* Darbietungen** sorgen bei gutem Wetter und Betrieb für Zuschauerbelustigung. Wenn überhaupt **Speis und Trank** im *Wharf*-Bereich, dann auf dieser Pier: die besten Optionen sind ***Neptune's Palace und das ***Bay View Café*** am äußersten Ende. Besonders am frühen Abend kurz vor Sonnenuntergang sitzt man dort, unmittelbar über dem Wasser, goldrichtig.

**Cannery/
Ghiradelli**

Unterhaltung durch Pantomimen, Musikgruppen und Puppentheater zum Nulltarif findet man in der Touristensaison und an Wochenenden ebenfalls in den einstigen Fabrik- und Lagerhallenkomplexen **Cannery** und **Ghiradelli Square**, die schon in den 70er-Jahren zu schicken Einkaufs- und Restaurantzentren umgestaltet wurden.

Besuchszeit

Den *Wharf-Bereich* sollte man vorzugsweise ab Nachmittag und in den frühen Abendstunden erkunden, wenn auf Straßen und Plätzen mehr "los" ist als am Morgen. Fürs **Shopping**, wenn es aus San Francisco sein soll, empfiehlt sich die originelle Auswahl des **Cost Plus Imports** Kaufhauses in der 2552 Taylor Street, wenige Schritte entfernt von der *Waterfront*.

Cable Car Endstation Fisherman`s Wharf gleich neben dem Ghiradelli Square. Wendemanöver von Hand, wie eh und je. Im Hintergrund der berüchtigte dichte Seenebel.

San Francisco National Historical Park

Dem *Ghiradelli Square* gegenüber befindet sich das **Maritime Museum** (eintrittsfrei, 10–17 Uhr, dessen Bau wie ein Dampfer gestaltet ist und zum *San Francisco National Historical Park* gehört. Die Ausstellung von Modellschiffen und allerlei maritimen Utensilien ist nur mäßig interessant.

Sehenswerter sind die nostalgischen Originale draußen an der **Hyde Street Pier**, die zusammen mit der halbrunden **Municipal Pier** ein ruhiges Wasserbecken bildet. Der **Aquatic Park** und ein schmaler Badestrand säumen das hier meist erstaunlich ruhige Ufer. Am Kai der Pier (Eintritt $4; mit **Golden Eagle Passport** für die Nationalparks – ➪ Seite 26 – ist der Eintritt frei) liegen der Dreimaster *Balclutha* aus dem Jahre 1895, die alte Fähre *Eureka*, ein Holzsegler und zwei weitere Schiffe. Das vielleicht sehenswerteste Schiff an der *Wharf*, das **Pazifik-U-Boot USS Pampanito**, liegt ein wenig weiter östlich vertäut am Pier 45; im Sommer 9–20 Uhr, sonst bis 18 Uhr, $7.

Nur **für Schiffsfans**: Das letzte Exemplar eines Weltkrieg-II-Versorgungsfrachters der *Liberty- Klasse*, die **Jeremiah O`Brien**, kann man am Pier 32 (Ende Brannan St südlich der *San Francisco–Oakland Bridge*) besichtigen, 9–15/16 Uhr; Eintritt $5.

Parken

Parken an der *Fisherman's Wharf* ist ein schwieriges Unterfangen, wählt man nicht eines der teuren Parkhäuser. Die relativ besten Chancen auf einen Gratisparkplatz oder eine der preiswerten Parkuhren hat man im toten Ende (Richtung *Municipal Pier*) der Van Ness Avenue zwischen Fort Mason Park und *Maritime Museum*. Besser dran ist, wer sein Auto von vornherein in größerem Abstand stehenläßt, und den Rest des Weges zu Fuß oder per *Cable Car* zurücklegt. Eine andere Alternative bietet der Parkplatz des Exploratoriums (siehe unten). Von dort fährt Bus #30 zur *Wharf*.

Cable Car

Vielleicht noch interessanter als die Berg- und Talfahrt selbst ist die Besichtigung des **Cable Car Barn** (Ecke Washington/Mason Street, eintrittsfrei, täglich 10–17/18 Uhr), in dem sich die **Antriebsmaschinerie** der Kabelbahn befindet.

Die Anlage stammt im Prinzip noch aus dem 19. Jahrhundert (sie wurde 1984 gründlich überholt und modernen Sicherheitsanforderungen angepaßt) und demonstriert die Funktionalität von Großmechanik der industriellen Frühzeit.

Lombard Street

Auf der Strecke *Powell-Hyde* kreuzt die *Cable Car* nach fünf Blocks die Lombard Street, deren Abschnitt östlich der Hyde Street man den schönen Namen **Crookedest Road of the World** verliehen hat. In engen Serpentinen, die nur von Personenwagen und kleineren *Vans* nachvollzogen werden können, geht es – durch Blumenbeete und vorbei an gepflegten Anwesen der lokalen Oberschicht – steil hinunter zur Leavenworth Street. Vom oberen Punkt an der Hyde Street hat man einen schönen Blick über Lombard Street und den *Telegraph Hill* auf die Bucht.

Blick über die Bay, die Hyde Street hinunter etwa auf Höhe der Lombard St. Vorn eine Cable Car, im Hafen der Segler "Balclutha", mitten in der Bay die ehemalige Zuchthausinsel Alcatraz

Marina Boulevard

Von der *Fisherman's Wharf* führt der **Scenic Drive** durch schöne Wohnviertel voller verschnörkelter viktorianischer Holzhäuser zunächst in Richtung *Golden Gate Bridge*. Zwischen Marina Boulevard und Van Ness Avenue liegt das in die *Golden Gate National Recreation Area* integrierte, mit dem *Maritime Museum* über einen Fußweg verbundene Parkgelände des **Fort Mason**. Im zweiten Weltkrieg war die Anlage Einschiffungsstation der Kampftruppen für den Pazifik. Im Park befindet sich heute in beneidenswerter Lage eine der beiden **Jugendherbergen** San Franciscos. Die Gebäude an den Piers wurden zu einem Kunst- und Kulturzentrum umfunktioniert mit Galerien, Werkstätten, experimentellen Bühnen, kleinen Museen und Restaurants.

Exploratorium

Auf der Bayseite des Marina Boulevard dümpeln im *East* und *West Harbor* – getrennt durch den Park *Marina Green* – Tausende von Privatyachten an den Stegen. Weiter dem *Scenic Drive* folgend erreicht man über die Baker Street den bombastischen **Palace of Fine Arts**, ein auf die Weltausstellung von 1915 zurückgehendes Gebäude, das einem griechisch-byzantinischen Tempel ähnelt. Das hinter dem Palast befindliche Gebäude beherbergt das **Exploratorium**, ein Wissenschaftsmuseum der experimentellen Art im Stil der eingangs beschriebenen *Science Center*, ➪ Seite 51. Es handelt sich um ein zwar gutes, aber mit $9 Eintritt auch teures Museum. Geöffnet im Sommer 10–18 Uhr, sonst bis 17 Uhr, Mi bis 21 Uhr.

El Presidio

Weiter läuft der *Scenic Drive* (Lombard Street West/Lincoln Blvd) kurvenreich durch das parkartige Gelände *El Presidio*, das früher als Hauptquartier der 6. US-Armee diente, aber nun zur *Golden Gate National Recreation Area* gehört. Der Lincoln Blvd passiert das *Presidio Museum* und das **Visitor Center** des *National Park Service*, das über ausgezeichnete **Karten** der zum Gesamtkomplex gehörenden Areale diesseits und jenseits der Bay verfügt, u.a. auch der sog. *Marin Headlands* hinter der *Golden Gate Bridge* mit den dort vorhandenen **Walk-in Campgrounds**.

Fort Point

Den unauffällig ausgeschilderten Abstecher zur alten Befestigungsanlage *Fort Point* unterhalb der **Auffahrt zur Golden Gate Bridge** kann man leicht übersehen.

Der Blick aus der ungewöhnlichen Perspektive am Fuße der gewaltigen Brücken-konstruktion (Länge 2.700 m) beeindruckt ebenso wie das Innere der mächtigen, heute als **National Historic Site** ausgewiesenen Befestigung. Wer die Stufen nicht scheut, gelangt von dort über eine **Treppe auf die Golden Gate Bridge**, die neben sechs Autospuren über einen Fuß- und Radweg verfügt. Das Erlebnis der **Brückenüberquerung zu Fuß** oder **Bike** (Verleih z.B. an der *Wharf Pier 41*) sei allen ans Herz gelegt, die eine Extrastunde dafür erübrigen können.

Golden Gate Bridge aus ungewohnter Perspektive (Baker Beach)

Golden Gate Bridge

Um per Auto zur und über die Brücke zu gelangen, muß man vom *Scenic Drive* hinter der Stichstraße zum *Fort Point* gleich wieder rechts abbiegen oder nach der Unterführung unter der #101 den ausgeschilderten Weg zur *Golden Gate Bridge* nehmen. Der bei guter Sicht immer äußerst betriebsame **Viewpoint** auf der Nordseite des Goldenen Tors (ausgeschilderte Abfahrt nach der Überquerung) bietet bereits einen großartigen Blick auf die City von San Francisco, aber fürs "**Spitzenfoto**" gibt es noch bessere Positionen entlang der Zufahrt zu den **Marin Headlands**: gleich hinter der Aussichtsterrasse verläßt man dazu die Autobahn (Alexander Ave nach Sausalito), unterquert sie aber sofort wieder nach links. Die linke Spur führt zurück auf die Brücke, rechts geht es auf der Conzelman Ave steil den Hang hinauf. Von der Straße fällt der Blick durch und über das rote Wunderwerk auf die *Skyline* der City. Hier standen bis zum 2. Weltkrieg Küstenbatterien, im Kalten Krieg sogar noch Nike-Flugzeugabwehrraketen.

Abstecher zur Nordseite der Bay

Auf dieser Seite der Bay liegen mit **Sausalito, Tiburon** und der **Angel Island** hübsche Ziele für einen etwas ausgedehnteren San Francisco-Besuch. Bei ausreichender Zeit sind auch die Redwood Bestände des **Muir Woods National Monument**, **der Mount Tamalpais, Stinson Beach**, das "Aussteigerdorf" **Bolinas** und die **Point Reyes National Seashore** einen Abstecher wert, ⇨ Seiten 318f.

Napa Valley/ Vallejo

Weitere Ausflüge im Bereich nördlich der Bucht ließen sich ins **Napa Valley** unternehmen, dem kalifornischen Weinanbauzentrum (⇨ Seite 572), oder nach Vallejo zur **Marine World Africa USA**, einem Tierpark mit Seelöwen- und Killerwalvorführungen, ergänzt durch Wasserzirkus und Jahrmarkt. Am bequemsten gelangt man dorthin von der *Fishermans Wharf* per Boot zum Inklusivpreis. Im Sommer täglich, sonst nur an Wochenenden. Lohnenswert eher mit Kindern.

Golden Gate Strände

In San Francisco geht es weiter auf dem *Scenic Drive*: man folge zunächst wiederum dem Lincoln Boulevard, später dem Camino del Mar durch beste Wohnlagen oberhalb der Pazifikküste bis zum *Palace of the Legion of Honor*. Am Wege liegen mehrere **Beachparks** mit Sandstränden. Besonders populär ist die **Baker Beach**, die noch einmal eine andere interessante Perspektive für den Blick auf die *Golden Gate Bridge* bietet. Die **Wassertemperaturen** des Pazifik sind leider nie badefreundlich.

Kunst museum

Der California **Palace of the Legion of Honor** ist dem gleichnamigen Pariser Vorbild nachempfunden und wurde 1924 zu Ehren der im 1. Weltkrieg gefallenen Kalifornier errichtet. Er beherbergt heute ein sehenswertes Kunstmuseum (Di–So, 9.30–17 Uhr, Eintritt $7), das überwiegend die Werke europäischer Künstler ausstellt, darunter Rubens, Rembrandt, Picasso. Stark vertreten sind Impressionisten wie *Manet* und *Renoir*; eindrucksvoll ist die Sammlung der **Rodin**-Skulpturen.

1 Coit Tower
2 Cable Car Barn / Museum
3 Embarcadero Center
4 Ghirardelly Square
5 Maritime Museum
6 Palace of Arts / Exploratorium
7 The Cannery
8 Trans America Pyramide
9 Union Square
10 Visitor Center
11 Ferry Building

Pazifik bereich

Nach dem Monument der Ehrenlegion erreicht man über Geary Street/Point Lobos Ave das hoch über Strand und Meer gelegene **Cliff House**, ein äußerst populäres **Seafood Restaurant**. Der Küste vorgelagert sind dort die **Seal Rocks**. Von einer Aussichtsplattform kann man die Seehundfelsen, die vor allem in den Monaten September bis Juni belebt sind, gut beobachten. *Ranger* der *National Recreation Area* informieren über Tier- und Pflanzenwelt dieses Küstenstrichs.

Zoo

Vom Klippenhaus führt der Rundkurs hinunter auf den *Great Highway*, der schnurgerade am langen, breiten Strand der *Ocean Beach* entlangläuft. An dessen Südende befindet sich der Hagenbecks Zoo in Hamburg nachempfundene **San Francisco Zoo** mit einem erstklassigen Primatengehege (Gorillas und Orang-Utangs), Koalas und Pinguinen. Auch ein Kinder-Streichelzoo ist vorhanden; 10–17 Uhr, Eintritt $7; Kinder $1,50/$3,50 für Altersgruppen bis/über 11.

Drachen-flieger

Südlichster Anlaufpunkt ist der **Fort Funston Park** mit Steilhängen über dem Ozeanstrand, der **Drachenfliegern** als Absprung- und Übungsgelände dient. Vor und über einem eigens geschaffenen Beobachtungsdeck demonstrieren *Hangglider*-Piloten dem staunenden Publikum aus nächster Nähe, was sich mit dem bunten Leichtfluggerät so alles machen läßt. Viel Betrieb herrscht beim *Fort Funston* am späten Nachmittag und an Wochenenden, vorausgesetzt, das Wetter spielt mit. Denn wie bereits bemerkt hängt über diesem Teil der Stadt oft Nebel, selbst wenn jenseits der Hügel von *Haight Ashbury* und *Diamond Heights* die Sonne scheint.

Golden Gate Park

Der rund 5 km lange, aber nur 800 m breite *Golden Gate Park* gilt als eine der großen Sehenswürdigkeiten San Franciscos. Tatsächlich besitzt er einige hübsche Ecken, aber das mitten hindurchführende, stark frequentierte Straßennetz stört sehr. Nur wenn **sonn- und feiertags** der Verkehr weitgehend unterbunden wird, zeigt der Park das ihm zugesprochene *Flair*. Eine ähnlich "farbige" Mischung seiner Besucher und ihrer Aktivitäten findet sich dann allenfalls noch in New Yorks *Central Park*. Besonders an solchen Tagen lohnt sich ein längerer Aufenthalt, idealerweise mit einer **Leihfahrrad** (*Lincoln Cyclery*, 772 Stanyan Street, Ostabschluß und *Park Cyclery*, 1865 Haight Street, in der Nähe des östlichen Parkendes).

Museen im Park

Anziehungspunkte sind das **Conservatory** (9–17 Uhr), ein Blumengewächshaus im viktorianischen Stil am Kennedy Drive, die **California Academy of Science** (10–17 Uhr, im Sommer bis 18 Uhr; $7) und die **Kunstmuseen** (Mi–So, 9.30–17 Uhr), welche sich am *Music Concourse* gegenüberstehen. Das **Asian Art Museum** ($7) verfügt über eine außergewöhnliche Sammlung asiatischer Kunstgegenstände, von denen immer nur ein Teil zur Ausstellung gelangt. Ein **Kombiticket** für alle Park-Museen ermäßigt den Eintritt um ca. 25%.

Das ***M.H. de Young Museum*** ist ein konventionelles Kunstmuseum mit einer thematisch eher zu breit gestreuten Kollektion aller möglichen Exponate. Das **Naturkunde Museum** (kombiniert mit dem **Aquarium**) spricht ein größeres Publikum an. Hervorhebung verdienen vor allem die Hai- und Pinguinbecken des Aqariums. Ein ***Planetarium*** mit den üblichen Sternen-Programmen und ***Lasershows*** gehört ebenfalls zum Komplex. Im nahen ***Japanese Tea Garden*** mit einem echten japanischen Teehaus (Ausschank 10.30–17 Uhr) oder am **Stow Lake** rund um den *Strawberry Hill* mit künstlichem Wasserfall, Boots- und Tandemverleih kann man sich von den Anstrengungen des Tages erholen.

Nostalgisches Conservatory of Flowers (1879) in der Nordostecke des Parks voller fantastischer Orchideen; ein Muß für Blumenliebhaber

Twin Peaks

Der **Scenic Drive** führt vom *Golden Gate Park* **auf etwas verschlungenen Wegen** (Hinweisschilder teilweise links und unklar; Karte hilft!) zu den 300 m hohen *Twin Peaks*. Die Aussicht von dieser höchsten Erhebung San Franciscos ist bei Tag und Nacht großartig. Auch wer nicht den gesamten *Scenic Drive* abfährt, sollte den von der City doch relativ kurzen Abstecher hierher einplanen.

Mission District

Auf der Fahrt von dort zurück in Richtung City auf dem Roosevelt Way und der 14th St liegt die Wiege San Franciscos fast am Wege, die **Mission Dolores** (auch *Mission San Francisco de Asis*, Dolores/16th St), ein eher schlichter Bau aus dem Jahre 1776. Das mexikanisch angehauchte, aber im Gegensatz zu der euphorischen Kennzeichnung in mancher San Francisco Beschreibung mitnichten sonderlich malerische **Viertel Castro/Mission** ist bis auf seine historische Bedeutung und die zahlreichen Wandbilder (***Murals***), insgesamt eher uninteressant. Im *Mission District* stößt man u.a. in der Van Ness Ave, Ecke 22nd Street, in der 19th Street zwischen Valencia und Guerrero Street und in der 24th Street, Ecke Florida Street auf **sehenswerte monumentale Wandgemälde**.

Abkürzung Scenic Drive

Die Weiterführung des offiziellen *Scenic Drive* über die Dolores und Army Streets und zurück über die Interstate #280 nach *Downtown* San Francisco ist nicht recht verständlich. Von der *Mission Dolores* sollte man ggf. den Kreis über die Market Street oder durch eine Querverbindung hinüber nach **Japantown** schließen (zwischen Geary und Post, Fillmore und Laguna Streets). Letztere besteht im wesentlichen aus einem *Shopping Center* mit einigen reizvollen architektonischen Akzenten, darunter die auffällige **Peace Pagoda**. Rund um die Friedenspagode finden an Sommerwochenenden folkloristische Veranstaltungen statt.

Civic Center

Auf der Market Street, Bereich Van Ness Avenue, passiert man das ausgedehnte *Civic Center*, wo sich um eine zentrale, parkartige Plaza und die **City Hall** (Rathaus) mit Säulenportal und gewaltigem Kuppeldach Verwaltungsgebäude und Kulturtempel gruppieren. Neben dem Rathaus verdienen speziell das **War Memorial Opera House** und die Architektur der **Symphony Hall** – beide Van Ness Ave – Interesse.

Blick auf Golden Gate Bridge und City von einem der Aussichtspunkte in den Marin Headlands

2.1.8 Ziele nördlich der Golden Gate Bridge

Marin Headlands
(Karte Seite 321)

Von den Aussichtspunkten jenseits der *Golden Gate Bridge* in den **Marin Headlands** war bereits die Rede (Abfahrt Alexander Ave von der #101, dann sofort links). Folgt man der Conzelman Rd den Hang hinauf vorbei an den ersten *Viewpoints* weiter nach Westen, passiert man diverse alte Batteriestellungen (Einbahnstraße) und gelangt schließlich zum **Bird Island Overlook** hoch über dem Pazifik. Ganz in der Nähe befindet sich der **Campground Battery Alexander** (nur für Zelte, ⇨ Seite 302). Zurück geht es – vorbei am *Visitor Center*– auf der Bunker Rd. Am Westende dieser Straße liegt die sehr schöne **Rodeo Beach** mit Lagune.

Hostel

Unweit des *Visitor Center* steht das **Marin Headlands-Golden Gate International Hostel,** ein prima Ausgangspunkt "im Grünen" für San Francisco-Besuche, ✆ (415) 331-2777.

Sausalito

Hinter einem langen Tunnel stößt man bei Rückkehr von diesem Abstecher wieder auf die Alexander Ave (eine Verbindung etwa mit der Straße #1 existiert von dort nicht). Sie führt nach Sausalito hinein, einem Vorort für Besserverdienende, der mit der größten **Yachthafenkonzentration** der *Bay* gesegnet ist. Die Durchgangsstraße, an der sich eine an **Yachtsport**- und *Aprés Sail*-Bedürfnissen orientierte Infrastruktur drängt, verläuft gleich hinter den Marinas. Eine Sausalito-Besonderheit ist die am Nordende des Ortes verankerte **Armada von Hausbooten**. Ordnungsgemäß vertäut an endlosen Stegen liegen dort neben simplen Schwimmhäusern Luxusvillen und auf Flöße oder alte Schuten gesetzte Fantasiekonstruktionen.

Für technisch Interessierte ist das **Bay Modell** des *U.S. Army Corps of Engineers* ein Leckerbissen, 2100 Bridgeway Blvd, Zufahrt ausgeschildert. Die Bucht von San Francisco mit sämtlichen Nebenarmen und Zuflüssen wurde in einer riesigen Halle maßstabsgerecht nachgebildet, um den Effekt von Ebbe und Flut zu simulieren. Ein 24-Stunden-Rhythmus wird hier mit 500.000 Litern Wasser in 14 Minuten nachvollzogen. Sofern die Anlage in Betrieb ist, kann man den Lauf der Gezeiten beobachten. *Visitor Center* geöffnet Di–Sa 9–16 Uhr, im Sommer auch So 10–18 Uhr. Eintritt frei. Ein Anruf klärt, ob und wann im Modell Wasser fließt, ✆ (415) 332-3871.

Tiburon

Den noch einige Meilen weiter nördlich gelegenen **Nobelvorort Tiburon** erreicht man über den gleichnamigen Boulevard; Abfahrt von der #101. Ein kleiner Umweg über **Belvedere** vermittelt Einblicke in den Lebensstandard der glücklichen Bewohner dieser Villensiedlung mit dem namensverleihenden Bayblick. Den Bürgern von Tiburon geht es aber auch nicht schlecht. Das kleine Zentrum mit schicken Restaurants (Terrassen am Wasser!), Kneipen und Boutiquen liegt unverfehlbar direkt am großen Yachthafen. Dort legt die Fähre nach San Francisco und zur vorgelagerten **Angel Island** ab, einem **State Park**, in dem man wandern, joggen und *biken* (Verleih vor Ort), von vielen Punkten zugleich nach San Francisco hinüberschauen und sogar **campen** (➪ Seite 302) kann. Die Fähre von Tiburon zur Insel kostet $5 retour, ab Angel Island/Tiburon nach San Francisco $11. Sie ersetzt eine Bayrundfahrt.

Muir Woods

Die Küstenstraße #1 von Norden stößt etwas oberhalb von Sausalito bei Marin City auf den Freeway #101. Folgt man der dort **Shoreline Highway** genannten Straße und dann dem **Panoramic Highway**, gelangt man zunächst zum **Muir Woods National Monument**, einem kleinen *Redwood*-Bestand, dessen Besuch zum festen Programm aller größeren Stadtrundfahrten gehört. Wer keine Gelegenheit hat, die noch weit eindrucksvolleren *Redwoods* in Nordkalifornien (➪ Seiten 365f) oder weiter südlich kennenzulernen (➪ Seite 326), sollte den *Muir Woods* unbedingt einen Besuch abstatten.

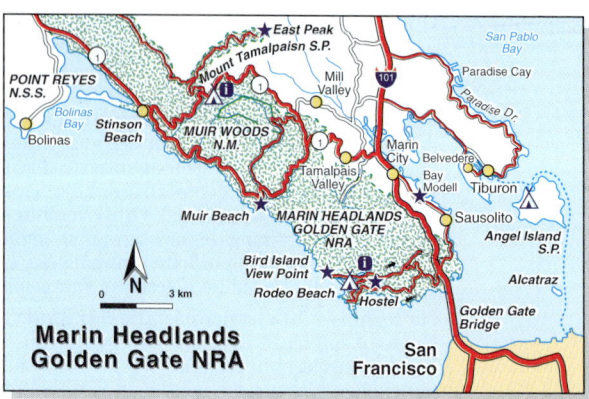

Marin Headlands
Golden Gate NRA

Mount Tamalpais

Vom Nationalmonument geht es auf dem **Panoramic Highway** weiter nordwestlich zum **Mount Tamalpais State Park** und dort ggf. auf dem **Ridgecrest Blvd** bis zum Ostgipfel des *Mount Tamalpais*. Eine herrliche **Aussicht** hat man von der Höhe meist selbst (oder sogar gerade) dann, wenn der typische Nebel über *Golden Gate Bridge* und *San Francisco Bay* liegt. Weiße Wolkenberge unterhalb des Beobachters und die ferne Stadt in der Sonne sorgen oft für ein phänomenales Panorama.

Campen ist auf dem kleinen Platz am *Panoramic Highway* nur mit Zelt möglich ($12). Auf dem Parkplatz sind aber **Campmobile** über Nacht zugelassen, ⇨ Seite 302.

Nach Stinson Beach

Mit oder ohne Stop an den *Redwoods* oder Fahrt auf den *Mt Tamalpais* ist bei Weiterfahrt in Richtung Stinson Beach der *Panoramic Highway* die empfohlene Route für eine Hinfahrt. Zurück nimmt man dann die in diesem Sektor spektakuläre #1: Von den Serpentinen hoch über dem Pazifik fällt der Blick auf die **Skyline** von San Francisco. **Stinson Beach** mit allen Einrichtungen fürs Badeleben gilt als **der Strand** von San Francisco. An Schönwetter-Wochenenden baden dort Tausende in der Sonne und Abgehärtete sogar im Wasser. Ein besonders interessantes Ziel ist Stinson Beach allerdings nicht.

Bolinas

Wenige Meilen weiter nördlich am südlichen Rand der *Point Reyes National Seashore* (ca. 1 mi von der #1, kein Hinweisschild an der Zufahrt zum nördlichen Ende der Lagune hinter Stinson Beach) liegt **Bolinas**, ein bis heute als solches erkennbares Dorf der Alternativkultur aus der nostalgischer Zeit von *Flower Power* und Vietnam Protest. Die hübsche Ortschaft zwischen Wald, Hügeln und Meer wird nach wie vor von Leuten bewohnt, die ein Leben etwas **außerhalb des American Way of Life** bevorzugen. Die durch Bolinas hindurchführende Straße endet am **besten Strand** weit und breit.

Point Reyes National Seashore

Die **Point Reyes National Seashore** gilt als ein Mekka der Ornithologen. Von **Olema** sind es keine 2 mi zum **Bear Valley Visitor Center** mit einem hervorragenden Informationsprogramm zu Flora und Fauna des Parks und zur **Erdbebenproblematik** der Region, verursacht durch die Nähe des St. Andreas Grabens, ➪ Seite 323. Kilometerlange **Trails** und einige Stichstraßen führen zu Steilküsten und langen Sandstränden (und *Walk-in Campgrounds* für Zelte zu $10, ein *Coast Camp* befindet sich in Parkplatznähe). Aber Wind, häufiger Nebel und die Wassertemperaturen sorgen dafür, daß sich die Beliebtheit der *Point Reyes* Küste in Grenzen hält.

Einzige Unterkunft im Park ist das **Point Reyes Int'l Hostel**, ✆ (415) 663-8811. In Olema gibt es *Lodges* und *Motels*.

Der **Samuel Taylor State Park,** einige Meilen landeinwärts von Olema auf dem Sir Francis Drake Boulevard, besitzt einen schön gelegenen *Campground* für Zelte und Campmobile.

Ein guter Privatplatz an der #1 ist der **Olema Ranch Campground**; ✆ (415) 663-8001.

2.2 STARTROUTE #1: VON SAN FRANCISCO AUF DEM CALIFORNIA COAST HIGHWAY NACH LOS ANGELES

Zeitplanung

Viele Reisende wählen San Francisco als Ausgangspunkt für eine Fahrt auf dem berühmten *Coastal Highway* #1 nach Los Angeles (Autobahndistanz auf der #101: ca. 400 mi). Zur optimalen Etappenplanung spielt die dafür verfügbare Zeit eine ganz wesentliche Rolle. Bei knapper Vorgabe reichen **zur Not zwei Tage**. In diesem Fall sollte man auf eine Fahrt über Santa Cruz sowie Abstecher und Zwischenstopps wie im folgenden Abschnitt beschrieben ganz verzichten, auf schnellstem Weg (I-280/#101/#156/#1) Monterey ansteuern und **möglichst viel Reisezeit für das mit Abstand beste Teilstück im Gesamtverlauf der #1 von Carmel bis San Simeon** bemessen.

Kurze Stopps in Monterey samt Aquariumsbesuch, im Nachbarort Carmel mit der *Mission,* im *Point Lobos*-Naturschutzgebiet, in Big Sur und ggf. am *Hearst Castle* lassen sich dabei ganz gut "einbauen", wenn für den Rest nicht viel mehr als die reine Fahrzeit kalkuliert wird.

3-4 Tage sind besser als 2 Tage

Wer zusätzlich **Santa Barbara** und **Solvang**, vielleicht **Pismo Beach** und **Santa Cruz** besuchen möchte, braucht mindestens **3 Tage**. Erst bei einer Reisezeit *von* **4 Tagen** sind auch Strandpausen, kleine Wanderungen (*Los Trancos Park, Point Lobos,* Big Sur, *La Purissima*) und Besuche von Museen möglich (u.a. in den alten spanischen Missionen, in Monterey und Santa Barbara). Auch ein Abstecher zum **Pinnacles National Monument** könnte dann eventuell eingeplant werden.

2.2.1   Von San Francisco zur Monterey Bay

Alternative Routen

Auf dem Teilstück San Francisco–Santa Cruz erhebt sich bei ausreichender Zeit die Frage, ob man von vornherein der Küstenstraße #1 folgt oder zunächst dem schnelleren *Freeway* #101 bzw. der I-280 den Vorzug gibt.

Straße # 1

Die **#1** erfordert **mehr Fahrtstunden**, ist aber vergleichsweise verkehrsarm und bietet – obwohl im Verlauf nicht durchgängig landschaftlich attraktiv – einige hübsche Abschnitte. Eine Reihe von *State Beaches* ermöglicht den öffentlichen Zugang zu den Stränden unter Steilufern und in felsigen Buchten entlang dieses recht rauhen Küstenstrichs. Die **Año Nuevo State Reserve** südlich von *Pigeon Point* schützt die Paarungsgründe riesiger Seeelefanten (Walrosse). Aber nur zwischen Dezember und März hat man gute Aussichten, die Tiere zu Gesicht zu bekommen. **Camping** bietet von den *State Beaches* nur **Half Moon Bay** oberhalb des gleichnamigen, zersiedelten Ferienortes. Die Anlage gehört nicht eben zur ersten Kategorie, liegt aber unmittelbar am Steilufer über einem endlosen Strand.

Oft außerhalb der Nebelschwaden in Küstennähe befindet sich der (ebenfalls) Einfach-Platz des **Butano State Park**, nur wenige Meilen landeinwärts auf der *Cloverdale Road* (ab Pescadero) oder auf der *Gazos Creek Road*. Mit unfreundlicher Witterung muß an dieser Küste genauso gerechnet werden wie weiter nördlich. Erst südlich Santa Barbara bessern sich die Aussichten auf überwiegend sonniges Wetter.

DAS GRAB VON WYATT EARP

In Colma an der Straße #82 südlich von Daly City (unweit der I-280) befindet sich das Grab des berühmten Wildwest-Sheriffs Wyatt Earp (⇨ Seite 492) auf den "Hills of Eternity". Vor Ort kennt jeder die Zufahrt zum Friedhof.

San Andreas Graben

Von den beiden Autobahnen auf der Ostseite der San Francisco Halbinsel verläuft die **Interstate #280** südlich San Bruno abseits der Ballungsräume. Sie führt entlang der Stauseen *San Andreas* und *Crystal Springs*, die mitten im San Andreas Graben angelegt wurden, der Erdspalte zwischen den für die Erdbebengefährdung der Region verantwortlichen tektonischen Blöcken. Verläßt man die I-280 südlich von Palo Alto auf der *Page Mill Road*, gelangt man nach wenigen Meilen in südwestliche Richtung zur **Los Trancos Open Space Reserve** mit dem *San Andreas Fault Trail*. (Hinweisschild etwas undeutlich). Der Verlauf des 2 km langen Pfades an der Bruchlinie des Starkbebens von 1906 und entsprechende Erläuterungen vermitteln immer noch einen gewissen Eindruck von den damals aufgetretenen Erdverschiebungen. Speziell erwähnenswert sind um fast 2 m gegeneinander versetzte Zaunstücke .

Zur #1   Eine Weiterfahrt nach Santa Cruz über die Straßen #35 und #9 ist zwar zeitraubend, aber von der Streckenführung her sehr erwägenswert, ⇨ Seite 326.

ERDBEBENREGION SAN FRANCISCO

Das letzte schwere Beben in der Region von San Francisco ereignete sich im Oktober 1989. Es dauerte nur 15 Sekunden und erreichte eine Stärke von 6,9 auf der Richter Skala. Dramatische Schäden wie die Einstürze der oberen Fahrbahn der SF-Oakland Bay Bridge und des Obergeschosses der I-880 auf mehreren hundert Metern Länge waren aber eher punktueller Natur. Das Funktionieren der seit Jahren praktizierten Bebenvorsorge wie z.B. der Flexibilisierung von Hochhauskonstruktionen, Gas- und Wasserleitungen wurde damit eindrucksvoll unter Beweis gestellt.

Ob jedoch die bislang realisierten und zusätzliche, aus jüngeren Erfahrungen in und bei Los Angeles abgeleitete Maßnahmen ausreichen werden, um auch in Zukunft Katastrophen zu verhindern, weiß niemand. Mit stärkeren Beben sei zu rechnen, behaupten die Seismologen, die das 89er-Ereignis und das Epizentrum zwischen Santa Cruz und San Francisco damals einigermaßen korrekt vorhergesagt hatten. Die geologische Spannung im San Andreas Graben, der die "Nahtstelle" zwischen den tektonischen Platten des Pazifik und des nordamerikanischen Kontinents markiert, verminderte sich zwar durch die Erdverschiebung von 1989 um ca. 1-2 m innerhalb einer 50 km Zone, erhöhte sich jedoch in der Nähe San Franciscos und in Südkalifornien weiter. Denn bedingt durch den plötzlichen Abbau des aufgestauten Drucks, der seinerseits auf einer Blockade einer gegenläufigen Bewegung der beiden Erdkrustenplatten von 5-6 cm pro Jahr beruht, kommt es anderswo zu verstärkter Spannung, die sich eines Tages ihrerseits entladen muß.

Beim schweren Erdbeben von 1906 (geschätzte 8,3 auf der damals noch nicht existierenden Richter-Skala), das eine erhebliche Zerstörung San Franciscos zur Folge hatte, wurden auf einer Zone von 450 km Länge Verschiebungen bis zu 6 m (!) gemessen. Damit war eine nahezu vollständige Entlastung des tektonischen Drucks eingetreten, und es dauerte mehrere Dekaden, bis sich eine neue Spannung nennenswerter Stärke entwickelte. Seit Ende der 70er-Jahre wird Kalifornien nun wieder von Beben heimgesucht, zunächst in einer noch relativ harmlosen Größenordnung um den Wert 5, aber seit 1989 gab es wieder weitere Beben über dem Wert 6.

Da auch dem 1906-Ereignis zahlreiche Beben mittlerer Stärke vorausgingen und die Grundmuster des Ablaufs seismologischer Ereignisse erfahrungsgemäß Parallelen zeigen, leben Kalifornier mit der Gewißheit, daß der "Big Bang" nicht mehr allzu fern ist. Das befürchtete Starkbeben zwischen 7,5 und 8,5 kann zwar theoretisch schon morgen eintreten, aber durchaus erst in zwanzig Jahren oder später. So wenig der Zeitpunkt vorherbestimmbar ist, läßt sich das künftige Epizentrum im Vorwege genau lokalisieren. Seismologen tippen auf Bereiche nördlich und südöstlich von Los Angeles, aber auch auf die San Francisco Bay Region.

Silicon Valley

Bei genereller Bevorzugung der Autobahn würde der Autor die **I-280** nicht nur wegen ihrer Streckenführung und des Los Trancos Abstechers samt reizvoller Weiterfahrt empfehlen, sondern auch wegen ihrer geringeren Verkehrsdichte gegenüber der #101 durch das *Silicon Valley*. Unter diesem Begriff wurde ein heute weitgehend gesichtslos zersiedelter Landstreifen zwischen **Palo Alto** und **San José** bekannt, wo Anfang der 70er-Jahre erstmals die Herstellung von Mikroschaltkreisen auf Silikonplättchen gelang. In der Folge expandierte dort die amerikanische **Computer- und High-Tech-Industrie** zunächst explosionsartig und hat sich – nach schwankender Entwicklung – mittlerweile auf hohem Niveau stabilisiert. Wer sich dafür und den heutigen Stand der Dinge interessiert, findet im **Silicon Valley Weekly Newspaper** viele Hinweise. Der **Palo Alto University Bookshop** verfügt über eine sagenhafte Auswahl an EDV-Literatur.

Apropos Palo Alto: Aus dieser Stadt und weltbekannt sind die Namen **Hewlett & Packard.** Die alte Garage in der 367 Addison Ave, in der diese beiden Studenten der *Stanford University* ihre ersten Computer zusammenschraubten, ziert heute die Bezeichnung *National Historical Landmark*.

Stanford University

Untrennbar mit Palo Alto verbunden ist die hoch eingeschätzte (private) **Stanford University**. Der ausgedehnte Universitätscampus befindet sich eine gute Meile außerhalb des hübschen Städtchens mit einer der höchsten Kriminalitätsraten Kaliforniens. Die einzelnen **Fakultäten** liegen weit verstreut. Die zentrale *Plaza* mit basilikaähnlicher Kirche und einigen Gebäuden in pittoreskem mexikanischen Stil ist sehenswert, eine Besichtigung ähnlich ergiebig wie im nahen Berkeley, ↷ Seite 340. Wer sich die Zeit für den Umweg nach Stanford nimmt, sollte vielleicht auch einen Blick ins (freie) **Leland Stanford Museum** werfen (Di–Fr 10–17 Uhr, Sa+So ab 13 Uhr, Mitte August bis *Labor Day* geschlossen). Eine Kollektion von Kunstwerken alter Kulturen ist zu bewundern, außerdem ein *Sculpture Garden* mit *Rodin*-Plastiken. Ein **Informationsbüro,** wo auch die Campusführungen starten, befindet sich am Ende des Palm Drive, ✆ (650) 723-2560.

Wer im Bereich Palo Alto noch ein Quartier sucht, findet in der **Hidden Villa Ranch** (26870 Moody Rd, Los Altos Hills) eine private **Cabin** (*Josephine`s Retreat*, ab $40) und **Hostel** (33 Betten, $14) in einem herrlich abgelegenen Gelände; ✆ (650) 949-8648; Exit Moody/El Monte von der I-280.

Santa Clara

Was wären amerikanische Großstädte ohne ihre Vergnügungsparks! **Paramounts Great America** in Santa Clara (nördlich San Jose zwischen der 101 und der Straße # 237) bedient die Bewohner der unteren *San Francisco Bay Region* mit einem riesigen Gelände. Das Ganztagesamusement für $30/Person besteht dort aus viel *Show* von Delphinspringen bis Bühnenglamour. Dazu gibt es die üblichen **Jahrmarkt-Rides**, darunter **5 Roller Coaster** (Achterbahnen) und Schlauchboot-Trip über künstliche Stromschnellen, alles garniert mit jeder Menge Restaurants und Souvenirshops. Geöffnet Mo–Fr und So 10–21 Uhr, Sa bis 23 Uhr von *Memorial* bis *Labor Day*; restliche Zeit nur Sa+So.

Wasserspaß

Der Planschpark mit den beliebten Wasserrutschen in vielen Varianten heißt im San José Bereich **Raging Waters** und liegt im **Lake Cummingham Regional Park** (*Capitol Expressway, Tully Rd*) unweit der *Freeways* I-680 und #101. Geöffnet ab Juni bis *Labor Day* täglich 10–19, danach wetterabhängig; Tagespass $20.

Winchester Mystery House

Eine originelle Attraktion ist das **Winchester Mystery House** westlich San José am Winchester Blvd zwischen I-280 und Stevens Creek Blvd. Die Witwe des Erfinders des Winchester-Gewehres verbaute in diesem Haus einen Teil Ihres Vermögens im Glauben, durch unaufhörliches Anbauen Unsterblichkeit zu erlangen. Bevor sich dies als Irrtum herausstellte, waren in 160 Räumen 10.000 Fenster, 2.000 Türen, 40 Treppen und 47 Kamine eingesetzt. Eintritt $13 inkl. **Winchester Historic Firearms & Antique Products Museum** enthalten. Geöffnet 9–20 Uhr von Juni bis *Labor Day*; Rest des Jahres kürzere Öffnungszeiten.

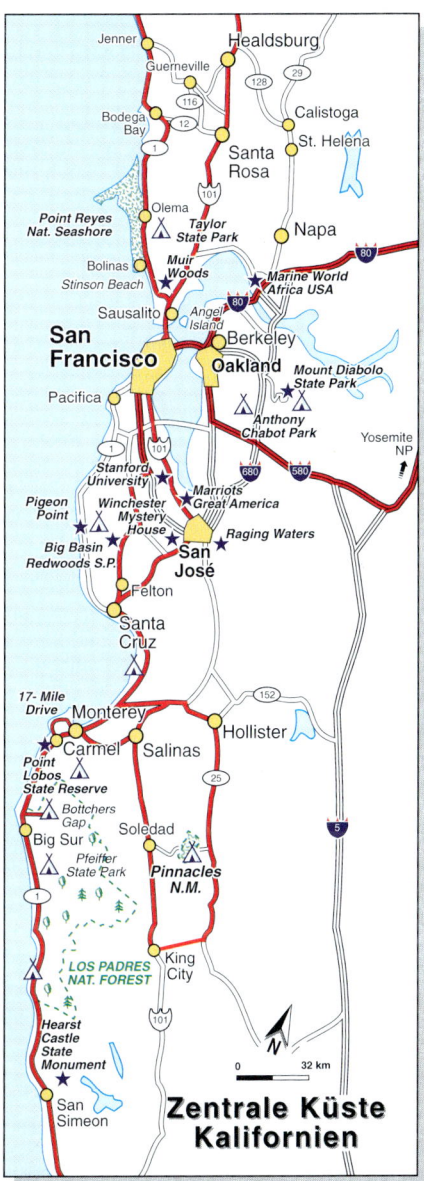

Zentrale Küste Kaliforniens

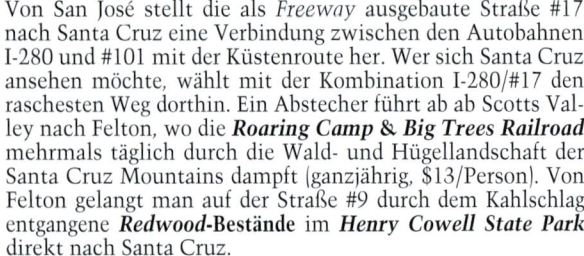

Nach Santa Cruz/ Redwoods

Von San José stellt die als *Freeway* ausgebaute Straße #17 nach Santa Cruz eine Verbindung zwischen den Autobahnen I-280 und #101 mit der Küstenroute her. Wer sich Santa Cruz ansehen möchte, wählt mit der Kombination I-280/#17 den raschesten Weg dorthin. Ein Abstecher führt ab ab Scotts Valley nach Felton, wo die **Roaring Camp & Big Trees Railroad** mehrmals täglich durch die Wald- und Hügellandschaft der Santa Cruz Mountains dampft (ganzjährig, $13/Person). Von Felton gelangt man auf der Straße #9 durch dem Kahlschlag entgangene *Redwood*-**Bestände** im **Henry Cowell State Park** direkt nach Santa Cruz.

Beste Strecke

Den besten und interessantesten, wenngleich zeitaufwendigsten Weg von San Francisco nach Santa Cruz bietet die **Kombination I-280/Straßen #35/#9**. Der *Skyline Boulevard* #35 führt kurvenreich durchs Gebirge zwischen I-280 und der Küste und passiert den oben erwähnten *Los Trancos Park* (Page Mill Road) und die Zufahrten zu den beiden **State Parks Portola** und **Castle Rock** (keine Zufahrt an der #9, nur #35 südlich der Kreuzung). Einen noch relativ großen **Redwood Forest** schützt der **Big Basin Redwoods State Park** mit mehreren populären *Campgrounds*. Man erreicht den Park über die Straße #236 (nach Westen erweiterte #9), die sich im oberen Bereich malerisch durch Eukalyptuswald schlängelt (**nicht für Campfahrzeuge über 21 Fuß geeignet**).

Santa Cruz

Santa Cruz steht als Ferien- und Studienort bei amerikanischen Teenagern und Studenten hoch im Kurs. Denn neben Stränden, ausgezeichneten Surfrevieren und **High Life für *Teenies*** besitzt die Stadt einen attraktiven **Campus** der *University of California* in hübscher Hügellandschaft (im Nordwesten). Bekanntester Anziehungspunkt von Santa Cruz ist der unverfehlbar am zentralen Strand gelegene *Amusementpark*, der **Santa Cruz Beach Boardwalk**, ein fest installierter Jahrmarkt

The Big Dipper, ein nostalgischer Roller Coaster am Boardwalk von SantaCruz

Boardwalk

mit Eintrittspreisen für die einzelnen *Rides,* aber sonst freiem Zugang wie hierzulande. Sieht man einmal ab von der nostalgischen **Achterbahn** aus dem Jahre 1924, gibt es nichts Sensationelles zu sehen, aber das dort (täglich Juni bis *Labor Day,* sonst Wochenende) vergleichsweise bunte Leben und die **Kombination mit Strand und Meer** sorgten mit für Santa Cruz' Ruf als Prototyp einer Stadt des kalifornischen *Easy Going.* Gleichzeitig *hip* und dennoch aufgeräumt ist **Downtown Santa Cruz** mit Straßencafés, Bistros und Buchläden.

Santa Cruz Westküste

Westlich des *Boardwalk* sind die **Natural Bridges State Beach** und die Strände entlang des **West Cliff Drive** populär. Selbst bei ruhigem Wetter läuft hier eine erstaunlich hohe Dünung aus den Weiten des Pazifiks ein, die sich zwischen Strand und Steilküste bricht. Am **Lighthouse Point** zeigen *Surfer* eine atemberaubende Brettbeherrschung, wenn sie scharf an den Klippen vorbeischießen. Kaum irgendwo sonst besteht eine derart gute Gelegenheit, **gekonntes** *Surfing* **aus nächster Nähe** zu beobachten. Der vorgelagerte Felsen beherbergt röhrende **Seelöwen.** Eine Zugabe ist dort der tolle Sonnenuntergang. In den südöstlichen Vororten lösen **Strände** und **Marinas** hinter Sommerhaussiedlungen des Wohlstands einander ab. Zufahrt über Portola Drive und den East Cliff Boulevard.

Capitola

Mehr schon ein eigenständiges Ziel als Vorort von Santa Cruz ist Capitola, ein vor allem **bei jungen Leuten beliebtes Städtchen** am Meer mit Yachthäfen, Kneipen und Discos. Capitola erreicht man über die Küstenboulevards oder auf der #1.

Camping

Zwischen Santa Cruz und Monterey führt die überwiegend als *Freeway* ausgebaute #1 (*Cabrillo Highway)* durch flache Obstanbaugebiete abseits der Küste. Wie auch weiter nördlich sind Strand und Dünen in erster Linie über *State Beach*es zugänglich. Die Campingempfehlung in diesem Bereich lautet: **New Brighton** vor **Sunset State Beach**.

Pinnacles National Monument

Ein Abstecher für Leute mit einem Tag Extrazeit könnte dem *Pinnacles National Monument* gelten. Ab Watsonville geht es auf den Straßen #129/#156 nach **Hollister** und auf der #25 zur Südosteinfahrt dieses weniger beachteten Nationalmonuments (ca. 75 mi). Die #146 führt zum kleinen *Visitor Center;* unweit davon endet die Straße am Ausgangspunkt mehrerer *Trails. Zu den* **Pinnacles**, den namensgebenden schroffen Felszacken, sind es von dort noch 4 km. Vorrangiges Besuchsmotiv ist jedoch der rauhe *Pfad* durch die **Bear Gulch Caves** zum mehrere hundert Meter höher liegenden *Reservoir.* Zwischen herabgestürzten, teilweise Höhlen bildenden Felsen geht es streckenweise steil bergauf (festes Schuhwerk und gute Lampen erforderlich). Wem die Kletterei durch den Felstunnel zuviel war, kann auf dem Rückweg den **Rim Trail** nehmen. Mit guter Kondition läßt sich vom Reservoir der Weg fortsetzen zu den *High Peaks* (dann insgesamt ca. 10 km).

Zur Erholung von der Anstrengung wartet ein **kühler Pool** im weitläufigen *Pinnacles Campground* (privat betrieben: komfortabel und rustikal). Der Campingplatz auf der Westseite ist weniger empfehlenswert. Zur Vermeidung der Rückfahrt auf identischer Strecke sollte man die #101 wählen. Eine Durchfahrt durch den Park ist dabei nicht möglich, man muß über **King City** (Straße #G13). Auf der #68 geht es von **Salinas** nach Monterey. Wenig befahren und lohnender, wenngleich mühsamer ist die Kombination **#G17/#G16 über Carmel Valley**.

Salinas

Salinas besitzt keine touristisch reizvollen Anlaufpunkte, erwähnenswert ist aber, daß dort *John Steinbeck* (⇨ rechts *Cannery Row*) geboren wurde und daß Teile seines Romans "Jenseits von Eden" (mit *James Dean*) in und um Salinas verfilmt wurden. Ein anderer bekannter Bürger der Stadt ist *Monty Roberts*, Erfinder der Pferdesprache *Equus*.

2.2.2 Die besten 100 Meilen der Highway #1: Von Monterey nach San Simeon

Monterey

Von der **#1**, bei Monterey gleichzeitig **Stadtumgehung**, gelangt man am besten über den Del Monte Blvd (bzw. die Munras Ave aus südlicher Richtung) nach **Downtown Monterey**. Vor dem zentralen Ortsbereich kreuzt dieser den Camino El Estero/Höhe Franklin Street, in dem sich ein Büro der *Visitors Information* befindet. Eine weitere *Visitor Information* befindet sich in der Alvarado Street. Wird man in den meisten Besucherinformationen ohnehin mit Material bestens bedient: in Monterey wird man förmlich "erschlagen" mit Karten und Info-Schriften. Sehr gut ist der *Monterey Peninsula Visitor`s Guide* mit einem kompletten Restaurant- und Unterkunftsverzeichnis inklusive *B & B*, *Campgrounds* etc. Eine **Hotline** informiert rund um die Uhr: ✆ **(408) 649-1770**.

Geschichte

Das heute 30.000 Einwohner zählende Monterey blickt auf eine für amerikanische Verhältnisse sehr lange Geschichte zurück. Gegründet **1770 als Missionsstation** wurde sie bereits **1775 Hauptstadt** des spanischen, ab 1821 mexikanischen Kaliforniens und blieb es auch noch nach seiner Eroberung durch die Amerikaner 1846, bis 1854 Sacramento Kapitale des neuen US-Staates im Westen wurde. Die aus jener Zeit erhaltenen bzw. restaurierten Gebäude samt einiger frühamerikanischer Bauwerke wurden insgesamt zum **Monterey State Historic Park** erklärt und durch den *Path of History* (ca. 3 km) symbolisch miteinander verbunden. Ein in der *Visitor Information* gratis ausgegebenes **Faltblatt** erläutert den Verlauf des historischen Pfades und die Bedeutung der Gebäude im einzelnen, von denen eine Reihe musealen Charakter besitzt. Ein Pauschalticket für $5, erhältlich u.a. im *State Park Visitor Center* an der zentralen *Custom House Plaza* (Öffnungszeiten

10–17 Uhr), berechtigt zum Eintritt in alle *Historic Buildings* und zur Teilnahme an geführten Besichtigungen. Für einen europäischen Besucher ist der *Path of History* nur punktuell interessant; zu nennen sind in erster Linie die **Custom House Plaza** und die **Royal Presidio Chapel** (rekonstruierte erste Missionsstation) etwas abseits an der Church Street.

Fisherman's Wharf

Wie San Francisco besitzt auch Monterey eine **Fisherman's Wharf**. Sie besteht hier indessen nur aus einer einzigen Pier mit Frischfisch-Verkauf, *Fast-Food*-Ständen sowie ein paar *Giftshops* und Restaurants. Es gibt dort nichts, was man unbedingt gesehen haben müßte. Östlich der **Municipal Pier** (Verlängerung Figueroa) erstrecken sich schöne **Strände**.

Cannery Row

Der wichtigste Anziehungspunkt Montereys liegt eine gute Meile nordwestlich *Downtown* und der *Wharf* im **Cannery Row** genannten Bereich (gleichzeitig Straßenname): Vom Del Monte Blvd an der Ecke Washington Street halbrechts durch den Tunnel und weiter auf der Lighthouse Ave. Die ehemaligen *Canneries* (= Fischfabriken) zwischen David und Hoffman Ave, die einst **John Steinbeck** zum Titel seines weltbekannten Romans **Cannery Row** ("Straße der Ölsardinen"), inspirierten, wurden fürs touristische Shopping und die unvermeidliche Restauration schick umfunktioniert, soweit sie nicht Parkplätzen weichen mußten.

Aquarium

(Foto Seite 51)

Trotz der hübschen Lage am Wasser wäre die **"neue"** *Cannery Row* jedoch kaum einen längeren Zwichenstop wert, beherbergte sie nicht das **Monterey Bay Aquarium**, eines der besten Nordamerikas. Sowohl die Vielzahl der dort zu bestaunenden Meerestierarten als auch die Imitation ihrer Lebensräume bieten einen gelungenen Anschauungsunterricht zur Fauna vor der kalifornischen Pazifikküste (Broschüre auch in deutscher Sprache). Geöffnet täglich 10–18 Uhr. Im Sommer und an den

Murals im Bereich der Cannery Row zeigen das Leben dort früher und heute

Wochenenden herrscht großer Andrang, zeitiges Kommen oder späte Ankunft (ab 16 Uhr) hilft, den Hauptbetrieb zu vermeiden. Etwa 2 Stunden benötigt man für eine gründliche Besichtigung; Eintritt leider sehr hoch: $15, Kinder bis 12 $6.

Scenic Drive

Unverzichtbar in Monterey ist eine Rundfahrt im Stadtteil **Pacific Grove** entlang der überaus reizvollen Küste (Ocean View Boulevard, Sunset Drive: Seehunde und -löwen auf den vorgelagerten Felsen). Ein kurzer Halt könnte dem **Museum of Natural History** (165, Forest Ave) gelten mit zahlreichen ausgestopften Vögeln der Region und besonderem Gewicht auf den *Monarch*-Schmetterlingen, die sich Pacific Grove für ihren jährlichen Winterschlaf von Oktober bis März ausgesucht haben (Di–So 10–17 Uhr, eintrittsfrei).

Seventeen-Mile-Drive

Auf dem Sunset Drive passiert man, wieder landeinwärts, eine der Zufahrten zum berühmten **17-Mile-Drive**, einer hochgespielten **Touristenattraktion.** Sie ist Programmpunkt aller Monterey berührenden Busreisen. Die Straße führt durch den Privatbesitz der millionenschweren *Del Monte Forest Community*, welche für die Besichtigung ihres Areals **$7,50/Auto** kassiert, und verläuft größtenteils direkt am Ufer des Pazifik. Strände und Buchten bieten (an sonnigen Tagen) zwar einiges fürs Auge, aber die eintrittsfreie Umgebung in Pacific Grove und Carmel kann durchaus konkurrieren. Seehunde und Seelöwen tummeln sich indessen um und auf dem **Seal Rock** in großer Zahl, und das bekannte Fotomotiv der **Lone Cypress** auf vorgelagertem Felsen muß eben auf jeden Film. Die teilweise bombastischen **Anwesen** von Reichen und Prominenten liegen mehrheitlich abseits der Rundstrecke an schmalen Nebenstraßen und verbergen sich fast ausnahmslos hinter hügeligem Gelände, Wald und hohen Hecken.

Die Carmel Beach gehört zu den schönsten Stränden der USA

Carmel

Folgt man dem *17-Mile-Drive* von Norden (via Sunset Drive), gelangt man in dessen Südostecke an das *Carmel Gate* und befindet sich sogleich mitten im Städtchen. Wer die teure Rundstrecke ausläßt, fährt vom Sunset Drive auf den Holman Highway #68, gelangt von ihr automatisch auf die #1 und nur wenig weiter südlich nach Carmel.

Carmel ist der mit Abstand hübscheste (und teuerste) Ort der ganzen Westküste. Er gilt als Künstlerkolonie und besaß mit dem dort residierenden Filmschauspieler **Clint Eastwood** für einige Jahre einen äußerst publicitywirksamen Bürgermeister. Seither kümmern sich noch mehr teure Galerien, *fashionable Shops* und Restaurants um die zahlreiche Kundschaft. Das kommerziell bestimmte Leben und Treiben spielt sich hauptsächlich in der **Ocean Ave** und Umgebung ab, strahlt aber mit zunehmender touristischer Popularität Carmels immer weiter darüberhinaus. Eine **Visitor Information** für Karten und und die üblichen kommerziell bestimmten Broschüren befindet sich in der San Carlos St zwischen 5th und 6th Ave. Im **Guide to Carmel** findet man eine ganze Reihe erfreulicher, wiewohl hochpreisiger Quartiere zwischen Villen und Beach, eine Alternative zu den Motels der Ketten entlang der #1. Ebenfalls gut bestückt ist Carmel mit besseren Restaurants, von denen viele über schöne Terrassen verfügen.

Der überwiegende Teil des Ortes besteht nichtsdestoweniger aus beneidenswert gelegenen und gestalteten Privathäusern inmitten einer von Kiefern und Zypressen bewachsenen, leicht hügeligen Landschaft. Die weißen **Strände** entlang der **Scenic Road** gehören zu den schönsten der USA. Am Südende dieser Straße stößt man auf die **Carmel River State Beach** mit Vogelschutzgebiet und Süßwasserlagune, die nur durch einen Dünenstreifen vom Ozean getrennt ist. Mit ein wenig Glück sieht man dort possierliche **Seeotter** unweit des Strandes in den Wellen spielen. Vor Jahren schienen sie fast ausgerottet, heute sind sie wieder zahlreich vorhanden.

Carmel Mission

An der Rio Road, steht eine der attraktivsten der 21 spanischen Missionsstationen in Kalifornien. Die **Carmel Mission del Rio Carmelo** wurde 1770 erbaut. In ihr liegt der Gründervater der Missionen, der Franziskanermönch **Junipero Serra**, begraben. Zu besichtigen sind Kirche, Innenhof und hübsche Gärten, Mo–Sa 9.30–16.30 Uhr, So ab 10.30 Uhr; Eintritt $2.

Point Lobos

Der Strand von Süd-Carmel endet mit der *Monastery Beach* an der Grenze zur **Point Lobos State Reserve**, einem äußerst populären Naturschutzpark. $7 **Eintritt** pro Wagen sind dort im Grunde besser angelegt als für den *17-Mile-Drive*. Die Zufahrt erfolgt direkt von der Straße #1, etwa 4 mi südlich des Zentrums von Carmel. *Point Lobos* ist eine felsige Halbinsel mit einer zerklüfteten Küste, vorgelagerten Inselchen, Buchten und kleinen sandigen Einsprengseln. Sie wird durchzogen von

Point Lobos

Nature Trails; ein Uferpfad umrundet die Halbinsel meist hoch über dem Ozean. Von ihm sichtet man garantiert Seehunde und Seelöwen, oft auch Otter, die sich gelegentlich rar machen, sowie viele Vogelarten. Das Minimalprogramm im Point Lobos Park sollte ein Spaziergang auf dem kombinierten **Sand Hill/Sea Lion Point Trail** sein (45 min). Zahlreiche Seelöwen bevölkern normalerweise auch die **Sea Lion Rocks** vor der Küste. Gleich nebenan läuft der **Cypress Grove Trail**. Besonders zur Vogelbeobachtung (Kormorane) eignet sich der zum *Pelican Point* führende **Bird Island Trail** mit Startpunkt ganz am Ende der Stichstraße. Auch zu empfehlen ist der Aufstieg zum **Cannery Point** auf der Nordseite der Halbinsel. Die *Whalers Cove* unterhalb dieses Aussichtspunktes ist ein bevorzugtes Tauchrevier.

An der zerklüfteten Steilküste der Point Lobos Reserve, einem der populärsten State Parks Kaliforniens

Camping

Campen kann man in *Point Lobos* nicht, dafür gibt es eine halbe Autostunde südlich von Carmel den großartig gelegenen **Einfach-Campground Bottchers Gap** hoch in den Bergen des *Los Padres National Forest*. Rund 13 mi südlich von *Point Lobos* zweigt die **Palo Colorado Road** von der #1 ab und führt auf kurvenreicher Strecke 8 mi (teilweise extrem) bergauf. Ganz an deren Ende liegt *Bottchers Gap* direkt über einem Steilhang. Schattige Plätzchen für **Zelte** befinden sich etwas abseits im Wald. Der Parkraum für RVs ist begrenzt; *Van Camper* finden aber Platz, sofern der Parkbereich nicht voll besetzt ist. Eine Alternative für Zeltcamper ist der küstennahe **State Park Andrew Molera** nördlich von Big Sur. Dort befindet sich ein *Walk-in Campground* in einiger Entfernung vom Parkplatz. Campmobilfahrer können dort zur Not eine Nacht überbrücken, falls im Sommer – wie häufig – alle anderen Plätze der Region belegt sein sollten. Auch im **Pfeiffer Big Sur State Park** dürfen **RVs** über Nacht den Parkplatz nutzen.

Big Sur

Spätestens ab *Point Lobos* befindet man sich definitiv **auf dem schönsten und einsamsten Abschnitt der #1,** der erst 1937 nach 18 Jahren Arbeit (überwiegend durch Strafgefangene) fertiggestellt wurde. **Bis San Simeon** gibt es **keine Ortschaft** mehr. Die Bezeichnungen in den Karten beziehen sich auf kaum erkennbare Siedlungen mit höchstens Tankstelle, Motel und *Coffee Shop.* Großartige Ausblicke auf Buchten und Steilküste belohnen immer wieder die Serpentinenfahrt. Dies ist **Big Sur Country,** das dank *Henry Millers* Buch "Big Sur oder die Orangen des Hieronymus Bosch" weltweit Bekanntheit erlangte. Obwohl auch Big Sur in allen Karten als Ortsname auftaucht, existiert nicht einmal ein Dorf im üblichen Sinn. Ein paar halb versteckte **Lodges,** zwei private **Campgrounds** (ganz ordentlich *Big Sur Campground & Cabins,* © (408) 667-2322), ein **State Park** und das legendäre **Nepenthe Restaurant** hoch über dem Pazifik sind einzig sichtbare Eckpunkte einer Ansammlung verstreuter Anwesen in den Bergen und an der Zufahrt zur etwas versteckten *Pfeiffer Beach.*

Pfeiffer State Park

Der **Pfeiffer Big Sur State Park** (guter, allerdings sehr großer *Campground*) liegt landeinwärts am Big Sur River. **Trails** führen zum pittoresken *Big Sur Canyon* mit Wasserfällen (ca. 1 km) und kleinen natürlichen Badepools. Außerdem besitzt Big Sur die erwähnte **Pfeiffer Beach, die schönste Sandbucht** zwischen Carmel und San Diego: man folge der schmalen (kaum gekennzeichneten) *Sycamore Canyon Road* etwa 500 m südlich der **Information Station** hinunter zur Küste. (nur mit Pkw/Minivan, größere Fahrzeuge können kaum wenden) besteht). Vom kleinen Parkplatz sind es 200 m bis zum malerischen, von Felsen eingerahmten Strand. Leider steigt selbst im Hochsommer die Wassertemperatur kaum über 16°C.

Strecke bis San Simeon

Im weiteren Verlauf der Straße locken immer wieder neue Ausblicke und Fotomotive zum Anhalten. Spontane Entschlüsse zum Verweilen über Nacht fallen aber südlich von Big Sur schwer. Lediglich die **National Forest Campgrounds Kirk** und **Plaskett Creek** (ca. 35/30 mi nördlich San Simeon) bieten eine kleine Zahl von Stellplätzen im Uferbereich. Ihre attraktive Lage sorgt für ständig komplette Belegung, zumal sie reserviert werden können: © (408) 667-2315 Das gilt auch für die *Campgrounds* des **San Simeon State Park,** den man im Sommer tunlichst reserviert, ↻ Seite 203.

Hearst Castle

Bei San Simeon ließ sich der Pressezar **Randolph Hearst** ab 1919 in 28-jähriger Bauzeit das Schloß seiner Träume errichten. Das enorme Bauwerk ist ein Verschnitt aus architektonischer Phantasie und Nachbau europäischer Vorbilder. Teilelemente des Schlosses sind sogar echt; sie wurden eigens aus der alten Welt herübergeschafft. *Hearst Castle* gehört heute dem Staat von Kalifornien, der es als **Hearst San Simeon State Historical Monument** der Öffentlichkeit zugänglich machte.

Beurteilung Ein **Kurzbesuch** des *Hearst Castle* ist nicht möglich, denn man kommt auf sich gestellt nur bis zum grandiosen Informationszentrum, das in respektvoller Entfernung angelegt wurde. Das *Ticket* für jeweils eine der vier verschiedenen, etwa 2-stündigen **Führungen durch Teilbereiche des Palastes** kostet $14/Person und schließt den Transport per *Shuttle-Bus* ein. Wer mehr sehen möchte, kann dies nur über die Buchung einer weiteren Tour. Entstehungsgeschichte und der phänomenale Prunk im Inneren machen *Hearst Castle* zwar überaus interessant, für Europäer – die den Originalen relativ nahe sind – stellt sich aber die Frage, ob eine partielle Besichtigung des Schlosses das hohe Eintrittsgeld und eventuelle Wartezeiten überhaupt wert sind. Die **ausgezeichnete (eintrittsfreie) Ausstellung im *Visitor Center*** mit Fotos vom Innenleben des Schlosses vermittelt bereits einen guten Eindruck und mag vielen genügen. Wer noch mehr sehen möchte, kann sich auch den Film **Hearst Castle, Building a Dream** im *National Geographic Theatre* ansehen, jeweils zur halben Stunde ab 9.30 Uhr; Eintritt $6, aber Discount-Coupons verfügbar. *Visitor Center* geöffnet täglich ab 8 Uhr bis etwa 18 Uhr. Letzte Tour spätestens um 16 Uhr. Fr und Sa findet zusätzlich eine Abendtour statt ($25). An Wochenenden sollte man unbedingt reservieren: ℂ (800) 444-4445. An Wochentagen gibt es oft auch ohne allzu langes Warten noch freie Plätze.

Im Bereich Cambria/San Simeon warten zahlreiche **Lodges** und **Motels** auf Gäste, darunter hübsche, noch relativ preiswerte Häuser wie das **Creekside Inn** in Cambria, ℂ (805) 927-4021, aber auch Häuser der Ketten *Motel 6, Best Western* und *Quality Inn* sind vorhanden.

Neptune Pool im Hearst Castle

2.2.3   Noch 200 Meilen nach Los Angeles

Morro Bay

Ungefähr ab Morro Bay, das vor der Küste mit dem imposanten ***Morro Rock*** (176 m) ein weithin sichtbares Wahrzeichen besitzt, beginnt **Southern California**. Die Temperaturen des Pazifik werden langsam badefreundlicher. Von den diversen *State Parks* im Umfeld der Stadt ist der etwas abgelegene und nicht so perfekt entwickelte ***Montana de Oro Park*** zu empfehlen (Stichstraße von Los Osos ca. 5 mi). Sein ***Campground*** kostet nur die Hälfte des üblichen Satzes. Einige Picknicktische stehen dort direkt am Strand.

San Luis Obispo

Hinter Morro Bay verläßt die #1 die Küste und vereinigt sich in San Luis Obispo für ein kurzes Stück gemeinsamen Verlaufs wieder mit dem ***Freeway #101***. Als wichtigste Sehenswürdigkeit des Ortes gilt die **Missionsstation;** sie liegt im zentralen Bereich (Chorro/Monterey Streets), ist jedoch kein touristisches "Muß". Ganz anders das famose ***Madonna Inn*** an der gleichnamigen Road, in welchem alle Zimmer und Suiten "thematisch" unterschiedlich hergerichtet sind. Für die **Steinzeithöhle, Ritterkemenate, Wildwestausstattung, Dschungel, roten Salon** usw. zahlt der Anregung suchende Gast $90-$240 pro Nacht. ✆ für Reservierungen: (800) 543-9666.

Pismo Beach Camping

Bei Pismo Beach, einem kleinen Seebad, bietet sich die Gelegenheit zu einem Abstecher in das ausgedehnteste **Küstendünengebiet** Kaliforniens. Folgt man der #1 wieder vorübergehend von der #101 trennenden #1, kann man südlich **Oceano** die ***Pismo State Beach*** nicht verfehlen. Neben privatem Komfortcamping hinter den Dünen gibt es dort (nirgendwo sonst an der Westküste!) offizielles **Camping direkt am Strand** (keine Infrastruktur außer Chemietoiletten! Niedriggebühr) für alle, die sich mit Fahrzeug in den Sand wagen oder mit Zelt auf dem Rücken in das vorgesehene Areal marschieren (ca. 1 mi von der nächsten Einfahrt). Diese Zufahrten zum Strand (**Gebühr auch für Day-Use**) kann man nicht verfehlen. Hart gefahrene Spuren machen das Autofahren im Prinzip problemlos; man muß aber aufpassen: im Campingbereich überwiegt loser Sand. Abschleppgeier freuen sich über Kundschaft und helfen gegen happige Berechnung gerne.

**ATV/
ORV**

Wie in den *Oregon Dunes* ist das Befahren der Dünen mit *All Terrain/Off-road Vehicles* erlaubt. An den Zufahrtstraßen gibt es mehrere **ATV/ORV-Verleiher** für den Hauptspaß an der *Beach* und in den Dünen. Wegen der Distanz zum eigentlichen Dünengebiet lohnt sich die Miete nur ab 2 Stunden (ab $40). Wer mitmachen möchte, sollte **Wochenenden meiden**, dann tummelt sich ganz Kalifornien in den *Pismo Dunes*.

Von dort könnte man der schnelleren #101 folgen oder auch auf der #1 bleiben, die am Ostrand der *Vandenberg Air Force Base* durch (ebenfalls) weniger aufregende Landschaft führt.

**Mission
La Purissima**

Am Wege liegt aber im Tal des Santa Ynez River eine weitere, in diesem Fall ausgesprochen sehenswerte Missionsstation, der **State Historic Park Mission La Purissima** (1787). Dabei handelt es sich nicht nur um eine einzelne erhaltene Kirche und ein bißchen Drumherum, sondern um einen großen (restaurierten) Komplex mit landwirtschaftlichen Gebäuden aus der Zeit um 1820. Geöffnet 9–17 Uhr; Eintritt $5.

Weiterfahrt

Bei Gaviota stößt die #1 wiederum auf die vierspurig ausgebaute #101 und bildet bis Ventura mit ihr zusammen die **stark befahrene Küstenstraße**. Eine **Eisenbahnlinie** läuft ab Gaviota zwischen Straße und Meer. Die Küste ist hier nur noch über einzelne *State Beaches* zugänglich, von denen *Refugio Beach*, einige Meilen östlich von Gaviota, auch als **Campingplatz** den besten Eindruck macht. Eine gute **Alternative zur Küstenroute** nach Santa Barbara ist ab Lompoc/La Purissima die **Straße #246** über **Solvang** und dann die **#154**.

**Solvang:
Dänemark
in Amerika**

Mit Solvang, nur wenige Meilen westlich der #101, existiert mitten in Kalifornien **ein dänisches Städtchen** fast wie aus *Hans Christian Andersens* Märchenbuch. Nur die Straßen sind ein bißchen undänisch breit. Der Ort entstand erst Anfang des Jahrhunderts als Gründung dänischer Einwanderer. Zwar ist nicht zu erkennen, welche Gebäude noch Originale und welche jüngst konstruierte Nachbauten sind, aber es gibt in den USA kein anderes "ethnisches" Städtchen, das ähnlich echt wirkt. Klar, daß es dort in zahllosen *Giftshops* von "dänischen" Waren nur so wimmelt, und die Restaurants neben *Hamburger* und *Steaks* **Danish Food** auftischen. Auch für Europäer ist **das kalifornische Dänemark** einen kleinen Stop und Bummel wert.

Selbst die Übernachtungsfrage kann in Solvang schnuckelig dänisch gelöst werden. Das ist natürlich etwas teurer, z.B. im **Chimney Sweep Inn**, ✆ (800) 688-2111, ab $75, oder im auf-

wendigeren **Petersen Village Inn,** © (800) 688-2111, ab $105. Preiswerter sind die ebenfalls vorhandenen Kettenmotels.

Straße #154

Die #154 führt durch die *Santa Ynez Mountains* am **Cachuma Reservoir** vorbei (komfortabler **Großcampground,** Angeln, Bootsverleih) und kurvenreich durch den *Los Padres National Forest* hinunter nach Santa Barbara. Östlich des Sees, noch in der Höhe, passiert man die **Paradise Road**, an der sich (wenige Kilometer von der #154) drei schön unter Eichen angelegte **Forest Campgrounds** (der Einfachklasse) befinden.

Santa Barbara

Wirkte Santa Barbara nicht so makellos, könnte es sich fast um eine mexikanische Stadt handeln. Denn die historischen Gebäude im Zentrum präsentieren sich im spanisch-mexikanischen Stil; und rote Ziegeldächer, weißgetünchte Fassaden und Palmen allerorten prägen insgesamt ihr Erscheinungsbild. Die **Mission Santa Barbara**, wegen ihrer Positionierung und der grandiosen Gesamtanlage zu Recht als die *Queen of the Missions* bezeichnet, wurde 1786 einige Jahre später errichtet als einige ihrer "Nachbarn" und erst 1820 vollendet. Einen militärischen Außenposten gab es hier bereits im Jahr 1782.

Scenic Drive

Für eine **Besichtigung von Santa Barbara** macht es Sinn, dem ausgeschilderten **Scenic Drive** zu folgen. Von Norden gelangt man auf ihm zunächst über die La Cumbre Road auf die State Street und damit direkt in die Innenstadt. Automatisch passiert man alle sehenswerten Bauwerke. Einen Stop sollte man einlegen am **Presidio** von Santa Barbara (Straße Cañon Perdido), der der Stadt. Ein kleines **Historical Museum** befindet sich gleich nebenan (Di–Sa 10– 17 Uhr, So ab 12 Uhr). Stilgerechtes Einkaufen einen Block weiter in der **El Paseo Mall**.

Mission

Das kulturhistorische Bonbon Santa Barbaras ist die **Mission** am Ende der Los Olivos/Laguna Streets. Sowohl der Komplex als solcher, das **Museum** (9–17 Uhr, $3) und der Überblick über Stadt und Küste sind unbedingt den Besuch wert. Wer Zeit und Freude an botanischen Gärten hat, findet 3 km weiter an der *Mission Canyon Road* den ausgezeichnetes **Santa Barbara Botanic Garden** voller typischer kalifornicher Flora.

Ein 9 km langer Pfad windet sich dort durch das hügelige Gelände; geöffnet 9–16/17/18Uhr je nach Jahreszeit; $3.

Strände

Der *Scenic Drive* überquert weiter östlich die #101 (dort bei Anfahrt von LA die Rundfahrt beginnen) und passiert auf palmenbestandenen Alleen **Prachtvillen, Strände** und **Yachthäfen.** Am Cabrillo Boulevard/Ecke Santa Barbara Street stößt man auf das Büro der **Visitor Information**. Weiter geht es durch bemerkenswerte Wohngebiete, bevor man auf dem **Cliff Drive** den einzigen öffentlichen Zugang zum Strand unterhalb der Steilküste zwischen Goleta und *Santa Barbara Harbor* erreicht: **Arroyo Burro** ist die beste **Beach** im Großraum Santa Barbara. Aus nordwestlicher Richtung gelangt man über Las Palmas und Marina Drive dorthin.

Unterkunft Santa Barbara

Im Verhältnis zur Größe der Stadt verfügt Santa Barbara über enorme Motel- und Hotelkapazitäten. Nichtsdestoweniger ist das Zimmerpreisniveau relativ hoch, besonders an Wochenenden. Unter $80 läuft dann fast nichts mehr. Das Gros der Häuser befindet sich am nördlichen Ortsbeginn (State Street), im zentralen Bereich und vor allem zwischen dem *Freeway #101* und dem *Santa Barbara Harbor*. Die preiswerte Alternative ist der **Banana Bungalow**, 210 East Ortega St, © (800) 3-HOSTEL, Schlafen im Mehrbettzimmer $12-$18.

Surfen und Strände

Spätestens ab Santa Barbara wird klar, daß **Surfing** in Südkalifornien der **Volkssport #1** ist. Was bis hinunter nach San Diego zahllose Könner auf ihren Brettern zeigen, fasziniert vor allem bei etwas höherer Brandung immer wieder. Die meisten **Strände** sind dennoch nicht sonderlich einladend.

Santa Barbara, mexikanisch anmutende Stadt unter Palmen

Ojai

Ein kleiner Abstecher könnte dem Hinterland der **Sierra Madre** im Bereich Ojai gelten. Dort warten klare Flüßchen, Wasserfälle und **Hot Springs** darauf, entdeckt zu werden. Im **Farm Hostel** bei Ojai kostet das Bett nur $13; © (805) 646-0311.

Nach Los Angeles

Hinter Ventura verläßt die Autobahn #101 die Küste und führt landeinwärts als **Ventura**, später **Hollywood Freeway** bis *Downtown Los Angeles*, wo sie endet. Die **#1** trennt sich von der #101 bei Oxnard und wird wieder zur **Haupt-Küstenroute**. Im Bereich zwischen Oxnard und Los Angeles bieten der **Point Mugu State Park** und die **Leo Carillo Beach** noch einmal gute (aber teilweise zu laute) **Campingplätze**. Zum **Baden** und **Surfen** sind vor Los Angeles eigentlich nur der **Point Dume State Beach** und bedingt **Zuma Beach (Regional Park)** zu empfehlen. Vor jeder Strandnutzung steht immer die **Parkgebühr** von $5-$6. Mit Malibu/Topanga wird *Metropolitan Los Angeles* erreicht, ⇨ Seite 244. Wer einen Campground braucht, findet im **Malibu Beach RV Park** eine sehr gute Anlage auch für Zelte; oberhalb der #1 mit Ozeanblick; © (805) 646-0311; ab $25/Nacht (ohne *Hook-up*).

2.3

STARTROUTE #2: VON SAN FRANCISCO ÜBER OAKLAND, BERKELEY UND SACRAMENTO ZUM LAKE TAHOE/RENO

Zur Route

Karte auf Seite 574

Diese Startroute bezieht sich zunächst auf den kurzen Trip zum Lake Tahoe mit einer eventuellen Erweiterung bis zum 2. Nevada-Spielerparadies Reno. Sie ist aber ebenso als **Einstieg für weiterführende Reisepläne in Richtung Salt Lake City/Yellowstone National Park** (⇨ Seite 365) oder **zu den Vulkan-Parks** im Kaskadengebirge (Nordkalifornien, Oregon und Washington State, ⇨ Seiten 575/531) gedacht. Nach den Zwischenzielen Lake Tahoe/Reno kann man sich auch ohne weiteres nach Süden wenden und ab *Yosemite Park* den Anschluß an die im folgenden Kapitel beschriebene Startroute #3 suchen, ⇨ Seite 351. Dabei ist die Startroute #2 eine Alternative für alle, die den *Yosemite Park* eventuell schon kennen oder ihn erst später bzw. auf der Rückreise besuchen wollen.

Der erste Teil der Route behandelt die Nachbarstädte Oakland und Berkeley, die auch ohne weitere Reisepläne als Abstecher von San Francisco besucht werden könnten:

Oakland Bay Bridge

Nach Oakland geht es über die doppelstöckige *Oakland Bay Bridge* mit fünf Spuren in jede Richtung. Obwohl erheblich länger als die *Golden Gate Bridge,* wirkt sie bei weitem nicht so spektakulär. Die Bauweise als solche geriet in eine Diskussion, als sich während des Erdbebens 1989 ein Teilstück aus der oberen Fahrbahn löste, wodurch zahlreiche Autos ins Leere stürzten und andere unter den Trümmern begraben wurden. Als "**Mittelpfeiler**" der Brücke dient *Yerba Buena Island* in der Bay. Eine Unterbrechung der Fahrt dort (Abfahrt *Treasure Island*) wird mit schönem Blick auf die City belohnt.

Oakland

Oakland ist weit vor San Francisco wichtigste **Hafenstadt** der Bay Area und besitzt den nach Umschlagszahlen größten Hafen der Pazifikküste. Ein eher problematischer Superlativ betrifft den fast 50%-igen schwarzen Bevölkerungsanteil, der von keiner anderen großen Stadt im Westen der USA auch nur annähernd erreicht wird. Er resultiert aus einer Zuwanderungswelle aus den Südstaaten während des 2. Weltkriegs, als die Rüstungsindustrie Arbeitskräfte benötigte. Arbeitslosigkeit, Armut und Elend sind heute in den von *Afro-Americans* dominierten Stadtteilen unübersehbar.

Merritt Lake

Oakland hat denn auch im Gegensatz zum Nachbarn auf der Westseite der Bay wenig zu bieten. Nichts von den Schattenseiten der Stadt bemerkt man im ausgedehnten Park rund um den *Merrit Lake* in Stadtzentrumsnähe, einem einst tidenabhängigen Salzwassersee, der jedoch von den Auswirkungen der Gezeiten abgeschottet wurde. Einige Blocks entfernt an der Oak Street befindet sich das *Oakland Museum* (Mi–So, 10–17 Uhr) mit einer gut aufbereiteten Ausstellung zu allen Aspekten des Lebens in Kalifornien von den Anfängen bis heute; $5.

Jack London

Da der Schriftsteller *Jack London* (Der Seewolf, Ruf der Wildnis u.a.) Kindheit, Jugend und einen Teil der späteren Jahre seines nur 40-jährigen Lebens in Oakland verbrachte, wird dieser Umstand kräftig vermarktet. **Jack London Square** und **Village** im Hafenbereich (Webster und Embarcadero St/Broadway) bieten zahlreiche Shops, Restaurants (am Wasser, besonders attraktiv an warmen Sommerabenden) und vor allem den originellen **First and Last Chance Saloon**.

Berkeley

Nördlich von Oakland liegt Berkeley, Sitz einer der bekanntesten Universitäten der USA (Anfahrt am besten über die I-80, *Exit University Ave*, oder mit dem BART-System. Die staatliche **University of California** mit über 30.000 Studenten besitzt einen Campus, über den europäische Besucher nur staunen können. Wer sich dafür interessiert, sollte zunächst das **Information Center** der *Student Union* an der Sproul Plaza/ Telegraph Ave ansteuern. Mit Campus-Lageplan in der Hand fällt ein gezielter Rundgang nicht schwer. Man kann sich auch geführten Berkeley-Besichtigungen anschließen. Auf keinen Fall versäumen sollte man den Blick vom 94 m hohen **Sather Tower** (*Campanile*) zwecks Überblick über das Universitätsgelände, San Francisco Bay und City. Von den verschiedenen Museen erscheint das **University Art Museum** (Mi–So, 11–17 Uhr, $6) mit wechselnden Ausstellungen vor allem moderner Kunst am sehenswertesten. Auch ohne spezifisches Interesse an botanischen Gärten lohnt sich der Besuch des **UC Botanical Garden** (*Strawberry Canyon*, 9–17 Uhr; $3), dessen Hanglage ebenfalls beste Ausblicke garantiert.

Zahlreiche kulturelle Veranstaltungen auf dem Campus wie im Umfeld und eine gute **Kneipenszene** ergeben zusätzliche Motive für einen Abstecher nach Berkeley. In den Sommerferien (Juni bis Ende August) ist weniger los, dafür treibt man leichter eine **preiswerte Unterkunft** auf, u.a. in den **University Residences** Juni bis Mitte August; ggf. im **Visitor Center** der Universität auf dem Campus danach fragen.

Vallejo

Weiter nördlich bei Vallejo hat sich der Vergnügungs- und Aquapark **Marine World Africa USA** etabliert (im Sommer 9.30–18/19 Uhr, Eintritt $27, aber *Discount Coupons*). Man findet dort eine Art Zoo mit Seelöwen-, Hai-, Killerwal- und Delphinvorführungen ergänzt durch Wasserskizirkus und Jahrmarkt. Lohnenswert eher mit Kindern. Wie bereits angemerkt, verkehren **Boote** direkt von der *Fisherman's Wharf* dorthin.

Sacramento

Etwa 100 im wesentlichen langweilige *Interstate*-Meilen sind es von San Francisco zur kalifornischen **Hauptstadt** Sacramento. Im Gegensatz zu Washington (Olympia), Oregon (Salem) und manch anderem US-Staat, wo die Regierung ebenfalls nicht in den wirtschaftlich bestimmenden Metropolen residiert, ist die Kapitale Kaliforniens kein farbloses Städtchen am Rande des Geschehens. Von ihren historischen Anfängen unter dem Schweizer *Johann August Sutter*, der 1838 am Sacramento und American River sein *Neu-Helvetien* gegründet hatte, entwickelte sie sich zu einer respektablen **City mit 370.000 Einwohnern** (Großraum über 1 Mio.) und **ungewöhnlich attraktivem Stadtbild**.

Old Town

Die **Orientierung** ist im schachbrettartig angelegten Zentrum mit breiten, palmengesäumten Einbahnstraßen **einfach,** gleich aus welcher Richtung man in die von Autobahnen förmlich eingekreiste Innenstadt hineinfährt. Von der I-80 kommend passiert man automatisch die Zufahrt zur *Old Town Sacramento* zwischen Sacramento River und I-5. Die teils restaurierte, teils nach historischen Plänen neu errichtete Altstadt ist ein *State Historic Park* und bietet das aus Filmen bekannte typische Bild einer (größeren) alten *Western Town*. Nur die vor den *Saloons* und *Boardwalks* geparkten Autos, Plastikartikel und *Fast Food* in den altmodisch dekorierten Shops und die Touristen passen nicht so recht zum nostalgischen Gesamtbild. Insgesamt aber gibt es nirgendwo sonst eine derart stimmige und gleich über mehrere Blocks gehende "originale" Westernstadt dieser Art. Der dazugehörige Bahnhof und das **Eisenbahn-Museum** mit Dampfloks und alten Waggons auf den Gleisen bilden einen sehenswerten Gesamtkomplex. Klar, daß von dort auch eine Rundfahrt durch den "Wilden Westen" (3 km) startet. Alternativ dazu schifft man sich auf Raddampfern zur *River Cruise* ein.

Old Sacramento ist kein Museumsdorf mit begrenzter Besichtigungszeit, sondern ein Stadtteil, wo Kneipen, Restaurants und das *Eagle Theatre* auch von Einheimischen besucht werden.

Das riesige *Delta King Riverboot* dient als nicht ganz billiges, dafür nostalgisches Hotel; ab ca. $100 für 2 Personen; ✆ (916) 444-5464 oder (800) 825-5464. *Eine Visitor Information* gibt's in *Old Town* natürlich auch: 1104 Front Street.

Originelles Hotelschiff: das alte Riverboat Delta King

Kunst-museum

Von den Parkplätzen südlich der *Old Town* sind es nur ein paar Schritte zum **Crocker Art Museum** an der Ecke 3rd/O St, das in einer alten Villa mit fantastischer Innenarchitektur untergebracht ist (Mi–So 10–17 Uhr, Do bis 21 Uhr; $4,50). Das Hauptgewicht der Ausstellungen liegt auf – überwiegend sehr schönen – kalifornischen Kunstwerken des 19. Jahrhunderts. Aber auch europäische Meister sind gut vertreten.

Capitol Park

Höchst beeindruckend wirkt das **State Capitol Building**, eines der schönsten Gebäude seiner Art in den USA. Auf der prächtigen **Capitol Mall** fährt man direkt auf den Sitz der kalifornischen Staatsregierung zu. Er liegt in einem herrlich angelegten Park voller subtropischer Vegetation. Man sollte sich nicht auf die Besichtigung von außen beschränken, sondern auch das bemerkenswerte Innere in Augenschein nehmen. Ein eigenes *Information Center* kümmert sich um die Besucher (Führungen stündlich) und verteilt Kartenmaterial (täglich 9–17 Uhr). Sozusagen gleich nebenan, nördlich des *Capitol Park*, liegt das schicke Geschäftszentrum der Stadt mit einigen gut erhaltenen bzw. restaurierten Bauwerken aus dem 19. Jahrhundert, darunter der Gouverneurspalast **Old Governor's Mansion** an der H Street, Ecke 16th Street; 10–16 Uhr, $3.

Fort Sutter

Erwähnung verdient auch das pittoreske **Fort Sutter** (10–17 Uhr, $3-$5), eine weiß getünchte Adobe-Festung an der Ecke L/27th Street. Der **State Historic Park** umfaßt neben dem nach altem Vorbild wieder aufgebauten Fort des Sacramento-Gründers *Sutter* ein kleines nur mäßig interessantes Indianermuseum außerhalb seiner Mauern.

Motels

Wenn in Sacramento die Übernachtungsfrage anliegt, findet man im Bereich des **Discovery Park** (I-5 nördlich, Abfahrt unmittelbar südlich des American River, *Exit* Richards Blvd) Motels und Hotels diverser Preisklassen und eine Restaurant-Ballung von *Fast Food* bis *Excellent Dining*.

Camping

Motorhome-Fahrer campen in Sacramento annehmbar auf dem **CalExpo RV-Park**, 1600 Exposition Blvd, Abfahrt von der I-80 *Business* nördlich des Zentrums. Noch citynah und ruhig direkt am Fluß liegt der kleine Platz **Sherwood Harbor Marina** in West Sacramento, South River Road, Ausfahrt Jefferson Blvd von der I-80, ✆ (916) 371-3471. Sehr schön ist der **Folsom Lake State Park**, ca. 20 mi nordöstlich, *Freeway* #50.

---

150 JAHRE GOLDRAUSCH

In vielen Orten der Sierra Nevada, in Sacramento und San Francisco finden in den Jahren 1998-2000 zur 150jährigen Wiederkehr des **California Gold Rush**, der die amerikanische Besiedelung Kaliforniens einleitete, *Festivals*, Umzüge und sonstige passende Veranstaltungen statt.

EXKURS: **VOM *YOSEMITE PARK*/MONO LAKE ZUM LAKE TAHOE**

Straße #395

Wer sich nach Besuch des *Yosemite Park* nach Norden wendet, tut dies alternativlos auf der Straße #395. Was kein Schade ist, denn die etwa 50 mi ab der Bodie Road (#270) über den **Devils Gate Pass** und weiter durch das **Tal des Walker River** bis zum Topas Lake/Nevada gehören zu den schönsten Abschnitten dieser Straße in Kalifornien. Danach verflacht die Strecke. Am Nordufer des warmen **Topas Lake** (erstes Kasino!) liegt ein guter **Campground** direkt am See.

Straße #89

Für den Abstecher zum Lake Tahoe verläßt man die #395 am besten über die Straße #89, auf der es rasch wieder hinauf in die Höhen der Sierra Nevada geht.

Grover Hot Springs

Vom etwas alternativen Dorf **Markleeville** (mit prima Kneipen!) sind es nur wenige Meilen auf einer Stichstraße zu den beliebten ***Grover Hot Springs***, einem *State Park* mit einem attraktiv zwischen Felsen angelegten **Campingplatz** (im Sommer ist Reservierung über *Destinet*, ➪ Seite 200, unbedingt angezeigt). Der von *Memorial* bis *Labor Day* immer gut besuchte **Freiluft-Heißwasserpool** (geöffnet bis 21/22 Uhr) kostet gesonderten Eintritt.

Kommt man im *State Park* nicht unter, gibt es um Markleeville diverse Ausweichmöglichkeiten. Neben dem kleinen ***NF-Campground*** am Carson River südöstlich des Ortes ist vor allem der **BLM-Platz *Indian Creek*** (mit Duschen) an einem langsam verlandenden Reservoir nördlich von Markleeville empfehlenswert: nach kurzer Fahrt auf der #89 folge man der Straße nach rechts zum *Airstrip*.

Bis South Lake Tahoe sind es von Markleeville noch 33 mi.

Zum Lake Tahoe

Karten auf den Seiten 574 und 287

Von Sacramento zum Lake Tahoe gelangt man am schnellsten auf der breit ausgebauten Ferien- und Wochenend-Rennstrecke des ***Highway #50***. Dabei passiert man das alte Goldrauschstädtchen **Placerville** und weitere Orte nicht weit ab der Strecke, die es 1848-1850 zu Berühmtheit brachten, ➪ Essay Seite 353.

Wenn man auf den Besuch von Sacramento verzichtet, werden ab Stockton auf der **Straße #88** bzw. der **Kombination #26/#88** einige Meilen gespart. Gleichzeitig wählt man die – gegenüber der #50 – schönere und weit weniger verkehrsreiche Strecke über die Sierra Nevada. Man könnte in einem weiteren Schlenker durch das *Goldcountry* die Sierra auch noch weiter südlich auf der #4 überqueren und bei der Gelegenheit zusätzlich den ***Calaveras Big Trees State Park*** "mitnehmen" (➪ Seite 354). In beiden Fällen, d. h. Straßen #88 und #4, wäre ein kleiner Abstecher über **Markleeville** zu den ***Grover Hot Springs*** überlegenswert, siehe Kasten oben.

South Lake Tahoe

Auf schöner Strecke erreicht man bei Anfahrt über die #88 oder #4, dann #89, bei Meyers den verkehrsreichen Zubringer #50 zum *Lake Tahoe*. Der Ort **South Lake Tahoe** auf der kalifornischen Seite empfängt die Besucher mit einer kompletten touristischen Infrastruktur. **Zahllose Hotels** und **Motels** säumen die Straße meilenweit. Außerhalb der Feriensaison und speziell der Wochenenden kommt man dort wegen der großen Konkurrenz oft recht günstig unter.

Stateline

Das wichtigste Ziel vor allem von Wochenendausflüglern liegt jedoch jenseits der Staatsgrenze. In geballter Form warten in **Stateline** sogleich die spezifischen Nevada-Institutionen auf Kunden: die **Spielkasinos** und **Hochzeitskapellen** für die Eheschließung im Schnellverfahren. Neben Las Vegas und Reno ist der Lake Tahoe Bereich – mit Schwerpunkten Stateline und Crystal Bay/Incline Village – **Nevadas dritte Glücksspiel-Hochburg**.

Lake Tahoe

Der in 1900 m Höhe liegende *Lake Tahoe* besticht durch das tiefe Azurblau seines Wassers. Er bedeckt eine Fläche von 520 km² und ist stellenweise fast **500 m tief**. Ringsum überragen den See die Berge der *Sierra Nevada* um bis zu 1200 m. Von der hochgelegenen Rundstraße (72 mi) bietet insbesondere das Ostufer herrliche Ausblicke auf ein grandioses Panorama. Rund zwei Drittel des Sees gehören zu Kalifornien, ein Drittel zu Nevada. Aber gleich, in welchem Staat man sich gerade befindet, die **Ufer des *Lake Tahoe*** sind – soweit nicht als *State Parks* oder öffentliche Ortsstrände dem Tourismus erschlossen – **in Privatbesitz** oder wegen steil abfallenden Geländes kaum zugänglich.

Die besten **Strände** findet man rund um die *Emerald Bay* in der Südwestecke und etwa 4 mi südlich von **Incline Village** (*Sand Harbor Beach*).

Wassersport

Auf dem (zum Baden meist zu kalten) See wird Wassersport groß geschrieben. In **Tahoe City** erfreut sich das ***Inner Tubing im Truckee River***, den man im Autoreifen oder Schlauchboot zum See hinunterpaddelt, größter Beliebtheit; Verleih der Reifen und Boote im Ort, Transport zum Ausgangspunkt in der Mietgebühr enthalten. Wer nicht selbst aktiv surft, segelt oder Wasserski läuft, kann auf Ausflugsbooten den *Lake Tahoe* genießen. Westlich und nördlich des Sees liegen bekannte Skigebiete. Populär ist **Squaw Valley**, Austragungsort der olympischen Winterspiele von 1960.

Unterkunft

Der Lake Tahoe ist im **Hochsommer** und an **Wochenenden stark besucht und teuer**. In den Brennpunkten des Tourismus wie etwa South Lake Tahoe, Kings Beach oder Incline Village findet trotzdem fast immer noch irgendein Motelzimmer, wer nicht erst am späten Nachmittag mit der Suche beginnt. Während der Woche stehen außerhalb der Saison erhebliche

Kapazitäten leer. Die Übernachtung sogar in besten Häusern ist dann relativ preiswert. Im Nevada-Bereich kommt hinzu, daß die **Kasino-Hotels** ihre **Preise von Sonntag bis Donnerstag** niedrig halten, um Spielkundschaft ins Haus zu ziehen.

Die Campmöglichkeiten auf der Ostseite des Sees sind begrenzt; lediglich **Nevada Beach** (1,5 mi oberhalb Stateline) und der private Platz **Zephyr Cove** (4 mi nördlich Stateline) bieten **Camping am See**. Am West- und Nordufer existiert dagegen eine ganze Reihe guter *Campgrounds,* vor allem in den diversen **State Parks**; sehr schön ist vor allem **Emerald Bay** nordwestlich von South Lake Tahoe.

Ponderosa Ranch

Großer Beliebtheit erfreut sich die einst legendäre **Ponderosa Ranch** der Bonanza-Fernsehserie südlich Incline Village. Zur Ranch (in Wirklichkeit ein Nachbau, nicht die Originalkulisse) gehört eine **Westerntown** mit *Saloon,* künstlicher Mine und Museum. Regelmäßig finden **Gunfights** statt. Außerdem gibt`s **Kiddieland** mit Ponyreiten und **Family Fun** (Mai–Oktober 9.30 –17 Uhr, Sommerwochenenden bis 21.30 Uhr, Eintritt $9,50). Vorher wird ab 8 Uhr für ganze $2 Aufschlag zum Ticketpreis das **All-You-Can-Eat** Heuwagen-Frühstück serviert.

Ewiges Leben für die Cartwright Family am Lake Tahoe

Nach Reno

Der **direkte Weg** von Incline Village nach Reno, die Straße #431, führt über den **Mount Rose Pass** (dort befindet sich ein herrlich gelegener **Campground** im *Toyabe National Forest*) von 2700 m hinunter auf 1350 m Höhe.

Die **interessantere Route** nach Reno ist allerdings die Straße #50 in Verbindung mit der #341 über Carson und Virginia City. Den Umweg über die alte Silberstadt sollte man möglichst einplanen. Wer direkt von Süden kommt (#395) passiert südlich Carson City die Zufahrt nach **Genoa**, einem historischen Nest mit tollem Saloon. **Walley`s Hot Springs** laden dort zum Bade und haben **Zimmer**, © (702) 782-8155.

Carson City Die Hauptstadt Nevadas, ist touristisch nicht besonders interessant. Wenn man die Stadt aber ohnehin passiert, ließe sich ein Stop beim *Railroad Museum* (schöne alte Wildwest-Lokomotive im Freigelände, die Fr+Sa stündlich einen Rundkurs entlangdampft) und beim *Stewart Indian Museum* ins Auge fassen (beide an der #395 südlich der Stadt). Das *Nevada State Museum*, an der Hauptdurchgangsstraße Carson Street etwas nördlich des (hier ausnahmsweise nicht so prächtigen) *State Capitol*, thematisiert in erster Linie die Geschichte Nevadas und den Gold- und Silberbergbau – durchaus ansehenswert; geöffnet 9–17.30 Uhr, $3 Eintritt. Schräg gegenüber im *Carson Nuggett Casino* liegen hinter dicken Panzerglasscheiben in Nevada gefundene große **Original-Goldnuggets**.

Gold Hill

Nach Virginia City geht es zunächst auf der Straße #50 einige Meilen nach Osten und dann auf der #341 hinauf in die Berge. Nach kurzer Strecke teilt sich die Straße: Unbedingt den steileren westlichen Ast über *Gold Hill* fahren (auch für Campmobile kein Problem). Gold Hill besteht im wesentlichen aus einem nostalgischen Hotel und (dahinter) der Station für die alte *Virginia-Truckee Railroad* nach Virginia City. Das älteste Hotel Nevadas ist ein echter **Geheimtip**. Die Zimmer sind à la Wildwest, der *Saloon* ist absolut urig, und das Restaurant macht sogar auf französische Küche, ➪ Foto auf Seite 61. Reservierung unter ℂ (702) 847-0111; ab ca. $60.

Virginia City

Virginia City war in den 70er Jahren des 19.Jahrhunderts mit 30.000 Einwohnern die größte Stadt zwischen Chicago und San Francisco. Die *Comstock Lode*, eine der ertragreichsten je gefundenen Gold- und Silberadern, hatte für das Entstehen der *Boomtown* gesorgt. Die Fassaden der im Gegensatz etwa zu Bodie nie ganz vergessenen Stadt entsprechen in der Hauptstraße bis heute weitgehend dem Aussehen von damals. Noch authentischer ist das Innenleben einiger *Saloons*, überaus origineller Wildwest-Kneipen. Von den großen Jahren Virginia City's, in der sogar *Mark Twain* für den *Territorial Enterprise*, die erste Zeitung Nevadas, schrieb, künden ein Museum und diverse historische Gebäude.

Originell sortiert sind auch einige der Läden. Kaum irgendwo sonst mit Ausnahme von Tombstone/Arizona findet man ausgefallenere Souvenirs und Mitbringsel. Wer ein komplettes *Cowboy-Outfit* sucht, ist hier richtig. Gut ausgestattet mit Kostümen, Kulissen und Wildwest-Zubehör sind ebenfalls die drei (!) **Old Tyme Foto Shops**, ➪ Seite 43. Wem so ein Souvenir Spaß machen würde: derart vielseitig und professionell gibt es das anderswo selten, darum hier zuschlagen! Die Kehrseiten der guten, alten Zeit erlebt man hautnah auf einer Führung durch die Stollen der *Chollar* Silbermine unter dem Ort in der F Street; nur im Sommer 12–17 Uhr. Eintritt $5.

Virginia City

Leider wird an manchen Tagen der **Tourismus** ein bißchen viel, und auch auf die **Spielautomaten** mag man dort nicht verzichten. Da aber Virginia City bis auf 2 Motels mit gerade 40 Zimmern keine nennenswerte Übernachtungskapazität besitzt, wird es ab spätem Nachmittag schnell ruhig. Abends ist kaum noch etwas los. Dann sind Einheimische und Gäste in den Kneipen unter sich. Ein **Good Sam Campground** (mit *Hook-up*) befindet sich unterhalb der Hauptstraße (F Street) beim öffentlichen *Pool* und Kinderspielplatz (gegenüber). Zwar ist der Komplex etwas eng, hat aber schöne Stellplätze mit Weitblick; Reservierung unter ℰ (702) 847-0999.

Die **Straße #341** nach Reno verwöhnt mit Aussichtspunkten für den weiten Blick über das Reno-Carson Valley und hinüber zur *Sierra Nevada*.

Reno: Lage und Klima

Las Vegas' kleine Schwester Reno, die **Biggest Little City in the World**, ist eine respektable Großstadt, die es zusammen mit dem Nachbarn Sparks auf rund 250.000 Einwohner bringt und sich mittlerweile über rund 130 km² Wüste erstreckt. Die Stadt liegt 15 mi östlich der kalifornischen Grenze und 30 mi nördlich der Hauptstadt Carson City am Rande der Wüste von Nevada auf einer Höhe von 1250 m. Zum Lake Tahoe, sind es nur 40 mi. Aus dem See entspringt der Truckee River, ohne dessen Wasser Reno kaum lebensfähig wäre. Wegen der bis zu 3000 m hohen Berge im Westen bilden Bewölkung und Niederschläge in Reno eher die Ausnahme. Sonnenschein überwiegt, wobei die Temperaturen dank der Höhenlage selbst im Hochsommer selten über 30°C steigen. Aber auch größere Hitze bleibt bei der normalerweise geringen Luftfeuchte erträglich, zumal es abends schnell abkühlt. Mai, Juni und September sind die besten Besuchszeiten.

Kenn-
zeichnung

Reno stand nach seiner Gründung 1868 lange im Schatten der *Boomtown* Virginia City (↻ oben), bevor es sich nach der Jahrhundertwende eigenständig entwickelte. Aber erst mit der Zulassung des Glücksspiels in Nevada während der 30er-Jahre begann der Aufstieg von Reno/Lake Tahoe zur zweitgrößten Kasinoballung des Staates. Im Gegensatz zu Las Vegas sind Glücksspiel und damit zusammenhängendes *Business* nicht die allein dominierenden Wirtschaftsfaktoren, auch wenn dies im grell-bunten *Downtown* und entlang der Hauptzufahrtsstraße Virginia Street mit ihrer touristischen Infrastruktur auf den ersten Blick so aussieht.

Information

Das **Reno Sparks Convention and Visitors Center** befindet sich im Untergeschoß des *National Bowling Stadium* in der 300 N Center Street (östliche Parallele zurVirginia St), Mo–Sa 7am–5pm, So 9am–6pm, ✆ (800) FOR RENO. Material gibt es dort in Hülle und Fülle, den detaillierten **Stadtplan** zwar nur gegen (geringe) Bezahlung, die Gratiskarte für eine *Reno Walking Tour* durch *Downtown* bzw. die **Karten** in den diversen Info-Broschüren tun es bei Kurzaufenthalten auch.

Unterkunft

Ebensowenig wie in Las Vegas ist es in der Spielerstadt Reno schwierig, eine preiswerte Unterkunft zu finden. Zahlreiche **Motels** – geballt entlang der **South Virginia Street** – konkurrieren mit günstigen Preisen um Gäste: gute Wahl z.B. *Sixpence Inn*, *Romance Inn* (mit *Whirlpool* im Zimmer), *Vagabond Inn*, sehr gut *Best Western Continental* ab $55. Das gilt besonders für die Nächte So–Do. Auch die Kasinohotels werben dann mit günstigen Sonderangeboten. Am Wochenende sind die Übernachtungskosten höher. Im *Visitors Center* gibt es eine Liste aller Motels und Hotels in Reno und Umgebung mit aktuellen Daten und Preisen.

Unter den Kasino-Hotels ist *Circus Circus*, ✆ (800) 648-5010, 500 N Sierra St, traditionell eines der preiswertesten (ab $29), *Harrah's*, ✆ (800) 427-7247, Center/2nd St, eines der besten. Das *Hilton Reno & Casino*, ✆ (800) 916-2221, 2500 E 2nd St gleich östlich des *Freeway* #395, ist mit 2000 Zimmern größtes Kasino der Stadt, ab $70, das *Atlantis Hotel-Casino*, ✆ (800) 723-6500, 3800 S Virginia St, ein weiterer Hotel- und Kasino-Großkomplex. Er liegt 3 mi südlich *Downtown* am *Freeway* #395 und bietet relativ günstige Tarife (ab $39).

Ein kostenloser **Reservierungsservice** für die meisten Kasino-Hotels ist unter ✆ **1-800-523-9709** zu erreichen.

Camping

Private Campingplätze der Komfortklasse gibt es gleich ein ganzes Dutzend. Ein **Gratis-Busservice** zur Innenstadt gehört bei den cityferneren Plätzen zum üblichen Gäste-Service. Der größte von allen befindet sich auf dem Gelände des erwähnten gigantischen *Hilton*-Komplexes an East 2nd St/Mill Street/ *Freeway* #395 relativ weitab des *Downtown*-Bereichs.

Ein **preiswerter Campingplatz** abseits der Straße im Wald ist der **Davis Creek County Park** (Duschen/*Hook-up*) am Fuße der *Sierra Nevada,* ca. 18 mi südlich von Reno (#395). Einige Meilen weiter befindet sich der **Washoe Lake State Park**. *Nevada Visitor Bureaus* haben eine Broschüre: **Nevada Campsites & RV Parks**, die die Campingplätze fast lückenlos listet.

Casino Row

Fraglos steuert die Mehrheit der Touristen Reno wegen seiner Spielkasinos an. Auch wer mit dem Glücksspiel wenig im Sinn und es eher auf Ziele in der Umgebung abgesehen hat, sollte auf einen Kurzbesuch der bunten Spielhöllen nicht verzichten. Am intensivsten wird man in der **Casino Row** bedient, einem gut 500 m langen Teilstück der **Virginia Street**, aber auch in der parallelen **Sierra Street** und einigen Nebenstraßen. Dort befinden sich – bis auf die unter den Hotels gelisteten **Großkomplexe Hilton** und **Atlantis** – alle wichtigen Kasinos der Stadt. Empfehlungen sind unangebracht. Mögen die glitzernden Lichtreklamen nach außen hin auch Unterschiede suggerieren, von innen wirken die riesigen Säle mit ihren *Slot Machines, Roulette* und *Black Jack*-Tischen alle ziemlich gleich. Ansehenswert sind vor allem

– das **Silver Legacy**, 407 N Virginia St (noch unterhalb *Circus Circus*), das heute aufwendigste der im Vergleich zu Las Vegas viel bescheideneren Kasinos. Im *Silver Legacy* gibt es eine Goldminenanlage unter dem hohen Kuppeldach. Dort finden auch die **Shows** statt.

– das **Circus Circus**, N Virginia/5th St. Halbstündliche **artistische Vorführungen** unter einer Zirkuskuppel im zweiten Stock sind das Markenzeichen dieses Kasinos. Die **All-you-can-eat-Buffetts** im *Circus Circus* sind besonders preiswert.

– das **Eldorado Casino**, N Virginia/4th St, wegen seiner **Micro Brewery** und des **Mongolian Grill**, Fleisch *all-you-can-eat.*

– das **Hilton Reno,** ℂ 789-2000, 2500 E 2nd St am *Freeway* #395 mehrere Meilen außerhalb des Stadtzentrums. Die kolossalen Dimensionen dieses Kasinos sind nicht nur für Spieler sehenswert. **Shuttle-Bus Service** nach *Downtown.*

Heiraten

Neben den Kasinos gibt es in Reno so ganz viel nicht zu sehen, sieht man ab von den kitschig-originellen **Hochzeitskapellen** für die Nevada-Schnellehe (↻ Seite 382).

Auto Museum

Das **National Automobile Museum** ist in einem architektonischen Vorzeigebau an der Mill Street, Ecke Lake Street, untergebracht. Es beherbergt eine wahrscheinlich weltweit (qualitativ wie quantitativ) **unübertroffene Ausstellung historischer Fahrzeuge**. Die Wagen aus aller Welt (unter starker Betonung amerikanischer Modelle), von denen die meisten so aussehen, als ob sie soeben die Fabrik verlassen hätten, wurden epochenweise geordnet und teilweise in ein ihrer Zeit entsprechendes Ambiente gestellt. Man muß kein Autofan sein, um den Besuch als lohnend zu empfinden (Eintritt $7,50). Einschließlich einer Multimedia-Show wird man in diesem Museum kaum unter zwei, leicht mehr Stunden verbringen. Geöffnet täglich 9.30–17 Uhr.

Was es in Reno sonst noch gibt:

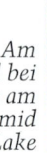
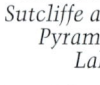

Außer den Kasinos, *Wedding Chapels* und *Shopping Malls* (am größten die **Meadowood Mall** im Stadtsüden an der #395 mit mehreren Ladenkomplexen, und die **Park Lane Mall** an der Ecke South Virginia/East Plum Lane; gegenüber der **Shoppers Square**) fallen in Reno die vielen Parks auf. Attraktiv gestaltet ist der **Uferbereich** des Truckee River im Zentrum (*Wingfield Park*, über einen **Uferpfad** mit dem *Idlewild Park* verbunden). Im *Rancho San Rafael Park* (Nordende Sierra Street) warten das **Wilbur D. May Arboretum & Museum** auf Besucher und nebenan, unter der Bezeichnung **Great Basin Adventure**, ein Spielpark für Kinder. Bei Hitze liegt eher das Planschparadies **Wild Island** näher (11–19 Uhr,; $17, Kinder $12), obwohl es im Sommer arg voll wird. Es liegt östlich von Sparks am gleichnamigen Boulevard an der I-80.

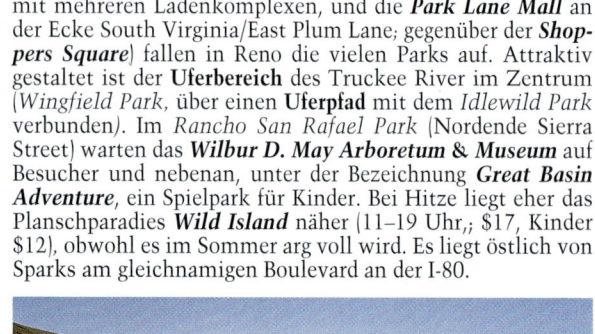

Am Strand bei Sutcliffe am Pyramid Lake

Pyramid Lake

Als **Abstecher** von Reno kommt eine Fahrt zum ungewöhnlichen **Pyramid Lake** (480 km²) in Frage, der zur gleichnamigen *Reservation der Paiute Indianer* gehört. Der von Höhenzügen aus Sandstein eingerahmte See in der Wüste gilt als der Rest eines einst 20.000 km² umfassenden prähistorischen Gewässers. **Schwimmen** (bis Oktober warmes Wasser) und auch **campen** darf man überall am Seeufer. Man benötigt dafür aber ein **User-Permit für $5**, erhältlich in Sutcliffe und am Südende des Sees in Nixon. Indessen ist in den letzten Jahren der Wasserstand stark gefallen und die Wasserlinie weit entfernt von den meisten Zugängen. In **Sutcliffe** existiert ein **Campground** gleich hinter dem rauhen Strand und dem Bootsanleger.

Weiterfahrt

Wer von Reno nach Salt Lake City/zum *Yellowstone Park* weiterfahren möchte, findet den Anschluß auf den Seiten 365ff. Die Kaskaden Park-Route nach Norden ist ab der Seite 575 beschrieben. Das Folgekapitel behandelt ab Seite 367 den Verlauf der Straße #395 vom Mono Lake nach Süden.

2.4 STARTROUTE #3: Von SAN FRANCISCO ZUM YOSEMITE PARK UND WEITER NACH DEATH VALLEY/LAS VEGAS

2.4.1 Anfahrt zum Yosemite National Park

Zeitplanung

Viele Reisende zieht es ab San Francisco zunächst zum *Yosemite National Park*. Von dort läßt sich die Fahrt sowohl gut in Richtung *Yellowstone Park* oder direkt zu den Nationalparks in Südost-Utah oder nach **Las Vegas** und zum *Grand Canyon* fortsetzen. Letzteres wird gerne mit der Möglichkeit verbunden, das **Death Valley** zu durchqueren. In beiden Fällen sollte man nicht zu zielorientiert reisen, denn die hier beschriebenen Routen haben neben den populären *Highlights* viele hervorragende, teilweise kaum bekannte und wenig frequentierte "kleinere" Ziele zu bieten. Es wäre schade, wenn bei zu knapper Planung für Zwischenstopps und kurze Abstecher keine Zeit bliebe. Wenig optimal ist z.B., an einem Tag bis zum *Yosemite* durchzufahren und sich für die Strecke Yosemite–Las Vegas nur 2 Tage zu nehmen, ⇨ ab Seite 363.

siehe Karte auf Seite 368

Route von San Francisco zum Yosemite

Zum *Yosemite National Park* (180 mi) geht es über die *San Francisco Oakland Bay Bridge* und ab Oakland auf der *Interstate #580* (die I-880 ist oft extrem stark befahren). Die ebenfalls mögliche I-680 kommt bei einigen Umwegmeilen dann in Frage, wenn kurz hinter/vor San Francisco gecampt werden soll: der **Mount Diablo State Park** verfügt über einen umwerfend schön gelegenen *Campground*, ⇨ Seite 302, der den Abstecher auch ohne Camping lohnt (Weitblick über die Bay).

Beste Route

Die **Straße #120**, kürzeste und **schönste *Yosemite*-Zufahrt**, erreicht man rund 70 mi östlich von San Francisco. Sieht man ab von der Überquerung der mit über **5000 Windgeneratoren** bepflasterten Hügelkette östlich Castro Valley (noch auf der I-580), ist der Straßenverlauf aber vor dem Aufstieg in die Höhe der Sierra Nevada (östlich von Chinese Camp) eher langweilig. Erwähnenswert sind nur die vielen (Straßen-)Verkaufsstände für **Fresh Farm Produce** (Obst und Gemüse).

*Einige Meilen nördlich von Merced liegt leicht erreichbar östlich der #99 das **Castle Air Museum** mit einer Reihe von sehenswerten alten Militärmaschinen*

Schnellste Route/ Mariposa

Trotz einiger Mehrmeilen erreicht man das *Yosemite Valley* **am schnellsten** auf der **Autobahn #99** über Modesto/ Merced und dann auf der gut ausgebauten **#140 über Mariposa**, das westliche Haupteingangstor zum Nationalpark bereits in den *Sierra Nevada Foothills*. Es ist mit vielen Motels, Hotels, *Lodges* und Restaurants voll auf den *Yosemite*-Tourismus ausgerichtet. Von Mai bis Oktober ist dort Hochsaison. Günstigstenfalls kommt man für $50-$70 unter, etwa im guten *Holiday Inn Express*. Aber kaum am Wochenende. Reservierung ist dort immer angezeigt. Ein gutes *B&B* in deutscher Hand ganz in der Nähe ist *Boulder Creek*, ℂ (800) 768-4752.

Camping

Wer noch vor Erreichen des Yosemite bzw. bei später Abfahrt kurz hinter San Francisco campen möchte, erkennt die **State Parks** am Wege leicht auf der Karte. Von ihnen verfügt nur der **Caswell Memorial State Park**, etwas abseits der #99/#120 am Stanislaus River (Baden) über einen richtig guten *Campground* mit schattigen Plätzchen in dichter Ufervegetation. Der nahe *Durham Ferry Park* ist weniger empfehlenswert. An heißen Tagen verspricht der **Tulloch Lak**e nördlich der #120/#108 Abkühlung und einen guten **Campingplatz am See** mit *Hook-up*, ℂ (209) 881-0107. Zufahrt Tulloch Rd zwischen Knights Ferry und Keystone.

Von den diversen Plätzen im **Stanislaus National Forest** vor Erreichen des Parks ist **Lost Claim** der beste (14 mi östlich Groveland an der #120). Belegte *Campgrounds* im Vorfeld des *Yosemite* signalisieren, daß im Park selbst erst recht nicht mehr unterzukommen sein dürfte. Wer noch ein freies Plätzchen findet, sollte es ggf. sichern oder sich im privaten Platz **Yosemite Pines**, etwa 20 mi östlich Groveland, einbuchen. Im Bereich **Mariposa** gibt es einen großen, aber engen und meist rammelvollen **KOA-Campground** an der #140 zum *Yosemite*.

EXKURS: **Vom Yosemite Park durchs Goldrauschgebiet**

Besucher des *Yosemite*, deren weitere Reise in Richtung Norden gehen soll, könnten den Park statt über den **Tioga Pass** über die westliche Haupteinfahrt **Big Oak Flat** (ggf. auch über Mariposa) verlassen. Bei Abweichen von den Hauptdurchgangsstraßen und generell zur besseren Orientierung in diesem Gebiet sollte man sich eine **spezielle Karte** zulegen, so noch nicht vorher geschehen. Der *Rand Mc`Nally* reicht dort nicht. Sehr brauchbar ist die Autokarte **Sierra Nevada Mountains Areamaps** von *Gousha Travel* für $3.

Gold Rush Country

Bei Zielrichtung Lake Tahoe/Reno wäre die **westliche Alternative** besonders dann zu erwägen, wenn eine Fahrt durch das kalifornische Goldrauschgebiet mit ihren historischen Relikten, Tropfsteinhöhlen und *Backroads* reizt. 1998 und 1999 macht das wegen der 150-Jahr-Feiern noch mehr Sinn.

Die Route   Eine hübsche, wiewohl etwas zeitraubende Route durch dieses Gebiet führt nach der Ausfahrt aus dem *Yosemite* über
Sonora (Straßen #120/#108/ #49) zunächst zum **Columbia
State Historic Park**. Columbia war in den Jahren 1850-1870
eine der wichtigsten Goldminenstädte Kaliforniens. Ihr dama-
liger Zustand wurde wiederhergestellt und als relativ authentisch wirkendes **Living Museum** der Öffentlichkeit zugänglich
gemacht. Zwar sind die einzelnen Gebäude und das Museum
nur 10–18 Uhr geöffnet (Sommerhalbjahr, sonst kürzer), aber
der Komplex als solcher ist nie geschlossen. ***City*** und ***Fallon***

Hotel (℡ (209) 532-1479/70, ab $55) beherbergen in ihren his-
torischen Gemäuern Gäste, und das **Fallon House Theater** gibt
im Sommer täglich Vorstellungen, vorzugsweise humorige
Melodramas. Auch ein ***Saloon*** fehlt nicht.

Höhlen   Von Columbia sind es unter Umgehung der #49 über die
Direktverbindung nach Vallecito nur wenige Meilen bis Mur-
phys. Am Wege passiert man die enorm hohe Tropfsteinhöhle
Moaning Cavern (9–18 Uhr im Sommer, sonst 10–17 Uhr, $7).
Viele kleine Räume haben die **Mercer Caverns** in Murphys
(9–17 Uhr im Sommer, sonst 11–16 Uhr, $5). Die Zufahrt führt

DER 49ER'S HIGHWAY

*Von Oakhurst/Mariposa schlängelt sich die #49 durch die Ausläufer der
Sierra Nevada bis zur Straße #89 nördlich von Lake Tahoe. Sie verbindet
einen Großteil der einst während des **Californian Gold Rush** berühmten
und berüchtigten Städte wie **Sonora, Angels Camp, Jackson, Placerville,
Nevada City** u.a. Der Bezug dieser Strecke zu den 49ers, den Goldsuchern
von 1849, wird extrem ausgeschlachtet. Wer die lokalen und regionalen
Werbebroschüren liest, aber auch "objektive" Reiseliteratur, muß den Eindruck gewinnen, es handle sich bei der Straße #49 um eine Art touristischer Superstrecke, die zu versäumen überaus bedauerlich wäre. Das ist
in Wirklichkeit nur begrenzt der Fall. Trotz zweifellos hübscher Teilstücke ist der Verlauf von Oakhurst bis Nevada City im Sierra Nevada-
Maßstab eher durchschnittlich und obendrein sehr stark befahren.*

*Der beste Abschnitt von Nevada City zur #89 am einst (goldstaub-)ergie-
bigen **Yuba River** entlang (schöne Campgrounds!) verläßt das Vorgebirge
und führt über die Höhe der Sierra wie weiter südlich die im laufenden
Text empfohlenen Straßen #88 und #4. In den Ortschaften am Wege gibt
es eine Reihe ganz hübscher historischer Museen und manches mehr oder
weniger sehenswerte Relikt aus der Goldrauschzeit, z.B. im **Marshall Gold
Discovery State Park** nördlich von Placerville. Diese Stadt, **Sonora** und
vor allem **Nevada City** verfügen noch über zahlreiche pittoreske Gebäude.
In ihnen warten heute überwiegend Restaurants und Giftshops auf Kunden. Um die Straße durchgehend positiv zu bewerten, braucht man viel
Interesse und Begeisterung für den kalifornischen Goldrausch. Aber die
stellt sich möglicherweise im Rahmen der 150-Jahr Feiern und Festivals
an vielen Orten 1998 und 1999 ganz von selbst ein.*

Murphys

durch das kleine Zentrum von Murphys etwas abseits der Straße #4. Auch ohne Absicht, die Höhle zu besuchen, sollte man einen kleinen Zwischenstop einplanen. Denn Murphys ist das hübscheste Städtchen der ganzen Sierra Nevada. Das nostalgische **Murphys Hotel** (historisches Monument) mit echten Einschußlöchern alter Pistolenduelle und einer prima **Wildwest Bar** ist mit Sommerpreisen ab ca. $70 nicht zu teuer, ✆ (209) 728-3444. Hervorragend schmeckt das Eis im *Ice Cream Parlor* gegenüber.

Back Roads

Die kurvenreichen Landstraßen, typische *Backroads* nach Pioneer über Sheep Ranch/Rail Road Flat kosten viel Fahrzeit und lohnen sich nur, wenn man in Richtung Osten die Straße #88 über den **Carson Pass** der landschaftlich ebenfalls außergewöhnlichen #4 vorziehen möchte.

Straße #4/ Sequoias

Auf ihr passiert man den *Calaveras Big Trees State Park* mit mächtigen *Sequoias* im **Big Trees Grove**, der durchaus mit dem *Mariposa Grove* des *Yosemite* mithalten kann. Ein Ablaufen des **Loop Trail** (etwa 45 Minuten) durch diesen Bestand ist eine Fahrtunterbrechung auch dann wert, wenn die Mammutbäume bereits in den Nationalparks bewundert werden konnten. Der **Campingplatz** des Parks liegt schattig teilweise unter *Sequoias*. Im folgenden zeigt sich der Verlauf der #4 von seiner besten Seite. **Mit dem Erreichen der #89 stößt man auf die im Kasten Seite 343 beschriebene Route.**

Beurteilung der Route

Eine **Fahrt über das Goldrauschgebiet** besitzt den **Nachteil**, daß man entweder die *Tioga Road* im *Yosemite Park* ausläßt oder sie doppelt fährt und gleichzeitig auf den Besuch des *Mono Lake* und ggf. der *Ghost Town Bodie* verzichten müßte. Für die meisten Touristen ist bei Fahrtrichtung Norden daher die Kombination **Tioga Road/#395 die bessere Alternative.**

Im Yosemite Valley beim Curry Village; im Hintergrund der Granitblock des Halfdome, höchste Prüfung für die Kletterelite der Welt

2.4.2	**Yosemite National Park**

Eintritt: $20/Fahrzeug oder $10/Person oder *Golden Eagle Pass*
Vorabinformation im Internet: http://www.yosemite.com

Popularität
Der über 3000 km^2 großen *Yosemite* (**sprich *Jo-sé-mi-ti***) ist einer der attraktivsten und gleichzeitig vielseitigsten Landschaftsparks Nordamerikas. Sein populärster Teilbereich ist das malerische, tief in das Granit der *Sierra Nevada* eingeschnittene *Yosemite Valley.* An manchen **Sommerwochenenden** kommt es dank der Nähe des Parks zu San Francisco und Los Angeles häufig zu einem derartigen Andrang der Ausflügler, daß der *Parkservice* die Einfahrt ins Tal im Laufe des Vormittags (bis zum frühen Abend) sperrt (nicht aber in bzw. durch den Park insgesamt). Die Radiostationen der Umgebung und das *Advisory Radio* des Parks im Einzugsbereich berichten darüber, ➪ nächste Seite.

Yosemite Valley
Trotz durchdachter Organisation bei der **Besucherbewältigung** entsteht aber auch an "normalen" Sommertagen schon mal der Eindruck, daß das Tal mehr Verkehr und Besucher ertragen muß, als es eigentlich verkraften kann.

Weder das (Einbahn-) Straßensystem noch die Versorgungseinrichtungen in *Curry* und *Yosemite Village* sind der Situation jederzeit voll gewachsen. An welchem Tag auch immer man den *Yosemite* ansteuert, **die Fahrt** ins *Valley* hinein sollte man **am unverfehlbaren Zentralparkplatz des *Curry Village* beenden**. Im *Yosemite Village* Bereich (*Visitor Center*/Supermarkt) baut sich leicht ein Stau der vielen vergeblich nach Parkraum suchenden Fahrzeuge auf.

Vom Parkplatz geht es per *Shuttle Bus* (gratis) auf einem Rundkurs zu allen wichtigen Punkten im östlichen Teil des Tals. Die **Frequenz** (10-20 min) der 7.30–22 Uhr verkehrenden Busse wird dem Besucheraufkommen angepaßt.

Situation
Trotz dieser zunächst etwas abschreckenden Hinweise gilt auch fürs *Yosemite Valley*, was eingangs zum Park insgesamt gesagt wurde: **Das Tal ist wunderschön**, selbst wenn im Spätsommer der meandernde **Merced River** in manchen Jahren nicht mehr ganz so glasklar wirkt wie im Frühsommer, und die Wiesen und Strände am Fluß dann hier und dort ein bißchen heruntergetrampelt wirken.

Die Eindruckskraft der schroffen Felswände – vor allem das Granitmassiv des *El Capitán* – und der Wasserfälle leidet unter den Millionen von Besuchern nicht. Wichtig ist, auf die eventuell im *Yosemite* auftauchenden Probleme vorbereitet und nicht sofort enttäuscht zu sein, sollte eine hohe Erwartung nicht sogleich Bestätigung finden. Machen sich an Tagen mit weniger Andrang die skizzierten negativen Aspekte nicht bemerkbar oder sind weniger dramatisch, um so besser.

Information

An jeder Einfahrt bekommen Yosemite-Besucher nicht nur die übliche **Nationalpark-Karte** und generelle Informationen, sondern auch den zeitungsähnlich aufgemachten, aktuellen *Yosemite Guide*. Die Zeitung enthält alle Details zu Verkehrsregelungen, Transport, Unterkünften und Versorgungseinrichtungen und zum umfangreichen **Aktivitäten- und Vortragsprogramm**. Im *Yosemite* gibt es relativ viel **Material in deutscher Sprache**, vorrätig in den **Visitor Centers** und *Information Stations Big Oak Flat und Wawona*.

Das *Yosemite Area Traveler Information System* **YATI** besteht neben dem **Website** und dem **Highway Advisory Radio**, das innerhalb eines Gebiets von rund 30.000 qkm funktioniert (Frequenzhinweise an den Straßen), aus dem **Service-℡ 1-900-454-YOSE** und sog. **Touch Screen Kiosks** in den Ortschaften rund um den *Yosemite*. An ihnen lassen sich allgemeine und aktuelle Informationen am Bildschirm abrufen. **Informationen vom Band** gibt es unter ℡ **(209) 372-0200**.

Camping

Im vorigen Kapitel (Anreise) wurde bereits das Überfüllungsproblem im *Yosemite Valley* angedeutet:

In den Sommermonaten darf man ohne Reservierung auf freie Kapazität auf den Campingplätzen im Tal nicht hoffen; nur als **Zeltcamper** hat man die Chance auf ein freies Plätzchen im *Walk-in-Campground Sunnyside (first come first served)* und – als *Backpacker* – an der *Tioga Road* in **Tuolumne Meadows**.

Reservierung

Die **Reservierung** wird **seit 15. März 1998 durch** *Biospherics* gehandhabt, ⇨ Seite 201, ℡ **(800) 436-7275** (seit 1998 nicht mehr *Destinet*!). Man benötigt eine Kreditkarte, die sogleich mit den Kosten belastet wird, wenn die Reservierung klappt.

Ein **Reservation Counter** befindet sich vor Ort im *Curry Village* und an der *Tioga Road* für *Tuolumne Meadows*. Dort besteht eine kleine Chance, Plätze aus kurzfristigen Absagen und *No-Shows* zu ergattern, für *Tuolumne Meadows* ist teilweise eine *same-day-reservation* vorgesehen, die bei Ankunft morgens vor 9 Uhr vielleicht klappt.

Wer im *Tal* unterkommen möchte, sollte zuerst nach dem Platz **Lower River** fragen, dann **Upper River.** Die anderen Plätze im Tal sind eher unerfreuliche Massen-*Campgrounds*. Ebenfalls reservieren lassen sich **Hogdon Meadow** am Westeingang (*Big Oak Flat*), **Crane Flat** an der Abzweigung der Tioga Road und **Wawona** an der Straße #41.

Allesamt viel reizvoller sind die in Reihenfolge der Ankunft vergebenen Campingplätze an der *Glacier Point Road (***Bridalveil Creek***)* und im Bereich der *Tioga Road (***White Wolfe, Tamarack Flat** und **Yosemite Creek***)*, wobei die letzten beiden nicht für *Motorhomes* geeignet sind; zeitweise waren diese Plätze in den letzten Jahren aus ökologischen Gründen oder nach Waldbränden gesperrt. Ganz frühe Ankunft hilft.

**Ausweichen
bei vollen
Camping-
plätzen**

Ausweichmöglichkeiten westlich und südlich wurden vorstehend bzw. im Vorkapitel, ⇨ Seite 293, bereits aufgezeigt. Östlich des Parks, insbesondere zwischen *Tioga Pass* und Mono Lake gibt es gleich mehrere am Wildwasser gelegene **National Forest und Regional Campgrounds**, die vormittags meist noch nicht voll sind. Mit Glück kommt man mit einem Campmobil auf dem Platz **Lower Lee Vining** auch am Abend noch unter, wenn alle Stellplätze eigentlich belegt sind. Bei den Plätzen in der Höhe müssen **Zeltbesitzer** daran denken, daß auch dem besten Wetter selbst im Juli/August kühle, oft frostige Nächte folgen.

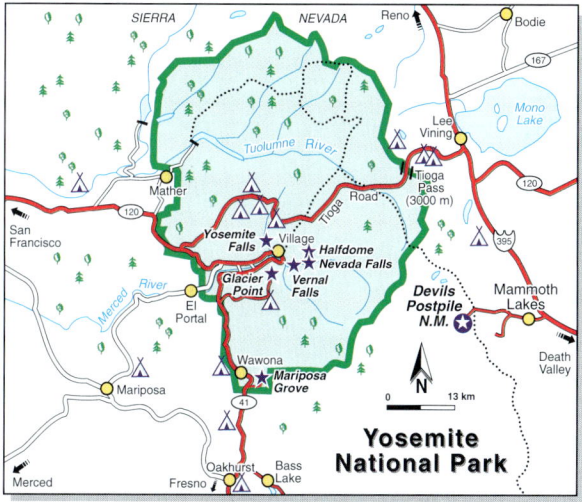

**Motels/
Hotels**

Für alle Arten von festen Unterkünften von der einfachsten *Tent Cabin* ohne Bad auf dem Campingplatz über diverse *Lodges* in Wawona und an der Tioga Road bis zur Luxussuite im rustikalen **Ahwahnee Hotel** sind die **Yosemite Concession Services** zuständig, Fresno, CA 93727.

Telefonische Reservierung unter ☏ **(209) 252-4848**.

Die Übernachtungskosten liegen von Mai bis Oktober auf hohem Niveau, ab $43 für die fest aufgebauten Zeltkabinen bis $250 im **Ahwahnee**. Direkte **Faxnummer** dieses teuren, aber sehr schönen Hotels: (209) 456-0542.

Die nächsten Orte **außerhalb des Parks** mit Motelkapazität sind das vorstehend besprochene **Mariposa, Fish Camp** und **Oakhurst** im Süden in noch größerer Entfernung, ⇨ Seite 293. Vor allem ist die Fahrt dorthin sehr zeitaufwendig. **Lee Vining** am Mono Lake besitzt nur eine Handvoll Motels.

Zubringer-busse

Wer den ***Yosemite* ohne eigenes Fahrzeug** ansteuern möchte: Zubringerbusse verkehren ab Fresno, Merced (jc $20) und Lee Vining (nur Juli bis *Labor Day*; $39); Preise einfache Fahrt. Information ✆ (209)384-1315 und (800) 3369-PARK. Ein dreitägiger Ausflug ab San Francisco mit ***Green Tortoise Adventure Travel***, ⇨ Seite 131, kostet $109 plus $32 Verpflegungsgeld, bei ***Incredible Adventures***, einer neuen alternativen Buslinie $169 für den 3-Tage-Camping-Trip inklusive Verpflegung. Ein Tag "Gewalttour" hin und zurück kostet $75, ✆ (415) 759-7071 und (800) 777-8464, http://www.incadventures.com.

Vernal Falls, siehe Wanderungen auf der übernächsten Seite

Mariposa Grove

Bei Anfahrt von Süden im Rahmen der hier verfolgten Route passiert man – wie oben erwähnt – gleich hinter der Einfahrt die Stichstraße zum **Mariposa Grove** mächtiger Sequoias. Vom *Mariposa* Parkplatz befördert ein **Shuttle-Service** (9–16 Uhr, ca. 1 Stunde, Gebühr $8) die Besucher mit kurzen Stops zu den relativ verstreut stehenden Bäumen. Man kann auch zu Fuß gehen und die $8 sparen, benötigt aber mehrere Stunden für An- und Rundmarsch. Der Abstecher ist ein "Muß" für alle, die nicht den *Sequoia Park* besucht haben bzw. besuchen werden. Wegen der geringen Parkkapazität in Mariposa verkehrt im Sommer zusätzlich ein *Shuttle Bus* (gratis) von Wawona mit Zwischenhalt am Südeingang. Wegen der starken Frequentierung empfiehlt sich ein Besuch vor 10 Uhr oder nach 15 Uhr. Eine Sequoia-Besichtigung im gleichnamigen Park oder im *State Park* **Calaveras Big Trees** ist alles in allem weniger aufwendig, ⇨ Seite 354.

Glacier Point

Auf kurvenreicher Strecke erreicht man mehrere Meilen vor dem *Yosemite Valley* die **Glacier Point Road** (Stichstraße, ca. 25 mi). Hoch über dem Tal – die Felswand fällt 1.000 m steil ab – hat man vom *Glacier Point* einen sagenhaften Blick auf Wasserfälle und Granitmassive der Sierra Nevada, insbesondere auch hinüber zur "halbierten" Felskuppel des **Halfdome**. Leider ist die Betriebsamkeit dort oben oft kaum auszuhalten. Am besten ist es im *Glacier Point* Bereich am frühen Morgen bevor die Busse kommen (idealer **Frühstücks-/Picknickpunkt**: das Gelände vor dem ersten bzw. unteren Parkplatz) oder am späten Nachmittag/frühen Abend, wenn sich Alpenglühen über die Sierra senkt. Speziell sonntags, starten in aller Frühe (etwa gegen 7 Uhr +/– 30 Minuten) **Drachenflieger**; sie garantieren den wenigen Zuschauern ein atemberaubendes Schauspiel. Ein schöner, nicht allzu anstrengender **Trail** (ca. 1,5 km) führt zum **Sentinel Dome**, einem Gipfel etwa 300 m über dem *Glacier Point* (bei guter Kondition benötigt man eine gute Stunde hin und zurück).

Trails im Tal

Im Tal gibt es eine ganze Reihe hübscher, nicht anstrengender Spazierwege am Merced River und im Bereich des *Yosemite Village*. Ein schöner *Trail* dieser Art führt von den *Stables* zum langsam austrocknenden **Mirror Lake** unterhalb des *Halfdome*. **Kurze Trails**, etwas westlich des zentralen Hauptbetriebs, laufen von der Talstraße zu den **Lower Yosemite** (Ausgangspunkt mit dem *Shuttle Bus* erreichbar) und den **Bridal Veil Falls**. Beide Wasserfälle führen im Spätsommer nur sehr wenig Wasser und fallen bisweilen auch ganz trocken.

Fahrrad/ Schlauch- boote

Sehr gut läßt sich das *Yosemite Valley* auch per Fahrrad erkunden. Die Miete beträgt ab $15/Tag, Verleih im **Curry Village** und an der **Yosemite Lodge**. An heißen Tagen paddelt es sich herrlich im Schlauchboot (*Raft*) auf dem Merced River. Verleih ebenfalls im Curry Village.

Wander-
wege

Drei weitere, konditionell etwas **anspruchsvollere *Trails*** mitten hinein in die Traumlandschaft der Sierra Nevada seien hier wärmstens empfohlen. Sie sind von unterschiedlicher Dauer und Schwierigkeit, aber alle innerhalb eines bzw. halben Tages zu schaffen. Die beiden ersten Vorschläge beginnen am **Happy Isles Nature Center.** Alle drei enden dort; Zeitangaben für Hin- und Rückweg ohne längere Pausen:

Vernal/
Nevada
Falls

– Den Aufstieg bis zu den **Nevada Falls**, mindestens jedoch bis zu den **Vernal Falls** sollte man sich auf keinen Fall entgehen lassen, auch wenn bis zur Brücke über den Merced River (ca. 1,5 km) an bestimmten Tagen ganze Heerscharen unterwegs zu sein scheinen. Oberhalb der Brücke (Aussichtspunkt auf die *Vernal Falls*) wird der Strom der Wanderer schon dünner. Mit Ziel *Nevada Falls* kann man statt dem **Vernal Falls Mist Trail** besser dem normalerweise weniger frequentierten, weiter oben verlaufenden **John Muir Trail** folgen. Zurück geht es dann am Merced River entlang über die Vernal Falls. Hinter beiden Wasserfällen, die zu jeder Jahreszeit ein großartiges Schauspiel bieten, findet man idyllische **Badepools** zur Abkühlung.

Baden

Eine mit dem **Emerald Pool** oberhalb der *Vernal Falls* verbundene Besonderheit ist eine dahinter ansteigende Felsfläche, über die sich das Wasser in breitem Strom ergießt. Mutige nutzen die Fläche als Wasserrutsche. Man darf im übrigen für ein erfrischendes Bad sein Badezeug nicht vergessen, denn "ohne" baden geht nicht in Amerika in der selbst hinter den *Nevada Falls* praktisch immer noch vorhandenen Öffentlichkeit.

Zeitbedarf: *Vernal Falls*: ca. 2,5-3 Stunden;
Nevada Falls: ca. 4-4,5 Stunden.

Verdiente Pause nach dem Aufstieg über den Nevada Falls

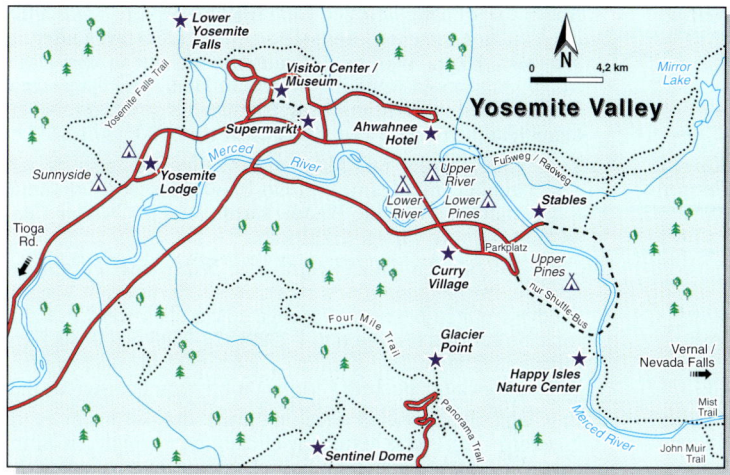

Map labels: Lower Yosemite Falls · Visitor Center / Museum · Ahwahnee Hotel · Mirror Lake · Yosemite Valley · Supermarkt · Yosemite Falls Trail · Upper River · Merced River · Sunnyside · Yosemite Lodge · Lower River · Lower Pines · Stables · Fußweg / Radweg · Tioga Rd. · Curry Village · Parkplatz · Upper Pines · nur Shuttle-Bus · Four Mile Trail · Glacier Point · Vernal / Nevada Falls · Happy Isles Nature Center · Panorama Trail · Merced River · Mist Trail · Sentinel Dome · John Muir Trail · 0 N 4,2 km

Weiter zum Halfdome  	– Ein Fußmarsch für die wirklich erstklassige Kondition ist der **Aufstieg zum *Halfdome***, den alles überragenden Monolithen der südwestlichen Parkregion. Der Weg ist zunächst identisch mit dem *Nevada Falls Trail* (ca. 5 km) und erreicht nach weiteren 8 km die gerundete Rückseite der Felskuppel, die sich über einen nur mit Stahlseilen gesicherten, anstrengenden Aufstieg erklimmen läßt. Manchmal trifft man auf Kletterer, die den *Halfdome* an dessen Stirnseite bezwangen. Diese Wand ist nach dem *El Capitán* d i e Herausforderung für die Kletterelite. Zwischen *Nevada Falls* und dem Halbdom befindet sich in der bewaldeten Hochebene ein ***Campground*** für alle, die es etwas ruhiger angehen lassen möchten (*Permit* notwendig, siehe nächste Seite oben). Übernachtungsgepäck erschwert andererseits den Aufstieg. **Zeitbedarf**: mindestens 10 Stunden.
Panorama Trail 	– Eine gut an einem Tag zu schaffende Wanderung beginnt am **Glacier Point** (siehe letzte Seite). Mehrmals am Tag fährt ein Bus von den zentralen Punkten im Tal hinauf. Abfahrtszeiten im **Tour Desk** oder per Telefon: (209) 372-1240. Der ***Panorama Trail*** führt über die Sierra Nevada und ***Illilouette Falls*** von oben auf den *Nevada Falls* Trail (***John Muir Trail***). Dieser Weg besitzt den Vorteil, daß kein Stück zweimal gelaufen werden muß, und es überwiegend bergab geht (14 km). **Zeitbedarf**: ab 4 Stunden plus Anfahrt.
Weitere Trails	Weitere beliebte *Trails* sind der Abstieg vom **Glacier Point** direkt ins Tal über den ***Four Mile Trail*** (ca. 2 Stunden) und der Aufstieg zu den ***Upper Yosemite Falls*** (ca. 4-5 Stunden), die man aber erst in zweiter Linie in Betracht ziehen sollte.

Reiten

Außer auf Schusters Rappen kann man bestimmte *Trails* auch hoch zu Roß angehen. **Reitställe** gibt es außer im *Valley* in **Wawona**, *White Wolf* und *Tuolumne* (direkt an der *Tioga Road*). Angeboten werden 2-Stunden-, Halb- und Ganztages-Trips. Sehr oft kommt man kurzfristig noch unter, speziell zu den 8 Uhr-Terminen; Reservierung unter ✆ (209) 372-1248.

Karten/ Permits

Zum Befahren der Straßen und Ablaufen der populäreren *Trails* genügt im allgemeinen das bei der Einfahrt erhaltene Kartenmaterial. Genaue **Wanderkarten** sind im *Visitor Center* im *Yosemite Village* erhältlich.

Dort gibt es auch das obligatorische **Wilderness Permit** für alle, die im *Backcountry* wandern und übernachten wollen. Da diese nur in begrenzter Menge ausgegeben werden, kann man die **Permits reservieren:** ✆ **(209) 372-0200** und **0740**. Dies führt leider dazu, daß spontane Entschlüsse für *Backcountry Trips* wegen ausgebuchter *Permits* oft nicht zu realisieren sind.

Visitor Center und Museum

Im Gegensatz zu vielen anderen Nationalparks macht es im *Yosemite* rein verkehrstechnisch keinen besonderen Sinn, nach der Einfahrt zuerst das Besucherzentrum anzulaufen. Es liegt ungünstig und bietet kaum Parkplätze. Bei klaren Wander- und anderen Plänen im Südosten des Tals, kann man es ggf. besser bei der Ausfahrt ansteuern (geöffnet 8–17/21 Uhr).

Museum

Einen Besuch abstatten sollte man dem **Visitor Center** aber durchaus. Die Ausstellungen zur Entstehung der Sierra Nevada und des *Yosemite Valley*, zu Geschichte, Flora und Fauna des Parks sind ebenso wie die **Dia-Show** sehenswert. In Nachbarschaft zum *Center* liegen das **Indian Cultural Museum** und das rekonstruierte **Ahwahnee Indian Village** der *Miwok-Paiute* Indianer; beide enttäuschen.

Tioga Road

Achtung: Tioga Pass gesperrt ab ca. Mitte Oktober bis Ende Mai wegen Schnee ⇨ rechts!

Die *Tioga Road* führt über das 2.500 m hoch liegende **Plateau der Sierra Nevada**, deren faszinierende Landschaft alljährlich Tausende von *Backcountry*-Wanderer anzieht. Während die Straße im Aufstieg durch dichten Wald führt, bietet sie nach Erreichen der Höhe **fantastische Ausblicke** und durchquert für die Sierra Nevada typische, glattflächige Felslandschaften (*Olmsted Point*). Dank aller Schwierigkeitsstufen erfreuen sich die Felsen bei **Kletterbegeisterten** größter Beliebtheit. Im östlichen Bereich erstrecken sich die weiten **Tuolumne Meadows**, ein ebenes Wiesen- und Waldgebiet. Rechts passiert die Straße herrliche Bergseen (Tenaya Lake) mit Picknickplätzen.

Tuolumne River

Die *Tuolumne Meadows* sind bester Ausgangspunkt für eine **Wanderung zum Grand Canyon of the Tuolumne River** mit den ungewöhnlichen *Waterwheel Falls*. Die Schlucht erreicht man auf einem Teilstück des berühmten **Pacific Crest Trail** (⇨ Seite 31) bis zum **Zeltplatz Glen Aulin** (6 mi), von dem es weiter am Fluß entlang geht bis zu den – besonders im Juni/Juli – gischtsprühenden Wasserfällen (+ 3 mi).

2.4.3 Vom Yosemite zum Death Valley National Park

Rund um den Mono Lake

Schnee-
gefahr ab
Oktober
bis
Mai/Juni

Bei allen Plänen für eine **Sierra Nevada** Überquerung muß beachtet werden, daß ein Teil der Straßen einschließlich der **Tioga Road** von (spätestens) November, bisweilen schon Anfang Oktober bis mindestens Ende Mai (**Memorial Day**) wegen Schnee **gesperrt** sind. **Offengehalten** werden – soweit möglich – die Straßen **#88** und **#50,** natürlich auch die **I-80**. Schneeketten sind dabei oft vorgeschrieben. Wetteransage mit **Straßenzustandsinformation** unter ✆ **(209) 372-0200,** außerdem **California Road Conditions** unter ✆ **(800) 427-7623.**

Über den
Tioga Pass

Ein besonderer Reiz der **Yosemite-Ostausfahrt** über den 3000 m hoch gelegenen *Tioga Pass* liegt im raschen Abstieg aus der Vegetation und den gemäßigten Temperaturen der *Sierra* in die Trockenheit und Hitze des 1000 m tieferen **Mono Valley**. An dieser Strecke befinden sich diverse reizvolle **NF-Camp-grounds**, u.a. direkt am Tioga und Ellery Lake.

Mono Lake

Der Mono Lake, mit 150 km² Ausdehnung weltgrößter **Krater-see,** steht seit Jahren im Mittelpunkt heftiger Kontroversen, da sein Wasserspiegel durch **exzessive Entnahme von Grund-wasser** (aus den unterirdischen Zuflüssen des Sees) **für Los Angeles** seit 1941 um 15 m gefallen ist. Gegen die dadurch verursachte Zerstörung eines einmaligen Ökosystems kämpft das *Mono Lake Committee,* eine Umweltschutzbewegung mit eigenem **Information Center** und **Bookstore** (an der Hauptstraße #395, geöffnet 9–22 Uhr im Sommer, sonst bis 17 Uhr). Die Schaffung der **Mono Basin National Forest Scenic Area** zum offiziellen Schutz der Mono Lake Region führte letztlich zu ersten Erfolgen, d. h. zu Reduktion der Wasser-entnahme und einem langsamen Anstieg des Wasserpegels. Wer sich für die weitere Entwicklung des Tauziehens zwischen Wasserverbrauchern und Ökologie interessiert, findet die *latest news* des Committee im Web: http://www.monolake.org.

Blick auf
Tuffstein-
Skulpturen
und
Mono Lake
im South
Tufa-Bereich

Mono Lake

Tatsächlich bietet der Mono Lake vor der grandiosen Kulisse der *Sierra Nevada* Gipfel ein eindrucksvolles Naturschauspiel, das sich aber aus größerer Distanz kaum erfassen läßt. Ein **Visitor Center** des **National Forest Service** liegt nur wenig außerhalb nördlich von Lee Vining im Uferbereich. Vom Park- und Picknickplatz des **Mono Lake County Park**, ca. 3 mi weiter nördlich, führt ein Holzbohlenweg über sumpfige Uferareale zu den sogenannten **Tufas** (Tuffstein) am und im tiefblau-grünen Wasser. Die ungewöhnlichen, skulpturengleichen Kalziumkarbonatformationen entstanden durch Ablagerungen der hochdrängenden Quellflüsse. Sie wuchsen im Laufe der Jahrtausende aus dem Wasser bzw. wurden durch die Reduzierung des Wasserstandes freigelegt. Ein weiteres Gebiet voller **Tufa Tower** ist die **South Tufa Reserve** am Südufer; Zufahrt von der Straße #120. Dort ist der Zugang etwas geregelter unter *Ranger*-Führung mit Erläuterungen, Eintritt $2.

Wer den Bodie-Abstecher ins Auge faßt, könnte vom *County Park* der *Dirt Road* hinüber zur Straße #167 folgen und am Wege noch weitere Tufas, die seltsamen **Black Point Fissures**, in Augenschein nehmen.

Bodie State Park

Von dort sind es noch etwa 15 mi auf der aspaltierten #167 und dann einer Gravelzufahrt zur **Ghost Town Bodie**, einem **State Historic Park** im kargen *High Desert Country* im Grenzgebiet zu Nevada. Diese einstige *Boomtown* entstand aus einem Goldrausch in den 70er Jahren des vorigen Jahrhunderts, verlor aber seine damals über 10.000 Köpfe zählende Bevölkerung nach und nach und wurde in den 30er Jahren von den letzten Bewohnern verlassen. Dank der geringen Luftfeuchte blieben viele Gebäude und zurückgelassene Gerätschaften relativ gut erhalten. Seit 1962 wird Bodie im seinerzeit vorgefundenen Zustand konserviert und ist eine **Mischung** zwischen echter **Geisterstadt** und einem *Living Museum*. Die Ausdehnung des Ortes und die Vielzahl der noch vorhandenen Zeugnisse seiner Vergangenheit geben Bodie eine **Sonderstellung unter den Ghost Towns.** Geöffnet von 8–19 Uhr im Sommer, sonst bis 18/16 Uhr, sofern nicht eingeschneit; Eintritt $2. Die 12 mi der #270 zur Hauptstraße #395 sind im wesentlichen asphaltiert.

Die Relikte in der Bodie Ghosttown stammen überwiegend aus den ersten Dekaden des 20. Jahrhunderts

EXKURS: **Vom Yosemite Park nach Salt Lake City/Yellowstone oder direkt zu den Nationalparks im Süden Utahs**

Routen von SFO/ LA in den zentralen Nordwesten

Als Ausgangspunkt der Routen durch den zentralen Nordwesten wurde Salt Lake City gewählt, ⇨ Kapitel 7. Die Stadt besitzt vor allem für Besucher des *Yellowstone Park* und umliegender Gebiete eine geographische Schlüsselposition. Wer seine Reise in Kalifornien startet, muß auf dem Weg nach oder von Wyoming fast zwangsläufig die Hauptstadt der Mormonen passieren. **Ab San Francisco** geht in Richtung Nordwesten kein Weg am *Yosemite Park* und der Überquerung der *Sierra Nevada* vorbei. Das gilt ebenso für Reisebeginn in Los Angeles. Zwar führt die Interstate #15 schnurstracks von LA über Las Vegas nach Salt Lake City (ca. 680 mi), aber der idealen Reiseroute in den zentralen Nordwesten entspricht ihr Verlauf sicher nicht. **Ab Los Angeles** verliefe eine touristisch sinnvolle Route zum *Yellowstone Park* auf dem Hin- oder Rückweg über *Sequoia/Kings Canyon/Yosemite Parks* oder zunächst am Ostrand der Sierra entlang mit Durchquerung Nevadas wie im folgenden beschrieben.

Durch Nevada

(**Karte** auf Seite 368)

Läßt man die bis auf Teilstücke nichtssagende **Interstate #80** von San Francisco über Sacramento/Reno nach Salt Lake City außer acht, bleiben im Prinzip zwei Routen durch Nevada als Alternativen, die sich in Ely/Ostnevada noch vor Erreichen des *Great Basin National Park* vereinigen, die **Straßen #6 und #50**. Beide vermitteln ein streckenweise beeindruckendes Landschaftserlebnis auf überaus einsamen Verläufen:

Straße #6

– Wählt man **vom *Yosemite*** den direkten Weg ohne Abstecher über Lake Tahoe/Virginia City/Reno, geht es südlich des **Mono Lake** zunächst weiter auf der sehr reizvollen, achterbahnähnlich geführten **#120** (Zwischenhalt ggf. in der *Tufa State Reserve*, siehe folgenden Abschnitt), die bei Benton auf die **#6** trifft. Über **Tonopah,** eine noch halbwegs intakte Minenstadt, führt sie durch Halbwüsten und über *National Forest* Höhenzüge und erreicht nach 290 mi (ab der #395) mit **Ely** die einzige nennenswerte Ortschaft (5.000 Einwohner) zwischen Reno/Carson City und Provo/Utah.

Zum Zion Nat'l Park

Diese Route eignet sich auch für eine **direkte Fahrt zu den Nationalparks in Südost-Utah** (*Zion, Bryce Canyon*) unter Umgehung von Las Vegas: Ab Warm Springs geht es – statt auf der #6 weiter in Richtung Ely – auf der Straße #375 nach Süden, dann auf der #93 über Panaca zur Straße #319 (#56 in Utah). Die #375 trägt die schöne Bezeichnung **Extraterrestrial Highway**, da auch diese Gegend beliebter Landeplatz der Außerirdischen ist (⇨ auch Seite 480); Belege im **Area 51 Research Center**, **Internet:** http://www.ufomind.com.

Am Wege bei Panaca liegt der **Cathedral Gorge State Park** mit kathedralenartigen Felsformationen und *Campground.*

Straße #50 – Eine noch ergiebigere, aber **zeitaufwendigere Alternative** in **Richtung** *Yellowstone* wäre, sich ab dem *Yosemite Park* zunächst nach Norden zu wenden (⟳ Seite 343) und erst ab Carson City bzw. Reno auf der **Straße #50** Nevada zu durchqueren (bis Ely ca. 320 abwechslungsreiche Meilen). An dieser Strecke liegt der **Sand Mountain**, ca. 30 mi östlich von Fallon. Eine riesige Sanddüne lockt an Wochenenden ORF/ ATV-Fans (⟳ Seite 39) in Scharen an. Eingangs des Geländes darf gecampt werden, aber es gibt weder Wasser noch Schatten, ⟳ Foto Seite 39.

Great Basin National Park Der **Great Basin National Park** entstand als Zusammenfassung der *Wheeler Peak Scenic Area* und des *Lehman Caves National Monument*. Abgesehen von der Tropfsteinhöhle, die nach ihrem deutschstämmigen Entdecker benannt wurde, besteht der einzige Nationalpark Nevadas nur aus Landschaft rund um den fast 4.000 m hohen *Wheeler Peak*. Wegen der Höhenlage herrschen schon am **Visitor Center** deutlich niedrigere Temperaturen als auf der Anfahrt. Man kann an der 90-minütigen Höhlenbesichtigung teilnehmen (mehrfach täglich, letzte Tour 15.30 Uhr) und dem **Wheeler Peak Scenic Drive** bis zu einer Höhe von über 3.000 m folgen und von dort in alpine Einsamkeit hineinwandern, z.B. auf dem sehr schönen **Bristlecone Loop Hike** zu den Lakes Stella und Teresa. Von mehreren *Campgrounds* entlang dieser Straße ist vor allem der idyllisch gelegene Platz am **Upper Lehmann Creek** beidseitig des Baches empfehlenswert.

Little Sahara In Utah verflacht auf den verbleibenden 200 mi bis Provo der Verlauf der Straße. Eintönigkeit bestimmt das Bild. Etwa 50 mi südwestlich von Provo passiert man die Zufahrt zur **Little Sahara Recreation Area** (ca. 8 mi). Wie die Bezeichnung vermuten läßt, handelt es sich um ein Dünengebiet größeren Ausmaßes, ein weiteres Dorado für ORV-Eigner. Jung und alt dürfen in der kleinen Sahara mit ihren Vehikeln nach Herzenslust durch die Sandhügel karriolen. Auf dem großen **Campground** am Rand der Dünen (im Kiefernwäldchen, *Dump Station*) besetzen vor allem vehikelbewaffnete Besucher die Stellplätze. Von früh bis spät knattern die Motoren.

Provo Die Mormonen Großstadt Provo (75.000 Einwohner) am **Utah Lake** präsentiert sich mit einem gepflegteren Stadtbild als von Städten ähnlicher Größe sonst gewohnt. Die **Wasserqualität des Sees** war wegen Einleitung industrieller Abwässer schon nicht badefreundlich, als noch bessere Strände existierten. Sie wurden durch einen vorübergehenden Anstieg des Wasserstandes in den 80er-Jahren verdorben und blieben bis heute nicht sehr einladend. Aber alles andere ist wieder hergerichtet, der **State Park** Campingplatz recht akzeptabel.

Mit Provo und Erreichen der Straße #189 wird der **"Kontakt"** zur **Route durch den Nordwesten** hergestellt, ⟳ Kapitel 7.

Straße #395 von Lee Vining bis Lone Pine

Zur Route

Die überwiegend sehr gut ausgebaute Straße #395 nutzen viele Touristen als rasche Verbindungsstrecke zwischen dem *Yosemite* und *Death Valley Park*. Und tatsächlich sind die **220 mi von Lee Vining bis zur Oase *Furnace Creek*** mitten im *Death Valley* ja auch locker an einem Tag zu schaffen. Wer das macht, fährt indessen an vielem vorbei. Ein 3-Tage-Trip läßt sich hier abwechslungsreich gestalten und vielleicht mehr Reisefreude aufkommen, als der Besuch mancher überlaufener Super-Sehenswürdigkeit.

Skigebiete

Ein Blick auf die Karte zeigt, daß sich nur wenig südlich von Lee Vining zwei Skigebiete befinden, **June** und **Mammoth Lakes**; beide sind gleichzeitig Sommerferienorte. Ein Hineinfahren nach June Lake lohnt weniger, es sei denn zum Übernachten oder campen. Wer weniger Wert auf Komfort als auf schöne Lage und geringe Kosten legt, sollte als Camper jedoch noch ein bißchen weiter fahren:

Lava/ Sequoias

Etwa 2 mi südlich der Abzweigung nach June Lake (#158, südliche Einfahrt) führt eine *Gravel Road* (ca. 2 weitere Meilen, Hinweisschild an der Straße) zu einem gewaltigen *Lava Flow*, dem **Obsidian Dome**, und zum **NF-Campground Hartley Springs**. Die 20 m hohen Lavaströme – teilweise aus Glasbasalt – lohnen auch ohne Campabsicht die Zufahrt. Vom Parkplatz mit Info-Tafel kann man auf die Lava hinaufsteigen. Gut 1 mi nördlich erreicht man den unorganisierten, weitläufigen Campingplatz unter jungen *Sequoia*-Bäumen. Schwere **Picnic Tables** in großen Abständen definieren Stellplätze. Plumpsklos sind der einzige Komfort, darum wohl ist die **Übernachtung gratis**. Platz gibt`s dort immer.

Der Devils Postpile, "Scheiterhaufen des Teufels". In Wahrheit ein ungewöhnlicher, geologischer Aufschluß vulkanischen Ursprungs, ➪ Seite 369

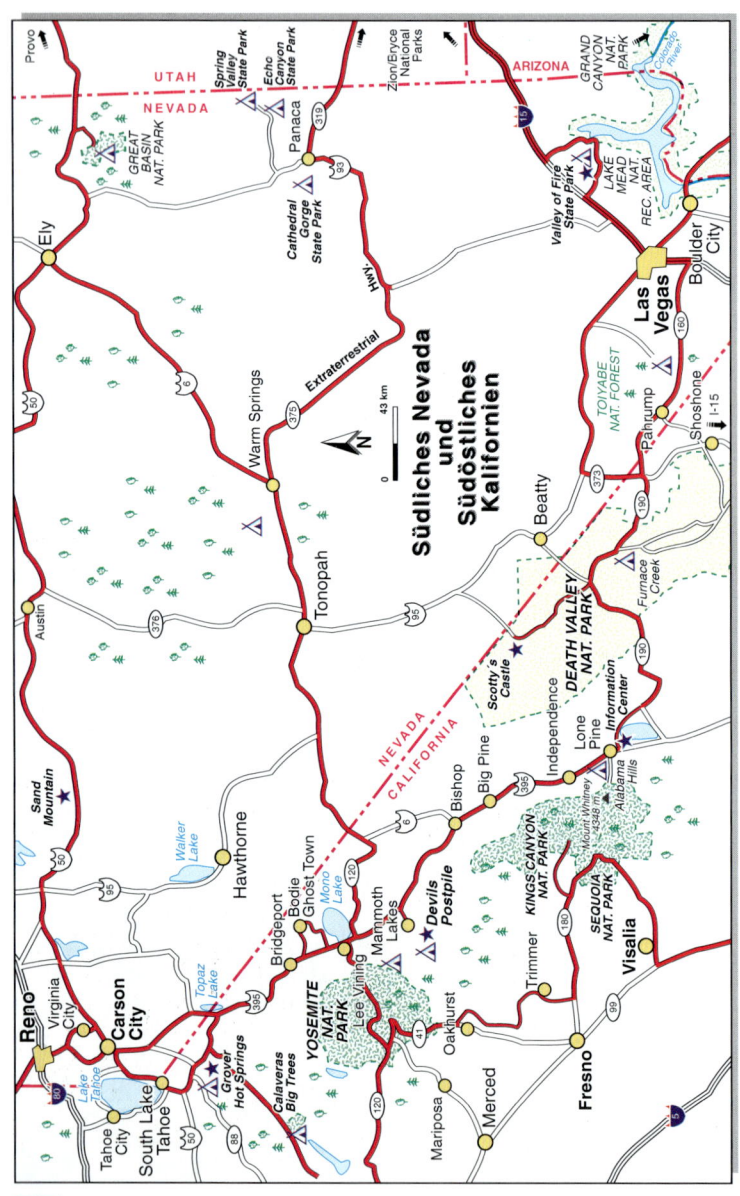

Mammoth Lakes

Etwa 25 mi südlich von Lee Vining zweigt die Straße #203 nach **Mammoth Lakes** ab, ein nicht nur sehr populäres Skiresort, sondern ein sehr weiträumig angelegter Ort, der – anders als June Lake – auch im Sommer einiges zu bieten hat. Neben einer sehr dichten **Motel- und Hotelinfrastruktur**, die im Sommer oft nicht voll ausgelastet und daher bei durchweg überdurchschnittlicher Qualität relativ preiswert ist (Mittelklasse ab ca. $49) gibt es eine große Restaurantauswahl. Sogar ein Jugendhotel, das *Davison Street Guest House*, ist vorhanden, ℂ (760) 374-2323. Die Sessellifte sind teilweise auch im Sommer in Betrieb, die Gondelbahn auf den 3.370 m hohen *Mammoth Mountain* sowieso.

Das *Mammoth Visitor Center* und gleichzeitig *Ranger Station* des *Forest Service* liegen kurz vor dem östlichen Ortseingang an der #203. Man ist dort bei Unterkunfts- und Campingfragen in guten Händen, ℂ (888) GO-MAMMO(TH). Auf jeden Fall erhält man genaue **Karten**, die im etwas verwirrenden örtlichen Straßennetz hilfreich sind.

Der **Sommerclou** von Mammoth Lakes besteht in den hoch über dem Ort auf mehreren Ebenen liegenden Seen, an deren Ufern sich **große Campingplätze** befinden. Zufahrt ist die **Lake Mary Road** in Verlängerung der Main Street. Die unteren **Twin Lakes** sind im Sommer warm genug zum Schwimmen und *Rafting*; Verleih der Schlauchboote dort. Auch die Stichstraße zu den oberen Seen, deren Wasser über malerische Fälle die tief unten liegenden Twin Lakes speist, ist Pflicht. Man sollte unbedingt bis zum Straßenende an den Horseshoe Lake fahren, der von den gespenstisch anmutenden Baumskeletten früherer Waldbrände gesäumt wird und sich leicht zu Fuß umrunden läßt. Viele *Trails* führen von dort ins Hinterland; Karte in der *Ranger Station*.

Devils Postpile National Monument

Am höchsten Punkt der Minaret Road stehen das *Mammoth Mountain Inn* (ab $90) und – gegenüber – die Talstation der Gondel auf den namensgebenden Gipfel. Die Fortführung der Straße – steil – hinunter zum *Devils Postpile National Monument* ist von etwa Mitte Juni bis *Labor Day* für den allgemeinen Verkehr gesperrt. Ein *Shuttle Bus* ($7/Person, Kinder $4) befördert die Besucher ins Tal zu den Ausgangspunkten der *Trails* zu *Devils Postpile* und den *Rainbow Falls*. Ausgenommen von der Buspflicht sind Camper: eine Reservierung für einen der schön gelegenen *NF/NM-Campgrounds* im Tal gibt es in der *Ranger Station* wie auch an der Einfahrt-Kontrolle am *Mountain Inn* Parkplatz. Bei mehreren Personen im Auto ist die Campinggebühr für eine Nacht billiger $8-$10 als der *Shuttle*; zudem geht`s schneller und unabhängiger. Der reizvollste Platz gehört zum *National Monument* und liegt am San Joaquin River unweit des Wegbeginns zum "Scheiterhaufen des Teufels".

Trails

Der **Devils Postpile** ist ein pittoresker geologischer Aufschluß aus Säulenbasalt, ⇨ Foto Seite 367. Oberhalb der Säulen läuft man über deren Enden, die – wie auf einem gefliesten Boden – Flächen regelmäßig geformter Sechsecke bilden. Der Fußweg vom Bus-Haltepunkt zum *Postpile* beträgt nur ca. 500 m, so daß man inklusive Ersteigung des Scheiterhaufens maximal 1 Stunde benötigt. Der *Trail* zu den **Rainbow Falls** lohnt nur bedingt. Sie sind nicht sensationell, aber der Weg ist hübsch und kann bei Start am Straßenendpunkt verkürzt werden.

Hot Creeks nur wenig abseits der #395, ein Badespaß inmitten freier Natur, kontrolliert und gepflegt vom National Forest Service

Hot Creeks

Zurück auf der #395 stößt man etwas südlich von Mammoth Lakes auf einen Wegweiser *Airport/Hatchery/***Hot Creeks**. Früher ein Tip für *Insider* ist die 3-mi-Zufahrt nun asphaltiert, ein Parkplatz ausgebaut und das Ziel leicht zugänglich. Das tut der einmaligen Situation dort aber keinen Abbruch: im Tal des Owens River blubbern heiße Quellen am Ufer und unter Wasser. In teichartigen Erweiterungen gibt es alle Zonen von kochend heiß bis lauwarm. Vom kalten Strom am Rand können sich Schwimmer mitnehmen lassen und sich abkühlen. Bessere heiße Quellen in natürlicher, leicht erreichbarer Umgebung sind kaum vorstellbar, dazu als Gratis-Erlebnis. Parkplatz/Zugang bis Sonnenuntergang geöffnet.

Bishop

Zentralort der östlichen *Sierra Nevada* ist **Bishop**, ein Ort ohne Besonderheiten, sieht man vom **Kasino** der Paiute-Indianer am nördlichen Ortsende ab. Ein kleines **Railroad Museum** liegt abseits in Laws, Straße #6; 10–16 Uhr. Bishop ist ein guter Ausgangspunkt für Wildnistouren in die Sierra. Eine ganze Reihe von Firmen bietet ab Bishop geführt Trips an. Die **Motels** und **Hotels** in Bishop bieten im Vergleich preiswerte Zimmer. Ab $45 kommt man akzeptabel unter. Ein gutes Preis-Leistungsverhältnis hat das **Comfort Inn** (ab ca. $60); erstes Haus am Platze ist das **Best Western Creekside Inn** (ab $90).

Ab **Big Pine** und **Independence** führen Stichstraßen hinauf in die Berge der Sierra Nevada bis auf 3.000 m Höhe. In beiden Fällen warten schön gelegene, kühle **NF-Campgrounds**.

Independence

Independence, ein kleiner Flecken 40 mi weiter südlich, besitzt mit dem historischen **Winnedumah Hotel**, ✆ (760) 3878-2040, in dem früher Filmstars abstiegen, die in den nahen *Alabama Hills* Western drehten, eine originelle, heute preiswerte Unterkunft ab $45. Ein **International Hostel**, $18/Bett, ✆ (760) 3878-2833, gehört mit zum Komplex.

Lone Pine

Lone Pine spielt eine wichtige Rolle für den immer stärker werdenden *Mount Whitney*-Tourismus. Dennoch ist die Versorgungsinfrastruktur dort eher dürftig. Wer in Lone Pine übernachten möchte, findet mit dem **Alabama Hills Inn** am südlichen Ortsende ein gutes, preiswertes Mittelklasse-Haus, ✆ (760) 876-8700, $55. Auch gut, aber teurer ist das **Best Western Dow Villa Motel**. Ein hübscher und ruhiger, während der Woche in der Regel nicht voller **Campingplatz** befindet sich unmittelbar am **Diaz Lake** südlich des Ortes, nur ein wenig weiter der **Boulder Creek Campground** mit *Pool* und *Full Hook-up* direkt an der #395, ✆ (760) 876-4243.

Alabama Hills

Eine tolle Angelegenheit sind die **Alabama Hills**, unmittelbar westlich der Stadt. Einmalig abgerundete Felsen in tausenderlei Formen und Zusammensetzungen bilden dort charakteristische Hügel, die zahlreichen alten Western als Kulisse dienten. Mitten durch diese Landschaft führt die **Movie Road**, die etwa 2 mi westlich Lone Pine von der Portal Road abzweigt. Es genügt, die – sehr holprige – Schotterstraße samt einiger Verzweigungen 2-3 Meilen hineinzufahren. Man entdeckt ganz automatisch sensationelle Formationen und Fotomotive, dazu im Hintergrund die schneebedeckten Zacken der *High Sierra*, ➪ Foto Seite 15. **Klettern** in den Felsen ist wegen ihrer extrem rauhen Struktur leicht, aber auch ein äußerst hautabschürfendes Unterfangen, daher Vorsicht.

Eigenartige Felsformationen im Western-Movieland Alabama Hills, ➪ auch Foto Seite 15

In der Sierra Nevada in der Nähe des Mount Whitney Trailhead

Information   Eine spezielle *Alabama Hills*-Karte und alles, was man über die hier gedrehten *Western* wissen möchte, gibt`s im Büro der **Chamber of Commerce** in der 126 South Main Street (#395). Ein Buch *"On Location in Lone Pine"* hat noch mehr Details. Viele der einstigen Stars haben sich per Schnitzmesser in der Tür des *Lone Pine Indian Trading Post* verewigt.

Infomaterial hat auch das sehr gut ausgestattete **Interagency Visitor Center** an der Abzweigung der #136 von der #395. Es bezieht sich in erster Linie auf die Einrichtungen des *National Forest Service* und des *Bureau of Land Management* im Gebiet der *East Sierra Nevada*. Hilfreich sind u.a. Karten und Broschüren zu allen *Campgrounds* und *Trails* der Region.

Mount Whitney/ Gipfeltrail   Von Lone Pine aus kann man sich auf der *Whitney Portal Road* bis auf wenige Meilen dem 4350 m hohen **Mount Whitney** nähern, dem höchsten, auch im Sommer schneebedeckten Gipfel der USA (ohne Alaska). Die ca. 13 mi bis zum Straßenende sind in 30 min. bewältigt. Am Ende befindet sich der meist voll besetzte **Whitney Portal Campground** und eine herrliche **Picnic Area** am obersten Parkplatz (ganz durchfahren bis zum Straßenende). Ein rauher, schöner **Trail** am Wildbach entlang verbindet beides (20 min).

Der Gipfel des **Mount Whitney** ist vom Startpunkt etwa 18 km entfernt und als Tagesmarsch auf extrem gerölligen und steilen Pfaden retour nicht zu schaffen. En Route liegen einige Camps. Für den Gipfelsturm benötigt man ein *Permit*, das in der **NF-Ranger Station** in Lone Pine (!) vergeben wird. Ohne *Permit* darf nur eine – durchaus erwägenswerte – Teilstrecke im unteren Bereich ohne Übernachtung abgelaufen werden.

Wer hier gern campen möchte, aber nicht unterkommt, ist mit den **Lone Pine** und **Turtle Creek Campgrounds** am Fuße der Sierra nicht schlechter bedient.

Zum Death Valley   Von Lone Pine zum *Death Valley* geht es auf den **Straßen #136/ #190** durch eine scheinbar endlose Einsamkeit, ⇨ umseitig.

Nach Las Vegas   Im Sommer durch die Backofenhitze des *Death Valley* zu fahren, ist nicht jedermann`s Sache und mit gemieteten Campmobilen unzulässig. In beiden Fällen bleibt nichts anderes übrig, als den Nationalpark über Ridgecrest zu umgehen und Barstow an der I-15 (⇨ Seite 294) anzupeilen. Diese 180-mi-Strecke ist ziemlich eintönig und bietet keine Abwechslung.

Trona Pinnacles   Aber 17 Meilen östlich von **Ridgecrest** sind die **Trona Pinnacles**, Drehort für eine Reihe von Szenen der **Star Trek** Serie, ein prima Ziel für einen **Abstecher** (Straße #178 und einige Meilen *Dirt Road*; Zustand vor Antritt der Fahrt erfragen). Nicht nur eigenartige Tuffsteingebilde wie am Mono Lake, jedoch hier in der Wüste, sind dort zu bewundern, sondern auch eine aus der Autowerbung bekannte einsame, eigens hierher versetzte **nostalgische Tankstelle**. **Camping** ist dort erlaubt.

2.5 Death Valley National Park

Anfahrt von Westen

Wer von Westen ins *Death Valley* kommt, durchquert auf den **Straßen #136** und **#190** auf schier endlosen Talfahrten und Aufstiegen über zwei Höhenzüge totale Einsamkeit voller sagenhafter Formationen im Blickfeld. Bereits in dieser Ecke des Parks kann man (primitiv) **campen**, und zwar bei *Emigrant Junction* und auf kleinen Plätzchen im Bereich *Mahagony Flat*. **Wildrose** (ganzjährig) hat mit Glück sogar Wasser und kostet ebenso wie **Emigrant** (April-Okt.) keine Gebühren.

Death Valley National Park

Das **Tal des Todes** ist der Boden eines ausgetrockneten Salzsees, dessen tiefster Punkt 84 m unter NN liegt (unweit der Straße #178 ca. 18 mi südlich Furnace Creek). Hohe **Gebirgszüge** zwischen Tal und Pazifik halten Niederschläge fast völlig fern. Die Sommer sind glühend heiß: Von Juni bis September über 40°C im Tagesdurchschnitt, bisweilen über 50°C; abends kühlt die Luft kaum ab. Annehmbare bis – im Winter – angenehme Temperaturen herrschen von Oktober bis April.

Hitzeprobleme

Die meisten Camper-Verleiher untersagen wegen der Hitze und des endlosen Anstiegs bei der Ausfahrt über die Straße #190 in beide Richtungen von Mai bis September Fahrten ins *Death Valley*. Ob nun im Campmobil oder Pkw, vor einer Fahrt ins *Death Valley* im Sommerhalbjahr sollte man **Kühlwasser, Ölstand sowie Sitz des Keilriemens checken**. Im Fall einer Panne bei großer Hitze darf man nicht versuchen, zu Fuß Hilfe zu holen, sondern sollte am Auto warten. Eine gute Idee sind reichliche Vorräte an Trinkbarem.

Eintritt/ Information

Das **Visitor Center** in der Oase **Furnace Creek** informiert über die geologischen Ursprünge des Tals und den Artenreichtum von Flora und Fauna in der scheinbaren Leere. Geöffnet 8–17 Uhr täglich. Eintritt $10/Auto außer mit *Golden Eagle Pass*.

Camping und Unterkunft

Die Oase verfügt auch über einen riesigen **Campingplatz** der Einfach-Kategorie. Im Sommer ist zwar während der Woche nur geringer Betrieb, aber die Plätzchen unter schattigen Bäumen sind immer als erste vergeben. Zwischen November und April wird die Nationalpark.Campkapazität auf über 1.000 (!) Einheiten erweitert, die vor allem von wärmesuchenden Rentnern genutzt werden ($10). Den zum Betrieb einer im Sommer unverzichtbaren Klimaanlage nötigen **Full Hook-up** bietet nur der **Campground** auf der **Furnace Creek Ranch**. Dort sind die Stellplätze nicht eben toll, aber dafür verfügt die Anlage (**Motel und Lodge**) über einen großen, schönen **Pool** und ein **Steakhouse mit Kneipe**. Reservierung der Zimmer/*Cabins* ($90-$130) wie auch des **Campground** unter: ✆ **(760) 786-2345**.

Im Tal des Todes

Die reizvollste Strecke durch das Tal des Todes ist die **Straße #178** (Shoshone–Furnace Creek) in Verbindung mit dem Ostabschnitt der #190. Unbedingt sollte man den – von der *Furnace Creek Ranch* nicht besonders weiten – farbenprächtigen

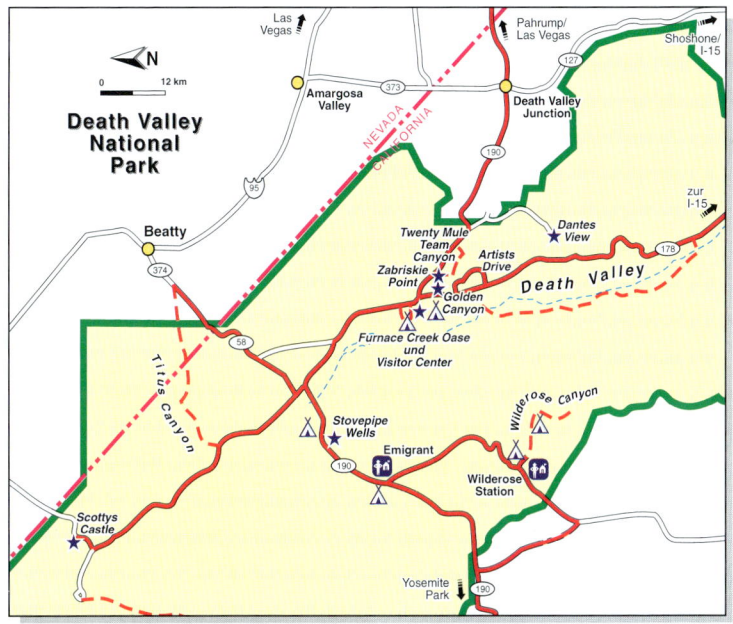

Golden Canyon durchwandern (ca. 30 Minuten) und den noch etwas weiter südlichen **Artist Drive** abfahren. Die goldfarbene Schlucht liegt unterhalb des phänomenalen **Zabriskie Point**, dem absoluten Muß jeden Besuchs, ↪ Foto Seite 295. Gleich dahinter beginnt der **Twenty Mule Team**-Rundkurs durch Sandsteinformationen des gleichnamigen *Canyon*. Wer über ausreichend Zeit verfügt, wird auch die 30 mi retour zum Aussichtspunkt **Dantes View** nicht bereuen, der den Vorteil besitzt, nicht an Busrouten zu liegen.

Scottys Castle

Im nördlichen Death Valley kann man **Scottys Castle** bewundern, ein **schloßartiges Anwesen** in mexikanischem Stil, das ein *Scotty* genannter Cowboy und Goldsucher mitten in der Wüste errichten ließ. Geldgeber war ein Finanzmagnat der Ostküste, dem das Wüstenklima behagte. Für $8 Eintritt gibt es in *Scottys* Palast zwar sogar einen Wasserfall, aber der Umweg lohnt sich nur für Leute mit Zeit, die auch noch die malerisch-rauhe **Titus Canyon Road** mitnehmen wollen.

Nach Las Vegas

Las Vegas ist von der *Furnace Creek Ranch* auf der Straße #190 über Pahrump, der schnellsten Route, ca. 120 mi entfernt. Wer den südlichen Teil des Parks mit dem tiefsten Punkt durchqueren möchte, fährt über Shoshone bis Baker allein 130 mi. Von dort nach Las Vegas sind es weitere 90 mi.

3. LAS VEGAS UND UMGEBUNG

3.1 LAS VEGAS

**Kenn-
zeichnung**

Las Vegas im Südostzipfel von Nevada liegt in einer vegetationsarmen, flachen **Wüstenlandschaft** 600 m über NN. Im Osten der Stadt erstreckt sich der durch den Colorado River gebildete Stausee *Lake Mead*, im Westen erheben sich Gebirgsformationen bis 3.600 m Höhe, in denen im Winter sogar Ski gelaufen werden kann.

Auch wer keine besondere Lust verspürt, Daddelautomaten (*Slot Machines*) zu füttern, am Roulette-Tisch auf den großen Dollarsegen zu hoffen oder sich eine der vielen Shows anzusehen, sollte mindestens einen Tag und eine Nacht für Las Vegas einplanen. Denn einen Besuch wert ist die Stadt in der Wüste, gleich wie das eigene Urteil ausfällt.

3.1.1 Geschichte, Klima, Orientierung und Information

Geschichte

Las Vegas, entstanden um eine Oase an einem der *Immigration Trails* von Osten nach Kalifornien, war bis zum Beginn der 30er-Jahre nur ein kleines Mormonenstädtchen mit Bahnstation an der Strecke Los Angeles–Salt Lake City. Als es im Jahr **1931** in Nevada zur **Aufhebung des** sonst landesweit geltenden **Glücksspielverbots** kam, begannen zufällig auch die Arbeiten für den Bau des *Hoover Dam*. Scharen von Arbeitskräften strömten in die Las Vegas Region und kamen gerade recht, um an den Segnungen der liberalisierten Gesetzgebung zu partizipieren. Kein Wunder, daß dort die Kasinos besonders schnell aus dem Wüstensand wuchsen und – einmal vorhanden – mehr Spieler anzogen als jede andere Stadt. Die Fertigstellung der *Hoover*-Kraftwerke sorgte zudem für preiswerten elektrischen Strom, Voraussetzung für den Betrieb unzähliger Klimaanlagen und die üppige Beleuchtung der Fassaden und Spielsäle. Erstaunlicherweise ist ein Ende der nur vom 2. Weltkrieg unterbrochenen Expansion nicht in Sicht. Immer **neue Kasinos** mit immer größeren Show- und Amusementkomplexen der Superlative entstanden vor allem seit Anfang der 90er-Jahre, und die **Besucherzahlen** steigen weiter (1997 fast 30 Mio). Nur die sich immer deutlicher abzeichnende Wasserknappheit und neuerdings auch Engpässe bei der Stromversorgung könnten dieser Entwicklung Abbruch tun.

Klima

Im Sommer wird es in Las Vegas häufig extrem heiß. Nahezu unerträgliche Hitze über 40°C ist zwischen Juni und Mitte September keine Seltenheit. Wegen der geringen Luftfeuchte lassen sich Temperaturen bis 30°C aber noch einigermaßen aushalten. Abends bleibt es wegen der aufgeheizten Asphalt- und Betonflächen in Las Vegas erheblich wärmer als außerhalb. Frühjahr (April/Mai) und Herbst (Mitte September bis

Mitte November) sind klimatisch am angenehmsten. In den kühleren Monaten Oktober–April herrscht am meisten Betrieb. Als absolute Hochsaison gelten die Weihnachtstage/Neujahr und die Osterzeit. Da die Wüste von Nevada im Durchschnitt kaum mehr als 10 cm Niederschlag jährlich erhält, stehen an windigen Tagen mitunter riesige Sandwolken über der Stadt.

Orientierung Durch die heute weit über 300.000 Einwohner zählende City (Großraum über 700.000) läuft in Nord-Süd-Richtung die – im Stadtbereich extrem belastete – *Interstate* #15. Nördlich des Zentrums kreuzt die Autobahn #95/I-515 die I-15. In südliche Richtung führt sie nach Boulder City und an den Lake Mead. Innerhalb dieses Autobahn-Halbkreises, der nach unten vom Airport begrenzt wird, befindet sich der Kernbereich von Las Vegas mit dem alten Zentrum um die Fremont Street und dem Las Vegas Boulevard, besser bekannt unter der Bezeichnung *Las Vegas Strip*. Dieser verläuft parallel zur *Interstate* #15 und ist nicht zu verfehlen. Zwischen dem *Strip* und der *Fremont Street Mall* liegt ein kleiner werdendes Stadtgebiet ohne Lichterglanz, das man bei Nacht zu Fuß besser nicht betritt.

Krimi-
nalität Ansonsten ist Kriminalität in Las Vegas kein Problem für den Besucher. Überfälle, Mord und Totschlag würden die Millionen fernhalten, ohne die Las Vegas nicht existieren kann. Die Brieftasche sollte man dennoch gut im Auge behalten.

Zentrum
und
"Strip" Die ganz große *Action* konzentriert sich mehr und mehr auf den **Las Vegas Boulevard**. Die Kasinos im **Zentrum** an der ca. 300 m langen *Fremont Street Mall* sind zwar mit ihrer lückenlosen Ballung von Leuchtreklamen und den *Lasershows* am **Plastikhimmel** nachts ein prima Motiv für die Kamera, aber **mehr los ist am Strip**. Dort befinden sich alle erst in jüngerer Zeit entstandenen Superpaläste mit integrierten *Amusementparks* als zusätzlicher Besucherattraktion. Zum Kennenlernen lassen sich die rund 3 km zwischen **Sahara** und **Tropicana Ave** (*Circus Circus* bis *MGM*, *New York New York*, *Excalibur* und *Luxor*) gut zu Fuß ablaufen, sofern es nicht zu heiß ist.

Information Wer will, kommt ohne weiteres ohne besondere Zusatzinformationen aus, aber ganz praktisch ist eine aktuelle Übersicht über die exakte **Lage aller Entertainment- und Kasinopaläste** schon. Und wer auch mal eine der Shows sehen möchte, benötigt unbedingt eines der diversen Info-Magazine wie *Where to in Las Vegas* oder *Showbiz*. Teilweise findet man sie in den Hotels, aber besser sortiert sind die *Info-Center*:

– im *Main Terminal* des Flughafens und im **Concourse C**

– *Chamber of Commerce*, 711 Desert Inn Rd, Mo–Fr 8–17 Uhr.

– *Convention and Visitors Authority*, 3150 S Paradise Rd beim *Hilton Hotel/Casino*, Mo–Fr 8–18 Uhr, Sa+So 17 Uhr.

Transport Wer in Las Vegas am **Airport** ankommt, fährt mit dem Bus für $4 zum Strip und für $5 nach Downtown.

| 3.1.2 | **Unterkunft und Camping** |

Las Vegas verfügt heute über mehr als 110.000 Hotelzimmer, wenn aber zu den Touristen noch 20.000 Kongreßteilnehmer kommen, wird selbst diese Kapazität schon mal knapp. An Wochenenden sind Zimmer teilweise erheblich teurer als So–Do, in beliebten Häusern sogar häufig ausgebucht.

Unterkünftesind grundsätzlich wie folgt zu unterscheiden:

Kasino-hotels

Die **Kasinos** leben vom Glücksspiel und sind daran interessiert, Spieler übers Hotel in ihr Haus zu bringen. Das gilt vor allem für Kasinos mit weniger bekannten Namen und/oder für solche mit sehr hoher Zimmerzahl. Die folgenden Angaben beziehen sich auf Mindestpreise So–Do. Sie sind Fr+Sa teurer. Mittelklasse-DZ findet man in anderen Häusern außerhalb der Wintersaison und ohne Großkongress ohne weiteres schon ab $35. Selbst Preise unter $30 sind möglich:

– **Circus Circus,** ✆ (702) 734-0410, ✆ (800) 634-3450), ab $39
– **Excalibur,** ✆ (702) 597-7777, ✆ (800) 937-7777), ab $55
– **Luxor,** ✆ (702) 262-4000, ✆ (800) 288-1000), ab $89
– **MGM,** ✆ (702) 891-1111, ✆ (800) 929-1111), ab $69
– **Mirage,** ✆ (702) 791-7111, ✆ (800) 627-6667), ab $79
– **Treasure Island,** ✆ (702) 894-7111, ✆ (800) 944-7444), ab $59

Die Preise können aus aktuellen Gründen stark abweichen.

"Normale" Hotels

Zahlreiche "normale" Hotels ohne Kasinobezug liegen preislich innerhalb ihres auch sonst üblichen Rahmens, passen aber ihre Effektivpreise der jeweiligen Buchungssituation flexibel an. Sehr günstig "mitten im Geschehen" gelegen ist das

La Quinta Inn, ✆ (702) 739-7457, 3782 Las Vegas Blvd, ab $59

Der **Vorteil dieses Quartiers** sind die kurzen Wege: das Auto parkt in Zimmernähe statt im entfernten Parkhaus, und der *Strip* liegt vor der Tür, nicht erst am Ende eines langen Marsches durch Spielsäle und Shopping-Arkaden.

Zentrale Reservierung

Wer die Mühe individueller Suche sparen möchte, kann eines der Reservierungsbüros in Anspruch nehmen, die man am südlichen Ende des *Strip* passiert (von der I-15 Abfahrten #33 oder #34). Sie fungieren auch als **Visitor Information** und verfügen über Info-Material. Sicher geht, wer einen *toll-free* **Reservierungsservice** ein paar Tage vor Ankunft anruft, z.B.

Reservation-Hot Line: ✆ (800) 332-5333

Man kann einen Höchstpreis nennen oder nach dem billigsten Quartier fragen. Letztere sind oft die – gar nicht schlechten – Zimmer in Kasinos im Bereich der *Fremont Street Mall* oder abseits des *Strip* und kosten auch schon mal nur um $20.

Hostel

Immer preiswert und ganz günstig gelegen zwischen beiden Hauptbereichen der Stadt ist das **International Hostel,** ✆ (702) 385-9955, 1208 Las Vegas Blvd S, ab $12.

Allein das MGM Grand Hotel und Casino verfügt nach Erweiterung 1998 über 5.005 Zimmer und 400 Suiten

Hostel

Eine Alternative ist das ***Backpackers Resort***, 1322 Fremont St, ℂ (702) 385-1150 oder ℂ (800) 550-8958, in einem ehemaligen Motel mit Pool etc. Bett ab $13, EZ/DZ $35-$45.

Camping

Der einzige und nur sanitär komfortable *Campground* im Stripbereich ist **Circusland** (nur *RVs*, Einfahrt über Las Vegas Blvd oder Industrial Rd, dann Circus Circus Drive, ℂ (702) 734-0410); So–Do $14, Fr+Sa $20). Er ist wegen der Lage am empfehlenswertesten. Von anderen Plätzen muß man zu den Kasinos weit fahren oder *Shuttle*-Busse benutzen. Mit Campmobilen gibt es am *Strip* zunehmend größere Parkprobleme, weil die einst riesigen Parkflächen neuen Kasinos oder für *RVs* nicht geeigneten Parkhäusern weichen. Weitere *Campingplätze* am *Strip* existieren nicht mehr. Der Betonplatz des **Western Casino** an der Fremont Street ist klein und recht eng, kostet aber auch nur $12.

Am Boulder Highway (Abfahrt #70 von der I-515) liegen das **KOA Resort** (auch für **Zeltcamper**) und die beiden Plätze des Kasinos **Sam`s Town** an der Ostseite der Straße. Beide besitzen große Pools und erstklassige sanitäre Anlagen. KOA ist grüner, aber auch relativ teuer: ab $25; **Sam`s** ab $16.

Ein riesengroßer RV-Park mit allen Schikanen samt Golfplatz und palmengesäumtem Pool existiert südlich der Abfahrt #33 von der I-15 und dem Las Vegas Blvd South an der Windmill Ave. Das **Oasis-Resort** kostet ab $20; ℂ (800) 566-4707.

Ruhiger und rauher campt man für $10 am Lake Mead, z.B. ***Boulder Beach Campground***, ca. 8 mi östlich von Boulder City, und weniger heiß im höhergelegenen ***Red Rock Canyon***, etwa 21 mi westlich von Las Vegas, erreichbar über den Charleston Boulevard West (Straße #159). Ein *Scenic Loop* (13 mi *one-way*) führt durch schöne Felslandschaft. **Primitives Camping** (kein Wasser) erlaubt; Information unter ℂ (702) 647-5000.

3.1.3 Kasinos, Restaurants, Kneipen und Shows

In den Kasinos

Neben den Kasinos und den mit ihnen verbundenen Attraktionen findet man in Las Vegas nicht so ganz viel Sehenswertes. Glücksspiel, *Show* und *Entertainment* dominieren die Stadt. Spielen darf (und soll, wenn es nach den Kasinobetreibern geht) erst, wer das 21. Lebensjahr vollendet hat. In den weitläufigen Spielhallen überwiegen **Slot Machines** (einarmige Banditen). Außerdem werden **Poker, Blackjack** (17 und 4) **Keno** (Zahlenlotto), **Bingo, Baccarat** und **Roulette** gespielt. Undurchschaubar ist das Würfelspiel **Craps** an langen, wannenartigen Tischen mit einer Mannschaft von gleich **vier Croupiers**. Für – erkennbar aktive – Spieler sind die **Getränke gratis**, die Bedienung erwartet aber wenigstens $1 *Tip*. Nur-Zuschauern wird gesagt: **You must be playing**!

Die Spielsäle

Einmal **im Inneren der Kasinos** wird man feststellen, daß sich die riesigen Spielsäle im Prinzip kaum voneinander unterscheiden. Die einarmigen Banditen dominieren jede Etage. **Roulette, Black Jack** und **Craps** sind überall identisch. Nur die Anordnung der **Pokertische** und der Stuhlreihen für **Keno** – eine Art Lotto mit laufenden Ziehungen und schlechten Chancen – und **Bingo** differiert. Kurz, es bleibt sich ziemlich gleich, wo man spielt oder anderen über die Schulter schaut.

Gutscheine/ Coupons

Viele Kasinos locken Besucher mit Gutscheinen (**Coupons**) für kostenlose Spielchips, Bier oder Cocktails für $1 und so manches mehr in ihre Häuser. Billige Mahlzeiten, preiswerte oder freie *Drinks* bekommt man vielenorts auch ohne Gutscheine, und der – in einigen Kasinos gebotene – Gratisgriff an spezielle *Slots* für Couponinhaber lohnt selten das Anstehen.

Das leibliche Wohl

Viele Kasinos werben mit **Buffetmahlzeiten** für nur ein paar Dollar, wobei der Teller unbegrenzt nachbeladen werden darf. Besonders bekannt für seine reichhaltigen **All-you-can-eat-Billig-Buffets** ist das **Circus Circus**. Bei 12.000 Gästen täglich bleibt dort allerdings die Individualität auf der Strecke, es geht zu wie in einer riesigen Kantine. Oft gelobt werden die Buffets im **Mirage** und im **Golden Nugget**, ebenfalls das **Round Table Buffet** im Excalibur.

Zahl- und variantenreich sind auch die **Cafeterias** und **Food Courts** in den Spielkasinos von der **McDonald´s** Filiale bis zum schicken **Bistro**. Ob es nun ein *Steak Diner* oder eher gesunde Kost von der *Salad Bar* sein soll, in Las Vegas ist das Sattwerden eines der geringsten Probleme. Werbehefte der *Tourist Information*, Leuchtreklamen und Handzettel weisen im übrigen den Weg zu Sonderangeboten.

Snacks

Kleine **Snacks** wie eine Handvoll *Nachos*, Popcorn oder ein Glas Krabbencocktail gibt es – speziell nach Mitternacht – hier und dort umsonst oder gegen symbolische Niedrigpreise.

Restaurants

In keinem Kasino fehlen andererseits ein oder mehrere gute Restaurants mit oft origineller Ausstattung, am besten in den Kasinos der neuen Generation wie **Treasure Island, Mirage, MGM** und **Luxor**; attraktiv ist aber auch **Caesars Palace**. Auf dem **Stratosphere Tower** gibt es in 250 m Höhe das **Top-of-the-World-Restaurant**. In solchen Lokalen sind die Preise gar nicht mehr niedrig. In den oben genannten Informationsmagazinen findet man auch jede Menge Werbung für Restaurants und damit eine Übersicht, welche **Küche** wo geboten wird. Natürlich gibt es auch außerhalb der *Casino Row* Restaurants wie das **Hard Rock Café** in der 4475 Paradise Road, oder *Steven Spielbergs* **Dive!** in der **Fashion Show Mall.**

Kneipen

Zu jedem Kasino gehört zumindest eine Bar, oft sind es auch mehrere. Dort kann man sich seinen Drink bestellen und bezahlen oder als aktiver Spieler darauf warten, daß der **Drink auf Kosten des Hauses** ganz von selbst kredenzt wird. Ähnlich wie mit Billig-Buffets werben viele Kasinos auch mit preiswerten Drinks wie etwa **Budweiser** $0,75!

Las Vegas Shows

Zu Las Vegas und zu seinen Kasinos gehören **Show** und **Entertainment.** Für **große Namen** wie *Donna Summers, Andy Williams, Siegfried & Roy* und andere Stars muß man selbst in Las Vegas tief in die Tasche greifen. Tickets für Vorstellungen ohne derart illustre Namen kosten ab $15 als **Cocktail Show** (am späten Nachmittag) oder **Late Night Performance** (Beginn zwischen 22.30 und 24 Uhr). Die Hauptshows um 20/21 Uhr sind teurer. Die einst populäre Diner-Show, wo zur Unterhaltung das Abendessen gereicht wurde, gehört weitgehend der Vergangenheit an. Es gibt sie immer weniger; eine der Ausnahmen ist das **King Arthur's Tournament** im *Excalibur.*

Ein Märchenschloß a la Disney ist das Excalibur mit mittelalterlichen Ritterspielen 2x täglich

"Nightlife" Überraschend für eine Stadt wie Las Vegas ist das Schatten-
dasein "härterer" Abendunterhaltung. Zwar gaukeln Werbung
und gratis verteilte einschlägige Magazine ein aufregendes
Nachtleben hinter den Kulissen vor, aber nur eine Handvoll
Night Clubs unterschiedlichen Niveaus existieren in respektvoller Entfernung zu den "sauberen" Kasinos. Ein paar liegen
an der **Industrial Road** zwischen *Strip* und I-15, andere weit
außerhalb. Die amerikanische Variante des *Striptease* wird laut
Playboy-Test am besten im **Palomino Club** präsentiert (Las
Vegas Boulevard North, einige Meilen nordöstlich der Kasinos).

HEIRATEN IN NEVADA

*Das Gesetz verlangt, daß **beide Partner mindestens 18 Jahre
alt** sein und dies durch eine **Identification**, also den Reisepass, unter Beweis stellen müssen. Dann steht der umge-
henden Ausfertigung einer **Nevada Marriage License** für
$35 (in bar oder Reisescheck) nichts entgegen. Besitzt man
eine solche (sie ist bis Mitternacht erhältlich im Court
House, 200 South 3rd Street), geht man zu einer beliebigen
Wedding Chapel (einige sind sogar in Kasinos integriert),
wo der Bund fürs Leben je nach Ausstattung ab **$50** auf-
wärts plus Spende für den Reverend (Pfarrer) besiegelt
wird. Trauzeugen stehen meist auf Abruf bereit. Wer die Gültigkeit der Eheschließung zu Hause anerkannt wissen möchte,
muß sich beim **Honorarkonsulat** seines Landes – gegen eine
Gebühr von weiteren $50 – eine **Beglaubigung der Heirats-
urkunde** holen. Das deutsche Konsulat befindet sich in der
Desert Inn Road #925, © (702) 734-9700.*

*Neben Las Vegas sind auch Reno und vor allem die Nevada-
Ortschaften am Lake Tahoe bevorzugte Standorte kommerzieller Hochzeitskapellen. Angeblich werden alljährlich
über 50.000 Paare aus aller Welt in Nevada getraut.*

*Trügerische
karibische
Idylle am
autover-
stopften Las
Vegas Strip:
Mehrmals
täglich wird
aus allen
Rohren
gefeuert*

3.1.4   Las Vegas Strip und Fremont Mall

Distanzen/
Transport

Der spannende Bereich des heute ansehnlich mit Palmen "aufgeforsteten" Las Vegas Boulevard ist ca. 3 km lang. Rechnet man noch den etwas außerhalb der größten Ballung stehenden *Stratosphere Tower* dazu, sind es von dort bis zur Luxor-Pyramide gut 4 km. Die wird man – speziell bei Hitze – nicht immer auf ganzer Länge zu Fuß abklappern wollen. Wer pflastermüde wird, kann in die **Busse #301** steigen; Einheitstarif $1,50, alle 15 min. **Taxis** sind meistreichlich vorhanden (Basisgebühr $3,70, dann $1,50 für jede weitere Meile plus *Tip*). **Hinweis**: Gar nicht gut fürs Abfahren des *Strip* eignen sich *Motorhomes*.

Viel interessanter als die Spielhöllen als solche sind heute Architektur und Attraktionen der großen Kasinos, die entweder renoviert und erweitert wurden oder erst in den letzten Jahren, z. T. erst 1997, Anfang `98 hinzukamen.

Stratosphere
Tower

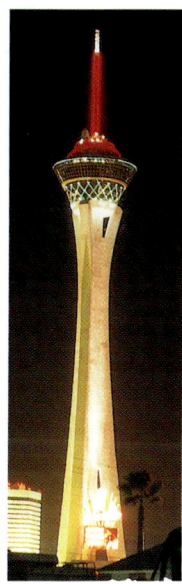

Das obere Ende des *Strip* markiert der über 300 m hohe **Stratosphere Tower**, dessen **Observation Deck** einen weiten Blick über den Lake Mead und die Fels- und Wüstenlandschaften der Umgebung bietet (↺ auch Restaurantempfehlungen). Nervkitzelnd ist die **Achterbahn entlang der Außenfassade der Oberdecks** in gut 250 m Höhe. Und damit nicht 'genug, können sich Mutige noch 30 m höher katapultieren lassen und für Sekunden das Gefühl des freien Falls "genießen".

Treasure
Island

Sagenhaft ist die "**Seeschlacht**" zwischen englischem Linien- und Piratenschiff in der *Bucaneer Bay* vor **Treasure Island,** einer "Schatzinsel" im karibischen Fantasiestil à la Disneyland. Die Breitseiten bis zum dramatischen Ende werden abends mehrfach abgefeuert (Zeiten am Eingang). Schon lange vor Beginn der Kampfhandlungen muß man sich ein Plätzchen am "Rand der *Bay*" (am Las Vegas Blvd oder auf einer Restaurantterrasse am Wasser) sichern, sonst sieht man nichts.

Mirage/
Venetian

Nachbar von *Treasure Island* ist das **Mirage**, Heimkulisse des deutschen Magier-Paars **Siegfried & Roy** und ihrer weißen Tiger. Auch ohne Showbesuch ist ein Bummel durch die parkartig begrünten Fluchten des *Mirage* "Pflicht". Die Hotelgäste genießen eine der besten Poolanlagen Las Vegas`. Vor dem *Mirage* bricht ab Dämmerung alle 15 min ein **Minivulkan** rotglühend aus. Gegenüber wurde 1998 das **Venetian** fertig mit Kanälen wie in Venedig und einer 50%-Kopie des Eifelturms.

Caesar's Palace/ Bellagio

Obschon in die Jahre gekommen, ragt der römischen Palästen nachempfundene Bau von *Caesar's* immer noch weit aus der Masse der Konkurrenten heraus und kann innen wie außen ohne weiteres mit den neueren Attraktionen mithalten. Seit 1997 ziert ein gewaltiger zusätzlicher Hotelturm mit römischen Säulen in lichter Höhe das Gelände. Nebenan öffnete 1998 das *Bellagio* seine Pforten mit einer Kunstgalerie voller Millionenwerte. Dafür sind aber $10 Eintritt fällig.

New York in Las Vegas mit einer Super-Achterbahn rund um den Komplex

New York-New York

Der Großkomplex **New York-New York** an der Ecke Tropicana Ave ist – wie alle moderneren Anlagen im Umfeld – Kasino, Hotel und *Amusementpark* in einem. Er wird von einer sagenhaft hohen und steilen **Achterbahn** umrundet. Eine Replika der **Freiheitsstatue** in 75% der Originalgröße und eine 100 m lange **Brooklyn Bridge** sind die Zutaten zur *Skyscraper*-Kulisse. Die Hotelgäste übernachten in bekannten Hochhäusern New Yorks, etwa dem *Empire State Building*. Auch die Restaurant- und Shoppingzonen sind New Yorker Vorbildern wie dem *Greenwich Village* nachempfunden.

Excalibur

Ebensowenig wie *Treasure Island* verheimlicht das burgartige *Excalibur* die Anleihen bei *Disneyland*. Das **Fantasy Fairyland**, ein kleiner, eher auf kindliche Gemüter zugeschnittener *Indoor Amusementpark* im Tiefgeschoß, und das zweimal täglich stattfindende **Ritterspektakel** *King Arthur's Tournament* (18 Uhr/20.30 Uhr; sehenswert sind die reiterischen Leistungen der Turnierkontrahenten, das vorab gereichte mittelalterliche Dinner ist da eher Nebensache) erfreuen sich großer Beliebtheit bei jung und alt; ca. $30, Reservierung ✆ (800) 937-7777.

Luxor

Die Pyramide von *Luxor* mit der *Sphinx* am Eingang ist eines der spektakulärsten Bauwerke am Strip und ein prima Fotomotiv. Hinter der verspiegelten Fassade verbergen sich Hotelzimmer, die nur über Arkaden im riesigen Hohlkörper zugänglich sind. Unbedingt besuchenswert; auch als Hotel toll.

MGM

Auf der Ecke diagonal gegenüber dem *Excalibur* sitzt der überdimensionale **MGM**-Goldlöwe vor einem grünen Glaspalast kolossalen Ausmaßes. Nach Durchschreiten des Löwenmauls öffnen sich Spielsäle gewaltiger Ausdehnung und Deckenhöhe. Eine Sonderhalle beherbergt 1000 Video-Spiele. Hinter dem Gebäude befindet sich mit dem **Grand Adventures Theme Park** ein eher konventioneller Vergnügungspark im Jahrmarktstil.

Andere

Die "Vorzüge" anderer Kasinos verblassen etwas im Licht der aufgezählten Attraktionen. Von ihnen ist vielleicht noch **Circus Circus** mit Akrobatik-Vorführungen in der Zirkuskuppel über den Spielautomaten und dem **Grand Slam Adventure Park** unter dem Transparentdom am rückwärtigen Parkplatz besuchenswert, außerdem der **Imperial Palace** (neben *Harrahs* und gegenüber *Mirage*) wegen seiner **Antique and Classic Auto Collection** mit über 200 tollen Oldtimern (allerdings im oberen Stockwerk im hintersten Winkel der Kasinofluchten nur auf langen Märschen erreichbar); täglich 10-23 Uhr, Eintritt $7.

Abseits des Strip

Von der I-15 erkennt man gut, daß weitere äußerlich attraktiv wirkende Paläste auch abseits des *Strip* stehen, darunter das **The Orleans** mir originalem *French Quarter* an der Tropicana Ave und der farbenfrohe Glaspalast des **Rio Hotel** an der Flamingo Rd. Neues bieten weder diese noch andere mit viel Werbung propagierte *Off-Strip* Kasinos.

Malls

Wie überall in Amerika findet man auch in Las Vegas große Einkaufszentren an den Ausfallstraßen. Direkt am *Strip,* 3200 South Las Vegas Blvd,

Zentrum und Strip Las Vegas

0   2,5 km

NORD LAS VEGAS

1 Gold Coast
2 Rio
3 Bellagio
4 Monte Carlo
5 New York-New York
6 The Orleans

Utah/ Zion Park

Las Vegas Blvd. North

Rancho

Expressway

Charleston

Old Nevada/ Red Rock Canyon

Circus Circus
Stardust
Treasure Island
Mirage
Ceasar´s Palace
1   2
6   3
4
5   Aladin
MGM
Excalibur
Luxor

Fremont St. Mall

Fremont

Stratosphere Tower   Sahara

Sahara
Convention Center
Venetian
Harrah´s
Imperial Palace   Flamingo Road
Desert Inn

University of Nevada, Las Vegas

Tropicana

Paradise

The Strip

Airport

Los Angeles

Expressway

Boulder

Hoover Damm

Russel

Das Luxor Kasino kurz nach Eröffnung 1994. Heute verdeckt das Grün der Palmen bereits die freie Sicht auf Pyramide und Sphinx

Outlet Mall

liegt die **Fashion Show Mall** mit 140 Läden, die voll auf die Bedürfnisse des Las Vegas Publikums zugeschnitten sind. Eine gute Meile südlich der Kasinos eröffnete 1997 die nun größte **Belz Factory Outlet Mall** der USA.

Planschpark

Ein Amusementpark für den Wasserspaß darf im heißen Las Vegas natürlich nicht fehlen. Er heißt dort **Wet'n Wild** und liegt am *Strip* unweit *Circus Circus* zwischen Riviera Drive und Sahara Ave, Juni–August 10–20 Uhr, ab April/bis Oktober bis 18 Uhr; Eintritt $22. Guter Planschpark mit recht hohen Rutschen, aber auf kleinem Areal und immer ziemlich voll.

Fremont Street Mall

Die Kasinos in **Downtown** (*Fremont Street* Fußgängerzone) sind weit weniger spektakulär als die Konkurrenz am Strip, liegen aber dicht an dicht und bilden im abendlichen Lichterglanz seit eh und je ein prima **Fotomotiv**. Neuerdings wurde die *Fremont St Mall* komplett überdacht und mit Lautsprecherbatterien ausstaffiert. Bei Dunkelheit wird nun jeweils zur vollen Stunde eine **Laser Light & Sound Show** unter die gesamte Dachlänge von rund 300 m projiziert, ein Spektakel einzig zu dem Zweck, die Las Vegas Besucher nicht ganz an den *Strip* zu verlieren.

In **Binion's Horseshoe** sind $1 Mio. in bar (100 Scheine zu je $10.000) hinter Panzerglasscheiben zu bewundern. Das äußerlich attraktivste Kasino aber ist das **Golden Nugget**. Ein riesiges Goldnugget – was sonst? – istdort ausgestellt

3.1.5 Ziele in der Umgebung

Die Umgebung von Las Vegas besteht durchaus nicht nur aus flacher Wüstenlandschaft:

Red Rock Canyon

Die **Red Rock Canyon Recreation Lands**, gute 20 mi westlich von Las Vegas, erreicht man über Straße #159 (Charleston Blvd). Eine *Scenic Road* läuft ca. 13 mi durch graurote Sandsteinformationen. Wanderwege, Kletterfelsen und **Mountain Bike Trails** sorgen für eine

gewisse, weitgehend lokale Frequentierung. Mit *Permit* darf dort gezeltet werden, ⇨ Seite 379.

Folgt man der #159 einige Meilen weiter, gelangt man zur **Bonnie Springs Ranch**, einem rustikalen Ausflugslokal mit **Pferdeverleih** in der *Red Rocks*-Region.

Zum Death Valley

Die #159 stößt nur wenig weiter westlich auf die Straße #160 nach Pahrump, der – von Las Vegas – Hauptzufahrt zum *Death Valley National Park*, ⇨ Seite 374.

Hoover Dam

Der bereits 1936 fertiggestellte, 223 m hohe **Hoover Dam** ist immer noch die #1-Touristenattraktion außerhalb der Stadt (30 mi östlich an der Straße #93 über Boulder City, der einzigen Stadt in Nevada mit Glücksspielverbot). Vor allem die Einbettung des Damms zwischen steil aufragenden Canyonwänden macht ihn zur fotogenen Sehenswürdigkeit. Der für den Bau notwendige Beton hätte für eine zweispurige Straße von San Francisco nach New York gereicht. Hochinteressante halbstündige **Führungen** durch Staumauer und Kraftwerk finden kontinuierlich 9-16 Uhr, im Sommer 8–18 Uhr statt, Eintritt $8. Oft treten dafür jedoch erhebliche Wartezeiten auf. Informativ ist auch das Modell im *Visitor Center*.

Lake Mead NRA

Der durch den Bau des *Hoover Dam* entstandene 185 km lange *Stausee* wurde zur **National Recreation Area Lake Mead** deklariert. Sie bietet inmitten des heißen Wüstenklimas ein riesiges Bade- und Wassersportrevier. Zwischen dem *Visitor*

Lake Mead/	*Center des National Park Service* (Straße #93 ca. 4 mi östlich
Uferstraße	von Boulder City; geöffnet im Sommer bis 18 Uhr, sonst 16.30

Lake Mead/
Uferstraße

Center des National Park Service (Straße #93 ca. 4 mi östlich von Boulder City; geöffnet im Sommer bis 18 Uhr, sonst 16.30 Uhr) und Overton am Nordende des Sees läuft die **Northshore Road** durch eine ausgedörrte Landschaft. Felsformationen und -farben wechseln mit jedem Kilometer. Eine Fahrt auf dieser wenig frequentierten Strecke ersetzt fast den Besuch im *Death Valley*.

VALLEY OF FIRE

Ein Amphitheater mit Rängen aus rostrotem Sandstein, Tal des Feuers. Treffender hätte man diese Laune der Natur nicht bezeichnen können. Ausgeglüht von der Sonne, deren Hitze bewahrend und in die Nacht hinübernehmend. Keine Abkühlung ist spürbar nach Einbruch der Dunkelheit, die Sonne bleibt auch unsichtbar gegenwärtig. Die Felsen rücken näher, rücken zusammen, bedrängen nicht, bieten Schutz. Ihr freundliches Rot, längst im Nachtschatten verloren, wirkt nach.

Eine Augustnacht. Ähnlich mögen frühere Besucher empfunden haben. Prähistorische Korbflechter, von denen nur wenige Spuren blieben, später die Anasazi, die sich in Felszeichnungen in Erinnerung halten. Was mag damals die Menschen bewogen haben, dieses wasserlose, von der Sonne beherrschte Felsenmeer aufzusuchen, wo ihnen doch das nahe Moapatal mit seinen fruchbaren Niederungen gute Lebensbedingungen geboten haben dürfte. Religiöse Gründe könnten es gewesen sein. Die Wucht der Felskulisse wird diese an der Natur orientierten Menschen kaum weniger beeindruckt haben als den Besucher der heutigen Zeit.

Aus der Nachbarschaft des Campgrounds dringen Fetzen indianischer Musik herüber. Grund genug, um Gastfreundschaft zu bitten, zusammenzurücken. Besser kann man den Abend nicht beschließen. Aber die Hitze bleibt. Die weichen, ruhigen, panflötenartigen Klänge kontrastieren zur Stimmung, ergänzen, machen die Spannung deutlich, befrieden nicht.

Die Spannung löst sich nachts in einem gewaltigen Gewitter. Die konzentrierte Urgewalt des Himmels entlädt sich in das enge Tal. Blitze in nie gesehener Vielfalt und Leuchtkraft zerfetzen das Dunkel und bestätigen immer wieder für Augenblicke die Purpurpracht der hereinhängenden Felsmassen. Und erst der Donner! Das peitscht und knallt, hallt wider und wider, überholt sich gleichsam selbst im Echo, Welle auf Welle. Und doch, alles Toben ist nicht feindselig, flößt nicht Furcht ein. Alles ist nur Theater, von der Natur hineininszeniert in diese prächtige Kulisse. Jetzt erst nimmt ein heißer Sommertag endgültig Abschied. Das Gewitter reinigt, entspannt. läßt Nachtkühle einziehen, die man dankbar entgegennimmt.

So findet die Morgensonne ein friedliches Tal, freundlich, aufgeräumt. Man spürt, sie wird einen langen Tag brauchen, sich durchzusetzen.

Hans Löwenkamp

Boulder Beach

Kurze Stichstraßen führen zu **Marinas** (teure Leihboote und Badeplattformen; Mindestalter des Mieters 25 Jahre!), Stränden und Campingplätzen. Das größte, wiewohl nicht sehr attraktive Strandgebiet und zwei akzeptable **Campgrounds** (ohne Hook-up-Komfort, aber mit Duschen) befinden sich an der **Boulder Beach**. Bei einem Sommerbesuch von Las Vegas sind die kühlen Fluten des Sees eine Wohltat. Hübscher als an der *Boulder Beach* ist es an den etwas weiter von der City entfernten Seezugängen. An der **Overton Beach** liegt der *Campground* auf einer in den See ragenden Landzunge mit Stellplätzen direkt am Ufer.

Valley of Fire

Rund 10 mi westlich von Overton Beach, auf etwa halber Strecke zur Interstate #15, durchquert die Straße #169 den **Valley of Fire State Park.**

Äußerst pittoreske Gesteinsformationen, die das frühe und späte Sonnenlicht leuchtend rot reflektieren, gaben diesem Gebiet seinen Namen. Das *Valley of Fire* ist eine Sehenswürdigkeit, für die allein sich schon die Anfahrt von Las Vegas lohnt. Wer ohnehin auf der I-15 unterwegs ist, sollte den Abstecher zum Feuertal nicht auslassen.

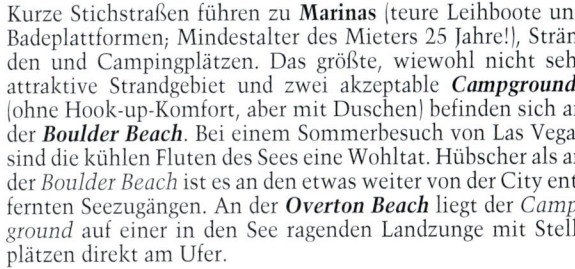

Die beiden fantastisch zwischen die Felsen plazierten **Campgrounds** gehören zu den nachdrücklichsten Campingempfehlungen. dieses Buches (mit Duschen). Ein wenig östlich davon informiert ein **Visitor Center** über Geologie und (präkolumbische) Besiedelung des "Feuertals", geöffnet täglich bis 16.30 Uhr. Dort wird auch die **Gebühr** für den *Day-use* kassiert.

Wie Feuer leuchten die Felsen im Valley of Fire in der Abend- und Morgensonne

4. RUNDREISEN DURCH DEN SÜDWESTEN

Konzeption Im folgenden sind **zwei grundsätzlich unabhängige Routen** durch den Süden von Utah und den Südwesten von Colorada und durch die Staaten Arizona und New Mexico beschrieben. Sie weisen mit dem Streckenabschnitt Grand Canyon–Las Vegas und umgekehrt einen kurzen gemeinsamen Verlauf auf, eine Nahtstelle sozusagen, und lassen sich darüber – wie auch über eine Reihe von Fast-Berührpunkten (*Canyon de Chelly/ Monument Valley; Chaco Canyon/Durango/Mesa Verde; Taos Pueblo/Great Sand Dunes*) – leicht miteinander verknüpfen. Ein Beispiel dafür liefert der Routenvorschlag # 2, ➪ Seite 670. Grund für die Zweiteilung im geographisch gar nicht so außergewöhnlich groß erscheinenden Reisebereich dieses Kapitels (➪ vordere Umschlagklappe) ist die hohe Dichte der Sehenswürdigkeiten im Südwesten.

4.1 ZU DEN ROUTEN

Startpunkte:
– Für **Route 4.2** Las Vegas oder Los Angeles; ggf. kommt in Verbindung mit der **Erweiterung 4.3** auch Denver in Frage.
– für **Route 4.4** ebenfalls Las Vegas, jedoch ebensogut Phoenix, Tucson oder Albuquerque. Wie im Fall der Route 4.2 könnte man auch in Los Angeles oder San Diego beginnen.

Gesamtstrecken:
– Ab Las Vegas ohne Anfahrt von der Westküste (zusätzliche 550 mi von Los Angeles hin und zurück) ergeben sich rein rechnerisch für die **Route 4.2** in ihrer kürzesten Form ohne Umwege und Abstecher 1.500-1.800 mi. Realistisch erscheinen **2.000-2.200 mi**. Die **Erweiterung 4.3** ab Grand Junction über Denver und die *Great Sand Dunes* nach Durango kostet mindestens 800 weitere Meilen, über den *Black Canyon of the Gunnison* noch einmal plus 200 mi.
– Unter Einschluß des *Grand Canyon* läuft die **Route 4.4 ab Phoenix, Tucson** oder **Albuquerque** über rechnerische 1.800-2.300 mi, jedoch realistische 2.200-2.600 mi. Dabei wurden reizvolle Umwege w.z.B. über *El Morro Rock*, die *Carlsbad Caverns* u.a. nicht gezählt. Bei **Start in Las Vegas** ergeben sich **plus 400 mi**, bei Start in Los Angeles insgesamt zusätzliche 750 mi gegenüber dem Start in Phoenix (Rückfahrt über das *Joshua Tree National Monument*).

Zeitbedarf:
– Trotz der scheinbar geringen Meilenzahl für die **Basisroute unter 4.2** sollte man in Anbetracht der vielen Nationalparks und -monumente nicht unter 3 Wochen kalkulieren, zumal mindestens 2 Tage für Las Vegas und die Umgebung

benötigt werden (*Lake Mead* und *Hoover Dam, Valley of Fire*, ⇨ vorstehend; ggf. liegt auch noch ein Abstecher zum *Death Valley* an). Bei Beginn in Los Angeles und kleinen "Schlenkern" oder Zwischenaufenthalten (etwa am *Lake Powell*, für die *Hot Springs* von Ouray o.ä.) lassen sich spielend vier Wochen allein für die unter 4.2 beschriebenen Ziele "verbrauchen". Auf jeden Fall 4 Wochen sind notwendig unter Einschluß der **Erweiterung 4.3** (*Cripple Creek* und *Great Sand Dunes*, siehe dort).

– Für die volle **Route 4.4** ab/bis Las Vegas benötigt man leicht 3 Wochen (einschließlich *Carlsbad Caverns*, aber ohne weitere Abstecher wie etwa *Canyon de Chelly, Big Bend NP, Gila Cliffs*). Eine schöne Tour für 4 Wochen ergibt diese Route, wenn man sie in Los Angeles beginnt und einige der möglichen Erweiterungen einbaut.

Reisezeit:

– Für die **Route 4.2** Ende Mai bis Ende September. Im Juli/August steigen die Temperaturen in den tiefer gelegenen Gebieten schon mal auf über 30°C, sind aber bei der vorherrschenden Trockenheit erträglich. Bis in den Juni hinein und ab September muß man mit sehr kühlen Nächten in den Hochlagen (*Grand Canyon, Bryce, Arches, Mesa Verde*) rechnen, ebenso während – normalerweise recht kurzer – Schlechtwetterperioden. Spätestens ab Oktober wird es ohnehin nachts lausekalt und bei bedecktem Wetter auch tagsüber ungemütlich (außer Las Vegas und Umfeld). Außerdem sind dann und vor Mitte Mai Schneefälle keine Seltenheit. Optimal wäre ein Reisebeginn Mitte Juni oder Mitte-Ende August; bei Start im Mai/Anfang Juni besser gegen die hier gewählte "Fahrtrichtung".

Die **Erweiterung 4.3** ist eine **Sommerroute.** Bis auf den Bereich der *Great Sand Dunes* sind die Wetterbedingungen selbst im Juli/August mitunter recht wechselhaft.

– Für den nördlichen Abschnitt der **Route 4.4** gilt dasselbe wie unter 4.2. Für den südlichen Teil kann die Fahrt auch noch im Oktober oder schon im April/Mai (Blütezeit in der Wüste) stattfinden. Auf keinen Fall sollte man sich den Süden von Arizona und New Mexico im Hochsommer vornehmen. Optimal sind also Mai/Juni (dann möglichst gegen die hier gewählte "Fahrtrichtung") und September/Oktober; Starttermin vorzugsweise im jeweils erstgenannten Monat. Die Erweiterung zu den *Carlsbad Caverns* und ggf. zum *Big Bend Park* läßt sich sowohl im April/Mai als auch noch im Oktober machen. Bei Reiseplänen spät im Jahr muß bedacht werden, daß es recht früh dunkel wird (Ende Oktober in Süd-Arizona/-New Mexico: 17.30 Uhr).

Big Cities:
- **Route 4.2:** keine; **Erweiterung 4.3:** Denver
- **Route 4.4:** Phoenix

Großstädte:
- **Route 4.2:** Las Vegas; **Erweiterung 4.3:** keine
- **Route 4.4:** (Las Vegas), Albuquerque, El Paso, Tucson

Mittelgroße Städte:
- **Route 4.2:** Grand Junction; **Erweiterung 4.3:** keine
- **Route 4.4:** Flagstaff, Santa Fe, Las Cruces

Nationalparks:
- **Route 4.2:** Zion, Bryce Canyon, Capitol Reef, Canyon-lands, Arches, Mesa Verde, Grand Canyon
- **Erweiterung 4.3:** keine
- **Route 4.4:** Grand Canyon, Petrified Forest, Carlsbad Caverns, Guadalupe Mountains, Big Bend/Texas, Saguaro

Wichtige Nationalmonumente und Recreation Areas:
- **Route 4.2:** Cedar Breaks, Grand Staircase-Escalante, Glen Canyon, Natural Bridges, Colorado, Black Canyon of the Gunnison, (Monument Valley), Navajo
- **Erweiterung 4.3:** Great Sand Dunes, Florissant Fossil Beds
- **Route 4.4:** Wupatki, Sunset Crater, Walnut Canyon, Canyon de Chelly, El Morro, El Malpais, Chaco Culture, Bandelier, (Taos Pueblo), Pecos, Quarai and Gran Quivira, White Sands, Gila Cliffs, Chiricahua, Organ Pipe Cactus, Montezuma Castle, Tuzigoot

Routenverläufe:
- Die **Route 4.2** entspricht der klassischen Route durch die Landschaftsparks von Utah unter Einschluß des *Mesa Verde Park* in Colorado, des *Monument Valley* und des *Grand Canyon*. Die Verbindungsstraßen führen streckenweise durch großartige Landschaften, z.B. zwischen *Zion, Bryce Canyon* und *Capitol Reef* und in den *San Juan Mountains* in Colorado, aber auch durch öde Halbwüsten. Abwechslung bietet der *Lake Powell* mit badefreundlichen Wassertemperaturen bis Ende September. Die beeindruckenden Klippendörfer im *Mesa Verde Park* und im *Navajo National Monument* legen Zeugnis ab von der untergegangenen Kultur der *Anasazi* Indianer. Städte nennenswerter Größe werden nicht berührt, jedoch mit Silverton und Durango Touristenorte mit einem Touch Wildwest-Atmosphäre. Die vorgeschlagene **Erweiterung 4.3** durch die *Rocky Mountains* von Colorado bezieht die *Big City* Denver und Relikte der Goldrauschzeit in den Reiseverlauf ein. Die *Great Sand Dunes* bilden den Höhepunkt dieses Umwegs.

– Auf der **Route 4.4** liegt neben den Nationalparks *Grand Canyon, Petrified Forest, Carlsbad Caverns, Guadalupe Mountains* und *Saguaro* eine Vielzahl von Nationalmonumenten mit unterschiedlichsten landschaftlichen wie kulturellen *(Pueblo*-Indianer, Klippendörfer) Sehenswürdigkeiten. Im Gegensatz zur Route 4.2 fehlen hier städtische Attraktionen nicht: Santa Fe, Albuquerque, Tucson und Phoenix bieten amerikanisches *City-Life* mit mexikanisch angehauchter Südwest-Prägung. Wüstenerfahrungen besonderer Art macht man im *White Sands* Gebiet und – ganz anders – in den Kakteen-Parks *Saguaro* und *Organ Pipe*. Mit Tombstone und Old Tucson kommt auch der Wilde Westen nicht zu kurz. Die Atom-Museen in Los Alamos und Albuquerque sowie die Flugzeug- und Raketen-Museen in Alamogordo und Tucson setzen zu Landschaftserlebnis und Südwestkultur sehenswerte nüchtern-technische Kontrapunkte. Alles in allem ist die Route 4.4 noch abwechslungsreicher als die Route 4.2, auch wenn auf der die absolut sensationellsten Landschaftsparks von Zion bis Arches liegen. Die pausenlose Abfolge von Felsformationen aller Art bewirkt unterwegs einen gewissen Ermüdungseffekt.

Karte

Die **ideale Karte** für die Route 4.2 mit Erweiterung 4.3 und ebenso den Nordarm der Route 4.4 ist **Indian Country** des **AAA**, die auch im freien Verkauf außerhalb der AAA-Büros für $4 zu haben ist. Auf dieser Karte sind noch die kleinsten Nebenstraßen *(Dirt Roads)* und praktisch alle öffentlichen Campingplätze im Bereich des Großen Plateaus genau eingetragen. Auf der Rückseite findet man Kurzhinweise zu den wichtigen Sehenswürdigkeiten, Adressen und Telefonnummern von Veranstaltern von Wildnis-Trips und Informationen zu den Indianerstämmen der Region mit indianischem Fest- und Veranstaltungskalender.

Auf der Cottonwood Canyon Road zwischen Cannonville und Paria im neuen Grand Staircase-Escalante National Monument, ⇨ *Seite 406.*

4.2   **DURCH DIE NATIONALPARKS
IM SÜDEN VON UTAH UND SÜDWEST-COLORADO**

Die Nationalparks auf dieser Route liegen alle im Bereich des
Großen Plateaus (⇨ Seite 18), das weite Gebiete im Osten von
Utah, im westlichen Colorado und Nord-Arizona umfaßt.

Start   **Ausgangspunkt ist Las Vegas**. Bei Anfahrt von **Los Angeles**
oder **San Francisco** siehe zunächst die jeweiligen Startrouten
von dort nach Las Vegas.

4.2.1   **Von Las Vegas
zu den Nationalparks Zion und Bryce Canyon**

I-15   Zwischen Las Vegas und dem Südwesten Utahs ist die ***Interstate #15 einzige Straßenverbindung***. Sie führt in Nevada eintönig durch die Wüste und bietet zunächst als einzige Abwechslung den Umweg über das ***Valley of Fire*** und den ***Lake
Mead/Overton Beach***, wie im vorangehenden Kapitel beschrieben. In **Mesquite** locken in der letzten Nevada-Wüstenoase
noch einmal Kasinos und eine komplette Infrastruktur, bevor
es ins lasterlose Utah geht. Noch in dem kurzen Verlauf der
Interstate durch Arizonas Nordwestecke beginnt der scheinbar endlose Anstieg aus der Wüstenebene auf die Höhe von
rund 1000 m über NN.

Utah   **St.George** ist auf dieser Route die einzige Stadt (28.000 Einwohner) vor Grand Junction in Colorado. Wichtige Besorgun-
gen lassen sich dort noch gut erledigen; die nächsten 500 mi
– sieht man ab vom 17 mi entfernten Ort ***Hurricane*** – bis
Moab am *Arches Park* trifft man nur noch auf dörfliche Struk-
turen. Relativ dicht ist in St. George und Hurricane die **Motel-
und Hoteldichte** mit erfreulichen Folgen für das Preisniveau.
Man kommt dort auch im Sommer noch ab $35 unter; die
Mittelklasse (*Days Inn, Hampton, Comfort, Best Western,
Super 8*) ist dort für $50-$60 zu haben, zumindest So–Do.

In den Ausläufern der *Pine Valley Mountains* bei St. George
laden die **State Parks Snow Canyon** (Straße #18, ca. 7 mi) und
Gunlock (ca. 25 mi, Schwimmen!) zum Campen ein.

Der **Quail Creek State Park** liegt am gleichnamigen Stausee
nördlich der #9, unverfehlbar bei Abfahrt von der I-15, *Exit #16*.
Einer der schönsten Plätze weit und breit befindet sich einige
Meilen weiter auf der Westseite der *Interstate*: Man passiert

den *Quail Creek Park*, gelangt wieder an die Autobahn und
unterquert sie auf Höhe des **Shilo Inn** (gut und relativ preiswert) durch eine enge Unterführung, die entgegen dem Anschein sogar für *Motorhomes* paßt. Die Anfahrt ist auch vom
Exit #22 möglich. Der **BLM Campground Red Cliffs** liegt eine

gute Meile abseits am Creek zwischen Felsen und Grün.

Zum Zion National Park

Zum **Zion Canyon**, der wichtigsten Sektion des *Zion National Park*, führt die Straße #9 über Hurricane, wo es ein *International Hostel* gibt: **Dixie Hostel**, 73 S Main St, $15. Von dort sind es noch 25 mi auf großenteils schöner Strecke am Virgin River entlang. Bereits weit vor Springdale, dem Einfallstor zum Park mit einer voll auf den Zion-Tourismus eingestellten Infrastruktur, fallen die ansprechenden **Bed & Breakfast**-Angebote in *Ranches* und kleinen *Inns* auf.

In Rockville zweigt in südliche Richtung eine Straße über den Virgin River ab, die zurück nach Westen zur **Ghosttown Grafton** in typischer Wildwest-Umgebung führt (ca. 2 mi).

Springdale

Das langgestreckte Springdale bietet viele Quartiere in allen Preisklassen, aber bis auf das BW keine Kettenmotels. Ab $50 kostet im Sommer **Terrace Brook Lodge**, ☎ (800) 9342-6779; ab ca. $70 die sehr schöne **Best Western Driftwood Lodge** und um $80 das erstklassige **Zion Park Inn**, ☎ (800) 934-7275. Der große private **Zion Canyon Campground** am Virgin River befindet sich am nördlichen Ortsende. Abends ist während der Saison von Mai bis Oktober in Springdale mehr los, als die Größe des Ortes vermuten läßt; es gibt eine Musikkneipe und mehrere gute Restaurants. Im **IMAX-Kino** läuft stündlich der grandiose *Zion-* und *Canyonlands*-Film **Treasure of the Gods**; $7.

Zion Park

Gleich hinter dem Ortsende von Springdale erreicht man den Haupteingang des *Zion Park*. Zur Rechten dahinter liegen die Einfahrten zu den beiden Campingplätzen; sie gehören zum Nationalpark-Durchschnitt. Der **Watchman Campground** mit Stellplätzen am Fluß unter schattigen Bäumen ist die bessere Wahl. Schöne Lage **und** Komfort mit *Hook-up* bietet der **Mukuntuweep Campground** unweit des *Zion East Entrance*; Reservierung unter ☎ (800) 644-5447; $15-$20.

Im **Visitor Center** werden die Besucher mit einer Ausstellung zu Flora und Fauna und einer blendenden **Diaschau** auf das Landschaftserlebnis *Zion* eingestimmt, die im Gegensatz zum IMAX-Theater keinen Extra-Eintritt kostet.

Virgin River Canyon

Eine 7 mi lange Stichstraße, der **Zion Canyon Scenic Drive**, folgt dem Virgin River in das enger werdende, üppig grüne Tal. Beidseitig beeindrucken gewaltige, hoch aufstrebende Felsflächen in allen Rot- und Brauntönen – fantastische Motive für die Kamera. Wegen der engen Parkplätze dürfen **Fahrzeuge über 21 Fuß Länge** zwar 1998 noch bis zum Straßenende fahren, dort – von März bis Oktober – ggf. Passagiere ausladen, aber **nicht parken** (9–17 Uhr). Der einzige größere **Parkplatz**

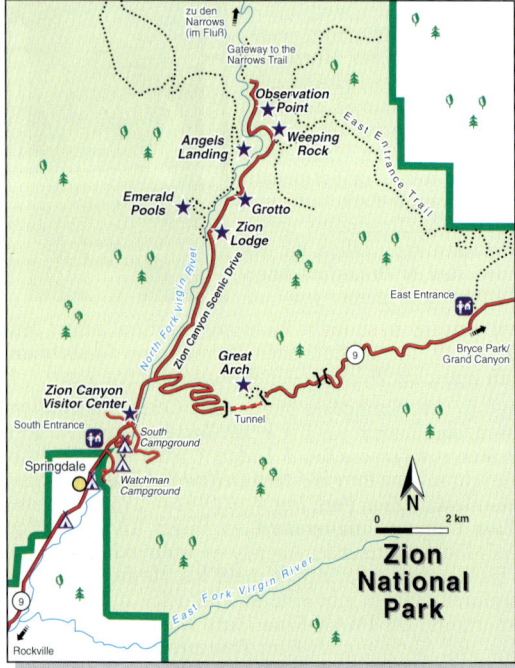

auch für *Motorhomes* befindet sich bei der *Zion Lodge* auf halbem Weg bis Straßenende. Ein **Shuttle Service** übernimmt den Weitertransport ($$). **Ab Sommer 1999 soll die *Zion Canyon Rd* für Fahrzeuge ganz gesperrt und der Besuch nur noch per *Shuttle,* Bike oder per pedes möglich sein.**

Narrows Trail

Am Ende der Straße beginnt der **Gateway to the Narrows Trail**, der von kaum einem Besucher ausgelassen wird. Der befestigte Teil des Weges endet nach 1,5 km, wo zwischen Fels und Virgin River diesseits des Flusses kein Raum mehr bleibt.

Zion Canyon Narrows

Bei niedrigem Wasserstand kann man jedoch den Fluß ohne weiteres überqueren und einem Trampelpfad noch ein Stück bis zur ersten, ganz von Wasser ausgefüllten Enge folgen. Die wirklichen **Zion Canyon Narrows**, wie sie auf den großformatigen Fotos im *Visitor Center* und in vielen Parkunterlagen so pittoresk abgebildet sind, liegen noch eine gute weitere Meile entfernt. Dorthin gelangt man nur durch mühsames Waten und Kraxeln. Der Lohn des kaum unter 45 Min machbaren Weges sind bis zu **600 m hohe Sandsteinwände**, deren Abstand stellenweise auf nur wenige Meter zusammenschrumpft. Empfehlenswert nur bei guter Kondition und geübter Balance im fließenden Wasser (auf Teilstrecken kann seitlich ausgewichen werden). Voraussetzung ist gutes Wetter rundherum! Regen in der Umgebung führt rasch zu einem Wasserstandsanstieg. **Stärkere Schauer machen aus dem Flüßchen in kürzester Zeit ein reißendes Gewässer.**

Zion Lodge

Für stilvolles Übernachten **im** *Zion Park* empfiehlt sich die **Zion Lodge** im Blockhaus-Look, Reservierung unter ✆ **(435) 772-3213** oder ✆ **(303) 297-2757**. Die Zimmer ($75-$120) sind teurer als die meisten *Motels* und *Inns* in Springdale.

Weitere Trails	Zwei weitere Herausforderungen für sportliche Wanderer sind der Aufstieg zur **Angels Landing,** 450 m über der *Grotto Picnic Area,* oder zum **Observation Point** gegenüber und noch einmal 200 m höher (*East Rim Trail* durch den *Echo Canyon*), beide mit sagenhaftem Blick in das Tal hinein und über die Zion-Landschaft. Bei 8 km bzw. 12 km Gesamtstrecke beträgt der minimale Zeitbedarf 3 bzw. 4,5 Stunden. Weniger anstrengende, aber gleichwohl schöne Wanderungen führen hinauf zu den **Emerald Pools** (1 Stunde) und am **Weeping Rock** vorbei zum **Hidden Canyon** (2 Stunden).

An heißen Sommertagen eine Wohltat ist das **Schwimmen** und **Inner Tubing** auf dem Virgin River. Reifenverleih im Supermarkt des Parks unweit der *Lodge.*

Trails im Ostteil des Parks	Wer die *One-Way* Problematik (Anfahrt zum Osteingang) lösen kann, findet mit dem **East Entrance Trail** durch die felsige Natur der Höhenlage zum *Observation Point* und dann den *Echo Canyon* hinunter ins Tal eine empfehlenswerte Ganztages-Wanderung. Östlich des kilometerlangen Tunnels der *Zion-Mt.Carmel Highway* beginnt ein kurzer Trail (1,5 km retour) zum **Zion Canyon Overlook** mit fantastischem Blick über das Tal und zum Felsbogen **Great Arch**.
Ostausfahrt	**Achtung Restriktion:** Fahrzeuge über 2,40 m Breite (7 Fuß 10 Inches) einschließlich der Spiegel und/oder über 3,40 m Höhe (11 Fuß 4 Inches) können den Tunnel auf der Ostausfahrt nur von 8–20 Uhr im Konvoi passieren. Praktisch bedeutet dies für alle **Full-size Motorhomes** Wartezeit und $10 Gebühren.
Ostareal des Zion	Im weiteren Verlauf führt die Straße mitten durch die **Wunderwelt der Farben und Formationen** des *Zion*-Hinterlandes. Man sollte unbedingt ein wenig Extrazeit für diesen Bereich einplanen. Die besten **Fotomotive** liegen einige Schritte abseits der Straße. Auch andere Nationalparks sind sensationell, aber auf eine solche Felslandschaft stößt man nicht wieder.

Eigenartig strukturierte Felsflächen, wie man sie nur auf der Höhe des Zion Park und ähnlich im Grand Staircase-Escalante National Monument findet

Kolob Canyons

Neben dem Zion Canyon existiert im Parkwesten als zweiter bequem mit dem Auto erreichbarer Parkzugang die **Kolob Canyons Road**; eigene Abfahrt von der I-15 zum dortigen *Visitor Center*. Die im allgemeinen nur gering frequentierte Stichstraße (ca. 5 mi) windet sich hinauf zum hochgelegenen **Kolob Canyons Viewpoint** mit herrlichem Weitblick auf die mächtigen Wände der umliegenden Massive. Vom Ausgangspunkt *Lee Pass* zum weltgrößten, freistehenden Felsbogen, dem **Kolob Arch**, sind es 11 km auf abschüssigem Weg (700 m Höhendifferenz). Für die gesamte Strecke benötigt man kaum unter sechs Stunden (Rückweg bergauf!). Die Wanderung wäre wichtigstes Motiv für den Besuch der Westsektion. Bei begrenzter Zeit sollte man darauf verzichten. Nicht minder eindrucksvolle *Felsbögen* warten im *Arches National Park*.

Cedar Breaks National Monument

Das **Cedar Breaks National Monument** nördlich des *Zion* rechtfertigt keine Umwege, wenn die Reise weitergeht zum *Bryce Canyon*. Denn die Attraktion von *Cedar Breaks* sind **erodierte, rote Sandsteinformationen**, wie sie ähnlich, aber vielfältiger und bizarrer im *Bryce Park* vorkommen. Andererseits führen sowohl die Straße #14 von Cedar City nach Long Valley Junction als auch die Verbindung *Cedar Breaks*–Panguitch (#143) durch eine sehr hübsche Gebirgs-, Canyon- und Waldlandschaft mit zahlreichen prima *NF-Campgrounds*.

Coral Sand Pink Dunes

Ein reizvoller **Abstecher** nach Verlassen des *Zion* könnte den *Coral Pink Sand Dunes* gelten. Die 10-mi-Zufahrt zweigt südlich der **Mount Carmel Junction** von der #89 ab. Der **State Park** ist mit seinen rötlichen Sanddünen ein **Dorado der ORV-Fans** (↪ Seite 39). In der Sommersaison tummeln sich dort Mengen von Geländefahrzeugen. Der **Campingplatz** ist daher meist voll. Ein wenig abseits der *Gravelroad* nach Kanab zwischen dem *State Park* und der #89 befindet sich der einfache **BLM-Campground Ponderosa Grove**.

Kanab

In Kanab, einem Schwerpunktort am Straßenendreieck #89/#89A mit vielen Motels (**Super 8, Best Western, Shilo`s, HI-Express** und preiswertere Einfachmotels), ist das Preisniveau wegen des *Grand Canyon–Bryce*-Tourismus relativ hoch. Wer dort als Motelübernachter in der Saison abends noch *Vacancy*-Schilder entdeckt, sollte besser nicht mehr weiterfahren. Denn die Übernachtungskapazitäten in der Umgebung sind – gleich in welcher Richtung – begrenzt. In Kanab gibt es auch die einzige preiswerte Unterkunft weit und breit: Das **Canyonlands International Hostel** offeriert die Übernachtung im Mehrbettzimmer für ganze $10 inklusive Frühstücksbüfett und verfügt sogar über gesonderte Familienzimmer, ✆ (435)-644-5554.

Zum Grand Canyon

Wer sich entscheidet, vom **Zion Park** weiter in Richtung **Lake Powell** oder zum **Grand Canyon** North Rim zu fahren, findet den Anschluß auf Seite 437.

Straßen #89 und #12 zum Bryce

Zum *Bryce Canyon* geht es ab ab **Mount Carmel Junction,** einer Touristenetappe mit Tankstellen, einigen originell sortierten Souvenirshops, **Motels** (preiswert!) und **Bed & Breakfast**, zunächst auf der Straße #89 nach Norden. Am Wege in Glendale befindet sich in günstiger, wenngleich straßennaher Lage ein guter **KOA-Campground**. Rund 45 mi sind es bis zur Abzweigung der #12, die durch den pittoresken **Red Canyon** führt. Mit seinen roten Felsformationen (tolle Straßentunnel!) liefert er einen Vorgeschmack auf den *Bryce Canyon*. Am Weg liegen die **NF-Campgrounds Red Canyon A/B**, keine schlechten Auffangplätze für *Bryce*-Besucher.

Blick auf das sogenannte Amphitheater of Standing Rocks vom Sunrise Point aus

Bryce Canyon National Park

Nach Durchquerung des *Red Canyon* findet man sich bald in der flachen Prärie eines Hochplateaus wieder. Der *Bryce Park* kündigt sich nur durch die davorgelegte Infrastruktur am Straßendreieck #12/#63 und rund um *Ruby's Inn* an, ➪ nächste Seite. Auch nach Einfahrt in den Park (Einzeleintritt $10/ Wagenladung bzw. *Golden Eagle Pass*) bleibt das eigentliche Ziel zunächst einmal verborgen. Man erreicht als erstes das **Visitor Center** und erhält dort den informativen Einstieg in Natur und Geschichte des Nationalparks, auch hier wieder mit einem sehenswerten Dia-Programm.

Kennzeichnung

Zu Recht gilt der **Bryce Canyon National Park** neben dem **Grand Canyon** als **der spektakulärste Park** des Südwestens. Die Bezeichnung *Canyon* erzeugt allerdings eine falsche Vorstellung. Es handelt sich keineswegs um eine Schlucht im üblichen Wortsinn. Der Begriff bezieht sich im Fall *Bryce* auf die östliche Abbruchkante des **Paunsaugunt Plateau**, das sich einige hundert Meter über das östliche *Tropic Valley* und sich daran anschließende Tallandschaften erhebt. Zwischen dem Rand der Hochebene und dem tiefer gelegenen Gelände erstreckt sich auf etwa 40 km Länge ein **Gebiet bizarr-skurriler**

Bryce Canyon

Formationen erodierten Sandsteins. Im Laufe vieler Jahrtausende entstanden im rot-gelb-rostbraunen Gestein höchst eigenartige Säulen, Türme und Skulpturen. Besonders bei tiefstehender Sonne am frühen Morgen und am späten Nachmittag bietet dieser Park ein faszinierendes mit den Lichtverhältnissen wechselndes Farbspiel.

Von der **Whiteman Bench Road**, einer kurvenreichen 17-mi-Straße bis zum Südrand des Plateaus, zweigen Stichstraßen zu *Viewpoints* und Ausgangspunkten für Wanderungen in die Tiefe ab. Das attraktivste, dicht mit Skulpturen "bevölkerte" Parkareal ist das sog **Bryce Amphitheater**, nur wenig südlich des Besucherzentrums. Oberhalb dieses Bereichs befinden sich die **Versorgungseinrichtungen** vom Campingplatz über die *Lodge* und den Supermarkt bis zu öffentlichen Duschen.

Trails

Das **Bryce**-Kurzprogramm (etwa 1 Stunde) besteht aus einem Spaziergang am **Rim Trail** zwischen **Sunrise, Sunset** und **Inspiration Point**. Zum großen Erlebnis wird der Besuch des *Bryce Park* erst auf einer Wanderung mitten hinein in die geologische Wunderwelt. Der kürzeste (rund 2,5 km), ziemlich steile Pfad hinunter in das Felslabyrinth ist der **Navajo Loop Trail** vom *Sunset Point* aus. Wer sich mehr als die dafür nötige Stunde Zeit lassen möchte, dem sei der fantastische **Peek-A-Boo Trail** (an sich ein *Loop Trail*, wobei der obere, dem Plateau zugewandte Abschnitt des Pfades gewählt werden sollte) vom *Sunset* bis zum *Bryce Point* empfohlen (7 km plus 3 km Rückweg auf dem *Rim Trail*; insgesamt kaum unter 3 Stunden). Der **Peek-A-Boo <u>Loop</u>** kann gut mit dem **Queens Garden Trail** kombiniert werden kann (plus 2 km).

Noch ein wenig länger ist der ebenfalls sehr schöne **Fairyland Trail** durch wieder andersartige Formationen vom gleichnamigen zum *Sunrise Point* (mit Rückweg am Rand entlang insgesamt ca. 13 km). Es gibt auch die schöne Möglichkeit, in das "Amphitheater der stehenden Felsen" **von unten** hineinzuwandern, und zwar vom – östlich des *Bryce Park* gelegenen – **Tropic** aus. Der *Trailhead* liegt 3 mi von der #12 durch Tropic entfernt: Man folge (vom Bryce kommend) gleich der ersten Straße rechts durch das Dorf an der Schule vorbei (Bryce Way). Vom Straßenendpunkt zum *Sunset Point* sind es etwa 4 km.

Eine besondere Erfahrung macht, wer am Fuß der erodierten Felsen übernachtet (*Permit* erforderlich). In bequemen Abständen existieren mehrere *Campsites* am **Under-the-Rim-Trail** zwischen *Sunset Point* und *Rainbow Point* am Straßenende.

Unterkunft im Park

Die **Bryce Canyon Lodge** im Park, ✆ (435) 834-5361 und ✆ (303) 297-2757, ab ca. $75) besitzt außer der Lage keine besonderen Vorzüge. Die **Campgrounds** im Bryce sind guter Nationalpark-Durchschnitt und bieten viel Komfort; wegen der Höhe (ca. 2500 m) ist es aber nachts ziemlich kalt auf dem Plateau.

Quartiere um Bryce

Ruby's Inn (**Best Western**), einen Riesenbesucherkomplex vor der Parkeinfahrt, kostet ab $70 und bietet normalen Mittelklasse-Standard. Das **Bryce Canyon Pink Cliffs Hostel,** © (800) 834-0043, und weitere **Motels** findet man entlang der Straße #12, außerdem in Panguitch (**Hostel**) und vor allem in Tropic. Neben einer Handvoll *Motels* und *Inns* gibt es dort eine ganze Reihe **Bed & Breakfast**-Angebote, Ausschilderung im Ort. In **Cannonville** wartet das neue **Grand Staircase Inn** auf Gäste.

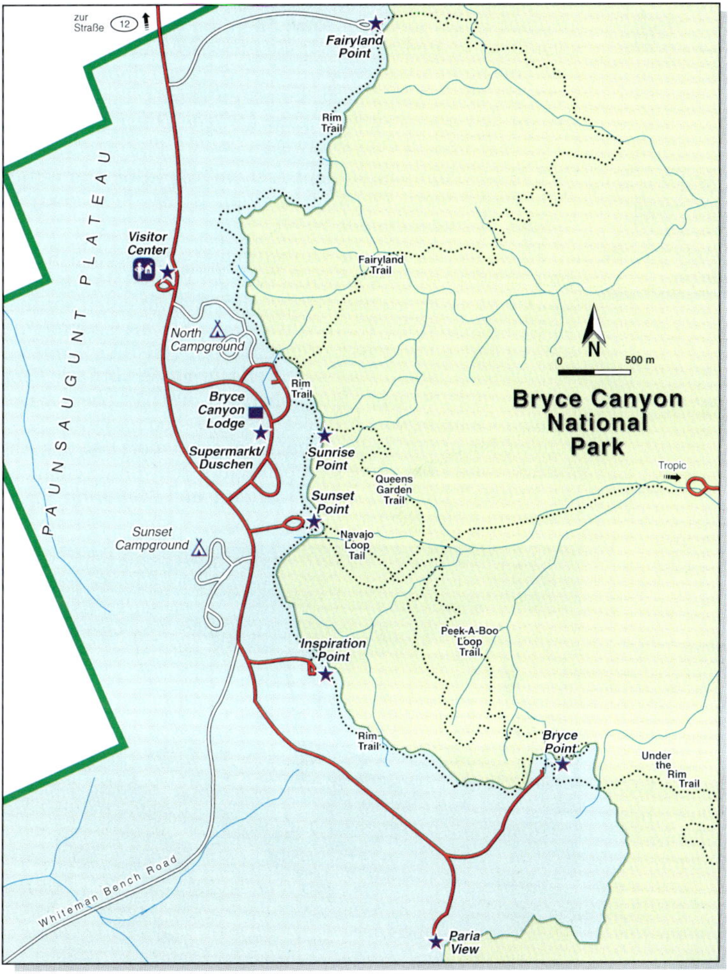

zur Straße 12

Fairyland Point

Rim Trail

PAUNSAUGUNT PLATEAU

Visitor Center

Fairyland Trail

North Campground

0   500 m   N

Rim Trail

Bryce Canyon Lodge

Bryce Canyon National Park

Supermarkt/ Duschen

Sunrise Point

Tropic

Queens Garden Trail

Sunset Point

Sunset Campground

Navajo Loop Tail

Inspiration Point

Peek-A-Boo Loop Trail

Rim Trail

Bryce Point

Under the Rim Trail

Whiteman Bench Road

Paria View

Infrastruktur bei Bryce

Der erwähnte **Ruby`s Komplex,** ✆ (435)834-5341, ist auf fast alle Bedürfnisse der Nationalparkbesucher vom Tanken und der Autoreparatur über den Waschsalon bis zum abendlichen *Entertainment* eingestellt. Klar, daß auch ein **Campingplatz** dazugehört, der zwar riesengroß, aber komfortabel und gut organisiert ist. Wer will, kann im **Teepee** schlafen. Campingreservierung ist hier angezeigt: ✆ (435) 834-5301. Zur Infrastruktur gehören natürlich auch Restaurants (ganz ordentlich das **Steakhouse**) und einige Souvenirläden, darunter ein außergewöhnlich gut sortierter **Rock Shop**. Im Sommer findet allabendlich ein **Rodeo** satt. Große reiterische Leistungen darf man dort nicht erwarten, dafür aber von der Tribüne die Aussicht auf einen grandiosen Sonnenuntergang. Eine Alternative für den Abend sind die **Chuckwagon Diner Rides** (zum *Cowboy Diner* auf dem Planwagen in die Umgebung).

Dem Massenkomplex entgeht, wer ein paar Kilometer weiter nach Tropic fährt. Preiswert und gut ist das Restaurant **El Hungry Coyote** (*Tex-Mex Food*).

Kodachrome Basin

Ist der *Bryce Park* nicht Umkehrpunkt der eigenen Reiseroute, sondern nur Zwischenziel auf der Weiterfahrt in Richtung *Capitol Reef/Arches Parks*, lohnt sich für einen optimalen *Campground* die Weiterfahrt auf der #12 bis Cannonville und von dort auf dem asphaltierten ersten Teilstück (8 mi) der *Cottonwood Canyon Road* zum **Kodachrome Basin State Park** 500 Höhenmeter tiefer. Ein großartiger, mit Duschen ausgestatteter **Campingplatz** befindet sich zwischen den rotbunten Felswänden. Nicht nur die Bilderbuchlandschaft dort läßt den Abstecher – mit oder ohne Campsicht – reizvoll erscheinen: Ein **Reitstall** bietet *Horseback Rides*; und **Mountain Biker** finden ein tolles Revier.

Kodachrome Basin: Traumhafte Landschaft und ein ebensolcher Campingplatz mittendrin

Grosvenor Arch im neuen Grand Staircase - Escalante National Monument

Grosvenor Arch

Die zunächst asphaltierte Straße führt in akzeptabler *Gravel-Qualität* weiter zum **Grosvenor Arch**, einem eindrucksvollen Bogen aus gelbem Sandstein (Einfachst-*Campground* mit drei Stellplätzen in der Einsamkeit) und danach als rauhe **Dirt Road** durch den **Cottonwood Canyon** bis zur Straße #89, etwa 20 mi nordwestlich von Page/Arizona. Interessant ist diese Strecke vor allem dann, wenn die weiteren Reisepläne nicht mehr der hier verfolgten Route entsprechen. Bei Einbeziehung des *Bryce Park* in südlicher verlaufende Rundstrecken, z.B. in Kombination mit der Route 4.4, läßt sich nämlich normalerweise (d. h., ohne diese Abkürzung) eine Rückfahrt über den bereits bekannten Abschnitt der Straße #89 nicht vermeiden.

Alternativroute zum Lake Powell

Für die 46 mi von **Cannonville** zur #89 benötigt man je nach Straßenzustand +/– 2 Stunden. Insbesondere der *Cottonwood Canyon* Bereich ist von Fahrzeugen ohne Vierradantrieb nur nach gut einer Woche ohne Regen befahrbar, dann auch mit Pkw, und **nicht machbar mit Campmobilen größer als Van Camper**. Auf jeden Fall sollte man vor einer Fahrt den aktuellen Zustand der Straße bei den Rangern des *Kodachrome Park* erkunden. Sie ist etwas für Abenteuerlustige, die sich mal richtig abseits der (Haupt-) Straßen begeben möchten. Mit Vorsicht und umsichtiger Fahrweise geht man dabei kein unkalkulierbares Risiko ein. Außer gesparten Meilen ist der Lohn eine Fahrt durch eine herrliche *Canyon-* und Felswildnis.

Zur Weiterfahrt von dort nach Page oder zum *Grand Canyon* Nordrand ⇨ Seite 437.

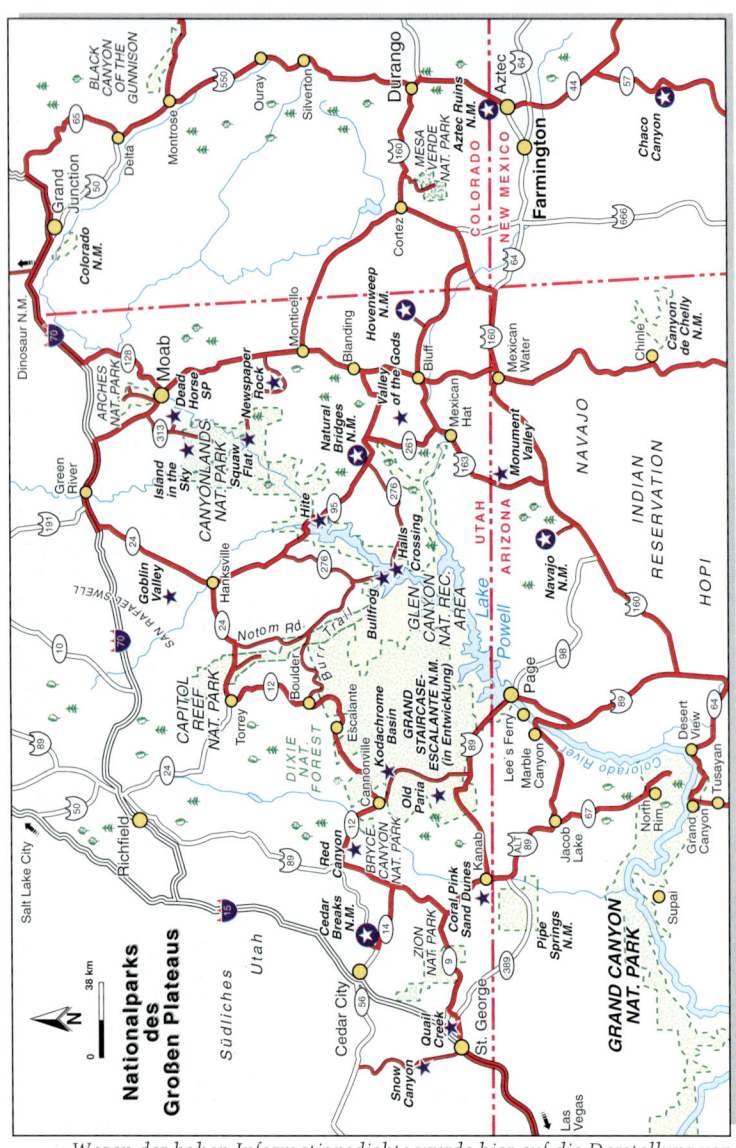

Wegen der hohen Informationsdichte wurde hier auf die Darstellung von Campingplätzen verzichtet - siehe Hinweise im Text und Karte Seite 430

4.2.2   Vom Bryce über den Capitol Reef Park nach Moab

*Dixie
National
Forest*

Die **Straße #12** in Richtung *Capitol Reef Park* durch den hochgelegenen *Dixie National Forest* **kann gar nicht genug empfohlen werden**. Sie ist heute zwar sehr gut ausgebaut, aber weniger befahren als andere touristische Hauptrouten. Zwischen **Escalante** und **Grover** läuft sie abwechslungsreich durch **Felslandschaften** und Hochwald mit z.T. sagenhafter Straßenführung, etwa auf dem schmalen Kamm einer geologischen Auffaltung, dem sog. *Hogback,* südlich von Boulder. Der nördliche Abschnitt bietet von der Höhe der Boulder Mountains erste Ausblicke auf die fernen Massive des Nationalparks. Aber Achtung: **Ab Ende Oktober/bis Mai kann die Strecke ohne Schneeketten schon/noch unpassierbar sein**.

Am Wege liegen der absolute **Super-Campground** *Calf Creek* (13 Plätze, schnell voll!), etwa 15 mi nordöstlich von Escalante am malerischen Wildbach und weiter oben zwei schöne *National Forest Campgrounds (Pleasant, Oak Creek).*

*Ein
ca. 4 km-
Trail führt
vom
Calf Creek
Campground
zu den
Lower Calf
Creek Falls*

Escalante

Nicht so wildromantisch, aber sehr gut angelegt, bestens gelegen und außerdem mit allem Komfort ausgestattet ist der *Escalante State Park Campground* westlich des gleichnamigen Ortes. Aus den meisten Karten geht nicht hervor, daß der Campingplatz am kleinen *Wide Hollow Reservoir* liegt, in dem man im Sommer schwimmen kann. Der *Petrified Forest Nature Trail* ab dort ist lang und anstrengend. Die Handvoll versteinerter Baumreste am Wege lohnt die Mühe kaum.

Im Ort gibt es bislang nur gut 100 Zimmer und wenige Restaurants/Cafeterias. Aber nachdem in Escalante mittlerweile das *Interagency Visitor Center* eröffnet wurde und Karten und Informationsmaterial für das *EGS National Monument* (↪ Kasten nächste Seite) verteilt, dürfte sich das bald ändern.

Grand Staircase-Escalante National Monument

Im September 1996 setzte sich *Bill Clinton* an einen eigens in die Landschaft beförderten Tisch am Rand des Grand Canyon und unterzeichnete publikumswirksam in der Nachmittagssonne das Gesetz zur Schaffung eines neuen *National Monument* im Süden Utahs. Mit diesem Federstrich stellte er ein gewaltiges Gebiet von 6.800 km² Ausdehnung zwischen den Nationalparks *Bryce Canyon* und *Capitol Reef* und der *Glen Canyon National Recreation Area* rund um den *Lake Powell* (⇨ vorstehende Karte) unter den Schutz der Parkgesetzgebung. Wer dieses Gebiet kennenlernt, kann dem Präsidenten nur gratulieren, denn die Landschaften im **Grand Staircase-Escalante National Monument**, dem zur Zeit flächenmäßig größten der USA, sind atemberaubend schön und aufregend. Nicht *eine* spezifische Besonderheit wie z.B. im Fall *Bryce Canyon* wird hier geschützt, sondern ein Vielfalt an Naturwundern zwischen Hochgebirge und Wüste. Mittendrin liegen die bereits beschriebene *Kodachrome Park* und der *Cottonwood Canyon*. Der Verlauf der Straße #12 entspricht ungefähr seiner Nord-, der Straße #89 seiner Südgrenze. Touristisch spielt das Monument bislang noch keine besondere Rolle, aber die entsprechende Infrastruktur ist im Entstehen begriffen, wie das **Visitor Center** in Escalante zeigt. Des weiteren wurden einige früher nur mit Jeep passierbare *Dirt Roads* zu markanten Anlaufpunkten schon verbessert und teilweise sogar asphaltiert, wie etwa der sehr schöne **Burr Trail** zwischen Boulder und dem Lake Powell/Bullfrog Marina.

Boulder/ Burr Trail/ Neue Rundstrecke

Boulder ist ein kleines Nest am Wege, das mit der im Kasten erwähnten Asphaltierung des **Burr Trail** im Zusammenhang mit dem neuen *National Monument* erheblich an Bedeutung gewinnen dürfte. Denn dank der(nun problemlosen Befahrbarkeit dieser Strecke läßt sich eine Rundfahrt unternehmen, die bislang mit Pkw und Campmobilen gar nicht machbar war. Wer früher nicht die Zeit für eine Fahrt im großen Bogen bis hinauf zum *Capitol Reef*, ggf. *Arches Park* hatte, mußte vom *Bryce* auf gleicher Strecke wieder zurück. Eine neue "kleinere", überaus reizvolle Rundstrecke durch die Nationalparks des Südwestens wurde damit erschlossen. An der Abzweigung des *Burr Trail* steht passenderweise mit dem originellen **Burr Trail Café** auch gleich das richtige Lokal, um bei Bedarf die Bezwingung der neuen Route zu feiern. Gleich um die Ecke bietet die **Boulder Mountain Lodge** eines der besten Quartiere zwischen *Bryce* und *Capitol Reef Park* mit saisonal schwankenden Preisen vn $65 bis $145; ✆ (435) 335-7460 oder ✆ (800) 556-3446.

Im **Anasazi Indian Village State Park** nördlich des Ortes sind im Außenbereich Relikte eines vorkolumbischen Indianerdorfes zu besichtigen. Im Museum werden die Lebensbedingungen der *Anasazi* vor 800 Jahren demonstriert, ⇨ Seite 427 (Mai bis September 8–18 Uhr, sonst kürzer; $5/Fahrzeug).

Straße #12

Bereits eingangs wurde auf den besonderen Charakter der Straße #12 hingewiesen. Nördlich von Boulder nun geht es durch eine ganz andere Landschaft als im Escalante Bereich. Die Straße klettert durch den **Dixie National Forest** auf über **2.800 m Höhe** und bietet immer wieder herrliche Ausblicke auf die Formationen der *Waterpocket Fold*, von der ein Teil zum *Capitol Reef Park* gehört. Mehrere schöne **NF-Campgrounds** säumen die Abfahrt; der nationalparknächste davon (**Singletree)** hat tolle Stellplätze mit freier Sicht. Wer dort nicht mehr unterkommt, findet in Torrey schlichte Komfortplätze, am besten noch der **Sandcreek RV-Park** (auch Zelte).

Um den Kreuzungsbereich, eine gute Meile östlich von Torrey, entstanden in den letzten Jahre neue Hotels und Motels, darunter ein **Days Inn** und **Best Western**, sehr ordentlich auch das **Wonderland Inn** mit *Pool* und Cafeteria, ✆ (800) 458-0216.

Capitol Reef National Park

Die Einfahrt in den **Capitol Reef Park** von Westen vorbei an Felswänden und -formationen ist – besonders in der Abendsonne – beeindruckend, ebenso die *Dia-Show* im *Visitor Center*. Als **Mindestprogramm** "erfordert" der Park ein Abfahren des **Scenic Drive** (10 mi ebene Straße am Westrand des *Capitol Reef*). Auf halber Strecke geht es links ab zum **Grand Wash**, vom Ende des Asphalts auf rauhem Schotter weitere 3 mi in die **Capitol Gorge** hinein. Die beiden Bezeichnungen stehen für tief in den Fels geschnittene, meist völlig trockene Schluchten, die nur nach Regenfällen Wasser führen.

Trails

Für einen der besten *Trails* braucht man nicht einmal meilenweit zu fahren: der **Cohab Canyon** liegt unweit des Campingplatzes; der gleichnamige *Trail* läuft über eine Strecke von ca. 3 km. Auf den ersten 500 m geht es gleich steil bergauf, der Rest ist dann nicht mehr sonderlich anstrengend.

Die fantastischen Formationen des Cohab Canyon

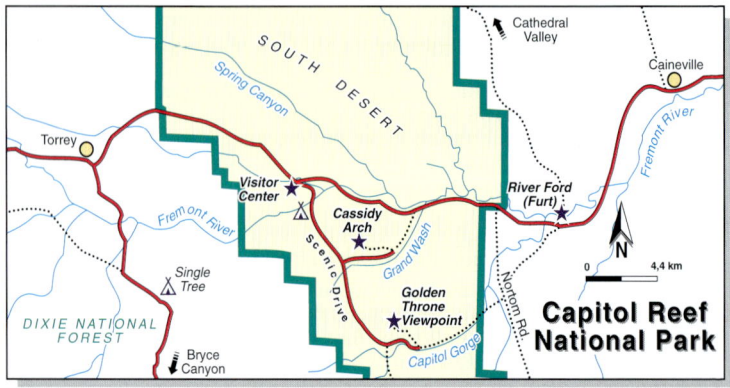

Capitol Reef
National Park

Trails

Sehr empfehlenswert ist die Kurzwanderung durch den sich auf wenige Meter verengenden *Capitol Gorge Canyon*. Nach seiner Durchquerung (rund 1 km vom Parkplatz) erreicht man Felsflächen mit (regen-)wassergefüllten Auswaschungen. Zu besonders großen, teilweise tiefen "Wassertaschen" führt ein ein kleiner Pfad nach links (ausgeschildert).

Sie waren namensgebend für die bereits erwähnte *Waterpocket Fold*, ein Faltengebirge, das sich bis zum *Lake Powell* erstreckt. Am *Capitol Gorge*-Parkplatz beginnt auch der Weg zum hochgelegenen Aussichtspunkt auf den Felsmonolithen *Golden Throne* (6 km hin und zurück).

Etwa gleich lang, aber noch reizvoller ist der *Trail* vom *Grand Wash*-Parkplatz hinauf zum *Cassidy Arch*, benannt nach dem berüchtigten Bankräuber *Butch Cassidy*, der sich dort versteckt gehalten haben soll. Eine schöne Einweg-Wanderung bietet das Bett des *Grand Wash* (ca. 7 km), wofür ein aber *Lift* an der Straße #24 organisiert werden muß.

Dirt Roads

Für die Fahrt zum *Cathedral Valley* im Norden des Parks benötigt man Abenteuerlust. Die **65-mi-Rundstrecke** (bzw. Verbindung zur *Interstate* #70) auf abschnittsweise ziemlich schlechter *Dirt Road* (*Backcountry Camping!*) ist bei gutem Wetter und niedrigem Wasserstand des Fremont River (Furtüberquerung an der *River Ford* genannten Stelle) gerade noch Pkw-geeignet (aktuelle Situation vorher im *Visitor Center* erkunden). Man kann auch über die Caineville Wash Rd fahren. Für die Beschwerlichkeit der Fahrt entschädigt der Anblick der Kathedralen (Felsmonolithen), der *Walls of Jericho* und anderer gewaltiger Felsabbrüche und -verwerfungen.

Durch totale Einsamkeit verläuft auch die **Notom Dirt Road** entlang der *Waterpocket Fold* des *Capitol Reef*, die weiter südlich auf den gelobten *Burr Trail* nach Boulder/Bullfrog stößt.

Unterkunft

Im *Capitol Reef Park* gibt es keine Quartiere, die nächsten Motels befinden sich – wie beschrieben – westlich des Parks am Straßendreieck #12/#24 und Torrey Aber auch östlich in Caineville (18 mi) existieren noch Möglichkeiten: im **Cainville Cove Inn**, ✆ (435) 456-9900, und in der **Luna Mesa Oasis**, wo man in **Motel** oder **Teepee** unterkommt, ✆ (435) 335-7460.

Camping

Ein komfortabler **Campground**, teilweise mit altem Baumbestand, liegt in **Old Fruita** am Fremont River eingangs des *Scenic Drive*. Ein Problem des oasenähnlichen Fremont Tals (**Obst** von Juni bis Oktober **zum Selberpflücken** umsonst bei Verzehr oder preiswert an der **Self-Pay Station**!) sind bis Mitte Juli äußerst lästige Fliegen. Private *Campgrounds* gibt es westlich des Parks, siehe oben, und 5 mi westlich Caineville: **Sleepy Hollow Campground** an der #24.

Nach Hanksville

Der einzige nennenswerte Ort zwischen *Capitol Reef Park*, *Lake Powell* und Green River ist **Hanksville** mit einer Handvoll preiswerter **Motels,** zwei Tankstellen, RV-Park, kleinem Supermarkt und ein paar weiteren Läden rund ums Straßendreieck #24/#95. Der **Charakter der Strecke** bis Hanksville ist ganz ander als bisher gewohnt. Sie führt durch eine eigenartige Landschaft aus grauschwarzen, Formationen bildenden Sandhügeln, deren Aussehen sich mit jedem Regenguß ändert.

Zum Arches Park/ nach Moab über die I-70

Entscheidet man sich für die **direkte Route** vom *Capitol Reef* zum **Arches Park**, geht es auf der Straße #24 nach Norden zur I-70. Die Strecke selbst bietet zunächst keine landschaftlichen Reize mehr und kann, wenn es sein muß, in gut 3 Stunden bewältigt werden (ca. 140 mi). Erst auf den letzten 10 mi vor Moab und dem *Arches Park* wird es wieder interessant.

Goblin Valley

Aber immerhin ist auf dieser Route ein schöner Abstecher zur **Goblin Valley State Reserve** am Fuße des *San Rafael Reef* drin. Er kostet minimal eine zusätzliche Stunde. Das *Goblin Valley* erhielt seinen Namen der drolligen "Kobolde" wegen, seltsamer von der Erosion geschaffener Sandsteinskulpturen.

Sandstein- "Kobolde" im Goblin Valley

Goblin Valley

Die Fahrt zum **Goblin Valley** (13 mi einfacher Weg von der #24, davon die Hälfte teilweise schlecht geschottert) lohnt sich allein schon zum Fotografieren. Außerdem ist der *State Park* eine Übernachtungsoption für Camper; den Besucher erwartet ein – trotz der Einsamkeit – sogar mit Duschen ausgerüsteter **Campground** vor Sandsteinformationen (⇨ Seite 125).

Green River

Einen im Gegensatz dazu grünen, gepflegten Campingplatz am Fluß (mit *Hook-ups*), der selten voll besetzt ist, findet man bei **Green River** im gleichnamigen **State Park**.

Die Straße #191 passiert vor Erreichen des *Arches Park* die Zufahrt zum **Island in the Sky District** der *Canyonlands* und den **Deadhorse Point State Park**. Dazu mehr auf Seite 420.

Zum Arches Park über den Lake Powell

Erheblich reizvoller als die Route über Green River, aber auch zeitaufwendiger als die dabei zusätzlichen 100 mi vermuten lassen, ist die **Straße #95 East** über das Nordende des Lake Powell und das *Natural Bridges Monument* .

Der erste Streckenabschnitt von Hanksville zum *Lake Powell* führt zunächst ebenfalls durch eher langweiliges Terrain. Aber das Panorama der *Henry Mountains* im Westen sorgt für Abwechslung. Ein Umweg über **Bullfrog/Halls Crossing** ist kaum zu empfehlen (Fähre über den See im Sommer alle 2 Stunden; Fahrzeug mit 2 Personen $13; Auskunft: ℰ (435) 684-7000). Auf beiden Seiten gibt es **Campgrounds**, teilweise mit *Hook-up*.

Weder der Straßenverlauf der #276 noch der *Lake Powell* in der Bullfrog-Region können mit der #95 über die **Colorado River Bridge** bis zu den *Natural Bridges* und schon gar nicht mit dem Seeuferbereich bei Hite "mithalten". Einen Abstecher wert ist aber der schattige **Starr Springs Campground**, etwa 16 mi westlich der #95 (plus Zufahrt auf 3 mi *Gravelroad*). Dank klarer Quellen entstand inmitten der Trockenheit ein kleines Eichenwäldchen als grüne Insel. Sinn macht die Fahrt nach Bullfrog natürlich auch, wenn eine Rückfahrt in westliche Richtung über den **Burr Trail** erwogen wird.

Einzige Brücke über den oberen Colorado River zwischen Moab und Glen Canyon Damm (Page)

Hite ist Endpunkt für Trips per Schlauchboot ab Moab durch die Canyonlands.

Ein **Höhepunkt** auf der #95 sind die letzten 10 mi durch Felsmassive bis zum Lake Powell: **Fotomotive** en masse!

Lake Powell bei Hite

Das bis Ende September badewarme Wasser des Lake Powell sorgt für eine willkommene Abwechslung. Am Nordufer gegenüber der *Hite Marina* gibt es "**wilde" Campmöglichkeiten** direkt am See vor dem Hintergrund steiler Felswände. Während in den vegetationsarmen Hochebenen das Holz rar ist und auf vielen Campingplätzen im Südwesten offene Feuer untersagt sind, bedecken Unmengen von trockenem Treibholz die Strände bei Hite. Offizieller, aber ebenso "ungeordnet" wie am Nordufer campt man beidseitig der breiten *Boat Ramp.*

Bootsmiete

Wer Lust hat, auf dem *Lake Powell* herumzuschippern, findet keinen besseren Ausgangspunkt als Hite. Vom offenen Angelkahn mit 25 PS *Outborder* bis zum Riesenhausboot läßt sich alles mieten; bis Ende Mai und nach *Labor Day* meist sogar kurzfristig. Das Büro auf den Pontons läßt sich nicht verfehlen. Außer einem Mini-Shop mit (teurer) Tanksäule an der Zufahrt gibt es keine Versorgungsinfrastruktur. Alles Weitere zum *Lake Powell* findet sich ab Seite 433.

Straße #95

Die **Weiterfahrt** an hochaufragenden Wänden zur Rechten mit Blick über eine weite Landschaft mit dem tief eingeschnittenen *White River Canyon* zur Linken bleibt bis *Fry Canyon* aufregend. Noch schöner fährt sich diese Route indessen in Gegenrichtung auf den Lake Powell zu.

Natural Bridges National Monument

Im Mittelpunkt des **Natural Bridges National Monument** auf halbem Wege nach Blanding stehen drei eindrucksvolle **natürliche Felsbögen** über den **White & Armstrong River Canyon**. Sie entstanden im Gegensatz zu den *Arches* durch Unterspülung von Felsbarrieren und stetige, überwiegend vom Wasser verursachte Erosion. Kurze *Trails* (bis zu einer Stunde) führen von Parkplätzen an der **Loop Road** (nicht für Fahrzeuge über 21 Fuß Länge!) zu den gelbbraunen **Bridges Sipapu**, **Kachina** und **Owachomo**. Ein Wanderweg im Flußbett verbindet die *Bridges* (insgesamt 14 km **Loop Trail**).

Der prima angelegte **Campground** mit nur 13 Stellplätzen (keine Fahrzeuge über 26 Fuß) füllt sich rasch. Die offizielle **Overflow Area** für abgewiesene Camper außerhalb der Parkgrenzen unweit der Kreuzung #261/#95 ist eine holprige gerodete Fläche am Hang und eher eine unerfreuliche Alternative.

Straße #261 zum Monument Valley

Vom *Natural Bridges Monument* führt die Straße #261 direkt zum **Monument Valley**, das auf dieser Route erst später angesteuert wird (⇨ Seite 430). Der Serpentinenabschnitt (**Achtung Gravel:** problematisch für größere Campfahrzeuge und bei/nach viel Regen; vorher erkunden) beim Abstieg in das **Valley of the Gods** (⇨ Seite 429) mit großartiger Aussicht über das weite Tal ist einziger Höhepunkt der Strecke bis Mexican Hat. Gleich eingangs der *Dirt Road* durch das *Valley of the Gods* liegt in der Einsamkeit am Rande der monumentalen Landschaft eine wunderbare **Bed & Breakfast Ranch**, die dafür etwas teurer ist als üblich, ⇨ Seite 430.

Blanding/ Monticello

Der **Bicentennial Highway #95** zwischen *Natural Bridges* und der #191 beeindruckt vor allem im Bereich des **Combrigde** Höhenzuges. Unmittelbar vor Erreichen der Höhe überquert die Straße den **Comb Wash**, an dessen Ufern beidseitig des oft trockenen Baches sehr gut gecampt werden kann und darf.

Auch die #191 führt in nördliche Richtung wieder streckenweise durch herrliche Landschaft. Die einzigen Ortschaften am Wege, Blanding und Monticello, sind ohne eigenen Reiz, besitzen aber wieder **Supermärkte, Motels** und **Restaurants**. Die Übernachtung in beiden Orten ist deutlich preiswerter als in Moab; das gilt besonders außerhalb der Kernsaison von Juni bis *Labor Day*. Während es auch dann in Moab noch ziemlich voll bleibt, ist in der "Nachbarschaft" noch nichts/nichts mehr los. Im **Edge of the Cedars State Park**, etwas außerhalb von Blanding, findet man einige restaurierte präkolumbische Ruinen, eher eine kleinerer Sehenswürdigkeit für Interessierte.

Picnic Table in traumhafter Position am Needles Overlook des Canyonlands National Park

Wer gratis übernachten möchte, findet eine vernachlässigte *Recreation Area* am Nordufer des *Recapture Lake*, 4 mi nördlich von Blanding. Der **NF-Campground Devil's Canyon**, 10 mi weiter, ist ein gepflegter, gut angelegter Platz ($10).

Needles District des Canyonlands National Park

Etwa 15 mi nördlich Monticello zweigt am *Church Rock* die Straße #211 zum **Needles District** des **Canyonlands National Park** ab (ca. 42 mi bis zum *Big Spring Canyon Overlook*). Am Wege liegt der **Newspaper Rock State Park**, in dessen Mittelpunkt eine Felswand mit Petroglyphen steht (➪ Foto Seite 49). Ein einfacher **BLM-Campground** bietet dort schattige Plätzchen im Flußtal. Für sich allein ist der Zeitungsfelsen kein Ziel für einen Abstecher. Umso mehr der Nationalpark, speziell der um eine Felskuppe angelegte, populäre **Squaw Flat Campground** und sein fantastisches Umfeld.

Squaw Flat

Wer jedoch nicht früh am Morgen kommt, hat von Mai bis Oktober kaum Aussicht auf einen Stellplatz. Mehrere **Trails** (Karte an der *Visitor Station*) und nur für 4WD-Fahrzeuge zugelassene Wege in die *Canyonlands,* u.a. zu den namensgebenden **Needles** und mehreren **Arches,** nehmen dort ihren Ausgang; Eintritt $10/Fahrzeug oder *Golden Eagle Pass.*

Der Campingplatz **Needles Outpost** vor den Grenzen des Parks bietet ein Ausweichquartier vor roten Felsen. Dort sitzt man in der Abendsonne, vor sich die Silhouette der Felsnadeln. Dieser Platz läßt sich zur Vermeidung einer eventuell vergeblichen Anfahrt auch reservieren: ✆ (435) 979-4007.

Mit Anfahrt, Wanderung usw. sollte man für den *Needles District* mindestens einen vollen Tag einplanen.

Alternative Anfahrt

Von Monticello aus kann man angeblich seit der Asphaltierung einer früheren *Dirt Road* eine gute Abkürzung zum *Newspaper Rock* nehmen und muß dann auch die #211 nicht mehr ganz doppelt fahren: Und zwar geht es zunächst nach Westen in die Höhe der Abajo Mountains an Monticello Lake und *NF-Campgrounds* vorbei und 2 mi westlich des Sees wieder hinunter zum *Zeitungsfelsen* (7 mi). Dieser Hinweis sollte vor Ort aber noch einmal erkundet und bestätigt werden.

Viewpoint

Wenn die Zeit für Fahrt und Aufenthalt im *Needles District* nicht reicht, muß (!) man sich wenigstens den Abstecher zum fantastischen Aussichtspunkt **Needles Overlook** gönnen (ca. 22 mi auf weitgehend ebener Straße, die nördlich der #211 von der #191 abzweigt). Gäbe es einen Preis für den beststplazierten Picknicktisch der USA, er müßte dort vergeben werden. Vom **Rim Trail** an der Abbruchkante hoch über dem *Colorado* schaut man über eine sagenhafte Landschaft und hinüber zum *Grandview Point* des **Island in the Sky District**, siehe unten. Eine Fahrt zum **Anticline Overlook** "gegenüber" dem *Dead Horse State Park* lohnt in Anbetracht der weiten Strecke und der *Gravel Road* nur bei viel Zeit. Der Campingplatz **Wind Whistle** des BLM liegt nur ca. 5 mi von der #191 entfernt.

4.2.3 Moab, Arches National Park und Islands in the Sky District der Canyonlands

Moab

Das kleine Städtchen Moab (knapp 5.000 Einwohner und dennoch die größte Ortschaft im Südosten Utahs) fungiert als Besucherzentrale inmitten felsiger Naturwunder und besitzt eine für seine Größe erstaunliche touristische Infrastruktur.

Unterkunft

Über 60 *Motels, Hotels, Inns, Bed & Breakfast-Places* und *Ranches* mit über 1200 Zimmern warten auf Gäste und sind dennoch nicht selten ausgebucht. Die Mehrzahl der Quartiere ist unabhängig, aber auch einige der großen Kettenmotels sind vertreten: **Rodeway, Super 8, Ramada, Best Western, Comfort Suites, Travelodge** und **Days Inn**. Es macht Sinn, in Moab einige Tage vor Ankunft zu reservieren, zumindest aber bereits am Vormittag anzureisen, wenn normalerweiser noch *Vacancies* zu finden sind. Wer nicht eins der Kettenmotels über ihre 800-Nummer anrufen möchte (⇨ Seite 183), kann sich an die **zentrale Reservierung** wenden: ✆ (800) 748-4386 oder (435) 259-5125; Fax (435) 259-6079. Die **Zimmerpreise in Moab** liegen deutlich über dem sonst in der Region Üblichen.

Eine Abwechslung von ewig gleichen Motelzimmern bietet das **Off-Center Hotel** mit 10 unterschiedlich dekorierten Räumen, die wegen Dusche und WC auf dem Gang gar nicht mal teuer sind (ab $30), 96 East Center, ✆ (800) 237-4685. Ebenfalls relativ preiswert und recht ordentlich ist das 4 Blocks abseits der Hauptstraße gelegene **Apache Motel**, ✆ (800) 228-6882.

Ein neues Motel der gehobenen Mittelklasse am nördlichen Ortsende, ganz nah dran am *Arches Park*, ist das **Aarchway Inn**, ✆ (800) 341-9359; ab $65 bis $180.

Preiswert übernachtet man im *Lazy Lizard Hostel* südlich des Ortes, 1213 South #191. Neben Mehrbettzimmerquartieren (ab $8) gibt es auch Einzel- und Doppelzimmer, und sogar Zelte dürfen dort aufgeschlagen werden; ✆ (435) 259-6057.

Information

Auffällig sind die vielen **B&B-Quartiere**. Eine Liste sämtlicher Unterkünfte haben das **Visitor Center**, Main/Center Street (etwas zurückgesetzt gleich neben *Eddie McStiff's Brew Pub*), und die **Chamber of Commerce** an der 805 North Main.

Camping/ Situation

Am schönsten campt es sich im Moab-Bereich im **Arches Park** oder im **Deadhorse Point State Park,** siehe weiter unten. In beiden zusammen gibt's aber nur knapp über 100 Stellplätze. Die Mehrheit der Camper muß sich daher mit den privat betriebenen Plätzen in Moab "begnügen", die im Gegensatz zu den Parks vollen Komfort bieten. Tatsächlich findet sich in keinem anderen Ort im gesamten US-Westen eine derartige Ballung kommerziell betriebener Campingplätze wie in und um Moab. Immerhin kamen in den letzten Jahren einige neuere, erfreulich konzipierte Anlagen in Nationalparknähe hinzu.

Von den älteren Plätzen ist am besten noch der **Slickrock Campground** am nördlichen Ortsende; ℗ (800) 448-8873. Der **Portal RV-Park & Fishery Inc**. ganz in dessen Nähe besitzt den Vorteil, abseits der Straße zu liegen, ℗ (800) 574-2028. Der **Oasis River RV Park** (nur Campmobile) ist sehr komfortabel und liegt parknah am Fluß, ℗ (435) 259-2628. Etwas außerhalb befindet sich der **Archview Campground** an der Abzweigung der #313, ℗ (800) 813-6622. Eine Reservierung spätestens einen Tag oder zwei vor Ankunft kann nicht schaden. Ein Risiko, in Moab gar nicht mehr unterzukommen, besteht aber kaum; insofern kann man auch erst einmal schauen, wenn die Ankunft nicht zu spät am Tag erfolgt.

Ausweichmöglichkeit und billige Alternative sind die **Einfach-Campgrounds** (BLM) am Colorado River an der Straße #128 (insgesamt 3, ca. 7-8 mi von der Ecke #191 entfernt, $5). An einigen Stellen am Flußufer darf man auch stadtnäher kostenlos parken/zelten. Ein freies Plätzchen findet sich immer.

Der ganz große Clou aber ist die Campmöglichkeit im Bereich des *Slickrock Bike Trail*. In den ausgedehnten **Sand Flats** sind vom BLM zahlreiche Stellplätze in einer Fels- und Dünenlandschaft ähnlich der des *Arches Park* markiert. Einziger Komfort sind dort Plumpsklos; Wasser ist mitzubringen. Und wer gerne Duschen hätte, campt im **Lions Back Campark** an der Zufahrt Sand Flats Road fast genauso schön für $8. Die Auffahrt aus dem Zentrum Moab ist einfach zu finden: beliebige Querstraße nach Osten, dann 400 East nach Süden und weiter über Mill Creek Drive. Die Biker weisen den Weg.

Camping in den Sand Flats in Nachbarschaft zum Slickrock Bike Trail

Restaurants und Kneipen

Bei den vielen Gästen kommt in Moab das leibliche Wohl nicht zu kurz. *Fast Food Places* und Restaurants sind zahlreich. Ein Haus mit Geschichte und Aussicht ist das **Sunset Grill Restaurant** am Nordende des Ortes hoch über der Hauptstraße. Ebenfalls am nördlichen Ortsende steht das romantische **Grand Old Ranch House** fürs **Candle Light Dinner**.

Sehr beliebt und meist bumsvoll ist die **Moab Microbrewery** mit Restaurant neben *McDonalds* an der South Main St. Jüngere Gäste bevorzugen das **Poplar Place Restaurant & Pub** und das **Slick Rock Café**, beide unverfehlbar an der Hauptstraße. Gleich mehrere in Moab gebraute Biersorten gibt`s in **Eddie McStiff`s Brew Pub** im Zentrum neben der *Visitor Information*.

Wie in allen touristisch stark frequentierten Orten fehlt auch die **Ranch** fürs **Chuckwagon Supper** nicht; in Moab heißt sie **Bar M** und bietet das *Cowboy Supper* mit *Gunfight* vor und *Western Show* nach dem Essen Mo–Sa von April bis Oktober; Pistolenduell pünktlich um 19 Uhr; Kostenpunkt $14, Kinder bis 10 Jahre $6. *Bar M* liegt am Ende der Mulberry Lane unterhalb Mill Creek Drive. Zufahrt über 400 East.

Aktivitäten

In Moab lassen sich alle erdenklichen Exkursionen per Flugzeug, Helikopter, Ballon, Jeep, Schlauchboot, Kanu und Pferd buchen. In erster Linie kommen in Frage **Jeep Tours** in die *Canyonlands* (auch auf eigene Faust mit Miet-Jeeps möglich) und **River Rafting** oder **Canoe-Trip**s auf dem *Colorado*. Die meisten einschlägig tätigen Firmen residieren unübersehbar an der Durchgangsstraße. Außerdem haben die beiden Besucherinformationen (℡ 800 635-6622) dazu jede Menge Unterlagen und eine lückenlose Liste der Anbieter: **Tours & Recreation, Services & Rentals**.

Bike Trails

Moab nennt sich – wahrscheinlich zu Recht – **Hauptstadt des Mountain Biking**. Östlich des Ortes führt der tolle **Slickrock Trail** (13 mi; 2-4 Std; $2 Gebühr) durch die wilde Landschaft, wobei von einem Pfad keine Rede sein kann. Eine weiße Linie über den nackten Fels zeigt, wo`s ungefähr langgeht. Der Startpunkt liegt am Ende der **Sand Flats Road**, siehe oben unter Camping. Zum Üben gibt`s einen **Practice Loop**. An Angeboten fürs **Bike Rental**, **Beginners Courses** und geführten Touren fehlt es nicht. Ein **Trail**-Netz verbindet diese Ecke Utahs mit dem westlichen Colorado.

Delicate Arch im Arches Park. Im Hintergrund die schneebedeckten Manti La Sal Mountains

*Double Arch
in der
Windows
Section*

Arches National Park

Von Moab zur Einfahrt in den **Arches National Park** sind es nur 3 mi. Dieser Park bietet mit seinen – durch Erosion in Wind und Wetter entstandenen – Felsbögen selbst in dieser an Naturwundern so reichen Region ein wiederum anderes und ganz besonderes Landschaftserlebnis; Eintritt $10/Fahrzeug.

Die Details der *Arches*-Entstehung werden im **Visitor Center** gleich hinter der Einfahrt anschaulich erläutert; auch deutschsprachiges Material ist verfügbar. Eine **Dia-Show** über den Park zu allen Jahreszeiten stimmt auf den Besuch ein.

Stichstraße

In das Parkgelände hinein führt eine Stichstraße (ca. 20 mi), an der sich **Viewpoints** und **Startpunkte für *Trails*** *(Trailheads)* zu den etwas abgelegeneren *Arches* befinden. Ein Teil der Bögen und andere Felsmonumente liegen zwar an oder in der Nähe der Straße, die spektakulären Exemplare erfordern jedoch kurze oder längere Fußmärsche.

Windows Section

Am leichtesten zugänglich sind die Felsbögen der **Windows Section**, die alle relativ nah am abschließenden *Loop* einer nach 9 mi von der Hauptstraße abzweigenden Zufahrt stehen (2,5 mi). Kurze Pfade führen zu den Felsbögen. Am spektakulärsten ist dort der **Double Arch**.

Delicate Arch

Obwohl der Aufstieg etwas beschwerlich erscheint, und sogar ein mit dem Auto erreichbarer Aussichtspunkt existiert, gehört der **Trail zum *Delicate Arch*** (ab Startpunkt *Wolfe Ranch*, etwa 2 mi östlich der Hauptstraße, ca. 5 km hin und zurück) zusammen mit dem *Devils Garden Trail* zum unverzichtbaren **Pflichtprogramm**. Nichts geht über den sich urplötzlich öffnenden Blick auf den schönsten aller *Arches* über einer trichterartig ausgewaschenen Felsfläche vor dem Hintergrund der *Manti La Sal Mountains*. Ein atemberaubendes Farbspiel belohnt bei klarem Himmel den späten Wanderer, der geduldig auf den Sonnenuntergang wartet.

Fiery Furnace

Wenige hundert Meter abseits der Straße ballen sich im *Fiery Furnace*-Gebiet gewaltige **Felsblöcke und -türme** und bilden eine Art **Irrgarten.** Ein angelegter *Trail* hinunter existiert nicht; der Zugang erfolgt über Trampelpfade. Wer nicht aufpaßt, verliert bei einer Kletterpartie zwischen den bizarren Formationen und Felsspalten leicht die Orientierung. Die dadurch ausgelösten Such- und Rettungsaktionen wurden den Rangern wohl zuviel, und so benötigt man für den Zugang ein **Permit**, das im *Visitor Center* ausgestellt wird. Geführte Kletterpartien hinunter finden 2x täglich statt – für stolze $6/Person.

Devils Garden

Die Straße endet am *Trailhead* für den **Devils Garden**, das Gebiet mit den meisten Felsbögen. Jeder einzelne von ihnen und auch der Weg als solcher, der ab dem **Landscape Arch** (ca. 1,3 km) zu einem rauhen, aber ungemein reizvollen Geländepfad wird, sind die Mühe des Anmarsches wert. Man sollte sich dafür mindestens 3-4 Stunden Zeit nehmen (davon viel fürs Fotografieren! Extra-Filmrolle einstecken!) und auch das letzte Wegstück bis zum **Double-O-Arch** (ca. 3 km) auf keinen Fall auslassen. Das letzte Stück zum *Dark Angel Arch* muß aber nicht mehr sein. Der Trail bietet keinen Schutz vor der im Sommer besonders stark sengenden Sonne. Man benötigt unbedingt Kopfbedeckung und einen Extra-Liter gegen den Durst.

Camping im Arches Park

In Nachbarschaft zum *Devils Garden*-Parkplatz befindet sich der Eingang zum **Arches Campground**, einem der schönsten Campingplätze Amerikas (⇨ Foto Seite 200)! Entsprechend gefragt ist er natürlich. Zwischen Mai und Oktober wird die Vergabe bereits an der Einfahrt geregelt.

Gute Chancen auf einen Platz (der prinzipiell nach *first-come-first-served* vergeben wird) hat nur, wer morgens ab **7 Uhr am Visitor Center** ist. Dort erfolgt eine **Pre-Registration**, nach der man schnurstracks zum *Campground* fahren muß. Es ist aber durchaus möglich, daß die im Laufe der Jahre immer wieder variierte Vergabeprozedur in Zukunft erneut geändert wird. An der Einfahrt, gleich unten unweit der Straße #191, erfährt man die aktuell gültige Regelung.

Tatsächlich ist nicht nur die Lage des *Campground* insgesamt traumhaft; auch viele der einzelnen Stellplätze liegen exquisit. Einmalig ist das vor dem **Skyline Arch** angelegte *Amphitheater* für die abendlichen *Campfire-Programs*.

Im hinteren Bereich des Platzes beginnt ein 1-Stunden-*Trail* zum **Broken Arch**. Dieser und der **Sand Dune Arch** können aber auch direkt von der Stichstraße aus erreicht werden.

Besuchs-planung

Der **optimale Tag** im *Arches Park* beginnt früh am Morgen mit der Sicherung eines Platzes auf dem *Campground*. Danach ist Zeit für den *Devils Garden* und weitere *Arches* in diesem Umfeld. Nach einer Pause könnte man sich den Felsgarten *Fiery Furnace* vornehmen und den späten Nachmittag bis

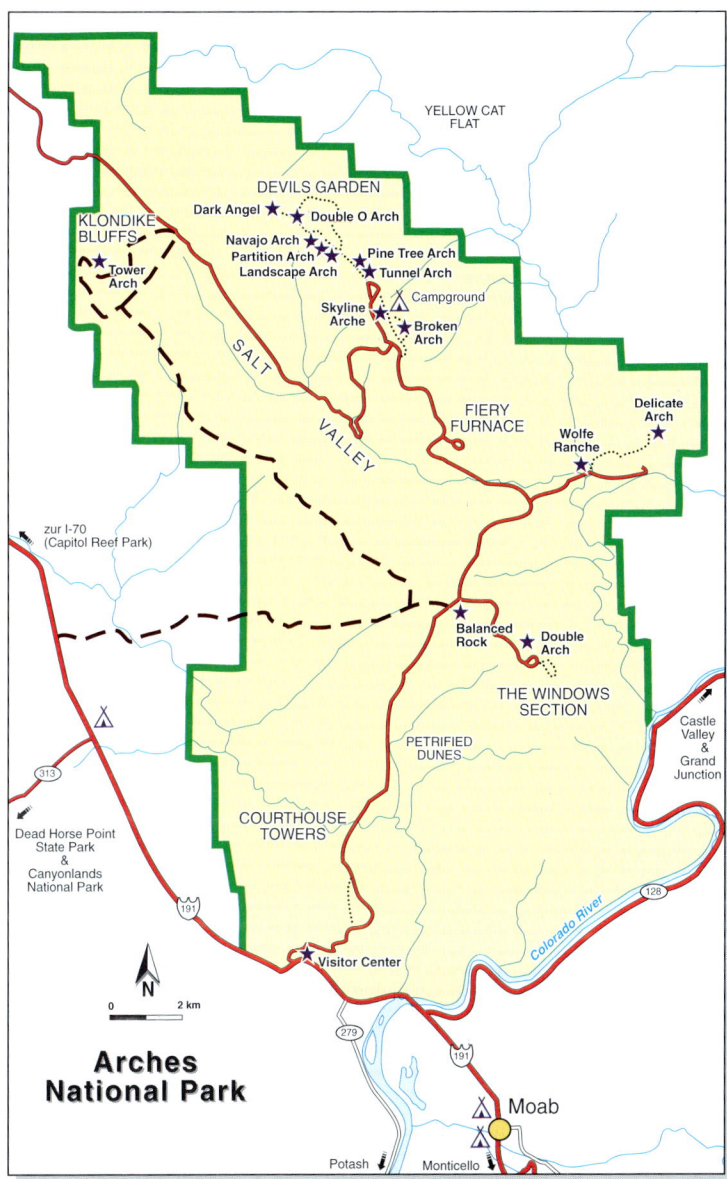

Arches National Park

**Besuchs-
planung**

zum Sonnenuntergang für den *Delicate Arch* reservieren. Mit Glück erwischt man einen Abend mit *Ranger*-Vortrag am Lagerfeuer. Bei der Ausfahrt am nächsten Tag stoppt man an den noch nicht näher in Augenschein genommenen Sehenswürdigkeiten, etwa in der *Windows Section* und bei den *Courthouse Towers* unweit der Einfahrt. In eineinhalb Tagen lassen sich so alle wichtigen Ziele im *Arches* "abhaken". Sofern die Zeit knapp ist, sei hinzugefügt. Viel besser wäre gerade in diesem Park ein wenig mehr Muße.

**Potash
Road**

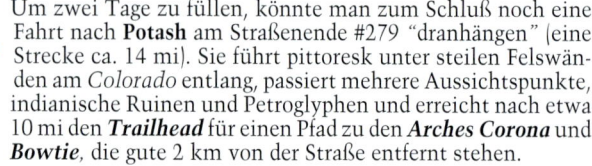

Um zwei Tage zu füllen, könnte man zum Schluß noch eine Fahrt nach **Potash** am Straßenende #279 "dranhängen" (eine Strecke ca. 14 mi). Sie führt pittoresk unter steilen Felswänden am *Colorado* entlang, passiert mehrere Aussichtspunkte, indianische Ruinen und Petroglyphen und erreicht nach etwa 10 mi den **Trailhead** für einen Pfad zu den **Arches Corona** und **Bowtie**, die gute 2 km von der Straße entfernt stehen.

**Zum
Canyonlands
National
Park
(Nordteil)**

Einen halben Tag benötigt man auch mindestens für den **Island in the Sky District**, einem Hochplateau zwischen dem Green und Colorado River im *Canyonlands National Park*. Vom Eingang des *Arches Park* bis zur Zufahrtstraße #313 sind es etwa 8 mi. Die #313 führt zunächst durch den *Sevenmile Canyon* zum **Dead Horse Point State Park** am Rand der Mesa mehrere hundert Meter über dem Bett des *Colorado River*.

**Deadhorse
Point
State Park**

Ein *Trail* hinter dem **Besucherzentrum** läuft direkt an den Steilwänden der Schlucht entlang. Die Straße endet am **Dead Horse Point Overlook**, der fantastische Ausblicke über den *Meander Canyon* des *Colorado* und die felsige Umgebung bereithält. Ein prima **Picknickplatz** bietet sich für eine Rast an. Der **Campground** gehört – wie der Platz im *Arches* – zur Extraklasse; nur bei früher Ankunft hat man eine Chance (Anmeldung im *Visitor Center* oder vorab sogar **Reservierung möglich** unter ✆ (800) 322-3770 (Mo–Fr 8–17 Uhr).

*Blick
vom
Deadhorse
Point
Overlook
auf einen
Meander
(Horseshoe
Bend) des
Colorado
River
und die
Canyonlands*

**Island
in the Sky
District**

In den Nationalpark geht es auf einem ausgebauten **Scenic Drive**. Von den ersten Aussichtspunkten der „Himmelsinsel" überblickt man den zerklüfteten **Stillwater Canyon** des **Green River**. Vom **Grand View Overlook** erkennt man tief unten den Colorado River. Dort beginnt ein **Pfad** auf die vorgelagerte Felsnase. Die Stichstraße in nördliche Richtung darf man sich – einmal hier oben – nun nicht mehr schenken. Der Aufstieg zum **Upheaval Dome** *(Trail* ca. 30 min. retour) ist die Anfahrt und die kleine Anstrengung unbedingt wert.

Der **Campingplatz Willow Flat** kann nicht mit dem Nachbarn im *State Park* konkurrieren, ist aber dennoch ebenso oft schon früh am Tage voll.

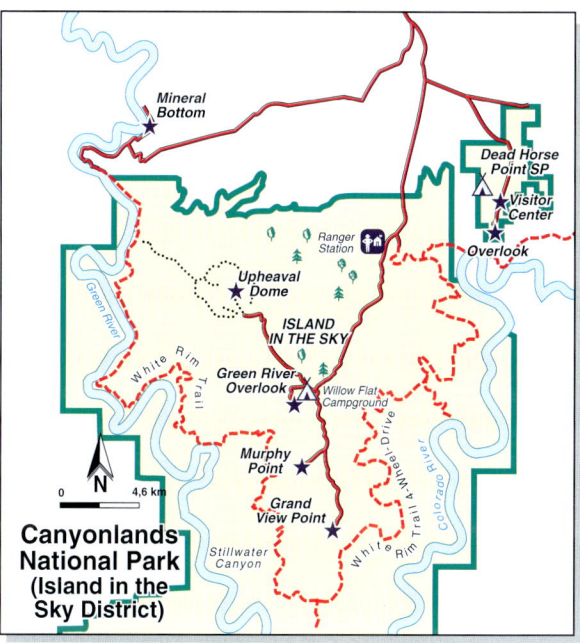

**La Sal
Loop Road**

Ein weiterer Abstecher könnte der **La Sal Loop Road** gelten, die sich von der #191 südlich von Moab durch die **Manti La Sal Mountains** – in 2.700 m Höhe der **Warner Lake NF-Campground** – nach Castleton und durch das *Castle Valley* schlängelt, auf die Straße #128/Colorado River stößt und nach Moab zurückführt. Der Reiz dieser Strecke liegt im raschen Übergang von Vegetations- und Klimazonen auf kürzester Distanz und (wiederum) Felswundern im *Castle Valley*, wo Teile des **John Wayne-Western "Rio Grande"** gedreht wurden.

4.2.4 Vom Arches zum Mesa Verde National Park

Straße # 128

Die Straße #128 am *Colorado River* entlang in Richtung I-70/ Grand Junction ist zu Recht als **Scenic Highway** ausgewiesen: eine wahrhaft angemessene Strecke zum Abschluß der Fahrt durch die Utah-Nationalparks! Etwa auf halber Strecke passiert sie die zum **Castle Valley** (↻ umseitig) gehörenden Felstürme **Fisher Towers**. Eine kurze *Gravel Road* führt zu ihnen. Etwa 15 mi nach Überquerung des *Colorado River* stößt man auf die I-70. Nach Grand Junction, dem westlichsten "Vorposten" des Staates Colorados, sind es nun noch 50 mi.

Colorado National Monument

Südwestlich der Stadt liegt das **Colorado National Monument**, eine weitere Canyonlandschaft mit steilen Felswänden und pittoresken Monolithen. Über die Straße #340 (ab Fruita) erreicht man den **Rim Rock Drive**, an dem auch das *Visitor Center* und der hübsch angelegte **Einfach-Campground** zu finden sind. Der kleine Umweg (etwa plus 30 mi gegenüber der *Interstate)* lohnt sich allemal, auch wenn man nach dem Erlebnis der Utah-Parks nicht mehr "umgeworfen" wird.

Grand Junction

(Karte auf Seite 441)

Grand Junction, die größte Stadt Colorados westlich der *Rocky Mountains*, besitzt für Reisen, die *Yellowstone* und Utah-Parks verbinden, eine **geographische Schlüsselposition**. Denn über die Straße #139 und das *Dinosaur Monument* lassen sich diese und die Rundstrecke durch Wyoming ideal miteinander verknüpfen. Grand Junction ist zudem mal wieder eine städtische Etappe nach der vielen Landschaft "satt". An **Hotels** und **Motels** (Hauptstraßen durch die Stadt, I-70 *Business Loop* und Straße #6) fehlt es nicht; das Preisniveau ist moderat. Sogar ein **International Hostel** gibt es, und zwar im nostalgischen **Melrose Hotel**, 337 Colorado Ave, ✆ (970) 242-9636; $12.

Die Stadt als solche ist relativ gesichtslos. Allenfalls die verkehrsberuhigte, hübsch begrünte Hauptgeschäftsstraße (Main Street) verdient Aufmerksamkeit. Einen kurzen Besuch abstatten könnte man dem **Museum of Western Colorado** (unweit der Main St: 4th/Ute Ave, 9–18 Uhr, So 11–17 Uhr, $2) mit Ausstellungen zu Geschichte und Geologie der Region sowie zur Indianerkultur im Bereich des Grossen Plateaus. Eine Abteilung des Museums mit Dinosauriermodellen und -knochen, **Dinosaur Valley** genannt, befindet sich zwischen den Geschäften der Main Street. Der dazugehörige **Dino-Shop** verkauft alles Erdenkliche zum Thema, speziell Kinderspielzeug. Geöffnet im Sommer 9–18 Uhr, sonst 10–17 Uhr; Eintritt $4.

Grand Mesa

Das in Richtung Durango/*Mesa Verde National Park* nächste südliche Ziel ist der *Black Canyon of the Gunnison*, wobei der schnelle direkte Weg am Gunnison River entlang (42 mi bis Delta) bei ausreichender Zeit durch eine sehr hübsche Fahrt über die **Grand Mesa** (Straße #65, ca. 95 mi bis Delta) ersetzt werden kann. Besonders nach einer längeren Reise durch Halb-

Black Canyon of the Gunnison

wüsten bieten die grünen Wälder und Seen der Hochlage willkommene Abwechslung, dazu viele **NF-Campgelegenheiten**. Ein **Visitor Center** des *Forest Service* (Karten für Wanderungen und Lage der *Campgrounds*) befindet sich in Edward Lake.

Nach steiler Fahrt von Montrose auf die 2500 m hohe **Vernal Mesa** (ca. 15 mi) öffnet sich überraschend der **Black Canyon**, benannt nach seinem überwiegend dunklen bis schwarzen Gestein. Das *National Monument* schützt die verbliebenen 20 km einer einst über 80 km langen Schlucht, die der Südarm des Gunnison River durch die Hochebene geschnitten hat. Der längere östliche Teil verschwand unter mehreren hintereinandergeschalteten Stauseen. Die *Reservoirs* erfreuen sich zwar bei Anglern und Wassersportlern großer Beliebtheit, sind aber nicht sonderlich reizvoll.

Damit Flora und Fauna der verbliebenen Canyonlandschaft möglichst wenig gestört werden, existiert kein (offizieller) Pfad hinunter zum Fluß. Allerdings gelangt man per Auto auf der serpentinenreichen **East Portal Road** in die Tiefe (Versorgungszufahrt zum Damm am Ostende der Schlucht und auch zum **East Portal Campground** in schöner Lage). Außer für Kraxelfreudige, die sich vor dem Abstieg in den *Canyon* im **Visitor Center** anmelden und instruieren lassen müssen, bleibt den Besuchern des Südrandes nur das Abfahren der **Rim Road** zu den diversen Aussichtspunkten und ggf. Camping auf dem **South Rim Campground**. Der Blick über die zerklüftete Felslandschaft der bis zu 700 m tiefen Schlucht ist überall beeindruckend. Ein kurzer **Trail** führt vom Straßenende zum *Warner Point* (ca. 1 km).

Ouray

In einem Talkessel der **San Juan Mountains**, eines westlichen hochalpinen Ablegers der *Rockies,* liegt mit **Ouray** eines der hübschesten Gebirgsstädtchen der USA. Außer für die attraktive Lage durch Gipfeln und Steilwänden ist die einstige **Mining Town** bekannt für ihre **Mineral Hot Springs**. An der #550 gleich eingangs des Ortes kann man den großen öffentlichen **Pool** nicht verfehlen (Eintritt, Becken mit unterschiedlichen Wärmebereichen, geöffnet bis 22 Uhr). Die Gäste einiger Hotels tauchen in die von eigenen Quellen gespeisten Exklusivpools, z.B. **Best Western Twin Peaks** oder **Box Canyon Lodge & Hot Springs**, ca. $80, ✆ (970) 325-4981.

Etwa 2 mi nördlich von Ouray (ausgeschildert) kann man in eine stillgelegte Mine einfahren (**Bachelor-Syracuse Gold & Silver Mine**); Mai–September 9–16/17 Uhr. Der Besuch ist interessant, aber der Eintritt mit $10 recht hoch. Unbedingt einen Halt muß man an den **Ouray Box Canyon Falls** einlegen (südlicher Ortsausgang), wo der *Canyon Creek*, ein Zufluß des Uncompahgre River, tosend durch eine enge Felsspalte bricht. Oberhalb der Stadt befindet sich der wunderbar gelegene **NF-Campground Amphitheatre**. Von einer Aussichtsplattform überblickt man das *Ouray Valley*. Einen guter Privatplatz ist der **KOA-Campgound Ouray** einige Meilen nördlich.

Million Dollar Highway

Die im Abschnitt bis Silverton überwältigende Straße durch die Berge von Ouray nach Durango trägt den schönen Namen **Million Dollar Highway**. Sie entstand Ende des 19. Jahrhunderts, als aus den Gold- und Silberminen dieser Region unglaubliche Reichtümer gezogen wurden, und soll mit goldhaltigem Erzgeröll gepflastert gewesen sein. Die Spuren der Schürfaktivitäten sind bis heute überall sichtbar. Neben einer letzten noch intakten Mine säumen zerfallendes Gerät und verlassene Schächte die Hänge über der #550.

Wenige Meilen vor (nördlich) Silverton zweigt die Zufahrt zum einsamen *NF-Campground* **Southmineral Creek** ab (rund 5 mi, wegen der Höhe nachts sehr kalt). Die Campingplätze zwischen Silverton und Durango sind weniger einladend.

Silverton

Vom alten Silverton, einer ehemaligen **Silberminenstadt** in einem 2700 m hoch gelegenen, landschaftlich wenig reizvollen Tal, existieren nur noch ein paar windschiefe Gebäude. Der Rest des Ortes besteht überwiegend aus restaurierten und falschen Fassaden im **Wildwest-Look**. Sie gelten samt den hinter ihnen steckenden *Shops* und Restaurants der Neuzeit im wesentlichen den täglich mit der **Durango-Silverton Railroad** für ein paar Stunden einfallenden Touristen. Neben der Linie Cumbres-Toltec (➪ Seite 444) ist sie mit ihrer Streckenführung die beste historische Eisenbahn des US-Westens. Von Mai bis Oktober verkehrt sie je nach Saison 2-4 mal täglich. Der 3-Stunden-Trip kostet $44 hin und zurück, Kinder 50%.

Das **Silverton Hostel** befindet sich in der 1025 Blair Street, ☎ (970) 387-0115, ab $11.

SENTIMENTAL JOURNEY *von Hans Löwenkamp*

Durango & Silverton Narrow Gauge Rail Road. Das klingt nach Ruß und schwitzenden Chinesen, nach High Noon, nach endlosen Schienensträngen durch Staub und flimmernde Hitze, nach schwer bewachten Geldkisten und Great Train Robbery.

Die Einstimmung beginnt bereits am Fahrkartenschalter. Die Ticketmiss strahlt Geruhsamkeit aus, sie hat es nicht eilig. Ungeachtet der Schlange vor ihrem Fenster erwägt sie friedlich und umständlich, in Kladden blätternd und Listen von Vorbestellungen mit dem Finger nachfahrend, ob noch etwas zu machen sei für den kommenden Tag. Und – man ahnt es längst – es ist etwas zu machen.

Allerletzter Einstiegstermin eine halbe Stunde vor dem Anpfiff. Los geht es sozusagen mitten auf der Dorfstraße. Man sitzt der Landschaft zugewandt quer zur Fahrtrichtung, der Mittelgang im Rücken bleibt dem vier Fuß breiten Brakeman vorbehalten, damit er vor dem Gefälle rechtzeitig die Kurbel erreicht.

Von ihm kommt auch der Rat:
„Do not lean out! Das Tal ist enger als du denkst!"

Aber wir fahren noch durch die Vorgärten und Hinterhöfe, ausreichend mit Schrottautos bestückt, vorbei an malerischen Einkaufszentren und der städtischen Kläranlage mit der hübschen Nationalflagge und der Warntafel „Do not fish!" Im Rücken weiß man das idyllische Tal des Animas River, der für den auf der falschen Seite sitzenden Fahrgast besser Anonymous River heißen sollte. Aber so bleibt es nicht: Die Stiefkinder der ersten Bahnkilometer werden zu Königen, als der Zug das Ufer wechselt. Man begreift, warum das Unternehmen heute noch floriert. Schluchten, Gebirgsbäche und Kaskaden, herrliche Wildnis, selbst in 3.000 m Höhe noch voller Baumbestand, Eichen, Espen, Fichten. Dazu der Bandwurm von Zug, der sich – das Klischee sei verziehen – mitunter in den Schwanz zu beißen droht. Eine stets wechselnde Szenerie, abseits jeder Zivilisation, wenn man die Schiene selbst gütig übersieht, die das Eindringen der Menschen in diese Wunderwelt erst möglich gemacht hat.

Dreieinviertel Stunden sind bald vorbei. Silverton hält nicht, was die Landschaft versprach. Das Städtchen lebt offenbar von der mittäglichen Invasion. Gottseidank pfeift der Zug um drei Uhr wieder ab.

Pünktlich setzt der tägliche Platzregen ein. Das Leben im offenen Wagon konzentriert sich auf den Mittelgang. Zähneklappern übertönt die Fahrgeräusche, es bleibt nur die Hoffnung: Es geht im Prinzip bergab, wärmeren Gefilden entgegen.

Lange hält sich der Regen nicht. Mit der Nachmittagssonne erwachen die Passagiere zu neuem Leben; die abenteuerlichen Regenhäute, die vorn und hinten von den Attraktionen Silvertons berichten, verschwinden. Das Baby wird aus Mutters Schal gewickelt und lacht wieder, Bänke und Hosenbeine trocknen. Fröhlich geht die Fahrt zu Ende; schließlich sitzen wir diesmal auf der richtigen Seite.

Durango
Durango verdankt wie Ouray und Silverton seine Entstehung vor über hundert Jahren (1880) den Gold- und Silberfunden in den *San Juan* Bergen. Von der *Boomtown* entwickelte sich die heute 13.000 Einwohner zählende Stadt zum dauerhaften kommerziellen Mittelpunkt der Südwestecke Colorados.

Dank der beliebten nostalgischen Eisenbahn, vielfältiger sommerlicher Urlaubsmöglichkeiten und günstiger Wintersportbedingungen im Umfeld wurde der Tourismus zur Einnahmequelle #1. Dem entspricht die Infrastruktur mit einer im Stil der Jahrhundertwende herausgeputzten **Main Street** als Zentrum einer kleinen Kneipen-, Restaurant- und Shoppingszene. Durango wirkt dort wie auch in den Wohnstraßen östlich der *Main Street* ein bißchen wie das Bilderbuchamerika aus einer anderen Zeit.

Eisenbahn
Hauptanziehungspunkt im Ortskern (Ende der Hauptstraße) ist der Bahnhof der **Durango-Silverton Narrow Gauge Railroad**. Aktuelle Abfahrtszeiten, Preise und Reservierung unter ✆ (970) 247-2733. Die Passagiere der zurückkehrenden Züge sorgen ab spätem Nachmittag für viel Betrieb im Zentrum.

Unterhaltung

Am Abend erfreuen sich die Vorstellungen des **Diamond Circle Theater** (im *Strater Hotel*) regen Zuspruchs. Sie finden nur im Sommer statt (Mo-Sa 19.45 Uhr). Die rustikale Alternative bei der Abendunterhaltung ist ein **Bar D Chuckwagon Supper** mit *Western Show*, etwa 8 mi nördlich der Stadt. Voranmeldung in der Regel nicht nötig, sofern man vorm *Supper* um 19.30 Uhr eintrifft (*Memorial* bis *Labor Day*).

Information
Unterlagen über Aktivitäten (u.a. **River Rafting**) und *Events* in und um Durango gibt`s im **Visitor Center** (Mo-Sa 8–19 Uhr) mit **Kinderspielplatz)** am Animas River (Straße nach Aztec).

Unterkunft

In Durango unterzukommen, ist selbst in der sommerlichen Hochsaison meist kein Problem, aber deutlich teurer als in der weiteren Umgebung. Zahlreiche **Hotels und Motels** säumen die Ausfallstraßen. Im nostalgischen **Strater Hotel**, in dem das tägliche Melodramna aufgeführt wird, kostet die Nacht ab $120 im Sommer und Herbst. Auch ein **Int`l Hostel** (ab $13) ist vorhanden; es liegt zentral in der 2nd Ave: ✆ 970 247-9905.

Camping

Die Campingplätze rund um Durango verfügen über beachtliche Kapazitäten. Unter den privaten Anlagen mit *Hook-up* ist der **Lightner Creek Campground** mit *Pool* besonders empfehlenswert. Er liegt sehr ruhig am Wildbach etwa 5 mi vom Ortszentrum entfernt: 3 mi westlich auf der Straße #160, dann *Lightner Creek Road* 2 mi.

Der großzügig aufgeteilte **NF-Campground Junction Creek** befindet sich ca. 6 mi nördlich des Zentrums im *San Juan National Forest*. Die Zufahrt erfolgt von der #550 North: an der 25th Street steht ein Hinweisschild des *National Forest*. Von dort über die Junction Creek Road noch rund 5 mi.

Mesa Verde National Park

Zurück in der Ebene westlich der *Rocky Mountains* erreicht man **Mesa Verde**, den kulturhistorisch bedeutsamsten Nationalpark der USA. Von der Einfahrt ($10 Eintritt) bis hinauf zum **Far View Visitor Center** auf einer dicht bewaldeten, grünen Hochfläche (bis zu 600 m über der Umgebung), die dem Park zu seinem Namen verhalf, sind es 16 mi. In den *Canyons* dieser Tafel entdeckte man erst Ende des vorigen Jahrhunderts die sogenannten **Cliff Dwellings**, unter höhlenartigen Überhängen angelegte Steinbehausungen. Sie wurden von Stämmen der präkolumbischen **Anasazi** vor rund 800 Jahren errichtet, aber bereits lange vor der Entdeckung Amerikas wieder aufgegeben.

Cliff Dwellings

Im sehenswerten **Museum** auf der **Chapin Mesa** bei den *Park Headquarters*, 5 mi südlich des Besucherzentrums am *Spruce Canyon*, vermittelt eine Ausstellung ein plastisches Bild von den Klippendörfern, ihrer Entstehung, Bauart der Häuser und Lebensweise ihrer Bewohner. Umfangreiche Funde an Tongeschirr, Waffen und Kleidung halfen bei der Rekonstruierung der Kultur der *Anasazi*.

Neben einigen größeren Dörfern existieren Überreste vieler kleinerer Anwesen in den gelbfarbigen Felswänden. **Eine Besichtigung** des besonders gut konservierten Dorfes **Spruce Tree House** unterhalb des Museums ist individuell möglich. *Ranger* beaufsichtigen die Ruinen und stehen für Erläuterungen zur Verfügung. Alle weiteren *Dwellings* liegen an zwei separaten Rundstrecken. Die attraktivere von beiden ist der östliche *Loop* an **Cliff Palace** und **Balcony House** vorbei. Für deren Besichtigung benötigt man ein Tourticket ($2), das im **Far View Visitor Center** erhältlich ist, und zwar nur für eines der beiden Dörfer am selben Tag. Wartezeiten sind die Regel.

427

Weitere Cliff Houses

Zur westlichen **Wetherhill Mesa**, die von der *Chapin Mesa* durch mehrere Canyons und die *Long Mesa* getrennt liegt, verkehrt vom *Farview Visitor Center* ein Bus (keine individuelle Fahrt möglich; Anmeldung nötig). Größere Ruinen im *Wetherhill* Bereich sind das *Long* und *Step House*, beide aber nach einer Besichtigung der *Chapin Mesa Dwellings* nur bei großem Enthusiasmus für die Kultur der *Anasazi* sehenswert.

Unterkunft

Direkt im Park gibt es nur die **Far View Motor Lodge** ($60-$95), ✆ (970) 529-4421, jedoch findet man im ca. 10 mi von der Parkeinfahrt entfernten **Cortez** eine auf den *Mesa Verde* Tourismus eingestellte Infrastruktur mit vielen Motels/Hotels, von denen die Gros die Durchgangsstraßen besetzt. Das **Preisniveau** ist dort niedriger als im benachbarten Durango. Am östlichen Ortsende läßt sich das **Cortez Visitor Center** nicht übersehen. Dort ist u.a. eine Unterkunftsliste verfügbar.

Der große **Morefield Campground** kurz hinter der Einfahrt in den Nationalpark (noch unterhalb des Hochplateaus) bietet sowohl einfaches Camping als auch Stellplätze mit *Hook-up*; der Platz kann reserviert werden: ✆ (970) 565-2133.

Dolores/ Telluride

Wer sich stärker für Anasazi-Kultur interessiert, könnte einen kleinen Abstecher nach **Dolores** (ca. 10 mi nördlich von Cortez) zum **Anasazi Heritage Center** erwägen. Dolores liegt an der Strecke für alle, die einen Umweg über **Telluride** machen. Die **#145** ist eine reizvolle **Alternativroute** zur #666 in Richtung *Arches Park*, aber auch zur beschriebenen Strecke Ouray-Durango–Mesa Verde. **Telluride,** an sich eine *Skitown*, besitzt als Ort vieler sommerlicher **Musik- und Filmfestivals** einen besonderen Ruf und zudem eine (im Sommer freie) Seilbahn.

Verbindung zur Route 4.4

Über Shiprock oder Aztec (beide bereits in New Mexico) und die Santa Fe Region kann die hier beschriebene Route von *Mesa Verde* bzw. Durango aus leicht mit der Rundstrecke unter 4.4 verbunden werden, ➪ Seite 470.

Cliff Palace im Mesa Verde Park

4.2.5   **Über das Monument Valley, Lake Powell/Page und den Grand Canyon zurück nach Las Vegas**

Direkte Route

Der übliche Weg von Cortez zum *Grand Canyon* führt auf der Straße #160 über die einzige **4-Staaten-Ecke** der USA. Ein Bronzemonument markiert diesen ungewöhnlichen Punkt, über dem man sich auf allen Vieren gleichzeitig in Colorado, New Mexico, Arizona und Utah niederlassen kann. Bunte **Verkaufsstände** für Navajo-Schmuck, Gewebtes, Keramik und allerhand Kitsch sorgen rundherum für Farbtupfer im ansonsten öden Gelände. Zum *Monument Valley* müßte man von Kayenta/Arizona 25 mi auf der Straße #163 zunächst nach Norden und dann wieder zurück fahren. Nachdem die Straße #262 ausgebaut worden ist, macht es mehr Sinn, 8 mi vor dem **Four Corners Monument** auf die **Straße #41** abzubiegen, die in Utah in die **#262** übergeht.

Hovenweep National Monument

Diese Route ist nicht nur abwechslungsreicher und vermeidet Doppelfahrten, sondern passiert in einigem Abstand auch noch das **Hovenweep National Monument** und außergewöhnliche Felsformationen. *Hovenweep,* das "verlassene Tal" im Grenzbereich zwischen Utah und Colorado, umfaßt die Überreste mehrerer präkolumbischer Siedlungen. Sie gehen auf die gleiche mysteriöse Indianerkultur zurück wie die *Cliff Dwellings* von *Mesa Verde.* Der #262 am nächsten liegen die **Cajon Canyon Ruins** (ca. 3 mi). Das **Visitor Center** und ein **Campground** befinden sich bei den Ruinen des **Square Tower** und sind von der #262 dank neuer Asphaltstraßen nun problemlos anzusteuern (ca. 20 mi nördlich von Aneth). Bei knapper Zeit muß man *Hovenweep* aber nicht gesehen haben.

Bluff

Ohne Umweg über *Hovenweep* geht es ab Montezuma Creek auf der Straße #163 nach Bluff, einem Dorf mit vier **Motels** (ganz nett ist das schattige **Desert Rose Inn** mit einigen neuen *Cabins* – westlich hinter der Brücke, © 435-672-2303), einigen *B&Bs*, Tankstellen, Cafeterias, drei *RV-Parks* und einem *General Store. Die* Sehenswürdigkeit des Ortes sind die Sandsteintürme **Navajo Twins**, die mit Erreichen der #191 unübersehbar ins Blickfeld kommen. Am *San Juan River* etwa 2 mi südwestlich (#163/#191) liegt die **Sand Island Recreation Area**: Schönes Campen am Fluß unter einfachsten Bedingungen, $6.

Valley of the Gods

Etwa 15 mi südwestlich von Bluff zweigt von der #163 eine *Dirt Road* zum **Valley of the Gods** ab, einer Landschaft ähnlich dem *Monument Valley.* Die 17-Meilen-Strecke führt in wildem Verlauf durch eine einsame, wenn auch nicht ganz so sensationelle Felslandschaft, und ist ohne Tourismus, sieht man von den Wenigen ab, die sich hierher "verirren". Die teilweise sehr rauhe *Road* ist nur bei Trockenheit machbar (vorher ggf. erkunden), dann auch für Pkw und mit (eigenem) *Van Camper*, auf keinen Fall mit *Motorhomes.*

Valley of the Gods B & B

Die Straße durch das Gottestal endet an der #261 etwa 10 mi nordwestlich von Mexican Hat. Dort befindet sich auch die bereits erwähnte **Lee Ranch** mit **Bed & Breakfast** in einem aus Felsen errichteten Sonnenenergie-Haus. Von den Terrassen des einzigen Gebäudes weit und breit schaut man übers unendliche *Red Rock Country*. An kühlen Tagen brennt im Kamin ein Feuer. Bei Hitze bucht man am besten das *Outhouse* (mit eigener Terrasse), wo die Betten im kühlen Keller stehen. Inklusive Frühstück zahlen Einzelpersonen $75, 2 Personen im DZ $90, Reservierung: ✆ (970) 749-1164.

Goosenecks

Auf dem Rückweg zur #163 passiert man die Zufahrt zum **Goosenecks State Park**; 6 mi retour. Vom *Viewpoint* überschaut man die tief in den Sandstein eingeschnittenen sehr "fotogenen" Meander des *San Juan River*. **Camping** am Canyon-Rand ist erlaubt und gratis, Wasser/WC sind vorhanden.

Mexican Hat

Seinen Namen verdankt Mexican Hat einem auffälligen Sandsteingebilde, das an einen mexikanischen Sombrero erinnert. Wie Bluff besteht der Ort lediglich aus einigen preiswerten Motels und zwei Tankstellen mit *Trading Post*. Einen guten Eindruck machen das **Canyonlands Motel**, ✆ (435) 683-2230, und das **Valley of the Gods Inn**, ✆ (435) 683-2221.

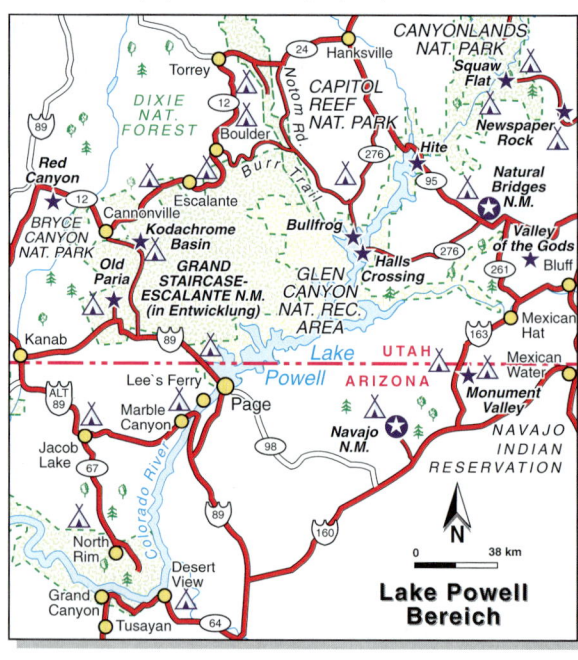

Lake Powell Bereich

Gewitterstimmung über dem Monument Valley

Von dort geht es zum **Monument Valley**. Zwar sind es bis zur Zufahrt noch über 20 mi, aber bereits kurz hinter Mexican Hat kommen die wohlbekannten Felsmonumente ins Blickfeld.

Monument Valley

Das **Kerngebiet** der spektakulären Massive, als Überbleibsel einer vor Jahrtausenden zusammenhängenden Hochebene auch "Zeugenberge" genannt, liegt einige Meilen östlich der #163 bereits auf Arizona Territorium. Eine Stichstraße (3 mi) führt zum **Visitor Center** mit Aussichtsplattform hoch über dem Tal. Das *Monument Valley* ist nicht etwa Teil des US-Nationalparksystems, sondern wird von den **Navajo**-Indianern verwaltet, der Tourismus dorthin allein von ihnen gemanagt. Der *Golden Eagle Pass* gilt daher nicht. Der **Eintritt** beträgt **$3** pro Person, ab 60 Jahren nur noch $1, Kleinkinder unter 7 Jahren frei. Er wird an der Zufahrt, in der Nebensaison im *Visitor Center* kassiert (Sommer 8–19 Uhr, sonst bis 17 Uhr).

Zufahrt zu den Monumenten

Das Besucherzentrum liegt am Startpunkt für die Fahrt hinunter – auf staubigen Wegen – zu den rostroten Monolithen und Felsnadeln. Im Gegensatz zu früheren Jahren ist aber die Befahrbarkeit bei Trockenheit im wesentlichen unproblematisch. Prinzipiell dürfen heute auch Campmobile die Route abfahren; bei Mietfahrzeugen kommt dies wegen der Vertragsbedingungen aber kaum in Frage. Die Navajos stehen zum Glück mit Kleinbussen, *Pick-ups* und **Jeeps** bereit, um diesem Problem zu nicht ganz niedrigen Tarifen abzuhelfen.

Die geführten Touren haben außerdem den Vorteil, daß sie sich nicht auf die ca. 10 Meilen des öffentlich freigegebenen Teils der insgesamt 17-Meilen langen *Loop Road* beschränken. Ohne Führer kommt man z.B. nicht bis zu den aus *Western* bekannten Felsnadeln *Totem Pole* und *Yei Bi Chei*. Aber die wichtigsten *Viewpoints* sind individuell erreichbar. Wenn es sich einrichten läßt, wählt man für seine Tour – gebucht (*Sunset/Sunrise Tours*) oder individuell – den späten Nachmittag oder frühen Morgen. Dann herrschen die besten Lichtverhältnisse für das Superfoto.

Jeeps in Bereitschaft zur Fahrt über die Monument-Valley-Piste

Unterkunft

Direkt am *Valley* gibt es keine Hotels oder Motels. Dafür bietet das einzige Quartier weit und breit Zimmer, von deren Balkonen man einen vollen Blick auf die – wenn auch relativ fernen – Monumente hat. Die **Gouldings Lodge** liegt 2 mi westlich der #163 vor einer Felswand beim gleichnamigen Navajo-Dorf. Einigermaßen erschwinglich ist sie bei dieser Aussicht nur im Winter; im Sommer kostet das Mittelklasse-DZ $128. Reservierung unter ✆ (800) 874-0902.

Camping

In seiner Lage unschlagbar ist der **Mitten View Campground am Visitor Center** für $10. Der Platz besitzt zwar keine *Hook-ups*, aber Duschen und *Dump Station*. Bei Ankunft am Vormittag bestehen gute Chancen, einen der Stellplätze mit Aussicht über das Tal zu ergattern. Wer gar keinen Platz mehr findet, darf auch jenseits der Abfahrt hinunter ins Valley auf einem dort vorhandenen Freiraum stehen bzw. sein Zelt aufschlagen. Zwar ohne Camping-Tisch, Grillrost oder Sonnendach, aber mit ungestörtem Blick aufs *Monument Valley*.

Ein Komfort-**Campingplatz der Navajos** für Wohnmobile mit *Hook-up* und *Pool*, aber ohne Weitblick, befindet sich zwischen roten Felswänden in **Gouldings**, ein paar hundert Meter hinter der *Lodge*, ✆ (435) 727-3280.

Kayenta

Der Navajo-Zentralort Kayenta bietet gute Versorgungsmöglichkeiten (aber keine Alkoholika) und ein paar reichlich teure Motels (u.a. **Holiday Inn** ab $99) in karger Umgebung.

Navajo National Monument

Obwohl ebenfalls mitten im Navajo-Reservat gelegen, stehen die bestens erhaltenen Klippendörfer **Betatakin, Keet Seel** und **Inscription House** unter Nationalpark-Verwaltung. Sie bilden zusammen das **Navajo National Monument** und sind von der Straße #160 über den Zubringer #564 erreichbar.

Die **Navajo Dwellings**, weitere Relikte der **Anasazi**-Kultur, entsprechen in Anlage und Aussehen weitgehend den Gemeinwesen im *Mesa Verde Park*. Ein **Aussichtspunkt** für *Betatakin*

liegt nur einen kurzen Fußmarsch hinter dem *Visitor Center*. **Geführte mehrstündige Wanderungen** finden nach Bedarf mehrmals täglich statt. Die Besichtigung der anderen beiden Dörfer ist entweder auf teuren Trips hoch zu Roß oder auf eigene Faust per pedes möglich (8 mi einfacher Weg). Buchung bzw. *Permit* im *Visitor Center*. Nur eine kleine Zahl von Wanderern ist pro Tag zugelassen. Der **Campingplatz** (keine RVs über 25 ft) liegt wunderbar und ist **gratis**.

Glen Canyon National Recreation Area

Die Route führte bereits über das nördliche Ende des *Lake Powell* (Straße #95/Hite) und damit durch die **Glen Canyon National Recreation Area**. Dieses Gebiet ist das aufregendste Wassersportrevier der USA. Mit Fertigstellung des **Glen Canyon Dam** und Absperrung des *Colorado River* wurde ab 1962 eine Canyonlandschaft gewaltigen Ausmaßes überflutet. Das zerklüftete Wüstengelände sorgte für einen 150 km langen See (Luftlinie!) mit tausend Seitenarmen und Buchten (**über 3000 km Ufer**), der nur an wenigen Stellen per Auto zugänglich ist; asphaltiert in Hite, Bullfrog/Halls Crossing und Wahweap.

Der Glen Canyon Dam staut den riesigen Lake Powell

Page

Über die **Straße #98** besteht Gelegenheit zu einem Abstecher bzw. Fortsetzung der Fahrt **zur Nordseite des Grand Canyon** in/über das kommerziell perfektionierte Wassersportdorado am *Lake Powell*. **Page** ist ein Ort, der erst wegen des Dammbaus entstand und mit der Entwicklung der *Glen Canyon Area* zum Ferienziel einen rasanten Aufschwung als Zentrum der touristischen Versorgung erlebte.

Motels, Hotels und Restaurants in Page berechnen **die höchsten Tarife** weit und breit. Im Sommer kostet auch das einfachste Motel noch $50, die Mittelklasse dann leicht über $100. Bezahlbarer sind die Page-Quartiere nur bis ca. Anfang Mai und wieder ab Oktober. Das **Lake Powell International Hostel** begnügt sich mit $15/Bett; © (520) 645-3898.

Antelope und Corkscrew Canyons

Noch vor Erreichen von Page passiert man die Zugänge zu den unter Navajo-Verwaltung stehenden *Lower* (*Corkscrew*) und *Upper Antelope Canyons*, beide bekannt für ihre sagenhaften durch Auswaschungen entstandenen Formen und Farben und versteinerte Sanddünen. Nach einem schrecklichen **Unglück im Herbst 1997** im *Lower Canyon*, bei dem über 20 Touristen in einer Flutwelle (*Flash Flood*) ertranken, die nach einem Gewitter durch den *Canyon* rauschte, wurden Sicherheitsvorkehrungen getroffen und der Zugang 1998 wieder geöffnet.

Es gibt zwei Möglichkeiten, die Canyons zu besuchen, per Tour ab Page ($26,50 inkl. *Navajo Permit* und *taxes,* Kinder bis 8 Jahre $11) oder mit eigenem Fahrzeug zu den Eintrittsstationen, von da aus per geführter Tour (ca. $20; Preise 1998). Soweit bekannt, ist ein ganz individueller (unbegleiteter) Zutritt wie früher zur Zeit nicht möglich. Die **Mittagszeit** eignet sich im übrigen am besten für den Besuch.

Für alle aktuellen, sich ggf. ändernden Einzelheiten kann man sich (in deutscher Sprache) an die Mitarbeiter der Firma **Trading Post** in Page wenden; ✆ **(520) 645-9197**. *Trading Post* hat auch die aktuellen Wetternachrichten und verkauft Eintrittskarten zu gleichen Konditionen wie die Navajos am Eingang.

Weitere Aktivitäten in/bei Page

Trading Post unterhält außerdem ein **Info-Mobil**, das an auffälligen Punkten parkt. Dort kann man u.a. **one-way** Kanutouren auf dem Colorado River vom Staudamm nach Lees Ferry inkl. Rücktransport, **Touren zur Rainbow Bridge** oder auch **Mietboote** zur individuellen Fahrt buchen, ➪ Seite 98.

Ggf. eine Alternative zum Besuch des *Antelope Canyon* oder einen zusätzlichen Besuch wert ist der **Waterholes Slot Canyon** südlich von Page, ebenfalls unter *Navajo*-Aufsicht. Er liegt in der Nähe einer von vielen Fotos her bekannten Kehre des Colorado River (**Horseshoe Bend**). Der Besuch des fürs Foto geeigneten Aussichtspunktes (am Nordufer) hoch über dem Fluß ist ebenfalls ein wesentlicher Page-Programmpunkt.

ANTELOPE CANYON

Nach Passieren der engen Eingangsspalte stehen wir im Dunkeln. Die Augen haben Mühe, sich an das diffuse Licht zu gewöhnen. Erst nach und nach offenbart sich die Struktur der Felsauswaschungen. Der Antelope Canyon läßt sich nicht richtig beschreiben, seine Schönheit muß man sehen. Obwohl weniger als hundert Meter lang, fasziniert er duch seine verwirrend verdrehten Wände, die in den schwach einfallenden Lichtstrahlen wie abstrakte Skulpturen wirken. Es ist wie in einer Höhle, der Blick nach oben findet den Himmel nicht. Das Tageslicht dringt nur indirekt in die Tiefe, mehrfach reflektiert von unterschiedlich gefärbten Schichten. Es fällt im zentralen Teil des Canyons durch The Crack, einen Riß, der stellenweise nur wenige Dezimeter Breite aufweist.

Wolfgang Haertel

Staudamm

Einmal in Page bzw. am *Lake Powell*, ist der Besuch des **Carl Hayden Visitor Center** am Nordende des *Glen Canyon Dam* ein absolutes Muß. Dort werden Dammbau und das System der *Colorado River* Stauseen eindrucksvoll erläutert; geöffnet täglich 7–19 Uhr im Sommer, sonst 8–17 Uhr, frei.

Wahweap Bereich

Einige Meilen weiter befindet sich die **Wahweap Marina**, ein Riesenkomplex aus Hotel, Restaurants, Shops und Marinas. Sämtliche Aktivitäten kreisen dort um den Wassersport. Vom *Surfboard* bis zum Hausboot läßt sich von der Monopolgesellschaft **ARAMARK Leisure Services** alles mieten, was schwimmt. Gleichwohl zu Preisen, die sich gewaschen haben. Sieht man ab vom wackeligen Blechboot ohne Sonnenschutz, kostet in der Saison das billigste "Schiff", eine Badeplattform für 8 Personen mit 80 PS-*Outboarder*, immerhin $160 pro Tag plus Versicherung, Steuern und Sprit. Für das kleinste 6-Personen-Hausboot muß man im Hochsommer ab $1500/Woche hinblättern. Finanzkräftige mieten die schwimmende Villa mit Beiboot und allerlei *Water Toys* für $3000/Woche und mehr. Bootsreservierungen und Auskünfte unter ✆ (800) 528-6154 oder ✆ (602) 278-8888, Fax (602) 269-9408.

Tatsächlich lassen sich der *Lake Powell* und seine Ufer so recht nur vom Wasser bzw. Boot aus genießen. Bei fast immer strahlender Sonne bietet der See beste Voraussetzungen für aktiven Badeurlaub. Das klare Wasser ist ab Juni bis Ende September badewarm. Selbst in der Hochsaison "verläuft" sich der Betrieb mit der Distanz von den Versorgungspunkten rasch. Jeder findet seinen ganz privaten Ankerplatz und Badestrand. Natürlich gibt es auch **Ausflugsboote**. Lohnenswert sind die **Rainbow Bridge** (ein riesiger Felsbogen, **das** Fotomotiv, aber 50 mi ab Wahweap=langer Trip) und **Sunset Dinner Cruises**.

Die Marinas in **Bullfrog** und **Halls Crossing** stehen der in *Wahweap* kaum nach. Die Versorgungskosten sind dort aber sehr hoch. **Hite** (⇨ Seite 411) besitzt neben der Marina, einer Tankstelle und *Mini Mart* so gut wie keine Infrastruktur.

Lodge

Sieht man von den Tarifen ab, so gibt es am Lake Powell keine angemessenere Unterkunft als die **Wahweap Lodge** direkt am See. DZ $90-$160 je nach Saison. Reservierung: ✆ (800) 528-6154, ✆ (602) 645-2433, Fax (602) 331-5258.

Internet ARAMARK: http://www.visitlakepowell.com

Camping

In Wahweap gibt es einen riesigen **Campground** des *National Park Service*. Außerhalb der auf ausgebauten Straßen zugänglichen Zonen ist das Campen ausdrücklich überall gestattet und gratis. Während der Sommersaison wird z. B. der Strand beim Felsblock **Lone Rock** im Nordwesten der Bucht stark von Campern frequentiert. Eine kurze Zufahrt (ca. 2 mi) führt von der #89 dorthin (etwa 8 mi nördlich der Brücke über den Colorado). Aber Achtung Sand, Festfahren leicht möglich!

Zum Grand Canyon Nordrand

Folgt man vom *Lake Powell* weiter der **Straße #89** in westliche, ab Kanab nördliche Richtung, schließt sich ein Kreis zum Ausgangspunkt dieses Kapitels (*Zion Park*). Der **Nordrand des *Grand Canyon*** liegt als Abstecher an einer schönen "Schleife", die von der direkten Verbindung **Monument Valley –Grand Canyon South Rim** über Page, Kanab, Marble Canyon und die *Vermilion Cliffs* zum Südrand der Schlucht führt:

Cottonwood Canyon Road

Ungefähr 25 mi westlich von Page passiert man die Einmündung der bereits ausführlich beschriebenen **Cottonwood Canyon Dirt Road** zum *Bryce Canyon* über den *Grosvenor Arch* und das *Kodachrome Basin*, ➪ Seite 403.

Paria Canyon

Ca. 3 mi weiter östlich befindet sich auf der Südseite der Straße die **Paria Ranger Station** unweit des berühmten **Paria Canyon**, einer *Wilderness Area*, die weiter unten in die *Vermillion Cliffs* übergeht. Ein **60-km-Trail** führt vom *Trailhead* (*White House* Park- und Campplatz etwa 2 mi abseits der Straße) durch die Schluchten des *Paria*-Flußbetts bis nach Lees Ferry am Colorado. Der engste, ca. 5 mi lange Abschnitt des *Canyon* beginnt nur rund 3 km vom *Trailhead* entfernt. Vor einer Wanderung muß man sich in der *Ranger Station* (begrenzt geöffnet, Mai-Oktober meist vormittags) oder per *self-registration* ein **Permit** ($5) besorgen und sich über die aktuelle Situation (Wasserstand) und Wetteraussichten (*Flash Flood*-Gefahr!) informieren; BLM Office in Kanab, ✆ (435) 644-2672. Wer mit dem Gedanken spielt, eine Mehrtages **one-way Wanderung** zu machen, benötigt ebenso ein **Permit** wie alle Übernachtwanderer. Die *Permits* sind immer langfristig ausgebucht und werden übers **Internet** vergeben. **One-way Wanderer** können (teure) Rücktransporte arrangieren, ➪ Anzeige Seite 98.

> **Langfristige Vergabe von Permits im Internet unter:**
> **http:// paria.az. blm.gov**

Old Paria

Noch weitere 8 mi westlich (auf der #89) geht es auf einer *Dirt Road* (nicht bei Regen!) nach **Old Paria**, einer Filmkulissen-**Ghost Town** (u.a. **Union Pacific, Planet der Affen, Lassie**). Der 5-mi-Abstecher lohnt auch wegen des winzigen **Camp- & Picnicground** in malerischer Umgebung, ➪ umseitig.

Straße #89A

In Kanab wendet sich die #89 nach Norden; südwärts geht es auf der #89A nach **Jacob Lake** und dann durch Hochwald und später die **pittoreske Felslandschaft der *Vermilion Cliffs*** zur einzigen **Colorado River** Brücke zwischen Page und *Hoover Dam*. In diesem Bereich sind **Motels** knapp. Nur Kanab verfügt über eine Auswahl an Unterkünften, ➪ Seite 398.

Grand Canyon Nordrand

Von Jacob Lake sind es 90 mi retour zum Nordrand des *Grand Canyon* auf hübscher Strecke durch den **Kaibab National Forest**. Von den meisten Aussichtspunkten an der **North Rim Road** überblickt man ganz andere Bereiche des *Grand Canyon* als vom Südrand aus. Vom **Bright Angel Point**, erreichbar über einen schmalen Gratweg vor der *Grand Canyon Lodge*, liegen im Blickfeld die ganze Weite der Schlucht, die **Indian Gardens** gegenüber und der **Bright Angel Trail**.

Gut zu erkennen ist auch der **North Kaibab Trail**. Von der *Phantom Ranch* im Tal bis zum Nordrand mißt er 23 km bei 1700 m Höhendifferenz. Für Wanderer, die den *Grand Canyon* von Nord nach Süd oder umgekehrt machen wollen, gibt es einen **Rim-to-Rim Bus** zur Rückbeförderung an den Ausgangspunkt; *Trans Canyon Van Service*, ✆ (602) 638-2820, ca. $60.

Lodge

Die **Grand Canyon Lodge** im Blockhaus-Look in absoluter "Randlage" gehört für den Autor neben dem *Old Faithful Inn* im *Yellowstone* und der *East Glacier Lodge* zu den wenigen Nationalpark-Hotels, die er unbedingt buchen würde, klappte nur die Reservierung (im voraus unter ✆ (303) 29PARKS bzw. 297-2757). Man hat eine relativ gute Chance unterzukommen, wenn man am Wunschtag ab 10 Uhr morgens des öfteren geduldig direkt anruft. Mit etwas Glück springt man in unerwartete Abreisen und Absagen. **Direkt-Telefon** der *Lodge*: ✆ 520 638-2611. Die Zimmer (bzw. Cabins) kosten $60-$85.

Auch **Nicht-Hotelgäste** können Halle, Restaurant und Terrasse der *Lodge* aufsuchen, gediegen speisen (Restaurant ggf. reservieren, Telefon oben) und/oder auf Liegestühlen Sonne und Canyonblick genießen. Selbst in der Hochsaison herrscht hier bei weitem nicht das Getümmel der Südseite.

Camping

Der beste **Campground** im *North Rim*-Bereich ist **De Motte** im *National Forest*, einige Meilen nördlich der *Entrance Station* zum Nationalpark. Zwar liegt der **Park Campground** in Randnähe, jedoch ohne Aussicht über die Schlucht. Die großen **NF-Plätze** bei Jacob Lake sind wenig einladend.

Marble Canyon/ Lees Ferry

Beim Nest **Marble Canyon** am Nordufer des Flusses (Tankstelle, *Store* und Motels) überquert die erwähnte Brücke den dort nur etwa 50 m tiefen *Colorado River Canyon*. Auf einer kurzen Stichstraße geht es hinunter nach **Lees Ferry**, einer grünen Oase am Ufer des Colorado und Ausgangspunkt der **Rafting Trips** durch den Grand Canyon. Oft trifft man dort auf Boote und Mannschaften bei den Vorbereitungen. Der einzige Vorzug des einfachen **Lees Ferry Campground** auf der Anhöhe ist das ihn umgebende herrliche Panorama.

Lees Ferry, Ablegestelle der Schlauchboottouren durch den Grand Canyon

Camping in der Einsamkeit: bei der Old Paria Ghost Town

Navajo Handicraft Entlang der Straßen #89/89Alt, #64 in Richtung *Grand Canyon* Südrand und überhaupt im gesamten *Navajo*-Reservat stehen Verkaufsstände für indianische Handarbeiten und Schmuckstücke (***Indian Handicraft and Jewelry***). Die Preise für die mitunter attraktive Ware liegen oft deutlich unter dem, was für ähnliche Produkte in Läden und an Ständen in Flagstaff, Gallup, Albuquerque und anderswo verlangt wird.

Abschluß Mit dem Straßendreieck #89/#64 bei Cameron wird die im Kapitel 4.4 behandelte Route erreicht. Die Beschreibung des *Grand Canyon National Park* und die Streckenführung in Richtung Kingman und Las Vegas findet sich ab Seite 446.

4.3   Erweiterungen der Route 4.2 in Colorado

Touristische Bewertung Colorados

Im Rahmen der in diesem Buch zusammengestellten Hauptreiserouten ist Colorado – sowohl geographisch gesehen als auch gemessen an der Seitenzahl – eher am Rande berücksichtigt. Das mag manchen Leser verwundern, der gerade in Colorado und den *Rocky Mountains* vielleicht zahlreiche landschaftliche Höhepunkte erwartet. Die Routenauswahl und die zurückhaltende Bewertung sogar des häufig sehr positiv beschriebenen *Rocky Mountain National Park* (⇨ Seite 638) deuten aber bereits an, daß Colorado (sommer-)touristisch – zumindest aus der Sicht des Autors – insgesamt weit weniger zu bieten hat als die Nachbarstaaten. Die herausragenden und auch entsprechend gewürdigten Ziele, der **Mesa Verde Park** und das **Dinosaur Monument**, liegen weit entfernt voneinander in der Südwest- bzw. Nordwestecke Colorados außerhalb der *Rocky Mountain* Region. Alle weiteren nennenswerten Sehenswürdigkeiten finden sich vergleichsweise verstreut und sind – vielleicht mit Ausnahme der **Great Sand Dune**s – bei weitem nicht so eindrucksvoll wie zum Beispiel die Nationalparks in Utah, für deren Besuch man gar nicht genug Zeit mitbringen kann.

Colorado hat es trotzdem – unterstützt durch die Popularität einer Reihe von Wintersportorten – fertiggebracht, sich ein Image als Ferienland aufzubauen. So bezeichnet etwa die touristische Werbung die *Rockies* als die "Schweizer Alpen der USA" und Colorado daher als die "Schweiz Nordamerikas". Auch wenn der Vergleich zuträfe: Für europäische Besucher läge dann sicher das Original näher. Aber er stimmt nicht! Die Alpen bieten viel mehr, sind nicht nur landschaftlich, sondern vor allem auch historisch-kulturell attraktiver. Mit der gewachsenen Infrastruktur der Alpenländer kann man es in Amerika sowieso nicht aufnehmen.

Fazit

Die (subjektive) Feststellung für Colorado lautet: Bei begrenzter Zeit besteht kein wichtiger Grund, dort mehr als *Mesa Verde*, *Dinosaur* und die beschriebenen Hauptstrecken "zu machen". Südlich der *Interstate* #70 sehenswert (nördlich der I-70 ⇨ Seiten 638ff) sind in erster Linie das bereits erwähnte **Great Sand Dunes National Monument** und das Goldrauschgebiet um **Cripple Creek**. Außerdem – je nach individueller Bewertung – ggf. Denver und Umgebung, ⇨ Seite 630.

Abstecher nach Denver

In die **Route 4.2** läßt sich Denver ab Grand Junction rein entfernungsmäßig (ca. 250 mi) leicht einbeziehen. Für eine Ost-West-Durchquerung Colorados gibt es auch landschaftlich keine bessere Strecke als die I-70. Als Verbindung von Denver mit der – in den folgenden Absätzen beschriebenen – Rundstreckenerweiterung empfiehlt sich die sehr schöne Straßenkombination #285/#67 durch den **Pike National Forest**:

Von der #285 muß man dabei ab Pine Junction zunächst die *Pine Valley Road* **nach Deckers** nehmen, wo man auf die Straße #67 stößt, die nach **Cripple Creek** führt.

Colorado Springs

Die scheinbar schnellere Route von Denver nach Colorado Springs auf der I-25 und dann weiter auf der #24 bringt außer mehr Meilen nichts. Die Vorzüge (im wesentlichen kommerzialisierte Attraktionen) von **Colorado Springs** werden in den einschlägigen Werbebroschüren hochstilisiert, sind aber letztlich so toll nicht. Das gilt auch für den *Garden of the Gods.*

Umweg zu den Great Sand Dunes

Die naheliegendste **Erweiterung der Basisroute** durch das südwestliche Colorado führt vom *Black Canyon* weiter nach Osten, ab Poncha Springs über die Straßen # 285/#17 zum *Great Sand Dunes National Monument* und von dort auf die **#160 durch die** *San Juan Mountains* nach Durango (mindestens plus 1 Tag, zahlreiche *NF-Campgrounds*). Der Verlauf der #160 entschädigt durchaus für das dabei entgehende Erlebnis der *Million Dollar Highway* von Ouray nach Durango.

Cripple Creek Region

Interessant und vom Streckenverlauf her äußerst abwechslungsreich wäre die **Erweiterung des** *Sand Dunes*-**Umweges** um einen Besuch in der Region des zur *Historical Area* erklärten Minenstädtchen **Cripple Creek**, wo heute die **Spielkasinos**

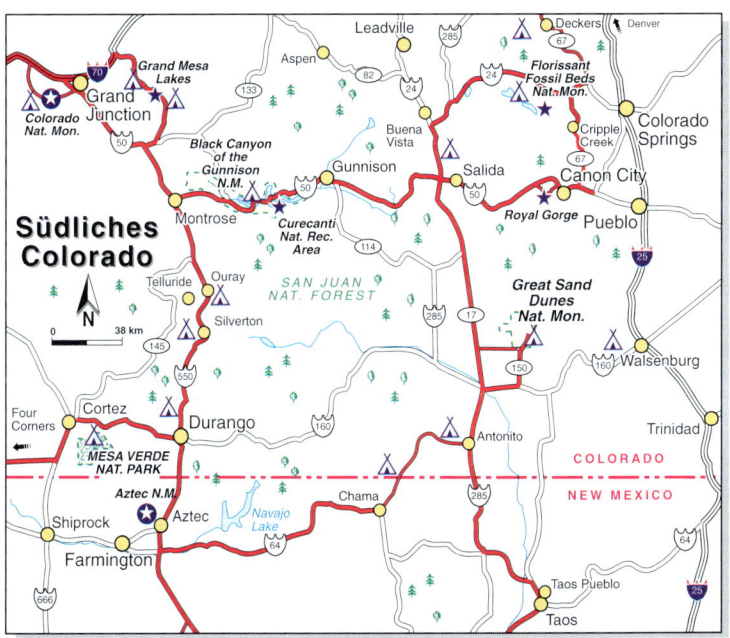

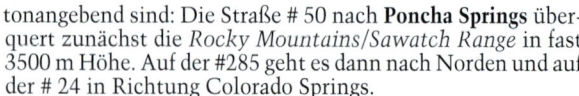

Cripple Creek

tonangebend sind: Die Straße # 50 nach **Poncha Springs** überquert zunächst die *Rocky Mountains/Sawatch Range* in fast 3500 m Höhe. Auf der #285 geht es dann nach Norden und auf der # 24 in Richtung Colorado Springs.

Florissant Fossil Beds

Einen Abstecher von der Hauptstraße wert ist das **Florissant Fossil Beds National Monument** mit versteinerten Baumstümpfen entlang eines Naturlehrpfades und den Fossilien im *Visitor Center* allemal. Von dort aus kann man einer direkten *Gravel Road* (*Mount Pisgah Scenic Drive*) nach Cripple Creek folgen; die asphaltierte Straße #67 erreicht man 12 mi östlich von Florissant. Aus hübscher Waldlandschaft geht es auf ihr in eine von kahlen Bergkuppen umgebene Hochebene (3000 m).

Cripple Creek Historical Area

Cripple Creek war für fast 20 Jahre um die Jahrhundertwende **Zentrum des Colorado-Goldrausches**. Trotz stark nachlassender Ausbeute des geförderten Erzes existierte Cripple Creek als Minenstadt weiter und verödete nicht zur *Ghost Town* wie einige Nachbarorte. Der Reichtum allerdings verschwand; und ohne Tourismus hätte es dort wahrscheinlich ähnlich bedrückend ausgesehen wie immer noch in Victor, 6 mi südlich. Seit der **Zulassung des Glücksspiels** ist in Cripple Creek wie in Black Hawk und Central City (➪ Seite 636) der Dornröschenschlaf endgültig vorüber. Die historischen Fassaden in der Hauptstraße **Bennett Ave** erhielten nach dem Volksentscheid 1991 über Nacht einen frischen Anstrich, und neue entstanden. Wohin nun das Auge schaut: **Slot Machines** allerorten! Kneipen und Restaurants muß man nicht mehr mit der Lupe suchen, die Gästebetten vervielfachten sich. Am besten übernachtet man immer noch in den nostalgischen Hotels **Palace** oder **Imperial**, ✆ (719) 689-7777. Zur Geschichte von Cripple Creek ist das **District Museum** im alten Bahnhof ganz aufschlußreich. Und wer sehen möchte, woher das viele Gold kam, fährt in die **Molly Kathleen-Mine** ein; 9–17 Uhr, $10.

Cripple Creek heute: Hinter jeder Fassade ein Kasino

442

Phantom Creek Road

Von Cripple Creek geht es über Victor zur **Phantom Creek Road**, die im ehemaligen Schienenbett der Erzeisenbahn hinunter nach **Cañon City** führt (35 mi). Die Schotterstrecke ist zwar abschnittsweise sehr eng und rauh, aber von Pkw bis *Van Camper* **bei Trockenheit** ohne weiteres machbar. Ihr an hoch aufragende Felswände angelehnter Verlauf und die alten Eisenbahntunnel entschädigen für die bisweilen beschwerliche Fahrt. Weiter unten am Bach, dem Phantom Creek, finden sich Plätzchen zum Campen. Ein guter **Campground** auf einem riesigen Areal am unteren Ende der Straße ist **Indian Springs**.

Royal Gorge/ Buckskin Joe's

Etwa 10 mi westlich von Cañon City läßt sich die Abzweigung zur **Royal Gorge** nicht verfehlen. Das Gelände um eine vom Arkansas River gebildete Schlucht wird dort gnadenlos vermarktet. Für den Blick in die Tiefe (320 m), die Überquerung des königlichen *Canyon* auf einer Hängebrücke und per Seilbahn, den Fahrstuhl hinunter und ein bißchen Jahrmarkt sind pro Person $12 Eintritt ein offenbar akzeptierter Preis. $7 muß man für **Buckskin Joe's Park & Railway**, einer künstlichen Wildwest-Stadt aus dem 19. Jahrhundert zahlen. Attraktionen sind *Gunfights*, Postkutschenfahrten, künstliche Goldmine und der *Railroad Loop*; nur Sommer bis *Labor Day* 9–18 Uhr.

Zu den Great Sand Dunes

In Richtung *Great Sand Dunes* folgt man am besten der Straße #50 durch den malerischen **Arkansas River Canyon** nach Poncha Springs über Salida, und dann weiter auf der #285/#17. Von der Höhe des *Poncha Pass* geht es hinunter in eine trockene Ebene zwischen den *Sangre de Christo* und *Garita/San Juan Mountains*, die sich auf schnurgerade Straße schnell durchfahrenläßt. Ca. 13 mi nördlich von Alamosa zweigt die Straße zu den weithin sichtbaren **Great Sand Dunes** ab. An ihr liegt auf halber Strecke der *San Luis Lake State Park* mit **Campground**, eine Ausweichmöglichkeit, falls der Platz in den *Sand Dunes* besetzt sein sollte.

Great Sand Dunes National Monument

Vor den Gipfeln der südlichen *Rocky Mountains* hat sich ein riesiges Dünenfeld von rund 100 km^2 Ausdehnung mit bis zu 230 m hohen Sandbergen gebildet. Bereits aus der Distanz ist der Anblick der gelbbraunen Dünen faszinierend. Ein **Visitor Center** informiert über das Wie? und Warum? ihrer Entstehung. Besucherparkplatz und *Picnic Area* befinden sich direkt an den Ausläufern des wüstenartigen Areals. Von dort kann man unbegrenzt in die Einsamkeit der Sandberge hineinwandern. Fahrzeuge sind nicht zugelassen. Geführte **Jeeptouren** auf einer *Primitive Road* (*Gravel* und Sand) durch Randgebiete des Monuments werden von privaten Veranstaltern angeboten.

Auf dem schattig am Hang angelegten **Campground** (oberhalb der *Picnic Area)* hat man von vielen Stellplätzen einen tollen Panoramablick über die Dünen. **Primitives Camping** am Rand der Sandberge ist an einigen Plätzen weiter nördlich erlaubt; Zugang nur per pedes oder mit 4WD-Fahrzeugen.

Great Sand Dunes National Monument im Süden Colorados kurz vor einem Gewitter

Nach Durango

Über **Alamosa**, ein Städtchen mit deutlich mexikanischem Einschlag, und die bereits oben herausgehobene Straße #160 durch die *San Juan Mountains* (viele herrliche *NF-Campgrounds* an der Strecke und etwas abseits) findet man in Durango (⇨ Seite 426) wieder Anschluß an die Route 4.2. Eine schöne Möglichkeit, den Abstecher 4.3 weiter auszubauen, wäre eine Fahrt über Antonito, Chama und Aztec.

Cumbres Toltec Railroad

Antonito, ein Nest unweit der Grenze zu New Mexico, zeichnet sich durch nichts anderes aus als die Endstation der **Cumbres-Toltec Railroad**. Die schwärzesten Ruß verqualmende Schmalspurbahn dampft täglich um 10 Uhr im 15-Meilen Zuckeltempo durch die *Toltec*-Schlucht und über die *Cumbres* Paßhöhe nach Chama. Auf halber Strecke in **Osier** begegnet ihr der Gegenzug (10.30 Uhr ab Chama): Lunchpause in schöner Umgebung und Umsteigen der Passagiere, die zum Ausgangspunkt zurückkehren. Wer die ganze Strecke (rund 100 km) gebucht hat, fährt per Bus zurück. Das Ganztagesvergnügen kostet $35-$53. *Cumbres-Toltec Railroad* ist die **urigste nostalgische Eisenbahn des US-Westens**; höchstens die Durango-Silverton Bahn kann mit ihr konkurrieren. Aktuelle Info/Reservierung: ✆ (800) 426-5279 oder ✆ (719) 376-5483.

In der Nähe von Antonito liegen bei Mogote (Straße #17) zwei ordentliche **Campingplätze** im grünen Tal des Rio Conejos.

Aztec Ruins National Monument

Von Chama führt die Straße #84 nach Pagosa Springs und damit auf die Strecke nach Durango. Nur kulturhistorisch stark Interessierte sollten hier an einen Umweg über **Aztec** denken. Das gleichnamige *National Monument* liegt nur wenig nördlich der Stadt unweit der Straße #550 und schützt gut erhaltene Ruinen eines vorkolumbischen Pueblos, ähnlich denen im *Chaco Culture Historical Park* (⇨ Seite 466). Im Mittelpunkt steht eine besonders große, **restaurierte Kiva**, der für die Pueblo-Kultur typische Zeremonienraum.

Umweg über Taos

Statt von Antonito den Anschluß an die Basisroute 4.2 rasch wieder herzustellen, könnte man auch an einen etwas weiter ausholenden **Schlenker nach Taos Pueblo und Santa Fe** denken. Über Los Alamos und das *Bandelier National Monument* ergäbe sich eine reizvolle Route zurück nach Durango über Aztec. Ebenso besteht hier die Möglichkeit zum kompletten Übergang auf die Route 4.4 in Richtung Süden oder zurück nach Westen in Gegenrichtung der Routenbeschreibung.

OASENGEFÜHLE

Gewiß, du bist auf den Anblick von Wüsten vorbereitet als US-Reisender, auf Saguaro Kakteen und Joshua Trees und öde Landstriche, du hast ja genug darüber gelesen. Aber das! Da juckt es dich wirklich, auf das Flugticket zu sehen, ob du nicht doch für das Königreich Saudi-Arabien gebucht hast. Aber der Wegweiser belehrt dich, daß du nicht den Kamelpfad von Djidda nach Er-Riad entlangzuckelst, sondern einen Highway mit der Nummer 150, schön ordentlich mit Teerdecke und Mittelstreifen, und daß du auf das Great Sand Dunes National Monument zusteuerst, im Süden von Colourful Colorado.

Soeben bist du noch das fruchtbare Tal des Rio Grande hinaufkutschiert und hast nicht recht wahrhaben wollen, daß da vom Skifahren die Rede war; du hast dich erst mal auf der Straßenkarte überzeugen müssen, daß sich die so harmlos dreinschauenden Buckel ringsum Viertausender nennen dürfen, und jetzt steckst du mit einem Mal bis zu den Ohren im Sand. Great Sand Dunes östlich von Alamosa. Eine Wüstenei, wie sie im Bilderbuch steht. Richtige Dünen zum Durstkriegen, zum Fata-Morgana-Sehen. Da läßt du dir Bierreklamen einfallen.

Nur weil der Wind nicht weiter kann an der Ostwand der Sangre de Christo Mountains und in seiner Schwäche alles fallen läßt, was er so mit sich führt, hat sich hier auf 130 km² ein stabiles Wüstchen gebildet. Zur Freude der Nationalparkbehörde, welche die Sandberge zum Naturschutzgebiet und National Monument erklärte und auch noch mit einem wunderschönen Campground versah.

Da sitzt du abends unter harzduftenden Pinien und siehst dem Sonnenuntergang zu. Du sitzt in der ersten Reihe. Nichts steht dem freien Blick im Weg bis auf die hübsche Fotografin. Sie zog schon vor einer Stunde hinaus und harrt nun auf halber Höhe der ersten Wüstchen aus, auf daß der Sandkasten endlich Konturen zeige. Zwanglos integriert sie sich in das Naturschauspiel. Struppige Blauhäher krächzen ihr Abendlied und machen den Grillen Konkurrenz. Wenn du daran gedacht hast, daß es hier 40 Meilen im Umkreis keine Bar gibt, und ein Fläschlein von Jack Daniel's Zwölfjährigem mitführst, und wenn du obendrein dein Campmobil pfleglich austariert hast, und der Kühlschrank funktioniert, dann darfst du mit himmlischem Klingeln zum Konzert beitragen und Frieden einziehen lassen in deine Seele und dir einbilden, daß jeden Augenblick eine Karawane um die Ecke kommt, ein Kamel nach dem anderen.

Hans Löwenkamp

4.4 Durch Arizona und New Mexico

Diese besonders im **Frühsommer (EndeMai/Juni) oder Herbst ideale Rundstrecke** deckt einschließlich der vorgeschlagenen Abstecher alle wichtigen attraktiven Ziele und Landschaften beider Staaten ab, soweit sie nicht im vorstehenden Kapitel 4.2 (*Monument Valley, Navajo National Monument, Lake Powell*) bereits behandelt wurden.

Als **Ausgangspunkt** kommen wie bei **Route 4.2** sowohl **Los Angeles** oder **Las Vegas** in Frage, siehe die Ausführungen zum Start auf Seite 390.

4.4.1 Von Las Vegas zum Grand Canyon und nach Flagstaff

Routen

Die naheliegendste und **kürzeste Route** von Las Vegas zum Grand Canyon führt auf der **Straße #93** über Boulder City und den *Hoover Dam* zunächst nach Kingman und dann auf der *Interstate* #40 nach Williams. Eine andere Möglichkeit wäre, auf den **Straßen #95/#163** über **Nevadas Spielerparadies No.4 Laughlin** am *Colorado River* (unterhalb des dritten Colorado Stausees *Lake Mohave im Drei-Staaten-Eck Arizona/California/Nevada)* zu fahren und von dort die **Straße #68** nach Kingman zu nehmen.

Laughlin

Für die Variante "Laughlin" spricht im Frühjahr und Spätherbst eventuell **das warme Klima** im tiefer gelegenen *Colorado River Valley*. Wer in dieser Zeit vor einer Fahrt zum hochgelegenen und kalten *Grand Canyon* noch eine Pause am Wassser einlegen möchte, kann oberhalb von **Bullhead City** unmittelbar am Fluß (**Davis Camp**) oder (etwas wasserferner) am *Lake Mohave (**Katherine Landing**)* unter Palmen viel besser campen als an den Ufern des höher gelegenen *Lake Mead*. Von Laughlin darf man nichts erwarten. Der Ort besteht im wesentlichen aus einer Ansammlung riesiger **Kasino-Hotelkomplexe** bestenfalls mittleren Niveaus und ausgedehnten Parkplätzen, aufgereiht am Westufer des Colorado und an der kurzen Hauptstraße durch Laughlin.

Über den Hoover Staudamm

Mit der Straßé #93 wählt man nicht nur die kürzeste Route zum *Grand Canyon*, sondern auch die landschaftlich abwechslungsreichere Strecke durch die **Eldorado Mountains**. Obendrein führt sie über den imposanten **Hoover Dam**.

Wie unter der Geschichte Las Vegas' erläutert, entstand der Damm bereits in den 30er-Jahren und hinter ihm der **Lake Mead**, nach dem *Lake Powell* der zweitgrößter See unter den *Colorado Reservoirs*. Der Bau dieses Damms, der einen tiefen Flußcanyon sperrt, gilt bis heute als **technische Meisterleistung**. Seine konstruktiven Details kann man im Besucherzentrum (Westseite) studieren und die Turbinen auf Führungen besichtigen, ⇨ unter Las Vegas, Seite 387.

Kingman

Mit seinen rund 13.000 Einwohnern ist Kingman für Arizona-Verhältnisse eine der größeren Städte. Es bietet außer zahlreichen **Motels** (niedriges allgemeines Preisniveau!) touristisch nichts. Wer sich mit einer Arizona-Straßenkarte und anderen Unterlagen eindecken möchte, fährt zunächst noch nicht auf die *Interstate,* sondern folgt der #93 in den Ort (Beale St) und stößt dabei automatisch auf das Büro der **Visitor Information.**

I-40

Die **I-40 nach Flagstaff** verläuft relativ eintönig, weist aber immer wieder landschaftlich attraktive Abschnitte auf. Nicht zuletzt die 25 mi zwischen Williams und Flagstaff, die von den meisten Touristen wegen des *Grand Canyon* Abstechers nicht befahren werden, sind eine erfreuliche Strecke.

Truck Stop

Etwa 5 mi östlich von Kingman, Abfahrt Blake Ranch Road, passiert man einen der ganz großen **Truck Stops** des Westens. So viele sagenhafte Ungetüme der Straße auf einmal wie dort trifft man sonst – vor allem in den Abendstunden – selten. .

Route 66

Wer Zeit hat oder ohnehin einen Besuch des **Havasu Canyon** anstrebt, nimmt ab Kingman statt der I-40 die Straße #66, besser bekannt unter Nostalgikern als **Route 66**. Diese einst von Chicago nach Los Angeles führende transkontinentale Landstraße hatte mit der Eröffnung von *Interstate*-Autobahnen, die teilweise über Hunderte von Meilen seiner alten Trasse folgten (etwa von Flagstaff bis Albuquerque!), ausgedient. Die verbliebenen Teilabschnitte und die an ihnen liegenden Orte mit einer auf den Fernverkehr ausgerichteten Infrastruktur verkamen. Seit den 80er-Jahren wird nun die **Route 66** bzw. das, was davon übrigblieb, stark verklärt. Die Strecke **von Kingman nach Seligman** (gegenüber der I-40 nur 20 mi Umweg und mit kleinen Stopps eine zusätzliche Stunde Fahrzeit) vermittelt einen guten Eindruck von der **Realität der #66** heute: außer herausgeputzten Schildern, dem einen oder anderen *Diner* im Stil der 50er-Jahre und abgewetzten und deshalb

Hübsche Schnitz-arbeiten aus Williams an der Route #66: genau das richtige USA-Souvenir, aber 64 kg pro Person sind das Fluggepäck-Limit!

Route #66

wieder reizvollen **Saloons** hier und dort kennzeichnet immer noch Verfall die alte Hauptstraße. Die in den Karten eingezeichneten Orte am Wege bestehen durchweg aus nichts weiter als einigen wenigen verbliebenen Gebäuden aus besserer Zeit. **Tankstellen** mit teurem Benzin gibt es nur in unregelmäßigen Abständen, daher sollte man vor Fahrtantritt in Kingman oder Seligman noch mal volltanken.

Havasupai Indian Reservation

Ein wegen der abseitigen Lage nur von wenigen angesteuertes Ziel sind die **Havasu** und **Mooney Falls** und **Pools** westlich des *Grand Canyon* Hauptbereichs. Von Kingman sind es auf der #66 zur Stichstraße #18 zur *Havasupai Indian Reservation* 120 mi; hinter Peach Springs gibt es keine Tankstelle mehr (nächste in Seligman). Die Straße endet ca. 13 km vom **Supai Indian Village** entfernt. Dorthin geht`s auf steilem, anstrengendem Pfad (800 m Höhendifferenz) zu Fuß, per Maultier ($110/Person retour! + ggf. Gepäckmuli $35) oder Hubschrauber ($50).

Havasu Canyon

Spätestens bei Ankunft im Dorf werden $15 Eintritt pro Person fällig. Von dort geht es weiter durch den **Havasu Canyon** mit den einmalig pittoresken Wasserfällen. Der **Zeltplatz am Havasu Creek** ist 17 km vom Parkplatz am *Hualapai Hilltop* entfernt und kostet $10/Person. Er muß unbedingt reserviert werden unter ✆ (520) 448-2121. Unter der Nummer 2111 läßt sich die **Havasupai Lodge** buchen (ab ca. $65 je nach Saison).

Beurteilung

Der **Havasu Canyon Trip** ist eine tolle Sache für Leute mit Zeit und Kondition, die sich ein besonderes Abenteuer in spektakulärer Landschaft gönnen wollen. Zahlungskräftige buchen für viel Geld den **Hubschrauberflug von Tusayan** aus.

Höhlen

Die **Grand Canyon Caverns** liegen an der #66 ca. 25 mi westlich Seligman und bieten ein (trockenes) Höhlenerlebnis 60 m unter der Erde. Geführte Touren (ca. 45 min) kontinuierlich im Sommer 8–18 Uhr, in den Wintermonaten verkürzt, $9. An der Einfahrt steht das **Caverns Inn)** mit Zimmerpreisen ab $50. Ein einfacher **Campingplatz** ist ebenfalls vorhanden.

Williams

Der kleine Ort Williams fungiert mit zahlreichen (Ketten-) **Motels** und einigen *Campgrounds* als Touristenetappe. Das **Preisniveau** für Übernachtungen orientiert sich leider bereits am *Grand Canyon*. Einfache Motels kosten im Sommer $40-$60; die Mittelklasse $70-$110. Alle Unterkünfte liegen unverfehlbar aufgereiht an der Hauptstraße durch den Ort. Die bekannten **Ketten** sind gut vertreten (*Budget Host, Super 8, Days Inn, Best Western, Holiday, Ramada, Quality, Econolodge, Fairfield, Comfort, Motel 6, Rodeway* u.a., ➪ Seite 183).

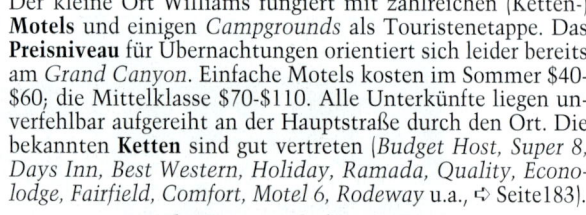

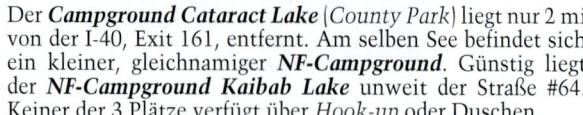

Der **Campground Cataract Lake** (*County Park*) liegt nur 2 mi von der I-40, Exit 161, entfernt. Am selben See befindet sich ein kleiner, gleichnamiger **NF-Campground**. Günstig liegt der **NF-Campground Kaibab Lake** unweit der Straße #64. Keiner der 3 Plätze verfügt über *Hook-up* oder Duschen.

ABSTIEG INS PARADIES von *Wolfgang Haertel*

Als wir uns am Morgen auf den Weg machen, lugt die Sonne gerade über die imposante Felswand in unserem Rücken. Über einen breiten Maultierpfad geht es hinunter in den Havasu Canyon. Im ersten Steilstück windet sich der Trail in Serpentinen auf ein Zwischenplateau, dann kommt eine bequemere Etappe, und schließlich geht es zwischen hohen Felswänden hindurch nach unten. Nach gut zweieinhalb Stunden haben wir das Supai Village erreicht.

Wenige Minuten nördlich des Dorfes passiert man die Navajo Falls, mehrere nebeneinanderliegende Katarakte, die sich kaskadenförmig in einen Teich ergießen. Nach dem langen Marsch ist ein Bad im kühlen, glasklaren Naß eine willkommene Erfrischung. Nur wenig weiter stürzt das Wasser über die Havasu Falls 30 m tiefer. Der türkis leuchtende Pool am Fuße der Fälle wird von terrassenförmig angeordneten Becken mit pittoresken Rändern aus Mineralablagerungen eingerahmt.

Das langgestreckte, grüne Tal dahinter ist der Campground. Wir finden ein ganz privates, schattiges Plätzchen direkt am Flußufer, nur 50 m entfernt von den Mooney Falls, der Mother of the Waters in der Sprache der Supai Indianer. Der Havasu Creek fällt dort fast 60 m hinab in einen malerischen Canyon.

Ein abenteuerlicher Klettersteig mit nur einer Eisenkette als Sicherung führt fast senkrecht in die Tiefe zum Pool zwischen den Felsen. Nichts für Leute mit Höhenangst. Doch der Abstieg ist einfacher, als er aussieht, und macht sogar Spaß. Ein ganzes Stück hinter dem letzten Wasserfall, den Beaver Falls, öffnet sich der Grand Canyon.

Nach herrlichen Tagen brechen wir erst spät auf und erreichen im letzten Dämmerlicht nach sechs Stunden den Hualapai Hilltop, wo das Auto geparkt steht.

Tusayan

*Hotels
im Park
↪ Seite 454*

Kurz vor den Toren des Nationalparks erreicht man Tusayan ein reines **Hotel- und Restaurantdorf** zur Ergänzung der Park-Infrastruktur. Wer hier unterkommen will, sollte reservieren – wie auch im Fall der Quartiere im *Grand Canyon Village*. Noch relativ günstig ist die **Moqui Lodge** (dennoch im Sommer ca. $100!), Fax von hier: 001-303-297-2175. Noch teurer, aber auch ein bißchen komfortabler sind u.a. **Best Western Squire Inn**, **Quality Inn** und **Holiday Inn Express**.

Gleich neben dem lauten Hubschrauberlandefeld liegt das ausgedehnte *Camper Village* mit allen Komfortdaten zwar, aber alles andere als ein schöner Campingplatz. Dafür befinden sich *Steakhouse, Store* und *IMAX*-Kino in Fußgängerdistanz. Zelte $15; RVs ab $22; Reservierung unter ✆ (520) 638-2887.

Die rustikale Alternative bietet der **NF-Campground Ten-X** eine Meile südlich Tusayan, ein schöner Platz im Wald.

In Tusayan starten die **Hubschrauberflüge** zum *Grand Canyon* (ab $80 für aufregende 30 min) und zu den *Havasu Falls*, siehe oben. Das Interesse am **Sightseeing** per **Flugzeug** ab dem *GC Airport* hat nach Unfällen trotz günstiger Preise nachgelassen. Ein ungefährliches und überaus empfehlenswertes Vergnügen für **$8** bietet das **IMAX-Kino** mit dem eindrucksvollen Film **The Hidden Secrets** (of the Grand Canyon); ganzjährig 8.30–20.30 Uhr in den Sommermonaten, sonst 10.30–18.30 Uhr. Beginn stündlich jeweils zur halben Stunde; Eintritt $8.

*Geschichte
des
Grand
Canyon
National
Park*

Im *Grand Canyon* und beidseitig der Schlucht gibt es zahlreiche Spuren vorkolumbischer Indianer-Besiedelung. Aber als eine erste spanische Expedition im Jahr 1540 die Schlucht erreichte, war sie menschenleer. Weitere Gruppen folgten und berichteten enthusiastisch vom *Grand Canyon*. Unsterblichen Ruhm erwarb sich der einarmige *Major* **John Wesley Powell**, als er es 1869 fertigbrachte, mit 4 Booten und einer Handvoll Leuten den Colorado River zu bezwingen (↪ IMAX-Kino). 1876 erkannte ein *Fred Harvey* die touristische Attraktion des *Grand Canyon* und errichtete 1882 das erste Hotel am *Grand View Point*. 1893 wurde die Schlucht und Umfeld zur *Forest Preserve*, **1908** zum **National Monument** erklärt. **1919** erfolgte die Aufwertung zum **National Park**, dessen Gebiet 1975 auf die heutige Ausdehnung erweitert wurde.

Wegen des Andrangs ist eine weitgehende Sperrung des Grand Canyon Village und weiterer Teile der Randstraße (nicht nur West Rim Road) für Privatfahrzeuge und ein erweiterter *Shuttle Service* per Bus und Bahn ab Tusayan in den Park und ab Mather Point geplant. Entsprechende Auffangparkplätze sind im Entstehen begriffen. Ab der Saison 1999 werden vermutlich erste Restriktionen greifen, die in den Folgejahren ausgedehnt werden dürften.

Am Parkeingang – **Eintritt $20**/Fahrzeug bzw. $10/ Person oder *Golden Eagle Pass* – erhält man die **Park Map** und **The Guide**, die aktuelle zeitungsartige Informationsschrift der Parkverwaltung mit allen Veranstaltungen, Regelungen, Hinweisen für Wanderungen, Öffnungszeiten etc.

Vom Südeingang (Tusayan) erreicht man als ersten Aussichtspunkt am Rand des *Grand Canyon* den **Mather Point**. Dort wie von fast allen *Viewpoints* ist der Blick über die 10 mi breite und 1.350 m tiefe Schlucht überwältigend, sind die vielfältigen Farben und Formationen faszinierend. Absolute Höhepunkte bieten **Maricopa** *(West Rim Drive)* und der **Grand View Point** *(East Rim Drive)*. Vom *Mather Point* führt ein Fußweg/-pfad, der **Rim Trail**, bis zum westlichen Ende der Randstraße (**Hermit's Rest**) und darüber hinaus. Ein guter Startpunkt für einen Spaziergang am Rand ist das **Yavapai Point Geologic Museum** zur *Grand Canyon*-Entstehung.

Eingangs des **Grand Canyon Village** mit allen notwendigen Einrichtungen zur Bewältigung des Touristenstroms befindet sich unverfehlbar das **Visitor Center** kombiniert mit einem naturkundlichen Museum. Wie in den Nationalparks üblich, stimmt dort eine Dia-Show die Besucher auf das große *Grand Canyon*-Erlebnis ein.

Von **Memorial** (gelegentlich noch früher) **bis mindestens Labor Day** wird die **Rim Road** westlich des Dorfes für den Individualverkehr gesperrt. Ein **Shuttle-Bus Service** sorgt dann (gratis) für den Transport der Besucher bzw. ermöglicht ein **Ablaufen des Rim Trail** von Aussichtspunkt zu Aussichtspunkt und die **Rückfahrt per Bus**. Entfernungen vom *Village* bis zum Straßenendpunkt *Hermits Rest* etwa 10 km.

Allein mit den grandiosen Ausblicken mögen sich viele nicht zufrieden geben. Der Abstieg zum von oben kaum erkennbaren *Colorado River* ist dabei kaum ein Problem. Aber der Aufstieg gerät rasch zur Tortur. Im Sommer herrscht selbst bei moderaten Temperaturen am Rand (2100 m beim *Village)* weiter

Hinab in den Canyon

unten eine erhebliche Hitze. Bis Mai einschließlich und ab Mitte September, wenn es oben bisweilen noch/schon recht kühl sein kann, sind die Temperaturen auch im *Canyon* erträglich. Nur dann läßt sich der Grand Canyon sogar an einem Tag bezwingen. Aber nur von Leuten mit einer sehr guten Kondition. Die *Ranger* raten dringend davon ab und weisen darauf hin, daß der **one-day-hike** verboten sei. Man hat wohl zu oft Wanderer, die sich damit zuviel zugemutet hatten, herausfliegen müssen. Wer es dennoch wagt, darf die Absicht nicht an die große Glocke hängen.

Trails

Vom Südrand existieren **zwei Wege** nach unten (ein *Hiker's Shuttle Bus* verbindet mehrfach täglich beide *Trailheads*, $3):

– Dem populären, weil etwas weniger steilen **Bright Angel Trail** mit drei **Wasserstellen** (*Rest Houses*) ist im ersten Teil seines Verlaufs der Blick nach rechts und links genommen, da er in einem Seitenarm des *Canyon* beginnt. Zudem wird er (noch) stärker als der *Kaibab Trail* von den Muli-Expeditionen genutzt (Details siehe unten rechts) mit unangenehmen Folgen für die Wanderer: Der Weg ist staubig und eine Zumutung für die Nase, denn die Maultiere verrichten in kurzen Abständen ihr Geschäft. Andererseits liegen an diesem *Trail* auf halber Höhe die **Indian Gardens** mit **Campground** (Reservierung erforderlich, siehe unten).

Gesamtdistanz: 14,5 km. Abstieg machbar in 3-4 Stunden. Aufstiegsdauer je nach Kondition 5-8 Stunden.

– Auf dem steileren **South Kaibab Trail** (bei Sommerhitze gesperrt!) gibt es keine Wasserstelle, dafür aber über die Weite des Blicks von Anfang an. Die Distanz ist mit 11 km deutlich geringer, und Muli-Karawanen stören seltener. Der Abstieg ist bei guten Gelenken in 2 Stunden möglich, in 3 Stunden üblich, der Aufstieg bei 13% durchschnittlicher Steigung allerdings eine arge Schinderei; Zeitbedarf ab 5 Stunden.

Übernachten im Canyon

Wer unbedingt den ganzen Weg retour machen möchte, muß unter Beachtung des 1-Tages-Verbots faktisch mindestens einmal übernachten:

Fürs Zelten benötigt man ein **Permit**. Man erhält es nur per Post, und zwar bis zu 5 Monate im voraus beim **Backcountry Reservations Office**, Grand Canyon, AZ 86023; ein Anruf unter © (520) 638-2474 oder 7875 klärt die jeweils aktuellen Details (nur möglich Mo–Fr 21–1 Uhr MEZ, vor Ort 13–17 Uhr). Zum Versuch vor Ort (manchmal klappt's ohne Voranmeldung mit *Permits*, die bis 9 Uhr nicht abgeholt wurden): das **Backcountry-Office** befindet sich in der Nähe des *Mather Campground* bei der Dusch- und Waschanlage.

Phantom Ranch

Mit einer Reservierung für die **Phantom Ranch** (jenseits der Hängebrücke über den Colorado) in der Hand, benötigt man kein *Backcountry Permit* mehr. Die Übernachtungskosten in der *Phantom Ranch* betragen $22 pro Person im Schlafsaal und $58 für die *Cabins* (1-2 Personen). Hinzu kommen ggf. Verpflegungskosten (extrem hoch). Buchung möglichst schon ein Jahr im voraus, sonst hat man kaum eine Chance. **Langfrist-Reservierungs-Service**: ✆ (303) 297-2757. Bei Versuch am selben Tag in der *Bright Angel Lodge*: ✆ (520) 638-2401 und 2631. Am frühen Vormittag werden dort die nicht in Anspruch genommenen Reservierungen an wartende Interessenten verteilt. Das Vergabesystem variierte in den letzten Jahren. Mal lag eine Liste zum Eintrag bereits am Vortag aus, mal mußte man sich in aller Frühe anstellen.

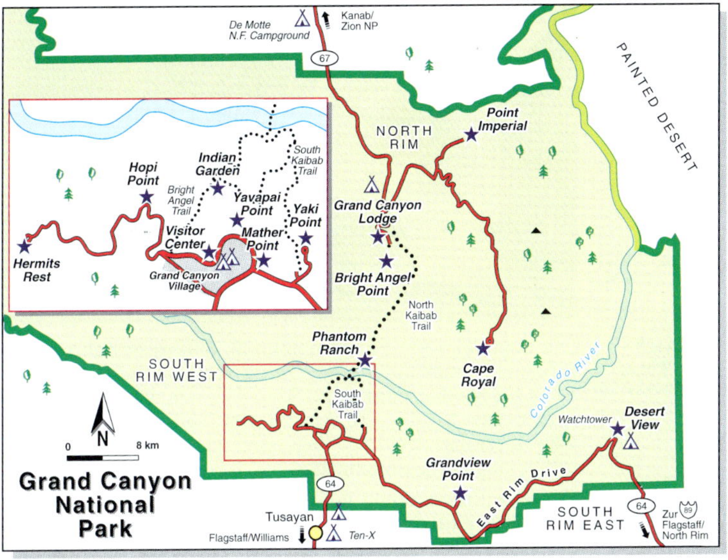

Zum Nordrand

Wer den **Trip von Rand zu Rand** machen möchte (33 km auf dem *South/North Kaibab Trail*), kann den Rücktransport beim **Trans Canyon Van Service** buchen, ✆ (520) 638-2820.

Muli-Trips

Die Alternative zu Schusters Rappen sind *Muli-Trips*. Bei den 2-Tage-Trips ist ein **Schlafplatz auf der *Phantom Ranch*** garantiert. Sogar eine kurzfristige Buchung ist gelegentlich möglich, Reservierung über ✆ (520) 638-2401. Bevor man jedoch $270 (inkl. Verpflegung/EZ oder $480 bei 2 Personen im DZ) ausgibt, sollte man wissen, worauf man sich einläßt. Für Reitunkundige ist der Ritt auf den Maultieren ein strapaziöses und zugleich langweiliges Abenteuer. Das gilt noch mehr für den 12-Stunden-Retour-Ritt an einem Tag für $110. "Nie wieder!" gestanden deutsche Mulitouristen einst dem Autor.

Zwischen-stop auf einem Raft Trip durch den Grand Canyon

Schlauch-boot-Trips

Die populären (und extrem teuren) **Wildwasserfahrten** mit Schlauchbooten durch den *Grand Canyon* starten in **Lees Ferry bei Marble Canyon** (⇨ Seite 438). Da die von der Parkverwaltung zugelassene Anzahl von Teilnehmern pro Jahr weit unter der Nachfrage liegt, sind die *Rafting Trips* immer schon langfristig ausgebucht.

Zentrale Reservierung für alle *Raft Trips* durch den Grand Canyon bei **Rivers & Oceans**, ✆ (800) 473-4576 und ✆ (520) 526-4575. **Internet**: **http://www.grand-canyon.az.us/R&O**

Unterkunft im Nationalpark

Wie gesagt, darf man im Bereich *Grand Canyon* ohne Reservierung zwischen Mai und Oktober nicht auf ein Quartier hoffen. Sämtliche Unterkünfte im Nationalpark (*Grand Canyon Village*) können über ✆ **(303) 297-2757, Fax 2175+3175**, gebucht werden. Direkt am Rand liegen **Kachina** und **Thunderbird Lodge** (ab $108) und das teurere, aber sehr schöne *El Tovar Hotel* (ab $120). Zimmer mit **Blick über den Canyon** kosten nur wenig mehr und sind ausdrücklich reservierbar.

Camping

Der Groß-**Campground Mather** ($12) und das **Trailer Village** ($18, mit *Hook-ups*) beim *Grand Canyon Village* sind von Mai bis Ende September spätestens mittags voll belegt.

Ohne Reservierung besitzt man nur bei Ankunft früh am Vormittag eine Chance. Reservierungen für **Mather** sind über *Biospherics* möglich, ⇨ Seite 201. Für Reservierungen im **Trailer Village** gelten dieselben Nummern wie für die Hotels.

Der **Desert View Campground** am Ostausgang operiert auf *First-come-first-served* Basis. Außerhalb des Parks liegen, wie erwähnt, eine gute Meile südlich von Tusayan der schöne **NF-Campground Ten-X** im Wald (nur Wasserpumpen) und der laute Campingplatz in Tusayan.

Bus-verbindung

Von **Greyhound** und **AMTRAK** bedient werden Flagstaff und Williams. *Nava-Hopi-Bus Lines* sorgen für die Verbindung zum Nationalpark. Das *Ticket* kostet $25 retour ab Flagstaff. *Greyhound-Ameripass*-Inhaber erhalten einen 50% Discount.

Eisenbahn

Vor einigen Jahren wurde die nostalgische **Eisenbahnlinie** von Williams zum *Grand Canyon* reaktiviert und verkehrt einmal täglich zu einem happigen Touristentarif. Landschaftliche Höhepunkte gibt es auf der Strecke nicht.

Zum Nordrand?

Vom *Grand Canyon South Rim* eigens zum *North Rim* sollte man nur dann fahren, wenn die Parks im südlichen Utah auf dem Programm stehen, ⇨ Abschnitt 4.2. Ist die Reiseplanung mehr nach Osten und Süden orientiert, erscheint der Umweg zu weit. Der fast 400 m höhere Nordrand bietet trotz einer gewissen Andersartigkeit im Prinzip nichts Neues. Bis April, gelegentlich bis in den Mai hinein und nicht selten bereits im Oktober erfolgt wegen Schneefalls eine **Sperrung der Zufahrt**.

Ostausfahrt

Gleich, ob man sich für den Besuch auch noch der Nordseite entscheidet oder nicht, empfehlenswert ist immer ein Verlassen des *South Rim* über den Ostausgang. Am **East Rim Drive** passiert man weitere Aussichtspunkte (**Grandview Point** wurde bereits oben herausgehoben) und vor allem in **Desert View** den **Watchtower**, von dessen Aussichtsplattform und Umfeld man einen grandiosen Blick über den sich dort weit öffnenden *Canyon* genießt.

Nach Flagstaff auf der #89

An der Strecke nach Flagstaff liegen etwas abseits der #89 die Nationalmonumente **Wupatki** und **Sunset Crater**. Ihr Besuch ist in Verbindung mit dem Abfahren des *East Rim Drive* die etwa 40 mi Umweg gegenüber der direkten Straße #180 wert. Etwa 30 mi nördlich Flagstaff passiert man die nördliche Zufahrt zu beiden. Zunächst führt die Straße durch das *Wupatki* Gelände und läuft dann am Rand der **Painted Desert** (übersetzt etwa "Bunte Wüste", eine pittoreske, von Felsformationen durchsetzte Ebene, deren Gesteinsfärbung mit den Lichtverhältnissen wechselt) in einem Bogen über das Gebiet des *Sunset Crater* zurück zur Hauptstraße.

Pfad hinunter in den Canyon: South Kaibab Trail

Wupatki National Monument

Wupatki besteht aus einer Reihe nur bedingt sehenswerter frühindianischer **Ruinen** ("bedingt" im Vergleich zu anderen Relikten ähnlicher Art im Südwesten), von denen das **Tall House** mit über 100 Räumen noch am beeindruckendsten wirkt. Ein **Visitor Center** informiert über die Geschichte der Besiedelung und die Lebensumstände seiner Bewohner, die eng mit dem Ausbruch des benachbarten *Sunset* Vulkans im 11. Jahrhundert zusammenhängen.

Sunset Crater

Das **Lavafeld** um den *Sunset Crater* bildet dank des schwarzen Gesteins einen faszinierenden Gegensatz zur Umgebung. Das Gelände ähnelt bei geringerer Ausdehnung dem *Craters of the Moon National Monument* in Idaho (⇨ Seite 650). Auf einem kurzen **Lehrpfad** (*Lava Flow Trail*) gelangt der Besucher zu den interessantesten Punkten unterhalb des Kraters, der aus ökologischen Gründen nicht mehr bestiegen werden darf. Von **Besucherzentrum** und **Campingplatz** mitten in der Lava sind es 2 mi bis zur Straße #89 und noch etwa 15 mi nach Flagstaff.

Flagstaff

Flagstaff, mit 46.000 Einwohnern die gößte Stadt zwischen Phoenix und Provo/Salt Lake City (1000 km Straßendistanz), liegt am Südrand des *Great Plateau* und ist verkehrstechnischer **Knotenpunkt für den Grand Canyon Tourismus**. Zahllose *Motels*, *Shopping Malls* und *Fast Food* Lokale dominieren die Stadt und vor allem die Durchgangsstraße #89/#89 Alt (Santa Fe Ave/Milton Rd). Der alte hübsche Ortskern (Birch Ave, Beaver St) wird von vielen Touristen übersehen.

Lowell Observatory

Wenige hundert Meter westlich befindet sich der ruhige **City Park** (Verlängerung der Santa Fe Ave), dahinter das **Lowell Observatorium**, das manchen interessieren mag. Besucherzentrum im Sommer geöffnet 9–17 Uhr, sonst erst ab 12 Uhr. Eintritt inklusive Führung $3. *Lowell* wurde bekannt durch die Entdeckung des Planeten Pluto im Jahr 1930.

Museum

Nordwestlich von Flagstaff, an der Straße #180 durch die *San Francisco Mountains*, der kilometermäßig kürzesten und schönsten Zufahrt zum *Grand Canyon*, fällt das Blockhausgebäude des **Museum of Northern Arizona** am *Canyon* des Flag River kaum auf. Die Kollektion zu Archäologie, Geologie und Biologie der Region ist guter Standard. Wechselnde Ausstellungen zu **Kunst und Kultur der Navajo, Hopi und Zuni Indianer** ergänzen die permanente Sammlung. Geöffnet 9–17 Uhr, Eintritt $5. Hervorragende, aber auch sehr teure *Indian Handicraft* gibt es im großen Museumsshop.

Unterkunft

Trotz *Grand Canyon* sorgt die große Konkurrenz in Flagstaff für relativ moderate Moteltarife, sieht man ab von Hochsommer und Wochenenden. Vor allem **die preiswerteren Motels** annoncieren ihre Angebote unübersehbar. Die meisten findet man an der #89/#66 (Einfahrt von Norden). Jedoch wird die Nachtruhe an der Route #66 vom **Zugverkehr** arg gestört.

Mittelklasse

Von den Mittelklassehäusern sind die **Econo Lodge East** und das **Hampton Inn** an der #89/#66/Ecke Lockett Rd im Norden und das **Fairfield Inn** (*Sizzler Steakhouse* nebenan) am südlichen Ortsausgang zu empfehlen. Von beiden Standorten ist es nicht weit zu Restaurants und Läden. Ansonsten sind so ziemlich **alle Motel-Ketten** mit einem Ableger vertreten.

Hostels

Gleich drei *Hostels* warten in zentraler Lage: das nostalgische **Weatherford Hotel** (AYH -Hostel), 23 North Leroux, ✆ (520) 774-2731, das **Dubeau International Hostel,** 19 West Phoenix St, ebenfalls in einem ehemaligen Hotel, ✆ (520) 332-1944, beide ab $13. Außerdem das **Grand Canyon International Hostel** in der San Francisco Street bei der Amtrak Station in einem renovierten Motel, ✆ (520) 779-6971; ebenfalls $13.

Camping

Diverse kommerzielle Campingplätze bieten in und um Flagstaff ihre Dienste an, sehr ordentlich ist der **J&H RV-Park** an der #89, ca. 5 mi nördlich des Zentrums. Am besten gefällt dem Autor der **Fort Tuthill County Campground** (mit *Hookup*) am südlichen Ende der Stadt, Straße #89 Alt in Richtung Sedona, I-17 *Exit 337*. Wenn's in Flagstaff schon/noch kalt und ungemütlich ist, kann es unten im *Oak Creek Canyon* noch angenehm warm sein. Zum Camping dort, ➪ Seite 509.

Oak Creek Canyon

Ohnehin liegt es in Flagstaff vor einer Fahrt in östliche Richtung ggf. nahe, einen Extratag für den **Oak Creek Canyon**, Sedona und Umgebung zu opfern; ➪ Seite 509.

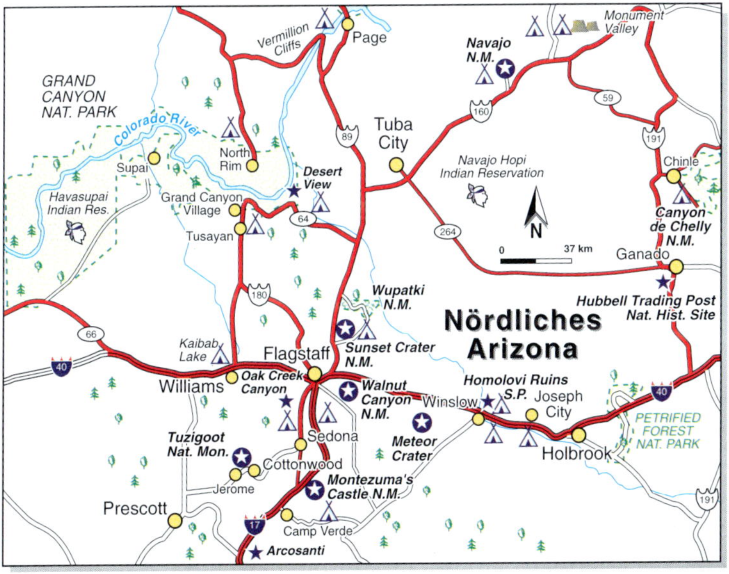

4.4.2   Von Flagstaff nach Albuquerque

Die Route folgt bis Albuquerque der **Interstate #40**, die in Arizona eintönig verläuft, in New Mexico aber abwechslungsreich durch ungewöhnliche Fels- und Lavalandschaften führt.

Walnut Canyon

Etwa 16 mi östlich Flagstaff (*Exit #204* von der I-40 südlich der Autobahn) sollte man am kaum bekannten **Walnut Canyon National Monument** nicht vorbeifahren. Vom *Visitor Center* führt ein hübscher **Trail** hinunter in zwei tief eingeschnittene, bewaldete Schluchten und durch die sehr gut erhaltenen **Cliff Dwellings** der präkolumbischen *Sinagua* Indianer. Für eine individuelle Besichtigungstour benötigt man 1-2 Stunden.

Meteor Crater

Der **Meteor Crater** markiert die Stelle, wo vor etwa 50.000 Jahren ein Meteor mit der Erde kollidierte. Zwar handelt es sich hier um den größten Meteoritenkrater der Welt, aber zu sehen gibt es nur ein großes "Loch" von 170 m Tiefe und 1,3 km Durchmesser. Der Umweg (etwa 6 mi südlich der I-40) lohnt sich nur für geologisch besonders Interessierte, denen $8 Eintritt für dieses kommerziell genutzte ehemalige *National Monument* nicht zuviel sind (inklusive **Museum of Astrogeology** und **Astronauts Hall of Fame** mit einer Ausstellung zum Astronautentraining für die Mondlandung, das hier stattfand). Ein begrünter **RV-Park** macht das *Meteor Crater* Gelände ggf. zu einem geeigneten Zwischenstop für den Abend.

Petrified Forest National Park

Für den Besuch des landschaftlich relativ reizlosen, aber von der Sache her faszinierenden **Petrified Forest National Park** ist es sinnvoll, bei **Holbrook** (preiswerte Motel-Etappe) die *Interstate* zu verlassen und über die Straße #180 anzufahren. Der Park umfaßt einen Teil der *Painted Desert* (siehe oben unter *Wupatki*) und schützt die in seinem südlichen Areal vorhandenen Reste versteinerter Wälder aus dem Triaszeitalter (200 Mio Jahre vor unserer Zeit). Die Einfahrt ist täglich **8–17 Uhr** möglich, im Sommer länger. Eintritt $10/Fahrzeug.

Das **Rainbow Forest Museum** in der Nähe des Südeingangs verfügt über fantastische Ausstellungsstücke aus polierten Abschnitten versteinerter Stämme. Ein Lehrpfad führt durch ein kleines Feld von **Petrified Logs** (Baumstämmen). Entlang der Parkstraße und am Ende kurzer Zufahrten befinden sich Haltepunkte zur weiteren Inaugenscheinnahme urzeitlicher und präkolumbischer Relikte. Besonders lohnenswert sind die **Long Logs** (ca. 1 km *Trail*), der **Jasper** und **Crystal Forest**, die **Agate Bridge** und die **Blue Mesa** (ebenfalls 1 km Trail durch Versteinerungen und eigenartige Sandsteinformationen). Die **Aussichtspunkte** im nördlichen Parkareal gewähren einen schönen Überblick über die *Badlands* der *Painted Desert* mit ihren tageszeitabhängigen Farbnuancen. Sehr instruktiv ist der 15-minütige **Film** zur Entstehung der Versteinerungen im Besucherzentrum am Nordeingang.

Keine Quartiere im Park

Im *Petrified Forest Park* existiert keine Camp-, geschweige denn eine andere Übernachtungsmöglichkeit. Wohnmobile dürfen zwar vereinzelt am Shop beim Südeingang über Nacht parken, aber alle anderen Fahrzeuge müssen bis eine Stunde nach Einfahrtschluß den Park wieder verlassen haben.

Überhaupt sind ***Campingplätze entlang der I-40*** in Arizona Osten dünn gesät. Ein akzeptabler Platz befindet sich bei Joseph City in der Nähe des Kraftwerks am **Cholla Lake**. Weiter weg vom Lärm der *Interstate* liegen der **Homolovi Ruins State Park** (mit *Dump Station*) abseits der #87, 3 mi nördlich von Winslow und der **McHood Park**, 6 mi südlich an der Straße #99.

An der I-40 haben sich zahlreiche Trading Posts angesiedelt, die durch extreme Werbung und auffällige Gebäude auf sich aufmerksam machen

Zum Canyon de Chelly

Mitten im Navajoland liegt das **Canyon de Chelly National Monument** abseits der üblichen Reiserouten. Für den Besuch benötigt man als Abstecher einen vollen Extratag. Wer jedoch von hier zur Route 4.2 (*Monument Valley* etc.) hinüberfahren möchte, kann den *Canyon de Chelly* gut ohne Umweg in seine individuelle Route einbauen. Die Anfahrt von Südwesten erfolgt am besten – ab Chambers an der I-40 – auf der Straße #191 über Ganado. Bis **Chinle**, der inoffiziellen "Navajohauptstadt" in unmittelbarer Nähe des Nationalmonuments sind es 76 mi auf überwiegend öder Strecke. Die **Anfahrt aus Richtung Monument Valley**, Straße #59, ist erheblich reizvoller, die beste Strecke jedoch die Kombination #64/#12 (+ggf. #134) von bzw. nach Osten, auf die noch zurückgekommen wird.

Hubbell Trading Post

Wer über Ganado anfährt, passiert ca. 1 mi westlich des Ortes die Zufahrt zum **Hubbell Trading Post National Historic Site.** Es handelt sich um den ältesten noch wie anno 1878 betriebenen Handelsposten auf Indianerland. Klar, daß es dort heute jede Menge indianische *Handicraft* zu bewundern und kaufen gibt. Nebenbei erläutern *Ranger* die historische Bedeutung des kleinen Komplexes und veranstalten Führungen. *Visitor Center* geöffnet im Sommer 8–18 Uhr, sonst 17 Uhr, frei.

Canyon de Chelly: grünes Tal am Grund zwischen schroff aufragenden Wänden und Formationen

Canyon de Chelly National Monument

Der **Canyon des Chelly** (sprich: Tscheji) ist die südliche von zwei zusammenhängenden je 40 km langen und bis zu 300 m tiefen Haupteinschnitten in die flache Tafellandschaft. Der Charakter der Schluchten hier unterscheidet sich wegen ihres ebenen, grünen Grundes, der bis heute landwirtschaftlich genutzt wird, erheblich von anderen Canyons der Region.

Das **Visitor Center** des Monuments befindet sich unverfehlbar östlich des kleinen Ortskerns von Chinle (5.000 Einwohner). Dort gibt`s Karte und die **Info-Zeitung Canyon Overlook**. Alle Touren in den *Canyon* hinein beginnen ebenfalls dort.

Das Minimalprogramm eines Besuchs ist das Abfahren der **South Rim Road** zu zahlreichen **View Points** über den *Canyon de Chelly* bis zum Ende des asphaltierten Abschnitts der Straße #7. Am *Spider Rock Overlook* geht`s vom Parkplatz noch ein bißchen tiefer auf einem schönen Kurztrail. Die besten Fotos gelingen über der Südschlucht am Nachmittag.

Trails und Touren

Ohne Führer **in** den *Canyon* darf man nur auf dem **Trail** zum *Cliff Dwelling* **White House Ruin** (ca. 3 km retour, ca. 130 m Abstieg). Wer noch mehr – etwa zu weiteren Ruinen frühindianischer Besiedelung oder zu Felszeichnungen – wandern möchte, muß für $10/Stunde einen ortskundigen **Navajo Guide** anheuern oder an einer geführten Gruppenwanderung teilnehmen (ab $12). Richtig tief in die *Canyons* hinein geht es nur per **Jeep;** Halbtagestouren ca. $35. Man kann sich auch einen Privatjeep mit Fahrer mieten: $100 für 3 Stunden plus $30 jede Zusatzstunde. Ab 3 Personen ist dies vielleicht die beste Option für das ultimative Chelly-Erlebnis. Besser in die Landschaft paßt der Ausflug hoch zu Roß, **Reiter** können ab 2 Stunden bis einen ganzen Tag unterwegs sein. Das Pferd kostet $8/Stunde plus $8/Stunde für den Führer der Gruppe. In der Regel gibt es keine Engpässe. Ankunft und Buchung am Vorabend für Vorhaben am nächsten Tag machen aber Sinn.

Canyon del Muerto

Der **Nordcanyon** wird als Todesschlucht bezeichnet, weil die Spanier Anfang des 19. Jahrhunderts dort Frauen und Kinder niedermetzelten, die sich in den Klippen unter der Kante versteckt gehalten hatten. Später brachen die *Yankees* den letzten Widerstand der in die Canyons geflohenen Navajos durch Aushungerung. Im Gegensatz zur *South Rim Road* ist die Zufahrt (Straße #64) zu den diversen *Viewpoints* am *Canyon del Muerto* recht zeitraubend. Ggf. verzichten könnte man auf den *Ledge Ruin Overlook*. Alle anderen sind sehenswert und mit kurzen Spaziergängen verbunden. Besonders reizvoll ist der **Trail** zum **Antelope House Overlook**.

Unterkunft

Die Hotelkosten in Chinle (**Holiday Inn, Best Western, Thunderbird Lodge**, ✆ (800) 679-2473), sind hoch. Unter $85 ist im Sommerhalbjahr bis Oktober kein Zimmer zu haben.

Der **Campground Cottonwood** des *National Park Service* in der Nähe des *Visitor Center* gehört zwar nicht zu den ganz tollen Anlagen, ist aber schattig und gratis. Wasser wie auch eine *Dump Station* sind vorhanden. Sollte der besetzt sein, gibt es einen weiteren Platz am Ende der *South Rim Road* ($10).

Bewertung/ Weiterfahrt Straße #12

Die Frage, ob sich der ggf. anfallende Umweg zum Besuch des *Canyon de Chelly* lohnt, ist nur schwer zu beantworten. Mit einer gehörigen Portion Interesse für indianische Kultur und Geschichte wird man begeistert sein, auch unter dem Aspekt schöner Fotomotive (bei sonnigem Wetter). Ganz reizvoll ist – nach der langweiligen #191 – eine Weiterfahrt nach Osten über die #64 und dann vor allem auf der #12 durch eine bewaldete hübsche Gebirgslandschaft. Sie führt am **Wheatfields Lake** vorbei (einfacher **Campground** nah am See) nach **Window Rock**, einem weiteren Zentralort der Navajos. Das pittoreske namensgebende **Felsloch** mitten im Ort (Zufahrt ausgeschildert) ist einen kleinen Zwischenstop wert.

Das "Fenster im Fels" war namensgebend für die Navajostadt Window Rock

Zu Fahrten durch die Navajo-/ Hopi Reservate

Daß die immensen Prärien zwischen der I-40 und der Straße #160 im Nordosten Arizonas insgesamt weder wirtschaftlich noch landschaftlich attraktiv sind, klang bereits an. Eben deshalb wurden sie den Indianern als Reservat zugewiesen. Das **Hopi**-Reservat mitten im *Navajoland* stellt dabei eine besondere Bosheit dar, denn beide Stämme lieben sich nicht besonders. Beeindruckt von Fotos der alten Hopi-Dörfer in pittoresker Position auf schwer zugänglichen Tafelbergen (*Mesas*) könnte man vielleicht Umwege über das *Hopi*-Reservat erwägen (Straße #264 von Tuba City nach Window Rock/Gallup). Die **Realität dieser Dörfer** ist eher ernüchternd (ganz ähnlich **Sky City**, siehe übernächste Seite).

Gallup

Der alte Handelsposten Gallup, bereits in New Mexico, zieht heute seine wirtschaftliche Bedeutung aus der Lage am Rande der riesigen *Navajo-* und unweit der kleinen *Zuni-Reservation* südlich der Stadt. Er ist **Versorgungszentrum der Indianer** (dort gibt es im Gegensatz zu den Stammgebieten Alkohol) und Marktplatz für indianische Produkte. Als Ort besitzt Gallup keinen Reiz. Daran ändert auch der Umstand nichts, daß die parallel zur *Interstate* verlaufende **I-40 Business** ein altes Teilstück der legendären **Route 66** ist (siehe eingangs des Kapitels). Immerhin findet man an ihr zahlreiche **Motels** zu günstigen Tarifen – darunter das tolle nostalgische **El Rancho-Hotel**, in

An der Route 66 in Gallup

dem einst die Western-Filmstars abstiegen. Unbedingt mal in die Halle `reingucken, auch wenn man nicht gleich übernachten möchte! Reservierung unter © (800) 543-6351, DZ ab ca. $50 – und viele *Shops* für **Indian Crafts and Jewelry**.

Nur 7 mi auf der #66 oder I-40 nach Osten sind es von Gallup zum **Red Rock State Park** mit einem komfortablen **Campingplatz** vor roten Felswänden und einer eindrucksvollen Felslandschaft, aus welcher der **Church Rock** fotogen herausragt. In den Sommermonaten führen dort allabendlich *Navajos* ihre Stammestänze vor. Ein kleines Indianermuseum und Pferde zur Miete ergänzen das touristische Angebot. In der 2. Augustwoche findet im *Red Rock Park* ein großes **Pow-Wow** der Indianerstämme der Umgebung statt.

Abstecher

Wer sich einen langen Tag Zeit läßt, kann die verbleibende, an sich in 2-3 Stunden zurückzulegende Strecke nach Albuquerque (ca. 140 mi) abwechslungsreich gestalten. Um **alle 3** im folgenden beschriebenen **Abstecher** von der I-40 "mitzunehmen", wären rund 100 Mehrmeilen zu fahren und insgesamt mindestens 5-6 zusätzliche Stunden einzuplanen.

El Morro National Monument

Ein erster schöner **Umweg ab Gallup** führt über das historisch und landschaftlich bemerkenswerte *El Morro National Monument* (Straßen #602/53, rund 100 mi bis Grants statt 65 *Interstate*-Meilen). Vom **Morro Rock** herunterrieselndes Wasser füllt ein natürliches Becken unterhalb steiler Felswände.

Morro Rock

Bereits die präkolumbischen Indianer benutzten den Teich als **Wasserstelle** und schleppten das Naß hinauf zu ihren Dörfern auf dem Hochplateau (**Mesa Top Trail** ca. 3 km, Ruinen sind noch vorhanden). Später kamen spanische Eroberer, Soldaten und Abenteurer, die am nie versiegenden Quell ihr Lager aufschlugen und Inschriften im Stein hinterließen. Der Rundgang zu **Pool** und **Inscription Rock** dauert nur ca. 30 min.

Vom einfachen, aber sehr schön gelegenen **Campground** des **National Monument** hat man einen herrlichen Weitblick.

Seit Jahrhunderten Wasserstelle: Morro Rock

El Malpais National Monument/ Grants

Auf der #53 passiert man im weiteren Verlauf die **Bandera Volcano & Ice Caves** (in Privatbesitz: $7 Eintritt für Eishöhle und Aufstieg auf den Kraterrand, ca. 150 m hoch) am Rande des **Malpais Lava Flow**, einem weiteren **National Monument**. Bei den *Ice Caves* existiert dazu ein separates **Info-Center**. Das (nur mäßig interessante) offizielle **Visitor Center** befindet sich **in Grants** an der Hauptstraße. Spannender ist dort das **Mining Museum** mit einer realistisch nachgebauten Uranmine (Santa Fe Ave/Iron St); geöffnet 9–16/18 Uhr, Eintritt $3.

Die Zufahrt zum schwarzen **Lava Flow** Areal erfolgt über die Straße #117, an der sich auch eine **Ranger Station** befindet (Karte, ggf. *Permit* für *Backcountry Camping*). Ca. 12 mi südlich der I-40 liegt der Felskomplex **Sandstone Bluff** mit einer fantastischen Aussicht über den *Lava Flow*. Einige Meilen weiter südlich ist der **La Ventana Natural Arch** zu bewundern, ein großer Felsbogen vor einer höhlenartigen Öffnung im Gestein (siehe dazu *Arches National Park*). Ein kurzer, steiler *Trail* führt unter den Naturbogen.

Acoma Pueblo, die Sky City

Ein weiterer Abstecher könnte dem **Acoma Pueblo** gelten, einem **Indianerdorf in Pueblobauweise** (⇨ Seiten 49/468), das malerisch auf einem Plateaufelsen südöstlich von Grants liegt – daher die Bezeichnung *Sky City*. Von der I-40 gibt es eine westliche (am besten *Exit #96*, Straßen #33/#38/#32) und eine östliche **Zufahrt** (*Exit #108*, Straße #23); beide ca. 13 mi.

Trotz des schwierigen Zugangs blieb Acoma Pueblo über Jahrhunderte (seit 1150) bis heute bewohnt. Die Spanier errichteten schon ab 1629 eine Mission mit Kirchengebäude dort. Eine Besichtigung ist nur unter (enger) indianischer Führung möglich. Vom **Visitor Center** (mit kleinem Museum) unterhalb des Plateaus geht es gruppenweise **per Bus auf die Mesa**. Die Frequenz der Touren ist nachfrageabhängig, $8 pro Person; Fotografier-*Permit* $8 zusätzlich. Lohnenswert sind vor allem die Landschaft der Umgebung und die außergewöhnliche Lage der Siedlung. Das Dorf selbst mit seinen ineinander verschachtelten Adobe Häuser wirkt aus der Nähe weit weniger pittoresk als es aus der Distanz den Anschein hat.

Kasino

Neuerdings ist wohl auch der Tourismus zur Sky City nicht mehr die Haupteinnahmequelle der Acoma-Indianer. An der I-40, Exit#102 steht seit einiger Zeit das stammeseigene **Spielkasino**, ⇨ Seite 46, eine Art Riesenlagerhalle vollgepackt mit *Slot Machines* und Spieltischen. Wer mag, darf dort sogar sein *Motorhome* über Nacht parken.

Nach Albuquerque

Von **Grants nach Albuquerque** sind es auf direkter Route – alternativlos I-40 – noch 80 mi, keine 2 Stunden Fahrt mehr. Das Kapitel Albuquerque findet sich ab Seite 474.

Eigenartige Felstürmchen beim Church Rock hinter dem zum Campen empfohlenen Red Rock State Park bei Gallup, Straße #49, ⇨ Seite 462

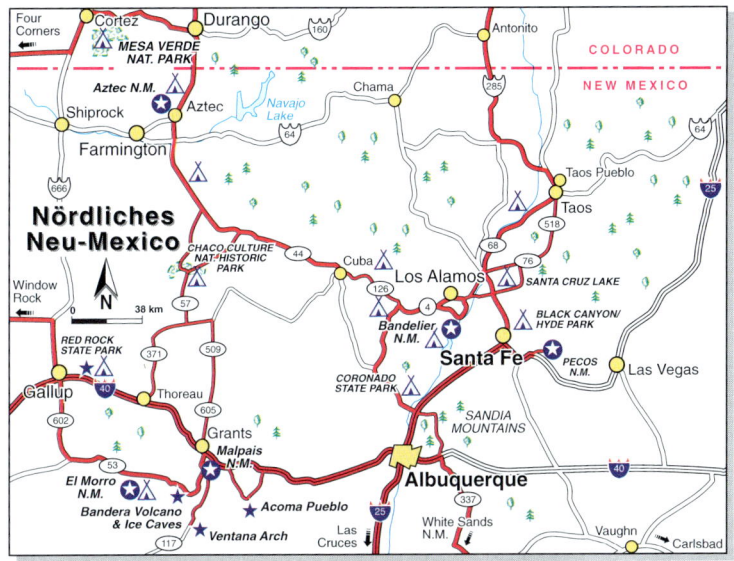

4.4.3 Über Chaco Canyon, Taos und Santa Fe nach Albuquerque

Zur Route

Von Vielen ins Auge gefaßte **Ziele in Neu-Mexiko** sind **Santa Fe** und das **Taos Pueblo**, rund 80 mi nördlich der Hauptstadt. Zur Fahrt nach Santa Fe über Albuquerque (auf der I-25 nur eine gute Stunde bzw. 60 mi) gäbe es an sich keine vernünftige Alternative, wenn da nicht mitten in der Einsamkeit des nordwestlichen New Mexico der *Chaco Culture National Historical Park* läge. Entschließt man sich zum Umweg dorthin, entfallen ggf. die empfohlenen Abstecher. Dafür gibt es faszinierende *Anasazi* **Relikte**, eine schöne *Backroad* und am Wege nach Santa Fe/Taos das *Bandelier Monument* sowie Los Alamos, die einst geheime Stadt in der Wildnis. **Ohne** *Chaco Canyon*-**Besuch** wäre die danach beschriebene Strecke auch von Albuquerque aus zu "machen": Über die **Straße #44** nach San Ysidro, dann auf der #4 weiter nach Los Alamos, oder sogar über Cuba durch eine besonders reizvolle Landschaft, ⇨ unten.

Zum Chaco Canyon

Von der I-40 (Abfahrt Thoreau) geht es auf der **Straße #371 oder #605/#509** (im Fall eines Umwegs über Grants) zunächst durch karstige Hügel- und Gebirgslandschaft nach Norden, dann auf der #9 und der #57 weiter zum *Chaco Park*. **Die letzten 20 mi bis zum Park** sind unbefestigt und bei Regen und nach Schlechtwetterperioden **problematisch**. Die Straße vom Park nach Norden ist teilasphaltiert und auch bei ungünstiger Witterung noch einigermaßen zu befahren.

Chaco Culture National Historical Park

Der **Chaco Culture Park** liegt im **Chaco Canyon**, einem in die Hochebene eingekerbten breiten Tal, an dessen Rändern die **Ruinen mehrerer Anasazi Dörfer** aus der Zeit um die Jahrtausendwende gefunden wurden (⇨ *Mesa Verde Park*, Seite 427). Das prächtigste von ihnen ist das **Pueblo Bonito**, ein zitadellenförmiger Rundbau, der einmal in über 600 Räumen mehr als 1.000 Bewohner beherbergt haben soll. Auch die Ruinen *Chetro Ketl* und das völlig erhaltene *Kiva* der *Casa Rinconada* sind sehenswert. Das **Visitor Center** mit Museum informiert über die einst dort blühende und während einer Trockenperiode untergegangene *Anasazi* Kultur.

Der Park verfügt über einen populären, aber fast schattenlosen **Campingplatz**, der sich früh am Tage füllt. Sobald die Sonne über den Rand des Tales steigt, wird es dort im Sommer unerträglich heiß. Wer nicht mehr unterkommt, muß sich außerhalb des Parks "seitwärts in die Büsche schlagen". **Unterkünfte** gibt es beim *Chaco Canyon* keine.

Kiva im Chaco Canyon; im Hintergrund Pueblo Ruinen

Weiterfahrt

Statt nach dem Besuch des *Chaco Canyon* die Fahrt auf der #44 in südöstliche Richtung fortzusetzen, könnte über Aztec auch leicht der Anschluß zur Route 4.2 hergestellt werden (nach Durango bzw. zum *Mesa Verde Park*, ⇨ Seite 426).

Santa Fe National Forest

Die hier beschriebene Route führt vom Chaco Canyon zur Straße #44, verläßt sie aber wieder in **Cuba** und folgt der wunderbaren **Straße #126 durch den *Santa Fe National Forest***. Sie besteht zwar im Höhenbereich auf einem – langsam kürzer werdenden Teilstück – aus *Gravel*, bietet zum Ausgleich aber herrliche **Camp-** und **Picknick-Plätze** an glasklaren Seen und Bächen: **NF-Campgrounds Clear Creek** und **Rio Las Vacas** und ein guter Platz im **Fenton Lake State Park**.

**Camping/
Hot Springs**

Bereits wieder im Abstieg stößt man auf die **Straße #4**. Rund um den oberen Bogen der #4 stößt man auf gleich 4 weitere schön gelegene **NF-Campgrounds**. Nur wenig südlich der Kreuzung (Richtung San Ysidro) befindet sich eine heiße Quelle mitten im Wald. Ein Pfad dorthin beginnt etwa 700 m unterhalb der *Dark Canyon Picnic Area* an einer Ausbuchtung der Straße. Dort weist ein Schild **Spence Hot Springs** die Richtung zum kleinen **Pool** etwa 50 m über dem Tal.

**Bandelier
National
Monument**

Läßt man Los Alamos zunächst links liegen, erreicht man rund 80 mi östlich Cuba das **Bandelier National Monument**, die sehenswerteste Hinterlassenschaft vorkolumbischer Kulturen in der Santa Fe Region. Die Straße führt von der Hochebene tief hinunter in das Tal des Rio de los Frijoles (Bohnenfluß). Hinter dem **Visitor Center** (kleines Museum; im Sommer bis 18 Uhr, sonst bis 16.30 Uhr; $5 oder *GE-Pass*) beginnt der **Frijoles Ruins Trail** vorbei an den Relikten von *Kivas* und mehrstöckigen Lang- und Rundbauten zu Höhlenwohnungen, die hier mit Anlehnhäusern kombiniert wurden. Stufenpfade und hölzerne Leitern erlauben das Durchklettern der gut erhaltenen kleinen Quartiere in und an den Felswänden aus porösem Tuffstein. Zwei Stunden sollte man dort mindestens einplanen, am besten spätnachmittags, wenn der Betrieb nachläßt und besonders schöne Lichtverhältnisse herrschen.

Oberhalb des Canyons liegt der prima angelegte **Juniper Campground.** Von dort gibt es einen 2,5 km langen **Trail** hinunter zu den **Cave Dwellings**. Ein sporadischer Busservice sorgt für den Rücktransport (Zeiten an der *Entrance Station*).

Los Alamos

Die künstliche Stadt Los Alamos, im 2. Weltkrieg eigens in der (damaligen) Abgeschiedenheit des *Pajarito Plateau* für das Forscher- und Militärteam zur **Entwicklung der Atombombe** geschaffen, liegt vom *Bandelier Monument* aus gesehen sozusagen um die Ecke (10 mi). Nach Abschluß des **Manhattan Project** blieb der **Brain Trust**, um weiter an wichtigen Projekten wie H-Bomben, Neutronenwaffen, *Cruise Missiles* und *Stealth* Bombern zu arbeiten. Die heutigen **National Laboratories** befassen sich auch mit zivilen *High-Tech* Projekten in den Bereichen Regenerative Energien, Medizin etc.

Museen

In der weiträumig angelegten **Stadt ohne Zentrum**, ohne arme Viertel und die sonst übliche Pflasterung der Straßen mit Tankstellen, *Shopping Malls* und *Fast Food* Restaurants sind zwei Museen an der Central Ave touristische Hauptziele:

– Das **Historical Museum** in der ehemaligen *Ranch School*. In den engen Räumen des alten Blockhauses finden sich bemerkenswerte Dokumente zur nahezu unglaublichen Geschichte von Zustandekommen und Ablauf des **Manhattan Project**, u.a. der Brief *Albert Einsteins* an Präsident *Roosevelt*, der den Anstoß zur Entwicklung der Bombe gab.

Atom-Museum – Das ***Bradbury Science Museum***, das sich mit dem historischen Museum thematisch und in der Präsentation überschneidet, darüberhinaus aber viel Technik demonstriert, an der die *National Laboratories* mitwirkten. Das eigentlich Interessante ist ein laufend gezeigter Film, der die Unausweichlichkeit und absolute Berechtigung zu Produktion und Einsatz der Bomben mit den hübschen Bezeichnungen ***Little Boy*** und ***Fat Man*** auf Hiroshima und Nagasaki dokumentiert. Moralische Zweifel gibt es nicht mal im Ansatz. Auch wenn man der Argumentation folgt, nach der ohne den Einsatz der Atombombe der Krieg erst viel später hätte beendet werden können, die Drohung damit nicht ausreichend war, die Frage bleibt: Warum mußte nach der Explosion der ersten auch noch die zweite Bombe fallen?

Öffnungszeiten: ***Historical Museum*** im Sommer Mo–Sa 9.30–16.30 Uhr; So 11–17 Uhr, sonst kürzer; kleine Spende. ***Science Museum*** Di–Fr 9–17 Uhr, Sa–Moab 13 Uhr, kein Eintritt.

Hotels/Motels in Los Alamos sind knapp und teuer.

Kasinos Nicht nur die *Acoma*-Indianer haben sich ihr Spielkasino an die Autobahn gestellt, auch einige der nördlichen Pueblos konnten aufs eigene Kasino wohl nicht verzichten, die nun auf spielfreudige Kunden warten (Straße #285 und I-25).

Nach Taos Von Las Alamos geht es auf der Straße #30 (Abstecher zu den ***Puye Cliff Dwellings*** auf der #565 bietet trotz der zahlreichen Klippenwohnungen nach einem Besuch von *Bandelier* keine grundsätzlich neuen Eindrücke mehr, kostet aber $5/Person), danach auf der #68 am Fluß entlang nach Taos, einer teilweise hübsch durch den *Rio Grande Canyon* geführten Strecke. Abseits der Hauptstraße, an der #567 direkt am Ufer des Flusses, gibt es gleich mehrere **Einfach-*Campgrounds*** des BLM hintereinander, ca. 15 mi südwestlich von Taos.

ZUR PUEBLOKULTUR

Blättert man in der **USA-Reiseliteratur**, so scheint die Pueblo-Kultur sakrosankt gegen jedwede objektivierende Beurteilung zu sein. Tatsächlich weisen alle **Pueblo Gruppierungen** individuelle Besonderheiten auf, beeindrucken an Festtagen durch eigene Tanzrituale und Trachten und bringen immer wieder Künstler hervor, die handwerkliche Spezialitäten in bewundernswerter Form kultivieren (Schmuck, Lederartikel, Tongeschirr und anderes mehr). **Sehenswert sind die *Pueblos* (Dörfer) heutzutage dennoch nur sehr bedingt**. Die meisten von ihnen besitzen zwar einige mehr oder minder gut konservierte/restaurierte Adobebauten der überlieferten Art, bestehen jedoch überwiegend aus weniger attraktiven Anwesen mit Wellblechdach. Seien es nun ***San Ildefonso, San Juan, Santa Clara***, das gelobte ***Picuris Pueblo*** *(San Lorenzo)* oder andere, man muß schon viel spezifisches Interesse mitbringen, um Besuche als gewinnbringend zu empfinden. Die einzige wirkliche **Ausnahme** bildet das bekannte **Taos Pueblo**.

Taos

Der Künstlerort Taos im totalen **Pueblo Adobe-Look** ist auf den ersten Blick sehr attraktiv. Speziell die hübsche **Plaza,** die **Bent Street** und die **Kit Carson Road** wirken lebhaft und bunt. Über **50 Galerien** findet man allein im engeren Umfeld des kleinen Zentrums, dazu zahlreiche *Shops,* speziell Mode- und Schmuckboutiquen, Kneipen, Cafes und Restaurants. Bei genauerem Hinsehen wird man indessen rasch feststellen, daß sich wohl auch Spreu unter den Weizen der Kunstschaffenden gemischt hat. Neben durchaus vorhandenen umwerfend guten (und teuren) Werken ist das Mittelmaß nicht zu übersehen. Aber die Touristen merken es vielleicht nicht und kaufen trotzdem. Für **Indianer-Artesanias** werden in Taos **Spitzenpreise** verlangt. Die Meinung des Autors lautet: Ein kurzer Besuch genügt, vielleicht eine Tasse Kaffee oder ein Drink im Garten des **La Tazza** in der Kit Carson Road, aber dann weiter zum eigentlichen Ziel, dem *Taos Pueblo* einige Meilen nördlich von *Taos Town.*

Unterkünfte

Wer hier im Quartier sucht, hat die große Auswahl, nicht zuletzt deshalb, weil Taos zugleich beliebtes Wintersportziel ist. Leider ist das Preisniveau sehr hoch. In einem der attraktiveren Häuser im **Pueblo Look** unterkommen heißt oft $100 und teilweise erheblich mehr für die Nacht. Es gibt auch eine Reihe von hübschen *B&B*-Angeboten. Was für originelle und architektonisch interessante Unterkünfte in Taos warten, kann man sich gut im **Internet** ansehen: **http://taoswebb. com** und **http://www.taosnet.com**.

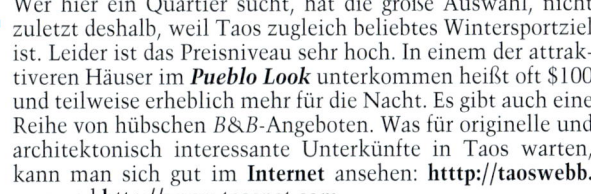

Preiswert sind nur das **Taos International Hostel**, Ski Valley Rd in Arroyo Seco (7 mi nördlich), ✆ (505) 776-8298, $13; und das **Rio Grande Gorge-Plum Tree International Hostel** an der #68 südwestlich von Taos, ✆ (505) 758-0090, $11.

Taos Pueblo

Das Taos Pueblo hat seit seiner Aufnahme in das Register der **World Heritage Society** als **Historical Cultural Landmark** (1987) eine erhebliche Aufwertung erfahren. Die mehrstöckigen, festungsartigen Gebäude mit ihren stufenförmig übereinander konstruierten Wohntrakten wirken dank der intensiven Restaurierung vor dem Hintergrund der *Sangre de Cristo Mountains* pittoresker denn je. Vor allem leben heute mehr Indianer als noch vor einigen Jahren permanent in ihren Taos-Wohnungen. In die allerdings darf der Tourist seinen Kopf nicht hineinstecken; ihm ist gegen harte Dollars von 8.30 Uhr bis 16.30 Uhr nur folgendes erlaubt:

– den Wagen zu parken ($5)

– zu fotografieren ($5 je Kamera)

– mit der Videokamera zu filmen ($10)

– in den dezent untergebrachten *Shops* einzukaufen, speziell *Indian Jewelry*, *Pottery* und die Produkte der *Bakery.*

Taos Pueblo, ein Historical Cultural Landmark der World Heritage Society

Man sollte die drastische Gebührenerhebung als **Beitrag zur Erhaltung von Taos Pueblo** betrachten und ihre Höhe nicht gegen die persönliche Einschätzung des Wertes dieser Sehenswürdigkeit aufrechnen. Wer sich intensiver für die Kultur der Pueblo Indianer interessiert, dem wird auch der unvermeidbar recht oberflächliche Besuch lohnend erscheinen.

Verbindung zur Route 4.3

Wie bereits unter 4.3 angemerkt, wäre **Taos** ein weiterer **guter Anknüpfpunkt zur Route 4.2 bzw. 4.3**. Rund 60 mi sind es bis nach Antonito in Colorado, der Endstation der *Cumbres-Toltec* Eisenbahn, und 120 mi zum *Great Sand Dunes National Monument*, ➪ Seite 428.

Abstecher

Rund 130 mi nordöstlich (Straße #64 über Raton) liegt das *Capulin Volcano National Monument*, ein erstaunlich regelmäßig geformter Lavakegel. Eine Straße führt bis zum Rand des Kraters, ein kurzer *Trail* in ihn hinein.

Nach Santa Fe

Für eine Fahrt von **Santa Fe nach Taos** (rund 70 mi auf der #68) muß in Anbetracht meist starken Verkehrs und des Straßenverlaufs mit mindestens zwei Stunden Fahrzeit gerechnet werden. Zur Vermeidung doppelter Fahrkilometer auf identischer Strecke könnte man für die (Rück-) **Fahrt nach Santa Fe** ab Ranchos de Taos die **Straßenkombination #518/#76/#503** wählen. Diese schöne, aber kurvenreiche und zeitraubende Strecke durch die *Foothills* der Sangre de Cristo Mountains berührt die **Pueblos Picuris** und **Nambe**, ein zusätzliches Motiv zugunsten dieser Route für Reisende, die sich etwas intensiver mit der Pueblo-Kultur auseinandersetzen möchten.

Bei Chimayo passiert man die Zufahrt (über die #503) zur reizvoll eingebetteten **Santa Cruz Lake Recreation Area**. An heißen Sommertagen ist das eine gute Gelegenheit zum Baden. Zwei **Campgrounds** des BLM sind außerdem vorhanden.

Santa Fe

Santa Fe, eine der – hinsichtlich der weißen Besiedelung – ältesten Städte der USA, liegt auf einer **Höhe von 2000 m** und dehnt sich immer weiter in die Ausläufer des östlichen Hochgebirges aus, erstreckt sich aber vor allem im Tal des Santa Fe River, einem Nebenfluß des Rio Grande, und der sich daran anschließenden südlichen Ebene.

Die attraktive Kapitale Neu Mexikos (nicht ganz 60.000 Einwohner) weist ein ganz **anderes Stadtbild** auf als sonst in den USA gewohnt. Der ein- bis dreistöckige, von der Pueblokultur inspirierte **Adobebaustil** überwiegt nicht nur im Zentrum der Altstadt, sondern dominiert fast die gesamte Architektur von der Familienvilla in allen Vororten über die öffentlichen Gebäude und Hotels bis zu den *Shopping Malls*. Die spanisch-mexikanische Epoche, obwohl nach fast 250-jähriger Dauer seit 1846 beendet, hat Santa Fe bis auf den heutigen Tag stärker geprägt, so scheint es, als der *American Way of Life* danach.

Ganz sicher ihren Teil dazu beigetragen haben die zahlreichen Künstler, die sich – angezogen vom ganzjährig sonnigen, angenehmen **Höhenklima** dieser Stadt – seit den 20-er-Jahren dort niederließen und Santa Fe zu einem der größten Kunst- und Designzentren der Vereinigten Staaten machten. Was man in den **Galerien** rund um die *Plaza*, in der **Canyon Road** und anderswo sieht, gibt es qualitativ und quantitativ in den USA kaum ein zweites Mal. Nicht von Pappe sind allerdings die Preise für all die schönen Dinge aus Künstlerhand.

Zentrum/ Plaza

Erster Anlaufpunkt in Santa Fe sollte die zentrale *Plaza* sein, um die sich die Mehrheit der Sehenswürdigkeiten gruppiert. Dank guter Ausschilderung findet man leicht dorthin. Da die engen Straßen im Zentrum immer vollgeparkt sind, sollte man das Auto, so vorhanden, auf einem der (gebührenpflichtigen) Parkplätze rund um das Zentrum abstellen. Gebührenfrei parkt nur, wer lange sucht oder weit laufen mag.

Shopping

Im Plazabereich drängen sich Souvenir- und Modeboutiquen, vor allem für die touristische Kundschaft. Tatsächlich reizen wunderschöne Textilien, Schmuck-, Leder- und Töpferwaren und andere kunsthandwerkliche Artikel zum Kauf, vorausgesetzt die Bereitschaft und Fähigkeit, nicht auf den Dollar zu schauen. Eine **Santa Fe-Besonderheit** sind die staatlich kontrollierten und konzessionierten **Verkaufsstände der Indianer unter den Arkaden des** *Palace of the Governors* an der Nordseite der Plaza. Dort kann man einigermaßen sicher sein, daß der angebotene Schmuck und auch alle anderen Produkte indianische Handarbeit sind und die Qualität bestimmten Vorgaben entspricht. Obwohl auch dort *Indian Handicraft* seinen Preis hat, war in den letzten Jahren ein vergleichsweise angemesseneres Preisniveau zu beobachten als in manchen Läden und vor allem in Taos oder *Old Town* Albuquerque.

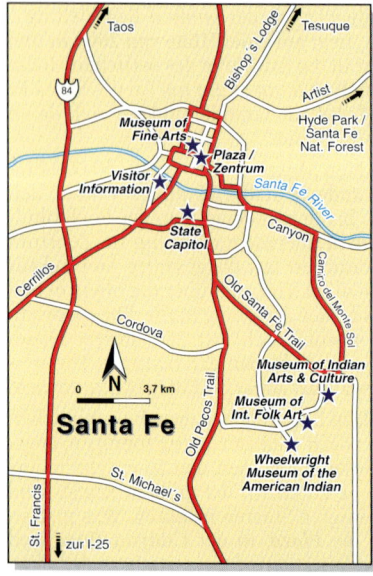

Ohne Shopping, Cafe- und/oder Museumsbesuche läßt sich das zentrale Santa Fe in einer guten halben Stunde "erlaufen". Achten sollte man bei einem ersten Rundgang auf:

– die **St.Francis Cathedral**
– das Innenleben
  des **La Fonda Hotel**
– das **Museum**
  im *Palace of the Governors*
– das **Museum of Fine Arts**
  (alle an oder nahe der Plaza)
– das **Oldest House in the USA**
– die **San Miguel Chapel**
  (beide an der Ecke Old
    Santa Fe Trail/Vargas Street)

Für Museumsbesuche gibt es ein **kombiniertes Ticket** für $8, das innerhalb von 4 Tagen zum Eintritt in die 4 staatlichen Museen berechtigt, alle täglich 9–17 Uhr geöffnet.

Was bieten nun die Museen?

Museen

Das historische Museum (Santa Fe/New Mexico) im *Palace of the Governors* ist ganz aufschlußreich, gehört aber nicht zu den hervorragenden seiner Art. Das **Museum of Fine Arts** beeindruckt eher durch seine Architektur als durch die permanente Kollektion (**New Mexico Art**); die Qualität temporärer Ausstellungen wechselt naturgemäß. Manche größere Galerie im Umfeld kann mit diesem Museum mithalten.

Ein **Museumskomplex** befindet sich im Südosten der Stadt. Man erreicht ihn am leichtesten (ausgeschildert) über den **Old Santa Fe Trail**, kann aber auch über die erwähnte **Canyon Road** anfahren, an der sich in üppiger Vegetation eine Vielzahl von **Galerien, Shops** und **Restaurants** angesiedelt hat.

– Das auffälligste der Museen ist das für **Indian Art & Culture**. Der pompöse Bau mit Aussichtsterrasse lenkt ein wenig von der Qualität der Ausstellung ab, die den diversen Pueblokulturen gewidmet ist und höheren Ansprüchen nur in Grenzen gerecht wird.
– Ganz anders das **Museum of International Folk Art** im Gebäude gegenüber. Zwar hat die Thematik nicht unmittelbar mit der Region zu tun, aber das Gezeigte und die Art der Präsentation stehen auf hohem Niveau. Sehr sehenswert ist die **Giraud Collection of Folk Art** vieler (Entwicklungs-) Länder mit Szenen aus dem täglichen Leben. Besonders **Kinder** werden in diesem Museum Freude haben.

– Beim **Wheelwright Museum of the American Indian** handelt es sich um eine Privatinstitution. Eine kleine Ausstellung indianischer Korbmacher-, Töpfer- und Webkunst erwartet die Besucher im (Erd-) Obergeschoß des Gebäudes, das einem indianischen Hogar nachempfunden wurde. Im Tiefgeschoß befindet sich ein *Trading Post* mit museumsartigen Elementen, der Qualitätsprodukte und Literatur zum Thema "Indianer" führt.

Information

Im **La Fonda Hotel** an der Hauptplaza befindet sich im Foyer der für Touristen am besten zugängliche Schalter der Besucherinformation, Mo–Fr 9–12 Uhr. Dieses Hotel muß man sich ohnehin einmal von innen ansehen. Eine weitere **Tourist Information** findet man an der Ecke Lincoln/Palace Ave auf der gegenüberliegenden Seite der Plaza; Mo–Sa 9–16.30 Uhr.

Unterkunft

Als Touristenhochburg verfügt Santa Fe über zahlreiche Hotels und Motels. Die **Übernachtungskosten** liegen besonders im Innenbereich der Stadt über dem sonst üblichen Niveau in New Mexico. Auffällig ist die große Zahl besserer Hotels mit stilsicherer attraktiver Innenarchitektur. Außerhalb des Zentrumbereichs ballen sich an der **Cerillos Road** (Straße #85 in Richtung Süden) Motels aller Preisklassen.

Ebenfalls dort befindet sich das **International Hostel**; 1412 Cerrillos, ✆ (505) 988-1153, ab $14.

Camping

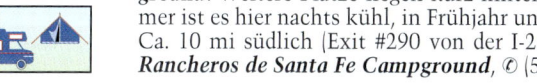

Sofern man nicht einen der Privatplätze in Stadtnähe bevorzugt (**Babbitt's Los Campos RV-Park**, 3574 Cerrillos, ✆ 800-852-8160), kommen vor allem die schön gelegenen Plätze des **Hyde State Park** und des angrenzenden *National Forest* nordöstlich von Santa Fe in Frage. Nach 7 mi erreicht man nach serpentinenreicher Anfahrt (#570) den **Black Canyon Campground**. Weitere Plätze liegen kurz hintereinander. Im Sommer ist es hier nachts kühl, in Frühjahr und Herbst lausekalt. Ca. 10 mi südlich (Exit #290 von der I-25) liegt der private **Rancheros de Santa Fe Campground**, ✆ (505) 466-3482.

Das älteste Haus der USA in Santa Fe: nur eines von vielen im Land der Superlative

Pecos National Monument

Ein gern empfohlener Abstecher bezieht sich auf das *Pecos National Monument*, rund 30 mi östlich von Santa Fe (attraktive Strecke überwiegend auf der I-25). Die Geschichte der ehemaligen **Missionsstation Pecos** ist zwar ganz interessant, es existieren aber nur noch die Ruinen der Kirche und Reste umliegender Gebäude einschließlich einer rekonstruierten *Kiva.* Lohnenswert nur bei viel Zeit.

Coronado State Monument

Unweit der *Interstate* von Santa Fe nach Albuquerque liegt bei Bernalillo (Abfahrt von der I-25 auf die #44) mit dem **Coronado State Monument** ein ähnliches historisches Relikt am **Westufer des Rio Grande**. Nur einige Grundmauern und **Kivas** sind geblieben vom *Pueblo,* das der Abenteurer *Coronado* auf der Suche nach den legendären sieben goldenen Städten Cibolas bereits 1540 als Standquartier benutzte. Auch ein kleines Museum ist vorhanden. Zum *State Park* gehört ein **Campingplatz,** der sich als **Basis für einen Albuquerque-Besuch** gut eignet. Hübscher und ruhiger als auf dem Areal mit *Full Hookup* campt es sich weiter hinten auf dem Gelände in Flußnähe.

Sandia Mountains

Für einen etwas abenteuerlichen **Umweg** verläßt man die I-25 an derselben Abfahrt, wendet sich aber in Richtung Placitas. Von dort geht es auf einer abschnittsweise recht steilen und schlechten Straße (die letzten 10 mi *Gravel*) kurvenreich durch den **Sandia Canyon** hinauf in die Berge (Auffahrt nicht für Campfahrzeuge größer als *Van Camper*). Dennoch ist die Strecke bei Trockenheit unproblematisch und eine enorme Abkürzung gegenüber der Anfahrt von Albuquerque aus. Oben stößt man auf die gut ausgebaute Straße zur **Sandia Crest Aussichtsterrasse** über die Stadt und halb New Mexico. Ein *Trail* führt vom Parkplatz am Rand der Höhe entlang zur gut 2 km entfernten Gipfelstation der Seilbahn. ⇨ Seite 478.

4.4.4 Albuquerque

Kennzeichnung

Mit Albuquerque erreicht man New Mexicos einzige echte Großstadt ca. 385.000 Einwohner). Nach einem Vizekönig von Mexiko einst edel benannt, heißt sie heute auf verbal-amerikanisch profan **Elbukörki**. Nicht zuletzt dank der *Air Force*, die im Südosten der Stadt über eine große Basis verfügt, Uranfunden in der Nähe und eines Kernforschungszentrums ist die Stadt während und nach dem 2. Weltkrieg rasch gewachsen und hat sich im weiten Tal des *Rio Grande* enorm ausgedehnt. Der größte Teil des Stadtgebietes befindet sich zwischen dem Fluß und den *Sandia Mountains*, einem Gebirgszug der südlichen *Rocky Mountains* mit Gipfeln von über 3000 m Höhe. Mitten im heißen Wüstenklima bieten die Berge im Sommer mit moderaten Temperaturen und einer Vegetation, die man sonst in gemäßigten Breiten findet, Erholung von Hitze und Dürre und von Dezember bis März beim Wintersport.

Information

Im Plaza-Bereich residiert ein **Informationsbüro,** das Besucher mit Karten und allem Material versorgt. Äußerst nützlich ist der jährlich neu aufgelegte *New Mexico Vacation Guide* (gratis) mit Übersichten zu sämtlichen touristischen Attraktionen des Staates und dem aktuellen Veranstaltungskalender. Das sehr gut aufgemachte Heft enthält außerdem eine kurze Charakteristik aller in Neu-Mexiko beheimateten Indianerstämme, sowie eine Kennzeichnung der Pueblo-Gruppen. Ein separates Magazin bezieht sich auf **Albuquerque**.

Unterkunft

Die Tarife der Motels und Hotels sind saisonabhängig moderat bis teuer. Während der *Balloon Fiesta* in der 1.Oktoberwoche steigen die Preise kräftig; und trotzdem ist alles ausgebucht. Preiswertere **Motels** findet man entlang der **Central Ave**, die von Ost nach West quer durch die Stadt läuft. An den Ausfahrten der I-40/I-25 stehen vor allem Häuser der Mittelklasse-Ketten Gut besetzt ist u.a. das Umfeld der Ausfahrten #165, #166 und #167 der I-40; Preis/Leistung sind o.k. im:

Howard Johnson East, 15 Hotel Circle, ✆ (505) 296-4852, ab $53; **Park Inn International**, 601 Paisano St/Exit 166, ✆ (505) 293-4444, ab $45!; **Best Western American Motor Inn**, 12999 Central Ave NE, Exit #167, ✆ (505) 298-7426, ab $65 (Motel mit RV-Park); **Rodeway Inn East**, 12901 Central Ave NE, ✆ (505) 298-7426, ab $39.

An Wochenenden übernachtet man günstig am *Airport*, z.B.: **Marriotts Courtyard**, 1920 Yale Ave, ✆ (505) 843-6600, ab $53; **Wyndham Garden**, 2910 Yale Ave, ✆ (505) 843-7000, ab $59

Zentrale Hotelreservierung Albuquerque unter ✆ (505) 766-9770 oder – von außerhalb – auch unter ✆ (800) 466-7829.

Hostel

Das *Albuquerque International Route 66 Hostel* liegt in der 1012 West Central Ave, ✆ 243-6101 und ✆ 247-1813, ab $12.

Camping

Diverse Campingplätze im Stadtbereich liegen an den lauten *Freeways* und sind daher kaum zu empfehlen. Die beste Ausnahme: *KOA Albuquerque North/Bernalillo*, *Exit* 240 von der I-25, ca. 8 mi nördlich des Zentrums.

Als Übernachtungsplatz für Albuquerque kommt, wie gesagt, auch der *Coronado State Park* in Frage, ca. 18 mi nördlich am Rio Grande unweit der I-25, ⟲ nebenstehend.

Old Town

Albuquerques spanisch/mexikanische Vergangenheit (Jahr der Gründung ist 1706) blieb in der *Old Town* erhalten, südlich der I-40/Ausfahrt Rio Grande Blvd. Die hübsche **Adobe-Architektur** und Laubengänge vor den restaurierten Gebäuden um die palmenbestandene Plaza können indessen nicht verbergen, daß es in *Old Town* in erster Linie um die Dollars der Touristen geht. **Indianische Handarbeit** kostet in den Läden von Albuquerque viel mehr als an den Ständen der *Navajo, Hopi* und *Pueblo* Indianer in ihren Reservaten.

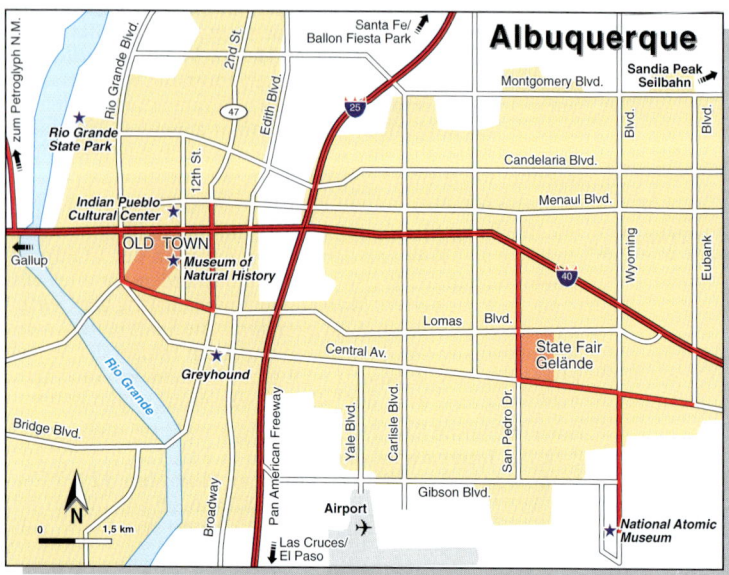

Indian Pueblo Cultural Center

Ausgesuchtere **indianische Kunst** als in *Old Town* findet man im *Indian Pueblo Cultural Center* in der 12th Street, nur wenig nördlich der I-40. Die Indianer der **19 Pueblos von New Mexico** haben dieses Kulturzentrum errichtet, für dessen Architektur das **Pueblo Bonito** im *Chaco Canyon* Pate stand. Der Begriff des *Pueblo* steht dabei nicht nur für das Dorf, sondern auch für bestimmte unterschiedliche Lebensweisen und Fähigkeiten der Bewohner. **Pueblo-Indianer** als Sammelbezeichnung bezieht sich auf alle indianischen Gruppierungen und Stämme, deren Gemeinwesen Pueblobauweise zeigen, siehe Foto um Taos Pueblo auf Seite 470. Pueblo-spezifische **Handwerkskunst** präsentiert das *Center* in aufschlußreichen Schaukästen im musealen Untergeschoß. Überirdisch befinden sich Galerien und *Shops* der anspruchsvolleren Kategorie für alles, was mit Indianerkultur zu tun hat, aber mit noch erträglichen Preisen. Öffnungszeiten: 9–17.30 Uhr, Eintritt $3.

In der **Cafeteria** des Center werden u.a. (amerikanisierte) indianische Gerichte serviert (bis 16 Uhr).

Rio Grande Park

Folgt man vom Kulturzentrum der 12. Straße nach Norden, stößt man auf die **Candelaria Road**. An ihrem Westende wurde der **Rio Grande Nature Center State Park** angelegt, ein kleines Schutzgebiet am Ufer des Rio Grande, ganz gut geeignet zum Ausruhen vom städtischen Leben und Treiben.

Petroglyph National Monument

Noch weiter westlich befindet sich das **Petroglyph National Monument**, Anfahrt über den North Coors Blvd (Exit #155 von der I-40), dann Ausschilderung zum **Visitor Center** (8–17 Uhr). Auf dem ausgedehnten Gelände finden sich Tausende von indianischen Felszeichnungen und Inschriften spanischer Siedler. Mit *Permit* darf man sich über die angelegten *Trails* hinaus auf Entdeckungstour ins Gelände wagen. Wer von Westen anreist, kann bereits vor der Stadt Exit #154 nehmen.

Naturkunde-Museum

Unweit der *Old Town*, an der 1801 Mountain Rd., befindet sich das **New Mexico Museum of Natural History** mit einigen originellen Demonstrationen (Modellvulkan, Eiszeit-Höhlenleben, Dinosaurier etc.), 9–17 Uhr; $5,50. Hübsch in den Bau integriert ist eine Cafeteria mit sonniger Aussichtsterrasse.

Atom Museum

Das eintrittsfreie **National Atomic Museum** in der *Kirtland Airforce Base* muß man gesehen haben (Wyoming Blvd, einige Meilen südlich der I-40; bei der Einfahrt in das Areal der US-Luftwaffe sind am Schlagbaum Pass oder Führerschein vorzuweisen, bevor`s eine Besucherpermit gibt, 9–17 Uhr). In der Halle des Museums sind die Atom- und H-Bomben von den ersten bis zu verfeinerten Modellen aus jüngerer Vergangenheit in natura zu bewundern. Draußen stehen die Trägerwaffen einschließlich eines B-52-Bombers.

Bedrückend ist die emotionsfreie Sachlichkeit der Ausstellung. Der Bezug zum **Manhattan Project** (⇨ Seite 467) wird über den mehrfach täglich gezeigten 50-Minuten-Film **Ten Seconds that Shook the World** deutlich; er ist hintergründiger und informativer als die filmische Dokumentation im *Bradbury Museum* von Los Alamos. Eine Reflektion zur Problematik des Einsatzes von Atombomben unterbleibt hier wie dort.

State Fair

Sehr groß ist in Albuquerque der **State Fair im September** ab dem Wochenende nach *Labor Day* bis zum 3. Septemberwochenende. Auf den **Fairgrounds** (San Pedro Dr nördlich *Airforce Base*) läuft in dieser Zeit ein Mischprogramm aus Jahrmarkt, Landwirtschaftsschau, Rodeo und *Entertainment*.

Deutsche Lebensart als bayrisch deftige Inszenierung auf dem New Mexico State Fair

Balloon Fiesta

Der absolute **Super Event** Albuquerques indessen ist die **Balloon Fiesta** wenig später. **In der ersten vollen Oktoberwoche** wird Albuquerque alljährlich für 9 Tage (Samstag bis Sonntag) Schauplatz des größten **Heißluftballontreffens** der Welt. Wer sich das Spektakel, d.h. die täglichen Starts von Hunderten von bunten und häufig kurios geformten Ballons ansehen möchte, muß früh aufstehen. Vorausgesetzt, daß das Wetter mitspielt, beginnen die Aktivitäten im Morgengrauen um 5.30 Uhr, die Brenner werden angeworfen (*Balloon Glow*), und ab 7 Uhr geht die **Mass Ascension** los, der Massenaufstieg.

Fiesta Park Camping

Da ist es ganz praktisch, wenn man seinen Camper dabei hat. Zusammen mit einigen tausend (!) anderen Campmobilen steht man gegen hohe Gebühren ($15) dichtgedrängt und ohne jeden Komfort auf weitläufigem Gelände am **Alameda Blvd** (Exit #233 von der I-25) rund um das Flugfeld (zwischen Alameda und Tramway Blvd) und kann gemütlich vom Campingstuhl aus über sich schauen. Wer zahlt, darf sogar mitfliegen.

Während der *Balloon Fiesta* um Albuquerque ohne Reservierung ein **Zimmer** zu finden, ist Glückssache. Wie bereits angemerkt, paßt die Hotellerie die Preise flexibel der Nachfrage an, d.h. man zahlt leicht das Doppelte wie sonst und mehr.

Neben Ballons, die so aussehen wie sie heißen, erheben sich während der Balloon Fiesta originellste Gebilde in den Himmel über Albuquerque

Seilbahn/ Sandia Mountains

Prima beobachten läßt sich das Schauspiel des Ballonaufstiegs auch vom Gebirgskamm *Sandia Crest* aus, der bereits auf Seite 474 erwähnt wurde: Von Albuquerque fährt man zunächst auf der I-40 ca. 15 mi nach Osten und dann auf der breiten Zufahrt #14/#536 in die **Sandia Mountains Recreation Area**. Die Alternative ist eine Auffahrt mit der **Sandia Peak Aireal Tramway**, angeblich längste Seilbahn Nordamerikas. Deren Talstation erreicht man am besten über die I-40 und die #556, den Tramway Blvd, nach Osten. Das Retourticket kostet $14/Person, Kinder $10. Ob mit oder ohne Ballons, von oben ist (bei gutem Wetter) ein toller Blick über die Weite des Landes garantiert und spektakulär bei Sonnenuntergang.

4.4.5   Von Albuquerque zu den White Sands, den Carlsbad Caverns und Guadalupe Mountains National Parks

Nach Alamogordo

Die Entfernung von Albuquerque zum *White Sands National Monument* südwestlich von Alamogordo entspricht einer guten Tagesetappe (230 mi). **Am schnellsten** geht es auf der **I-25** nach Süden und ab San Antonio auf der **#380** in östliche Richtung. Im Schatten der *Sierra Oscura*, etwa 16 mi südlich der Straße, befindet sich der *Trinity Site*, das heute gesperrte Testgelände für die von den Los Alamos Forschern konstruierte A-Bombe. Kurz vor **Carrizozo** wurde in einer Lavalandschaft ähnlich der des *El Malpais National Monument* (⇨ Seite 463) der *Valley of Fires State Park* eingerichtet: *Trails* und komfortabler *Campground* über dem *Lavaflow*).

Quarai und Gran Quivira National Monuments

Beschaulicher und auf den ersten Meilen bis zur Straße #55 auch abwechslungsreicher als die rasche *Interstate*-Verbindung ist die **Straßenkombination #337/#55** ab Tijeras an der I-40, etwa 15 mi östlich von Albuquerque. Auf ihr passiert man die Nationalmonumente **Quarai** und **Gran Quivira Ruins at Salinas**, einstige Dörfer der *Anasazi* (wie *Mesa Verde NP*) und spätere Missionsstationen. Beide sind keine "sensationellen" Ziele, aber durchaus einen Stop wert. Vor allem *Gran Quivira* lohnt bei kulturhistorischem Interesse den Umweg. Am Wege liegen im *Cibola National Forest* mehrere **Campgrounds**, am straßennächsten (ca. 4 mi von der #55) der **Manzano Mountains State Park**. Kurz vor Carrizozo passiert man die Zufahrt #349 zur früheren *Mining Town* **White Oak**, wo als Relikt aus besseren Tagen fast nur noch der *Saloon* steht.

479

Alternative Routen

Der einzige **National Park** in Neu-Mexiko sind die **Carlsbad Caverns** in der Südostecke des Staates. Nach Carlsbad gelangt man rascher über **Roswell**, Wallfahrtsort aller UFO-Anhänger, als über Alamogordo und die Straße #82. Bei einer Weiterfahrt über den *Guadalupe Mountains National Park* und El Paso ließe man aber dabei das *White Sands Monument* aus.

Roswell

Wer die **Höhlen** *und **White Sands*** besichtigen möchte, könnte deshalb erwägen, erst Carlsbad über Roswell anzufahren und dann über die – im Gebirge sehr schöne – **Straße #82** und Alamogordo die Reise fortzusetzen. Für diese Variante spricht, daß man sich in *Roswell* im **UFO-Museum** (täglich 11–17 Uhr, frei) von der Stichhaltigkeit der Berichte über **außerirdische Besuche** überzeugen kann. Die **Straße #380** nach Roswell führt auch durchs Gebirge (hübsche Künstlerkolonie Lincoln), ist aber nicht halb so attraktiv wie die #82 und schnell zu fahren.

Dieses sensationelle Foto gelang einem geistesgegenwärtigen Touristen im Stadtpark von Roswell bei einer weiteren UFO-Annäherung

Für die Fortsetzung der Route wurde hier die **Reihenfolge Alamogordo/White Sands-Carlsbad-El Paso** gewählt:

Alamogordo

Einzige Sehenswürdigkeit von Alamogordo, einer Stadt am Fuß der *Sacramento Mountains*, die von der nahen *Holloman Air Force Base* lebt, ist das **Space Center** etwa 2 mi östlich der Durchgangsstraße #70/#82. Im auffälligen Hauptgebäude wird dem Besucher die Entwicklung der Raumfahrt mit Modellen, allerhand Originalstücken und zahllosen Fotos und Namen nahegebracht. Draußen stehen ein paar Raketen der Raumfahrtvorgeschichte und -frühzeit; 9–17/18 Uhr, $3. Das benachbarte **Omnimax Theater** zeigt die Weltraum- und *Space-Shuttle* Filme der NASA und am Wochenende **Lasershows**.

Die **Motels** der Region stehen fast ausnahmslos und unverfehlbar an der Hauptstraße durch Alamogordo und sind preiswert. Mitten im Ort liegt ein guter **KOA-Campground** mit großem *Swimming Pool*. Ein schön gelegener Campingplatz (Duschen/*Hook-up*) befindet sich eingangs des **Oliver Lee State Park** (10 mi südlich auf der #54, dann 4 mi auf der *Dog Canyon Road*). **Trails** führen in den *Canyon* hinein.

White Sands National Monument

Eine der ungewöhnlichsten Landschaften unter der Obhut des *National Park Service'* ist das aus dem riesigen **White Sands Raketenversuchsgelände** herausgeschnittene, gleichnamige *National Monument* 14 mi südwestlich von Alamogordo. An der Straße nach Las Cruces liegt das **Visitor Center**. Diashow und ein kleines Museum geben Aufschluß über die Entstehung des schneeweißen Dünengebiets: Aus Gipsablagerungen entstandene Sandkristalle aus dem **Lake Lucero** am südwestlichen Rand des Monuments sorgen kontinuierlich für Neubildungen, während die bestehenden, bis zu 15 m hohen Hügel mit dem Wind unablässig ihre Gestalt verändern und in nordwestliche Richtung wandern.

Eine **Besucherstraße,** die an windigen Tagen von Schneepflügen freigehalten wird, führt mitten hinein in das blendende Weiß. Am Ende erweitert sie sich zu großflächigen Parkplätzen mit geschützten Picknicktischen. Von dort kann man nach Belieben die **Gipsdünenlandschaft** erkunden. Weht es, sind die Spuren schnell verwischt. Bereits nach wenigen hundert Metern umfängt den Eindringling das Gefühl völliger Einsamkeit. Am intensivsten erlebt man *White Sands* **am frühen Morgen** (Einfahrt ab 7 Uhr möglich) und am **Spätnachmittag** bis zur Dunkelheit. An schönen Tagen lassen sich fantastische Sonnenuntergangsfotos schießen. Die Straße wird bis 60 Minuten nach Sonnenuntergang, im Sommer bis 21 Uhr (bei Vollmond länger) offengehalten. Wer will, darf **innerhalb des Dünengebietes** an einer Stelle unweit der Stichstraße **zelten**. Anmeldung und *Permit*-Erteilung im *Visitor Center*.

Camping

Ein zwar wasserloser, aber hervorragend angelegter **BLM-Campground** mit schönem Baumbestand ist **Aguirre Springs** am Fuße der *Organ Mountains* mit herrlichem Weitblick über das *Tularosa Valley*. **Trails** führen in die schroffe Gebirgswelt hinter dem Platz. *Aguirre Springs* eignet sich auch gut als **Picknick-Platz** für die Pause zwischendurch. Von der Straße #70/#82 nach Las Cruces zweigt die asphaltierte Zufahrt östlich der San Agustin Paßhöhe nach Süden ab.

In den weißen Gipswüste des White Sands Monument: Wo ist der Lake Lucero fürs Kanu?

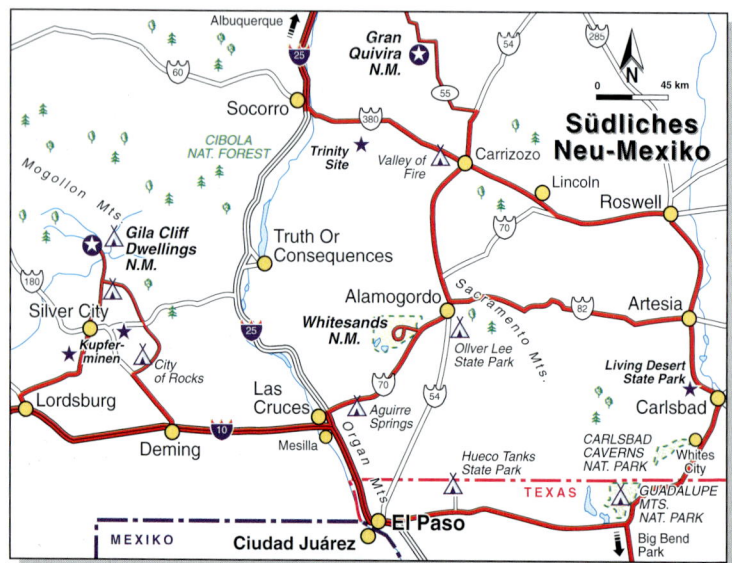

Südliches Neu-Mexico

Nach Westen

Wer auf den Besuch der *Carlsbad Caverns* und weiterer der im folgenden beschriebenen Ziele verzichtet, setzt die Fahrt von dort fort in Richtung Las Cruces, wo man auf die südlichste Transkontinentalautobahn I-10 stößt, ➪ Seite 489.

Straße # 82

Von Alamogordo nach Carlsbad geht es auf der **Straße #82** in östliche Richtung. Gleich hinter der Stadt steigt sie hinauf in die **Sacramento Mountains**. Zwischen High Rolls und Mayhill läuft die Straße durch eine Gebirgsregion, in der im Winter sogar Ski gelaufen wird (Cloudcroft), und danach durch ein grünes Hochtal, bevor sie wieder in trostlose **Halbwüste** hinunterführt. Für die rund 150 mi nach Carlsbad benötigt man wegen der Fahrt durchs Gebirge leicht 4 Stunden.

Living Desert State Park

Noch vor den Toren der Stadt passiert man die Zufahrt zum **Living Desert State Park**, einem Botanischen Garten kombiniert mit kleinem Zoo; Sommer 8-20 Uhr, sonst bis 17 Uhr, $3. Trotz einiger guter Tiergehege (*Prairie Dog Town/Bisons*) kann die Anlage nicht so ganz überzeugen. Erheblich besser erscheint z.B. das *Arizona-Sonora Desert Museum* bei Tucson, das die identische Thematik behandelt, ➪ Seite 500.

Carlsbad

Carlsbad hieß bis zum Ende des 19. Jahrhunderts schlicht **Eddy.** Als man aber eine (heute bedeutungslose) Mineralquelle entdeckte, die in ihrer Zusammensetzung der des weltberühmten tschechischen Kurortes Carlsbad entsprach, nahmen die Bürger dies zum Anlaß, ihr Wüstendorf umzutaufen.

Carlsbad

Abgesehen von einer auf den Höhlentourismus zielenden dichten **Motel- und *Fast Food* Konzentration** an der Durchgangsstraße hat Carlsbad nicht ganz viel zu bieten. Immerhin findet man am aufgestauten Pecos River (*Carlsbad Lake*) eine **Swimming Beach** und gegenüber einen kleinen jahrmarktähnlichen **Amusementpark** (nur in den Sommermonaten bis *Labor Day*). Gleich nebenan liegt der rustikale, aber im Vergleich zur privaten Komfortkonkurrenz an der Hauptstraße preiswerte **Municipal Campground**; Zufahrt über die Straße #62/#180 East. Auch am **Lake Avalon** nördlich der Stadt kann man campen (Canal St über den Fluß, dann links Avalon Rd).

Whites City

Nach den zahlreichen auffälligen **Werbetafeln für Whites City** an der Zufahrt zu den *Carlsbad Caverns* (18 mi südlich von Carlsbad direkt an der Straße #62/#180) erwartet man zumindest ein Städtchen. Tatsächlich besteht Whites City nur aus ein paar Shops, Restaurants und Kneipen, einem *Opera House* und zwei **Best Western Motels**, alles im *Western Look*. Gerade das Richtige, um dort den Abend zu verbringen – und so ist es auch gedacht. Hinter der Shoppingzeile befindet sich ein akzeptabler **Campingplatz** mit *Hook-up* und Zeltareal.

Carlsbad Caverns National Park

Zum **Visitor Center** der *Carlsbad Caverns,* den größten zugänglichen Höhlen der Erde, sind es von Whites City 7 mi. Wie in Nationalparks üblich, stimmt eine sehenswerte Diashow die Besucher auf die unterirdischen Naturwunder ein.

Die Carlsbad Caverns dürfen erfreulicherweise **individuell** besichtigt werden. Dafür gibt es **zwei Alternativen**:

Reservierung der Touren über **Biospherics möglich**, ℂ **1-800-365-228**

– Die **Natural Entrance Tour** beginnt am Höhleneingang und bezieht sich zunächst auf den serpentinenreichen Abstieg durch tunnelartige, nur von der Fledermaushöhle unterbrochene, später zum *Main Corridor* mit bis zu 60 m Deckenhöhe erweiterte Bereiche. 250 m unter der Erde liegen der *Kings Palace* und die *Queens Chamber*. Mit ihren filigranen Formationen aus Stalagtiten und Stalagmiten sind sie die schönsten Räume der Höhle. Sie dürfen allerdings nur unter Ranger-Führung betreten werden (Buchung der **Kings Palace Tour** im *Visitor Center*). Von dort ist es nicht mehr weit zum *Big Room* mit *Snack Bar* und Fahrstuhlschacht.

– Die **Big Room Tour** (Einstieg und Verlassen der Höhle per Fahrstuhl) entspricht einem rund 2 km langen Rundweg ohne größere Niveauunterschiede durch die riesengroßen Haupträume der Höhle in etwa 220 m Tiefe.

Zeitbedarf

Für beide Touren gilt: **Die benötigte Zeit** wird in den Broschüren des Parks und von den *Rangern* etwas übertrieben. Selbst wer es in Ruhe angehen läßt und alles gebührend bewundert, dürfte kaum mehr als eine Stunde für den Abstieg durch den natürlichen Eingang benötigen. Eine weitere Stunde für den *Big Room* ist ebenfalls gut bemessen.

Zeitbedarf Die offiziellen Zeitangaben beziehen sich auf Tage mit viel Andrang und unterstellen ein ausgiebiges Verweilen an allen in kurzen Abständen eingerichteten "Erläuterungspunkten". **CD-ROM-Abspielgeräte** am Trageband mit Kopfhörer sorgen für die Detailinformation, Leihgebühr $3. Das Wesentliche läßt sich genausogut kleinen Schrifttafeln entnehmen.

Empfehlung Wer den kleinen Fußmarsch bergab nicht scheut, sollte sich für den natürlichen Eingang entscheiden. Man muß jedoch auf **rechtzeitige Ankunft** achten. Im Sommer ist am Höhleneingang letzter Einlaß um 15.30 Uhr, am Fahrstuhl hingegen um 17 Uhr. Vor *Memorial* und nach *Labor Day* gelten die Zeiten 14 Uhr und 15.30 Uhr. Öffnung ganzjährig um 8.30 Uhr.

Eintritt Der *Golden Eagle Passport* (⇨ Seite 26) besitzt für die Höhlenbesichtigung **keine Gültigkeit**; **Eintritt $6 pro Person**.

Fledermäuse Ein Erlebnis sind die Fledermäuse, die zwischen Frühjahr und Oktober zu Millionen in der *Bat Cave* leben, 50 m tief unter dem Eingang. Bei Sonnenuntergang steigen sie mit frenetischem Lärm auf und kehren im Morgengrauen zurück. Auf dieses Schauspiel zu warten, lohnt sich. Oberhalb der Höhlenöffnung wurde dafür eigens eine Zuschauertribüne eingerichtet. *Ranger* erläutern das Phänomen.

Natürlicher Eingang der Carlsbad Caverns

Weitere Höhlen Neben der Haupthöhle können auf **geführten Trips** auch noch weniger erschlossene Nebenhöhlen besucht werden. Attraktiv ist vor allem die **Lower Cave** mit ihren *Pools*. Mo–Fr um jeweils 13 Uhr geht`s los, Kostenpunkt $12.

Auch die *Slaughter Canyon Cave* (etwa 24 mi südwestlich des Hauptbereichs am Ende der Straße #418) gilt als reizvolles *Spelunking*-Revier. Mit Laternen steigen die Besucher (nach 1,5 km Fußweg bis zum Eingang) zu einer **2-Stunden-Tour** in die Höhle. Im Sommer 10 Uhr und 13 Uhr, Rest des Jahres nur Sa+So, $8. Für beide Touren Anmeldung im *Visitor Center*.

4.4.6 Über die Guadalupe Mountains und El Paso nach Tucson

Guadalupe Mountains National Park

Von Whites City sind es keine 40 mi zum *Guadalupe Mountains National Park* auf der Grenze zwischen New Mexico und Texas. Die Straße #62/#180 führt durch die südlichen Ausläufer des Guadalupe Gebirges in Richtung El Paso. Lediglich **zwei Zufahrten** erschließen diesen kaum berührten Landschaftspark:

– Die nördliche Stichstraße endet nach wenigen Meilen am Eingang zum *McCittrick Canyon*, in den ein besonders im Frühjahr (frische Vegetation/Blütezeit) und im Oktober/November (Herbstlaubfärbung) reizvoller *Trail* hineinführt (ca. 4 km zum Umkehrpunkt *Pratt Cabin*, 5,5 km bis zur *Grotto Picnic Area*).

– Hauptzufahrt ist die Straße zum *Visitor Center* und schön gelegenen *Campground Pine Springs*. Der Parkplatz am Ende der Straße ist Ausgangspunkt für *Wilderness Trails* in die von Trockenheit gekennzeichneten *Guadalupe Mountains*.

Trails

Kurzwanderungen führen zu den *Manzanita Springs*, einer hochgelegenen Oase mit Weitblick (Ausgangspunkt *Frijole Ranch Historic Site*, ein wenig nördlich des alten *Frijole Visitor Center* an der Hauptstraße, maximal 1 Stunde) und im *Pine Springs* Flußbett zum *Canyon*-Engpass *Devils Hall* (vom Parkplatz etwa ab 2 Stunden retour, erweiterbar).

Hueco Tanks

Auf der (eintönigen) Weiterfahrt vom *Guadalupe Park* nach El Paso passiert man westlich der *Hueco Mountains* die Zufahrt (6 mi) zum *Hueco Tanks State Park*, einem Dorado der *Rockclimber.* Die in abflußlosen Felsauswaschungen entstandenen Wasserstellen bildeten für Indianer und Einwanderer wichtige Etappen. Vorkolumbische *Petroglyphen* und Felsinschriften durchziehender Immigranten blieben erhalten.

Der komfortable und **hervorragend angelegte** *Campground* ist bereits für sich allein ein gutes Motiv für den Besuch dieses *State Park*; für eine Reservierung gilt ✆ (915) 857-1135 oder ✆ (512) 389-8900.

Von den *Hueco Tanks* **bis El Paso** sind es nur rund **30 mi**:

El Paso

El Paso, **City am Rio Grande** in der äußersten Westecke von Texas, besitzt heute rund 1 Mio. Einwohner. Auf der anderen Seite des Flusses liegt **Ciudad Juarez**, mit über 500.000 Köpfen größte mexikanische Stadt an der langen Grenze. Sie ist vor allem wegen der preiswerten Einkaufsmöglichkeiten touristisch interessant. Für einen Besuch läßt man sein Auto am besten auf einem der Parkplätze zwischen *Downtown* und den Brücken über den Rio Grande. Die Entfernung ist zu Fuß kein Problem, aber bei großer Hitze fährt es sich angenehmer im **Taxi**, ca. $5; der **Bus** zur Grenze kostet $1,10. Viele *Shops* befinden sich gleich jenseits der Grenzübergänge. Es lohnt sich aber, bis zu den Märkten im Zentrum zu laufen.

Missions-stationen

Die Stadt El Paso als solche bietet trotz ihrer Größe nicht so ganz viel. Herausgehoben werden gern die alten Missionsstationen, aber äußerstenfalls die **Ysleta Mission** von 1681 südöstlich von El Paso (von Osten kommend Straße #659/Zaragosa Rd) könnte man besuchen. Sie gehört zur **Tigua Indian Reservation Ysleta del Sur Pueblo.** Das rekonstruierte *Adobe Pueblo* der *Tigua* Indianer beherbergt einen *Shop* mit Töpferware und Schmuck im formschönen **Tigua Design.** Museum Di–Fr 9–16 Uhr, Sa bis 17 Uhr; Eintritt $3.

Fort Bliss

Bei uns wurde El Paso durch zahlreiche *Western* und als Standort eines Trainingscenters für die Luftwaffe der Bundeswehr bekannt. Der heutige **Army** und **Airforce** Stützpunkt **Fort Bliss** entstand 1848 aus einem vorgeschobenen Posten der US-Armee gegen Apachen und Mexikaner. Die rekonstruierten Gebäude des einstigen **Fort Bliss** der *Frontier*-Jahre kann man mitten im Militärgelände bestaunen; Pleasanton Rd/Sheridan Drive, 9–16.30 Uhr. Gleich nebenan befindet sich das **Air Defense** & **Artillery Museum** mit diversen Raketen auf einem *Open-air* Ausstellungsgelände.

City

Beim **Visitor Center** an der *Civic Center Plaza* (Ausfahrt #18 von der I-10) gibt es Informationsmaterial und vor allem den Stadtplan, Voraussetzung für das Finden des empfehlenswerten **Scenic Drive** (*Rim Rd*) oberhalb (nördlich) der City. Von mehreren **Aussichtspunkten** überblickt man ganz El Paso, den Rio Grande und die mexikanischen Nachbarn.

Unterkunft

Übernachten in El Paso ist nicht zuletzt wegen der Konkurrenz auf mexikanische Seite relativ preiswert. An **Hotels** und **Motels** herrscht kein Mangel. Die **Campingplätze** in City-Nähe liegen alle nahe an der I-10 und sind daher sehr laut. Der beste Campingplatz der Umgebung, wenn auch weit, ist *Hueco Tanks* (ca. 30 mi entfernt, siehe oben). Auf der Strecke dorthin (Straße #akzeptabel erscheint der **Desert Oasis Park**.

Durch die Davis Mountains zum Big Bend National Park

Zum Big Bend National Park

Ein (mindestens) **3-Tage-Umweg** könnte von den *Guadalupe Mountains* (oder bereits ab Carlsbad über Pecos) zum **Big Bend National Park** führen, lohnenswert ab Mitte September und bis maximal Mitte Juni. Im Hochsommer ist das Gebiet zu heiß. Zum einsamen Nationalpark im "großen Bogen" (daher *Big Bend)* des Rio Grande sind es auf der landschaftlich **optimalen Straßenkombination #54/I-10/#118** über Fort Davis und Alpine bis zum **Big Bend Visitor Center** rund 280 mi.

Eine bei Hitze höchst angenehme Abwechslung bietet der **Balmorhea State Park** östlich der *Davis Mountains* mit seinem riesigen, von den **glasklaren Solomon Springs** gespeisten *Pool: Memorial* bis *Labor Day*, komfortabler **Campground** und **Apartment-Motel** ganzjährig, Reservierung unter ✆ (315) 375-2370. Bei Fahrt über Pecos liegt *Balmorhea* am Weg, bei Anfahrt über die *Guadalupe Mountains*/Van Horne sind mit dem Besuch 15 mi Umweg verbunden.

In **Fort Davis**, einem idyllischen Dorf, scheint die Zeit stehengeblieben zu sein. Die gepflegten Reste des alten Militärpostens **Fort Davis (National Historic Site)** sind einen kleinen Zwischenstop allemal wert. Einige Meilen nördlich des Ortes, an der Straße #118, liegt der zu Recht beliebte **Davis Mountains State Park** mit landschaftlich sehr schön eingebetteten Campingarealen und der **Indian Lodge**; ✆ (915) 426-3254, ab $50, in den Bergen hoch über dem *Campground.* Auch in Fort Davis kann man gut übernachten, und zwar im **Old Texas Inn** oder im nostalgischen **Limpia Hotel.**

Auf der Straße #118 geht es über **Alpine**, einer Universitätsstadt in der Einöde des westlichen Texas, zur Westeinfahrt des Big Bend. Etwa 15 mi vor dem Park liegt das **Longhorn Ranch Motel**, eine ordentliche Unterkunft für die Gegend mit Zimmern ab ca. $45, ✆ (915) 371-2541.

Der **Big Bend Park** umschließt ein ca. 3.000 km^2 großes Gebirgsareal (*Chisos* und *Santiago Mountains*). Von der Durchgangsstraße zweigen Zufahrten zu drei Besucherbereichen ab:

– **Rio Grande Village** mit **Campground** in der Uferoase.
– **The Basin**, eine Hochebene im zerklüfteten *Chisos* Gebirge
– **Santa Elena**, am Endpunkt des *Ross Maxwell Scenic Drive*

In allen Regionen gibt es lohnenswerte **Trails.** Besonders zu empfehlen sind der hübsche Pfad durchs Uferschilf des Rio Grande zum Eingang des **Boquillas Canyon** und der *Trail* in den **Santa Elena Canyon** hinein. Von der *Rio Grande Road* zweigt eine miserable Schotterstraße ab (nicht für Camper und flachliegende Pkw geeignet) zu **heißen Quellen** am Ufer des Flusses. Vom *Village* führt dorthin ein Trampelpfad.

Abgesehen von einer **Lodge** auf der Höhe des *Basin*, © 915-477-2352, kleinen *Stores* und den **Campgrounds** am Ende aller Stichstraßen (Rio Grande mit *Hook-up*) gibt es im Park außer 2 Tankstellen keine weitere Versorgungs-Infrastruktur.

Einziger Ort in Parknähe mit einer Handvoll **Motels**, *Stores* und Campingplätzen ist die Doppelsiedlung **Study Butte/Terlingua**. Zum empfehlenswerten **Big Bend RV-Park** in Terlingua (Campen ohne *Hook-up* im hinteren Bereich am *Creek* sehr preiswert) gehört das originell in Kivaform gebaute Lokal **La Kiva** (Restaurant und Kneipe zugleich).

Im Big Bend National Park

Das Nest **Lajitas** am Ufer des Rio Grande verfügt über eine Handvoll Motels und das **Lajitas on the Rio Grande Motor Inn** in einem Komplex im *Western Look* mit Restaurant und Shops, © (915) 424-3471. Grund für ein Verweilen in Lajitas wäre z.B. die Buchung eines **Schlauchboot Trips** durch den **Santa Elena Canyon** des Rio Grande in den *Big Bend Park* hinein, etwa bei **Big Bend River Tours**, © (800) 545-4240.

Zur **Weiterfahrt nach El Paso** sollte man unbedingt die sehr attraktive, wenn auch zeitraubende, wie eine Achterbahn geführte **Straße #170 am Rio Grande entlang** über das halb-mexikanische Grenzdorf Presidio wählen. Am Wege liegt kurz vor Presidio das restaurierte *Fort Leaton* mit Picknickplatz, eine guter Ort für eine Unterbrechung nach der zurückliegenden Berg- und Talfahrt.

Nach Überquerung der *Cuesta Del Burro Mountains* landeinwärts "verflacht" die Strecke. Es folgen ab **Marfa** auf der Straße #90 und – ab **Van Horne**, dort zahlreiche **preiswerte Motels** an der I-10 Business – rund 200 mi ohne nennenswerte Abwechslung. Rund 30 mi östlich von El Paso (*Exit 49*) liegt das **Cattleman's Steakhouse**, eines der besten in ganz Texas, auf der **Indian Cliffs Ranch** mitten in einer Wildwest-Landschaft. Wer im **Campmobil** vorfährt und in rustikaler Atmosphäre Steaks und Budweiser genießt, darf auf dem großen Parkplatz über Nacht stehenbleiben (keine *Facilities*).

4.4.6	**Von El Paso bzw. Alamogordo nach Tucson**
Zur Route	Von El Paso geht es alternativlos auf der I-10 nach Westen. Wer die *White Sands* ausgelassen hat, kann dies bei Ausgangsort El Paso mit halbtägigem Zeitaufwand nachholen. Auf der Straße #54 gelangt man auf gerader Strecke durch ein wüstenartiges Gebiet rasch nach Alamogordo und von dort – nach Abstecher in die weißen Sanddünen – über die *Organ Mountains* nach Las Cruces, ⇨ Seite 482.
Las Cruces	Spätestens in Las Cruces, einer weitläufigen **Universitätsstadt** mit zwei mäßig sehenswerten **Historic Districts** (***Mesquite*** und ***Alameda Depot***) mit Gebäuden aus der Zeit um die Jahrhundertwende, treffen sich die abgekürzte und um den südlichen Schlenker erweiterte Route wieder.
Mesilla	Der gelobte Las Cruces Vorort **Mesilla**, südlich der City bietet außer einer hübschen alten Plaza und ein paar mit *Shops* und Restaurants besetzten Adobestrukturen kaum etwas, was Umwege und längeres Verweilen rechtfertigte.
Abstecher	Man sollte daher in diesem Bereich keine Zeit verlieren, die dann anderswo fehlt, etwa für einen Abstecher (von der I-10) zu folgenden reizvollen, aber weniger bekannten Zielen:
City of Rocks	Ab Deming auf der Straße #180, dann #61, zum **City of Rocks State Park** (ca. 30 mi). Zwischen absonderlichen, wie hingeworfen wirkenden Felsblöcken in sonst ebener Landschaft wartet dort ein origineller **Campground** (mit Duschen!). Die liebevoll angelegten Stellplätze liegen unregelmäßig verstreut am Rand und inmitten der "Felsstadt" – oft schattig unter den wenigen Bäumen. Nicht nur Kinder haben dort ihren Hauptspaß. Ein besseres **Kletter- und Versteckparadies** gleich neben dem Zelt oder Campmobil gibt's nirgendwo sonst.

Campen in der City of Rocks

Gila Cliffs

Von der *City of Rocks* weiter auf der #61 durch das hübsche Tal des Mimbres River, dann auf der #35/#15 zum **Gila Cliff Dwellings National Monument**. Zwar sind es vom *State Park* dorthin nur 70 mi, wegen des serpentinenreichen Verlaufs der schmalen Gebirgsstraßen sollte man aber mit 2 Stunden reiner Fahrtzeit rechen. Mit Besichtigung und Stopps erfordert der gesamte Umweg **einen vollen Extratag**, der sich lohnt: Schon die Strecke durch den hochgelegenen, einsamen *Gila National Forest* ist großartig. Das Ziel besteht aus gut erhaltenen und restaurierten **Ruinen der Mogollon-Indianer** in mächtigen Felsüberhängen über einem malerisch bewachsenen Canyon. Der **Trail** hinauf und durch die *Cliff Dwellings* läßt sich leicht in 1 Stunde bewältigen (Zugang im Sommer 8–18 Uhr, sonst 9–16 Uhr). Am Eingang befindet sich nur eine *Ranger Station*, das **Visitor Center** mit einer Ausstellung liegt ca. 2 mi vorm Straßenende etwas abseits.

Zwei kleine **Einfach-Campgrounds** befinden sich an der Zufahrt. Eine schöne **Wilderness Lodge** liegt 4 mi südlich der *Cliffs* an den **Gila Hot Springs**, rustikale DZ mit Frühstück $45, Suite $55; empfehlenswert: ✆ (505) 536-9749.

Pinos Altos

Der Weg zurück zur I-10 über Silver City (am Cherry Creek **NF-Campgrounds**) führt an Pinos Altos vorbei, einer früheren Minenstadt. Dort passiert man eine der urigsten Kneipen des ganzen Westens, den **Buckhorn Saloon** mit stimmungsvollem **Steak-Restaurant** (erst ab 15/16 Uhr geöffnet) und nebenan dem alten, (von innen) absolut sehenswerten *Opera House*.

Silver City

Silver City ist eine alte **Boomtown,** die das Versiegen seiner Silberadern dank großer Kupfervorkommen überlebte. Die nahe, mehrere 100 m tiefe **Santa Rita Open Pit Coppermine** (an der #152) läßt sich von einem *Viewpoint* gut einsehen.

Silver City selbst besitzt mit dem **Big Ditch Park** eine erstaunliche Sehenswürdigkeit: Wo um die Jahrhundertwende noch die *Main Street* verlief, befindet sich heute ein breiter, 15 m tiefer Graben. Innerhalb kurzer Zeit sackte dieser Streifen einst nach starken Regenfällen und daraus resultierenden Fluten auf das jetzige Niveau ab. Ansonsten zehrt die Stadt vom zweifelhaften Ruhm, Heimat des berüchtigten Killers **Billy the Kid** zu sein, der zusammen mit seinem Verfolger, **Sheriff Pat Garrett**, in die Wildwestgeschichte eingegangen ist.

Nach Arizona

Auf der Straße #90 (bei Tyrone weitere Kupfermine im Übertageabbau) geht es **zurück zur I-10**. Über **Lordsburg**, letzte Etappe in New Mexico vor der Einfahrt bzw. Rückkehr nach Arizona gibt es nichts zu berichten, außer daß sich das Städtchen durch **die niedrigsten Motelpreise der Region** auszeichnet. Die als eine Privatunternehmung betriebene **Ghosttown Shakespeare**, einige Meilen südlich des Ortes, wirbt aufwendig um Touristen, hat aber wenig zu bieten. Das gilt genauso für die **Ghosttown Steins** direkt an der I-10.

Fort Bowie

Rund 50 mi westlich von Lordsburg (**Exit #362** von der I-10) verbindet eine **Schotterstraße nach Süden über den *Apache Pass*** das Nest Bowie mit der Straße #186. Auf dem Weg zum *Chiricahua National Monument* spart man auf dieser Abkürzung 35 mi. Die Strecke ist zwar staubig und streckenweise recht rauh, aber bei Trockenheit unproblematisch. Im Paßbereich befindet sich der Ausgangspunkt eines *Trails* zu den Resten des **Fort Bowie** (retour etwa 5 km), das hier vor über 100 Jahren als Außenposten gegen die Apachen fungierte.

Chiricahua National Monument

Von der Erosion durch Wind, Wasser und Eis skurril geformte, in vielen Fällen an Gegenstände und Lebewesen erinnernde **Felsskulpturen** sind die Attraktion des **Chiricahua Park** im *Coronado National Forest*. Nach der Fahrt über den *Apache Pass* und durch vegetationsarme Ebenen überrascht der dichte Baumbestand des *Chiricahua* Höhenzuges.

Eine Karte und weitere Informationen gibt's im **Visitor Center**. Auf dem **Bonita Canyon Drive** geht es zum 450 m höhergelegenen **Massai Point**. Bereits entlang der Straße fallen die ersten seltsamen Formationen ins Auge. Vom *Massai Point* und dem dort oben angelegten **Nature Trail** sieht man hinab auf unzählige der eigenartigen Chiricahua Felsen. Wanderungen hinein in dieses **Wunderland der Formen und Farben**, der Türme, Höhlen und Schaukelfelsen bieten ein großartiges Erlebnis, das man sich nicht entgehen lassen sollte.

Bei begrenzter Zeit eignet sich am besten der obere Abschnitt des **Echo Canyon Trail** mit Ausgangspunkt unter dem *Massai Point* (Zufahrt über Stichstraße zum **Sugarloaf Mountain**).

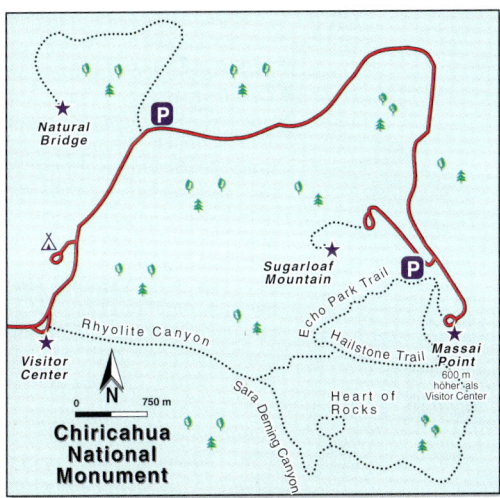

Trails im Chiricahua

Zwei Stunden braucht man aber **mindestens**. Schon die ersten 2 km bieten **sagenhafte Eindrücke**. Mit ein bißchen mehr Zeit könnte man den *Echo Canyon* ganz ablaufen und über den *Hailstone Trail* zum *Echo Canyon* Parkplatz zurückkehren (ca. 6 km). **Ein voller Tag im *Chiricahua* wäre angemessener.** Mit Pausen zum Klettern und Fotografieren benötigt man für die optimale Rundwanderung *Echo Canyon/Sarah Deming Canyon/Totem Canyon* mit Abstecher zum **Heart of Rocks**, dem Höhepunkt der *Chiricahua*-Skulpturen leicht 6-7 Stunden (Beginn wie oben, ca. 14 km). Eine weniger anstrengende Möglichkeit wäre, morgens den **Shuttle Bus** ab *Visitor Center* zu nehmen (Abfahrtszeiten variieren, ggf. ℰ (604) 824-3560 anrufen), durch die felsige Wunderwelt zu wandern und über den **Rhyolite Trail** abzusteigen.

Camping

Chiricahua verfügt über einen hübschen, aber relativ engen **Campground** mit begrenzter Kapazität. Auf der miserablen **Pinery Canyon Road** kann man aber in den **National Forest** ausweichen. Nach rund 5 mi endet das eingezäunte private Land. Am ausgetrockneten Bachbett gibt es viele Plätzchen, wo sich "unorganisiert" übernachten läßt.

Tombstone

Vom *Chiricahua* sind es bis Tombstone nur 65 mi auf direkter Strecke: heute am besten die neu ausgebaute Straße von Elfrieda (Main Rd) über die **Ghosttown Gleeson** und die *Dragoon Mountains* wählen. Mit Umweg über die I-10 oder Bisbee beträgt die Entfernung ca. 100 mi. Die Strecke über **Bisbee** (Übernachtung auf dem **Campground Shady Dell** in nostalgischen Wohnwagen 30er-50er-Jahre mit *Art Deco*-Einrichtung; Straße #80 westlich des Ortes, ab $25) führt an der **Lavender Open Pit Copper Mine** vorbei mit einem ebenso tiefen Tagebau-Loch in der Landschaft wie bei Silver City.

Dank **Wyatt Earp, Doc Holliday** und dem legendären **Gun Fight at O.K.Corral** gegen den **Clanton Clan** ist kaum eine andere (reale) *Old West Town* so bekannt wie das Städtchen mit dem schönen Namen "Grabstein". Die **town too tough to die** ging wohl nur deswegen nicht unter. Ein kontinuierlicher, wenngleich nicht übermäßiger Touristenstrom sicherte ausreichende Einnahmen fürs Überleben, nachdem die Silberadern, die Tombstone einst groß gemacht hatten, erschöpft waren. Seitdem die Stadt zum **National Historic Site** erklärt wurde, hat sich der Tourismus wieder belebt. Mit dem vor einigen Jahren gedrehten **Film *Tombstone***, der allerdings nur zum Teil am Originalschauplatz gedreht wurde, dürfte dieser Trend weiter anhalten.

Im wesentlichen besteht Tombstone aus seiner historischen **Hauptstraße**, der *Allen Street*, wo sich echte **Saloons**, Restaurants und jede Menge *Gift Shops* der Besucher annehmen.

Allen Street Ein paar kleine Museen (u.a. das sehenswerte *Bird Cage Thea-ter* im Originalzustand der wilden Jahre und das *Courthouse* als *State Historic Park*, nicht überwältigend) fehlen natürlich nicht, und am **O.K.Corral** stehen die Helden von damals in Lebensgröße in schußbereiter Position, Besichtigung gegen Eintritt. Jeden 2. und 4., ggf. 5. Sonntag im Monat um 14 Uhr findet nach altem Ritual das historische **Shoot-out live** statt. Die Opfer der einst bleihaltigen Luft liegen eingangs der Stadt auf dem **Boothill** Friedhof begraben.

Tombstone wirkt trotz der starken Kommerzialisierung recht authentisch. Die **Shops** sind originell sortiert und führen vor allem ***Indian Jewelry*** und **Western-Artikel** (Hüte, Gürtel, Stiefel etc.) zu annehmbaren Preisen. Am Abend sorgt an guten Tagen das pralle **Kneipenleben** für einen angemessenen Ausgleich touristischer Anstrengungen tagsüber. Ende Mai finden die ***Wyatt Earp Days*** statt und übers *Labor Day Week-end* die ***Wild West Days*** mit allerlei Cowboy- & Indianer-Pro-gramm und Rodeo.

Nur eine Handvoll **Motels** existiert in und um Tombstone, darunter die ***Best Western Lookout Lodge*** (ab ca. $60), die hier wegen iher Telefonnummer einfach erwähnt werden muß: ℡ **(800) OK CORRAL!** (= 652-6772; das "L" entfällt)

Ein guter ***KOA-Campground*** liegt 1mi nördlich, der Platz **Wells Fargo** im Zentrum – besser für abendliche Saloonzüge.

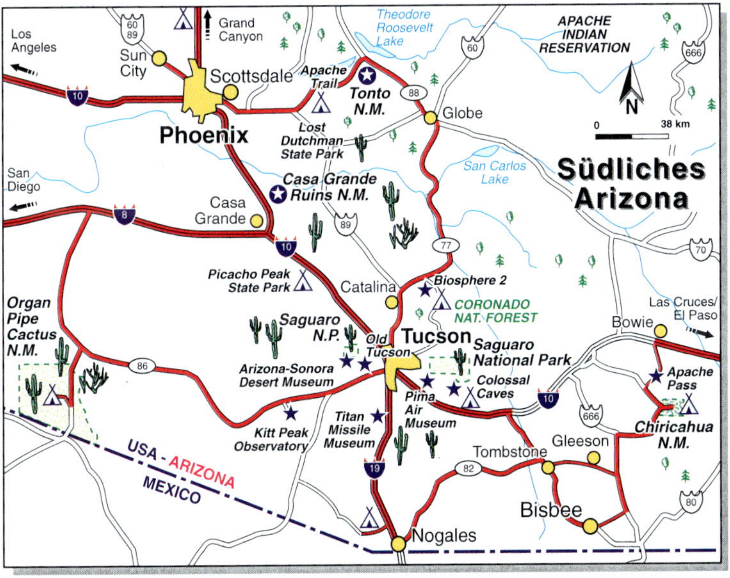

Los Angeles

Sun City

Scottsdale

Phoenix

San Diego

Casa Grande

Grand Canyon

Apache Trail

Tonto N.M.

Lost Dutchman State Park

Casa Grande Ruins N.M.

Picacho Peak State Park

Catalina

Theodore Roosevelt Lake

Globe

Biosphere 2

APACHE INDIAN RESERVATION

San Carlos Lake

Südliches Arizona

0   38 km

N

CORONADO NAT. FOREST

Las Cruces/ El Paso

Bowie

Organ Pipe Cactus N.M.

Saguaro N.P.

Old Tucson

Arizona-Sonora Desert Museum

Tucson

Saguaro National Park

Colossal Caves

Pima Air Museum

Apache Pass

Chiricahua N.M.

Kitt Peak Observatory

Titan Missile Museum

Tombstone

Gleeson

USA - ARIZONA

MEXICO

Nogales

Bisbee

Nogales

Von Tombstone in Richtung Tucson lohnen sich Abweichungen von der schnellsten Route (I-10) kaum. Anders wäre es nur, wenn die Absicht zu einem Grenzübertritt besteht. Die Straße #82 führt zur Grenzstadt **Nogales**. Auf der amerikanischen Seite der Doppelstadt gibt es so gut wie nichts zu sehen. Auf mexikanischer Seite wartet die armselige Realität eines lateinamerikanischen Entwicklungslandes. Pittoresk wirken Straßen und Läden nur am Abend, wenn die Probleme nicht mehr so krass ins Auge springen. Aber Lederprodukte und allerhand Mexikanisches lassen sich dort preiswert erstehen, ebenso *Tequila* und Backwaren. Der Grenzübertritt ohne Fahrzeug macht keine Schwierigkeiten. Details dazu und zur Einreise nach Mexiko mit Auto ⇨ Kapitel San Diego, Seite 284.

Nach Tucson

Noch ca. 70 mi verbleiben auf dem direktem Weg (Straße #80 und I-10) von Tombstone nach Tucson.

Saguaro National Park/Ostteil

Rund 20 mi vor Tucson sollte man die I-10, *Exit* 279 (Vail), verlassen und auf dem *Old Spanish Trail* zunächst das Ostareal (**Rincon Mountain Unit**) des zweigeteilten **Saguaro National Park** besuchen. Dort stehen die bis zu 15 m hohen, oft vielarmigen **Saguaro Kakteen** besonders dicht. Zwar bevölkern immer noch unzählige Saguaros das südliche Arizona, aber ihre Zahl hat mit dem Wachstum der Städte und Erschließung einst entlegener Gebiete rapide abgenommen – obwohl sie heute unter Naturschutz stehen. Die **Rundstrecke** durch den Saguaro-Ostteil bietet nicht nur eine Fahrt durch ursprüngliche und ungewöhnlich geformte Kakteenbestände, sondern auch Ausblicke über das *Tucson Valley*. Die Diashow im *Visitor Center* und ein informativer **Nature Trail** ergänzen die entlang des **Cactus Forest Drive** gewonnenen Eindrücke. Die **beste Zeit für den Besuch** sind die Monate April bis Juni, wenn die Wildblumen und Kakteen blühen. Ein hübscher **Picknickplatz** befindet sich am Rande des *Cactus Forest*. Park und *Visitor Center* sind täglich geöffnet: 8.30–17 Uhr; $4/Fahrzeug. Mit *Permit* darf im *Backcountry* gezeltet werden.

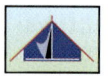

Colossal Cave

Auf dem Weg zum *Saguaro Park* passiert man 5 mi nordöstlich von Vail die Zufahrt zur **Colossal Cave**, einem enorm großen, teilweise noch unerforschten Höhlensystem. Geöffnet im Sommer Mo–Sa 8–18 Uhr, So bis 19 Uhr, Winter je eine Stunde kürzer, Eintritt $7.

Auf dem Gelände des **Colossal Cave Regional Mountain Park** befinden sich unweit der Höhle zwei einfache, aber sehr schön in die Landschaft eingebettete Campingplätze. Deren Tore werden bereits um 17/18 Uhr geschlossen (wie der benachbarte Höhleneingang). Spätere Ankunft ist daher nicht möglich. In Nachbarschaft zum Park liegt die **Posta Quemada Ranch**, wo man Pferde mieten und an geführten Ausritten teilnehmen kann, ✆ (520) 647-3450 und 7275.

4.4.7   Tucson

Lage und Geschichte

Die zweitgrößte Stadt Arizonas liegt rund 100 mi südöstlich von Phoenix und 65 mi nördlich der mexikanischen Grenze auf ca. 700 m Höhe. Sie wird im Norden, Osten und Westen von Gebirgszügen eingerahmt. Die bis zu 2700 m hohen nördlichen *Catalina Mountains* bieten Abkühlung im Sommer und im Winter sogar Schnee, Abfahrten und Skilifte. Die mit den **Catalina Mountains** verbundenen **Tanque Verde Mountains** sind weitgehend unerschlossene Wildnis, zugänglich nur über Wanderpfade. Hinter den rauhen, spärlich bewachsenen **Tucson Mountains** im Westen erstreckt sich die Kakteenlandschaft der **Sonora Desert**, nach Süden hin eine weite, mit dieser verbundene Ebene.

Bis dato Verwaltungszentrale des **Arizona Territory** wurde Tucson mit der Proklamation des Gebiets zum 48. Bundesstaat 1912 Hauptstadt, verlor diese Funktion jedoch später an Phoenix. Quasi als Kompensation erhielt Tucson die **University of Arizona**, die heute mit ihrem ausgedehnten Campus für die Stadt eine bedeutsame Rolle spielt. Dank milder Wintertemperaturen und trockener Wüstenluft gewann Tucson ähnlich wie Phoenix Popularität bei Pensionären und Überwinterern, obwohl die Stadt nicht als superfeine Adresse gilt und nicht ganz den Wohlstand Scottsdales ausstrahlt. Aber immerhin: Ausfall- und Geschäftsstraßen wirken (noch) großzügiger als die anderer amerikanischer Cities Hinzu kommt die üppige Vegetation und der unverkennbare mexikanische Einfluß auf die Architektur. Um Tucson prägen **Saguaro Kakteen** zu Hunderttausenden das Bild der Wüste und bilden eine pittoreske Bereicherung des Stadtbilds.

Orientierung   Die City of Tucson zählt heute über 400.000, der Großraum rund 700.000 Einwohner. Wegen dessen kolossaler Ausdehnung entsteht der Eindruck, es mit einer weit größeren Stadt zu tun zu haben. Das Zentrum und der größere Teil Tucsons liegen östlich und nördlich der von Nordwesten im Bogen nach Südosten verlaufenden Ost-West-*Interstate* #10. Den zentralen Bereich mit dem *Presidio* erreicht man über die Abfahrt #258/Broadway. Die Orientierung fällt leicht, da mit Ausnahme des Zentrums und der in die Berge führenden Straßen die Stadt schachbrettartig angelegt ist.

Information   Das gut ausgestattete **Tucson Convention & Visitors Bureau,** befindet sich am Rande des Zentrums in der 130 S Scott Ave (Exit #258, ausgeschildert), Mo–Fr 8:30–17 Uhr, Sa+So 9-16 Uhr, im Sommer So geschlossen; ℂ (520) 624-1817. Hilfreich für einen Tucson-Besuch sind vor allem der 2x jährlich aufgelegte **Official Visitors Guide to Metropolitan Tucson** mit aktuellen Daten zu Transport, Unterkunft, Restaurants, Shopping etc. und die Broschüre **Self-guided auto tours from Tucson**.

Unterkunft   Autofahrer finden zahlreiche preiswerte und auch bessere **Motels** an den Ausfallstraßen und entlang der *Interstate Freeways* (speziell an der **Westseite der I-10** zwischen Congress St und Abzweigung der I-19, z.B. **Comfort Inn** ab $45). Viele Hotels der Mittel- und Oberklasse mit schönen Poollandschaften werben ab Mitte Mai bis Oktober mit Zimmerpreisen ab $59, verdoppeln bis verdreifachen aber zur Hauptsaison (November–April/Mai) ihre Tarife.

Der **Flughafenbereich** ist in Tucson kein schlechter Standort, wenn man noch die *Sonora Desert*, die *Saguaro Parks*, *Pima Air* und/oder *Titan Missile Museum* besuchen möchte. Besonders an Wochenenden sind dort (außer Jan–Mai) die Chancen gut, zu Tarifen wie angegeben unterzukommen, z.B.:

- **Hampton Inn,** ℂ (520) 889-5789, 6971 S Tucson Blvd, ab $69
- **Clarion Hotel,** ℂ (520) 746-3932, 6801 S Tucson Blvd; ab $52, sehr gutes Preis-/Leistungsverhältnis
- **Courtyard by Marriott,** ℂ (520) 573-0000, 2505 Executive Dr am Tucson Blvd, ab $65; ebenfalls gutes Hotel fürs Geld

Weitere empfehlenswerte Häuser sind **Best Western Ghost Ranch Lodge,** ℂ (520) 791-7565, 801 W Miracle Mile, nördlich *Downtown*, ab $39; **Holiday Inn City Center,** ℂ (520) 624-8711, N Freeway/Congress St, ab $65; **La Quinta Inn West,** ℂ (520) 622-6491, 665 N Freeway/Nähe W Speedway, ab $56. Ca. 10 mi östlich des Zentrums findet man das **Smuggler`s Inn,** ℂ (520) 296-3292, 6350 E Speedway, ab $51, mit Balkon oder Terrasse.

Preiswerter noch sind **Motel 6 East,** ℂ (520) 628-1264, 1031 E Benson Hwy, ab $29 und das nostalgische **Congress Hotel/International Hostel,** ℂ (520) 622-8848, 311 Congress St, ab $14 im Mehrbettzimmer; Hotel ab $35.

Ranches

Eine Tucson Spezialität sind *Dude* oder *Guest Ranches*, wo Gäste mit *Cowboys Breakfast* und riesigen Steaks verwöhnt werden. Tennis und Schwimmen, Ausritte, Schießen und Planwagenfahrten gehören dort zum Angebot, z.B.

- **Wild Horse Ranch Resort**, ✆ 744-1012, 6801 N Camino Verde, relativ preiswert.
- **Tanque Verde Guest Ranch**, ✆ 296-6275, 14301 E Speedway Blvd; teuer, auch in deutschen Katalogen zu finden.

Camping

Tucson ist förmlich eingekreist von – teilweise riesigen – Komfort-Campingplätzen für große und größte *Motorhomes*. Sie sind nur in den Monaten November bis April mehr oder weniger voll belegt und z.T. im Hochsommer geschlossen. Wer vor allem Wert auf hohen Platzkomfort, weniger auf ansprechende Lage und/oder landschaftlich reizvolle Einbettung Wert legt, kann diese Plätze nicht verfehlen. Sie sind alle in den einschlägigen *Campbooks* verzeichnet; ebenso findet man für sie reichlich Werbung bei der *Tourist Information*.

Unter den kommerziellen Plätzen ist besonders an heißen Tagen *Justin`s RV-Park* eine gute Wahl. Dieser **Campground** liegt auf dem Gelände der **Tucson Water World**, einem Wasserplansch-Park am Rande der *Sonora Desert* einige Meilen südwestlich von Old Tucson. Reservierung unter ✆ 520 883-8340; nur im Sommer auch mit Kindern.

Rustikaler und romantischer ist der städtische **Gilbert Ray Campground** im *Tucson Mountain Park* mitten in der *Sonora Desert*. Er befindet sich zwischen *Old Tucson* und dem *Desert Museum*. Die großzügigen Stellplätze zwischen Kakteen sind nur mit Stromanschluß ausgestattet (vereinzelte Wasserhähne nur am Rundweg; keine Duschen). Reservierung unter ✆ (520) 883-8340. Auf der anderen Seite der Stadt gibt es im kühleren Höhenklima des **Coronado National Forest** herrlich gelegene, aber einfache **Campgrounds** ohne *Hook-ups* oder Duschen, erreichbar über den **Catalina Highway**. Er führt im Stadtnordosten (Speedway/Wilmot/Tanque Verde Road) aus der Wüstenvegetation steil hinauf in den Hochwald der *Catalina Mountains*. Der erste NF-Platz ist **Molina Basin**, in ca. 20 mi, der letzte **Spencer Canyon** in 40 mi Entfernung von *Downtown* Tucson. Diese Plätze kommen wegen Winterkälte und Schnee (!) nur April–Oktober in Frage.

Mexico Shops/Malls

Wer nicht über die Grenze fährt, wird in Tucson in vielen *Mexico Shops* mit allem bedient, was das Nachbarland bietet, wenngleich zu höheren Preisen. **Indianische Handarbeit** ist ebenfalls vielerorts erhältlich, z.B. im *El Mercado de Boutiques*, 6336 E Broadway Blvd/Wilmot. Die größten Shopping-Komplexe sind: *Tucson Mall*, 4000 N Oracle Rd, und die *Park Mall*, 5870 E. Broadway Blvd. Die *Foothills Mall*, 7401 N La Cholla Blvd, ist ein höherklassiges Shopping-/Kinocenter.

20.000 ausrangierte Kampf- Flugzeuge

Folgt man vom *Saguaro Park* weiter dem *Old Spanish Trail* in Richtung Tucson, stößt man bald auf die Houghton Road, von der 2 mi weiter südlich die Irvington Road abzweigt. An ihr und an der Kolb Road erstrecken sich immense Freiflächen der **Davis Monthan Air Force Base**, auf denen Tausende eingemotteter und ausgeschlachteter Flugzeuge vom Weltkrieg-II-Bomber bis zu Jets der 80er-Jahre stehen. Von den genannten Straßen rings um die Basis hat man einen guten Blick auf einen Teil der Bestände. Insgesamt sollen über 20.000 (!) Flugveteranen in Tucsons Umgebung auf Verschrottung, Verkauf oder Wiedereinsatz warten. Die *Airforce* bietet sogar **Führungen** an. Auskünfte bei der *Visitor Infomation* und am *Main Gate* der Luftwaffenbasis an der South Craycroft Rd.

Pima Air Museum

Das **Pima Air Museum** (Wilmot/Valencia Rd) mit einer der weltgrößten Flugzeugausstellungen läßt sich von der Kolb Rd nicht mehr verfehlen. Es umfaßt (in der Halle und einem riesigen Außengelände) über 200 hervorragend gepflegte, überwiegend militärische Originalmaschinen aller Jahrgänge, Raketen und Drohnen wie auch das Präsidentenflugzeug von *John F. Kennedy*. Ein absolutes Muß für alle Flugzeugfans. Zeitbedarf mindestens 2 Stunden. Geöffnet 9–17 Uhr. Eintritt $6.

Kampfjet der US-Airforce mit "Kriegs- bemalung" im Pima Air Museum

Titan Missile Museum

Organisatorisch verbunden mit dem *Pima Air Museum* ist das ebenfalls weltweit einmalige **Titan Missile Museum** bei Green Valley (auf der I-19 ca. 20 mi südlich von Tucson, Exit 69). Es handelt sich um das komplette Abschußsilo einer mit Atomsprengköpfen bestückten **Titan-II-Interkontinentalrakete**, das von 1963 bis 1984 rund um die Uhr einsatzbereit war. Die Führung geht durch alle Details der technisch faszinierenden Anlage einschließlich der Kommandostelle, wo im Ernstfall der rote Knopf gedrückt worden wäre. Man muß dieses Gruselkabinett gesehen haben, um zu glauben, daß es sich nicht um eine Filmattrappe handelt, sondern real existiert. Geöffnet Mi–So 9–17 Uhr, im Winter täglich; letzte Führung 16 Uhr, keine Individualbesichtigung möglich; Eintritt $5.

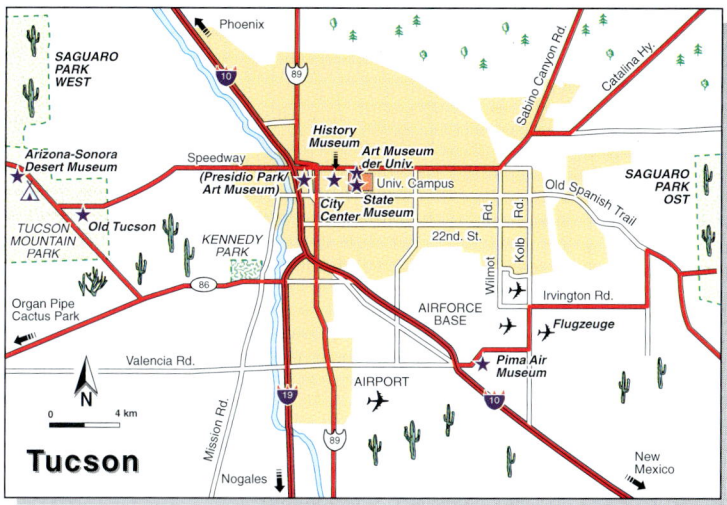

Tucson

Museen

In die City von Tucson hinein lohnt sich die Fahrt in erster Linie bei Interesse für folgende Museen:

Kunst

– Das **Tucson Museum of Art**, Main Street gegenüber dem **El Presidio Park** (mit dem sehenswerten nostalgischen **Courthouse**), beeindruckt durch seine Architektur. Die Kollektion besteht aus **Southwestern** und **Modern American Art**. Hervorragende Einzelstücke, insgesamt eher mäßig. Geöffnet Di–So 10–16 Uhr, $3. Interessant kann das **Museum of Art** der Universität sein, im *Fine Arts* Komplex, Speedway Blvd/ Olive Rd, mit Werken von *Rodin, Picasso, Henry Moore* und avantgardistischen Wechselausstellungen. Mo–Fr 10–15.30 Uhr im Sommer, 9–17 Uhr im Winter; So 12–16 Uhr; $3.

Geschichte

– Das Museum der **Arizona Historical Society**, East Second St/North Park Ave am Universitätscampus, gehört zu den sehr guten, auf die Geschichte einzelner Bundesstaaten bezogenen Museen. Viel Augenmerk wurde hier auf Arizonas Bergbau-Vergangenheit gerichtet. Kein Eintritt, aber Spende wird erwartet, Mo–Fr 10–16 Uhr, Sa bis 13 Uhr.

Ethnologie

– Das **Arizona State Museum** (auf dem Campus/Haupteingang, dann gleich rechts) thematisiert in aufschlußreicher Form Ethnologie und Kultur der Ureinwohner des Südwestens. Konservative und gründliche Präsentation. Kein Eintritt, aber Spende wird erwartet, Mo–Sa 10–17, So ab *Noon*.

Lasershow

– Das **Planetarium** mit *Laserium*, ebenfalls auf dem Campus/Cherry Ave, bietet die üblichen Sternenprogramme und abends *Lasershows*, an Wochenenden mehrmals.

Tucson Mountain Park

Weit außerhalb, rund 14 mi westlich der Stadt liegt das famose *Arizona-Sonora Desert Museum* im *Tucson Mountain Park*. Die kürzeste Zufahrt ist der verlängerte **Speedway** (von der **I-10 Exit 257**) über den *Gates Pass* (erhebliche Steigung, enge Straße, mit größerem **Camper über den Ajo Way/Straße #86** anfahren). Von der Paßhöhe hat man einen wunderbaren Blick über die kakteenbestandene *Sonora Desert*.

Desert Museum

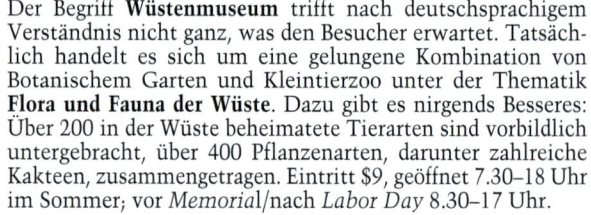

Der Begriff **Wüstenmuseum** trifft nach deutschsprachigem Verständnis nicht ganz, was den Besucher erwartet. Tatsächlich handelt es sich um eine gelungene Kombination von Botanischem Garten und Kleintierzoo unter der Thematik **Flora und Fauna der Wüste**. Dazu gibt es nirgends Besseres: Über 200 in der Wüste beheimatete Tierarten sind vorbildlich untergebracht, über 400 Pflanzenarten, darunter zahlreiche Kakteen, zusammengetragen. Eintritt $9, geöffnet 7.30–18 Uhr im Sommer; vor *Memorial*/nach *Labor Day* 8.30–17 Uhr.

Saguaro Westareal

Das Westareal des **Saguaro National Park** grenzt unmittelbar an den *Tucson Mountain Park*, **Visitor Center** 8.30–17 Uhr. Der **Bajada Loop Drive** führt durch dichte Saguaro-Bestände. Ein Besuch lohnt sich vor allem, wenn die Zeit für den interessanteren Ostteil nicht reicht(e), ⇨ Seite 494.

Old Tucson

Zwischen der Straße #86 und dem *Desert Museum* liegt die künstliche **Western Town Old Tucson**. Sie ist ein 1939 für den Western-Klassiker "Arizona" errichteter Nachbau von Tucson, wie es vor der Jahrhundertwende ausgesehen haben soll, heute eine Art **Amusement Park**, geöffnet 9–17 Uhr, Eintritt $13. Andere Western folgten und später auch Fernsehserien, am bekanntesten *High Chaparral*. *Old Tucson* ist eine 100%-ige Western-Kulisse mit *Railroad Station*, *Sheriffs Office*, *Saloon* und einen Galgen vor dem Panorama der *Tucson Mountains*. Zum Zuschauen gibt es *Cowboy Stunt-Shows*, Schießereien, *Can-Can Girls*, Bankraub und Rodeo, zum Mitmachen Postkutschenfahrten, Goldwaschen und Ausritte. Mindestens drei Stunden muß man einplanen, damit der Besuch sich lohnt.

Wildwest-Bahnstation Old Tucson. Auf einem Rundkurs geht es durch den Tucson Mountain Kakteen-Park

*Camping im
Organ Pipe
Cactus NM*

4.4.8   Von Tucson über Phoenix zurück nach Las Vegas

**I-10
nach
Phoenix**

Für die Fahrt in Richtung Phoenix liegt die Benutzung der *Interstate* #10 als direkter Route nahe. Sehr pittoresk unter der gleichnamigen Höhe liegt der **Picacho Peak State Park**. Vom **Campground** schaut man weit über das Land. Bei Interesse an den **Casa Grande Ruins**, den Resten einer mehrstöckigen, präkolumbischen Adobekonstruktion, verläßt man die I-10 bei Exit 210. Das *National Monument* befindet sich nördlich von Coolidge unweit des Straßendreiecks #87/#287.

**Umweg
über
Organ Pipe**

Auf der I-10 benötigt man für die 115 mi von Tucson nach Phoenix nur gute zwei Stunden reine Fahrzeit. Die Streckenlänge erhöht sich um etwas mehr als das Doppelte bei mindestens verdreifachter reiner Fahrzeit, wählt man den Umweg über das **Organ Pipe Cactus National Monument, den besten Kakteenpark überhaupt.** Sofern man einen Extratag erübrigen kann (möglichst mit Übernachtung auf dem in ein Kakteenfeld eingebetteten **Campground**), sollte man diesen Abstecher in Erwägung ziehen. Bereits die Straße #86/#85 durch die Einsamkeit der **Sonora Desert/Papago Indian Reservation** – wiewohl gleichzeitig ermüdend – ist ein Erlebnis für sich.

**Kitt Peak
Observatory**

Am Wege passiert man die Zufahrt zum *Kitt Peak* Observatorium mit einer Kollektion gewaltiger Teleskope (**Telescope Alley**). Wer die steile Strecke (ca. 20 mi retour) nicht scheut, findet oben ein **Visitor Center** mit Filmvorführung (2 x täglich 10.30 Uhr/13.30 Uhr) und darf die Anlagen auf einer *Self-Guided-Tour* oder mit Führung (4x täglich) bestaunen; Öffnungszeiten 9–15.45 Uhr; $2. Einen **Picknickplatz** unter Eichen passiert man an der Auffahrt unterhalb der Teleskope.

**Organ Pipe
National
Monument**

Der namensgebende **Organ Pipe Cactus**, ein ansonsten in den USA nicht so sehr verbreiteter, loser Strauß stachliger Arme ist beileibe nicht die überwiegende Kaktusart im Nationalmonument. Seine Vegetation umfaßt die ganze Vielfalt der

Wüstengewächse, wie sie in anderen, zivilisationsnäheren Parks kaum mehr zu finden ist. Die kaktusspezifische Einführung zu Flora und Fauna des Gebietes erhält man im **Visitor Center** (8–17 Uhr), 22 mi südlich von Why, und auf dem angrenzenden **Nature Trail.** Minimalaktivität sollte ein Ablaufen des **Desert View Trail** sein (ca. 2 km), vorzugsweise am Abend kurz vor Sonnenuntergang. Besser für die Morgenstunden spart man sich den **Ajo Mountain Drive** auf (21 mi), eine wild geführte, aber gut befahrbare Schotter-Rundstrecke durch fantastisches Gelände (Motorhomes nur bis 25 Fuß).

Nach Phoenix über den Apache Trail

Ein in seiner Charakteristik ganz anderer **östlicher** Umweg, der vom Zeitbedarf her ähnlich wie der westliche einzuschätzen ist, entspräche der **Straßenkombination #89/#77/#88** von Tucson über Oracle und Globe. Auf ihr steuert man Phoenix über den **Theodore Roosevelt** Stausee und den **Apache Trail** an.

Biosphere 2

An dieser Strecke passiert man kurz vor Oracle die Zufahrt zur Experimentierstation **Biosphere 2** (die erste Biosphäre ist die Erde), in der einst 8 Männer und Frauen 2 Jahre in einem geschlossenen, mit der Umwelt nicht verbundenen ökologischen System lebten. Später übernahm die *Columbia University* die wissenschaftliche Betreuung des nun ohne "Bionauten" weitergeführten Projekts. Seit 1997 nun dürfen Touristen die künstlichen Ökosysteme auch von innen bewundern. Wer das Informationsangebot voll nutzt, benötigt nicht unter 2-3 Stunden für die Besichtigung (täglich 8–18 Uhr, $13). Im prima **Biosphere 2 Hotel** kann man im Sommerhalbjahr für $50 übernachten; ✆ (800) 828-2462 oder ✆ (520) 896-6222.

Tonto National Monument

Durch eine einsame Gebirgslandschaft voller Saguaro-Kakteen geht es weiter bis Globe und weiter zum **Roosevelt Lake.** Kurz vor Erreichen des Staudamms liegt linkerhand das **Tonto National Monument**, ein **Cliff Dwelling** hoch in der Felswand. Im Gegensatz zum ähnlichen *Montezuma Castle* (siehe weiter unten) darf man es über Stiegen begehen (8–16 Uhr).

Apache Trail

Die Straße folgt nach Westen dem alten **Apache Trail** durch eine schroffe Bergwelt hoch über den *Apache, Canyon* und *Saguaro Lakes.* Ein längeres Teilstück ist nicht asphaltiert, sehr steil und eng. Mit **Motorhomes** ist davon abzuraten, aber auch mit *Van Camper* oder kleinem *Pick-up* nur bei gutem Wetter problemlos. Am Wege gibt es **NF-Campgrounds**, u.a. **Burnt Corral** direkt am Ufer des Apache Lake.

Apache Junction

Etwa 5 mi nördlich von Apache Junction liegt der **Lost Dutchman State Park**, überragt von den Felswänden der *Superstition Mountains.* Er verfügt über **Einfach-Campground** und Picknickplatz zwischen Kakteen sowie reizvolle **Trails** in die Berge hinein. In Nachbarschaft zum *State Park* befindet sich die originelle **Goldfield Ghost Town** im perfekten **90er-Jahre Look** des letzten Jahrhunderts. *Steakhouse, Saloon,* Goldwaschen und eine echte alte Goldmine sorgen für touristischen Betrieb.

Alte Schacht-anlage in der Goldfield Ghost.Town: Eine Besichtigung unter Tage ist hier hoch-interessant

Phoenix, Situation der Stadt

Phoenix, die junge Metropole in der Wüste mit rund 1 Mio. Einwohnern (Großraum über 2 Mio.), verdankt ihre Prosperität den Stauseen in den Bergen nordwestlich und -östlich des *Valley of the Sun*. Ein raffiniertes System von Kanälen sorgt für die Bewässerung des Tals, das ausgedehnte Obst- und Gemüseplantagen beherbergt. Auch an Wasser für die zahllosen Pools und üppig begrünten Gärten besteht kein Mangel. Die Verbindung derartiger **Wasserreserven** mit dem trockenen **Wüstenklima** einerseits (nur knapp 20 cm Niederschlag pro Jahr, kaum Oxydationsprobleme, d.h. günstige Produktionsvoraussetzungen für High-Tech-Erzeugnisse) und die attraktiven **Freizeitmöglichkeiten** der Region andererseits machten das Sonnental für viele Jahre zur *Metropolitan Area* mit den höchsten Wachstumsraten Nordamerikas. Die kostengünstige Verfügbarkeit von Grundstücken tat ein übriges.

Klima

Bei Tagesdurchschnittstemperaturen um 20°C und "ewigem" Sonnenschein von November bis März ist die Expansion u.a. auch auf die Beliebtheit der Wüstenkapitale als **Winterresidenz** zurückzuführen. Wohlhabende Rentner und andere Leute, die sich das leisten können, verbringen den Winter gern in Arizona. Aber selbst die **Sommerhitze** läßt sich mit *Air Condition* in Haus und Auto und dem *Pool* im Garten ganz gut ertragen. Die **Energiekosten** dafür sind übers Jahr geringer als für die Heizung in vom Wetter weniger begünstigten Gebieten.

Winterresorts Phoenix/ Scottsdale

Zahlreiche Amerikaner, die es sich leisten können und die Zeit dazu haben, verbringen Winter oder Frühjahr unter der warmen Sonne Arizonas. Und dann darf das Hotel schon etwas besser sein. Doch nicht nur betuchte Pensionäre und Urlauber, sondern auch Kongreßveranstalter haben die Vorzüge der Stadt entdeckt. Das Angebot an **Resorthotels** der Ober- bis Luxusklasse in Phoenix und vor allem Scottsdale ist daher enorm. Es gibt aber auch eine beträchtliche Anzahl von guten Hotels in mittlerer Preislage.

Saisonpreise

Die hohe, auf die Winternachfrage ausgerichtete Kapazität führt **zu niedrigsten Hoteltarifen ab Mai bis Ende September.** In dieser Zeit findet man viele günstige Unterkünfte. Im Bereich der Ausfallstraßen – **I-17 North/Superstition Hwy und Apache Blvd** in **Tempe** und **Mesa**) und in der **Van Buren Street East** ballen sich **preiswerte Motels.** Tolle Hotelkomplexe befinden sich u.a. in der Scottsdale Rd. Sie reduzieren in der Nebensaison ihre Preise um 50% und mehr.

Im relativ zentral gelegenen **Airportbereich** sind die Tarife etwas saisonunabhängiger, aber auch dort gibt`s Mai–Oktoberteilweise gute Angebote, so z.B. das **Weekend Special** des **Wyndham Garden**, ✆ (602) 220-4400, 427 N 44th St, ab $49.

The Buttes Mountain Top Resort, 2000 Westcourt Way in Tempe nur wenig südlich der I-10, ca. 3 mi vom Airport entfernt, ✆ (602) 225-9000, ist eine tolle Anlage über Phoenix mit Weitblick, versetzten Ebenen, Pools und Wasserfall. Für Leute, die sich mal was gönnen wollen; ab $109.

Van Buren St

Der Übergang von Airportnähe zum **zentralen Bereich** ist wegen der kurzen Distanz fließend. Viele Häuser an der **Van Buren Street *East*** liegen flughafen- **und** zentrumsnah. Man braucht die Van Buren nur abzufahren und auszuwählen.

Midtown

Gute Häuser befinden sich auch im Bereich *Midtown*, z.B. das **Radisson Hotel Midtowm**, ✆ (602) 234-2464, 401 W Clarendon Ave/ 4th Ave, ab $59 oder das **Lexington Hotel**, ✆ (602) 279-9811, 100 W Clarendon Ave, ab $59 mit Sports Club.

Das *International Hostel* in Phoenix heißt **Metcalf House**, ✆ (602) 254-9803, 1026 N 9thSt, $12-$15.

Hotels in Scottsdale

In und um Scottsdale ist – wie gesagt – die Auswahl an *Resort Hotels* besonders groß, erstaunlich niedrige Tarife findet man dort teilweise noch bis in den Oktober hinein, z.B. **Red Lion`s La Posada Resort**, ✆ (602) 952-0420, 4949 E Lincoln Dr, sagenhaft gut gestaltete Anlage, dennoch nur ab $109. Das "normal" gute **Holiday Inn** in Scottsdale *Downtown*, 7353 E Indian School Rd, kostet ab $55, ✆ (602) 994-9203.

Camping

Nördlich von Phoenix liegt unweit der I-17, *Exit* 223, in kakteenreicher Wüstenlandschaft der *Campground Shooting Range* (*Carefree Highway*, ca. 200 m westlich der Ausfahrt). Für $14 inklusive Wasser und Strom ist das die beste Campingoption in der Phoenix-Umgebung. Ohne jeden Komfort, dafür aber nicht weit weg vom Wasser des Stausees *Lake Pleasant* kostet der **Dirty Shirt Campground** im *Regional Park* die Hälfte; Anfahrt ebenfalls über den *Carefree Highway*. In Tempe und Mesa ballen sich die **Komfortplätze** für *Motorhome*-Besitzer; sie sind auf der Straße #60/#89 (Apache Blvd) nicht zu verfehlen und haben von Mai bis Oktober viel Platz. Ganz ordentlich ist der **KOA-*Campground*** bei Goodyear, ca. 14 mi westlich auf der I-10, dann *Exit* 124.

Anfahrt
Wer von Casa Grande oder Apache Junction kommt, stößt östlich Phoenix zunächst auf die **Schwesterstadt Scottsdale**.

Scottsdale
Scottsdale besitzt im Großraum Phoenix den Klang einer anspruchsvollen Adresse. **Resort-Hotels** (Scottsdale Rd North) und Wohnanlagen mit allen Schikanen sind in Scottsdale noch zahlreicher als ohnehin schon, die Alleen noch grüner und die Einkaufszentren noch aufwendiger. Eine kleine **Altstadt im *Western Look*** (Scottsdale Rd zwischen Indian School und Thomas Rd) und ein Park markieren das Zentrum.

Desert Garden
Am Galvin Pkwy/McDowell Rd liegt der ***Desert Botanical Garden***, ein ausgezeichneter Park voller Kakteen und Sukkulenten, den besuchen sollte, wer das *Arizona-Sonora Desert Museum* bei Tucson verpaßt hat. Geöffnet 8 Uhr–20/22Uhr, **Eintritt $7**. Vom Botanischen Garten führt der Galvin Parkway vorbei am ***Phoenix Zoo*** (9–17 Uhr) zur **Van Buren Street**.

Van Buren Street
An ihr stehen zahlreiche **Hotels und Motels** der unteren bis mittleren Kategorie mit (besonders von Mai bis Oktober) günstigen Preisen, siehe unten. Die Van Buren Street läuft weiter westlich durch das relativ kleine **City Center** rund um die Central Ave/Washington St. Eine Art **zweites Geschäftszentrum** hat sich im Bereich Thomas Rd/Central Ave entwickelt.

Downtown

In *Downtown* Phoenix steht im Gegensatz zu anderen Cities dieser Größe nur eine Handvoll der üblichen Glas- und Betonpaläste. In Grenzen sehenswert sind eigentlich nur das **State Capitol** (Adams St/17th Ave) und die **Civic Plaza**. Gegenüber steht an der Van Buren das **Arizona Center**, ein **Shopping- und Restaurant-Komplex** mit viel Grün und künstlichem Wasserfall. Im ersten Stock befindet sich ein ausgedehnter **Food Court** mit großer *Fast Food*-Auswahl.

Auch das Büro der lokalen **Visitor Information** residiert im *Arizona Center*.

Museen

Außerhalb des Zentrums bietet Phoenix nicht so ganz viel mehr. Sehenswert ist die Stadt und ihre Anlage als solche. Die folgenden Phoenix-Museen verdienen aber Interesse:

– Das **Arizona Center of Science**, östlich der Civic Plaza an der 60 Washington St, fördert das Verständnis für naturwissenschaftliche Phänomene; geöffnet 9–17 Uhr, **$6,50**.

– Das **Phoenix Art Museum**, 1625 Central Ave, besitzt eine Sammlung europäischer Meister des späten Mittelalters, darunter aber kaum die erste Garnitur, einige Impressionisten, Werke von Picasso und ansonsten moderne Amerikaner. **Eintritt frei**, geöffnet Di–So 9–17 Uhr.

– Das **Heard Museum**, 22 Monte Vista Rd/Central Ave (einige Blocks nördlich des Kunstmuseums) beeindruckt schon durch seine mexikanisch inspirierte Architektur, mehr noch durch eine sehr gut präsentierte Ausstellung zu Leben und Kultur der Südwest-Indianer (*Pueblo/Navajo/Hopi/Apache*). **Eintritt $6**, geöffnet Mo–Sa 9.30–17 Uhr, So ab 12 Uhr.

Cosanti Foundation

Die Ergänzung zur eventuellen späteren *Arcosanti*-Besichtigung wäre ein Besuch in der **Cosanti Foundation**. Die Gebäude der Stiftung, eingebettet in einen grünen Garten an der 6433 Double Tree Ranch Road nördlich von Scottsdale, waren zum Zeitpunkt ihrer Errichtung in den 50-er Jahren revolutionär, heute wirken sie etwas vernachlässigt, aber immer noch extravagant. Im Laden gibt es (teure) **Soleri Wind Bells** sowie Broschüren zur Vision vom menschlichen Wohnen in *Arcosanti*. Öffnungszeiten 9–17 Uhr, aber variabel. Vor der Anfahrt klären: ✆ (602) 948-6145.

Taliesin West

Von der *Cosanti Foundation* ist es nicht mehr sehr weit nach **Taliesin West**, der Architekturschule von **Frank Lloyd Wright** in den *McDowell Mountains* oberhalb der City (Cactus Rd East, dann 108th St nach Norden zur Taliesin Rd West). Abgesehen vom weiten Blick über Scottsdale und Phoenix, lohnt sich der Weg nur für Architekturenthusiasten. Führungen ($10-$12) finden von Mai bis September Mo–Fr nur vormittags statt, ab Oktober jeweils zur vollen Stunde 10–16 Uhr. Detailinformation unter ✆ (602) 860-2700.

Sun City

Das **Kontrastprogramm** zur ideenreichen Architektur von *Wright* und *Soleri* wurde in Sun City verwirklicht, dem **Rentnerparadies** im Einheitslook nordwestlich von Phoenix an der Straße #60/#89. Die perfekt von vornherein für Pensionäre geplante, größtenteils von Mauern umfriedete Stadt besitzt keinerlei Ausstrahlung. Aber es scheint, daß die Pensionäre sich dort wohl fühlen. Das Klima, die Makellosigkeit von Straßen und Gärten, gepflegte Golfplätze, glasklare *Pools* und perfekte medizinische Betreuung scheinen der Realisierung des amerikanischen Traums vom Altenteil voll zu entsprechen. **The most beautiful Place on Earth**, versicherte vor einigen Jahren ein älterer Herr dem Autor. Seither ist alles noch viel schöner geworden und wird deshalb von einer privaten Sherifftruppe rund um die Uhr bewacht.

Auch für die Senioren im *Motorhome* ist mehrfach gesorgt: In **Surprise** zwischen Sun City und dem Ableger Sun City West findet man den ultimativen Super-Komfort Platz mit weit über 1000 Stellplätzen für Senioren-Camper über 55 im **Sunflower Resort, 16501 Mirage Rd,** ✆ (800) 627-8637, ab $22.

Nach Los Angeles

Phoenix könnte gut **Start- oder Endpunkt** dieser Rundstrecke sein. Eine **rasche Verbindung** besteht über die *Interstate* #10 **mit Los Angeles** (ca. 380 mi). Die I-10 verläuft eintönig durch die Halbwüste, bietet aber in guter Tagesetappendistanz das eindrucksvolle *Joshua Tree National Monument* als schönes Zwischenziel, ↪ Seite 264.

Routen nach Las Vegas

Die **schnellste Route** von Phoenix zurück zum hier zugrundegelegten Ausgangspunkt Las Vegas ist die recht ereignislose Straßenkombination #89/#93 (ca. 300 mi). Ein **Umweg** über die Stauseen am unteren Colorado River über **Parker** und **Lake Havasu City** lohnt sich nur bei viel Zeit, eignet sich aber zum **Ausspannen vom Reisestress,** ↪ Seite 269.

Beste Alternative

Reizvoller wäre die Fahrt **über Sedona nach Flagstaff**, wo sich der Kreis der Rundfahrt durch Arizona und New Mexico schließen würde. Dabei muß allerdings bei Ziel Las Vegas zusätzlich zur #93 ein größeres, bereits bekanntes Teilstück der I-40 zum zweiten Mal gefahren werden.

Arcosanti, Vision vom kollektiven Wohnstil der Zukunft in der Halbwüste Arizonas, ↪ folgende Seite

Arcosanti

Das bereits erwähnte **Arcosanti** wurde bei Cordes Junction, 50 mi nördlich von Phoenix unweit der I-17, in ein tristes Wüstenumfeld hineinkonstruiert. Eine Schotterpiste (2 mi) führt zur visionären **Wohnanlage Soleris**. Die heutige Realität des einst experimentellen Komplexes scheint kaum dem Anspruch vom kollektiven ökologischen Wohnen zu entsprechen. Aber der Idealismus der Bewohner von *Arcosanti* hat offenbar unter den Problemen des Alltags wenig gelitten. Es existiert ein ansehnliches **Visitor Center**, und Informationsmaterial ist vorhanden. *Arcosanti* schließt seine Pforten um 17 Uhr; die **letzte Führung** ($5) findet (nur bei Teilnahme von mindestens 4 Personen) um 16 Uhr statt.

Montezuma Castle National Monument

Das **Montezuma Castle National Monument** liegt nur 30 mi nördlich von Cordes Junction dicht an der *Interstate*. Die gute Erreichbarkeit läßt viele Ausflügler auf dem Weg zum *Grand Canyon* dort eine Pause einlegen. Zu besichtigen gibt es nicht ganz viel. Das irrtümlich von den Spaniern als **Aztekenschloß** interpretierte Gebäude in den Felshängen am *Beaver Creek* kann man nur aus der Distanz betrachten. Vor allem wegen dieses Umstandes ist es nicht so sehenswert wie z.B. die oben beschriebenen ähnlichen Ruinen von Tonto.

Montezumas Well

Viel weniger Touristen schauen sich, wohl wegen der größeren Distanz zur *Interstate* und der schlechten Zufahrt, auch noch **Montezumas Well** an. Dabei ist der kraterartige Teich, der seit Jahrtausenden von unterirdischen Quellen gespeist wird, in seiner Art einmalig. Die dichte Vegetation und landwirtschaftliche Nutzung der Umgebung wären ohne dieses Wasser nicht vorhanden. Ein hübscher **Picknickplatz** liegt am Wege.

Tuzigoot National Monument

In kulturhistorischem Zusammenhang mit dem *Montezuma Castle* ist das **Tuzigoot National Monument** zu sehen. Die **Tuzigoot Ruins** stehen hinter Cottonwood auf einem Hügel im Tal des Verde River. Fundstücke und museale Erläuterungen im **Visitor Center** (8–19 Uhr im Sommer, sonst bis 17 Uhr; $2) und auch der Rundgang durch das kompakte ehemalige Dorf sind ergiebiger als im *Montezuma Monument*. Dennoch ist der Abstecher nur empfehlenswert bei ausgeprägtem Interesse an der *Sinagua*-Kultur (➪ *Walnut Canyon*, Seite 458).

Jerome

Zwischen Prescott und Cottonwood führt die steile **Straße #89A** durch Jerome, ein Städtchen, das sich gerne und werbewirksam als "wiederauferstandene" **Ghosttown** bezeichnet. **In Wahrheit** handelt es sich bei Jerome um eine noch nicht sehr alte Kupfer-*Boomtown*, die nach Aufgabe der Förderung zunächst weitgehend verkam, bevor 1965 ein **Minenmuseum** eingerichtet und zum **State Historic Park** deklariert wurde. In der **Old Town**, faktisch einer kurzen, teilweise originellen *Main Street*, gibt's ein paar alte **Saloons** und die üblichen *Giftshops*. Das Beste an Jerome ist der **Blick über das Cottonwood Valley** auf die fernen Felsen des *Oak Creek Canyon*.

Sedona

Rund um Sedona beeindrucken rostrote **Monolithen** und die Steilwände des *Lower Oak Creek Canyon.* Die Landschaft ähnelt im Prinzip der des *Monument Valley,* wobei hier Tal und Hänge bewaldet sind. Die schönsten Grundstücke befinden sich in Privateigentum. Villenareale und Resortanlagen haben das Gebiet ziemlich zersiedelt: Anschauungsunterricht zur Frage, was geschieht, wenn attraktive Landschaften nicht unter State- oder Nationalparkschutz stehen. Als touristisches Zentrum der Region wird Sedona von **Wochenendbesuchern** aus den heißen Phoenix förmlich überflutet.

So sind in den letzten Jahren zahlreiche neue *Hotels*, *Inns* und auch romantische *Bed & Breakfast Places* zusätzlich in die Landschaft gesetzt worden mit der Folge eines ungewöhnlich großen Zimmerangebots in Sedona. Leider aber erstaunlicherweise nicht mit der Konsequenz niedriger Preise. Es überwiegen die **Quartiere mit Tarifen über $100 pro Nacht** und erheblich mehr. Die untere Mittelklasse wie z.B. das *Super 8 Hotel* kostet in Sedona ab $70 und gehört damit zu den günstigen Angeboten. Sogar die Unterkünfte in Flagstaff sind normalerweise – trotz des *Grand Canyon*-Faktors – preiswerter.

Mit dem Edeltourismus hat sich natürlich auch eine entsprechende **Gastronomie** entwickelt. In Sedona gibt es zahlreiche gemütliche und gute Restaurants jeder Richtung.

Kurz: Wer es sich gutgehen lassen möchte und auf die Kosten dabei nicht achtet, liegt in Sedona richtig.

State Parks

Besonders attraktive Einzelziele bei Sedona sind u.a. die **State Parks Red Rock** (südlich) und *Slide Rock* (im Canyon Bereich nördlich des Ortes). Letzterer ist besonders beliebt wegen seiner pittoresken *Pools* im felsigen Bett des *Oak Creek.* Leider verfügt keiner von beiden über einen Campingplatz. Mehrere *NF-Campgrounds* (überwiegend Zeltplätze, aber *Cave Springs* und *Pine Flat* auch für RVs) liegen an der #89A im unteren Bereich des dicht bewaldeten *Canyon.* Sie füllen sich in der Ferienzeit und an Wochenenden schnell.

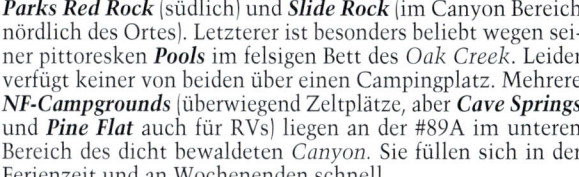

NF-Camping

Östlich der I-17 findet man im allgemeinen weniger frequentierte, recht idyllische NF-Plätze: Einige Meilen östlich Camp Verde zweigt von der Straße #260 in Richtung Pine unmittelbar vor der Brücke über den *Clear Creek* linkerhand die Einfahrt zum gleichnamigen, in Vegetation eingebetteten *Campground* ab. Ebenfalls im Grünen, mitten in einer sonst trockenen Umgebung, liegt der *Beaver Creek Campground*: *Interstate Exit* Sedona, aber nach Osten abbiegen, dann halblinks auf der (schlechten) *Gravelroad* noch etwa 3 mi.

Nach Las Vegas

Flagstaff, 800 m höher als Sedona, erreicht man nach 27 mi Serpentinenfahrt durch den *Oak Creek Canyon.* Nach Las Vegas sind es von dort rund 250 mi. Weiterfahrt nach Westen wie eingangs des Kapitels in West-Ost-Richtung beschrieben.

5. SEATTLE MIT STARTROUTEN

5.1 SEATTLE

5.1.1 Geschichte, Klima und Geographie

Geschichte

Die **Ursprünge** des heutigen Seattle liegen nur wenig mehr als hundert Jahre zurück: 1889 brannte die damals 30 Jahre junge 20.000-Seelen Stadt bis auf die Grundmauern nieder und wurde beim Wiederaufbau um rund 10 m "geliftet" (⇨ *Underground Tours)*. Die große Stunde Seattles schlug im letzten Jahrzehnt des 19. Jahrhunderts. Die Fertigstellung (1893) des nördlichsten transkontinentalen Schienenstrangs durch die USA kam gerade recht, um die Hafenstadt an der Elliott Bay ab 1896 für ungezählte Abenteurer zum Hauptausgangspunkt der Reise in die Goldrauschgebiete am Klondike und in Alaska zu machen und gleichzeitig in die weitere Versorgung des hohen Nordens einzusteigen. Der Schiffbau florierte, Seattle wurde zur maritimen Drehscheibe der nördlichen Pazifik und später **Luftkreuz** für diese Region. Der größte Teil der dort startenden und landenden Flugzeuge wird in der Stadt selbst und im nahen Everett gebaut. ***Boeing*** ist bedeutendster Arbeitgeber nicht nur in Seattle, sondern aller Nordweststaaten (Geführte Besichtigung von *Boeing*, ⇨ Seite 522). Eine seinerzeit viel Beachtung findende Weltausstellung brachte Seattle **1962** wichtige ökonomische und infrastrukturelle Impulse, die sich auf das Stadtbild positiv auswirkten. Das *Seattle Center* und einige großangelegte Maßnahmen der Innenstadtsanierung gehen auf jenes Ereignis zurück.

Lage und Klima

Die nördlichste City (500.000, Großraum 1,6 Mio. Einwohner) der kontinentalen USA liegt auf einer im zentralen Bereich nur 4 km breiten, hügeligen Landenge zwischen einem tief nach Süden reichenden Meeresarm, dem ***Puget Sound***, und dem fast 30 km langen Binnensee ***Lake Washington***. Die **Kaskaden** im Osten und die ***Olympic Peninsula*** mit dem gleichnamigen Gebirge und Nationalpark im Westen bewahren Seattle vor extremen klimatischen Schwankungen. Warmes, wechselhaftes Sommerwetter mit Temperaturen, die selten 25°C übersteigen, und milde Winter mit hohen Niederschlägen sorgten für den schönen Ruf der Stadt als ***Rain Capital*** der Vereinigten Staaten. Gleichzeitig gibt es keine andere US-Großstadt, deren Einwohner ähnlich vielfältige Möglichkeiten zur Freizeitgestaltung haben. Jede Menge Salz- und Süßwasserreviere samt Inselwelt ringsum und Berglandschaften unterschiedlichster Charakteristik bieten beste Voraussetzungen für alle erdenklichen Sommeraktivitäten und Wintersport. Da sich das Wasser des *Puget Sound* stärker erwärmt als das des Pazifik, eignen sich auch die Salzwasser-Strände der Stadt im Juli und August gut zum Baden.

5.1.2   Orientierung, Information und öffentlicher Transport

Freeways durch Seattle

Drei Autobahnen führen in Nord-Süd Richtung durch *Metropolitan Seattle*. Während die **I-405** als östliche Stadtumgehung für den Durchgangsverkehr konzipiert wurde, tangiert die **I-5** auf über einer Meile unmittelbar das Zentrum. Parallel zur I-5 wurde der **Highway #99** ausgebaut und verläuft im Citybereich auf Pylonen doppelstöckig zwischen Elliot Bay und Innenstadt. Nach Osten verbinden **Interstate Freeway #90** (Seattle-Boston) und die **Straße #520** (beide über den Lake Washington) Seattle mit der I-405.

Anfahrt

Bei Anreise mit dem Auto, aus welcher Richtung auch immer, sollte man erwägen, das Zentrum von Seattle über die I-405 und die # 520 anzusteuern (statt auf direktem Wege auf der I-5, ggf. I-90). Die Fahrt über den Lake Washington auf der **Evergreen Point Bridge** und die aus dieser Richtung besonders eindrucksvolle **Skyline** der Stadt sind allein schon den Umweg wert, gleichzeitig bieten sich nach Passieren der Brücke bereits mehrere erste Besuchspunkte an, nämlich **Washington** und **Volunteer Park** und einige Museen. Die Mehrzahl der weiteren Sehenswürdigkeiten Seattles liegt relativ nah beieinander in **Downtown** (zwischen den beschriebenen *Freeways* #99/I-5 und Jackson/Pine Streets) oder im **Seattle Center**, eine gute Meile entfernt vom Geschäftszentrum.

Parken

Wie in den meisten Großstädten gibt es während der üblichen Bürozeiten erhebliche **Parkprobleme**. Für einen kurzfristigen Besuch hat man an der **Waterfront/Alaskan Way** und südlich/östlich des **Pioneer Square** bzw. nördlich von *Downtown* noch die besten Aussichten auf eine **Parkuhr**. Pkw-Fahrer finden in *Downtown* viele (teure) Parkgaragen. Angesichts des gut ausgebauten öffentlichen Transportsystems (nächster Absatz) könnte man das Fahrzeug weiträumig abstellen, etwa

Parken am Seattle Center und Weiterfahrt per Monorail ins Zentrum (hier Endstation an der Westlake Mall, 5th Ave/ Pine St) erspart langes Suchen in der City

*Seattle
Skyline im
Abendlicht*

auf den großen Parkplätzen rund ums *Seattle Center* (bei Veranstaltungen indessen auch kostspielig). Die *Visitors Information* hat einen Broschüre **How to park in Seattle** mit allen Parkmöglichkeiten in *Downtown* und weiteren Details.

Mit **Wohnmobilen** sollte man wegen der starken Steigung einiger Ost-West-Straßen mit *Stop-and-go*-Situationen die Innenstadt besser meiden bzw. nur die Nord-Süd-Achsen befahren.

Öffentliche Verkehrsmittel

Vom *Seattle Center* verkehrt eine **Monorail**-Hochbahn ins Zentrum (Pine Street/5th Ave; *Ticket one-way* $1), ⇨ Foto umseitig. Die Benutzung der **City-Busse** im zentralen Bereich zwischen I-5 und *Waterfront*, darunter eine unterirdisch geführte Linie (**Tunnel Bus**) ab 9th Ave unter der Pine Street und der 3rd Ave bis zur *Union Station*, ist **gratis** (**ride-free-area**). Busse außerhalb der freien Zone kosten $0,90-$1,60.

An der **Waterfront** (Alaskan Way) fährt eine **Streetcar** (Strassenbahn) vom Pier 70 über den *Pioneer* bis zum *International District*/5th Ave ($0,90; zur Rush Hour $1,20). Die Distanzen zwischen den wichtigsten Sehenswürdigkeiten der Innenstadt lassen sich aber auch ganz **gut zu Fuß** bewältigen.

Sightseeing

Wer Lust hat, im Amphibienfahrzeug durch Straßen und übers – in Seattle reichlich vorhandene – Wasser zu fahren, bucht für $20 **Ride the Ducks**, ℗ (800) 817-1116, ⇨ Seite 54.

Information

Das zentrale **Seattle Visitors Bureau** befindet sich im Erdgeschoß des **Convention Center**, 8th/Pike St, geöffnet Mo–Fr 8:30–17 Uhr, Sa 10–16 Uhr. Dort ist man bestens sortiert. Sehr hilfreich sind die mit Karten ausgestatteten Gratisbroschüren **Seattle/King County Visitors Guide** (halbjährlich neu), **Where Seattle** (monatlich mit aktuellem Veranstaltungskalender) und der separate **Lodging Guide Seattle/King County** für die Mehrheit der Hotels, Motels, *B & Bs* in Seattle und Umgebung.

Vom *Seattle Center* ist es nicht weit zum **AAA-Büro** in der 330 6th Ave North zwischen Harrison und Thomas St (Mo–Fr 8.30–17.30 Uhr). Stadtpläne und Infomaterial auch dort.

5.1.3   Unterkunft, Camping, Essengehen

Die Tarife der Hotels und Motels sind in Seattle relativ hoch.

Flughafen-
bereich

Der **Airport Bereich** (Straße #99) ist dicht besetzt mit Unterkünften: neben den üblichen Nobelherbergen vor allem mit Häusern ab unterer Mittelklasse. An Wochenenden stehen oft Zimmer leer, und das Preisniveau sinkt. Für $59 findet man dann auch schon mal sehr ordentliche Quartiere. Werktags gibt es Mittelklasse-Zimmer etwa **ab $65**: **Clarion, Days Inn, Hampton, Super 8, La Quinta etc.** Etwas billiger sind

– **Rodeway Inn**, ✆ (206) 242-02002, 3000 S 176th St, ab $43
– **Travelodge**, ✆ (206) 241-9292, 2900 S 192nd St, ab $49
– **Econolodge**, ✆ (206) 244-1230, 19225 Int`l Blvd, ab $45
– **Howard Johnson**, ✆ (206) 878-3310, 20045 Int`l Blvd, ab $50

Downtown

Preiswerte Unterkünfte gibt es in der Innenstadt fast nicht. Erst in der **Aurora Ave** nördlich des *Seattle Center* beidseitig des Washington Channel findet man einfache **Motels mit regulären Preisen ab $32-$39**. Je näher man dem *Seattle Center* und *Downtown* kommt, umso teurer werden die Zimmer:

– **Kings Inn**, ✆ (206) 441-8833, 2106 5th Ave, ab $60
– **Days Inn**, ✆ (206) 448-3434, 2205 7th Ave, ab $69.
– **Travelodge**, ✆ (206) 624-6300, 2213 8th Ave, ab $70
– **Sixth Avenue Inn**, ✆ (206) 441-8300, 2000 6th Ave, ab $84

Billigquartiere und Mehrbettzimmer bieten:

Billig-
quartiere

– **International Hostel (AYH)**, ✆ (206) 622-5443, 84 Union St, $16 (Mitglieder) bis $20; unbedingt langfristig reservieren.
– **Green Tortoise Backpackers Hostel**, ✆ (206) 340-1222, 1525 2nd Ave in bester Lage zwischen Oberstadt und *Waterfront* in einem äußerlich abrißverdächtigen Bau. Bett $14, separate Zimmer für $30-$40. Preise inkl. Frühstück.

– **Commodore Hotel**, ✆ (800) 714-8868, 2013 2nd Ave, ab $15; auch normale Hotelzimmer verfügbar: $35-$55. Daher nicht nur für Hostelfans. Sehr zentrale Lage
– **American Backpackers Hostel**, ✆ (206) 720-2965, 126 Broadway E, $14; separate Zimmer ab $35 inkl. Frühstück
– **Rainbow Hostel**, ✆ (206) 329-6552, 123 10th Ave East, $14
– **Art & Vincents Guesthouse**, ✆ (206) 323-7849, 527 Malden Ave East, $14;
– **College Inn**, ✆ (206) 633-4441, 4000 University Way NE im Universitätsviertel nördlich der #520, ab $29/Bett.

B & B

Auch in Seattle hat sich die Zahl der *B&B*-Quartiere in den letzten Jahren erheblich vergrößert. Interessant ist in Seattle die (teure) Möglichkeit, auf einem der **Hausboote** auf dem Lake Union unterzukommen. *Pacific Reservation Service*, ✆ (206) 439-7677, vermittelt u.a. auch solche Unterkünfte.

Camping

Einigermaßen citynah läßt sich auch in Seattle nur auf Privatplätzen campen. Vergleichsweise preiswert ($16), gar nicht mal so ganz weit weg und auch noch gut ist der kleine **Vasa Park** direkt am Lake Sammamish (Strand) unweit der I-90, Exit 13 zur West Lake Road, ✆ (206) 746-3260. Wegen der geringen Kapazität und Schließung des Tors mit Einbruch der Dunkelheit, ist ein Anruf zur Reservierung unbedingt erforderlich.

Die stadtnahen *State Parks* verfügen über keine *Campgrounds.* Der hübsche **Saltwater State Park** (gute eigene *Beach*) südlich von Des Moines, Straße #509, besitzt den kleinen Nachteil, daß er sich exakt in der Einflugschneise des Flughafens befindet. **Dash Point**, weiter südlich, ist eher unattraktiv.

Der **KOA Seattle/Tacoma** liegt in der Nähe des *International Airport* an der South 212th Street in Kent, 15 mi südlich vom Zentrum, I-5, Exit 152, ca. 2 mi nach Osten auf der Orillia Road; ✆ (206) 872-8652. Mit $28 für *Hook-up*-Stellplatz teuer.

Nördlich der City bietet der **Silver Lake RV Park** (Exit186 von der I-5, dann 128th St, 19th Ave nach Norden Silver Lake Road) einen guten Platz am See; ✆ (206) 858-8138.

An der Straße #2 schon recht weit entfernt von der City, liegt der **Wallace Falls State Park**, ca. 20 mi östlich von Monroe.

Restaurants

Das leibliche Wohl komt in Seattle garantiert nicht zu kurz. In *Downtown* sind (nicht nur) aus touristischer Sicht vor allem folgende Adressen eine gute Wahl:

– Der **Pike Place Market** mit einer unüberschaubaren Palette von Lokalen jeden Stils und jeder Küche, ⇨ folgende Seiten.

– Die Kette **Planet Hollywood** besitzt auch in Seattle eine Filiale (Ecke 6th Ave/Pike St).

Waterfront/ Pioneer Square

An der **Waterfront** steht ein **Seafood Restaurant** am anderen. Im **Pioneer Square District** geht es insgesamt niveauvoller zu bei ebenfalls großer Auswahl. Nach dem Diner sind es dort nur ein paar Schritte bis zur nächsten **Musikkneipe**.

Seattle Center

Im Rahmen eines Besuchs im **Seattle Center** findet sich im **Food Court** des *Center House* mit einem vielfältigen Angebot etwas für jeden Geschmack. Feiner und teurer ist das **Drehrestaurant** in der benachbarten **Space Needle**, bietet aber dafür eine fantastische Aussicht, Reservierung empfehlenswert: ✆ (206) 443-2100.

Tillicum Village

Teuren **Lachs** in der authentischen Umgebung eines Indianerdorfes speist man im **Tillicum Village** auf Blake Island, ⇨ Seite 520. Lachs (und anderes) ohne Folklore und nicht so kostspielig, aber auch in indianisch gestylten, rustikalen Räumen oder auf einer Terrasse am See gibt`s in **Ivars Salmon House** am Nordostufer des Lake Union, 401 NE Northlake Way unweit der Pylonen der I-5.

5.1.4 Stadtbesichtigung

Vom Washington Park zum Seattle Center

Anfahrt

Wie erwähnt, erreicht man bei Einfahrt nach Seattle auf der Pontonbrücke über den Lake Washington (Straße #520) bereits ein Stadtgebiet (*University*, *Mont Lake* und *Capitol Hill*) mit einer ganzen Reihe von Sehenswürdigkeiten, deren Besuch empfehlens– oder doch zumindest erwägenswert ist.

Geschichts-museum

Noch auf der Brückenrampe geht es hinter dem See rechts ab zum **Seattle Museum of History & Industry** (24th Ave/East Park Drive, 10–17 Uhr; $6), in dem die Geschichte der Stadt mehr oder minder interessant aufbereitet wurde.

Trail/Kanu

Am Parkplatz des Museums beginnt der **Marshland Trail**, ein ökologischer Lehrpfad über Seerosenfelder, Sumpf- und Schilfinseln nach *Foster Island*, dem nördlichen Ausläufer des **Washington Park** zwischen *Union Bay* und der Madison Street. Wer Lust hat, kann die Buchten rund um die Inseln mit einem **Kanu** entdecken, zwischen den Pfeilern der flachen Brückenkonstruktion herumpaddeln und im klaren Wasser schwimmen. Kanuverleih im Bootshaus auf der anderen Seite des Schiffskanals, den man auf dem Montlake Blvd überquert.

Burke Museum

Der Montlake Boulevard stößt auf die 45th Street, an der sich – auf dem Universitätsgelände, Ecke 17th Street – das viel gelobte **Thomas Burke Memorial Museum** befindet (10–17 Uhr, $3). Wichtigster Trakt dieses kützlich modernisierten naturgeschichtlichen Museums ist die **anthropologische Abteilung**. Sie thematisiert die Völker des pazifischen Raumsmit Schwerpunkt auf der nordamerikanischen Westküste. Man benötigt viel Interesse, damit ein Besuch lohnt. Der läßt sich auf der Terrasse der **Cafeteria** bei Vollwertsnacks abrunden.

Washington Park

Foster Island, der hübsche **Japanese Garden** (Eintritt) und ein **großartiges Arboretum** in einer wunderschönen Hügellandschaft machen den **Washington Park** zur attraktivsten Parkanlage der Stadt. Ohne Umweg über das *Museum of History* führt der Lake Washington Blvd – den man am besten auf der Foster Island Road verläßt, um dann dem Arboretum Drive zu folgen – direkt in und durch diesen Park. Dort findet man **Ausgangspunkte für Spaziergänge** in die üppig grüne Baum- und Pflanzenwelt. Der japanische Garten läßt sich nicht verfehlen.

Volunteer Park

Vom Washington Park führt die **Madison Street** geradlinig vorbei am einst alternativen Stadtteil *Capitol Hill* mit seiner *Gay Community* nach *Downtown* Seattle. Man könnte aber zunächst auch einen weiteren hübschen Umweg über den **Interlaken Blvd** anschließen, eine kurvenreiche Parkstraße durch verwunschenen Regenwald mit vielen nostalgischen Anwesen, und ggf. noch einen Abstecher zum **Volunteer Park** (15th Ave/Prospect Street) einlegen.

Volunteer Park
Im Park stehen das tempelartige Gebäude des **Seattle Asian Art Museum** (Ableger des **Art Museum** in der 2nd Ave; **Eintritt $6 gilt für beide Museen**; 9–17 Uhr, sehenswerte Ausstellungen) und das eintrittsfreie **Conservatory** (Gewächshaus mit einheimischen und tropischen Pflanzen, Kakteen etc.). In erster Linie aber rechtfertigt den Abstecher der Blick über Stadt und Bucht vom alten Wasserturm aus.

Lake Union
Die Wasserfläche nördlich der City ist der Lake Union, dessen Ufer großenteils von **Hausbooten** belegt sind. Entlang der **Fairview Ave East** kann man diese bunte und eigenwillige Flotte näher in Augenschein nehmen. **Segelboote** lassen sich am Südende des Sees in der Valley Street mieten.

Seattle Center
Von dort wie überhaupt bei der vorgeschlagenen Anfahrt liegt es nahe, zunächst dem *Seattle Center* einen Besuch abzustatten, bevor man sich *Downtown*, der *Waterfront* und der Altstadt zuwendet. Das einst für Weltausstellungszwecke geschaffene Gelände zwischen Mercer und Broad Streets wurde

über die Jahre zum **Entertainment Center** umgestaltet, wo neben ständigen Attraktionen viele wechselnde Veranstaltungen stattfinden. Eines der größten Ereignisse ist am ersten Wochenende im September (*Labor Day Weekend*) das **Bumbershoot Arts Festival**. Über 4 Tage (Freitag bis Montag) läuft dann bis spät abends ein Musik- und Theaterprogramm auf den Bühnen, Straßen und Plätzen des *Center*, ergänzt durch Ausstellungen und den dort sowieso untergebrachten **Dauerjahrmarkt**.

Als im wahrsten Sinne des Wortes herausragendes Wahrzeichen der Stadt gilt die 210 m hohe **Space Needle**, eine elegante Stahlkonstruktion mit Aussichtsplattform und -restaurant, gleich am Haupteingang Broad Street gegenüber der Station der *Monorail*-Verbindung zur Innenstadt. Vom **Observation Deck** genießt man einen fantastischen Blick über Seattle und den *Puget Sound*, bei guter Sicht auch auf die *Olympic Mountains* und die fernen Kaskadengipfel *Mount Rainier* und *Mount Baker*. Neben der *Needle* ist das **Pacific Science Center** architektonisch sehenswert. Es beherbergt ein im wesentlichen auf Kinder und Jugendliche zugeschnittenes Wissenschaftsmuseum experimentellen Typs. Einfallsreich ist der separate "technische" Kinderspielplatz. Ein IMAX-Filmtheater und ein Planetarium mit *Lasershow*-Theater gehören auch dazu. Vom **Center House**, in dem eine Vielzahl von *Fast Food*-Theken mit Snacks aus aller Herren Länder für das leibliche Wohl der Besucher sorgt, war bereits auf der vorletzten Seite die Rede.

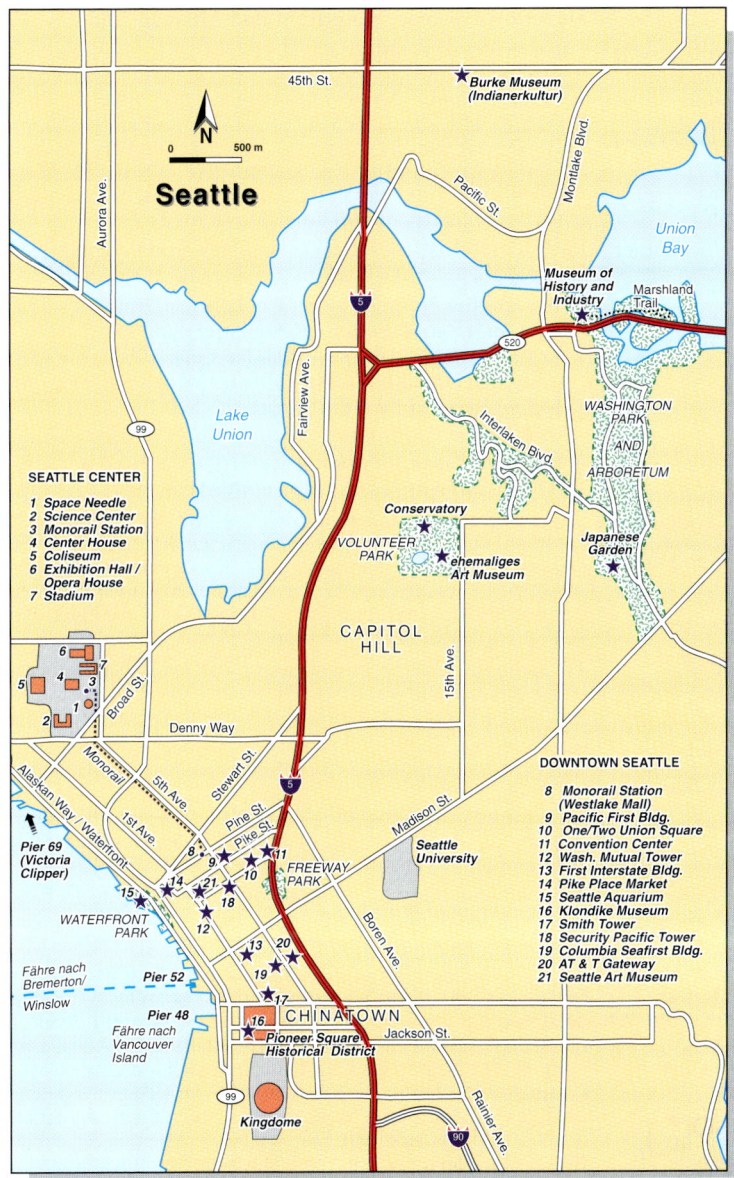

Seattle

45th St.

★ **Burke Museum**
(Indianerkultur)

Aurora Ave.

Pacific St.

Montlake Blvd.

Union Bay

0   500 m

Museum of History and Industry ★

Marshland Trail

Lake Union

Fairview Ave.

520

Interlaken Blvd.

99

WASHINGTON PARK AND ARBORETUM

SEATTLE CENTER

1 Space Needle
2 Science Center
3 Monorail Station
4 Center House
5 Coliseum
6 Exhibition Hall /
  Opera House
7 Stadium

Conservatory ★

VOLUNTEER PARK

★ *ehemaliges Art Museum*

Japanese Garden ★

CAPITOL HILL

15th Ave.

6
7
5   4   3
    1
2

Broad St.

Denny Way

DOWNTOWN SEATTLE

8 Monorail Station
  (Westlake Mall)
9 Pacific First Bldg.
10 One/Two Union Square
11 Convention Center
12 Wash. Mutual Tower
13 First Interstate Bldg.
14 Pike Place Market
15 Seattle Aquarium
16 Klondike Museum
17 Smith Tower
18 Security Pacific Tower
19 Columbia Seafirst Bldg.
20 AT & T Gateway
21 Seattle Art Museum

Monorail

5th Ave.

Stewart St.

1st Ave.

Alaskan Way / Waterfront

Pier 69
(Victoria Clipper)

Pine St.

Pike St.

Madison St.

Seattle University

FREEWAY PARK

8
9 ★ 10
14 21 11
15 ★ 18
      13
WATERFRONT PARK

12

Fähre nach Bremerton/ Winslow

Pier 52

20

19 17

Pier 48
Fähre nach Vancouver Island

16 **CHINATOWN**

★ **Pioneer Square Historical District**

Jackson St.

Boren Ave.

99

Kingdome

Rainier Ave.

90

Downtown Seattle, Waterfront und Altstadt

Downtown: Rundfahrt oder Rundgang

Um sich zunächst einen **Überblick** vom zentralen Seattle zu verschaffen, wäre eine Fahrt an den Piers entlang, verbunden mit einer "Runde" durch *Downtown* ein guter Einstieg. Vom *Seattle Center* führt die Broad Street hinunter zum *Alaskan Way*. Zurück ginge es dann z.B. über Yesler Way (ab Pier 48)/James Street und die 4th oder 6th Ave. Wer per *Monorail* ins Zentrum fährt, hat mit der Endstation **Westlake Mall** einen guten Startpunkt für einen Rundgang zu Fuß.

Hochhäuser

Eindrucksvoll ist in der sonst durchschnittlich attraktiven City vor allem die **Architektur** einiger neuerer Hochhäuser:

– **Washington Mutual Tower** (Seneca Street/2nd Ave)
– **First Interstate Building** (Marion Street/2nd Ave)
– **Security Pacific Tower** mit **Rainier Square Shopping Mall** (zwischen Union/University Streets und 4th/5th Ave)
– **Pacific First Centre** (Pike Street/5th Ave)
– **One/Two Union Square** (Union St/6th Ave/*Freeway Park*)
– **Columbia/Seafirst Building** (Cherry Street/4th Ave)
– **AT&T Gateway** (Cherry Street 6th Ave)

Convention Center

Zwischen Seneca und Pike Street wurde die I-5 komplett überbaut vom *Freeway Park*, einer grünen Betonkreation mit Wasserspielen, und dem Glaspalast des **Convention Center**, auf dessen verschiedenen Ebenen zahlreiche **Kunstwerke** zu bewundern sind. Im Erdgeschoß (Zugang Pike St) befindet sich das Büro der **Visitor Information**, ➪ oben.

Malls

Ebenfalls viel Glas, Licht und Grün zeichnen die beiden mehrstöckigen Einkaufsparadiese **Westlake Mall** (Pine Street/5th Ave) und **Century Square** (Pike Street/4th Ave) aus.

Kunstmuseum

An der Ecke First Ave/University St steht der noch neue Bau des **Seattle Art Museum**. Die Kollektion – u.a. indianische, afrikanische Kunst, moderne Amerikaner und Sonderausstellungen – ist nicht hochklassig, aber sehr gut präsentiert. Täglich 10–17 Uhr, Do bis 21 Uhr; Eintritt $6. Das Ticket gilt 7 Tage auch fürs **Asian Art Museum** im Volunteer Park.

Deutsche Zeitungen

Vom Kunstmuseum zum **International News Shop** an der Ecke Pike/1st Street mit einigermaßen druckfrischen Zeitungen und Magazinen aus der Heimat, sind es nur ein paar Schritte.

Pike Place Market

Zu Recht der absolute Publikumsmagnet ist in *Downtown* Seattle der **Pike Place Market**, einer der besten Dauermärkte der USA, Haupteingang am Ende Pike St/Western Avenue oberhalb des **Alaskan Viaduct**, der Stadtautobahn #99), 9am–6pm, So 11am–5pm. Im Kern handelt es sich um einen Obst-, Gemüse- und – besonders – Fischmarkt, der sich zum Riesenkomplex mit mehreren Stockwerken, Innenhöfen und Arkaden voller Shops, Kneipen, Fast Food-Ständen und ethnischen **Restaurants** entwickelt hat und einen großen Block besetzt.

Vor dem klotzigen Gebäude des Seattle Art Museum mitten im Business District der City. Eine Kopie des Hammering Man ziert den Vorplatz des Messeturms in Frankfurt

Waterfront

Als **Waterfront** am Alaskan Way unterhalb der hochgelegenen Innenstadt gilt ein Abschnitt von etwa 2 km Länge zwischen Broad St und dem **Fährterminal** Pier 55. Ausrangierte Piers wurden dort mit einer Unzahl von Restaurants, Boutiquen, Giftshops und Galerien bestückt. Ansehenswert sind im zentralen Bereich, dem sog. **Waterfront Park**, in erster Linie das

– **Seattle Aquarium** auf der Pier 59, im Sommer 10–19 Uhr, sonst 10–17 Uhr, $8, das ein Hauptgewicht auf die Unterwasserwelt des Pazifik legt, und der

– **Omnidome**, ein IMAX-Kino, mit wechselndem Programm, u.a. "Ausbruch des Mount St. Helens"; im Sommer bis *Labor Day* 10–21 Uhr, sonst bis 17 Uhr. Eintritt $7, Kombiticket mit Aquarium $13.

Indian Village

Zum *Tillicum Indian Village*, einem farbenfrohen Museumsdorf auf **Blake Island**, geht es **per Boot ab Pier 56**; $50/Person inkl. Lachsessen und Tanz-Vorführungen, 2-3 Trips/Tag.

Fähren

Gleich südlich der *Waterfront*-Kommerzkonzentration legen vom Pier 52 bis zu 20 x täglich die **Fähren** nach Bremerton und Winslow auf der gegenüberliegenden Seite des *Puget Sound* ab. Der **Autofähre nach Victoria** auf Vancouver Island dient der Pier 48 als *Terminal* – Fahrtzeit 4-5 Stunden je Strecke; Abfahrt von Seattle täglich mittags (nur 15. Mai bis 15. September). Der schnelle Katamaran *Victoria Clipper* legt weiter nördlich am Pier 69 ab (2 Stunden). Auskünfte/Reservierung für beide Schiffe: ✆ (800) 888-2535 + ✆ (206) 448-5000.

Pioneer Square

Gleich hinter dem Pier 48 beginnt der *Pioneer Square Historical District*, der ein paar Blocks **Alt-Seattle** zwischen Waterfront/2nd Ave und King Street/Yesler Way umfaßt. Ein ehemals vernachlässigtes Viertel voller Backsteinfassaden wurde herausgeputzt, begrünt und mit Restaurants, Bars, Antiquitätenläden, Galerien und vielen Shops wiederbelebt.

Während tagsüber die Altstadt mehr oder weniger den Touristen gehört, überwiegen abends die Einheimischen. Denn nirgendwo sonst in Seattle findet man auf engem Raum vergleichbar viele Kneipen mit *Flair* und *Live Music*.

Buntes Leben und Treiben an der Seattle Waterfront

Klondike Gold Rush Nistoric Park

Besuchenswert im *Pioneer District* ist das **Visitor Center & Museum** des **Klondike Gold Rush National Historic Park** (täglich 9–17 Uhr) an der South Main Street gegenüber dem *Occidental Park*. Auf jeden Fall ansehen sollte man sich die laufend gezeigten Filme zum Goldrausch der Jahrhundertwende, für den Seattle als Haupthafen der Einschiffung der Prospektoren gen Norden eine wichtige Rolle spielte. Auch die Dokumentation im Museum ist aufschlußreich.

City unter der City

Wer sich für die Geheimnisse der "City unter der City" interessiert, kann an einer **Underground Tour** (3-10x täglich, $7) teilnehmen, die in *Doc Maynard's Public House*, einem Lokal am *Pioneer Square Park* beginnt. Die Tour führt durch Teile der Stadt, die beim Brand 1889 zerstört wurden, aber unter dem darüber aufgebauten neuen Seattle erhalten blieben.

Smith Tower

An der 2nd Ave, Ecke Yesler Way, steht der *Smith Tower* in nostalgischem Kontrast zu den nahen Hochhäusern moderner Bauart. Das heute eher unauffällige Gebäude war bei Fertigstellung 1914 das **Tallest Building West of the Mississippi**.

Kingdome

Unübersehbar überragt südlich des *Pioneer District* der **Kingdome** noch die *Waterfront*, eine überdachte Mehrzweckarena mit einer Kapazität von 75.000. Für die Besichtigung gibt's April–September geführte Touren, solange das Rund noch steht. Es soll im Jahr 2.000 abgerissen werden, um Raum für eine geplante Expansion der City zu schaffen.

International District

Hinter dem *Kingdome* liegt der *International District*, manchmal auch als **Chinatown** bezeichnet, Zufahrt über Jackson oder Main Street. Das Viertel wird zwar überwiegend von Asiaten unterschiedlichster Herkunft bewohnt, die etwas verstreuten asiatischen Fassaden, ethnischen Restaurants und Spezialitätenshops vermitteln aber dennoch keine exotische Atmosphäre wie etwa die *Chinatown* in San Francisco.

Parks rund um die City

Uferparks und Strände

Sehenswürdig- und Annehmlichkeit zugleich sind Seattles **Uferparks** an *Puget Sound* und Lake Washington. Eine Fahrt etwa auf dem Washington Blvd vom inselartigen **Seward Park** im Süden bis zur Union Bay führt – vorbei an Badestränden, Picknick- und Spielplätzen und enormen Marinas – durch beneidenswerte Wohnviertel. Unterhalb der Brücke über den See (I-90: *Sunset Highway*) passiert man den **Wasserflughafen**.

Von den **Salzwasserparks** beeindrucken **Seahurst** und vor allem **Alki Park**, beide mit beliebten Stränden. Eine sehr **schöne seeseitige Rundfahrt** in West Seattle führt über den Fauntleroy Way hinunter zum attraktiven **Lincoln Park** (Jogging und Fitness Parcours, Steilufer, darunter Strand) und folgt von dort dem Beach Drive SW und der Alki Ave. Besonders empfiehlt sich die Fahrt dorthin zum **Sonnenuntergang**.

Northwest Seattle

Eine Besonderheit ist der riesige, weitgehend naturbelassene *Discovery Park* im nordwestlichen Stadtteil Magnolia innerhalb der *Shilshole Bay*. Zahlreiche Wildnis-Wanderwege durchziehen den Regenwald des hügeligen Parkgeländes. Beim gelegentlich als Indianermuseum ausgewiesenen **Daybreak Star Indian Cultural Center** in der Nordecke des Parks handelt es sich im wesentlichen um ein Zentrum für kulturelle Veranstaltungen mit einer kleinen Ausstellung indianischer Kunstobjekte. Ein Abstecher dorthin lohnt nur in Verbindung mit einem sowieso geplanten Parkbesuch, oder wenn man sich die **Chittenden Locks** ansehen möchte: Zufahrt diesseits des *Lake Washington Ship Canal*, der den Puget Sound und die Binnenseen verbindet, über den Commodore Way zum Commodore Park. Die Schleusenanlage liegt am nördlichen Ufer des Kanals, kann aber auch von Süden her besichtigt werden. Über eine vielstufige **Fischleiter** mit Sichtfenstern (interessant speziell beim Lachsauftrieb im Herbst) und eine Staumauer führt ein Fußweg auf die andere Seite.

Golden Gardens Park

Mit Fahrzeug gelangt man über die *Ballard Bridge* und die Market Street zu den *Locks*. Bei Fortsetzung der Fahrt in Richtung Küste passiert man an der **Seaview Ave** die größten Marinas der Stadt und erreicht dahinter die gerne empfohlenen, aber eher unattraktiven langen Strände des **Golden Gardens Park**. In diesem Teil der City ist der **Green Lake** mit seinen umgebenden Parks und *Beaches* einladender. Zum angrenzenden **Woodlands Park** gehören der mittelprächtige **Zoo** und ein hübscher Rosengarten.

Flugzeugmuseum und Boeing-Werke

Flugzeug Museum

Eine wichtige Sehenswürdigkeit gerade in Seattle liegt weit außerhalb, das **Museum of Flight** (10–17 Uhr, Do bis 21 Uhr). Verläßt man die City über die I-5 in südliche Richtung, passiert man zunächst die Boeing-Montagehallen und das zugehörige *Airfield* rechterhand vor der Abfahrt #158. Der Weg zum Museum (Marginal Way) unmittelbar am eigenen Flugplatz der Firma, wo die Endabnahme der Typen 747 und 767 erfolgt, ist ausgeschildert. In der lichten Glashalle fanden rund 50 Flugzeugtypen vom Doppeldecker der Frühzeit bis zum modernen Abfangjäger Platz. Unter der Decke hängt u.a. ein Exemplar des bei uns wohlbekannten *Starfighter*. **Eintritt $8**.

Boeing-Werke in Everett

Montiert werden die **Boeing Typen 747 & 767** in **Everett**, 25 mi nördlich von Seattle (4 mi westlich der I-5, *Exits* 186 oder 189, gut ausgeschildert). Führungen durch die Flugzeugmontage in den weltweit größten freitragenden Hallen finden Mo–Fr 8:30–15 Uhr statt; Dauer 90 min, keine Kinder unter 10 Jahren. Rechtzeitige Anmeldung erforderlich unter ✆ (206) 342-4801 oder Teilnahme an einer geführten Bustour ab Seattle.

EXKURS: **VON SEATTLE NACH CANADA/VANCOUVER ISLAND**

Für viele ist Seattle Ausgangspunkt einer Reise, die neben dem Nordwesten der USA auch durch Canada führt; ⇨ dazu auch die Ausführungen im speziellen Kapitel 8.

Wer Vancouver Island anpeilt, hat die Wahl zwischen mehreren **Fährverbindungen:** ab Seattle, Port Angeles auf der Olympic Peninsula und ab Anacortes. **Ab Seattle** geht`s am schnellsten, ⇨ Seite 520, aber **die mit Abstand beste Fährstrecke ist die von Anacortes durch die** *San Juan Islands*. Die Fähre **ab Port Angeles** (⇨ Seite 544) macht Sinn für Leute, die vorher den *Olympic National Park* besuchen möchten.

Nach Anacortes

Von Seattle nach Anacortes geht`s auf der I-5, Richtung Vancouver, und ab Mt. Vernon auf den Straßen #536 und #20. Die Fähre nach Sidney geht 3-4 x täglich und benötigt ca. 3 Stunden (Pkw mit 2 Personen kosten $64). Aktuelle Zeiten, Tarife und Reservierung unter © **(800) 84F-ERRY**.

Fähren im Internet: http:// www.ws dot.wa.gov/ ferries

Anacortes ist auch für sich ein schönes Ziel. Und zwar in erster Linie wegen des *Washington Park* in der westlichsten Ecke von *Fidalgo Island*. Gleich hinter dem Fährhafen an der **Sunset Beach** beginnt die schmale **Loop Road** (Achtung bei *Motorhomes*, maximal 23 Fuß) rund um und durch den Regenwald des Parks an herrlichen Stränden und ganz privaten Picknickplätzchen vorbei. Der **Sonnenuntergang** ist dort kaum zu übertreffen. Mittendrin versteckt sich ein komfortabler **City-Campground** mit *Full Hook-up*.

Whidbey Island

Wer von dort weiter nach **Port Angeles** möchte, fährt über Whidbey Island nach Keystone. Die Fähre von **Keystone** nach **Port Townsend** (*Olympic Peninsula*) verkehrt 13-14x täglich, Fahrzeit 30 min; Tarif *Van Camper*/2 Personen: $16. Wartezeiten lassen sich am Strand nebenan überbrücken. Ein *Campground* befindet sich neben dem Schiffskanal.

In **Port Townsend/Discovery Bay** stößt man auf die im Kapitel 6 beschriebene Route von Seattle zum *Olympic Park*.

Sonnenuntergang über Port Townsend (von der Fähre aus)

5.2 STARTROUTE #1 AB SEATTLE:
DURCH WASHINGTON STATE NACH MONTANA
ZU DEN NATIONAL PARKS GLACIER UND YELLOWSTONE

Interstate
Freeway #90

Wenn Seattle Ausgangspunkt einer Reise durch den Nord-westen der USA ist, sind *Glacier* und *Yellowstone National Parks* häufig wichtige Eckpunkte der Routenplanung. Mit der transkontinentalen Autobahn #90, die von Seattle nach Boston führt, gibt es einen raschen Zubringer zu diesen Nationalparks. Bis zum Anschluß an die im Kapitel 7 beschriebenen Routen durch Idaho und Montana in Missoula sind es etwa 500 mi, die sich mit ein paar Zwischenstopps am Wege locker in zwei Tagen machen lassen. Allerdings ist der Verlauf der I-90 durch Washington State – m.E. bis auf die ersten 60 mi – alles andere als reizvoll. Erst durch Idaho und Montana läuft (auch) die Autobahn durch herrliche Landschaften.

Alternative
Routen

Mit genügend Zeit könnte man ab Seattle auf der nördlichsten Route auch durch den *North Cascades National Park* fahren (Exkurs ⇨ Seite 529), dann über Grand Coulee in Spokane die I-90 ansteuern oder auch ganz auf Nebenstraßen bleiben.

Straße # 2

Zeitlich weniger aufwendig, aber kaum weniger pittoresk geht es auf der **Straße #2 durch die Kaskaden**. Man steuert sie von Seattle/Bellevue auf der I-405 North an; Exit #23 markiert die Abzweigung der #522 zur #2. Der hier beschriebene Routen-vorschlag entspricht ihrem Verlauf bis Spokane.

Die #2 führt erst am malerischen, glasklaren *Skykomish River* entlang und weiter durch eine herrliche Gebirgslandschaft. An der Strecke liegen mehrere *National Forest Campgrounds* und die *State Parks Wallace Falls* und *Lake Wenatchee*.

Bayern
made
in USA

Am Ostabhang der Berge passiert man **Leavenworth,** das sich zum *Bavarian ("Barbarian") Village* erklärt hat: *Just like Bavaria, but so close.* Man könnte es fast glauben, so ähnlich sind die Fassaden in diesem Städtchen den deutschen Vorbildern. Wer in Leavenworth die Nacht verbringen möcht, darf sich im *Enzian Inn* und *Ritterhof*, in der *Pension Abendblume* oder im *Haus Rohrbach* ganz wie in der Heimat fühlen. Das gilt auch fürs Essengehen; die Restaurants tragen Namen wie *Katzen-jammer* und *Rumpelstilzchen*. Da lacht das deutsche Herz und ordert *Francforters with Potato Salad* oder *Knodels with Sau-erkraut*. Das Preisniveau ist bei soviel *Gemutlichkeit* nicht niedrig und beginnt bei ca. $65-$70 fürs DZ.

Klima im
zentralen
Washington

Da östlich der Kaskaden relativ geringe Niederschläge fallen, unterscheidet sich der Charakter des zentralen Washington klimatisch und landschaftlich in dramatischer Weise von der Westregion. Gleichmäßig gutes und warmes Wetter, das Was-ser aus den Bergen und von den Stauseen des Columbia River begünstigen dort den Obst- und Gemüseanbau.

Östlich der Kaskaden

Von Yakima bis Okanogan kann man allerorten an Straßenverkaufsständen **Fresh Farm Produce** einkaufen oder das Obst selbst von den Bäumen pflücken. Dies kombiniert mit dem Klima, vielfältigen Wassersportmöglichkeiten und der Nähe der Berge zieht bis in den Herbst hinein viele Besucher an. Besonders der **Columbia River Bereich** um und nördlich von **Wenatchee** (Stausee Lake Entiat) besitzt eine stark auf den Tourismus ausgerichtete Infrastruktur.

Umweg über Lake Chelan

Touristischer Zentralort der Region mit allen Einrichtungen der kommerziellen Ferienfreude (zahlreiche Hotels/Motels) ist **Chelan**, 35 mi nördlich von Wenatchee am Südende des gleichnamigen Sees, der rund 80 km in die Kaskaden hineinragt. Lake Chelan füllt ein tiefes Gletschertal (Wassertiefe bis 450 m, im Schnitt um 300 m) und ist natürlichen Ursprungs. Zum Zweck der Stromerzeugung wurde sein Wasserstand durch einen Staudamm künstlich erhöht. Der Abfluß zum Columbia River erfolgt über den **Chelan Gorge**, einen *Canyon*, der heute meist trocken liegt. Der von Hochgebirge eingerahmte See mit seinen vielen Meilen einsamer Ufer, ungezählten Buchten und Anlegestellen (viele **NF-Campgrounds**)

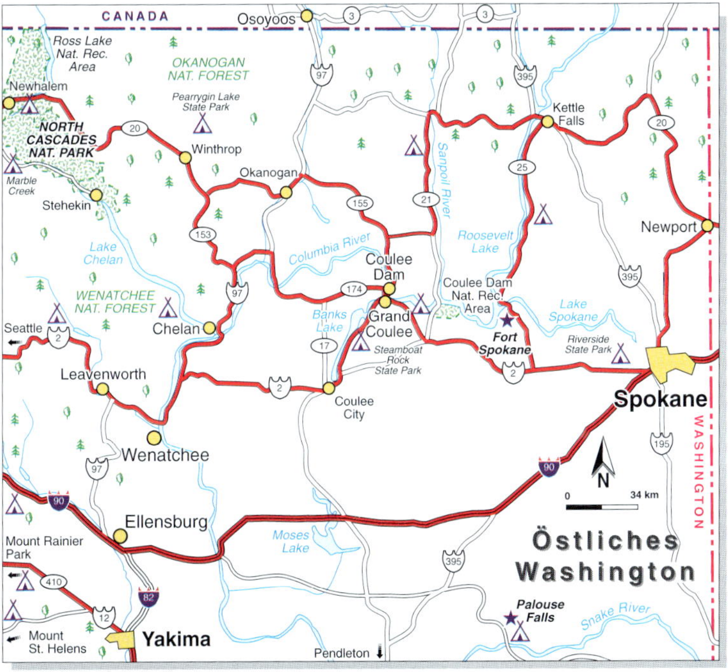

gilt als **eines der schönsten Bootsreviere des Nordwestens**. Sehr empfehlenswert ist zum **Baden** und **Campen** der *Lake Chelan State Park*, ca. 8 mi westlich des Ortes. Auch in Chelan befindet sich ein guter Campingplatz direkt am See.

Per Boot in den Kaskaden Park

Einzige Versorgungsbasis nördlich des *25 Mile State Park* (letzter per Straße erreichbarer Punkt) ist die Siedlung **Stehekin** ganz am Nordende des Sees. Stehekin dient als Ausgangspunkt für Wanderungen in die *Lake Chelan National Recreation Area* und für den populären *Trail* über den *Cascade Pass* hinüber nach Marblemount, ➯ Exkurs Seite 529. Von Anfang Juli bis Mitte September gibt es **3x täglich** einen **Shuttle Bus** vom Anleger/*Visitor Center* zum *Trailhead* nach *Cottonwood* (2 Stunden Fahrzeit). Nach Stehekin verkehrt das ganze Jahr über die schnelle *Lady Express* (ebenfalls 2 Stunden, im Sommer in Kombination mit dem langsamen Boot $41) und in der Hauptsaison zusätzlich die *Lady of the Lake* (4 Stunden, $22). Mit welchem Boot auch immer, ein **absolut toller Trip**!

Mit einem Abstecher über Chelan läßt sich das nächste Ziel, Grand Coulee, am besten über die Straßenkombination #97/#17 und #174 erreichen. Ohnedem bleibt man ab Wenatchee auf der #2, überquert den Columbia River und fährt an dessen Ostufer bis Orondo. Dort verläßt man die Obstgärten und nimmt nach 50 mi hinter Coulee City die #155. Diese Straße zum *Coulee Dam* führt durch *Canyons* und Felsabbrüche am Ufer des *Banks Lake* entlang. Ein komfortabler **Campingplatz** mit Strand wartet im *Steamboat Rock State Park*.

Coulee Damm

Der gewaltige *Coulee* **Staudamm** (Baujahr 1942) ist einer der größten seiner Art. Die Stromerzeugungskapazität seiner Turbinen gilt weltweit als unübertroffen. Hinter dem Damm staut sich der Roosevelt Lake mit einer Gesamtlänge von 250 km bis hinauf zur kanadischen Grenze. Seine Ufer und angrenzende Gebiete gehören zur **Coulee Dam National Recreation Area**, einem Freizeit- und Wassersportparadies mit unzähligen Armen und Buchten. Er ist das nördliche **Pendant zum** *Lake Powell* in

Der gewaltige Coulee Dam staut das Wasser des Columbia River zum 250 km langen Roosevelt Lake

Utah/Arizona mit dem Unterschied einer besseren Zugäng-
lichkeit per Straße, obschon auch in diesem Fall weite Ufer-
bereiche völlig einsam und nur mit Booten erreichbar sind.

Baden
Dank der Sommerhitze im zentralen Washington steigt die
Wassertemperatur bereits Ende Juni auf über 20°C und sinkt
nach weiterer Erwärmung erst Mitte September wieder unter
dieses Niveau. In einigen Nebenarmen (Spokane River) werden im Juli/August bis zu 28°C gemessen.

Camping /
Unterkunft
An den Seeufern gibt es viele *Campgrounds*. Ein schöner, das
Wasser überblickender und mit einem Badestrand verbunde-
ner Platz ist **Spring Canyon**, etwa 5 mi östlich Grand Coulee.
Am hohen Ufer des Banks Lake kann man im **Coulee Play-
land** in Electric City **zelten**, ⇨ Foto Seite 193.

Die Zahl der **Motels/Lodges** in den Ortschaften Electric City,
Grand Coulee und Coulee Dam ist gering. Neuester Anziehungspunkt ist ein großes **Spielkasino** (der *Colville* Indianer).

Lasershow
Am Staudamm findet in den Sommermonaten allabendlich
nach Einbruch der Dunkelheit ein tolles Laserspektakel statt.
Vom großen **Besucherzentrum** (geöffnet im Sommer 8.30–22
Uhr, vor/nach *Memorial/Labor Day* 9–17 Uhr) unterhalb des
Damms projiziert man zu Musik und erbaulichen Botschaften
nationaler wie unternehmensbezogener Art eine **prächtige
Farbenshow** auf die schneeweiß über die *Spillway* des Dam-
mes stürzenden Wassermassen. Die Anfangszeiten ca. 22 Uhr
im Juli, 21.30 Uhr im August, 20.30 Uhr im September.

Alternative
Route
Wer über genügend Zeit verfügt, könnte vom *Coulee Dam*
nach Spokane einen sehr schönen Umweg fahren (Zeitbedarf
mindestens ein zusätzlicher Tag):

Zunächst ginge es auf der **Straße #155** nach Nespelem (dort
das Grab des bekannten Indianerhäuptlings *Chief Joseph*) und
weiter durch die **Colville Indian Reservation** (ggf. Abstecher
an den kleinen Owhi Lake) hinüber zur **#21**, einem "Geheimtip" dieser Region. Die Straße läuft parallel zum **Sanpoil River**,
der malerisch durch die *Kettle River Mountains* schneidet.
Republic, ein altes Goldrauschstädtchen mit z. T. noch intakten Minen, ist der einzig nennenswerte Ort weit und breit.

Dort gibt es sogar ein **Hostel** auf der **Triangle J Ranch**, ✆ (509)
775-3933 (Bett $11). Auf der **#20** überquert man die Kettle
River Mountains und fährt ab Kettle Falls 84 mi auf der **#25**
am *Roosevelt Lake* entlang nach **Fort Spokane**. Vom alten
Fort existieren kaum noch Reste. Badestopps sorgen an Schönwettertagen für mehr Abwechslung.

Zum
Glacier Park
auf Neben-
straßen
Bei **Verzicht auf Spokane** (sollte nicht allzu schwerfallen) und
Ziel *Glacier Park* entspricht dieser Schlenker in den Norden
mit Verbleib auf der #20 und Weiterfahrt in Idaho/Montana
auf der #2 (siehe unten) gleichzeitig der schönsten Route überhaupt, wiewohl sie viel Zeit kostet.

Spokane   Die zweitgrößte Stadt von Washington State, Spokane, hat für ihre Größe (175.000 Einwohner) nicht ganz viel zu bieten. Die kleine, nicht besonders ansehnliche **Innenstadt** liegt zwischen Spokane River/I-90 und Browne/Monroe Streets.

Riverfront Park   Zentraler Anlaufpunkt ist der unverfehlbare **Riverfront Park** (Zufahrt von der I-90/Monroe Street, dann Spokane Falls Blvd), dem Überbleibsel einer damals kaum beachteten Weltausstellung 1974. Zu diesem Komplex am Fluß gehören ein IMAX-Kino und ein kleiner Dauerjahrmarkt. Eine Gondelseilbahn schaukelt Besucher über die heute wenig aufregenden *Spokane Falls,* denen eine Staustufe den Zahn gezogen hat.

Museen   Als kulturelles Aushängeschild der Stadt gilt das **Cheney Cowles Memorial Museum** mit einer gemischten historischen, naturkundlichen und Kunst-Ausstellung einschließlich indianischer Abteilung. Eine **Villa des 19.Jahrhunderts** im englischen Tudor-Stil mit zeitgenössischer Möblierung gehört mit zum Komplex. Geöffnet Di–Sa 10–17 Uhr, So ab 13 Uhr; $4. Das Museum liegt am westlichen Ende der 1st Ave in einem schönen Villenviertel hoch über dem Spokane River; Anfahrt nur über die 2nd Ave.

Planschbad   Näher als Museumsbesuche liegt bei der in Spokane sommers vorherrschenden Hitze Abkühlung im Planschpark **Splash-down Waterslide** im *Valley Mission Park* südlich der I-90, Ausfahrt 289. Geöffnet 10–19 Uhr, So ab 12 Uhr von *Memorial* bis *Labor Day*; $11, Kinder $9.

Unterkunft   **Hohe Motel-/Hotelkapazitäten** an den Ausfallstraßen sorgen in Spokane im allgemeinen für relativ moderate Tarife.

Der **Riverside State Park** legt ca. 6 mi nordwestlich auf der Sprague/Riverside Ave, dann Riverside Park Drive.

Zum Glacier Park   Bei Ziel *Glacier Park* könnte man auch noch ab Spokane der **Straße #2** folgen (➪ vorige Seite unten). Bis über Sandpoint/Idaho hinaus bringt diese Strecke aber zunächst wenig. Erst im einsamen Abschnitt zwischen Troy und Kalispell/Montana durch die **Purcell Mountains** wird man für den Umweg belohnt. Da auch die Autobahn und mögliche Abkürzungen in Richtung Norden landschaftlich überzeugen, sollte man ab Spokane die raschere Fahrt auf der **I-90** bevorzugen.

Coeur d'Alene   Am Wege liegt bereits in Idaho ein Ort mit dem hübschen französischen Namen Coeur d'Alene, laut einer Umfrage vor wenigen Jahren **eine der zehn schönsten Kleinstädte der USA**. Direkt am gleichnamigen See erstrecken sich europäisch anmutende Parkanlagen, Marinas und Appartementkomplexe der Luxus-Kategorie. Das Zentrum ist auffallend gepflegt. Die Seeufer befinden sich überwiegend in Privatbesitz und stehen voller Ferienhäuser. Der öffentliche Zugang ist dadurch ziemlich beschränkt. Außerhalb des Strandbades in Coeur d'Alene kommt man östlich der Stadt am besten an den See heran.

Abkürzung zum Glacier Park	Eine gute Abkürzung zum *Glacier Park* bietet die Straßenkombination **#135/#200/#28** ab St.Regis/Montana, die in Elmo am *Flathead Lake* auf die **Hauptzufahrt #93** zum Nationalpark und damit auf die **Rundstrecke 7.3** stößt.
Büffelpark	Bei Interesse am Besuch der **National Bison Range** (Büffelgehege) bei Ravalli könnte man weiter der **#200** in östliche Richtung folgen (7 mi westlich von Ravalli geht's links zum ***Visitor Center*** bei Agency, ⇨ Seite 653). Die **#93** erreicht man in Ravalli. Bei Verbleib auf der **I-90** ergibt sich der **Anschluß an die Route 7.3** bei Missoula, ⇨ ebenfalls Seite 653.

EXKURS:	ÜBER DEN NORTH CASCADES HIGHWAY ZUM COULEE DAM

Die nördlichste Route von Seattle nach Osten führt über den **North Cascades National Park**. Auf der Ostseite der Kaskaden stößt die Straße in Chelan bzw. Grand Coulee auf die bereits beschriebene Route.

Die Anfahrt zum Nationalpark erfolgt auf der I-5 nach Norden, ab Burlington auf der #20 nach Osten. Die auch mögliche #530 ab Arlington bringt nichts. Ein ***Visitor Center*** für den *North Cascades Park* befindet sich an der #2 bereits in Sedro Woolley, ein weiteres in Newhalem.

Lake Baker

In den Bereich des nördlichsten der immer schneebedeckten Kaskadenvulkane, **Mount Baker**, führt die Stichstraße #11 ab **Birdsview** oder **Concrete**. An den malerisch gelegenen Seen **Shannon** und **Baker Lake** und entlang der Straße passiert man mehrere **NF-Campgrounds**. Sehr schön liegt das **Lake Baker Resort** mit **Lodge**, Bootsverleih und **Camping** am See fast am Ende der Straße, ca. 20 mi nördlich Birdsview, ✆ (360) 757-2262. Unweit der *Lodge* führt ein ***Trail*** (ca. 30 min) zu einem natürlichen heißen **Badepool** im Wald.

Camping

Schönes Camping mit *Hook-ups* mitten im **Regenwald** gibt es im **Rasar State Park** am Skagit River ca. 4 mi östlich von Hamilton und im **Rockport State Park** einige Meilen westlich von Marblemount.

Die *Cascade River Road* führt von **Marblemount** bis in den Nationalpark hinein. 8 mi von Marblemount entfernt liegt der **National Forest Campground Marble Creek** im noch dichteren Regenwald; er gehört zur Einfachkategorie, bietet aber absolutes Naturerlebnis, am besten ganz am Ende des Platzes am Bach. Nicht so romantisch, dafür lediglich 3 mi von Marblemount entfernt, campt man auf der anderen Seite des Cascade River auf dem Platz **Cascade Island**.

Trail zum Lake Chelan

Die Straße endet nach 20 mi, ca. 2,5 mi vor dem ***Cascade Pass***, der nur zu Fuß überquert werden kann. Ab **Cottonwood** (5 mi südlich des Passes) verkehrt im Sommer 3x täglich der **Shuttle Bus** des *Park Service* nach Stehekin/Lake Chelan.

Ross Lake National Recreation Area

Von Marblemount führt der *North Cascade Highway* in die **Ross Lake National Recreation Area**, die den Nationalpark in ein Nord- und Südareal teilt. Ein **North Cascades Visitor Center** des *Park Service* befindet sich bei Newhalem, außerdem ein *Info Center* von *Seattle City Lights*, dem Betreiber der Wasserkraftwerke des hier dreifach gestauten Skagit River. Die Straße passiert weiter östlich die Dämme des **Diablo** und **Ross Lake** und Zufahrten zu großen Marinas. Abgesehen davon ist der 20 mi lange See nur per Boot oder auf Wanderwegen zugänglich (von Canada aus führt eine 60-mi-Stichstraße an sein Nordende).

In Newhalem und am Lake Diablo gibt es diverse *Campgrounds*; am besten: **Colonial Creek** am *Thunder Creek Arm*.

Washington Pass

Durch weiter grandiose Gebirgslandschaft geht es über den **Washington Pass** (auf etwa halber Strecke von Diablo nach Winthrop am Fuß der Berge). Die Auffahrt zum **Pass Overlook**, einem exponierten Aussichtspunkt, darf man nicht auslassen. Etwas tiefer passiert man weitere **NF-Campgrounds**.

Winthrop

In Winthrop warten einige originelle **Fotomotive**, denn das Städtchen – obwohl ohne eigene Wildwest-Vergangenheit – hat sich einen typischen **Western-Town-Look** zugelegt. Am Abend ist dort dank diverser **Restaurants**, **Saloon** und **Dance Hall** mehr los, als man bei 400 Einwohnern erwarten würde. Tagsüber verdient das **Shafer Museum** mit nostalgischem Sammelsurium einen Besuch, täglich 10–17 Uhr.

Ein Zwischenstop in Winthrop sollte auf jeden Fall eingelegt werden. Quartiere sind zwar reichlich vorhanden, aber relativ teuer. Der **Pearrygin Lake State Park** ca. 5 mi nordöstlich von Winthrop verfügt über einen gut angelegten und komfortablen **Campground**. Ortsnäher und auch nicht schlecht campt man bei **KOA** südlich des Ortes.

Über Okanogan und dann Straße #155 (besser als #153/#17/#174) erreicht man den **Grand Coulee Dam**, ⇨ Seite 526.

5.3

STARTROUTE #2 AB SEATTLE:
ÜBER MOUNT RAINIER UND MOUNT ST. HELENS
DURCH OREGON UND IDAHO ZUM YELLOWSTONE

Zur Route

Während man bei Entscheidung für Startroute #1 den *Yellowstone Park* von Norden oder Westen ansteuert, eignet sich die Startroute #2 besser für die Anfahrt von Süden her über Jackson/Wyoming und den *Grand Teton National Park*. Die Startroute #1 könnte dann die Rückroute für eine Nordwest-Rundreise sein. Umgekehrt entspricht die Startroute #2 einer geeigneten Strecke für die Rückreise, wenn die Rundreise ab/bis Seattle entsprechend der Route #1 begonnen wurde.

Startroute #2 als Einstieg für eine Westküste-Kaskaden-Rundreise (Kapitel 6)

Nach dem Besuch des *Mount St. Helens Volcanic Monument* und dem Erreichen des Columbia River besteht außerdem die Möglichkeit, die Reise noch gar nicht gleich nach Osten fortzusetzen, sondern erst einmal am Ostrand der Kaskaden entlang zu fahren und Oregon z.B. ab Bend zu durchqueren, ⇨ Seite 587. Ebenso könnte die Startroute #2 der Einstieg zu einer Weiterfahrt nach Süden sein auf einer Route, die dem Verlauf der im folgenden Kapitel beschriebenen Rundreise entspricht– ab Portland in gleicher Richtung (⇨ Seite 550) oder aber ab Hood River in Gegenrichtung, ⇨ Seite 590.

Zum Mount Rainier National Park

(Karte auf Seite 543)

Erstes Ziel auf dieser Strecke ist der *Mount Rainier National Park*. Prinzipiell gibt es von Seattle dafür zwei meilenmäßig in etwa gleich weite Zufahrten. **Unter dem Aspekt der Fortsetzung der Reise nach Süden zum Mount St. Helens ist die Straße #410 zur nordöstlichen Parkeinfahrt vorzuziehen.** Die Straßenkombination #7 (ggf. #161) und #706 zum westlichen Haupteingang sollte nur wählen, wer entweder von vornherein auf den Besuch der *Sunrise*-Region verzichtet oder aber den *Mount St. Helens* ausläßt zugunsten einer rascheren Reise über Yakima und dann I-82/I-84 nach Osten.

Zur Westeinfahrt des Mount Rainier National Park

Wer die landschaftlich – gegenüber der Straße #410 – gleichwertige Route zum südwestlichen Haupteingang wählt (Straße #161, dann #7 und #706), erreicht bei La Grande den **Alder Lake**, einen stark genutzten Freizeitsee, und damit das beste Teilstück der Strecke.

Am Alder Lake kann man vor den Toren des Parks am besten **campen**. Weiter westlich gibt es nur noch einige weniger attraktive Privatplätze. Zwischen La Grande und der Parkeinfahrt passiert man viele **Motels** und *B&B*-**Angebote**, von denen nur einige in den Verzeichnissen zu finden sind. Außer an Wochenenden kommt man in diesem Bereich auch im Sommer im allgemeinen ganz gut unter; und die Tarife sind eher moderat.

Straße #410

Die **Straße #410** besitzt weitere **Vorteile**: Sie ist nicht so stark befahren, und bereits bei der Anfahrt von Seattle vermeidet man die Verkehrsbelastung im Bereich Tacoma durch rechtzeitiges Ausweichen vom *Freeway* #167 auf die #164 bei Auburn. Außerdem passiert man als erstes Zwischenziel im Park das *Sunrise* Gebiet (siehe unten) und muß dafür keine Doppelfahrt in Kauf nehmen. Das dann ggf. notwendige doppelte Abfahren der Straße zur *Paradise* Region ist weniger nachteilig, da sie durch den reizvollsten Bereich des Parks führt, der sich dem Auge bei Hin- und Rückfahrt ganz unterschiedlich präsentiert.

Höchster Kaskaden gipfel

Der Vulkan **Mount Rainier**, mit fast 4.400 m der höchste Berg der Kaskaden, bietet zu jeder Jahreszeit ein eindrucksvolles Bild. Die **Gletscher** reichen weit nach unten; der Krater ist immer schneebedeckt. Dünne Rauchspuren künden häufig von der in seinem Inneren noch brodelnden vulkanischen Aktivität, die – wie im Fall des *Mount St. Helens* – eines Tages zum Ausbruch führen könnte. Der **weißblaue Gipfel** ist bei klarer Sicht selbst im 100 km entfernten Seattle noch deutlich zu sehen. Herrlich unberührte Wälder und Almen umgeben diesen majestätischen Berg.

Bereiche

Die durch den Park führenden Straßen (#706, die schönste Strecke, und #123/#410) laufen in einem weiten südwestlichen Bogen um den *Mount Rainier* und seine Ausläufer herum. Zwei Zubringer führen zu Ausgangspunkten für Wanderungen und Gletscherbesteigungen:

Paradise

– Eine *Loop Road* durch das **Paradise Valley** im Süden des *Mount Rainier* bringt die Besucher zum **Paradise Visitor Center** und zu den gletschernächsten **Trails** des Parks. Dort sollte man sich als Minimalprogramm den **Nisqually Vista Nature Trail** vornehmen. Noch besser wäre der sehr schöne **Skyline Trail** (ggf. mit **Alta Vista Trail** ab *Visitor Center*); für die Gesamtstrecke (ca. 5 mi) benötigt man ab 3 Stunden.

Mount Rainier im August von der Sunrise Region aus gesehen

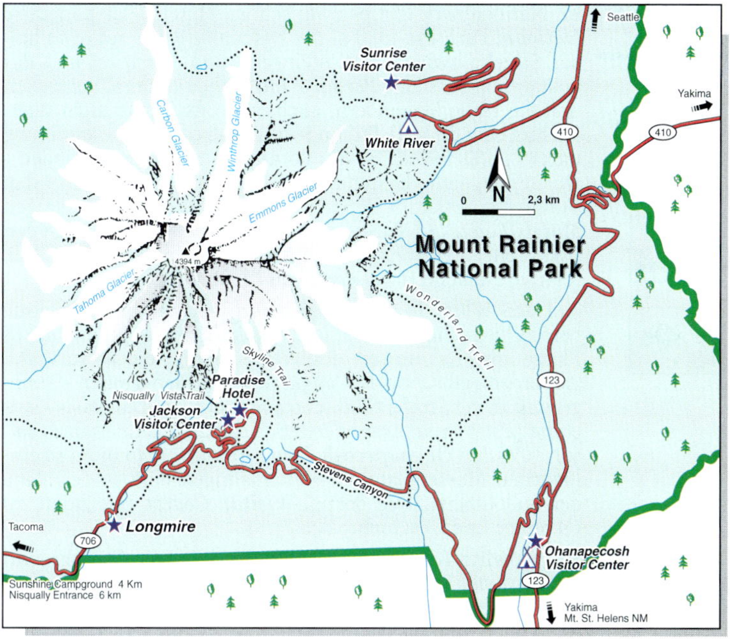

[Map of Mount Rainier National Park showing locations including Sunrise Visitor Center, White River, Paradise Hotel, Jackson Visitor Center, Longmire, Ohanapecosh Visitor Center, and various glaciers (Carbon Glacier, Winthrop Glacier, Emmons Glacier, Tahoma Glacier), with roads 410, 123, 706, and directions to Seattle, Yakima, Tacoma, and Mt. St. Helens NM]

Sunrise – Für die serpentinenreiche Straße (14 mi ab *Mather Memorial Pwy* #410) zur **Sunrise Region** im Parkosten muß man ein bißchen **Extra-Zeit** mitbringen. Bei gutem Wetter wird man für die Anfahrt reich belohnt: die schönsten Ausblicke auf den Gipfel hat man von dieser Seite. Hinter dem *Visitor Center* liegt ein **Picknickplatz** mit Traumpanorama.

Trails – Dort starten weitere *Trails*. Zu empfehlen ist der **Frozen Lake Loop Trail** über die *Sourdough Ridge* (ca. 2-3 Stunden) mit diversen Erweiterungsmöglichkeiten, z.B. über den sehr schönen Shadow Lake. Die Gletscher sind weit entfernt, die *Sunrise* nächsten **Winthrop** und **Emmons Glaciers** bereits 5 mi. Der beliebte **Wonderland Trail** verbindet beide Regionen (30 mi, mindestens 2 Tage). Er beginnt am herrlich gelegenen **White River Campground** einige Meilen abseits der *Sunrise Road* (von dieser kurze Stichstraße dorthin).

Zum Gipfel
Wer Neigung zur **Erklimmung des Mount Rainier** verspürt, ohne selbst Bergspezialist zu sein, kann 3-tägige **Gipfeltouren** für ca. $400 buchen. Ein Tag dient der Vorbereitung, zwei Tage dauert der eigentliche Trip. Die notwendige Ausrüstung wird weitgehend gestellt. Auskünfte bei **Rainier Mountaineering**, 535 Dock St, Tacoma, WA 98402, ✆ (360) 569-2227.

**Unterkunft/
Camping**

Im Nationalpark gibt es zwei schöne Hotels: Das **Longmire National Park Inn** im Tal des Nisqually River auf etwa halber Strecke zwischen Westeingang und *Paradise*, und das nostalgisch-rustikale **Paradise Inn** (unbedingt mal `reingehen und die Halle bewundern, auch wenn man dort nicht übernachtet oder diniert); DZ im Sommer ab ca. $70, Reservierung unter ℂ (360) 569-2275. Wer dort nicht unterkommt, findet – wie gesagt, siehe Kasten Seite 531 – viele Angebote vor den Toren des Parks im Westen. Ein hübscher Ort mit einigen

Motels/Lodges ist **Packwood** an der Straße #12 zwischen den Parks. Ein gutes Preis-Leistungsverhältnis bietet dort das alte, relative einfache **Hotel Packwood** ℂ (360) 494-5431.

Auf den **White River Campground** (110 Stellplätze) wurde bereits hingewiesen, er ist nach **Sunshine Point** (klein, nur 18 Plätze am Fluß unweit des Westeingangs) die beste Wahl. Außerdem gibt`s noch **Cougar Rock**, einen großen *Campground* an der Straße #706. Vergabe aller Plätze auf Basis *First-come-first-served*. Reservieren (↪ Seite 201) kann man ab Saison 1998 den **Ohanapecosh Campground**, einen nicht so einladenden Massenplatz am gleichnamigen Fluß in der Nähe der Südeinfahrt. Das dortige **Visitor Center** informiert zu Ökologie und Geschichte des Parks.

Am Cowlitz River befindet sich der **Wis-Wis Campground** des *National Forest Service* mit sehr schönen Stellplätzen am Wildwasser: nach Einfahrt auf den weitläufigen Platz (von der #12 gleich südlich des Straßendreiecks mit der #123) folge man dem Schild *Tent Camping* bis zum Ende zu den besten Uferplätzen (auch für RVs). Wenn alles besetzt sein sollte: die

primitive Gratis-Ausweichlösung ist **Summit Creek**, ein Plätzchen abseits der #12 Richtung Osten, Schild nach links kurz hinter der Kreuzung, dann ca. 3 mi *Forest Road* (Gravel).

Abschließend anzumerken ist, daß außer in **Longmire** (Laden mit begrenztem Sortiment) im *Mount Rainier Park* **keine Einkaufsmöglichkeit** besteht, wenn man von Snacks und Postkarten in den oben beschriebenen Bereichen absieht.

**Zum Mount
St. Helens**

Von der **südöstlichen Aus-/Einfahrt** sind es rund 30 mi auf den Straßen #123/#12 am idyllischen **Cowlitz River** entlang bis Randle, von wo ein Netz (heute asphaltierter) Forststraßen die besonders reizvolle Ostseite des **Mount St. Helens National Volcanic Monument** erschließt.

In **Packwood**, einem kleinen Ort mit einer Handvoll *Lodges* und *Motels* (siehe oben), gibt es einen akzeptablen **Campground** mit *Hook-up*. Dasselbe gilt für das ansonsten unauffällige Randle. Wer in diesem Bereich ans Campen denkt,

sollte den wunderbaren **Iron Creek Campground** unter riesigen Douglasfichten, 10 mi südlich von Randle, ins Auge fassen, nach *Wis-Wis* der beste Platz weit und breit

Ausbruch des Mount St. Helens

An den spektakulären Ausbruch des *Mount St. Helens* im Jahre 1980 wird sich mancher Leser noch erinnern. Drei Tage ununterbrochener Eruptionen und kleinere Nachbeben führten damals zu einer Verdunkelung des Himmels über Washington. Gletscher schmolzen und sorgten für Schlammfluten in der Umgebung. Viele Quadratkilometer Waldflächen im weiten Umkreis des Berges wurden total vernichtet, Lava ergoß sich auch nach Südosten. Das **Ergebnis** der vulkanischen Aktivitäten war **ein um 400 Höhenmeter reduzierter Berg** mit einem 1,5 km breiten, nach Norden aufgebrochenen Krater.

National Volcanic Monument

Schon 1982 stellte der Kongress ein großes Areal rund um den Berg als *Volcanic Monument* unter die Verwaltung der Nationalparkbehörde. Der Krater selbst und das von Zerstörung am stärksten betroffene Gebiet wurden zur Sperrzone erklärt. Man wollte die sich überraschend schnell abzeichnende Erholung der Natur in der *Desaster Area*, in der zunächst alles Leben untergegangen zu sein schien, ungestört von menschlicher Einwirkung beobachten und auswerten. In der Zwischenzeit ist bereits eine erstaunliche Erholung der Natur eingetreten, wenn auch die großflächige Zerstörung nach wie vor offensichtlich ist. Die Forststraßen des Gebietes wurden zur Besucherbewältigung weiträumig ausgebaut und erlauben nun problemlose Fahrten bis hinauf zur *Windy Ridge.* Auf der **Westseite** existieren zwei *Visitor Center*, ⇨ Seite 548.

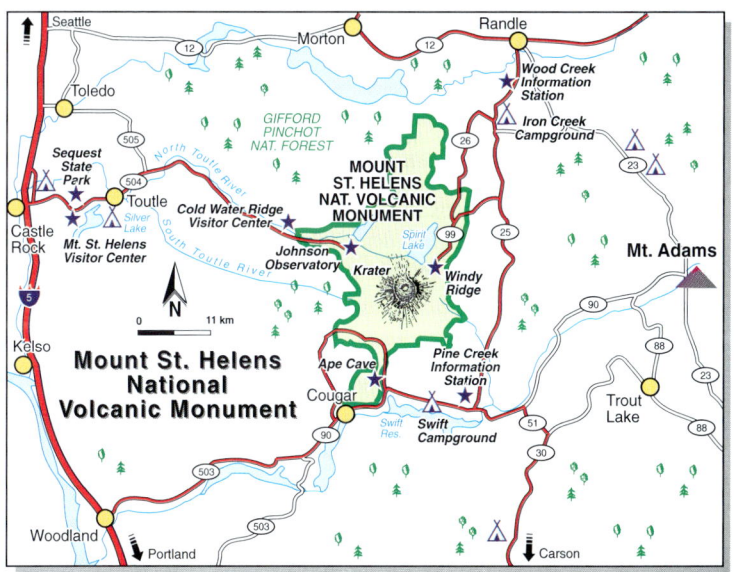

Monument Pass

Für den Zutritt zum *Mount St. Helens*-Gebiet haben sich *National Park* und *Forest Service*, die gemeinschaftlich dessen Verwaltung und Pflege betreiben, etwas Neues einfallen lassen. Die Fahrt durch das Gebiet ist frei. Wer aber aussteigt und die eigens für Besucher angelegten Einrichtungen (Parkplätze und Aussichtspunkte) benutzt, darf dies nur mit einem **Monument Pass** an der Windschutzscheibe. Der kostet $8 pro Person (!) ab Lebensalter 16 (darunter frei) und ist drei Tage gültig. **Der *Golden Eagle Passport* gilt nicht!** Man kann den Pass in den **Visitor Centers**, in **Information Stations** am Wege (dort gibt es auch den sehr informativen **Volcano Review**, die offizielle Zeitung mit Karten und einer Fülle aktueller Informationen) und in Läden rund um das Monument kaufen.

Windy Ridge

Als Zufahrt zum Ostareal dient die Straße #25. Ca. 25 mi südlich von Randle geht es auf der #99 nach Westen hinauf zur *Windy Ridge.* Der Gebirgskamm liegt über dem einst malerischen Bergsee **Spirit Lake** in größter Nähe zum Krater. Die Fahrt und der Blick von den diversen Aussichtspunkten vermitteln einen plastischen Eindruck von den Naturgewalten, die hier einst im Spiel waren. Die beste Foto- und Beobachtungsposition bietet der Hügel über dem Parkplatz ganz am Straßenende. Ein Treppenzug führt hinauf. Zum Spirit Lake hinunter führt ein **Trail** ab dem *Harmony View Point*.

Trails

Aber nur richtig abseits der Straße läßt sich das **Mount St. Helens Phänomen** wirklich erfassen. Auf einer Vielzahl von *Trails* kann man die im Hochsommer bisweilen stark befahrenen Zubringer und insbesondere die überlaufene *Windy Ridge* rasch hinter sich bringen. Da man heute in die einst gesperrte Zone (**Restricted Area**) der größten Zerstörung hineinlaufen darf, sind die entsprechenden Wege am interessantesten. Man benötigt dafür genauere als die im *Volcano Review* enthaltenen Karten. U.a. in der **Visitor Information** an der *Windy Ridge* gibt es die nötige *Trail Information*.

Auf den Gipfel

Man darf sogar auf den **Gipfel des *Mount St. Helens*** an den Rand des Vulkans. Für die weniger Wander-, als Kraxeltour gibt es eine tägliche Quote von **100 Permits**. Davon lassen sich 60 im voraus reservieren; 40 werden täglich um 18 Uhr für den Folgetag in *Jack's Store*, 5 mi westlich von Cougar, verlost. Anmeldung zur **Lottery** um 17.30 Uhr. Alle ggf. wechselnden Details dazu erfährt man unter ✆ (360) 247-3961.

Ape Cave

Im südlichen Bereich des Monuments beginnt nicht nur der Gipfeltrail, man stößt dort auch auf ein **Wegenetz** durch eine auf frühere Ausbrüche zurückgehende **Lavalandschaft**, wie sie ähnlich in Oregon und Nordkaliforniens zu finden ist. Einen Besuch verdient unbedingt die **Ape Cave**, eine nach beiden Seiten hin offene, fast 1 km lange Höhle. Die *Ranger Station* am Beginn des **Ape Cave Trail** verleiht Laternen (10–18 Uhr).

Spirit Lake: vor dem Ausbruch ein idyllischer Bergsee im dichten Hochwald, jetzt aufgestaut in verkarsteter Landschaft. Tausende von Baumstämmen bedecken seit 1980 die Wasserfläche

Zeitbedarf

Es sei angemerkt, daß die scheinbar geringen Entfernungen um den *Mount St. Helens* wegen der Streckenführung, bisweilen starken Verkehrs und obendrein geringer Geschwindigkeiten relativ viel Zeit kosten. Für einen Besuch, der über ein "Füßevertreten" auf der *Windy Ridge* hinausgeht, z.B. eine kleine Wanderung einschließt, benötigt man leicht **einen ganzen Tag**. Das gilt auf jeden Fall für eine "Vollumrundung" einschließlich der Westseite, ⇨ folgendes Kapitel, Seite 548.

Zum Columbia River

Auf dieser Route verläßt man die *Mount St. Helens*-Region bei der **Pine Creek Information Station** über die Straße #90, dann #51, und auf der #30 geht es letztlich nach Carson am Columbia River, eine schöne Route auf guter Straße durch den *Gifford Pinchot National Forest*. **Gebührenfrei** und unorganisiert übernachtet man auf dem **Campground Government Mineral Springs** auf halber Strecke nach Carson (2 mi westlich der #30, Hinweisschild).

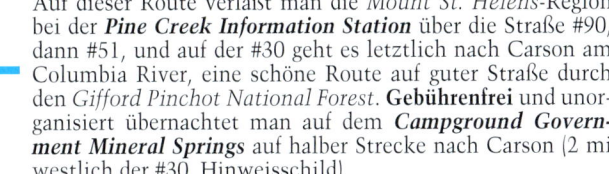

Eine besondere Übernachtung kann man sich in der **Skamania Lodge** gönnen, einem rustikalen Edelhotel in Alleinlage mit Ausrichtung zum Columbia River. Es liegt bei Stevenson, 7 mi westlich von Carson, DZ ab $90, ✆ (888) SKAMANIA.

Straße #14 oder I-84?

Der schnelle Weg nach Osten entspricht nun dem Verlauf der I-84 auf dem Südufer des Columbia River, zu erreichen über die Brücke nach Cascade Locks oder Hood River. Wer sich schon hier für die *Interstate* entscheidet, kommt via Cascade Locks trotz einiger Mehrmeilen schneller voran.

Zu **Zwischenstopps** an der *Columbia River Gorge* ⇨ Seite 590.

Ein Verbleiben auf der #14, auf dem Nordufer des Flusses also, macht nicht viel Sinn, auch wenn einzelne Straßenabschnitte durchaus reizvoll sind. Man verbraucht dort zuviel Zeit.

Maryhill

Einzige echte Sehenswürdigkeit an der #14, die leicht auch als **Abstecher von der I-84** (ab Biggs) erreicht werden kann, ist das dort gänzlich unerwartete, an italienische Renaissance erinnernde Gebäude des **Maryhill Art Museum** (9–17 Uhr, Eintritt $5) hoch über dem Fluß. Es entstand als Privatvilla des Millionärs *Sam Hill* Anfang des Jahrhunderts. Nach seinem Tod wurde daraus ein Kunstmuseum mit einer zwar heterogenen Kollektion unterschiedlichster Objekte, darunter aber bemerkenswerte Einzelstücke und Sondersammlungen, u.a. Skulpturen und Gemälde *Auguste Rodins*, zahlreiche kunstvolle Schachspiele und russische Ikonen.

Derselbe *Sam Hill* ließ einige Meilen östlich eine Replica des englischen **Stonehenge** als *Memorial* für Gefallene des 1. Weltkriegs errichten.

Unten am Fluß liegt der außergewöhnlich gute **Campground** des **Maryhill State Park** mit allem Komfort und Badestrand.

Nach Osten auf der I-84

Sommerhitze und Trockenheit kennzeichnen die Ebene zwischen Kaskadengebirge und den nordwestlichen Höhenzügen der Rocky Mountains. Nur starke Bewässerung ermöglicht hier wie im zentralen Washington die landwirtschaftliche Nutzung. Besonderes zu sehen gibt es an der I-84 trotz des weitgehenden Verlaufs am Columbia River entlang nichts. Erst bei Erreichen der Blue Mountains wird das Landschaftsbild wieder erfreulicher. Noch in der Ebene passiert die *Interstate* Pendleton, Zentralort des nordöstlichen Oregon.

Pendleton Rodeo

Gäbe es nicht das **Pendleton Round-up**, **eine der bekanntesten Rodeo-Großveranstaltungen Nordamerikas**, wäre die 15.000-Einwohner-Stadt in dieser entlegenen Ecke des Staates kaum jemandem ein Begriff. Alljährlich in der zweiten vollen Septemberwoche verwandelt sich Pendleton vom Provinznest in den Rodeo-Nabel der USA. Aber rund geht es so richtig erst ab Mittwoch (bis Samstag) mit dem täglichen Rodeo am frühen Nachmittag und der großen **Wildwest-Show** am Abend in der **Happy Canyon Open Air Arena**. Anschließend finden Umtrunk und Tanz in der **Happy Canyon Dance Hall** bis zum frühen Morgen statt. Die Stadt "vibriert" in diesen Tagen mit **Cowboys Breakfast** und **Barbecue**, Umzügen (vor allem die **Westward Ho! Parade** am Freitag Vormittag!) und vollem Programm in der *Main Street* vom Nachmittag bis zum Abend: **Country Music, Square Dance** und **Gunfights.**

Die **Eintrittspreise** für Rodeo und Abendveranstaltungen sind moderat, beides ist schon ab $10 zu haben und geht selbst für die besten Plätze nicht über $20 hinaus. Nicht nur die sind indessen schon ein Jahr vorher restlos ausverkauft. **Tickets** kann man bis zu 2 Jahren im voraus **reservieren**: ✆ (800) 457-6336 bzw. (541) 276-2553. Generelle Auskünfte erhält man auch bei der **Chamber of Commerce**, ✆ (800) 547-8911.

Unterkunft

Die **Unterkunftsituation** in den Tagen des *Round-up* ist chaotisch. **Zentrale Buchung** von Privatquartieren ab August: ℰ (800) 547-8911 (von außerhalb Oregons) oder (800) 452-9403 (von Oregon aus). **Camping** wird auf *first-come-first-served* Basis zentral geregelt. Das Vergabebüro für die in diesen Tagen 1500 ausgewiesenen Stellplätze befindet sich in 3920 Westgate, **Ausfahrt #207** von der I-84.

Zu anderen Zeiten übernachtet man in Pendleton ziemlich preiswert. **Motelzimmer** gibt es ab $30.

Zum Hells Canyon

Östlich von Pendleton erreicht die I-84 die **Blue Mountains** und damit den besten Abschnitt ihres Verlaufs im östlichen Oregon. Im *State Park Emigrant Springs* campt man besser als auf einem der privaten Plätze bei Pendleton. Man kann dort – wie in *Farewell Bend* – im **Planwagen** übernachten. Noch ca. 100 mi sind es bis **Baker City**. Am *Exit 302* zweigt die Straße #86 zum *Hells Canyon* ab, ➪ die unter 7.3 beschriebene Route durch den zentralen Nordwesten.

Baker City

Einige Meilen östlich der I-84 befindet sich an der #86 das **Oregon Trail Interpretive Center**, eine Art historisches Museum mit Außenbereich und *Trails*, an denen noch heute die tief eingefurchten Spuren der Planwagen der ersten nach Oregon strebenden Siedler zu besichtigen sind. Im Sommer gibt es Vorführungen durch zeitgenössisch gekleidete Immigranten aus jener Zeit, dann 9–18 Uhr geöffnet, sonst bis 16 Uhr.

In Baker kann man ebenfalls preiswert übernachten. Die Häuser der Motelketten sind nicht zu verfehlen (**Sleep Inn, Quality, Shilo, Super 8, Best Western, Budget Inn**). Gleich neben der *Interstate* steht das **Oregon Trail Regional Museum**, eine Ergänzung, keine Alternative zum *Interpretive Center*.

Auf der Weiterfahrt nach Idaho auf der I-84 passiert man den **Farewell Bend State Park** am Snake River. Der Park verfügt über einen prima angelegten *Campground* und vor allem über **Planwagen** und **Teepees**, die sich mieten lassen. Die *Wagons* stehen direkt über dem hohen Flußufer; Details auf Seite 191.

In Idaho bzw. **Boise** ist der Anschluß an die Routen durch den zentralen Nordwesten hergestellt, ➪ Seite 662.

Covered Wagon als Blickfang vorm State Park Farewell Bend. Am Snake River stehen zwei Planwagen mit Matrazen und allem Drum und Dran; eine Übernachtung bis zu 4 Personen kostet $25

6. WESTKÜSTEN-KASKADEN-RUNDSTRECKE

6.1 ZUR ROUTE

Startpunkt: Seattle und San Francisco, ggf. Portland

Gesamtstrecke:
Rechnerisch 3.500-4.000 km, realistisch 4.500-5.500 km

Zeitbedarf:
Nicht unter 3, besser 4 Wochen, speziell, wenn eventuell noch der Besuch des *Yosemite NP* mit eingeschlossen werden soll. **Teilstrecken** mit kürzerer Dauer sind auch als Rundkurs leicht definierbar, etwa bis Portland und dann zurück über den *Mount St. Helens* und *Mount Rainier NP*, ⇨ vorstehenden Abschnitt (etwa 6-9 Tage). Weitere Umkehrpunkte wären der *Redwoods NP* und Eureka in Nordkalifornien. Von ersterem kann man leicht zum *Crater Lake NP* hinüberfahren und sich dann wieder nördlich orientieren (9-14 Tage); ab Eureka gilt dasselbe in Verbindung mit der *Whiskeytown Shasta-Trinity NRA* und dem *Lassen Volcanic NP* (ca. 14-20 Tage)

Beste Reisezeit:
Juli bis einschließlich September. Inlandsstrecken auch Juni.

Big Cities: Seattle, San Francisco

Interessante mittlere Großstädte: Portland, Sacramento, Reno

Nationalparks:
Olympic, Redwood, (Yosemite), Lassen Volcanic, Crater Lake.

Wichtige Nationalmonumente und Recreation Areas:
Lava Beds, Muir Woods, Newberry Crater, Oregon Dunes, Point Reyes Nat. Seashore, Whiskeytown Shasta-Trinity NRA

Sonstiges:
Schöne und abwechslungsreiche Strecken entlang der Oregon-Küste, an der kalifornischen Küste nördlich von San Francisco, im nordkalifornischen Küstengebirge, in den Kaskaden in Kalifornien und Oregon und im *Columbia River Valley*.

Routenverlauf:
Die beschriebene Rundstrecke **beginnt in Seattle** und führt **bis San Francisco an der Westküste entlang,** alternativ teilweise auch auf küstennahen Abschnitten mit Abstecher nach **Portland**. Zurück nach Norden geht es durch die Gebirgsregionen der **Kaskaden** und ggf. auch der **Sierra Nevada** (Beschreibung im Kapitel 2: Startrouten ab San Francisco). Auf den – ohne größere Abstecher und Umwege – mindestens 4.500 km effektiver Fahrstrecke liegen mit San Francisco die interessanteste *Big City* des Westens und mit Portland, Sacramento und Reno weitere besuchenswerte Großstädte. Die **Nationalparks und -monumente** auf der Route zeichnen sich durch sehr unterschiedliche und in ihrer Art einmalige Charakteristika aus.

6.2   VON SEATTLE NACH SAN FRANCISCO

6.2.1   Die Küstenstraßen #101 und #1

Die im Kapitel 6.2 beschriebene Strecke folgt überwiegend dem Verlauf der **Straße #101** (Washington State und Oregon) und der **Straße #1**. Letztere zweigt in Leggett/Nordkalifornien von der #101 ab und endet unterhalb Los Angeles bei San Juan Capistrano. Sie läuft in Kalifornien parallel zur dort weitgehend landeinwärts geführten #101 unmittelbar an der Küste entlang, weist aber auch mit dieser identische Teilstrecken auf (hier nur über die *Golden Gate Bridge*). Die **#101 beginnt in** der Hauptstadt Washingtons, **Olympia,** und führt nach einem "Schlenker" um die **Olympic Peninsula** herum als **pazifische Nord-Süd Achse** bis Los Angeles.

Kenn-
zeichnung

Allein dieser Teil der Route bietet mit einigen Abstechern **Abwechslung** genug für eine 2-Wochen-Reise. Neben den Nationalparks in Küstennähe und den *Cities Portland und San Francisco* liegen am Wege viele *State Parks* und kaum bekannte Regionen, die landschaftlich durchaus mit populären Naturschönheiten konkurrieren können. Andererseits sei nicht verschwiegen, daß die Küste teilweise über eine stark ausgebaute **touristische Infrastruktur** verfügt. In einigen Badeorten und auf vielen Picknick- und Campingplätzen herrscht in den Sommermonaten ziemlicher Betrieb.

6.2.2   Das Küstenklima

Nebel
und
Sonnen-
schein

Klimatisch ist die Küstenroute nicht ganz unproblematisch. **Kennzeichen** des Wetters am Pazifik sind mit Ausnahme Südkaliforniens **abrupte Wechsel**. Ein wunderschöner Tag kann urplötzlich in dichtem **Nebel** enden, der manchmal gleich für mehrere Tage Kälte und Feuchtigkeit mit sich bringt. Diese Spezialität bleibt aber zum Glück oft in den Ausläufern der Küstengebirge hängen. Wenige Meilen landeinwärts strahlt dann schon wieder die Sonne. Das Risiko schlechten Wetters ist im **Sommer** größer als im Herbst, die ideale Reisezeit an der Küste ist daher Mitte August bis Ende September.

Land-
einwärts

Aber nicht nur bei Küstennebel lohnen sich Abstecher in die Nationalforste und andere Teile des durchweg dünn besiedelten, manchmal völlig einsamen Hinterlandes. Von Washington bis Südkalifornien erstrecken sich touristisch nur wenig beachtete mittelgebirgsartige Landschaften mit klaren Bächen und Seen. Die **Temperaturen der Gewässer** sind im Gegensatz zum eiskalten Ozean bis Mitte September und länger badefreundlich und die dort regelmäßig vorhandenen **Campingplätze in den *National Forests*** bei einiger Distanz zur Küste deutlich weniger frequentiert als die im Sommer vielfach überlaufenen *State Parks* am Pazifik.

6.2.3 Olympic Peninsula und Washington-Küste

Olympic Mountains/ Wetter

Im Nordwesten fragt sich, ob ein Besuch des **Olympic National Park** den dafür kaum zu vermeidenden Umweg um die gesamte gleichnamige Halbinsel herum eigentlich lohnt. Zu kalkulieren sind dafür ohne größere Unternehmungen im Park ohne weiteres **2 Extratage**. Der hohe zeitliche Aufwand ergibt sich insbesondere daraus, daß neben der langsamen Fahrt auf der streckenweise sehr kurvenreichen #101 (von Seattle nach Aberdeen bei Fährbenutzung Seattle-Winslow ca. 250 mi) die verschiedenen Parkzonen nur über Stichstraßen erreicht werden können. Tatsächlich bietet der *Olympic Park* **bei gutem Wetter großartige Ausblicke** von den höheren Lagen und reizvolle Wanderwege durch Hochgebirge, Regenwald und wildromantische Uferlandschaften. **Aber bei Regen**, Nebel und damit verbundener trüber Sicht bleibt davon nicht viel. Schlechtwetter ist zwar auch für den Besuch anderer Naturparks ungünstig, die Aussichten dafür sind in dieser Ecke Washingtons jedoch besonders hoch. Vor Fahrtantritt sollte unbedingt die Erkundung der **Wettersituation** stehen.

Fähren

Von Seattle aus führt der schnellste Weg zum *Olympic Park* – wie erwähnt – über die Fährverbindung nach Winslow, ggf auch nach Bremerton. Der Fährterminal befindet sich am Pier 52, rund 20 Abfahrten täglich auf beiden Routen von ca. 6 Uhr morgens bis 2 Uhr nachts; die Überfahrt für einen Pkw mit zwei Personen kostet in beiden Fällen im Sommer ca. $12; Campmobile unter 20 Fuß plus $5; größere Fahrzeuge plus $12. Aktuelle Information unter ℂ (800) 84-FERRY. Bei **Umweg über Tacoma** (⇨ Seite 547) kommt man ohne Fähre aus.

Strecke zum Olympic Park

Von Winslow/Bremerton geht es zunächst nach Port Gamble auf in beiden Fällen streckenweise hübscher, aber nicht besonders aufregender Straße. Wer in diesem Bereich einen *Campground* sucht, findet mehrere am Ufer des *Puget Sound* gelegene **State Parks**. Eine besonders schöne Anlage (Camping aber nur weitab vom Wasser im Wald) besitzt der **Scenic Beach Park** einige Meilen abseits der #16. Ein einfacher Platz mit geringer Kapazität, aber dafür direkt am Ufer und billig, liegt auf der Westseite der Brücke über den *Hood Canal*. Über den besten **Campground** weit und breit unmittelbar am Strand verfügt der **Fort Flagler State Park** an der Nordspitze von *Marrowstone Island* gegenüber Port Townsend. Dort befindet sich auch ein **In`l Hostel**, ℂ (360) 385-1288. Am anderen Ufer der gleichnamigen Wasserstraße liegt **Port Townsend**, ein wegen seiner alten Klinkerfassaden gelobtes Städtchen. Auffällig sind die vielen **B&B-Angebote** in hübschen Privathäusern. Für Europäer ist Port Townsend einen speziellen Umweg aber kaum wert, auch das alte **Fort Worden** (*State Park*) nicht. Zur **Fähre** hinüber nach Keystone ⇨ Seite 523.

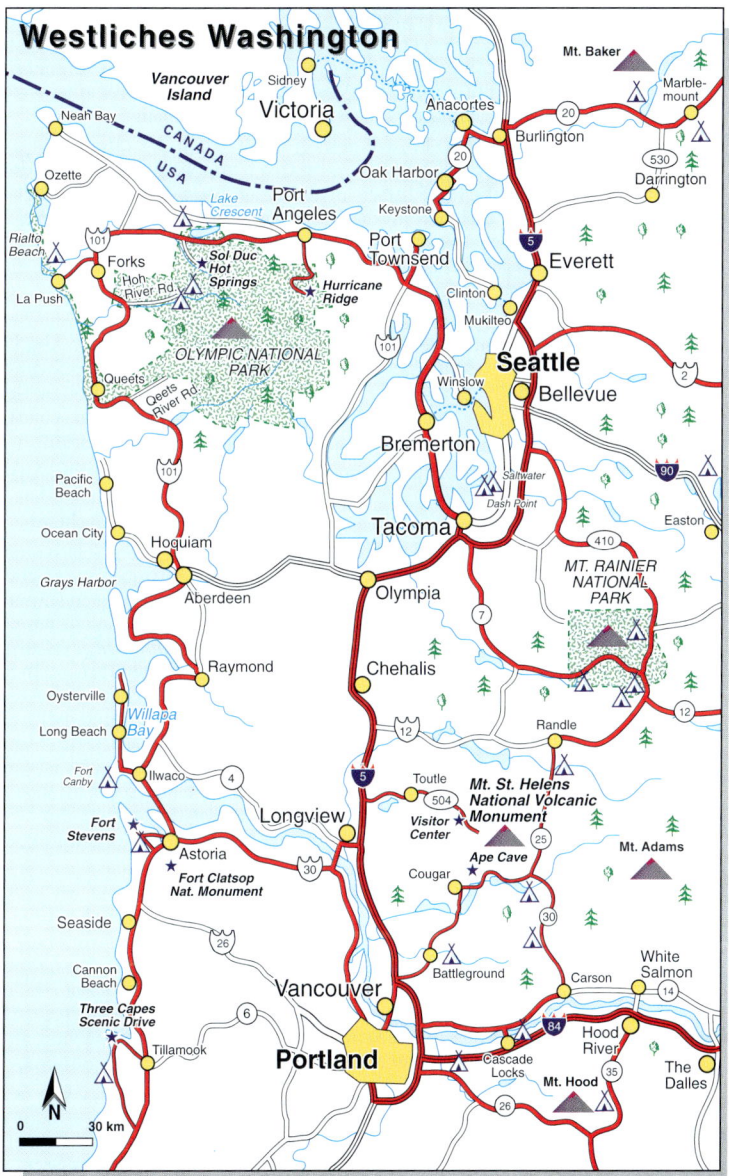

Westliches Washington

Mt. Baker
Marble-mount
Neah Bay
Vancouver Island
Sidney
Victoria
Anacortes
Burlington
20
Ozette
Oak Harbor
20
530
Darrington
Lake Crescent
Port Angeles
Keystone
Port Townsend
Clinton
Everett
2
Rialto Beach
Forks
Sol Duc Hot Springs
Hoh River Rd.
Hurricane Ridge
Mukilteo
La Push
OLYMPIC NATIONAL PARK
Winslow
Seattle
Bellevue
Queets
Queets River Rd.
Bremerton
Saltwater
Dash Point
90
Pacific Beach
Ocean City
Hoquiam
Tacoma
Easton
410
MT. RAINIER NATIONAL PARK
Grays Harbor
Aberdeen
Olympia
7
Raymond
Chehalis
12
Oysterville
Willapa Bay
Long Beach
Randle
12
Fort Canby
Ilwaco
4
Toutle
504
Fort Stevens
Longview
Visitor Center
Mt. St. Helens National Volcanic Monument
25
Mt. Adams
Astoria
30
Cougar
Ape Cave
Fort Clatsop Nat. Monument
30
Seaside
26
Battleground
Carson
White Salmon
14
Cannon Beach
Vancouver
6
84
Hood River
Three Capes Scenic Drive
Tillamook
Portland
Cascade Locks
Mt. Hood
35
The Dalles
26

0   30 km
N

Kurz vor **Discovery Bay** stößt die # 104 auf die #101. Ab **Sequim** (*Red Ranch Motel* mit prima **Diner** an der #101) geht es wegen des im Sommer meist dichten Verkehrs nur langsam voran. Ein Abstecher führt zur **Dungeness Recreation Area** mit einer weit in die *San Juan de Fuca Strait* ragenden Nehrung.

Port Angeles

Der mit 17.000 Einwohnern größte Ort auf der *Olympic Peninsula* ist Port Angeles, touristisch nur bedeutsam als Ausgangspunkt für Fahrten in die Hochlagen des Nationalparks und als **Fährhafen** für die Verbindung mit *Vancou-ver Island* – im Sommer vier tägliche Abfahrten; keine Reservierung möglich, aktuelle Zeiten unter © (360) 457-4491; ein *Pkw/Van* mit 2 Personen kostet $36 *one-way*; Überfahrt 1 Std 30 min.

Erwähnenswert ist die Landzunge **Ediz Hook**, die eine natürliche Bucht bildet. Zur Spitze des "Hakens" führt eine Straße über das Gelände des Kommerzhafens. Vom schmalen Strand unterhalb der *Coast Guard Station* kann man an schönen Tagen das Panorama der *Olympic Mountains* genießen, sofern nicht Rauch aus den Schloten der *Paper Mills* davorsteht.

Zahllose **Hotels und Motels** säumen in Port Angeles die Ausfallstraßen. Dort unterzukommen ist – außer Wochenenden – kein besonderes Problem. Zum **Camping** ⇨ nebenstehend.

Olympic National Park

An der ausgeschilderten Zufahrt zum *Olympic Park* läßt sich das **Visitor Center** mitsamt dem kleinen Museum nicht verfehlen. Die Besonderheit dieses Nationalparks liegt in seinen geographisch und klimatisch extrem unterschiedlichen Bereichen. Während die Höhenstraße zur **Hurricane Ridge** in eine "normale" Gebirgsregion in etwa 1.600 m Höhe führt, gelangt man auf der Westseite in den **Rain Forest**, den Regenwald. Aufgrund der extremen Niederschläge entstand dort eine dschungelartige Vegetationsdichte. Ein vom zentralen Park rund um den *Mount Olympus* (2.428 m) völlig separiertes Gebiet ist ein rund 100 km langer, vor den Auswirkungen der Zivilisation auf die Ökologie weitgehend geschützter **Küstenstreifen**. An seinen Stränden türmen sich enorme Treibholzmengen. Ihm vorgelagert sind zahllose kleine Felsinseln.

Hurricane Ridge

Die steile Auffahrt zum **Hurricane Höhenzug** (17 mi vom Besucherzentrum) bietet bereits wunderbare Ausblicke auf die *Juan de Fuca Strait* und die Berge. Vom Parkplatz am oberen *Visitor Center* führt ein kurzer **Trail** zu einem Aussichtspunkt, von dem man die Meeresstraße und Vancouver Island überschaut. Eine ganze Reihe von **Wanderwegen** startet und endet hier. Wer rasten möchte, findet im Abschnitt A ganz am Ende der Straße einen **Picknickplatz** mit Gebirgspanorama.

Elwha River Valley

Eine weitere Straße von Norden in den Park zweigt von der #101 westlich Port Angeles ab ins hübsche *Elwha River Valley* und weiter zum *Lake Mills*. Zwei **Campingplätze** (*Elwha* und *Altaire*) liegen dort am Wege. Die Straße westlich des Sees

Lake Crescent

passiert einen *Observation Point* und endet nach wenigen Meilen. Früher lief sie bis zu den **Olympic Hot Springs**, die aber jetzt nur noch zu Fuß erreicht werden können.

Die **10 mi am Ufer des *Lake Crescent*** – der Wassertiefen bis zu 200 m aufweisen soll, aber dennoch im Sommer mit überraschend angenehmen Temperaturen zum Baden einlädt – bilden den schönsten Teilabschnitt der #101 auf der Olympic Halbinsel. In der Nähe der *Storm King Information Station* beginnt ein hübscher **Trail** zu den **Marymere Wasserfällen**: ca. 3 mi retour, 30 min eine Strecke30 min.

Sol Duc Hot Springs

Am westlichen Ende des Sees verfügt der **Fairholm Campground** über einige hervorragende Stellplätze direkt am Wasser. Leider ist es dort wegen der nahen Straße etwas laut.

Westlich von Fairholm geht es hinauf zu den **Sol Duc Hot Springs** mit (nicht sonderlich attraktiven) **Badebecken.** Der Abstecher lohnt sich nur für Leute mit großer Vorliebe für heiße Quellen, oder wenn der dort vorhandene **Campingplatz** zur Beendigung der Tagesetappe gerade recht kommt. Indessen ist dieser ziemlich beliebt und oft voll besetzt. Zur Vermeidung einer vergeblichen Anfahrt sollte man anrufen, bevor man sich auf den Weg macht: ✆ (360) 327-3583. Unter dieser Nummer ist auch die **Sol Duc Lodge** zu erreichen.

Abstecher nach Neah Bay

Ein zeitlich aufwendiger Abstecher könnte der **Makah Indian Reservation** in der äußersten Nordwestecke der USA gelten – Straße #112/#113 nach Neah Bay (Ab Sappho 80 mi retour). Noch vor Erreichen des Ortes passiert man das sehr gute **Makah Museum** (10–17 Uhr, $4) mit attraktivem *Indian Shop*. **Hauptmotiv** für die Fahrt aber wäre die wunderbare **Kurzwanderung zum *Cape Flattery*** an der Spitze der Olympic Peninsula. Vom Museum sind es noch 9 mi bis zum Straßenendpunkt. Dort beginnt der **Trail/Board Walk** zum Kap (ca. 1 km).

Küstenstreifen des Olympic Park

Der attraktivste per Straße zugängliche Bereich der Nationalparkküste ist **Rialto Beach** (Abzweigung kurz vor Forks, dem einzigen Ort zwischen Port Angeles und Aberdeen mit ordentlicher Versorgungsmöglichkeit). **Picknicktische** stehen in Rialto am Strand zwischen dem Treibholz. Am Parkplatz dahinter beginnt der populäre **Küstentrail** nach Ozette, einer per Straße nur überaus mühsam erreichbaren *Ranger Station* nördlich des gleichnamigen Binnensees. **Rialto Beach** gegenüber liegt – getrennt durch die Mündung des Quillayute River – das **Indianerdorf La Push** in der *Quileute Indian Reservation*. Dort existiert zwar ein Campingplatz direkt am Meer, aber die Gegebenheiten in dieser Siedlung sind deprimierend. Der landeinwärts angelegte **Campground Mora** verfügt im Wald oberhalb des Quillayute über bessere Plätzchen. Zur Not ganz ohne Gebühren campt man am Zusammenfluß der Sole Duck und Quillayute River unterhalb der Brücke.

Rain Forest

Auf keinen Fall auslassen, so es nicht gerade in Strömen regnet, sollte man die Fahrt – rund 40 mi hin und zurück – auf der **Hoh River Road** zum **Rain Forest Visitor Center.** Besser erlebt man die nasse Welt des von Moosen und Farnen überwucherten Regenwaldes auf keiner anderen Parkzufahrt. Als Ergänzung zu den Informationen im Besucherzentrum darf ein Ablaufen des **Hall of Mosses** und des **Spruce Trail** nicht fehlen. **Camping** am Hoh River könnte den Besuch abrunden

Int'l Hostel

In großartiger Lage zwischen Hoh River und der Küste liegt das kleine **Rain Forest Hostel**, Mile 169 an der #101. Neben 20 Herbergsbetten gibt es einen *Private Room*. Reservierung unter ✆ (360) 374-2270, Kay & Jim.

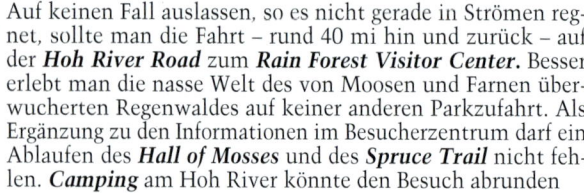

Weiter südlich führt die #101 unmittelbar an die Küste und passiert mehrere **Strandzugänge.** Ein empfehlenswerter **Campingplatz** ist **Calaloch** zwischen Straße und Steilufer im hier "gemäßigten" Regenwald. Gratis und ungeregelt darf oberhalb der **South Beach** auf einer Art Parkplatz ohne Wasserversorgung und sonstige Infrastruktur gecampt werden.

Self-serve Camping mit Kreditkarte

Quinault Lake

Ein bei Urlaubern aus der Region außerordentlich beliebter See ist der *Quinault Lake*. An seinem Südufer findet man den **Rain Forest Nature Trail**, **Campingplätze** des *Forest Service`* und in der Veranda der **Quinault Lodge** eines der feinsten Restaurants auf der Olympic Halbinsel mit uriger Kneipe, ✆ (800) 650-2362. In **Amanda Park** steht – direkt am Quinault River – eines der wenigen Motels des Bereichs mit preiswerten Zimmern (ab $39); ✆ (800) 410-2237.

Pazifikküste Washington

Bis **Raymond** hat die #101 nun zunächst nicht mehr viel zu bieten. Den Städten **Hoquiam** und **Aberdeen** sieht man den Niedergang der einstmals blühenden Holzindustrie an. Beim Studium der Karte könnte man meinen, daß an der Küste,

Am Pazifik

beginnend mit **Pacific Beach**, zahlreiche, vielleicht reizvolle Badeorte liegen. Abstecher dorthin enttäuschen aber. Endlose graue, flache Strände und in niedrigen Dünengürteln oder Waldstreifen gelegene Ferienkolonien bestimmen sowohl das Bild nördlich der Inlandsbucht **Grays Harbor** als auch weiter südlich über die **Willapa Bay** hinaus bis hinunter nach **Long Beach**. Die Ortschaften bestehen im wesentlichen aus **Aneinanderreihungen von Motels**, Tankstellen, Shopping Zentren und *Fast Food* Filialen. Hier sollte man auch in Anbetracht der wunderbaren in Oregon wartenden Küstenstriche keine Zeit verlieren. Lediglich die Fahrt auf der streckenweise hübschen **Straße #105** ist die Abweichung von der Hauptroute wert.

Mit Treibholz übersäter Strand an der Küste (Rialto Beach im Olympic National Park)

Seaview/ Ilwaco: Autostrand

Südlich von **Raymond** zeigt sich die #101 wieder von einer besseren Seite. Nach schöner Fahrt an der *Willapa Bay* erreicht man in **Seaview** wieder das Meer. Dort darf man mit dem Auto auf dem Strand herumkurven. Aber Achtung, es gilt *one-way* von Nord nach Süd. *Overnight-Parking*, Camping am Strand, ist nicht gestattet. Auch nicht im Gebiet südlich von Seaview unterhalb der dort wieder ansteigenden bewaldeten Küste, wo sich hervorragende Plätzchen für diesen Zweck anböten.

Fort Canby

Ganz in der Nähe, am *Cape Disappointment*, verfügt aber der *Fort Canby State Park* gleich über mehrere Campingzonen. Am besten liegt der abgelegene Platz im Norden des Areals zwischen Strand und felsigen Monolithen. Seine exponierte Lage an der Mündung des Columbia River und sein historischer Hintergrund machen diesen *State Park* auch ohne Übernachtungsabsicht besuchenswert. Ein *Interpretive Center* ist den Entdeckern *Lewis & Clark* gewidmet.

Nach Oregon

Von Fort Canby zur 6500 m langen Brücke über den Columbia River nach Astoria sind es noch rund 15 mi, ⇨ Seite 556.

6.2.4   Auf direktem Weg oder über Portland an die Küste

Ohne den Umweg über den *Olympic National Park* führt der direkte Weg zur Küste über die I-5 und ab Olympia über die ersten Meilen der #101, dann weiter auf der autobahnartig ausgebauten Straße #8.

Point Defiance Park

Auf dieser Route liegt ein Besuch im *Fort Nisqually* im *Point Defiance Park* bei **Tacoma** nahe, minimaler Zeitbedarf etwa 1 Stunde. Den Park erreicht man am besten über die Ausfahrt #132 von der I-5. Zunächst geht es weiter auf der #16 und dann auf der Pearl Street nach **Ruston**. Der Park bedeckt die Landzunge vorm *Point Defiance* und ist durchzogen von Wanderwegen. Eine Parkstraße umrundet die bewaldete Halbinsel. Auf das **Holzpalisaden-Fort** (mit kleinem Museum, im Sommer täglich 11–18 Uhr) stößt man fast automatisch.

Fort Nisqually

Seine Lage über der *Narrows*-Wasserstraße und die authentische Rekonstruktion machen es zu einem der sehenswertesten Forts im ganzen US-Westen. Ein kleiner **Zoo mit Aquarium** gehört ebenfalls zum Park. Bei gutem Wetter lädt die **Owens Beach** zum Baden ein. Der Abstecher lohnt sich vor allem für Leute **mit Kindern**.

Olympia

Ein Zwischenstop könnte der Hauptstadt von Washington, Olympia, gelten, zumal deren wichtigste Sehenswürdigkeit gleich an der I-5 liegt und unverfehlbar ausgeschildert ist: das Regierungsviertel, der **Capitol Hill Campus**, beeindruckt zwar durch seine großzügige Anlage, die Gebäude sind im einzelnen aber nur bedingt sehenswert. Im kleinen **State Capitol Museum** (21st Ave, Di–Fr 10–16 Uhr, Sa+So ab 12 Uhr, $2) gibt es einige interessante Stücke zur Indianerkultur.

I-5 nach Portland

Eine bedenkenswerte **Alternative** zur Fahrt von Olympia an den Pazifik über Aberdeen wäre der schnelle Weg nach Süden auf der **I-5 bis Portland**, um erst von dort den Weg zur Küstenroute einzuschlagen. Dabei sollte man zumindest dem sehr guten **Besucherzentrum** des **Mount St. Helens National Volcanic Monument** (Näheres ➪ Seite 535f) einen Besuch abstatten. Es liegt etwa 6 mi östlich der I-5 in unmittelbarer Nähe des **Seaquest State Park** (Abfahrt #49 bei Castle Rock).

Mount St. Helens Westareal

Karte auf Seite 533

Seit die beim Ausbruch zerstörte Straße #504 bis zur **Coldwater Ridge** wieder freigegeben ist, läßt sich das *Mount St. Helens Monument* auch von der Westseite aus anfahren. Am Rande der sog. *Desaster Area* steht das **Coldwater Ridge Visitor Center** mit Aussichtsterrasse, von welcher der Blick auf die herausgebrochene Seite des Vulkans fällt. Seit 1997 kommt man noch näher an den Berg heran: Das **Johnston Ridge Observatory** liegt weitere 8 mi östlich. Auch dort gibt es Filme und Erläuterungen zu Ausbruch und vulkanischer Aktivität.

Die auf der Westseite zur Zeit freigegebenen **Trails** sind nicht so attraktiv wie auf der Ostseite. Wer zusätzlich die **Windy Ridge** (➪ Seite 536) erkunden möchte, benötigt mit An-/Abfahrt nicht unter einem vollen Tag. Statt wie in der Startroute #2 ab Seattle beschrieben weiter nach Osten, hält man sich mit Ziel Portland/Westküste ab der **Pine Creek Information Station** aber westlich. Am *Swift Reservoir* vorbei geht es von dort über Cougar zurück zur I-5. Auch die 6 mi (Abzweigung in der Nähe des *Swift Dam*) zur Lavahöhle **Ape Cave** lohnen sich. In **Jake`s Store** werden täglich um 18 Uhr die *Permits* für den Gipfelsturm verlost, ➪ genauer Seite 536.

Zum Campen an der #504 bietet sich zwar der **Seaquest State Park** an, aber der ist oft voll besetzt. Ein kleiner privat betriebener **Campground** befindet sich am **Silver Lake** mit Plätzchen direkt am Wasser; Zufahrt erste Straße rechts nach Passieren des Sees, in der Siedlung wieder rechts.

Nach Portland und weiter

Portland ist zwar eine recht ansehnliche City, aber dennoch **kein absolutes "Muß"** der Reise. Man könnte z.B. auch bei Kelso/Longview die I-5 verlassen und – nach Überquerung des Columbia River – auf der schön geführten Straße #30 die **Oregon-Küste** über Astoria ansteuern. Entschließt man sich zum Besuch Portlands, wären die Straßen #26 oder #6 vorzuziehen. Die dabei weiter nördlich ausgelassenen Bereiche lassen sich zur Not "verschmerzen". Die weiter südliche Strecke #99W/#18 besitzt dagegen den Nachteil, daß man einige besonders attraktive Küstenabschnitte verpaßt.

Lewis und Clark, Pioniere des Westens

Die Eroberung des amerikanischen Westens und die Namen Meriwether Lewis und William Clark gehören eng zusammen. Jedes Schulkind in den USA kennt die Daten ihrer 1804 in St. Louis begonnenen Expedition. Im Gegensatz zu anderen bedeutenden Figuren der US-Geschichte drang der Ruf dieser beiden Männer kaum über den Atlantik. Von Lewis & Clark hören die meisten Touristen das erste Mal, wenn sie auf einen der zahlreichen "Historical Marker" entlang des L&C National Historic Trail stoßen, der von St. Louis bis zur Mündung des Columbia River ihren Spuren folgt.

Offizieller Grund der Lewis & Clark Expedition war die Übernahme der Louisiana Territories von den Franzosen als Ergebnis einer Verhandlung, in der es ursprünglich nur um den Erwerb von New Orleans gegangen war. Die schlagartige Erweiterung des US-Staatsgebietes um über 2 Mio. Quadratkilometer, die – weitgehend unbekannt und unerforscht – irgendwo im Westen bis in die Nähe des von den USA beanspruchten Oregon Country reichten, rechtfertigten endgültig den von Präsident Jefferson bereits vor dem vorteilhaften Deal mit Napoleon verfolgten Gedanken, eine Expedition auszurüsten. Sie sollte erkunden, ob und wie eine direkte Ost-West Verbindung auch auf dem Landweg hergestellt werden könnte.

Die Wahl des Expeditionsleiters fiel auf den jungen Stabsoffizier und Berater des Präsidenten in West-Angelegenheiten Lewis, der Oregon Erfahrung mitbrachte. Lewis verpflichtete mit William Clark einen Freund aus der Zeit an der fernen Westküste als Mitstreiter für das Vorhaben und heuerte eine 45 Köpfe starke Crew an. Mit ihr legte er im Frühjahr 1804 von St. Louis ab und kämpfte sich mit drei Booten den Missouri flußaufwärts.

Nach einem Winterlager im heutigen Süddakota setzte die Expedition im Frühjahr 1805 ihren Weg auf dem Missouri fort und überquerte im Spätherbst die Bitterroot Mountains. Per Kanu ging es danach über Clearwater, Snake und Columbia River flußabwärts zum Pazifik. Fort Clatsop wurde als Winterquartier errichtet. Versuche, in Sichtweite segelnde Handelsschiffe auf sich aufmerksam zu machen, blieben ohne Erfolg und so wählten Lewis und Clark auch für den Rückmarsch den Landweg. Sie erreichten St. Louis im September 1806. In fast zweieinhalb Jahren hatten sie und ihre Männer über 8000 Meilen zurückgelegt. Ihre Aufzeichnungen erschlossen den ersten Weg nach Westen.

6.2.5   Portland

Geographie, Klima und Geschichte

Kenn-
zeichnung
und Lage

Portland liegt – rund 100 km von der Küste entfernt – unterhalb der *Tualatin Mountains* beidseitig des Willamette River kurz vor dessen Mündung in den mächtigen Columbia River. Insbesondere die Stadtteile am Westufer, die sich weit nach Süden und über die westliche Hügelkette erstrecken, haben den Ruf Portlands als einer **Stadt mit hoher Lebensqualität** geprägt. Das **Stadtzentrum** wird eingeschlossen von Fluß und Umgehungsautobahn I-405. Die östlichen Vororte erreichen bereits Ausläufer der Kaskaden. Der immer schneebedeckte 3.700 m hohe Vulkan *Mount Hood* erhebt sich – bei klarem Wetter gut sichtbar – in rund 50 mi Entfernung.

Klima

Portland erfreut sich trotz der Binnenlage deutlich höherer Niederschläge als etwa das 1000 km entfernte San Francisco am Pazifik. Aber der Regen fällt im wesentlichen zwischen Spätherbst und Frühjah. Im Sommer ist Portland **sonnenreicher und wärmer** als der große Nachbar im Süden, ansonsten etwas kühler, aber dennoch insgesamt mild. Frost und Schnee sind eher seltene Ereignisse in der Stadt.

Geschichte

Gegründet wurde Portland im Jahr **1844** als **Etappe auf der Kanuroute** zwischen den bereits bestehenden Handelsposten Oregon City (südlich der Stadt, zeitweise Hauptstadt, heute bedeutungslos) und Vancouver am Nordufer des Columbia. Die Eisenbahn erreichte Portland 1883, lange bevor die Hauptstadt **Salem** an das Schienennetz angeschlossen wurde, und bewirkte eine rasante Entwicklung. Um die Jahrhundertwende besaß Portland eine Bevölkerung von 80.000 und war damit schon damals wichtigste Stadt zwischen San Francisco und Seattle. Die wirtschaftliche Kapitale Oregons besitzt heute rund 460.000 Einwohner im City- und über 1 Mio. im Einzugsbereich (von nur ca. 2,8 Mio. in Oregon insgesamt).

Orientierung und öffentliche Verkehrsmittel

Information

Die *Visitor Information* residiert an der Salmon St/Ecke Front Ave im *Tri World Center* unweit der **Hawthorne Bridge**. ✆ (800) 345-3214, geöffnet im Sommer Mo–Fr 8–18.30 Uhr, Sa bis 17 Uhr; im Winter kürzer. Sehr gut ist das **Portland Book** mit Stadtplänen und aktuellen Adressen, Hinweisen und integriertem Verzeichnis für Hotels/Motels ab unterer Mittelklasse..

Orientierung

Die **Orientierung** in Portland fällt leicht. Die Mehrheit aller touristisch interessanten Anlaufpunkte liegt entweder in der weitgehend schachbrettartig aufgebauten *Downtown*-Zone zwischen Willamette River und I-405 (Anfahrt über die I-5) oder im **Washington Park** oberhalb der City. Dorthin gelangt am schnellsten auf dem Sunset Highway #26, der von der I-405 abzweigt. Man kann auch über die Burnside Street auf kurviger Strecke durch schöne Wohnviertel und den **Rose Test Garden** anfahren (ausgeschildert). Weitere **Parks** befinden sich südlich der Innenstadt. Nordwestlich dehnt sich der naturbelassene **Forest Park** aus, an dessen Westseite der *Skyline Boulevard* entlangläuft.

Öffentlicher Transport

Portland verfügt über ein gutes öffentliches Verkehrssystem. In der Innenstadt (**Fareless Square**)) ist die Benutzung aller Verkehrsmittel **kostenlos**. Darüberhinaus existieren Zonentarife $1-$1.50. **Tagespässe** kosten $4. Fast alle Buslinien führen durch die *Downtown* **Transit Mall**. An den Haltestellen informieren Bildschirme über Abfahrtszeiten etc.

MAX

Das Schmuckstück des öffentlichen Nahverkehrs ist **MAX. Metropolitan Area Express**, eine moderne Straßenbahn, die erst in den 80er-Jahren installiert wurde, als andere Städte ihre Schienen stillegten. Für sie gilt das gleiche Tarifsystem wie oben, d.h. im zentralen Bereich ist die Benutzung frei.

Unterkunft, Camping, Essengehen

Situation

In Portland gibt es bis auf den Bereich um **Convention** und **Lloyd Center** keine spezifische Hotel- oder Motelzone. Die verkehrgünstige, gut von der I-205 und I-84 erreichbare Hotellerie in der **Umgebung des Flughafens** besteht aus Häusern der gehobenen Klasse (**Sheraton, Marriott Courtyard, Clarion Hotel** etc., an Wochenenden Sondertarife ab $59) und Motelketten wie **Days Inn, Econolodge, Travelodge** und **Quality Inn**. Zwischen *Downtown* und der I-205 liegen **preiswertere Motels** u.a. am langen **Sandy Blvd** und Nebenstraßen (Abfahrt *Bypass* #30) im Nordosten.

Airport

Zentral

In der besseren Mittelklasse im *Downtown*-Bereich ist das

– **Red Lion Hotel Coliseum**, ℂ (800) 547-8010, 1225 N Thunderbird Way, eine gute Wahl und zentrumsnah, ab ca. $85.
– **The Riverside**, ℂ (800) 899-0247, 50 SW Morrison at Front St, liegt ebenfalls zentral am Fluß und ist ab ca. $89 zu haben.

Preiswert

Preiswerter, dafür etwas weiter weg sind

– **Aladdin Motor Inn**, ℂ (503) 246-8241, 8905 SW 30thSt, ab $39
– **Thriftlodge**, ℂ (503) 234-8411, 949 E Burnside St, ab $49
– **Rodeway Inn**, ℂ (503) 231-7665, 1506 NE 2nd Ave, ab $45

Hostels

Billig kommt man wie folgt unter:

– **Ben Stark Hotel & International Hostel,** ℂ (503) 274-1223, 1022 SW Stark St, ab $15, nur 12 Betten, zentrale Citylage
– **Portland International Hostel** (AYH), ℂ (503) 236-3380, 3031 SE Hawthorne Blvd/31st Ave, ab $14, ebenfalls sehr klein. Reservierung unbedingt angezeigt.
– **Joyce Hotel**, ℂ (503) 243-6757, 322 SW 11th Ave, $13/Bett.

Camping

Im engeren City-Umfeld gibt es keine staatlichen Camping-plätze. Der *Jantzen Beach RV-Park* auf Hayden Island im Columbia River liegt am verkehrsgünstigsten, ist aber recht laut, ab $20. Der absolute Komfort-Platz *Portland Fairview Park* am East Sandy Blvd (I-84, Exit 13) ist gut erreichbar, liegt aber hinter einer auch nachts befahrenen Bahnlinie.

Etwa 15 mi östlich der City bietet der einfache *Oxbow Park County Campground* eine gute Billigalternative (Oxbow Park-way, Abfahrt Division Street von der I-205 Richtung Gresham, ausgeschildert). Der *State Park Milo McIver* bei Estacada gehört schon zur Gruppe der etwas weiter entfernten emp-fehlenswerten Plätze ebensowie der *State Park Ainsworth* an der #30 oberhalb der I–84 (beide im Sommer oft früh voll). Eine ausgesprochen gute Alternative in noch etwas größerer Entfernung ist der gleichzeitig preiswerte und schön direkt am Fluß gelegene *City Campground* (mit Spielplatz) in Cas-cade Locks, unweit der Brücke (I-84, ca. 1 Stunde Fahrt).

Restaurants

Zahlreiche Restaurants und *Fast Food* Theken findet man im *Yamhill Market* und in den *Pioneer* und *Galleria Shopping Malls* im Zentrum der Stadt. Der kleine *Old Town District* beherbergt überwiegend ethnische Lokale, vor allem China-Restaurants und *Chang's Mongolian Grill* mit Fleisch- und Gemüsebuffet bis zum Platzen. Vielfältige *Food*-Stände sind ein wesentliches Element des *Burnside Street Market* am Samstag und Sonntag Vormittag.

Bier

Portland gilt als die Stadt mit den meisten *Microbreweries* der USA und damit zahlreichen Bieren. Wem nach *Beer Tasting* ist, findet eine Adressenliste bei der *Visitor Info*.

Historisches Museum mit einem bom-bastischen Wandbild

Stadtbesichtigung

Am besten zu Fuß

In Portlands Innenstadt fällt es im Gegensatz zu vielen anderen US-Cities leicht, den Wagen stehenzulassen. Denn die Entfernungen sind gut **per pedes** zu überbrücken, und außerdem ist die Beförderung mit **Bus/MAX** im *Fareless Square* **gratis** (siehe oben). In der Regel hat man gute Chancen auf einen Parkplatz an der Front Ave entlang des Uferparks.

Zentrum

Beginnt man eine Stadtbesichtigung von der *Visitor Information* aus (Salmon/Front Ave), ist man mit wenigen Schritten im überschaubaren **Geschäftszentrum**. Es zeigt sich freundlich und einladend. Brunnen allerorten und viel Grün sorgen für eine angenehme Auflockerung des Stadtbilds. **Hochhäuser** konzentrieren sich auf die Blocks zwischen Main und Columbia Streets bis zur 6th Ave und dominieren das Zentrum weniger als anderswo. 1% aller Neubau- und Renovierungskosten müssen in Portlands City für künstlerische Gestaltungsmaßnahmen ausgegeben werden. Der Erfolg ist nicht zu übersehen. Den zentralen *Downtown*-Bereich bilden **Pioneer Courthouse Square** und die **Mall**, eine Fußgängerzone in der 5th und 6th Ave bis Jefferson Street. Das Geschäftsviertel insgesamt erstreckt sich von der 1st Street bis zum Broadway. Wer sich für **Bücher** interessiert, besucht in der Burnside St/ Ecke 11th Ave **Powell's**, einen riesiger **Bookshop** mitsamt Lese-Café für antiquarische wie neue Bücher.

Museen

An der Ecke Jefferson/Park Ave liegen sich **Portland Art Museum** und **Oregon History Center** gegenüber. Im historischen Museum (Di–Sa, 10–17 Uhr, So ab 12 Uhr, $6) beeindruckt eher die Art der Präsentation der geschichtlichen Phasen Oregons als die Kollektion an sich. Das **Kunstmuseum** (Di–So, 10–17 Uhr, $5) zeigt Stücke aller möglichen Epochen und Kulturkreise ohne klare Schwerpunke und besondere Stärken. Südlich der Museen befinden sich die **South Park Blocks**, das feine Portland, und das Gelände der **State University**.

Recht originell ist das **American Advertising Museum** (50 SW 2nd Ave; Mi–So, 11–17 Uhr, $3). Es thematisiert die Werbung von den uns heute urkomisch erscheinenden Anfängen bis zur Gegenwart. Reizvoll sind die preisgekrönten Fernseh- und Kinowerbespots der Vergangenheit. An der 113 SW Front Ave (Ecke Ash St, nahe dem *Battleship Oregon Memorial*) befindet sich das **Maritime Center & Museum** (im Sommer Mi–So 11–16 Uhr, sonst Fr–So, $4), für Modellschiff-Enthusiasten.

Old Town

Während *Downtown Portland* eine etwas **sterile Atmosphäre** vermittelt, setzt die *Old Town*, ein restauriertes, ehemaliges Lagerhaus- und Hafenviertel (*Skidmore District*) mit ein paar ganz urigen Lokalen, Shops und Galerien (im wesentlichen nördlich der *Burnside Bridge*) einen gewissen Kontrapunkt. Eine Mini-**Chinatown** existiert im Bereich der 4th/5th Ave.

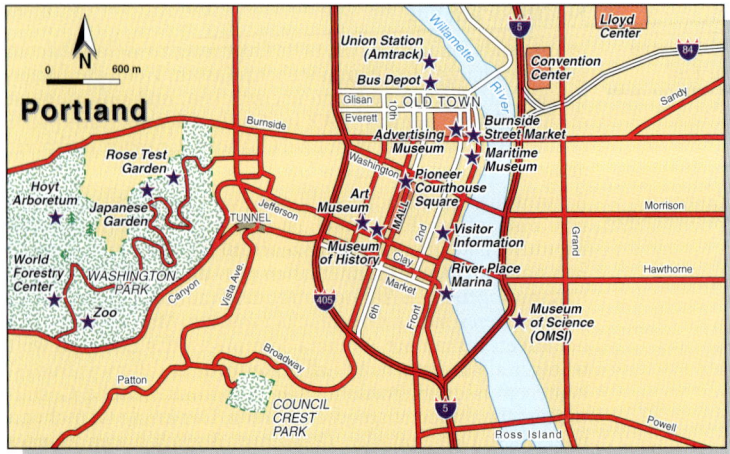

Burnside Market	Jeden Samstag und Sonntag Vormittag findet von März bis Dezember an der Burnside Street ein bunter **Markt** mit vielfältigen ***Food Stands*** und *Open-air-Entertainment* statt.

Parks

Laut Guiness der kleinste Park der Welt in Portland auf der Front Ave

Die lokale Werbung bezeichnet Portland mit Bezug auf die vielen Brunnen in der Innenstadt gerne als ***City of Fountains***, aber mit gleichem Recht auch als ***City of Parks***. Ungewöhnlich ausgedehnt sind der *Forest Park* in den westlichen *Tualatin Mountains* und der *Tryon Creek Park* mit Wildnischarakter und zahlreichen Wanderwegen. Unbedingt besuchen sollte man den **Rose Test Garden** im *Washington Park* (eintrittsfrei). Die Rosen blühen zwar im Mai und Juni am schönsten, aber der Garten ist auch in anderen Monaten eindrucksvoll, zumal man von ihm einen tollen Blick über Portland – und an Schönwettertagen – auf den Mount Hood genießt.

Unmittelbar gegenüber befindet sich der ***Japanese Garden*** *(im Sommer 10–18 Uhr, $4 Eintritt)*.

Washington Park

Folgt man den Serpentinen in die höhergelegenen Regionen des Parks, gelangt man zum **Hoyt Arboretum** (Fairview Blvd), einem separaten **Edelpark** mit fantastischem Baumbestand, Besucherzentrum, Spazierwegen und Picknicktischen. Unterhalb des Arboretums (unweit *Freeway* #26, über den auch direkt anzusteuern) befinden sich der **Portland Zoo** und das **World Forestry Center**, das über Forst- und Holzwirtschaft informiert. Das Hauptgewicht liegt auf den Besonderheiten Oregons und der Westküste (9/10–17 Uhr, $3). Im **Zoo** werden u.a. Tiere des US-Westens und des hohen Nordens präsentiert; er gehört zur guten amerikanischen Mittelklasse (täglich ab 9.30 Uhr geöffnet; Schlußzeit saisonabhängig).

Scenic Drive   Ein sehr schöner **Scenic Drive** führt durch den Washington Park und weiter über die **Vista Avenue** zum **Council Crest Park** mit der besten Aussicht über Stadt und Umgebung.

OMSI   Das **Oregon Museum for Science & Industry** (9.30–19 Uhr, Do+Fr bis 21 Uhr) befindet sich in einem Neubau am Ostufer des Willamette River: 1945 SE Water Ave unterhalb der *Marquam Bridge*, kompliziert anzufahren, aber von der I-5 für beide Richtungen gut ausgeschildert. Leider hält die Realität nicht ganz, was die Werbung vollmundig verspricht. Die Experimente funktionieren – wohl wegen der Dauerbelastung durch ganze Schulklassen – nur teilweise, und die Dinosaurierabteilung war früher aufregender. Basiseintrittspreis $6, Kinder $4,50. Extra kosten das **Omnimax-Theater, Lasershows** und die Besichtigung des **U-Boots USS Blueback** (filmbekannt aus "Die Jagd nach *Roter Oktober*"). Lohnenswert mit heranwachsenden, weniger mit kleinen Kindern.

The Grotto   Nur einen kleinen Abstecher von der I-84/I-205 erfordert ein Besuch im amerikanischen Lourdes **The Grotto**, 85th Ave/Sandy Blvd, Haupteinfahrt Skidmore St. Das schattige, 24 ha große Gelände des **Sanctuary of our Sorrowful Mother**, wie die Anlage offiziell heißt, wurde erst 1924 als Wallfahrtsort auserkoren und zu einem Park mit zahlreichen religiösen Skulpturen und Statuen umgestaltet. Das Herzstück der Anlage bildet *The Grotto*, eine künstlich geschaffene Grotte mit Gottesdienstaltar unterhalb eines Steilhangs (seit 1946 vervollständigt mit einer Jesus im Arm haltenden Marienstatue). Ein Fahrstuhl befördert die Besucher auf die obere Ebene, wo **Spazierwege** zu diversen Schreinen und Aussichtspunkten mit weitem Blick über den Columbia River warten. Natürlich fehlt auch ein religiöser *Gift Shop* nicht. Geöffnet täglich von 9 Uhr bis zur Dämmerung. Kein Eintritt, die Auffahrt im Fahrstuhl kostet aber $1,50.

U-Boot "Blueback" (aus dem Film "... Roter Oktober") als Teil des OMSI im Willamette River;

6.2.6   **Die Oregon Küste**

Astoria

Ob man nun über die #101 oder von Osten her auf der #30 den nordwestlichen Zipfel Oregons ansteuert, Astoria an der Mündung des Columbia River liegt vor Erreichen der Pazifikküste am Wege. Östlich der enormen ***Columbia River Bridge*** hat das heute bedeutungslose Hafenstädtchen seiner Vergangenheit ein Denkmal gesetzt: das ***Columbia River Maritime Museum*** (9.30–17 Uhr, $5) präsentiert eine Sammlung vielfältiger Ausstellungsstücke zum Thema Seefahrt und Meer. Im Mittelpunkt steht die Strandung unglücklicher Schiffe auf den Sandbänken in und vor der Mündung des Columbia River.

Fort Clatsop

Unweit Astoria betritt man (wiederum) geschichtsträchtigen Boden. Im Jahre 1805 erreichten *Lewis* & *Clark* – wie im Essay auf Seite 547 berichtet – den Pazifik. Ihr Winterlager ***Fort Clatsop*** wurde innen wie außen pittoresk rekonstruiert und ist heute ein ***National Memorial.*** Von Astoria zu erreichen auf der Straße *#101 Business,* dann Ausschilderung. Mit Anfahrt und Spaziergang vom *Visitor Center* zur kleinen Befestigungsanlage benötigt man inklusive Besichtigung der Ausstellung kaum mehr als eine Stunde. Empfehlenswert. Ein hübscher **Picknickplatz** ist auch vorhanden.

Fort Stevens

Der nördlichste mit dem Auto anzusteuernde Punkt Oregons liegt im ausgedehnten ***Fort Stevens State Park***. Die Befestigungen des Forts sahen im Laufe ihrer Geschichte nur ein einziges, bis heute immer wieder erläutertes Ereignis: den keinen nennenswerten Schaden anrichtende Beschuß durch ein überraschend aufgetauchtes japanisches U-Boot. Das Interesse der meisten Besucher des Parks gilt denn auch eher **Dünen und Strand**. Von besonderem Reiz sind hier wie anderswo an dieser Küste die kleinen Süßwasserseen mitten im Dünengürtel, die mit angenehmen Badetemperaturen aufwarten, während der Ozean selbst im Hochsommer eiskalt bleibt. Der Popularität der ***Fort Stevens Beach*** entspricht eine auf **mehrere Plätze** verteilte Camping-Kapazität.

Über einen prima Campingplatz verfügt einige Meilen landeinwärts auch der exponierte ***Saddle Mountain State Park***.

Die Küste bis Tillamook

Auf den ersten Meilen zeigt sich die #101 noch nicht von ihrer besten Seite. Sie verläuft zunächst überwiegend abseits des Pazifik, aber ab Cannon Beach werden – mit Unterbrechungen – selbst hochgesteckte Erwartungen nicht enttäuscht.

Seaside

Erster größerer Ort am Wege ist Seaside, **eines der beliebtesten Seebäder Oregons**. Im Sommer und speziell an Wochenenden ist dort mehr los, als vielen lieb sein wird. An der #101 und in Strandnähe ballen sich **Hotels** und **Motels**. Die Strände gehören nicht zu den besten, aber das wird durch eine über 2 km lange **Strandpromenade** aufgewogen. Alljährlich Anfang Juli findet der Miss-Oregon-Wettbewerb in Seaside statt.

Cannon Beach

Sympathischer ist das kleinere Cannon Beach, 10 mi weiter südlich, mehr Familiensommerfrische als Seebad. Die Attraktion von Cannon Beach ist der 70 m hohe **Haystack Rock,** allgemeines Ziel der Strandwanderer bei Ebbe. Er ragt am südlichen Ortsende dekorativ aus dem Wasser. Ein Hauptspaß sind die pedalgetriebenen **Dreiräder,** mit denen jung und alt über den Strand düsen. Gesteuert wird durch Gewichtsverlagerung. Verleihstationen im Ort, übrigens auch in Seaside.

Strandläufer bei Ebbe am Haystack Rock in Cannon Beach

Ein hübsches Ziel bei Cannon Beach ist der **Ecola State Park** (kein Camping) mit einer bewaldeten Küstenlinie, teils Steilküste, teils Strand mit vorgelagerten Felsen – *Indian* und *Crescent Beach*. Ein herrlicher *Walk-in Campground* existiert im **Oswald West State Park**, einige Meilen südlich von Cannon Beach. Wer in den *State Parks* nicht mehr unterkommt, sollte es bei der **Jetty Fishery** versuchen an der *Nehalem Bay/Rockaway Beach* direkt an der #101, aber durch eine Bahnlinie und abfallendes Gelände von der Straße separiert. Boots- und Angelverleih sind auch vorhanden. Bei Ebbe ist eine herrliche Strand-/Wattwanderung an die Mündung der Bucht möglich

Tillamook

Die Stadt ist bekannt für ihren Käse. Man findet die Tillamook-Sorten in allen Supermärkten. **Tillamook Cheese,** frisch vom Hersteller, gibt es in einem unverfehlbaren *Shop* an der Durchgangsstraße.

Three Capes Scenic Loop

Ab Tillamook sollte man unbedingt dem *Three Capes Scenic Loop* folgen und dabei auf keinen Fall den ersten Abstecher zur **Wochenendsiedlung Cape Meares** verpassen. Dort stößt man auf einen wildromantischen Strand voller Treibholz und abgestorbener Bäume. Eine tolle **Strandwanderung** führt bis zur Spitze *(Kincheloe Point)* der weit nach Norden in die *Tillamook Bay* hineinreichenden Landzunge.

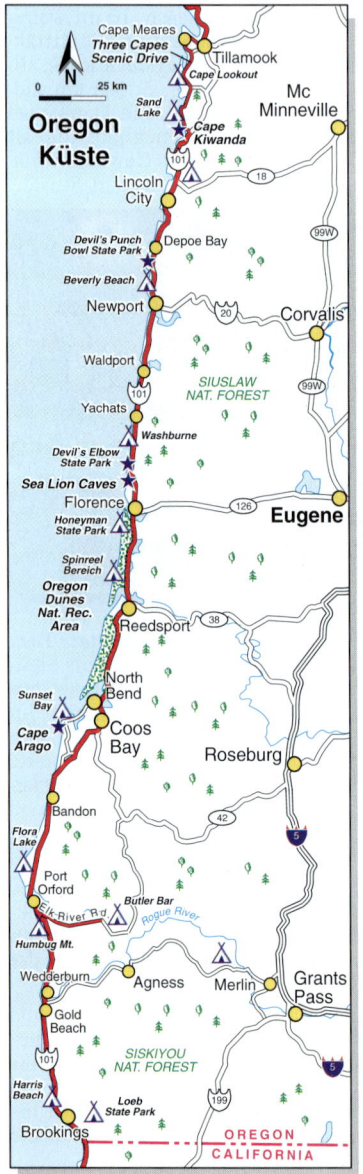

Die Straße über Oceanside, Sand Lake und Pacific City passiert in herrlichem Wechsel mit einem Verlauf durch dichten Regenwald **Steilhänge, Dünen und Strände**.

Cape Meares

Erster reizvoller Haltepunkt ist der *State Park Cape Meares*. Eine kurzer Rundweg (knapp 1000 m) am Hang der Steilküste mit Umkehrpunkt Leuchtturm erlaubt weite Blicke die Küstenlinie entlang. Der berühmte *Octopus Tree*, über dessen Entstehung die Gelehrten rätseln, steht ebenfalls nur einige 100 m vom Parkplatz entfernt. Das winzige **Oceanside** etwas abseits der Straße gehört zu den Geheimtips der Nordküste: es gibt fast nur private Refugien. Zwei relativ teure **Motels** und eine Handvoll Restaurants bilden das Gros der Infrastruktur.

Cape Lookout

Eine 8 km lange sandige Landzunge schützt die *Netarts Bay* vor den Wellen des Pazifik. Dahinter erhebt sich eine bis zu 150 m hoch aufragende Halbinsel mit dem *Cape Lookout* an der Spitze. Das gesamte Gelände gehört zum gleichnamigen *State Park* mit Campingplatz. Der Zugang zur *Beach* und zu den Dünen erfolgt nur über die Straße der Parkeinfahrt (Eintritt auch für *Day-Use*). Ein rauher *3-km-Trail* führt zum Kap. Wer die Wanderung machen möchte, folge von der Durchgangsstraße dem Schild *Wildlife Viewing Area*.

Sand Lake

Westlich des *Sand Lake* – einem flachen **Salzwassersee,** der bei Ebbe weitgehend trockenfällt – etwa auf halber Strecke zwischen *Cape Lookout* und *Cape Kiwanda* ist ein Dünengelände für **ATVs** und **ORVs** freigegeben. Im Sommer und besonders an Wochenenden geht's dort ebenso "rund" wie in

Einsames Strandstück an der Küste von Oregon abseits des Tourismus (Cape Meares) und der weiter landeinwärts laufenden Küstenstraße #101

Sand Lake

den entsprechenden Arealen der *Oregon Dunes* (⇨ Seite 561). Dann stehen meist auch mobile Vermieter bereit, die ATVs stundenweise anbieten. Zwischen Sanddünen und dem Sand Lake liegt ein schöner **Campingplatz** der Einfachkategorie, in Ufernähe weit weg vom Motorenlärm eine **Picnic Area.** Gut geeignet für **Familien mit Kindern**: entweder zum Planschen im dort relativ warmen Wasser oder zum Entdecken von Meeresgetier im sandigen Wattboden des *Sand Lake.*

Cape Kiwanda

Das dritte Kap ist *Cape Kiwanda* nördlich des kleinen Pacific City. Vom breiten Strand (unverfehlbar an der Straße) blickt man auf einen weiteren **Haystack Rock** (nach Cannon Beach) und zugleich die Sandstein-Felsnase des Kaps. Wer Glück hat, sieht hier Drachenflieger abspringen oder kommt zur rechten Zeit, wenn die hohen, spitzen Brandungsboote ins Wasser geschoben werden bzw. (früher Nachmittag im Sommer) von Thunfisch- und Lachsfang zurückkehren. Ein ordentlicher Campingplatz mit *Hook-up* (**Cape Kiwanda RV-Park)** befindet sich gleich hinter dem Strand auf der anderen Straßenseite.

Weiterer Verlauf #101 bis Yachats

Hinter Pacific City stößt man wieder auf die #101, die nun bis Yachats weit weniger spektakulär verläuft als weiter nördlich – trotz einiger hübscher *State Beaches* und *Waysides*. Vor allem zwischen **Lincoln City** und **Newport** stört die bisweilen zu dichte touristische Infrastruktur. Im Sommer wird es dort trotz großer Kapazitäten schon mal schwierig, Zimmer oder einen freien Campplatz zu finden. In solchen Situationen fährt man am besten einige Meilen landeinwärts, etwa ab **Kernville** die Straße #229 am Siletz River entlang. Nach wenigen Meilen stößt man auf den ersten *Campground* am Fluß.

Depoe Bay

Zwischen Lincoln City und Newport läuft die Straße durch Depoe Bay, ein winziges Fischerdorf, das durch den Film "**Einer flog über das Kuckucksnest**" bekannt wurde.

*Blick aufs
Hectea
Lighthouse*

Depoe Bay

Nicht zuletzt der Film sorgte dafür, daß heute der Mini-Hafen überfüllt ist mit Sportbooten und **Giftshops** die Bucht verzieren. Lohnenswerter als ein Stop in Depoe Bay ist ein Abfahren der **Otter Crest Loop Road**, etwa 6 mi südlich des Ortes (1998 leider für Autos gesperrt). Sie führt zum *Cape Foulweather*, 140 m über dem Meer, und weiter zum **Devil's Punchbowl State Park**, wo der Pazifik den Fels durchbrochen hat.

Newport

Mit nicht einmal 10.000 Einwohnern ist Newport nach Coos Bay bereits die zweitgrößte Stadt an der Küste. Sie verfügt entlang der #101 über die übliche *Shopping-* und *Fast Food* Kulisse amerikanischer Städte. Zahllose **Motels** säumen die Straße durch Newport und South Beach jenseits der Brücke über die *Yaquina Bay*. Der **Beverly Beach State Park**, einige Meilen nördlich der Stadt, verfügt über einen großen, gut angelegten **Campground** (teilweise *Hook-up*) abseits des Strassenlärms. Er ist aber wegen des langen breiten Strandes (jenseits der #101) sehr beliebt und im Sommer oft ausgebucht.

Aquarium

Eine neuere Attraktion ist das **Newport Oregon Coast Aquarium**, ein pädagogisch gut aufbereitetes *Indoor Aquarium* mit einem speziell für Kinder reizvollen Außenbereich, in dem Otter, Seehunde und -löwen und Seevögel leben (im Sommer 9–18 Uhr, sonst 10–17 Uhr; $9). Das Aquarium liegt unmittelbar südlich der *Yaquina Bay Bridge*. Der an sich nicht schlechte **Campingplatz** in Nachbarschaft des Aquariums ist wegen des Brückenverkehrs leider extrem laut, besser der **South Beach State Park Campground** an der Küste.

**#101
Verlauf
ab Yachats**

Einer der besten Abschnitte der #101 beginnt hinter Yachats. Die Straße verläuft weitgehend direkt am Pazifik, teilweise hoch über dem Meer mit steil abfallenden Felswänden. Einen ersten Höhepunkt bildet das **Cape Perpetua**. Ein eigenes **Visitor Center** des *National Forest Service* informiert über *Trails*,

Zufahrt, Strandbereich und **Camping**. Wer den beschwerlichen 6-km-Wanderweg hinauf zur Kaphöhe (240 m über dem Meer) nicht laufen möchte, kann auch mit dem Auto nach oben fahren (ausgeschildert, tolle Aussicht!). Bei Ebbe zieht ein **Tide Pool**, bei Hochwasser **Devil's Churn**, ein tosender Wellenbrecher, viele Besucher an. Originell ist das **Spouting Horn**, ein Felsloch, das Wasserfontäne und Sirenengeheul verursacht

Für einen weiteren Stop empfiehlt sich der wunderbar von Felsen eingeschlossene Strand des **Devil's Elbow Park** unterhalb des historischen **Hectea** Leuchtturms, zum Campen – sozusagen gleich nebenan – der **Washburne State Park**.

Seelöwen-höhle

Nur wenige Meilen weiter passiert man die **Sea Lion Caves**, eine der meistbesuchten Sehenswürdigkeiten an der Oregon-Küste. Durch eine Riesen-*Giftshop*, über Fahrstühle und eine Aussichtsplattform geht es hinunter auf Meereshöhe in eine gewaltige Höhle, die über einen Durchbruch mit dem Meer verbunden ist. Höhle und umliegende Felsen befinden sich in Herbst und Frühjahr fest in der Hand Hunderter von Seehunden und -löwen. Im Sommer ist die Besatzung ein wenig dünner. Trotz $7 Eintritt für eine maximal 45-Minuten-Unternehmung durchaus lohnenswert. Geöffnet täglich 8–19 Uhr im Sommer, sonst bis 18.30 Uhr.

Oregon-Dünen

Mit **Florence**, einem Städtchen mit einer hübsch restaurierten **Old Town**-Zeile am Siuslaw River, erreicht man das nördliche Ende der **Oregon Dunes National Recreation Area**. Einerseits sorgt der *National Forest Service* im über 60 km langen Wanderdünengürtel zwischen Pazifik und der #101 für den Schutz dieser Landschaft als solcher und seiner Flora und Fauna. Andererseits überwacht er die Nutzung von Teilflächen durch **Off-Road-Vehicles (ORV)**, deren Einfall wohl durch nichts zu verhindern wäre. Denn die Oregon Dünen mit Sandhügeln, die über 100 m hoch sein können, und enormen Flächen ohne jeden Bewuchs sind ein tolles Gelände für den *Off-road*-Spaß.

Erlaubt, aber streng reglementiert: Off-Road Vehicles in den Oregon Dünen

Off-road Gebiete

Das erste von drei für ORVs freigegebenen Arealen (teilweise mit entsprechenden Strandanteilen!) liegt unmittelbar südlich von Florence, Zufahrt über die **South Jetty Dune** & **Beach Access Road**. Ausgangspunkte für den Hauptspaß im Sand sind große Parkplätze, die den ORV-Fans ausreichend Platz für ihre Anhängergespanne und Dünenfahrzeuge bieten. An guten Tagen ist allein schon der Besuch auf diesen **Staging Areas** *ein* Erlebnis. Neben den Serien-ATVS gibt es jede Menge im Eigenbau entstandene Vehikel, viele davon immer noch auf Basis alter VW-Käfer, ihrer Motoren und Achsen.

Vermietung

Wer mitmachen möchte, findet **ORV-Verleiher** vor allem bei Dunes City und **im *Spinreel*-Bereich** südlich von Winchester Bay (inklusive Sturzhelm ab $20 pro Stunde). Dort kann man auch **Dünentrips** mit Fahrer in originellen Passagier-ORVs buchen. Eine weitere kleine Verleihstation existiert an der **Horsfall Dune** & **Beach Road** nördlich von Northbend.

Typische Dünen-vehikel mit Überschlags-bügel bei einem der Verleiher (hier in der Spinreel Region)

Camping

In den bzw. am Rand der Dünen gibt es eine zahlreiche, überwiegend großartig angelegte und gelegene **NF-Campgrounds** der sanitären Einfachkategorie (*Dumping* zentral). Ein Teil von ihnen ist auch für ORV-Eigner zugelassen und damit für andere Benutzer wegen des Lärms bisweilen schwer erträglich (*Spinreel* und **Waxmyrtle Campground** auf der Grenze zwischen Natur- und ORV-Gelände liegen indessen toll!). Schöne Plätze ohne laute Dünenfahrzeuge sind der **Honeyman State Park** am *Cleawox Lake* im Grenzbereich zwischen Wanderdünen und Tannenwald, **Tahkenitch** und **Eelcreek Campground**. Auch an den landeinwärts gelegenen Seen östlich der #101 gibt es noch schöne Campmöglichkeiten.

Natur/ Trails

In den breiten Dünengebieten ohne Motorenlärm kann man herrlich wandern oder ganz einfach herumtollen. Die empfohlenen Campingplätze (bis auf *Honeyman*) sind gleichzeitig gute Ausgangspunkte für **Dünenwanderungen**.

Information

Ebenso der **Oregon Dunes Overlook** (zwischen Reedsport und Dunes City). Dort befindet sich ein begrenzt geöffneter Informationsstand. Das offizielle **Visitor Information Center** mit jeder Menge Unterlagen zu den Dünen, ORV-Regeln, Camping, Motels in der Umgebung etc. liegt an der #101 am nördlichen Ortsausgang von Reedsport.

Abendstimmung im geschützten Dünenbereich

Oregons Südküste

Von **Coos Bay bis Port Orford** hat die #101 nicht mehr so viel zu bieten. Ein Umweg über Charleston lohnt sich eigentlich nur bei Zielsetzung **Sunset Bay State Park** (Camping prima; herrlicher *Coastal Trail* nach *Cape Arago*) und ggf. weiter zum hübschen **Cape Arago State Park** (nur *Day Use*). Die enge **Seven Devils Road** (*Gravel*) führt von der Verbindung Charleston–#101 in wildem Verlauf küstennah zur *Seven Devils* und weiter zur *Whiskey Run Beach.* Die Bezeichnungen versprechen aber mehr als sie halten. Auch in **Bandon** lohnt sich nach allem, was die Küste weiter oben und unten bietet, ein Abstecher ans Wasser kaum. Schon eher indessen bei Langlois zum **Flora Lake**, einem beliebten **Windsurfer See**, im Gegensatz zum eher langweiligen *Cape Blanco*.

Pittoresker Elk River

Die **Elk River Road** (County Road #208) zweigt 3 mi nördlich von Port Orford von der #101 ab und führt rasch in die ganz andere Landschaft des *Siskiyou National Forest*. Auch die klimatische Situation kann dort stark von der an der Küste abweichen. Dieser Abstecher empfiehlt sich eventuell, wenn Nebel und Kälte über der Küste liegen. Nach Erreichen des Flusses (herrliche glasklare Badepools, leider nur an wenigen Stellen zugänglich) windet sich die Straße scheinbar endlos am *Elk River* entlang und passiert mehrere "wilde" Campmöglichkeiten, bis nach 18 mi die Asphaltierung am (einfachen) *Forest Service* **Campground Butler Bar** endet.

Verlauf #101

Port Orford bietet im wesentlichen Versorgung und Motels, keine eigenen Sehenswürdigkeiten. Aber südlich der Stadt zeigt sich die #101 bis nach Kalifornien wieder von ihrer besten Seite. Sie folgt kurvenreich dem Auf und Ab der Küste vorbei an zahllosen Buchten mit verborgenen Stränden und malerisch vorgelagerten Felsen. Der **Humbug Mountain State Park**, 6 mi südlich von Port Orford, besitzt wunderbare Stellplätze ganz in Strandnähe und viel Platz im rückwärtigen Bereich. Sportliche Naturen können den immerhin 500 m hohen *Humbug Mountain* auf dem gleichnamigen *Trail* bezwingen (ca. 5 km) und eine großartige Aussicht genießen.

Flußtrips

Gold Beach an der Mündung des **Rogue River** ist Ausgangspunkt populärer Trips per *Jetboat* den Fluß hinauf. Wer mit dem Gedanken spielt, daran teilzunehmen, muß wissen, daß die Kurztrips bis Agness fürs viele Geld nur wenig bieten. Erst der Oberlauf des Rogue River verdient die ihm verliehene Bezeichnung **National Scenic Waterway**. Viel besser und obendrein noch preiswerter sind **Trips ab Grants Pass** durch den **Hell`s Gate Canyon** des Rogue River.

Nach **Grants Pass** gibt es eine attraktive, jetzt durchgehend asphaltierte Straße über Agness/Garlice. In Merlin lassen sich statt der *Jetboat*- auch Schlauchboot-Trips durch die Schlucht buchen. Komfortables Camping bietet der **Indian Mary County Park** am Oberlauf des Flusses einige Meilen westlich Merlin.

Rogue River Jet Boats für die Trips flußaufwärts

Die letzten Meilen in Oregon

Die restlichen Meilen der #101 in Oregon zeichnen sich durch viele **Beach State Parks** aus. Jeder einzelne verlockt zum Anhalten. Einen der schönsten **Aussichtspunkte** mit herrlichem Blick über die Küste erreicht man mit dem **Cape Sebastian**, ca. 5 mi südlich Gold Beach (dort südlichen Parkplatz ansteuern).

Die letzten Campingempfehlungen in Oregon: **Harris Beach State Park** nördlich von Brookings und **Loeb State Park**, 9 mi landeinwärts am Chetco River. Wie im Fall Elk River (⇨ Seite 563) kann man dort ggf. gut dem Küstennebel entkommen.

6.2.7	**Durch Nordkalifornien**

Crescent City

In Kalifornien verläßt die #101 bald die Küste und läuft landeinwärts. Bis Crescent City, einem kleinen Städtchen am Meer mit einer auf den Tourismus zu den *Redwood Parks* ausgerichteten Infrastruktur, sind es nur rund 20 mi. Für ein Picknick oder zum Austoben mit Kindern (schöner Spielplatz) eignet sich der Park am Hafen, wo auch gleich die **Visitor Information** residiert. Von der hintersten Ecke des Parks kann man bei Ebbe zum alten Leuchtturm hinüberlaufen. Wer hier ein Zimmer sucht, findet 2 mi südlich das **Crescent Beach Motel** teilweise mit Terrassen zur Seeseite, © (707) 464-5436.

Redwood Parks

Unmittelbar südlich von Crescent City beginnt der **Redwood National Park** bzw. eine ungewöhnliche **Kombination** von geographisch zusammenhängenden **State** und **National Parks,** welche die letzten größeren *Redwood* Bestände Nordkaliforniens vor den Sägen der *Logging Companies* gerettet hat. Die mächtigen Bäume, von denen einzelne ein Alter von bis zu 2.000 Jahren, über 100 m Höhe und 6 m Durchmesser am Boden erreichen können, säumen in wechselnder Dichte den gesamten Verlauf der #101. Die größten Exemplare stehen jedoch in besonderen **Redwood Groves** abseits der Straßen.

Jedediah Smith Park

Der östlichste Park der *Redwood*-Zone ist der wunderbare *Jedediah Smith State Park,* dessen Haupteingang an der Straße #199 liegt, von Crescent City einige Meilen landeinwärts. Ein Besuch lohnt sich unbedingt auch zum **Campen,** speziell aber zum Abfahren der engen **Howland Hill Road** (nicht für *Motorhomes* größer als 21 Fuß) durch Redwood-Regenwald zurück auf die #101. Mit einem Umweg über diesen Park kann man Crescent City auch links liegen lassen. Eine Weiterfahrt auf **der attraktiven #199** (im Tal des Smith River) in Richtung **Grants Pass** läßt sich – bei anderer Routenwahl als hier beschrieben – ebenfalls mit einem Abstecher in den *Jedediah Smith Park* verbinden.

Del Norte State Park

Bis Klamath läuft die Straße zunächst überwiegend durch den **Del Norte State Park** mit herrlichen Redwood-Abschnitten. Ein schöner, wegen seiner kurvenreichen Zufahrt meist nicht ganz so früh voll besetzter **Campground** ist **Mill Creek**.

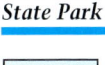

Im kurzen parkfreien Bereich südlich des *Del Norte State Park* und dem Nest Klamath gibt es eine ganze Reihe privater **Campingplätze** und **Motels,** vor allem aber das kommerzielle *Redwood*-Paradies **Trees of Mystery**. Was woanders eintrittsfrei zu besichtigen ist, kostet dort $7. Außer einigen ungewöhnlich gewachsenen Bäumen erfreut dieser Park seine Besucher mit allerhand Schnitzfiguren, ganz besonders aber mit **Paul Bunyan**, dem größten Holzfäller aller Zeiten, der das staunende Publikum durch persönliche Ansprache verblüfft. Der Riesen-*Giftshop ist* unvermeidlich.

Holzfäller-Sagengestalt Paul Bunyan mit Stier im Redwood Kommerz-park "Trees of Mystery"

Camping

Die Auswahl an *Campgrounds* ist groß: am Strand, im Regenwald oder am Klamath River. Abseits der lauten #101 liegt z.B. der **Riverwoods Campground** an der Klamath Beach Rd. Östlich der Straße an der #169 nach Klamath Glen und oft in der Sonne, wenn die Küste im Nebel steckt, liegen **Redwood Rest** (schöne Plätze unter *Redwoods)* und der **Terwer Park** (ca. 4 mi, dann Terwer Riffle Rd bis zum Straßenende).

Die **State Park Campgrounds** von *Jedediah Smith* bis *Prairie Creek* erfreuen sich alle großer Beliebtheit und können zentral (↷ Seite 200) reserviert werden, so daß im Sommer Zufallsankömmlinge ab Mittag kaum noch Chancen haben (Ausnahme *Mill Creek,* siehe oben).

Trails

Durch den **Prairie Creek Park** führt einer der schönsten Abschnitte der alten #101, der **Drury Scenic Parkway**. Die **neue #101** läuft als vierspurige Umgehung um den Park herum. Unbedingt anhalten und einen kleinen Spaziergang unternehmen muß man an der **Big Tree Wayside**. Beim **Visitor Center** des Parks startet der sehr schöne **James Irvine Trail**. Der **Campingplatz** liegt am Rande der **Elk Prairie**; am frühen Morgen und in den Abendstunden grasen dort zahlreiche Hirsche.

Ein paar Meilen südlich des *State Park* bietet **Rolf's Park Café** (und Motel) deutsche Küche, **Hirsch- und Büffelsteaks**.

Tall Trees Grove

Die höchsten **Redwoods im Nationalpark** findet man – der Name sagt es – im **Tall Trees Grove.** Dorthin gelangt man entweder per pedes auf dem **Redwood Creek Trail** (14 km, Startpunkt unweit der #101 an der *Bald Hills Road*) oder **mit eigenem Auto**, wofür aber ein **Permit** notwendig ist. Das wird im **National Park Visitor Center** bei Orick ausgestellt (dabei kann in der Sommersaison die Nachfrage die maximale Permitzahl/Tag schon mal übertreffen). Der Weg führt von der #101 die *Bald Hills Road* hinauf und weiter auf der **Tall Trees Road** (Sperre, nur zu öffnen über eine Ziffernkombination).

Lady Bird Johnson Grove

Ersatzweise tut's auch der **Lady Bird Johnson Grove** – Anfahrt ebenfalls über die *Bald Hills Road,* aber keine Restriktionen der Zufahrt. Die Länge der Wanderung durch den dichten Regenwald und die hier nicht ganz so hohen *Redwoods* beträgt etwa 2 km. Die Redwoodhaine in der **Avenue of the Giants** (siehe unten) sind indessen nicht weniger eindrucksvoll.

Redwoods Küste/Trails

Die *Redwood Parks* besitzen ähnlich wie der *Olympic National Park* in Washington State einen breiten, weitgehend unberührten Küstenstreifen. Mit dem Auto befahrbar sind der mäßig attraktive **Coastal Drive** südlich Klamath, der landschaftlich nur auf der Karte einiges verspricht, und die Stichstraße zur **Gold Bluffs Beach** im *Prairie Creek Park.*. Ein hochgelobter **Coastal Trail** (ca. 50 km) durch urwüchsige Uferlandschaften verbindet die verschiedenen Parkbereiche. Einzelne Abschnitte lassen sich auch separat erwandern, etwa der **Flint Ridge Trail** in der Nähe von Klamath (Startpunkt Ecke *Alder Point/South Beach Road*) oder das Stück vom Ende der *Requa Road* bis zum *Redwood Hostel.*

Südlich der Redwood Parks

Sehr beliebt ist der **Humboldt Lagoons State Park** an den Süßwasserlagunen südlich von Orick. Allerdings befinden sich dort die meisten Stellplätze direkt an der Straße. Einige Meilen weiter besitzt der **Patricks Point State Park** fantastische Campingareale über der Steilküste. Der Park ist auch ein gute *Day-Use* Option. Parallel zur #101 läuft in diesem Bereich der *Patricks Point Drive* bis **Trinidad,** einem hübschen Fischer- und Touristendorf in traumhafter Lage.

Skulpturen, Statuen und geschnitzte Wandbilder aus Redwood Holz werden in Shops und Werkstätten überall an der Straße #101 angeboten. Neben allerhand Kitsch gibt es richtige Kunstwerke, leider aber sehr teuer und nicht besonders als Fluggepäck geeignet

Eureka

Die insgesamt nicht sonderlich attraktive "Metropole" der Holzindustrie **Eureka** – sieht man von einigen restaurierten Gebäuden in der **Old Town** (um die viel Aufhebens gemacht wird) und dem **Sequoia Park** ab (mit kleinem **Zoo**, empfehlenswert für kleine Kinder) – ist Verwaltungssitz eines von Sonne und Natur begünstigten Landkreises mit der hübschen Bezeichnung **Humboldt County**.

Ferndale

Bei Ferndale, 20 mi südlich von Eureka und 5 mi westlich der #101, handelt es sich um ein Städtchen wie aus dem **Bilderbuch der Jahrhundertwende**. Hier ist ausnahmsweise nichts nachgebaut, sondern die viktorianischen Gebäude sind echt. Ausgangs des 19. Jahrhunderts war Ferndale agrarisches Zentrum des *Humboldt County*. Aber die einseitige Ausrichtung auf die Landwirtschaft führte bald zum Niedergang und verhinderte die Anpassung des Stadtbildes an moderne Erfordernisse. Weitsichtige Leute sorgten später für die Erhaltung der alten Substanz. Ein Abstecher nach Ferndale ist in Anbetracht der geringen Entfernung zur Hauptstraße kein Problem und überlegenswert.

Ferndale liegt auf dem Weg für alle, die sich entschließen können, die Reise auf der attraktiven (und ziemlich einsamen) **Mattole Road** fortzusetzen. Sie verbindet Ferndale auf dem Umweg über die Küste und mehrere Höhenzüge mit der *Avenue of the Giants* und ist eine großartige Alternativstrecke für Leute mit **1 Tag Extrazeit**, die sich `mal abseits der üblichen Pfade bewegen möchten. Daß dabei einige *Redwoods* der *Avenue of the Giants* ausgelassen werden, ist zu verschmerzen, da noch genug "übrig" ist. Im *Mattole River Valley* passiert man den **AW Way County Park** mit einem schönen **Campground** (kalte Duschen) direkt am Fluß voller Badelöcher.

Die 33 mi der berühmten **Avenue of the Giants** beginnen südlich von Scotia als Alternativroute zur # 101 (Abfahrt Pepperwood), die in Kalifornien weitgehend autobahnmäßig ausgebaut ist, und enden einige Meilen nördlich Garberville (Abfahrt Phillipsville). Die kurvenreiche Fahrt am Eel River entlang führt durch viele

Eureka

Nordzugang
Avenue of the Giants

Pepperwood

**Avenue
of
the
Giants**

Albee Creek
Campground

Redcrest

Pazifikküste/
Ferndale

Bull Creek Flats RD.

Bull Creek River

**Big Tree
Grove**

Burlington
Campground

Visitor Center

Eel River

South Fork Eel River

Myers Flat

*Avenue
of
the
Giants*

0   2,3 km

Miranda

**Avenue
of
the Giants**

Phillipsville

Garberville

Südzugang
Avenue of the Giants

Avenue of the Giants

Redwood Haine des **Humboldt Redwoods State Park**. Höhepunkt an dieser Strecke ist der **Rockefeller Forest**, der auch das Park-Hauptquartier und ein *Visitor Center* beherbergt (südlich Weott). Zunächst als *Bull Creek Flats Road* windet sich die empfohlene Straße nach/von Ferndale durch äußerst dicht stehende **Redwood-Giganten**. Der Abstecher bis mindestens zum **Big Trees Grove** (ca. 6 mi) ist **touristische Pflicht**.

Der **Albee Creek Campground,** ca. 2 km weiter westlich, bietet attraktivere Stellplätze als die Campingplätze des **Burlington Campground** an der Hauptstraße. Dort gilt zum Glück **first-come-first-served**, ebenso wie auf dem schönen **Hidden Springs Campground**, ca. 5 mi. weiter südlich.

Rain Forest

Das hochgelegene Städtchen **Garberville** gilt als südliches Eingangstor zur *Avenue of the Giants*. Es erwarb sich in den 70er- und 80er-Jahren den schönen Ruf einer **Marihuana Capital of California**. Die Wälder der Umgebung eignen sich besonders gut zum wilden Anbau von Hanf. Die Einsätze der DEA (*Drug Enforcement Agency*) zeigten aber Wirkung.

EXKURS

AUF BACKROADS DURCH DIE COUNTIES HUMBOLDT, TRINITY UND DEL NORTE

Humboldt County

Der Tourismus konzentriert sich südlich der *Redwood Parks* weiterhin im wesentlichen auf die #101, speziell auf Ferndale und die *Avenue of the Giants.* Die einsamen Straßen durch das schöne, kaum berührte Hinterland des *Humboldt County* und benachbarter Bezirke bleiben den Entdeckern vorbehalten. Die **Mattole Road** etwa ist nebenstehend beschrieben. Wem die Landschaft entlang dieser Straße gefällt, könnte auch von Honeydew auf der **Wilder Ridge Road** (überwiegend guter Schotter) zur **Briceland Road** (Garberville/Redway–Shelter Cove) weiterfahren oder Stichstraßen an die Küste folgen (z.B. der **Lighthouse Road** ab Petrolia).

Straße #36

Ebenfalls nur relativ wenige Touristen verirren sich auf die **Straße #36** zwischen Fortuna/Alton und Red Bluff, die in Kombination mit der Straße #3 **Küstenroute** und **Whiskeytown Shasta-Trinity National Recreation Area** landschaftlich optimal verbindet. Auf den ersten 8 mi beeindruckt diese Strecke zwar überhaupt nicht, aber ihr weiterer Verlauf, zunächst am Van Duzen River entlang, wird immer besser. Nur ungefähr 13 mi sind es von Alton bis zum **Van Duzen County Park** mit Schwimmpools im warmen Flußwasser vor steilen Felswänden und herrlichen Picknick- und Campingplätzchen unter Redwoodbäumen. Nur ein wenig weiter östlich liegt der **Grizzly Creek Redwoods State Park** mit einem hübschen *Campground* am Fluß. Östlich Bridgeville wird die #36 zu einer herrlich geführten **Höhenstraße** ohne nennenswerten Verkehr.

Backroads	Von **Bridgeville** aus kann man **Garberville** auch auf einsamer, sehr schöner Strecke durchs *Hinterland* (großenteils Schotter) erreichen (über Blocksburg, Fort Seward und Philipsville). Über **Zenia** und Covelo (30 mi teilweise schlechter Schotter und unendliche Serpentinen, nicht geeignet für Campfahrzeuge größer als *Camper Van*) ließe sich der *Backcountry-Trip* bis Longvale an der #101 fortsetzen.
Straße **#299**	Auch die Hauptverbindung zwischen Küste und Inland, die **#299** am Trinity River entlang, ist eine landschaftlich empfehlenswerte Route, aber stärker befahren. Am Wege liegt hier weiter östlich das hübsche "Aussteiger-Städtchen" **Weaverville**. 
Straße **#96**	Dem Verkehr entgeht man dort auf einer weiteren erfreulichen Straße, der #96 durch *Trinity* und *Del Norte County* und die *Hoopa Indian Reservation*. Sie folgt auf ganzer Länge dem Lauf des Klamath River bis zur I-5. Prima gelegene und angelegte **NF-Campgrounds** säumen die Strecke, der erste nur ein wenig nördlich von Willow Creek.

6.2.8 Von Garberville nach San Francisco

Die #101	Für die Weiterfahrt in Richtung Süden gibt es keine vernünftige Alternative zur Straße #101, es sei denn über einsame **Backroads,** die etwas für Leute mit viel Zeit und möglichst eigenem (nicht gemieteten) Auto sind, siehe Kasten. Außerdem bilden die folgenden rund 100 mi bis Ukiah den besten Abschnitt der #101 abseits der Küste. Am Wege liegen südlich von Garberville mehrere schöne *State Parks*, ganz besonders **Benbow Lake** und **Standish-Hickey** mit *Redwood* Hainen und **Badestränden** am *Eel River*.
Optimale Strecke	Nach San Francisco sind es noch 220 mi. Weiter unten läßt sich leicht ein Umweg ins *Napa Valley*, das kalifornische Zentrum des Weinanbaus, einplanen und auch das südlichste und beste Teilstück der Küstenstraße #1 mit der *Point Reyes National Seashore* relativ rasch ansteuern: etwa ab Santa Rosa oder über die Verbindung **Healdsburg-Jenner** durch das hübsche, im Bereich **Guerneville** allerdings sehr stark frequentierte Tal des Russian River. Diese Route wäre grundsätzlich die **erste Priorität des Autors**, den die kalifornische **Küstenstraße #1** auf ihrem ersten, nördlichen Teilstück trotz durchaus reizvoller Teilabschnitte weniger begeistert als die Oregon Küste.

Napa Valley

Jedoch zunächst zum Abstecher in die als *Napa Valley* bezeichnete Region nordwestlich der Stadt Napa. Wer sich für kalifornische Weine und Anbaugebiete interessiert, findet in den Tälern entlang der Straßen #29 und #12 die bekanntesten mit dem Weinanbau verbundenen Ortsnamen und eine ganze Reihe hochbewerteter Weingüter.

Anfahrt von Norden

Bei einem Blick auf die Karte liegt es vielleicht nahe, die #101 bereits in Hopland zu verlassen und über den großen *Clear Lake* zu fahren. Dieser Umweg lohnt sich nicht. Der See ist umstellt von Sommerhäusern, kaum zugänglich und insgesamt wenig attraktiv. Besser wäre ein Abgehen von der #101 bei **Geyserville** mit Weiterfahrt über Calistoga/St Helena/Oakville und dann über Glen Ellen/Sonoma zurück auf die #101 in Novato. Von Novato aus kann man über eine kleine Verbindungsstraße durch die Küstenberge noch weit vor San Francisco das letzte und beste Teilstück der #1 erreichen und in die Reiseroute miteinbeziehen, siehe die folgenden Seiten.

Nordwestliches Kalifornien

Calistoga

Einen ersten Halt auf der vorgeschlagenen Route könnte man in **Calistoga** einlegen. Dieser Ort, schick und aufgepeppt wie kein anderer weit und breit, besitzt eine ganze Reihe heißer Quellen und Schlammbäder (*Hot Springs & Spas*, Eintritt) und als spezielle Sehenswürdigkeit den kleinen *Old Faithful Geysir* (ausgeschildert), der in regelmäßigen Abständen (ca. alle 40 min) eine Heißwasserfontäne bis zu 20 m Höhe hinausbläst. Dieses Schauspiel ist die $6 Eintritt pro Person auch dann nur mit Mühe wert, wenn man den *Yellowstone* Park nicht kennt bzw. besucht.

Napa Valley Region

Im Bereich **St.Helena** und südlich (Rutherford, Oakville) passiert man zahlreiche *Vineyards*. Weinproben finden üblicherweise nur 10–16 Uhr statt. Wochentage sind den Wochenenden vorzuziehen, an denen man oft lange warten muß, bis ein Plätzchen zum *Wine Tasting* frei wird. Dabei geht es aber selten vergleichbar gemütlich und stimmungsvoll zu wie traditionellerweise in den Winzerbetrieben Europas. Wer nach positiven Berichten anderer eine gewisse Erwartungshaltung mitbringt, könnte leicht enttäuscht sein. Die Hügellandschaft des Gebietes besitzt **keine herausragenden Höhepunkte**. Die Ortschaften wirken zwar freundlich und überdurchschnittlich wohlhabend, sind aber nicht touristisch sehenswert. Das gilt ebenso für die Orte südlich von Santa Rosa an der **Straße #12** mit so berühmten Namen wie **Glen Ellen** oder **Sonoma**. Eine sehr reizvolle (kurze) Strecke ist indessen die Verbindung von Calistoga nach Santa Rosa. Der *Sugarloaf Mountain State Park (***Camping***)* bietet eine in dieser Umgebung unerwartete Wildnis und *Trails* mit weiter Aussicht.

6.2.9   Die Küstenroute: Straße #1

Leggett

Die #1 beginnt in Leggett, wo man im ***Drive-Thru-Tree-Park*** die letzte Gelegenheit nutzen kann, einen "untertunnelten" Baumgiganten mit dem Auto zu durchfahren ($3). Die Straße folgt weitgehend der Küstenlinie. Zahllose Kurven und Serpentinen sorgen für eine **geringe Durchschnittsgeschwindigkeit**. Für die rund 230 mi bis San Francisco reicht daher eine Tagesetappe auf keinen Fall. Zumal auch zahlreiche *View Points*, *State Parks* und hübsche Ortschaften zu Zwischenstopps einladen.

"Skunk"

Der größte Ort am Wege ist das unattraktive **Fort Bragg**. Von dort kämpft sich mehrmals täglich der als *Skunk* (Stinktier) bezeichnete **Ausflugszug** der *California Western Railway* durch Küstenberge und auch hier noch vorhandene *Redwood*-bestände. Sein Name geht auf Gasmotoren zurück, die einst erheblichen Gestank verbreiteten. Heute ziehen Dieselloks die Waggons. Die Bahn kann auch in **Willits** (an der #101) oder **Northspur** auf halber Strecke bestiegen werden.

Mendocino

Der dank eines alten Ohrwurms populärste nordkalifornische Küstenort ist **Mendocino**, eine hübsche **Künstlerkolonie** (*Art Center* in der Little Lake Road), die vor Jahren einmal als der große Geheimtip galt. Heute steht der Tourismus dort allzusehr im Mittelpunkt. Aber die Landschaft ringsum (besonders attraktiv ist das ***Big River Valley***) gehört zum Besten dieser Straße bis hinunter nach San Francisco.

State Parks

Unter den vielen Campingplätzen an der Küste bieten die *State Parks* **Van Damm** und **Fort Ross** besonders gute Plätzchen. Einen der wenigen Zugänge direkt ans Meer per Auto gibt es an der **Nevada Beach** unweit der Einmündung der Straße #128 in die #1. Dort kann man am Strand campen.

Fort Ross

Rund 12 mi nördlich von Jenner steht das Fort Ross, heute ein **State Historic Park**. Die restaurierten und rekonstruierten Gebäude des einstigen Handels-und Militärpostens sind die einzigen Überbleibsel der russischen Präsenz an der Westküste im 18. und beginnenden 19. Jahrhundert. Ein *Visitor Center* mit **Museum** erläutert die Geschichte des Küstenforts.

Bodega Bay

Die Heimat einer großen Fischereiflotte, **Bodega Bay**, wurde einst durch den Hitchcock-Film "Die Vögel" bekannt. Die den Hafen passierende Straße endet an einer pittoresken Bucht. Mehrere **Campingplätze** (*State Park* und *Sonoma County*) befinden sich in Ortsnähe. Hinter Bodega Bay verläßt die #1 die Küste und folgt dann in attraktivem Verlauf den Konturen der Tomales Bay.

Nach San Francisco

Mit Erreichen der ***Point Reyes National Seashore*** bzw. (auf der #101) von Tiburon, Sausalito und *Golden Gate Bridge* wird San Francisco erreicht, ➪ Seite 321.

6.3 VON SAN FRANCISCO NACH RENO

Nach dem Besuch von San Francisco (Kapitel 2 ab Seite 296) bestehen drei touristisch sinnvolle Möglichkeiten der Fortsetzung der Reise. Alle drei sind im Kapitel 2 als **Startrouten ab San Francico** ausführlich beschrieben, ⇨ **ab Seite 321**.

Bei Plänen für eine Weiterfahrt entlang der Küste bleibt man bis Los Angeles ganz im San Francisco-Kapitel, ebenso bei

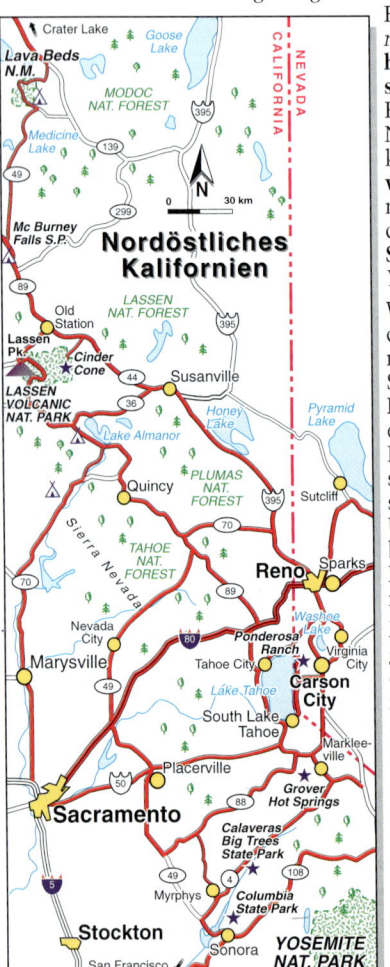

Fortsetzung der Reise über den *Yosemite National Park* nach Süden. **Die hier ab Seattle konzipierte Rundstrecke** – bis San Francisco an der Küste entlang und zurück über die Nationalparks/-monumente im Kaskadengebirge – **nimmt erst ab Reno wieder den Faden auf**. Denn die möglichen Routen bis dorthin finden sich im San Francisco-Kapitel **ab Seite 339** und – bei Umweg über den *Yosemite Park* – **ab Seiten 352/355**.

Wenn die Zeit für eine Fahrt durch die Sierra Nevada auf Landstraßen nicht reicht, ist der rasche Weg von San Francisco zur **Fortsetzung der Route ab Reno** ohne weiteres an einem Tag möglich (240 mi): Bei Fahrt auf der *Interstate #80* bleibt sogar noch Zeit für einen Zwischenstop in Sacramento (⇨ Seite 341). Und dauch der Verlauf dieser Autobahn über den *Donner Pass* auf der Höhe der Sierra (ca. 2.200 m) bietet noch einiges fürs Auge.

Man könnte bei knapper Zeitvorgabe **Reno auch ganz auslassen** und direkt zum *Lassen Volcanic Park* fahren. Entweder auf der I-80 bis zur Straße #89, einer schönen Gebirgsstrecke, oder **ab Sacramento** auf der **Straße #70**: Sie führt malerisch durch den *Feather River Canyon* zum Lake Almanor (ab Caribou prima Nebenroute mit guten *NF-Campgrounds*) und stößt dort auf die im folgenden Abschnitt (⇨ nebenstehend Mitte) beschriebene Route. Am schnellsten geht's zum *Lassen Park* über die I-5 bis Red Bluff und die Straße #36.

6.4 DURCH DIE NATIONALPARKS DER KASKADEN VON RENO NACH PORTLAND/SEATTLE

6.4.1 Lassen Volcanic Park und das Lava Beds Monument

Anfahrt

Die direkte Route von Reno zum *Lassen Volcanic National Park* entspricht der **Straße #395** über Susanville. Wer sich auf 20 mi staubige *Dirtroad* durch die Wüste zwischen Pyramid Lake und Wendel einläßt (Straßenzustand vorher ggf. in Sutcliffe erkunden), könnte die Weiterfahrt ab Reno mit einem Besuch des Sees verbinden, ➪ Seite 350. Zwischen Reno und Susanville verpaßt man nichts von Bedeutung. Der auf den Karten groß eingezeichnete **Honey Lake** ist im Sommer oft völlig ausgetrocknet. Wegen seiner geringen Wassertiefe von durchschnittlich unter 1 m bei höchstem Wasserstand besitzt er keinen Freizeitwert, ist dann lediglich eine riesige schlammig-braun gefärbte Wasserfläche.

Landschaftlich erheblich attraktiver als die #395, wenn auch zeitraubender ist die **Straßenkombination #70/#89** durch die nördliche *Sierra Nevada.* Der Abschnitt von Beckwourth bis zum *Lake Almanor* (beliebter Wochenendsee, aber ohne sonderlichen Reiz für USA-Urlauber) und davon wieder die Verläufe im Tal des Feather River sind hervorhebenswert.

Lage des Lassen Park

Der **Lassen Volcanic Park** – bereits im Kaskadengebirge, das sich an die Sierra Nevada anschließt – gehört zu den weniger bekannten und frequentierten Nationalparks. Wahrscheinlich ist das auf seine verkehrstechnisch ungünstige Lage und die "unbequem" abseits der Straßen liegenden Höhepunkte zurückzuführen. Um sie zu erreichen, sind mit wenigen Ausnahmen mehr als nur kurze Spaziergänge notwendig.

Kaskaden Vulkane

Der **Lassen Peak** ist der südlichste der Kaskadenvulkane zwischen kanadischer Grenze und Kalifornien (**Mount Baker, Mount Rainier, Mount St.Helens, Mount Hood** u.a., ➪ weiter unten und Seiten 531ff) Er entstand erst ab 1914 durch sich

Der Cinder Cone, ein gleichmäßig geformter, 200 m hoher vulkanischer Aschekegel. Rechts ist der Pfad hinauf zu erkennen; ➪ Seite 577

Entstehung

über Jahre hinziehende Ausbrüche des bis dahin über 400 Jahre ruhenden **Tehama Volcano**. Aber nicht nur das Gebiet um den Gipfel ist vulkanischen Ursprungs, die Landschaft des Parks zeigt überall deutliche Spuren vergangener und teils noch anhaltender geothermischer Aktivität.

Geothermik

Bei Anfahrt von Süden erreicht man nach dem Passieren der **Southwest Information Station** ein erstes Gebiet geothermischer Aktivität mit **Sulphur Works**. Ein kurzer *Boardwalk* führt über gelbe, leicht qualmende Schwefellöcher.

Bumpass Hell

Vielfältiger und interessanter ist **Bumpass Hell,** ein Talkessel mit Heißwasserpools, Fumarolen und schwefligen *Mudpots.* Der **Trail** dorthin beginnt am Parkplatz zwischen *Emerald Lake* und *Lake Helen* (retour ca. 5 km).

Trail

Wer noch nicht im *Yellowstone* war, wo Gleiches weitaus spektakulärer vorkommt, wird das *Bumpass Hell* Becken als sensationell empfinden. Aber auch bei abgeklärterer Sichtweise lohnt sich die Wanderung. Sie läßt sich auf leicht zu folgendem Pfad hoch über dem *Cold Boiling Lake* bergab fortsetzen bis zum hübschen **Picknickplatz** *Kings Creek* unweit der Durchgangsstraße. Wer arrangieren kann, dort abgeholt zu werden, sollte diese Verlängerung des **Bumpass Hell Trail** der Rückkehr auf identischem Weg vorziehen.

Lassen Peak

Die Anstrengung, im *Lassen Park* bergauf zu laufen, darf man nicht unterschätzen. Das Gelände liegt größtenteils über 2.000 m hoch. Dennoch gehört der Pfad auf den kahlen **Lassen Peak** zu den beliebtesten Trails des Parks. Er ist 4 km lang und windet sich vom Parkplatz an der *Park Road* in unzähligen Serpentinen über 600 m Höhendifferenz von 2580 m Basishöhe zum **3.187 m hohen Gipfel**. Für die Mühe (ab 3 Stunden retour) dankt ein sagenhafter Blick.

Dämpfe und Schlammlöcher im Schwefelfeld Bumpass Hell

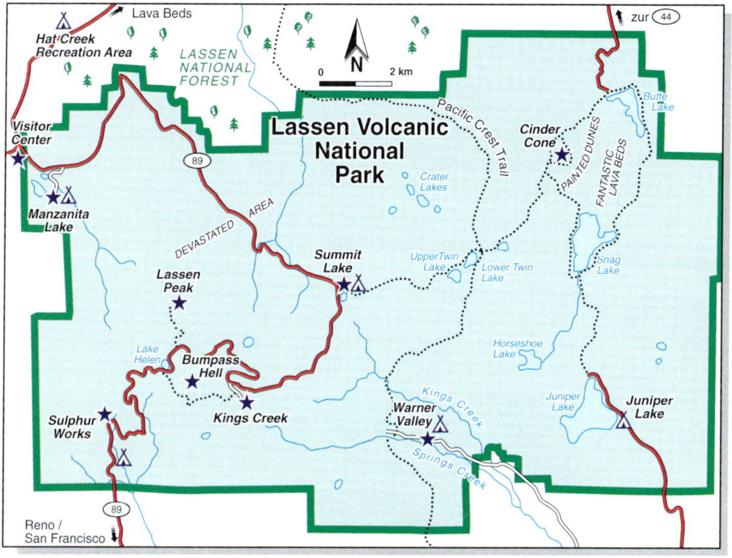

Map: Lassen Volcanic National Park

Parkstraße

Nördlich Kings Creek verläßt die Straße die Höhe und läuft durch eine dicht bewaldete Gebirgslandschaft. Zwar passiert sie auch auf den Lassen-Ausbruch zurückgehende Lavafelder, weist aber alles in allem **keine besonderen Höhepunkte** auf. Die **Campingplätze** am **Summit** und **Manzanita Lake** (dort auch das *Park Visitor Center*) bieten guten Nationalpark-Durchschnitt. Besser campt man außerhalb auf den **Campgrounds** der **Hat Creek Recreation Area** entlang der Straße #44/#89.

Cinder Cone Bereich

Sehr besuchenswert ist der *Cinder Cone*-Bereich im Nordosten. Leider liegt dieser in der – bei Anfahrt von Südwesten abseitigen – Nordostecke des Parks. Aber für das Naturschauspiel des von den **Painted Dunes** eingerahmten *Cinder Cone* (Foto auf Seite 575) am Rande einer pechschwarzen Lavalandschaft, den **Fantastic Lava Beds**, lohnt sich der Umweg (ab Abzweigung in Old Station ca. 9 mi auf der Straße #44, dann 7 mi rütteliger Schotter).

Der *Cinder Cone*, ein vulkanischer Aschekegel von erstaunlich regelmäßiger Form, erhebt sich 3 km vom Endpunkt der Straße am **Butte Lake** (*Ranger Station*; der seit Jahren geschlossene **Campground** war 1998 wieder geöffnet). Ein schöner **Trail** führt durch Hochwald am 10 m hohen Lavabett entlang an den Fuß des rund 200 m aufragenden Hügels ohne jeden Bewuchs. Den kräftezehrenden **Weg hinauf** über nachgebende Schlacke muß man – einmal dort – unbedingt machen.

Painted Dunes

Oben wartet ein zweistufiges Kraterloch, dessen Geometrie exakt vermessen zu sein scheint. Neben einer tollen **Aussicht** über die *Lava Beds* (am besten bei Sonnenaufgang oder kurz vor ihrem Untergang) und die mit der Tageszeit scheinbar die Farben wechselnden Dünen rechtfertigt der kurze **Abstieg** auf den Grund des Kraters die Mühe der Kraxelei.

Wem der Aufstieg zuviel ist, findet auch einen leichten *Trail* durch die *Painted Desert* rund um den *Cinder Cone*.

Tageswanderung

Einer harten Ganztageswanderung (über 20 km) entspricht die Fortsetzung des Weges zum **Snag Lake** und von dort (am Südrand der *Lava Beds*) zurück zum **Butte Lake**. Leute mit guter Kondition schaffen auch die Strecke durch den Park vom *Summit* zum *Butte Lake* an einem Tag. In jedem Fall besteht am kleinen Strand des relativ warmen Butte Lake die Aussicht auf ein abschließendes **Bad**.

Painted Desert: Blick vom Cinder Cone auf den Lavaflow

Routen zum Crater Lake

Das **nächste größere Ziel** auf dieser Route ist der *Crater Lake National Park* in Oregon. Der schnellste Weg dorthin führt über Redding und auf der I-5 durch die **Whiskeytown Shasta-Trinity National Recreation Area**. Die vielarmigen **Stauseen**

Lake Shasta/ Whiskeytown

Clair Engle und **Shasta** sind ein Dorado des Wassersports, speziell der Hausbootferien (↷ Seite 34). In den ungezählten Buchten, deren Ufer hier im Gegensatz zu den Hausbootparadiesen *Lake Mead* und *Lake Powell* (Arizona/Nevada bzw. Utah) dicht bewaldet sind, findet jeder Bootsbesitzer seinen ganz privaten idyllischen Ankerplatz. Auch zum **Campen** gibt es dank gut angelegter *Forest Service* Plätze zahlreiche Möglichkeiten. Spätestens jedoch ab August, wenn der Wasserstand – manchmal dramatisch – sinkt, vermindert sich die Attraktivität der Seen. Lediglich im **Whiskeytown Lake** an der Straße #299 westlich von Redding wird der Wasserstand auf hohem Niveau gehalten. Schöne **Badestrände** gibt es am Westende (dort auch einen **Campground**) und in der Südostecke.

**Zum
Lava Beds
National
Monument**

Trotz des imposanten **Mount Shasta** am Weg nach Norden (Straße #89, dann I-5/#97, oder auch #44 über Redding) wäre die Route über das **Lava Beds National Monument** unweit der Grenze zu Oregon die nicht nur entfernungsmäßig günstigste, sondern auch reizvollste Route. Dabei ist unterstellt, daß nicht der Umweg über die Straßen #299/#139 gefahren wird, sondern die erst jüngst fast fertig asphaltierte Forststraße #49 über den Medicine Lake. Das Zwischenziel *Lava Beds* paßt auch thematisch zur Kaskadenroute.

Aber zunächst einmal passiert man nördlich des *Lassen Park* die erwähnte **Hat Creek Recreation Area** entlang eines glasklaren Bade- und Angelbaches mit einer ganzen Reihe kleiner Picknick- und Campingplätze. An Sommerwochenenden ist alles rappelvoll, sonst kommt man dort leichter unter.

Das gilt ähnlich auch für den sehr gut angelegten **State Park McBurney Falls**, einige Meilen nördlich der Kreuzung der #89 mit der #299. Er liegt am McBurney Creek in der Nähe des Badesees Lake Briton, an dem man weitere **NF-Campgrounds** findet. Über Stellplätze am See verfügen ebenfalls die **Campgrounds** am deshalb – trotz scheinbarer Abgelegenheit – recht populären

Medicine Lake unweit der *Lava Beds.* Die Zufahrt erfolgt ab Bartle auf der **Forest Road #49** (asphaltiert) bereits durch große Lavafelder an eingestürzten Lavahöhlen vorbei. Die **Gesamtstrecke** auf der #49 **bis zum Lava Beds Monument**, das man in der Südwestecke 1 mi nördlich des *Visitor Center* erreicht, beträgt **ab Bartle ca. 45 mi**, davon nur die letzten 7 mi noch Schotter, aber ohne weiteres zu befahren.

Lava Beds

Die Hauptsehenswürdigkeit des 180 km² großen abgelegenen Gebietes sind Höhlen, die sich in erkaltenden Lavaströmen gebildet haben. **Historisch interessant** ist die *Lava Beds* Region wegen des sog. **Modoc Kriegs 1872/73.** Die *Modoc* Indianer verschanzten sich aus Protest gegen die ihnen zugewiesenen Reservate in schwer zugänglichen Lavaformationen (**Captain Jack's Stronghold**) und leisteten ein halbes Jahr lang einer zwanzigfach überlegenen Armee Widerstand. Ein eigener lohnenswerter **Trail** im Nordosten des Monuments führt durch die alten Stellungen der *Modoc*; ca. 30 min

Höhlen

Gleich hinter dem **Visitor Center** (mit kleinem Museum; 8–17/18 Uhr, $5) beginnt eine **Cave Loop Road**, an der sich eine ganze Reihe von Eingängen in ein zusammenhängendes **Höhlensystem** befindet. Die Höhlen dürfen überwiegend individuell erkundet werden. Wer keine ordentliche eigene Lampe dabei hat, kann eine Laterne leihen. Auch Schutzhelme liegen im Besucherzentrum bereit und sind in Anbetracht der z.T. sehr niedrigen Durchgänge und scharfer Kanten bitter notwendig. Neben den Höhlen an der Rundstrecke sind die **Eishöhlen Merrill** und **Skull Cave** besuchenswert.

Lava Beds

Eine gute Übersicht über den Park und hinüber zum immer schneebedeckten *Mount Shasta* bietet die Gipfelstation (*Fire-Lookout*) des **Schonchin Butte**. Der Aufstieg vom Parkplatz ist in 20 min zu bewältigen.

Lage und Anlage des einfachen Campingplatzes **Indian Well** mit Weitblick reizen zum Bleiben. Holz fürs Lagerfeuer muß jedoch von außerhalb des Monuments mitgebracht werden. Wasser ist vorhanden.

6.4.2   Vom Crater Lake Park bis zum Columbia River

Klamath Falls

Vom *Lava Beds Monument* bis Klamath Falls in Oregon fährt man eine gute Stunde. Die Stadt ist kommerzielles Zentrum für ein Gebiet von über 25.000 km² und wichtige **touristische Etappe** für Besucher des 50 mi weiter nördlich gelegenen *Crater Lake National Park*. Daher verfügt sie auch über eine relativ große Bettenkapazität; die **Motels** und **Hotels** entlang der Ausfallstraßen – speziell an den Ausfahrten der um Klamath Falls autobahnartig ausgebauten #97 – sind nicht zu verfehlen. Das **Zentrum** liegt westlich dieser Umgehung.

Neben hübschen **Uferparks** an *Klamath* und *Ewauna Lake* sowie beide verbindenden *Link River* hat der Ort als solcher so ganz viel nicht zu bieten. Die gern herausgestellten historischen Gebäude in der Main Street aus der Zeit um 1900, die Klamath Falls' **Old Town** ausmachen, sind aus unserer Sicht insgesamt nicht so spannend, ausgenommen vielleicht das nostalgische **Baldwin Hotel Museum**, 31 Main Street, Di–Sa 10–16 Uhr, Eintritt $2. Aufmerksamkeit verdient auch das erst vor kurzem renovierte **Esquire Theatre** von 1940 in der Pine Street, ein schönes Beispiel für ein **Art Deco Building**.

Museen

Unbedingt eine Stunde Zeit sollte man sich aber für das **Favell Museum of Western Art and Indian Artefacts** nehmen (Main Street/Link River; geöffnet Mo–Sa, 9.30–17.30 Uhr, $4). Eine sagenhafte Gemäldesammlung der Stilrichtung **Western Art** von Kitsch bis Brillanz wartet. Dazu eine Vielzahl von originellen Skulpturen und gleichzeitig eine Ausstellung indianischer Kunst ergänzt um Funde aus vorkolumbischer Zeit.

Wessen Interesse für *Modoc* Indianer und **Modoc War** im *Lava Beds Monument* geweckt worden ist, findet im konservativen **Klamath County Museum** (Main Street am entgegengesetzten Ende wie das *Favell Museum*, Di–Sa 9–17.30 Uhr, im Winter 8–16.30 Uhr, Spende) eine detaillierte Ausstellung zum US-geschichtlich einzig bedeutsamen Ereignis der Region, darüberhinaus allerlei Schaukästen für diverse Themenkreise.

State Parks

Zum *Crater Lake* führen alternativlos die Straßen #97 und #62. Etwas abseits dieses Weges unweit der #97 oberhalb des Ortes Chiloquin verfügt der **Collier Memorial State Park** über einen komfortablen **Campground** mit teilweise sehr schönen

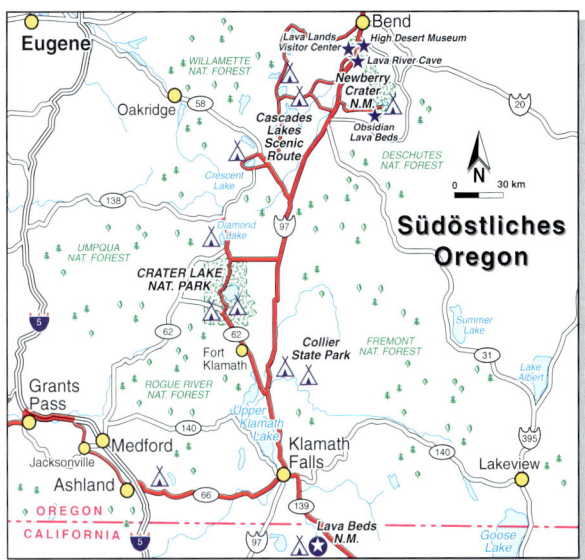

Südöstliches Oregon

Stellplätzen am Williamson River. Läßt man auf der Zufahrt die Abzweigung zum *State Park* außer acht, gelangt man nach einer guten Meile zu einem oberhalb des Flusses gelegenen **National Forest Campground** der Einfachkategorie. Zum *State Park* gehört ein informatives **Logging Museum** (auf der Westseite der #97) mit historischen Holzfäller-Gerätschaften.

Ein weiterer, hübsch an einem glasklaren Teich plazierter **Campground** befindet sich im **Kimball State Park** östlich Fort Klamath: Zufahrt ausgeschildert, ca. 4 mi von der #62.

Zur Einfahrt in den *Crater Lake National Park* sind es vom *J.F. Kimball State Park* noch 20 mi. Da der kleine Campingplatz (einfach, keine *Hook-ups* oder Duschen) kaum bekannt ist, hat man dort gute Chancen, unterzukommen.

Crater Lake National Park

Der einst fast 3.700 m hohe Vulkan **Mount Mazama** stürzte nach einem Ausbruch vor 6.800 Jahren in sich zusammen, und bildete einen Krater von 11 km Durchmesser. Im Laufe der Jahre füllte sich der abflußlose Kessel mit Regen- und Schmelzwasser: **Crater Lake** entstand. Der heute zu beobachtende Wasserstand des bis zu 589 m tiefen Sees variiert wegen eines ungefähren Gleichgewichts zwischen Verdunstung einerseits und frischer Wasserzufuhr andererseits nur geringfügig. Als Folge eines jüngeren Ausbruchs innerhalb des Kraters erhob sich **Wizard Island** im Westen des Sees. Der sichtbare Teil der Insel ist die Spitze eines Vulkans im Vulkan.

581

Information Im *Steel Information Center* und im *Visitor Center* des *Rim Village* werden die Details der Entstehung von *Crater Lake* und *Wizard Island* eindrucksvoll erläutert. Auch die offizielle *Park Map*, die man samt **Parkzeitung** *Reflections* bei der Einfahrt erhält (**$10/Auto** oder *Golden Eagle Pass*), zeigt den vulkanischen Prozeß ihres Zustandekommens.

Die ungewöhnliche **dunkelblaue Reflektion** des glasklaren Wassers hat ihren Ursprung im schwarzen Unter- und Hintergrund und der enormen Tiefe des Sees. Nur selten friert er im Winter zu. Dank der großen Wassermenge wird im Sommer ausreichend Wärme gespeichert, um auch bei anhaltendem Dauerfrost der Vereisung lange widerstehen zu können.

Sperrungen Die Luftaufnahmen vom blauen *Crater Lake* in weißer **Winterlandschaft** sind faszinierend. Infolge des erheblichen Schneefalls in den Kaskaden kann es vorkommen, daß der hochgelegene Nordeingang und die Straße rund um den See (*Rim Drive*) bis Mitte Juli gesperrt bleiben und bereits Ende September wieder geschlossen sind. Über West- und Südzufahrt kann das *Rim Village* aber ganzjährig erreicht werden.

Rim Drive/ Wizard Island Die möglichen Aktivitäten im *Crater Lake Park* beziehen sich im wesentlichen auf das Abfahren des *Rim Drive* (33 mi) und (Kurz-)Wanderungen zu Aussichtspunkten und auf die Teilnahme an einer der im Sommer 9-10 Bootsfahrten/Tag von *Cleetwood Cove* am Nordufer des Sees zur **Wizard Island** (10–16.30 Uhr; 2 Stunden; $13, Kinder $7). Davor liegt ein Abstieg (1,5 km, 200 m tiefer) von der Randstraße zur Anlegestelle. Auf der Insel darf der *Wizard*-Kraterrand erklommen werden.

Die Fahrt bis *Cleetwood Cove* ist eine gute Alternative zur Gesamtumrundung des Sees (ab North Junction ca. 5 mi), der Bootsanleger die einzige Stelle, wo man ans Wasser kommt. Die Wanderung läßt sich auch ohne Tripbuchung machen.

Für großartige Aussichten in Verbindung mit leichten Spaziergängen seien **Discovery Point** und – etwas anstrengender – der **Watchmann Peak** (550 m über dem Wasserspiegel) empfohlen. Mehr Kondition erfordert der **Trail** (4 km) hinauf zum **Mount Scott** (mit 2.721 m zweithöchster Punkt des Parks) über dem Ostufer des Sees. Der bekannte **Pacific Crest Trail** von Mexico bis Canada läuft übrigens durch den *Crater Lake Park* am Westufer des Sees entlang.

Camping Als **Zelt-Camper** würde der Autor die Plätzchen auf dem **Lost Creek Campground** an der Stichstraße zu den pittoresken **Pinnacles** im *Wheeler Creek Canyon* dem gut angelegten und komfortablen **Groß-Campground Mazama** vorziehen. Bei kühler Witterung ist das Campen aber angenehmer in geringerer Höhenlage: Für erhebliche Campingkapazitäten direkt am See hat der *National Forest Service* am **Diamond Lake** gesorgt, 20 mi nördlich des Parks und 800 m tiefer.

Im **Rim Village** kann man in Sichtweite des Sees teuer übernachten (ab $100), und zwar in der nostalgischen, von außen eher schlicht wirkenden, aber innen eindrucksvollen **Crater Lake Lodge,** ☏ (514) 830-8700.

Blick über Fleetwood Cove des Crater Lake; im Hintergrund der Mount Scott

Nach Bend

Auf den **Straßen #138, dann #97** geht es auf gerader, weitgehend ebener Strecke nach Bend. Für diesen Bereich wird alternativ die **Cascade Lakes Route** propagiert. Die zum **National Scenic Byway** erhobene Strecke entspricht im wesentlichen dem Verlauf der #46, einer schön geführten Straße durch Fichtenwälder, hohe Prärie und Lavafelder des *Deschutes National Forest*. Im Hintergrund überragen schneebedeckte Gipfel (*Three Sisters*) die Landschaft. In regionalen Broschüren wirkt diese Strecke außergewöhnlich reizvoll. Da die *Scenic Route* aber nur in ihrem nördlichsten Abschnitt hohen Erwartungen entspricht, sollte man bei knapper Zeit besser auf den Umweg verzichten und auf kürzestem Weg die im folgenden beschriebenen Ziele des **Newberry National Monument** ansteuern.

Newberry National Monument

Mit Erreichen der **Newberry-Region** befindet man sich mitten in den **Lava Lands** des zentralen Oregon, einer von den Aktivitäten der umliegenden Vulkane geprägten Gebirgslandschaft erstaunlicher Vielfalt. Im flachen, als solchen nicht mehr erkennbaren und heute dicht bewaldeten *Newberry Crater* mit 25 mi Durchmesser befinden sich der **Paulina** und **East Lake**, Freizeitseen mit sehr schön gelegenen **Campgrounds**; besonders empfehlenswert ist **Little Crater**. Die Fahrt zu den Seen (14 mi Stichstraße) lohnt sich wegen des phänomenalen **Obsidian Lava Bed** aber auch ohne Campabsicht. Über pechschwarzen glasartigen, sonst seltenen Basalt führt ein **Trail** auf die Höhe eines riesigen *Obsidian*-Feldes, das die Umgebung bis zu 50 m überragt. Bei guter Sicht lohnt sich auch die Auffahrt zum **Paulina Peak** (4mi, nicht für *Motorhomes*).

Lava Höhle

Die Straße #97 folgt bereits ab Crescent dem pittoresken Lauf des Little Deschutes River, der mit seinen überwiegend harmlosen Stromschnellen bei Schlauchbootfahrern sehr beliebt ist. Die **La Pine Recreation Area** (Camping abseits des Flusses) wird dabei gerne als Startpunkt genutzt. Etwa 12 mi vor Bend passiert man die **Lava River Cave**, eine meilenlange Höhle, die nur etwa 20 m unter der Oberfläche liegt. Dennoch wird es schon nach wenigen Metern sehr kalt (ca. 5°C). Geöffnet Mitte Mai bis Mitte Oktober, $2; Laternenverleih.

Das High Desert Museum vermittelt u.a. einen Einblick in die Besiedelung Oregons östlich der Kaskaden

Lava Lands

Das *Lava Lands Visitor Center* (9–17 Uhr), westlich der Straße unterhalb des Aschekegels *Lava Butte*, unterrichtet im Stil großer Nationalpark-Besucherzentren umfassend über den geologischen Ursprung, Flora und Fauna des Gebietes. Unbedingt eine halbe Stunde sollte man einplanen für den **Lava Trail** (Lehrpfad) vor dem Panorama der **Three Sisters** Vulkanberge. Den **Lava Butte** kann man im Sommer nur mit dem **Shuttle Bus** hinauffahren oder zu Fuß erklimmen. Für Privatfahrzeuge ist die Straße auf die Spitze des Kegels derweil gesperrt, aber nach *Labor Day* wieder offen.

High Desert Museum

Ebenfalls nicht vorbeifahren sollte man am *High Desert Museum* (täglich 9–17 Uhr; $6,50), 6 mi südlich von Bend. Der Schwerpunkt der Ausstellungen liegt auf einer plastischen Demonstration zu den Themen "Eroberung des Westens" und "Siedlerleben im 19. Jahrhundert" (*Center on the Spirit of the West* – drinnen besser als im Außengelände). Schaukästen zur Indianerkultur des Nordwestens, ein bißchen Naturkunde mit *Outdoor Exhibits* und eine Galerie mit wechselnden Kunstwerken ergänzen die Hauptthematik.

Bend

Bend ist mit nicht einmal 20.000 Einwohnern die größte und in jeder Beziehung bedeutendste Stadt Oregons zwischen Kaskaden und Idaho, einem Gebiet von rund 170.000 km² Ausdehnung. Östlich von Bend gibt es nur noch riesige Trockengebiete, ausgedehnte Nationalforste und – überwiegend im Norden – dünn besiedelte Agrarlandschaften. Entlang der durch Bend führenden Hauptstraßen (#97 und #20) vermittelt das sich über Meilen hinziehende **Business** den Eindruck einer viel größeren Stadt. Als **Zentrum des Feriengebietes** *Central Oregon* (im Winter Skisport) verfügt Bend über eine **dichte touristische Infrastruktur** mit zahlreichen **Restaurants, Fast Food, Shopping Malls** und vor allem **Motels** aller Kategorien (darunter die wichtigsten Kettenhäuser). Das **Preisniveau** ist stark nachfrageabhängig, wochentags eher moderat.

Ein großes, außerordentlich gut sortiertes **Visitor Information Center** befindet sich am nördlichen Ortsausgang auf der Westseite der #97. Auch nach Toresschluß (17/18 Uhr) sind man doch im Eingangsbereich Unterkunfts- und Restaurantverzeichnis und andere Info-Unterlagen verfügbar.

Abgesehen vom insgesamt freundlichen Eindruck, den die klimatisch begünstigte Stadt am *Deschutes River* dank ihrer **Uferparks** und überdurchschnittlich gepflegter **Wohnviertel** macht, ist ansonsten über Bend wenig anzumerken.

Einen weiten **Blick über Stadt und Kaskadenpanorama** (an guten Tagen bis zum *Mount Hood* im Norden) hat man vom **Pilot Butte** (*State Park*). Die Straße auf den Gipfel (Picknickplatz) zweigt von der Greenwood Avenue bzw. Straße #20 ab, ein wenig östlich der Straße #97.

Von Bend nach Portland

Wer bereits von Bend ohne Umweg über den Columbia River nach Portland fahren möchte, hat dafür zwei gleichwertige Routen zur Auswahl, wobei die Nordroute (Straßen #97/#26) nah am **Mount Hood** vorbeiführt. Aber der Weg nach Westen auf den **Straßen #20/#22** über den hübschen Ferienort Sisters und – bereits am Westhang der Kaskaden – an Santiam River und **Detroit Lake** entlang (prima **Camping** im gleichnamigen **State Park** direkt am Wasser) ist ebenfalls attraktiv.

Silver Falls

Bei ausreichend Zeit könnte man auf dieser Strecke einen Abstecher zu den **Silver Falls** einlegen, rund 30 mi östlich Salem und einige Meilen nördlich der #22. Im **Canyon** des **Silver River** gibt es **10 Wasserfälle** in wenigen Meilen Abstand. Kurze *Trails*, aber auch ein verbindender Weg führen zu den einzelnen Fällen und Pools am Fluß. Dieser *State Park* ist ein besonders beliebtes Familienausflugs- und Ferienziel, sein *Campground* im Sommer oft für Wochen ausgebucht.

Salem

In Salem erreicht man die I-5. Für einen Abstecher in die touristisch nicht übermäßig ergiebige Hauptstadt Oregons gibt es als Hauptziel das ungewöhnliche **State Capitol** und gegenüber den sehenswerten Campus der **Willamette University**, beides leicht erreichbar: von der #22 auf der 17th St nach Norden, dann nach links State Street.

Am Westufer des Willamette River wächst guter Wein. Um Salem konzentrieren sich daher erstaunlich viele **Weingüter**.

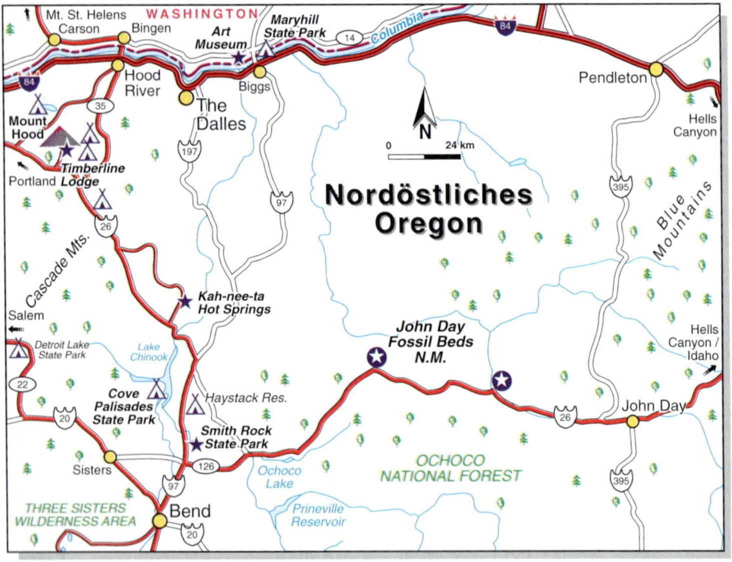

WASHINGTON

Mt. St. Helens
Carson
Bingen
Maryhill
Art Museum
State Park
Columbia
14

Hood River
Biggs
Pendleton

Mount Hood
The Dalles
Hells Canyon
35
197

Timberline Lodge
Portland
26
97

Nordöstliches Oregon

Cascade Mts.

Kah-nee-ta Hot Springs

Salem

Detroit Lake State Park
Lake Chinook
John Day Fossil Beds N.M.
Hells Canyon / Idaho

22
Cove Palisades State Park
Haystack Res.
20
John Day
26

Smith Rock State Park
126
Ochoco Lake
OCHOCO NATIONAL FOREST
395

Sisters
97
Ochoco Lake

THREE SISTERS WILDERNESS AREA
Bend
20
Prineville Reservoir

0   24 km   N

Blue Mountains

Blaugrüer Fels im Blue Basin des John Day Fossil Beds NM

EXKURS

VON BEND DURCH OREGON NACH IDAHO

Wer von San Francisco kommend (ggf. auch von Seattle, ⇨ Seite 537) die Fahrt am Ostrand der Kaskaden mit dem Besuch des *Yellowstone Park* und/oder anderer Ziele an der Route durch den zentralen Nordwesten (Kapitel 7) verbinden möchte, findet ab Bend geeignete Strecken nach Osten:

Straße # 26

Für die Fahrt durch das heiße, trockene Hinterland Oregons in Richtung Idaho kommen die Straße #20 und die nördlichere #26 in Frage. Letztere ist die mit Abstand schönere Route und selbst bei Zwischenziel Boise nur 25 mi weiter. Bei Anpeilung der *Hells Canyon* NRA gibt es zur Straße #26 ohnehin keine Alternative.

Zunächst jedoch geht es auf den Straßen #97/#126 nach Prineville, bevor man auf die #26 stößt. Ihr Verlauf durch Nationalforste, karge Felslandschaften, *Canyons* und durchwühlte **Goldrauschgebiete** (*Sumpter*-Bereich und *State Park*, an der Straße #7) ist ausgesprochen abwechslungsreich.

John Day Fossil Beds

Das **John Day Fossil Beds National Monument** bietet in zwei Arealen etwas abseits der Durchgangsstraße farbenprächtig erodiertes Gelände und hochinteressante Fossilien. Erster Bereich ist die **Painted Hills Unit**, etwa 50 mi östlich Prineville. Ein hübscher **Trail** führt zum beeindruckenden **Painted Hills Overlook**. Das **Sheep Rock Visitor Center** befindet sich an der Straße #19. Ein kleines Museum erhellt die Fossilienfunde. Unbedingt sollte man den Pfad ins **Blue Basin** hineinlaufen *(Island in Time Trail)*. Auch die **Foree Deposits** und **Cathedral Rock** lohnen die paar Meilen mehr.

An der Strecke liegen **NF-Campgrounds**, der **Clyde Holliday State Park** und ein großer Platz am **Phillips Reservoir**.

Straße #7

Ob man weiter zum **Hells Canyon** fährt oder nicht, allemal erscheint die **Straße #7 nach Baker** (⇨ Seite 539) als die sinnvollste Route (Beginn östlich des **Dixie Pass**). Über die I-84 erreicht man Boise schneller als bei Verbleib auf der #26.

Zum Mount Hood

Näher liegt auf einer Fahrt nach Norden indessen meistens die **Straßenkombination #97/#26** über den *Mount Hood*-Bereich, die hier im weiteren beschrieben wird.

Nördlich von Redmond lohnt sich ein Besuch im **Smith Rock State Park** am Crooked River (ausgeschildert ab Terrebonne, ca. 3 mi). Sehenswerte Formationen bieten gute **Fotomotive** und ideale Übungsfelsen für Kletterer. Ein schöner **Picknickplatz** befindet sich hoch über dem Fluß. **Zelten** ist möglich.

Im Smith Rock State Park

Camping

Für Campmobile ist dort aber kein Platz, dafür verfügt der **Cove Palisades State Park** gleich über zwei populäre Plätze am **Lake Chinook**, einem Stausee, der den tief eingeschnittenen *Canyon* des *Deschutes River* unter Wasser setzte. Der Platz an der südlichen Einfahrt ist komfortabel, der zweite oberhalb des westlichen Seeufers rustikal. Beide sind im Sommer oft ausgebucht. Eine weniger bekannte, aber attraktive und preiswerte Alternative bietet der **NF-Campground** am **Haystack Reservoir**, Zufahrt ca. 3 mi. Ein **KOA-Platz** liegt unweit der #97 an derselben Straße.

Warm Springs Indian Reservation

Bei Weiterfahrt auf der #26 in Richtung des immer schneebedeckten Vulkans *Mount Hood* durchquert man die *Warm Springs Indian Reservation*. Beim Ort Warm Springs befindet sich (unverfehlbar an der Straße #26) ein an sich ansehenswertes **Museum** der *Paiute* und *Warm Springs* Indianer, aber der Eintrittspreis von $6 pro Person erscheint recht hoch für das Gebotene. Ein eigentlich sehr empfehlenswerter Abstecher führt von Warm Springs an den Springs River, 10 mi östlich der #26, zum indianischen **Kah-Nee-Ta Resort** mit heißen Quellen. Seit einiger Zeit jedoch gehört auch ein Spielkasino zur Anlage. Vielleicht ist eine dadurch bedingte höhere Nachfrage verantwortlich für die leider binnen kurzem ziemlich gestiegenen Hotel- und Campingtarife:

Kah-Nee-Ta Resort 	Direkt am Fluß liegt ein schöner **Badepark** mit großen Heißwasserbecken und -rutsche (Eintritt $5, Rutsche $2). Nebenan der **Campingplatz** kostet $32. Wer Lust hat, kann für $55 ein Wigwam (**Tepee**) mit Feuerstelle im Zelt mieten. In der höhergelegenen **Kah-nee-tah Lodge** mit eigenem Warmbadepool, Tennis- und Golfplatz kosten die DZ von Mai bis Ende September ab $130, dafür verfügen alle über Terrassen mit Blick über das Flußtal. Reservierung unter ℂ (800) 554-4786.

Mount Hood Bereich

Die gesamte Region um den alles dominierenden **Mount Hood** (*Hood River County*) erfreut sich größter Beliebtheit bei Wanderern, Sportfischern und Campern. Zahlreiche **Campingplätze** befinden sich u.a. entlang der #35 und #26 in Straßennähe. Eine Stichstraße unweit westlich des Straßendreiecks #26/#35 führt zur **Timberline Lodge** (6 mi) und damit näher an den 3427 m hohen Berg als jede andere Zufahrt. In diesem vor allem von innen eindrucksvollen Nobelhotel wurde vor Jahren der bekannte Horrorfilm *The Shining* mit *Jack Nicholson* gedreht. Eine Übernachtung ist dort nicht ganz billig (ab ca. $95 Sommertarif), dank des besonderen Ambiente aber vielleicht das Geld wert. Reservierung unter ℂ (800) 547-1406. Im Sommer ist die *Lodge* das Ziel zahlreicher **Snowboarder**, die sich von dort auf präparierte Pisten in den ewigen oder auch künstlichen Schnee hinauflifften lassen.

Nach Portland/ Hood River

Von der **Timberline Lodge nach Portland** sind es nur noch rund 60 mi auf breit ausgebauter Straße. Ergiebiger wäre der **Umweg** über **Hood River** auf der Straße **#35** bzw. – bei Ziel Seattle mit Besuch der Kaskadenparks in Washington State – sowieso angebracht und dazu eine schöne Gebirgsstrecke vorbei an weiteren guten Campgelegenheiten und dem *Mount Hood* als Begleitung zur Linken.

Etwa 10 mi südlich von Hood River passiert man den prima am Fluß gelegenen **County Campground Tollbridge**, der zwar angelegt ist wie ein Forstplatz, aber dennoch Vollkomfort bietet. Er kann reserviert werden unter ℂ (541) 352-9522.

Pow-wow der Warm Springs Indianer im Badepark Kah-Nee-Ta

Hood River

Ein **Mekka der Windsurfer** (auf dem sehr breiten, weil mehrfach zwischengestauten Columbia River) ist Hood River mit viel Betrieb im Sommer und an Wochenenden bis Mitte September. Zwischen Brückenrampe und I-84 befindet sich ein großes *Visitor Center*, das *Mount Hood-* und *Columbia Gorge-*Touristen mit Informationen versorgt. Es gibt in Hood River eine ganze Reihe von **Motels** und **Lodges** zu einigermaßen moderaten Tarifen, außerdem viele *Bed & Breakfast Places*, die sich unter einer Nummer reservieren lassen: ✆ (541) 386-6767. Das nostalgische, hochgelobte *Columbia Gorge Hotel* im eigenen kleinen Park hoch über dem Fluß im Westen der Stadt wird überbewertet. Ab $150 fürs Zimmer erscheint ein bißchen teuer für den alten Charme, ✆ (800) 386-1859.

Columbia River Gorge

Etwa zwischen Hood River und Troutdale erfolgt der Durchbruch eines der mächtigsten Ströme der USA durch das Kaskadengebirge. Das als *Columbia River Gorge National Scenic Area* bezeichnete Flußtal in diesem Bereich ist laut regionaler Werbung das *Rhine Valley of America*. Der Vergleich zum deutschen (Mittel-)Rheintal erscheint nicht unberechtigt – einschließlich der beidseitigen Straßen- und Eisenbahntrassen. Nur fehlt es an romantischen Burgen, verwinkelten Dörfern und gemütlichen Weinlokalen. Zum Ausgleich ist das Wasser des Flusses verhältnismäßig sauber und bis in den September hinein badewarm. Und gerade die Fahrt auf der Interstate #84 in Westrichtung beweist, daß diese Autobahn den Beinamen *Columbia River Scenic Highway* zu Recht trägt.

Scenic Loop Straße #30

Der herausgestellte, im Sommer stark befahrene *Scenic Loop* (alte Straße #30 vom *Ainsworth* nach Troutdale) umgeht die **I-84** und führt oberhalb davon durch eine dichte Waldlandschaft weitab vom Strom. An ihm liegen hübsche *State Parks* (**Camping**, im Sommer meist ausgebucht) mit hohen **Wasserfällen**, schönen *Trails* und einigen **Aussichtspunkten**.

Straße #14

Dennoch ist zu überlegen, ob man bei Zwischenziel Portland/I-5 nicht besser in *Cascade Locks* den Columbia überquert (dort prima **Camping** am Fluß beim *Visitor Center*) und auf dem **Nordufer** weiterfährt. Die Straße #14 ist nicht nur erheblich verkehrsärmer, sondern besitzt den Vorzug eines durchgehend attraktiven Verlaufs mit Zufahrten zu Badeständen auf der Sonnenseite (!); vor allem der Abschnitt von der *Bridge of the Gods* bis Camas ist attraktiv. An ihm passiert man auch den mächtigen *Beacon Rock*, einen Kletterfelsen; ein einfacher *Campground* im *State Park* befindet sich im Wald gegenüber.

Nach Seattle über Mount St. Helens/ Mt. Rainier

Wer beabsichtigt, in Richtung **Seattle** über *Mount St. Helens/ Mount Rainier* weiterzufahren, liegt ebenfalls richtig mit der Flußüberquerung in Cascade Locks, ➪ Seite 537. Ab **Carson** geht es auf der Straße #30 nach Norden, ➪ Kapitel 5.3 gegen die dort verfolgte Richtung bis Seite 531.

7. ROUTEN DURCH DEN ZENTRALEN NORDWESTEN

7.1 ZU DEN ROUTEN

Startpunkt:
Salt Lake City, ggf. auch Denver; Anschluß zur Westküste über von dort ausgehende Startrouten: Seattle ab Seiten 524 und 531, San Francisco ab Seite339, ab Reno Seite 366.

Gesamtstrecke der Basisroute 7.2:
Rechnerisch 4.000-4.500 km, realistisch ca. 5.000-5.500 km

Erweiterungsroute 7.3:
ca. 2.500-3.200 km. **Abkürzungsmöglichkeit bei der Basis** über Alternativrouten durch Wyoming, ➪ Exkurs, Seite 644.

Zeitbedarf der Basisroute 7.2: Etwa 3 Wochen

Erweiterung 7.3: Zusätzliche 1-2 Wochen je nach Route
Zeitangaben einschließlich 1-2 Tage Aufenthalt in Salt Lake City und in Denver. **Modifizierte kürzere Rundkurse** unter Einschluß des *Yellowstone* sind leicht ableitbar.

Reisezeit:
Juni bis einschließlich September, aber bis Ende Mai, manchmal Mitte **Juni** für *Yellowstone, Glacier* und *Rocky Mountain National Park* **wegen Schneefalls noch kritisch**, ebenso die *Sawtooth* (Idaho) und *Bighorn Mountains* (Wyoming). **Juni generell** und **September in den Bergen wechselhaft**, bisweilen sehr schön, aber erhöhtes Regenrisiko, kühle Witterung; **nachts ab 1.500 m Höhe ggf. Frost**. Der Nordwesten eignet sich eher für eine **Sommerreise** (Juli/August), obwohl dann Nationalparks und -monumente besonders stark besucht sind.

Big City: Denver

Großstadt: Salt Lake City

Mittelgroße Städte:
Boise, Helena, Rapid City, Cheyenne, Boulder, Idaho Falls

Nationalparks: *Grand Teton, Yellowstone, Glacier, Badlands, Wind Cave, Rocky Mountain*

Wichtige Nationalmonumente und Recreation Areas:
Craters of the Moon, Hell's Canyon, Sawtooth Wilderness, Bighorn Canyon, Devil's Tower, Mount Rushmore, Jewel Cave, Dinosaur, Flaming Gorge, Golden Spike

Routenverlauf:
Die **Basisroute 7.2** besitzt mit Salt Lake City, den Nationalparks *Yellowstone/Grand Teton*, dem *Mount Rushmore Monument/Badlands National Park* und Denver/*Rocky Mountain National Park* **vier markante Eckpunkte**. Zwischen ihnen führt sie abwechslungsreich durch überwiegend gebirgige, oft

**Zur
Basisroute**

einsame Landschaft einschließlich Hochgebirge (*Grand Teton*, *Bighorn* und *Rocky Mountains*) und die hügeligen **Prärien** des immer noch unverkennbaren Cowboystaates **Wyoming.**

*Schießwut
in Wyoming,
⇨ 4. Absatz
von oben
auf Seite 600*

Entlang der Route oder über kurze Abstecher leicht erreichbar liegen eine Reihe **sehenswerter Nationalmonumente** (vor allem *Golden Spike*, *Devils Tower*, *Mount Rushmore* und *Dinosaur*) und attraktive *Recreation Areas (Flaming Gorge)*. Die gesamte Region ist mit zahlreichen schönen Campingplätzen bestückt. Mit **Jackson, Cody, Deadwood, Black Hawk/Central City** und **Estes Park** gibt es in günstigen Abständen mehrere kleinere Ortschaften, in denen man (zumindest sommerliche) **Betriebsamkeit** (Kneipen, Musik, Theater, Rodeo etc.) und teilweise authentische **Wildwestkulissen** findet.

**Erweiterung
der
Basisroute**

Die vorgeschlagene **Erweiterung der Basisroute** führt durch **Lava und Vulkane** der *Craters of the Moon* und den *Hells Canyon* des Snake River quer durch **Idaho** und **Montana** zum *Glacier National Park* und danach von Norden zum *Yellowstone Park*. Sie folgt in der Reiseliteratur selten beschriebenen Strecken und bietet neben den expliziten *Highlights* und wiederum herrlichen Gebirgslandschaften weniger beachtete Kleinode wie z.B. die **Täler des Payette, Salmon** und **Lochsa River**, das *Russell Museum* in Great Falls, den Verlauf der *Interstate #15* in Montana und die alten **Goldgräberstädtchen** Nevada und Virginia City.

**Modifizie-
rung der
Routen/
Verbindung
zu anderen
Routen**

Aus Basis- und Erweiterungsroute lassen sich mit den im Exkurs erläuterten Nord-Süd-Strecken durch Wyoming problemlos **weitere 2-, 3- oder 4-Wochen-Touren** zusammenstellen, die auf das zentrale und/oder östliche Wyoming und die *Badlands* sowie auf Denver und ggf. das gesamte nordwestliche Colorado verzichten. **Alle Rundstrecken finden bei Bedarf leicht Anschluß nach Westen** über ihrerseits attraktive Verbindungen durch Nevada (Seite 365), Oregon (Seite 587) oder Washington (Seite 524 und 531).

7.2 BASISROUTE DURCH DEN ZENTRALEN NORDWESTEN

Ab Denver oder Salt Lake City?

Als Ausgangspunkt für diese Route sind **Denver** und **Salt Lake City** im Prinzip gleich gut geeignet. Denver ist über internationale Flugverbindungen etwas besser erreichbar, und außerdem gibt es dort Stationen zweier großer Campervermieter, *Moturis* und *Cruise America*. Aber **Salt Lake City** verfügt gleichfalls über gute inneramerikanischen Flugverbindungen. Insbesondere bei Flügen mit **Delta Airlines** kann man von günstigen Anschlüssen ausgehen. Zudem ist **SLC der Autobahn-Verkehrsknoten** im Herzen des US-Westens.

Da viele Reisen mit Zielen im Nordwesten – das gilt besonders für den *Yellowstone Park* – in **San Francisco** oder **Las Vegas** starten, führt die Reiseroute von dort fast automatisch über Salt Lake City oder doch über Strecken in der Nähe. Von daher macht es Sinn, eine Routenbeschreibung für dieses Gebiet in Salt Lake City zu beginnen und damit einen problemlosen Anschluß an weiter südlich und westlich laufende Reiserouten zu ermöglichen.

Wer eine Reise plant, die im wesentlichen oder ausschließlich durch den zentralen Nordwesten führen wird, sollte aber vorzugsweise Salt Lake City oder Denver als Flugziel/Startpunkt wählen. Auch für kombinierte **Rundstrecken Nordwesten/***Yellowstone* mit Nationalparks des Grossen Plateaus bieten sich diese beiden Städte als Ausgangsbasis an.

7.2.1 Salt Lake City

Charakteristik

Salt Lake City/SLC ist die mit Abstand größte Stadt zwischen San Francisco/Sacramento und Denver einerseits und Phoenix und Calgary/Canada andererseits. Sie besitzt im zentralen Westen der USA, einem Gebiet von der Größe Westeuropas, Metropolenfunktion, besitzt jedoch nicht mehr als **160.000 Einwohner**. Der Großraum *Wasatch Metro* einschließlich der Städte Provo und Ogden bringt es auf eine Bevölkerung von fast **1,5 Mio**. Über drei Viertel der Menschen im 216.000 km^2 großen Utah leben in diesem nur 100 mi langen und ca. 30 mi breiten Streifen westlich der Wasatch Mountains.

Unter den amerikanischen Großstädten nimmt SLC eine Sonderstellung ein: so sauber und aufgeräumt, um nicht zu sagen steril, wie die Hauptstadt des Mormonenstaates Utah wirkt keine andere US-City. Gleichzeitig aber herrscht auch gepflegte Langeweile. Die wichtigsten Sehenswürdigkeiten von Salt Lake City sind Monumente und historische Stätten der Mormonen, ⇨ nächste Seite. Für alle, die sich dafür nicht oder nur am Rande interessieren, ist Salt Lake City für sich kein besonders interessantes Reiseziel, sondern eben in erster Linie Ausgangspunkt.

Geographie, Geschichte und Klima

Geographie

Im Osten von SLC erheben sich die bereits erwähnten *Wasatch Mountains*, ein bis nach Wyoming hineinreichendes Teilgebirge der Rocky Mountains mit Gipfeln bis zu 3500 m Höhe. Nordwestlich liegt der 4000 km² große, nur maximal 15 m tiefe ***Great Salt Lake***, nach den Großen Seen im Osten flächenmäßig größter natürlicher Binnensee der USA. Sein Salzgehalt beträgt rund 25%. Westlich davon und südwestlich erstreckt sich die ***Great Salt Lake Desert***, der östliche Teil des ***Nevada Big Basin***, einer kargen Wüstenlandschaft zwischen Rocky Mountains und Kaskadengebirge/Sierra Nevada. Bei der Großen Salzwüste handelt es sich um den Boden des riesigen prähistorischen Sees ***Lake Bonneville***, der bis auf "kleine" Reste wie den *Great Salt Lake* und den *Pyramid Lake* bei Reno in Jahrmillionen austrocknete.

Geschichte

Die Lage der Stadt geht auf eine Eingebung des Mormonenführers **Brigham Young** zurück. Als er – auf der Suche nach dem geeigneten Platz für das amerikanische Reich Zion – mit einer Vorhut seiner Anhänger der Kirche Jesu Christi der Heiligen der letzten Tage (***Church of Jesus Christ of the Latter Day Saints***) 1847 die Berge überquert hatte, sprach Young das geflügelte Wort ***This is the place!***. Ganz im Sinne einer eigenwillig interpretierten Verheißung des Alten Testaments brachten *Young* und mehrere tausend weitere Neusiedler seiner Gefolgschaft in kurzer Zeit "die Wüste zum Blühen" und riefen den ***State of Deseret*** aus. Daraus entstand nach vielen Anfeindungen, die sich u.a. auf die Mehrehe bezog (*Young* selbst brachte es auf 27 Ehefrauen und 56 Kinder), **1896 der Bundesstaat Utah** mit Salt Lake City als Kapitale.

Mormonen

Der Begriff **Mormonen** bezieht sich auf das ***Book Mormon***, grundlegendes Werk des Sektengründers **Joseph Smith**. Trotz offizieller Trennung von Staat und Kirche entwickelte sich in Utah ein von der Mormonenkirche total beherrschtes politisches und wirtschaftliches Leben. Die Kirche ist gleichzeitig Eigentümer eines Wirtschaftsimperiums, dessen Einfluß weit über die Staatsgrenzen hinausgeht. Nahezu 80% der Bevölkerung gehören der **Quasi-Staatskirche** an und leben in ihrer Mehrheit nach den von ihr gesetzten Regeln. Dazu gehören u.a. ein patriarchalisch geprägtes Familienleben und die Ablehnung von Kaffee, Tabak, Alkohol und jeder Art von Empfängnisverhütung.

Alkohol

Der Verkauf geistiger Getränke erfolgt in ***Liquor Stores*** zu begrenzten Zeiten. Im Supermarkt gibt es nur **Bier- und Weinsorten mit maximal 3,2% Alkoholgehalt**. Der Ausschank von Bier und Wein in Restaurants und Bars unterliegt ebenfalls Restriktionen. Lediglich als Privatklubs registrierte Kneipen weichen von den sonst gültigen Regeln für teures Geld ab.

Klima Salt Lake City erfreut sich vieler Sonnentage und erheblicher Sommerhitze. In der trockenen **Wüstenluft** lassen sich aber auch Temperaturen über 30°C noch einigermaßen ertragen. Abends kühlt es auf der Höhenlage von ca. 1.300 m rasch ab. Die Winter sind kalt, Schneefälle häufig.

Orientierung Die Orientierung in der Stadt ist einfach. Zentraler Punkt des Straßensystems ist die Kreuzung South Temple/State Street. Südlich davon sind alle Straßen durchnumeriert und mit dem Zusatz *South* versehen. Je nachdem, ob ein bestimmtes Haus sich rechts (östlich) oder links (westlich) der State Street befindet, wird die Hausnummer um *East* oder *West* ergänzt. Nördlich der Zentralkreuzung werden die Straßen mit dem Zusatz *North* versehen. Die westlichen Straßen sind dort *North Streets*, die östlichen *North Avenues*. Die erste Ziffer der jeweiligen Hausnummer bzw. – bei 4- und 5-stelligen Nummern – die ersten beiden oder drei verraten die Entfernung von der State Street in Blocks. In Salt Lake City können daher Ortsfremde jede Adresse ohne einen Stadtplan lokalisieren.

Biblische Szene von der Natur geschaffen! Wo anders als im Mormonenstaat Utah? (Grand Staircase-Escalante National Monument)

Information, Unterkunft, Camping, Essengehen

Information Das **Salt Lake Visitors Bureau** befindet sich in der South West Temple Street im Komplex des *Salt Palace* beim *Salt Lake Art Center,* im Sommer Mo–Sa 8–18 Uhr, sonst bis 17 Uhr. Eine zusätzliche, **mormonenbezogene Besucherinformation** gibt es auf dem Temple Square, ➪ unten.

Hotels/Motels Salt Lake City gehört zu den Städten mit einem – wenngleich saisonabhängig – relativ hohen Preisniveau für Hotels und Motels. An der **West North** und **West South Temple** und entlang der **I-15,** die in Nord-Süd-Richtung auch citynah durch die ganze Stadt läuft, findet man an vielen Ausfahrten Quartiere, z.B. am Exit #301 das noch moderate **La Quinta Inn**.

Im *Airport*-Bereich, nur ca. 5 mi vom Zentrum entfernt und in der Nähe der Nord-Süd-Umgehungsautobahn I-215, stehen u.a. Häuser der Motelketten **Days, Comfort, Holiday** und **Quality Inn** sowie – auf höherem Niveau – **Hilton** und **Radisson**. Die Tarife beginnen bei $55 (*Days Inn*).

In der **City** ist die Auswahl bei tendenziell höheren Tarifen groß; einigermaßen preiswert sind

– **Super 8 Motel**, 616 S 200 West, ab $59
– **Travelodge at Temple Square**, 144 West N Temple, ab $49-$79; relativ einfacher Standard, aber sehr zentral.

Weitere **Motels** gibt es an der **South State** und **South Main St**:

– **Colonial Village**, 1530 South Main, ✆ (801) 486-8171, ab $45
– **Travelodge Central**, 2455 South State, ab ca. $70.

Für **Kettenmotels** ➪ deren 800-Nummer auf Seite 183.

Billig-quartiere

Adressen für die schmalere Brieftasche sind:

– **The Avenues Int'l Hostel**, 107 F St, ✆ (888) 88HI SLC, ab $14
– **Ute Hostel**, 21 East Kelsey Ave, ✆ (801) 595-1645, ab $14
– **Hostel** Utah Int'l, 50 S 800 West, ✆ (801) 359-3855, ab $10

B & B

In Salt Lake City gibt es zahlreiche *Bed & Breakfast* Angebote:

– **Armstrong Mansion**, ✆ (800) 708-1333, 667 E 100 South

Die *Tourist-Info* hat eine komplette Liste.

Camping

Camping in und um Salt Lake City ist nur auf Privatplätzen möglich – zentrumsnah liegt der alles in allem akzeptable **VIP-Großcampground** an der 1400 West North Temple Street, ✆ (800) 226-7752. Ein angenehmerer Platz – ebenfalls mit *Hook-up* – befindet sich 20 mi nördlich der Stadt bei Kaysville auf dem **Cherry Hill:** *I-15, Exit 331;* ✆ (801) 451-5379.

Restaurants & Malls

Im Geschäftszentrum der Stadt südlich des *Temple Square* zwischen State und West Temple Street ist tagsüber viel Betrieb. Dort findet man zahlreiche *Eateries,* speziell aber in den ***Shopping & Restaurant* Komplexen *ZCMI Mall*** und der riesigen ***Crossroads Plaza***, S Temple/Main St.

Sehenswürdigkeiten

Temple Square

Zentraler touristischer Anziehungs- und Anlaufpunkt in Salt Lake City ist das Herz der Mormonenbewegung, der ***Temple Square*** zwischen den Straßen South und North Temple:

Information

– Im ***Visitor Center*** werden den Besuchern Hintergrund und Ablauf der Wanderung der ersten Mormonengruppe nach Utah nahegebracht. Geführte Rundgänge finden kontinuierlich statt, 8–22 Uh im Sommer, sonst 9–21 Uhr, frei.

Tempel

– Der ***Mormon Temple*** ist die Hauptkirche der Bewegung der *Latter Day Saints.* Er wurde 1893 vollendet und verschlang die damals unerhörte Summe von $4 Mio.

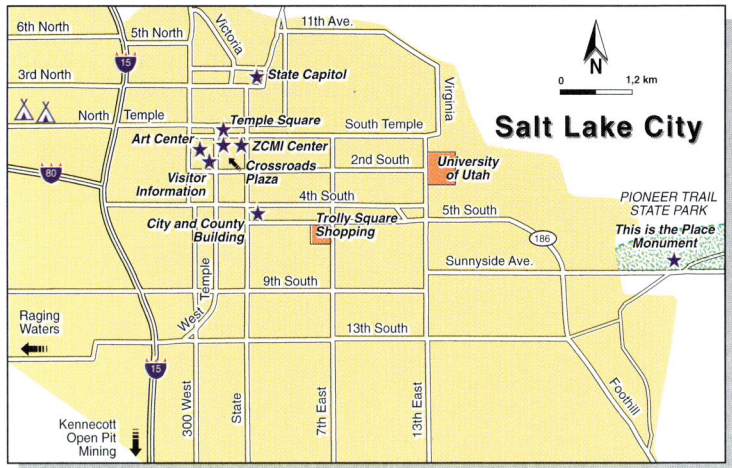

Tabernacle

– Im **Tabernacle** singt der weltbekannte **Mormon-Tabernacle Choir**. Die Orgel besitzt über 10.000 Pfeifen, das Gebäude aus dem Jahr 1867 eine hervorragende Akustik. Der Chor probt donnerstags 20–21.30 Uhr. Orgelproben finden während der Woche 12–12.30 Uhr statt.

Weitere Stätten

Außerhalb des Temple Square warten weitere Mormonen-Stätten auf Besucher, u.a.:

– Das **Brigham Young Memorial** auf der Kreuzung Main/South Temple St, ein Denkmal für den legendären Führer der Mormonenzuges nach Utah.

– Das **Beehive House**, erstes Wohnhaus des *Brigham Young*

– Das **Lion House** gleich nebenan für die stetig gewachsene Schar von Ehefrauen und Kindern des Mormonenführers.

Museen

– Das **Pioneer Memorial Museum**, 300 N Main St, Mo–Sa 9–17 Uhr, im Sommer So ab 13 Uhr, beleuchtet das Leben und Wirken der ersten Siedler. Interessant sind eher die weltlichen Ausstellungsstücke zum Leben im Wilden Westen.

State Park

– Der **Pioneer Trail State Park** liegt abseits der City eingangs des *Emigration Canyon* an der East 9th South Street, 8–17 Uhr, im Sommer bis 20 Uhr, **Visitor Center**: im Sommer 10–18 Uhr, sonst 9–16.30 Uhr. Dort steht das **This-is-the-place-Monument** angeblich exakt an der Stelle, wo 1847 *Brigham Young* diesen denkwürdigen Satz sprach.

– Das **Living Museum Old Deseret** demonstriert in historischen Hütten und Blockhäusern – darunter wiederum eine Wirkungsstätte des allgegenwärtigen *Brigham Young* – das Leben der ersten Siedler.

Capitol Offiziell nicht religiös befrachtet ist das **Utah State Capitol** auf dem *Capitol Hill* unübersehbar einige Blocks nördlich des Temple Square. Der Bau wurde erst 1915 errichtet. Der steile und bei Sommerhitze anstrengende Aufstieg wird mit einem schönen Blick über die Stadt belohnt.

Sonstiges Von sonstigen Sehenswürdigkeiten (*Hansen Planetarium*, ein *International Peace Garden* und weitere Museen) mag im Sommer noch am ehesten der riesige Planschpark **Raging Waters**, 1700 West 12th South St. Interesse wecken. *Memorial* bis *Labor Day* ab 10 Uhr bis Dämmerung, $14.

Kupfermine Etwa 20 mi südwestlich der City (West Jordan, dann Straße #48 nach Westen) liegt mit der **Kennecott Bingham Canyon Mine** ein lohnendes Ziel für einen Abstecher. Die weltgrößte Tagebau-Kupfermine hat eine Abbautiefe von über 800 m erreicht. Das spiralförmige Vorgehen verleiht dem Riesenloch die Form einer überdimensionalen Sportarena. Ausgeschilderte Zufahrt zum **Visitor Center** mit Beobachtungsplattform; **Besichtigung** bei Tageslicht von April bis Oktober, Eintritt $2/Fahrzeug.

Großer Salzsee Auch wenn dies der Name suggeriert: Salt Lake City liegt nicht direkt am Großen Salzsee. Bis zum **Great Salt Lake State Park** und der **Saltair Beach**, dem stadtnächsten Zugang sind es ca. 18 mi auf der I-80 plus 1 mi Zufahrt zum Park. Besonders einladend ist der "Strand" dort aber nicht. Wer weit genug hinauswatet, kann immerhin den Korkeneffekt ausprobieren: wie man sich auch dreht und wendet, man bleibt – als Folge des 25%igen Salzgehalts – garantiert oben!

Eine bessere Möglichkeit zum Schwimmen im Salzwasser-Binnensee bietet der **Antelope Island State Park** nordwestlich SLC. Zur Insel hinüber führt von Syracuse eine meilenlange Brücke. Dort hat man **weißen Sandstrand** aufgespült und im Hinterland in den letzten Jahren eine **Büffelherde** heimisch gemacht. Auf Fahrten nach Norden sollte man den Abstecher dorthin nicht auslassen. Man kann dort sogar – unter einfachen Bedingungen – **campen**.

Am Great Salt Lake südlich der Saltair Beach

Nord-Utah

7.2.2   Von Salt Lake City zum Yellowstone Park

Erstes wichtiges **Zwischenziel** der hier beschriebenen Route sind die zusammenhängenden Nationalparks **Grand Teton** und *Yellowstone* im äußersten Nordwesten Wyomings.

I-15/#20 nach West Yellowstone

Die schnellste Verbindung von Salt Lake City zum *Yellowstone Park* entspricht – zunächst – der I-15 über Idaho Falls nach West Yellowstone. Die Strecke ist aber weniger empfehlenswert. Die Autobahn verläuft eintönig, die Straße #20 ebenfalls ohne viel Abwechslung durch Farmland und dichte Wälder.

Nach Jackson über Idaho Falls (#26/#31/#33)

Man kann die *Interstate* jedoch auch für eine rasche Fahrt bis Idaho Falls nutzen und von dort über die Straßen #26/#31/#33 Jackson ansteuern. Die Straßen #31/#33 führen durch herrliche Gebirgslandschaften. Die #26 am *Palisades Lake* entlang (dort gute **Campmöglichkeiten**) und dann auf der #89 durch den *Snake River Canyon* erfordert zwar ca. 30 mi zusätzlich, ist aber ebenfalls eine erfreuliche Strecke. Gegenüber der hier favorisierten #89 gleich ab Brigham City (nächste Seite) sind damit jedoch insgesamt soviele Mehrmeilen verbunden, daß der Zeitvorteil aus der Autobahnfahrt wieder verlorengeht.

über Lava Hot Springs (#30/#34/#89)

Überlegenswert wäre die Kombination **I-15/#30/#34/#89**: Auf der *Interstate* geht es rund 50 mi nach Idaho hinein, dann nach **Lava Hot Springs** (⇨ Seite 649) und weiter auf schöner Strecke ab Soda Springs auf der #34 bis zur #89.

Straße #89 Die direkte Straße #89 von Salt Lake/Brigham City nach Jackson, dem südlichen Einfallstor für beide Parks, ist die alles in allem reizvollste Strecke. Sie führt aus der Ebene durch den *Logan Canyon* zunächst nach **Garden City** am *Bear Lake*, dessen Anblick schon fast allein die Wahl der Route rechtfertigt.

Bear Lake Der über **300 km² große See** auf der Grenze zwischen Utah und Idaho beeindruckt durch eine ungewöhnliche **türkisblaue Wasserfärbung**. Er ist ein beliebtes Wassersport- und Angelrevier. Aber Baden im so einladend wirkenden Bärensee setzt Abhärtung voraus; das glasklare Wasser bleibt auch im Sommer bitterkalt. Zum Verweilen am Seeufer eignet sich so recht nur der Bereich zwischen Garden City und Laketown, wobei der *Rendezvous Beach State Park* (steiniger Strand) am Südende den besten Zugang ermöglicht. Oberhalb Garden City in Richtung Idaho entfernt sich die #89 bald vom Wasser.

Rund 5 mi landeinwärts beim kleinen Städtchen **Paris** in Idaho befindet sich der hübsche *Canyon Springs Campground*. Der Weg zu diesem Platz im *Caribou National Forest* ist ausgeschildert (südliches Ortsende).

Wyoming Kurz hinter Montpellier erreicht die Straße Wyoming. Wie es sich im **Staat der Cowboys** gehört, gibt es dort keinen gestandenen Mann, der nicht diverse Schußwaffen sein eigen nennt. Daß dieses Arsenal auch zweckgerecht zum Einsatz kommt, beweisen noch gründlicher als in den Nachbarstaaten **durchsiebte Verkehrsschilder** (⇨ Foto Seite 592) und die Gewehre im Heckfenster mancher *Trucks*.

Snake River Canyon Trotz gegenteiliger Kennzeichnung in den meisten Karten ist der **Straßenverlauf** vom Bear Lake bis Alpine Junction nicht sehr attraktiv. Die folgenden 25 mi durch den *Snake River Canyon* bilden aber einen Höhepunkt der Strecke. Die Straße verläuft meist hoch über dem Fluß, der mit seinen zahlreichen *Rapids* geringen bis mittleren Schwierigkeitsgrades zu den beliebtesten **White Water Rafting** Revieren des Westens gehört. Während der Sommersaison bis in den September hinein kann man beobachten, wie Schlauchboote vollbesetzt durch die Stromschnellen schießen. Im Canyonbereich am Wege liegen – z.T. hübsch zwischen Fluß und Straße – mehrere *NF-Campgrounds*. Als Standquartier für einen Besuch im Grand Teton National Park sind sie ein bißchen weit entfernt. Nur 4 mi südlich von Hoback Junction (Straßenendreieck #89/#189) liegt **der beste private Platz der Region** (unter vielen Massen-*Campgrounds*) mit Komfort und Heißwasserpool: *Astoria Hot Springs*, Reservierung unter ℂ (307) 733-2659.

River Rafting In Hoback Junction sind die Stationen der *River Rafters* nicht zu übersehen. Wer beim Zuschauen am Fluß Lust bekommen hat, kann hier gleich buchen und mit ins Boot steigen, wenn es zeitlich paßt. Wegen der starken Konkurrenz werden **Kurztrips schon ab $15** angeboten.

Schlauchboot mit Touristen im Snake River Canyon südlich von Jackson

Jackson

Mit **Jackson** erreicht man ein **Touristenzentrum par excellence**. Im Sommer ist der Ort die wichtigste Etappe im Umfeld der Nationalparks, im Winter Ziel für Skisportler. Nirgendwo sonst im Nordwesten gibt es eine ähnliche **Konzentration an (sehr teuren!) Motels, Hotels und Restaurants**. Bei nicht einmal 5.000 Einwohnern verfügt Jackson über rund **60 Beherbergsbetriebe** und über **50 Restaurants und Kneipen** allein im engeren Ortsbereich. Die touristische Infrastruktur wird noch durch eine Wiederbelebung der (in Realität gar nicht dagewesenen) Wildwest-Vergangenheit bereichert. Von *Memorial* bis *Labor Day* erwartet die Besucher pünktlich um 19 Uhr das (außer So) tägliche *Jackson Hole Shoot-out* am Town Square.

Nach dem Spektakel der Pistolenhelden beginnen die Vorstellungen in den Theatern. Sei es ein Melodrama auf der **Grand Teton Main Stage** oder eine **Vaudeville Revue** mit *Can-Can Girls* im **Jackson Hole Playhouse**, der Bezug zu den angeblich wilden Tagen der Vergangenheit fehlt nie. In der lokalen Kneipenszene gibt die unverfehlbare **Million Dollar Cowboy Bar** am Town Square den Ton an. Aus Sätteln gefertigte speckige Barhocker, *Hillbilly-Music* und Tanz sorgen für viel Betrieb oft bis spät in die Nacht. Nebenan setzt der **Cadillac Grill** den Kontrapunkt im modernisierten Design der 50er-Jahre *Diner*.

Hotel/Motel

Im Sommer (Mitte Juni bis *Labor Day*) in Jackson ohne Reservierung unterzukommen, ist trotz enormer Bettenkapazität bei später Ankunft ein Problem, von den Tarifen gar nicht zu reden, die bei $75-$90 für ein mittelprächtiges Motel beginnen und in einem *Days Inn* oder einer *Best Western Lodge* locker $150/Nacht und mehr betragen. Wer bei Ankunft nach 15 Uhr nicht auf Anhieb eine *Vacancy* findet, sollte ganz durch Jackson zum **Information Center** am nördlichen Ortsausgang fahren. Dort werden jeden Nachmittag dem **Accommodation Service** alle noch freien Zimmer gemeldet, so daß man nicht erst mühsam suchen muß. Zum **Camping** siehe nebenstehend und unter der Beschreibung beider Parks.

Information

Ein Anlaufen des von *National Park* & *Forest Servic*e und der *Jackson Chamber of Commerce* gemeinsam betriebenen Center sollte sowieso Priorität haben. Dort erfährt man alles, was aktuell anliegt und findet jede Werbung für sämtliche unten genannten Aktivitäten. Ein *Dining Guide* enthält sogar die Speisekarten fast aller Restaurants. Nebenbei dient das imposante Gebäude als Museum zu Flora, Fauna und Geschichte des **Jackson Hole** genannten *Snake River Valley* zwischen *Teton* und *Gros Ventre Range* der *Rocky Mountains*.

Hostel-Unterkunft

Die einzige preiswerte Möglichkeit, in Jackson unterzukommen, bietet das **Bunkhouse** (beim *Anvil Motel*, 215 N Cache St, Hauptstraße nach Norden, nur einen Block vom Town Square entfernt; ✆ (307) 733-3668; $15/Bett.

Ein weitere billige Bleibe offeriert das **Hostel X** im nahen Teton Village, ⇨ unten; 3600 McCollister Dr, ✆ (307) 733-3415; $15 plus Tax pro Bett bei 4 Personen im Raum.

Aktivitäten

Jackson-Besucher können aus einer bemerkenswerten Vielfalt kommerziell organisierter *Outdoor*-Angebote auswählen. Allein **Wildwasserfahrten** werden von über einem Dutzend Firmen angeboten. Außer dem bereits beschriebenen **Rafting** über die Stromschnellen im *Snake River Canyon* erfreuen sich Trips für *Sightseeing* und Tierbeobachtung auf dem im *Teton Park* ruhigen Fluß großer Beliebtheit. Buchen kann man auch Ausritte, **Chuckwagon-Diner** (⇨ Seite 44), Helikopter- und Heißluftballonflüge. **Rodeo** (Mi+Sa 20 Uhr, $8), Boot- und Bike-Verleih sind sowieso selbstverständlich. Auch die **Shoppingszene** ist bestens bestückt. Eine große Auswahl findet man in Jackson für jegliche Art von **Western Outfit**. In zahlreichen **Galerien** und **Schmuckläden** gibt es neben allerhand Kitsch auch Ergebnisse lokalen Schaffens von beachtlichem Niveau. Alles hat dort indessen seinen Preis.

Museum

Sehenswert ist das **National Museum of Wildlife Art** mit teilweise sagenhaften Kunstwerken zu Flora, Fauna, Leben und Landschaft des Westens in 14 Galerien. Das Museum befindet sich beim Gelände der **National Elk Refuge**, einer Winterzuflucht für Rotwild, erreichbar ab Town Square über den East Broadway, dann ausgeschildert. Im Sommer täglich geöffnet 10–17 Uhr, sonst Mo–Sa, So ab 13 Uhr; $4.

Umgebung Jackson

Nordwestlich von Jackson liegt das **Teton Village** (ca. 11 mi, zunächst Straße #22, dann Moose-Wilson Road nach Norden), ein Retortendorf für den Tourismus. Eine **Seilbahn** (*Jackson Hole Aerial Tramway*) befördert ihre Passagiere für $15 auf den über 3000 m hohen *Rendezvous Mountain*, im Winter ein Mekka der Abfahrtsläufer, im Sommer Ausgangspunkt für Wanderungen ins einsame Hinterland der hochalpinen *Teton Range*. Ein Umweg über das Teton Village lohnt sich nur bei der Absicht, die Seilbahn zu benutzen.

Weiter zum Grand Teton Park

Mit Pkw, äußerstenfalls *Van Camper* (teilweise schlechte *Gravelroad*), kann man von dort direkt in den *Grand Teton Park* weiterfahren und die Hauptstraße beim **Moose Visitor Center** erreichen. Da die Einfahrt in den Park dort nicht besetzt ist, muß der **Eintritt** – sofern kein *Golden Eagle Pass* vor-

liegt, an der *Moose Entrance Station* entrichtet werden (**kombiniert *Grand Teton/Yellowstone* $20/Auto** bzw. $10/Person, gültig für 7 Tage). Dort erhält man dann auch die **Official Park Map** und die informative Zeitung **Teewinot** mit Hinweisen auf aktuelle Veranstaltungen etc.

Grand Teton National Park/ Jackson Lake

Im Mittelpunkt des *Grand Teton National Park* steht – organisatorisch gesehen – der **Jackson Lake**. Um eine große Marina, das **Colter Bay Visitor Center** und das **Indian Arts Museum** mit einer exzellenten Ausstellung zu indianischer Kultur (im Sommer bis 19 Uhr, Mai und nach *Labor Day* bis 17 Uhr) erstrecken sich eine komplette Versorgungsinfrastruktur mit Supermarkt, enorme Campingareale und ganze Siedlungen unterschiedlichster Unterkünfte.

Unterkunft

U.a. kann man dort sogenannte **Tent Cabins** ($26/Tag für 2 Personen) und **Blockhäuser** mieten (ab $30/Tag, mit eigenem Bad ab $60), ✆ (307) 543-2828/2811 für Kurzfristreservierung; langfristig unter ✆ (307) 543-3100. Dieselben Telefonnummern gelten auch für die Reservierung der höherwertigen **Jackson Lake Lodge**: ab ca. $100 fürs DZ. Campinghinweise siehe auf der nächsten Seite oben.

Bewertung

Wegen der Nachbarschaft zum *Yellowstone* gehört der *Grand Teton* zu den sehr stark frequentierten Nationalparks. Genaugenommen bietet er aber nur Wanderern, die sich ins *Backcountry* begeben, Außergewöhnliches. Als reiner, stark **an die Alpen erinnernder Landschaftspark** ist er für Besucher aus Mitteleuropa insgesamt keine herausragende Sehenswürdigkeit, sondern eher Durchgangsstation.

*Teton
Park Road*

Die **Teton Park Road** ab Moose besitzt als solche keine besonderen Vorzüge gegenüber der **Hauptroute #89**, denn die grandiose Kulisse der drei *Teton-* und weiterer Gipfel zwischen
immerhin 3500 m und 4000 m Höhe begleitet ebenso deren
Verlauf am *Snake River* entlang. Der langsameren Parkstraße
sollte nur folgen, wer sich Zeit für eine Wanderung oder die
Fahrt auf den *Signal Mountain* nehmen möchte oder plant,
am **Jenny Lake** (nur Zelte) oder auf dem **Signal Mountain
Campground** am Jackson Lake zu übernachten. Im Sommer
sind diese Plätze meist schon morgens voll vergeben.

Als **Ausweichplätze** bieten sich nur der einfache und ungemütliche Groß-*Campground* **Gros Ventre** im Südwesten oder
der ebenfalls ausgedehnte Komfortplatz **Colter Bay** an (ebenfalls oft schon mittags voll). Eine ganz günstige Lage besitzt
Lizard Creek im Norden bereits in der Nähe des *Yellowstone;*
aber auch dort wird es ab Mittag eng.

*Trails im
Grand Teton*

Von den **Tageswanderungen** sind folgende besonders empfehlenswert (Details in den Besucherzentren, ein Büchlein für
alle *Teton Trails* kostet $4):

– rund um den *Jenny Lake* zu **Hidden Falls** und **Inspiration
  Point** (ca. 2 Stunden, aber auch ein Boot verkehrt über den
  See, vom Anlegeplatz zu den Fällen etwa 600 m)

– die Verlängerung des Weges zu den *Hidden Falls* durch den
  Cascade Canyon zum *Solitude Lake* und zurück durch
  den *Paintbrush Canyon* (ganztägig)

– *Loop Trail* zum **Taggart Lake** (max. 2 Stunden)

– vom *Taggart Lake* weiter zum **Surprise/Amphitheater Lake**,
  ggf. Ausgangspunkt *Lupine Meadows* (4-6 Stunden).

*Signal
Mountain*

Für einen **Panoramablick** über das ganze Tal des Snake River,
den *Jackson Lake* und auf Gletscher und Berge lohnt sich die
Auffahrt zum **Signal Mountain** (5 mi), die von der *Teton Park
Road* abzweigt. Der Aussichtspunkt läßt sich auch per Fuß-
marsch von der Hauptstraße aus erreichen (Abzweigung zur
Cattleman`s Bridge über den Snake River unweit Jackson
Lake Junction, von dort ca. 2 Stunden retour).

*Weiter
zum
Yellowstone*

Verzichtet man völlig auf längere Stopps im *Grand Teton*
(erwägenswert bei knapp bemessener Ferienzeit, lieber etwas
mehr Muße im absolut sensationellen nördlichen Nachbarn),
benötigt man für die **Fahrt von Jackson bis zur Einfahrt in den
Yellowstone Park** (rund **70 mi** Distanz) nur in Ausnahmefällen über **zwei Stunden**. Eine weitere Stunde Fahrt benötigt
man bis zum Hauptgeysirfeld *Upper Geysir Basin*.

Der *Yellowstone* läßt sich auch mit Bus und Flugzeug noch
relativ gut erreichen. Mit einiger Frequenz bediente **Airports**
befinden sich in Jackson und West Yellowstone, wo auch
Greyhound eine Haltestelle besitzt.

Morning Glory Pool: Glasklares heißes Wasser aus 3.000 m Tiefe

7.2.3 Yellowstone National Park

Der *Yellowstone Park* besitzt mit rund **10.000 km²** eine enorme Ausdehnung. Sein Gebiet ist überwiegend auf einem Hochplateau in über 2.000 m Höhe angesiedelt. **Geysire und heiße Quellen** sind Hauptanziehungspunkte dieses ältesten (1872! 1997 war 125-jähriges Jubiläum) und neben dem *Grand Canyon* bekanntesten amerikanischen Nationalparks. Wie bereits angemerkt, ist er ohne wintertaugliches Fahrzeug **nur zeitlich begrenzt zugänglich**. Häufig versperren **Schneefälle** noch bis in den Juni hinein und bereits ab Mitte September die Pässe.

Information Nach der Einfahrt, gleich aus welcher Richtung, erreicht man beim nächsten größeren Geysirfeld, am *Canyon Village* und am Kreuzungspunkt *Fishing Bridge* eines der **fünf** *Visitor Center*, wo es die jeweiligen Detailinformationen und -karten gibt. Generell wird man durch die bei der Einfahrt erhaltenen Unterlagen – ***Official Map and Guide*** und die aktuelle Info-Zeitung *Yellowstone Today* – bereits bestens informiert.

Rundkurs/ Wie aus der Karte ersichtlich, liegen die Mehrzahl der Geysir-
Zeitbedarf felder und der berühmte *Grand Canyon of the Yellowstone River* entlang eines an eine 8 erinnernden Rundkurses. Die reine **Straßendistanz** dieser Strecke beträgt **etwa 140 mi**. Selbst bei rascher Besichtigung nur der wichtigsten Attraktionen benötigt man **leicht zwei Tage**. Dabei bleibt kaum Zeit, geduldig auf den Ausbruch bestimmter Geysire zu warten, in Ruhe die größeren Felder abzulaufen, vielleicht auch mal eine Badepause einzulegen und die Natur des Parks zu genießen. **Wenn irgend möglich, sollte man drei Tage Aufenthalt einplanen** (mindestens zwei Nächte im Park). Auch mehr Zeit läßt sich im *Yellowstone* abwechslungsreich gestalten.

Grant Village

Bei Einfahrt in den Park von Süden passiert man noch vor Erreichen der Rundstrecke das *Grant Village* an der **West Thumb Bay** des (eiskalten) *Yellowstone Lake*. Ein Verweilen lohnt hier nicht, es sei denn zur Sicherung einer Unterkunft/ eines Campingplatzes oder für Besorgungen/Restaurantbesuch (verglastes *Steakhouse* auf Pfählen über dem Wasser). Von dort sind es nur wenige Meilen, bevor die Dampfschwaden des kleinen **West Thumb Geyser Basin** unweit des Seeufers ins Blickfeld geraten. Sie geben einen Vorgeschmack davon, was der Yellowstone weiter westlich zu bieten hat.

Upper Geysir Basin

Das wichtigste und ausgedehnteste **Feld thermaler *Pools*** und regelmäßig ausbrechender **Heißwassergeysire** ist das *Upper Geyser Basin.* Eine erhebliche Parkplatzkapazität und eine komplette Service-Infrastruktur (jedoch **kein Campingplatz**) tragen der großen Besucherzahl dort Rechnung. Alle Einrichtungen gruppieren sich um den *Old Faithful Geyser*, der in schöner Regelmäßigkeit **alle 45-120 min, im Mittel 75 min**, seine Fontänen bis zu 55 m hoch ausbläst. Am zentralen *Visitor Center* befindet sich eine Tafel mit den voraussichtlichen, täglich anderen Ausbruchszeiten der Geysire im *Upper Basin*. Unverzichtbar ist die ebenfalls dort erhältliche genaue **Umgebungskarte**, bevor man sich auf den Weg durch das von schwefligen Dämpfen und heißen Abflüssen durchzogene Feld macht.

Man sollte unbedingt alle befestigten Wege (Asphalt und Holzbohlen) einschließlich der Schleife rund um den **Geyser Hill** oberhalb des *Old Faithful* bis zum sagenhaften **Morning Glory Pool** ablaufen (Gesamtdistanz ca. 6 km). Dazu benötigt man einschließlich der Fotopausen (**Extrafilm** nicht vergessen!) und Wartezeiten an einzelnen Geysiren kaum unter drei Stunden. Ein höherer Zeitbedarf ergibt sich leicht. Die Erweiterung der Rundwanderung zu abseits gelegenen Pools und zum **Observation Point** mit Überblick über das ganze Basin kostet schnell eine zusätzliche Stunde. Ein hübscher Spaziergang führt zum – allerdings auch mit dem Auto erreichbaren – **Black Sand Basin** am Iron Creek, einem kleinen Thermalfeld, das u.a. den attraktiven **Emerald Pool** umfaßt.

Old Faithful Ausbruch

Old Faithful Inn

Eine Sehenswürdigkeit für sich ist die **Innenarchitektur** des im Blockhausstil errichteten *Old Faithful Inn*. Die Konstruktion der Hotelhalle ist absolut einmalig. Wer sich für die Einzelheiten interessiert, kann an Führungen teilnehmen, die mehrfach täglich stattfinden (gratis; Zeiten in *Yellowstone Today*). Für eine Nacht im *Old Faithful* könnten selbst eingefleischte Camper gut auf den Campingplatz verzichten, zumal das Hotel auch noch die **einzig gute Kneipe** weit und breit beherbergt. Zimmer kosten je nach Kategorie/Saison $49/$75 (ohne/mit Bad) bis $195; eine (möglichst langfristige) Voranmeldung unter ℂ (307) 344-7311 ist nötig, ⇨ Seite 610.

Midway Geysir Basin

Auf der Weiterfahrt in nunmehr nördliche Richtung passiert man **weitere Geysir Zonen**. Einen Stop wert ist jede davon, speziell das **Midway Geyser Basin** und das blubbernde "Matschloch" **Fountain Paint Pot** im *Lower Geyser Basin*, wiewohl der Maltopf im Lauf der Jahre etwas eintrocknete und an Originalität verlor. Wer den richtigen Zeitpunkt abpaßt (Ankündigung im *Old Faithful Visitor Center*), kann sich am auch sonst attraktiven **Firehole Lake Drive** die Fontänen des **Big Fountain Geyser** ansehen. Ein schönes Ziel für eine gut einstündige **Wanderung** liefert der **Imperial Geyser**, etwa 3 km entfernt vom Endpunkt des *Fountain Flat Drive*.

Badestelle

Kurz vor *Madison Junction* geht es links ab zu den **Firehole Falls** (Einbahnstraße). Die kurze Rundstrecke führt durch den **Firehole Canyon** des gleichnamigen Flusses, der dank des oberhalb zulaufenden heißen Wassers immer angenehm temperiert ist. Zwischen den Felsen der Schlucht gibt es ein Stück hinter den Fällen wunderbare **Badepools**.

Norris Geysir Basin

Im **Norris Geyser Basin** findet man im wesentlichen ähnliche Heißwasserpools und kleinere Geysire wie in anderen Feldern. Eine Ausnahme bildet der originelle **Ecchinus Geyser**, der sich langsam mit heißem Wasser füllt und seinen Inhalt in wenigen Minuten wieder hinausbläst. Die Erholungsphase zwischen den Eruptionen dauert bis zu 60 min. Der ebenfalls im Norris-Becken befindliche **Steamboat Geyser** verharrt leider jahrelang inaktiv, bevor er sich mit den stärksten Ausbrüchen des Parks zurückmeldet und dann wieder jahrelang ruht. Seine Fontänen erreichen über 100 m Höhe.

Weitere Bereiche

Bei knapper Zeit könnte der *Yellowstone*-Besuch sich auf die **kleine Rundstrecke** mit Weiterfahrt **von *Norris* zum *Canyon Village*** beschränken. Dabei verpaßt man die *Mammoth Hot Springs*, alles andere im oberen Bereich des Rundkurses ließe sich verschmerzen. Am wenigsten jedoch die Verbindung von *Norris* zu den Mammutquellen; sie ist eine der schönsten Strecken im Park, während der weitere Verlauf der Straße über *Tower Junction* zum *Canyon Village* keine ungewöhnlichen Reize mehr bereithält. Auch den *Tower* Wasserfall muß man nicht unbedingt gesehen haben.

Mammoth Hot Springs

Ganz anders als alle bisher beschriebenen Thermalfelder und ein Erlebnis eigener Art sind die **Mammoth Hot Springs** am nördlichen Parkausgang. Heißes Quellwasser wird hier auf dem Weg an die Oberfläche stark mit dem Kalziumkarbonat des Deckgesteins (Kalksandstein) angereichert, das sich bei Austritt an die Oberfläche um die Öffnung herum ablagert und auf diese Weise **pittoreske Terrassen** gebildet hat. Wege führen mitten durch die stufenartig übereinander liegenden Kalziumformationen der **Main Terrace Area;** eine **Loop Road** umrundet die **Upper Terrace Area**. Für beides sollte man nicht unter 2 Stunden einkalkulieren. Im **Besucherzentrum** unterhalb der Sinterterrassen ist ein kleines **Museum** zu Natur, *Wildlife* und Entwicklung des Parks untergebracht.

Yellowstone Canyon & Falls

Der Name des Parks geht auf den gelben Sandstein im **Grand Canyon of the Yellowstone** zurück, eine vom Yellowstone River tief ausgewaschene Schlucht. Vom **Visitor Center** im *Canyon Village* läuft eine Einbahnstraße an deren Nordrand entlang (**North Rim Drive**). Den besten Blick in den *Canyon* hinein bietet der **Inspiration Point**. Über zwei Fallstufen, die **Upper** und **Lower Falls**, stürzt das Wasser einige hundert Meter weiter flußaufwärts in die Tiefe. Der untere Wasserfall mit einer Höhe von 94 m ist am spektakulärsten. Das Schauspiel der donnernden Wassermassen beeindruckt besonders vom **Red Rock Point** aus. Die *Upper Falls* sind weniger aufregend. Eine andere Perspektive von Schlucht und Fällen bieten Aussichtspunkte auf der gegenüberliegenden Seite, zu erreichen über den **South Rim Drive**.

Zwischen *Canyon Village* und der Besucherzentrale *Fishing Bridge/Lake Village* am *Yellowstone Lake* liegt die **Mud Volcano** Region, eine weitere thermale Spezialität des Parks. Im Gegensatz zu den Klarwassergeysiren brodelt im *Mud Volcano* und seinen schwefligen Nachbarn eine "Suppe" aus Regenwasser, geschmolzenem Schnee und Matsch, die durch Dämpfe vulkanischen Ursprungs erhitzt und in Bewegung gehalten wird. Am schönsten blubbert es im übelriechenden **Dragon's Calderon** am Ende des gut 1 km langen Rundweges auf Holzbohlen.

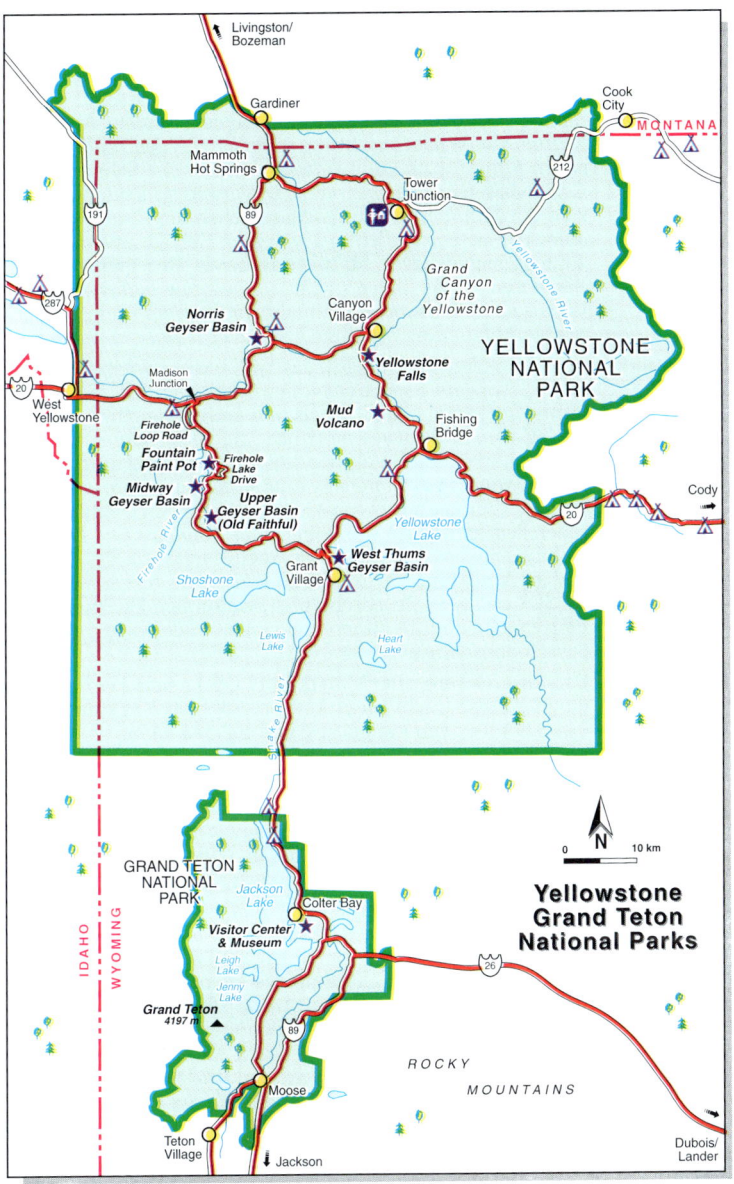

Livingston/
Bozeman
Gardiner
Cook
City
MONTANA
212
Mammoth
Hot Springs
Tower
Junction
89
191
Grand
Canyon
of the
Yellowstone
287
Norris
Geyser Basin
Canyon
Village
YELLOWSTONE
NATIONAL
PARK
Madison
Junction
Yellowstone
Falls
20
West
Yellowstone
Firehole
Loop Road
Mud
Volcano
Fountain
Paint Pot
Firehole
Lake
Drive
Fishing
Bridge
Midway
Geyser Basin
Upper
Geyser Basin
(Old Faithful)
Cody
Yellowstone
Lake
20
West Thums
Geyser Basin
Shoshone
Lake
Grant
Village
Lewis
Lake
Heart
Lake

N
0   10 km

GRAND TETON
NATIONAL
PARK
Jackson
Lake
Colter Bay
Visitor Center
& Museum
Leigh
Lake
Jenny
Lake
26
IDAHO
WYOMING
Grand Teton
4197 m
89

Yellowstone
Grand Teton
National Parks

R O C K Y
M O U N T A I N S
Moose
Teton
Village
Jackson
Dubois/
Lander

Tierwelt

Außer für seine Geysire ist der *Yellowstone* bekannt für seinen Fisch- und Wildreichtum. Um **Rotwild, Elche** und die in den letzten Jahren hier heimisch gemachten **Büffel** zu sehen, braucht man die Hauptstraßen kaum zu verlassen, speziell nicht in den frühen Morgen- und Abendstunden. Als beste Region zur **Wildbeobachtung** gilt das *Hayden Valley* zwischen *Mud Volcano* und *Canyon Village*. Die **Schwarz-** und **Grizzlybären** machen sich eher rar. Vorwitzige Exemplare, die sich wiederholt von den Essensgerüchen der Campingplätze anlocken lassen, werden in abgelegene Gebiete transportiert. **Verhaltensmaßregeln für überraschende Begegnungen mit Bären und Bisons** finden sich in *Yellowstone Today*; darüberhinaus erhält man bei der Einfahrt in den Park ein gesondertes Merkblatt zum Verhalten gegenüber Bären.

Unterkunft im Park

Eine besondere **Problematik** des *Yellowstone* wie ja auch anderer besonders populärer Nationalparks betrifft die Unterkunft. **Im Sommer sind Hotels und *Lodges* langfristig ausgebucht.** Wer in der Lage ist, frühzeitig zu disponieren, kann nicht nur in teuren Hotels wie dem unübertroffenen *Old Faithful Inn*, sondern auch **preiswert unterkommen**. Einfach eingerichtete Zimmer mit bis zu 4 Schlafplätzen gibt es unter hübschen Bezeichnungen wie *Roughrider, Economy* und *Frontier Cabins* am *Upper Geyser Basin*, bei *Mammoth Hot Springs* und in Tower Junction *(Roosevelt Lodge)*. Sie kosten zwischen ca. $25 und $69. Zu beachten ist, daß einige Quartiere ihre Pforten erst im Juni öffnen und bereits Ende August/Anfang September schließen.

Reservierung

Die **Reservierung aller Unterkünfte** erfolgt seit 1997 zentral durch **AmFac** (nicht mehr TW): ✆ **(307) 344-7311 und (307) 344-5395; Fax von Europa aus: 001 307 344-7456.**

Außerhalb

Außerhalb des Parks verfügt **West Yellowstone** über das größte und vielfältigste Zimmerangebot vom *International Hostel* im alten *Madison Hotel* (✆ 406 646-7745, $17) bis zum stilvollen *Stage Coach Inn* mit Sauna und *Whirlpool* im Haus (im Sommer ab ca. $85, ✆ (406) 646-738, ✆ (800) 842-2882.

Camping

Die besten (einfachen) **Campingplätze** im zentralen Bereich des *Yellowstone* sind **Norris** und **Madison**. Einige Plätze sind für Zelte nicht zugelassen (***Hard sided Camping only***, da nur "harte" Wände von Campmobilen ausreichend Schutz gegen Bären bieten). Zur Kanalisierung des Andrangs wurden 5 Plätze (von 12) mit dem Gros der Gesamtkapazität aus der Vergabe *first-come-first-served* herausgenommen: **Madison** und die komfortableren Plätze **Canyon, Grant Village, Fishing Bridge** (nur RVs, teuer und unattraktiv) und **Bridge Bay** können bei **AmFac** reserviert werden, ➪ Telefon/Fax oben. Ohne Reservierung findet im Sommer im Yellowstone oft nur Platz, wer früh am Morgen anreist. Außerhalb der Sommersaison bis *Labor Day* wird die Campingkapazität reduziert.

Die verkehrsmäßig günstigsten **Ausweichmöglichkeiten** bieten *National Forest Campgrounds* nördlich von West Yellowstone/Montana und im *Hebgen Lake* Bereich: Recht nah liegt **Bakers Hole** an der #191, ca. 5 mi entfernt vom Ort. Weiter entfernt, aber schön gelegen ist der Platz **Beaver Creek**, 25 mi vom Parkeingang entfernt, Zufahrt von der #287.

Darüberhinaus kommt man natürlich auch auf kommerziellen Plätzen in **West Yellowstone** unter: z.B. im *Yellowstone Grizzly RV-Park*, von dem aus Restaurants und Läden zu Fuß erreicht werden können; Reservierung ☎ (406) 646-4466. Und wenn man schon mal dort ist, könnte man sich die Wunder des *Yellowstone* auch gleich noch einmal im IMAX-Format ansehen. Das **IMAX-Theater** steht zwischen Ort und Einfahrt in den Park; stündliche Vorstellungen 9–21 Uhr; $7.

Die schön gelegenen *NF-Campgrounds* an der **#14/#16 nach Cody** befinden sich weitab der Geysir-Felder und eignen sich eher für die Übernachtung vor oder nach Besuch des Parks. Wenn alle Stricke reißen, läßt sich zur Not im Campmobil zwischen den zahllosen geparkten Wagen der Gäste von *Old Faithful* oder *Snow Lodge* unauffällig eine Nacht überbrücken – was indessen streng untersagt ist.

Transport In **West Yellowstone**, im *Canyon Village* und im *Old Faithful Inn* kann man **Rundfahrten** durch den Park buchen (ab $35). Bei ausreichend Zeit ist für den Bereich *Norris* bis *Old Faithful* ein **Leihfahrrad** eine reizvolle Alternative zur motorisierten Besichtigung (ab $19/Tag in West Yellowstone).

Die Sinterterrassen der Mammoth Hot Springs

7.2.4   Vom Yellowstone durch Wyoming zu den Black Hills

Nach Cody

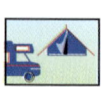

Neben der Strecke durch den *Grand Teton Park* ist die **Straße #14/#16/#20** über Cody die meistbenutzte und zugleich die attraktivste Zufahrt zum *Yellowstone.* Eine ganze Reihe von wunderbar in das Tal des Shoshone River eingebetteter **NF-Campgrounds** säumen den Abschnitt zwischen Park und Wapiti. Im *Wapiti Valley* ballen sich attraktive **Guest Ranches,** in denen man gerne einige Tage bleiben möchte. **Preiswertes Camping** ohne Komfort in Cody-Nähe (ca. 8 mi) bietet der – allerdings nicht besonders gepflegte – *State Park* am *Buffalo Bill Reservoir.* Letzter Höhepunkt vor Erreichen der Stadt ist der **Shoshone River Canyon,** durch den sich die Straße hindurchzwängt, mit dem *Buffalo Bill Dam.*

über den Chief Joseph Highway

Wer sich nach einer Runde durch den *Yellowstone Park* für die weite Nordostausfahrt über **Cooke City**/Montana, einem urigen Nest im Blockhauslook, entscheidet (dort sind Motels und Lodges kaum halb so teuer wie etwa in Jackson), wird für den Umweg (in Richtung Cody) mit dem Erlebnis des *Chief Joseph Highway* #296 belohnt. Die Straße wurde erst kürzlich perfekt ausgebaut, ist aber wenig befahren und bietet sagenhafte Ausblicke. Auf halber Strecke befindet sich am gleichnamigen *Creek* ein idyllischer kleiner **Campground** mit der schönen Bezeichnung **Dead Indian.**

Cody

Die **Hauptstadt des Buffalo Bill Kultes** lebt großenteils vom *Yellowstone*-Tourismus. Die einschlägige Infrastruktur an *Motels, Campgrounds* und *Restaurants* prägt weitgehend ihr Erscheinungsbild. Und auch hier gilt: Die **Moteltarife** und Restaurantkosten liegen weit unter denen in Jackson. Ebenso aber wie in Jackson gibt es ein breites Angebot an **Outdoor-Aktivitäten,** darunter die populären Schlauchbootfahrten, hier über die Stromschnellen des Shoshone River.

Beachtung verdient das *Buffalo Bill Historical Center*:

Buffalo Bill Historical Center

Der beeindruckende Museums-Komplex (unübersehbar an der Durchgangsstraße gegenüber dem grünen Town Square, wo sich auch das *Visitor Center* der Stadt befindet) präsentiert nicht nur eine breite **Ausstellung zu Leben und Legende von Buffalo Bill,** sondern umfaßt außerdem noch ein beachtliches **Museum zur Kultur der Prärieindianer,** eine schon an schierer Menge kaum zu überbietende Kollektion von Colts und Gewehren im *Cody Firearms Museum* und die beachtliche *Whitney Gallery of Western Art.* Die Gemälde- und Skulpturensammlung dieser Galerie wird in einer derartigen Breite qualitativ wie quantitativ von keinem anderen Spezialmuseum für Kunst des Westens erreicht und rechtfertigt schon fast allein den kombinierten Eintrittspreis von $8; Kinder $2, Jugendliche $4. Das Center ist Juni bis September 7–20 Uhr geöffnet, im Mai ab 8 Uhr.

BUFFALO BILL, WESTERN-LEGENDE SCHON ZU LEBZEITEN

Bis in die 30er-Jahre unseres Jahrhunderts galt Buffalo Bill weltweit als die Personifizierung des amerikanischen Westhelden. Wer ihn nicht in seiner Wildwest-Show erlebte, kannte die zahllosen Novellen und Comic Strips, in denen er die Rolle des Gerechten im wilden Land der Cowboys und Indianer spielte. Die von ihm selbst mitbegründete Stadt Cody und die Buffalo Bill Memorial Association sorgen bis heute dafür, daß ihr Held nicht in Vergessenheit gerät.

Tatsächlich folgt William Codys Lebensweg der Eroberung des Westens bis zu den letzten Indianerkriegen und ist in erstaunlicher Weise immer wieder eng verbunden mit einer Vielzahl von Ereignissen und Namen, die später in die Geschichte eingingen.

Im Alter von acht Jahren kommt er mit seiner Familie nach Fort Leavenworth am Ufer des Missouri River in Kansas. Als Elfjähriger verläßt er nach dem Tod seines Vaters die Schule und trägt als reitender Bote, Fallensteller und Goldwäscher zum Familienunterhalt bei. Mit vierzehn heuert er beim legendären Pony Express Service an, der Briefe in 10 Tagen von der Ost- zur Westküste befördert, und macht sich einen Namen, als er nach Ausfall zweier Anschlußreiter drei 100-mi-Etappen in 22 Stunden durchgaloppiert. Nach dem Bürgerkrieg verdingt er sich als Pfadfinder bei der Armee und versorgt zeitweise über 1000 Gleisbauarbeiter mit einer täglichen Frischfleischration von 12 Büffeln, was ihm seinen Beinamen Buffalo Bill einbringt.

Als er 1872 bei einer Jagdpartie Fürst Alexanders von Russland die begleitenden Journalisten mit seinen Schießkünsten beeindruckt, geht sein Name durch die gesamte Presse und ein Bühnenstück "Buffalo Bill: King of the Border Men" entsteht. Beim nächsten Stück "The Scouts of the Prairies"spielt er seine Abenteuer selbst und feiert große Tourneeerfolge.

Seine Idee von der Wild-West-Show verhilft Bill Cody 1883 auch zu internationalem Ruhm. Nach immer ausverkauften Vorstellungen in den USA transportiert er eine Crew von 600 Mitwirkenden und 500 Rindern, Pferden und Büffeln in die Alte Welt und führt den staunenden Europäern den "Wilden Westen" vor: Büffeljagden, Indianerüberfälle auf Wagenburgen, Schlachten zwischen Armee und Sioux und nie gesehene Reit- und Schießkapriolen mit Buffalo Bill als Hauptakteur. Sogar der Adel ist begeistert, und Kaiser Wilhelm beglückt seine Offiziere mit Nachhilfestunden in Logistik durch den großen Organisator aus Amerika.

Das Aufkommen des Kinos läutete indessen den Niedergang der teuren Live-Show ein. Es konnte Wildwest-Abenteuer billiger und in rascher Folge produzieren. Hohe Tourneeverluste entstanden, und bald waren die einst verdienten Millionen aufgebraucht. 1913 kamen die Reste von Bill Codys Wildwest-Imperium unter den Hammer. Er selbst machte weiter bis zum 70. Lebensjahr und trat in Zirkus und auf Showbühnen auf, bevor er am 10. Januar 1917 in die ewigen Jagdgründe einging.

Buffalo Bill wurde auf dem Lookout Mountain bei Denver begraben.

Gunslingers & Rodeo

Von Anfang Juni bis Ende August beginnt täglich um 20.30 Uhr in der Arena am hinteren *West Cody Strip* (Ausfallstraße zum *Yellowstone)* das kleine **Wildwestspektakel für Touristen**. Die Anfangszeit ist mit Bedacht gewählt, denn um 18 Uhr (Mo–Sa) treten beim **Irma Hotel** (an der Ecke Sheridan Ave/Ecke 12th Street) allabendlich die **Cody Gunslingers** auf und veranstalten das unverzichtbare historische **Shoot-out**. Danach ist noch Zeit fürs *Dinner* und dann geht`s zu den **Rodeo Grounds**. Zwar handelt es sich nicht um die denkbar tollste Rodeo-Veranstaltung, aber ansehenswert ist sie für $10-$12 Eintritt allemal. Für die danach staubtrockene Kehle gibt es zur **$100.000-Bar** im nun bereits bekannten *Irma Hotel*, einem Geschenk der *Queen Victoria* von England für den bewunderten *Buffalo Bill*, keine Alternative.

Teepes

Vor dem *Buffalo Bill Center* stehen pittoreske **Teepees** im Sioux-Look. Die kann sich auch in den eigenen Garten stellen, wer möchte: Sie werden in Cody in verschiedenen Größen produziert und auf Wunsch nach Europa verschickt: **Western Canvas**, Box 1382,Cody, WY 82414; ✆ (307) 587-6707; **Internet Web Site**: http://www.colterbay.com/westerncanvas.

Von Cody nach Westen

Zur Fortsetzung der Fahrt von Cody über die **Bighorn Mountains** nach Osten stehen mehrere entfernungsmäßig nicht sehr voneinander abweichende Routen zur Wahl:

Thermopolis

– Dank der **Sandsteinformationen** am Wege ist die **Straße #120 nach Thermopolis** am eindrucksvollsten. Der vielversprechende Name des Städtchens bezieht sich auf die weltgrößten Vorkommen heißer Thermalquellen. Die **Hot Springs** konzentrieren sich im wesentlichen auf den Uferbereich des Bighorn River in East Thermopolis. Unübersehbar sind die Kalziumterrassen des **Hot Springs State Park**, dessen schlichte Pools gratis benutzt werden dürfen. Ringsherum beuten Planschparks die Heißwasservorkommen gegen Eintritt aus (ab $7). Camper können preiswerter an den Segnungen der Quellen partizipieren: Zum **Fountain of Youth Campground** an der #20 North gehört ein Thermalschwimmbecken. Reservierung: ✆ (307) 864-3265.

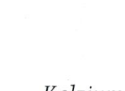

Kalzium- ablagerungen im Thermopolis Hot Springs State Park

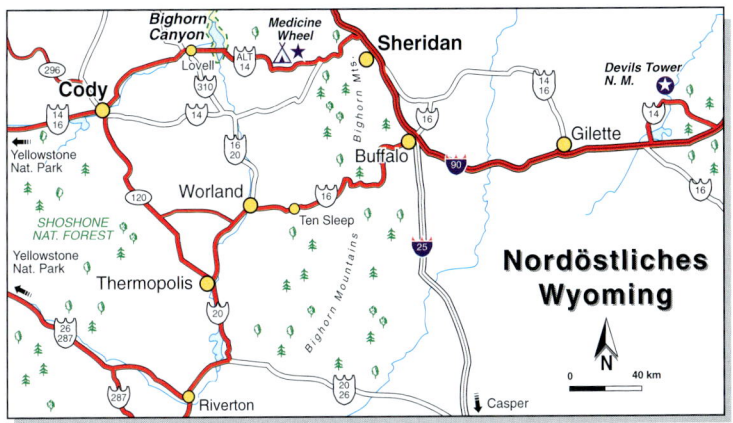

Ten Sleep Canyon/#16	– Ohne Umweg über Thermopolis erreicht man entweder auf der **Kombination #120/#431** oder auf der #16 Worland. Die Weiterführung der **Straße #16** ist die am besten ausgebaute und gleichzeitig – im Abschnitt von Ten Sleep durch den **Ten Sleep Canyon** bis hinauf zum **Powder River Pass** in 3.000 m Höhe – **spektakulärste Strecke** über das *Bighorn* Gebirge. Hübsche **NF-Campgrounds** befinden sich sowohl im Tal (*Leigh Creek* und *Ten Sleep* an der #435) als auch in der Höhe abseits der Durchgangsstraße.

Straße #14	– Die **Straßen #14/#14A** verlaufen östlich von Cody recht eintönig durch die Prärien zwischen *Rocky* und *Bighorn Mountains*. Auch sie klettern über Paßhöhen im 3000 m Bereich und führen durch einsame Gebirgslandschaften, in denen sich *National Forest Campgrounds* verstecken. Wer in den Hochlagen campen möchte, muß bedenken, daß es auch bei gutem Wetter **nachts sehr kühl** werden kann, und **Nachtfröste** selbst im Juli/August keine Seltenheit sind.
Straße #14A	– Wählt man die nördlichste Verbindung **#14A**, passiert man die Zufahrt zur **Bighorn Canyon National Recreation Area**. Der Stausee des Bighorn River erfreut sich wegen seiner abseitigen Lage, der kargen Umgebung und der oft graubraunen Trübung des Wassers keiner großen Beliebtheit. Reizvoll ist aber der Blick vom **Devil's Canyon Overlook** (von der #14A etwa 13 mi) tief hinunter auf den dort zwischen Steilwänden eingezwängten Bighorn Stausee.
Five Springs 	Der kleine **Einfach-Campground Five Springs** des *BLM*, etwa 22 mi östlich von Lovell im Aufstieg zu den *Bighorns*, kostet ein paar steile Zusatzmeilen. *Picnic Tables* und eine Handvoll Stellplätze (bis auf einen Platz nur für Zelte) fügen sich idyllisch in die Landschaft unterhalb der **Fälle** ein.

Medicine Wheel

Etwa 6 mi östlich der Zufahrt zu den *Five Springs* zweigt hoch in den *Bighorns* eine *Gravel Road* zum **Medicine Wheel** ab, einem rätselhaften "Rad" mit zahlreichen aus Steinen zusammengelegten "Speichen" von 25 m Durchmesser auf einem Plateau unterhalb des *Medicine Mountain*. Rundherum befinden sich weitere künstliche Felsgebilde, deren Herkunft und Sinn im Dunkeln liegen. Nach kurzer rauher Anfahrt erreicht man eine *Ranger Station* und einen Parkplatz; von dort muß man zum *Medicine Wheel* noch ca. 2,5 km laufen. Lohnenswert bei Interesse an indianischer Kultur.

Bighorn Mountains

Wer **einsame Gebirgswelt** fern vom touristischen Hauptbetrieb sucht, wird mit den *Bighorn Mountains* im Grunde viel besser bedient als etwa in den "richtigen" *Rocky Mountains* im gleichnamigen Nationalpark von Colorado oder in den *Tetons*. Nicht einmal in der **Höhe** stehen die Gipfel der *Bighorns*, einer Teilformation der nordamerikanischen Kordillere (⇨ Seite 19), den *Rockies* sonderlich nach. Bei Outdoor-Enthusiasten ist die ***Cloud Peak Wilderness Area***, ein großes Gebiet um die Gipfel der *Bighorns* herum ein Geheimtip. Ein **National Forest Information Center** unweit der Ecke #14/#14A hält Karten und eine *Campground*-Übersicht bereit.

Wer in dieser Region einen Campingplatz sucht, aber die kalten Nächte in der Höhe vermeiden möchte, findet gleich östlich der *Bighorns* in Dayton einen guten privaten Platz mit Stellplätzen direkt an einem Flüßchen (Schwimmen): ***Foothills Motel & Campground***, ✆ (307) 655-2547.

Ostseite der Bighorns/ Sheridan

Die größten Ortschaften im unmittelbaren Einzugsbereich der *Bighorns*, aber bereits im Tiefland sind **Sheridan** und **Buffalo** mit 14.000 bzw. 4.000 Einwohnern. Keines der beiden recht hübschen Städtchen verfügt über größere Sehenswürdigkeiten. Aber als Zwischenstation sind sie mit ihrer dichten Infrastruktur bestens geeignet. In Sheridan gibt es gut **20 Motels** und **Hotels** entlang der Main und Coffeen Ave zu moderaten Tarifen. Das sehenswerte historische ***Sheridan Inn*** am Broadway/5th St mit einer langen Liste illustrer Gäste kann nur noch besichtigt werden; $3. Auch ein originelles ***Brewpub*** wartet (in der East Alger St) auf Gäste: ***Sanford`s Grub & Pub***.

Am Wege nach Buffalo passiert die I-90 den **Lake de Smet** mit **Campingplatz** am See; Exits #44 und #51.

Buffalo

Für Buffalo gilt Ähnliches wie für Sheridan: viele Motels zu günstigen Tarifen. Was das *Sheridan Inn* dort ist hier das historische ***Occidental Hotel*** an der Main Street. Ganz ungewöhnlich für Amerika ist der riesengroße ***Swimming Pool*** im Washington Park, der noch nicht einmal Eintritt kostet.

Rodeo

Wie es sich für Wyoming gehört, finden im Sommer große **Rodeos** statt, in Sheridan 2. Wochenende im Juli **und** August, in Buffalo mit ***Fair*** am 2. Wochenende des August.

7.2.5 Die Black Hills Region

Geschichte

Von Buffalo geht es auf der Interstate #90 rund 100 mi durch eintönige, hügelige Weidelandschaft (*Grasslands*), bevor man die nordwestlichen Ausläufer der **Black Hills** erreicht, ein aus den umgebenden Prärien herausragendes, seenreiches **Mittelgebirge** im Grenzgebiet von Süddakota und Wyoming. Einst waren die *Black Hills* geheiligtes Land der **Sioux** und **Cheyenne Indianer.** Es wurde ihnen 1868 von der US-Regierung in einem von zahlreichen, kurzlebigen Verträgen dieser Art als unantastbarer Landbesitz zugesprochen. Vorbei war es aber damit schon 1875: Als in den Schwarzen Bergen **Gold** entdeckt wurde, strömten Tausende von Prospektoren ungehindert ins Indianerland. Die Obrigkeit unternahm nichts gegen den **Vertragsbruch** durch die eigenen Bürger. Zwar wehrten sich die *Sioux* verzweifelt und errangen auch 1876 am **Little Bighorn River** gegen die US-Armee unter **General Custer** noch einmal einen großen Sieg, aber die *Black Hills* blieben verloren. Die nach darauffolgenden Massakern (bekannt ist vor allem **Wounded Knee 1890**) überlebenden *Sioux* mußten in Reservate nach Montana und Süddakota umsiedeln.

Situation heute

Heute ziehen die schwarzwaldähnlichen *Black Hills* alljährlich **Hunderttausende von Touristen** an. Für die Bevölkerung der benachbarten Präriestaaten sind sie sommers wie winters die attraktivste Landschaft weit und breit; und seit 1941 bilden die vier **Präsidentenköpfe im Granit des** *Mount Rushmore* einen Anziehungspunkt, den jeder aufrechte Amerikaner mindestens einmal in seinem Leben gesehen haben muß.

Devils Tower

Gerade noch in Wyoming erreicht man das **Devils Tower National Monument** von der I-90 über die Straßen #14/#24 (35 mi). Der Teufelsturm, ein riesiger abgeplatteter Klotz aus Säulenbasalt, erhebt sich weithin sichtbar ca. **270 m** über die auslaufenden *Black Hills*. Trotz all der Mythen, die sich um seine **Entstehung** ranken, ist diese wissenschaftlich unbestritten. Die Geologen interpretieren den *Devils Tower* als **Volcanic Plug,** den erkalteten Kern eines Vulkans, dessen umgebendes, weicheres Gestein nach und nach erodierte.

Plastisch und detailliert wird dieser Vorgang im **Visitor Center** erläutert. Eine andere Deutung als von langer Hand vorbereiteter Landeplatz der Außerirdischen gab dem Gelände der *Science Fiction*-Film **"Begegnungen der Dritten Art"**.

Rund um den Teufelsturm

Besonders **beliebt** sind die Hänge des *Devils Tower* bei Kletterern. Der Normalbesucher muß sich mit dem Rundwanderweg am Fuße des Berges begnügen (ca. 2 km). Die dafür notwendigen kaum mehr als 30 min sollte man sich unbedingt nehmen. Abgesehen vom hübschen Spaziergang und immer wieder neuen Perspektiven ist man bereits wenige hundert Meter vom Besucherzentrum entfernt fast allein. Die meisten Touristen begnügen sich mit dem Aussichtspunkt in Parkplatznähe. An Sommertagen gibt fast immer Kletterkünstler in den Steilwänden. Sie zu beobachten, ist ein Erlebnis.

Der **Campground** des *National Monument* liegt schön am Belle Fourche River, einem klaren Fluß mit Schwimmlöchern und geeignet zum *Inner Tubing*, ➪ Seite 35. Ein **KOA-Platz** befindet sich vor den Toren des Parks.

Man spart auf schöner Strecke einige Meilen, wenn man über die **Straße #24 East** und **#111** auf die I-90 zurückkehrt.

Spearfish Canyon

Am **Nordrand der Black Hills** in South Dakota, nur wenige Meilen südlich der I-90, liegen Deadwood und Lead, zwei historische **Goldrausch- und Minenstädte**. Von der I-90 sollte man die **Straße #14A** durch das pittoreske **Spearfish Canyon** der direkten, kürzeren #85 vorziehen. Sie führt über ca. 18 mi am gleichnamigen Creek entlang nach Cheyenne Crossing.

Beim *Visitor Center* des *National Forest Service* in Spearfish (*Exit 10*) gibt es ein Faltblatt dieses *Scenic Byway*. Einen Zwischenstop könnte man einlegen an den **Roughlock Falls**: auf der Forststraße #22 etwa 1 mi ab der *Spearfish Canyon Lodge*. Etwas höher liegt der kleine **NF-Campground Rod & Gun**, außerdem ein Drehort des Films "Der mit dem Wolf tanzt".

Deadwood & Lead

Deadwood ist mit seinen authentischen Fassaden und Kneipen im Westernlook an der **Historic Main Street** attraktiver als der Nachbarort **Lead**, wo nur die **Open Cut Homestake Mine** einiges Interesse beanspruchen kann, ein tiefes Loch in der Landschaft. Seit in **Deadwood** die (außer in Indianerreservaten) in South Dakota illegalen Glücksspiele **Poker** und **Black Jack** zur Abrundung der historischen Realität (wieder) zugelassen und auch **Slot Machines** aufgestelltwurden, sind die Besucherzahlen gewaltig gestiegen, wie die Menge an *Hotels, Motels, B&Bs, Campgrounds, Restaurants* und *Kneipen* beweist. Was sich zuerst nur auf eine Handvoll alter *Saloons* beschränkte, ist heute in zahlreichen **Gambling Halls** vorhanden. In der Main Street verbirgt sich nun hinter jeder Fassade eine kleine Spielhölle. Im Beiprogramm der besonders betriebsamen Wochenenden gibt`s **Rodeo** von Mitte Juni bis Ende Juli.

**Die Ermor-
dung von
Jack McCall**

Fester Bestandteil der sommerlichen Touristensaison ist die unendliche Wiederbelebung der dramatischen Story von der Ermordung der Wildwestgröße **Wild Bill Hickock** durch *Jack McCall*. **The Trial of Jack McCall** wird täglich (außer So) um 20 Uhr auf der Main Street (**Shoot out**), danach im Gerichtssaal der *Old Towne Hall* vorgeführt (Eintritt $7). Den Beweis für die reale Existenz der Hauptpersonen des Stücks liefern die Gräber von *Wild Bill* und seiner ebenfalls im Wildwest-Ruhm unsterblichen Freundin **Calamity Jane** auf dem Friedhof, **Mount Moriah Cemetery** (Lincoln St, ausgeschildert).

Wer nicht bis abends warten will: im **Saloon #10** wird das Verbrechen 4x täglich authentisch nachvollzogen.

Viele **Quartiere** in Deadwood besitzen den Vorzug, sich in Fußgängerdistanz zum Zentrum oder an einer *Trolley Route* zu befinden, die Hotelgäste von der westlichen Charles Street in die Stadt befördert.

**Routen
durch die
Black Hills**

Touristisches Hauptziel in den Black Hills ist – wie gesagt – das **Mount Rushmore National Memorial**. Wer keinen Abstecher zum **Badlands National Park** plant, kann eventuell Rapid City links liegen lassen und über den **Black Hills Parkway** (Straße #385) und **Keystone** direkt dorthin fahren. Da der *Parkway* bei starkem Verkehrsaufkommen im Sommer viel Zeit kostet, aber landschaftlich durchaus nicht umwirft, empfiehlt sich bei Fahrtziel *Badlands* eher die **Straße #14A** durch den **Boulder Canyon** nach Sturgis, dann die I-90.

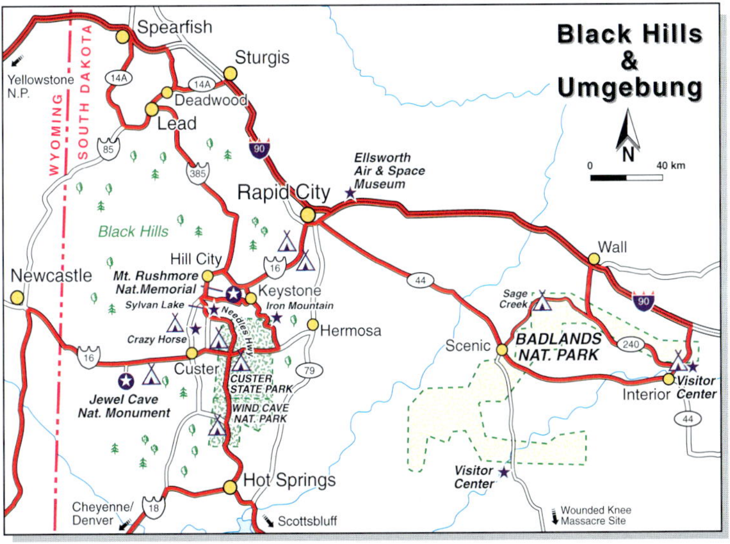

Rapid City

In Richtung *Badlands* führt kein Weg an **Rapid City** vorbei, einer jungen Stadt, die erst in den Tagen des *Black Hills*-Goldrausches entstand. Sie ist das östliche **Eingangstor zu den Black Hills** und mit 54.000 Einwohnern die mit Abstand größte Stadt in mehreren hundert Meilen Umkreis. Während für viele Amerikaner allein schon das *Mount Rushmore Monument* Motiv genug ist für eine Reise in die abgelegenen Black Hills, erscheint Touristen aus Europa **Rapid City und Umgebung** leicht als ein nachrangiges Ziel, ist aber in Wirklichkeit eine Art Geheimtip. Denn im Einzugsbereich von Rapid City liegen neben dem **Mount Rushmore** und den **Badlands** der **Custer State Park**, der **Wind Cave National Park** und das **National Monument Jewel Cave**, außerdem die schon beschriebenen Ziele **Devils Tower** und **Deadwood**.

Unterkunft

Rapid City verfügt über zahlreiche Hotels und Motels mit über 5000 Gästezimmern. Die meisten ballen sich nördlich des Roosevelt Park entlang East North St/East Blvd, im Bereich des *Exit* 59 der I-90, im Zentrum (St Joseph/Main St) und an der **Mount Rushmore Road** am südlichen Ortsausgang. Die großen Ketten der Mittelklasse (**Days Inn, Holiday Inn, Ramada, Best Western, Super 8, Quality, Econolodge** u.a) sind teilweise sogar mit mehreren Häusern vertreten. Anfang Juli bis Mitte August und an Wochenenden von Juni bis *Labor Day* wird die Kapazität knapp; sonst ist es kein Problem, in Rapid City unterzukommen. Die Preise liegen zwar etwas höher als in touristisch weniger frequentierten Gebieten, sind aber stark saison- und auslastungsabhängig. Außer in und um Rapid City findet man **Motels** im Bereich der **Ellsworth Air Force Base** (⇨ Exkurs auf Seite 623) an der I-90 und besonders **zahlreich in Keystone** in unmittelbarer Nähe des *Mount Rushmore* (teurer!) und in **Custer** (preiswerter).

Einige zusätzliche Adressen neben den Kettenmotels, die man über ihre 800-Nummern anrufen kann (⇨ Seite183), sind:

Motel/Hotel

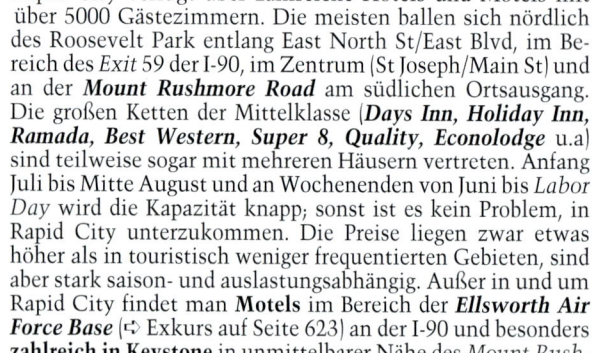

– **Alex Johnson Hotel,** ✆ (800) 888-2539, 523 6th St im Zentrum, fast ein Hochhaus, dennoch die historische Herberge im (innen) stilvollen Nostalgie-Western-Look, ab ca. $89.

– **Avanti Motel,** ✆ (605) 348-1112, 102 N Maple, ab $59

– **Tip Top Motor Hotel,** ✆ (800) 341-8000, 405 St. Joseph, ab $45

– **Big Sky Motel,** ✆ (605) 348-3200, 4080 Tower Rd, ab $45

– **Mt. Rushmore President`s View Resort (Motel),** ✆ (800) 456-1878 in Keystone, ab $45

Bed & Breakfast

In Rapid City und den *Black Hills* gibt es viele *B&B*-Unterkünfte, z.T. auf *Ranches*. Interessante Adressen sind die **Madison Ranch**, Nemo Rd, 5 mi westlich der Stadt, ✆ (605) 342-6997, und **Nemo Guest Ranch**, noch weiter westlich in Richtung Deadwood, ✆ (605) 578-2708. Ene **komplette Liste** aller Quartiere enthält der *Rapid City Planning Guide*, ⇨ rechts.

Camping

An der Mount Rushmore Road #16 befinden sich vor den Toren der Stadt eine ganze Reihe privater Campingplätze. Am besten schaut man, welcher zusagt; unter kommt man immer. Empfehlung: *Lazy J RV-Park* mit terrassierten, von der Straße zurückliegenden Arealen, auch Zelte, ca. 3 mi südlich, ✆ (605) 342-2751. Weitere Plätze in den Black Hills, ⇨ weiter unten.

Information

Das Büro der **Tourist Information** befindet sich im **Civic Center in der** 444 Rushmore Road, ✆ (800) 487-3223; geöffnet Mai bis Oktober 7.30–18 Uhr. Für die Besuchsplanung sind hilfreich der *Rapid City Planning Guide*, das *Rapid City's VISITOR Magazine* und das Heft *Exploring the Black Hills & Badlands*.

Restaurants

Obwohl ein dichtes gastronomisches Angebot, sind kulinarische Feste in Rapid City wohl nicht zu feiern. Während der Sommersaison eine Alternative zum Üblichen bieten **Chuckwagon Supper & Shows**, u.a. auf der *Flying T-Ranch* an der #16 zum *Mount Rushmore*, ca. 6 mi südlichRapid City. Nach Verzehr der rustikalen Cowboy-Kost vom Blechteller läuft die *Country-Western-Show*; täglich um 19.30 Uhr, $13.

In der **Firehouse Brewing Company** mit 12 verschiedenen – in der lokalen Micro-Brauerei hergestellten – Biersorten gibt`s auch was Ordentliches zu beißen. Unverfehlbar in der 610 Main Street neben der *Prairie Edge Gallery.*

Black Hills Souvenirs

Typische Produkte aus Rapid City bzw. den *Black Hills* sind Schmuckstücke, hergestellt aus **Black Hills Gold**. Schmuck- und Souvenirläden lassen sich nicht verfehlen. Den größten Souvenirshop findet man beim *Visitor Center* des *Mount Rushmore*. Viele lokale Motive und Muster wirken allerdings in europäischen Augen konventionell bis kitschig. Anders ist es mit **Kunsthandwerk und Gebrauchsartikeln der Sioux-Indianer**, erhältlich z.B. im Shop des Museums *The Journey* (⇨ nächste Seite) oder im unübertroffenen **Prairie Edge**, *Shop* und **Sioux Gallery**, an der Ecke 6th/Main St. Sagenhaft, was dort an **Indian Craft** vorrätig ist – ebenso das Preisniveau.

Souvenirs und Old Tyme Fotos in Wildwest-Verkleidung gibt`s in diesem Shop in Keystone unmittelbar vor dem Mount Rushmore Memorial

Museen

Besondere Attraktionen hat Rapid City als Stadt nicht zu bieten, aber zwei Museen sind besuchenswert:

– **The Journey**, 222 New York St, ein neues, schon architektonisch hochmodernes Museum zu Archäologie (Fossilien, Dinosaurierknochen etc.) und Geologie (u.a. interessante Mineraliensammlung) und Geschichte der Black Hills, speziell der Sioux-Indianer und – sehr ausführlich – der weißen Besiedelung. Es faßt früher in drei (heute geschlossenen) Museen ausgestellte Stücke in neuer Aufbereitung zusammen. Sehenswert bei Themeninteresse. Di–Fr 9–17 Uhr, So ab 13 Uhr, im Sommer auch Mo, Eintritt $6.

– **Dahl Fine Arts Center**, 713 7th St. Das Kunstmuseum beherbergt u.a. ein – leicht naiv-verklärendes – Rundum-Wandbild (**Mural**) des Malers B. P. Thomas von 60 m Länge. Es führt durch 200 Jahre (weißer) amerikanischer Geschichte bis zum imaginären Aufbruch ins Weltall. Mo–Sa 9–17 Uhr, So ab 13 Uhr, im Sommer z.T. länger. Frei, aber Spende.

Dino Park

Viel Werbung macht die Stadt für ihren **Dinosaur Park** in Form einiger knallgrüner lebensgroßer Zementdinosaurier auf einer Anhöhe über der Stadt (Skyline Drive westlich Quincy St, ausgeschildert; im Sommer zugänglich 8–22 Uhr). Derartige Simpel-Dinos beeindrucken aber heute nicht einmal mehr Kinder. Der Blick über Rapid City lohnt immerhin die Auffahrt.

Kommerzielle Attraktionen

Außer in Museen können sich die Besucher von Rapid City in kommerziell betriebenen Attraktionen der Umgebung die Zeit vertreiben. Ob im **Bear Country**, in den **Reptile Gardens**, diversen illuminierten **Höhlen**, in **Goldminen** mit Waschpfannen (Erfolg garantiert) und Untergrund-Wasserfällen, die Möglichkeiten für ein volles Programm sind vielfältig. Alles steht in den empfohlenen Broschüren.

Trailhead im Badlands National Park

EXKURS — ABSTECHER ZUM BADLANDS NATIONAL PARK

Wer bis zu den Black Hills reist, sollte auf einen Abstecher zum *Badlands National Park* nicht verzichten. Am Weg zum Park befinden sich zwei interessante Zwischenziele:

Ellsworth Militär-flugzeug-Museum

– Rund 10 mi östlich von Rapid City (Ausfahrt #66 vom *Freeway*) die **Ellsworth Air Force Base** mit dem **South Dakota Air & Space Museum**, einer Ausstellung ausgemusterter Militärflugzeuge und Raketen (9–18Uhr). Der bereits für sich eindrucksvolle **Open-Air Park ist eintrittsfrei**. Eine Führung durch ein **Minuteman II-Silo**, zu **B-1B** und **Stealth Bombern** kostet $3 (inkl. Bustransport); die Frequenz der Führungen wird dem Besucheraufkommen angepaßt. Ellsworth ist (auch heute noch) die Kommandozentrale einer weltweit einsatzfähigen Vernichtungskapazität von Interkontinentalraketen und einer Flotte von Langstreckenbombern. Ein Teil der in *Ellsworth AFB* stationierten Flugzeuge war im Golfkrieg von 1991 eingesetzt.

Wall Drug

– Das **Dorf Wall** an der I-90 nördlich der westlichen Zufahrt zum *Badlands Park*, Heimat des größten und kuriosesten **Drug Store** der USA. Der aus vielen Läden, Snack Bars und Ausstellungen zusammengesetzte Komplex ist wie ein **Shopping Center mit Museen**. Alles hatte damit begonnen, daß die Gründer (in den 30er-Jahren) die Idee hatten, Autofahrer mit **Free Ice and Coffee for 5 Cents** in ihr Geschäft zu locken. Beides gibt es heute noch. *Wall Drug* macht über Hunderte von Meilen auf sich aufmerksam und wurde zu einer eigenständigen Touristenattraktion, die einen Stop vor oder nach dem Besuch der *Badlands* verdient. **Motels** und **Campgrounds** fehlen auch nicht.

Anfahrt Badlands

Es macht Sinn, den Besuch des **Badlands National Park** über dessen Osteingang zu beginnen, wenn eine Rückkehr in Richtung Black Hills/Wyoming geplant ist. Mit den Vorausinformationen des **Visitor Center** am Ostende hat man ggf. mehr von einer Fahrt durch den Park. An der **Entrance Station** gibt es die übliche Farbkarte mit Erläuterungen und die Zeitung *The Prairie Preamble*; Eintritt $10/Fahrzeug.

Badlands National Park

Nach den rund 80 mi (von Rapid City aus) durch eintönige Prärie tauchen schon bald nach Verlassen der I-90 die ersten bizarren Sandsteinformationen und seltsam ausgewaschene graue Erdhügel auf. Schon auf dem **Door Trail** (1 km) noch vor Überquerung des *Cedar Pass* gelangt man mitten hinein in die Mondlandschaft der *Badlands*. Schlechtes, ungeeignetes Land für eine Durchquerung befanden die ersten Europäer, die als Trapper und Abenteurer hierher gelangten. Um *bad lands* handelte es sich auch für die nachfolgenden Siedler, unfruchtbar und schwer zugänglich.

Im *Visitor Center* erfährt man alles zu den geologischen Ursprüngen und Geschichte dieses ungewöhnlichen Gebietes. Der *Cliff Shell Nature Trail* in der Nähe des Besucherzentrums veranschaulicht die Erkenntnisse praxisnah.

Ein einfacher **Campground** liegt ungeschützt gegen die häufigen Winde in fast vegetationslosem Terrain in der Nähe des Besucherzentrums. Umsonst campt man auf dem *Sage Creek Campground*, einem einsamen, nur auf Schotter zu erreichenden Primitivplatz in der Nordwestecke.

Mit der *Cedar Pass Lodge* ist auch ein passables Hotel vorhanden mit moderaten Tarifen: DZ $48, ✆ (605) 433-5460.

Rundkurse

Entlang der **Parkstraße** am Rande der Abbruchkante zwischen hoher Prärie und *Badlands* gibt es zahlreiche Halte- und Aussichtspunkte (am besten *Pinnacles Overlook*), die immer wieder neue Einblicke in die Vielfalt und -farbigkeit der Formationen vermitteln. Eine Gravelroad führt beim *Seabed Jungle Overlook* hinunter zur **Conata Picnic Area** in den zerfurchten Abhängen.

Büffel

Die einst nahezu ausgerotteten **Bisons** (Büffel) wurden im *Badlands Park* wieder heimisch gemacht. Wegen der Ausdehnung des Parkareals bis weit in die Ebenen unterhalb des Abbruchs sind die Aussichten, Exemplare dieser Präriebewohner aus geringer Distanz zu Gesicht zu bekommen, relativ gering. Büffeln begegnet man eher im *Wind Cave* und *Yellowstone National Park*.

Alternative Routen

Die Wahl der **Sage Creek Rim Road** nach Scenic ist wenig sinnvoll ohne die Absicht, auf dem *Sage Creek Campground* zu übernachten. Wer ein doppeltes Abfahren der I-90 vermeiden möchte, sollte von Rapid City zunächst auf der **#44 bis Interior** fahren und von dort der **Badlands Loop Road** folgen. Wall und Ellsworth steuert man dann auf der Rückfahrt an. Umgekehrt ist das natürlich auch möglich, aber das *Visitor Center* besucht man dabei erst am Ende der Fahrt.

Wounded Knee

Wer sich intensiver für die Geschichte der Sioux interessiert, kann über die #44/#2 und/oder die #27 weiterfahren zum Ort des berüchtigten Massakers am **Wounded Knee River**. Zu sehen gibt es an der "Biegung des Flusses" allerdings wenig. Ein Besucherzentrum informiert über die Geschehnisse von 1890, als die Kavallerie der US-Army ein ganzes Dorf niedermetzelte, und ihre Hintergründe.

Zur **Fortsetzung der Reiseroute** geht es (ohne Abstecher nach *Wounded Knee*) von den *Badlands* alternativlos zurück nach Rapid City und von dort unter Umgehung der – eventuell bereits besuchten – südlichen Black Hills auf der Straße #79 nach Hot Springs oder auf der #16 nach Keystone, dem Zentrum des *Mount Rushmore*-Rummels.

Mount Rushmore

Von Rapid City leitet die Ausschilderung den kontinuierlichen Strom der Fahrzeuge unverfehlbar über den Eingangsort Keystone zu den riesigen Parkplätzen des *Mount Rushmore National Memorial*. Von der Aussichtsterrasse des *Visitor Center* genießen die Besucher einen freien Blick auf die über 20 m hohen Köpfe der vier Präsidenten **Washington, Jefferson, Lincoln** und **Theodor Roosevelt**, am besten und für das obligatorische Foto am günstigsten in der Vormittagssonne. Ein pausenlos laufender Videofilm erläutert die hehren Motive und Arbeit (über 14 Jahre!) ihres von der Idee besessenen Schöpfers, **Gutzon Borglum.**

Kritische Reflektionen zu Sinn und Zweck eines derartigen Monuments ausgerechnet im ehemals sakrosankten *Sioux*-Gebiet sind hier nicht angebracht.

Custer State Park

Südlich von Mount Rushmore/Keystone liegt der ausgedehnte **Custer State Park**. Man erreicht ihn entweder über die serpentinenreiche **Iron Mountain Road** (schönste Zufahrt), über die Straße #87 oder über den Ort Custer. Der grundsätzlich bei Einfahrt zu entrichtende Eintritt von $8/Wagen bzw. $3/Person bezieht sich pauschal auf 7 aufeinanderfolgende Tage mit beliebigen Ein- und Ausfahrten. Keinen Eintritt zahlt, wer den Park auf der Straße #16A ohne Stop durchquert.

Sylvan Lake

Die **Attraktivität** des *Custer Park*, der seiner eintrittsfreien Umgebung landschaftlich ansonsten keine besondere Konkurrenz macht, ist vor allem bedingt durch

– den idyllischen, von Felsen pittoresk eingefaßten **Sylvan Lake**. Man kann ihn zu Fuß umrunden oder per Kanu und Tretboot entdecken (Verleih).

Am felsigen Ufer des Freizeitsees Sylvan Lake im Custer State Park

– den **Needles Highway**, dessen nördlichstes Teilstück durch ein spektakuläres Felsnadel-Gebiet führt. Steil aufragende Monolithe ziehen *Rockclimber* magisch an. Weniger geübte Besucher finden jede Menge reizvoller Felsformationen, in denen sich relativ gefahrlos herumklettern läßt.

– Besonders schön gelegene **Campingplätze** im Bereich zwischen der *Iron Mountain Road* und Custer an der Straße #16A und zusätzlich am **Sylvan Lake**.

Ein Abfahren der **Wildlife Loop Road** durch das südliche Parkareal sollte man sich nur vornehmen nach vorheriger Erkundigung im *Visitor Center*, ob zur Zeit mit Wild bzw. Bisons im Blickfeld der Straße zu rechnen ist.

Wind Cave National Park

Im Süden schließt der **Wind Cave National Park** direkt an den *Custer State Park* an. Das Gelände dieses kleinen Nationalparks, auf dem rund **400 Bisons** frei grasen und die den *Squirreln* ähnlichen Präriehunde eine **Prairie Dog Town** errichtet haben, liegt über einem Teil des Höhlenlabyrinths unter den *Black Hills*. Die hier völlig trockenen Tropfsteinhöhlen sind durch einen künstlichen Eingang zugänglich.

Geführte ein- und zweistündige Touren werden ganzjährig angeboten (ab $4). Mindestens an einer kürzeren Besichtigung sollte man teilnehmen. Für Höhlenfans veranstalten die *Parkranger* einen 4-Stunden-Trip zur Höhlenerkundung abseits der befestigten Wege (**Spelunking** genannt) mit Helm, Laterne und Knieschutz, $15; Auskunft und die dafür immer notwendige Reservierung unter ✆ (605) 745-4600.

Der **Campground des Parks** liegt in der Südwestecke.

Custer

Westlich des *Custer State Park* liegt das **Dorf Custer**, das fast ausschließlich vom Tourismus lebt. Zahlreiche Motels, Restaurants und *Fast Food Places* säumen die Straße #16. Dort ein Quartier zu finden, ist im allgemeinen nicht schwierig und preiswerter als in Rapid City und vor allem Keystone. Campingplätze sind ebenfalls vorhanden; der **NF-Campground Bismarck Lake** befindet sich östlich des Ortes kurz vor dem *Custer Park*, der **NF-Campground Comanche** nur wenig westlich an der Straße #16 in Richtung *Jewel Cave*.

Jewel Cave National Monument

Zum bislang nur ansatzweise erforschten Höhlensystem der *Black Hills* gehört auch die als *National Monument* ausgewiesene, von ihrer Charakteristik her mit der *Wind Cave* dennoch kaum vergleichbare **Jewel Cave**, etwa 12 mi westlich von Custer. Wunderbar geformte kristalline Kalzitablagerungen gaben der Höhle ihren Namen. Die **Scenic Tour** findet im Sommer alle 20 min statt (8.30–18 Uhr, $6); sonst unregelmäßiger. Auch in der *Jewel Cave* gibt es ausgedehnte **Spelunking Trips**; Reservierung empfehlenswert: ✆ (605) 673-2288. Visitor Center im Sommerhalbjahr 8–19.30 Uhr.

Crazy Horse
Memorial

Ein erst langsam den Anfängen entwachsendes Projekt ist das **Crazy Horse Memorial**. Das gigantische Gegenstück zum *Mount Rushmore Memorial* läßt sich in Umrissen schon von der Straße #16/#385 aus, 5 mi nördlich von Custer, recht gut erkennen. Der 1982 verstorbene Bildhauer **Korzcak Ziolkowski** begann auf Einladung der *Sioux* im Jahr 1949 (!) mit der Sisyphusarbeit am **Memorial for all North American Indians**, das nach Fertigstellung den *Sioux*-Häuptling *Crazy Horse* samt Pferd als 170 m hohe Felsskulptur zeigen soll. Die Nachkommen des Künstlers machen schon heute – trotz der Distanz der Aussichtsplattform – ein blendendes Geschäft mit den Touristen, die in Museum, Shop und Cafeteria ihre Dollars lassen. Am fernen Granit wird derweil mit Dynamit und Kränen weitergewerkelt. Wer näher `ran möchte, kann Hubschrauberflüge buchen. Eintritt $7/Person oder $17 (!) pro Wagenladung.

Modell des auf 170 m Höhe angelegten Crazy Horse Memorial. Bislang ist nur der Kopf halbwegs fertig und aus der Distanz erkennbar

Noch ein paar Meilen weiter stößt man bei der Kreuzung #16/#244 auf die Einfahrt zum **Rafter J Bar Campground**, einer extrem komfortablen Camping-Superanlage, wo sich die Vorzüge öffentlicher und privater Plätze paaren.

Hot Springs

Ein letzter Abstecher von den *Black Hills* könnte dem Städtchen Hot Springs gelten. Von den namensgebenden heißen Quellen rund um den Ort speist eine den öffentlichen **Badepool Evans Plunge** mit Innen- und Außenbecken. Drei riesige Rutschen sorgen für Warmwasser-Badespaß. Die Anlage liegt am nördlichen Ortsausgang unweit der #385. Geöffnet im Sommer bis 22 Uhr, Frühjahr und Herbst bis 20 Uhr, Eintritt $7. Bei naturhistorischem Interesse lohnt sich der Besuch des **Mammoth Site National Natural Landmark** an der südlichen Ortsumgehung #18. Die Knochenreste von 39 in der Region vor 26.000 Jahren umgekommenen Mammuts wurden an ihren Originalfundplätzen belassen und präpariert. Im Sommer 8–20 Uhr, sonst bis 17 Uhr, Eintritt mit Führung $5.

7.2.6	**Von den Black Hills nach Colorado**

Routen
nach Süden

Von der *Black Hills* Region geht es auf der **#16** (etwa nach Besuch der *Jewel Cave*) oder über die Kombination #385/ #89/ #18 in Richtung Colorado. Beide Routen führen auf die **Straße #85 nach Cheyenne**, der Hauptstadt Wyomings. Diese Strecke durch die Südostecke des Staates, gleich ob über **Torrington** oder ab **Lusk zur I-25**, bietet keine besonderen Reize und kann rasch durchfahren werden. Das *Fort Laramie (Historic Site)* nordwestlich von Torrington ist nur mäßig interessant.

Eine attraktivere, aber etwas zeit- und meilenaufwendigere **Alternative** wäre die **Straße #385 durch Nebraska**, die bei Bridgeport den North Platte River überquert. An der #88, etwa 6 mi südlich, befinden sich *Courthouse* & *Jail Rocks*, zwischen Bridgeport und Scottsbluff das Felsmonument *Chimney Rock* und bei *Scottsbluff* das gleichnamige *National Monument*, sehenswerte Landmarken am *Oregon Trail*, dem alten Siedlerweg nach Westen. Von Scottsbluff erreicht man Cheyenne am raschesten über die #71 und dann I-80.

Cheyenne

Die kleine **Kapitale** Cheyenne, mit gerade 50.000 Einwohnern zugleich größte Stadt Wyomings vor Casper, Laramie und Rock Springs, unterscheidet sich von diesen im wesentlichen durch das Regierungskapitol mit dem unvermeidlichen goldenen Kuppeldach. Ansonsten wirkt sie genauso angenehm aufgelockert mit viel Grün im (Mini-) Zentrum wie langweilig. Denn "los" ist auch in der Hauptstadt nicht viel. Aber einmal am Tag pünktlich um 18 Uhr (Sommermonate, Mo–Fr; Sa 12 Uhr) wird mit rauchenden Colts ein *Gunfight* zelebriert. Die *Cheyenne Gunslingers* stellen dadurch die an der Ecke 16th/Carey Street gefährdete öffentliche Ordnung wieder her.

Frontier
Days

Höhepunkt des Jahres sind die *Frontier Days* vom vorletzten bis letzten Juliwochenende mit dem ältesten regelmäßigen und wahrscheinlich **größten Rodeo-Fest des Wilden Westens**. Zum täglichen Rodeo mit allen Schikanen wird ein umfassendes Beiprogramm auf Straßen, Plätzen und Showbühnen der Stadt abgezogen. Zur Ausnüchterung reichen am Morgen gastfreundliche Bürger Cheyennes das für jedermann freie *Cowboy Pancake Breakfast* vom Planwagen.

Alle Unterkünfte sind zu dieser Zeit langfristig ausgebucht und die **Campingplätze** voll. Für **Campmobile** werden dann zusätzliche Plätze bereitgestellt. Informationen zu den *Crazy Days of July* versendet das Büro der *Cheyenne Frontier Days*, PO Box 2666, Cheyenne, WY 82003; Ticket-Reservierung fürs Rodeo unter ℘ (800)-227-6336.

Museum

Wer's Ende Juli nicht nach Cheyenne schafft, muß sich mit dem Besuch des *Frontier Days Old West Museum* im Frontier Park begnügen; 8th/Carey Street, geöffnet im Sommer Mo–Sa 8–19 Uhr, So 10–18 Uhr, sonst Mo–Fr 9–17 Uhr, So 12–16 Uhr.

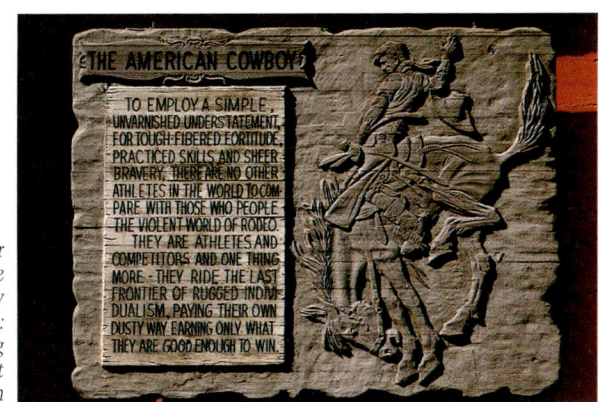

Der amerikanische Cowboy und Rodeo: in Wyoming nicht wegzudenken

Big Boy

Im *Holliday Park* (zwischen 5th St und I-80) verbringt die gewaltige Dampflokomotive **Big Boy** der *Union Pacific Railroad* ihren Lebensabend

Information

Erst beim Verlassen der Stadt passiert der von Norden kommende Tourist an der I*nterstate #25* das großzügig gestaltete Wyoming und Cheyenne **Travel Information Center**. In der City gibt es ein Büro im 309 W Lincolnway.

Unterkunft/ Camping

In Cheyenne befinden sich zahlreiche **Hotels und Motels** auf dem **Lincolnway**, Straße #30, welche die Stadt von Ost nach West durchläuft, und der **Central Ave**, der Nord-Süd Achse #85. Fürs Campen kommen nur private Plätze in Frage, z.B.: **AB Camping** am College Drive unweit der *Travel Information* an der I-25/I-80, und **Restway** an der #30 östlich der City.

Zum Rocky Mountain Park

Von Cheyenne bis zur Abfahrt **Loveland/Straße #34**, dem Zubringer zum *Rocky Mountain National Park,* sind es nur 50 mi (Einzelheiten zu Colorado ➯ Seite 440). **Der malerische Verlauf der Straße #34 durch das Tal des Thompson River macht diese Route zur attraktivsten Anfahrt zum Nationalpark.** Nichtsdestoweniger folgt der Hauptstrom der Besucher aus dem Großraum Denver der direkten Straße #36 über **Boulder,** fast einer **Vorstadt von Denver** mit City-Flair, vielen Parks, einer großen Universität und hohem Freizeitwert.

Nach Denver

Die zusätzlichen Meilen zum Besuch Denvers lohnen bei knapper Reisezeit so recht nur, wenn man andere amerikanische Cities (außer der "kleinen" Salt Lake City) noch nicht kennt bzw. bestimmte Ziele in oder um Denver besonders reizen, ➯ folgende Seiten. Denn **Denver gehört** – abgesehen von seiner Lage vor dem Panorama der *Rocky Mountains* und nahen Zielen im Westen – **nicht zu den überdurchschnittlich interessanten amerikanischen Großstädten.**

Die Mile High City of Denver: Blick vom Civic Center Park

7.2.7 **Denver und Umgebung**

Geschichte, Geographie, Klima und Information

Mit rund 1,5 Mio Einwohnern im Großraum ist Denver die **einzige *Big City* zwischen Kansas und der Westküste**. Ihre Metropolenfunktion für ein Einzugsgebiet von der Größe Westeuropas hat für schnelles Wachstum gesorgt.

Geschichte Die Gründung Denvers liegt erst 140 Jahre zurück. **1858** führten **Goldfunde** am Cherry Creek und South Platte River zu einem kurzen *Boom* und der Errichtung des ersten *Saloons* in Colorado dort, wo heute Denver steht. Zwar verließ die Mehrheit der Prospektoren nach der Entdeckung von Goldadern im nahen Central City bald die – wie sich herausstellte – ziemlich unergiebigen Flußbetten um Denver, aber die junge, verkehrsgünstig gelegene 5.000-Seelen-Stadt partizipierte am Reichtum des nahen Nachbarn in den Bergen und wurde **1861 Hauptstadt des *Colorado Territory***. Dabei blieb es auch nach der Proklamierung des US-Bundesstaates Colorado. Um die Jahrhundertwende hatte die Bevölkerung Denvers die 100.000 bereits überschritten, heute ca. **480.000 Einwohner** erreicht.

Geographie Denver liegt 85 mi südlich von Wyoming im Zentrum der Westhälfte der USA in einer weitgehend ebenen Landschaft am Rande der **Prärien** des mittleren Westens. Zu ihnen gehören auch – für manche sicher überraschend – rund 40% des Territoriums von Colorado. Nur der Westteil des Staates wird von Hochgebirgszügen dominiert. Der Verlauf der **Nord-Süd-*Interstate* #25** markiert in etwa die Trennlinie zwischen den gegensätzlichen Landschaftsbildern. Auf die sich fast ohne Übergang erhebenden ***Foot Hills*** der Rocky Mountains stößt man in Nord-Colorado 10-15 mi westlich der I-25. Da die Prärien von Osten nach Westen stark ansteigen und vor Erreichen der Berge bereits eine Höhenlage von 1600 m aufweisen, nennt sich die Colorado Hauptstadt auch gerne ***Mile High City***.

Klima

Denver erfreut sich eines sonnenreichen Kontinentalklimas mit warmen, aber wegen der Höhenlage selten zu heißen Sommertagen. Die Winter sind wegen der Rocky Mountain-Barriere gegen Westen relativ schneearm. Regentage konzentrieren sich auf Frühjahr und Frühsommer. Beste Besuchsmonate sind August, September und (früher) Oktober. Selbst wenn in Denver die Sonne scheint, kann das Herbstwetter in den Hochlagen Colorados wechselhaft und ungemütlich sein.

Anfahrt/ Information

Aus welcher Richtung man auch anreist, **Downtown Denver** erreicht man am leichtesten über die *Interstate #25*, Abfahrt Colfax Ave/#40/#287 *East*.

Information

Das **Denver Visitors Bureau**, ☎ (303) 892-1112, ist umgezogen in den Fußgängerbereich **16th Street Mall** (#1668/Ecke Larimer St. (bei der **Cheese Cake Factory**), Mo–Fr 8–17 Uhr. Viel Informationsmaterial. Gute Dienste leistet der jährlich neu aufgelegte **Denver & Colorado Official Visitors Guide**. Dort einen Parkplatz zu finden, kann schwierig sein. Am besten verbindet man den Besuch mit einem – ohnehin angezeigten (⇨ Seite 633) – Bummel über die *16th Street Mall*.

Unterkunft, Camping, Restaurants

Situation

In *Downtown* Denver oder im Bereich des (alten) **Central Airport** (Kreuzungsbereich I-70/I-270 und am *Freeway* #35) sind die Hoteltarife leider ziemlich gestiegen. Günstige Angebote gibt es dort aber zum **Wochenende**:

Bereich des alten (Central) Airport

– **Days Hotel,** ☎ (303) 320-0260, 4590 Quebec, ab $63
– **Motel 6,** ☎ (303) 371-1980, 12020 29th Ave, ab $39
– **Four Points Hotel,** ☎ (800) 328-2268, 3535 Quebec St, riesiger überdachter Pool ,Wochenendtarif ab $65 (AAA).
– **Courtyard by Marriott,** ☎ (303) 333-3303, 7415 E 41st Ave, Wochenendtarif ab $75.

Downtown

– **Super 8 Hotel,** 2601 Zuni St, ☎ (303) 433-6677, ab $48
– **Ramada Ltd**, 1150 E Colfax Ave, ☎ (303) 831-7700, ab $70
– **Budget Host**, 2747, Wyandot St, ☎ (303) 458-5454, ab $39
– **Oxford Hotel**, 1600 17th St, ☎ (303) 893-3333, ab $99 am Wochenende, historisches Hotel nahe der *Union Station*
– **Radisson Hotel,** ☎ (303) 893-3333, 1550 Court Place, ab $69 am Wochenende, erstklassiges Haus mitten in Downtown

Nostalgie & Luxus

– **Brown Palace Hotel,** ☎ 297-3111, 321 17th St, ab $198. Denvers Waldorf Astoria. Gediegene Eleganz der Jahrhundertwende mit modernem Luxus unserer Tage kombiniert.

B & B

– **Bed&Breakfast Inns** sind auch in Denver eine Alternative zur Mittelklasse, z.B. **Castle Marne**, ein burgartiger Bau, ☎ (303) 331-0621, und das **Queen Anne Inn**, ☎ (303) 296-6666.

Preiswert

– **Int`l Hostel of the Rocky Mountains (AYH)**, ✆ (303) 861-7777, 1530 Downing St ziemlich zentral, ab $11
– **Denver International Hostel**
630 E 16th Ave, ✆ (303) 832-9996, ab $9
– **Melbourne International Hostel**
607 22nd St, ✆ (303) 292-6386, ab $11
– **The Standish,** 1530 California St, ✆ (303) 534-3231, altes Haus in zentraler Lage, ab $15; EZ $26, DZ $30.
– **International Hostel of the Rocky Mountains (AYH)**
1530 Downing St, ✆ (303) 861-7777, ab $12, DZ verfügbar
– **YMCA,** ✆ (303) 861-8300, 25 E 16th St, EZ ab $28, DZ ab $49, sehr zentral mit Sporteinrichtungen und Pool

An Denvers **Ausfallstraßen** gibt es viele preiswerte *Motels*, geballt z.B. an der Arapahoe Rd im Süden, *Exit* #197 von der I-25.

Camping

Fürs Camping im erweiterten Citybereich geht nichts über die **State Parks Cherry Creek Lake** (Anfahrt über die I-225, ausgeschildert) und (etwas entfernter) **Chatfield Lake** (Straße #55). Beide Plätze verfügen über Duschen und *Hook-ups*.

Essengehen

Für den schnellen Imbiß empfiehlt sich das **Tabor Center** am Ende der **16th Street Mall**. Eine **Fast Food Arcade** bietet viel Auswahl. Um die Ecke liegt der **Larimer Square** mit einer ganzen Reihe guter Restaurants der gehobenen Klasse.

Wen Spezialitäten wie Elch- oder Buffalo Steak reizen: Sowas gibt`s im originellen (und teuren) Ambiente im **Buckhorn Exchange Restaurant & Saloon,** 1000 Osage St unweit *Downtown* (Fri & Sa **Folk Music live**). Sehr originell ist **Baby Doe`s Matchless Mine,** 2520 W 23rd Ave, eine nachgebaute Erzmine: *Steaks* und *Seafood,* mittlere Preise. Als Sehenswürdigkeit gilt die **Casa Bonita**, ein mexikanisches Dorf mit rosa Glockenturm und Wasserfall, 6175 Colfax Ave: üppige **Mexican Food** zu Mariachi-Musik. **Besichtigen** ohne Essen $5/Person!

Kneipen

In der **Wynkoop Brewing Company**, ✆ 297-2700, 1634 18th St, gibt es Hausbräu und preiswertes **Sunday Brunch**. Eine weitere gute Kneipe ist **Soapy Smith`s Eagle Bar**, *Western Feeling* über mehrere Etagen, in der 1317 14th Street.

Lokales Kunstwerk im "Garten" des Denver Art Museum

Stadtbesichtigung

Civic Center Bereich — Einen verbundenen Komplex bilden das **State Capitol**, der **Civic Center Park** mit dem **Denver Art Museum, das Colorado History Museum** und auch noch die **U.S.Mint**:

Art Museum – Durch die von der Goldkuppel des Regierungspalastes überragte Parkanlage gelangt man zum **Kunstmuseum**, dessen eigenwilliges Äußeres einer abweisenden Burg ähnelt. Es gehört insgesamt nicht zur ersten Garde amerikanischer Galerien, lediglich die Kollektion und Präsentation präkolumbischer und indianischer Kunst sind bedeutsam. Di–Sa 10–17 Uhr, Mi bis 21 Uhr, So ab 12 Uhr, Eintritt $5, Sa frei.

Museum of History – Zum **Museum für die Geschichte Colorados** gelangt man vom Kunstmuseum über den kleinen Park nebenan und den Broadway, Ecke 13th Ave . Die Ausstellung im Untergeschoß vermittelt ein anschauliches Bild der historischen Ursprünge Denvers und der **Pionierzeit in Colorado**. Eine Besonderheit sind die in **Diaramen** dargestellten Szenen aus den "wilden" Jahren. Geöffnet 10–16.30 Uhr, So ab 12 Uhr, Eintritt $3.

US Mint – Großer Popularität erfreut sich die Besichtigung der **US Mint**, einer von beiden Münzprägeanstalten der USA: 35.000.000 Münzen werden allein in Denver täglich ausgestoßen. Die **20-min-Kurzführungen** durch die *Mint* sind **gratis** (Mo–Fr 8–14.45 Uhr). Langes Schlangestehen läßt sich im Sommer nur durch frühe Ankunft vermeiden.

16th Street Mall — Zur zentralen **Shopping-Achse** der City wurde die 16th Street ausgebaut, eine **Fußgängerzone** von etwa 2 km Länge, die an der *Civic Center Plaza* ihren Ausgang nimmt. Pendelbusse (frei) sind die einzigen legal verkehrenden Fahrzeuge.

Vor allem die **Gestaltung** des **Tabor Center** (*Indoor*-Wasserspiele, ausgefallene Ladentypen und breitgefächerte *Fast Food Arcade*) hinter dem unübersehbaren **D&F Tower** ist ansehenswert. Gleich nebenan liegt der **Larimer Square** mit aufpolierten *Old Town Denver*-Fassaden, schicken Restaurants und allerhand teuren *Shops*. Eine prima Kneipe ist das **Paramount Café**. Der gesamte *Downtown*-Bereich läßt sich auch ohne Busbenutzung leicht in zwei Stunden "erlaufen".

Downtown — Westlich der *Mall* befinden sich Parkplätze, dahinter das *Performing Arts Center* und das *Colorado Convention Center*. Jenseits des Speer Blvd liegt der **Auraria Campus** der **University of Colorado**, nordwestlich davon die **Elitch Gardens**, einziger großer **Amusementpark** Amerikas (fast) mitten in der City – mit schönem alten Holzkonstruktions-*Rollercoaster* und Wasserplanschpark; im Sommer 10–22 Uhr; Eintritt $23.

Östlich der 16th Street Mall ballen sich die Hochhäuser des **Financial District**. Mittendrin steht das nostalgische **Brown Palace Hotel** (17th Street/Ecke Broadway), gegenüber der Glaspalast des ebenfalls sehenswerten **Mile High Plaza Building**.

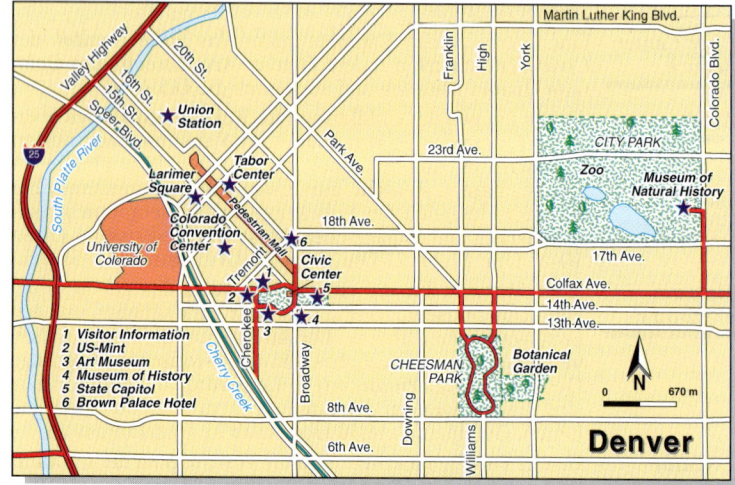

Brown Palace Hotel

Die Zimmer in Denvers Spitzenhotel kosten etwa ab $200, aber dessen **Innenarchitektur** darf man auch ohne Übernachtung besichtigen. Durchs Hotel gehen kostet nichts. Das Preisniveau in den attraktiven Restaurants und in der Bar ist erstaunlicherweise nicht viel höher als anderswo in der Mittelklasse-Gastronomie.

Ein sog. *Cultural Connection Trolley* ($3) verbindet alle Touristenattraktionen in Zentrum und den *City Park* im Halbstundentakt:

Museum of Natural History

Im **City Park**, etwa 2,5 mi östlich des Zentrums befinden sich der **Zoo** und das hervorragende **Museum of Natural History** (mit *IMAX*-Kino und *Planetarium*). Nur die naturkundlichen Museen in New York und Chicago bieten zur Thematik "Flora und Fauna Nordamerikas" Vergleichbares. Auch die (kleine) Abteilung zur indianischen Kultur ist ausgezeichnet. Von der Terrasse und dem erstem Stock des Museums fällt der Blick über den Park auf die City-Kulisse mit Rocky Mountains Panorama;9–17 Uhr, $5.

Malls in den Vorstädten

Vom späten Nachmittag bis 21 Uhr ist in den großen **Shopping Malls** der Vorstädte oft mehr Betrieb als in der *16th Street Mall*; zum Beispiel in der **Villa Italia** (Wadsworth Blvd/Alameda Ave), der **South West Plaza** (Bowles Ave im Südwesten), der **Aurora Mall** (I-225/Alameda), in der **Cinderella City** (Hampden Ave/Englewood) oder in der tollen **Cherry Creek Mall** (University Blvd/1st Ave). Gegenüber den **Tattered Cover Book Store**, einen riesigen Buchladen im Nostalgie-Look (mit deutschen Zeitungen/Zeitschriften) muß man gesehen haben.

Wohn-
viertel

Von der in dieser Stadt möglichen **Wohnqualität,** nur einen Steinwurf von der City entfernt, gewinnt man in den Straßen östlich des *City Park* (17th Ave Parkway und Nebenstraßen), südlich der Colfax Avenue rund um den *Cheesman Park* (mit ebenfalls schöner Weitsicht und botanischem Garten) und den angrenzenden *Congress Park* einen Eindruck.

Skulpturen-
park

Im Stadtsüden westlich der I-25 hat man den *Greenwood Plaza Business Park* (Fiddlers Green Circle) mit zahlreichen ungewöhnlichen Skulpturen verschönt. Das Zusammenspiel von (überwiegend moderner) Kunst und Architektur wird Interessenten auf Führungen nähergebracht. Man kann auch auf eigene Faust die Kunstwerke bestaunen. Information ✆ (303) 741-3609.

Ziele in Denvers Umgebung

Umgebung
Denver/
Weiterfahrt

Westlich von Denver liegen gleich mehrere erwägenswerte Zwischenziele für kleine Abstecher. Bei Fahrtrichtung Grand Junction, aber auch *Black Canyon of the Gunnison/Great Sand Dunes* (↪ Seiten 423 und 443) lassen sie sich leicht in die Reiseroute einbauen. Ebenfalls bei Rückkehr auf die hier beschriebene Rundstrecke, siehe Ende des Abschnitts.

Red Rock
Theatre

Von der **Ausfahrt #259** der I-70 führt die Straße #26 nach Süden hinauf zum (ausgeschilderten) *Red Rock Amphitheater*, einer grandiosen **Open-air** Bühne zwischen roten Felsen. Von den Rängen schauen die Besucher auf die ferne *Denver Skyline*. Eine **Konzertveranstaltung** in diesem Rahmen unter klarem Nachthimmel und den *Citylights* im Hintergrund ist ein Erlebnis. Die *Visitor Information* in Denver hat das aktuelle Programm. Der Besuch lohnt auch ohne Veranstaltung.

Umgehung
der I-70

Vom *Red Rock Theater* gelangt man südlich auf die Straße #74 durch den malerischen **Bear Creek Canyon**. Sie führt über das hübsche Städtchen Idledale nach Evergreen und dann zurück auf die I-70. Diese Strecke ist ideal für eine Rundfahrt, die über Golden – oder erweitert um einen Umweg bis Mount Evans/Central City – wieder zurück nach Denver führt.

Heritage
Square

Nördlich der *Red Rocks* und der I-70 liegt an der Straße #40 der **Heritage Square**, ein künstliches Städtchen im amerikanisch-viktorianischen Stil kombiniert mit ein paar *Amusement Park*-Elementen. Im Sommer gibt es täglich Vorstellungen im **Dinner Theatre**, wo die Besucher vor dem Kulturgenuß zunächst dinieren, und in der **Music Hall**. Tief beeindruckt war der Autor vor einigen Jahren von dem ihm bis dato unbekannten Werk **Buffalo Bill meets Frankenstein**.

Den rustikalen Kontrapunkt setzt (im Sommer Mi–So) das **Chuckwagon Supper** mit **Western Country Show**. Information und Reservierung unter ✆ (303) 278-1938. Der Komplex als solcher ist eintrittsfrei und im Sommer geöffnet von 10–21 Uhr, sonst bis 18 Uhr.

Lookout Mountain

Von der I-70 direkt oder auch von der Straße #6 südlich von Golden geht es auf der **Lookout Road** zum gleichnamigen Berg. Oben befindet sich das Grab von **Buffalo Bill** (⇨ Seite 613); außerdem ein **kleines Museum** mit Ausstellungsstücken zum Leben des Helden und vor allem Gemälden zum Thema "Wilder Westen" (sehenswert; 9–17 Uhr, Eintritt $3).

Golden

Hübsch und grün ist die Stadt Golden am Fuße der *Rockies.* Die **Coors Brewery**, deren Bier zu den meistverkauften Marken im US-Westen gehört, hat dort ihren Sitz (16th St/Ford). Vom Besucherparkplatz fährt ein *Shuttle-Bus* Interessenten für die **Brauerei-Besichtigung** und das anschließende (kurze) **Beer-Tasting** gruppenweise zu den Werksgebäuden. Information zu Tagessituation und Wartezeiten ✆ **(303) 277-BEER** (=2337). Gratis-Führungen finden Anfang Juni bis Ende August Mo–Sa 10–16 Uhr statt.

Golden beherbergt ein ansehnliches Eisenbahnmuseum. Das **Colorado Railroad Museum** befindet sich nördlich des Ortes (44th Ave) und verfügt über ein Freigelände mit mehreren wunderbaren alten Lokomotiven und restaurierten Waggons. Im Museumsgebäude steht eine riesige Modelleisenbahn-Anlage. Geöffnet im Sommer 9–18 Uhr, Eintritt $4.

Central City/ Black Hawk

Eine **hübsche Abweichung** vom Verlauf der *Interstate* bietet die Straße #6 durch das Tal des malerischen *Clear Creek.* Von ihr zweigt die #119 ab hinauf ins ehemalige Goldrauschgebiet der **Doppelstadt** *Central City/Black Hawk.* Goldhaltiges Erz wird dort immer noch aus den Bergen geholt, wie die noch anhaltenden Minenaktivitäten – vor allem der *Argo Mill* am Ende der Ortsdurchfahrt in Richtung Idaho City – beweisen. Einige originale Fassaden und Relikte aus den 60er-Jahren des vorigen Jahrhunderts sorgten dort früher nur für ein bißchen Wildwestatmosphäre. Nachdem aber 1991 in Colorado (per Volksentscheid!) das **Glücksspiel legalisiert** worden war, entwickelten sich in kürzester Zeit neue Spielerparadiese in *Central City/Black Hawk* und in *Cripple Creek* (⇨ Seite 442). Nahezu jedes alte Haus wurde mit **Slot-Machines** und **Black Jack**-Tischen vollgestellt, und neue **Saloons** und **Gambling Halls** mit nostalgischer Fassade schossen aus dem Boden. Ein Zubringerbus-Service ab Denver sorgt laufend für neue Gäste.

Visitor Center in der alten **City Hall** in **Black Hawk** an der Hauptstraße

Man kann auch über Nacht bleiben: An **Motels** und **Hotels** herrscht kein Mangel in der Doppelstadt. Hübsche **NF-Campgrounds** sind ebenfalls nicht weit: Ca. 6 mi nördlich an der Straße #119 (**Cold Springs** mit Spielplatz) und 3 mi nordwestlich Central City auf ausgeschilderter *Gravelroad.*

Nach Idaho Springs

Die kürzeste Verbindung zwischen Central City und Idaho Springs an der I-70 ist die **Virginia Canyon Road,** von der lokalen Werbung als **Oh-my-God-Road** propagiert. Die Serpentinenstrecke an einigen noch intakten Goldminen vorbei

besteht zwar aus Schotter, verursacht aber bei Trockenheit (!) – trotz ihrer Bezeichnung – für Fahrzeuge bis zur Größe kleinerer bis mittelgroßer Camper (ca. 22 Fuß) kein ernstliches Kopfzerbrechen. **Ausblicke** auf das *Mount Evans* Massiv belohnen die Mühe der etwas beschwerlichen Fahrt.

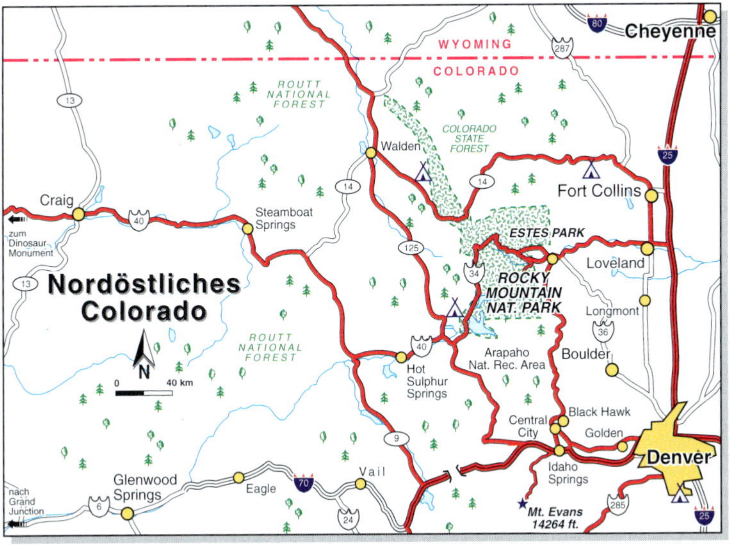

Mount St. Evans

Durch das Städtchen Idaho Springs, das bessere Tage gesehen hat, gelangt man auf der asphaltierten **Highest Road in the US** (Straßenzug #103/#5) zum Gipfel des **4280 m** hohen **Mount St. Evans**. Die Streckenführung enttäuscht zunächst, das letzte Teilstück, eine **Toll Road** ($6) entschädigt dafür ebenso wie die phänomenale Fernsicht. Bereits ab Mitte September bis Mitte Juni kann die Straße wegen Schnees gesperrt sein. Am Wege auf halber Höhe liegt der **Echo Lake Campground**

Zum Rocky Mountain Park

Von Black Hawk findet man über die **Straßen #119/#72/#7** wieder **Anschluß an die beschriebene Reiseroute** in Richtung Rocky Mountains (Seite 638. Ohne Interesse an den Gold- und Spielrauschstädtchen wäre diese Strecke aber zu zeitaufwendig. Ab Golden und Denver sind die Direktverbindungen über Boulder vorzuziehen.

Alternative

Erwägenswert wäre ggf. ein **Verzicht auf den Rocky Mountain National Park** (siehe Beurteilung des Parks auf der Folgeseite) und Weiterfahrt über die Kombination I-70/#40 nach Granby (auf der Westseite des Nationalparks) oder auch über I-70/ #9, #131 oder #13 zur Route in Richtung *Dinosaur Monument*. Am attraktivsten ist dabei die Strecke über Granby.

637

7.2.8   Über den Rocky Mountain National Park und das Dinosaur Monument nach Salt Lake City

Estes Park

Die meisten Besucher des *Rocky Mountain National Park* erreichen ihr Ziel über das **Ferienstädtchen** Estes Park (Sommerfrische und Wintersport) vor den beiden **Haupteinfahrten**. Im Vergleich zu anderen Hochburgen des Tourismus (auf dieser Route z.B. Jackson und Cody) ließ die einschlägige Infrastruktur das Erscheinungsbild relativ unbeschädigt. Noch vor dem Ortseingang passiert man die **Visitor Information** an der Straße #34 (8–20 Uhr). Die üblichen touristischen Angebote wie Planwagen- und Reitausflüge, *River Rafting*, Seilbahn usw. fehlen natürlich nicht. Im **Aquatic Center** (Community Drive) kann man gut schwimmen. Und auch am Abend ist in Estes Park noch was los: eine ungewöhnlich **vielfältige Gastronomie** wartet. Zimmer sind knapp und teuer im Sommer; im **YMCA-Resort** kommt man ab $48 (für 4) unter; ✆ (970) 586-3341. Das **Int`l Hostel** kostet nur $10/Bett; ✆ (970) 586-3688.

Rocky Mountain National Park

Das **Besucherzentrum des Nationalparks** (mit Ausstellung zu Flora und Fauna und Diashow) befindet sich ca. 3 mi westlich von Estes Park an der Straße #36. Kurz hinter der **Beaver Meadows Entrance Station** ($10/Auto; Parkkarte und Zeitung *High Country Headlines*) zweigt die populäre **Bear Lake Road** ab (10 mi). An ihr liegen die Ausgangspunkte für ein dichtes **System von Wanderwegen** zu den zahlreichen Seen der Region und über die Kammlinie des Gebirges zur Westseite des Parks.

Bear Lake Bereich

Da die Parkkapazität entlang der **Bear Lake Road** begrenzt und im Sommer oft schon früh erschöpft ist, empfiehlt sich, den Wagen am **Parkplatz** vor der Zufahrt zum *Glacier Basin Campground* stehenzulassen und den kontinuierlich verkehrenden **Shuttle-Bus** zu nehmen. An Tagen mit sehr hohem Besucheraufkommen (Wochenenden) wird die Straße für den Individualverkehr gesperrt.

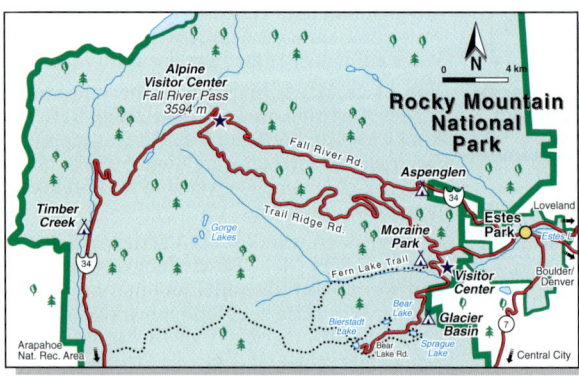

Trails

Eine hübsche **Wanderung** führt vom Endpunkt (*Bear Lake*) zum **Dream** und **Haiyaha Lake** und zurück über die *Alberta Falls* (2-3 Stunden). Für Rundwanderungen mit größerem Radius gibt es mehrere Möglichkeiten; reizvoll ist der **Fern Lake Trail**, ein Ganztagestrip. In Anbetracht der Höhenlage (*Bear Lake*: 2.900 m!) mag mancher die weniger anstrengenden **Nature Trails** in einer Ebene rund um *Bear* und *Sprague Lake* (beide ca. 800 m lang) vorziehen. Ein nur kurzer Aufstieg ist mit dem **Bierstadt Lake Trail** verbunden (etwa 1 Stunde).

Probleme des Parks

Der *Rocky Mountain Park* bringt es dank seiner Nähe zum Raum Denver speziell an Wochenenden auf enorme Besucherzahlen. *Bear Lake* und Umgebung sind dann – wie bereits angedeutet – bei gutem Wetter absolut überlaufen.

Passstraße

Aber auch die durchgehende **Trail Ridge Road** (geöffnet ca. Anfang Juni bis Mitte Oktober, schneefallabhängig) nach Westen wird **stark befahren**, zumal sie Teilstück einer 250-mi-Rundstrecke von Denver durch die *Rocky Mountains* und zurück über Granby und die I-70 ist. Auto für Auto quält sich an "guten" Tagen über die endlosen Serpentinen hinauf zum **Fall River Pass** in 3.600 m Höhe. Das dortige **Alpine Visitor Center** läßt keine Wünsche offen: Souvenirs en masse. Die **reizvolle Alternative** zur Hauptroute ist die alte **Fall River Road** (steile und kurvenreiche Einbahnstraße nach oben – nur Juni bis Ende September), die auf der Passhöhe in die neuere Kammstraße mündet. Leider erfolgt nicht nur für den Winter, sondern auch im Sommer bei starkem Andrang ihre Sperrung. Alles gute Gründe, einen Besuch im *Rocky Mountain Park* nicht gerade für ein Sommer-Wochenende zu planen.

Bewertung

Aber auch ohne Überfüllungsproblem wird dieser Park beim europäischen Touristen selten große Begeisterung auslösen. Nur die **Bear Lake-Region** ist überdurchschnittlich attraktiv. Die gepriesenen Ausblicke von der *Trail Ridge Road* sind mit wenigen Ausnahmen nicht so beeindruckend wie auf manch anderer Gebirgsstrecke (z. B. im *Glacier Park*, ⇨ Seite 655).

Camping

Erwähnt wurde bereits der **Glacier Basin Campground**, der kleinere der beiden Plätze im *Bear Lake Road* Bereich. Ohne Reservierung über *Biospherics*, ⇨ Seite 201, besteht aber im Sommer selbst bei Ankunft am Vormittag kaum Aussicht auf ein freies Plätzchen. Viel hübscher ist sowieso der kleine Platz **Aspenglen** unweit der *Fall River*-Einfahrt. **Jenseits der Bergkette** befindet sich die **Arapahoe National Recreation Area** rund um *Lake Granby*, *Shadow Mountain* und *Grand Lake* mit einer ganzen Reihe **NF-Campgrounds** im Umfeld. Auf den Plätzen abseits der Hauptstraße (z.B. **Arapaho Bay**, 9 mi östlich auf der #6 oder **Willow Creek** am gleichnamigen Reservoir 4 mi westlich) besitzt man bessere Chancen unterzukommen als direkt an der Straße #34 (w.z.B. **Stillwater**).

Straße #40 nach Westen

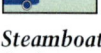

Weiter zum *Dinosaur National Monument* geht es auf schöner, nun verkehrsärmerer Strecke (**Straße #40**) zunächst am Colorado und Muddy River entlang und dann über die *Gore Range*, einen zum Nationalpark parallel verlaufenden Höhenzug der *Rocky Mountains*. Im *Routt National Forest* laden mehrere hübsch gelegene **Campgrounds** ein letztes Mal zum Verweilen in grüner Gebirgsvegetation ein, bevor **hinter Craig** die im Sommer **hitzeflimmernde Ebene** zwischen White und Yampa River beginnt.

Steamboat Springs

Mit Steamboat Springs passiert man ein bekanntes Ski *Center*, das dank heißer **Mineralquellen** und leicht erreichbarer Bergwildnis auch im Sommer viele Gäste anzieht. Ein **Heißwasser-Badekomplex** liegt unmittelbar an der Hauptstraße. Reizvoller ist ein weitgehend naturbelassener, in die Landschaft eingebetteter **Pool ca. 7 mi nördlich** des Ortes. Die Zufahrt ist ausgeschildert: *Hot Springs,* links ab von der *Falls Road* (die zu den 80 m hohen **Fish Creek Fall**s führt, ca. 3 mi östlich der Stadt; vom Parkplatz **Trail** zu den Fällen); auf den letzten Meilen zu den **Hot Springs** geht die Straße in (steilen) Schotter über, ist aber unproblematisch.

Dinosaur National Monument

Das *Dinosaur National Monument* **im Grenzgebiet von Colorado und Utah** umschließt eine Fläche von rund 830 km², dessen Kerngebiet nur zu Fuß oder per Boot zugänglich ist. Die Bezeichnung ist daher etwas irreführend, denn nur 30 ha beziehen sich auf Fundstellen von Dinosaurierskeletten. Nichtsdestoweniger begnügt sich die Mehrzahl der Besucher mit der Besichtigung des Museums und der überbauten Felswand, aus der man die meisten Knochen herausmeißelte:

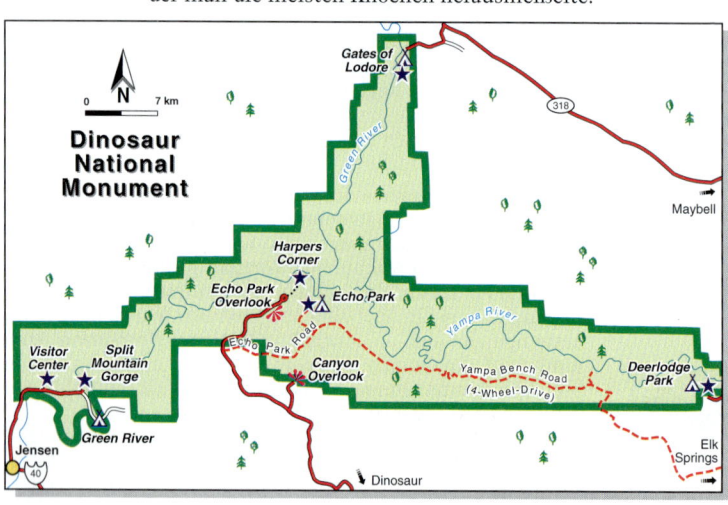

Am Green River im Echo Park des Dinosaur Monument

Besucher-
zentrum

Das sehenswerte ***Dinosaur Quarry Visitor Center*** (*Quarry* = Steinbruch/Fundstelle) erreicht man auf einer Stichstraße ab Jensen/Utah (ca.7 mi, *Shuttle Bus* vom Parkplatz); geöffnet im Sommer 8–19 Uhr, sonst bis 16.30 Uhr. Eintritt $10/Auto bzw. $5/Person inkl. *Shuttle*, Karte und Zeitung *Echoes*.

Unweit des Besucherzentrums am Green River gibt es zwei **Campgrounds.** Der bessere, *Split Mountain Gorge*, ist nur noch Gruppen vorbehalten, Reservierung: ✆ (800)-789-8277.

Dinosaur
Backcountry

So populär der *Dinosaur Quarry* auch sein mag, die eigentliche Attraktion des *Dinosaur NM* sind die **Schluchten des Green und Yampa River** und die umgebende Felslandschaft. Auf einer Reise von Ost nach West bietet ein Abstecher auf der **Straße #318** (von Maybell nach Nordwesten) die erste Möglichkeit, das *Backcountry* des Parks kennenzulernen. Nach 47 mi asphaltierter Straße zweigt eine *Gravel Road* zum Eingang des *Lodore Canyon* ab (7 mi).

An den **Gates of Lodore** findet man einen kleinen **Einfach-Campground** und Zugang zum Green River. Von dort starten **Raft Trips** durch den **Lodore Canyon** und die dahinterliegenden **Whirlpool** und **Split Mountain Canyons**. **Green River Float Trips** können u.a. in Vernal/Utah gebucht werden, ⇨ Werbung im *Colorado Info-Center* in Dinosaur.

4WD-Road
zum
Echo Park

14 mi auf gut ausgebauter Straße sind es von der #40 zum **Deerlodge Park** am Yampa River. Der **Campingplatz** besitzt zwar keinen Komfort, dafür aber typische **Wildwestkulisse**. **Eigner vierradgetriebener Fahrzeuge** können ab Elk Springs auf der extrem rauhen *Yampa Bench Road* (nur für 4WD-Fahrzeuge) den **Echo Park** am Zusammenfluß von Green und Yampa River erreichen (etwa 2,5 Stunden für rund 45 mi).

Scenic Drive

Ein (relativ) besserer Weg zum **Echo Park** zweigt vom **Scenic Drive** ab, der beim Hauptquartier des Monuments in der Nähe der Ortschaft Dinosaur beginnt. Normalerweise können PKW und kleine Pick-up Camper diese Route bewältigen (vor einem eventuellen Fahrtantritt aber unbedingt erkunden).

Echo Park

Für Campfahrzeuge ist er nicht geeignet. Bei Nässe wird die stellenweise sehr steile **Dirt Road** schnell unpassierbar und ist dann ohnehin nur noch von 4WD-Fahrzeugen zu bewältigen. Als Lohn für die Mühe der Anfahrt wartet am Ende **einer der umwerfendsten *Campgrounds* des US-Westens** (14 Stellplätze) am Green River vor hochaufragenden Felswänden, ⇨ Foto vorhergehende Seite.

Auch ohne *Echo Park*-Abstecher lohnt sich die Fahrt bis zum Ende der Stichstraße (37 mi) auf jeden Fall. Einen ersten Höhepunkt bietet der Blick auf den **Sand Canyon** – kleiner Abstecher zum **Canyon Overlook**. Weitere *View Points* am *Scenic Drive* folgen, bevor man den Parkplatz am Straßenende erreicht. Von dort geht es auf einem herrlichen **Kammlinien-Pfad** bis zum Aussichtspunkt **Harpers Corner** (ca. 1,5 km). Den Green River sieht man von dort oben beidseitig unter sich liegen.

Vernal

Die verbleibenden 175 mi bis Salt Lake City führen zunächst über **Vernal**, den einzigen Ort weit und breit mit nennenswerten Einkaufs- und Versorgungsmöglichkeiten, mit zahlreichen **Motels** und Restaurants.

Das **Utah Field House of Natural History** rechtfertigt einen Zwischenstop. Der **Dinosaur Garden** dieses Museums bereitet besonders Kindern Freude. Geöffnet täglich 8–21 Uhr im Sommer, sonst 9–17 Uhr, Eintritt $2.

Wer in dieser Region noch einen schönen *Campground* sucht, sollte 10 mi (plus Zufahrt) zum **Red Fleet Reservoir State Park** hinauffahren, Straße #191, ⇨ Seite 647.

"Naturfaser" Mammut im Dino Garden des Utah Field House in Vernal

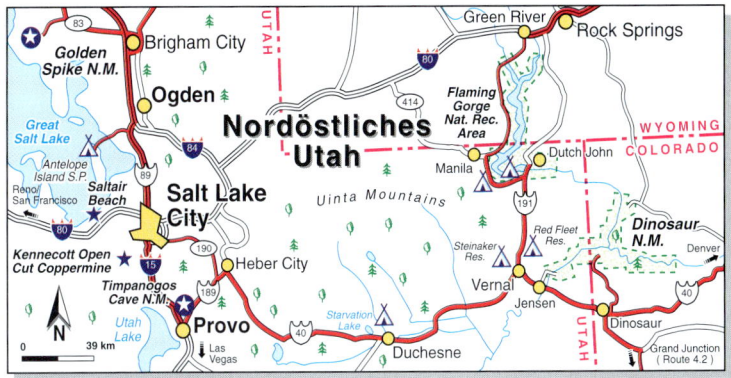

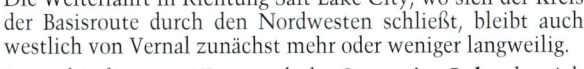

Nach Salt Lake City

Die Weiterfahrt in Richtung Salt Lake City, wo sich der Kreis der Basisroute durch den Nordwesten schließt, bleibt auch westlich von Vernal zunächst mehr oder weniger langweilig.

Immerhin liegt am Wege noch der **Starvation Lake**, der sich gut für eine Pause und ein erfrischendes Bad eignet. Am Ende der Zufahrt ab Duchesne befindet sich der gleichnamige **State Park** mit komfortablem **Campground**.

Mit zunehmender Höhe verändert sich bald das Landschaftsbild. Die **Strecke bis Heber City** bietet in ihrem Verlauf durch den *Uinta National Forest* wieder einiges fürs Auge. Vom schönen *Heber Valley* zwischen *Wasatch* und *Uinta Mountains* sind es über die I-80 nur noch rund 40 mi bis Salt Lake City. Ein letztes kleines Abenteuer gönnt sich, wer stattdessen die steile, serpentinenreiche **Straße #190** über Midway/Brighton und die Wasatch Mountains wählt (*Cottonwood Canyon Road*). Diese Strecke eignet sich nicht für RVs größer als *Van Camper*.

Timpanogos Cave NM

Kurvenreich ist aber auch die **Straße #92**, die zwischen Heber City und Provo von der #189 abzweigt. Nach Überwindung der Höhe passiert man zunächst den hervorragend angelegten **NF-Campground Little Mill** (zu Recht sehr beliebt, Reservierung ➪ Seite 200). Etwa 2 mi westlich liegt das **Timpanogos Cave National Monument**, eine Tropfsteinhöhle; Führungen von 8–17 Uhr Juni bis *Labor Day*. Anmeldung im *Visitor Center* an der Straße, $5. Den **Höhleneingang** erreicht man auf einem **Trail** (ca. 1,5 km einfacher Weg). Der an sich lohnenswerte Besuch ist dadurch recht zeitraubend.

Provo Canyon

Ein rascher Umweg mit hübschen Picknickplätzen am Fluß führt durch den *Provo Canyon* nach Süden (Straße #189). An den **Bridal Veil** Wasserfällen kann man sich für den großen Überblick mit einer Seilbahn nach oben befördern lassen. Über Orem geht es auf der I-15 nach Salt Lake City.

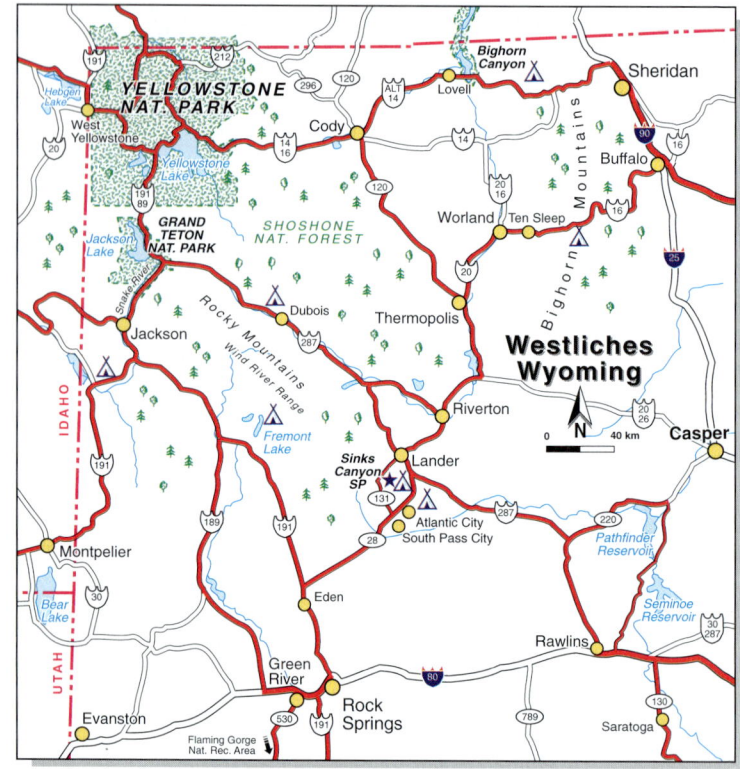

*Vom
Yellowstone
nach Süden*

ALTERNATIVE ROUTEN DURCH WYOMING

Viele Reisende möchten eine Fahrt in den *Yellowstone* Park gerne mit dem Besuch weiter südlich gelegener Ziele verbinden. Im Rahmen der zur Verfügung stehenden Zeit ist das meist nur möglich unter Verzicht anderer Ziele im Nordwesten. D.h., nach dem Besuch des *Yellowstone* wird eine mehr oder minder rasche Umkehr bzw. Weiterfahrt in Richtung Süden angestrebt. Erfreulicherweise gibt es zur Abkürzung der beschriebenen Rundreise durch Wyoming **mehrere reizvolle Möglichkeiten**.

Die folgenden **3 Routen führen alle über Rock Springs**/Green River zur *Flaming Gorge National Recreation Area* und zum *Dinosaur National Monument.* Sie entsprechen einer "Ideallinie" von den verbundenen Parks ***Yellowstone/Grand Teton*** zu den Nationalparks des Grossen Plateaus:

Route 1

Die **Fahrt vom *Yellowstone* in Richtung Cody** (➪ Seite 612) vermeidet das doppelte Befahren von Streckenabschnitten für alle, die zunächst von Süden über Jackson angereist sind. Die Route bis einschließlich Thermopolis wurde bereits beschrieben, ➪ Seite 614. Von dort führt die **Straße #20** am Wind River entlang und – teilweise über dem Flußbett – durch den ***Wind River Canyon***. Hinter Shoshone verflacht die Landschaft. **Riverton** besitzt ein kleines Museum mit einer Ausstellung zur Kultur der *Arapaho* und *Shoshone* Indianer. In der dritten Juli- und zweiten Augustwoche finden dort **Rodeos** statt.

Sinks Canyon

Mit **Lander** erreicht man eine weitere Kleinstadt mit Zentralfunktion für das ausgedehnte Umfeld. Ein nahezu sensationelles **Naturwunder,** das der ***Sinks Canyon State Park*** 7 mi südwestlich von Lander bereithält (Straße #131), findet erstaunlich wenig touristische Beachtung: In der malerischen Umgebung der östlichen Ausläufer der *Rocky Mountain Wind River Range* verschwindet das Wasser des ***Popo-Agie River*** in einer höhlenartigen Felsöffnung und tritt einige hundert Meter tiefer in einem großen Pool wieder zutage. Nur zur Zeit der Schneeschmelze, wenn die unterirdische Durchflußkapazität nicht ausreicht, fließt Wasser im Oberflächenbett.

Ein ***Visitor Center*** (geöffnet *Memorial* bis *Labor Day* jeweils bis 18 Uhr) informiert über die Details dieses Phänomens. Direkt am Fluß gibt es zwei einfache ***Campgrounds,*** empfehlenswerter ist der Platz oberhalb des Besucherzentrums. Die asphaltierte Straße wird dahinter zur rauhen *Gravel Road* und führt am ***Louis Lake*** (***NF-Campground***) vorbei zur **Straße #28.**

South Pass City

Ca. 2 mi abseits der Hauptstraße liegt **Atlantic City**, eine nur noch spärlich bewohnte, ärmliche Siedlung in karger Einöde. An der östlichen Zufahrt passiert man einen **Campingplatz** der Einfachkategorie (BLM). Bei South Pass City, einige Meilen weiter westlich (Schotterstraße), handelt es sich um eine museal restaurierte **Mini-Ghost Town** der jüngeren Vergangenheit. Der kleine Abstecher hierher lohnt sich allemal, ein größerer Umweg, etwa von der Straße #191 kaum.

Route 2

Die **Straßen #189/#191 von Jackson nach Rock Springs** bieten eine Menge fürs Auge, solange es durch die Berge geht. Bei **Pinedale** passiert man die Zufahrt zum ***Fremont Lake***, einem bei Anglern äußerst beliebten, aber auch badefreundlichen See vor der Kulisse der *Wind River Mountains*. Der Südufer reichen bis in die Prärie, während sein nördlicher Ausläufer im dicht bewaldeten *National Forest* liegt. Die Stichstraße passiert den sehr schönen ***NF-Campground Fremont Lake*** am Seeufer und führt weiter zum ***Trails End Campground***.

Route 3

Eine weniger befahrene und – trotz ansprechender Abschnitte im Rocky Mountain Bereich – insgesamt **nicht so reizvolle Route** ist die **Straßenkombination #287/#26** zwischen dem *Grand Teton Park* und Lander (➪ oben). Südlich von **Dubois**

645

Route 3

läuft sie weitgehend durch eine eintönige Ebene, passiert aber auch interessante Sandsteinformationen am Wind River. Das 1000-Einwohner Dorf besitzt einige **Motels** und **Restaurants** sowie einen urigen **Western-Saloon** mit abendlicher *Live-Music* (im Sommer). Eine gute *Gravel Road* führt von Dubois ins Vorgebirge der Rockies. Etwa 12 mi nördlich liegt malerisch ein kleiner **NF-Campground am Horse Creek** und dessen *Mini-Canyon*, am Wege 4 mi von **Dubois** entfernt das **Geyser Creek Bed & Breakfast Inn**.

In Lander stößt man auf die Zufahrt zum **Sinks Canyon Park** wie auf der vorhergehenden Seite beschrieben.

Red Desert

East of Eden

Auf jeder der vorstehenden Routen gelangt man nach Farson/Eden, Nestern am Rande der **Red Desert**. Das Wüstengebiet erstreckt sich etwa zwischen der Straße #191 und den Green/Seminoe Mountains (Straße #287). Die hohen **Sanddünen** bei Eden (*East of Eden*) erfreuen sich bei ATV/ORV-Enthusiasten (⇨ Seite 39) großer Beliebtheit. In den einsameren Ecken der roten Wüste haben sich die letzten **Herden wilder Pferde** und wild lebender **Bisons** gehalten. In der Wüste eingefangene, noch nicht zugerittene Pferde werden auf dem **Red Desert Round-up** in Rock Springs Ende Juli vorgeführt und widerstehen dort zur Freude des Publikums bockig den Reitversuchen.

Green River

Rock Springs und Green River bieten nicht viel Erwähnenswertes, sie sind aber Eingangstore zur *Flaming Gorge National Recreation Area*. Da für die Anfahrt zum attraktiven *Flaming Gorge*-Südbereich die **Straße #530** der #191 vorzuziehen ist, sollte man sich die Mühe machen, über **Green River** zu fahren, und die Stadt dabei von Westen her (I-80/*Exits* 90 und 91) entlang der **Palisades** (steile Felswände) und durch das imposante Massiv des **Tollgate Rock** ansteuern.

Sowohl Rock Springs als auch Green River besitzen vor allem in *Freeway*-Nähe zahlreiche **Motels**.

.Flaming Gorge National Recreation Area

Auf der #530 erreicht man in **Manila** die Straße #44. Erste Ausblicke über das **Flaming Gorge Reservoir** zwischen Felswänden und tief hinunterreichenden Kiefernwäldern belohnen den Umweg. Besonders erfreulich verläuft die #44 entlang des **Sheep Creek**. Wer die **Extrastunde** erübrigen kann, sollte unbedingt die **Geological Loop Road** abfahren, die sich durch bizarre Felsformationen schlängelt. Eine kurze Zufahrt führt von ihr zum hübschen **Campground Brown Lake**.

Über eine Stichstraße gelangt man zum **Red Canyon Visitor Center** am Rande der roten Schlucht hoch über der tiefblauen Wasserfläche des Sees. Mehrere **Campingplätze** befinden sich zwischen der Zufahrtstraße und dem Rand der Schlucht. Unterhalb des Staudamms und etwas weiter stromabwärts (*Little Hole*) dienen ruhige Ausbuchtungen des Flußbetts als Ausgangspunkte kurzer und längerer **Wildwasserfahrten** auf dem

Rafting

Green River (↪ auch Seite 641), die zu den schönsten und aufregendsten Angeboten ihrer Art gehören. Mutige und Geübte können Boote für **Green River Trips auf eigene Faust** in Dutch John und Cedar Springs leihen.

Nach Vernal

Auf dem Weg vom *Flaming Gorge* Hochplateau in die niedriger gelegene Halbwüste Utahs passiert man ca. 10 mi nördlich Vernal die Zufahrt zum **State Park** am **Red Fleet Reservoir**, einem warmen Stausee (Schwimmen) in felsiger Lage mit prima **Campground**: bei weitem empfehlenswerter als der *State Park* am *Steinacker Reservoir* etwas weiter südlich.

Mit **Vernal** (↪ Seite 642) wird die **Basisroute** durch Wyoming und den Norden von Colorado und Utah erreicht. Das *Dinosaur Monument* gehört zu den Zielen, dessen Besuch nicht versäumt werden sollte, siehe oben.

Verbindung zur Route 4.2

Zwischen **Dinosaur** und **Grand Junction** (an der **Interstate #70**) existiert mit der Straßenkombination **#40/#139** eine entfernungsmäßig wie vom Verlauf her **ideale Verbindung zwischen den Routen im Nord- und Südwesten (4.2, Seite 422)**. Die mögliche **Alternativroute #40/#191/I-70** ist nicht nur weiter, sondern auch landschaftlich weniger reizvoll.

Vom Yellowstone nach Colorado

Eine **weitere Strecke zur Durchquerung Wyomings**, die eventuell dann erwogen werden könnte, wenn man den eben beschriebenen Weg über *Dinosaur, Flaming Gorge* und Jackson (mit dem Ziel *Yellowstone*) bereits in Süd-Nord-Richtung gefahren ist, führt **von Lander über Rawlins** nach Colorado (bis Lander ↪ Seite 645): Die **Straße #287** am Nordhang der *Green Mountains* verläuft eher eintönig, aber ein kleiner Schlenker könnte den Stauseen weiter östlich gelten. Einfache, in den meisten Camping-Führern nicht verzeichnete Plätze befinden sich am **Alcova, Pathfinder** und **Seminoe Reservoir** (dort auch ein schlichter **State Park**) Die Straße zwischen Alcova und Sinclair an der I-80 besteht zwar streckenweise aus *Gravel*, läßt sich aber bei Trockenheit gut befahren.

Routen durch Colorado

In Walcott zweigt die **Straße #130** von der I-80 ab und führt über **Saratoga** (eintrittsfreie, sehr heiße **Hot Springs** in einem Pool hinter dem lokalen Schwimmbecken – ausgeschildert) und Riverside nach **Walden**/Colorado. Je nach Zielsetzung geht es von dort auf unterschiedlichen Wegen weiter. Mit der Absicht, Denver zu besuchen, aber ohne unbedingte Präferenz für den *Rocky Mountain Nationalpark* bietet die **Straße #14 Ost** nach **Fort Collins** eine schöne Route über den 3100 m hohen *Cameron Pass* und dann am Cache La Poudre River entlang. Die von Walden nach Süden führenden Straßen stellen über die *Interstate #70* und die Straßen #91/#24 die Verbindung zur Route 4.3 her (↪ Seite 441). **Reizvoller,** aber zeitlich aufwendiger als die gut ausgebaute Kombination #14 West/ #40/#9 verläuft die #125 und danach weiter die #40 Ost.

Immer blitzblank geputzter Nachbau der Originallok "Jupiter" im Golden Spike Monument

7.3   DURCH IDAHO UND MONTANA

Die in diesem Abschnitt beschriebenen Strecken eignen sich als **Erweiterung der Route durch Wyoming** (7.2), aber auch – vor allem in Verbindung mit einem Besuch des *Yellowstone Park* und ggf. unter Einbeziehung von Routen, die im vorstehenden Exkurs skizziert wurden – als **eigenständige Alternative** für eine Reise durch den zentralen Nordwesten der USA.

7.3.1   Von Salt Lake City zum Glacier National Park

Golden Spike National Historic Site

Etwa 50 mi nördlich von Salt Lake City passiert man auf der *Interstate #15/#84* die Zufahrt (Straße #83) zum *Golden Spike National Historic Site*. 1869 trafen sich am **Promontory Summit** die von den Eisenbahngesellschaften *Central* und *Union Pacific* gleichzeitig aus beiden Richtungen vorangetriebenen Trassen der ersten Transkontinentalverbindung. Der letzte Nagel war vergoldet und wurde am 10. Mai 1869 um 12.47 Uhr vom Gouverneur von Kalifornien in die Holzschwellen getrieben. Der feierliche Akt wird seither alljährlich zur gleichen Stunde wiederholt. Wer dazu nicht anwesend sein kann, muß sich mit der Besichtigung blitzblanker, bunter Nachbauten der historischen Originallokomotiven **Jupiter** und **119** sowie des kleinen Museums im **Visitor Center** begnügen (im Sommer 8–18 Uhr, sonst bis 16.30 Uhr. Die Loks werden unter Dampf gehalten und 2x täglich für 200 m in Bewegung gesetzt.

Nach Idaho/ Klima

Vom *Golden Spike Monument* bis zur Idaho-Grenze sind es noch 35 mi (Straße #102, dann I-15). In den niedriger gelegenen Regionen des Staates (südlich der Linie Boise–Idaho Falls) setzen sich die von Trockenheit und sommerlicher Hitze geprägten Klimabedingungen West-Utahs fort. Dies gilt auch für die Täler des Salmon und Snake River, die beiden alternativen Routen durch **Idaho**, dem **Kartoffelstaat No.1** der USA.

Golden Spike National Historic Site, Hot Springs und Pow-Wow

Lava Hot Springs
Erstes wichtiges **Zwischenziel** in Idaho ist das *Craters of the Moon National Monument*. 25 mi südlich Pocatello zweigt die Straße #30 nach Lava Hot Springs ab (auch Zufahrt zum *Yellowstone*, ➪ Seite 599). Ein großes **Schwimmbad** befindet sich an der westlichen Ortseinfahrt, eine **Heißwasser-Poolanlage** (*Sunken Gardens*) vor der östlichen Ausfahrt.

Pocatello
Zwischen Pocatello, kommerzielles Zentrum im Südosten Idahos, und Blackfoot durchquert man die **Fort Hall Indian Reservation**. Im Städtchen Fort Hall findet im Wechsel Ende Juli oder Anfang August eines der farbenprächtigsten **Pow-Wows** der Indianer des Nordwestens statt.

POW-WOW BEI DEN SHOSHONE-BANNOCKS von Christoph Fuhr

Fort Hall/Idaho, an der Interstate #15. Warum machen die Leute an diesem Augustwochenende hier nicht halt, fahren die meisten achtlos vorbei? Ihnen entgeht das farbenfrohe Pow-Wow der Shoshone-Bannock Indianer, eine großartige Darbietung ihrer Traditionen und Tänze. Solche Veranstaltungen gibt es viele. Aber dieses Indianerfest stellt alle anderen im Nordwesten der USA in den Schatten, wird gesagt. Wir sind Übertreibungen gewohnt, doch in diesem Fall könnte es stimmen.

Die Teton Ramblers aus Wyoming schlagen rhythmisch die Trommeln und singen dazu – Klänge wie in alten amerikanischen Western. Nur, mit Kino-Kitsch oder Folklore-Firlefanz für Touristen hat das hier nichts zu tun. Es ist ein Fest für Indianer. Doch weiße Zuschauer sind willkommen. Stolz sehen die Shoshonen aus, mit ihrem Federschmuck und den bunten Kleidern. Beeindruckend, mit welcher Ausdauer sich vor allem die älteren Männer und Frauen mitreißen lassen. Stundenlang tanzen sie, drehen sich im Kreis, scheinen die Wirklichkeit vergessen zu haben. Ketten rasseln wie Klapperschlangen an Arm- und Fußgelenken.

Aus allen Teilen des Landes sind sie gekommen. Darunter auch viele junge Indianer aus anderen Stämmen. Denn beim Pow-Wow Tanzwettbewerb gibt's für den Sieger immerhin $1.500. "Ich hoffe, Ihr macht alle Aerobic und habt Euch gut vorbereitet," sagt der Mann am Lautsprecher. Eine alte Indianerfrau, die sich mit ihrem Klappstuhl bereits einen Platz für die Show gesichert hat, schüttelt den Kopf. "Was hat Aerobic mit den Traditionstänzen unseres Stammes zu tun!" fragt sie ihre Nachbarin.

Es ist heiß an diesem Sommertag im Reservat. Wieder und wieder fährt ein Truck über den Festplatz und sprüht Wasser aus seinen Tanks, um den Staub zu binden. Mitten im bunten Treiben wollen weiße Beamte Indianer dazu bringen, sich für die nächste Wahl registrieren zu lassen – mit bescheidenem Erfolg. Die Indianer winken ab, sie haben keine Lust zu wählen. "Die in Washington," so denken sie wohl "interessieren sich sowieso nicht für uns." Viele wirken trotz ihrer Jugend resigniert. Gegen Arbeitslosigkeit und fehlende Zukunftsperspektiven gibt es anscheinend kein Konzept. Was Wunder, daß viele Indianer in den Alkohol flüchten, der im Reservat und auch beim Pow-Wow eigentlich streng verboten ist.

649

Fort Hall

In Pocatello steht unweit der I-15, *Exit* 67, eine Rekonstruktion des (Blockbohlen-)**Fort Hall**. Gleich nebenan im *Ross Park* befindet sich ein kleiner **Zoo** mit heimischen Tierarten.

Atomreaktor

Von **Blackfoot** geht es auf der Straße #26 in Richtung *Craters of the Moon*. Etwa 20 mi südöstlich von Arco steht 2 mi abseits der Straße in flacher Prärie der weltweit **erste Atomreaktor**, der (1951) nuklear erzeugten elektrischen Strom (nach Arco) lieferte, der **Experimental Breeder Reactor #1**, kurz EBR-1. Viele Jahre war das Gebiet wegen erhöhter Radioaktivität gesperrt und durfte nur ohne Stop durchfahren werden. Mittlerweile wurde das Gebäude (hoffentlich) dekontaminiert und daraus ein ganz interessantes Museum; geöffnet von *Memorial* bis *Labor Day* täglich 8–16 Uhr, frei. Die alte Anlage steht neben dem Parkplatz und kann jederzeit besichtigt werden.

Erster zivil genutzter Atomreaktor der Welt, EBR-1, als museales Open-air Objekt bei Arco/Idaho

Craters of the Moon

Schwarzes Lavagestein empfängt den Touristen bereits weit vor den Grenzen des Mondmonuments. Aber erst die beim **Visitor Center** beginnende **Loop Road** (ca. 7 mi) führt voll hinein in die erstarrten Lavaströme. Die letzte vulkanische Aktivität liegt hier nur erdgeschichtlich unbedeutende 2.000 Jahre zurück. Geologie und Eigenart der bizarren Landschaft erschliessen sich dem Besucher am besten auf den **Trails**.

Rundkurs

Das **Minimalprogramm** sollte den Aufstieg zum **Inferno Viewpoint**, den Blick in die kleinen Krater **Spotter Cones** und **Snow Cone** und einen Abstieg in zumindest eine der (sehr kühlen!) **Lavahöhlen** beinhalten. Für ihre Erkundung benötigt man festes Schuhwerk, Pullover und eine gute Lampe.

Der einfache **Campground** des Monuments liegt mitten im Lavafeld zwischen schwarzen Felsbrocken und minimaler Vegetation. Der Untergrund besteht aus steiniger Schlacke.

Hotelzimmer gibt es im unmittelbaren Umfeld des Monuments nicht. **Arco** verfügt über eine Handvoll **Motels** von preiswert bis untere Mittelklasse.

Ketchum

Rund 40 mi westlich des Monuments geht es auf der *Sawtooth Scenic Route* (#75) hinauf in die *Sawtooth Mountains* mit der gleichnamigen *National Recreation and Wilderness Area* in der Hochlage. **Ketchum** und desen Vorort **Sun Valley** sind populäre, stark kommerziell bestimmte Ziele für Sommer- und Skiurlaub. ***Ernest Hemingway*** verbrachte seine letzten Lebensjahre in Ketchum und schrieb dort *"Wem die Stunde schlägt"*. Er beging 1961 Selbstmord. Der kleine Friedhof mit seinem Grab liegt an der Hauptstraße etwas außerhalb des Ortes im Norden. Ein schlichtes **Denkmal** am *Trail Creek* erinnert an den berühmtesten Bürger der Stadt. Wer in Ketchum und Umfeld ein Zimmer sucht, findet ein breites Angebot vom preiswerten **Motel** bis zur piekfeinen ***Lodge.***

Hot Springs

In der Ketchums Umgebung gibt es zahlreiche **heiße Quellen**. Einige von ihnen werden kommerziell betrieben und sind im Ort und entlang der #75 nicht zu übersehen, andere blieben **naturbelassene Badepools**. Vor Ort hat die *Chamber of Commerce* eine Liste der *Hot Springs.*

Sawtooth National Recreation Area

Die *Sawtooth National Recreation Area* mit der östlich angrenzenden Wildnisregion erfreut sich bei Naturfreunden zu Recht großer Beliebtheit; **Angeln** und **Gebirgswandern** sind dort die bevorzugten Aktivitäten. **NF-Campingplätze** säumen die **Straßen #75** (am Salmon River) und **#21** oder liegen nur wenige Meilen abseits. Ausgangspunkt für Wildnistrips ist vor allem der glasklare ***Redfish Lake*** vor der Sägezähnen ähnelnden Silhouette des ***Mount Heyburn***. An der Nordspitze des im flachen Uferbereich badewarmen Sees (rund 3 mi von der #75, asphaltierte Zufahrt) befinden sich ***Visitor Center*** und diverse ***Campgrounds*** mit wunderbaren Plätzchen am Wasser, am besten ***Redfish Point*** auf einer Halbinsel. **Stanley** im Blockhaus-*Look* ist der einzige Ort (200 Einwohner) weit und breit mit einer Handvoll Quartieren. Dort lassen sich auch ***Raft Trips*** auf dem wilden Oberlauf des Middle Fork Salmon River buchen (etwa ab $70/Tag).

Camping im Craters of the Moon Monument mitten in karger Lavalandschaft

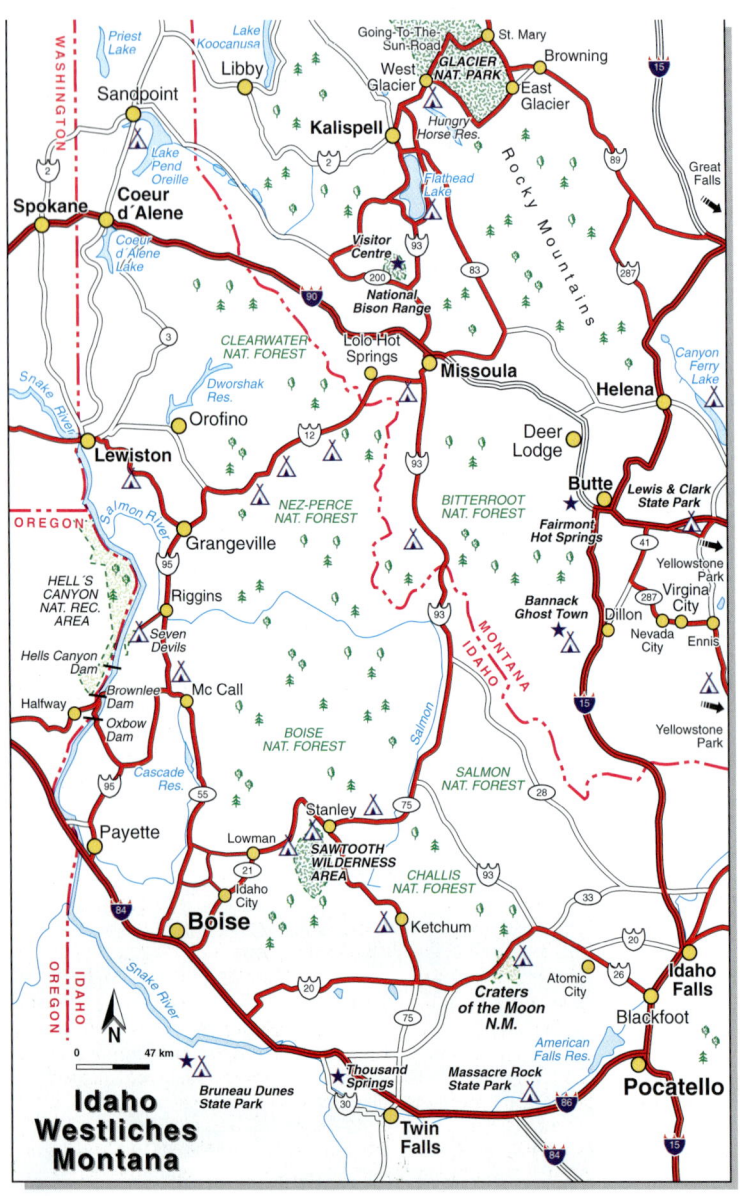

Idaho
Westliches
Montana

Routen zum Glacier Park

Der direkte Weg zum *Glacier Park* folgt weiter der Straße #75. Mindestens zwei, besser drei Tage zusätzlich wären erforderlich für einen **Umweg über Boise zum *Hells Canyon***, siehe unten. Wer auf den "Schlenker" über Stanley verzichtet, und vom *Craters of the Moon Monument* direkt nach Boise bzw. zum *Hells Canyon* fährt, spart einen Tag und würde dabei das Landschaftserlebnis *Sawtooth Mountains* ausklammern; bei nur 2 Tagen Extra-Zeit aber die einzig realistische Strategie.

Straßen #75/#93

Die Weiterreise auf der **#75** bzw. ab Challis auf der **#93** bleibt bis nach Montana hinein erfreulich. An schön gelegenen *NF-Campgrounds* und inoffiziellen, offenbar geduldeten Plätzen am Salmon River besteht auch weiterhin kein Mangel. Rund 17 mi östlich von Stanley passiert man u.a. den wunderbaren *NF-Campground Upper O`Brien*. Mehrere Einfach-Plätze des *Bureau of Land Management* liegen weiter nördlich am Salmon River (teilweise mit Badestellen). Bereits in Montana, etwa 5 mi nördlich des Dorfes Sula, geht es links ab (ca. 1 mi, ausgeschildert schräg gegenüber *Spring Gulch*) zum *NF-Campground Warm Springs* an einem Flüßchen. Eine weitere gute Meile nördlich befindet sich an der #93 die *Rocky Knob Lodge* (**Motel**) mit einer **Kneipe**, wie man sie sich im Westen Amerikas vorstellt. Eine letzte Campingempfehlung vor dem Erreichen von Missoula gilt der *Chief Looking Glass Recreation Area* nördlich Florence, ca. 1 mi westlich der Straße. Einige schöne Stellplätze dieses Picknick-, Bade- und Campingplatzes liegen direkt am Bitterroot River.

Missoula

In der kleinen Universitätsstadt Missoula ist das Waldbrandbekämpfungs-Center an der Verlängerung des Broadway (#93 West) in Nachbarschaft zum Airport eine wichtige Institution. Fast jeden Sommer gibt es viel zu tun für die Männer der *Smokejumpers Base Aerial Fire Depot.* Den Besuchern werden Technik, Probleme und Gefahren der Brandbekämpfung aus der Luft nahegebracht. Führungen jeweils zur vollen Stunde 10 und 11 Uhr und 13-16 Uhr; Anmeldung bei Ankunft im Besucherzentrum mit kleinem Museum.

Büffelgehege

36 mi nördlich von Missoula, zweigt (in Ravalli) die #200 von der #93 ab. Nach ca. 6 mi geht es in Richtung Agency zur Einfahrt der *National Bison Range*, wo heute 500 Bisons leben. Im *Visitor Center* gibt es das obligatorische *Permit* (\$5) für die **20-mi-Rundstrecke** durch eine hügelige Prärielandschaft.

Unterkunft

In St. Ignatius, östlich der *Bison Range* existiert eine **Kombination von Campingplatz und Herberge** unter *Ownership* der Deutschen Renate Heygster. Die ökologisch gebaute Herberge, das *Earthship*, kommt dank konsequent passiver Energienutzung ohne Heizung oder *Air Conditioning* aus. Der **Campground** kostet ab \$8 (Zelt) bzw. \$10 (RVohne *Hook-up*), **Bed & Breakfast**, speziell für Biker, im Mehrbettraum \$8/Person. Anmeldung/Auskunft: ℂ (406) 745-3959 (auch deutsch).

Flathead Lake

Zur Weiterfahrt in Richtung *Glacier Park* stehen **mehrere Alternativen** zur Auswahl. Die **Hauptstraße westlich des *Flathead Lake*** nach Kalispell ist die schnellste, aber weniger attraktive Strecke; sie läuft zudem **überwiegend weitab vom Seeufer**. Die Straße #35 auf der Ostseite verfügt über mehr Abschnitte direkt am Wasser und einige *State Parks*. Stellplätze unmittelbar am Kiesstrand bietet die indianisch verwaltete ***Blue Bay Picnic-* & *Camping Area*** im südlichen Bereich. Eine erwägenswerte Kombination bilden auch die erheblich verkehrsärmeren **Straßen #200/#83** durch das schöne Tal des Swan River bei allerdings 50 mi Umweg.

Hungry Horse Lake

Kurz vor dem *Glacier Park* führt eine Stichstraße (4 mi) vom Ort **Hungry Horse** (Straße #2) zum gleichnamigen, 30 mi langen Stausee. Kurz nach der Dammüberquerung findet man den ersten einfachen **NF-Campground** direkt am Wasser. Forstwege führen um diesen See herum. Dort ist nur an Wochenenden wirklich Betrieb, das Panorama aber kaum weniger eindrucksvoll als am gelobten Lake McDonald im *Glacier Park*.

Glacier National Park

Anders als der Name es erwarten läßt, gibt es **kaum noch größere sichtbare Gletscher** im *Glacier National Park*, der ein hochalpines Gebiet der *Rocky Mountains* (*Livingstone* und *Lewis Range*) an der kanadischen Grenze unter Naturschutz stellt. Verbunden mit ihm ist der kanadische Nationalpark

Waterton Lakes. Beide zusammen bilden den **International Peace Park**. Ohne formale Grenzkontrolle führen **Wanderwege** von und zu Ausgangspunkten in beiden Ländern. Im Hinterland be-finden sich ungewöhnlich viele ausschließlich zu Fuß erreichbare *Walk-in-Campgrounds*.

Eingangsort im Westen ist das nur im Sommer belebte winzige Touristendorf **West Glacier** mit einer begrenzten Versorgungsinfrastruktur. Immerhin verfügt West Glacier (wie auch East Glacier, siehe unten) sogar über eine **Amtrak-Station** und macht *Glacier* zum einzigen mit der Eisenbahn erreichbaren Nationalpark des ganzen Westens. Eine Reihe von *Rafting Companies* in West Glacier bieten **Schlauchboottrips** auf dem auch für Einsteiger geeigneten Flathead River.

Zwischen Columbia Falls und West Glacier gibt es zahlreiche *Motels* und *Lodges*. In Hungry Horse auch ein **Bike Hostel**, © (406) 387-5798.

Am glasklaren McDonald River

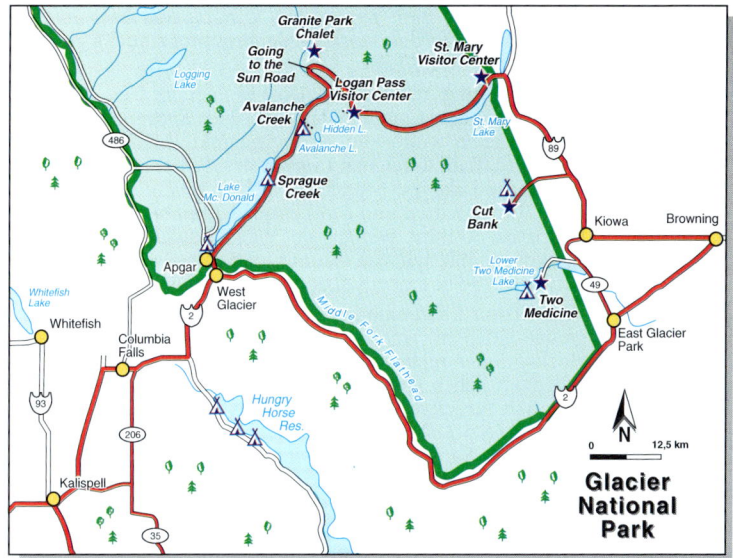

Vor dem Besuch des Glacier Park muß man folgendes wissen:

Situation

– **Wetterstürze** mit sehr niedrigen Temperaturen und Schneefällen sind selbst im Juli/August in Hochlagen nicht selten. **Schnee** versperrt die *Going-to-the-Sun-Road* bis Mitte Juni, bisweilen bis in den Juli hinein und spätestens ab Oktober.

– *Motorhomes* **länger als 21 Fuß und breiter als 8 Fuß sind auf dieser Straße nicht zugelassen.** Selbst mit kleineren Campmobilen ist das Fahren zumindest in Richtung Ost–West wegen überhängender Felsen und der Gefahr, mit den Aufbauten "anzuecken", bei Gegenverkehr kitzelig.

– An sommerlichen Schönwettertagen und an Wochenenden kann auf der *Going-to-the-Sun-Road* ein Stoßstange-an-Stoßstange-Verkehr herrschen. **Parkplätze** an den *Trailheads* und am *Logan Pass* werden dann zu Mangelware.

– Auch die **Campingplätze** im zentralen Teil des Parks sind bei Andrang spätestens gegen Mittag voll belegt. Aussicht auf Platz besteht an solchen Tagen eher in *Cut Bank* (simpel und ruhig) und im Bereich *Two Medicine*.

Going-to-the-Sun-Road

Die *Going-to-the-Sun-Road* quer durch den Park (50 mi) weckt mit ihrer schönen Bezeichnung Erwartungshaltung. Tatsächlich gehört sie zu den eindrucksvollsten Gebirgsstrecken Nordamerikas. Sie passiert zunächst den *McDonald Lake* und folgt dann dem türkisfarbenen McDonald River (Foto links), bevor

Park Road — sie sich hinauf zum **Logan Pass** windet. Aus über 2000 m Höhe geht es von dort rasch wieder hinunter zum 700 m tiefer gelegenen St.Mary Lake.

Trails — Gleich eingangs am Lake McDonald liegt der beste mit dem Auto erreichbare Campingplatz des Parks, **Sprague Creek**, nur einige Meilen weiter der Ausgangspunkt für den besonders reizvollen **Trail** durch den **Canyon** des **Avalanche Creek** zum **Avalanche Lake** (2-3 Stunden). Auch wer dafür nicht die Zeit hat, sollte anhalten und den Lehrpfad **Trail of the Cedars** ablaufen (ca. 30 min). Weniger der Weg als solcher als vielmehr das von Hunderten von Baumstämmen teilweise blockierte Bachbett wird besonders, aber nicht nur Kindern Spaß machen.

Logan Pass — Vom **Visitor Center** am *Logan Pass* bereits oberhalb der Baumgrenze (2025 m) war es noch vor einigen Jahren selbst im Hochsommer nicht weit zum ewigen Schnee. In der Zwischenzeit haben sich **Eis und Schnee** auch im *Glacier Park* ziemlich zurückgezogen. Ein schöner **Trail** führt in der Höhe zum **Hidden Lake Overlook** (etwa 2-3 Stunden). Bei gutem Wetter im Sommer findet auf diesem Weg allerdings eine kleine Völkerwanderung statt. Die Abfahrt nach Osten ist im Vergleich zur westlichen Teilstrecke weniger aufregend.

Ein weiteres **Besucherzentrum** steht am östlichen Parkeingang (St. Mary). Die dort gezeigte **Dia-Show** lohnt einen Stop.

Rund um den Park — Gerne empfohlen wird die Umrundung des *Glacier Park* auf der Straßenkombination #89/#49/#2. **Wirklich attraktiv** ist auf dieser Strecke **nur die #2**, besonders auf der Westseite des Parks entlang des Middle Fork Flathead River.

Als Höhepunkt eigener Art könnte die **Glacier Park Lodge** in **East Glacier** einen Umweg rechtfertigen, ein **großartiger Hotelbau** im Blockhausstil und dafür nicht einmal zu teuer (ab $90). Reservieren unter ✆ (406) 226-5551, Fax (406) 226 4404.

In **East Glacier** gibt es auch zwei *Hostels*, und zwar das **Backpackers Inn**, 29 Dawson Ave, ✆ (406) 2269392, $10 und das **Brownies Grocery and Int`Hostel** (AYH), 1020 Highway #49, ✆ (406) 226-4426, $12.

Nostalgische Open-air-Rundfahrtbusse am Logan Pass im Glacier National Park

7.3.2 Vom Glacier zum Yellowstone National Park

**Karte
Seite 652**

Der direkte Weg vom *Glacier* zum *Yellowstone Park* (**Nordeinfahrt/Mammoth Hot Springs**, ca. 370 mi) ist identisch mit dem schönen Verlauf der Straße #89 über Great Falls. **Mehr Abwechslung** bietet aber die im folgenden beschriebene **Route über Helena und Butte nach West Yellowstone.**

Browning

In beiden Fällen geht es zunächst auf der #89 durch das Reservat der **Blackfeet** Indianer in Richtung Great Falls. Browning, ein vom indianischen Niedergang geprägter Ort traurigen Zustands, ist Sitz der Reservatsverwaltung. Am westlichen Ortseingang wartet das **Museum of the Plains Indians** mit einer informativen, aber nicht überwältigenden Ausstellung zur Indianerkultur der Prärien auf interessierte Besucher; geöffnet täglich 9–17 Uhr in den Sommermonaten, sonst nur Mo–Fr 10–16.30 Uhr, eintrittsfrei.

Weder die #89 bis Great Falls, noch die #287, die direkt nach Helena führt, bieten sonderlich viel fürs Auge. **Wegen der reizvollen Streckenführung der I-15** zwischen Helena und Great Falls sollte man über die größte Stadt Montanas fahren.

Great Falls

Bei Great Falls handelt es sich zwar um eine ziemlich unattraktive **Business Community** beidseitig des Missouri River, die wirtschaftlich stark auf die nahe *Malmstrom Air Force Base* ausgerichtet ist, aber sie besitzt eine besonders interessante Sehenswürdigkeit:

Das **Charles M. Russell Museum** beherbergt u.a. über 1000 Werke dieses herausragenden Vertreters der **Western Art**, dessen Heimat Great Falls war. In kaum einem großen Kunstmuseum der USA fehlen *Russells* oft fotografisch genau wirkenden Gemälde, die überwiegend um Themen wie Trapper, Indianer, Pioniere, Eroberung des Westens kreisen. Auch wenn *Russell* gelegentlich die heroische Komponente zu sehr betont, dominiert doch meist die nüchterne, oft bittere Darstellung von realistisch erscheinenden Szenen des Lebens im Wilden Westen. Das Museum läßt sich nicht verfehlen; es liegt im alten Villenviertel südlich des Flusses und ist gut ausgeschildert (400 13th Street; Di–Sa 10–17Uhr, So 13–17 Uhr, Mai bis September auch Mo 9–18 Uhr; $4.

**Gates
of the
Mountains
Canyon**

Die so gelobte I-15 verläßt einige Meilen südwestlich von Great Falls die Prärie und läuft im Tal des Missouri grandios **durch die Ausläufer der Rocky Mountains**. Kurz vor Helena durchbrach der Fluß die *Beartooth* Höhen und bildete den pittoresken **Gates of the Mountains Canyon.** Er ist heute Teil des aufgestauten *Holter Lake* (Damm jenseits des *Canyon*), unter dessen Wasserpegel die einst gefährlichen Stromschnellen verschwanden. **Ausflugsboote verkehren unter 350 m hoch aufragenden Felswänden**. Eine Stichstraße vom *Freeway* führt zu See und Anleger (*Exit #209*).

Helena

Die **Hauptstadt Montanas**, eines Staates mit etwa der Fläche des vereinten Deutschland, zählt nicht einmal **25.000 Einwohner**. In Helena gibt es denn auch normalerweise nicht so ganz viel zu sehen, vornehmlich

– das **City Center** mit der **Last Chance Gulch Pedestrian Mall**, einer *Shopping* Zone just dort, wo 1864 das erste Gold in der Montana Region *Gold West* gefunden wurde.

– das – wie anderswo – bombastische **State Capitol**, dessen Grundsteinlegung sich 1999 zum 100. Mal jährt.

– das **Historical Society Museum** (direkt am *Capitol Park*, geöffnet im Sommer Mo–Fr 8–18 Uhr, Sa+So 9–17 Uhr, so auch Rest des Jahres nur Mo–Fr) mit einer guten Ausstellung zu Pionierzeit, Minentradition, Indianerkultur und einer **Western Art** Abteilung (überwiegend *C.M.Russell*).

Rodeo

Ende Juli (letztes Wochenende) kommt Leben in die Stadt, wenn die **Last Chance Stampede** abgehalten wird mit Rodeo, Jahrmarkt und Landwirtschaftsschau.

Ghosttown

Ein Abstecher führt zur 25 mi nordwestlich gelegenen **Ghosttown Marysville** mit guterhaltenen und restaurierten Relikten der "goldenen" Jahre (Straße #279, dann *Gravel Road*).

Unterkunft

Helena verfügt über eine gute Auswahl an **Motels** und **Lodges**, vor allem im unteren bis mittleren Preissektor, darunter *Days Inn, Econolodge, Super 8, Motel 6, Red Roof, Shilo*).

Preiswerter ist die **Hostel-Übernachtung** im **Iron Front Hotel**, ☎ (406) 443-2400, und im **Park Hotel**, ☎ (406) 442-0960, beide im 415 bzw. 432 Last Chance Gulch und $12/Bett.

Camping

Stadtnah campt man am besten am **Hauser Lake**, einem weiteren Stausee des Missouri, ca. 12-15 mi östlich der Stadt. An ihm liegen vor allem private **Campgrounds**. Etwas südlicher befindet sich der **Canyon Ferry Lake**. Vor allem am Nordostufer findet man mehrere **Campgrounds** der Einfachkategorie.

Alte Schachtanlage beim World Museum of Mining bei Butte

Butte

Die **Interstate #15** beeindruckt auch südlich Helena weiter mit ihrer schönen Streckenführung. **Butte** ist eine – mit dem Nachlassen ihrer einst Reichtum bringenden Kupfervorkommen – speziell im Zentrum etwas heruntergekommene **Minenstadt.** Das etwas chaotische, aber interessante *World Museum of Mining* & *Hell-Roarin' Gulch* (geöffnet 9–21 Uhr im Sommer; Frühjahr und Herbst Di–So 10–17 Uhr; $3 Eintritt) und der *Historic District* veranschaulichen die Arbeit früherer Tage in den Minen bzw. den mit der industriellen Monokultur verbundenen Aufstieg und Niedergang Buttes.

Zum Picknicken oder zur Übernachtung (eher Zelte, für RVs ungünstig) eignen sich die diversen Plätze des *Thompson Park* einige Meilen östlich der Stadt an der wunderbar über den *Pipestone Pass* geführten Straße #2.

Fairmont Hot Springs

Ein guter **Abstecher** von Butte läßt sich zu den *Fairmont Hot Springs* unternehmen. Um diese heißen Quellen, ca. 18 mi westlich auf der I-90, *Exit* 211, entstand eine ausgedehnte **Freizeitanlage** mit großen Warmwasserpools und einer besonders langen Rutsche. Für Gäste des zugehörigen, sehr angenehmen **Hotels** ist der Eintritt frei. Zimmerpreis ab ca. $70. Reservierung unter ✆ (406) 797-3241 und ✆ (800) 443-2381 von außerhalb Montana. Ein **Campingplatz** mit Übernachtungs-*Teepees* gehört auch zum Komplex: ✆ (406) 797-3505.

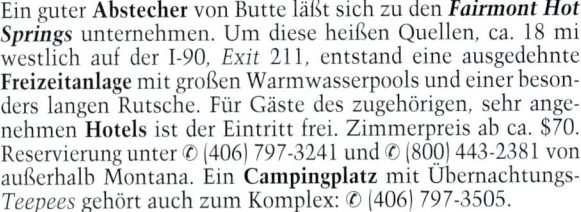

Von Butte zum Yellowstone

Der schnellste Weg von Butte zum *Yellowstone* führt auf der **I-90 über Bozeman und Livingstone**. Ihr Verlauf ist die ersten 50 mi **überaus beeindruckend**. In Cardwell könnte man die *Interstate* für einen Besuch der *Lewis & Clark Caverns* verlassen (Straße #2). In malerischer Lage in den *Tobacco Root Mountains* befindet sich das **Visitor Center**. Ein Fußpfad führt zum Eingang; Besichtigung der Höhle nur gruppenweise; Mai bis September 9–18.30 Uhr, April/Oktober bis 16.30 Uhr; $6. Im Tal des *State Park* an der Straße gibt es einen **Einfach-***Campground*. Ebenfalls gut campt es sich im idyllischen *Missouri Headwaters State Park* rund 20 mi weiter östlich, wo sich drei Flüsse zum Missouri River vereinen.

Wenig ergiebig ist die rüttelige Fahrt zum *Madison Buffalo Jump State Park*, einem alten indianischen Büffel-Jagdgrund.

Bozeman

In Bozeman lohnt so recht nur der Besuch des neuen historisch-naturgeschichtlichen *Museum of the Rockies* im Stadtsüden unweit des *University of Montana* Campus'. Geöffnet 8–20 Uhr im Sommer, sonst bis 17 Uhr, Eintritt $6.

Chico Hot Springs

Einen kleinen Umweg für Anhänger heißer Quellen sind auch die *Chico Hot Springs* wert – wenige Meilen östlich der Straße #89 (Livingstone-*Yellowstone* Park). Es handelt sich um eine nostalgische Hotelanlage mit **Warmwasser-***Pool* und einem direkt damit verbundenen **Saloon.** ✆ (406) 333-4933. (Nicht geeignet für höhere Ansprüche; da paßt *Fairmont* eher).

Nevada und Virginia City

Eine ebenfalls **erwägenswerte alternative Strecke** von Butte zum *Yellowstone* ist die **Straßenkombination #41/#287**. Sie führt über *Nevada* und *Virginia City*, zwei historischen Städtchen im (teilweisen) *Wildwest-Look*. Das idyllischere Relikt aus den Tagen des Goldrausches ist Nevada City mit einem sehenswerten Museumsdorf. Im **Nevada City Hotel** kann man so übernachten, wie aus einschlägigen Westernfilmen bekannt; ab $50, © (800) 648-7588, ➪ Foto Seite 187. Ein prima **Saloon** gehört auch zum Hotel.

Im recht touristischen **Virginia City** ist das Angebot an Quartieren etwas breiter, aber nicht so originell. Das Eintrittsgeld allemal wert sind die Vorstellungen im **Opera House:** Von Juni bis *Labor Day* findet allabendlich außer montags um 20 Uhr eine Theater- oder *Vaudeville-Show* a la 19. Jahrhundert statt; Eintritt $10-$12.

Hebgen Lake

Bis West Yellowstone, einem voll dem Park-Tourismus verschriebenen Städtchen (➪ Seite 610), bleiben noch 85 mi Fahrt auf der #287 großenteils am Madison River entlang. An der Strecke liegen **diverse BLM- und NF-Campgrounds**, davon am besten **Beaver Creak** oberhalb des Lake Hebgen. Am Westende des Sees erläutert ein **Visitor Center** die Einzelheiten und Auswirkungen des **Madison River Canyon Earthquake** von 1959. Die Erdbebenschäden sind immer noch erkennbar.

7.3.2   Der Umweg über den Hells Canyon

Streckenverlauf

(Karte Seite 652)

Statt vom *Craters of the Moon Monument* auf direktem Weg den *Glacier Park* anzusteuern, sollte man bei ausreichender Zeit eine **Routenerweiterung** über **Boise**, den **Hells Canyon** und die Täler des **Salmon, Clearwater** und **Lochsa River** ins Auge fassen. Neben dem Hauptziel *Hells Canyon* reizt vor allem der landschaftlich und klimatisch sehr abwechslungsreiche Streckenverlauf durch wunderschöne und touristisch weniger frequentierte Gebiete Idahos.

Anfahrt

Zwar wäre es schade, die Sawtooth-Gebirgsregion auszulassen, aber während sich die Strecke bis Boise (ab *Craters of the Moon* ca. 180 mi) und darüberhinaus einschließlich einer kurzen Stadtbesichtigung **leicht an einem Tag** bewältigen läßt, benötigt man für die Straßenkombination #75/#21 (ca. 270 mi, vor allem von Lowman bis Idaho City serpentinengespickt) mit Übernachtung im Sawtooth Bereich **mindestens zwei volle Tage**. Details zur *Sawtooth Area* ➪ Seite 651.

Von Stanley bis Lowman

Zunächst ist die **Ponderosa Pine Scenic Route** von Stanley bis hinunter nach Lowman sehr gut ausgebaut und nicht so attraktiv wie die #75 nach Norden. Etwa 5 mi östlich von Lowman passiert die Straße die **Kirkham Hot Springs** am South Fork Payette River. Ein **Campground** und naturbelasse *Minipools*

*Ehemalige
Goldmine in
Nevada City:
geschürft
wird nur noch
für Touristen*

laden zum Bleiben ein. Eine jüngst besser ausgebaute Straße führt **von Lowman** hinunter nach Garden Valley und Banks **zur Straße #55** im schönen Tal des Payette River (Badestrände). In Garden Valley starten auch Schlauchboot-Kurztrips bis zu einem Tag Dauer über die Stromschnellen des Flusses.

Idaho City

Nach zahllosen Serpentinen durch Gebirgswald erreicht man auf der #21 Idaho City, eine "halbe" **Ghosttown** mit originellem **Visitor Center** und dem urigen **Boise Basin Historical Museum**, das ein Sammelsurium zu den Themen *Gold Rush* und "Wilde Vergangenheit" beherbergt. Zwischen Idaho City und Placerville *(Gravelroad)* zeugen völlig durchwühlte Areale noch von den Aktivitäten der Prospektoren. Eine gute Meile südwestlich des Ortes liegt das **Warm Springs Resort** mit Heißwasserpool (Mai bis *Labor Day* 10–22 Uhr außer Di, sonst Mi–So 12–21 Uhr, Eintritt $5). Ein relativ einfacher **Campground** gehört auch zur Anlage.

Von Salt Lake City direkt nach Boise

Bei Verzicht auf Mondkrater und Sägezahn-Berge erreicht man von Salt Lake City aus Boise leicht an einem Tag (ca. 300 mi). Außer dem beschriebenen **Golden Spike Monument** könnten kleine Abstecher von dieser insgesamt eher eintönigen Strecke den **Thousand Springs** und **Bruneau Dunes** gelten:

1000 Springs

Das **Phänomen** der 1000 Quellen ist auf der Straße #30 zwischen **Buhl** und **Hagerman** zu beobachten (südlich der I-84, westlich von Twin Falls). Am östlichen Steilufer des Snake River sprudeln unzählige kleine und große Quellen zm Teil wasserfallartig aus dem Fels und ergießen sich in den Fluß. Es handelt sich um wiederaustretendes Wasser eines bei Arco (⇨ Seite 650) in Lavakanäle versickerten **Lost River**.

Hot Springs

Neben diesem ungewöhnlichen Naturschauspiel reizen entlang der Strecke (#30) gleich drei verschiedene von heißen Quellen gespeiste **Pool-Anlagen** (*Banbury, Thousand Springs* und *Magic Hot Springs*), alle verbunden mit **Campingplätzen**.

661

Bruneau Dunes

Die **Bruneau** Sanddünen (Zufahrt über die Straßen #78/#51 ca. 20 mi entfernt von der I-84) erheben sich bis zu 140 m aus der kargen Landschaft zwischen Snake und Bruneau River. Das Areal einschließliche zweier kleiner Seen steht als **State Park** unter Naturschutz. Der **Campingplatz** etwas abseits der Dünen bildet eine **grüne Insel** in der braungrauen Umgebung.

Wer bis hierher fährt, könnte noch 18 zusätzliche Meilen zum **Scenic Deep Canyon** "dranhängen", wo sich der Bruneau River durch eine enge Schlucht zwängt (*Canyon-Overlook*).

Boise

Boise (sprich: *Beusie*) ist **Idahos kleine grüne Hauptstadt**. Von der gerade 1 Mio. Einwohnern des Staates leben über 100.000 in der Kapitale. Boise wirkt aufgeräumt, sauber und langweilig. Die Hauptattraktionen sind das ansehnliche **State Capitol** an der 6th Street und der mitten durch die Stadt fließende, klare **Boise River**. Der Grüngürtel auf beiden Seiten des Flusses erweitert sich im Zentrumsbereich zum **Julia Davis Park** mit **Historical** und **Art Museum** (beide mittelmäßig), übersichtlichem **Zoo** (gerade richtig mit Kindern), Picknicktischen und Joggingpfaden, ein geeigneter Anlaufpunkt für die Rast zwischendurch. Anfahrt über Washington Blvd und 9th Ave.

Zum Hells Canyon of the Snake River

In Richtung *Hells Canyon* geht es **zur Vermeidung doppelt abzufahrender Strecken** zunächst auf der *Interstate* #84 nach **Baker City/Oregon** (ca. 130 mi), ⇨ Seite 539) und danach auf der #86 durch rauhe, abschnittsweise liebliche Gebirgslandschaften am Powder River und Pine Creek entlang zum **Oxbow Dam**. Eine hübsche Etappe am Wege ist **Halfway.** Der Umweg bedeutet wegen der raschen Fahrt auf der I-84 insgesamt keinen oder nur geringen zeitlichen Mehraufwand.

Kennzeichnung

Der "Höllencanyon des Schlangenflusses" beeindruckt nicht nur durch seine phantasievolle Bezeichnung. Rechnerisch (Distanz höchste Randerhebung der umgebenden *Seven Devils Mountains* bis zum Grund der Schlucht) übertrifft der **Hells Canyon** punktuell sogar den **Grand Canyon**, läßt sich aber ansonsten mit dem berühmten Bruder vom Colorado River kaum vergleichen. Auch "entfällt" der Blick von oben. Zwar sind beide Seiten in der Höhe punktuell zugänglich, jedoch nur über schlechte und abgelegene Schotterpisten.

Zufahrt

Dafür gibt es **nirgendwo sonst** eine Straße, die so weit (22 mi) in einen vergleichbar tiefen *Canyon* hineinführt. Schon die **Fahrt** entlang des aufgestauten Flusses **vom Oxbow zum Hells Canyon Dam** am Fuß rotbrauner Steilwände ist ein Erlebnis. Gleich hinter der Staumauer beginnen die wilden 36 mi der 65-Meilen-Schlucht.

Bootstouren

Mehrere Firmen bieten Fahrten per **Schlauch- und Jetboot** durch die mit Stromschnellen gespickte Schlucht an. Die meisten starten bei Lewiston oberhalb des *Hells Canyon* und sind **ganz- oder sogar mehrtägig** unterwegs.

Bootstrips

Von einer Anlegestelle ein wenig unterhalb des Damms gibt es aber auch 2-6 Stunden **Kurztrips** per *Jetboat,* eine tolle Angelegenheit ab $25 (2-Stunden-Trip). Reservierung empfehlenswert, ℂ (541) 785-3352 oder (800) 422-3568.

Camping

Die **Idaho Hydropower** hat freundlicherweise für Zelte wie *RVs* (*Hook-up*) gleichermaßen geeignete, preiswerte *Campgrounds* angelegt. Sehr schön am (aufgestauten) Fluß liegt der **Hells Canyon Park** zwischen *Hells Canyon* und *Oxbow Dam;* weniger ansprechend, dafür äußerst komfortabel ist der Platz im **Copperfield Park** unterhalb des *Oxbow Dam.*

Vom Hells Canyon nach Norden

Auf weiterhin landschaftlich reizvoller Strecke geht es über den *Brownlee Dam,* Cambridge (Straße #71) und die #95 nach Norden. Wer im Bereich des Straßendreiecks #95/#55 einen Übernachtungsplatz sucht, findet den toll angelegten **NF-Campground Last Chance** nach etwa 3 mi *Gravelroad* nördlich der #55, ca. 5 mi östlich von New Meadows.

Seven Devils Mountains

Am südlichen Ortsrand von **Riggins** (dort Zeitzonenwechsel) kann man auf steiler Schotterpiste (nicht geeignet für Campmobile größer als *Van Camper* und auch das nur nach Erkundung des Straßenzustands) zum **Windy Saddle** und **Seven Devils Campground** in den gleichnamigen Bergen (ca. 17 mi). Von dort geht es noch etwas weiter zum **Heavens Gate Lookout**, von dem aus man den *Hells Canyon* überschaut.

Riggins

Riggins, **Zentralort des Salmon River Country**, hat sich in den letzten Jahren touristisch stark entwickelt. Eine Reihe von **Motels**, **Campgrounds**, rustikalen Restaurants und eine Handvoll Kneipen warten auf die **Outdoor**-Urlauber, die Riggins als Ausgangspunkt für die Entdeckung des weitgehend unerschlossenen Hinterlandes und der Ostseite der **Hells Canyon Wilderness** wählen. Eine *Ranger* Station befindet sich im Ort.

Flußboote zur Vermietung mit und ohne Führer in Riggins

Salmon River Valley

Der leicht zugängliche Teil des pittoresken *Salmon River Valley* liegt östlich und nördlich von Riggins. Die schmale **Salmon River Road** führt am Fluß entlang in die *Gospel Hump Wilderness*. **NF-Camp-grounds** liegen am Wege. Ent-lang der Hauptstraße #95 laden bis White Bird **Flußstrände** zum Baden ein und mehrere **Einfach-Campgrounds** am Ufer zum ge-bührenfreien Bleiben. Das **Klima** im Flußtal ähnelt dem des zen-tralen Oregon. Im Juli/August ist es dort oft unerträglich heiß, und bis in den späten September herrschen sommerliche Tages-temperaturen.

Whitebird

Hinter Whitebird führt die Straße in scheinbar endlosem An-stieg wieder in höhergelegene Zonen. Dabei passiert sie das **White Bird Battlefield**, auf dem 1877 eine der letzten Kämpfe der Indianerkriege (Unterwerfung der *Nez Perce Indians)* stattfand. Die hindurchführende *Auto Loop Road* ist Teil des **Nez Perce National Historical Park,** der zahlreiche histo-rische Punkte und Gebäude in der *Nez Perce Indian Reser-vation* zusammenfaßt. Ein **Visitor Center** mit Museum befin-det sich in Spalding unweit Lewiston.

Straße #13

Über die sehr schön geführte **Straße #13** geht es von Grange-ville (ehemalige **Gold Rush Town**, **Rodeo** Anfang Juli zum Unabhängigkeitstag der USA) nach Kooskia. Dort erreicht man das **Clearwater/Lochsa River Valley**.

Straße #12

In diesem Tal läuft die gut ausgebaute **Straße #12** – vom Tou-rismus kaum entdeckt – über **100 einsame und fantastische Meilen** durch den **Nez Perce National Forest**, bevor sie den Kamm der *Bitterroot Mountains* am *Lolo Pass* überquert. Zahlreiche kleine und größere (z.B. der *Wilderness Gateway)* **NF-Campgrounds** liegen unverfehlbar am Wege. Eine nette Unterbrechung bieten die **Jerry Johnson Hot Springs:** nur wenig nördlich des gleichnamigen NF-Campingplatzes (aus-nahmsweise nicht so toll) geht es auf einer Hängebrücke über den Fluß. Zu den natürlichen (Mini-)*Pools* sind es keine 2 km.

Lolo Hot Springs

Eine kommerziell betriebene **Heißwasser Badeanlage** befin-det sich jenseits des *Lolo Pass*. Der Komplex mit zwei Becken ist nicht sonderlich gepflegt, der Campingplatz gegenüber dafür umso mehr (*Full Hook-up* oder rustikal). Wer Lust hat, im *Teepee* zu schlafen, kann es dort mieten ($25/Nacht); Schlafsack und Unterlage sind selbst mitzubringen. Reservie-rung im **Lolo Hot Springs RV-Park** unter ☎ (406) 273-2290.

10 mi vor Missoula, stößt man auf die bereits beschriebene **Straße #93** zum *Glacier Park*, ⇨ Seite 653.

8. ABSTECHER NACH CANADA

Generelle Anmerkungen

Auf Reisen durch die Nordweststaaten der USA liegt es nahe, an Abstecher nach Canada zu denken und einen Teil der Reisezeit dafür zu reservieren. Denn die populären **Nationalparks** *Banff* und *Jasper* in den *Rocky Mountains* und das attraktive südliche **British Columbia** mit Vancouver und **Vancouver Island** sind von Montana und Washington schnell erreicht. Der Reiseroutenvorschlag 4 im folgenden Kapitel trägt den kanadischen Zielen in Grenznähe Rechnung.

Vor der Planung einer kombinierten Reise USA/Canada sollte folgendes bedacht werden:

Mietwagen in Canada oder USA?

– Der Start könnte in den USA, aber auch in Canada erfolgen. Zur Grenzüberquerung vergleiche Seite 89. Die **Pkw-Miete** ist in den US-Weststaaten (bei Buchung bei uns) zwar geringfügig preiswerter als in Canada; vor allem, weil dort *Provincial Sales Tax* plus eine Bundes-Mehrwertsteuer (**GST**) anfallen (etwa in British Columbia zusammen 14%, höchste *Sales Tax* im US-Westen in Colorado 11,3%, in California 8,25%, sonst geringer). Aber bei der **Campermiete** zeigen 1999 einige kanadischen Angebote Vorteile. Genauer Katalogvergleich lohnt. Die Flugkosten liegen nicht weit auseinander, aber generell sind Vancouver oder Calgary billiger zu erreichen als die Westküstencities der USA.

Klimatische Bedingungen

– Unter klimatischen Gesichtspunkten ist die **ideale Reisezeit in Canada relativ kurz.** Mit Ausnahme des *Okanagan Valley* (siehe unten) gilt etwa der Juni noch als kritischer Monat, und selbst der September kann in vielen Regionen – vor allem im Gebirge und auf Vancouver Island – schon wieder recht ungemütlich sein. Auch bei an sich gutem Wetter muß außerhalb der Monate Juli und August vielenorts mit niedrigen Temperaturen und in den *Rocky Mountains* mit Nachtfrost gerechnet werden. Mit einem komfortablen Camper oder für Hotelübernachter sind dies keine stark übergeordneten Gesichtspunkte, aber auch dann macht eine Fahrt durch wolkenverhangene Berge und Nieselregen wenig Freude. Kurz: Abstecher nach oder Reiserouten durch Canada sind im **Zeitraum Mitte Juni bis Mitte September einfach erfreulicher** als früher oder später im Jahr. Die Argumente entsprechen im Prinzip denen für das Reisegebiet Nordwesten der USA, ⇨ Seite 541.

Kosten

– Die **Reisekosten** in Canada sind beim Kursniveau des kanadischen Dollar Anfang 1999 **etwas niedriger als in den USA**. Lediglich **Benzin** ist deutlich teurer, und nach wie vor gehen die nur in staatlichen *Liquor Stores* erhältlichen **Alkoholika** ziemlich ins Geld. Die **Lebensmittelpreise** liegen etwa auf dem US-Niveau. Die **Motel-** und **Hoteltarife** wie auch die **Campingkosten** liegen im Schnitt unter denen der USA.

Weiterführende Information

Zu weiteren Canada betreffende Details vergleiche den Reise Know-How Band "**Canadas großer Westen (mit Alaska)**" vom Autor dieses Buches und Heike & Bernd Wagner.

Darin finden sich ausführliche Beschreibungen der im folgenden skizzierten Abstecher und Umwege:

Vancouver

1. Ein typischer Abstecher von Routen durch den US-Nordwesten könnte **Vancouver** gelten, der schönstgelegenen City Nordamerikas. Von Seattle sind es nur 150 mi.

Vancouver Island

2. So es jahreszeitlich und wettermäßig paßt, und mindestens 3-4 Tage zur Verfügung stehen, könnte man den Vancouverbesuch in eine kleine Rundfahrt über **Vancouver Island** einbinden. **Fähren** nach Victoria bzw. Sidney, unweit der BC-Hauptstadt, gehen von Seattle, Port Angeles und Anacortes, ⇨ Seite 523. Die mit Abstand beste Route ist die **Anacortes–Sidney** Verbindung durch das *San Juan Archipel* mit 2-4 täglichen Abfahrten (3-4 Stunden Fahrtzeit), . Informationen zu aktuellen Abfahrtzeiten und Preisen (moderat) gibt es bei den *Tourist Information Centers* beidseitig der Grenze, Reservierung und Tickets in Reisebüros bis 24 Stunden vor Abfahrt.

Auf Vancouver Island reizt neben der BC-Hauptstadt u.a. der *Pacific Rim National Park*, ab Victoria ein strammer, aber sehr schöner 2-TageTrip (ohne größere Unternehmungen unterwegs). Zum Abschluß sollte man die Fähre von **Nanaimo** nach **Horseshoe Bay** nehmen (häufige Abfahrten, keine Reservierung notwendig). Zwar läuft die Fährroute von Swartz Bay nach Tsawwassen attraktiv durch die Gulf Islands, aber die schönere Anfahrt nach Vancouver bietet der *Trans Canada Highway* auf seinem Teilstück Horseshoe Bay–North Vancouver hoch über der Stadt mit Panoramablick auf City und Meer.

Durch BC und die kanadischen Rocky Mountains

3. Vom zentralen Washington aus (⇨ Kapitel 5.2) bestehen mehrere Zufahrten hinauf nach Canada, die alle die großartig geführte kanadische **Straße #3** (*Crowsnest Highway* entlang der Grenze von den *Rocky Mountains* bis Hope am *Trans Canada Highway*) kreuzen bzw. in sie einmünden. Vom Verlauf her besonders empfehlenswert sind die **US-Straßen #21 und #395.** Auf der **Straße #97** gelangt man in das warme *Okanagan Valley*, in dem sich die klimatischen Bedingungen des zentralen Washington fortsetzen (*Columbia River Plateau*, ⇨ Seite 20). Von der **Straße #3** läßt sich ab Castlegar über die Straßen #6/#23 oder #31/ #23 eine Verbindung zwischen den *Monashee* und *Selkirk Mountains* zur *Trans Canada Highway* herstellen. **Nach dem Besuch der *Rocky Mountain National Parks*** führt der beste Weg zurück in die USA auf der **Straße #93** vom Kootenay (Canada) **zum *Glacier Park*** (USA).

**Ostseite
der
Rocky
Mountains**

4. Die **Straße #93 in Montana** kann natürlich auch als **Zufahrt zu den Parks** *Banff* **und** *Jasper* genutzt werden, und zwar sowohl ab Westeingang des *Glacier Park* (USA) als auch von dessen Ostseite nach Weiterfahrt über den kanadischen Teil (**Waterton Lakes Park**) und den *Crows-nest Pass* (Straßen #3/#6).

Weniger reizvoll ist der Verlauf der direkten **Straße #2** nach Calgary. Eine schöne Variante wäre aber die Benutzung der **Forestry Trunk Road** (**#940**) und der **Straße #40** durch das östliche Vorgebirge der *Rockies.* Die Forststraße (teilweise *Gravel* und daher nicht für alle Fahrzeuge geeignet) zweigt bei Coleman von der #3 ab und trifft (als Straße #40) zwischen Calgary und Banff auf die *Trans Canada Highway* (dort Autobahn in die *Rocky Mountain Parks*). Die Fahrt auf dieser Haupt-Forststraße entspricht einem vollen Tagestrip, den man gut auf einem der zahlreichen *Forest-Campgrounds* oder im wunderbaren *Peter Loug-heed Park* in subalpiner Umgebung unterbrechen kann.

**Grenz-
übertritt
mit
Miet-
fahrzeugen**

Es sei abschließend noch einmal betont, daß die Fahrt ins jeweilige Nachbarland weder von den USA noch von Canada aus mit Mietfahrzeugen auf prinzipielle Hindernisse stößt. Nichtsdestoweniger sollte man diese Reiseabsicht bereits bei Buchung erläutern und sich vergewissern, daß der jeweilige Vermieter den Grenzübertritt gestattet.

9. JAHRESZEITABHÄNGIGE ROUTENVORSCHLÄGE

Überlegung
Wie eingangs des Reiseteils erläutert (⇨ Seite 230), existieren wegen der großen Dichte attraktiver Reiseziele und Strecken vielfältige Möglichkeiten zur Gestaltung einer individuell optimalen Route. In **Ergänzung zu den Routen in den Reisekapiteln**, die für sich bereits sinnvolle Vorschläge darstellen, sollen einige **zusätzliche Routen** den Reiseteil abschließen.

Dauer und Distanz
Sie beziehen sich alle auf eine **Reisezeit von 4 Wochen**, lassen sich aber durch entsprechende Modifizierungen leicht auf abweichende Zeiträume verkürzen oder erweitern. Bei der Zusammenstellung wurde berücksichtigt, daß die Mehrheit der "Rundreiser" möglichst viel sehen möchte. Deshalb beinhalten alle Vorschläge nach Abzug von Besichtigungstagen in Cities und Nationalparks mit normalerweise wenigen Tageskilometern eine im Durchschnitt relativ hohe tägliche Fahrleistung. Die jeweils angegebene Gesamtdistanz entspricht Erfahrungswerten, die zusätzlich zur addierten Straßenentfernung eine Pauschale für Stadt- und Nationalparkfahrten und Motel-/Campingplatzsuche enthält. Abstecher und Umwege können zu erheblichen Mehrmeilen führen.

Ausgangspunkte
Drei der vier Routen beginnen **an der Westküste**, da San Francisco, Los Angeles und Seattle die am leichtesten erreichbaren Ausgangspunkte und gleichzeitig attraktive Cities sind. Die Kombination von Westküste und Zielregionen tief im Binnenland besitzt den unvermeidbaren Nachteil, daß ereignislosere und im Sommer sehr heiße Teilstrecken im Süden Kaliforniens, durch Nevada oder das östliche Oregon in Kauf genommen werden müssen. Leser, die auf die Westküste und ihre Cities verzichten mögen, könnten eine landschaftlich besonders reizvolle und abwechslungsreiche Reise durch die Nationalparks im zentralen Nordwesten mit **Startpunkt Salt Lake City, Denver** oder **Las Vegas** machen, wie in den Kapiteln 4 und 7 beschrieben. Zueinander passende Streckenabschnitte können leicht kombiniert werden.

Prioritäten
Abschließend sei angemerkt, daß man im Rahmen einer begrenzten Reisezeit nie in der Lage ist, alles zu sehen, was reizt. Es sollten von vornherein klare Prioritäten gesetzt und geographisch ungünstig liegende Ziele ausgeklammert werden. Gar zu leicht wird sonst unterwegs die Zeit knapp, und die Reise artet in Hetzerei aus. Die folgenden Routenvorschläge liegen an der Grenze dessen, was man sich in 4 Wochen vornehmen sollte (den geringeren Meilen der **Routen 2 und 3** steht eine höhere Dichte an Sehenswürdigkeiten gegenüber).

Mehr Urlaubserholung verknüpft mit intensiverem Reiseerlebnis, wer die Fahrleistung deutlich unter den 5.000 mi der **Routen 1 und 4** hält.

ROUTE 1 **Sommer**

San Francisco– Avenue of the Giants– Humboldt County–
Redwood Parks– Crater Lake– Lava Lands– Bend– (Hells
Canyon)– Boise– (Craters of the Moon–) Yellowstone/Grand
Teton Parks– Flaming Gorge NRA– Dinosaur National
Monument– Arches National Park (– Mesa Verde National
Park– Monument Valley– Natural Bridges National Monu-
ment– Lake Powell)– Capitol Reef National Park– Bryce
Canyon National Park– Zion National Park– Grand Canyon
National Park– Lake Mead NRA– Las Vegas– Death Valley–
Yosemite National Park– San Francisco

Zurückzulegende Strecke: 5.000 mi (8.000 km)

Empfohlener Reisebeginn: Anfang Juni bis Ende August. Bei
Reisebeginn im Juni in umgekehrter Richtung.

Bemerkungen:

Diese Route ist besonders geeignet für diejenigen, die nur in
den Sommermonaten Zeit haben und neben San Francisco
unbedingt die Nationalparks *Yosemite*, *Yellowstone* und
Grand Canyon sehen wollen. Ruhiger wäre es, den *Grand
Canyon* auszulassen und vom *Zion Park* quer durch Nevada
zum *Yosemite Park* zu fahren. Naturgemäß wird es auf einigen Teilstrecken sehr heiß (Zentrales Oregon, Wyoming, Las
Vegas, Death Yalley). Durch Klammern bzw. mit unterbro-
chener Linie ist ein Umweg gekennzeichnet, der bei mehr als
4 Wochen Reisezeit einbezogen werden könnten.

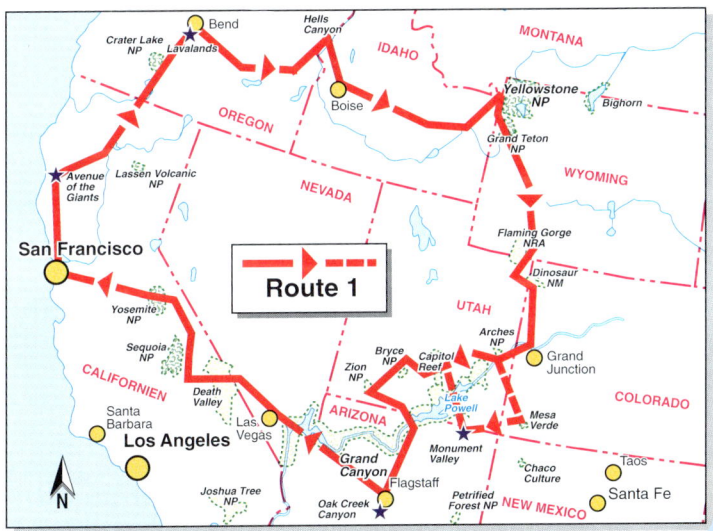

ROUTE 2   **Frühjahr und Herbst**

Las Vegas– Valley of Fire– Zion National Park– Bryce Canyon National Park– Capitol Reef National Park– Arches/Canyonlands National Parks– Mesa Verde National Park– Great Sand Dunes– Santa Fe (über Bandelier NM)– Albuquerque– Carlsbad Caverns National Park– Guadalupe Mountains National Park– White Sands National Monument– Gila Cliffs– Chiricahua National Monument– Tombstone– Tucson/Saguaro National Monument– Apache Trail/Phoenix– Oak Creek Canyon– Flagstaff/Walnut Canyon– Petrified Forest National Monument– Canyon de Chelly National Monument– Monument Valley– Navajo National Monument/Lake Powell– Grand Canyon National Park– Lake Mead– Las Vegas

Zurückzulegende Strecke: 2.800 mi (4.500 km)

Empfohlener Reisebeginn: Mai, Juni und September

Zu früheren und späteren Terminen kann es im Bereich Zion bis Mesa Verde National Park noch bzw. schon sehr kalt sein. Der Oktober bietet dabei oft schönes, klares Wetter.

Bemerkungen:

Der Startpunkt Las Vegas wurde willkürlich gewählt, genausogut kann man auch **Phönix** oder **Albuquerque** zum Ausgangspunkt machen. Beginnt man die Reise in **Los Angeles,** sind einige Tage und 500 mi für die Anfahrt dazuzurechnen.

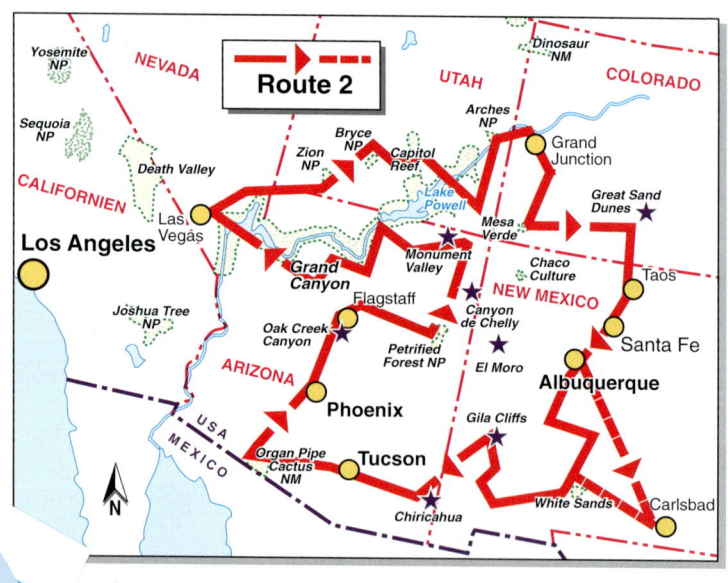

ROUTE 3   **Frühjahr und Frühherbst**

Los Angeles– Santa Barbara– Monterey/Carmel– San Francisco– Yosemite National Park– Sequoia National Park– (oder Devil's Postpile und Death Valley)– Las Vegas– Zion National Park– Bryce Canyon National Park– Capitol Reef National Park– Lake Powell– Natural Bridges National Monument– Arches/Canyonlands National Parks– Mesa Verde National Park– Santa Fe/Taos– Albuquerque– El Morro Rock– Petrified Forest National Park– Flagstaff– Grand Canyon National Park– Oak Creek Canyon– Lake Havasu– Joshua Tree National Park – Los Angeles

Zurückzulegende Strecke: 3.200 mi (5.100 km)

Empfohlener Reisebeginn: Mitte August bis Mitte September, Mitte Mai bis Mitte Juni in umgekehrter Richtung .

Bemerkungen:

Insgesamt gesehen ist die Route 1 noch abwechslungsreicher als diese, aber wer vor Mitte Juni oder erst im September reisen muß oder möchte, kann z. B. beim Yellowstone-Besuch auf witterungsmäßige Probleme stoßen. Ohne den *Yellowstone* als nördlichen "Eckpunkt" lohnt sich die Fahrt nach Norden weniger als zusätzliche Meilen zu Sehenswürdigkeiten, die in der Basisroute 1 nicht enthalten sind. Ein Vorteil dieser Route ist die erheblich geringere Gesamtdistanz.

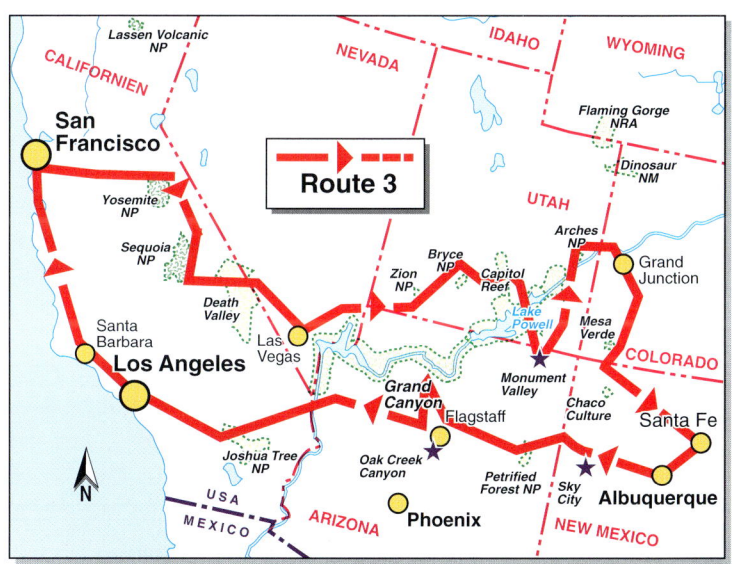

ROUTE 4   **Sommer USA/Canada**

Seattle– Vancouver– Hope/Kamloops– Revelstoke National Park– Glacier National Park (Canada)– Yoho/Jasper/Banff National Parks– Kootenay National Park– Glacier National Park (USA)– Yellowstone/Grand Teton Nat. Parks– Flaming Gorge NRA– Dinosaur National Monument– Salt Lake City– Great Basin National Park– Reno/Lake Tahoe– Yosemite National Park– San Francisco– Avenue of the Giants– (Redwood Parks– Oregon Dunes– Portland über Tillamook) oder (Lassen Volcanic National Park– Crater Lake National Park– Lava Lands– Columbia River)– Mount St. Helens Nat. Volcanic Monument– Mount Rainier National Park– Seattle

Zurückzulegende Strecke: 5.000 mi (8.000 km)

Empfohlener Reisebeginn: Anfang Juli bis Anfang September, in umgekehrter Richtung ab Mitte Juni.

Bemerkungen:

Die Route läßt sich leicht auf drei Wochen reduzieren, wenn man Canada ausläßt oder ab Salt Lake City über *Craters of the Moon*, den *Hells Canyon* und die *Lava Lands* zum *Mount St. Helens* fährt und auf San Francisco und die Küste verzichtet.

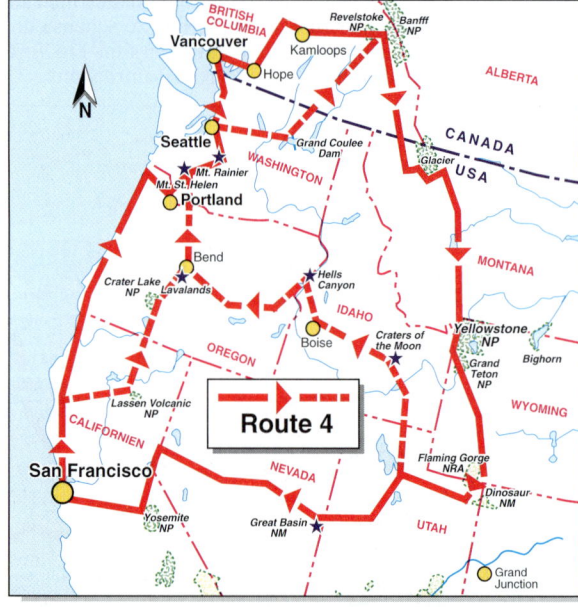

Seite 23: Das *Giant Jackrabitt* ist natürlich nur eine Fotomontage; Dieses und ähnliche Motive gibt es als Postkarten überall zu kaufen

ANHANG

WORLD'S HIGHEST STANDARD OF LIVING

There's no way like the American Way

GESCHICHTE DER USA

Man schätzt, daß vor der Ankunft der Europäer etwa 3 Millionen – von *Columbus* in Verkennung seines geographischen Standortes "Indianer" genannte – Menschen in zahlreichen autonomen Gruppierungen Nordamerika großräumig bevölkerten. Sie gelten als Nachfahren asiatischer Nomaden, die vor 20.000-30.000 Jahren über eine damals noch existierende Landbrücke zwischen Alaska und Sibirien nach Osten gelangt waren. Ihre weitere Entwicklung verlief nach dem Verschwinden der Verbindung mit Asien unbeeinflußt von der anderer Kontinente.

Die amerikanische Geschichtsschreibung beginnt gemeinhin mit der Landung *Columbus`* auf den heutigen Bahamas: 1492 ist das Jahr Null und lieferte das Datum für die **500-Jahr-Feierlichkeiten 1992.** Dabei setzte *Columbus* auf keiner seiner vier Reisen über den Atlantik seinen Fuß auf nordamerikanischen Boden. Das blieb seinem einstigen Begleiter *Juan Ponce de León* vorbehalten, siehe unten. Im folgenden die wichtigsten Geschichtsdaten in tabellarischer Form:

1507 Nach dem Begründer der Erdteiltheorie für das neuentdeckte Land im Westen, *Amerigo Vespucci*, erhält Amerika seinen Namen von dem deutschen Kartographen *Waldseemüller.*

1513 Der Spanier *de León* landet an Floridas Gestaden.

16.Jh. Erkundung der Küsten Nordamerikas, erste Expeditionen ins Landesinnere und "Inbesitznahme", vor allem durch Spanien (Florida und südwestliche Gebiete) und Frankreich

1609 "Geburtsjahr" der ersten britischen Kolonie Virginia, Gründung von Santa Fé durch die Spanier.

1620 Landung der *Mayflower* mit den *Pilgrim Fathers.*

1626–1636 In kurzer Folge treffen neue Siedler ein und proklamieren entlang der Atlantikküste sieben zunächst separate britische Kolonien.

1664 Durch Besetzung von New Amsterdam, New Jersey und das ebenfalls holländische Delaware runden die Briten ihre amerikanischen Besitzungen ab, die

1681 noch erweitert werden durch das Pennsylvania der Quäkerbrüder unter *William Penn.*

1682 Ausrufung von *Louisiana* durch die Franzosen für den Bereich um die Mississippimündung.

1718 Gründung von New Orleans.

1732 Ausdehnung des britischen Einflusses durch die neue Kolonie Georgia. Die Engländer beherrschen damit die gesamte Ostküste mit Ausnahme Floridas.

1773 *Boston Tea Party* (als Indianer verkleidete Bürger kip-pen die Teeladung eines britischen Handelsschiffes ins Meer), die sich zum Unabhängigkeitskampf ausweitet.

1776 am 4. Juli: Proklamation der Unabhängigkeit der zu jenem Zeitpunkt 13 britischen Kolonien als Vereinigte Staaten von Amerika. Die internationale Anerkennung erfolgt nach sich anschließenden, wechselvollen Kämpfen erst

1783 im Frieden von Versailles. In der Folge weitet der junge Staat sein Gebiet bis zum Mississippi aus. England bleibt in Kanada und im pazifischen Nordwesten.

1789 tritt die demokratische Verfassung in Kraft, *George Washington* wird erster Präsident der USA.

1800 Das eigens gegründete Washington DC wird Hauptstadt.

1803 Im *Louisiana Purchase* erwerben die USA über 2 Millionen km^2 westlich des Mississippi für $15 Mio. von den Franzosen, mit denen ursprünglich nur über den Kauf von New Orleans verhandelt worden war.

1818 die USA übernehmen zusätzliche Gebiete im Norden des (heutigen) mittleren Westens von den Briten.

1836 Die mexikanische Provinz Texas erkämpft sich die Unabhängigkeit und wird 1845 US-Bundesstaat.

1846 Die heutigen Staaten Oregon, Washington, Idaho sowie Teile von Montana und Wyoming gelangen aus britischem "Besitz" unter den Einfluß der USA.

1846–1848 Siegreicher Krieg der USA gegen Mexico, das seine Gebietsansprüche im heutigen Südwesten einschließlich Kalifornien, Nevada und Utah abtreten muß.

1853 Im *Gadsden Purchase* wird den Mexikanern für $10 Mio. ein breiter Landstreifen zwischen Rio Grande und Colorado River abgekauft, der die kontinentalen USA "komplettiert". Aus dem Land im Westen bilden sich erst nach und nach Bundesstaaten. Als letzte treten Neu-Mexiko und Arizona 1912 der Union bei.

1861 kommt es über die Frage der Sklavenhaltung zur "Sezession" von 11 "Südstaaten" aus dem damals 34 Staaten zählenden Verbund und Gründung der "Konföderierten Staaten von Amerika". Der daraus resultierende Bürgerkrieg endet erst nach vier Jahren

1865 mit einer vernichtenden Niederlage des Südens. Die Union wird wiederhergestellt, die Sklaverei abgeschafft.

Ab 1865 wenden sich die USA verstärkt der faktischen Einverleibung der im Westen annektierten Territorien zu und brechen

1886 endgültig den Widerstand der Indianer gegen die weiße Landnahme. Die letzten noch freien Stämme werden in "Reservate" umgesiedelt (⇨ Seite 682).

1867 Kauf Alaskas vom russischen Zaren für $7,2 Mio.

1890 Offiziell erklärtes Ende der *Frontier*-Epoche, während der eine kontinuierliche Ausdehnung der USA stattgefunden hatte. Die Zeit des "Isolationismus" endet ebenfalls. Die USA entwickeln sich in der zweiten Hälfte des 19. Jahrhunderts dank eines beispiellosen Bevölkerungswachstums durch Einwanderung (von 23 Millionen 1850 auf 75 Millionen im Jahr 1900), ihrer immensen Rohstoffvorkommen und enormer industrieller wie agrarischen Potenz zu einer langsam auch international beachteten Großmacht.

1898 Krieg gegen Spanien. Die USA übernehmen für $20 Mio. die spanischen Kolonien Puerto Rico, Philippinen und Guam. Die Hawaii-Inseln werden annektiert

1899 kommen die deutsch beanspruchten Samoa-Inseln dazu

1903 Gründung des Staates Panama von amerikanischen "Gnaden" anläßlich der Kanalbauplanung.

1917 Nach anfänglicher "parteiischer" Neutralität Eintritt der USA in den 1.Weltkrieg, aus dem sie als Sieger- und Weltmacht hervorgeht.

1929 "Schwarzer Freitag" an der New Yorker Börse führt zur Weltwirtschaftskrise.

1933 *Franklin Delano Roosevelt* wird 32. und durch den sog. *New Deal* (Kampf gegen Massenarbeitslosigkeit, Einführung einer Sozialgesetzgebung etc.) und den 2. Weltkrieg der vielleicht bedeutendste Präsident der USA (1941 bislang einmaliger Fall der 2.Wiederwahl).

1941 Indirektes Eingreifen der USA in den Krieg durch zu-nächst nur materielle Unterstützung der UDSSR und Englands sowie Besetzung von Grönland und Island.

1941 am 7. Dezember: Überfall der Japaner auf Pearl Harbor, die Basis der US-Pazifikfotte. Danach Kriegserklärung gegen Japan und die Achsenmächte.

1945 Mit dem Ende des 2. Weltkriegs (im Mai in Europa und im September in Asien nach den A–Bomben auf Hiroshima und Nagasaki) steigen die USA zur Weltmacht Nummer 1 auf. Die Teilung der Welt in eine östlich und westlich (bzw. amerikanisch) beeinflußte Hemisphäre beginnt.

1949 Gründung der NATO als westliche Verteidigungsorganisation gegen die Bedrohung durch die Sowjetunion.

1950 –1953 Koreakrieg

1957 Start des *Sputnik* veranlaßt die USA zu erheblichen Anstrengungen in der Weltraumforschung

1959 Alaska und Hawaii werden als 49. und 50. Bundesstaat in die Union aufgenommen.

1960 Amtsantritt von *John F.Kennedy.*

1962 Die Kubakrise führt knapp an einer militärischen Konfrontation mit der Sowjetunion vorbei

1963 Am 22.November fällt Präsident J.F. Kennedy in Dallas einem Attentat zum Opfer. Nachfolger Kennedys wird der Texaner *Lyndon Baines Johnson*, der die USA ab

1964 durch eskalierende Schritte in den Vietnamkrieg treibt.

1968 Ermordung von *Martin Luther King* und Justizminister *Robert Kennedy*.

1969 Die Amerikaner *Armstrong* und *Aldrin* landen als erste Menschen auf dem Mond.

1973 Beendigung des Vietnam Krieges.

1974 Die sogenannte *Watergate* Affäre führt zur Amtsenthebung von Präsident *Richard Nixon*

1981 –**89** Präsident *Ronald Reagan* sorgt mit seiner Politik extremer Haushaltsdefizite für eine – nach Anfangserfolgen – Verschlechterung der Wirtschaftslage, ist aber dennoch in der Bevölkerung überaus beliebt.

1989 *George Bush* wird 41.Präsident.

1990 Friedensvertrag mit Deutschland 45 Jahre nach Beendigung des 2. Weltkriegs.

1991 Siegreicher Golfkrieg gegen den Irak und Wiedererstarken der USA als militärische Supermacht, dadurch Überwindung des sog. Vietnam-Traumas.

1992 Wegen wachsender wirtschaftlicher und sozialer Probleme, die Amerikas innere Stabilität und politische Position nach außen gefährden, Ernüchterung. *George Bush* erhält kein Mandat für weitere vier Jahre. Erstmals seit der Niederlage *Jimmy Carters* gegen *Ronald Reagan* 1980 zog mit Bill Clinton **1993** wieder ein Demokrat ins Weiße Haus ein.

1994 Die Demokraten verlieren ihre Mehrheit in Senat und Repräsentantenhaus, was Clinton für den Rest seiner Amtszeit bei Gesetzgebung und Regierungsgeschäften stark behindern wird. Aber dennoch gewinnt er

1996 gegen den republikanischen Herausforderer Robert Dole die Wahl und trat im Januar 1997 seine zweite Amtszeit als Präsident an, konsolidierte ungeachtet persönlicher Affären den Haushalt und ist mitverantwortlich für das wirtschaftliche Comeback der USA.

1999 Wegen der sog Lewinsky-Affäre wird gegen Präsident Clinton von der republikanischen Partei ein formelles Absetzungsverfahren *(impeachment)* in Gang gesetzt, aber mehrheitlich niedergeschlagen. Clinton bleibt bis Ende 2.000 im Amt.

GESCHICHTE UND SITUATION DER INDIANER

Indianer heute

Reservate

Indianische Kunstgegenstände, Zeugnisse ihrer Kultur und Symbole einstiger Größe (Totempfähle, Statuen u. ä.) sind in Museen, städtischen Parks und Besucherzentren zahlreicher Nationalparks nicht zu übersehen. Den Indianern selbst begegnet man als "durchreisender" Tourist seltener; am ehesten noch in Arizona und New Mexico auf der nahezu zwangsläufigen Fahrt durch *Navajo*–Reservate* und in den Dörfern der *Pueblo* Indianer. Überwiegend abseits der typischen touristischen Pfade liegen ausgedehnte Reservate außerdem in Idaho, Montana, Süddakota, Utah, Washington State und Wyoming, ⇨ Karte Seite 684. Indianer leben in größerer Zahl, aber für den Besucher unauffällig, auch in Regionen und Städten außerhalb der Reservate. Besonders gilt dies für Canada, wo "Schutzgebiete" ähnlich denen der USA nicht existieren. Dort sind Indianer m.E. ein Teil der Gesellschaft, wenngleich – wie in den Staaten – mehrheitlich auf den unteren Sprossen der Sozialhierarchie.

Zahl heute

Trotz der skrupellosen Ausrottung ganzer Stämme in den Jahrhunderten einer rüden Pionierepoche und einer durch Morde, Vertreibung und Krankheiten erfolgten weiteren Verminderung der Urbevölkerung auf ein Viertel der Zahl vor Columbus bis zur Jahrhundertwende sind die Indianer als Gesamtheit nicht (mehr) im Aussterben begriffen. Laut Volkszählung 1980 lebten vor 18 Jahren rund 3 Mio. Menschen indianischen Ursprungs in Nordamerika, (angeblich wieder) schätzungsweise so viele wie um das Jahr 1500. Mit diesem Bevölkerungsanstieg ging in jüngerer Zeit eine **Renaissance indianischer Kultur** einher und ein – bei Amerikanern wie Europäern – neuerwachtes Interesse an den Indianern, ihrer Geschichte und Kultur, aber auch an ihren Problemen.

Will man der gegenwärtigen Situation der Indianer einigermaßen gerecht werden, bedarf es eines historischen Rückblicks verbunden mit einer Erläuterung der unterschiedlichen Kultur- und Stammesregionen Nordamerikas zu Columbus' Zeit.

Indianer vor Columbus

Die geschriebene Geschichte der **Indianer**, wie Columbus die Menschen der Neuen Welt in Verkennung seines Standortes nannte, begann in Nordamerika erst im 17. Jahrhundert. Zwar hatten spanische Eroberer bereits 1540 den Rio Grande überschritten, sich aber bald wieder zurückgezogen.

(*) Von den dort lebenden Stämmen selbstverwaltete Territorien, in denen nicht das Gesetz des jeweiligen Staates, sondern spezielles Bundesrecht für Indianer gilt

Spanien beschränkte sich danach zunächst auf die Errichtung einiger Missionsstationen im Bereich des heutigen Florida zur Bekehrung der Seminolen.

Kultur-regionen

Zu jener Zeit war Nordamerika zwar dünn, aber – in den klimatisch gemäßigten und warmen Zonen – weiträumig besiedelt durch zahlreiche kleine und größere Indianervölker unterschiedlichster ökonomischer, sozio-kultureller und sprachlicher Ausprägung. Sie konzentrierten sich mehrheitlich auf die Küstenregionen. Während die Stämme im Nordwesten – im Bereich des heutigen Oregon, Washington, Britisch Kolumbien und des südlichen Alaska – Jagd und Fischfang kultivierten, entwickelten sich im Ostküstenbereich bis hoch zum St.-Lorenz-Strom bei den **Delaware, Iroquois** (Irokesen) und **Cherokee** landwirtschaftlich orientierte Gemeinwesen.

Prärien

In etwa identisch mit den Prärien des mittleren Westens war das Siedlungsgebiet der bis ins 16.Jahrhundert hinein ebenfalls überwiegend vom Bodenbau lebenden Indianervölker der **Dakota, Cheyenne, Apache, Comanche, Ojibwa, Sioux** und **Blackfeet**. Erst mit dem Auftauchen der Pferde Mitte bis Ende des 16. Jahrhunderts (in deren Besitz sich Indianer der Grenzgebiete zum heutigen Mexiko durch Tauschgeschäfte und Diebstahl gebracht hatten) und ihrer raschen Ausbreitung gewann die Büffeljagd große Bedeutung. Einzelne Stämme konzentrierten sich fast ausschließlich darauf und folgten den Herden als Nomaden. Sie sind es, die unser Indianerbild in so starker Weise prägten: Berittene, Büffel jagende Krieger und im Hintergrund die Wigwams (*Teepees*) des rasch zu verlegenden Dorfes.

Südwesten

Im Südwesten gab und gibt es die seßhaften **Pueblo** Indianer, **Hopi** und **Zuni**, mit vergleichsweise hoch entwickelten gemeinschaftlichen Dorfanlagen, sowie die – früher – nomadisierenden **Navajo**- und **Apachen**-Stämme. Die ökonomisch und kulturell ärmste Region war und ist die des *Great Basin* im heutigen Nevada und westlichen Utah, bevölkert nur von kleineren Gruppen der **Ute, Paiute** und **Shoshone,** Sammlern und Kleintierjägern.

Nordwesten

Weiter nördlich lebten die Stämme der höhergelegenen Plateau-Region, die das Areal des heutigen Idaho, Teile von Oregon, Montana und Washington und das südliche Britisch-Kolumbien umfaßt. Sie waren von der Flora und Fauna als Lebensgrundlage besser bedacht worden als ihre armen Nachbarn im Süden.

Küste

Küsten, Flüsse und Wälder eines Gebietes, das in etwa mit dem US-Staat Kalifornien übereinstimmt und durch die Sierra Nevada und die Kaskaden vom Großen Becken getrennt wird, boten den dortigen Stämmen ebenfalls eine reiche Basis für ihren Lebensunterhalt.

Canada

Die riesigen Waldflächen Canadas nördlich einer gedachten Linie Montreal–Winnipeg–Edmonton mit langen harten Wintern wurden nur von wenigen indianischen Jägern und Sammlern, **Athabasken** und **Algonquin**, bewohnt. Noch weiter nördlich, in der Arktis Nordkanadas und Alaskas, lebten und leben mit den Eskimos *(Inuit)* die Nachfahren einer maritimen Subsistenzkultur, die – bedingt durch Klima und Umwelt – lange völlig separat blieb und erst in den letzten Dekaden durch die beginnende wirtschaftliche Ausbeutung des Nordens nachhaltig gestört wurde.

Die Karte zeigt die skizzierte geographische Abgrenzung der Kulturregionen vor Columbus nach heutigem Verständnis.

Indianische Kulturregionen in Nordamerika vor Kolumbus

Indianer und Europäer

Besiedelung bis zur Gründung der USA

Es wurde bereits erwähnt, daß Nordamerika erst ein gutes Jahrhundert nach Columbus in das – europäisch inspirierte – Weltgeschehen eintrat. Wo schon früher die Spanier die *Pueblo* Indianer drangsaliert hatten, erfolgte 1598 im späteren Santa Fe die Ausrufung der zweiten spanischen Provinz (Neu-Mexiko nach Florida). 1604 gründeten die Franzosen Port Royal im heutigen Neuschottland, 1607 folgte das englische Jamestown (Virginia), 1612 die erste holländische Siedlung auf der Insel *Manhattan* und 1620 die Landung der *Pilgrim Fathers* an den Gestaden von Massachusetts, siehe auch den geschichtlichen Überblick.

Im Gegensatz zum von vornherein auf Unterdrückung ausgerichteten Vorgehen der Spanier ergaben sich an der Atlantikküste zunächst freundschaftliche Beziehungen zwischen den Ankömmlingen und Indianerstämmen. Tatsächlich überlebte die Mehrheit der weißen Siedler nur dank der Vorräte und tatkräftigen Hilfe von Indianern die ersten Jahre in der Neuen Welt. Das hinderte sie nicht, das Land ihrer Retter später nach Gutdünken zu okkupieren. Die Indianer hatten dem – nach der Ankunft immer neuer Einwanderer – trotz heftiger Gegenwehr letztlich nichts entgegenzusetzen.

Neben anderen Gründen führte auch die relativ indianerfreundliche Politik der britischen Krone, die sich während der ersten Hälfte des 18. Jahrhunderts durchzusetzen begann, zu Protesten der selbstbewußter werdenden Kolonien Englands und endlich zur Unabhängigkeitserklärung der 13 "Vereinigten Staaten von Amerika" (vorher 13 koloniale Territorien) im Jahr 1776. Nach 150 Jahren blutiger Auseinandersetzung zwischen Indianern und Siedlern im Osten dehnte sich in der Folge der Kampf gegen die störenden Ureinwohner auf den gesamten Halbkontinent auf.

Hundert Jahre Krieg und Vertreibung im neuen Staat

Östliche Gebiete

Der junge amerikanische Staat zog massenhaft Einwanderer an und erzeugte damit automatisch Druck auf die – unklaren – Grenzen im Westen und Süden, hinter denen sich die immensen französischen und spanischen Territorien befanden. Die dort lebenden Indianerstämme waren mangels nennenswerter Einwanderung weitgehend "in Ruhe" gelassen worden, wurden aber ab Ende des 18.Jahrhunderts von in diese Gebiete eindringenden Amerikanern mit Knebel– und Übervorteilungsverträgen zurückgedrängt oder unterjocht. Ihr Widerstand in den östlichen und südöstlichen Waldregionen war mit wenigen Ausnahmen **1838** endgültig gebrochen, als das große Volk der **Cherokesen** nach den Statuten eines ***Indian Removal Act*** zwangsweise nach Oklahoma in ein eigens geschaffenes Territorium umgesiedelt wurde, in das vor ihnen – auf dem *Trail of Tears* – schon andere kleine Stämme gegangen waren und weitere folgen sollten.

Der Kampf im Westen

Das Land war 1803 als Teil der im *Louisiana Purchase* erworbenen 2 Mio. km² (↻ Seite 675) an die USA gefallen und hatte schlagartig die Gesamtfläche der USA verdoppelt: Raum für die zukünftigen Immigrantenheere. Zwar wurde 1840 entlang des Mississippi eine "ewige" Grenze definiert, die weißes und Indianerland voneinander trennen sollte, aber sie hielt nur kurze Zeit. Als **1848** Mexiko die von der spanischen Krone übernommenen Gebiete weitgehend an die USA abtreten mußte, folgten Hunderttausende dem **Ruf nach Westen**, der just in jenem Jahr – nach Goldfunden in der Sierra Nevada Kaliforniens und anderswo – besonders laut erscholl. Die Obrigkeit duldete und unterstützte den Bruch des kaum abgeschlossenen Grenzvertrages. Gegen den Drang der unzähligen Weißen, die sich weder um die gewachsenen noch um immer wieder neu aufgelegte, vertraglich zugesicherte Rechte der Indianer scherten, war ohnehin kein Kraut gewachsen. Den erbitterten Widerstand der Indianer brachen die USA nach Beendigung des Bürgerkrieges (1865) durch Einsatz der Armee – wie in zahlreichen Western plastisch dokumentiert.

"Befriedung"

1868 kam es im Nordwesten mit den *Sioux*, *Cheyenne* und anderen verbundenen Stämmen zu einem **Friedensvertrag**, der den Indianern große Gebiete in Süd-Dakota zusicherte.

Nordwesten

Aber die Nachricht von Gold in den **Black Hills**, einer den *Sioux* heiligen Region mitten im gerade geschaffenen Reservat, vereitelte eine längere konfliktfreie Periode. Statt für die Einhaltung der Verträge zu sorgen, wandte sich die Armee gegen die Indianer und sah sich 1876 (ausgerechnet zum 100-jährigen Geburtstag der USA) in der bekannten **Schlacht am Little Bighorn River**, die *General Custer* und 600 seiner Leute zum Verhängnis wurde, vernichtend geschlagen. Jedoch war dies der letzte große Sieg der *Sioux*. Sie gaben – nach dem Versprechen eines ehrenhaften Friedens – auf und wurden in neue Reservate verwiesen. Die *Cheyenne* erhielten ein noch heute existierendes Gebiet in Montana.

Südwesten

Den Stämmen des Südwestens erging es kaum besser. Träger des Widerstandes gegen die Mexikaner und nach 1848 die Amerikaner waren die **Chiricahua Apachen**. In einem jahrelangen Guerillakrieg zermürbten sie die Armee. Ihr Häuptling *Cochise* erreichte 1875 die Festschreibung eines Reservats im heimatlichen Gebiet. Wie so oft folgte der Vertragsbruch der Amerikaner auf dem Fuße. Der wiederaufgenommene Kampf der Apachen unter *Geronimo* ging bis 1886. Die Überlebenden wanderten in die Reservate Oklahomas. Alle Indianerstämme galten mit der Niederwerfung der Apachen als "befriedet".

Wounded Knee

Ein letztes, eher wohl religiöses Aufbäumen einer indianischen Geistertanzbewegung führte 1890 in Süd-Dakota zum berüchtigten **Massaker am Wounded Knee**: Amerikanische Kavallerie eröffnete nach Ermordung des Häuptlings **Sitting Bull** wahllos das Feuer auf wehrlose *Sioux* und tötete Hunderte, davon die meisten Frauen und Kinder.

Indianer im 20. Jahrhundert

Bureau of Indian Affairs

Schon vor den letzten kriegerischen Auseinandersetzungen kam es zur Gründung des noch heute für alle indianischen Angelegenheiten zuständigen *Bureau of Indian Affairs*. Es soll vorrangig die Rechte der Indianer sichern helfen, diente aber lange eher der Durchsetzung gegen sie gerichteter Interessen und unterschiedlichster gesetzlicher Verfügungen.

Dawes Act

Als Folge des **Dawes Act von 1887**, der faktisch eine Privatisierung der Reservate vorsah, begann eine schrittweise Reduzierung der noch in indianischem Besitz befindlichen Flächen. Besonders betroffen waren die Indianergebiete, in die als erste die sogenannten "zivilisierten Nationen" des Südostens (*Cherokee* und andere) verbracht worden waren und die ausgangs des 19. Jahrhunderts 22 Stämme beherbergten. Schon 1890 entstand dort das weiße **Territorium Oklahoma** und 1907 dann der gleichnamige Staat nach Einverleibung fast des gesamten Restes ehemals indianischer Areale. Die Indianer, soweit sie blieben, wurden in eine Minoritätenposition gedrängt. Insgesamt gingen den Indianern mit dem *Dawes Act* rund zwei Drittel der ehemals zugebilligten Ländereien verloren. 550.000 km^2 reduzierten sich auf wenig mehr als 200.000 km^2. Die Verluste betrafen naturgemäß die qualitativ besseren und mineralogisch vielversprechenderen Landstriche.

Merian Report

Erst nach der Teilnahme von Indianern am 1. Weltkrieg und Verleihung der Staatsbürgerschaftswürde an sie – nicht immer eine vorteilhafte Ehre, denn damit sind u. a. Steuerpflichten verbunden – führte der **Meriam Report** 1928 zu einer langsamen Wende in der Indianerpolitik. Neben Statusverbesserungen im Bereich der Bürgerrechte und finanziellen Zugeständnissen kam es zum **Indian Reorganization Act**: Eine Reprivatisierung der Reservate durch Rückkauf und Zusammenfassung von zwischenzeitlich separiertem Besitz wurde zugelassen und gefördert.

Termination

Eine neue Bewegung in den 50er-Jahren schrieb die Befreiung der Indianer von der Bevormundung auf ihre Fahne, erreichte mit der sogenannten *Termination*-Politik aber unbeabsichtigt eine Art Reinstitutionalisierung des 70 Jahre alten *Dawes Act*. Faktisch entließ man zahllose Indianer mit einigen tausend Dollar Erlös aus dem Verkauf ihrer Grundstücke ohne Vorbereitung in die weiße Zivilisation der Städte. Das Ergebnis war verheerend.

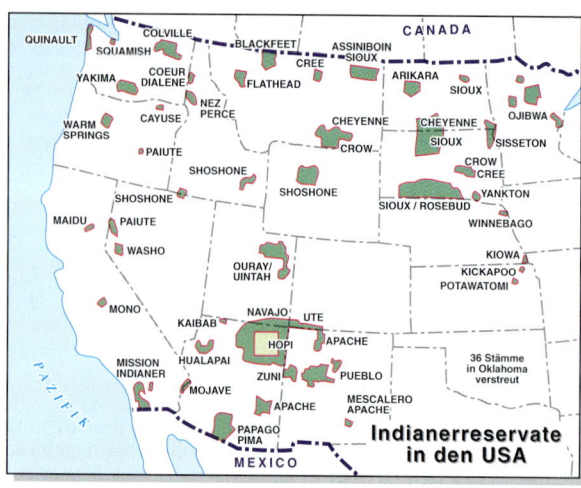

Indianerreservate
in den USA

70er-Jahre   Trotzdem führte die vereinte Kraft derjenigen Indianer, die
sich assimilierten und unter Weißen behaupten konnten, zu
einer früher nicht vorhandenen politischen Handlungsfähig-
keit und zu ersten Erfolgen im Kampf gegen indianisches
Elend und Unrecht. Die Proteste in den 70er Jahren – wie der
"Marsch der gebrochenen Verträge" nach Washington (1972),
die Verbarrikadierung von Mitgliedern des *American Indian
Movement* im Dorf von *Wounded Knee*, dem Ort des Massakers von 1890, samt der daraus resultierenden, weltweit Aufmerksamkeit erregenden Belagerung durch die Ordnungs-
kräfte (1973) und die Feiern **200 Jahre Widerstand** zum 200-
jährigen Geburtstag der USA (1976) – waren zwar Ausdruck
einer tiefempfundenen Ohnmacht, spiegelten aber gleichzeitig das gestiegene Selbstbewußtsein und den Willen zur Auf-
lehnung gegen weitere Unterdrückung wider.

Heutige   Seitdem hat sich manches verändert. Die Selbstbestim-
Situation   mungsmöglichkeiten der Indianer, die Emanzipation von der
Bevormundung durch das Büro für indianische Angelegenheiten und die Integration der indianischen Völker in die US-
amerikanische Gesellschaft bei gleichzeitiger Betonung eth-
nischer Herkunft und Zusammengehörigkeit sind vorange-
kommen. Die Probleme sowohl der Indianer wurden deshalb
noch lange nicht gelöst. Sie sind für den aufmerksamen Touristen offensichtlich. Allgemeine Armut, Arbeitslosigkeit,
unzureichende Gesundheitsfürsorge, Alkoholismus, schlechte
Schulbildung und Jugendkriminalität betrifft die Indianer noch
stärker als andere benachteiligte Randgruppen, wenn auch
stammabhängig offenbar sehr unterschiedlich.

Reisen durchs Indianerland

Reservate

Die nebenstehende Karte zeigt die wichtigsten Indianerreservate im Westen der USA (im Ostteil gibt es keine Reservate in nennenswerter Zahl und Größe). Viele Reservate sind – touristisch gesehen – unauffällig; die meisten liegen abseits der üblichen Reiserouten. Bedeutsame Ausnahmen bilden, wie erwähnt, die **Navajo-Hopi** Reservate in Arizona, die Dörfer der **Zuni** und **Pueblo** Indianer in New Mexico und die Gebiete der **Blackfeet**, **Flathead** und **Cheyenne** in Montana.

Lebensbedingungen

Die Mehrheit der Reservats-Indianer, gleich welchem Kulturkreis zugehörig, lebt heute weder im *Teepee* noch in traditionellen Gras- oder Lehmhütten und *Pueblos* – obschon es auch das noch gibt – sondern in schlichten Behausungen eher "moderner" Prägung. Das Erscheinungsbild indianischer Siedlungen in oft trostloser Öde ist dabei überwiegend armselig. Im Reservats-Supermarkt, wiewohl sonst gut sortiert, sucht man Alkoholika vergeblich. Theoretisch darf der durchfahrende Weiße nicht einmal alkoholische Getränke im Auto mitführen. Einerseits Bevormundung durch das *Bureau of Indian Affairs* (heute durchaus unterstützt von den Organen der indianischen Selbstverwaltung), andererseits aber auch ein deutlicher Hinweis auf die Schwere des Alkoholproblems.

Kunst und Kultur

Kachina Doll, Navajo-Puppe als Talisman für alle Lebenslagen.

Im Gegensatz zum bisweilen irritierenden äußeren Eindruck steht in manchen Reservaten die stolze und eindrucksvolle Präsentation indianischer Relikte aus der Zeit vor Columbus – **Cliff Dwellings**, **Pueblos**, zum Teil in eigenen Parks wie **Canyon de Chelly**, den **Hopi Mesas** und **Taos Pueblo** – und der vergangenen wie gegenwärtigen Kultur in Museen und Kulturzentren der Stämme (z.B. in Albuquerque/New Mexico) sowie die Demonstration indianischer Tradition und Folklore während zahlreicher Tanz- und Musikfeste (den **Pow-Wows**). Wenig bekannt ist, daß die spezifische **Musik der Indianer** (*Apache, Kiowa, Blackfoot, Navajo* u. a.) auf Schallplatten und Kassetten lange den Weg in die Läden fand (besonders in und im Umfeld von Indianergebieten).

Indianische Kunstgegenstände wie Silberschmuck, Tongefäße und -geschirr, Web- und Lederwaren, Schnitzereien, Grafik und Gemälde werden in den Weststaaten, speziell im Südwesten allerorten angeboten. Sie sind nicht billig; aber preiswerter als anderswo findet man **Indian Handicraft** in den Reservaten, selbstverwalteten Museen und Kulturzentren. Dort hat man die Gewißheit, daß die Erlöse voll bei den Indianern verbleiben.

Kontakte

Bei persönlichen Kontakten kommt es nicht selten vor, daß Aufgeschlossenheit gegenüber indianischer Kultur und den Problemen der Gegenwart große Resonanz erzeugt. Vor allem gebildete Indianer suchen den Kontakt nach außen und werben um Verständnis und Unterstützung für ihre berechtigten

Anliegen auch bei ausländischen Besuchern. Über Druck von außen durch die internationale öffentliche Meinung erhofft man sich die Forcierung von Entwicklungen, die allein nicht oder nur sehr mühsam in Gang zu setzen wären.

Literatur

In amerikanischen ***Bookshops*** und in Besucherzentren der Nationalparks und -monumente, gibt es reichlich, auch kritische Literatur zu Indianerfragen, darunter auch Veröffentlichungen und Materialien der Indianer selbst zur aktuellen Situation. Als gut lesbare und kompetente Literatur in deutscher Sprache können folgende Bücher empfohlen werden:

Lindig/Münzel: Die Indianer, Band 1/Nordamerika, dtv

Biegert (Hrsg.): Die Wunden der Freiheit, rororo Sachbuch

Biegert (Hrsg.): Der Erde eine Stimme geben, rororo Aktuell

Bei starkem Interesse für die Kultur und Kunst der Indianerstämme in Arizona und New Mexico könnte man zum ausgezeichneten DuMont Kunstreiseführer *Der Südwesten der USA* (Autor Werner Rockstroth) greifen.

Eine etwas andere Art von Literatur sind die Kriminalromane des Navajo-Erfolgsautors *Tony Hillermann*. Sie spielen im Navajo-Reservat und erhellen detailliert die heutige Situation und das Leben im Navajoland. Einige seiner Romane sind übersetzt worden und als Taschenbuch in Deutschland bei Goldmann erschienen.

Die amerikanischen Originale gibt`s in jedem Buchladen und im Navajo-Reservat sogar im Supermarkt. Bestsellertitel sind *Talking God, Finding Moon* und *Sacred Clowns*. Die Paperbacks vom Verlag *Harper-Collins* kosten ca. $6/Band.

*In Arizonas Navajoland nördlich von Window Rock (Straße #12) befindet sich dieser Friedhof für indianische Veteranen, die in Welt-, Korea- und Vietnamkrieg für die USA kämpften. Patriotismus für Amerika bei den **Navajos!***

AMERIKA IST ANDERS

Wer auf Reisen in den USA Land und Leute näher kennenlernt, wird feststellen, daß es mancherlei uns ziemlich **fremde
Gepflogenheiten** und **soziale Spielregeln** gibt. Ganz erheblich
sind etwa die Unterschiede zwischen amerikanischer und deutscher Schul- und Ausbildung und daraus resultierender anders-
artiger Verhaltensweisen und Perspektiven. Von Themen, Ei-
genarten und Verhaltensmustern, denen man in Gesprächen
und Kontakten auch als Tourist während eines relativ kurzen
Aufenthaltes oft begegnet, soll in den folgenden Abschnitten
die Rede sein. Zunächst einige Bemerkungen zur Sprache und
zu den Sprachkenntnissen der Amerikaner:

Sprache

*Unter-
schiede
Englisch/
Ameri-
kanisch*

Das amerikanische unterscheidet sich vom britischen Englisch
bekanntermaßen in der **Aussprache**. Auch gibt es zahlreiche
abweichende Wortgebräuche (zum Beispiel ist *cheap* im Amerikanischen eher *billig* im übertragenen Sinn, bezogen auf Preise
sagt man *inexpensive*) und **rein amerikanische Ausdrücke**, die
kein Engländer benutzen würde (z.B. *gas* statt *petrol* für Benzin). Wer die englische Sprache einigermaßen beherrscht, wird
damit kaum Schwierigkeiten haben, zumal im Englischunter-
richt bei uns die wichtigsten Amerikanismen berücksichtigt
werden. Die Bedeutung eines amerikanischen Begriffs ergibt
sich im übrigen oft aus dem Zusammenhang. Vom Touristen
benutzte englische Worte, die in Amerika unüblich sind, werden normalerweise verstanden; kleine Mißverständnisse lassen sich leicht ausräumen. Problematischer ist bisweilen die
Aussprache. Auch wer gut Englisch spricht, aber eben nicht
mit amerikanischem Tonfall und Akzent, wird in Läden, Tankstellen und Motels nicht immer auf Anhieb verstanden.

Aussprache

Regionale Unterschiede in der Aussprache sind weniger auffällig als im kleinen Deutschland zwischen Nord und Süd.
Sprachliche Abweichungen im Sinne von Dialekten existieren so gut wie nicht. Lediglich in den Südstaaten, vor allem in
Texas, besitzen viele Amerikaner einen manchmal schwer
verständlichen Akzent. Eine größere Rolle für Art der Sprache
und Aussprache spielt die soziale Schichtung. Verständigungs-
schwierigkeiten treten daher in einer Bank seltener auf als an
der Tankstelle. Ein sehr spezifisches Amerikanisch, auch was
das Vokabular betrifft, sprechen viele Schwarze.

Bei manchen Amerikanern schlagen noch Akzente ihrer Her-
kunftsländer durch. Der gut Englisch sprechende Tourist wird
daher trotz Akzent nicht ohne weiteres als Ausländer erkannt.
Bestimmte Bevölkerungsgruppen sprechen ohnehin nur wenig
oder gar kein Englisch.

Zum Beispiel leben in Südkalifornien, Florida, Arizona, New Mexico und Texas große, ausschließlich Spanisch sprechende Minderheiten.

Sprach-kenntnisse der Amerikaner

Auch bei geringen Englischkenntnissen gibt es in den USA keine ernsten Schwierigkeiten "durchzukommen", aber mit besonderen persönlichen Kontakten darf man nicht rechnen. Denn Amerikaner sprechen kaum Fremdsprachen, und wenn, dann eher Französisch oder Spanisch. Sprachunterricht in den *Highschools* vollzieht sich überwiegend auf freiwilliger Basis. Systematisch aufgebaute Sprachkurse über Jahre hinweg haben die wenigsten Schüler genossen. Von Deutschkenntnissen des Personals in Hotels, Restaurants und auf geführten Touren darf man daher nur sehr begrenzt ausgehen, auch wenn gelegentlich dazu (übertrieben) optimistische Angaben gemacht werden. Immerhin steigt die Anzahl der Nationalparks, die ihre Informationsbroschüren auch in fremden Sprachen bereithalten. Man sollte sich nicht scheuen, danach zu fragen.

Im Grunde erwarten Amerikaner – wohl, weil sie es einfach so gewohnt sind – daß Besucher Englisch sprechen. Auch gute Sprachkenntnisse des Touristen rufen selten Erstaunen hervor. Sie werden eher als selbstverständlich angesehen.

Schule und Universität

Schulsystem

Amerikanische Kinder gehen, bevor sie zur Schule kommen, in den **Kindergarten**. Das ist nur insofern bemerkenswert, als für diese Institution das deutsche Wort gebräuchlicher ist als der englische Begriff **Nursery School**. Die ersten 6 Jahre besuchen sie die **Elementary School**. Sie sind dann nicht in der ersten, zweiten, usw. *class*, sondern *in the **first, second, etc. grade***. Nach der *Elementary School* beginnt die *Highschool*. Sie spielt in Amerika eine viel größere gesellschaftliche Rolle als die Schulen bei uns. Vor allem in kleineren Orten ist sie Zentrum vielfältiger, durchaus nicht nur auf die Schulangehörigen begrenzten Aktivitäten und sportlicher Ereignisse.

Die **Highschool** bezieht sich generell auf die Klassen 7 bis 12. Manchmal auch auf die kürzere Periode von 9 bis 12, wo die Grundschule ausnahmsweise 8 Jahre dauert. Bei der sechsjährigen *Highschool* unterscheidet man die **Junior** und die **Senior Highschool** mit den Klassen 6 bis 9 bzw. 10 bis 12. Grundsätzlich ist mit dieser Abstufung keine Auslese verbunden. Die Schüler müssen an sich alle 12 Schuljahre absolvieren. Dennoch gibt es viele junge Amerikaner, die vorzeitig die Schule verlassen, sie gelten als **Dropouts**.

Schulniveau

Die – in bestimmten Regionen und Städten unerhört hohen – Raten der *Dropouts* und Analphabeten stehen in enger Relation zur jeweiligen Qualität der *Highschool*. Neben guten Schulen, deren Niveau in den Leistungskursen durchaus dem

Probleme des Systems

bei uns üblichen entspricht oder übertrifft, gibt es sehr viele unterdurchschnittliche *Highschools.* Der Grund derartiger Unterschiede liegt in der überwiegenden Finanzierung der Schulen aus lokalen Steuermitteln. In wohlhabenden Regionen und Stadtteilen mit höherem Aufkommen findet man deshalb besser ausgestattete Schulen und bezahlte Lehrkräfte als in ärmeren Landstrichen und Ortschaften. Speziell in den 80er Jahren hat sich als Folge allgemeiner auch die Kommunen betreffender Budgetkürzungen die Situation an den Schulen verschlechtert. Erst in den letzten Jahren nahmen Öffentlichkeit und staatliche Administration die **Bildungsmisere** offiziell zur Kenntnis und räumten einer Verbesserung der Schulbildung (zumindest verbal) hohe Priorität ein. Trotz Wahlversprechen durch Bill Clinton blieben aber konkrete Maßnahmen bislang noch weitgehend aus.

Interne Begriffe

Wenn Amerikaner von ihrer Schulzeit erzählen oder sich auf den Schulbesuch ihrer Kinder beziehen, hört man oft die Ausdrücke *Freshman* (9. Klasse), *Sophomore* (10. Klasse), *Junior* (11. Klasse) und *Senior* (12. Klasse). Sie werden auch für die 4 Collegejahre wieder verwendet. Das Wort *Pupil* ist ungebräuchlich, auch der jüngste Schüler ist bereits ein **Student**.

Abschluß

Mit dem Schulabschluß (*Diploma*) erwirbt man keine Zugangsberechtigung zum *College* oder zur *University.* Das Diplom ist lediglich **eine** Voraussetzung der Zulassung. Zusätzlich

*Schul-
abschluß*

muß ein Aspirant einen landesweit einheitlichen Test machen, der sprachliche und analytische Fähigkeiten prüft. Die dabei erreichte Punktzahl entscheidet weitgehend darüber, welche Weiterbildungsmöglichkeiten ihm oder ihr offenstehen.

College

Da es eine formalisierte berufliche Bildung in den USA nicht gibt, erfolgt die Ausbildung für viele Berufe auf dem *College,* das von einem hohen Prozentsatz der *Highschool*-Absolventen besucht wird. Die übliche Studiendauer beträgt vier Jahre. Die sog. **Undergraduate Studies** schließen mit dem akademischen Grad eines **Bachelor** (**of Arts, of Science**) ab. Im Prinzip entspricht die Ausbildung einem fachbezogenen Abitur plus der Vorprüfung einer Universität oder – in wenigen exzellenten Ausnahmefällen – dem Diplom einer Fachhochschule, überträgt man die Situation auf unsere Gegebenheiten.

Universität

Colleges sind zum Teil selbständige Institute, oft aber einer Universität angegliedert. Studenten sprechen seltener vom *College* oder von der Universität, die sie besuchen, sondern sie reden von der "Schule", an der sie studieren. Ein **Undergraduate Student** an der **School of Medicine** der *X-University* ist also ein Medizinstudent der unteren Semester. Nach dem **Bachelor Degree** erwirbt man durch ein ein- bis zweijähriges Zusatzstudium an der Universität seinen zweiten akademischen Grad, den **Masters Degree**, der alles in allem unserem Diplom und vergleichbaren Abschlüssen entspricht. Diese werden (einschließlich *Highschool* und manchmal sogar *Junior Highschool*) mit bombastischen öffentlichen Feiern (**Graduation Ceremonies**) gewürdigt, auf denen bereits die Schüler "Doktorhüte" und farbenprächtige Umhänge tragen.

Kosten

Unter anderem hat dies etwas mit den hohen Kosten der Ausbildung zu tun. Nach dem vielen investierten Geld möchten Eltern und Schüler den Erfolg der Bemühungen gern auch nach außen hin dokumentiert sehen. Zwar sind die staatlichen *Highschools* schulgeldfrei, aber für eine Prestige und Bildungsniveau fördernde private Schule müssen Amerikaner tief in die Tasche greifen. Eine *College-* und Universitätsausbildung kostet immer sehr viel Geld, egal, ob die jeweilige Anstalt unter staatlicher oder privater Trägerschaft steht. Am teuersten sind die angesehenen Privatuniversitäten wie *Harvard* und *Stanford,* wo nur Bewerber mit sehr hohen Punktzahlen im eingangs erwähnten Test eine Chance auf Zulassung haben.

*Leben in
College
und
Universität*

Was bereits für die *Highschool* gesagt wurde, gilt noch stärker für *College* und Universität. Das gesellschaftliche Leben der Studenten ist sehr stark auf die Lehranstalt fixiert. Denn anders als bei uns leben die weitaus meisten Studenten direkt auf dem Campus in **University Residences** oder **College Dormitories**. Die Universität organisiert wegen der Notwendigkeit, in jeder Beziehung attraktiv zu sein (d.h., möglichst viele zahlende Studenten zu finden), kulturelle Ereignisse und vor allem Sportveranstaltungen. Unis finanzieren auch häufig eigene Sportteams zur institutionellen Imagewerbung.

Termini

Erstaunlich sind in den USA die lateinischen Begriffe im Universitätsleben, obschon kaum jemand Latein lernt. Ehemalige Studenten etwa werden als *Alumni* (Schüler) bezeichnet. Zu ihnen hält jede Universität engen Kontakt. Alljährlich finden sogenannte **Homecomings** statt, Feste zu Ehren der Ehemaligen mit dem Zweck, die Großzügigkeit der *Alumni* gegenüber der alten **Alma Mater** zu stimulieren.

Fraternities und **Sororities** sind rein männliche bzw. weibliche Studentenverbindungen mit ausgeschriebenen griechischen Buchstabenkombinationen als Namen, z. B. *Epsilonxi*. Bevor ein **Freshman** (Student/in im ersten Jahr) in eine Verbindung aufgenommen wird, hat er/sie irgendeinen, mit einer gewissen Courage verbundenen Blödsinn anzustellen.

Öffentliches Leben

Flagge

An Schulen, Universitäten und überhaupt im öffentlichen Leben spielt die Flagge eine ungleich größere Rolle als in den meisten europäischen Ländern. Der patriotische Ehrenkodex fordert, daß die **Stars and Stripes** weder im Dunkeln noch im Regen wehen und niemals den Boden berühren. Flaggenparaden und Treueeide vor dem wehenden Nationalbanner beschränken sich in den USA nicht auf militärische Zeremonien. Wenn bei solcher oder anderer Gelegenheit (Sportereignisse, *Graduation* in der *Highschool)* die Nationalhymne gespielt wird, steht das Publikum auf und singt mit. Dabei legt ein ordentlicher Patriot die rechte Hand aufs Herz. Eine abfällige Bemerkung über den Flaggen- und Nationalkult wäre ganz und gar unangebracht, denn viele Amerikaner nehmen diese Dinge ausgesprochen ernst. Hilfreich ist die Flagge bisweilen bei der Suche nach dem nächsten Postamt.

Toiletten

Ein ganz anderer Aspekt des öffentlichen Lebens betrifft die Bezeichnungen für Toiletten. Gehört es sich schon nicht recht, nach **Toilettes** zu fragen, wäre die Benutzung des umgangsenglischen Wortes **Loo** ein ganz böser *Faux Pas.* Toiletten in der Öffentlichkeit (Restaurants, Parks usw.) sind **Restrooms** (to rest = ruhen) und etwas subtiler **Mens** oder **Ladies Rooms**. In privaten Häusern handelt es sich selbst bei der separaten Gästetoilette immer um einen **Bathroom**. Bisweilen begegnet man dem Begriff **Comfort Station** (*to comfort*=trösten). In öffentlichen Toiletten, auf Campingplätzen und sogar in manchen Kneipen wird man ab und zu Türen vor den Kabinen vermissen. Ihr Fehlen ist seltener eine Folge von Vandalismus als vielmehr Ausdruck tiefer Besorgnis der Obrigkeit über unerwünschte Aktivitäten hinter verschlossener Tür.

Am Strand

Prüderie bestimmt im allgemeinen das Verhalten am Strand. Abgesehen von abgelegenen geduldeten Nacktbadestränden dürfen Frauen in den USA auf keinen Fall barbusig sonnenbaden. Amerikaner ziehen sich am Strand auch nicht um, nicht einmal im Schutze eines Bademantels. Das macht man entweder im Auto und geht in Badebekleidung an den Strand oder in Umkleidekabinen, so vorhanden. Sollte der Tourist diesen ungeschriebenen und in einigen Staaten sogar geschriebenen Gesetzen zuwiderhandeln, wird er zumindest indignierte Blicke, wenn nicht lauten Protest ernten.

Nur sehr "progressive" Eltern lassen über 2 Jahre alte Kleinkinder am belebten Strand nackt herumtollen. Kleine Mädchen benötigen ein Bikinioberteil, sobald sie laufen können.

Football/ Baseball

Neben dem artistisch gespielten Basketball sind die Spiele der *Football*- und *Baseball*-Ligen die großen Publikumsmagneten und Fernsehdauerbrenner. *American Football* ist bekanntlich nicht Fußball, das in Amerika *Soccer* heißt, sondern eine Art *Rugby*. Dessen Popularität entspricht weitgehend der des Fußballs in Europa. Bei den relativ seltenen Spielen der Professionalliga kennt die Begeisterung keine Grenzen.

Das dem englischen *Cricket* verwandte *Baseball* besitzt in europäischen Augen wenig *Action* und zieht sich oft über viele langweilige Stunden hin. Das tut der Beliebtheit aber keinen Abbruch. Mit *Popcorn* und **Pop** (Cola, Sprite) überbrückt man die "toten" Phasen beider Spiele und läßt sich ansonsten von den neckisch uniformierten **Cheerleaders**, weiblichen "Einpeitschern", und **Marching Bands** in Stimmung bringen.

Wenn am Ende der Saison die amerikanisch/kanadische Meisterschaft ausgespielt wird, spricht man ausschließlich von **World Championship** oder **World Series**. Und tatsächlich handelt es sich hier um Weltmeisterschaften, da andere Nationen kaum *Football* oder *Baseball* à la USA spielen.

Soccer (Fußball)

Die amerikanische Profiliga, in der einst Franz Beckenbauer für *Cosmos* New York kickte, war lange pleite und spielt erst seit 1993 wieder. *Soccer* gilt in Amerika heute eher als ein Spiel der Mittelklasse und ist besonders beliebt bei Mädchen.

Übergewicht

Im Gegensatz zur vehementen Sportlichkeit vieler Amerikaner, die insgesamt stärker ausgeprägt zu sein scheint als unter jungen Europäern, steht auf der anderen Seite ein bemerkenswerter Prozentsatz der Bevölkerung, der offenbar ohne jegliche körperliche Aktivität auskommt. Extrem übergewichtige (auch junge) Menschen fallen in der Öffentlichkeit überall auf. Auch ein hoher Anteil der Kinder kämpft mit Gewichtsproblemen, die in vergleichbar krasser Form bei uns weniger bekannt sind. Falsche Ernährung und die Passivität fördernde Lebensgewohnheiten haben für viele ersichtlich der Gesundheit abträgliche Konsequenzen.

Tourist und Amerikaner

*Verhalten
gegenüber
Fremden*
Amerikaner begegnen außerhalb der atypischen Großstädte
Fremden oft mit großer **Offenheit, Freundlichkeit** und – wenn
es nötig ist – **Hilfsbereitschaft**. Die Begegnung mit gleichgül-
tiger Bedienung, muffeligen Tankwarten und unlustigen Ver-
käufern macht man in den USA seltener als hierzulande. Das
entspannte Miteinander der Amerikaner ist eine der erfreulichen Erfahrungen jeder USA-Reise.

Wird er als Deutscher erkannt, schlägt dem Besucher gelegentlich unerwartete Herzlichkeit entgegen: Der Gesprächspart-
ner war vor Jahren in der Bundesrepublik stationiert, ist mit
einer Deutschen verschwägert, erinnert sich gerne an den Groß-
vater deutschen Namens und ähnliches mehr. Viele Amerikaner zeigen ein manchmal sympathisch-naives Interesse am
"Woher" und "Wohin" des Touristen. Wer leidlich Englisch
spricht (siehe oben), hat im allgemeinen wenig Probleme, auf
derartige Kontakte einzugehen. Geographische Aufklärung
derart etwa, daß Bayern (*Bavaria* mit dem allgemein bekannten *Hofbräuhaus* in *Munich*) zu Deutschland gehört, stößt
bisweilen auf erhebliches Erstaunen. Dank der umfassenden
Berichterstattung über die Wiedervereinigung hat sich aber in
den letzten Jahren, so scheint es, das Deutschland betreffende
Informationsdefizit etwas vermindert.

Einladung
Zur Kontaktfreude der Amerikaner gehört auch die spontan
ausgesprochene Einladung zu einem Bier, zum Essen, doch
eine Nacht zu bleiben oder an einer Party teilzunehmen. Man
sollte keine Hemmungen haben, so Zeit und Lust vorhanden
ist, Einladungen anzunehmen. Amerikaner meinen, was sie
sagen; wird eine Einladung ausgesprochen, so ist man freundlich empfangener Gast. Wie verhält man sich nun als solcher?

*Verhalten
als Gast*
Bezieht sich die Einladung nur auf einen Drink, genügt die
persönliche Ungezwungenheit als Mitbringsel. Bei Einladungen zum Essen oder zu einer Party wird das Entzücken der
Gastgeber keine Grenzen kennen, sollte der Gast Blumen
(sofern ein Blumengeschäft aufzutreiben ist) oder ein kleines
Präsent überreichen. Beides ist in Amerika ungewohnt und
wird dem Gast als guter **European Style** ausgesprochen positiv ausgelegt. Nur bei speziellen Anlässen braucht man sich
Gedanken über die passende Garderobe zu machen.

Bei der Begrüßung gibt man sich zwanglos und tauscht Flos-
keln wie *"How do you do!"*, *"It's nice to meet you"* aus, ohne
daß darauf eine ausführliche Entgegnung erwartet würde.
Soweit noch nicht vorher geschehen, wird spätestens jetzt
nach dem Vornamen gefragt. Wenn nicht Generationen zwischen den Anwesenden liegen und oft auch dann, erfolgt die
Vorstellung und Anrede der Gäste und des Gastgebers ebenfalls mit Vornamen.

Selbst bei einer Einladung zum *Dinner* gibt man sich überwiegend formlos. Nur in sehr wenigen amerikanischen Haushalten steht – außer zu ganz besonderen Gelegenheiten – der eigens gedeckte Tisch bei Ankunft der Gäste schon bereit. Man integriert Gast bzw. Gäste einfach in den auch sonst in der Familie üblichen Ablauf. Ist das Essen aufgetragen, achtet niemand auf "richtiges" Benehmen bei Tisch. Jeder ißt mehr oder weniger, wie es ihm paßt. Wesentlich ist, daß es schmeckt. Unsicherheit über die geeignete Verhaltensweise braucht also nicht aufzukommen. Wer keine silbernen Löffel stiehlt und folgende Punkte beachtet, kann nichts verkehrt machen:

Ansichten über die USA

Im Verlauf eines Abends als Gast wie auch bei anderen Gelegenheiten wird schnell die Frage auftauchen *"How do you like America/the States?"* Als Antwort sind differenzierende Ausführungen selten angebracht. Jedermann wird hocherfreut sein, wenn der Tourist, ohne daß er dabei unehrlich zu sein braucht, seine Begeisterung über die Dinge äußert, die ihm wirklich gut gefallen haben. Bevor vielleicht weniger positive Eindrücke zur Sprache kommen können, ist meist und zum Glück schon ein anderes Thema dran. Auf jeden Fall liegt man richtig, das Gute und Sehenswerte an den USA herauszustreichen. Zwar bestätigt man derart – möglicherweise wider Willen – die allgemein vorherrschende Überzeugung von Amerika als dem **most wonderful country on earth**, aber darüber läßt sich ohnehin nicht diskutieren.

Negative Äußerungen sind nur angebracht, wenn die Konversation sich auf Themen bezieht, die auch von Amerikanern kontrovers erörtert werden, dann aber vorsichtshalber "gut verpackt". Obwohl dies m.E. von den Gesprächspartnern abhängt, ist es im allgemeinen ratsam, eher Zurückhaltung bei der kritischen Beurteilung des Gesehenen und Erlebten zu üben, möchte man nicht ins Fettnäpfchen treten. Das gilt unter anderem und speziell für Beobachtungen zu sozialen Mißständen in den USA. Die aus europäischer Sicht vielfach unglaublichen Gegensätze zwischen Arm und Reich und der beklagenswerte Zustand mancher Stadtviertel oder strukturell benachteiligter Regionen sind selten ein Thema für davon nicht Betroffene. Schon gar nicht als ein explizit geäußerter Zweifel am **American Way of Life**.

Politik

Kommt das Gespräch auf politische Ereignisse und Themen, verwundert es niemanden, wenn sich der Tourist in inneramerikanischen Angelegenheiten einigermaßen auskennt. Andererseits wird nicht übelgenommen, wenn der Informationsstand des Ausländers gering ist. Sind doch Kenntnisse der meisten Amerikaner über den Rest der Welt im allgemeinen mehr als lückenhaft. Politischem Engagement sollte man möglichst wenig Ausdruck verleihen (vor allem nicht, wenn wir es als links von der Mitte bezeichnen würden).

Politische Kritik

Mit Kritik an amerikanischer Politik oder amerikanischen Institutionen macht man sich fast mit Sicherheit unbeliebt. Amerikaner sind in dieser Hinsicht ausgesprochen empfindlich und fühlen sich von den Europäern sowieso politisch mißverstanden, von den Deutschen mit ihrer Neuorientierung nach Osten und ihrer mangelnden Begeisterung für weltweite militärische Einsätze ganz besonders. Nach dem Ende des Kalten Krieges, dem seinerzeit gefeierten Sieg im Golfkrieg und der Überwindung des Vietnam-Traumas wird die Renaissance Amerikas als Super- und Ordnungs- und führende Wirtschaftsmacht – unabhängig von sonstigen politischen Einstellungen – allseits begrüßt. Auch *Bill Clinton* macht da keine Ausnahme und wird niemals müde, seinen Landsleuten zu versichern, wie *great* die USA und das amerikanische Volk seien.

Freunde

Aus Einladungen ergeben sich manchmal weitere Kontakte direkter oder indirekter Art. Ausgesprochen üblich ist es, dem Gast die Adresse von Freunden und Bekannten mitzugeben. Der Aufforderung, diese unbedingt aufzusuchen, sollte die Reiseroute in der Nähe verlaufen, darf man durchaus nachkommen. Wurde man nicht im Vorwege avisiert, genügt beim Anruf der Hinweis auf die Empfehlung der "gemeinsamen Freunde". In diesem Zusammenhang sei darauf hingewiesen, daß die bei uns übliche Unterscheidung zwischen Freunden und Bekannten in den USA kaum stattfindet. Den soeben aufgegabelten Touristen wird man dem Nachbarn ohne weiteres bereits als **friend** vorstellen, denn man "macht" Freunde in Amerika schnell (*making friends*). Diesem Ausdruck einer bisweilen irritierenden Oberflächlichkeit sollte man als "Amerikaner auf Zeit" die guten Seiten abgewinnen.

Reisetips

In freundlicher Hilfsbereitschaft läßt es sich kaum ein Amerikaner nehmen, Reisebekannten gute Tips für Ziele und Sehenswürdigkeiten zu geben, die auf keinen Fall verpaßt werden dürfen. Bei derartigen Ratschlägen ist aber Vorsicht geboten. Optik und **Bewertungsmaßstäbe von Amerikanern** unterscheiden sich erheblich von unseren Vorstellungen. Bevor man Empfehlungen folgt, sollte man sich daher möglichst noch anderswo vergewissern, ob ein durch höchste Superlative angepriesener Abstecher wirklich Zeit und Umweg wert sind. Vokabeln wie *breathtaking, overwhelming, awe inspiring* (atemberaubend, überwältigend, Ehrfurcht einflößend) usw. sind auch für vergleichsweise weniger umwerfende Ziele schnell zur Hand. Das gilt ebenso für Formulierungen in touristischen Informationsbroschüren, in denen Fotos und vollmundige Beschreibungen die Realität manchmal bei weitem in den Schatten stellen.

DIE WESTSTAATEN: BASISDATEN UND INFORMATION

ARIZONA, *The Grand Canyon State*   Staat der USA seit 1912
Besucherinformation: Arizona Office of Tourism
2702 North 3rd Street, Suite 4015
Phoenix AZ 85009
✆ (888) 520-3434, ✆ (602) 230-7733
http://www.arizonaguide.com
Hauptstadt: Phoenix, **Fläche**: 295.000 km²; **Bevölkerung**: 4,4 Mio.

CALIFORNIA, *The Golden State*   Staat der USA seit 1850
Besucherinformation: California Division of Tourism
PO Box 1499
Sacramento, CA 95812
✆ (800) 862-2543
Fax 001-916-322-3402
http://gocalif.ca.gov
Hauptstadt: Sacramento; **Fläche**: 411.000 km²; **Bevölkerung**: 32,3 Mio.

COLORADO, *The Centennial State*   Staat der USA seit 1876
Besucherinformation: Colorado Tourism Board
PO Box 3524
Englewood, CO 80155
✆ (303)-296-3384;
✆ (800) 265-6723
http://www.colorado.com
Hauptstadt: Denver; **Fläche**:   270.000 km²; **Bevölkerung**: 3,7 Mio.

IDAHO, *The Gem State*   Staat der USA seit 1890
Besucherinformation: Idaho Travel Council
700 W State Street, 2nd Floor
Boise, ID 83720-0093
✆ (800) 635-7820
✆ (208) 334-2470
http://www.state.id.us
Hauptstadt: Boise: **Fläche**: 216.000 km²; **Bevölkerung**: 1,1 Mio.

MONTANA, *Big Sky Country*   Staat der USA seit 1889
Besucherinformation: Travel Montana
Department of Commerce
1424 9th Ave
Helena, MT 59620
✆ (800) 847-4868,
✆ (406) 444-2654
http://travel.mt.gov
Hauptstadt: Helena; **Fläche**: 381.000 km²; **Bevölkerung**: 860.000

NEVADA, *The Silver State*   Staat der USA seit 1864

Besucherinformation: Commission on Tourism
Capitol Complex
Carson City, NV 89710
✆ (800) 638-2328, ✆ (702) 687-4322
Fax 001-702-687-6779
http://www.travelnevada.com

Hauptstadt: Carson City; **Fläche**: 286.000 km²; **Bevölkerung:** 1,6 Mio.

NEW MEXICO, *The Land of Enchantment* Staat der USA seit 1912

Besucherinformation: Department of Tourism
Lamy Building
491Old Santa Fe Trail
Santa Fe, NM 87503
✆ (800) 545-2040 und ✆ (800) 733-6396
Email: enchantment@newmexico.org
http://www.newmexico.org

Hauptstadt: Santa Fe; **Fläche**: 315.000 km²; **Bevölkerung:** 1,7 Mio.

OREGON, *The Beaver State*   Staat der USA seit 1859

Besucherinformation: Oregon Tourism Division
775 Summer Street NE
Salem, OR 97310
✆ (800) 547-7842
✆ (503) 986-0000
Fax 001-503-986-0001
http://www.traveloregon.com

Hauptstadt: Salem; **Fläche**: 251.000 km²; **Bevölkerung:** 3,1 Mio.

SOUTH DAKOTA, *Mount Rushmore State* Staat der USA seit 1889

Besucherinformation: South Dakota Tourism
711 E Wells Ave
Pierre, SD 57501-3369
✆ (800) 732-5682;
✆ (605) 773-3301
Fax 001-605-773-3256
Email: sdinfo@goed.state.sd.us
http://www.state.sd.us

Hauptstadt: Pierre; **Fläche**: 194.000 km²; **Bevölkerung:** 2 Mio.

UTAH, *The Beehive State*   Staat der USA seit 1896

Besucherinformation: Utah Travel Council
Council Hall/Capitol Hill
Salt Lake City, UT 84114
✆ (800) 200-1160, ✆ (801) 538-1030
Fax 001-801-538-1399
http://www.utah.com

Hauptstadt: Salt Lake City; **Fläche**: 220.000 km²; **Bevölkerung:** 1,9 Mio.

WASHINGTON, *Evergreen State*   Staat der USA seit 1889

Besucherinformation: Washington State Tourism
PO Box 42500
Olympia, WA 98504-2500
✆ (800) 544-1800, ✆ (360) 586-2088
Fax 001-360-753-4470
http://www.tourism.wa.gov

Hauptstadt: Olympia; **Fläche**: 177.000 km^2; **Bevölkerung**: 5,3 Mio.

WYOMING, *The Cowboy State*   Staat der USA seit 1890

Besucherinformation: Division of Tourism
I-25 at College Drive
Cheyenne, WY 82002
✆ (800) 225-5996
✆ (307) 777-7777
Fax: 001-307-777-6904
http://www.state.wy.us

Hauptstadt: Cheyenne; **Fläche**: 254.000 km^2; **Bevölkerung**: 480.000

Touristische Informationsstellen der Weststaaten in Deutschland bzw. Europa

Da eine touristische Vertretung für die gesamten USA in Deutschland und Nachbarländern nicht existiert und eine Übersee-Versand teuer ist, hat die Mehrheit der Tourist Info-Stellen der US-Staaten Service-Unternehmen mit ihrer Vertretung bei uns beauftragt. Diese versenden auf Anfrage touristisches Material (Karten, State Park Listen, Veranstaltungskalender etc.) an Interessenten und geben darüberhinaus Auskunft zu spezifischen Fragen, soweit sie die von ihnen vertretenen Staaten betreffen: Anruf/Fax/e-mail genügt:

Arizona	*Tourism Marketing Group* ✆ 02204/85051, Fax 02204/85063, e-mail: TMGIBiging@aol.com
California	*Marketing Services International* ✆ 01805/313531, e-mail: MSI-Germany@t-online.de
Colorado	nicht bei uns vertreten, Direktkontakt Seite 696
Idaho/ Montana/ South Dakota/ Wyoming	*Wiechmann Tourism Services,* ✆ 069/4059573, Fax 069/439631, e-mail: info@wiechmann.de, Internet: http://www.wiechmann.de
Nevada	*Todd Cobrin,* ✆ 089/9579250, Fax 089/9579482
New Mexico	*Winkelhoch GmbH,* ✆ 02261/979056, Fax 979055
Utah	*Motivators,* ✆ 0032 2/6532607, Fax 0032 2/6521063
Washington State/Oregon	*Wiechmann Tourism Services,* ✆ 069/4059574 Fax, e-mail, Internet unter Idaho etc.

NÜTZLICHE INTERNETADRESSEN

Neben den im Text an geeigneter Stelle bereits eingefügten Internetadressen und den vorstehenden *Web Sites* der US-Staaten gibt es in den USA im touristischen Bereich mittlerweile eine hohe Dichte an Internetinformationen. Bei der Durchsicht zahlreicher *Homepages* für die Zwecke dieses Buches fiel aber auf, daß Qualität und Nutzen mancher *Web Site* die Mühe des Ladens kaum wert sind, zumal die Ladezeiten die Geduld des potentiellen Nutzers mitunter ziemlich strapazieren. Andere *Web Sites* wiederum – etwa einzelner Hotels oder sonstiger Anbieter – sind durchaus informativ und gut gestaltet, aber nicht von generellem Interesse.

Im folgenden sind mehrheitlich bereits im Text genannte *Web Sites* noch einmal thematisch zusammengefaßt, die auf besonderes Interesse stoßen dürften. Eine darüberhinausgehende Auswahl mit weiteren und regelmäßig aktualisierten Angaben ist auf der Homepage des Verlages zu finden.

TRANSPORT NACH AMERIKA

Airlines	Übersicht auf Seite 103
Flugbuchung/auch Last Minute	Nennungen auf Seite 102
Fahrzeugverschiffung	http://www.seabridge.de

TRANSPORT IN AMERIKA

Automiete Neufahrzeuge	Listen Seiten 105 und 153
Automiete ältere Pkw	http://www.rentawreck.com
Autotransport (fast kostenlos)	http://www.autodriveaway.com
	http://www.driveaway.com
Campermiete Neufahrzeuge	http://www.moturis.com
Campermiete ältere Fahrzeuge	http://www.camperusa.com
Auto-/Campermiete ältere Fz.	http://www.wheels9.com
(alle hier genannten	http://www.usareisen.com
Firmen verkaufen auch	http://www.transatlantic-rv.com
Fahrzeuge mit Rückkauf)	http://www.world-wide-wheels.ch
Schulbusse als Camper	http://www.donbarnett.com/gmachine
Busreisen Greyhound	http://www.greyhound.com
Busreisen, alternative Linien	http://www.greentortoise.com
	http://www.theant.com
	http://www.incadventures.com
Eisenbahn	http://www.amtrak.com
Fähren USA/Canada	http://www.wsdot.wa.gov/ferries
USA-Alaska	http://www.alaskan.com

UNTERKUNFT

Hotel-/Motelketten	Liste auf Seite 135
Hotels/Motels (alle überall!)	http://www.all-hotels.com
Preiswerte Hotels/Motels	http://www.budgethotels.com
International Hostels (AYH)	http://www.hiayh.org
	http://www.hostel.com

Bed & Breakfast	http://www.bbintl.com	
YMCA	http://www.ymca.net	
YWCA	http://www.ywca.com	

OUTDOORS/CAMPING

National Park Information USA	http://www.nps.gov (von da geht`s weiter zu den Einzelparks)
Reservierung von Camping-plätzen in US-Nationalparks	http://reservations.nps.gov http://biospherics.com
Nationalparks USA Service-Seiten (Unterkunft, Touren etc)	http://www.american parknetwork.com
National Forest Camping USA (mit Camping *Corps of Engineers*)	http://www.reserveusa.com
State Parks mit Camping (nur ausgewählte Staaten, ➪ Seite 199)	http://www.park-net.com
Bureau of Land Management (Campingplätze, Wandern, ➪ Seite 197)	http//www.blm.gov
Kampgrounds of America/KOA	http://www.koakampgrounds.com
Campingplätze generell	http://www.campgrounds.com

SONSTIGES

AAA/CAA (Automobilclubs)	http://www.aaa.com/caa.ca
Karten, Routenplanung (toll!)	http://www.mapquest.com
Outlet Malls	http://www.millscorp.com (➪ *Project Portfolio*) http://www.belz.com
IDT-Telefonkarte	http://www.idt.net

Touristeninformation von Städten im US-Westen - http:/www.

Albuquerque	abcvb.org	**Moab**	moabutah.com
Anaheim	anaheimoc.org	**Monterey**	mbay.net
Bend	bend-or.com	**Napa Valley**	napavalley.com
Berkeley	ci.berkeley.ca.us	**Oakland**	oaklandnet.com
Catalina Island	catalina.com	**Palm Springs**	palmsprings.com
Cheyenne	cheyenne.org	**Portland**	pova.com
Denver	denver.org	**Reno**	reno.nv.us
El Paso	elpasocvb.com	**Sacramento**	sacramento.ca.us
Flagstaff	flagguide.com	**Salt Lake City**	saltlake.com
Grand Junction	gj.net	**San Diego**	sandiego.org
Jackson/Wyom.	jhole.com	**San Franciso**	sfvisitor.org
Las Vegas	vegas.com	**Seattle**	ci.seattle.wa.us
Long Beach	golongbeach.org	**South Oregon**	sova.org
Los Angeles	ci.la.ca.us	**Tijuana**	tijuana-net.com
Malibu	malibuwest.com	**Tucson**	tucsonre.com

Weitere Adressen/Informationen: http://www.reisebuch.com

Internet on the Road, ein Beitrag von Burghard Bock aus Marburg

Denver/Colorado, Internet-Café Majordomo`s. Mein erster Versuch, elektronische Post in der Heimat abzuholen. Technisch an sich kein Problem. Nur $0,10 soll die Minute kosten. Ich habe meinen Laptop dabei – ideal, um in Ruhe die eigenen Mails zu schreiben –, ein für den Gebrauch in den USA konfiguriertes analoges Modem (ISDN-Karten sind in Nordamerika nutzlos) und ein Kabel, das in amerikanische Telefondosen paßt. Außerdem ein Netzkabel samt Adapter für die Steckdose, den man auf jeden Fall mitnehmen sollte. Üblicherweise weiß der Laptop von selbst mit der niedrigeren Spannung von 125 V umzugehen, sonst wäre auch noch ein Trafo nötig.

Nun kann es eigentlich losgehen. Nur, wie? Der freundlichen Bedienung dämmert allmählich, was ich vorhabe. "So you have your server at a university in Germany?! Hmm ..., I think, we`ve got a problem". Ahnt`ich`s doch, daß es so einfach nicht sein konnte. Und so billig wohl sowieso nicht, denn es wäre ja immerhin wie ein Ferngespräch nach Good Ol`Europe. Fehlstart also, denn das Café hatte keinen internationalen Telefonanschluß (so was gibt`s in Amerika, schließlich reicht ja auch der Provider am Ort voll aus). Die Nummern meiner Prepaid Phonecard, über die ja zunächst eine nationale Leitung geöffnet wird, in das Wählprogramm des Computers einzubauen, scheiterte leider kläglich.

Später wollten auch regionale und National Park Visitor Center mich und meinen Computer nicht mit der Heimat kommunizieren lassen.

Im Nest South Fork/Colorado ließ mich dann ein Computer-Freak namens Roy in seinem Laden an die private Telefondose. Wir verabredeten $4 für den Service. Und siehe da, die ganz normale internationale Vorwahl eingegeben, das Modem düdelt, schließlich das Rauschen der stehenden Verbindung: "We got it!" Roy ist auch begeistert. Deutschland kennt er aus seiner Army-Zeit in "Highdelbörg". Wir sind im Gespräch und haben so auch ohne Computer, Modem und Telefon den direkten Draht zueinander gefunden. Einen Internetzugang nutzt man mit eigenem Laptop also am unkompliziertesten bei Freunden oder Leuten, die dazu werden.

*Aber es geht auch einfacher: Legen Sie sich ein kostenloses sog. **web-based e-mail-account** an. Damit können Sie Mails von Ihrer üblichen Adresse abholen. Solche Dienste finden Sie bei größeren Firmen wie Netscape und Yahoo (**http://netaddress.com** bzw. **http://yahoo.de**), aber z.B. auch bei GMX (**http://www.gmx.net**), Web.de (**http://www.web.de**) und Hotmail (**http://hotmail.com**). Abrufen und schreiben läßt sich Post unterwegs dann für meist $6/Stunde aus Internet-Cafés (aktuelle Adressen unter **http://netcafeguide.com**), in großstädtischen Hostels (Jugendherbergen) und bisweilen sogar gratis in mancher öffentlichen Bibliothek.*

Alphabetisches Register – Index

Im Register finden sich alle Ortsnamen, Sehenswürdigkeiten und geographischen Bezeichnungen ebenso wie alle wichtigen Sachbegriffe. Die früher auch in diesem Buch gemachte Unterscheidung zwischen Sachregister und geographischem Index wurde aus praktischen Erwägungen aufgegeben. Egal, wonach man nun sucht, seien es Informationen zur Automiete, zu einer Stadt oder einem Nationalpark, alles ist unterschiedslos alphabetisch eingeordnet.

Abkürzungen

NP=National Park; **NHP/S**=National Historic Park/Site; **NM**=National Monument; **NRA**=National Recreation Area; **SP**=State Park

Index

Index

FOTONACHWEIS

Burghard Bock, Celle: Seiten 165, 243, 258, 262, 263, 265, 303, 308, 546, 554

Burkhard Brocke, Westerstede: Titelfoto, Seiten 10/11, 29, 39, 59, 125, 214, 228/229, 311, 317, 478, 498, 501

Michael Fleck, Crailsheim: Seiten 312, 338

Markus Gähwiler, CH-Wahlen: Seite 65

Cherry Grundmann, Steinkimmen: Seite 582

Werner Schmidt, Ganderkesee: Seiten 389, 402, 407, 512, 605

Philipp Spanger, Berlin: Seiten 608, 617

Jörg Vaas, Murr: Seiten 383, 435, 479

Alfred Vollmer, München: Seiten 405, 449, 454, 455

Alle anderen Fotos sind vom Autor

REISE KNOW-HOW
Bücher werden von Verlegern gemacht, die Freude am Reisen haben und selbst Autoren sind. Wichtig ist uns, daß der Inhalt nicht nur im reisepraktischen Teil "Hand und Fuß" hat, sondern daß er unterwegs wirklich hilft, die Reise zum Erlebnis zu machen. Die Reihe **REISE KNOW-HOW** soll auch dazu beitragen, andere Kulturkreise, ihre Menschen und ihre Natur kennenzulernen.

Wir achten darauf, daß jeder Band gemeinsam gesetzten Qualitätsmerkmalen entspricht. Um in einer Welt rascher Veränderungen laufend aktualisieren zu können, drucken wir kleine Auflagen.

SACHBÜCHER
Die Sachbücher vermitteln KNOW-HOW rund ums Reisen: Wie bereite ich eine Motorrad- oder Fahrradtour vor? Wie bleibe ich unterwegs gesund? Wie komme ich zu besseren Reisefotos? Und anderes mehr. In der Sachbuchreihe von REISE KNOW-HOW geben Autoren, die sich auskennen, ihre Erfahrungen und ihr Wissen weiter.

Welt

Achtung Touristen
DM 16,80 ISBN 3-922376-32-0

Äqua-Tour (RAD & BIKE)
DM 28,80 ISBN 3-929920-12-3

Auto(fern)reisen
DM 34,80 ISBN 3-921497-17-5

Die Welt im Sucher
DM 24,80 ISBN 3-9800975-2-8

Fahrrad-Weltführer
DM 44,80 ISBN 3-9800975-8-7

Motorradreisen
DM 34,80 ISBN 3-921497-20-5

Um-Welt-Reise
DM 22,80 ISBN 3-9800975-4-4

Wo es keinen Arzt gibt
DM 26,80 ISBN 3-89416-035-7

Unsere Bücher:
Aus Platzmangel können hier nicht alle Titel der Reihe aufgelistet werden. Bitte fordern Sie unseren Katalog an: **Reise Know-How Hauptstraße 198 33647 Bielefeld, e-Mail:** reise-know-how @t-online.de. Oder schauen Sie in unsere Internet-Seiten: **www.reise-know-how.de und www.reisebuch.com**

STADTFÜHRER
Die Bücher der Reihe REISE KNOW-HOW CITY führen in bewährter Qualität durch die Metropolen der Welt. Neben ausführlichen praktischen Informationen zu Hotels, Restaurants, Shopping und Kneipen findet der Leser alles Wissenswerte über Sehenswürdigkeiten, Kultur und "Subkultur" sowie Adressen und Termine, die besonders für Geschäftsreisende wichtig sind.

Europa

Amsterdam
DM 26,80 ISBN 3-89416-231-7

Bretagne
DM 39,80 ISBN 3-89416-175-2

Budapest
DM 26,80 ISBN 3-89416-212-0

Bulgarien
DM 36,80 ISBN 3-89416-220-1

England, der Süden
DM 36,80 ISBN 3-89416-224-4

Irland-Handbuch
DM 39,80 ISBN 3-89416-194-9

Lettland
DM 26,80 ISBN 3-89416-636-3

Litauen mit Kaliningrad
DM 26,80 ISBN 3-89416-169-8

London
DM 26,80 ISBN 3-89416-199-x

Madrid
DM 26,80 ISBN 3-89416-201-5

Mallorca, Handbuch für den optimalen Urlaub
DM 36,80 ISBN 3-89662-156-4

Mallorca für Eltern und Kinder
DM 24,80 ISBN 3-89662-158-0

Eine mallorquinische Reise, Mallorca 1929
DM 29,80 ISBN 3-89662-153-x

Geschichten aus dem anderen Mallorca
DM 29,80 ISBN 3-89662-161-0

Mallorca, Wandern auf
DM 29,80 ISBN 3-89662-162-0

Paris
DM 26,80 ISBN 3-89416-200-7

Prag
DM 26,80 ISBN 3-89416-204-x

Rom
DM 26,80 ISBN 3-89416-203-1

Schottland-Handbuch
DM 39,80 ISBN 3-89416-621-5

Skandinaviens Norden
DM 36,80 ISBN 3-89416-191-4

Tschechien
DM 36,80 ISBN 3-89416-600-2

Ungarn
DM 32,80 ISBN 3-89416-188-4

Warschau/Krakau
DM 26,80 ISBN 3-89416-209-0

Wien
DM 26,80 ISBN 3-89416-213-9

Deutschland

Berlin mit Potsdam
DM 26,80 ISBN 3-89416-226

Frankfurt/Main
DM 24,80 ISBN 3-89416-207

Borkum
DM 19,80 ISBN 3-89416-632

Mecklenburg/Vorp. Binnenland
DM 19,80 ISBN 3-89416-615

München
DM 24,80 ISBN 3-89416-208

Nordfriesische Inseln
DM 19,80 ISBN 3-89416-601

Nordseeinseln
DM 29,80 ISBN 3-89416-197

Nordseeküste Niedersachsens
DM 24,80 ISBN 3-89416-603

Oberlausitz/ Zittauer Gebirge
DM 24,80 ISBN 3-89416-165

Ostdeutschland individuell
DM 36,80 ISBN 3-89622-480

Ostfriesische Inseln
DM 19,80 ISBN 3-89416-602

Ostharz mit Kyffhäuser
DM 19,80 ISBN 3-89416-228

Ostseeküste/ Mecklenburg-Vorp.
DM 19,80 ISBN 3-89416-184

Ostseeküste Schleswig-Holstein
DM 24,80 ISBN 3-89416-631

Rügen/Usedom
DM 19,80 ISBN 3-89416-190

Sächsische Schweiz
DM 19,80 ISBN 3-89416-630

Land Thüringen
DM 24,80 ISBN 3-89416-189

Westharz mit Brocken
DM 19,80 ISBN 3-89416-227

Wasserwandern Mecklenb./Brandenb.
DM 24,80 ISBN 3-89416-221

Nehberg bei RKH

Das Yanomani Massaker
DM 36,00 ISBN 3-89416-624

PROGRAMM

Ü B E R S I C H T

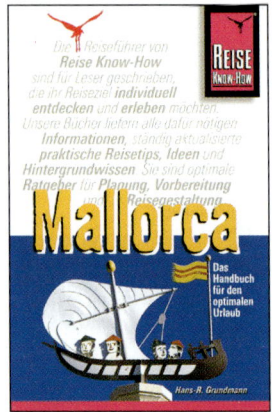

Hans-R. Grundmann

MALLORCA
Das Handbuch für den optimalen Urlaub

Ein kritischer Reiseführer, speziell konzipiert für Deutschlands beliebteste Ferieninsel. Er zeigt Mallorcas Licht und Schatten und sagt, wo und wie man die Schokoladenseiten findet.

Das Buch kommentiert und wertet alle Ferienziele auf der Insel und gibt über 150 kommentierte Hoteltips mit Veranstalter. Ein neues **Extrakapitel** befaßt sich mit den schönsten **Finca-Hotels**.

Zur individuellen Inselentdeckung findet der Leser 14 Routen-vorschläge für Tagesausflüge mit tabellarischen Übersichten zu Sehenswürdigkeiten, Buchten und Stränden, Museen, Märkten, Restaurants und Picknickplätzen. **Ausführliche Kapitel sind den kulinarischen Genüssen** (samt originalen Rezepten aus Mallorcas Küche) und **Poeten und Schriftstellern gewidmet**, die auf Mallorca gelebt und geschrieben haben.

488 + 48 Seiten mit **55** eigens für dieses Buch angefertigten **Farb-karten,** davon 8 Wanderkarten, und über 250 Fotos. Unterkunfts-empfehlungen in 48 Ferienorten mit aktuellen Kostenbeispielen.

Seit 1989 jedes Jahr aktualisiert; aktuelle ISBN 3-89662-166-4

Die Abbildung zeigt den neu konzipierten Titel der **Auflage `99**

by Reise Know-How Verlag Hohenthann

© Dr. Hans-R. Grundmann GmbH 27777 Steinkimmen

Herbert Heinrich
MALLORCA
Ein Buch für Eltern und Kinder

Der Autor gibt in diesem Buch Anregungen, wie Eltern mit Kindern ihre Mallorcaferien gestalten können. Dabei vermittelt er viel Wissenswertes über die Insel, ihre Historie, Flora und Fauna. Außerdem erzählt er eine wahre Abenteuergeschichte und ein mallorquinisches Märchen. Alle Kapitel sind mit Zeichnungen reich illustriert.

ISBN 3-89662-158-0

204 Seiten, Geschichte Mallorcas in Bildern als farbiger Comic nicht nur für Kinder.

Das gute Buch zur Mallorca-Reise:

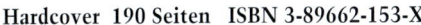

Gordon West
Eine mallorquinische Reise
Mallorca 1929

Übersetzung des englischen Bestsellers *Jogging round Mallorca*, dessen deutsche Fassung kurz nach Erscheinen bereits im NDR in der Sendereihe "Reisen damals" verlesen wurde.

Wests Beschreibung einer spontanen Reise 1929 fängt genial den Zauber der damals noch unberührt vom Massentourismus vor sich hinträumenden Insel ein.

Hardcover 190 Seiten   ISBN 3-89662-153-X

Robert Graves
Geschichten aus dem anderen Mallorca
Robert Graves, (1895-1985), Schriftsteller von Weltgeltung, lebte über 50 Jahre auf Mallorca und war dort ein wachsamer Beobachter. In den zeitlosen Geschichten aus dem anderen Mallorca, die zum ersten Mal in deutscher Übersetzung erscheinen, entwirft er mit wohlwollender Ironie ein Bild der Insel und ihrer Bewohner abseits der touristischen Sphären. Seine Erzählungen unterhalten den Leser auf hohem Niveau und gewähren überraschende Einblicke in Mentalität und Lebensart der Mallorquiner.

Hardcover 176 Seiten   ISBN 3-89662-161-0

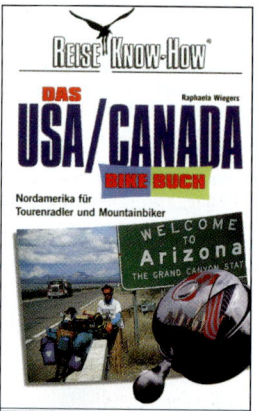

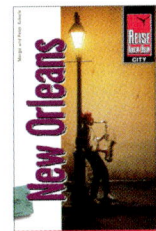

Hans R. Grundmann

USA/CANADA

Das Handbuch für individuelles Reisen

Dieser praxisorientierte Reiseführer ist der richtige Begleiter für alle, die eine grenzüberschreitende Reise durch die USA und Canada oder eine Fahrt von Ost nach West planen. Routenvorschläge und -beschreibungen basieren auf über 300.000 km Unterwegs-Erfahrung des Autors kreuz und quer durch Nordamerika. Seit dem erstmaligen Erscheinen im Jahresrhythmus immer wieder verbessert und aktualisiert. Ein separater New York City Taschenführer steckt im Umschlag. **Mit separater Faltkarte**.

788 Seiten, 87 Karten, 272 Farbabbildungen und zahlreiche Illustrationen.

New York City Extra: 44 Seiten und 8 Karten

ISBN 3-89662-170-X

by Reise Know-How Verlag Hohenthann
© Dr. Hans-R. Grundmann GmbH
Heinrich-Schwarz-Weg 36
27777 Ganderkesee-Steinkimmen

Heike und Bernd Wagner, Hans R. Grundmann

CANADAS großer Westen (mit Alaska)

Ein detaillierter und praxisnaher Reiseführer für Reisen im Campmobil oder Mietwagen (Zelt und Motel) durch Canadas Westen und den hohen Norden einschließlich Alaska. In ausführlichen Kapiteln beschreiben die Autoren außerdem die besten Routen durch die Prärieprovinzen und Ontario: von Toronto und den Niagara-Fällen nach Westen.

In Aufbau und Schwerpunktsetzung ähnlich wie "Durch den Westen der USA": Umfangreicher Allgemeiner Teil mit allen Aspekten und Informationen zu Reisevorbereitung und -planung und "Unterwegskapitel".

628 Seiten, 56 Karten, zahlreiche Farb- und s/w-Fotos/Zeichnungen. **Mit separatem Campingführer für Alberta/British Collumbia und Straßenkarte für Canadas Westprovinzen.**

ISBN 3-89662-157-2

by Reise Know-How Verlag Hohenthann
© Dr. Hans-R. Grundmann GmbH
27777 Ganderkesee Steinkimmen

NATIONAL PARKS, NATIONAL MONUMENTS

und alle weiteren unter der Verwaltung des *National Park Service`* stehenden Gebiete in den US-Weststaaten. Die laufende Nummer entspricht der Kennzeichnung in der Klappenkarte rechts. Die Seitenzahl nennt die Buchseite, bei Fettdruck existiert eine eigene Karte.

Abkürzungen

NP	**National Park**
NM	**National Monument**
NRA	**National Recreation Area**
NHS	**National Historic Site**
NVM	**National Volcanic Monument**